Nicolai Biro-Hubert • Dirigierdschungel

# Nicolai Biro-Hubert

# Dirigierdschungel

Betrachtungen eines
orchesterversehrten Musikanten

FRIELING

Die Deutsche Bibliothek – CIP-Einheitsaufnahme
**Biro-Hubert, Nicolai:**
Dirigierdschungel: Betrachtungen eines orchesterversehrten Musikanten /
Nicolai Biro-Hubert. –
Orig.-Ausg., 1. Aufl. – Berlin: Frieling, 1997
(Frieling-Musik)
ISBN 3-8280-0108-4

© Frieling & Partner GmbH Berlin
Hünefeldzeile 18, D-12247 Berlin-Steglitz
Telefon: 0 30 / 7 74 20 11

ISBN 3-8280-0108-4
1. Auflage 1997
Titelgestaltung: Graphiti

*Der zweite Teil im Doppelnamen des Autors war der Mädchen-
name seiner Mutter und ist dem väterlichen Namen zum Andenken und aus Pietät hinzugefügt, nachdem der Name dieses jüdischen Hubert-Geschlechts mit dem Verlust des letzten männlichen Familienmitglieds bei den Verheerungen der großen europäischen Krisenzeit erloschen ist.*

# Inhaltsverzeichnis

Abschied vom Leser

Der Autor als Zankapfel der Kritik
Vom jüdischen Regen in die christliche Traufe
Das willkommene Kuckucksei im fremden Nest
Keiner ist Prophet unter Propheten
Chacun à son goût
Symphonische Musik auf Oswald Spenglers Mundharmonika
Mozart im Mittelalter
Empfehlungsschreiben, für und von Orchestermusikanten ausgestellt
Was bedeutet Musik für Kinder?
Wenn Länge göttlich sein kann, wie es Schumann von Schuberts
großer Symphonie behauptete, so kann sie, wie im vorliegenden
Fall, auch ungöttlich sein. Aber beide haben miteinander gemein,
daß sie schließlich doch zu Ende kommen mußten

# An Stelle einer Vorrede

Eine Einleitung zu diesem Buch ist überflüssig, weil an der passenden Stelle und zur passenden Zeit alles Notwendige mitgeteilt wird. Indessen wird ein Buch ohne Vorwort im allgemeinen wie ein Schwimmbassin ohne Dusche angesehen. So wie der empfindliche Badende sich dagegen sträubt, unabgekühlt ins kalte Wasser zu steigen, widerstrebt es auch dem empfindsamen Leser, mit der Tür ins Haus der Buchstaben zu fallen. Nach dem oft rätselhaften oder nichtssagenden Titel hofft der Leser, den Schlüssel zum Verstehen des undurchdringlich scheinenden Inhalts im Vorwort zu finden. Für ihn ist es der menschlichste Teil des Buches. Nun, um dem Leser die Annehmlichkeit des Vorgefühls der kommenden Dinge zu bieten, soll vielleicht die etwas ungewöhnlich anmutende Wortbildung des Titels näher erklärt werden. Obwohl anzunehmen ist, daß „Dirigieren" und „Dschungel" nicht nur Musikern und Naturforschern vertraut klingen, mag dem Laien die Bedeutung ihrer Verbindung etwas unklar erscheinen.

Eine einleitende Erläuterung wäre allerdings weder über den Titel noch den Inhalt nötig, wenn man sicher sein könnte, daß das Buch keinem Nichtmusiker in die Hände fällt. Jeder Musiker, besonders Orchestermusiker, der den Titel dieses Buches zu Gesicht bekommt, erfaßt auf den ersten Blick, daß es von der Wildnis handelt, deren bedrängter, gehetzter Bewohner er selber ist, und in welcher Bestien von einer besonderen Art grassieren. Eine Kreatur dieser Art hat anscheinend keine Hörner, Hauer, Rüssel, Giftzähne oder Krallen, ist vielmehr mit einem Taktstock ausgestattet, hält jedoch alle genannten Naturkampfinstrumente bis zur Angriffszeit geheim. In der Naturgeschichte ist dieses Ungetüm unter dem Namen Orchesterdirigent bekannt. Ihm ist dieses Buch gewidmet, wenngleich beileibe nicht im Sinne einer persönlichen Liebesgabe.

Eine solch unliebenswürdige Widmung ist den „Opfern" genannter Adressaten natürlich aus der Seele gesprochen. Deswegen brauchen sie in den Gegenstand dieses Buches nicht besonders eingeführt zu werden. Nach den ersten paar Zeilen wissen sie schon Bescheid. Es ist das Laienpublikum, das von der temperierenden Vorwort-Dusche vor dem Lese-Bad Nutzen haben kann. Es mag allerdings fragen, wie erquickend erst das Bad sein soll, wenn die Dusche schon so prickelnd ist. Nun kann dessen Herrichtung nicht früh genug beginnen und nicht drastisch genug sein.

Aber unabhängig davon erhebt sich vorerst die überraschende Frage, wieso eine Wegkreuzung zwischen unserem Dirigieren und den Religionen in diesem Buch überhaupt vorkommen kann. Diese Frage gibt Anlass zur Vermengung dieser Elemente.
Man soll also keinen Herzkrampf kriegen, wenn in der Mitte des Buches nach dem Durchwursteln durch die Kapellmeisterei eine kühne Schwenkung zur Religion gemacht wird. Die scheinbare Gegenstandslosigkeit der Religion in einem Dirigierbuch wird dann ihre Gegenständlichkeit erweisen, da die Religion – besonders bei einer Besprechung der Dirigenten – nicht ignoriert werden kann. Es wird einem dann die langgestreckte Erörterung dieses Themas ganz und gar nicht langweilig vorkommen. Nach dem möglicherweise vorher einsetzenden Versiegen der Themenfülle wird diese sogar einen kräftigen Impuls erfahren. Anstatt eines erlahmenden Interesses könnte beim fortschreitenden Eindringen ins Religionsdickicht erst recht der Wunsch entstehen, eher noch mehr von der würzigen Kost serviert zu bekommen. Aber bevor es soweit ist, müssen wir die Dirigenten im rein musikalisch fachlichen

Bereich näher kennenlernen.

Die Einladung zum Einsteigen ins kalte Wasser ergeht also an alle, an Musikliebhaber, Orchestermusiker, Glaubensanhänger, Gottlose, Radfahrer und sonstige Faulenzer, die Zeit totzuschlagen haben und Lust zu einem musikalisch geweihten Dschungelbad empfinden. Die Wogen sind erfrischend, lockend und mit Spannung geladen. Der nun abgebrauste und somit wohltemperierte Leser kann sich also getrost in die Fluten werfen. Nachdem er die Taufe der Ersatzvorrede ohne Schaden überstanden hat, können ihm die Rauheiten der Urwaldströme auch nichts mehr anhaben.

# Wie sag' ich's meinem Kapellmeister?

## Warum und wie ein Dirigentenbuch entsteht

Die Veröffentlichung dieses Buches während der professionellen Tätigkeit des Verfassers wäre Berufsselbstmord gewesen. Das mag mit ein Grund gewesen sein, dieses Opus bis zur Pensionszeit zurückzubehalten. Wenn nämlich ein Orchestermusiker, ein noch aktiver, als Antwort auf die Frage, wie er's seinem Kapellmeister sagen soll, die Kühnheit besitzt, gleich ein ganzes Buch, und zwar eines frisch von der Leber weg, zu schreiben, dann muß er es im vollen Bewußtsein der bösen Folgen seines Sündenfalls tun. Man weiß nun schon, daß selbst von einer einsilbigen, aber offenen Antwort eines Orchestermusikers auf obige Frage nichts Schmeichelhaftes für die Kapellmeister zu erwarten ist. Um so leichter kann man sich die Wirkung (und Rückwirkung) einer hunderttausendsilbigen Antwort vorstellen. Dementsprechend ist der schreiblustige Frechdachs von Musikant am besten beraten, sein Instrument in derselben Stunde, da seine Übeltat ans Licht kommt, einzumotten, seine Verbandsmitgliedskarte zu zerreißen und sich mit halbergrautem Haupte nach einer neuen Beschäftigung umzusehen.

Ob das Umsatteln Aussicht auf Erfolg hat, tut nichts zur Sache. So oder so, es bleibt dem Unglücklichen nichts anderes übrig, als sich mit der Tatsache abzufinden, daß seine Laufbahn als Orchestermusiker noch vor Erreichung des pensionsberechtigten Alters zu Ende ist. Denn über einen Punkt besteht vollkommene Klarheit: Es gibt keinen Musikdirektor, der einen öffentlich als Rebellen abgestempelten Orchestermusiker zu engagieren bereit wäre.

Als einmal ein Dirigent Wind davon bekam, daß einer seiner Musiker an einem Buch über das Dirigieren arbeitete, sprach er ihn neckend, jedoch mit einem drohenden Unterton an: „Na, Herr Kratzmeier, ich höre, Sie wollen ein Buch über uns Dirigenten schreiben." Der also ertappte Missetäter konnte es sich nicht leisten, die Katze vorzeitig aus dem Sack zu lassen; da er aber zugleich fühlte, daß er mit bloßem Leugnen nicht davonkommen könnte, so suchte er mit einer diplomatischen Erklärung Ausflucht aus der Klemme: „Wieso sollte ich als Orchestermusiker über die Dirigenten schreiben? Sie wissen wohl, Herr Musikdirektor, daß ich nach Herausgabe eines solchen Buches keine Anstellung mehr finden könnte. Die Herren Kapellmeister würden es mir nie verzeihen, wenn ich ihnen ins Handwerk pfuschte."

„Das mag bei anderen zutreffen", sagte der Dirigierbonze, „aber bei mir, da brauchen Sie sich keine Sorgen zu machen; wo immer ich tätig bin, werde ich Sie immer wieder engagieren."

Da konnte sich der Musiker nicht länger beherrschen, und in einer Anwandlung von Freimütigkeit platzte er heraus: „So? Warten Sie nur, bis Sie das Ihnen gewidmete Kapitel gelesen haben!"

Es ist ein Zeichen kapellmeisterlicher Weltentrücktheit, alles über die Zunft kritisch Geäußerte immer nur auf andere, niemals auf sich selbst zu beziehen. Es ist aber zum Glück nur der jeweils zur Zielscheibe genommene Dirigent, der seine eigene Naivität nicht merkt. Und so, wenn jemand ein Buch über die Dirigenten schreiben will, hat er eigentlich kaum etwas anderes zu tun, als festzuhalten, was die Herrschaften voneinander denken und sagen.

Ein Orchestermusiker, der an ihnen kein gutes Haar läßt, braucht sich folglich nicht als ein besonders schlechter Mensch vorzukommen. Wenn es natürlich ist, daß die Dirigenten sich alle gegenseitig verabscheuen, warum sollte dann der Orchestermusiker nicht ihnen folgen und auch alle Dirigenten verabscheuen? Der Unterschied zwischen diesen gleichartigen Gefühlen ist nur der, daß – während ein Dirigent alle Dirigenten verabscheut, mit der einzigen Ausnahme seiner eigenen Person – der Orchestermusiker alle Dirigenten verabscheut, ohne jede Ausnahme. Wenn jeder von tausend Dirigenten neunhundertneunundneunzig Kollegen verabscheut, ist es kein nennenswerter Unterschied, wenn ein Orchestermusiker die Zahl der Verabscheuungswürdigen auf tausend aufrundet.

Freilich wird diese in den Musikerherzen gehegte Einstellung wohlweislich als süßes Geheimnis gehütet. Wenn der Orchestermusiker von den Dirigenten spricht, kommt ihm nur Demut zu, nicht Kritik. Ein Dirigent mag einen anderen Dirigenten für eine Null halten, aber ein Orchestermusiker sollte sich davor hüten, eine solche Ansicht zu äußern. Die Konkurrenz darf sich gegenseitig anschwärzen; wehe aber dem Untergebenen, der den Konkurrenten seines Vorgesetzten mitzukritisieren wagt. Das ist umstürzlerisch; das gefährdet die bestehende Gesellschaftsordnung!

Zum Glück der Dirigenten sind solche dirigentenfressenden Musikfibeln bis jetzt nur spärlich auf dem Büchermarkt erschienen. Die wenigen Elaborate, in welchen Orchesterknechte überhaupt Dirigenten ins Gebet nehmen, sind wie kraftlose Brüllversuche von zahnlos gewordenen, degenerierten Zoo-Löwen. Außerdem suchen die Verfasser der aus der Froschperspektive geschriebenen Dirigierbücher dadurch Sühne zu tun, daß sie ihrem Werk eine Vorrede vorzugsweise aus der Feder einer berühmten Dirigentenpersönlichkeit voranstellen. Der nun literarisch gewordene Orchestermusikant versucht in der Folge, uns durch die Blume mitzuteilen, daß die Dirigenten im allgemeinen ein ziemlich garstiges Pack sind, während uns der zu seinem Komplizen gewordene kapellmeisterliche Vorredner seinerseits versichert, daß das Buch verdienstvoll sei und die Probleme des Dirigierens von der anderen Seite her aufschlußreich beleuchte.

Man kann indessen sicher sein, daß die nichtkonsultierten Dirigentenkollegen von dieser Beleuchtung um so weniger entzückt sind, je wahrheitsgetreuer sie ist.

Die Folgen dieses Umstandes für den ganzen Stand der Fiedler und Dudler kann man sich vorstellen. In Zukunft wird den Orchesterverträgen eine Klausel beigefügt, in welcher den Musikern unter Androhung sofortiger Entlassung verboten wird, Aufsätze über Orchesterspiel und Orchesterleitung zu schreiben. Anderweitige nebenberufliche Betätigungen, wie sie in letzter Zeit bei der Musikerschaft beliebt geworden sind, werden weiterhin geduldet.

Heutzutage findet man unter den Musikern eine überraschend große Zahl von Malern, Schachspielern, Sportsleuten und sogar solche, die Musik außerdienstlich zur Befriedigung höheren Ehrgeizes betreiben. All das genießt die gütige Billigung der musikalischen Anstellungsbehörden. Aber Bücherschreiben? Das geht zu weit! Man wird Vorkehrungen treffen müssen, um den literarischen Dunkelmännern im Orchester die verräterische Pflichtvergessenheit auszutreiben.

Die kapellmeisterliche Seite ist in der nun anhängigen Sache schon hinlänglich vertreten worden, wenngleich hauptsächlich in negativer Weise durch Ignorierung der Gegenpartei und des Bestehens der Probleme. Die Dirigenten waren und sind teilweise noch in der glücklichen Lage, der Angelegenheit die ihnen passende Behandlung angedeihen zu lassen. Die zahllosen Dirigierbücher sind ja, bis auf verschwindend wenige Ausnahmen, von Dirigenten oder ihren Freunden geschrieben worden. Wenn in diesen Büchern sehr wenig von einer Kontroverse mit Orchestermusikern zu lesen ist, so deswegen, weil für die Dirigenten die Orchestermusiker als literarischer oder auch nur als polemischer Stoff nach außen hin nicht existieren. Sie können die Orchestermusiker zwar nicht ganz ignorieren, da die Zusammenarbeit mit ihnen unvermeidlich unliebsame Vorkommnisse mit sich bringt. Für die Dirigenten sind aber diese Reibereien kein Streitobjekt zwischen zwei gleichberechtigten Parteien.

Für die Dirigenten sind die Orchestermusiker, insofern sie sich außer dem Musizieren auch als Lebewesen bemerkbar machen, eine Störung, eine Irritierung und Unannehmlichkeit, die man, wenn die juristische Handhabe vorhanden ist, einfach durch summarisches Verfahren beseitigt. Das ist der Grund, weshalb die Dirigenten und ihre Biographen sich in ihren Büchern so auffallend wenig mit den Orchestermusikern abgeben. Dieses Ignorieren ist der indirekte Ausdruck der Ansicht, daß die Beziehungen zwischen Dirigent und Orchester, welcher Art sie auch sein mögen, nicht wichtig genug sind, um als Gegenstand einer öffentlichen Unterhaltung zu dienen.

Noch bezeichnender für die kapellmeisterliche Denkart ist, daß nicht einmal die ausgesprochen positiven Aspekte der Zusammenarbeit erwähnenswert befunden werden. Sehr spärlich sind die Fälle, in denen ein Dirigent vom Entzücken über das Spiel eines von ihm dirigierten Orchesters oder einzelner hervorragender Orchestermusiker zu berichten geruht.

Ist es nicht eigenartig, daß die Dirigentenbücher sich überhaupt nur zum geringsten Teil mit Musik befassen? In den strikt technisch konzipierten Dirigierlehren ist es natürlich unvermeidlich, auch von musikalischer Interpretation zu sprechen. Es gibt aber kein Dirigierbuch, sei es technisch oder biographisch, in welchem der Orchestermusiker als musizierender und gemeinschaftsbildender Mensch berücksichtigt wird.

Wovon handeln die Dirigentenbiographien und -memoiren? Man kann in ihnen wahrhaft faszinierende Dinge lesen über den Kampf um Ruhm, hohe Honorare und Frauen; man kann von eroberten Ländern und Städten in allen sechs Erdteilen lesen und auch von Auszeichnungen, Orden, Titeln und Ehrendoktoraten. Da sind dann noch die entzückend intimen Enthüllungen, wie zum Beispiel diejenige über die Abneigung Toscaninis, die von seiner Frau eigenhändig gestopften alten Socken zu tragen. Wie könnte man die gewaltige interpretatorische Mission und Bedeutung Toscaninis für die Welt der Musik ermessen, wenn man nicht die welterschütternde Kunde erführe, daß er ungern ausgebesserte Socken trug oder daß er für seine Mahlzeiten nur Suppe und Käse bevorzugte. Oder ist es vielleicht für die Würdigung eines Dirigenten, wie zum Beispiel des Toscanini-Epigonen Sir Georg Solti, nützlich zu wissen, daß er gegen das Fleischessen eine heftige Abneigung empfindet? Ein journalistischer Hansdampf in allen Gassen berichtete, daß Solti, der kein absoluter Fleischverächter ist, sich für einen verdrängten Vegetarier hält, weil er Fleisch nur in einer Zubereitung zu sich nehmen kann, in welcher die tierische Form nicht erkennbar ist. Die Erkenntnis mag tatsächlich von etwelcher charakterkundlichen Bedeutung sein, daß diese gastronomische Zimperlichkeit und die gleichzeitig wirkende kapellmeisterliche Berserkernatur ein psychologisches Kompensationsverhältnis widerstreitender Gefühle darstellen, ähnlich wie auch Hitlers vegetarische Askese durch seine Judenfresserei kompensiert wurde. Wenn die journalistische Klatschsucht unter anderem auch der Aufdeckung solch zwiespältiger Tyrannenaffekte dienen würde, dann könnte der mimosenhafte Vegetarismus eines Dirigierwüterichs auch den Musikfachmann interessieren. Allerdings bleibt – was Solti betrifft – die Frage ungeklärt, wieso er, trotz seines Widerwillens gegen tierische Formen auf seinem Teller, in den Orchesterproben (vor seiner

Alterserschlaffung) die Musikantenfresserei mit solch herzhaftem Appetit betreiben konnte, obwohl doch die Orchestermitglieder ihre Tierform deutlich erkennbar zeigten.

Die journalistischen Plaudertaschen berichten freilich vorzugsweise über die zartfühlende Seite der Publikumslieblinge und lassen deren „Menschenfresserei" lieber im Halbdunkel gedeihen. Diese kapellmeisterliche Einstellung könnte man vielleicht bei jenen als natürlich ansehen, die in der „Sklaventreiberkaste" aufgewachsen sind und selber nie „Sklaven" gewesen sind. Können aber die Greuelnachrichten, die in Kreisen des Orchesterplebses über Toscanini verbreitet werden, wahr sein, wo er doch einstmals selbst im Orchester gesessen hat und das Schwingen der kapellmeisterlichen Peitsche am eigenen Leib erfahren oder zum mindesten an jenem mancher Kollegen mit ansehen mußte? Toscaninis Kenntnis des Musikantenschicksals und dessen Unauslöschlichkeit in seinem Gedächtnis für sein Sozialgefühl zu bestreiten, käme der Behauptung gleich, daß Mussolini (um einen Landsmann und einen einstmaligen Freund aus einer „verwandten Branche" zu nennen) ein Vorkämpfer der Demokratie war, da er ja selber aus dem niederen Volk stammte.

Die Orchestermusiker, die zu Kapellmeistern aufsteigen, satteln meistens in einer früheren Phase ihrer Laufbahn um und passen sich ihrer neuen Stellung so gut an, daß sie nur noch eine blasse Erinnerung an ihre niedrige Vergangenheit bewahren. Noch entscheidender aber ist, daß fast alle auf diese Weise emporgekletterten Kapellmeister einen nachwirkenden Selbsthaßkomplex mit sich schleppen. Diese Kapellmeister ringen mit dem Gespenst der Herkunft. Sie bewahren denjenigen Verbindungsfaden zum Orchester am meisten, der für sie am störendsten ist, nämlich das Wissen um die Weigerung der Musiker, einen Emporkömmling innerlich anzuerkennen. Man sieht also, daß – während die orchestrale Herkunft einem Dirigenten unzweifelhaft einen handwerklichen Vorsprung sichert – sie gleichzeitig ein psychologischer Ballast schlimmster Sorte ist. Die Schlußfolgerung aus all dem ist, daß es grundsätzlich keinen Dirigenten gibt, der zum Orchester ein gesundes, von jeglicher Gemütsbelastung freies Verhältnis hat. Dazu aber, was die Dirigenten von selbst nicht erkennen können, muß ihnen ein Orchestermusiker die Augen öffnen, und zwar ein aktiver Orchestermusiker, dessen Sicht nicht durch den Taumel des Dirigierens getrübt ist.

Eine unschuldige Stimme aus dem Publikum könnte fragen, weshalb das dirigiergegnerische Dozieren vor der Öffentlichkeit stattfinden muß, anstatt in der trauten Atmosphäre der Probenräume, wo es eigentlich hingehört. Ein ausübender Orchestermusiker hat ja jeden Tag Gelegenheit, seinem Kapellmeister Vorschläge bezüglich des Orchesterspiels und der Arbeitsorganisation an Ort und Stelle zu unterbreiten.

Ein solches Verhältnis zwischen Untergebenen und Vorgesetzten ist tatsächlich schon in allen fortschrittlichen Industrieunternehmen eingeführt. Es sind in den Fabriken Kästchen an den Wänden der Arbeitsräume angebracht, in die jeder Arbeiter einen ausgefüllten Fragebogen bezüglich der Betriebsverbesserung einwerfen kann. Der Arbeiter wird sogar belohnt, wenn seine Vorschläge sich als nützlich erweisen. Solche Neuerungen, die in der Industrie schon gar nicht mehr neu sind, kommen aber nicht einmal für das fortschrittlichste Orchester in Frage (freilich mit Ausnahme jener wenigen, die als unabhängige Formationen ihre eigenen Arbeitgeber sind). Aber bei Orchestern unter obrigkeitlicher Verwaltung können Vorschläge höchstens in der Form eines Arbeitskampfes vorgebracht werden, und dann auch nur durch den amtlich gewählten Vorstand oder die Verbandsvertreter. Ein einzelner Musiker kann nicht zu seinem Kapellmeister gehen und mit ihm eine freundschaftliche Aussprache haben, besonders nicht, wenn diese auch nur die entfernteste Andeutung einer Kritik über die Arbeitsweise des Vorgesetzten enthält. Wenn ein Musiker das versucht, wie es auch mal vorgekommen sein mag, dann kann er sicher sein, beim betreffenden Dirigenten auf die schwarze Liste gesetzt zu werden.

In der Regel bietet sich aber dem Musiker dazu gar keine Gelegenheit. Wenn das Publikum glaubt, daß ein Musiker als musikalischer Mitarbeiter mit seinem Chef frei und ungezwungen verkehren kann, dann ist es auf dem Holzweg. Das Verhältnis des Orchestermusikers zum Dirigenten richtet sich nach dem Spruch: „Gehe nicht zu Deinem Fürscht, wenn Du nicht gerufen wirscht." Das ist der Grund, weshalb ein Orchestermusiker an die große Glocke hängen muß, was er lieber unter Ausschluß der Öffentlichkeit sagen möchte.

Eine Lieblingsfrage der Beschützer der Autorität an den aufsässigen Plebejer ist: „Wer sind Sie denn, daß Sie es wagen, hochgestellte Persönlichkeiten zu kritisieren? Was gibt Ihnen das Recht, weltberühmte Koryphäen herunterzureißen?!" Die Antwort auf diese Frage ist eine Gegenfrage: Wer überhaupt kann sich erlauben, eine sogenannte Autorität zu kritisieren? Von welcher Machtquelle haben die Dirigenten ihr Recht zum Dirigieren erhalten? Welche Behörde erteilt einem die Bewilligung, ein Buch über die Dirigenten zu schreiben?

Die bloße Tatsache, daß einer ein Buch schreibt, gibt ihm das Recht, es zu schreiben, und das Kritisieren gibt ihm das Recht, zu kritisieren. Der Freiheit des Dirigierens steht die Freiheit des Kritisierens entgegen. In unserer freiheitlichen Welt darf jeder die Dirigentenlaufbahn einschlagen, selbst der Unbegabteste. So darf auch jeder kritisieren, selbst der Bösartigste.

Das bisher gebotene Situationsbild bezieht sich mit einiger Beschränkung auf die Verhältnisse des zu Ende gehenden Jahrhunderts (und auch Jahrtausends), wo die Dirigiersitten sich einer veränderten allgemeinen Kulturphase angepaßt haben. Die rauhe Beschreibung ist mehr nur als der Bericht über ein früheres Glied in der geschichtlichen Kette gedacht. Die weitere Behandlung des Dirigierthemas wird verständlicher gemacht, wenn es gegen den Hintergrund der geschichtlichen Präliminarien gesehen wird.

Im ersten Drittel des 19. Jahrhunderts, eigentlich genau in Beethovens Todesjahr, ist Ludwig Rellstab noch ins Kittchen gesteckt worden, weil er den Herrn Kapellmeister Spontini allzu respektlos zu kritisieren wagte. Rellstab war kein Orchestermusiker, sondern Musikreferent der Vossischen Zeitung in Berlin, hatte also eine viel gehobenere Stellung als ein Orchestermusiker. Aber in jenen herrlichen Zeiten machte man mit einem Skribenten nicht viel Federlesens, wenn er den Hofkomponisten und Generalmusikdirektor seiner Majestät des Königs von Preußen anzugreifen wagte.

Zum Leidwesen des Dirigenten kann man heutzutage einen Kritiker nicht mehr so bequem mundtot machen. Kussewitzky hat es versucht, mußte aber erfahren, daß die Zeiten sich inzwischen geändert hatten. Zudem begab sich der Fall auf dem freiheitlichen Boden Amerikas.

Der fragliche Übeltäter war auch kein Orchestermusiker, obwohl Kussewitzky kaum einen Musiker in seinem Bostoner Orchester hatte, der ihn nicht heimlich kritisiert hätte. Offenbar war aber die Zeit dafür noch nicht gekommen, daß ein Orchestermusiker einen offenen Bruch mit der Dirigiergilde riskiert hätte.

Es war ein Musikschriftsteller, der den Ehrgeiz hatte, ein ganzes Buch über Kussewitzky zu schreiben, ohne indessen von seinem Helden Erlaubnis dafür einzuholen. Mister Smith, der Verfasser, hat gar nicht in Schmähungen geschwelgt, sondern in seinem Werk Licht und Schatten wahrheitsgetreu verteilt. Kussewitzky hielt es aber mit Goethe und wollte mehr Licht.

Das Gericht, bei dem er sich nicht entblödete, den ungebetenen Biographen zu verklagen, wies ihn aber ab. Es gab also noch Richter für die Krittler. Wenn nicht in Berlin, so wenigstens in Boston.

Die Zeiten der Bülows, Mahlers, Toscaninis, Reiners und Böhms sind ziemlich vorbei. Der herrliche Beruf des Dirigierens kommt ganz auf den Hund. Das Leben beginnt wirklich seinen Reiz zu verlieren. Bis vor kurzem konnten die Dirigenten ziemlich ungestört ihr Unwesen treiben. Niemand hat sie für ihre Treibereien ernstlich zur Rechenschaft gezogen. Sie wurden nicht wie gewöhnliche Sterbliche betrachtet, sondern eher wie eine Priesterkaste oder ein Orden. Zueinander stehen sie wie Mitglieder einer losen Freimaurerkonvention, was so zu verstehen ist, daß sie zwar beileibe keine brüderliche Gesinnung einander gegenüber an den Tag legen, wohl aber eine klüngelhafte Solidarität. Der Dirigentenstand ist eine Interessengemeinschaft, die ohne feste Organisation, nur durch den Selbsterhaltungstrieb eines jeden einzelnen Mitglieds, ihren auserwählten Status aufrechtzuerhalten trachtet.

Mit süßem Hohn spricht Bernard Shaw von der Verschwörung der Berufe gegen das Laienpublikum. Er meint, daß es ein stillschweigendes Einvernehmen zwischen Berufskollegen ist, den Konkurrenzkampf nicht mit Mitteln zu führen, die den Schwindel ihres Berufs vor dem Laienpublikum aufdecken würden. Seine lange Liste von Verschwörungen, die unter anderem solche enthält wie die militärische, juristische, priesterliche, plutokratische und gewerkschaftliche, nennt die kapellmeisterliche Verschwörung leider nicht. Es kann aber kein Zweifel darüber bestehen, daß sie der Liste alle Ehre machen würde.

Jeder Beruf oder gesellschaftliche Stand versucht naturgemäß, sich für Außenstehende in ein Gewand der Unergründlichkeit zu hüllen. Es gibt aber keinen Beruf, bei dem es so schwierig wäre, hinter die Schliche der Macher zu kommen, wie beim Dirigieren. Die Obliegenheiten anderer Berufe und Organisationen, wenngleich oft absichtlich verhüllt und den Beobachtungen des Laienpublikums entzogen, haben wenigstens in ihrem Grundelement und Prinzip etwas allgemein Verständliches. Wenn einer auch nichts von Militär oder Rechtswissenschaft versteht, mag er doch eine gewisse Vorstellung von deren Zweck und Funktionieren haben. Das Dirigieren hat dagegen (obwohl es sich vor den Augen der Leute abspielt) etwas Wunderliches an sich. Hindemith zum Beispiel nannte das Dirigieren eine läppische Tätigkeit. Zwar weiß und sieht jeder, daß der Kapellmeister das Orchester leitet, was aber die fachlich zweckreinen Elemente dieser Leitung sind, ist dem Uneingeweihten nicht klar. Und man kann gleich hinzufügen, daß es sehr schwer ist, sich darüber Klarheit zu verschaffen.

Auch die soziale Stellung des Kapellmeisters inmitten seiner Mitarbeiter ist dem Außenstehenden, und oft sogar dem Nahestehenden, schleierhaft. Man weiß, daß er der Chef ist, aber man kennt die gesellschaftliche und menschliche Distanz nicht genau, in welcher die Musiker zu ihm stehen.

Alle von Shaw erwähnten Berufe müssen zugunsten der Wirksamkeit ihrer Verschwörung eine unablässige Benebelungskampagne gegen den immer wieder hervorbrechenden Skeptizismus des Publikums führen. Die Verschwörung der Kapellmeisterei hat das jedoch nicht nötig; sie kann sich nach wie vor auf die Unwissenheit des Laien verlassen.

Die Unkenntnis über das Wesen der Dirigiertätigkeit und die innere Fragwürdigkeit der persönlichen Qualitäten der meisten Dirigenten machen den Nimbus möglich, der den Beruf umgibt. Zu dessen Auskundschaftung wird hie und da Gelegenheit geboten, indem manche Orchestergesellschaften zu gewissen Proben eine beschränkte Zahl von Gästen zu Propagandazwecken zulassen. Man sollte allerdings die Bedeutung dieses Vorstoßes der Musikfreunde in unerschlossene Gebiete der Musikpraxis nicht überschätzen. Die Proben, denen sie beiwohnen dürfen, sind nicht jene, in denen alles drunter und drüber geht. Diese halböffentlichen Proben sind schon die letzte Runde im Gefecht. Außerdem dürfen die Besucher nur in den hinteren Reihen des Zuschauerraumes Platz nehmen, so daß sie weit vom Schuß sind. Aber auch so ist es an manchen Orten, wo es überhaupt der Brauch war, zur Einstellung dieser Gastfreundschaft gekommen, weil die Leute zu viel gesehen und gehört haben. In Boston, um einen namhaften Platz zu nennen, wurden die Musiker in diesen Proben vom berüchtigten Kussewitzky in solch peinliche Situationen versetzt, daß sie sich weigerten, bei Anwesenheit des Publikums zu proben.

Als Ersatz für den Besuch von Orchesterproben, der nicht überall möglich ist oder unter nicht ganz realistischen Umständen geboten wird, werden wir zu gegebener Zeit noch Gelegenheit haben, das Drama der Probenvorgänge wenigstens aus zweiter Hand durch eine fachliche Schilderung zu erleben. Indessen ist es nicht zu leugnen, daß die Orchestermusiker auch keine Unschuldslämmer sind und daß sie manchmal widerspenstig und sogar absichtlich begriffsstutzig sein können. Ein solches Verhalten ist aber oft nur die primitive Auflehnung gegen Mißstände.

Zu Mißständen können unselbständig Erwerbende immer nur beitragen, nicht aber den ersten Schritt dazu tun. Zuerst gab es industrielle Ausbeutung, und nachher entstanden die Gewerkschaften. Zuerst gab es Tyrannei, und darauf folgten die Revolutionen. Noch nie in der Geschichte ist es vorgekommen, daß ein Mensch im Abhängigkeitsverhältnis ein Unrecht begonnen hätte. Begangen ja, aber nicht begonnen. Letzteres ist eine physische Unmöglichkeit. Das Unrecht, das ein Untergebener sehr wohl begehen mag, ist nicht das erste Glied in der Kette. Das ist deswegen unmöglich, weil das Abhängigkeitsverhältnis an sich schon ein Unrecht ist, das ohne Provokation entsteht.

Nun braucht man nicht gleich zu glauben, daß das Abhängigkeitsverhältnis, nur weil es ein Unrecht ist, auch ein Unglück sein muß. Zwar ist dieses Unrecht (und man möchte sagen: Erbunrecht) eine Wunde, doch haben die Menschen, das heißt die Mehrzahl, die Abhängigen, sich mit dieser Wunde ziemlich friedlich abgefunden. Wenn das Zugpferd sich am Geschirr wund reibt, erträgt es das, ohne zu bocken. Wenn man aber Salz in die Wunde streut, dann hört die Kreatur auf, stumm zu sein, und kann mit einem Huftritt in den Bauch des Streuers sehr deutlich werden.

Vorgesetzte sind in großer Zahl solche Salzstreuer, die die Bedeutung der Verpflichtung, Vorgesetzter zu sein, nicht verstehen. Die unvermeidliche hierarchische Ordnung unserer Gesellschaft kann, um eine Tugend aus der Not zu machen, als Methode der wirksameren Organisierung der menschlichen Lebensbestrebungen akzeptiert werden, niemals aber als eine Einrichtung zum launenhaften Privatvergnügen der Vorgesetzten. Da aber gerade aus diesem egozentrischen Aspekt der Kapellmeisterei ein Kult gemacht wird und da dieser Kult den Grundton aller Äußerungen und Kommentare über die Dirigenten bestimmt, so sind die meisten literarischen Elaborate über den Dirigierrausch der beschönigende Zerrspiegel einer auf Abwege geratenen Institution. Wenn Orchestermusiker in Büchern und Zeitungen die hochtrabenden Ergüsse über die Dirigenten lesen, lachen sie sich einen Ast. Aber wer fragt die Orchestermusiker!

Dirigenten, wie Königen, kann man nicht einfach seine Meinung sagen. Das geht nicht.

Wenn man Könige wissen lassen will, was man von ihnen denkt, muß man ihnen gleich den Kopf abhacken. Und das geht. Könige und Diktatoren, über die zu ihren Lebzeiten nicht einmal ein Spottgedicht gesungen werden durfte, erlitten plötzlich ein solches Schicksal. Auf diese Weise wirkte bei ihnen das Gesetz des überhitzten, wassergefüllten Dampfkessels, der, wie man allzu gut weiß, abgedrosselt nur einem begrenzten Druck standhalten kann und darüber hinaus explodiert.

Im Falle der Dirigenten konnte der Mißstand deswegen so lange bestehen, weil sie keine Kritik zu befürchten hatten. Es gab keinen Beruf, in welchem man so unüberwacht schalten und walten konnte wie beim Dirigieren. Und man soll kein absichtliches Mißverständnis schaffen mit der Einwendung, daß die Dirigenten in den Zeitungsrezensionen ja doch kritisiert werden. Die Überwachung, welcher der Dirigent in der Presse und den kritischen Biographien unterworfen wird, befaßt sich zum größeren Teil mit den musikpolitischen Auswirkungen seiner jeweiligen Ortstätigkeit, zu einem geringeren Teil mit musikalischer Interpretation und gar nicht mit Fragen sozialethischen Verantwortungsbewußtseins Untergebenen gegenüber.

Die Musikkritiker kommen immer mehr unter den kaum greifbaren, aber wirksamen Einfluß einer kommerziellen Modeströmung, nach welcher das Daseinsrecht eines Orchesters in seinem touristischen Propagandawert für die Ortsgemeinschaft liegt. Die Leistungen des Dirigenten mit seinem Orchester werden unter dem Blickwinkel dieser Zweckdienlichkeit beurteilt. Wenn der Dirigent es versteht, das Orchester zum Wahrzeichen der Ortskultur zu machen, dann ist das Orchester gut. Wenn das Orchester diese Sendung nicht erfüllt, dann ist es schlecht, und folglich der Dirigent unfähig.

Die Neigung, die Qualität eines Orchesters vom örtlich kommerziellen Nützlichkeitsstandpunkt aus zu beurteilen, wäre nicht unbedingt zu verurteilen, wenn dieser Standpunkt nur ein Faktor unter mehreren wäre. Er infiziert aber auch das Denken derer, die einen idealistischeren Maßstab an die Leistungen eines Orchesters und seines Dirigenten anlegen sollten. Wenn die rein musikalischen Rücksichten hinter den Erfordernissen des musikpolitischen Gesellschaftsspiels schon so oft zurücktreten müssen, dann kann man sich vorstellen, wieviel Sorge um das leibliche und seelische Wohl der Orchestermusik übrigbleibt. Diese Umstände geben den Zeitungsrezensionen und auch den Dirigentenbiographien ihre Färbung.

Der Kritiker und Biograph, der vom arbeitstechnischen Standpunkt aus meistens ein praxisfremder Theoretiker ist, hat von den soziologischen Nöten der Orchestermusiker gar keine Ahnung. Es wird nie gefragt, ob die Musiker mit einem bestimmten Dirigenten überhaupt menschlich zusammenarbeiten können und ob die musikalische Leistung nicht unter den unzureichenden menschlichen Qualitäten des Dirigenten leidet. Die von den Musikern verursachten Arbeitsstörungen kommen in diesem Zusammenhang deswegen nicht in Betracht, weil der zur Passivität verpflichtete Untergebene kein Mitspracherecht bei der Arbeitsgestaltung hat und nicht tonangebend für das Schaffen der geeigneten Arbeitsatmosphäre ist. Die Verantwortlichkeit muß billigerweise zu Lasten derjenigen Partei gehen, die auch die Befugnisse hat.

Diese Verteilung der Rechte und Pflichten und deren psychologische Wirkung auf die Ausübenden einer Tätigkeit von stark emotionaler Natur wird von den Kunstkritikern nie erörtert. Aus diesem Grunde geben die Orchestermusiker keinen Pfifferling dafür, was in den Zeitungen über die kapellmeisterlichen Konzertleistungen steht. Die Musiker sind vom äußeren Erfolg oder Mißerfolg des Dirigenten wenig berührt, solange sie sich im Inneren nur als unpersönliches Sprungbrett für seinen Aufstieg fühlen müssen. Der Glanz, in welchem sich die

Musiker manchmal mit dem Dirigenten öffentlich sonnen dürfen, verdeckt eine vollkommene soziale und sogar musikalische Absonderung hinter den Kulissen. Das sind die Aspekte der kapellmeisterlichen Wirksamkeit, die in der Öffentlichkeit nie diskutiert werden.

Im beruflichen Unanfechtbarkeitskult ähneln die Dirigenten den Ärzten. Das sind so ziemlich die zwei einzigen Berufe – das Dirigieren und die Medizin –, deren Vertreter vor der Meinung und Einmischung ihrer Opfer geschützt sind. Auch einem Arzt kann man seine Meinung nicht direkt ins Gesicht sagen, selbst wenn er zu der Sorte gehört, die den Patienten trotz der Wunder der Medizin ahnungslos zu Tode kuriert. Wenn ein Patient das Pech hat, einem solchen Pfuscher in die Hände zu fallen, aber so widerstandsfähig ist, daß er trotzdem gesund wird, dann nimmt der Arzt das Verdienst um die Genesung ganz für sich in Anspruch. Sollte aber der Kranke infolge falscher Behandlung sterben, dann behauptet der Pfuscher, daß das Ende ohne ihn viel schneller gekommen wäre.

Mit den Dirigenten verhält es sich ganz ähnlich. Wenn ein Orchesterkonzert erfolgreich verläuft, dann weisen der Dirigent oder seine Freunde darauf hin, was er aus dem Orchester trotz unzulänglicher Mittel herauszuholen verstand. Hat aber das Orchester schlecht gespielt, dann ist es eben ein schlechtes Orchester, das ohne den betreffenden Dirigenten noch viel schlechter gespielt hätte und dessen Mitglieder ausgewechselt werden müssen.

Ärzte und Dirigenten sind vom Nimbus eines gesalbten Übermenschentums umgeben. Auge in Auge mit ihnen sind sie über jede Kritik erhaben, selbst wenn sie die größten Stümper sind. Über die ärztliche Stümperei, die freilich nie ruchbar werden darf, kann man etwas Authentisches nur erfahren, wenn man das Glück hat, die Meinung eines Arztes über einen anderen Arzt zu hören. Wenn wir von Ärzten sprechen, könnten wir geradesogut „Kapellmeister" sagen. In vertrautem Kreise nehmen sie auch kein Blatt vor den Mund, und man kann da Worte beißender Verachtung für den Hochstapler von Kollege vernehmen. Und damit kommen wir zu der Illustrierung der früher schon erwähnten gegenseitigen kapellmeisterlichen Freundlichkeiten.

In einem von Furtwängler dirigierten Konzert, dem Klemperer beiwohnte, fragte man diesen, was er vom Dirigieren Furtwänglers halte. „Was der auf dem Podium macht, das mach' ich im Bett" – war die Antwort.

Man weiß, was Klemperer mit seiner kollegial liebenswürdigen Bemerkung meinte. Furtwängler hatte die Gewohnheit, wenn er beim Dirigieren in Trance gefallen war, zerknirscht in die Knie zu sinken, den Oberkörper zu beugen und den Kopf mal auf die Brust fallen zu lassen, mal nach hinten zu werfen. Das Bild wurde dann noch ergänzt durch ein verzücktes Gesicht, durch die schlenkernden Arme und schließlich durch seinen Taktstock, der so zitterte wie die Flügel balzender Schmetterlinge. Dieser elysäische Exhibitionismus, der Furtwängler zweifellos viele weibliche Anhänger verschafft hatte, war offenbar das einzige an ihm, was Klemperer bemerkenswert fand.

Furtwängler hätte seinerseits jedenfalls anerkennen müssen, daß Klemperer der größere von ihnen beiden war. Furtwängler war nämlich nur 184 cm groß, Klemperer aber zwei Meter. Das Spaßige dabei ist, daß die halbe Portion Toscanini, dieser Alberich im Kreise der Hünen Otto Fafner und Wilhelm Fasolt, mit dieser Konkurrenz kurzen Prozeß machte. Er erklärte kurzerhand, daß es in der Welt keinen Dirigenten außer ihm gegeben hätte. Damit waren Klemperer, Furtwängler, Schulze, und wie sie alle heißen, vom Gefilde des Dirigierens summarisch eliminiert.

Es war vielerorts Sitte geworden, ein Verdikt von Toscanini in musikalischen Dingen als sakrosankt anzuerkennen. Doch beeindruckte das den freimütigen Carl Muck wenig. Als er vernahm, daß der ihm in Bayreuth als Parsifaldirigent nachfolgende Toscanini viele Posten im Festspielorchester wegen angeblich unzureichender Qualität der Spieler umbesetzen wollte, sagte er wegwerfend: „Was mir recht war, könnte auch dem Makkaroni-Italiener recht sein."

Noch vor diesem Vorfall mußte aber Muck selber das „Wohlwollen" eines Kollegen erfahren. Als er gegen Ende des Ersten Weltkrieges in Amerika unter die dumme, bösartige und völlig grundlose Anklage der Spionage zugunsten Deutschlands geriet, schloß sich der irregewordene Walter Damrosch den geifernden Schreiern an. Die Gelegenheit bietet sich nicht jeden Tag, einen unbequemen Kollegen durch scheinheiligen Hurrapatriotismus loszuwerden.

Wie man sieht, gibt es unter Dirigenten einen wahrhaften Reigen der Komplimente und der gegenseitigen Wertschätzung. Wie der eine dem anderen traut und wie sie sich gegenseitig den Erfolg gönnen, ersieht man auch daraus, daß sie als festverpflichtete Stammkapellmeister eines Orchesters sich ein vertraglich zugesichertes Vetorecht gegen Gastdirektionen ausbedingen. Dieses Recht dient ihnen nicht nur zur Blockierung gefährlicher Konkurrenten, sondern auch als Handhabe zum Tauschhandel mit Gastdirektionen. Diese achtunggebietenden Männer schielen nach der Geltung und Stellung der Konkurrenz wie der Fuchs nach dem Käse im Schnabel des Raben. Gleichzeitig suchen sie natürlich, die Konkurrenzfüchse vom Schielen nach dem Käse in ihrem eigenen Schnabel abzulenken.

Kussewitzky zum Beispiel hat während seiner 25jährigen Alleinherrschaft in Boston die Verpflichtung von Gastdirigenten kaum ausnahmsweise zugelassen. Und der auf seinen Orchestermist so furchtbar eifersüchtige Dirigierhahn Solti löste im Jahre 1961 seinen bereits abgeschlossenen Vertrag mit Los Angeles unter großem Getöse wieder, weil die Orchesterverwaltung, ohne Konsultation mit ihm, Zubin Mehta als Assistenten engagiert hatte. Nun mag eine Verwahrung gegen einen fragwürdigen Kollegen, der das Orchester bastardiert, berechtigt sein. Aber Mehta ist doch selbst in der Klasse von Solti, und man kann sich fragen, ob nicht gerade das der Stein des Anstoßes war. Jedenfalls ist Solti nicht sehr zimperlich, wenn es gilt, seinerseits als Gast in den Machtkreis eines anderen Dirigenten einzudringen.

Angesichts dieser Aspirationen und Eifersüchteleien kann man sich des Gedankens nicht erwehren, daß „große" Männer eigentlich kleine Männer sind, die lediglich hochgeklettert sind. Deswegen ist es eine ziemliche Zumutung, daß diese hochthronenden Kindsköpfe und die ihnen hörigen Federfuchser bestimmen sollen, was die Mitwelt vom Dirigieren zu denken hat. Der Ausspruch Clemenceaus über den Krieg und die Generäle könnte nicht treffender sein, wenn er auf die Dirigenten geprägt worden wäre. Wenn Clemenceau Musiker, oder wenigstens musikalisch interessiert gewesen wäre, hätte er sicherlich gesagt: „Das Dirigieren ist eine zu ernste Angelegenheit, um den Dirigenten überlassen zu werden."

An wen soll man sich denn wenden, wenn man etwas über das Dirigieren erfahren will? Die Frage führt automatisch zum Orchestermusiker. Er sei nicht nur dem Publikum, sondern namentlich auch dem Studenten zur Beachtung empfohlen für das kleine bißchen, das vom Dirigieren auf dem Lehr- anstatt dem Erfahrungsweg zu erlernen ist. Nicht, als ob die Aneignung von Dirigierkenntnissen keine Studierzimmerarbeit erfordern würde, aber man sollte sich die Illusion aus dem Kopf schlagen, daß das Weitergeben fertiger Weisheitsgespinste von selbstgerechten Dirigierbischöfen dem Publikum zur Aufklärung und dem Studenten zur Wissensbereicherung gereicht. Die Dirigiermethoden werden ja immer besser, die Dirigenten jedoch immer schlechter – und das Publikum immer ratloser.

Alle Dirigierratgeber lassen durchblicken oder sagen es sogar ausdrücklich, daß man zum Dirigieren geboren sein muß, daß es also nicht schulmäßig erlernt werden kann. Es stimmt auch, daß kein großer Dirigent sein Handwerk je aus Büchern oder auch nur in einem Dirigierkursus erlernt hat. Trotzdem wird der Büchermarkt mit Dirigierliteratur überschwemmt, offenbar für solche, denen sie nichts nützt, da die anderen sie ja doch nicht in die Hand nehmen, es sei denn zum Zwecke der Belustigung. Denn es ist bekannt, daß der eine Kapellmeister nur Spott für die Empfehlungen eines anderen übrig hat. Es ist aber auch möglich, daß sie deswegen alle den Drang verspüren, ihre Dirigieransichten in einem Buch niederzulegen, weil sie darin wenigstens richtig schreiben wollen, was sie ein Leben lang falsch gemacht haben.

Wenn ein Dirigierbuch trotz alledem geschrieben werden soll – ein Buch, aus dem man vielleicht nicht das Dirigieren, aber doch etwas Nützliches darüber lernen kann –, wer wäre dann dazu berufen, es zu schreiben? Die Antwort liegt auf der Hand. Wir wollen aber der Reihe nach fortschreiten und zuerst die Bedeutung des Wortes „Dirigieren" klarlegen.

Das Wort „Dirigieren" bezeichnet ein Tätigkeitsverhältnis zwischen zwei Parteien, von denen die eine den Akt des Dirigierens ausübt und die andere ihn erleidet. Wenn einer dirigiert, ist immer ein gehorchendes Subjekt da, das dirigiert wird. Dieses Subjekt ist beim musikalischen Dirigieren das Orchester beziehungsweise dessen Einzelmitglied, der Orchestermusiker.

Es ist nötig, diesen kindlich einfachen Tatbestand zu unterstreichen, weil viele Dirigentennarren glauben, daß das Dirigieren für den Musikzuschauer da ist. (Das ist übrigens ein Thema, das uns zu gegebener Zeit noch eine ausgiebige Gehirngymnastik kosten wird.) Ist aber einmal die Tatsache festgestellt, daß es der Orchestermusiker ist, an den sich das Dirigieren wendet, oder wenigstens sich wenden sollte, dann muß man vernünftigerweise fragen, ob nicht der Orchestermusiker, der das Dirigieren ein Leben lang am eigenen Leib erfahren hat, der Hauptmaßgebende ist, eine Meinung darüber zu äußern. Der Orchestermusiker ist dem Dirigieren am direktesten und empfindlichsten ausgesetzt, so muß er doch etwas davon zu erzählen wissen. Es ist bemerkenswert, daß er trotzdem am wenigsten gefragt wird.

Das Publikum kann sich nicht vorstellen, daß ein Musiziersklave seinem Meister das Wasser reichen könnte; und die Dirigenten, die natürlich wissen, daß sie eine gewitzigte und rachgierige Nibelungenhorde vor sich haben, würden sich schwer hüten, ihr Redefreiheit zu gewähren. Und doch muß sich ein Dirigent dessen bewußt sein, daß sein Dirigieren im Endeffekt nur dann ein gutes Dirigieren ist, wenn er damit die Meute seinen Wünschen gefügig machen kann. Wie dieses Ziel zu erreichen ist, dafür sollte keine Quelle maßgebender sein als die Meute selbst. Deswegen ist jede Dirigierfibel, die das Wissen und den Standpunkt des Orchestermusikers außer acht läßt, für die Katz.

Auch zum Beispiel bezüglich des Schlachtens von Kälbern kann man nicht mit endgültiger Bestimmtheit sagen (da die Kälber sich noch nicht zu diesem Thema geäußert haben), welches die beste Art des Schlachtens ist. Und doch könnten nur die Kälber den Metzgern sagen, wie sie vom kälbernen Standpunkt richtig geschlachtet werden sollten. Und es wäre gut, wenn man sie fragen könnte, da es bereits wissenschaftlich festgestellt ist, daß das Fleisch seelisch zufriedener, mit ihrem Schicksal versöhnter Kälber besser schmeckt als das von unverstandenen, verkannten und neurotischen Kälbern.

Die Orchestermusiker gehören zwar nicht zu den allergrößten Kälbern, da sie ihren Kapellmetzger nicht selber wählen. Trotzdem könnten sie ihm zur gegenseitigen Erleichterung der Aufgabe manche Andeutung über die richtige Dirigierschlachtmethode geben, wenn nur die Zuständigen von dem erfreulichen Umstand Gebrauch machen würden, daß die Musiker reden können.

Da aber das Dirigieren trotz dieser Hilfe nach der didaktischen Methode nicht erlernt werden kann, so soll auch hier nicht versucht werden, es zu lehren. In diesem Sinn ist dieses Buch zum kleinsten Teil für den Studenten geschrieben. Vielleicht dient es etwas mehr den alten Dirigierhasen, da diese sowieso nie etwas mit der Absicht des Lernens lesen, sondern nur mit der des Verreißens. Am meisten ist aber dieses Buch für das unschuldige, nichtsahnende Publikum gedacht, dem es beim Lesen möglicherweise ähnlich ergehen mag wie dem Leser eines Kochbuchs für Fleischgerichte, der am Ende der Lektüre zum Vegetarier wird.

Es werden natürlich immer noch Leute mit starkem Magen übrigbleiben, die sich den Appetit durch nichts verderben lassen und durch dick und dünn mit den Dirigenten gehen. Diese Unentwegten haben nur für eine Kost einen empfindlichen Magen: Sie können nicht schlucken, was die Kritiker über ihre Lieblinge sagen.

Auf alle Fälle verpflichtet das Berufsethos die Eingeweihten, sich ihrer Mitwisserschaft über alles Kapellmeisterliche zu entledigen. Das ist ein Gebiet, vielleicht das letzte unter den menschlichen Tätigkeitszweigen, auf dem in bezug auf berufliche Insektenvertilgung noch etwas fertigzubringen übrigblieb.

In keinem anderen Beruf mit der gleichen Menge von Literatur und Publizität konnte die Decke, unter der die Interessenkonsorten stecken, so dicht zugehalten bleiben. Auf dem Büchermarkt gibt es heute eine ganze Anzahl sogenannter „Ratgeber", die die Abnehmer der verschiedensten Produkte und Dienste vor dem Überlistetwerden warnen.

Die letzte Kundschaft, die vor dem grassierenden Schwindel auf dem Gebiete ihres Konsumartikels noch nicht gewarnt wurde, ist das Konzertpublikum. Niemand schützt die Besucher der Orchesterkonzerte gegen die Dirigenten. Deshalb wollen wir nun unsere Köpfe zusammenstecken und gemeinsam entwirren, was es mit dieser verflixten Kapellmeisterei auf sich hat.

Wem also die vorangegangene Kostprobe von unserer Aufgabe nicht übel bekommen ist, der wird den ermunternden Ausruf Tonios am Ende seines Prologs im „Bajazzo" auch hier mit gespanntem Interesse, vernehmen: „Wie mein Dichter die Welt sah, hab' ich verraten. Seht nun sein Werk! Macht fort – schrumm – das Spiel kann beginnen."

# Der Bluff

### Das Dirigieren als Mittel zum Zweck

Wie es den Interessenten der Sozialwissenschaften bekannt sein dürfte, war es der radikale französische Wirtschaftstheoretiker Pierre-Joseph Proudhon, der das Privateigentum als Diebstahl bezeichnete. Nach diesem Muster kühner Gesellschaftskritik könnte man mit gleich überforcierter Logik behaupten, daß gesellschaftlicher Erfolg Schwindel sei.

Proudhon hat zwar mit seiner These keine subtile, auch auf Künstlerkarrieren anwendbare Gesellschaftsdiagnose im Sinne gehabt. Aber er hat ja in der ersten Hälfte des 19. Jahrhunderts noch nichts von Dirigenten und vom Dirigieren gewußt. Zu seiner Zeit hat sich die Notwendigkeit noch nicht fühlbar gemacht, den Dirigenten eine Extrabehandlung angedeihen zu lassen.

Wenn wir es nun zu unserer Aufgabe machen, nachzuholen, was Proudhon versagt blieb, dann werden wir gleich erkennen, daß das Dirigieren auch eine Berufstätigkeit ist, in welcher Erfolg durch Schwindel errungen werden kann. Er unterscheidet sich aber von den anderen Berufen dadurch, daß auf diesem Gebiet die Erfolghascher die Enthüllung ihrer Windbeuteleien weniger zu befürchten haben.

Ihr Beruf ist jedenfalls der patenteste und verfeinertste Unfug, der zum Erwerb von Ruhm und Gütern je erfunden wurde. Zugleich ist dirigiertes Musizieren auch von einer widersprüchlichen Art. Für den Orchestermusiker besteht der Widerspruch seines Berufs in der idealistischen Daseinsbestimmung der Musiziertätigkeit und einer fabrikmäßigen Werkordnung der Orchesterarbeit unter autoritärer Führung. Die Arbeit mit einem Dirigenten ist keine musikalische Zusammenarbeit, sondern eine Übung des Dirigenten im Herumkommandieren einer untergeordneten Menschengruppe. Man soll sich nicht täuschen. Ehrgeizige Individuen, die mit Musik soweit in Berührung gekommen sind, daß sie schon von einer musikalischen Karriere träumen können, wollen nichts anderes als Dirigenten werden. Dieser Beruf scheint ihnen wie dafür geschaffen, Menschenbeherrschung und dadurch Erfolg auf billige Art zu erringen.

Das Musikstudium fängt, wie es allgemein bekannt sein dürfte, nicht mit dem Dirigieren an. Für den angehenden oder auf mittlerer Fortschrittsstufe stehenden Musikstudenten gibt es keinen Kursus (es sei denn ein Schwindelkursus), in welchem er das Dirigieren studieren könnte.

In vergangenen Zeiten blieb das zahlenmäßige Verhältnis zwischen der ausübenden Musikerschaft und den Dirigentenkandidaten im natürlichen Rahmen von Angebot und Nachfrage. Der Werdegang eines Dirigenten wurde mehr vom Bedarf der Musikwelt an Talent als von seinem eigenen Ehrgeiz bestimmt. Die Triebfeder der überwiegenden Zahl der heutigen Karrieren ist nur noch Ehrgeiz. Es ist nicht das Amt, das den Mann sucht, vielmehr ist es der Mann, der das Amt sucht.

Man wird den Ehrgeiz als Motiv des Strebens allerdings auch bei einem Dirigentenanwärter nicht unbedingt als etwas Verwerfliches zu empfinden brauchen. Aber dieser Ehrgeiz, wie er heutzutage in Erscheinung tritt, hat einen vergifteten Ursprung.

Es liegt in der Natur streberhafter Menschen, daß sie großen Vorbildern um so mehr nacheifern, je weniger sie mit deren Schöpferkraft begabt sind. Ihr Ziel ist nicht so sehr, ihr eventuelles Talent zu entwickeln und zu erfüllen, sondern die beglückende gesellschaftliche Stellung einer aus der Menge herausragenden bewunderten Persönlichkeit zu erreichen und den Sirup der dadurch ermöglichten Befriedigung tyrannischer Neigungen zu genießen. Dem Streben vieler Talentchen liegt diese Begierde zugrunde, und so haben sie denn auch nicht die Leistung, sondern den Erfolg ihrer Vorbilder im Auge.

Das fetteste Fressen für den gesellschaftlichen Streber ist freilich die Stellung des erfolgreichen politischen Demagogen und in höchster Zuspitzung die des diktatorischen Volksführers. Solche Stellungen sind natürlich nicht jeden Tag zur Neubesetzung ausgeschrieben. Leute mit hochgeschraubtem Ehrgeiz müssen dementsprechend nach einer Ersatzkarriere Ausschau halten. Diese wurde nun mit Triumph in der Orchesterleitung gefunden.

Man glaubt, die Leitung eines Orchesters sei ein musikalischer Beruf. Das war sie früher tatsächlich. Aber die darauffolgende Epoche wurde das Zeitalter der Diktaturen, und es war die größte Entdeckung des 20. Jahrhunderts, daß die in unerreichbare Höhen gerückte Stellung eines Diktators in den Niederungen vor einem Orchester hundertfach wiedergefunden werden konnte. Das Dirigieren machte es möglich, den in einem erträumten Beruf aussichtslosen Aufstieg in einem anderen Beruf mit einem gleichwertigen und vollkommen befriedigenden Resultat zu verwirklichen.

Das Dirigieren vereinigt die Vorteile aller anderen Streberberufe ohne deren Nachteile. Das Dirigieren ist sogar der politischen Diktatur vorzuziehen. Diktatoren erreichen selten ein hohes Alter. Die Dirigenten dagegen sind nicht einmal im Greisenalter totzukriegen. Wenn die Bilanz zwischen den beiden Berufen gezogen wird, findet man, daß das Dirigieren einen entscheidenden Vorsprung hat. Alexander, Cäsar, Napoleon, Hitler und Mussolini haben alle für ihre Macht schließlich schwer blechen müssen. Je tyrannischer aber Toscanini, Kussewitzky und Stokowski sich benommen haben, um so mehr ist ihr Erfolg, Ruhm und Honorar gestiegen. Diese Herrschaften konnten außerdem während ihrer ganzen Laufbahn sicher sein, daß sie ungeschoren davonkommen würden.

Der amerikanische Filmschauspieler und Spaßmacher Danny Kaye, der zur Verulkung des Dirigierklüngels den Stab auch mal vor einem Orchester geschwungen hatte, beschrieb die Seelenlust des Dirigenten angesichts dieser Massenhörigkeit mit dem Ausruf: „Welch ein Gefühl neurotischer Macht!"

Die zeitgenössische Starkapellmeisterei ist eine nachäffende Parallelerscheinung und ein verpflanzter Auswuchs der politischen Diktatur. Auch sie zeigt epidemische Symptome und ist in ihrem Verlauf an eine Modeepoche gebunden.

Es gibt heutzutage kaum eine dem gewöhnlichen Sterblichen offenstehende gesellschaftliche Erhöhung, die sich mit dem Stand eines arrivierten Dirigenten messen könnte. Wenn der übergeschnappte römische Kaiser Caligula heute lebte, würde er sein Lieblingspferd Incitatus (das er tatsächlich mit dieser Auszeichnung ehrte) nicht zum Konsul, sondern zum Kapellmeister ernennen. Und wie wir unsere anbetungswütigen Musiklauscher kennen, würden sie in einem vierfüßlerisch geleiteten Orchesterkonzert gar nicht merken, daß der Dirigent ein Pferd ist. Jedenfalls würden sie, selbst wenn sie die Pferdefüße merkten, sich nicht erlauben, dagegen zu protestieren.

Diese Abdankung des Publikums ist der Lebensnerv des Kapellmeisterberufs, wie ja die Abdankung des Bürgertums der Lebensnerv der politischen Diktatur ist. Die Unkenntnis des

Publikums von Dingen, zu denen es Stellung zu nehmen hat, begünstigt die Anhimmelung der glanzvollen Hochstapler und die Ablehnung der bescheidenen Könner.

Wenn die Zeitungskritik über einen Dirigenten nicht günstig ist, dann kann man lesen, daß der Kritiker mit der Auffassung der Interpretation, mit dem Tempo, mit der Hervorhebung oder dem Fallenlassen gewisser Passagen nicht ganz einverstanden ist. Die Bemängelungen sind geschmacklicher Art an Dingen, über die man verschiedener Meinung sein kann. Wenn aber ein Sänger kritisiert wird, dann kann man zusätzlich zu obigen Beanstandungen unter Umständen auch lesen, daß er (oder sie) eine trockene Stimme hat, ohne Glanz, mit falscher Intonation der hohen Töne und kraftlos in der Tiefe. Bei einem Pianisten vermerkt man die mangelhafte Technik, den farblosen Anschlag und bei einem Geiger den rauhen Ton.

Im Gegensatz dazu ist die über Dirigenten geschriebene Musikkritik oft in delphische Zweideutigkeiten gehüllt. Es wird ein tiefgründiges Philosophieren über die musikalischen Absichten des Dirigenten vom Stapel gelassen, jedoch bewegt sich die Kritik hinsichtlich der faktischen Elemente des Dirigierens an der Oberfläche. Die Wurzeln des Dirigierens sind ja für den außenstehenden Beobachter nicht erkennbar. Das Falschspielen eines Geigers merkt jeder. Das Verschlagen eines Dirigenten, das ein Falschspielen auf seine Weise ist, merkt dagegen niemand. Selbst im Falle zweitrangiger Dirigenten kann man fast nie lesen, daß sie einen funktionell schlechten Taktschlag haben, der ein genaues Spiel unmöglich macht. Dabei könnte dieser Fehler sogar vielen sogenannten erstrangigen Dirigenten angekreidet werden. Aber ihre Technik ist eben nicht, wie die des Instrumentalisten und des Sängers, von außen feststellbar. Ein wesentlicher Teil der kapellmeisterlichen Aufgaben liegt außerdem (über die handwerkliche und interpretatorische Funktion hinaus) auf dem gleich wichtigen Gebiet der Pflege menschlicher Beziehungen. Das ist leicht einzusehen, da der Dirigent auf Menschen anstatt auf Instrumenten spielt. Auf diesem Gebiet allein kann er schon entscheidend konstruktiv oder destruktiv sein und damit die musikalische Leistung beeinflussen, ehe noch eine einzige Note gespielt wird. Da aber der Zusammenhang zwischen der menschlichen Behandlung der Musiker und der von ihnen offenbarten Leistung für den abseits stehenden Beobachter nicht erkennbar ist, so bildet diese Seite der kapellmeisterlichen Tätigkeit nie den Gegenstand des Konzertberichts. Die Kritik hängt somit sozusagen in der Luft, da viele feststellbare Mängel der Aufführung ihre Ursache in diesen verborgenen Elementen der vorkonzertlichen Behandlung der Musiker haben mögen. Wo hat man jemals gelesen, daß ein bestimmter Dirigent ein Unmensch ist, unter dessen Leitung die Musiker nicht ihr Bestes geben können?

Wenn die schlechten Manieren eines Dirigenten ruchbar werden, wird keine gebührende Schlußfolgerung daraus gezogen, vielmehr dienen sie als anekdotisches Material für die kapellmeisterliche Beweihräucherung. Noch nie ist ein grober, tyrannischer Kapellmeister wegen dieser seiner Eigenschaft des Dirigierens für unwürdig und unfähig erklärt worden.

Wird dieser Aspekt des Schaltens und Waltens als negativer Faktor vielleicht deswegen stillschweigend übergangen, weil es Fälle gibt, in denen der bekannt garstige Charakter des Dirigenten eine gute Arbeitsleistung nicht verhindert? Ein klassischer Fall war in dieser Hinsicht Toscanini. Wenn es je einen Dirigenten gegeben hat, den zu sabotieren die Musiker alle Ursache gehabt hätten, so war er es. Und doch kann man nicht sagen, daß sie unter seiner Leitung nicht richtig oder hingebungsvoll musiziert hätten. Die notwendige Aufklärung dieses Widerspruchs soll jetzt nur flüchtig angedeutet werden. Es genüge der Hinweis darauf, daß die äußerlich glanzvolle Zusammenarbeit mit einem despotischen Dirigiergott ein Trostpreis für dessen Gemeinheiten ist. Später, in dem dafür geeigneteren Rahmen des Kapitels über die orchestralen Anstellungsverhältnisse, wird dieser Zwiespalt und dessen kompromißlerisches Übertünchen ausführlich erörtert.

Wenn aber die entsprechend negative Reaktion auf eine schnöde Behandlung im Falle Toscaninis ausgeblieben ist, so heißt es nicht, daß eine solche Behandlung seitens anderer Dirigenten beim Orchester keine bedenklichen Folgen hat. Die Tücke der Situation besteht darin, daß das Publikum den Grad der Gegenwirkungen beim Orchester aufgrund der öffentlichen Darbietung weder im günstigen noch im ungünstigen Fall feststellen kann. Behandlungsweise und Spielqualität sind in ihrem Verhältnis zueinander beim Konzertvortrag nicht ausgeprägt. Menschliche Gefühlsreaktionen sind unwägbar und mögen ohne das Wissen und sogar entgegen den Absichten des Subjekts existieren. Man verspürt nur, und zwar auf beiden Seiten der Rampe, ob eine elektrische Musizierstimmung oder eine beamtenmäßige Pflichterfüllung vorherrscht. Da aber das Publikum und selbst die Fachkritik über die Quellen der Spielverhältnisse nicht unterrichtet sind, so sind sie in ihrem ästhetischen Urteil zu einer unbewußten Kritiklosigkeit verurteilt.

Das Publikum sucht zwar mit Hilfe der journalistischen Kulissenschnüffelei, in diese Geheimnisse einzudringen, aber nicht um seine Urteilsfähigkeit zu verbessern, sondern nur um sich den Kitzel delikater Enthüllungen zu verschaffen.

In unserer Welt von Oberflächlichkeit war das Dirigieren geradezu dazu berufen, ein Schwindel zu werden. Und das gilt selbst in jenen Fällen, in denen der Dirigent seriös ist, und zwar deswegen, weil wir den Dirigenten gar nicht erlauben, seriös zu sein; nicht einmal dann, wenn sie es sein wollen. Und die Ursache ist die Unfähigkeit, die Dinge nach ihrer Zweckbestimmung zu verstehen und ästhetisch zu verarbeiten.

Deswegen ist die leichte Zugänglichkeit von Musikdarbietungen durch Radio und Schallplatte, trotz ihrer unschätzbaren Dienste bei der Erweiterung der musikalischen Bildungsquellen, fast zu beklagen, weil die Feierlichkeit, innere Sammlung und Freude, von denen in früheren Zeiten das Musikhören begleitet wurde, der Oberflächlichkeit und Abgestumpftheit Platz gemacht haben.

Die unkrautartige Ausbreitung und der wahllose, unempfindsame Gebrauch mechanischer Musik haben leider auch zu einer lückenlosen Unentrinnbarkeit der Schallwellenseuche und zur Unmöglichkeit musikloser Ruhe geführt. Wie ein Würgengel verfolgt einen die Musik überallhin, von der Vorstadtkneipe bis zum Operationstisch. Wie eine Stinkbombe dringt sie durch Türen, Fenster und Wände, um selbst die winzigste Lücke beschaulicher Ruhe übelkeiterregend auszufüllen. Die Menschen lassen sich die Zwangsfütterung mit Musik bis zum Magenverderben gefallen. Und so wie am Ende einer üppigen Mahlzeit noch gaumenkitzelnde Süßspeisen serviert werden, um den schon zum Bersten gefüllten Magen zu weiterer Aufnahme von Fraß zu stimulieren, so werden in Großstädten und Sommerkurorten zusätzlich zur Alltagsgeräuschdiät Dessertkünstler in außergewöhnlichen Dessertkonzerten während sogenannter Musikfestwochen präsentiert.

Obwohl die Konzert- und Opernbesucher ihren betäubten Ohren nach dem Ertragen des Stadtlärms und der winterlichen Konzertleiden eine sommerliche Erholung ebensosehr gönnen sollten wie die Sänger ihren Stimmbändern ein Ausspannen, wird der Musikbetrieb trotz alledem während der schwülsten Sommerhitze, unter Ausnützung der durchs Kunstprotzentum gebotenen Geschäftsmöglichkeiten, auf noch höhere Touren gekurbelt. Sonntagsschöngeistler, die sich elfeinhalb Monate im Jahr vor der Musik retten, wo sie nur können, kriegen plötzlich den Musikkoller. Bei den Musikfestwochen geben sich dann (mit dem Troß musikalischer Geschaftlhuber im Hintergrund) die Plutokraten der Wirtschaft mit den Plutokraten der Kunst ein Rendezvous. Bei einer solchen Gelegenheit wird aber die Kunst nicht so serviert wie ein nährendes Mahl in einer renommierten Gastwirtschaft, sondern wie ein Delikatessenbuffet bei einem prinzlichen Gartenfest. Die Gäste kommen nicht ausgehungert zu solch einer Zusammenkunft, und zwar genausowenig wie die Konzertgäste sich musikhungrig zu den Musikfestveranstaltungen drängen. Gleichgültig, wie lecker das Naschwerk und die Musik, das Wesentliche ist der bauliche, pflanzliche und gesellschaftliche Rahmen. Manikürte Gartensträucher, glitzernde Teiche oder Springbrunnen und schmuckbehangene Abendtoiletten markieren die Bedeutung des Ereignisses. Und wenn man noch dazu eine kostspielige und strapaziöse Ferienreise unternehmen muß, um überhaupt zum Schauplatz zu gelangen, dann kann man sich stolz zu seiner Kunstbegeisterung beglückwünschen.

In einem solchen Arrangement läßt man sich von der Musik bezaubern, möglicherweise von derselben Musik, bei der man in einem bescheideneren Rahmen, selbst bei einem künstlerisch gleichwertigen Vortrag, sich zu Tode langweilen würde. Im Rahmen der Musikfestwochen kann aber von Langeweile keine Rede sein, weil darin die Musik die geringste Rolle spielt.

Nach dem Wertmaßstab der Gäste personifiziert zum Beispiel ein Dirigierstar für die Banausen nicht den Künder einer Botschaft in Tönen, sondern einen Triumphator, der aus seinem beruflich-gesellschaftlichen Karrierenkampf siegreich hervorgegangen ist. Sie beachten an der Tätigkeit eines solchen Dirigenten in erster Linie oder sogar ausschließlich das Sekundäre, Zufällige und Parasitäre seines Berufs und zwingen auch ihn mit ihrem Verhalten, diese Elemente seiner Funktion während seiner ganzen Laufbahn zu betonen und zu kultivieren.

Die Leute lieben einfach alles, was mit der gebotenen Sache nichts zu tun hat. Die Verdienste um die Pflege der Musik, die ein Dirigent sich erworben haben mag, sind für das Publikum nicht groß oder wichtig genug. Der Dirigent muß eine Ausstellungsfigur sein, die man nicht nur verehren, sondern auch anstaunen kann. Er muß auf dem Gebiet der Musik etwas Ähnliches sein wie ein Boxweltmeister auf dem Gebiet des Sports. Sein Name muß mit Rekordleistungen verbunden sein wie der eines Hungerkünstlers, der es fertiggebracht hat, 2 Stunden und 17 Minuten länger zu fasten als alle anderen Hungerathleten in der Geschichte.

Bei musikalischen Salongesprächen, wenn die Unterhaltung sich den kapellmeisterlichen Heldengeschichten zuwendet, wird die schon hundertmal erzählte Anekdote von Toscaninis jugendlichem Husarenstreich in Brasilien einmal mehr zum besten gegeben. Die Erzählung berichtet, wie er in Rio de Janeiro, als Cellist des Orchesters mit neunzehn Jahren für den plötzlich ausgerückten Stammkapellmeister einspringend, zum ersten Male in seinem Leben Aida auswendig dirigierte. Bei derselben Münchhausiade wird auch ein Eingeweihter anwesend sein, der zu berichten weiß, wie Toscanini für sein erstes Konzertauftreten in Wien mit der Siebten Beethovens, der Haffner-Symphonie und den Brahms-Haydn-Variationen die unerhörte Forderung einer unbeschränkten Zahl von Orchesterproben stellte. Die Wiener Philharmoniker können dieses für sie lächerlich leichte Programm aus dem Schlaf geweckt einwandfrei spielen. Selbst mit dem anspruchsvollsten Dirigenten brauchen sie dafür kaum mehr als eine Verständigungsprobe. Es ist aber ein Fressen für einen Salon-Anekdotenerzähler, daß

Toscanini etwas fordern konnte, wozu sich kein anderer, selbst prominenter Dirigent zu versteigen gewagt hätte. Ein anderer aufschneiderischer Anekdotenstoff ist, daß Toscanini als Leiter der New Yorker Philharmonie ein für jeden anderen undenkbares Saisonhonorar von 110 000 Dollar zur Zeit der verheerendsten Wirtschaftskrise in Amerika bezog. Das notorisch tobsüchtige Benehmen Toscaninis in den Orchesterproben war auch eines seiner Attribute, aufgrund deren er Anspruch auf die Anerkennung einer Rekordleistung erheben konnte.

Das ist das Zeug, aus dem der Mythos eines Dirigenten gewoben wird. Nie wäre Toscanini zum unbestrittenen, sozusagen biblisch einzigen Dirigiergott seiner Zeit erhoben worden, wenn sein Ruf sich nur auf seinen musikalischen Präzisionsfanatismus gegründet hätte. Wohl war er der rücksichtslose Aufräumer, der im damaligen, dem Schlendrian verfallenen Italien die Züge in der Musik pünktlich abfahren ließ. Auch war er mit Recht der unnachsichtige Schulmeister, der den Sängern die scharfgezeichnete instrumentalistische Tonführung und den Instrumentalisten die lyrisch aufgelöste vokalische Gesanglichkeit beibrachte. Sein Prinzip läßt sich am einfachsten in den Worten zusammenfassen: die Stimmen sollten klingen, wie wenn sie Instrumente wären, und die Instrumente sollten singen, wie wenn sie Stimmen wären. In diesem Potenzierungsbestreben der musikalischen Ausdrucksmittel, das ihn zum wahrhaften – dem Komponisten Gluck ähnlichen – Reformdirigenten machte, lag das große Verdienst Toscaninis.

Aber das sind Dinge, die zwar dem aufrichtigen Fachmann Achtung einflößen, die Phantasie des Publikums jedoch kalt lassen. Ein Dirigent, der innerlich groß sein mag, wird äußerlich nur dann als groß anerkannt, wenn er im Bereich der Wunschträume des Spießers etwas Großes leisten kann. Schön musizieren können viele. Was ist schon dabei? Aber ein Riesenvermögen mit bloßem Fuchteln zusammenzuraffen, oder sich hundsgemein zu benehmen (was zum Beispiel bei Toscanini trotz seiner musikalischen Verdienste leider vermerkt werden muß) und als Lohn dafür die Hochachtung der Mitmenschen entgegenzunehmen, das ist etwas, was im Busen des braven Bürgers Begeisterung entfacht.

Es wäre nicht unangebracht, hier einzuwenden, daß dem Erfolg und dem autoritären Anspruch auf ungehemmtes Gebaren irgendwelche Leistungen vorausgehen müssen, denn niemandem wird gratis freie Bahn gewährt. Das ist richtig, obgleich die erfolgbringende Leistung mehr in ihrer reklametüchtigen Verwertung als der fachlichen Vorzüglichkeit liegen mag. Wenn aber auf die eine oder andere Weise Anfangserfolge von einigem Ausmaß bereits erzielt worden sind, dann ist die Grundlage geschaffen, auf der die späteren Sensationserfolge aufgebaut werden können. Hat man sich nämlich einmal im Beruf eine noch so bescheidene Ausgangsposition gesichert, dann kann man zum nächsten Zug schreiten und mit dem Ausspielen des Autoritätspopanzes und der artistischen Kinkerlitzchen eine Legendenbildung vom Stapel lassen. Es ist natürlich nicht verboten, zwischendurch auch mal fachlich etwas Beachtenswertes zu leisten, was ein weiterer willkommener Stützbalken für das Erfolgsgebäude ist.

Ist aber diese Etappe einmal erreicht, dann drängeln sich die Konjunkturriecher sogleich heran, die noch rechtzeitig dabeigewesen sein wollen. Die Trommelschlägerei, die unter Führung dieser Spekulanten und Wichtigtuer anhebt, sorgt für die Überwindung jedes weiteren Hindernisses. Sobald ein Dirigent dieses Stadium der selbsttätigen Publizität erreicht hat, kann er nichts mehr falsch machen.

Alle Akte einer beliebten Berühmtheit, die den Bogen überspannen, verschaffen ihr nur noch mehr Publizität. Und mehr Publizität berechtigt zu noch mehr Bogenspannen. Erfolg ist das Wachsen des rollenden Schneeballs. Man sagt: „Nichts fördert den Erfolg mehr als der Erfolg."

Eine Skizze des Schriftstellers Hans Müller-Einigen zeigt eine Phase im Rollen des Karrierenschneeballs. Der tote Gustav Mahler, dessen Ruhm der Heldengesang besingt, kann sich zwar für seine Karriere nichts mehr davon versprechen, trotzdem erfüllt das Werklein in der Zitierung seinen Zweck, weil es für alle literarischen Zuträgerdienste zugunsten auserwählter Dirigenten bezeichnend ist.

**Mahler dirigiert...**
(Aus: Jugend in Wien. Erinnerungen an die schönste Stadt Europas.)

Psst! Psst! Ruhe! Stillsitzen! Nicht mehr Hin- und Herrücken. Bitte! Dort in der Loge! Das knisternde Programm, den Theaterzettel aus der Hand! Ihr dort oben, legt doch eure Partituren endlich weg! Auf die Brüstung! Nichts mehr! Achtung! Er kommt!

Das kleine, halb gedeckte Orchestertürchen, rechts unten, öffnet sich, eine Sekundenpause entsteht, während deren das Haus den Atem anhält – vor dem greisen Orchesterdiener Wimpassinger durchgelassen, „regiert" der Herr Direktor, noch unsichtbar, im letzten Augenblick flüsternd nach hinten: „Schreiben Sie für morgen nachmittag um 5 Korrepetitionsprobe auf! Frau Renard soll die Tatjana mit mir durchmachen", dann, den linken Fuß vorwärtswerfend, pfeilt der schmale, strahlend schwarzweiße Brillenfrack, drachengleich, auf das Pult los, lächelt, grüßt den Konzertmeister der ersten Geige, winkt dem Orchester, streckt den umgekehrten rechten Arm, mit der inneren Handfläche nach oben, befehlend weit von sich weg und bemächtigt sich, ja, das ist der Ausdruck, bemächtigt sich, raubtierähnlich zurückgeneigt, raubtierartig auf dem Sprung, der Musizierenden ebenso kataraktschnell und erbarmungslos, doch ebenso zeichensparsam und ruhig-bestimmt wie der Hörenden. Von diesem Augenblick an gibt es nur noch Gebannte, Befehligte, Beschenkte, Verwandelte, Entrückte. Ringsum, treppauf und -ab, in den Rängen, im Orchester, auf der Bühne.

„Komisch", sagte der Tenorist Slezak einmal zu seiner Frau, „wann der Schalk dirigiert, kommt das hohe C mir oft ein bisserl sehr hoch vor. Unterm Mahler nie! Unter Mahler könnt ich auch Cis oder Zas singen!" Das war: Mahler hob die Menschen über ihr eigenes Maß hinaus und holte die Töne, Sterngebilde eines Nachthimmels, zu ihnen herunter.

Jahrzehntelang haben sie ihm, wie er sich räusperte und wie er spuckte, kopierend abgeguckt: Dutzende von Kapellmeisterlein der Welt. Haben von seinen in den Ecken vergessenen Regenschirmen ihr Auskommen gut bestritten. Die Mahleritis grassierte allenthalben, zwischen Bass- und Violinschlüssel. Wo immer man damals ein Opernhaus betrat, in Mannheim oder in Barcelona, in New York oder in Stockholm, überall warf solch ein bebrilltes Ablegerchen das linke Bein hüpferig gegen das Pult, rief solch ein mahlerisch ausgestreckter offener, linker Handteller die Bratscher näher zu sich heran.

Denn dies war eine seiner eigentümlich bezwingenden, exakten und doch so österreichischen Gebärden: komm, Violine, komm, Cello, na, komm, komm, komm zu mir, Fagott, besser, näher, ich tu dir ja nichts, komm, hab keine Angst! Eine andre war der blitzartig von oben niederfahrende, niedersausende Schlag ins Schlagzeug; das chirurgische, messerscharfe Aufstechen der Einsatzgeschwulst eines Ensembles auf der Bühne; das weiche, gewissermaßen versöhnende, graphische Mitzeichnen der Melodie mit Hals, Schultern und Kinn; die ungeduldig verneinende Abdeckung der linken Körperhälfte gegen allzu vordringliche Begleitfigur; das elementare, vulkanische, fast satanische Ausdemsitzspringen bei Rhythmus- und Handlungshöhepunkten, so, wenn Carmens Stierkämpfer Escamillo auf die Bühne stürmte; die (lange vor Toscanini!) emphatisch, überschwenglich, man möchte sagen, bräutigamlich das Herz berührenden, vibrierenden drei Fingerspitzen, wenn es galt, Lust und Elend der Menschheit im Letzten eines musikalischen Gedankens auszusingen.

Was sie ihm aber nicht nachmachen konnten, war sein Charakter.

So wird das Publikum eingeseift. Ganz unabhängig davon, ob die Plauderei an sich Unwahrheiten oder Übertreibungen enthält. Es ist nämlich vollkommen nutzlos, darüber zu debattieren, inwieweit dieses Porträt in bezug auf Mahlers Musikertum und Dirigententum wahrheitsgetreu ist. Mahler mochte der größte Musiker und Dirigent gewesen sein. Was aber die Schilderung zu kaum mehr als einem charmanten Unfug macht, ist, daß sie auf die Besprechung dieser Eigenschaften Mahlers gar nicht eingeht. Sie beschreibt nicht einen Musiker, sondern einen Schlangenbeschwörer. Zugegeben, ein Dirigent muß ein Schlangenbeschwörer sein. Aber nicht nur ein Schlangenbeschwörer. Dieser Aspekt der Persönlichkeit Mahlers ist ausführlich behandelt. Wo aber bleibt der Musiker? Es versteht sich von selbst, daß Mahler mehr war als ein bloßer Schlangenbeschwörer. Der Artikel sagt aber nicht, worin dieses Mehr bestand, wie Mahler nach musikalischen Erfordernissen musizierte, wie er die Werke rhythmisch, phraseologisch, stilistisch gestaltete, wie die Wirkung der Interpretationen – wohlverstanden der Interpretationen – war. Der Artikel sagt nur, wie die Wirkung des Menschen Mahler war. Das kann ja auch interessant sein und braucht nicht totgeschwiegen zu werden. Aber eine einseitige, romantisch versüßte Schilderung verfälscht das Gesamtbild, das uns von Mahler überliefert werden soll.

Wenn der Schauplatz der geschilderten Szene zufällig nicht die Wiener Hofoper, sondern das Bayreuther Festspielhaus gewesen wäre, dann hätte das die ganze Schilderung gegenstandslos gemacht, da in Bayreuth der Dirigent (wie auch seine Musiker) in einem überdeckten Orchester unsichtbar auftritt. In einem Bericht über eine Bayreuther Gastdirektion wäre Müller gezwungen gewesen (wenn er überhaupt etwas schreiben wollte), den Musiker und nur den Musiker Mahler zu beschreiben, da bei den besonderen örtlichen Verhältnissen keine Möglichkeit für die Beobachtung der äußerlichen Kinkerlitzchen eines Dirigenten besteht. So wie Mahler im vorliegenden Fall geschildert ist, brauchte er ja gar kein Musiker zu sein. Man kann sich vorstellen, daß Hitler, Mussolini oder Mustafa Kemal auf dem Podium in bezug auf die Schlangenbeschwörereigenschaften Mahler noch übertroffen hätten und daß unter ihrer Direktion Slezak sogar Cicis hätte singen können.

Daß das Dirigieren ein Beruf ist, der seiner inneren Natur nach eine faszinierende Persönlichkeit als Stabführer voraussetzt, ist an sich richtig. Aber die Überbetonung dieses Umstandes und die Unterschlagung der musikalisch-fachlichen Erfordernisse führen dazu, daß, abgesehen von der Benebelung des Publikums, die „Dirigierablegerchen" der ganzen Welt, nach Müller-Einigens eigenem Zeugnis, nur noch den äußerlichen Manieren des Vorbildes nacheifern wollen. Müller-Einigen weiß nichts davon zu berichten, daß die Nachahmer vielleicht etwas von Mahler dem Musiker lernen wollten. Erwähnenswert findet er nur die Nachäffung Mahlers des Schaustellers. Nach diesem literarischen Spiegelbild der Dirigierverhältnisse ist den Dirigenten nicht die Musik wichtig, sondern die persönliche Geltung und der Erfolg. Der Weisheitsspruch der Dirigenten ist: „Nicht rühren, sondern verblüffen!" – soweit es das Publikum betrifft – und: „Nicht zusammenarbeiten, sondern regieren!" – soweit es das Orchester betrifft.

Wenn Orchestermusiker diesen letzteren Punkt zur Sprache bringen, wird ihre Beschwerde mit Skepsis aufgenommen und als Ausdruck der leidigen Unzufriedenheit und Gekränktheit des ewigen Untergebenen abgetan. Die Zeugenaussage, die denselben Tatbestand bestätigt, kam aber diesmal von einer neutralen Stelle. Müller-Einigen war nämlich kein Musiker, sondern ein Literat, von dem, wenn schon nicht Neutralität, so selbstverständlich eine Parteinahme zugunsten der glorienbeschienenen Kapellmeisterei zu erwarten war. Und doch wurde er unwillkürlich zum Belastungszeugen gegen die Dirigierherrlichkeit, als er das Regieren Mahlers registrierte. Die Eingeweihten wissen nur zu gut, was dieses Regieren für die Orchestermusiker bedeutete. Aber für Herrn Müller war das Regiment, das ein Dirigent beim Orchester führt, freilich das Normale und Löbliche. Ein Dirigiergreenhorn braucht denn auch nichts anderes, als das zu lesen. Er saust darauf nieder wie ein Aasgeier auf eine Tierleiche. Darin erkennt er die Erfüllung seiner Dirigententräume. Man wählt nämlich einen Beruf nicht nach dem, was man dem Beruf geben kann, sondern was einem der Beruf gibt. Die Möglichkeit des Regierens ist die magische Lockung, die die Unmenge machtgieriger Musikstreber zum Dirigieren hinzieht. Mit Regieren läßt sich nämlich alles regeln. Wer regieren kann, braucht selbst nichts zu leisten.

Die Halbwüchsigen haben schon lange erkannt, daß sie mit den großen Könnern nur das Regieren gemein zu haben brauchen, um ebenfalls als große Könner zu gelten. Da sie nichts Positives auf den Tisch zu legen haben, so trumpfen sie mit Autorität auf. Mit Vorliebe stellen sie schikanöse Qualitätsansprüche, weil sie nicht das Wissen und die Menschlichkeit haben, vernünftige Qualitätsansprüche zu stellen. Es ist ein bekannter Zug dieser Podiumsstürmer, daß ihnen in Dingen, die sie selber gar nicht vermögen, von ihren Untergebenen nur das Vollkommene gut genug ist. Der ehrgeizige Nichtskönner, mehr als der anspruchsvolle Berufene, ist der Peiniger, der für die Schwierigkeiten bei der Ausführung von Aufgaben kein Verständnis hat.

Deswegen ist es verlockend, sie zu fragen (obwohl man die Antwort, die freilich nie gegeben würde, im voraus weiß), weshalb sie denn nicht einen Zweig der Musikausübung wählen, in welchem sie allein, ohne Mitarbeiter vortragen können. Warum werden sie, angesichts ihrer ewigen Unzufriedenheit, nicht Instrumentalkünstler? Da würde ihnen niemand ins Handwerk pfuschen. Die Dirigenten wollen aber beim Dirigieren bleiben. Ihr unstillbarer Wunsch zu dirigieren ist ein Beweis, daß es ihnen nicht in erster Linie um Musik und Musizieren zu tun ist. Wenn einer die Musik so sehr liebt, daß er sie in bestmöglicher Interpretation gespielt wissen möchte, warum wendet er dann nicht seine ganzen Kräfte daran, ein Instrument mit größter Künstlerschaft zu beherrschen? Das wäre der kürzeste Weg zum Ziel. Man hätte es dann nicht nötig, sich mit widerspenstigen Kreaturen herumzuschlagen. Instrumentalkünstler zu werden, hieße endlich mal die Konsequenzen ziehen. Aber die Dirigenten können sich solche Konsequenzen nicht leisten. Man versteht also bald, weshalb sie nicht umsatteln, vielmehr fortfahren, sich mit den ungebärdigen Orchestermusikern aufopfernd abzuplagen. Das Opfer, das sie bringen, bringen sie natürlich nur sich selbst. Es ist ein geringer Preis für das Privileg, ihre Herrschaftsinstinkte befriedigen zu dürfen. Ohne dieses Opfer könnten sie ja gar nicht im Musikerberuf bleiben.

Die Parteigänger der Dirigenten werden eine für ihre Idole entwürdigende Argumentation natürlich als dreiste Zumutung zurückweisen. Durch eine unablässig ätzende Kritikasterei könnte doch jeder Dirigent, selbst der berufenste, vom Dirigieren ferngehalten werden. Und das wäre nicht nur den Dirigenten, sondern dem ganzen Dirigierwesen gegenüber unfair, da es nach Ansicht der Dirigentenfreunde ein Trugschluß von seiten der Skeptiker ist, daß nur der ein guter Dirigent sein kann, der im Besitze solistischer Fähigkeiten es nicht nötig hat, Dirigent zu sein. Der Dirigierklüngel unterläßt es ebenfalls nicht, geltend zu machen, daß auch ein mittelmäßiger Instrumentalist ein ausgezeichneter und sogar genialer Dirigent sein kann. Kommen doch beim Dirigieren ganz andere Eigenschaften zur Geltung als beim Instrumentalvortrag.

Ist aber diese Theorie einmal verkündet, dann glaubt jeder Kapellmeisteraspirant, seine Dirigierfähigkeit allein mit seiner instrumentalistischen Unfähigkeit schon bewiesen zu haben. Die positiven Eigenschaften, die unbedingt notwendig sind, werden vernachlässigt, weil man glaubt, daß es genügt, wenn nur die negativen nicht hindern. Die allzu nachsichtige Einstellung gegenüber Leistungen auf den eigentlichen musikalischen Grundgebieten hat dazu geführt, daß ein studierfauler Musiklehrling sich für seine Versager schon damit tröstet, daß er sowieso Dirigent werden wird. Die Schulschwänzer der verstecktesten Provinzkonservatorien wollen schon Dirigenten werden, ehe sie auf dem Klavier klimpern oder auf der Geige quietschen können. Es wird von ihnen früh erfaßt, daß in diesem Beruf des Taktstockschwingens aus der geringsten Kapitalanlage die höchsten Zinsen herauszuholen sind. Gibt es ein anderes Gebiet beruflicher Lebensgestaltung, auf dem solche Schwindelpläne unter Duldung und sogar Ermutigung durch die beglaubigten Facherzieher geschmiedet werden können?

Möge der Kandidat ein Stümper auf seinem Instrument sein und auch keine Musiktheorie, keine Harmonielehre und keinen Kontrapunkt kennen; möge seine Allgemeinbildung jämmerlich, sein Charakter abstoßend und sein Wissen in bezug auf musikalische Tradition und künstlerischen Geschmack noch so dürftig sein: das alles macht gar nichts. Das solide Rüstzeug des Handwerks kann durch eine für den Erfolg entscheidende Eigenschaft ersetzt werden: der Kandidat braucht nichts anderes zu sein als ein skrupelloser Streber. Und so wird das Unmögliche möglich: man wird zu einer hohen Stellung befördert, weil man für eine niedrige ungeeignet ist. Das ist der Dirigierberuf!

Ein Gegenstück zu erschlichenen Erfolgen ist die Verhinderung berufener Talente durch die Erdschwere des Unverständnisses.

Es ist ein Mißstand in umgekehrter Richtung, daß eine an sich legitime Leistung ohne zufällige, explosive Begleitumstände gewöhnlich flugunfähig bleibt. Es ist die Tragik des Werteschaffens in unserer Zivilisation, daß das Wertvolle die Aufmachung genauso braucht wie der Schwindel.

Die Aufmachung, die sich zum Beispiel im zauberhaften Namen Toscaninis verkörperte, erwies sich (unglücklicherweise mit negativem Effekt) bei der Auflösung des Toscanini-Radioorchesters im Jahre 1954 in New York. Auf den Rücktritt Toscaninis von der Leitung des berühmten N.B.C. (National Broadcasting Corporation)-Orchesters antwortete die Verwaltung mit der prompten Auflösung des Orchesters. Daß dieses symphonische Ensemble als eines der besten in der Welt betrachtet wurde, spielte keine Rolle gegenüber der Tatsache, daß es sein Aushängeschild, den Namen „Toscanini", verlieren sollte. Da der Name keines anderen Dirigenten mit dem von Toscanini konkurrieren konnte, so gab es für das Orchester ohne ihn keine Verwendung mehr. In diesem Beschluß und in der weiteren Entwicklung konnte man erkennen, was „Aufmachung" für den Erfolg bedeutet.

Das führerlos gewordene und entlassene Orchester hat versucht, in eigener Regie weiterzusegeln. Das Unternehmen war aber vom Mißgeschick verfolgt. Vielleicht wäre es unter dem Namen „Toscanini-Orchester" erfolgreich gewesen, aber es war rechtlich nicht zulässig, diesen Titel zu gebrauchen. Man wählte also, unter Anspielung auf die frühere Radiotätigkeit, den Namen „Symphony of the Air".

In der englischen Sprache nennt man die Ätherwellen, als das Medium der Radioübertragung, einfach Luft. Das Toscanini-Orchester wurde also zur Symphonie der Luft. Es brauchte aber nicht lange, bis es zur Symphonie der schlechten Luft wurde, nachdem mehr als die Hälfte der Mitglieder, darunter in erster Linie die besten Kräfte, wegen dürftigen Geschäftsganges abgesprungen waren. Die Vakanzen wurden zwar mit Zuzüglern ausgefüllt, um dem Rest das Weitervegetieren zu gestatten, trotzdem änderte das nichts an der Tatsache, daß das Ganze ein Orchester von Zuzüglern wurde, da die Organisation keinem Musiker mehr als gelegentliche Verdienstmöglichkeiten geben konnte.

Das sind die Gefahren eines zu großen Namens. Die New Yorker Philharmonie machte rund 20 Jahre vorher eine ähnliche, jahrelange schwere Krise durch, nachdem Toscanini von ihrer Leitung zurückgetreten war. Das Überleben war in diesem Fall jedoch nicht gefährdet, weil die New Yorker Philharmonie ein uneigennütziges Unternehmen ist. Für die überaus profitbewußte N.B.C. als privates Unternehmen (wie alle Radiogesellschaften in Amerika) war aber ein Orchester ohne Reklamewert nutzlos.

Ein Fall, in welchem der Name eine neckische Rolle spielte, ist derjenige des Bostoner Pops-Orchesters. In diesem Fall war es aber ausnahmsweise nicht der Dirigent, der dem Orchester den Namen gab, sondern umgekehrt, es war das Orchester, das dem Dirigenten den Namen gab.

Das Bostoner Symphonieorchester, das hinsichtlich seiner Qualität und seines Rufs nicht erst vorgestellt zu werden braucht, bereitet der Bostoner Bevölkerung das Vergnügen, im Sommer populäre Freilichtkonzerte zu veranstalten. Diese Konzerte wurden zur Zeit der berichteten Umstände von einem kleineren Stern geleitet, der, wenn nichts anderes, wenigstens die Tüchtigkeit besaß, diese Konzerte zu organisieren. Das Epitheton „populär" bedeutete aber in diesem Fall nicht nur die finanziell leichtere Zugänglichkeit für das große Publikum, sondern, im Gegensatz zu den ehrgeizigeren Sommerkonzerten in New York, Philadelphia und Chicago, auch eine ausgesprochen populäre Programmgestaltung.

Diese Konzerte waren zu Beginn in einer Weise etwas Einmaliges, weil da ein großes Künstlerorchester leichte Musik mit dem ihm eigenen brillanten Schliff bot. Die Folge war, daß die Bezeichnung „Boston Pops" mit Hilfe von Schallplatten und Radio in ganz Amerika zu einem Begriff wurde.

Als der Kapellmeister merkte, daß seine Gründung zu einer Institution geworden war, fand er seine dreivierteljährige Mußezeit zu lang, um sie mit nichts anderem zuzubringen, als auf seinen einvierteljährigen Lorbeeren zu ruhen. Er begann also, eine leibhaftige Landestournee mit seiner Schöpfung zu organisieren.

Der Ideenreichtum und die Unternehmungslust des Mannes waren bewundernswert. Aber er hatte kein Orchester, mit dem er auch nur eine Woche auf die Walze gehen konnte. Es war nicht daran zu denken, das Stammorchester zu benutzen, da die Bostoner, mit elf Monaten Arbeit im Jahr, zu den meistbeschäftigten Musikern in ganz Amerika gehören. Unser Kapellmeister wußte aber schon, was ein gewöhnlicher Sterblicher erst in seinen reiferen Jahren erfaßt, daß man nämlich einen Spatzen, wenn man ihn gelb färbt, als Kanarienvogel verkaufen kann. So hat er überschüssige Musiker aus allen Ecken und Enden des Landes, die wie er, drei Viertel (oder vielleicht auch vier Viertel) des Jahres auf Urlaub waren, zusammengetrommelt und ihnen das musikalische Ehrenbürgerrecht der Stadt Boston aus eigener Machtvollkommenheit verliehen.

Nach einigen Tagen Dressur, kurz nach Neujahr, sind dann die 80 gefärbten „Dorfschwalben von Österreich" (aus Boston) über das Land ausgeflattert. Es war ein Flug nach dem Süden sowohl als auch nach dem Norden. Zehn geschlagene Wochen lang. Und im Laufe der siebzig Konzerte ist es nicht ein einziges Mal vorgekommen, daß einem Konzertbesucher oder einem Berichterstatter die Frage eingefallen wäre, wieso das Bostoner Symphonieorchester mitten in der winterlichen Hochsaison Boston zehn Wochen fernbleiben konnte. Sollte dieses Stillschweigen darauf zurückzuführen sein, daß die Unterschiebung bekannt war (die beim Anblick jenes Landsturms von Musikern sowieso offenbar sein mußte), dann erhebt sich die Frage, wieso die Leute die bekannt „minderwertige Ware" mit der bloß aufgedruckten Qualitätsmarke nicht zurückgewiesen haben. Wenn aber den Zuhörern das Spiel des möglicherweise nicht erkannten und jedenfalls widerspruchslos akzeptierten Ersatzorchesters nicht minderwertiger vorkam als das Spiel der echten Bostoner auf ihren Schallplatten unter demselben Warenzeichen, dann ist es einmal mehr erwiesen, daß für das Publikum der Klang des Namens und nicht der Klang der Musik zählt. Wenn jedoch, als dritte Möglichkeit, dieses unterschobene Orchester dem falschen Bostoner Namen Ehre einlegte, weil es „echt" spielte, warum wurde es dann nicht unter einem eigenen echten Namen als ein den Bostonern zum Verwechseln ähnlich klingendes Starorchester ins amerikanische und auch ins Welt-Musikleben eingeführt? Die Moral von der Geschicht ist, daß ein minderwertiges Orchester mit einem zügigen Firmenschild erfolgreich segeln kann, während es – wenn es vielleicht doch nicht minderwertig ist – unter einem eigenen, aber unbekannten Namen gar nicht erst vom Stapel gelassen würde.

Die Namensanbetung treibt wunderliche Blüten. Paderewski zum Beispiel hat es dazu gebracht, Ministerpräsident von Polen zu werden, also Betreuer eines Amtes, zu welchem er zwar eminent qualifiziert gewesen sein mochte, das er aber als Klaviervirtuose und Bohemien nie erhalten hätte, wenn er inmitten seiner publizistisch gesichtslosen und ungeübten Landsleute nicht Träger des bestklingenden polnischen Namens der nationalen Befreiungsepoche gewesen wäre.

Aus ähnlicher Überlegung werden namhafte pensionierte Generäle in Amerika bei Privatfirmen als stille Verwaltungsräte mit Mammutgehältern angestellt. Daß der bloße Name MacArthurs, des Helden des Pazifiks und Bezwingers von Japan, einer Schreibmaschinenfabrik als Aushängeschild jährlich 100 000 Dollar wert war, kann nur mit dem Umstand erklärt werden, daß die Masse der Schreibmaschinenkäufer nicht weiß, worauf sie beim Kauf einer Schreibmaschine achten soll. Und zwar genau so wie die Konzertbesucher nicht wissen, worauf sie beim Dirigieren schauen beziehungsweise hören sollen.

Somit ist uns die weithin wirkende Geltung eines Namens und deren fruchttragendes Potential vor Augen geführt. Wir sehen, wie der feste Grund der vernunftgemäßen Beurteilung der Werte beim Steigen der Namensgeltung immer mehr verlassen wird, und wie der Name beginnt, für seinen Träger wie ein Vergrößerungsglas zu wirken, durch das er von den Außenstehenden gesehen wird. Wir erkennen, daß eine arithmetisch steigende Leistung von einer geometrisch steigenden Geltung begleitet wird.

Die Frage, wie ein Name, der der Welt etwas bedeutet, entsteht, ist aber damit noch nicht beantwortet. Das Problem, das zu lösen ist, ist das der Keimzellenbildung eines solchen Namens. Da wir einen musikalischen Gegenstand zu behandeln haben, so stellt sich die Frage, ob es möglich ist, ohne jedes Talent und ohne jede Schulung, nur durch geschickte Propaganda, sich auf dem Gebiete der Tonkunst einen Namen zu machen. Diese Frage sollte sogleich von einer Komplementärfrage begleitet werden, ob es nämlich vorkommen kann, daß jemand trotz genialer Anlage und entsprechender Schulung absolut erfolglos bleibt.

Unser Gerechtigkeitssinn und die Ordnung, in der wir die Welt sehen möchten verlangen, daß beide Teile der Frage mit einem entschiedenen Nein beantwortet werden. Wir möchten Talent und Leistung genau nach Verdienst belohnt sehen. Das hat aber zur Voraussetzung, daß die Mitmenschen – Laienpublikum wie Fachleute –, deren Urteil diese Umstände regelt, Sachkenntnis und ein aufrichtiges Herz haben. Bei den Fachleuten ist Sachkenntnis normalerweise vorauszusetzen. Nicht ganz so sicher ist es aber, daß sie auch ein aufrichtiges Herz haben. Bei den laienhaften Musikliebhabern liegen die Dinge umgekehrt. Bei ihnen kann man den guten Willen wohl voraussetzen, dafür steht bei ihnen die Sachkenntnis eher auf schwachen Füßen. Man sieht also, daß keiner der Richter, von denen die berufliche Gerechtigkeit abhängt, zum Urteilen voll qualifiziert ist. Dieser Mangel an absolut gerechten Richtern ist denn auch für die immer wieder vorkommenden, mal unverdient erfolgreichen, mal unverdient erfolglosen Künstlerkarrieren verantwortlich. Die unverläßliche Urteilsfähigkeit des Publikums kann zum Beispiel an dessen Beziehung zu den verschiedenen Musizierarten abgelesen werden.

Für das gewöhnliche Ohr ist die Qualität der Gesangsstimme am leichtesten festzustellen. Nicht, daß die besonderen Feinheiten der Stimmbehandlung und des Vortrags jedem ohne weiteres klar sind, aber der kunstsinnige, wenn auch ungeschulte Zuhörer wird den Qualitätsgrad einer Singstimme annähernd richtig beurteilen. Jedenfalls läßt sich der Laie vom Fachmann darin am wenigsten etwas vormachen. Deswegen fühlt sich das Publikum beim Anhören von Sängern am wohlsten.

Nach dem Singen kommen jene Vortragsmedien, die etwas Gesangliches an sich haben, also die Streichinstrumente und in einem gewissen Sinn auch die Blasinstrumente. Tonschönheit, für die auch das ungeübte Ohr einen natürlichen Sinn hat, ist für das Spiel dieser Instrumente eine conditio sine qua non.

Das Klavier, obwohl wegen seiner Vielseitigkeit das populärste, ist für das laienhafte Verständnis nicht im gleichen Maße zugänglich. Daß die Kriterien des Klavierspiels vom laienhaften Zuhörer nicht verstanden werden, zeigt sich im leichten Gefallen, das das Klavierspiel bei ihm oft schon auf einer Stufe der Mittelmäßigkeit findet, die er beim Geigenspiel als ohrenbeleidigend empfinden würde.

Hinsichtlich der Qualitätsbestimmung der Leistungen auf besagten Instrumenten traut sich der Laie nicht so selbstsicher ein Urteil zu wie bei den Sängern.

Jetzt aber kommen die Dirigenten! Da ist der Laie nun vollkommen aufgeschmissen. Beim Dirigieren befinden wir uns im Kerngebiet der Ungewißheiten. Einen schlechten Sänger als gut zu verkaufen oder einen guten schlecht zu machen, ist unmöglich. Aber mit einem Dirigenten einen solchen Schwindel zu treiben, sei es durch Aufblasen der protegierten Mittelmäßigkeit oder durch Hintertreiben des unbequemen Talents, das ist möglich. Das ist hauptsächlich deswegen möglich, weil ein Dirigieraspirant (im Gegensatz zum verhältnismäßig handlungsfreien Instrumentalsolisten) ohne Kollaborationsbereitschaft irgendwelcher administrativen und ausführenden Geschäftsstellen gar keinen Zugang zum Podium hat. Der Instrumentalsolist kann sein Publikum auf einem direkten Verbindungsweg suchen, während der angehende Dirigent, außer wenn er viel Geld zur Verfügung hat, einer „Grenzkontrolle" unterworfen ist. Ist aber diese Hürde überwunden und der Dirigent zur Öffentlichkeit zugelassen, dann wird der Zuhörer, der sich nicht von Äußerlichkeiten leiten läßt und aufrichtig zu sich selbst ist, seinerseits zu entscheiden haben, ob das Orchester unter diesem Dirigenten gut spielt oder negative Faktoren von bestimmendem Einfluß sind, aber auch, ob das angesetzte Werk vom Orchester unter Leitung eines anderen, erfahrenen Dirigenten vorher schon gespielt wurde; ob das Werk dem Temperament des Dirigenten liegt und ihm nicht bloß durch die Umstände zur Aufführung bestimmt wurde. Von entscheidender Wichtigkeit ist es auch, ob das Orchester aus Elementen besteht, mit denen etwas Vernünftiges anzufangen ist. Das betrifft nicht nur ihr Talent und Können, sondern auch den Grad ihres kooperativen Geistes. Ferner ist noch zu berücksichtigen, ob genug Proben stattgefunden haben und wie schwer der Orchesterdienst während der Vorbereitungsperiode war.

Das ist nun eine kleine Auswahl von Faktoren, die weder auf kurze Sicht vor dem Konzert geregelt noch während des Konzertes unwirksam gemacht werden können. Zusätzlich sei noch vermerkt, daß diese Faktoren Alternativen darstellen und sich für den Dirigenten je nach den Umständen günstig oder ungünstig auswirken können.

Man sieht also, daß es etwas Frivoles ist, in ein Orchesterkonzert zu gehen und nach den dortigen flüchtigen Beobachtungen zu erklären, daß XYZ Kapellmeister ein Könner oder ein Stümper ist. Ein solches Urteil kommt ja praktisch sowieso nur im Falle von unbekannten Größen in Frage, denn die Meinungen über die bekannten, festetablierten Dirigenten sind keine Meinungen, sondern nur Schwätzereien. Die berühmten Dirigenten können dirigieren, wie sie wollen. Das Urteil über sie, das freilich immer eine Huldigung ist, ist schon ausgefertigt, beschworen und besiegelt, bevor das Konzert beginnt. Alle bekannten Dirigenten sind, der Zugkraft ihres Namens entsprechend, bereits längst in die ihnen zuerkannte Klasse eingeteilt, aus der ein Übertritt in eine höhere oder eine niedrigere, aufgrund einer bloßen Qualitätsveränderung (ohne propagandistische Kabale), außerhalb praktischer Möglichkeiten liegt.

Die Dirigentenlaufbahn ist jener der politischen Karriere ähnlich. Überredungskunst, Kuhhandel, Intrigen und die Fähigkeit, im richtigen Moment am richtigen Ort zu sein, spielen da eine große Rolle. Bevor ein sogenannter Dirigent seine erste Gelegenheit zum Dirigieren bekommt, weiß eigentlich niemand, ob er wirklich dirigieren kann. Und nach dem, was manche Neuankömmlinge auf dem Podium fertiggebracht haben, ist es auch noch nicht befriedigend entschieden, ob es überhaupt notwendig ist, daß einer dirigieren kann.

Aber auch in den Fällen, in denen die Frage bejaht und auch beherzigt wird, steht es fest, daß kein musikalischer Interpret beim ersten Auftreten so unfertig ist wie der Dirigent. Das kann kaum anders sein. Ein Dirigent kann nicht zu Hause üben wie ein Geiger. Er hat kein Instrument, auf dem er das Dirigieren üben kann. Das Studium der Partitur und das Einüben der Taktierbewegungen vor einem imaginären Orchester oder mit der trügerischen Hilfe von Schallplatten ist keine Parallele zum Üben des Geigers.

Wenn der Geiger vors Publikum tritt, hat er nichts anderes zu tun, als schlecht und recht zu wiederholen, was er zu Hause beim Üben getan hat. Was der Dirigent vor dem lebenden Orchester tut (und zwar vorerst nur in der Probe), das ist grundverschieden von den Vorbereitungsübungen in der trauten Abgeschlossenheit seines Studierzimmers. Er kann nicht einfach die Heimübungen vor dem Orchester wiederholen. Da hat er sich mit einem neuen Element auseinanderzusetzen. Beim Orchester ist er Lebewesen gegenübergestellt, die beißen.

Wenn der Pianist sich zu Hause an sein Klavier setzt, kann er sicher sein, daß ihm wenigstens sein Instrument nicht ins Gesicht grinst. Beim Orchester, dem Instrument des Dirigenten, ist das Grinsen das wenigste, was diesem entgegenspringen kann. Unter dem Aspekt menschlicher Wechselbeziehungen beim Kollektivmusizieren betrachtet, ist das Dirigieren eigentlich gar kein musikalischer Beruf. Die Probleme, die der Dirigent in dieser Hinsicht vor dem Orchester zu lösen hat, sind auch jene des Direktors in der Fabrik, des Ausbildungsoffiziers auf dem Exerzierplatz und des Lehrers in der Schule.

Was für Methoden der Dirigent bei der Behandlung seiner Gefolgsleute auch immer anwendet, seien sie autoritär oder psychologisch, ist an diesem Punkt belanglos. Das Wesentliche ist, daß ein wichtigster Teil seiner Tätigkeit mit Musik nichts zu tun hat. Diesen Teil seiner Tätigkeit kann er aber zu Hause nicht üben.

Man kann die Tätigkeit des Fabrikdirektors, des Offiziers und des Schullehrers zu Hause auch nicht üben.

Das richtige Verhalten bei der Ausübung dieser Berufe lernt man stufenweise, parallel mit dem Steigen im Rang. Der größte innere Widerspruch des Dirigenten aber ist, daß der grüne Junge von Kapellmeister, der aufs Orchester losgelassen wird, sofort ein Führer sein muß, obgleich er erst ein Lehrling ist.

In diesem Zusammenhang wird übersehen, daß die tiefsitzende Neigung zur Bockbeinigkeit in den Orchestermusikern oft von der tausendfach wiederholten Beleidigung ihres Berufsstolzes durch solch diktierte, groteske Rangverhältnisse herrührt. Das Üben des Dirigierens mit einem Konservatoriumsorchester, das diesem Mißstand abhelfen sollte und zu welchem manche Dirigierkurse an seltenen, denkwürdigen Tagen Gelegenheit geben, ist eine Farce. Erstens sind diese Dirigiergelegenheiten ein Tropfen auf den heißen Stein, zweitens sind die Mitglieder des Orchesters selbst Schüler, mit denen keine den realen Verhältnissen entsprechenden Wechselbeziehungen hergestellt werden können. Das Schießen auf Budenfiguren ist keine Vorbereitung für das Schießen auf Raubtiere im Urwald.

Was ist nun die richtige Vorbereitung zum Dirigieren? Nichts anderes als Talent: das geborene, spezifische Dirigiertalent, das schon beim ersten Besteigen des Podiums sich dort so heimisch fühlt wie ein Hündchen beim ersten Sprung ins Wasser. Sollte man demnach Talent als Hauptbedingung für das Dirigierstudium fordern, dann müßte diese ganze Industrie von Dirigentenzüchterei Konkurs erklären.

Die Produkte dieser Treibhausinstitute sind die linkischsten in der Menagerie des buntscheckigen Dirigentengezüchts. Sie stellen sich erfahrungsgemäß noch ungeschickter an als die klimpernden Theaterpraktikanten oder die ungeschliffenen, aus dem Orchester herausgewachsenen Taktierhasen.

Sie alle sind aber durch ein gemeinsames Problem verbunden, wie sie sich nämlich zum tätigen, selbständigen, beruflichen Dirigieren aufschwingen können. In Europa ist das bewährte Sprungbrett die Gesangskorrepetition an den Operntheatern. In Amerika sind es die Dirigierschulen und die kleinstädtischen Schul- und halbberuflichen Gemeindeorchester. Ist es einem Streber gelungen, sich an dieser untersten Stufe der Dirigierleiter festzuklammern, dann hängt das Höhersteigen zu einem beträchtlichen Teil vom Geschäftssinn und von den wohlbekannten politischen Eigenschaften ab.

Im Kollektivsystem, wo diese Eigenschaften – den Lebensverhältnissen gemäß – in eine instinkthaft kämpferische Urform zurückgedrängt sind, wächst der Dirigentenaspirant direkt aus dem Konservatorium heraus, wenn er aufgrund eines unbändigen Musikantentums seine

Lehrer da schon im Laufe des Studiums als ein besonderes Dirigiertalent zu beeindrucken fähig ist.

Wer aber in den Ländern des ungezügelten Unternehmertums nach dem Erreichen der untersten korrepetitorischen, kleinstädtischen oder schulischen Dirigierstufe nicht das Zeug zum raffinierten und sogar skrupellosen Opportunisten hat (wobei etwas Talent kein Hindernis ist), der wird sein Leben lang Chorleiter in Posemukel bleiben. Sollte er aber so außergewöhnlich begabt sein, daß ihn keine Konkurrenz, keine Intrige und kein Totschweigen niederdrücken kann, dann mag er, ohne die „politischen" Eigenschaften, nach einem Vierteljahrhundert langen, geduldigen Wartens an die Stelle der inzwischen total vergreisten Dirigierprimadonnen treten. Wer noch in jungen Jahren ein Star werden will, muß eine außergewöhnliche Begebenheit oder Persönlichkeit finden, mit welcher er seinen Namen vor der Öffentlichkeit verbinden kann.

Was muß aber einer tun, um auch nur diese Ausgangsstation der Karriere zu erreichen? Oft hört man die forschende Frage, wie einer überhaupt Dirigent wird. Die embryonalen Anfänge, wie sie sich vor unseren Augen abzeichnen, sind eine Kombination von Fachstudium und von gesellschaftlichen Tastversuchen zwecks Kontaktnahme mit der ausübenden Musikwelt. Ist einmal ein Mindestmaß von Fachwissen erworben, dann kann man sich daranmachen, an Plätzen herumzulungern, wo dirigiert wird, also in Opernhäusern und Konzertsälen.

Der vorerst selbsternannte Dirigierkandidat muß mit allen Mitteln versuchen, in den gehüteten Zaubergarten der Zünftigen einzudringen. Bei dieser Phase seiner Bemühungen kann er noch auf keine Außenhilfe rechnen. Dirigenten werden nicht mit der Laterne gesucht. Kandidaten werden nicht, wie der Dalai Lama, auf ländlichen Kundfahrten mit der Wünschelrute aufgestöbert. Selbst die gelegentlich vorkommenden Dirigierwettbewerbe verlangen eine vorher dokumentierte und demonstrierte Qualifikation. Wer noch nie vor einem Orchester gestanden hat, wird auch zu keinem Dirigierwettbewerb zugelassen. Zudem sind die Wettbewerbe ein zweischneidiges Schwert, weil den möglicherweise begabten Verlierern ihr Mißerfolg als ein Beweis von Talentlosigkeit vorgehalten werden kann.

Wenn nun ein vom Dirigierwurm gestochener und trotz aller Schwierigkeiten unentwegter Dirigentenaspirant noch nicht zum Stab des von ihm als Wirkungsstätte begehrten Instituts gehört, dann muß er die Findigkeit eines Einschleichediebes besitzen, um überhaupt physisch in die fraglichen Räumlichkeiten zu gelangen. Er muß sich in dunkle Ecken hinter Säulen drücken, um unbemerkt zu bleiben. Bei außerordentlichen Gelegenheiten mag er die Bewilligung erhalten, den Proben offen beizuwohnen und beim Herumschieben der Stühle und Pulte zur Aufstellung des Orchesters mitzuhelfen. Schließlich, nach langem Antichambrieren, wenn er im richtigen Augenblick kommt (nicht fünf Minuten zu spät), mag es ihm gelingen, die Schranken dieses Geächtetendaseins zu durchbrechen und einen schlecht oder gar nicht bezahlten Posten als Probenklimperer zu ergattern. Ist nun diese erste Hürde auf dem rauhen Pfad zum Welterfolg glücklich überwunden, dann kann man den Rammbock für den nächsten Vorstoß in Stellung bringen.

Korrepetitoren (wie die Rolleneinpeitscher der Opernsänger heißen) gibt es an einem größeren Theater mehrere. Unter ihnen wird es einen geben, der sich am meisten darauf versteht, sich beim Oberkapellmeister beliebt zu machen. Er wird sein Famulus. Er sorgt dafür, daß die richtige Partitur zur gewünschten Zeit auf dem Pult liegt. Er sitzt während der Bühnenprobe in der ersten Parkettreihe direkt hinter dem Chef und reicht ihm das Handtuch, wenn dieser sich den Schweiß vom Nacken wischen will. Er telefoniert der Frau Musikdirektor, wenn die Probe eine Stunde später als erwartet enden soll. Und wenn es endlich soweit ist, ist er es, der die Aktenmappe zu dem vor dem Theatereingang wartenden Taxi trägt und die Wagentür hinter dem Meister zuwirft.

Das Bild ist dasselbe, wenn der Maestro ein Symphoniekonzert vorbereitet. Man kann die langhaarigen musikalischen Hungerleider nahe bei der Rampe sehen, wie sie ihre Köpfe in die Partitur vergraben. Einer von ihnen darf im Orchester als Mädchen für alles mitmachen. Man kann ihn dann beobachten, wie er die zwei Töne, die im Laufe des Programms auf dem Triangel, auf der großen Trommel oder auf dem Glockenspiel zu schlagen sind, mit geschäftiger, vor Aufregung roter Miene verpatzt.

Dieses Hundeleben wird aber einmal sein Entgelt haben. Die Welt steht nicht still, und so passiert es eines schönen Morgens, daß der Herr Musikdirektor beim Probenbeginn noch nicht im Hause ist. Jemand muß einspringen. Und wer anders kann es sein als derjenige, der die Partitur sklavisch mitstudiert hat. Der Jüngling bekommt nun Gelegenheit, die Feuerprobe zu bestehen.

Auf diese Weise ist zum Beispiel Leonard Bernstein für den erkrankten Bruno Walter bei der New Yorker Philharmonie eingesprungen und damit in seine meteorhafte Dirigentenlaufbahn lanciert worden. Unter teilweise ähnlichen, aber mehr krisenumwitterten Umständen ist sogar ein Richard Strauss als Kapellmeister aus der Taufe gehoben worden.

Der zwanzigjährige Strauss hatte als junger Komponistenlöwe der Welt bereits seine Tatzen gezeigt. Als ein von der Wiege auf in Musik getauchter Musikerssohn stand er selbstredend mit der praktischen Welt des Orchesters auf Duzfuß. Trotzdem war er wie gelähmt, als er von Bülow unerwartet zum Leiten seines eigenen Werkes vors Orchester gezerrt wurde.

Bülow hatte die von seiner Meininger Hofkapelle bereits aufgeführte Bläsersuite des damals noch in München wohnhaften Strauss für ein Münchner Gastkonzert angesetzt. Durch einen Freund erfuhr Strauss von der Absicht Bülows, ihn sein eigenes Werk leiten zu lassen. Strauss hatte noch nie zuvor dirigiert, ein Umstand, der dadurch noch verschlimmert wurde, daß sein Auftreten ohne Probe zu erfolgen hatte, da einem bereits einstudierten Werk keine zusätzliche Probenzeit zugebilligt werden konnte.

Die in diesem Fall klassisch erwiesene Unfertigkeit eines angehenden Dirigenten wurde denn auch von Strauss, diesem nachmaligen Riesen der Musik, selbst bestätigt. Nach seiner Feuertaufe vertraute er dem Freund, der ihm sein bevorstehendes Dirigierdebüt gemeldet hatte, an: „Ich dirigierte mein Stück in einem leichten Dämmerungszustand, ich weiß nur mehr, daß ich nicht umgeschmissen habe." (Dieses Zitat steht in Steinitzers Strauss-Biographie.)

Mit diesem Vorfall war aber Strauss plötzlich als Dirigent lanciert. Innerhalb eines Jahres durchlief er die Stellungen eines Hilfsdirigenten unter Bülow in Meiningen, des Hauptdirigenten daselbst nach Bülows Abgang und eines Hofmusikdirektors an der Münchner Oper.

Unabhängig davon, wie sicher und schnell Strauss sonst auf den Höhen seiner späteren Größe angelangt wäre, ist die Tatsache nicht wegzuleugnen, daß die Verbindung seines Namens mit dem Bülows die Frage seiner Etablierung in der Musik mit einem Male gelöst hat.

Die musikalischen Autoritätsverehrer werden dazu sagen, daß Strauss, der als musikhistorische Gestalt um einige Köpfe über Bülow hinausragt, sich schließlich auch ohne dessen Hilfe durchgesetzt hätte. Bülow hätte dabei nur eine beschleunigende Rolle gespielt.

Freilich hätte Strauss, der Komponist, mit der Zeit jedes Hindernis überwunden. Wie steht es aber mit Strauss, dem Dirigenten? Hätte ihn Bülow zum Dirigieren aufgefordert, wenn er in ihm nicht den damals letzten Verwahrer deutscher Tonschöpferkraft erblickt hätte?

Es ist außer Frage, daß das Vorwärtskommen des Dirigenten Strauss in erster Linie den Erfolgen des Komponisten Strauss zu verdanken war. Seine überwältigende Autorität als Komponist hat eine Anzweiflung seines Dirigiertalents zu keiner Zeit während seiner langen Dirigentenlaufbahn aufkommen lassen. Er brachte natürlich auch als Dirigent eine erdrükkende Traditionsgesättigtheit mit sich. Sein Vater wurde noch im Entstehungsjahr der Neunten Symphonie geboren und hatte mit den größten Musikern des 19. Jahrhunderts musiziert. Einen Mann mit einer solchen Herkunft kritisch zu durchleuchten muß als ein ziemlich aussichtsloses Unterfangen anmuten. Doch muß gesagt werden, daß Strauss, der als Komponist ein genialer Spießer genannt wurde, jeweils nur den Spießer mit aufs Podium nahm, das Geniale aber immer zu Hause ließ. Danach kann man sich ausmalen, welche Anerkennung er ohne das Komponieren und ohne Bülows Eingreifen genossen hätte. Die Orchestermusiker hingen freilich an ihm beim Spielen wie an der Mutterbrust. Ob dasselbe auch vom Publikum ohne das Wissen um seine schöpferische Größe und, am Anfang seiner Karriere, um seine Verbindung mit Bülow gegolten hätte, ist eine offene Frage. Deshalb kommt der Rolle, die Bülow bei der Lancierung von Straussens Dirigentenkarriere spielte, doch einige Bedeutung zu.

Wenn man manch andere Dirigentenkarrieren auf die näheren Umstände ihrer Anfänge untersucht, wird man finden, daß glückliche Namensverbindungen den Prozeß der Karrierensuche offensichtlich abgekürzt haben. Es gibt mehrere Dioskurenpaare von Gönner und Schützling im Reiche des Dirigierens, die als klassische Beispiele für eine solche Genossenschaft angeführt zu werden pflegen.

Bülow, dessen Gönnerrolle Strauss gegenüber wir eben erst gesehen haben, war selbst in der gleichen Weise ein Schützling Wagners, von dem er seinen ersten Dirigierunterricht und den Wink für das Einschlagen der Dirigentenlaufbahn erhielt. Zu gegebener Zeit wurde er außerdem der Dirigent der Uraufführungen von Wagners Opern der mittleren Schaffensperiode.

In einer zweiten künstlerisch adoptiven Söhnchenrolle genoß Bülow das Wohlwollen von Liszt in solcher Überfülle, daß er neben der beruflichen Förderung auch noch dessen Tochter zur Frau erhielt. Diese überfließende Freundlichkeit Liszts wurde in der Folge durch einen nochmaligen, wahrhaft edelmütigen Akt Wagners in einen erträglicheren Umfang zurückgeführt, indem er Bülow von diesem erdrückenden Maß von Gunst, nach zweieinhalb Kindern, durch einen schließlich unbemäntelten Ehebruch befreite.

Ein berühmtes Paar von Meister und Jünger waren Gustav Mahler und Bruno Walter. Walter gelang es, sich in die Funktion eines Famulus bei Mahler hineinzuarbeiten, nachdem er, achtzehnjährig, eine Korrepetitorstelle am Hamburger Stadttheater, mit Mahler als erstem Kapellmeister, erhalten hatte.

Walters Entfaltung als Dirigent ist, wie er es in seinem „Thema mit Variationen" selbst mitteilt, durch mehrmalige schwere Krisen gekennzeichnet. Er mußte durch die harte Schule der Irrungen und Erfahrungen gehen, bevor er das Dirigierhandwerk erlernte. Bei seinem mühsamen Steigen war ihm Mahler jedenfalls höchst behilflich. Zwei Dirigentenstellen, in Breslau und in Riga, die den Lehrjahren in Hamburg folgten, erhielt er auf die persönliche Verwendung Mahlers hin. Einige Zeit später, nachdem Mahler Direktor der Wiener Hofoper geworden war, gab er dann Walter eine Anstellung unter seinem eigenen Direktorat.

Aus dankbarem Eifer (oder wohl eher Übereifer) hat sich Walter die apostolische, jedoch nicht überaus dringende Mission zur Lebensaufgabe gemacht, die stellenweise bezaubernden, aber auch krampfhaft hochtrabenden Symphonien Mahlers', den Brucknerschen ähnlich, als musikalische Bibelworte zu verbreiten. Eine praktischere, nur durch ihn erfüllbare Funktion leistete Walter mit der Überlieferung von Mahlers interpretatorischen Prinzipien an die Nachwelt, obwohl seine professorale Bedächtigkeit in diametralem Gegensatz zur Feuersäulengestalt des Vortragskünstlers Mahler stand.

Eine weitere berühmte Partnerschaft war die Ansermets mit Strawinsky, obwohl die Verbindung dieser Gleichaltrigen aus einer verhältnismäßig späteren Zeit ihres Lebens datiert. Ansermet war überhaupt ein Spätling in der Musik, wurde aber gleich, was nur im Dirigiergewerbe denkbar ist, Kapellmeister des Diaghilew-Balletts.

Dieses Ballett war die Tanzgruppe, für die Strawinsky seine ersten berühmten Ballettwerke schrieb. Damit war die Brücke zwischen den beiden geschlagen. Der Aufruhr, den in den zehner und zwanziger Jahren jedes neue Werk von Strawinsky in der Musikwelt hervorrief, zog Ansermet als dessen Fackelträger automatisch mit in den Mittelpunkt des öffentlichen Interesses. Ansermets Fall ist ein Beispiel dafür, wie einem durch glückliches Zusammentreffen der Ereignisse die Möglichkeit geboten wird, sich an die Rockschöße einer emporsteigenden berühmten Persönlichkeit zu hängen und dadurch selbst berühmt zu werden.

Eine fast zwei Generationen später in einem etwas bescheideneren Maßstab wiederholte Neuauflage der Strawinsky-Ansermetschen Partnerschaft ist jene des italo-amerikanischen Komponisten Gian-Carlo Menotti mit dem vollamerikanischen Dirigierbrausekopf Thomas Schippers. Der schon reife Menotti hatte an dem noch in den Flegeljahren stehenden Podiumsstürmer einen Narren gefressen und ihm die Uraufführung seiner Opern vom „Konsul" an anvertraut. Die Erfolge dieses Komponisten führten dann dazu, daß der begabte Junge lange vor der Reifezeit seiner eigenen Saat eine Kapellmeisterstelle an der Metropolitan Opera erntete. Sein Fall zeigt einmal mehr die um zehn bis zwanzig Jahre verkürzte Karrieresuche durch eine nützliche Verbindung. (Man muß zusätzlich den tragischen Tod Schippers' noch in seinen jungen Jahren erwähnen.)

Es gibt in Dirigierlanden auch tatendurstige Draufgänger, die ihr Glück unter keinen Umständen von einem zufälligen Gottessegen abhängig machen wollen. Sie schaffen sich die glückbringenden Situationen selber. Das sind die Unternehmerkapellmeister, die ein eigenes Orchester gründen, ähnlich wie ein Industrieunternehmer eine Fabrik gründet. Wenn das Unternehmen blüht (und warum sollte es nicht, wenn es mit Geld gespeist wird?), dann verbreitet sich der Ruhm des Gründers von dieser Tätigkeit her, und er wird in der Folge überall mit offenen Armen aufgenommen. „Wer hat, dem wird gegeben."

Ein typisches Beispiel des Gründerkapellmeisters ist Kussewitzky. Bis zu seinem Amtsantritt in Boston im Jahre 1924 hat er während seiner ganzen europäischen Periode, welche eine ausgedehnte Dirigiertätigkeit in Rußland, Deutschland und Frankreich umfaßte, hauptsächlich selbstgegründete Orchester dirigiert. Zu verschiedenen Zeiten hat er in allen drei Ländern Orchester unterhalten, die nach dem Muster des Hauses Rothschild überall den Namen Kussewitzky-Orchester geführt haben. Ein Orchester braucht ja keine eigene Identität zu haben, wenn nur der Name des Dirigenten der Weltöffentlichkeit bleibend eingeprägt ist.

Kussewitzkys Gründungen haben denn auch Früchte getragen, die ihm in Gestalt der Berufung nach Boston in den Schoß gefallen sind. Die reichdotierte, mit großem Prestige verbundene Stelle an der Spitze eines führenden amerikanischen Orchesters hat ihn der Aufgabe enthoben, mit weiteren Orchestergründungen auf eigenes Risiko zu operieren.

Man kann nicht von Gründerkapellmeistern sprechen, ohne Sir Thomas Beecham zu erwähnen. Er bildete aber unter seinen Gründerkollegen in einer Hinsicht eine Ausnahme. Er brauchte zur Verbreitung seines Namens nicht erst ein Orchester zu gründen. Sein Vater, der ebenfalls Beecham hieß (was in England gar nicht selbstverständlich ist), hatte den Familiennamen auf einem anderen Gebiet bereits berühmt gemacht. Er war Fabrikant pharmazeutischer Produkte und braute ein Abführmittel zusammen, das unter dem Namen „Beechams Pillen" ebenso sprichwörtlich wurde wie später die Symphoniekonzerte des Filius. Die dem Vater durch sein Abführmittel zugeführten Mittel wurden von Beecham, dem Sohn, für seine Version der Förderung des allgemeinen Wohlbefindens (und seines eigenen) gespendet.

Es gibt auch Dirigenten, die zur Pflasterung des rauhen Pfades zum Erfolg nicht den biederen Papa schröpfen, sondern eine musische und freilich auch kapitalkräftige Weiblichkeit. Es ist wie bei den Känguruhs. Der Beutel ist beim Weibchen, damit das Männchen große Sprünge machen kann. Die Sprünge werden meistens auf dem Podium vor einem gemieteten Orchester ausgeführt.

So ein Mietorchester verschlingt natürlich ein Heidengeld, aber nichts ist zu teuer für eine Karriere, die ein Zehnfaches einzubringen verspricht, wie es sich unter anderem im wohlbekannten Fall von Kussewitzky bewahrheitet hat.

Damit haben wir nun einige Beispiele der kapellmeisterlichen Karrierenanbahnung gesehen, und wir können uns nun jenen dirigentenfreundlichen Protestrufern zuwenden, die sich während all dieser Ausführungen ungeduldig und zornerregt zu Worte melden wollten.

Was bewegt die erbosten Anwälte der Dirigenten? Ihr Aufbegehren rührt von einem wohlmeinenden, aber kindisch übereifrigen Gerechtigkeitssinn her. Ihrer Ansicht nach ist es kleinlich und unsachlich, den Erfolg berühmter und offenbar starker Persönlichkeiten zufälligen Umständen, hochstehenden Gönnern oder finanziellen Mitteln zuzuschreiben und gar nicht zu erwähnen, daß sie geniale Anlagen in sich getragen haben, die auf alle Fälle und unter allen Umständen zur Entfaltung gekommen wären.

Es ist nicht notwendig, diesen Standpunkt jetzt schon frontal anzugreifen. Wir können uns einstweilen damit begnügen, die früher einmal gestellte Frage über das Verhältnis zwischen innerer Berufung und äußerem Erfolg von einer anderen Seite her wieder anzuschneiden. Die frühere Betrachtung stellte die Frage, ob es möglich ist, ohne Begabung erfolgreich und trotz Begabung erfolglos zu sein. Diese Fragestellung schreitet von der Voraussetzung zum Resultat. Die neue Fragestellung kehrt den Prozeß um und sucht anhand des Resultats dessen Grundlagen aufzudecken. Die Frage lautet jetzt also folgendermaßen: Ist Erfolg das untrügliche Zeichen der Begabung, und ist Mißerfolg das ebenso untrügliche Zeichen des Mangels an Begabung? Diese Umkehrung dient freilich letzten Endes derselben Beweisführung. Wir kommen also zum zweiten Abschnitt der Erfolgsanalyse und damit zur Frage, ob der Mißerfolg ein Zeichen des Mangels an Begabung ist. Bei dieser Variante der Fragestellung erweist sich der Mißerfolg als Symptom der Talentlosigkeit als ebenso trügerisch wie der vorhin untersuchte Erfolg als Symptom des Talents.

Die Beispiele, die den Trug des Mißerfolgs als Symptom der Talentlosigkeit aufdecken, sind so überwältigend, daß ihre bloße Nennung schon wie ein strafender Blitzschlag wirkt. Auf den ersten Blick scheinen diese Beispiele zwar absurd, weil es sich ausschließlich um

Götter im Musikhimmel handelt. Wer würde sagen, daß Mozart, Schubert, Liszt, Berlioz und Verdi erfolglos waren?

Wir müssen hier eine differenzierende Bemerkung einschalten. Die genannten Musikgötter waren nur teilweise Vortragskünstler; sie waren in erster Linie schaffende Künstler. Und Schöpfer ihres Schlages können unmöglich auf die Dauer erfolglos bleiben! Die Lebensdauer dieser Tondichter ist ja Ewigkeit, daher spielt es für ihre Werke keine Rolle, wann sie zum Gemeingut werden.

Diese Musiker waren aber auch einmal Menschen von Fleisch und Blut, und als solche mußten sie am Zeitfaktor im Erfolgsprozeß sicherlich interessiert sein. Es ist unwahrscheinlich, daß selbst der idealistischste unter diesen Schöpfern nur am Erfolg seines Werkes nach seinem Tode interessiert gewesen wäre. Die Sorge dieser Künstler um ihr materielles Fortkommen verpflichtet uns also dazu, ihr Leben und ihren Kampf ums Dasein auch von diesem Gesichtspunkt aus zu betrachten. Das bedeutet nicht, daß ihre heutigen Bewunderer dazu veranlaßt werden sollen, über ihr zeitweise stiefmütterliches Schicksal nachträglich Tränen zu vergießen. Wir wollen nur kühl sehen, wie die Begabung, die in diesen Fällen ausnahmslos die Stufe des Genies erreichte und somit ihr Vorhandensein in alle Welt geradezu hinausschrie, ihre angeblich naturnotwendige und unmittelbare Resonanz fand.

In welcher Weise der nicht zu unterdrückende Erfolg der Begabung sich im Falle Mozarts bewährte, erkennt man daran, daß es nach der Sensation der Wunderkindjahre mit der Karriere des innerlich immer mehr wachsenden Meisters äußerlich immer mehr bergab ging. Diese Entwicklung fand ihren würdigen Abschluß in einem unbekannten Massengrab. Bei Mozart hat die Welt nicht die Entschuldigung, ein unentwickeltes, noch nicht erkanntes Genie in die Wüste geschickt zu haben.

Die Verborgenheit späterer Größe möchte man im Falle Liszts und Verdis als Entschuldigung für ihre anfängliche Ablehnung geltend machen. Die Blindheit eines gewissen Francesco Basili hat Italien beinahe seinen größten Musiker gekostet. Hätte sich Verdi davon entmutigen lassen, daß ihm dieser Basili, der Direktor des Mailänder Konservatoriums, die Aufnahme ins Institut wegen mangelnden Talents verweigerte (wie er bei späteren Schicksalsprüfungen tatsächlich an die Aufgabe der Komponistenlaufbahn dachte), dann hätten wir heute keinen Rigoletto, keine Aida und keinen Falstaff.

Man bedenke, daß so ein Konservatorium Jahr für Jahr Hunderte von Studenten aufnimmt, die nach einigen Jahren Studium zum größten Teil in der wohlverdienten Anonymität verschwinden. Dann aber meldet sich eines Tages ein Genie, wie es im Lande kaum eines in hundert Jahren gibt, und es wird kurzerhand vor die Tür gesetzt. Verdi hat sich aber nicht geschlagen gegeben, sondern sich im Privatstudium ausbilden lassen. Wie viele Begabungen mögen aber der Welt verloren gegangen sein, weil sie durch solche Niederlagen tödlich entmutigt wurden? Die Entmutigung Bizets durch die Presse (trotz „ Carmens" beachtlichem Publikumserfolg) soll ihn und mit ihm seine noch ungeborenen Werke ins Grab gebracht haben.

Ähnlich wie Verdi in Mailand erging es dem 12jährigen Liszt in Paris. Er wurde von Cherubini, dem damaligen Direktor des Pariser Konservatoriums, unter Berufung auf die Hausregeln als Ausländer abgelehnt. Es war eine sonderbare Politik von Cherubini, sich hinter dieser bürokratischen Begründung zu verschanzen in Anbetracht der Tatsache, daß er als gebürtiger Italiener selbst ein Ausländer war. Der wahre Grund der Ablehnung war seine

Abneigung gegen Wunderkinder, was zur Frage berechtigt, ob es für die Zulassung zum Studium nicht hinderlich ist, ein zu großes Talent zu früh zu zeigen.

Liszts Abfuhr ist ein treffliches Gegenstück zu der Verdis, da letzterer seinerseits, zusätzlich zu seiner Abstempelung als talentlos, mit seinen 19 Jahren auch noch als zu alt für die Aufnahme ins Konservatorium befunden wurde.

Man möchte annehmen, daß diese bittere Jugenderfahrung die zwei Musikerfürsten Liszt und Verdi die wohltätigsten von allen Künstlern zu werden bestimmte. Diese Eigenschaft Liszts führt uns in direkter Linie zu Berlioz, der im einflußreichen Liszt den verständnisvollen Freund und Förderer seiner Karriere fand.

Auf Berlioz angewandt, hat das Wort Karriere allerdings einen schmerzlichen Beiklang. Die Schwierigkeit, die ihm als Komponisten in seinem Heimatland Frankreich, mehr von den Fachkreisen als vom Publikum, in den Weg gelegt wurden, könnte man noch als das übliche Schicksal eines widersprucherregenden Erneuerers verstehen. Was aber die Grenze des Erträglichen streift, ist die grabkalte Fühllosigkeit der Maßgeblichen gegenüber seinem Aufstreben als Dirigent.

Seine Einführung ins internationale Musikleben durch Liszt hat ihm sporadische Gastdirektionen in den Hauptmusikzentren Europas verschafft. In Frankreich aber, wo er doch die meiste Zeit seines Lebens verbrachte, mußte er Orchesterkonzerte mit Hilfe einer Handvoll Freunde und auf eigenes Risiko veranstalten, wenn er seine eigenen Werke hören und sich selbst dirigieren sehen wollte.

Wenn man der Verständnislosigkeit anderer ein besonderes Verständnis entgegenbringen wollte, könnte man sogar diese Widerwärtigkeiten als das übliche Hindernisrennen in der Laufbahn eines aufstrebenden Künstlers verbuchen. Die Kränkungen und Niederlagen, die Berlioz zugefügt wurden, gehen aber über das Maß des üblichen Künstlerelends hinaus.

Er hatte einen Vorzug, der selbst von seinen ärgsten Feinden anerkannt wurde: er war ein unerreichter Kenner der Instrumentation und des Orchesters, bei dem, bildlich genommen, die Komponisten der ganzen zeitgenössischen und späteren Welt in die Schule gegangen sind. In diesem Punkt stand sein Ruf von Anfang an unwidersprochen fest.

Daß ihm, dem künstlerischen Stammvater von Liszt, Wagner, Strauss und der ganzen russischen Romantik, die heißbegehrte und erhoffte Lehrstelle für Komposition am Pariser Konservatorium verweigert wurde, sei ohne Klage registriert. Daß er aber auch zur Leitung der Konservatoriumskonzerte zu keiner Zeit berufen wurde, muß bei seinem wachsenden internationalen Ruf selbst für seine Zeitgenossen schwer zu fassen gewesen sein.

Man kann in der ganzen Kulturgeschichte keinen Fall finden, in dem ein Fachmann für ein Amt mehr geschaffen war als Berlioz für die Leitung eines großen Symphonieorchesters. Die Stichhaltigkeit dieser Bewertung erweist sich nicht nur in der bequemen Perspektive der späteren Erkenntnis, sondern auch durch die Tatsache, daß Berlioz' Dirigiergenie bereits zu seinen Lebzeiten bekannt und anerkannt war. Trotzdem führte diese Anerkennung zu keinem praktischen Erfolg.

Die Konservatoriumskonzerte (zu jener Zeit die einzig regelmäßigen ihrer Art), die in Paris im Jahre 1828 inauguriert wurden, standen 20 Jahre lang unter der Leitung des tüchtigen, auch von Wagner gepriesenen Kapellmeisters Habeneck. Zur Zeit von Habenecks Rücktritt war Berlioz 45 Jahre alt. Man kann sich keine günstigere Kombination von Jugendlichkeit und Reife als Befähigung zu einer leitenden Position denken, als sie in der damaligen Lebenslage von Berlioz herausgebildet war. Wer aber wurde der Nachfolger Habenecks? Ein gewisser Narcisse Girard. Die diesem noch während der Lebenszeit Berlioz' nachfolgenden Dirigenten waren ähnlich „gewichtige" Persönlichkeiten mit den Namen Théophile Tilmant und François Hainl.

Solche Größen haben die repräsentativste Dirigentenstelle Frankreichs innegehabt, während Berlioz seinen Memoiren den Aufschrei anvertrauen mußte: „... und meine Qual währt noch... Tod und Teufel! Nicht vom Fleck zu kommen! Gebt mir doch Partituren zu schreiben, Orchester zu dirigieren, Proben zu leiten; zwingt mich dazu, acht, ja sogar zehn Stunden lang auf den Beinen zu sein, den Taktstock in der Hand, Chöre a cappella einzustudieren, den Choristen die Stimmen vorzusingen und dabei den Takt zu schlagen, bis ich Blut spucke und mein Arm in einem Krampf erlahmt; zwingt mich dazu, Pulte, Kontrabässe, Harfen zu tragen, ein ganzes Konzertpodium umzustellen, Bretter festzunageln wie ein Tagelöhner oder ein Zimmermann, verlangt nachher von mir, daß ich, zum Ausruhen, meine Nächte mit Notenkorrekturen verbringe; ich habe es getan, ich kann es wieder tun..."

Erstaunlicher als die Fähigkeit Berlioz', trotz erduldeter Widerwärtigkeiten eine umfangreiche schöpferische Tätigkeit zu entfalten, war seine Widerstandskraft, die ihn vor einem vorzeitigen seelischen und körperlichen Zusammenbruch bewahrte. Er hat immerhin ein Alter von 66 Jahren erreicht.

Nicht ganz so glücklich war Schubert. Er kam nicht über 32 hinaus. Ob die Ohrfeigen, die ihm das Leben ausgeteilt hat, sein Ende beschleunigt haben, kann nicht mit Bestimmtheit gesagt werden. Aber auch wenn er aus anderen Gründen kein höheres Alter erreichen sollte, hätte ihm die Mitwelt aufgrund seiner bis dahin bekannt gewordenen Werke doch schon etwas mehr Anerkennung zollen können. Wie konnte es sein, daß es auch nur einen einzigen Zeitgenossen Schuberts gab, der beim Hören seiner Musik, dieser Musik, die schon von anderer Seite mit „dem Lächeln des gebrochenen Herzens" charakterisiert wurde, sein eigenes Herz nicht entdeckte?

Die musikalischen Autoritäten, denen es bei einigen Gelegenheiten zufiel, Schuberts Talent zu prüfen, stellten sich mit ihrem Urteil jedenfalls das schmählichste Armutszeugnis aus. Daß die besondere Schaffensart eines Genies von den Zeitgenossen nicht immer voll gewürdigt wird, ist eine alte Geschichte, und man braucht sich nicht auf Schritt und Tritt an den daraus entstehenden Unbilligkeiten zu stoßen. Die fachlich musikalischen Äußerungen des Genies sollten aber auch für denjenigen erfaßbar sein, der das innere Gären eines tiefgründigen Geistes nicht versteht.

Ein moosbewachsenes Gehirn brauchte nicht an allem Gefallen zu finden, was Schubert komponierte. Es mochte aber auch dem Besitzer eines solchen Gehirns bald aufgegangen sein, was für ein Musiker Schubert war, wenn er ihn am Klavier improvisieren hörte oder sich mit der rein handwerklichen Gekonntheit seiner Partituren vertraut machte. Offenbar war das jedoch nicht genug, um ihn zur Bekleidung einer Kapellmeisterstelle zu befähigen.

Schubert war, gemessen an seiner Lebensdauer und seinen Werken, schon kein grüner Bursche mehr, als er sich in Wien um die Vizehofkapellmeisterstelle bewarb. Sein Gesuch und der Erfolg, den er damit hatte, lassen in einem die Frage aufkommen, wie groß eigentlich ein Musiker sein muß, um auf die Berufung zu einer Hilfskapellmeisterstelle hoffen zu dürfen.

„Euer Majestät! Allergnädigster Kaiser!

In tiefster Ehrfurcht waget der Unterzeichnete die gehorsamste Bitte um allergnädigste Verleihung der erledigten Vice-Hofkapellmeisters Stelle, und unterstützt sein Gesuch mit folgenden Grün-- den:

1. Ist derselbe in Wien gebürtig, der Sohn eines Schullehrers und 29 Jahre alt.
2. Genoss derselbe die allerhöchste Gnade, durch 5 Jahre als Hofsängerknabe Zögling des k. k. Konviktes zu seyn.
3. Erhielt er vollständigen Unterricht in der Composition von dem gewesenen ersten Hofkapellmeister Herrn Anton Salieri, wodurch er geeignet ist, jede Kapellmeisters-Stelle zu übernehmen, laut Beilage A.
4. Ist sein Nahme durch seine Gesangs- und Instrumental-Compositionen nicht nur in Wien, sondern auch in ganz Deutschland günstig bekannt, auch hat er
5. Fünf Messen, welche bereits in verschiedenen Kirchen Wiens aufgeführt wurden, für größere oder kleinere Orchester in Bereitschaft.
6. Geniesst er endlich gar keine Anstellung und hofft auf dieser gesicherten Bahn sein vorgestecktes Ziel in der Kunst erst vollkommen erreichen zu können.

Der allergnädigsten Bittgewähr vollkommen zu entsprechen, wird sein eifrigstes Bestreben seyn.

Unterthänigster Diener
Franz Schubert
Wohnhaft Auf der Wieden Nr. 100 nächst der Karlskirche 5. Stiege 2ter Stock.“

Beylage A:
Dass Herr Franz Schubert die Tonkunst vollständig erlernet und bereits sowohl für die Kirche, als für das Theater sehr gute Kompositionen geliefert hat; und daher, sowohl in Rücksicht seines moralisch guten Charakters für jede Kapellmeister-Stelle vollkommen geeignet ist, wird hiermit zu seinem Lobe bestätigt.

Ant. Salieri
k. k. Hofkap. Meister

Schubert hat die Stelle nicht erhalten. Karl Harrach, der oberste Beamte für musikalische Angelegenheiten des Hofes berief Josef Weigl, einen älteren, bereits pensionierten Theaterkapellmeister, dessen Pensionsbezüge der kaiserlichen Schatzkammer möglich machten, für die Stelle einen stark reduzierten bloßen Zuschußlohn auszusetzen.

Schuberts Kommentar zum Entscheid war: „Da ein so würdiger Mann wie Weigl es geworden ist, so muß ich mich wohl zufrieden geben." Aber nach dieser Resignation hat er doch bald neuen Mut gefaßt, denn kurze Zeit darauf bewarb er sich um eine andere Kapellmeisterstelle, am Kärntnertortheater, die er prompt auch nicht erhielt.

Kehren wir nun von Schubert zur Gegenwart zurück. Man möchte sagen, daß so ein Verschleudern von Begabungen heutzutage nicht mehr möglich ist. Mit Hilfe überwuchernder Stipendien und Wettbewerbe suchen die Professoren, die Kulturinstitute und auch die musikalisch interessierte Öffentlichkeit in allen Ländern nach Talenten. Man leuchtet in jede muffige Konservatoriumsklasse mit der Laterne hinein, um das letzte versteckte Genie, das noch entdeckt werden soll, ans Tageslicht zu ziehen.

Man kann sich aber seine Begeisterung sparen. Im Grunde genommen hat sich nichts geändert. Es ist nur die Sensationshascherei unserer Zeit, die zu diesem musikalischen Wettrausch geführt hat. Dem Sieger, der oft erst nach erbitterten Jurydebatten knapp durchdringt, wird alle Ehre, alles Geld und alle Karriereförderung geboten. Vom Zweitplazierten, der nur um ein (oder vielleicht gar kein) Haar hinter dem Ersten zurückbleibt und ein höheres Zukunfts-potential in sich bergen mag, redet kein Mensch.

Das ist wenigstens die unmittelbare Folge des Wettbewerbs. In vielen Fällen merken aber die Preisrichter erst ein Jahrzehnt später, sofern sie sich der Rechenschaftsablegung nicht vorher schon durch endgültige Verkalkung entzogen haben, was für preisgekrönte Esel sie waren. Der französische Rompreis ist Dukas und Saint-Saens (dem letzteren sogar zweimal) zugunsten seither verschollener „Größen" versagt worden.

Einer noch „lieblicheren" Behandlung seitens der Rompreisjury konnte sich Ravel rüh-men. Er hat sich um den Preis viermal erfolglos beworben. Das vierte Mal ist er schon bei der Präliminarprüfung eliminiert worden. Das war ein Akt der Preisrichter, für den sie ausge-stopft als Aushängeschild eines Metzgerladens hätten verewigt werden sollen.

In jener Zeit hatte sich Ravel mit seinem Streichquartett, diesem Meisterwerk der moder-nen Kammermusikliteratur, bereits einen Namen gemacht, während der Sieger in jenem Jahr so unbedeutend war, daß heute nicht einmal mehr sein Name bekannt ist. Die Abweisung Ravels war denn auch geeignet, diesen ganzen Wettbewerbsrummel zu diskreditieren.

Die Lehre aus diesen Geschehnissen ist, daß die vielen Musikwettbewerbe, bei all ihrer angeblichen Nützlichkeit, jedenfalls mit Vorsicht zu genießen sind.

Als schaffender Künstler hatte Ravel, in einem idealen Sinn, Schubert und Berlioz ähnlich, freilich die Muße, sich erst nach seinem Tode voll durchzusetzen. Der reproduktive Vortrags-künstler muß aber in kürzester Frist auf den grünen Zweig kommen, wenn er seine Chancen nicht ein für allemal davonschwimmen sehen will.

Aber die schließlich korrigierende Aufdeckung der Tatsachen sollte uns in Hinsicht auf die Zukunft mit Zuversicht erfüllen, wobei auch die Worte von Abraham Lincoln zur weiteren Inspiration dienen sollen: „Manche Menschen können zu allen Zeiten zum Narren gehalten werden, und alle Menschen können zu manchen Zeiten zum Narren gehalten werden; es kön-nen aber unmöglich alle Menschen zu allen Zeiten zum Narren gehalten werden."

# Phänomenologie des Dirigierens

## Was es den Augen antut

Musikfreunde und Besucher von Konzertveranstaltungen sind daran gewöhnt, in der Leitung eines Orchesters durch einen Dirigenten das zu sehen, was sie davon schon wissen, anstatt das zu wissen, was sie davon nur sehen. Nach ihrem eingebildeten Wissen wäre ein unvoreingenommenes Schauen ein Fortschritt. Das Wissen, das die Art und Weise des laienhaften Schauens bestimmt, stammt nämlich nicht von einer Einsicht in die wirklichen Betriebsfunktionen der Orchesterdirektion, sondern von den feuilletonistisch verbreiteten Schöngeistereien und sentenziösen Salonweisheiten über diese meistbegaffte und meistkommentierte aller musikalischen Vortragskünste. Sollten aber besagte Musikkonsumenten sich der Schuppen vor ihren Augen bewußt werden und nun gewillt sein, durch richtiges Schauen zu wissen, anstatt durch falsches Wissen zu schauen, dann erhebt sich die Frage, wie sie diesen Prozeß umkehren können und ob überhaupt Anlaß dazu besteht, ihn umzukehren.

Vor dem Aufkommen eines neuen Stils in der Dirigierkunst gegen Ende des 19. Jahrhunderts wäre eine Äußerung, wonach jede Form von Musikmachen für die Ohren bestimmt sei, als Binsenwahrheit abgetan worden. Wofür sollte denn das Musikmachen sonst bestimmt sein (was immer die Form der Darbietung), insofern sensorisches Einwirken auf das menschliche Hörorgan zunächst ohne eine seelische Tiefenwirkung zur Diskussion steht? Selbstverständlich war in den früheren Jahrhunderten noch jede Musizierform für die Ohren bestimmt, und zwar unbeschadet der Tatsache, daß ihr handwerkliches Hervorbringen sehr wohl auch ein Gegenstand optischer Wahrnehmung sein konnte.

Seit dem neuen Dirigierstil, der mit der Bezeichnung „Pultvirtuosentum" charakterisiert werden kann, ist aber die Feststellung über die Zweckbestimmung des Musikmachens für das Ohr keine Binsenwahrheit mehr; ja, sie ist überhaupt keine Wahrheit mehr. Jetzt kennen wir eine Form des Musizierens, die ebenso für die Augen wie für die Ohren bestimmt ist. Und diese Form ist nun – das Dirigieren. Bei dieser Tätigkeit ist das bei anderen Musizierformen nur nebenbei auftretende Gesichtselement kein bloß visuell mitwirkender Begleitumstand, sondern ein bewußt kultiviertes Mittel der Darbietung, das im heutigen Entwicklungsstadium dieser Abart des Musizierens über die Musik hinaus selbst als ein Erzeuger musikalischen Erlebnisses benutzt und betrachtet wird.

Diese unbestreitbare Tatsache erklärt, weshalb wir unser Wissen vom Dirigieren aufgrund der uns rein optisch zugeleiteten Eindrücke überprüfen sollen. Beim gegenwärtigen Stand der Dinge sehen wir in den Körperbewegungen des Dirigenten unwillkürlich den choreographischen Ausdruck der von ihm dirigierten Musik. Wir empfangen das Gehörte verbunden mit dem Gesehenen und haben somit ein visuell beeinflußtes Hören. Es sollten aber, trotz dieser eingefleischten Verfärbung unseres Verhältnisses zur Orchestermusik, Zweifel darüber bestehen, ob sie, die Orchestermusik, diese visuelle Zutat als choreographische Veranschaulichung braucht. Das Publikum mag sich einbilden, eine solche Veranschaulichung nötig zu haben, aber die Musik selbst braucht sie doch nicht. Von ihrer technischen Funktion abgesehen, braucht das Orchesterspiel diese kinetische Verdeutlichung als visuelle Kunstbeigabe ebensowenig wie die Kammermusik, die solch eine optisch wirkende Verdeutlichung aus traditionellen und aufführungstechnischen Gründen ja gar nicht haben kann. – Mit dem Dazwischenschalten eines Dirigenten geben wir der Orchestermusik eine von der Konzeption des Komponisten abweichende Bedeutung. Man könnte auch sagen, daß wir die Orchestermusik durch die besondere, dirigierte Art der Präsentierung verfälschen oder gar erniedrigen. Durch das Dirigieren wird jede Musik zur Ballettmusik. Sie kann nicht mehr für sich selbst sprechen, und zwar nicht wegen der interpretatorischen Eigenwilligkeiten, an denen auch in anderen Musizierbezirken kein Mangel ist, sondern infolge des uns auferlegten Zwanges (soweit wir die Augen nicht schließen oder wegwenden wollen), eine pantomimische Schau über uns ergehen zu lassen.

Bei keiner anderen Musizierform kennen wir eine Figur, die wie ein Tempelvorbeter zwischen Altar und Gemeinde den Text in Verzückung interpretiert, bei Fortissimos sich emporstreckt, die Backen vollbläst, rot wird, die Mähne oder deren Überreste schüttelt, droht und explodiert, um bei Pianissimo wieder zusammenzuschrumpfen, unter das Pult zu kriechen, die Hände aus dem Gelenk abwehrend zu schütteln und was es sonst noch für Kinkerlitzchen gibt. Und all das wird beim Orchesterspiel angeblich getan, um die Ausführenden zur Befolgung der augenblicklich geltenden Spielvorschriften anzuhalten. Alle Musik kann ohne diesen Firlefanz gespielt werden mitsamt den Fortissimos und Pianissimos, nicht aber die Orchestermusik. So wird es wenigstens praktiziert und geglaubt.

Die Aufdringlichkeit dieses Kasperletheaters, das sich vor unseren Augen abspielt, während wir ungestört der Musik zu lauschen versuchen, gibt zur Frage Anlaß, ob das wirklich einem dem Werk innewohnenden Zweck dient. Wir fühlen uns berechtigt, die uns also aufgezwungene Schau etwas näher unter die Lupe zu nehmen und die weniger erhebenden Aspekte kapellmeisterlicher Bewegungskunst einer schärferen Betrachtung zu unterziehen.

Wenn wir nach der im mittleren Vordergrund der Bühne hingepflanzten, sich von der Orchesterfront so glanzvoll abhebenden Gestalt spähen, werden wir immer mehr neue Details des vertrauten Gesamtbildes entdecken. Es wird uns bewußt werden, was wir uneingestanden vielleicht schon lange geahnt haben, daß der Dirigent nicht bloß ein Direktor der Musik ist, sondern auch ein Zeremonienmeister, Schlangenbeschwörer, Zauberkünstler, Hypnotiseur, Hohepriester, und man kann ausknobeln, was er nicht sonst noch alles ist.

Es ist wahr, es gibt auch Instrumentalkünstler, die manche dieser Züge aufweisen. Diese aber spielen ein Instrument, dessen anspruchsvolle technische Handhabung eine ausschließlich innere Konzentration verlangt. Der Dirigent dagegen ist ein hochstaplerisch angehauchter Manipulant, der alle Hände frei hat, um ungehemmt ans Werk zu gehen.

Wenn man nun auch nicht gleich behaupten will, daß die Dirigenten alle Hochstapler sind, so hat doch der Dirigierberuf dadurch etwas Hochstaplerisches an sich, daß darin, mehr als in irgendeinem anderen als respektabel geltenden Beruf, Hochstapler Unterschlupf finden können. Außerdem müssen die Kollegen mit seriöseren Neigungen sich dazu bequemen, mit den sensationellen Windbeuteln in den Dirigierflunkereien Schritt zu halten, da sie sonst Gefahr laufen, daß ihnen die Leute das Zeug nicht glauben.

Wie dem auch sei, es gibt Eigenschaften, die Dirigenten aller Schattierungen aus Zwang der Natur des Dirigiergeschäfts miteinander gemein haben. Sie kalkulieren in ihre Dirigierpläne nicht nur das Orchester, sondern auch das Publikum ein. Sir Henry Wood, der englische Dirigierpatriarch, ermunterte ganz unverhohlen die angehenden Dirigiertitanen, ihren Taktstock in Länge und Farbe so zu wählen, daß er nicht nur dem Orchester, sondern auch dem Publikum gut sichtbar ist.

Was ein rechter Kapellmeister sein will, läßt sich freilich so etwas nicht zweimal sagen; wenn es überhaupt noch solche geben sollte, die den Rat von Sir Henry bezüglich der Augenfälligkeit der Direktionszeichen nicht schon lange vor dieser Ermunterung befolgt haben!

Ein anderer Komplize, der dem chloroformierten Publikum die faulsten Dirigiermätzchen als Tugenden preisen zu können glaubte, war der zur genannten Zeit aktive Schriftleiter des „Österreichischen Musikkuriers". Mit einem ellenlangen Schmusartikel „Von der Geste des Dirigierens" in der Augustnummer des Jahres 1949 spornt er die Großmeister der Dirigierzunft nur noch mehr an. Unter anderem doziert er:

> Was aber außerdem bei solchen Betrachtungen klar zu Tage tritt, ist die Tatsache, daß die erste Reihe der Dirigenten ihre Vormachtstellung zu einem hohen Prozentsatz ihrer Fähigkeit im Bereiche der Gestik zu verdanken hat. Es gäbe in den dahinterstehenden Reihen bestimmt so manchen, der die gleiche geistige Konzeption aufzuweisen hätte, die gleiche Kraft, die Werke der Meister abzulösen und neu zu gestalten (natürlich in ihrem Sinne), wodurch sie ja erst plastisch werden, auch die gleiche Schlagtechnik besäße, dem aber die Gabe fehlt, durch die Geste das Unsagbare sichtbar zu machen. Denn sie allein ist das Instrument, mit dessen Hilfe sich die nötige Vielsprache vollzieht, die jeder kleinsten Nuance fähig sein muß, da sie nicht nur 60 bis 100 Musikern das Gebilde des Werkes bis in die letzten Details vorzuzeichnen hat, sondern zugleich dem Hörer Unterstützung sein soll im Erfassen dessen, was die Musik ausdrücken will.

Dieser parfümierte Hirnschweiß läßt einen des „Verlustes" schmerzlich bewußt werden, den das Publikum bei der zeichenlosen Solo- und Kammermusik erleiden muß. Bei diesen Musizierarten gibt es doch keine Geste, die das Unsagbare sichtbar machten und den Hörer im Erfassen des Ausdrucks der Musik unterstützen könnte. Aber selbst hinsichtlich der Orchestermusik hat der Verfasser obigen Weisheitsergusses vergessen uns mitzuteilen, was wir mit den Grammophonaufnahmen von Toscanini, Furtwängler und den anderen seligen „Klangzeichnern" der „Vorderreihe" anfangen sollen. Da nun nicht nur diese, sondern auch die noch Überlebenden dirigierenden Zeichenkünstler ihren Schallplattenhörern doch nichts vorzeichnen können, so fragt es sich, wodurch sich denn ihre unsichtbaren Interpretationen von denen manch tüchtiger Müllers, Meiers, Lehmanns und Schmidts der „Hinterreihe" unterscheiden, von denen der Herr Redakteur ja selber sagt, daß sie den Prominenten in jeder Hinsicht, außer der in diesem Fall gegenstandslosen visuellen Gestik, ebenbürtig sein könnten.

Der Unterschied liegt offenbar nicht im Musizieren, sondern im Gestikulieren, wodurch die Ansicht Gültigkeit erlangt, daß dirigiertes Musizieren, aufgrund des Urteils der musikästhetischen Wortführer, nicht mehr dem Bereich reiner Tonkunst zugerechnet werden kann. Die Dirigenten der „Hinterreihe" haben denn auch die Botschaft verstanden und sind nun redlich bemüht, sich die für den Publikumserfolg unerläßliche Dirigiergestik der „Vorderreihe" bestmöglich anzueignen. Cosi fan tutti!

Durch die sozusagen offizielle Sanktionierung des zeichnerischen Dirigierideals für äußerliche Erfolgszwecke fühlen sich die angehenden Kapellmeister dazu angestiftet, in der kultisch suggestiven Handhabung des Taktstocks nicht bloß eine von mehreren Aufgaben, sondern ihre hauptsächliche, wenn nicht gar einzige Aufgabe zu sehen. Wird doch die nur klangliche Verlebendigung der Werke für unergiebig erklärt, während die Pflege der optischen Äußerlichkeit als der ausschließliche Faktor des Erfolges geltend gemacht wird.

Diese Irreleitung tut freilich ihr verderbliches Werk auch beim Publikum, da sie die ohnehin schon herrschende Oberflächlichkeit des Musikgeschmacks nur noch mehr fördert und dem Publikum einen falschen Maßstab zur Beurteilung der Dirigenten gibt. – Die irreführende und verführerische Beschreibung der zeichnerischen Funktion neumodischer Dirigiermethoden rechtfertigt also die These über die grundsätzlich kompromittierende Wirkung des Dirigierens auf die Musik. Es ist nicht mehr das Dirigieren, das im Dienste der Musik steht, vielmehr ist es die Musik, die in den Dienst des Dirigierens, und noch mehr des Dirigenten selbst, gestellt wird.

Wenn es nicht so wäre, wozu brauchte dann das sichtbare Element des Dirigierens so über alle Maßen und auf Schritt und Tritt betont zu werden? Da aber das Dirigieren die einzige musikalische Vortragsgattung ist, bei der so viel vom äußeren Bild und dessen Wirkung die Rede ist, so ist die Schlußfolgerung zwingend, daß das Dirigieren nicht als eine rein musikalische Kunst betrachtet werden kann.

Wenn nun die Verfechter und Anhänger der Klangzeichnerei es fertiggebracht haben, aus dem Dirigieren einen Schauakt zu machen, dann folgt daraus ebenso logisch, daß dirigierte Musik bei den heute bestehenden Praktiken auf das Niveau einer bloßen Klangbeigabe zu einer schaustellerischen Darbietung herabsinkt. Alle ursprünglich musikalisch bedingten Dirigierfunktionen erlangen nun eine darstellerische Bedeutung. Worin besteht nun dieses visuelle Element als technisches Mittel in seinem Verhältnis zur orchestralen Werkwiedergabe?

Das Schlagen des Zeitmaßes mit dem Dirigierstab bei der Leitung eines Orchesters ist eine dem Klangfluß beigegebene geschwindigkeitsregulierende Bewegung – entlang den Linien eines graphisch einrahmenden Maschensystems zur zeitlich anschaulichen Lokalisierung der Einzelfasern des Tongewebes im Takt.

Dieses System, das Sichtsignale in Spielimpulse verwandelt, zwingt uns, eines strukturellen Elements des Musizierens gewahr zu werden, das seiner Natur nach die Kehrseite des Stoffes ist und im Interesse des ungetrübten „Fassadenanblicks" eigentlich der Beobachtung entzogen werden sollte.

Von welcher Seite man die Sache auch immer ansieht, es läßt sich nichts daran ändern, daß die Dirigierzeichen irgendwelche Formen annehmen müssen. In unserer in Formen erlebten Welt strebt jegliche menschliche Mitteilung nach Form, und mit Recht haben wir deshalb aus ihr einen Kult gemacht. Bei Geistesprodukten kann aber die Form nur dann einen ästhetischen Wert haben, wenn sie mit der Substanz eine vorgeburtlich determinierte organische Einheit bildet. In der Musik aber ist die durchs Dirigieren ausgedrückte Form ganz und gar kein organischer Teil der Substanz, vielmehr ist sie nur ein Behelf und somit ohne ästhetischen Wert. Es wäre töricht zu sagen, daß das Taktschlagen oder das Denken an das Taktschlagen oder eine dem Werk aufgepfropfte Dirigierschau in dessen zellularem und spiritualem Aufbau irgendwie miteingeschlossen ist.

Vom strikt musikalischen Standpunkt aus existiert das Dirigieren weder für die Komposition noch für den Zuhörer. Was das Publikum und selbst dessen Erzieher nicht wissen und auch gar nicht wissen wollen, ist, daß das Dirigieren eine ausschließlich innere Werkstubenangelegenheit zwischen Dirigent und Orchester ist. Der Zuhörer (und damit ist auch der Zeitungskritiker gemeint) hat nur insofern ein Anrecht darauf, sich in Dinge der Interpretation einzumischen, als sie ihn auf dem rein klanglichen Wege erreichen. Das Dirigieren als Mittel der Aufführung und der Interpretation von Orchesterwerken mag Anrecht auf einen Platz unter den verschiedenen Zweigen des musikalischen Reproduktivgewerbes haben. Der Mißstand ist nur, daß der absurde Glaube an das äußere Gewand des Dirigierens, an die Faxen, die

Flausen, als unerläßliches Zubehör der künstlerischen Wirkung der Musik sich tief in unser Denken eingefressen hat.

Die Ansicht der klassischen Idealen huldigenden Weingartnerschen (und Bülow-gegnerischen) Schule bezeugt diesen Befund und führt das Übel selbstverständlich auf Bülow zurück. Weingartners persönliche Ansicht in der Sache läßt an Deutlichkeit nichts zu wünschen übrig.

> Mit Bülow begann die Sensationsmacherei in der Musik und der leidige Persönlichkeitswahn, der jeden Knirps aufstachelt, Sonderrechte für sich in Anspruch zu nehmen, wenn er sich nur recht unartig gebärdet, und der auch den talentvollen Schwächling zu unsinnigen Taten verblendet. Halten wir uns aber die Beispiele großer Männer vor Augen, so sehen wir, daß gerade bewußtes Maßhalten auch im kühnsten Vorwärtsschreiten das vornehmste Kennzeichen der großen Persönlichkeit ist. Dieses Maßhalten hat Bülow nicht verstanden und dadurch den Grund zu den schlimmsten Ausschreitungen gelegt, an denen wir heute um so schwerer zu tragen haben, als uns auch jene Persönlichkeiten fehlen, denen man Ausschreitungen bis zu einem gewissen Grade verzeihen kann. Was Bülow tat, trug zum mindesten noch den Stempel des Interessanten, weil er eben eine Persönlichkeit war, wenn auch eine in die Irre gegangene und mit sich selbst zerfallene. (Wo ist aber heute ein Bülow?)

Diese Äußerung räumt der überragenden Persönlichkeit, im Gegensatz zum Durchschnittstalent, trotz des Tadels das Prärogativ ein, über die rein musikalische Zweckbestimmung des Dirigierens hinauszugehen. Wenn wir aber das Dirigieren, von persönlichen Sonderfällen losgelöst, als überpersönliche, zweckreine Funktion betrachten, dann müssen wir feststellen, daß in der akustischen Wirklichkeit eines für die gehörsinnliche Wahrnehmung bestimmten musikalischen Kunstwerks für das Dirigieren als visuelles Phänomen auch ausnahmsweise kein Platz ist. In Verbindung mit der Werkwiedergabe ist dem Akt des Dirigierens ein Platz außerhalb der akustischen Welt zugewiesen, woraus folgt, daß es vom gehörästhetischen Assimilationsprozeß a priori ausgeschlossen ist.

Selbst literarische und visuelle Kunstmedien, wie sie sich der Musik in theatralischen Kombinationswerken zugesellen, können am Status des Dirigierens nichts ändern, da das Dirigieren auch in deren Schöpfungsplänen nicht für Außenprojektion vorgesehen ist. Bei Verwendung in diesem Rahmen rangiert der Dirigent seiner aufführungstechnischen Funktion nach mit den anderen unsichtbaren Lenkern der wirkenden Vorderansicht der Produktion, also mit Regisseur, Inspizient und Souffleur. Mag seine Rolle während der Vorbereitungsarbeit, ob für Konzert oder Theater, geistig noch so überragend oder sogar alleinbeherrschend sein, in der Aufführung ist er nur ein Behelf. Und dies trotz des Sturmprotestes aller Dirigenten der Welt, die auf die inspiratorische Funktion des Dirigenten für Musiker, Sänger und Publikum hinweisen, wovon sie wiederum ihr Recht herleiten, über ihren Wert und dessen geeignete Geltendmachung im Rampenlicht nach Gutdünken zu bestimmen. Dieser prätentiöse Standpunkt gibt dazu Anlaß, hier eine kleine Betrachtung über das einzuschalten, was es mit dieser inspiratorischen Rolle in Wirklichkeit auf sich hat.

Es soll gar nicht geleugnet werden, daß vom Dirigenten große Inspiration ausstrahlen mag, was aber selbst unter Berücksichtigung der berühmtesten Dirigentengestalten nur in wenigen Ausnahmefällen zutrifft. Selbst wo dies der Fall ist, wird die Tatsache übersehen, daß die Anwesenheit eines Dirigenten nicht die einzig mögliche Quelle der Stimmungserzeugung ist. Wenn er nicht vorhanden wäre, würden die Spieler einfach ihr verlorenes künstlerisches Erstgeburtsrecht wieder in Besitz nehmen und die Stimmung selbst erzeugen. Man wird nicht behaupten wollen, daß nur dirigiertes Musizieren inspiriert sein kann und all die solistischen und kammermusikalischen Vorträge in Einöde verlaufen.

Die Inspiration kommt ja ursprünglich von der Musik selbst und nicht von einem eigens hierzu bestellten Funktionär. Der Dirigent, wenn er inspirierend ist, ist es auch nur deswegen, weil die Musik inspirierend ist. Beim Spielen einer nicht inspirierenden Musik kann selbst der inspirierendste Dirigent keine Wirkung erzielen. Die Musiker schöpfen also ihre Inspiration je nachdem in erster Linie direkt aus der Musik selbst. Und was die gegebenenfalls förderliche Rolle des interpretierenden Künstlers für die Sammlung und Steigerung der keimenden Inspiration betrifft, kann man nicht sagen, daß die Fähigkeit zur Erfüllung dieser Funktion nur bei den Dirigenten und nicht ebensosehr bei den ausführenden Musikern zu finden ist. Eigentlich erfüllt der Dirigent seine inspiratorische Funktion schon genügend, wenn er seine Musiker wenigstens nicht an ihrer eigenen Inspiration hindert. Mit dem vorgeblichen Inspirieren macht sich der Dirigent nur in der Lücke breit, die ihm von den Orchestermusikern im Wissen um die unabwendbare Seelenusurpation resigniert offengelassen wird.

Die Dirigiertätigkeit wird in den inneren Kreisen der Musikerschaft tatsächlich mehr als Steigleiter für Streber und Emporkömmlinge und nicht als die absolut notwendige künstlerische Zündkerze für das Funkensprühen zwischen Musik und Spieler angesehen. Dies ersieht man unter anderem auch daraus, daß man den Kapellmeister nur bei jenen großdimensionalen Musizierformen gelten läßt, bei denen er durch Brauch eingebürgert ist und organisationstechnisch seine Berechtigung hat, während seine Heranziehung selbst zu umfangreichen Kammermusikensembles tunlichst vermieden wird. Wo er aber entbehrlich ist, ist er auch schon überflüssig; und wo überflüssig, ist er sogar ausgesprochen hinderlich. Dementsprechend sind auch Besetzungen von über sechs Instrumenten, also Septette, Oktette und Nonette, noch Schongebiet für Dirigenten. Ja, so wird man bemerken, in der Kammermusik sind die einzelnen Stimmen nicht chorisch vervielfacht; die Verantwortung für jede von ihnen ruht auf einem einzigen Spieler, dessen solistischer Impuls die Direktion überflüssig macht.

Die Dirigenten denken natürlich nicht daran, den Musikern im Orchester künstlerische Ellbogenfreiheit zu gewähren, selbst wenn die Situation eine solche Großzügigkeit leicht ermöglicht. Um das eifersüchtige Klammern an die verknöcherte Dirigiertradition zu erkennen, nehme man die Abschiedssymphonie von Haydn in einer historischen Aufführung als Beispiel.

Wenn gegen Ende des letzten Satzes die Musiker, einer nach dem anderen, hinausschleichen, um schließlich nur noch den Dirigenten mit zwei armseligen Geigern zurückzulassen, ist da die Rolle des Dirigenten mit seinem sturen Ausharren bis zum Ende nicht ad absurdum geführt?

Natürlich werden die Dirigenten und ihre Freunde eine so humorlose Quengelei mit einer Handbewegung abtun. Handelt es sich doch da nur um einen Spaß. Wie kommt es aber, wenn man schon beim Spaßen ist, daß es keinem Dirigenten einfällt, zur Erhöhung der Wirkung abwechslungshalber einmal selbst das Feld zu räumen und die Aufgabe den zwei Geigerlein zu überlassen, dieses anspruchsloseste Duett der ganzen Literatur ohne kapellmeisterlichen Hokuspokus zu begraben!

Die Abschiedssymphonie ist natürlich keine Kammermusik im bürokratischen Sinne des Wortes, woraus folgt, daß die Bestimmungsgewalt über die Art und Weise ihrer Aufführung beim Dirigenten liegt.

Steht aber einem Orchester, und zwar auch einem großjährigen Berufsorchester, erst einmal ein Dirigent vor, dann schickt er sich an (um den behelfsmäßigen Charakter seines Berufes zu camouflieren), sofort eine der wesentlichsten Funktionen des musizierenden Menschen zu übernehmen. Die Musiker unter ihm enteignet er sozusagen. Er beraubt sie ihres Naturrechts, ihr eigenes Spiel mit der von der Musik ausgelösten Gefühlserregung zu durchglühen.

Eine Gefühlskomponente muß natürlich immer ein organischer Teil des Musikvortrags sein, aber deren Intensität wird von der Führung geregelt. Der Musiker spielt, und der Dirigent reguliert die emotionale Ausstrahlung. Die Traurigkeit und Zerknirschtheit beim Ausklingen des Eroica-Trauermarsches und die derbe Ausgelassenheit des Pastoral-Bauerntanzes werden von den Musikern eines Künstlerorchesters überzeugend traurig, beziehungsweise lustig, aber immer ohne sichtliches Mienenspiel vorgetragen. Die Musiker können nicht Tränen vergießen oder aufjauchzen, um dem Publikum auch schauspielerisch beizubringen, wie traurig oder wie lustig die Musik ist. Das besorgt der Dirigent. Er steht zerknirscht da mit zum Niederbrechen geknickten Knien und verstörter Miene oder grinsend und breit fuchtelnd, je nach dem Charakter der Musik, um mit seiner Schauspielerei die vorherrschende Stimmung auch visuell zu vermitteln.

Diese Schaustellung wird natürlich vom Publikum sehr begrüßt. Von seinem Standpunkt ist sie ja die eigentliche Funktion des Dirigierens. Demgegenüber schenkt der innig empfindende Zuhörer dieser Theatralik gar keine Beachtung. Er hat wirkungsvolle Trauermusiken auch schon ganz ohne dirigentische Darstellung erlebt und glaubt nicht, daß die Erzeugung einer solchen Stimmung einen Dirigenten benötigt. Zum Beispiel ist der Mittelteil des Scherzos von Schuberts Celloquintett eine Art Trauermusik, und als Kammermusik verbreitet es eine ergreifende Trauerstimmung ohne einen Dirigenten. Auch der berühmte Klaviertrauermarsch von Chopin wirkt mit seiner Traurigkeit ohne theatralische Mithilfe. Auf der heiteren Seite der musikalischen Stimmungserzeugung haben wir die Schlußsätze der Haydn-Quartette, die fast immer die Ausgelassenheit eines Bauerntanzes heraufbeschwören, ohne einer kapellmeisterlichen Eintänzerei zu bedürfen.

Es soll indessen kein Mißverständnis darüber bestehen, daß es sich bei der nüchternen Betrachtung des Dirigierens immer nur um dessen äußere Erscheinung handelt und nicht um die von innen wirkende, geisterfüllte Werkerweckung mittels eines komplexen Klangapparates unter der Hand eines Erleuchteten: eine Leistung, die selbstverständlich Kunst ist.

Das Dirigieren, in diesem Geiste ausgeübt, ist berechtigt, mit allen anderen reproduktiven Kunsttätigkeiten gleichgestellt zu sein. So haben einzelne große Dirigenten ihren Beruf aufgefaßt. Strauss, Toscanini, Walter, Schuricht und manch andere haben vor dem Orchester – und vor dem Publikum – nie geschauspielert. (Es ist wahr, daß Toscanini in den Orchesterproben einen Kasernenton gebrauchte, aber diese bedauerliche Seite seines Charakters bezweckte keinen theatralischen Effekt und wurde überhaupt nicht an die Adresse des Publikums gerichtet.)

Die bisher erörterten Begleitumstände des Dirigierens, die einem ungetrübten Sinnenkontakt mit der Musik im Wege stehen, sind alle mehr oder weniger äußerlicher Natur, die durch abänderliche Einrichtungen entstanden sind. Es gibt aber im Zusammenhang mit dem Dirigieren noch eine andere Art der Musikverdrängung, die nicht durch das Dirigieren selbst verursacht wird, sondern in der innenorganischen Verfassung des zuhörenden Menschen begründet ist. Diese Minderung ist bei keinerlei Präsentierung des Dirigierens ganz zu umgehen, so sehr sie den Bedürfnissen der Musik auch angepaßt sein möge.

Worin besteht denn diese Schmälerung, die der Musik zugefügt wird? Sie besteht im Unvermögen der neurologischen Grundordnung des menschlichen Organismus, Eindrücke durch mehr als ein Sinnesorgan gleichzeitig in den Fokus des perzeptiven Bewußtseins zu stellen.

Man sollte es nicht für möglich halten, und doch ist es wahr, daß zum Beispiel der Zuhörer oder Zuschauer in der Oper, selbst bei gespanntester Aufmerksamkeit, ohne sein eigenes Verschulden sich fortwährend mindestens die Hälfte der Aufführung entgehen läßt.

Wenn gegen die Daseinsberechtigung der Oper als Kunstgattung sich theoretisch etwas sagen läßt (um es im Vorbeigehen festzustellen), so ist es nicht die oft vorgebrachte Absurdität des Singsprechens – der zeremoniösen Aufbauschung prosaischer Mitteilungen wie „guten Tag" in As-Dur. Eine intelligente Spiel- und Musikleitung vermag der Oper manches von ihrem vielfach anlaßlosen Bühnenpathos zu nehmen. Die Erbschwäche der Oper, und zwar eine mit der Stärke des Opus zunehmende Schwäche, ist, daß in ihr chronisch versucht wird, das Produkt eines heterogenen Schöpfungsmaterials und eines ebenfalls heterogenen Schaffensprozesses durch ein homogen disponiertes und homogen arbeitendes Aufnahmesubjekt absorbieren zu lassen.

Es ist keine Neuigkeit, doch wird es selten vergegenwärtigt, daß in der Oper zwei Vorstellungen ineinandergeschachtelt sind: eine dramatische und eine symphonische. Und während man weiß, daß es dem Publikum in vielen Fällen hart zusetzen würde, von den Zwillingswerken auch nur eines allein zu verdauen, scheut man sich nicht, es einem Zweifrontenkampf auszusetzen. Das Fortwuchern dieser Praxis ist ja nur deswegen möglich, weil niemand ernstlich daran denkt, das restlose Erfassen der Doppelaufführung auch nur zu versuchen.

Die Oper, die eigentlich nicht Gegenstand unserer Untersuchung ist, soll an diesem Punkte nur als Beispiel die Richtung der sich abzeichnenden Gedankenfolge andeuten. Dabei gelangen wir zu der Feststellung, daß verschiedene Eindrucksströme das menschliche Nervensystem gleichzeitig im Reflex, also unter Umgehung des Gehirns, wohl anreizen, nicht aber gleichzeitig geistig verarbeitet werden können. Absolute gedankliche Vertiefung vorausgesetzt, kann sich der Mensch auf einmal nur mit einer Sache beschäftigen und mit dieser auch nur innerhalb der Grenzen eines einzigen Sinnengebietes. Man soll sich nicht durch scheinbar gleichzeitiges Diktieren mehrerer Briefe oder eine Simultanschachpartie täuschen lassen. Bei diesen Geschicklichkeitstaten handelt es sich nicht um Gleichzeitigkeit, sondern um eine Serie rascher und wendiger Umschaltungen der Konzentration.

Auch das Radiohören beim Autofahren ist nur deswegen möglich, weil man entweder dem Radio oder der Straße keine volle Aufmerksamkeit schenkt. (Aus Selbsterhaltungstrieb gestattet man dem Radio oder einer sonstigen Unterhaltung beim Antreffen schwieriger Verkehrsverhältnisse freilich nur ein peripherisches Eindringen ins Bewußtsein.) Gerade um die Aufteilung der Konzentration bei gefährlichen Ablenkungskombinationen zu vermeiden, sind in Kraftfahrzeugen die warnenden Worte zu lesen: „Es ist verboten, mit dem Fahrer zu sprechen."

Diese Regel, die meistens ohne wirkliche Anwendungsabsicht nur einem formalen Ordnungsprinzip dient, wird denn auch vom Fahrer unzählige Male verletzt, aber nur, weil sein Wagenlenken als seine zweite Natur auch auf der niedrigeren Bewußtseinsstufe, auf es funktioniert, zuverlässig ist. Die Unteilbarkeit der Aufmerksamkeit kann in einem solchen und ähnlichen Fall nicht dogmatisch postuliert werden, weil dabei nur eine Funktion wirklich im Fokus der Konzentration fixiert ist und alle anderen nur im Halbbewußtsein durchgeführt werden.

Wenn jemand die Behauptung von der Unaufspaltbarkeit der Konzentration aufgrund gegenteilig scheinender Beispiele in Zweifel ziehen sollte, dann soll er einmal versuchen, zwei gleichzeitig gesprochenen, einzeln leicht behaltbaren Sätzen zuzuhören und sie gesondert zu wiederholen. Auch eine leicht reproduzierbare Melodie und eine ebensolche Verszeile (also Manifestationen aus zwei verschiedenen, sich gegeneinander deutlich abhebenden Vortragsgebieten) werden bei Gleichzeitigkeit nach einmaligem oder sogar nach zwei- und dreimaligem Hören zu keiner haftenden mentalen Registrierung führen.

Die wesensverschiedene Arbeit der linken und der rechten Hand beim Geigenspiel ist durch die in allerlei Kombinationen geschaffenen Bewegungsassoziationen möglich. Das Unabhängigmachen der Hände im Instrumentalspiel bedeutet kein Unabhängigmachen, sondern vielmehr ein geplantes Abhängigmachen für die Verwendbarkeit bei den vielfältigsten Spielkombinationen. Die zwei Hände arbeiten nicht unabhängig, sondern übungstechnisch zweckmäßig aneinandergebunden. Beweis dafür ist, daß ein Geiger den Bogenteil eines Violinkonzertes nicht allein ohne die Strich für Strich korrespondierenden Griffe der linken Hand spielen kann. Die während der Übungsarbeit erworbene mechanische Assoziation leitet seinen Bogen nach den Griffen der linken Hand, und die Finger der linken Hand können ihrerseits die Ordnung des Greifens nur durch die darangehängten korrespondierenden Bogenstriche einhalten. Man kann nicht unabhängig nur greifen oder unabhängig nur streichen (womit freilich die Griffe und die Striche eines einstudierten Vortragsstücks gemeint sind). Das zeigt, daß nach abgeschlossenem Gesamtstudium das Gehirn sich nicht für zwei unabhängige Funktionen aufspalten kann. Sie sind zusammen als eine Einheit einstudiert worden. Deswegen sind sie zusammen reproduzierbar.

Das Vomblattspielen ist deswegen eine anspruchsvolle Aufgabe, weil das erste Durchnehmen eines Musikstückes ein restloses gedankliches Dabeisein nach verschiedenen Komponenten hin zugleich erfordert, während bei den späteren Wiederholungen des gleichen Stücks die Spielelemente in zunehmendem Maße automatisiert sind. Das flotte Vomblattspielen vieler Pianisten erklärt sich, trotz dieser Komplexität, aus dem gründlichen Vorstudium der Einzelelemente des Klavierspiels. Diese Elemente oder Formeln werden durch die Ecktöne des gelesenen Musiktextes wie durch Stichworte automatisch ausgelöst und aneinandergereiht. Der schwerfällige Vomblattspieler ist demnach einer, der alten Besitz in neuem Gewand nicht erkennt.

Diese Untersuchungen sollten uns nun klar gemacht haben, daß der Gleichzeitigkeit von Funktionen in der Aufführung immer eine schrittweise aufbauende Teilarbeit vorausgeht. Aber beim unaufhaltsamen Ablauf der Werkwiedergabe hat das Publikum keine Möglichkeit, die Komponenten so restlos aufzunehmen, wie sie im Werk enthalten sind. Auf mehrere noch unbekannte Teile können wir uns nicht gleichzeitig konzentrieren; und wenn wir einen zum Empfangen aussondern, dann verlieren wir den Faden (außer einem peripherischen Sinnenreiz) zu allen anderen. Der Ausweg der getrennten Einzelvorführung der Parallellinien ist wiederum nicht anders als in analysierenden Schuldemonstrationen ohne unmittelbaren Kunstgenuß möglich, obwohl solche Strukturanalysen unleugbar den Weg zum besseren Verständnis ebnen. Zunächst sind wir aber an den spontanen Reaktionen der musikalischen Ader im

Menschen interessiert, wobei die anspruchsvolle Aufgabe der Stoffverfolgung bei zeitlich dahinfließenden künstlerischen Werkvermittlungen schlagartig beleuchtet wird.

Dem passiven Kunstfreund wird also theoretisch eigentlich mehr geistige Anstrengung zugemutet als dem Schöpfer des Werkes selbst. Nur theoretisch (natürlich), weil der Theater- oder Konzertgänger nie dazu kommt, die Werkteile in nur einer Sitzung in seiner Seele erfüllend zu verschmelzen.

Die Darlegungen über den Aufnahmeprozeß vielschichtiger Darbietungen zielen darauf hin, die Unverträglichkeit des reinen Musikempfanges mit der Aufnahme anderer Eindrücke zu erkennen. Und man wird füglich sagen können, daß das Dirigieren unter den Erzeugern von Konkurrenzeindrücken während des orchestralen Musizierens wohl den ersten Platz einnimmt.

Daß das szenisch wie musikalisch sorgfältige Ausfeilen einer Opernaufführung trotz der Unmöglichkeit gleichzeitig perzeptiver Bewältigung aller Teile berechtigt ist, hat seine Begründung in den verschiedenartigen Interessenrichtungen, denen solch eine mehrschichtige Darbietung gerecht zu werden hat. Es gibt drei Hauptkategorien von Opernbesuchern. Die erste, an Zahl die geringste, konzentriert sich von Anfang bis Ende auf die Musik. Die zweite Gruppe, von ebenfalls geringer Zahl, bemüht sich ums Erfassen des Geschehens, und die dritte, die größte Gruppe, pendelt zwischen Musik und Geschehen periodisch hin und her.

Daß in der Oper, oder auch nur im Konzert, selbst die beruflich trainierten Zeitungskritiker außerstande sind, über alle Vorgänge unausgesetzt auf dem laufenden zu sein, zeigt sich in der notorischen Vernachlässigung des Orchesters in den Rezensionen. Der Kritiker ist von der dramatischen Unterhaltung so absorbiert, daß er höchstens nur noch das Singen bei dessen Höhepunkt hört, aber für die vielen Details des Orchesterspiels kein Ohr mehr übrig hat. Und warum ist die Pressekritik über ein Orchesterkonzert überwiegend, wenn nicht ausschließlich, dem Dirigenten gewidmet? Weil an die Beurteilung eines Orchesterkonzertes aus einer unbewußt visuellen Grundeinstellung heraus herangegangen wird.

An diesem Punkt wird sich der Zeitungskritiker erwartungsgemäß aufbäumen und zornig entgegnen, daß er ja den Dirigenten beobachten muß, wenn er die Qualität der Werkwiedergabe im Lichte der sichtbaren Dirigiermechanik würdigen soll.

In welcher Weise und in welchem Maße die Spielleistung vom Taktschlagen abhängt, möge der Kritiker ruhig des Orchesters Sorge sein lassen. Nur die Musiker im Orchester wissen, wieweit das Dirigieren als visuelle Funktion für die Resultate des Vortrags bestimmend ist. Ein solcher Einblick ins innere Triebwerk des Orchesterspiels ist keinem Außenstehenden und im besonderen Einzelfall nicht einmal einem Sachverständigen möglich. Das Gute oder Schlechte im Tönen an einem bestimmten Punkt kann gar nicht aus den Dirigierzeichen des gleichen Augenblicks hergeleitet werden. Das vortragstechnische Zusammenfügen der Gewebezellen des dahinrollenden Klangmaterials verlangt eine kontinuierlich vorgreifende Verständigung zwischen Leitung und Gefolgschaft. Und selbst wenn die oft nur physiognomischen Feinheiten der Zeichengebung am Rücken des Dirigenten abzulesen wären, bliebe noch für den Außenstehenden die absurde Aufgabe, diese Stegreifverständigung mit der nachtönenden Werkerfüllung fortlaufend in Beziehung zu bringen.

Um Mißverständnisse über die Natur dieser Vorverständigung zu vermeiden, sei festgestellt, daß sie nicht etwa das Vorausschlagen eines folgenden Taktteils bedeutet, wenn die Musiker erst den vorhergehenden Taktteil spielen. Der Dirigent dirigiert nicht voraus (wenigstens nicht, wenn er richtig zu schlagen versteht), er nimmt nur mit den Spielern Fühlung im voraus, ohne die Koordinierung seines Taktschlags mit dem metrischen Fluß der Musik aufzuheben. Die antizipierende Fühlungnahme besteht darin, daß der Dirigent schon beim Schlagen – sagen wir – des zweiten Taktteils jenem Spieler oder Instrumentenkreis zudirigiert, der beim dritten Taktteil einen wichtigen Einsatz zu bringen oder einen Phrasenteil hervorzuheben hat. Ein gutes Orchester unter einem guten Dirigenten läuft keine Gefahr, diese vorgreifende Zeichengebung als Einsatz zu mißdeuten, weil der Schlag des Stabes deutlich zeigt, daß der Einsatztaktteil noch nicht erreicht ist, sondern nur angekündigt wird. Andererseits könnte das Hinwenden des Dirigenten zu einem Spieler oder einer Gruppe erst beim Taktteil selbst, bei dem die betreffende Passage zu ertönen hat, weder einen genauen Einsatz sichern noch auf dessen ästhetische Qualität Einfluß haben, weil diese Feinheiten ein physisches und geistiges Vorbereitungsmoment voraussetzen.

Diese Umstände haben eine gewisse Ähnlichkeit mit dem Warnen eines auf einen Graben Zuschreitenden, der die Gefahr möglicherweise mißachtet. Wenn er am Grabenrand den Fuß schon zum Schreiten gehoben hat, dann kommt die Warnung zu spät. Der Dirigent ist ein Mahner, der zwar gewöhnlich nicht vor einer Gefahr warnt (obwohl das auch der Fall sein mag), sondern den Spieler an die Bedeutsamkeit des kommenden Moments rechtzeitig, das heißt bei einem vorhergehenden Taktteil, erinnert.

Die übliche Anwendung dieser Prozedur bedeutet aber nicht, daß der Orchestermusiker ohne diesen Wink mit dem Taktpfahl nicht richtig oder vielleicht überhaupt nicht spielen würde. Das Signalisieren ist nur deswegen wichtig, weil sein Ausbleiben den Spieler unsicher machen könnte. Da er daran gewöhnt wurde, dem Dirigenten zu folgen, so ist es ein Umstoßen des Systems, wenn die Leitung nicht leitet.

Daß die Ausführenden einer Kammermusik trotz des Fehlens dieser Leitung präzise und empfindsam spielen, ist darin begründet, daß jeder sich selbst leitet. Jeder weiß, daß seine Stütze der allgemeine Fluß der Musik und – bei besonderen Klippen – der ihm wohlvertraute Part eines Mitspielers ist. Diese akustische Stütze ist beim Dirigieren durch eine visuelle ersetzt beziehungsweise verstärkt, was bei dem Umfang des symphonischen Apparates eine praktische Führungsmethode ist. Die darin entwickelte, spezifisch dirigiertechnische Ideenübertragung, deren eben angedeutete Einzelheiten vom Zuhörer doch nicht verfolgt werden können, geht ihn aber auch nichts an. Ihn geht nur die Qualität des Resultats an.

Eine gültige Bewertung des tönenden Vortrags aufgrund der beobachteten Zeichen der Direktion existiert nur in der Einbildung des Kritikers und seiner kritiklosen Leserschaft. Sie kommen aus der Welt des Visuellen auch beim Tönen der Musik nicht heraus. Es ist bezeichnend, daß sogar Ausdrücke wie „Vorstellung" und „Aufführung" (auf französisch representation, auf englisch performance) in Verbindung mit den dirigierten Darbietungen von Oper und Symphonie in ihrer Wortgenetik die visuelle Beobachtungsweise in musikalischen Dingen verraten, während der nichtdirigierte Soloabend (auf französisch und englisch récital) sich im Namen deutlich auf sein zeitlich-akustisches Medium besinnt.

Wie lähmend das Fehlen einer organischen Beziehung des Durchschnittspublikums zur Musik infolge der Bildverhaftung während der Aufführung ist, erweist sich durch dessen musikalisch oft unzeitige Beifallskundgebungen. Die primitive, grobkörnige Gefühlsreaktion des Publikums auf die Musik reißt es zum Applaudieren bei den Bildeinschnitten der sichtbaren Handlung hin, die aber mit den musikalischen Szenenabschlüssen selten zusammenfallen.

Die Musik hat die angeborene Disziplinlosigkeit, sich nach dem Bildeinschnitt noch in einem beschaulichen oder auch polternden Nachspiel zu ergehen.

Wenn Don José nach seiner Blumenarie sich Carmen zu Füßen wirft, sind die Schleusen des Applauses augenblicklich weggeschwemmt. Mag der Kapellmeister zur Abwehr die Hände beschwörend gen Himmel heben oder aus der Haut fahren, nichts hilft. Die Arie ist für das Publikum beim gesungenen Schlußton zu Ende, und es bleibt für den rührenden Orchesterausklang stocktaub. Seine Klatschwut legt sich, und es gewinnt seinen Gehörsinn kurioserweise erst wieder, wenn das Nachspiel verklungen ist und der Applaus zur Lösung der szenischen Erstarrung nun gerade willkommen wäre.

Solche wirkungtötenden Situationen entstehen in der Oper (vielleicht mit Ausnahme solch kultivierter Zuhörerschaft wie sie in Wien, Mailand und manch anderen Orten zu finden ist) allabendlich und pflegen die erregbareren unter den Theaterkapellmeistern puterrot zu reizen. Diese können sich ihr Leben lang nicht damit abfinden, daß das Publikum den Gesang in der Oper nicht in organischer Progression, sondern nur episodisch als Auswuchs des Geschehens und als Abwechslung dazu erlebt, und daß es sich beim Zuhören dementsprechend benimmt.

Das Opernrepertoire enthält denn auch manch eine Stelle, die angesichts ihrer Wirkungslosigkeit inmitten der unweigerlichen Applausstörung an den meisten Theatern kurzerhand gestrichen worden ist. Eine solche Stelle ist die kurze Abschlußfloskel von Toscas Gebet, die wegen der Applausüberschwemmung wahrscheinlich in keinem Opernhaus der Welt, einschließlich Wiens und Mailands, gespielt wird.

Daß die außermusikalische Interessenfesselung dem Musiksinn des Theaterbesuchers einen Streich spielt, ist ferner durch das bezeichnende Verhalten des Publikums bei Ballettaufführungen erwiesen. Choreographische Kompositionen werden bekanntlich unter anderem auch mit kühnsten modernistischen Musikstücken zu Tanzspielen verbunden, von welchen manchmal sogar mehrere im gleichen Programm Platz finden, und zwar zum Ergötzen desselben Publikums, das diese Ballettmusiken im reinen Konzertrahmen glatt auspfeifen würde, wenn es überhaupt zu einem solchen Konzertbesuch bewogen werden könnte. Die konziliante Einstellung des breiten Publikums gegenüber der musikalischen Avantgarde im Ballett ist nur durch die Ablenkung der Aufmerksamkeit von der Musik weg zum Bild hin möglich.

Bei der Partnerschaft von Tanz und Musik wird selbst ein Musikpartisan nicht übelnehmen, daß der Tanz vor der Musik den Vortritt hat. Die Ablenkung von der Musik zugunsten des Tanzes der Tänzer ist jedenfalls eine natürlichere Erscheinung als die zugunsten des Tanzes der Dirigenten. Es gibt aber auch eine andere Partnerschaft (mit der Musik), die nicht so eindeutig positiv oder negativ ist wie in den anderen Fällen, und die drückende Probleme mit sich bringt. Diese Partnerschaft ist die der gesungenen Musik mit ihrem Text. Das Singen auf einen Text (mitunter auf einen hochliterarischen) ist eine so fest eingefleischte Tradition, daß selbst die entfernteste Andeutung seiner dadurch verursachten Behinderung (des Singens) schon einem anarchischen Niederreißen der künstlerischen und gesellschaftlichen Ordnung gleichkommt.

Nun ist es nicht beabsichtigt, den Gesangtext zum Gegenstand einer anarchischen Verschwörung zu machen. Es ist aber unvermeidlich, das Verhältnis des Textes zur Musik einer näheren Prüfung zu unterziehen. Richard Strauss hat sogar eine Oper komponiert, die der Ehegemeinschaft von Musik und Text gewidmet ist. In dieser Oper („Capriccio") stellt er die Frage, ob die Musik oder das Wort den Vorrang hat. Er gibt keine klare Antwort, wenn man sie nicht in einer seiner anderen Opern, nämlich „Daphne", finden zu können glaubt, in deren Schlußteil gänzlich textlos gesungen wird. Es ist jedenfalls möglich, ohne Text zu singen und noch Musik zu produzieren. Es ist aber nicht möglich, ohne Musik zu rezitieren und es den Zuhörern als Musik zu suggerieren. Man kann also das Verdikt verkünden, daß beim Singen Musik und Text ungleiche Partner sind.

Es gibt – wie immer und in allem – auch Ausnahmen. Im „Erlkönig" von Goethe und Schubert sind Gesang und Wort unzweifelhaft ebenbürtig, und sie erhöhen sich gegenseitig. Dasselbe gilt überhaupt von einem wesentlichen Teil der Liedkunst. Aber eines soll man nicht vergessen. Beim Liedersingen ist die Musik immer verständlich, während der Text es oft auch dann nicht ist, wenn er von einem großen Liedersänger vorgetragen wird. Das Publikum geht denn auch nicht zu einem Liederabend, um in den Inhalt eines Gedichts einzudringen, sondern um die gesungene Musik zu hören. Wenn aber das schon von einem Liederabend gilt, was bleibt dann noch über die Oper zu sagen übrig?

In der Oper ist das schöpferische Gewicht dermaßen nach der Seite der Musik verlegt, daß der Text überhaupt nur ein behelfsmäßiger Anlaß zum dramatischen Bühnengesang ist. Beim opernhaften Singen wird also dem Text weniger Sorge getragen als beim Liedersingen. Die Behauptung von Richard Strauss, daß das Opernpublikum bei unbefriedigender Textausprägung einschläft, wurde von ihm selbst für sein eigenes Werk zum mindesten in einem Fall Lügen gestraft. Während einer Vorbereitungsprobe zur „Elektra"-Uraufführung, als der Dresdner Dirigent Ernst Schuch das Orchester aus Rücksicht auf die Sänger abdämpfte, ermahnte ihn Strauss mit dem Zwischenruf: „Aber mein lieber Schuch, lauter, lauter das Orchester, ich kann die Stimme von Frau Heink noch hören."

Wenn Strauss nicht einmal das von ihm komponierte Singen hören wollte, dann konnte er den künstlerischen Effekt noch viel weniger von einem deutlich geprägten Text erwarten, und doch hat er kein Einschlafen seines Publikums befürchtet (wie zum Beispiel beim teilweise textlosen Singen von Zerbinetta in „Ariadne auf Naxos" und der Fiakermili in „Arabella").

Es ist eine unwiderlegliche Erfahrung, daß in der Oper kaum ein Zehntel des Textes akustisch verstanden wird. Die Häufigkeit des Opernbesuchs scheint trotzdem nicht davon beeinflußt zu sein. Vom Standpunkt der Musik ist es geradezu ein Glücksfall, wenn der Text nicht verstanden wird. Wenn der Text beim Singen zu verständlich wäre, wie er es im Prosatheater ist, dann hätte das Operntheater gar keine Daseinsberechtigung, denn das aufmerksame Absorbieren des Textes schaltet den Strom des Musikempfanges aus. Genauso wie der aufmerksam beobachtete Dirigent ein visuelles Blockieren reinen Musikempfanges ist, so verdrängt der ausgeprägt gesprochene und aufmerksam verfolgte Text die musikalische Seite des Vortrages akustisch.

Der in allen Opernbetrieben herrschende, den Sängern auferlegte Textzwang ist verlorene Liebesmühe. Hinsichtlich der Deutlichkeit der Textausprägung sollte demokratische Freiheit herrschen. Wenn ein Sänger (und freilich auch eine Sängerin) von der rhythmischen und phraseologischen Artikulation der Musik und überhaupt von einer eindrucksvolleren Werkgestaltung durch eine plastische Textausprägung überzeugt ist, dann soll ihm anheimgestellt sein, den Text in entsprechender Weise zu behandeln. Jedoch ist keine Hebung der künstlerischen Wirkung vom Text zu erwarten aus dem Munde eines Sängers, der den Textzwang als ein widriges Mittel des Vortrags empfindet. Der richtige Werkempfang und Genuß der Oper ist demnach die vorweggenommene Kenntnis des Bühnengeschehens und ein entspanntes, rein musikalisches Zuhören während der Aufführung. Wichtig ist nicht, was der Sänger singt, sondern wovon er singt.

Diese Großzügigkeit in der Textfrage wurde auch von zwei maßgeblichen Persönlichkeiten auf ihre Weise bestätigt: von einer auf der literarischen und von einer anderen auf der musikalischen Seite. Grillparzer sagte: „Keine Oper soll vom Gesichtspunkt der Poesie betrachtet werden – von diesem aus ist jede dramatisch-musikalische Komposition Unsinn –, sondern vom Gesichtspunkte der Musik, als ein musikalisches Bild mit darunter geschriebenem, erklärendem Texte." Auf der musikalischen Seite war Schumann von dieser Ansicht nicht sehr weit entfernt, als er sagte: „Hält uns ein Komponist von seiner Musik ein Programm entgegen, so sag' ich ‚vor allem laß mich hören, daß du schöne Musik gemacht, hinterher soll mir auch dein Programm angenehm sein'."

Diese zwei Zeugnisse sprechen zwar nicht ausdrücklich von der Textaussprache, doch nehmen sie zugunsten des Primats der Musik dem Text gegenüber Stellung. Ein beachtenswerter Umstand dabei ist, daß eine Vorzugsbehandlung des Textes eher ein Kult im deutschen Norden ist im Gegensatz zur italienischen Leichtblütigkeit. Daß die italienischen Dirigenten viel weniger als die deutschen auf einer pedantischen Textaussprache herumreiten, mag an der ab ovo größeren „Tonlöslichkeit" der italienischen Lautkomplexe liegen. Man braucht doch nicht offene Türen einzurennen. Das Italienische scheint keinen Konflikt zwischen Ton und Wort zu kennen. Die während der Zwischenkriegszeit berühmte Wagner-Sängerin Frieda Leider gelangte zu einer Versöhnung der Musik mit der deutschen Textaussprache durch die Erfahrung, die sie beim Singen auf italienisch sammelte. In ihrem Buch „Das war mein Teil" schreibt sie:

> Nach der (Mailänder) Vorstellung (von Walküre) bat man mich, für das nächste Jahr die Siegfried- und Götterdämmerungs-Brünnhilde dazuzulernen. Mit einem lachenden und einem weinenden Auge sagte ich zu. Vor mir lag eine ungeheure Arbeit, denn abgesehen von der Siegfried-Brünnhilde war das Umlernen der „Götterdämmerung" eine gigantische Aufgabe. Aber bald sollte ich dahinterkommen, daß meine Technik nichts so förderte, wie dieses Umlernen. Meine Kehle öffnete sich durch die offenen italienischen Vokale wie von selbst, mein Atem floß freier, und jetzt versuchte ich mit bestem Erfolg, die deutsche Phrase mit italienischem Sitz zu placieren.

Es scheint, daß im Italienischen das Wort kein Bremsklotz der Musik ist. Schon durch die Tatsache, daß die zwei Vokale ö und ü im Italienischen nicht vorkommen, mag die Aussprache von einem Ballast befreit zu sein. Es ist überhaupt ein Gegenstand des Gesangsstudiums, die mit Widerstreben geformten Vokale mit der Singstimme zu versöhnen. Diese Versöhnung ist aber nicht immer erfolgreich. Deswegen kann man manchmal einen Text mit entstellten Vokalen singen hören. Das war auch der Fall bei jenem Max, dem es bei einer bestimmten Stelle im „Freischütz" leichter fiel, i anstatt u zu singen. Dementsprechend klang in seiner Wiedergabe der wiederholte Klageausbruch über seinen gekränkten Jägerstolz ominös: „Ach, ich miß verzagen, daß der Schiß gelingt."

Nach diesem Fall ist es nur ein kurzer Schritt hinunter zur ungeschminkten Skatologie. Unter den Textvertonern war Mozart einer, der dabei immer mitzumachen bereit war. Der ewig auf Spaßmachen sinnende Amadeus wollte sich einmal bei einem geselligen Zusammensein über die schlechte Aussprache eines Tenoristen lustig machen. Dieser Sänger neigte dazu, daß h als ch und das s als sch auszusprechen. Dieser Sprachfehler war für Mozart der

Ausgangspunkt zum Improvisieren eines Kanons mit einem lateinisch scheinenden Text, der aber in der besonderen Aussprache des Tenors sein kitzlig deutsches Gesicht zeigte. Der Tenor schickte sich arglos an, Mozarts Kanonmelodie mit teilweise folgendem Text zu singen „… lectu mihi Mars …" Erst halbwegs durch mit dem Singen, merkten er und die Gesellschaft zum größten Gaudium Mozarts, daß der Text in seiner Wiedergabe als „leck du mich im Arsch" herauskam.

Nun würde selbst ein textgläubiger Dirigent in einem Fall wie Mozarts mit dem verunglückten Sänger auf keine deutliche Textaussprache drängen. Auch ist die deutliche Aussprache von Sängern, die vor einem anderssprachigen Publikum auftreten, zum mindesten gegenstandslos. Bei Gastspielen fremdsprachiger Sänger und ganzer Ensembles oder im Falle eines Dirigenten, der die Sprache der Sänger gar nicht versteht, ist von guter Textaussprache plötzlich keine Rede. In solchen Situationen läßt man die Musik frei herausströmen. Das einzig noch übrigbleibende Hindernis ist der Dirigent. Das bezieht sich natürlich auf konzertmäßige Aufführungen, bei denen er nach wie vor sichtbar und folglich visuell dominierend ist. Er ist das ins Nest der Musik gelegte Kuckucksei.

Manche Dirigenten, darunter sogar einige der prominentesten, erkennen die absurde Seite ihres Berufs und sind bestrebt, sich mit Anstand aus der Affäre zu ziehen. Allbekannt ist die lustige Methode von Richard Strauss, seine Dirigierzeichen von den Händen auf seinen Querbinder zu verlegen. Halb im Spaß meinte er, daß man mit dem vom Hals gelenkten Zucken der Krawatte als Dirigierzeichen auskommen sollte. Auch der mehr Musizier- als Effektdirigent Toscanini, dessen phantastischer Aufstieg ohne andere Publikumsköder schwer erklärlich wäre, war beobachtungsgemäß jeder histrionischen Ausschmückung abhold. Diese Klassiker des Dirigierstabes wußten oder ahnten, daß ein inhaltlich abstraktes Erlebnis, wie das der Musik, innere Beschaulichkeit und Einkehr voraussetzt und daß das äußerliche Getue den kunstsinnigen Zuhörer abwendig macht.

Diese mit Selbstbeherrschung dirigierenden Orchesterleiter haben denn auch ihre berufliche Ausnahmestellung mit Attributen erreicht, die sie größtenteils außerhalb ihrer Podiumstätigkeit errungen haben. Nur so ist ihr schwindelhaftes Emporsteigen erklärlich, denn das breite Publikum hätte die bloß künstlerischen Verdienste ihres Dirigierens kaum erfaßt und geschätzt. Das Publikum hat trotz Fortschritten noch nicht gelernt, seine Augen und seine Ohren zu deren Wahrnehmungsgebiet konzentriert zu gebrauchen. Nur weil die gleichzeitige Wahrnehmung optischer und akustischer Erscheinungen für alltägliche Zwecke befriedigend funktioniert, glaubt man, daß die geistige Einverleibung der Erscheinungen des einen Mediums auf einer höheren Stufe die Einverleibung der Erscheinungen des anderen nicht beeinträchtigt. Man wird jedoch erkennen, daß die Konzentration auf einen Gegenstand die Aufnahme eines anderen entscheidend schwächt und sogar gänzlich auslöschen kann.

Wie oft ertappt man sich nicht beim Lesen, Abschnitt für Abschnitt überflogen zu haben, ohne vom Inhalt die blasseste Ahnung zu haben? Und das geschieht, weil man beim Lesen an etwas anderes gedacht hat, obwohl die Augen jeden Buchstaben fotografisch aufgenommen haben. Die Druckerschwärze bleibt in solchen Fällen in den Augen und in den Sehnerven des zerstreuten Lesers stecken und kann nicht mit ihrer Sinnsubstanz bis zum Gehirn vordringen, weil dessen Eingangspforte von einem anderen Denkobjekt blockiert ist.

Man erkennt also, daß die Wahrnehmungsorgane sich vom Gehirn loskuppeln und ein Funktionieren auf eigene Faust durchführen können. Auf eine solch ziellos beschränkte Funktion wird unser Gehör herabgeschraubt, wenn unsere Augen am Dirigenten haftenbleiben. Das geschieht um so leichter, als bei neun unter zehn Menschen, dem Grad ihrer Zugehörigkeit zum visuellen Vorstellungstyp entsprechend (unabhängig von ihrer Musikalität), das Gehirn willig auf die Augen umschaltet, sobald diese lockendes Weideland entdecken. Die Verhältniszahl neun zu eins zugunsten des visuellen gegenüber dem akustischen und dem motorischen Vorstellungstyp bedeutet, daß die Augen eine neunmal mehr verkehrsreiche Verbindungsbrücke der Weltwahrnehmung für das Subjekt bilden als die anderen Sinnesorgane. Deshalb überkommt uns manchmal das Bedürfnis, die Augen zu schließen (um die Ohren von dieser ungleichen Konkurrenz zu befreien), wenn wir schärfer hören wollen, während wir uns die Ohren nie zuhalten, um schärfer zu sehen. Auf eine solche Empfindlichkeit gegen visuelle Störeinflüsse könnte die Gewohnheit mancher Konzertsolisten (und auch Dirigenten!) zurückzuführen sein, beim öffentlichen Vortrag die Augen zu schließen – wenn diese akustische Abschließung nur nicht wie eine unaufrichtige Pose wirken würde.

Im Gegensatz zum augenschließenden Solospieler schließen die Zuhörer in einem Orchesterkonzert die Augen ganz und gar nicht. Das mögen sie in einem Kammermusikkonzert tun, aber doch nicht in einem Konzert, in welchem ein Taktstockmagier von der Größe eines Toscanini oder Furtwängler dirigiert. Er mag auch ein kleineres Licht sein, doch würden sich die Zuhörer eines Erlebnisses berauben, wenn sie nicht auch Zuschauer sein wollten. Nach dem gleichen Verdrängungsprinzip wie beim Lesen mit schweifender Phantasie blockiert dann aber der Dirigent ihren Sinn für das Eindringen der Musik. Diese Blockierung bedeutet zwar kein Aufhalten der physikalischen Schallreize, für die sie natürlich wach bleiben, wohl aber eine Ausschließung der Musik mit ihrer geistigen Botschaft, ihrer Architektonik und ihrem emotionalen Inhalt.

Um auch eine andere sterilisierende Erscheinungsform der Musik zu berücksichtigen, muß man auf die Kinomusik hinweisen. Von der Lichtspielkunst her hat sich der Ausdruck „Untermalungsmusik" verbreitet. Das ist eine Musik, die nicht zum Angehörtwerden bestimmt ist und sich im Laufe der Vorführung eigentlich immer erst bemerkbar macht, wenn sie aufhört. Es gibt eine veredelte Art dieser Musik, die allerdings in der zweiten Hälfte des 20. Jahrhunderts allmählich abgeflaut ist. Deswegen mag sie vielen Musikfreunden nur vom Hörensagen bekannt sein. Der amerikanische Filmzeichenkünstler Disney schuf in Zusammenarbeit mit Stokowski eine musikalisch potenzierte Bildreihe, in der gewichtige Musikwerke bei ihrem gleichzeitigen Tönen histrionisch ausgedeutet wurden. Bachs d-Moll-Tokkata und Fuge und Beethovens Pastorale wurden (unter anderen Werken) als musikalische Unterlage zu zeichnerischen und literarischen Kompositionen verwendet. Es war eine lehrreiche Demonstration der Überwältigung der Musik durch eine visuelle Darbietung. Der in geometrische Figuren umgedeutete Bach und der mythologisch illustrierte Beethoven haben ihre musikalische Selbständigkeit oder auch nur Ebenbürtigkeit vollkommen verloren.

Das war nicht die Absicht. Es ist sogar anzunehmen, daß Stokowski nur die Musik popularisieren wollte. Das aber enthielt neben ihrer unbeabsichtigten Hintansetzung eine vielsagende Lehre. Die Auflösung der Struktur der Musik in die Gebilde der bildenden Künste kann manches über ihr zeitliches Wesen offenbaren. Zu welchen Erkenntnissen diese Offenbarung führt, wird bald dargelegt.

Vorerst muß festgestellt werden, daß die rein emotionale Wirkung der Musik viel unmittelbarer ist als die der anderen Künste. Andererseits ist sie verstandesmäßig viel weniger zugänglich. Abgesehen vom Kreise der Fachleute, wird die Musik als Kunstwerk gar nicht verstanden, höchstens nur als angenehmes Geräusch genossen. Die Ursache dieses Umstandes ist nicht nur das zeitliche Entfliehen der Musik. Das Prosatheater ist aufführungstechnisch auch zeitlich unaufhaltbar. Aber die Sprache vermittelt einen Sinn, der im selben Moment ein bleibendes Verständnis hinterläßt. Die Logik der Aufeinanderfolge von Tönen in einem kunstvoll gearbeiteten Satz ist aber für die wenigsten Zuhörer erfaßbar. Das mag mit ein Grund sein, weshalb das Zuhören eine viel anstrengendere Aufgabe ist als die Betrachtung eines Gemäldes oder einer Skulptur. Die Verwandtschaft dieser Betrachtungen mit der Betrachtung des Dirigieraktes und die gleichzeitige Ratlosigkeit beim Musikhören macht es begreiflich, daß der inhaltlich nichtssagende, keine Anstrengung erfordernde Dirigierakt die Aufmerksamkeit des Publikums mit Leichtigkeit auf sich zieht.

Die Schwierigkeit des Musikempfanges kann man durch eine analytische Parallele mit den bildenden Künsten einigermaßen begreiflich machen. Man sollte einmal versuchsweise eine Figur der bildenden Künste in normaler Form, aber zergliedert betrachten: zuerst eine Hand, dann einen Arm, eine Schulter, die Brust, nachher den Kopf, die Hüften, die Beine und so alle Teile der Figur (aber immer nur einzeln), wie sie aus dem verhüllten Ganzen der Reihe nach für einen Augenblick hervortreten. Und dann sollte man jeden so betrachteten Teil mit den anderen (gleichzeitig nicht gezeigten) Teilen gedanklich und gefühlsmäßig in Beziehung bringen. Eine derartige Bildbetrachtung könnte man die „musikalische" Art des Genießens der bildenden Künste nennen, eine Art, zu deren Anwendung ihre Schwärmer glücklicherweise nicht gezwungen sind. Aber in der zeitlich dahinfließenden Musik kann die zum höheren Genuß notwendige beziehungsvolle Vergegenwärtigung eines Werkganzen nur durch solch ein stufenweise erworbenes Vertrautsein mit dessen Bestandteilen erreicht werden. Das Bewußtwerden der immer nur im Augenblick gespielten Musik würde einen falschen Begriff von dem geben, was Musikgenuß sein sollte. In der Musik müssen die bereits gespielten Teile mit den augenblicklich tönenden in der menschlichen Vorstellungswelt in Beziehung gebracht werden. Die Zeitlichkeit der Musik muß in der Vorstellung des Hörers spontan räumlich umgedacht werden. Die Zeitlichkeit muß unwillkürlich in Gleichzeitigkeit erlebt werden.

Ein neues Werk, selbst ein Meisterwerk, kann deswegen nicht sofort populär werden, weil bei der Ungewohntheit von dessen Phrasenteilen diese nicht aufeinander bezogen werden können. Die Voraussetzung zum akustischen Raumerlebnis, also zum gleichzeitigen Erfassen des nicht gleichzeitigen Abrollens, ist bei der ersten Darbietung noch nicht erfüllt. Wegen dieser Unzulänglichkeit bei der Zuhörerschaft sind viele heute allgemein beliebte Werke bei ihrer Uraufführung durchgefallen. Ein Beispiel dafür ist im Opernfach „Carmen" und im Bereich des Podiums das Violinkonzert von Beethoven, die längere Zeit zum Populärwerden benötigten.

Bei diesen schwierigen Vorbedingungen des Musikempfanges ist es begreiflich, daß die intellektuell anspruchsvollsten, aber zugleich schaustellerisch dürftigsten Kammermusikabende beim Publikum den geringsten Zuspruch haben. Der reine Musikempfang ist in den Orchesterkonzerten zwar auch nicht immer leicht, aber in diesem Rahmen ist man der Aufgabe des sachgerichteten Zuhörens durch die Dirigierschau enthoben. Der Dirigent füllt die Lücke der bildlosen Kammermusik aus. Die Zuhörer bekommen die „Werkanalyse" von seinem choreographischen Schauspiel vermittelt. Die Schwerverständlichkeit eines Musikwerkes wird durch die kapellmeisterliche Bewegungsinterpretation in Leichtverständlichkeit aufgelöst, weil sie davon ablenkt. Darüber hinaus bieten die Dirigenten eine Unterhaltung mit ihren Typenverkörperungen. Nicht alle schauen aus wie zum Diktieren geboren. Die meisten sind ihre eigene Karikatur, die dem Publikum die unverdauliche Musik durch die Leckerbissen der visuellen Unterhaltung ersetzen.

Wenn man eine Reihe Orchesterkonzerte durchgesessen hat, dann kann man sich daran zurückerinnern wie an einen Besuch in einem Panoptikum. Welchen Anblick bieten denn die Dirigenten in einem Orchesterpanoptikum nebeneinandergereiht? Die überlebensgroßen Bohnenstangen unter den Dirigenten schauen im Konzert aus wie Steinadler, die mit mächtigen Flügelschlägen zwei Stunden lang wegzufliegen versuchen. Am anderen Ende der anatomischen Stufenleiter gleichen die kleinen Pipine zuckenden Fröschen, mit denen sie in den Proben sogar das Quaken gemein haben. Die Mittelgroßen sind wie Kellner, die die Platten mit zeremonieller Verbeugung herumreichen. Die Lockenköpfe sehen aus wie Plakatfiguren einer Haarwaschmittelreklame und die Glatzköpfe wie Exhibitionisten, die ihren Allerwertesten zuzudecken vergessen haben. Die Eleganten und Geschniegelten tragen den Frack wie Pfingstochsen aus einem Herrenmodeblatt; dafür wirken die Schlampigen, als wenn sie diese Gesellschaftsuniform kurz vor dem Konzert aus der Pfandleihanstalt ausgelöst oder überhaupt auf dem Trödelmarkt gekauft hätten. Manche benehmen sich, als ob sie Schüttelfrost oder den Veitstanz hätten, während einige wenige so lethargisch sind, daß man ihnen eine Einspritzung geben möchte. Die Dirigenten, die mit Taktstock bewaffnet auftreten, machen den Eindruck von Turnlehrern, die eine Gruppe von Gymnasiasten in Reih und Glied halten. Die Dirigenten dagegen, die nach der „Jiu-Jitsu"-Methode waffenlos dirigieren, gebärden sich wie Boxkämpfer, die gerade einen heranrollenden Mobangriff abwehren wollen. Nächstverwandt mit diesen sind jene, deren schaudirigentische Vorführungen Debussy Stierkämpferpantomimen nannte. Die halbwüchsigen Dirigierfritzen mit ihrem übereifrigen Gezappel ähneln Friseurgehilfen, die gerade einem Kunden eine Kopfmassage verabreichen. Die Mageren sehen aus wie auf dem Turnbarren balancierende Papageien und die Dicken wie Pariser Anstandsrotunden auf Gänsefüßen, an denen nur die Reklame-Affichen fehlen. Und da letzteres uns daran erinnert, daß wir in einer Männerwelt leben, so geziemt es sich hinzuzufügen, daß die Dirigentin vor dem Orchester in ihrer angeborenen Sendung auftritt als emsige aufgeplusterte Bruthenne, die im orchestralen Hühnerhof ihre Schar herumwirbelnder Kücklein zusammentreibt.

Man mag sich fragen, wozu ein solcher Dirigiermummenschanz Saint-Saens, den Erfinder der musikalischen Tiermaskerade, inspiriert hätte. Er starb (kurz nach dem Ersten Weltkrieg) zu früh, um die nachher in voller Virulenz ausgebrochene Dirigierseuche zu erleben. Würde er seinen „Carnaval des Animaux" in einer revidierten Auflage wiederherausgeben und darin nicht nur die Pianisten, sondern auch die Dirigenten unter die Viecher einreihen? Vielleicht würde er ihnen in ihrer Nummer lange Pausen mit nur sporadisch interpungierenden Triangel- und Paukenschlägen zum Dirigieren geben, um dem Publikum die kapellmeisterliche Rührstange blank an der Arbeit vorzuführen. Eine solch klapperbegleitete luftquirlende Fuchtelei wäre wirklich was fürs Auge. Fürs Ohr hätte es kaum sein können.

Es ist eine schon lange brennende Frage, was der Unterschied zwischen zwei Orchestervorträgen desselben Werkes einmal unter Direktion und ein zweites Mal ohne Direktion sein kann. Aber Achtung auf den Unterschied! Die Version ohne Direktion beim zweiten Mal ist nicht so zu verstehen, daß das Werk undirigiert bliebe, sondern nur so, daß es zwar dirigiert würde wie das erste Mal, aber ohne visuelle Zugänglichkeit für das Publikum. Die Wiedergabe wäre beide Male dieselbe, nämlich beide Male unter Direktion, nur bliebe der Dirigent beim zweiten Mal verdeckt.

Der Zweck dieses Experiments wäre, festzustellen, ob man von einer Musik mehr bei der Sichtbarkeit des Dirigenten versteht als bei seiner Unsichtbarkeit. Am Ende kommt die Frage darauf heraus, ob die sichtbare Leitung eines Orchesters für die Zuhörer legitim ist. Für die Orchestermusiker ist diese Legitimität absolut zu bejahen, da sie einem kaum anders erreichbaren technischen Zweck dient. Wie verhält es sich aber damit vom idealen Zuhörerstandpunkt? Nicht von dem Zuhörerstandpunkt, wie er nach den eingefleischten Hörgewohnheiten ist, sondern wie er unter idealen Bedingungen wäre.

Es kann jeder am eigenen Leib erfahren, wieviel mehr er von einer ihm möglicherweise wenig bekannten Musik versteht, wenn er sie vordirigiert bekommt, als wenn er sie ohne kapellmeisterliche Vermittlerdienste direkt empfängt. Die Probe aufs Exempel kann im Konzertsaal beim Vortrag einer Symphonie durch das Erleben der Exposition des ersten Satzes zuerst hörend und schauend und bei der Wiederholung dieser Exposition, also derselben Musik und desselben Vortrags, mit geschlossenen Augen oder wegschauend, also nur zuhörend, gemacht werden. Diese Prozedur bliebe von eventuellen irreführenden Machenschaften dadurch unberührt, daß weder der Dirigent noch das Orchester von dieser Auskundschaftung Kenntnis hätten.

Wenn man also das Experiment auf diese Weise durchführt, dann kann man fragen, ob die mit dem sichtbaren Dirigenten rein musikalische Vorzüge hat, die der Zwillingsvortrag mit dem unsichtbaren Dirigenten nicht hat. Ist die Musik im visuell erweiterten Teil des Experiments schöner, geistvoller, rührender, schwungvoller, rhythmischer, oder haargenau so wie beim Ausblenden des Dirigenten?

Wenn ein Zuhörer behauptet, den auch visuell beobachteten Musikvortrag qualitativ besser gefunden zu haben als den nur akustisch empfangenen, dann ist erwiesen, daß die angeblich erhöhte Qualität des beobachteten Vortrags keinen musikalischen Ursprung hat, da er mit der Wiederholung der Satzexposition zwei Vorträge gehört hat, die sich musikalisch qualitativ ähneln wie ein Ei dem anderen. Der „Schauhörer" mag allerdings aufrichtig glauben, daß der bestrittene Zweck des Schaudirigierens für ihn doch erfüllt ist, da ihm der Vortrag in dieser visuell „verstärkten" Version nähergebracht wurde als in der unsichtbaren. Es scheint nun tatsächlich zwecklos, mit einem Zufriedenen darüber zu streiten, daß er unzufrieden sein sollte. Doch ist es lehrreich für den kritischeren Teil des Publikums, darauf hinzuweisen, daß das, was ein Schauhörer im visuell perzipierten Musikvortrag fesselnder findet, ganz und gar nicht die Musik ist. Es kann doch nicht die Musik sein, wenn sie (wie bei der Expositionswiederholung) mit der „blind" empfangenen Musik völlig identisch ist. Das größere Verständnis, daß dieser Schauhörer für die Musik sehend zu haben sich einbildet, liegt darin, daß er es unter der Dirigierhypnose gar nicht erst nötig hat, die Musik zu verstehen. Die musikverdrängende und fesselnd ausfüllende Wirkung des Dirigiergetues schafft für ihn die Illusion eines vollwertigen, jeder anderen Form überlegenen Kunsterlebnisses. Aber man muß sich darüber im klaren sein, daß dieses Kunsterlebnis nichts mit Musik zu tun hat und daß es in den Bereich der illusionistischen Unterhaltungsbühne gehört.

Diese dilettantische, musikfremde Einstellung zum Phänomen des Dirigierens herrscht indessen nicht nur beim harmlosen Segment des Publikums. Auch sogenannte Fachleute oder solche, die durch ihren publizistischen Beruf bei der Beurteilung kunstartiger Darbietungen ein gewisses Maß von Skepsis und Vorsicht walten lassen sollten, gehen dem Podiumsgeflimmer auf den Leim.

In der vom 7. Mai 1973 datierten Nummer der in Amerika erscheinenden Wochenschrift „Time" wurden die Kinkerlitzchen des Dirigierakrobaten Solti nicht etwa humoristisch, was die Lektüre zu einem Hochgenuß gemacht hätte, sondern mit der Attitüde einer todernsten Würdigung folgendermaßen besprochen (die deutsche Übersetzung des Artikels lehnt sich natürlich in Inhalt und Ausdruck so nahe wie möglich an das Original an mit der Beschränkung, daß sie nur den unser Thema betreffenden Teil wiedergibt).

> Wie in einem unerwarteten, plötzlich durch alle seine Glieder schießenden und alles mitreißenden vulkanischen Ausbruch gibt er den Niederschlag zum Beginnen. Durch die ganze Aufführung hindurch ist seine Körpersprache dramatisch unmißverständlich. Die Geigen werden mit einer bis zum Boden hinabreichenden linkshändigen Riesenradbewegung hereingezogen. Die Trompeten kriegen ihren Einsatz vom speerartig hervorschießenden Arm und Zeigefinger. Ein Sternenblitz der Finger löst das Krachen der Schallbecken aus. Momente romantischer Lyrik beschwörend, wölbt sich die linke Hand über die Brust, während die rechte Hand Liebeskränze hoch oben rhythmisch schüttelt. Brillante Stakkatopassagen werden mit dem Auf und Ab von Hackbewegungen beider Hände stramm in Gang gehalten. Ein rasanter Rückhandschlag entfesselt eine Sforzatoattacke; dafür fleht eine langsam über die Lippen fahrende Hand die Spieler an, ihm einen hauchzarten Ton zu geben.

Es wäre interessant zu wissen, ob die Anstrengung dieses dirigier-ästhetischen Afterdichters, seinen Bombast in solch krampfhaftem Diskant herauszuquetschen, ihm nicht vielleicht einen Leistenbruch verursacht hat. Merkt man nicht, wie in diesem literarischen Gebräu musikalische Ausdruckswerte als Anlaß zu einer stilistisch eitertriefenden Beschreibung von Körperbewegungen dienen? Man hat den Eindruck, daß der Verfasser am musikalischen Ausdruck nur in dem Maße interessiert ist, als er dadurch zu einer kriecherischen Apotheose kapellmeisterlicher Körperbewegungen inspiriert werden kann. Er gibt sich vollkommen dem Genuß schweißtriefender Dirigierbewegungen hin. Die Verfälschung der Zweckbestimmung des Musizierens und die Betäubung und Verführung des Publikums werden aber plötzlich klar, wenn die soeben genossenen literarischen Luftsprünge der Dirigentenbetrachtung auf das Gebiet der Instrumentalkunst übertragen werden. Schauen wir uns nun an, wie obiges Heldengedicht – mit den nötigen Modifikationen – auf einen Violinkünstler angewandt aussieht.

> Wie in einer unerwarteten, plötzlich durch alle seine Glieder schießenden und alles mitreißenden Ekstase nimmt der Geiger mit seinem Bogen den Herunterstrich. Durch das ganze Spiel hindurch ist seine Körpersprache dramatisch unmißverständlich. Wie ein blankgezogenes Schwert schleudert er den Bogen gen Himmel, um damit den Auftakt zum Stück raketenartig aufblitzen zu lassen. Die Flageolettöne werden dem Instrument mit speerartig huschenden Bogenstrichen entlockt. Ein Sternenblitz der Finger löst das Krachen der linkshändigen Pizzikatos aus. Momente romantischer Lyrik beschwörend, wölbt sich die rechte Hand über die Saiten, während die linke Hand einen Liebeskranz aus Tonfäden flicht. Brillante Stakkatopassagen werden mit dem Auf und Ab von Hackbewegungen des Bogens stramm in Gang gehalten. Eine rasante Bogenattacke feuert ein Sforzatogeschoß ab; dafür schmiegen sich die Bogenhaare den Saiten doch wieder schmeichelnd an, um ihnen einen hauchzarten Ton abzukosen.

Hätte der literarische Dirigententrabant einen Geiger am Werke auf diese Weise beschrieben? Oder würde er nicht vielleicht eher vorschlagen, wenn ein anderer es täte, diesen in einer psychiatrischen Anstalt zu versorgen? Sollte es nicht vielleicht doch möglich sein? Wenn Körperbewegungen bei der Interpretation der Orchestermusik so wichtig sind, daß sie den sterilsten Musikkritiker zu hochfliegender Literatur inspirieren können, warum läßt man dann die Gelegenheit zu solcher Inspiration bei den Instrumentalisten unausgenützt? Sie bewegen die Arme, die Hände, den Kopf und den Rumpf ja auch. Warum also sind die Körperbewegungen beim Dirigenten so wichtig und so beachtenswert und beim Instrumentalisten nicht? Die Erklärung ist einfach: weil der Kritiker und das Publikum wissen, wozu ein Instrumentalist auf dem Podium dasteht (oder sitzt), sie wissen aber nicht, wozu ein Dirigent vor einem Orchester dasteht. Sie sollen nun über diesen letzteren Punkt auf die einfachste Weise aufgeklärt werden. Ein Dirigent steht vor einem Orchester, um es zu leiten. Ja, das Orchester – nicht die Zuhörer.

Wenn man trotzdem glaubt, daß die kapellmeisterlichen Äußerlichkeiten ja beachtet werden müssen, damit das Publikum erfährt, wie das Orchester zum Spielen angefeuert wird (da ein Orchester sich angeblich nicht selbst anfeuern kann), dann müssen die Uneingeweihten dahin informiert werden, daß es zwar ein Anfeuern eines Orchesters gibt, aber nicht jenes, das das Publikum sieht. Für die Eingeweihten ist dieses ostentative Anfeuern – über eine männlich gesammelte Willensausstrahlung hinaus – zum größten Teil nichts weiter als eine der Gelegenheit angepaßte Form eitler Herrscherallüren, die aber der Dirigent nach der reichlichen Möglichkeit, sich bei der Orchesterarbeit in ähnlicher Weise zu gebärden, bis zur Konzertzeit abreagiert haben sollte. Doch gibt es kein Entrinnen, und zwar nicht nur für jene, die sich vom Spektakel mit Wonne einfangen lassen, sondern auch für jene, die die Musik ohne dramatisch-pantomimisches Beiwerk genießen möchten und nicht Augenzeugen der Seelenstürme einer Privatperson sein wollen, an denen sie außer deren rein musikalischer Verströmung nicht interessiert sind.

Aber das Theatralische des Dirigierens bleibt für den größeren Teil des Konzertpublikums der hauptsächliche Zweck seiner Orchesterfreundlichkeit, und die vom großen Klangkörper gespielten Musikwerke dienen nur als tönende Kulissen zu dessen Einrahmung. Wir müssen aber fragen, welch tiefere Ursachen diesen notorischen Schaukult des Dirigierens herausgezüchtet haben und am Leben erhalten.

Die Neigung zur Annahme, daß der Dirigent im öffentlichen Konzert seinen Platz nur ausfüllt, wenn er dabei auch eine Augenweide ist, zeigt indirekt die lose Verankerung der Musik in der Geisteswelt des Publikums. Hätte es nämlich ein inniges Verhältnis zur Musik, dann würde es sich keinen Pfifferling um die äußere Rolle des Dirigenten kümmern. Es würde dann seine Anwesenheit vor dem Orchester möglicherweise gar nicht beachten. Da aber die Musik die meiste Zeit ihres Tönens nur die Oberfläche der Sinne anritzt, so muß die Zuhörerschaft auch ein anderes Beobachtungsobjekt zum Zeitvertreib finden.

Versuche, dieses Objekt zu entfernen und das Publikum dadurch zum reinen Musikempfang zu führen, haben fehlgeschlagen. Es ist mit dem dirigentenlosen Orchester bereits experimentiert worden. In der Sowjetunion hat in der Revolutionszeit ein Orchester ohne Dirigent unter dem Namen „Persymphans" (Erstes Symphonisches Ensemble) gewirkt. Man weiß jedoch, daß in der Folgezeit bald kein großes dirigentenloses Symphonieorchester in der Sowjetunion mehr in Betrieb war. Die anderen Länder, schon ab ovo ohne einen antidirigentischen Prinzipieneifer, brauchen gar nicht erst erwähnt zu werden. Es hat sich erwiesen, daß ein großes Symphonieorchester sich von der Dirigierschaukunst einstweilen noch nicht trennen läßt. Das Publikum will seinen Dirigenten haben. Es empfindet, daß ein großes Symphonieorchester ohne einen Dirigenten ein Körper ohne Kopf ist.

Es bleibt nun der Zukunft vorbehalten, auszuarbeiten, wie ein angemessener Teil des vom Publikum ausgeübten Personenkultes den Dirigenten entzogen und auf die Musik selbst übertragen werden kann. Es ist zu hoffen, daß – wenn das Publikum einen näheren Einblick in die Kulissenvorgänge in der „Orchesterfabrik" gewinnt, deren verborgene Praktiken offenbar werden, die von den glitzernd aufgeputzten Schaufensterdraperien des großartigen Wunders „Pultvirtuosentum" um die Jahrtausendwende einstweilen noch verhangen sind.

# Ecce homo dirigens

## Der Dirigent als Mensch

Es ist eine heikle Aufgabe, den Rang einer Fachpersönlichkeit und den Wert ihrer Leistungen mit bleibender Gültigkeit zu beurteilen. In bezug auf schaffende Künstler, wie die Tondichter, bei denen die Zeitdauer für eine gültige Urteilsbildung die Ewigkeit ist, wird die schließliche äußere Rangbestimmung mit ihrem tatsächlichen inneren Wert übereinstimmen.

Im Zeitalter der Schallplatte (um die Erörterung auf unser reproduktiv musikalisches Gebiet zu beschränken) kann dieser Prozeß der Wertbestimmung bis zu einem gewissen Grad auch auf die Instrumentalvirtuosen ausgedehnt werden. Jedoch nur bis zu einem gewissen Grad, weil die Konservenmusik das Vitamin der künstlerischen Persönlichkeitsattribute und die Improvisationselemente nicht in voller Frische wiederaufleben läßt.

Unmöglich, weil unpraktisch, ist es aber, die Beurteilung der wahren Persönlichkeit eines Dirigenten in die fernere Zukunft zu vertagen. In der orchestralen Schallplattenmusik, die die einzige Handhabe zu einer posthumen Beurteilung bieten kann, kommen nur jene kapellmeisterlichen Eigenschaften (nämlich die rein musikalischen) zum Ausdruck, die den geringsten Teil dessen ausmachen, was der betreffende Dirigent seinen Musikern und dem Publikum im lebendigen Kontakt bedeutete.

Das Dirigieren ist eine Kunst der unmittelbaren Gegenwart, und zwar in einem noch höheren Maße als das Instrumentalspiel. Deswegen ist der dem Dirigenten von Kritik und Publikum einmal gewährte, aber meistens auch mit Hilfe propagandistischer Kabale erschlichene Wertstempel gewöhnlich keinem späteren Widerruf mehr unterworfen. Ein Dirigent kann im Verlauf seines späteren Wirkens nicht in der Weise enttäuschen wie ein Instrumentalist. Die Persönlichkeit – das Hauptwirkungselement beim Dirigieren – bleibt ja normalerweise erhalten, auch wenn das Können nachläßt. Mehr noch: die Persönlichkeit kann sich durchsetzen und erhalten, selbst wenn ein Können im strengsten Sinne des Wortes nie vorhanden war. Eine solche von der Musik unabhängige Wirkung der Musikvermittlung ist nur beim Dirigieren möglich; und deswegen wollen wir untersuchen, was hinter all dem Ruhm steckt, in welchem sich so viele Dirigenten sonnen.

Wenn jemand nicht Geige spielen kann, nützt es ihm nichts, sich eine Geige ans Kinn zu setzen und einen Bogen in die Hand zu nehmen. Wenn er nicht spielen kann, wird ihn niemand um seiner geigerischen Positur willen für einen Geiger halten. Es ist aber möglich, auch ohne irgendwelche musikalische Bildung (wenngleich mit einer angeborenen musikalischen Ader) sich vor ein Orchester hinzupflanzen und mit bloßen Armbewegungen, die zu den Klängen einer rhythmisch einfach geprägten und eingänglichen Musik passen, die Illusion eines berufenen Dirigenten zu erwecken.

Es soll aber klar sein, daß hierbei nicht von Musik an sich die Rede ist, sondern von der Wirkung, die eine eindrucksvolle Persönlichkeit mit Hilfe der Musik auf andere Menschen auszuüben vermag.

Vom puristischen Standpunkt könnte man freilich die Theorien über die Bewegungsästhetik des Dirigierens damit abtun, daß für ein Zuhören ohne gleichzeitiges Zuschauen Bewegungen nichts bedeuten. Für Blinde in einem Symphoniekonzert ist es dirigiergestisch kein Unterschied, wer der Dirigent ist, ob Karajan oder Schlendrian. Dementsprechend sollten für die Zuhörer die Dirigierbewegungen tatsächlich nichts bedeuten, vorausgesetzt, daß die Zuhörsitten in diesem Sinne reformiert werden können. Da aber mit solch einer Sublimierung der Hörbedürfnisse des Publikums bis in die ferne Zukunft hinein nicht gerechnet werden kann, so bequemt man sich am besten zum Kompromiß, einen Wertmaßstab der visuellen Dirigierästhetik für öffentlichen Gebrauch aufzustellen. Dieser Wertmaßstab soll indessen nicht willkürlich bestimmt werden, sondern sich aus der allgemeineren, nun folgenden Charakteranalyse allmählich ergeben.

Es sei gleich festgestellt, daß es wohl ein Gebiet gibt, auf dem das Dirigierbild eine mehr als bloß ästhetisch dekorative Rolle spielt. Dieses Gebiet ist das Arbeitsverhältnis, das den Dirigenten mit dem Orchester verbindet. Der Zuhörer kann sich den Luxus leisten – wenn er den richtigen Musikempfang darin erkennt –, im Konzert die Augen zu schließen. Im Orchester kann man aber nicht mit geschlossenen Augen spielen, wenngleich viele Musiker aus verschiedenen Gründen (sei es aus Schlafbedürfnis oder wegen des unerträglichen Anblicks des Dirigenten) einen unüberwindlichen Drang danach empfinden. Da aber ein solcher Selbstschutz gegen das Dirigierblendwerk für keine irgendwie profitable Zeitdauer während eines Orchesterdienstes möglich ist, so ist es nicht nebensächlich, was für Dirigierbewegungen ihnen vom Dirigierpodest entgegenspringen.

Man erkennt also die arbeitstechnische Bedeutung der Dirigierbewegungen für das Orchester. Die Qualität der Werkwiedergabe kann bei ihrer richtigen Anwendung direkt von ihnen abhängen. In diesem Sinne, und eigentlich nur in diesem Sinne, könnten die Zuhörer an den Dirigierbewegungen interessiert sein, wenn dieses Interesse überhaupt mehr als einen theoretischen Wert hätte, da die Dirigierbewegungen den produktionstechnisch nicht beteiligten Zuhörer vom praktischen Standpunkt letzten Endes ja doch nichts angehen.

Wenn man nun diese Dirigierbewegungen nach ihrer Natur und Funktion einer näheren Prüfung unterzieht, wird man erkennen, daß sie sich aus zwei Funktionselementen zusammensetzen: aus einem technischen und einem suggestiven. Das technische Element umfaßt all die Zeichen, die zur Angabe der Taktteile, ihrer Geschwindigkeit, der Lautstärke und der Phrasierung dienen. Das suggestive Element dagegen bewirkt das rational schwer definierbare Widerspiegeln der inneren Stimmungswelt des vorgetragenen Werkes und das Festbannen der Orchestermusiker ins Ritual des Musizierens.

Diese zwei Bewegungselemente, das technische und das suggestive, scheiden sich auch durch das Merkmal des Erlernbaren und des Angeborenen. Die weitgehende Erlernbarkeit der technischen Dirigierbewegungen erlaubt uns, deren Erörterung bis zu einem Kapitel über praktisches Dirigierverfahren zurückzustellen. Was uns jetzt in erster Linie beschäftigen soll, ist die zum Dirigieren prädestinierende Naturanlage des musikalischen Menschen, aus der die suggestive Dirigierfunktion herauswächst. Wir wollen den homo dirigens kennenlernen.

Der Augenblickscharakter der kapellmeisterlichen Hauptfunktion, nämlich der unmittelbaren persönlichen Interessenfesselung, zwingt den Dirigenten, seine Kräfte in dieser Richtung am wirksamsten zu entfalten. Der phonographisch verewigte Instrumentalist, und erst recht der Komponist, braucht bei der Präsentierung seiner Leistungen gar nicht zugegen zu sein, um seine Hörer zu beeindrucken und sich dadurch belohnt zu fühlen. Der durch die Schallplatte vermittelte Dirigent ist aber, selbst wenn er sich beim Abhören unter den Zuhörern befindet, um die Früchte seiner Leistung gebracht. Die auf der Platte eingefangene musikalische Interpretation ist eine magere Genugtuung für einen Dirigenten. Er will beim Vortragsprozeß aus erster Hand erlebt werden. Nur der im wirklichen Rahmen vor Zeugen abrollende Dirigierakt kann dem Dirigenten die ersehnte Selbsterfüllung verschaffen.

Es ist verschiedentlich versucht worden, die zum Dirigieren prädestinierenden Eigenschaften zu bestimmen. Als eine führende Autorität in dieser Frage möge Bruno Walter konsultiert werden.

In seinem treuherzigen Jugendbuchstil erzählt Bruno Walter von der Notwendigkeit der seelischen Beeindruckbarkeit gegenüber allem Schönen und Erhabenen in Natur und Literatur. „Wer nicht die stürmische See mit fühlender Seele erlebt hat, wird der Ouvertüre zu Wagners 'Der Fliegende Holländer' überhaupt ein Wesentliches an elementarer Gewalt des Ausdrucks schuldig bleiben. Nur einem romantischen Herzen erschließt sich der Zauber der Rheinischen Symphonie Schumanns. Beethovens 'Szene am Bach' in der Pastorale wird leer klingen, wenn nicht des Dirigenten eigenes Entzücken über einen rieselnden Bach und eine heitere Landschaft sich mit dem musikalisch seelenvollen Vortrag des Stückes verbände..., und werden wohl Crucifixus, Sanctus und Benedictus der Beethovenschen Missa Solemnis oder, sagen wir, der Schlußchor der Bachschen Matthäus-Passion ihre volle Größe dem Hörer vermitteln, wenn das Herz des Dirigenten nicht selber durchdrungen wäre von diesen hohen Botschaften?"

Walters Erguß ist richtig. Beschreibt er aber nicht eine seelische Aufnahme- und Wiedergabefähigkeit, wie sie bei jedem singenden und spielenden Musikinterpreten und nicht nur beim Dirigenten vorausgesetzt werden sollte? Muß nicht selbst das zuhörende Publikum solchen Gefühlserlebnissen aufgeschlossen sein, wenn es den Gefühlsgehalt der verschiedenartigsten Musikwerke in sich aufnehmen soll?

Jeder Zuhörer mag die Wiedergabe eines Musikwerkes gegebenenfalls mit der Erinnerung an frühere persönliche Erlebnisse verbinden und dadurch in einen Zustand besonderer Rührung geraten. Soll das aber heißen, daß eine voll ausschöpfende, ausdrucksstarke Wiedergabe eines Werkes allein aus dem Erfassen seines Inhalts ohne äußere Erlebnisse nicht möglich sei?

Es ist unzweifelhaft, daß Bildung, Welterfahrung, Herzenskultur und Naturerlebnisse die Potenz interpretatorischer Dirigierkunst ungemein heben. Aber die von Walter postulierte Empfänglichkeit der fühlenden Seele hat bei einem Künstler nur dann einen Sinn, wenn sie die sogenannte elementare Gewalt des Ausdrucks durch das Ausschöpfen des Werkinhaltes ohne äußere Beihilfe entfesseln kann. Die stürmische See fühlend erleben kann jeder; dazu braucht man kein Künstler zu sein. Wohl aber muß man Künstler sein, um die Holländer-Ouvertüre den Zuhörern zum Erlebnis werden zu lassen. Für die musikalisch fühlende Seele ist nämlich die Holländer-Ouvertüre die stürmische See selbst, und dem Dirigenten, der sie aus den Tönen nicht erfaßt, kann die wirkliche See herzlich wenig helfen. Muß zum Beispiel ein jüdischer Dirigent sich taufen lassen, bevor er Kienzls „Evangelimann", und ein christlicher Dirigent sich beschneiden lassen, bevor er Halevys „Jüdin" dirigieren kann? Hat nicht selbst der Antisemit Wagner die Uraufführung seines erzchristlichen „Parsifal" dem Juden Hermann Levi (möglicherweise widerwillig) anvertraut, weil ihm die musikalische Erlebnisfähigkeit des Dirigenten schließlich wichtiger erschien als die religiöse?

Das Erleben des Meeres hat Walter nicht dazu befähigt, Debussys „La Mer" zu interpretieren, weil er trotz seiner maritimen Erlebnisse Debussy nicht erleben konnte. Das hat er ja selbst dadurch zugegeben, daß er in seinen Programmen Debussy in einem weiten Bogen ausgewichen ist. Dagegen konnte er die Holländer-Ouvertüre oft und gefühlvoll vortragen, weil er neben seinem Verständnis für das Meer auch Wagner verstand. Das war denn auch der wichtigere Teil seiner Gefühlsaufgeschlossenheit, sonst hätte er sich bei Wagner zusätzlich zum „Holländer" auf dessen „Wassermusiken" wie Rheingold, Siegfrieds Rheinfahrt und Tristans Seetransport beschränken müssen. Selbst der erdnahe Beethoven hat von seinen Interpreten nicht verlangt, vor der Aufführung seiner Pastoral-Symphonie einen naturkundlichen Ausflug in den Wienerwald zu unternehmen. Er hat ihnen nur ans Herz gelegt: „Mehr Ausdruck der Empfindung als Malerei." Und Goethe hat gesagt: „Wenn Ihr's nicht fühlt, Ihr werdet's nicht erjagen."

Die darstellerische Manipulation musikalischer Elemente kann manchmal zu wahrhaft drolligen Kombinationen führen. Hinsichtlich der Interpretation des ersten Teils von Debussys „La Mer" hätte man zum Beispiel vom pedantischen Bruno Walter wohl die Weisheit erwarten können, daß für die getreue Wiedergabe dieses Stückes es nicht genüge, seine Erfahrungen mit dem Meer nur am Nachmittag gemacht zu haben. Er hätte sicherlich darauf bestanden (wenn er sich zu dieser Musik vorgewagt hätte), daß man für das Verstehen eines Stückes mit dem Titel „De l'aube à midi" das Meer auch von Morgendämmerung bis Mittag erlebt haben sollte. Nun folgte der französische Komponist und Debussy-Freund Eric Satie offenbar dem minuziösen Natur- und Tonanschauungsprinzip Walters, als er „La Mer" folgendermaßen kommentierte: „Mir gefiel das Tonbild 'Von Morgendämmerung bis Mittag' außerordentlich. Besonders die Passage um Viertel vor zwölf."

Walters Dirigierfibel, als Teil seiner Schrift „Von der Musik und vom Musizieren", spiegelt den egozentrischen Blickwinkel des Dirigenten wider. Die unwägbaren Faktoren des gedeihlichen Zusammenwirkens von Leitung und Gefolgschaft werden von Bruno Walter kaum gewürdigt. Er erkennt allerdings das Unheilsame des Zustandes, der aus dem kapellmeisterlichen „Wollen" und dem orchestralen „Sollen" resultiert. Jene Dirigenten, deren Charakteranlage sie dazu verleitet (und die es sich leisten können), wenden Machtmittel an, um diesen Konflikt aus der Welt zu schaffen. Obwohl Walter sich nicht dazu aufschwingt, diese Methode schlankweg abzulehnen, verträgt es sich mit seiner Natur auch nicht, sie zu empfehlen. Seine Einstellung ist die eines wachsamen, aber nachsichtigen Pädagogen. Er mahnt, daß dem, der nicht mit Menschen umzugehen, auf Menschen Einfluß auszuüben vermag, die volle Eignung für den Beruf fehlt. Trotzdem hat er auch für die nicht völlig geeigneten Kollegen den Rat bereit, sich in die ihnen untergeordneten Musiker einzufühlen.

Wenn ein eben erst flügge gewordener Dirigierjüngling (oder selbst ein reiferer Routinier) nach offensichtlichen Defekten seine Methode der Orchesterbehandlung aufgrund des Walterschen Lehrsatzes vervollkommnen will und beschließt, sich nun in die innere Welt seiner Musiker einzufühlen, dann steht er vor der Frage, wie man das macht. Das ist nun die Wegkreuzung, an der er von Walter plötzlich im Stich gelassen wird. Hier stellt sich der Unterschied heraus zwischen dem spontanen Verständnis für einen anderen Menschen und der absichtlichen Bemühung, sein Inneres zu erfühlen. Da Walter seinem Rat keinen praktischen Durchführungsplan beigegeben hat, so muß der Weisheitssucher in den modischen Psychologiefibeln im Taschenformat Hilfe suchen.

Es gibt psychologische Tricks, mit denen man das Innere eines unwilligen Mitmenschen aufschließt. Auf das Verhältnis zwischen einem Dirigenten und einem Orchestermusiker angewandt, sieht das ungefähr folgendermaßen aus. Der Dirigent wendet sich während einer Probe in einem schlagtechnischen Zweifelsfall plötzlich an einen Musiker, dessen Spiel von der Schlagproblematik der treffenden Stelle am direktesten berührt ist, mit der Frage: „Was meinen Sie, soll ich bei der Stelle zwei oder sechs schlagen?"

Unter normalen Umständen hat eine solche Frage die Wirkung von „Sesam öffne dich!". Der Orchestermusiker, der nicht gewohnt ist, vom Dirigenten zu Rate gezogen und wie ein Kollege behandelt zu werden, fühlt sich plötzlich als Mensch und Künstler angesprochen und reagiert mit aufgesperrten Augen, aufgesperrten Ohren und mit einer aufgesperrten Seele. Auf einmal findet er, daß der Dirigent, den er immer für einen ekelhaften Kerl gehalten hat, eigentlich ein netter Mensch ist.

Die Geste ist unfehlbar, wenn sie von einem Dirigenten angewandt wird, der eine Respektsperson ist. In einem solchen Fall hat der kollegiale Appell an den Musiker etwas Befreiendes. Diese schlichte Demonstration künstlerischer Mitarbeiterschaft trägt gleich ihre Früchte in Form von gutem Willen, weil sie, von einer Autorität stammend, nicht als Bestechung verdächtig ist. Jedoch, als Kniff von einem Kapellmeister ohne nennenswerte Autorität angewandt, ist die Gebärde zwar von technisch nützlicher, nicht aber von psychologischer Wirkung. Der Märchenkapellmeister im Theater, der nur einmal im Jahr zur Leitung des Weihnachtsmärchens ans Pult gelassen wird, kann mit keinem Einfühlungsversuch näher an die Musiker herankommen. Er muß froh sein, überhaupt dirigieren zu dürfen und dementsprechend muß er sich vorerst hübsch bescheiden benehmen. Bei seiner Stellung wäre es lachhaft, aus den Musikern mit fadenscheiniger Psychologie eine Extrahingabe herausholen zu wollen. Die Psychologie kommt nämlich erst nach der „Technologie". Auch auf dem Klavier kann man nicht „vortragen", bevor man auf dem Klavier „spielen" kann. Solange das Orchester im Kapellmeister keinen ihm überlegenen Partner sieht, besteht keine Grundlage für eine verfeinertere Ausgestaltung der gegenseitigen Beziehungen. Fragen, Mitteilungen, Anordnungen und der Ton des Dirigenten müssen immer in einem angemessenen Verhältnis zu der Größe seiner Persönlichkeit und zu seiner etablierten Geltung stehen.

Die von Walter empfohlene Einfühlung und das notwendige Beeinflussungsvermögen (als Vorbedingung zu einem dem Orchester gegenüber erfolgreichen Dirigententum) müssen von einer Persönlichkeit aktiviert werden, die das Orchester kraft eines menschlichen und fachlichen Beeindruckens zur spontanen Aufnahmebereitschaft inspirieren kann. Natürliche Anlagen im Fühlen und Können, mehr als Methoden, entscheiden den Erfolg. Man kann sich nicht in andere einfühlen, ohne zu fühlen. Und man kann nicht andere beeinflussen, ohne sie zu beeindrucken. Die innere, moralische Eroberung eines Orchesters (die äußere arbeitstechnische Folgsamkeit kann ja administrativ erzwungen werden) hängt von der doppelten Eigenschaft des persönlich Impressiven und des fachmännisch Überzeugenden ab.

Die Unerläßlichkeit der Persönlichkeit würde zwar aus dem Dirigierberuf an sich noch keine besondere musikalische Berufskategorie machen, da ja auch die Pianisten- oder Violinistenlaufbahn eine ordentliche Portion Persönlichkeit ertragen kann. Der Unterschied aber ist, daß die nichtqualifizierten Instrumentalisten nur ein geduldiges Instrument martern, während die nichtqualifizierten Kapellmeister empfindende Menschen mißbrauchen.

Sogar ein Furtwängler, der in seiner Brust offenbar zwei Seelen beherbergte, sagte – obwohl er den Dreiangel „Dirigent, Orchester und Publikum" die große Liebesgemeinde nannte –: „Ich lege Wert auf das Machthaben. Ich meine, es ist auch wichtig, dieses Machthaben."

Furtwängler, der mehr als irgendein Dirigent mitten im Kult des Machthabens lebte, war indessen beileibe nicht der einzige, der solch machthaberische Allüren zur Schau trug.

Hat es aber je einen Dirigenten gegeben, der bekannt hätte, daß er mit seinen Musikern nicht umzugehen, sie nicht zu lenken verstand? Was die Dirigenten von sich selbst denken, braucht jedoch nicht als Maßstab für das kapellmeisterliche Ideal anerkannt zu werden.

Um aber zu wissen, wie ein Dirigent innerlich gestaltet sein muß, um als Vollblutdirigent gelten zu können, müssen wir zuerst sehen, wie die Menschen anlagemäßig im allgemeinen sind. Wir müssen die Charakterformen erkennen, in welchen sie erscheinen, und mit Hilfe des so gewonnenen Befundes nachstellen, in welcher Form der Dirigent, „dieses Wesen höherer Ordnung", sich am annehmbarsten verkörpert.

Wir dürfen unterdessen nicht vergessen, daß wir dabei immer von der menschlichen Seite der Berufung zum Dirigieren sprechen und nicht von der technischen Seite, die, wenngleich ebenso wichtig, auf ein anderes Blatt gehört.

Der griechische Arzt Hippokrates, der Urvater aller abendländischen Heilkunde, und Galenus, der griechisch-römische Arzt des beginnenden Mittelalters, waren die ersten, die die menschlichen Temperamente forschend beobachteten und in Klassen einteilten. Ihr System, dürftig wie es ist, dient bis zum heutigen Tag dazu, den Menschen mehr oder weniger passende Charakterstempel aufzudrücken. Nach ihnen ist ein Mensch entweder cholerisch, sanguinisch, phlegmatisch oder melancholisch. Die zwei letzten Bezeichnungen sind im Wortschatz eines jeden elementar gebildeten Menschen zu finden, und es besteht vollkommene Klarheit über ihre Bedeutung.

Nicht ganz so klar und auch nicht so sehr gebräuchlich sind die zwei erstgenannten Temperamentsbezeichnungen. Sie werden auch manchmal irrtümlich verwechselt. Sanguinisch bezeichnet (um es einfach, jedoch ohne Anspruch auf letzte Genauigkeit auszudrücken) einen Strohfeuercharakter. Cholerisch ist ein Mensch, der emotional zwar lebhaft erregbar, aber in seinen Empfindungen eher beständig ist. Dem Choleriker ist etwas, wenn er es sich einmal in den Kopf gesetzt hat, nicht so bald wieder auszureden. Der Sanguiniker dagegen, der Feuer und Flamme für etwas sein kann, beruhigt sich meistens von selbst, wenn er es einmal beschnarcht hat.

In Schillers „Wilhelm Tell" haben wir drei Rollen, die drei verschiedene, klar ausgeprägte Temperamente verkörpern. Tell selber ist Choleriker, Melchthal Sanguiniker und Stauffacher Phlegmatiker. Für das vierte Temperament wenden wir uns an Shakespeare. Ein Beispiel für den Melancholiker ist Hamlet.

Die Mahnung ist indessen am Platze, daß diese Temperamente selten in Reinkultur vorkommen. Das Temperamentsbild eines Menschen ist fast immer eine Mischung, wobei ein Temperament im Verhältnis zu den anderen überwiegen mag. Dieses überwiegende Temperament entscheidet dann die Temperamentsgruppe, der das Subjekt kurzerhand zugeteilt wird.

Es gibt aber nicht nur diese auf das Individuum zugeschnittene, sondern auch eine ethnologisch gefaßte Bestimmung der Temperamente, die zwar, wie alle Verallgemeinerungen, keinen Anspruch auf Genauigkeit erheben kann, doch kuriositätshalber erwähnt werden soll. Nach der ethnologischen Klassifizierung der Temperamente sind die Teutonen cholerisch, die Lateiner sanguinisch, die Angelsachsen phlegmatisch und die Slaven melancholisch.

Außer den unzähligen Ausnahmen, die innerhalb jeder dieser Gruppen vorkommen, hat das System der vier Temperamente die weitere Unvollkommenheit, daß es nicht erschöpfend ist. Die menschliche Natur ist vielfältiger, als daß sie in vier starr abgegrenzte Gruppen hineingepreßt werden könnte.

Wie immer nun das Temperament eines Menschen ist, es gibt Situationen, die ihn zwingen können, ein anderes als sein angeborenes Temperament zur Schau zu tragen. Hoffnungslose Liebe mag selbst aus einem Eisenfresser zumindest vorübergehend einen Melancholiker machen. Leute, die in untergeordneter Stellung arbeiten, wie zum Beispiel die Orchestermusiker, können sich unbeschadet ihres wahren Temperaments während der Dienstzeit kein phlegmatisches Benehmen leisten. Desgleichen darf der gemeine Soldat beim Militär weder phlegmatisch noch melancholisch sein. Wozzek weiß ein Lied davon zu singen.

Die Bedeutung der Temperamentsfrage tritt bei den Trägern leitender Funktionen mit aller Schärfe in den Vordergrund. Im Musikerberuf, wo das Angestelltenverhältnis durch kein geschriebenes Moralgesetz geregelt ist, hängt für die Arbeitsatmosphäre und die Leistung sehr viel vom Temperament des Dirigenten ab.

Nach der bisherigen Erörterung der Temperamente ergibt es sich nun, daß für eine leitende Tätigkeit wie das Dirigieren das cholerische und das sanguinische Temperament den Vortritt haben. Wenn es auf das Publikum allein ankäme, das mit dem Dirigenten ja in keinem beruflichen Eheverhältnis zu leben hat, wäre ein Sanguiniker eigentlich befriedigend, wenn nicht gar vorzuziehen. Bei oberflächlicher Betrachtung ist die sanguinische Natur am anregendsten. Wir müssen aber die Mitarbeiterschaft, das Orchester, mit berücksichtigen.

Die Interessen der Orchestermusiker sind (man möchte sagen) denen des Publikums diametral entgegengesetzt. Oberflächlich betrachtet, ist vom Standpunkt der Untergebenen der phlegmatische Kapellmeister der angenehmste Vorgesetzte. In der Praxis erweist sich jedoch der chronische Phlegmatiker auf die Dauer als zuwenig anregend, um die Musiker in der auch von ihnen als nötig empfundenen künstlerischen Betriebsamkeit zu erhalten.

Wenn wir einstweilen noch bei den Temperamenten verweilen wollen, bleibt zu ihrem besseren Verständnis ein weiterer, noch nicht berücksichtigter Wertungsgesichtspunkt zu behandeln. Es wird leichter fallen, das Temperament der verschiedenen Dirigenten zu verstehen, wenn wir wissen, was Temperament außer dem bereits Gesagten noch bedeuten kann.

Die vier Temperamente können auf zwei Zweiergruppen vereinfacht werden, wenn man Attribute findet, die ein Temperament mit einem anderen gemein hat. Ein solches Attribut ist zum Beispiel die Stärke oder die Schwäche, die einem Temperament als relative Charakteristik zugemessen werden kann. Das cholerische und das phlegmatische Temperament werden als starke und das sanguinische und das melancholische als schwache Temperamente bezeichnet. Die Gründe für diese Klassifikation sind leicht einzusehen. Der Sanguiniker ist (wenn man es etwas unorthodox wollte) eigentlich ein schwacher Choleriker und der Melancholiker ein schwacher Phlegmatiker.

Eine andere Gruppierung richtet sich nach dem Impuls, der den verschiedenen Temperamenten innewohnt. Dementsprechend nennen wir das cholerische und das sanguinische Temperament rasche Temperamente, und das phlegmatische und melancholische langsame Temperamente. Diese zwei Gruppen können auch enthemmte und gehemmte Temperamente genannt werden. Dieses Kategorisieren der Temperamente nach verschiedenen Gesichtspunkten soll uns die kapellmeisterlichen Persönlichkeitsgeheimnisse aufdecken helfen.

Eine unwiderstehliche Verlockung zur schlagenden Belegung der angeführten Theorien besteht in der vergleichenden Durchleuchtung mancher hervorragender Komponistenpersönlichkeiten. Wir wollen sehen, wie sich ihr Temperament in ihrer Musik widerspiegelt. Um dabei eine Komplizierung der Vergleichsbasis zu vermeiden, sollen nur Komponisten gleichen Zeitstils zum Experiment herangezogen werden.

Nun, um zu demonstrieren, wie sich die vier Temperamente in der Gefühlsatmosphäre von Musikwerken verschiedener Herkunft, aber gleicher Zeitgebundenheit zum Ausdruck kommen, wählen wir die vier Komponisten Chopin, Liszt, Wagner und Verdi, die alle innerhalb einer dreijährigen Zeitspanne (1810 – 1813) geboren wurden. Obwohl sie alle der musikalischen Hochromantik angehören, repräsentiert ihre Musik vier verschiedene Temperamtensrichtungen. Wagner ist cholerisch, Verdi sanguinisch, Liszt phlegmatisch und Chopin melancholisch. Dieselben Temperamentsunterschiede können sich mit derselben Schärfe auch innerhalb des modernen Kompositionsstils abzeichnen, was zeigt, daß das Temperament eine von anderen Faktoren unabhängig durchbrechende Komponente der künstlerischen Gesamterscheinung ist. Um die Temperamentsunterschiede nun auch bei modernen Vergleichsobjekten nicht mit Zeitstilunterschieden zu komplizieren, sollen auch sie (wie die Romantiker) einer auf drei Jahre beschränkten gemeinsamen Zeitperiode entnommen werden. Die vier modernen Komponisten mit ihren fast zusammenfallenden Geburtsjahren (1879 – 1882), aber auseinanderklaffenden Temperamenten sind Bartók (cholerisch), Respighi (sanguinisch), Strawinsky (phlegmatisch) und Kodály (melancholisch). Diese Bewertungen beziehen sich natürlich nicht auf die Komponisten als Personen (obwohl eine Untersuchung mit solcher Zielsetzung zu keinem wesentlich abweichenden Befund führen dürfte), sondern auf den Charakter ihrer Musik.

Eine logische Folgerung aus dieser Kategorisierung von Komponisten wäre jedenfalls, daß jeder Dirigent die ihm temperamentsmäßig verwandten Komponisten am getreuesten interpretieren kann. Diese Annahme wäre an sich schon berechtigt, wenn die interpretatorische Kongenialität sich nicht auch auf das Erfühlen vieler anderer Persönlichkeitselemente der Tondichter zu stützen hätte. Es ist wahr, daß gewisse Dirigenten gewisse Komponisten am wirkungsvollsten interpretieren können.

Da einstweilen vom Temperamentsaspekt der Persönlichkeit die Rede ist, geziemt es sich, die allgemein bekannten Dirigenten nach ihrer Zugehörigkeit zu den verschiedenen Temperamenten Revue passieren zu lassen. Beim Aufmarsch soll man indessen des bereits festgestellten Überschneidens der Temperamente innerhalb einer Person eingedenk sein. Das erklärte Temperament einer Persönlichkeit bedeutet in den meisten Fällen nur das in ihr überwiegende Temperament.

Wenn die Aufzählung mit den Cholerikern beginnen soll, dann ist es schwer, einen echt cholerischen Dirigenten zu finden. Unter den berühmten (obwohl schon verstorbenen) Dirigenten ist nur Knappertsbusch dieser Kategorie vorbehaltlos zuzuzählen. Zu derselben Gruppe cholerischer Dirigenten gehörten Schuricht und Szell. In früherer Zeit, und soweit es der Überlieferung nach festgestellt werden kann, waren Nikisch und Muck cholerische Temperamente. Eine weit zahlreichere (eigentlich die zahlreichste) Gruppe unter den Dirigenten ist die der Sanguiniker.

Die echten Phlegmatiker sind natürlich jene, die schon so geboren wurden und es nicht erst zu werden brauchten. Der Prophet aller dirigierenden Phlegmatiker war Richard Strauss.

Die wahren Kenner der kapellmeisterlichen Temperamente sind die Orchestermusiker. Die Temperamente enthüllen sich natürlich am verläßlichsten, wenn das Subjekt unter besonders starken emotionalen Druck gesetzt wird.

Betrachten wir zuerst die männlich und zweckgerichtet gezügelte Gereiztheit eines Cholerikers wie Knappertsbusch. Bei einer Grammophonaufnahme, als ihm die Toningenieure andauernd mit Anweisungen und Einschränkungen ins Handwerk pfuschten, reagierte Knappertsbusch seinen Verdruß mit einem ans Orchester gerichteten Stoßseufzer ab: „Meine Herren, ich hoffe, daß mir noch Gelegenheit geboten wird, mich beim Musizieren mit Ihnen einmal auch ohne Vorschriften und nach Herzenslust auszutoben."

Die Gereiztheit des Sanguinikers macht sich in ganz anderer Weise Luft. Der Unterschied zwischen dem Aufbrausen des Cholerikers und dem des Sanguinikers ist, daß der Choleriker in erster Linie die „Sache" als die Zielscheibe einer vermuteten oder wirklichen Schmälerung im Auge hat, während der Sanguiniker mehr sich selbst verletzt fühlt. Der Drang, einen aus arbeitstechnischen Ursachen entstandenen Zusammenprall ins Persönliche zu biegen, kommt hübsch in einem Ausfall des Sanguinikers Toscanini gegen sein Orchester zum Ausdruck. Als er in einer Probe „zur Abwechslung" wieder einmal auf die Musiker wütend wurde, geiferte er, wie Figura zeigt: „Ihr Esel, ihr Wasserköpfe! Ich sage euch: wenn ich einmal ins Jenseits komme, werde ich mich dort in einem Bordell als Portier anstellen lassen, und ihr könnt Gift drauf nehmen, kein einziger von euch wird reingelassen." In diesem Zusammenhang ist es passend, unter den anderen sanguinischen Dirigenten Sergiu Celibidache zu erwähnen, der im Untertitel seiner Biographie „der andere Maestro" genannt wird, in offenbarer Parallelstellung mit dem früher exklusiv „Maestro" genannten Toscanini.

Für die Art der Gefühlsreaktionen eines Phlegmatikers soll Bruno Walter Modell stehen. Es sei aber gleich zugegeben, daß Walter in seinen Musizierbestrebungen kein Phlegmatiker war, wie ja die übrigen Dirigierphlegmas bei ihren Untergebenen auch kein Phlegma dulden. Es ist nur ihre langsame Erregbarkeit und reservierte Art, die sie zu Phlegmatikern stempeln.

Es war echt Bruno Walter, wie er einmal in seiner gedämpften Indigniertheit und seiner duldsamen Pose getreu die Musiker wegen ihrer Begriffsstutzigkeit mit den Worten tadelte: „Aber meine Herren! Was würde Mozart dazu sagen?"

Unsere Auswahl an bekannten dirigierenden Melancholikern ist nicht sehr reich. Das ist ganz natürlich. Melancholiker unter den Dirigenten wären zwar in genügender Zahl zu finden, aber die Melancholie ist nicht gerade die Eigenschaft, die einen in einem Führerberuf besonders zugkräftig und berühmt macht. So befinden wir uns wenigstens in keiner Verlegenheit der Wahl und werden zum Zwecke eines Anschauungsunterrichts Paul Kletzki heranziehen.

Kletzki war Melancholiker und hatte die Angewohnheit, in den Proben, wenn die Dinge nicht ganz wie am Schnürchen gingen, weinerlich zu werden. Manchmal nahm er einen sanguinischen Anlauf, aber bald verfiel er wieder in ein solch kindisches Plärren, daß man versucht sein konnte, eine Kindergärtnerin herbeizurufen. Es verging kaum eine Probe, ohne daß er die Musiker händeringend mit dem Vorwurf beschworen hätte: „Kinder, Kinder, was habt ihr mir angetan?!"

Was die Beliebtheit eines Dirigenten beim Publikum betrifft, akzeptiert es jenen Dirigententyp am willigsten, der durch einen überragend eindrucksvollen Vertreter sozusagen zum Begriff wahren Dirigententums gemacht wurde. Es ist also selbstverständlich, daß die angehenden Dirigenten bestrebt sind, solange die betreffende Modeströmung anhält, ihre Persönlichkeit nach diesem Vorbild zu gestalten. Daß dieses in der ersten Hälfte des 20. Jahrhunderts Toscanini war, braucht nicht besonders betont zu werden. Und da er ein Sanguiniker war, so gab sich der damalige Nachwuchs alle Mühe, sich ebenfalls sanguinisch zu gebärden. Dabei weiß manch ein Mitglied dieses Nachwuchses (in Gemeinsamkeit mit dem Publikum) vielleicht nicht einmal, was „sanguinisch" bedeutet. Das ist aber auch nicht nötig. Wenn man ein Vorbild kopiert, braucht man den Namen nicht zu wissen, mit dem das Vorbild korrekterweise bezeichnet werden kann. Die Hauptsache ist, daß die Kopie dem Original ähnelt. Das tut sie natürlich selten. Wenigstens nicht im Wesentlichen, höchstens im Nebensächlichen. Aber ein wahrhaft berufener Dirigent wird freilich eine solche Nachahmung mit der Zeit wie eine Kinderkrankheit überwinden.

Wir haben einen besonders erwähnenswerten Fall von temperamentsbezogener Selbstumformung eines Dirigenten nach autoritärem Vorbild. Dieser Fall ist auch deswegen bemerkenswert, weil hier das Nacheifern nicht in der Richtung der Selbstvergrößerung, sondern in der der Selbstbeschränkung verlief.

Fritz Reiner hatte im Grunde genommen eine sanguinische Naturanlage, die in ihm bei unzähligen Gelegenheiten durchbrach. Trotzdem hat er sich stilistisch zu einem phlegmatischen Dirigenten umgemodelt. Sicherlich hat er einem phlegmatischen Gehaben an sich keinen besonderen Anziehungswert zugemessen, aber sein Idol Richard Strauss war phlegmatisch, und so hat er von ihm das Phlegma mitsamt dem übrigen Sack und Pack übernommen. Der von Reiner selbst öffentlich erhobene Erbanspruch auf Nikischs Stiltradition war wohl nur eine beschönigende Vorspiegelung, da kein Element seines Dirigiersystems auch nur im entferntesten an das überlieferte Bild der faszinierenden Dirigiermagie Nikischs erinnerte. Reiners sachliche, schließlich bei einem bloßen Zeichenskelet angelangte Bewegungsökonomie war der unzeremoniösen Berufsmäßigkeit von Strauss weit mehr verwandt. Im Kreise seiner Vertrauten hat Reiner seiner Verehrung für die Strausssche Dirigierart zumindest indirekt Ausdruck gegeben. Er hat zugegeben, daß es sein Ehrgeiz war, eine Elektra-Aufführung zu Ende zu dirigieren, ohne sein Hemd schweißnaß zu machen. Voller Bewunderung berichtete er über Strauss, wie dieser nach den von ihm persönlich geleiteten Elektra-Aufführungen immer mit einem vollkommen trockenen Kragen vom Pult stieg.

Der Schweiß als Nebenprodukt des Dirigierens hat seine Befürworter wie auch seine Gegner unter den Dirigenten. Manche, die vielleicht gar nicht phlegmatisch sind, lehnen den Schweiß aus Prestigegründen ab. Sie erblicken in der Schweißlosigkeit ein Zeichen der Überlegenheit. Ihrer Auffassung nach sind die Kapellmeister, denen das Dirigieren ein Schwitzbad ersetzt, nicht ganz auf der Höhe ihrer Aufgabe. Dementsprechend versetzte Mottl seinen schwitzenden Kollegen den sanften Nadelstich: „Ein Dirigent, der schwitzt, kennt die Partitur noch nicht."

Carl Muck, der bekanntlich mit großer innerer Spannung, aber äußerlich beherrscht und mit sparsamem Gebärdenaufwand dirigierte, äußerte auf seine Weise dieselbe Ansicht, als er einmal im Theater sah, wie der Bühnendienst leistende Hilfsdirigent beim Arrangieren der Probe in nervöser Emsigkeit schweißtriefend umhersauste. Er hielt ihn an, strich mit einem Finger über das nasse Gesicht, gleichsam wie über eine angelaufene Fensterscheibe, und sagte in seiner unnachahmlichen Einsilbigkeit: „Dilettant!"

Diese Anschauung Mucks konnte der sonst phlegmatische Bruno Walter offenbar nicht teilen. Im Widerspruch mit seiner äußerlich leidenschaftslosen Attitüde, öffneten sich die Schleusen seiner Schweißdrüsen unter der Einwirkung des innig erlebten Gefühlsgehalts der Musik auch ohne gestikulatorische Beihilfe. Als ihn einmal ein Bewunderer nach einer Don-

Juan-Aufführung beglückwünschen wollte, wehrte Walter traurig ab: „Es ging schlecht. Sehen Sie denn nicht, ich brauche nicht einmal mein Hemd zu wechseln?" Wenn man also wissen wollte, ob Walter eine wohlgelungene Aufführung geleitet hatte, war es gar nicht nötig zuzuhören. Es genügte, sein Hemd auf dessen Feuchtigkeitsgehalt zu prüfen. Das ist eine wahrhaft patente Methode, die Qualität von Orchesterkonzerten zu beurteilen. Wer nun in Walters Fußstapfen treten will, kann also das Hemd eines Dirigenten als Musikbarometer benutzen.

Ein sogar Walter weit übertreffender Meisterschwitzer war Furtwängler. Für ihn war die Musik ohne Schweiß undenkbar. Darin war er so dogmatisch, daß ihm nicht einmal sein eigenes Schwitzen genügte. Er verlangte von den Orchestermusikern, daß sie aus Sympathie mitschwitzten. Wenn er sich die Musiker nach so einem gymnastisch herzerfrischenden Götterdämmerung-Akt spähend anguckte, beklagte er sich allen Ernstes, daß außer seinem eigenen nicht ein einziges nasses Hemd oder ein aufgeweichter Kragen zu sehen war. Das war eben der Unterschied zwischen Furtwängler und Strauss. Wenn Strauss dirigierte, schwitzten die Musiker, nicht er. Wenn Furtwängler dirigierte, schwitzte er, und die Musiker blieben trocken, wenigstens soweit es die hygroskopische Komponente ihrer künstlerischen Beteiligung betraf. Furtwängler war aber mit nur geistiger Ereiferung nicht abzuspeisen. Er war der Meinung, daß, solange die Leiber nicht dampften, auch die Musik trocken blieb.

Eine wichtige charakterologische Handhabe zur prüfenden Betrachtung der Menschen lieferte uns der Schweizer Psychologe Carl Jung. Er lenkte die Aufmerksamkeit auf zwei bedeutsame Formen der Seelenhaltung. Diese Formen werden durch Menschen veranschaulicht, die in ihrem Daseinsinteresse entweder nach innen oder nach außen gekehrt sind. Für die allgemeine Geistesrichtung eines Menschen ist es grundlegend, ob er introvertiert oder extrovertiert veranlagt ist.

Verfärbungen des Grundcharakters sind wohl möglich, da der Egoismus eines Extrovertierten ihm manchmal einen introvertierten Aspekt verleihen mag. Ebenso mögen die harten Tatsachen des Lebenskampfes einen Introvertierten zwingen, von der Außenwelt wohl oder übel Kenntnis zu nehmen. Deswegen sind die meisten Menschen eigentlich ambivertiert, also gemischten Charakters. Es ist aber unleugbar, daß die eine oder die andere Anlage in vielen eindeutig ausgeprägt ist. Wem es nicht ganz klar ist, was Extrovertiertheit oder Introvertiertheit in einem Menschen bedeutet, der kann sich in einem Zoo vor dem Affenkäfig darüber Klarheit verschaffen. Der Schimpanse und sein Vetter, der Gorilla, sind aufschlußreiche Verkörperungen der zwei Charaktertypen. Der Schimpanse ist freundlich, neugierig, gelehrig und ist gerne bereit, sich auf eine Kumpanei mit seinen Zuschauern einzulassen. Nicht so der Gorilla. Er schleicht in seinem Käfig mit hochgezogenen Augenbrauen herum oder setzt sich hin und guckt unverwandt in die Ferne, als ob er ein kosmisches Problem lösen wollte. Er ist immer mit sich selbst beschäftigt und legt eine verächtliche Interesselosigkeit für seine Zuschauer an den Tag.

Wer weiß, vielleicht sind die Extrovertiertheit und die Introvertiertheit bei den Menschen ein seelisches Erbe, das sie je nach ihrem Abstammungszweig seit ihren struppigen Urahnen bis zum heutigen Tag bewahrt haben!

Sollte man nun die Dirigenten als die vermutlich extrovertierten Abkömmlinge mit dem Schimpansen in Verbindung bringen, dann kann man wohl mit einem Protestruf der Orchestermusiker rechnen. Diese sind dazu geneigt, wenn sie schon wählen können, in den Dirigenten eher eine Gorillabrut zu sehen.

Wir werden die wahre Natur der kapellmeisterlichen Veranlagung bald etwas näher untersuchen, können aber den Orchestermusikern nicht verdenken, wenn sie darüber, unabhängig von jedem scholastischen Befund, sich ihre höchsteigene Meinung bilden. Es ist nicht zu leugnen, daß Grund dafür besteht, die von hinten spielerisch schimpansisch wirkenden Dirigenten von vorn für drohend finstere Gorillas anzusehen. Es ist wohl möglich, daß der kapellmeisterliche Januskopf vorne ein anderes Gesicht zeigt als hinten.

Die anlagemäßige Geistesrichtung sucht denn auch die mit ihr harmonisierende Berufstätigkeit. Es gibt Berufe, für die hauptsächlich Menschen mit Seelenaufschließung taugen, und andere, für die eher Menschen mit Seelenabschließung am geeignetsten sind. Schauspieler, Heerführer und Verkäufer werden den Erfordernissen ihres Berufs eher gerecht, wenn sie extrovertiert sind. Im Gegensatz dazu sind Philosophen, Dichter und Uhrmacher mit ihrem Beruf mehr in Harmonie, wenn sie introvertiert sind. Bei der Ausübung der verschiedenen Berufe entstehen Kalamitäten oft durch den psychologischen Widerspruch zwischen der Natur des Ausübenden und der seines Berufs. Solch eine innere Unverträglichkeit besteht zum Beispiel bei der Ausübung des historisch zusammengehörigen Doppelberufs des Komponisten und des Dirigenten, die bei der entgegengesetzten Natur des Dichtens und des Schauspielerns Introvertiertheit und Extrovertiertheit in ein und derselben Person verkörpern sollen.

In der Zeit Lullys, aber auch noch in der des hundert Jahre jüngeren Haydn hat es kein individualistisches Ausdrucksdirigieren im modernen Sinn gegeben. Zwar wußte man damals schon zwischen werkgetreuer und verhunzter Interpretation zu unterscheiden, aber man war sich der besonderen, seelisch persönlichen Entfaltungsmöglichkeiten nicht bewußt, die das Dirigieren dem dazu Geschaffenen ein paar Generationen später zu bieten berufen war. Aus diesem Grunde empfanden sicherlich weder Lully noch Haydn die gleichzeitige Ausübung des Komponierens und des Dirigierens als etwas Fragwürdiges. Nur nachdem das Dirigieren sich im Sinne des Differenzierungs- und Integrierungsprozesses vom Komponieren als selbständige Tätigkeit abgespaltet hatte, erlangte die besondere seelische Vorbestimmung der Persönlichkeit für diesen Beruf eine besondere Bedeutung.

Es stellte sich dann heraus, daß das individualistisch moderne Ausdrucksdirigieren ganz andere Anlagen der Persönlichkeit erforderte als das Komponieren. Das bedeutet nicht, daß diese Diskrepanz jedem Fachmann oder auch nur den nächstinteressierten Dirigenten restlos bewußt ist. Wäre es so, dann hätten wir nicht so viele Dirigenten, die ihren Beruf verfehlt haben.

Da die tonschöpferische und die zum Dirigieren befähigende Naturanlage, nach den Erfordernissen moderner Dirigierkunst, sich wie Öl und Wasser mischen, so kann man behaupten, daß die Komponisten in ihrer übergroßen Mehrheit die ungeeignetsten Dirigenten sind. Der wahre Komponist ist, wie alle schöpferisch Tätigen, geistig-seelisch nach innen gekehrt, und es ist fast axiomatisch, daß der wahre Dirigent nach außen gekehrt sein muß. Der Schöpfer erforscht sich selbst.

Der Interpret erforscht seinerseits wieder nur den Schöpfer, also nicht sich selbst, wenigstens nicht in erster Linie sich selbst. Der Schöpfer ringt um Ausdruck, der Interpret ringt um Wirkung. Der Schöpfer geht seinen Weg, der sich vom Weg aller anderen Schöpfer immer mehr entfernt. Die Aufgabe des Interpreten aber ist, sich allen Richtungen zu nähern, um sich in allen möglichst zu Hause zu fühlen.

Man könnte freilich diesen Befund mit der Aufzählung instrumentalistisch und kapellmeisterlich tätiger Komponisten zu zerpflücken suchen. Der instrumentalistisch vortragende Komponist (um zunächst diese Kategorie zu behandeln) gehört aber ab ovo nicht in diese Erörterung. Es wäre schwer, einen Komponisten von historischer Größe zu finden, der, wenn er auch ein Instrumentalvirtuose war, am Vortrag fremder Werke wesentlich interessiert gewesen wäre.

Also hätte er beim Solospiel und mit seinem eigenen Werk fast immer nur sein eigenes inneres Problem zu lösen gehabt. Kann man sich zum Beispiel Paganini und Chopin als Partner beim Konzertvortrag Beethovenscher Geigen-Klavier-Sonaten vorstellen?

Unser Interesse muß sich daher den instrumentalistisch wie kapellmeisterlich auf weiterem Gebiet tätigen Dirigierkomponisten zuwenden. Solche waren Spontini, Weber, Spohr, Nicolai und Liszt. Ihre Dirigierweise war damals, bei aller Persönlichkeitsentfaltung, noch nicht zur technischen Durchbildung der ihnen folgenden Epoche ausgereift. Die Senioren der Gruppe steckten noch halbwegs im System der cembalistisch-konzertmeisterlichen Doppeldirektion und der Benutzung der in der Mitte gehaltenen, absurd unverläßlichen Notenrolle oder eines ähnlich gehandhabten Knüppels als Taktiergerät. Und selbst die Jüngeren, wie zum Beispiel Liszt (der aus diesem Grund zu dieser Gruppe gehört), kultivierten noch eine mehr choraltechnisch-melodiezeichnerische als instrumental-rhythmisch disziplinierte Orchesterleitung. Zudem dirigierte Liszt selber, in unfachmännischer Zwanglosigkeit, immer halbwegs seitlich dem Publikum zugekehrt.

Dieser ungeschminkt publikumsbewußte Lisztsche Dirigierstil hatte noch seine späten, geistesverwandten, aber freilich schon neuzeitlich gewitzigten Vertreter in Weingartner, Mengelberg, Furtwängler und Stokowski, von denen letzterer die Eigenheit der Schule durch Verzicht auf den schulmeisterlichen Taktstock besonders fühlbar machte, aber jedenfalls (seinen eben genannten engeren Kollegen ähnlich) beim Dirigieren ein hypnotisches Kommunizieren mit dem Publikum aufrechtzuerhalten bestrebt war.

Zu dieser Generation (doch nicht zu ihrer Kategorie) gehörten die auch noch dirigierenden Komponisten Brahms, Tschaikowsky, Debussy, Reger, Respighi, Strawinsky, Kodaly, Prokofieff und Hindemith, die sich aber fast ausschließlich auf ihre eigenen Werke spezialisierten oder überhaupt nur sporadisch, experimentierend-spielerisch herumdirigierten.

Nicht so einseitig waren zwei andere Dirigierkomponisten, Berlioz und Wagner, die sich auf beiden Seiten mit gleich hoher Energieentfaltung betätigten. Gleichsam wie ein vorweggenommenes schriftliches Beweisstück gegen jede kapellmeisterliche Disqualifikation haben beide eine Abhandlung über das Dirigieren verfaßt, wodurch sie mit das Trefflichste auf diesem Gebiet überhaupt geleistet haben. Soweit durch den Nebel der Zeit feststellbar, waren beide nicht minder genial im Dirigieren als im Komponieren. Oder vielleicht ist es besser so ausgedrückt, daß sie geniale Dirigenten gewesen wären, wenn sie nicht auch Komponisten gewesen wären.

Als reiner Orchesterkomponist (ähnlich wie Chopin als Klavierkomponist) hat Berlioz für seinen eigenen kapellmeisterlichen Gebrauch ein solch umfangreiches Repertoire zusammenkomponiert, daß er auf fremde Werke wohl verzichten konnte, was er denn auch tat. In dieser Hinsicht ähnelt er der bereits erwähnten romantisch-modernen Gruppe dirigierender Komponisten. Daß er nicht mit zu ihnen gezählt wurde, hat zum Grund, daß er kein dilettierender Außenseiter war, sondern ein von Blitz und Schwefel befeuerter Dirigierteufel.

Paradoxerweise ist eine solch übersprudelnde Individualität, wenn mit Komponiergenie gepaart, zugleich ein Befähigungszeichen wie auch ein Hindernis für eine berufsmäßige Dirigiertätigkeit. Berlioz hatte eine eigensinnige, polemische Natur, die sich aber auch im Dienste fremder Belange noch durchaus konstruktiv auswirken mochte; jedoch nicht, wenn die Betreuung dieser Belange der eigenen Saat das Wasser abzugraben drohte. Bei einer ständigen amtsmäßigen Dirigiertätigkeit hätte er sich höchstwahrscheinlich im Widerstreit der Neigungen und Aufgaben befunden. Es ist fraglich, ob ein Doppelgewinn seiner schöpferischen Leistung und interpretatorischen Kulturmission hätte erzielt werden können. Zusätzlich zu diesem die Allgemeinheit berührenden Aspekt der Sache kann auch die Berlioz persönlich betreffende Frage gestellt werden, ob die ersehnte und auch tausendmal verdiente, aber nie erlangte ständige Dirigentenstelle mit ihrer gewöhnlich erdrückenden Repertoirebürde ein Forum und Ansporn und nicht vielmehr ein Hemmschuh für seine weitere tonschöpferische Tätigkeit gewesen wäre. Daß Grund zu dieser Fragestellung besteht, dafür liefert Wagners Lebenslauf das stärkste Argument.

Wagner, diese andere musikalische Feuerkugel, hatte mit 21 Jahren seine erste Theaterkapellmeisterstelle angetreten, und es mochte so scheinen, daß seine weitere Berufsentwicklung sich in den gewohnten Bahnen eines Theatertaktschlägers bewegen würde. Mit einigen ausgiebigen Lücken übte er diese Wirksamkeit über eine Zeitspanne von 15 Jahren aus. Inzwischen waren aber seine Komponistenfüße derart gewachsen, daß sie nicht mehr in seine Dirigentenschuhe gepreßt werden konnten. So erklärt es sich, daß Wagner seinen Dirigentenstab, von wenigen gelegentlichen Konzerten abgesehen, für die restlichen 34 Jahre, also die volle zweite Hälfte seines Lebens, zur Ruhe legte und die Aufführung seiner sämtlichen Opern von da an seinen Freunden Liszt, Bülow, Richter und Levi anvertraute.

Nach diesem Rücktritt war Wagners Verhältnis zum Dirigieren nur noch platonisch. Es war für ihn überhaupt nur eine jugendliche Tausendkünstlerei, die er dann mit seiner Dirigierabhandlung als Krönung ein für allemal hinter sich brachte. Die künstlerische Ökonomie und das Konzentrieren auf das Wesentliche und Bleibende haben Wagner das Dirigieren sinnlos und hinderlich gemacht.

Wagners Beispiel führt zu der Schlußfolgerung, die mit der Anfangsthese zusammenklingt, daß nur das Komponieren der Sonntagskomponisten sich mit dem Dirigieren verträgt. Bei den Werktagskomponisten kann es sich wiederum um nichts anderes als ein Sonntagsdirigieren handeln. Ein schöpferischer Titan lebt in seiner Welt, die, selbst wenn sie kosmisch weit ist, ihn doch von der Außenwelt abschließt.

Wenn ein Komponiergenie das Podium mit aller Gewalt besteigen will, dann kann man sich auf Absonderlichkeiten aller Art gefaßt machen. Wie das Dirigieren eines nach innen gekehrten, ich-bewußten Schöpfers gegebenenfalls in der Praxis aussieht, dafür liefert uns Beethoven den erbaulichsten Anschauungsunterricht. Der verminderte Realitätssinn des Genies ist im Falle von Beethoven durch seine geflissentliche Ignorierung seiner Hörbeschränkung nur noch unterstrichen. Er fuhr fort, als Dirigent aufzutreten, als seine Taubheit schon über den für einen solche Tätigkeit zulässigen Toleranzgrad hinaus fortgeschritten war.

In Spohrs Selbstbiographie steht der Bericht:

Beethoven hatte sich angewöhnt, dem Orchester die Ausdruckszeichen durch allerlei sonderbare Körperbewegungen anzudeuten. So oft ein sforzando vorkam, riß er beide Arme, die er vorher auf der Brust kreuzte, mit Vehemenz auseinander. Bei dem piano bückte er sich nieder, und um so tiefer, je schwächer er es wollte. Trat dann ein Crescendo ein, so richtete er sich nach und nach wieder auf und sprang beim Eintritt des forte hoch in die Höhe. Auch schrie er manchmal, um das forte noch zu verstärken, mit hinein, ohne es zu wissen. Daß der arme taube Meister die piano seiner Musik nicht mehr hören konnte, sah man ganz deutlich. Besonders auffallend war es bei einer Stelle im zweiten Theile des ersten Satzes der A-Dur-Symphonie. Es folgen sich da zwei Halte gleich nacheinander, von denen der zweite pianissimo ist. Diesen hatte Beethoven wahrscheinlich übersehen, denn er fing schon wieder an zu taktieren, als das Orchester noch nicht einmal diesen zweiten Halt eingesetzt hatte. Er war daher, ohne es zu wissen, dem Orchester bereits zehn bis zwölf Takte bis zum folgenden crescendo vorausgeeilt. Da dieses ausblieb, sah er sich erschrocken um, starrte das Orchester verwundert an, daß es noch immer pianissimo spielte und fand sich erst wieder zurecht, als das längst erwartete forte endlich eintrat und ihm hörbar wurde.

Die Schilderung eines anderen Augenzeugen, eines Nichtmusikers, hat Hanslick ans Tageslicht gezogen. In seiner „Geschichte des Concertwesens in Wien" zitiert er den schwedischen Dichter Atterbom.

Beethoven stand wie auf einer abgeschlossenen Insel und dirigierte mit den seltsamsten Bewegungen; so z. B. commandierte er pianissimo damit, daß er leise niederkniete und die Arme gegen den Fußboden streckte; beim fortissimo schnellte er dann wie ein losgelassener elastischer Bogen in die Höhe, schien über seine Länge hinauszuwachsen und schlug die Arme weit auseinander; zwischen diesen beiden Extremen hielt er sich beständig in einer auf- und niederschwebenden Stellung.

Die ebenfalls durch Spohr überlieferte Beschreibung Beethovens durch den Wiener Kapellmeister Ignaz von Seyfried mag schon ins Anekdotische und Apokryphische hinüberspielen, stimmt aber mit den anderen Erzählungen in den wesentlichsten Punkten überein.

Wie es darin heißt, spielte Beethoven sein neuestes Klavierkonzert, vergaß aber schon beim ersten Tutti, daß er Solo-Spieler war, sprang auf und fing an, in seiner Weise zu dirigieren. Bei dem ersten sforzando schleuderte er die Arme so weit auseinander, daß er beide Leuchter vom Klavierpulte zu Boden warf. Das Publikum lachte, und Beethoven war so außer sich über diese Störung, daß er das Orchester aufhören und von neuem beginnen ließ. Seyfried, in der Besorgnis, daß sich bei derselben Stelle dasselbe Unglück wiederholen werde, hieß zwei Chorknaben sich neben Beethoven stellen und die Leuchter in die Hand nehmen. Der eine trat arglos näher und sah mit in die Klavierstimme. Als dann das verhängnisvolle sforzando hereinbrach, erhielt er von Beethoven mit der ausfahrenden Rechten eine so derbe Ohrfeige, daß der arme Junge vor Schrecken den Leuchter zu Boden fallen ließ. Der andere Knabe, vorsichtiger, war mit ängstlichen Blicken allen Bewegungen Beethovens gefolgt, und es glückte ihm daher, durch schnelles Niederbücken der Ohrfeige auszuweichen. Hatte das Publikum vorher schon gelacht, so brach es jetzt in einen wahrhaft bacchanalischen Jubel aus. Beethoven geriet dermaßen in Wut, daß er gleich beim ersten Akkord des Solos ein halbes Dutzend Saiten zerschlug.

Alle Bemühungen der echten Musikfreunde, die Ruhe und Aufmerksamkeit wiederherzustellen, blieben für den Augenblick fruchtlos. Das Allegro des Konzertes ging daher ganz für die Zuhörer verloren.

Die wunderlichen Tolpatschigkeiten Beethovens sind natürlich ein extremer Fall – wird man sagen. Gewiß, aber sein Genie ist auch ein extremer Fall, und das führt zu der Feststellung: Je größer das Genie, desto größer ist seine Entfernung von der nüchternen Welt. Diese Entfernung kann sogar bei einem Genie der zweiten Garnitur noch ziemlich weit sein.

Tschaikowsky, der sein kompositorisches Guthaben verschiedentlich gegen kapellmeisterliche Münze einwechselte, hatte aufrichtige Momente, in denen er das wahre Verhältnis des Komponisten zum Dirigieren enthüllte.

> Seit langer Zeit hatte sich die Meinung festgesetzt, daß ich gar keine Begabung zum Kapellmeister besäße, und ich selbst glaubte um so hartnäckiger an meine diesbezügliche Unfähigkeit, als ein zweimaliger Versuch, meine krankhafte Schüchternheit zu überwinden und mit dem Taktstock in der Hand vor dem Moskauer Publikum zu erscheinen, kläglich gescheitert war.

Dieses Geständnis, das Tschaikowsky seinen „Musikalischen Erinnerungen" anvertraut hatte, wurde nach einem einigermaßen glücklich ausgefallenen späteren Dirigierversuch noch durch ein zweites ergänzt:

> Ich bleibe trotzdem dabei, daß mir das echte Dirigiertalent abgeht und mir die Vereinigung jener moralischen und physischen Eigenschaften fehlt, die aus einem Musiker im allgemeinen einen Kapellmeister im speziellen machen.

Im Einklang mit dieser Memoirenenthüllung äußerte sich Tschaikowsky in einem Brief an den Theaterdirektor Prjanischnikow über den Opernkomponisten als Opernkapellmeister.

> Die Sache ist die, daß ein Komponist, der seine Werke dirigiert, und besonders ein so nervöser und unerfahrener Dirigent wie ich, eine Oper zugrunde richten oder wenigstens zum Skandal machen kann. In Moskau hat sich dies mit mir beinahe ereignet. Aber davon abgesehen finde ich, daß der dirigierende Komponist dem ganzen ausführenden Personal eine gewisse, sehr wenig zu wünschende Nervosität, ein gewisses Schwanken aufdrückt. Die Sänger, die Chöre, das Orchester spielen viel sicherer und ruhiger, wenn sie die gewohnte feste Hand ihres ständigen Kapellmeisters leitet.

Aus maßgeblicher Quelle haben wir also hier die Bestätigung, daß der Dirigent ein betriebsvertrauter Praktiker sein muß, was natürlich Kunstverständnis beileibe nicht ausschließt. Der wahre Dirigent ist weder ein duseliger Weltfremdling noch ein dickhäutiger Banause. Er steht irgendwo halbwegs zwischen den beiden. Seine Sendung im Konzertsaal ist es, ein Mittler zwischen dem Musentempel vor ihm und dem „Schmusentempel" hinter ihm zu sein.

Große Musikergestalten, die sowohl hauptamtliche Komponisten als auch hauptamtliche Dirigenten waren und sich auf beiden Gebieten zu einer ausnehmend hohen Stufe der Geltung erhoben, sind Mendelssohn, Mahler und Strauss. Diese großen Musikergestalten sind jedenfalls jene, die für beide Tätigkeiten gleichermaßen bekannt sind und die These über die Unvereinbarkeit des Dirigierens mit dem Komponieren eindeutig widerlegt haben. In ihnen hat man drei Beispiele dafür, daß das Komponieren und das Dirigieren von derselben Person gleichzeitig lebenslänglich und auf höchster Stufe praktiziert werden können. Ihr Dirigieren rückt ihre Doppeltätigkeit auch schon deswegen in ein schärferes Licht, weil sie nicht mehr vorwiegend Operndirigenten in fürstlichen Diensten waren. Ihr betontes Zuwenden zum mehr individualistischen, öffentlich exponierten Konzertdirigieren und besonders ihre großzügige Kulturanwaltschaft zugunsten anderer Komponisten verlangt eine gründlichere Beleuchtung des postulierten inneren Widerspruchs kapellmeisterlich-kompositorischer Doppeltätigkeit.

Inwiefern eine solche Doppelverpflichtung trotz der aufgestellten Unvereinbarkeitsthese auf einem olympischen Niveau in beiden Bezirken möglich ist, wird klar, wenn man eingehender untersucht, von welcher Art das Komponieren und das Dirigieren von Mendelssohn, Mahler und Strauss waren. Dann aber wird die Unvereinbarkeitsthese doch einiges von ihrer Gültigkeit zurückgewinnen.

Mendelssohn hatte eine Komponierader, die ihn befähigte, Mozart und Schubert ähnlich, umfangreiche und komplexe Werke von vollendetem Schliff nur so aus dem Ärmel zu schütteln. Aber die gesalbt viktorianische Melancholie seiner Musik zeigt, daß er sich als Schöpfer nicht über eine gewisse zeitgebundene Schöngeisterei hinaus zu erheben vermochte. Ein solch geistig-musikalisches Haftenbleiben an der Oberfläche ist denn auch mit der Tätigkeit eines gesellschaftlich hellhörigen Kunstvermittlers durchaus nicht im Widerspruch.

Bei Mahler muß man anerkennen, daß er im Spiegel seiner Werke eine tiefschürfende Schöpfernatur bekundet. Nur ist die Frage leider noch nicht befriedigend entschieden, ob bei ihm diese Natur echt war oder nur eine angenommene Pose. Mahler gegenüber besteht der Verdacht, daß er mit seinen Symphonien sich selbst und der Welt etwas beweisen wollte. Die in diesem Bestreben entfaltete Intensität seiner schöpferischen Verbissenheit half ihm die Schranken seiner introvertierten Grundnatur zu durchbrechen und all das musikalisch Positive und sozial Negative zu vollbringen, deren Kombination für seine kapellmeisterliche Tätigkeit charakteristisch ist.

Das Problem der Parallelität der kompositorischen und kapellmeisterlichen Karriere bei Richard Strauss besteht nur äußerlich. Freilich kann man eine sich über viele Jahrzehnte erstreckende, mit großem Eifer verfolgte Dirigierkarriere nicht mit einer Handbewegung abtun. Außerdem war Strauss ein gewissenhafter Dirigierhandwerker, der die gediegene Werkstubenatmosphäre altväterlichen Musikantentums mit aufs Pult brachte. Aber all das kann nicht über die Tatsache hinwegtäuschen, daß er in erster Linie ein Komponist war.

Die allgemein bekannte Annehmlichkeit der Musizieratmosphäre unter Straussens Orchesterleitung stammte von einer einzigartigen Mischung selbsttätiger Autorität und kollegialer Verständnisbereitschaft. Bei Proben und Aufführungen mochte manch ein Orchesterveteran den Geist seines Musikervaters vor ihm heraufbeschworen haben. Aber die Annehmlichkeit der Zusammenarbeit mit Strauss, die durch diese seine Orchesternähe geschaffen wurde, wäre wohl zu einer alltäglichen Routine verflacht, hätte dem phlegmatischen Taktschläger seine erdrückende kompositorische Autorität nicht eine Stütze gegeben. Es ist auch fraglich, ob das Publikum, ohne die unmittelbare Suggestion eines Komponiergenies in Person, dieses taktierende Walroß als Dirigierstar akzeptiert hätte.

Man kann das alles nicht ohne nostalgische Gefühle sagen. Denn man müßte sich bei aufrichtiger Selbsterforschung fragen, ob nicht diese Strausssche Dirigierart die einzig zweckmäßige und zulässige Art des Dirigierens überhaupt ist. Der etwas schon mehr aus sich herausgehende, aber noch straussisch grundfeste Kapellmeister Joseph Rosenstock sagte, daß Strauss, bei all seiner bekannt schmucklosen Dirigierart, der größte Dirigent gewesen sei, den er je gekannt habe. Nach Rosenstocks Ansicht ist Strauss ein Riese des musikalischen Details und als Persönlichkeit ein Grandseigneur gewesen. Die in dieser Beschreibung ausgedrückte Bewunderung ist also gleichzeitig eine Anerkennung des Vorranges jener abgeklärten (Strausssschen) Dirigierart, die auf dem stillschweigenden Prinzip beruht, daß es den Orchestermusikern genügen sollte zu wissen, was der Dirigent will, um es auch auszuführen, ohne daß es notwendig wäre, mit semaphorischer und mesmerisierender Gestikulation sozusagen körperlich in sie zu dringen. In diesem Punkt war Liszt Strauss vorausgegangen, als er schrieb:

> Für die Werke von Beethoven, Berlioz und Wagner usw. sehe ich noch weniger als für andere die Vorteile ein, die daraus entstehen könnten, daß ein Dirigent die Funktionen einer Windmühle zu der seinigen macht und im Schweiße seines Angesichts seinem Personal die Wärme der Begeisterung mitzuteilen sucht. Die wirkliche Aufgabe eines Kapellmeisters besteht meiner Meinung nach darin, sich augenblicklich überflüssig zu machen und mit seiner Funktion möglichst zu verschwinden. Wir sind Steuermänner und keine Ruderknechte.

Selbst wenn man Liszt nicht als höchste Autorität im Dirigierfach anerkennt, besonders im Hinblick auf den leichten Widerspruch zwischen seinem Dirigiergebaren und seinen Theorien, so sind doch seine Worte als die Stimme der alten Schule und als ausgleichender Faktor beachtenswert. Es ist schwer, einen Dirigenten mit Sinn für Maß zu finden. Das Pendel schlägt immer entweder nach rechts oder nach links aus.

Der oft bis zum Bersten gespannte Ausdruckswille der neuzeitlichen Karrierendirigenten hat diese zur Herausbildung des übersteigerten Dirigierstils des 20. Jahrhunderts geführt. Es ist aber höchst bemerkenswert, daß die Musik von Strauss mit ihrem sinnlich-ekstatischen Ausdrucksverlangen nicht wenig zu dieser Entwicklungsrichtung des Dirigierens beigetragen hat. Beim verblüffenden Kontrast zwischen diesem künstlerischen Sensualismus und der persönlichen Behäbigkeit seines Urhebers ist es nicht verwunderlich, daß Strauss als ein höchst unzulänglicher Interpret seiner eigenen Werke angesehen wurde.

Die Stichhaltigkeit dieser Bewertung mag freilich von jenen bezweifelt werden, die den dirigierstilistischen Sündenfall der Neuzeit besonders schmerzlich empfinden und eine Rückentwicklung zum Dirigieren mit bloßem Augenausdruck begrüßen würden. Dieser Strausssche Dirigierstandpunkt stützt sich auf die Ansicht, daß es eine bloße Erziehungssache und auch nur eine Sache der Gewohnheit ist, bei welcher Dirigiermethode die Orchestermusiker ihr Bestes hergeben. Wenn dem so ist, warum dann nicht lieber nur Spärlichkeit der Ausdrucksmittel an Stelle des närrisch aufdringlichen Dirigiergezappels!

Diese Ansicht hätte manches für sich, wenn nicht das unaufhörliche Kommen und Gehen der Gastdirigenten – und ihr Drang zum Übertrumpfen – die Einrichtung eines einheitlichen und vernünftigen Systems von vornherein verhindern würden. Da aber dieser Zustand, besonders beim wachsenden Überwiegen der Zaunpfahlmethode im Dirigieren, schon zu Strauss' Zeiten nicht zu ändern war, so mußte der zu alledem auch noch von seinem eigenen kompositorischen Turmbau überschattete Dirigent Strauss doch einigermaßen ins Hintertreffen geraten.

Das Verhältnis des Dirigenten zum Komponisten hatte bei Strauss überdies einen lustigen Aspekt, der daraus resultierte, daß der fast durchweg extrovertierte Charakter der Strausssschen Musik keinen rückwirkenden Einfluß auf die Direktionsweise ihres Schöpfers ausübte. Bei Strauss ist nämlich die Charakterregel für Komponisten und Dirigenten gewissermaßen in ihr Gegenteil umgeschlagen, indem bei ihm eher der Komponist extrovertiert und der Dirigent introvertiert war.

Man kann indessen nicht von Dirigieren und Komponieren sprechen, ohne Franz Lehár zu erwähnen. Der akademisch orientierte Musiker (und ein ebensolcher Musikästhetiker) wird wahrscheinlich weder Lehár noch seine Verehrer sehr ernst nehmen. Es ist wahr, daß Lehár schon deswegen nicht ganz in eine Erörterung dirigier-kompositorischer Probleme gehört, weil er nach dem tosenden Einschlagen seiner frivolen Komponierbombe den Taktstock fast endgültig an den Nagel hängte. Aber man kann die Behauptung riskieren (da sowieso niemand das Gegenteil beweisen kann), daß an ihm ein Dirigierweltstar verloren gegangen ist. Man kann sich ihn zwar schwerlich als Wagnerdirigenten vorstellen, aber es gibt auch andere namhafte Dirigenten, die auch nicht als Wagnerdirigenten berühmt geworden sind. Lehár war jedenfalls ein Musiker, in dessen Seele der Genius der Musik auch im vortragstechnischen Sinne brennend lebte. Als Dirigent hatte er eine gewisse Ähnlichkeit mit Strauss, nur dirigierte er nicht mit den von Strauss empfohlenen Zuckungen seiner Schleifenkrawatte, sondern hauptsächlich mit seinen Augen. Er hatte auch einen eloquenten Taktstock, aber er konnte mit seinem Blick allein (und trotz seines nichtwagnerschen Temperaments) einen Wonnemond oder Winterstürme heraufbeschwören.

Was Strauss selbst betrifft, paßte er als Dirigent zu seiner eigenen Musik tatsächlich weniger als manche anderen. Er hat uns den Schlüssel zum Verstehen dieser Besonderheit in einem gutgelaunten, mit Selbstironie gewürzten Brief an Toscanini selbst gegeben.

Die Vorgeschichte des betreffenden Briefes war ein von Strauss in Italien gegebenes Konzert, in welchem er unter anderem auch ein eigenes Werk dirigierte. Die Aufnahme seiner Kompositionskunst seitens des italienischen Publikums zeigte – wenigstens bei dieser Gelegenheit – eine Kühle, die Strauss nicht gewohnt war. In seiner Betroffenheit wäre er schon beinahe bereit gewesen, an der Qualität des fraglichen Werkes zu zweifeln, als ihm seine Freunde mit der erlösenden Auskunft zu Hilfe kamen, daß dasselbe Werk beim selben Publikum einige Wochen vorher in Toscaninis Interpretation einen entscheidenden Erfolg erzielt hatte.

Das war für den Dirigenten Strauss natürlich nicht sehr schmeichelhaft, aber wenigstens konnte sich dadurch der Komponist in ihm rehabilitiert fühlen. Strauss schrieb daraufhin Toscanini einen Brief mit der Bitte, er möge ihm sein Konzertreiseprogramm zur Einsicht zusenden, damit er (Strauss) vermeiden könne, eigene Werke in Städten zu dirigieren, in denen dieselben Werke unter dem Maestro zur Aufführung gelangen sollten.

Wir haben in der Korrespondenz von Strauss mit Toscanini die Unterordnung einer schöpferischen Autorität unter eine unschöpferische. Es kann interessant sein, auch die besondere Natur der Unterordnung unter einen Dirigenten seitens seiner unselbständigen Mitarbeiterschaft kennenzulernen.

Die Orchestermusiker sind den Wesensäußerungen ihres Dirigenten nicht nur gelegentlich, wie der Komponist, sondern unablässig und unentrinnbar ausgesetzt. Sie sind „Seelenkundler" wider Willen. Nicht, daß es ihre Aufgabe ist, die Dirigenten zu beobachten, aber sie können den klinischen Beobachtungen an ihnen während der Orchesterproben nicht entgehen. Wenn die psychiatrische Wissenschaft von den Treibereien der Dirigenten und den von ihnen heraufbeschworenen Szenen in den Orchesterproben einmal erfährt, wird es nicht lange dauern, bis die Universitäten ihren Instituten Orchester zu Beobachtungszwecken angliedern, ähnlich wie sie jetzt Krankenhäuser als akademische Demonstrations- und Ausbildungsanstalten in eigener Regie führen.

Die Dirigenten könnten vielleicht mit Recht geltend machen, daß geistige und charakterliche Abnormitäten in allen Schichten der Gesellschaft verbreitet seien, und daß es somit unbillig wäre, im kapellmeisterlichen Pelz allein Läuse finden zu wollen. Es ist wahr, daß es in einer Gesellschaft, in welcher fast jeder einen Tick hat und mit ihm und dem des Nachbarn zu leben gelernt hat, unrealistisch und zwecklos ist, das Normale festlegen und fordern zu wollen. Man kann aber das Normalsein als einen relativen Zustand zu definieren versuchen und dann sehen, wieweit die Dirigenten unter die Definition fallen.

Wenn man also ungeachtet der menschlichen Massenpsychopathie optimistisch und forschend die Frage stellt, wer überhaupt normal ist, so gibt es eine Antwort, die man als eine annehmbare Lösung für die alltägliche Lebenspraxis akzeptieren kann. Demnach wäre normal derjenige, mit dem man über seine Anormalität reden kann. Nur der absolut Verrückte will als absolut normal gelten. Der vernünftige Verrückte ist gegen eine kritische Selbstbetrachtung nicht gänzlich verschlossen. Und es kann angenommen werden, daß die Selbstkritik einer charakterlichen Grundhaltung entspringt, die einen auch zum Verstehen der Schwächen anderer geneigter macht. Ferner hat der normale oder vernünftige Mensch Humor und Selbstironie.

Es gibt Dirigenten, die glauben, daß sie genug Humor haben, wenn sie in einem Moment Witze reißen und im nächsten griesgrämig sind. Sie glauben, daß sie mit einer zwischendurch eingestreuten, primitiven Geistreichelei die Gemüter im Gleichgewicht halten können. Die Dirigenten wissen nicht, daß der Humor der Strahl eines aller Tragik des Lebens trotzenden heiteren Lebensausblicks ist. Sie wissen nicht, daß Humor der Sinn für die Größenordnung der Dinge ist, die aus einer Mücke keinen Elefanten macht und eine läßliche Sünde nicht mit dem Feuerhagel des Jüngsten Gerichts straft.

Diese Art Humor ist das Attribut des emotional ausgeglichenen gesunden (wenn man will) normalen Menschen. Der in diesem Sinn normale Mensch ist ein Harmoniker, der zugleich Gegensätze glättet und die Geister anregt. Die Dirigenten aber sind Disharmoniker. Sie sind überspannt, gereizt, argwöhnisch, mißtrauisch, andauernd beleidigt, infantil, jähzornig, rachsüchtig, unverträglich, Gemütswetterfahnen (auch Charakterwetterfahnen), beeinflußbar (von der falschen Seite) und unbeeinflußbar (von der richtigen), eitel, egoistisch, hinterhältig, heuchlerisch, arrogant, feige, wortbrüchig und gänzlich unzuverlässig. (Sie haben noch viele andere solche Eigenschaften, aber man kann sie doch nicht alle auf einmal aufzählen.)

Eine geistige Störung, die sich durch solche Charaktermerkmale äußert, braucht nicht notwendigerweise einer erblichen Belastung zu entspringen, sie kann durch verführerische Umstände in ganz normalen Menschen auftreten. Man kann zur Verrücktheit geradezu eingeladen werden. Es ist eine leicht beobachtbare Erscheinung, daß einer in der Gesellschaft um so verrückter sein darf, je höher er in der gesellschaftlichen Rangordnung steht. Und es ist ein integrierender Teil dieser Beobachtung, daß man sich andererseits um so normaler und gesitteter benehmen muß, je niedriger man gesellschaftlich steht. Wie toll zum Beispiel Jugenderzieher, Betriebsvorsteher oder Staatslenker es innerhalb ihres Systems ungestraft treiben dürfen, das muß den Dirigenten schon längst aufgefallen sein, denn sie scheinen an Übermut hinter diesen Pfeilern der Gesellschaft nicht zurückstehen zu wollen. Sie wollen von ihren obrigkeitlichen Privilegien, wenn das System es zuläßt, vollen Gebrauch machen.

Die Orchestermusiker haben sich also immerzu mit diesen kapellmeisterlichen Extravaganzen und psychopathischen Zuständen abzuplagen. Besonders die Mitglieder eines Stadtorchesters mit Theater-, Konzert- und Kirchendienst, die infolge von Probenüberhäufungen und Doppelaufführungen manchmal unter drei bis vier Kapellmeistern an einem einzigen Tag zu spielen haben, müssen diese in derselben Weise über sich ergehen lassen, wie das Pflegepersonal in einer Heilanstalt sich mit einer zur Behandlung vorgemerkten Patientengruppe abgeben muß. In der Orchesterprobe ist es tatsächlich schon beinahe wie in der Sprechstunde. Jedesmal, wenn der eine Kapellmeister mit seiner Schrulle nach seinem Probenanteil abgeht und der nächste Kapellmeister mit seiner Grille aufzutreten sich anschickt, seufzen die Orchestermusiker laut auf: „Der nächste Herr, bitte!" Das Kommen und Gehen all dieser Kapellmeister ist wie eine Parade von Sanatoriumsinsassen. Der Unterschied ist nur, daß in der Orchesterprobe der Kranke die Gesunden behandelt.

Wir haben bereits gesehen, welch eine Goldmine der Studiermöglichkeiten der Orchesterbetrieb auch für den Psychologen sein könnte mit all den kapellmeisterlichen Cholerikern, Sanguinikern, Phlegmatikern, Melancholikern, Intro- und Extrovertierten.

Damit sind aber die Möglichkeiten der charakterologischen Beobachtung der Dirigenten noch nicht erschöpft. Sie erscheinen vor den Orchestermusikern nicht nur als wissenschaftliche Beobachtungsobjekte, sondern auch als ein Reigen lustiger Karnevalsfiguren. In den Augen der Orchestermusiker ähneln sie dann auch den guten alten Schullehrern, die von ihren Zöglingen liebevoll nach der Kombination ihres Faches und ihrer Schnurrpfeifereien charakterisiert werden wie zum Beispiel der Geometrielehrer als Quadratschädel. Nach diesem Muster können, beziehungsweise konnten, bekannte Dirigenten in einem „Reigen seliger Geister" in den folgenden Karnevalsverkleidungen auftreten:

| | | | |
|---|---|---|---|
| Toscanini | Donnergott | Blech | Umstandspinsel |
| Bülow | Kreuzritter | Monteux | Weihnachtsmann |
| Knappertsbusch | Feldmarschall | Reiner | Sarkastiker |
| Weingartner | Aristokrat | Kletzki | Klageweib |
| Böhm | Prolet | Busch | Die gute Hausfrau |
| Kussewitzky | Meisterstänker | Strawinsky | Hirnbesitzer |
| Mengelberg | Schulmeister | Klemperer | Wolkenkratzer |
| Walter | Betender Derwisch | Mitropoulos | Mönch |
| Furtwängler | Der unsichere Nachtwandler | Ansermet | Rabbiner |
| Scherchen | Bulle | Szell | Probensadist |
| Edwin Fischer | Brausekopf | Clemens Krauss | Toreador |
| Münch | Bohemien | Ormandy | Parvenü |
| Beecham | Clown | Karajan | Sportskanone |
| Stokowski | Oberhofzeremonienmeister | Krips | Speckarsch |

Die Dirigenten haben aber auch Eigenschaften, durch die sie als eine tierkundlich zusammengehörige Spezies in einer großen gemeinsamen Gruppe zusammengefaßt werden können. Diese Eigenschaften, die als die besonders auszeichnenden Attribute kapellmeisterlicher Berufung erkannt werden können, arrangieren sich in einer charakteristischen Abstufung. Jede dieser Eigenschaften hat einen gewissen prozentualen Anteil an der Formung der Individualität des wahren Dirigenten. Die charakterlich prozentuale Zusammensetzung der Dirigentenanatomie sieht demnach folgendermaßen aus: Selbstanbetung 40%, Arroganz 30%, chronische Reizbarkeit 20%, Agenturengebühren 10%. Der Rest ist Musikalität. Und wenn man alle diese Prozente zusammengezählt hat, dann hat man als Resultat die unverfälschte hundertprozentige Dirigentenpersönlichkeit.

Die Charakteristik der großen Persönlichkeit – und der großen Fachpersönlichkeit im besonderen – ist indessen, daß sie nicht nur mit lärmender Reklame, sondern auch mit unmerklichen Mitteln Eindruck macht und uns in ihren Bann zieht, ehe sie überhaupt etwas sagt oder tut. Vater Strauss, der Hornist, drückte dasselbe aus, als er zu seinem Sohn Richard sagte: „Ach, Ihr Kapellmeister, bildet euch auf Eure Machtstellung Wunder was ein! Wenn so ein neuer Mann das Orchester betritt – wie er aufs Pult steigt, die Partitur aufschlägt – bevor er noch den Taktstock in die Hand genommen hat, wissen wir schon, ob er der Herr ist oder wir!"

Viele Taktschläger (wie übrigens auch Instrumentalisten), die es in bezug auf Technik mit den Größten des Fachs aufzunehmen fähig wären, können auf keinen grünen Zweig kommen, weil sie keine Persönlichkeiten sind. Und selbst wenn sie ahnen, woran der Mangel liegt, nützt es ihnen nichts, denn die Persönlichkeit ist das gewisse Etwas, das nicht geübt und nicht erlernt werden kann. Man kann sogar sagen, daß einer um so weniger eine Persönlichkeit ist, je mehr er sich anstrengt, eine zu sein.

Die Nachahmer großer Persönlichkeiten bereiten sich ihre Niederlage selbst damit, daß sie von ihren Vorbildern meistens nur die am leichtesten nachahmbaren Äußerlichkeiten oder gar Auswüchse übernehmen. Das ist zum Beispiel jenem Baßbariton passiert, der Schaljapin in Boris Godunow unter anderem auch in einem besonderen Detail nachahmen wollte. Es war ihm aufgefallen, daß Schaljapin sich bei einer bestimmten Stelle in der Szenenfolge, ohne einen ersichtlichen Grund, zum hinteren Teil der Bühne zurückzog und, mit dem Rücken zum Publikum, krampfartige Körperbewegungen machte. Als dann dieser Nacheiferer selber dazu kam, in „Boris" aufzutreten, ahmte er Schaljapins Spieleigentümlichkeit nach, ohne zu wissen, was sie eigentlich szenisch zu bedeuten hatte. Aber er war überzeugt, mit dieser Nachahmung seine Rollengestaltung der Schaljapinschen Gestaltungskunst nahegebracht zu haben. Als er später einmal bei einer besonderen Gelegenheit das Glück hatte, Schaljapin persönlich zu treffen, erkundigte er sich eifrig, was die Bedeutung dieser mysteriösen Bühnenfinesse gewesen sei. „Ach ja," – dröhnte Schaljapin – „Sie meinen die Szene, wo ich nach hinten ging, um zu spucken!"

Daß die meisten kritiklosen Nachahmer schließlich in eine Sackgasse geraten, ist nur eine Variante falsch gesteuerter Karrieren. Eine andere, nicht ganz selbstverschuldete Variante ist die Verhinderung echter, auch fachlich berufener Persönlichkeiten durch die Berufsintrige. Von einer Teilverantwortung für eine solche Widerwärtigkeit kann das Opfer allerdings nicht freigesprochen werden, weil vom praktischen Standpunkt die Persönlichkeit auch der Intrige gewachsen sein muß. Die große Persönlichkeit muß imstande sein, auf ihrem Berufsweg drei Drachen des Widerstandes zu überwältigen. Der erste ist die gegnerische Clique, der zweite die journalistische Kritik und der dritte die Dumpfheit des Publikums.

Das sind die drei großen Verdrießlichkeiten im Leben eines Künstlers, die die ganze Künstlerkarriere überhaupt in Frage stellen. Und doch erfüllen sie auch eine konstruktive Funktion. Die feindliche Clique macht aus dem Künstler einen Kämpfer, wenn auch nicht äußerlich, so im Ausdruck seiner Kunst. Ein Vergleich unkämpferischer, ohne Intrigendruck arbeitender Komponistennaturen, selbst in der Talentklasse der Auserwählten wie Mendelssohn, Saint-Saens, Reger, Elgar und Dohnanyi, mit den vielen tragisch ringenden Großmeistern illustriert den Punkt genügend. Ein zu leichter Erfolg ist ein „Hindernis". Die öffentliche Kritik treibt ihrerseits den Künstler dazu an, in seinen Leistungen den Schliff letzter Vollkommenheit anzustreben. Der Künstler weiß, daß die Kritiker auf der Lauer liegen, um sich an seinen Schnitzern fettzumästen.

Der große Preis aber ist die Eroberung des Publikums, dieses verachteten, vielverleumdeten Publikums, dessen Meinung fachlich am wenigsten oder gar nicht zählt. Es ist aber die unbestechliche Autorität in Sachen der Persönlichkeit. In diesem Bereich ist es maßgeblicher als die Berufsclique und die Fachkritik. Diese zwei Hyänen im Musikwald sind in dieser Frage schon deswegen nicht maßgebend, weil sie von der Persönlichkeit als Konkurrenz und Zielscheibe eher irritiert als erbaut sind. Das Publikum ist aber gerade davon entzückt, sich der Persönlichkeit zu Füßen zu werfen. Und es tut das nur, wenn es Anlaß dazu hat. Es erfühlt die Persönlichkeit, deren Wirkung unter anderem darin besteht, daß man sich in ihrer Gegenwart irgendwie kleiner als normal vorkommt. Das Publikum strömt aber gerade zu den Darbietungen solcher Persönlichkeiten, um etwas weit Höheres als einen Alltag zu erleben. Es klammert sich zwangsläufig an die Persönlichkeit im Vortragenden, um am Vexierrätsel der eigentlichen Darbietung nicht irrezuwerden. Unter diesen Umständen muß also der Künstler ein Kerl sein, der das Publikum mit dessen emotionalem Anlehnungsbedürfnis nicht im Stich läßt.

Da also das Publikum seine geistige Stütze mehr in der Persönlichkeit als im Fachmann findet, so ist die Persönlichkeit eine verläßlichere Garantie des Erfolges als das fachliche Können. Wenn man die ganze Galerie weltberühmter Dirigenten in Gedanken an sich vorbeiziehen läßt, wird man erkennen, welche Rolle die Persönlichkeit im Herausbilden ihrer Geltung gespielt hat.

Die erfolgreichen Dirigenten (die anderen sind für unsere Demonstration nicht zweckdienlich) können in drei Gruppen eingeteilt werden: in eine Kerngruppe und zwei Randgruppen. Die Kerngruppe wird von jenen gebildet, die man etwa als Volldirigenten bezeichnen kann. Das bedeutet, daß sie im Fachkönnen wie in ihrer Persönlichkeitswirkung gleichermaßen außergewöhnlich sind. Rechts und links sind sie von zwei Gruppen flankiert, von denen die eine die Verbindung eines erstrangigen Könnens mit einer zweitrangigen Persönlichkeit, die andere die Verbindung einer erstrangigen Persönlichkeit mit einem zweitrangigen Können repräsentiert.

Es dürfte klar sein, daß die Dirigenten mit den beiden Gaben, Persönlichkeit und Könnertum, in der kapellmeisterlichen Rangordnung obenan stehen. In ihnen sind die zwei kritischen Erfordernisse großen Dirigententums erfüllt. Sie üben auf das Publikum eine magische Anziehung aus, die sie zu unumschränkten Herrschern der Konzertsäle macht, und sie werden andererseits auch von ihren Untergebenen als echte Musiker anerkannt. Nicht, daß sie etwa bei diesen immer sehr beliebt oder auch nur musikalisch-geschmacklich unumstritten sind, aber ihre allgemeine fachliche Berufung wird jedenfalls anerkannt.

Es gibt allerdings eine andere Kategorie von Dirigenten, von der diese positive Feststellung schwerlich gilt. Dazu gehören Kussewitzky, Beecham, Stokowski und Ansermet.

In einem Punkt hatte keiner dieser Dirigiergewaltigen den anderen etwas vorzuwerfen. Es ist nämlich keiner von ihnen Musiker geworden durch die magische Anziehung der Musik, sondern durch die Anziehung der goldenen Möglichkeiten in der Musik. Sie hatten erfaßt, daß im musikalischen Ensemblebetrieb diese Möglichkeiten nur für die befehlshabende Schicht bestehen. Dementsprechend ließen sie also ihr Talent spielen. Ihr mit strategischer Genialität gepflegtes Gebiet war die Manipulation musikalischer Elemente und des exekutorischen Instrumentariums mittels Nutzbarmachung fremder Ressourcen. Sie waren Naturen, die es in jedem Beruf zu einer Karriere großen Stils gebracht hätten. Aber sie gingen natürlich den

Weg des geringsten Widerstandes, indem sie die Hochkonjunktur ihrer Zeit im Musikgewerbe sich zunutze machten. Ihre Beziehung zur Musik und ihre Lebenserfüllung darin ist somit durch den geschäftlichen Aspekt ihres Aufstiegs gekennzeichnet.

Es ist nur zu natürlich, daß jeder Musiker nach dem höchst erreichbaren Erfolg und Prestige strebt. Aber der im Grunde seines Herzens zur Musik berufene und auch durch Lebensumstände an die Musik gekettete Musiker nimmt schließlich auch mit einem Teilerfolg vorlieb. Toscanini, zum Beispiel, hatte zu Beginn seiner Musikstudien nicht im Traum daran gedacht, Dirigent zu werden. Nicht einmal, als er schon ein ausübender Orchestermusiker war, dachte er daran, den Sprung vom Pult zum Podium zu machen. Wenn er nicht durch unverhoffte Umstände zum Dirigieren aufgefordert worden wäre, wäre er als Cellist im Orchester sitzengeblieben und hätte der Musik in dieser Eigenschaft möglicherweise bis an sein Lebensende gedient. Er war nach seinen ersten Dirigieraufträgen ja tatsächlich noch zu seinem Cello zurückgekehrt, bevor er sich als Dirigent endgültig etablieren konnte. Eine ähnliche Alternative bestand für manch eine der heutigen Dirigiergrößen.

Eine solche Entwicklung in der Karriere von Kussewitzky, Beecham, Stokowski und Ansermet wäre undenkbar. Es ist unmöglich, sich diese Dirigierprimadonnen als lebenslänglich armselige Provinzkapellmeister, Kirchenorganisten oder Orchestermusikanten vorzustellen. Wenn das Dirigieren nicht gezogen hätte, hätten sie sich höchstwahrscheinlich und sehr bald nach einem anderen, ertragreicheren Tätigkeitsgebiet umgesehen. Das Theater, der Großhandel, die Kirche, der Film, die Politik oder die Diplomatie wären wohl in Frage gekommen.

Man ist zu dieser Annahme vollauf berechtigt. Es ist nämlich kein Zufall, daß die Mitglieder dieser Gruppe neben ihrer Dirigiertätigkeit ohne Ausnahme auch musikalische Unternehmer waren. Kussewitzky, Beecham und Ansermet hatten ihre Dirigierkarriere überhaupt mit Hilfe eigener Orchestergründungen begonnen. Stokowski schloß sich diesem exklusiven Gründerklub erst im späteren Verlauf seiner Karriere an. Dann zeichnete er sich gleich mit einer besonderen Gründung aus: mit der eines allamerikanischen Jugendorchesters, in welchem die Mitglieder mit 30 Jahren schon als pensionsbedürftige Greise angesehen wurden. Eine spätere Gründung Stokowskis – abgesehen von seinen zahlreichen halböffentlichen phonographischen Abenteuern – ist das sogenannte Amerikanische Symphonieorchester, in welchem das pensionsberechtigte Alter (garantiert ohne Pension) schon etwas höher angesetzt wurde. Dazu kommt Stokowskis schaumusikalisches Kokettieren mit der Kinoleinwand (er war auf der vertikalen wie auf der horizontalen Leinwand gleichermaßen zu Hause), was zeigt, daß er bei der Förderung seiner musikalischen Karriere auch außermusikalische Extragewinne nicht verschmähte. (Andere Dirigenten, die im Tonfilm auftraten, boten einfach gefilmtes Musizieren ohne filmische Umgestaltung. Stokowski aber versuchte, eine neue Gattung zu schaffen, in welcher die Musik zwar eine amüsante, jedoch sekundäre Rolle zu spielen bestimmt war.)

Wie dem auch sei, Stokowski und seine Kollegen waren jedenfalls ausgesprochene musikalische Geschäftsgründer. Die drei mit dem selbstfinanzierten Stapellauf waren ihrerseits zu sehr in Eile, um zu warten, bis die Welt sie als ergraute Veteranen zu entdecken geruht hätte. So haben sie sich selbst entdeckt. Mit dreißig Jahren konnte Beecham bereits auf eine lange Reihe von frisch von ihm gegründeten und wieder im Stich gelassenen Opern- und Orchesterunternehmungen zurückblicken, die, neben der Förderung seiner kapellmeisterlichen Karriere, Englands Musikleben wohltuend durcheinanderwirbelten.

Eine unermüdliche Unternehmertätigkeit würde den wenigsten Künstlerkapellmeistern liegen. Eine Ausnahme wäre allerdings Scherchen, der mit kurzlebigen Erfolgen einige Vorstöße ins Gründerland unternommen hat. Daß Beecham seinerseits im Geschäftsfach mehr zu Hause war als im Dirigieren, braucht ihn als Gesamtpersönlichkeit nicht unbedingt herabzusetzen. Karriere zu machen mit oder ohne Fachbegabung ist jedenfalls eine Leistung, die nicht zu verachten ist. Es muß jedoch der geschichtlichen Wahrheit halber darauf hingewiesen werden, auf welchem Gebiet Beechams Talent am größten war und worin es sich für die Öffentlichkeit am nützlichsten ausgewirkt hat.

In einem etwas geringeren Maßstab hatte Ansermet denselben Kurs verfolgt, als er in Genf das Orchestre Romand gründete, das er in der Folge ein halbes Jahrhundert lang persönlich leitete und zu einem musikalischen Institut von weltweiter Geltung entwickelte.

Auch Kussewitzky war ein Unternehmer großen Stils. Darin ist er noch über die Gründertätigkeit seiner Kollegen hinausgegangen. Neben seinen Orchestern im In- und Ausland hat er auch einen Musikverlag ins Leben gerufen, der anerkanntermaßen viel für die Verbreitung moderner russischer Musikwerke getan hat. Dieses Großunternehmertum in Kunst und Geschäft konnte freilich nur mit Hilfe seiner millionenreichen Frau entwickelt werden, die er mit seinem Charme und seiner Persönlichkeit genauso bezaubert hatte, wie er eine kurze Weile später das Publikum im allgemeinen bezaubern sollte. Sein unbezähmbarer Geltungsdrang trieb ihn, vom Vorbild Nikischs angestachelt, dazu, ohne die nötige Grundlage gleich nach dem Höchsten und Besten zu greifen, was die Musik als Erwerb zu bieten hatte.

Kussewitzkys Beispiel zeigt, wie doch Halbfertigkeit beim Einschlagen der Dirigierlaufbahn kein Hindernis ist, wenn man nur Ehrgeiz, Entschlossenheit und Geld besitzt. Es ist möglich, daß Kussewitzky bei entsprechendem Studium ein unanfechtbarer Meister des Taktstocks geworden wäre. So aber lastete seine musikalische Halbbildung während seiner ganzen Laufbahn mit dem Gewicht eines Mühlsteins auf ihm.

Kussewitzky lernte seine Musik wie ein notenunkundiger Zigeuner. Sein Landsmann Strawinsky muß aus ziemlicher Kenntnis der Sachlage gesprochen haben, als er sagte: „Kussewitzky war kein Musiker. Er war kein Dirigent. Er war ein Kontrabaßspieler." Man kann sich vorstellen, daß ein Kapellmeister mit einem auf solcher Grundlage beruhenden musikalischen Wissen sich vor einem abgefeimten Berufsorchester manch peinliche Blößen gibt. Kussewitzky hatte aber nicht nur die Unvollkommenheiten, sondern auch die Vorzüge eines Zigeuners. Sein Verhältnis zur Musik war im besten Sinne des Wortes tierisch. Während Beecham und Ansermet neben ihren anderen Mängeln intellektuell angekränkelt waren, war Kussewitzky ein sinnlicher Klangschwelger. Diese Eigenschaft teilte er bis zu einem gewissen Grad mit Stokowski, dessen Klangkult jedoch vielfach in Spitzfindigkeiten ausartete.

Kussewitzky bewahrte sich bis in die letzte Phase seiner Tätigkeit eine im Rohzustand gebliebene Urwüchsigkeit. Man kann sich freilich fragen, ob das ein Vorteil oder ein Nachteil war. Worüber man jedoch nicht zweierlei Meinung sein kann, war sein ungewöhnlicher Spürsinn für das Entdecken unbekannter Komponiertalente, die von Skrjabin bis Copland reichten. Viele wichtige Werke prominenter Komponisten verdanken ihre Entstehung seiner Anregung, wie zum Beispiel Bartóks vorletzter Schwanengesang, das populär gewordene Konzert für Orchester. Es ist klar, daß die musikalische Fachwelt, minus die Orchestermusiker, allen Grund hatte, von Kussewitzky entzückt zu sein. Auch die große Gesellschaft hatte keinen Grund, sich zu beklagen. Ob in Moskau, Berlin, Paris oder Boston, sein Salon war immer ein

Sammelpunkt der Notabilitäten des öffentlichen Lebens und der Kunst. – Die Art und Weise, wie Beecham, Stokowski und Ansermet zur Prominenz gelangten, war der Methode von Kussewitzky nicht unverwandt und brauchte sich an Wirksamkeit hinter seiner nicht zu verstecken. Es wäre aber übertrieben und ungerecht, sie alle als Schwindler und Hochstapler zu bezeichnen. Sie haben mit eisernem Fleiß daran gearbeitet, ihren Platz rechtmäßig auszufüllen. Ihr Geltungsanspruch hat nur einen kleinen Haken. Unter den Dirigenten zeichnen sie sich nämlich durch die Besonderheit aus, daß bei ihnen das Arrivieren dem Berufskampf vorausgegangen ist. In ihre äußere Größe mußten sie nach erzieltem Erfolg erst noch innerlich hineinwachsen. Sie haben ihre Karriere von hinten angefangen.

Es ist natürlich eine harte Prüfung für einen Vorgesetzten, vor Untergeordneten aufzutreten, die in Dingen, in denen sie geleitet werden sollen, zehnmal mehr Bescheid wissen als der Vorgesetzte selbst.

Die Spieler von fast allen Orchesterinstrumenten bringen eine kammermusikalische Erfahrung mit sich, wenn sie in ein Orchester eintreten. In der Kammermusik, die eine logische Vorstufe zum Orchesterspiel bildet, haben sie gelernt, wie die Vortragsprobleme des Ensemblespiels anzupacken und zu lösen sind. Es kann dann nicht einer kommen und ihnen Dinge erzählen, die von einer gänzlichen Unvertrautheit mit dem Gegenstand zeugen oder bestenfalls verraten, daß sie aus zweiter Hand durch einen Lehrer oder ein Buch erworben wurden. Kapellmeister mit solchen Kenntnissen waren zumindest am Anfang ihrer Karriere Kussewitzky, Beecham, Stokowski und Ansermet, um nur die Stars dieser Sorte zu nennen. In ihrem Werdegang fehlte die kammermusikalische Bildungsstufe, weil sie entweder eine ungenügende oder ungeeignete Instrumentalkenntnis dafür besaßen und weil sie sowieso kein geistiges Interesse für eine so verfeinerte, karrieremäßig müßige Musizierart hatten.

So brüchig ist der musikalische Unterbau bei manchen der gefürchtetsten Podiumspotentaten. Da sie aber weltmännisch und gerissen genug sind, um sich in ihrem Berufsverkehr aalglatt über ihre Halbbildung zu erheben, so fällt es ihnen verhältnismäßig leicht, die ästhetischen Tricks des Musikmachens zu erfassen und sie bei ihren Musikern durchzusetzen. Diese geschickte Manipulation im Verein mit dem automatisch wirkenden technischen Rüstzeug der Orchestermusiker und ihrer notgedrungenen Unterwerfung unter die gesellschaftliche und wirtschaftliche Macht des Dirigenten ermöglicht schließlich Leistungen, die äußerlich keinen Makel zu verraten brauchen und sich folglich mit Leistungen unter gediegener Leitung messen können. In letzter Instanz sind ja die Orchesterverwaltungen und das Publikum, insoweit sie die Urteilsfähigkeit für Endresultate haben, an nichts anderem interessiert. Das Gegenstück zum Verhältnis zwischen eindrucksvoller Persönlichkeit und zweifelhaftem Musikertum ist nun jene Kombination, in welcher der Dirigent zwar ein mit allen Wassern gewaschener Dirigierhase, aber keine kommensurable Persönlichkeit ist. Diese Mischung der Attribute bildet die dritte Gruppe der Kombinationsmöglichkeiten für Dirigententum und Persönlichkeit.

Das Emporkommen dieser Dirigenten ist in seinem Ursprung und Verlauf grundsätzlich verschieden von dem der Persönlichkeitsnähe. Diese Dirigenten sind Handwerksmusiker. Sie sind in die Musik nicht eingedrungen, vielmehr aus ihr herausgewachsen. Gewöhnlich haben sie das Do-re-mi gleichzeitig mit dem Abc gelernt. Aber genauso wie das Abc keinen Dichter oder Philosophen garantiert, braucht sich auch ein Do-re-mi-Schütze nicht notwendigerweise zu einem musikalischen Großmeister zu entwickeln. Nun sollen die veredelten Dirigierhandwerker vorgeführt werden. – Um das mengenmäßige Gleichgewicht aufrechtzuerhalten, soll diese besonders umfangreiche Gruppe auch nur durch vier „Glanznummern" vertreten werden. Dem durchschnittlichen Musikinteressenten sind die Namen Dorati, Leinsdorf, Solti und Rudel sicherlich bekannt. Sie zeichnen sich alle durch eine überdurchschnittliche technisch-musikalische Begabung, ein gründliches Studium und eine zweitrangige Persönlichkeit aus. Diese Bewertung wird bei ihren Anhängern freilich einen heftigen Widerspruch auslösen. Aber schon wenn man sie neben die Riesen des Dirigierstabes stellt, merkt man, daß sie Knirpse sind. Andererseits haben sie eine genügend hohe Rangstufe erreicht, um eine nähere Betrachtung ihrer Erfolgsfaktoren zu rechtfertigen. Ihr Fall ist ja gerade der des Widerspruchs zwischen einer überdurchschnittlich erfolgreichen Karriere und einer Durchschnittspersönlichkeit.

Diese Dirigenten sind überlegene Experten ihres Faches, aber ohne den Dirigierzauber, der sie in der Vorstellung eines anspruchsvollen Publikums befähigen würde, die verwaisten Ministerien von Weingartner, Toscanini, Walter und Furtwängler zu übernehmen. Sie haben ihre Stellung dank der Gediegenheit ihres Könnens und durch das Vakuum erreicht, das nach dem Abgang früherer Spitzendirigenten entstanden ist.

Das Kennzeichen der abgetretenen Vorgänger war, daß sie auch ohne das Dirigieren, ja ohne die Musik eine gewisse Größe hatten. Sie mögen Engel oder Teufel gewesen sein, aber als das, was sie waren, waren sie bedeutend. Betrachtet man aber Dorati, Leinsdorf, Solti und Rudel (von den vielen anderen Kollegen in ihrer Kategorie gar nicht zu sprechen) außerhalb der Musik, dann bleibt von ihrer Persönlichkeit herzlich wenig übrig.

Die Wirkung einer Dirigentenpersönlichkeit außerhalb des Rahmens musikalischen Dirigierens braucht nicht notwendigerweise mit einer allgemein ästhetischen Persönlichkeitswirkung zusammenzufallen. Dimitri Mitropoulos, der ehemalige Chefdirigent der New Yorker Philharmonie, war zum Beispiel physiognomisch eher häßlich, doch entsprach er dem Typus, der in einem Theaterstück auch ohne tatsächliches Dirigieren als Verkörperung eines Dirigenten hätte auftreten können. (In entsprechender Verkleidung hätte er auch als Rasputin auftreten können, was ungefähr auf dasselbe herauskommt.) Demgegenüber war zum Beispiel der vor Vollendung dieses Berichts verstorbene Dorati ausgesprochen männlich hübsch, doch Mitropoulos in Bühnenfähigkeit nicht vergleichbar.

Leinsdorf wäre auf der Bühne überhaupt nur als Verkörperung eines reisenden Kaufmanns und Rudel – im Bühnenrahmen wie außerhalb – am überzeugendsten als Damenfriseur oder als Büfettier in einem Luxushotel an der Riviera vorstellbar. Und was den verflixten Solti betrifft, ist er mit seinem feisten Nacken und den wilden Stößen seiner Vorderpleuelstangen schon von anderer, freundlicherer Seite als ein dirigierender Boxkämpfer geschildert worden.

Man kann die Bedeutsamkeit der wahren Persönlichkeit, zusätzlich zu den bereits erwähnten Attributen, auch am Interesse abschätzen, das die Mitwelt und die Nachwelt für ihre bibliographische Behandlung zeigt. Biographien von Beecham, Stokowski, Kussewitzky und Ansermet, die schon erschienen sind, stellen Kulturgeschichte ersten Ranges dar. Dagegen ist der bloße Gedanke an eine Biographie von Ruddorf oder Solrati zum Lachen.

Leinsdorf hat zwar so etwas wie eine Autobiographie geschrieben. Er mußte ja seine Biographie selbst schreiben, wenn er ein Buch über sich lesen wollte. Er konnte kaum erwarten, daß ein anderer über ihn ein Buch schreiben würde. Das Werk ist aber ganz interessant, und zwar deswegen, weil es ein Spiegel der Gestalten und Geschehnisse der ihn umgebenden

Musikwelt ist. Ohne diesen erweiterten Rahmen würden nur seine Mutter, seine Tante und das Wiener Schlagobers übrigbleiben. Doch nicht zu vergessen ist seine selbstgefällig katalogisierte globale Dirigiertätigkeit, die ihn an der Spitze von sozusagen allen Weltstadtorchestern zeigt und ihn somit rein statistisch Furtwängler, Walter und Szell gleichstellt. Das Publikum muß aber, trotz dieser erhebenden Nachbarschaft, von der Kühle seiner Persönlichkeit angeweht worden sein, denn sein Name hat einen matten Klang im Vergleich zum Glanz der Namen obengenannter Superdirigenten.

El Dorati hatte unter seinen Gruppenkollegen die Distinktion, aus einer berufsmusikalischen Familie zu stammen und mit seiner hochgradigen musikalischen Erziehung und seinem beachtlichen Komponiertalent die solideste fachliche Grundlage zu besitzen. Leider kamen diese Vorzüge nicht einer überwältigenden Interpretationskunst zustatten.

Leinsdorf, als „Intelligenzbestie", kann für sich beanspruchen, der Klassenerste der Gruppe zu sein. Dies um so mehr, als er in der Interpretationssparte eine verhältnismäßig höhere Stufe einnimmt, ohne indessen eine unwiderstehliche, inspiratorische Kraft auszustrahlen. Unwiderstehlich ist nur sein Redeschwall. Beim Anhören seiner Perorationen (in den Orchesterproben) hat man das Gefühl, als ob sein Mund nicht breit genug wäre, um sein Geistesprodukt lautlich voll ausströmen zu lassen, und deshalb auch alle anderen Öffnungen seines Körpers in diesen Ausdrucksprozeß eingeschaltet werden müßten.

Rudel mag mit seinem um ein Jahrzehnt geringeren Alter wohl Gegenstand des Neides seiner Gruppenkollegen sein. Aber er ist nicht nur im Alter, sondern auch im musikalischen Rang der Benjamin der Gruppe. Immerhin ist er beim Dirigieren selbst des Dreivierteltaktes ein vierschrötig zuverlässiger Taktschläger und auch ein ausgezeichneter Musikgeschäftsmann. Da er außerdem sehr geistreich ist und gerne Wortspiele erfindet, so würde er wahrscheinlich von seinen eigenen inspiratorischen Qualitäten sagen, daß ihm diese von den Musen auf die Stirn gepißt eingeflößt wurden. Das sollte auch stimmen, denn es gibt kaum einen zweiten, ihm an Erfolg und rein technischer Leistungsfähigkeit vergleichbaren Dirigenten, dessen Persönlichkeitsausdünstung für das Empfinden seiner Orchestermitglieder so musiktötend wäre wie seine.

Das als Clou der Aufzählung dienende Mitglied des Dirigierkollegiums der riesenhaften Zwerge ist nun Monsieur Herr Mister Sir von und zu Solti. Wie das „Sir" zeigt, ist er der Weltgewandteste und Erfolgreichste von allen. (Es zeigt auch, wieviel Ahnung die Königin von England von den Dirigenten hat). Da aber beim Dirigieren Erfolg die Hauptsache ist, so hat Sir Georg Anspruch auf eine besondere Persönlichkeitsanalyse. Hat aber einer diese Distinktion erreicht, dann scheint es absurd, ihm das Attribut der großen Persönlichkeit abzusprechen. Wie läßt sich eine niedrige Persönlichkeitsbewertung mit einem Welterfolg vereinbaren?

Soltis Erfolg in England und in Amerika wuchs aus einem technischen Situationserfolg in Deutschland heraus. Er war der jüdisch unbescholtene Nutznießer der Aufbaubedürftigkeit des zertrümmert darniederliegenden, aus der nazistischen Kompromittierung sich mühsam erhebenden Musiklebens im Nachkriegsdeutschland. Im Vakuum der Entnazifizierungsperiode war er eine kapellmeisterliche Mangelware, und als solche hatte er es besonders leicht, mit seiner von Hokuspokus umrankten Dirigierwendigkeit in den rekonvaleszenten deutschen Musikbetrieben festen Fuß zu fassen. Eigentlich gab's im damaligen, vom Nazikater noch nicht erholten Deutschland kaum etwas so Festes wie Soltis Füße und etwas so Wackliges wie

seine Hände. Mit seinem von Selbstvertrauen strotzenden Auftreten und fachlich wohl-
fundierten Autoritätsanspruch übte er auf Verwaltungen und Orchesterspieler einen keine
Widerrede duldenden Druck aus. Er ist ein aalglatter Kunde, der Scarpia übertreffen und
Tosca gewinnen würde, ohne ihr auch nur einen Scheinpreis zu zahlen, noch von ihr getötet
zu werden.

Müssen wir aber in dieser Beschreibung nicht das Bild einer echten Persönlichkeit erkennen? Wer keine höheren Persönlichkeitsansprüche stellt, mag wohl einen Glückspilz, Schlauberger, Draufgänger und sogar Könner eine Persönlichkeit nennen. Sosehr aber diese vier
Attribute in der wahren Persönlichkeit vorhanden sein mögen, müssen sie noch auf alle Fälle
von einem fünften begleitet sein, das aber Solti nicht besitzt. Und das ist die innere gewaltlose
Macht, die den Mitmenschen (und nicht bloß den Freunden und Anhängseln) spontanen Respekt einflößt. Soltis Persönlichkeit besteht in einer erzwungenen Autorität, bei deren Lockerung seine Individualität wie ein angestochener Gasballon zusammenschrumpft. Er ist eine
Persönlichkeit auf dem Dirigiersockel und am Verhandlungstisch, weil dann der Ballon aufgeblasen ist. Er kann aber den Gasdruck nicht aufrechterhalten, wenn es sich um Dinge dreht,
die nichts mit Dirigieren und Karrieren zu tun haben. Sein Interesse ist nicht darauf gerichtet,
sich auch außermusikalisch zu vertiefen, sondern nur innermusikalisch zu erhöhen. Seine
Äußerungen, Interviews und Unterrichtsweisheiten (beim Dirigierunterricht) sind Seichtheiten
von buntester Farblosigkeit. Er redet in abgedroschenen Klischees ohne einen Funken von
Originalität und Witz. Er sollte einen Satz geschrieben haben, der als geistiges Zeugnis eines
großen Künstlers die Nachwelt interessieren könnte. Die Leute, die von seiner Persönlichkeit
beeindruckt sind, sind unbewußt von seiner Tüchtigkeit und seinen Erfolgen beeindruckt. Die
große Persönlichkeit innerhalb eines Fachs ist aber jene, die auch dann noch eine Persönlichkeit bleibt, wenn sie außerhalb des engen Rahmens dieses Fachs auftritt, oder aber innerhalb
dieses Rahmens (als weiterer Prüfstein) von antagonistisch gestimmten Elementen, zum Beispiel den Untergebenen, wenn auch grollend, doch anerkannt wird.

Die sackgroben Kussewitzky und Ansermet und die sarkastisch tötenden Stokowski und
Beecham waren bei ihren Musikern kaum beliebt, und doch wurde ihnen auch hinter ihrem
Rücken der Nimbus der Größe zuerkannt. Beecham und Ansermet haben großes literarisches
und rednerisches Talent gehabt. Durch ihre Äußerungen waren sie fähig, ihren Hörern geistige Überlegenheit zu suggerieren. Der Charme und Witz Beechams hat ihn bei jeder Gelegenheit sofort zum Mittelpunkt der Gesellschaft gemacht. Seine im Freundeskreis oder in Orchesterproben zwanglos hingeworfenen Aussprüche könnten ein Anekdotenbuch füllen. Auch
Ansermet hatte diese literarische Ader. Seine Äußerungen allgemeiner Natur wie auch seine
musikalischen Stegreifvorträge waren an Ort und Stelle druckreif. Dementsprechend hat er,
wie auch Beecham, tatsächlich Bücher veröffentlicht. Kussewitzky und Stokowski haben mit
organisatorischen Plänen großen Stils und mit deren Verwirklichung beeindruckt. Sie haben
sich nicht bloß in bereits existierende Institutionen hineingesetzt, sie haben ihren eigenen
Wirkungskreis geschaffen und erweitert. Kussewitzky mit den Festspielen von Tanglewood
und der institutionalisierten Förderung zeitgenössischen Musikschaffens und Stokowski (als
erster nach den bloßen Spielzeugkuriositäten seiner Vorgänger) mit dem Erkennen der Möglichkeiten der Schallplatte und des Films als Popularisierungsmittel klassischer Musik. Diese
Gestalten der Dirigierwelt haben über ihren nicht geringen Ich-Kult hinaus doch auch einen
Kult der „Sache" geschaffen und gepflegt, während die Scheinpersönlichkeiten trotz ihrer

technischen Kompetenz und ihrer hochklingenden Lippenbekenntnisse kulturgeschichtlich unbedeutend bleiben. Es ist mehr als fraglich, ob ihre Namen für die Nachwelt denselben Klang haben werden wie die ihrer Vorgänger.

Solti, der unter seinen von Persönlichkeitsblässe angekränkelten Kollegen immerhin der springlebendigste ist, kann mit seinem zappelmännischen Dirigiergebaren trotz und eigentlich gerade wegen dieser Eigenschaft der Abstempelung als die zweifelhafteste Persönlichkeit nicht entgehen. Wohl ist er Feuer und Flamme für die Musik, aber sein Verhältnis zu ihr ähnelt der Liebe eines abenteuersüchtigen Frauenbezwingers zu den von ihm verführten Frauen. Man kann Solti etwa als einen musikalischen Casanova bezeichnen, den zur Musik, wie Casanova zur Weiblichkeit, nur die von ihr gebotene Möglichkeit sensuellen, selbstherrlichen Erlebnisses hinzieht, ohne dabei in ihm auch Gefühle der Rührung, Vertiefung und Demut erwecken zu können. Soltis Karriere ist eine Katalog-Arie über eroberte Komponisten, Orchester, Zuhörer und Musikkritiker, denen vor dem Bombast seiner musikalischen Plakatmalerei Hören und Sehen vergeht. Die wahren Dirigentenpersönlichkeiten haben schon ein innigeres Gefühlsverhältnis zu ihrer Musik und zu ihrem Publikum und wissen mit den Äußerlichkeiten ihres Berufs Maß zu halten. Diesem Ideal entsprach unter anderem die Superklasse der Weingartner, Walter, Furtwängler, Knappertsbusch und Kleiber. Sie hatten es in sich, ihren geistigen Ausdrucksdrang und ihren körperlichen Bewegungstrieb in ein ästhetisches Gleichgewicht zu bringen. Sie haben zur Erreichung ihrer Effektziele nie das Bedürfnis gehabt, sich beim Dirigieren nahezu aus den Kleidern zu schütteln. Ihr Dirigiergehabe war feierlich, nicht marktschreierisch. Und wenn die Musik dynamische Ausbrüche verlangte, dann waren sie männlich machtausstrahlend, nicht burschenhaft draufgängerisch. Im Lichte dieser Unterschiede mag man erkennen, wieso Solti auf dem Persönlichkeitsgradmesser obwohl er eine Weltsensation darstellt, nur eine niedrige Wertstufe zuerkannt werden kann.

Selbstverständlich hat Solti viele Kollegen, die bei einem Vergleich mit den klassischen Vorbildern auch zu keiner höheren Bewertung gelangen. Aber bei ihm gilt es, die Persönlichkeit im Lichte seines gigantischen Geltungsanspruchs zu beurteilen. Toscanini nannte den durch Solti repräsentierten Dirigententyp (was zu seiner Zeit auf den ebenfalls als große Persönlichkeit hinausposaunten Victor de Sabata gemünzt war) Pagliaccio. Ist aber Pagliaccio eine Persönlichkeit, namentlich wenn er als Dirigent anerkannt sein will? Toscaninis Wort braucht natürlich nicht für bare Münze genommen zu werden. Aber gerade Solti schwört auf Toscanini, also sollte er, durch logische Ableitung anhand der Analogien, in dessen Äußerung sein eigenes Spiegelbild erkennen.

Toscanini (wie auch seine gleichgesinnten Kollegen) wußte, wie albern und lächerlich die Dirigierbewegungen, selbst bei größter Zurückhaltung, ohne die klangliche Benebelung eigentlich sind. Sein durch innere Sammlung gebändigtes Gebärdenspiel – der visuelle Ausdruck einer vor dem Publikum (allerdings nur vor dem Publikum) selbstbeherrschten Dirigentenpersönlichkeit – hat für Solti trotz seiner Toscanini-Allüren keine beispielgebende Wirkung. Sein Agieren auf dem Podium erinnert an die verschiedenen Sportarten wie Kugelstoßen, Hammerwerfen, Boxen und Beinstellen beim Ringen. Solche Assoziationen fließen sicherlich nicht aus dem Anblick der Orchesterleitung klassischer Stabführer, deren künstlerische Zucht beweist, daß zum Beispiel eine Tanzmusik keine Veitstanzmusik zu sein braucht und daß jegliche Musik, auch wenn der Dirigent nicht aus der Haut zu fahren droht, schön, diszipliniert und dynamisch wiedergegeben werden kann. Das zeigt aber auch, daß die tollen

Dirigiermanieren nicht von einer musikalischen Notwendigkeit eingegeben sind, sondern von der fahrigen Unbeherrschtheit einer überkochenden Strebermentalität. Und wenn Solti während gelegentlicher Erschlaffungsperioden seiner eigenen Herumfuchtelei überdrüssig wird, dann verfällt er in eine lethargische Durchschnittskapellmeisterei, die weder Fisch noch Fleisch ist. Er kennt eben nicht den Mittelweg männlich verhaltener Leidenschaftlichkeit.

Die „New York Times", Amerikas führende Tageszeitung, schrieb über Solti (bei gleichzeitiger Anerkennung des musikalischen Teils seiner Leistung) in einem am 7. Dezember 1972 erschienenen Konzertbericht: „Solti mit seinem an die Gliederzuckungen der Heuschrecke erinnernden Taktschlag – eingezogene Ellbogen, geknickte Handgelenke, bucklige Schultern, empor- und niederschnellende Wellenbewegungen – ist so ziemlich der anmutsloseste Dirigent in der Branche."

Daß Solti in so eine kinetische Verkrampfung und andererseits auch in eine cäsarische Personalbehandlung verfallen sein konnte, begann ihm beim Anbruch seiner Altersperiode aufzudämmern, und er gelobte, nun seriöser und menschlicher zu werden. Es ist aber fraglich, wieviel von seiner „besonderen" Persönlichkeit, seiner einzigen Anziehungskraft übrig bleibt, wenn er seine Draufgängerei abstreift und wie ein reumütiger Tannhäuser nur noch darauf hofft, seinen dürren Taktstock grün knospend erblühen zu sehen.

Das fragwürdige Persönlichkeitsbild Soltis und besonders seiner wesensähnlichen Kollegen zeigt sich in der Unausgeprägtheit ihres kunstästhetischen Charakters. Der kunstästhetische Charakter formt sich aus dem spezifisch künstlerischen Temperament zum Unterschied vom allgemeineren menschlichen Temperament und in Ergänzung dazu. Nietzsche hat in die musikalische Kunstästhetik das Begriffspaar „apollinisch" und „dionysisch" eingeführt. Diese Ausdrücke sollen zwei Typen bezeichnen, die nach dem schöngeistigen Gott Apollo und dem schwelgerischen Gott Dionysos benannt sind. Nach Nietzsches Theorie ist ein Musiker entweder apollinisch, also der maßvoll abgeklärten Schönheit in der Kunst zugetan, oder aber dionysisch, also leidenschaftlich überschäumend veranlagt. Obwohl auch bei dieser Kategorisierung die Grenzen nicht immer scharf gezogen sind, ist bei den meisten ausdrucksstarken Künstlerpersönlichkeiten ein klares Überwiegen der einen oder der anderen Anlage festzustellen.

Auf Komponisten bezogen zeichnet sich dieser kunstästhetische Gegensatz zum Beispiel zwischen dem apollinischen Mozart und dem dionysischen Beethoven deutlich ab. Man kann ganze Epochen oder künstlerische Nationalcharaktere unter diesem Blickwinkel einander gegenüberstellen. Demnach wäre die Klassik apollinisch und die Romantik dionysisch, oder der französische Geist apollinisch und der deutsche dionysisch. Auch innerhalb eines Zeitstils oder eines ethnischen Charakters kontrastieren Künstler nach ihren Individualitäten. So ist Brahms apollinisch und Bruckner dionysisch. Es kann aber der Charakter eines Komponisten, gegen verschiedenartige Vergleichsobjekte betrachtet, wechselweise zwei verschiedene Aspekte zeigen. So ist Debussy im Vergleich zum dionysischen Berlioz apollinisch, aber im Vergleich zum apollinischen Saint-Saens erscheint er dionysisch.

Vortragskünstler zeigen natürlich dieselbe Scheidung der ästhetischen Naturanlagen. Unter seinen drei engeren Kollegen kann man nur der Jugendperiode Soltis einen dionysischen Charakter zusprechen, während die anderen sich zu keiner Zeit in irgendeiner Farbe des Persönlichkeitsspektrums ausprägten.

Nach dieser eher negativen Bewertung wenden wir uns den Dirigenten der Musikgeschichte mit einer positiv künstlerischen Prägung zu. Diese sollen je nach ihrem Typus in zwei repräsentativen Listen, die freilich noch wesentlich erweitert werden können, vorgeführt werden.

| Apollinisch | | Dionysisch | |
|---|---|---|---|
| Mendelssohn | Beecham | Wagner | Toscanini |
| Weingartner | Stokoswki | Bülow | Kussewitzky |
| Mengelberg | Ansermet | Nikisch | Furtwängler |
| Walter | Szell | Mahler | Mitropoulos |

Bei dieser Aufstellung muß man sich vor Augen halten (da es sich um Dirigenten und nicht ausführende Spieler handelt), daß außer ihrer Werkinterpretation und ihrem Klangbestreben (auf der Basis der Überlieferung) auch ihr Schlagbild und ihr allgemeines Gehaben in Betracht gezogen wurden. Bei der Berücksichtigung von so vielen Faktoren kann diese Klassifizierung selbstverständlich nur einen Kompromiß darstellen. Trotzdem spiegelt sie ein annehmbar getreues Bild der kunstästhetischen Beschaffenheit der angeführten Dirigenten wider.

Nur Stokowskis Einreihung bei den Apollinikern erfordert eine besondere Erläuterung. Sein Bestreben, in der Musik mehr das klangliche als das gedankliche Element hervorzuheben, könnte eine dionysische Etikettierung angebracht erscheinen lassen. Eine solche Bewertung wäre jedoch irrig. Die Klangfreudigkeit war bei ihm rein äußerlich und keinesfalls das Ergebnis einer musikalisch-sinnlichen Triebhaftigkeit. Für Stokowski war der Klang ein Gegenstand der Spekulation und Manipulation. Unter seiner Leitung wurde der Klang nicht entfesselt, sondern erzeugt. Um Stokowskis Musizieren herrschte immer eine Atmosphäre der Kühle und Künstlichkeit. Wohl drängte er auf Klang, aber dieser Klang war l'art pour l'art. Entscheidend für seinen apollinischen Charakter war der visuelle Teil seiner Direktion. Er war statuenhaft, elegant und anmutig salbungsvoll sowohl in seiner Erscheinung als auch in seinem Gebaren. Er war von Mähne bis Lackschuh auf eine aristokratische Wirkung eingestellt.

Bei der unvermeidlichen Visualität des Dirigierens ist die illusionerzeugende oder -zerstörende Wirkung des Erscheinungscharakters des Dirigenten nicht zu leugnen. Die Frage ist aber nicht, ob der Dirigent nach den allgemeinen Schönheitsbegriffen anziehend oder farblos ist, sondern ob sein Äußeres und sein Gebaren mit der Geistes- und Stimmungswelt des Werkes harmoniert. Den unterschiedlichen Rollenfächern im Theater vergleichbar, wo die Träger der Liebhaber- und Bufforollen nicht beliebig auswechselbar sind, gibt es eine interpretatorische Spezialisierung auch bei den Dirigenten.

Die Dirigenten selber unterwerfen sich zwar dem Persönlichkeitsprinzip meistens nur widerwillig, aber die Kritik und das Publikum weisen (in ihrer Vorstellung) jedem das seiner Persönlichkeit angemessene Gebiet zu. Es gibt Beethovendirigenten, Wagnerdirigenten, Konzertdirigenten, Operndirigenten, romantische und moderne Dirigenten und auch solche, die in der italienischen Musik und andere, die in der deutschen Musik am meisten zu Hause sind. Diejenigen, die in ihrer Tätigkeit das weiteste Gebiet umfassen und in all den genannten Stilrichtungen authentisch sind, können auf einen besonderen Meisterschaftstitel Anspruch erheben. Die meisten Dirigenten, darunter manche der größten, sind jedoch von einer solchen Vielseitigkeit ziemlich weit entfernt.

Die Mängel der Persönlichkeit schließen gewisse Werke für gewisse Dirigenten aus dem

Repertoire gänzlich aus, es sei denn, sie wollten sich der Lächerlichkeit aussetzen. Ein schmächtiger Jüngling – sollte er noch so stilsicher und dirigierflink sein –, der wie ein Ladenschwengel aussieht, muß doch bei unserer heutigen Scharfäugigkeit als Dirigent der Neunten Symphonie wie ein Dreikäsehoch im Anzug seines Vaters anmuten. Vom musikalischen Können abgesehen, muß man schon 40 Jahre alt sein und mindestens 80 Kilo wiegen, bevor man sich vor einem Großstadtpublikum an Beethovens Neunte heranwagen darf.

Einschränkungen persönlicher Art gelten sogar für die Könige des Dirigierzepters, und zwar auch, wenn sie sie nicht zur Kenntnis nehmen wollen. Es hat zum Beispiel kaum je eine widerspruchsvollere Kombination gegeben als Bruno Walter und „Die Fledermaus" unter seiner Leitung. Daß Walter verstandesmäßig wußte, wie die Fledermaus auf die Bühne zu stellen war, sei nicht bezweifelt. Daß aber der andächtig schwerblütige Walter stimmungsmäßig zur frech herumtollenden Fledermaus paßte, das werden wohl selbst seine frömmsten Anhänger nicht behaupten wollen. Man kann sich lebhaft vorstellen, wie er am Dirigentenpult, mit dem Treiben der weinseligen Fledermausgesellschaft im Hintergrund, eine Figur gemacht haben muß wie ein Pfaff im Puff.

Es war viel damit für die Kunst „gewonnen", daß Walter und die anderen Dirigierbischöfe die bereits ein halbes Jahrhundert lang närrisch geliebte Fledermaus endlich als große Musik entdeckt und deren Gesangskleinodien sowie das Orchestergeflecht mit symphonischer Gründlichkeit staubfrei geklopft, desinfiziert und neu aufgepolstert haben, wobei sie die champagnergeladene Fledermausstimmung in Nibelungenpathos und Kantatenkeuschheit umzelebriert haben.

Diese Missionsarbeit hatte zwei bemerkenswerte Folgen. Die eine war die Mahnung eines jeden Provinzkritikers an den örtlichen Theaterdirektor, die Fledermausdirektion fortan keinem geringeren Mitglied des musikalischen Stabes als dem Chefdirigenten des Opernfachs anzuvertrauen. Die zweite Folge war die äußerliche Persönlichkeitsverwandlung jener Operettenkapellmeister, in deren Händen die Fledermausdirektion aus betriebstechnischen Gründen trotz der Veredelungswelle noch belassen werden mußte. Nette Jungen, die sich sonst meistens normal benahmen, setzten jedesmal die süßliche Leichenbittermiene Bruno Walters auf, wenn sie die Fledermaus dirigierten. Was bei Mahler nicht leicht war, nämlich Bruno Walter nachzuahmen, wurde bei der Fledermaus plötzlich leicht. Man brauchte nur dreinzuschauen wie drei Tage Regenwetter, und schon hatte man das stolze Gefühl, ein großer Fledermausdirigent zu sein.

Nachdem die Erfordernisse akzeptablen Dirigententums im großen und ganzen umschrieben worden sind, mögen die Musikschwärmer fragen, ob es denn noch nie einen vollkommenen Kapellmeister gegeben habe. Man kann die Frager mit der Antwort beruhigen, daß es wenigstens einen gegeben hat. Und wer er sei und wo er zu finden sei? Nun, der einzige vollkommene Kapellmeister ist zu finden im Titel von Johann Matthesons Buch: „Der vollkommene Kapellmeister".

Die Orchestermusiker haben ihrerseits eine praktischere Version des vollkommenen Kapellmeisters. Sie sagen, ein vollkommener Kapellmeister sei ein toter. So herzlos realistisch können natürlich nur Orchestermusiker sein, die erst nach Nikischs Tod berufstätig geworden sind. Diejenigen, die Nikisch kannten, schworen, daß er auch im „sterblichen" Zustand schon ein vollkommener Kapellmeister war.

Glücklicherweise ist Nikisch früh genug gestorben, um seine Vielseitigkeit nicht unter den

Modernitätsbeweis stellen zu müssen. Obwohl gegen Ende seines Wirkens Debussy, Strawinsky und Bartók bereits im vollen Schwange waren, konnte man von einem mit Wagner, Bruckner, Brahms, Tschaikowsky und Strauss großgezogenen Sechziger kein vollständiges Herumreißen des stilistischen Steuers mehr erwarten. Aber von diesem einen Vorbehalt abgesehen, wird er wohl als der bisher größte, schier vollkommene Kapellmeister bezeichnet werden können. Wenn er vom rein musikalischen Standpunkt vielleicht nicht unbedingt über Bülow, Mahler und Toscanini zu setzen ist, so gebührt ihm der Vortritt auf alle Fälle seiner menschlichen Qualitäten wegen.

Nikisch besteht die Probe des idealen Dirigenten unter jedem erdenklichen Blickwinkel. Als Temperament war er cholerisch. Er hatte Humor. Er war den Orchestermusikern gegenüber extrovertiert, dem Publikum gegenüber introvertiert. Er war eine Persönlichkeit (ein ziemlich lahmer Ausdruck für Nikisch) und verbreitete beim Dirigieren einen einzigartigen Musizierzauber um sich. Er war dionysisch im Kern und apollinisch in der Form. In fachlicher Hinsicht, was bei Nikisch eigentlich zuerst erwähnt werden sollte, war er ein ebenso tiefsinniger Werkausdeuter wie überlegen musikantischer Praktiker.

Die Zeugnisse von zwei maßgeblichen Zeitgenossen, einem etwas älteren und einem jüngeren, bestätigen die Berichte zahlreicher, bescheidenerer Nachrichtenquellen. In seinem musikalischen Reisebericht aus dem Jahre 1888, als Nikisch 33 Jahre alt war, charakterisiert ihn der damals 48jährige Tschaikowsky durch eine Gegenüberstellung mit Bülow.

> Sein Dirigieren hat nichts gemeinsam mit der berühmten und in ihrer Art unnachahmlichen Manier Hans von Bülows. So beweglich, unruhig und effektvoll in seinen zuweilen in die Augen fallenden Kunstgriffen beim Dirigieren der letztere auch ist, so wunderbar ruhig, jede überflüssige Bewegung vermeidend, aber dabei so erstaunlich mächtig, energisch und voll Selbstbeherrschung ist Arthur Nikisch. Er dirigiert nicht, sondern es scheint, als ob er sich einer gewissen geheimnisvollen Zauberei hingibt; man bemerkt ihn kaum, er bemüht sich durchaus nicht, die Aufmerksamkeit auf sich zu lenken, und doch fühlt man, daß das ungeheure Orchesterpersonal, wie ein Instrument in den Händen eines bewunderungswürdigen Meisters, sich vollständig und willig den Anordnungen seines Hauptes fügt.

Sozusagen als Ergänzung zu dieser kapellmeisterlich-musikalischen Schilderung beleuchtet Fritz Busch die mehr menschliche, soziale Seite der Persönlichkeit Nikischs.

> Ich sah ihn einmal, wie er zum erstenmal vor ein ausgezeichnetes, ihm bis dahin fremdes Orchester trat. Begabt mit einem unglaublichen Personengedächtnis, begrüßte er eine Anzahl Mitglieder mit Namen, die er zum Teil jahrzehntelang nicht gesehen hatte, und es ist selbstverständlich, daß ihm die Herzen zuflogen. Er sprach dann zum Orchester ein paar Worte in außerordentlich liebenswürdiger und gewinnender Art, und man fühlte aus der ganzen Atmosphäre, daß gleich die ersten Akkorde besondere Wärme, besonderen Glanz bekommen würden. Es war bei einer Meistersingervorstellung, die er als Gast dirigierte, und das Vorspiel bekam durchaus persönliches Gepräge, trotz der nur knappen Anweisungen, die er gab, und obwohl alles von ihm sehr großzügig behandelt wurde. Spielte ein Musiker eine Stelle besonders gut, oder glückte einem Bläser eine exponiert liegende Phrase, so war man sicher, daß er ein lobendes Wort bekam, und diese Güte, gepaart mit weltmännischer Geste, vermochte es, das Orchester zur Hingabe seiner letzten Kraft anzuspornen. Seine Dirigiertechnik war ungemein reichhaltig und lebensvoll, dabei ästhetisch von ganz besonderem Reiz. Man konnte in dieser Beziehung nichts Vollkommeneres erleben.

Vergleichen wir mit dem von Nikisch geformten Idealbild eines Dirigenten die anderen berühmten Dirigierfiguren, und registrieren wir die Eigenschaften, die sie zu viel oder zu wenig hatten, um kapellmeisterliche Edelgeschöpfe zu sein. Der erste, der sich dabei aufdrängt, ist freilich Toscanini, der die kapellmeisterliche Legende der nachnikischschen Zeit war. Der Bericht Tschaikowskys über Nikisch enthält vieles, was auch auf Toscanini gemünzt sein könnte. Toscanini war beim öffentlichen Dirigieren ebenfalls wunderbar ruhig, voll Selbstbeherrschung, jede überflüssige Bewegung vermeidend, doch auch mächtig und energiegeladen. Ums Dirigieren als Musiziertätigkeit war es ihm heiliger Ernst ohne die geringsten Primadonnenallüren. Dieser fast asketische Verzicht auf jegliche Schauspielerei ist ihm um so höher anzurechnen, als die ihn umgebenden kriecherischen „Hofschranzen" einen weniger halsstarrigen Charakter leicht zur Selbstbespiegelung hätten verleiten können.

Die anderen, von Busch berichteten Eigenschaften von Nikisch können aber Toscanini ganz und gar nicht zugesprochen werden. Seine Orchesterproben bedeuteten für die Musiker schwere Nervenkrisen. Eine kindisch primitive, unpsychologische Unbekümmertheit um die Empfindlichkeiten seiner Mitarbeiter war nicht nur vom menschlichen Standpunkt verwerflich, sondern verursachte auch den größten Teil der Schwierigkeiten der technisch-musikalischen Arbeitsbewältigung. Ein Umstand, den er natürlich nicht zur Kenntnis nehmen wollte.

Seine Natur hat auf die Musiker nicht wie die Nikischs befreiend und einladend, sondern beklemmend und abschreckend gewirkt. Das Publikum wollte es lange nicht wissen, wieviel Schweiß, Blut und Tränen die brillanten Aufführungen Toscaninis die Orchestermusiker kosteten.

Ein Antipode Toscaninis in der Methode war Bruno Walter. Als solcher deckte er die Gründe, weshalb er das Ideal des vollkommenen Kapellmeisters nicht erreichte, unwillkürlich selbst auf. Er hat sich über den Unterschied zwischen dem diktatorischen und dem erzieherischen Dirigenten freimütig ausgesprochen. Die Interpretationen des diktatorischen Dirigenten seien aufwühlend, erschütternd, und mächtig in ihrer Ganzheit. (Vorausgesetzt – was man dem Walterschen Befund hinzufügen möchte –, daß er nicht bloß ein Diktator, sondern auch ein großer Musiker ist.) Die Interpretationen des erzieherischen Dirigenten dagegen seien ergreifend, erhebend und reicher, blühender im Detail. Da Walter ein eher erzieherischer als diktatorischer Dirigent war, so wissen wir aus seiner eigenen Zeugenaussage, was ihm zur Vollkommenheit fehlte. Denn dieses Entwederaufwühlend-oder-blühend ist keine unbedingt notwendige Alternative. Nikisch (und auch mancher andere) hat bewiesen, daß Interpretationen aufwühlend und blühend sein können, und noch dazu ohne die Hilfe diktatorischer oder erzieherischer Erzeugungsmethoden. Die positive Auswirkung einseitiger Eigenschaften als volle Leistung anzuerkennen, ist ein Kompromiß, der notgedrungen bei jenen Dirigenten hingenommen werden kann, die keine Universalität der Persönlichkeit erreicht haben. Ein Dirigent, der der Verbindung des Blühenden mit dem Aufwühlenden jedoch im nikischschen Sinn nahekam, war Furtwängler. Trotzdem war er kein vollkommener Dirigent. Seiner Plus-Seite (Persönlichkeit, Fachbildung, Empfinden) stand eine fragwürdige Dirigiertechnik gegenüber, die den Orchestermusikern viel Kopfzerbrechen verursachte. Diese und seine ermüdende, zerstückelnde Probenmethode haben über seine Aufführungen, besonders bei Gastdirektionen, immer ein Damoklesschwert der Ungewißheiten gehängt.

Auf festerem Grund in diesem dirigiertechnischen Bezirk stand Knappertsbusch, der außerdem ein Beispiel dafür war, wie man mächtige Wirkungen ohne diktatorische Methoden erzielen kann. Seiner militärischen Erscheinung wegen wurde ihm nämlich die Diktatur von den Musikern bevorschußt, so daß er über das Orchester keine Diktatur mehr zu verhängen brauchte. Die Musiker vertrauten sich seiner Führung blindlings an trotz des Nachteils der bei ihm üblichen Aufführungslängen, die für sie das wohlverdiente Heimgehen nach getaner Arbeit meistens um eine viertel bis eine halbe Stunde über das Normale hinausschoben. Diese Zähflüssigkeit, die in seinem artverwandten Repertoire Triumphe feiert, stempelte ihn natürlich zu einem spezifisch teutonischen Kapellmeister.

Wenn man nach kapellmeisterlichen Vollkommenheitskandidaten Ausschau hält, wird man erkennen, daß man dazu eine noch längere Reise in die Vergangenheit als bisher unternehmen muß. Zwei nähere Stationen sind Kleiber und Muck, die in dieser Kategorie überhaupt in Betracht gezogen werden können. Beide kommen dem Ziel sowohl in technisch-musikalischer als auch menschlich-sozialer Hinsicht ziemlich nahe. Die noch bestehende restliche Lücke bleibt wegen des von Nikisch geschaffenen, schwer erreichbaren Vorbildes unüberbrückt. Der Vollkommenheitsgrad erfordert nämlich die Erfüllung der Bedingungen einer magischen Kraft, die noch über die Gabe der an sich besonderen Persönlichkeit hinausgeht. Diese Bedingungen haben Bülow und Mahler erfüllt zusätzlich zu ihrem souveränen Musikertum. Trotzdem bleiben sie hinter Nikisch zurück, weil sie beide neurotische Trümmerhaufen waren, die ihren Musikern das Leben zur Hölle machten.

Es bliebe noch der elegante, weltmännische Weingartner, der nach allen Kriterien seinen Mann stellte und außerdem im Komponieren und Schriftstellern zumindest an Umfang weit übertraf, was andere hauptamtliche Dirigiranten in dieser Hinsicht je geleistet haben. Er war der eigentliche Glanzdirigent seiner Zeit, dessen Wirkung auf das Publikum mit der eines Filmstars verglichen werden kann. Dieser Zug Weingartners ist aber gleichzeitig die Erklärung für einen Schimmer des Unseriösen, der ihn umgab. Mehr als irgendein anderer Dirigent war er in der vorfurtwänglerschen Zeit der Dirigent der Frauen. Daß immer Betrieb und Rummel um ihn herrschen mußte, wäre nicht so schlimm gewesen. Weniger glücklich war es aber, daß meistens auch Rummel in dem Betrieb herrschte, der ihm zur administrativen Leitung anvertraut war. Ein Anflug von unrealistischer Phantasterei in all seinem Planen war auch nicht dazu angetan, seine Untergebenen zur restlosen Bewunderung zu veranlassen. Seine Lebenserinnerungen in zwei Bänden sind so voll von Klatschereien, als ob sie nicht von ihm, sondern von einem übereifrigen Biographen über ihn geschrieben worden wären. Wenn ernste Musiker über sich selbst schreiben, müssen sie doch auch die Tiefen der Selbstzweifel, des von ihnen noch nicht (oder überhaupt nie) Erfüllten aufschließen, anstatt nur einen Katalog bereits bekannter oder nichtssagender Heldentaten zu bieten. Die Selbsterforschung, die Bruno Walters Schriften kennzeichnet, ist ein aufschlußreicher Kontrast zu Weingartners Vergnüglichkeiten.

Nach so einer eingehenden Persönlichkeitsanatomie berühmter Dirigenten der Vergangenheit wird man es vielleicht als mangelhaft empfinden, den zeitgenössischen Dirigiernotabeln nicht die gleiche Behandlung angedeihen zu lassen. Es war natürlich und sicherlich notwendig, die durch direkten Kontakt nicht erlebte Persönlichkeit prominenter Dirigenten vergangener Epochen den nachgeborenen Musikinteressenten näherzubringen, weil jene in einem gewissen Sinn legendenhaft sind, in vieler Beziehung heute noch erwähnt werden und weil ihr Musizieren in ihren Schallplatten verewigt ist.

Die ihnen folgenden neuzeitlichen Dirigenten benötigen einstweilen keine lexikalische

Beschreibung, da sie ihr Wesen auf dem offenen Konzertpodium und bei der Atelierarbeit mit ihren Musikern tagtäglich offenbaren. Das Publikum und die Musikerschaft kennen alle persönlichen und musikalischen Attribute dieser zeitgenössischen Dirigenten so gründlich, daß ihr Porträt auf dem literarischen Wege mit kaum etwas zusätzlich Wissenswertem ergänzt werden kann. In der Beurteilung der Dirigenten aller Generationen bildet sich sowohl in Fachkreisen als auch im Publikum eine allgemeingültige Betrachtung heraus, die selbst in strittigen Fällen kaum noch in einem veränderten Licht erscheinen kann.

Da nun eine kapellmeisterliche Starkarriere (wie die wohlbekannten Beispiele zeigen) auch ohne ein absolut musikalisches Sondertalent möglich ist, so stellt sich die Frage, wie denn die von Musik unabhängig wirkende Zauberformel lautet, die einen den Vorbildern ähnlichen Starerfolg garantiert. Das Geheimnis, dessen Kenntnis übrigens wenig fruchtet, wenn es nicht aus tierischem Instinkt nutzbar gemacht wird, ist verblüffend einfach. Es ist das richtige Verhalten der richtigen Persönlichkeit am richtigen Ort im richtigen Moment. Erfolgreiche Menschen, deren Erfolg sich nicht ausschließlich auf stille, ernste Berufsarbeit stützt, erfühlen instinktiv, wann und ob sie brutal oder sanft, lügnerisch oder wahrheitssprechend, beleidigend oder schmeichlerisch, oder in welcher sonstigen Weise sie der jeweiligen Situation angepaßt sein müssen.

Selbst wenn der Karrierendurchbruch eines Dirigenten bereits mit fachgemäßen Mitteln erzielt wurde, wird sein weiterer Ruhm meistens mit machiavellistischen Hilfsmitteln aufrechterhalten.

Ein solches ist auch die finanzielle Herrlichkeit, die im Zeitalter des Stardirigententums die erfolgreichen Dirigentenkarrieren begleitet. Dieser finanzielle Erfolg ist freilich für die betreffenden Dirigenten ganz und gar nicht nebensächlich. Man wäre aber im Irrtum, wenn man glaubte, daß die von einem Dirigenten erzielte Honorarhöhe nur eine materielle Bedeutung hat. Die Dirigenten verschmähen natürlich nicht ein auf Rosen gebettetes Leben, das ihnen ihre groß-kapitalistischen Einkünfte ermöglicht. Darüber hinaus ist aber ihre Preislage ein ebenso wichtiger Gradmesser ihres künstlerischen Ranges in der Zunft. Obwohl das Publikum selten genau weiß, in welchem Maße diese Dirigenten in den einzelnen Fällen die Konzertgesellschaften schröpfen, so sickert immerhin genug durch, um einen sagenhaften finanziellen Status anzudeuten. Die Wirkung dieser Gerüchte ist somit nicht zu unterschätzen. Die exorbitanten Honorarforderungen tragen noch mehr dazu bei als die künstlerische Leistung, bei den geschäftswachen Konzertverwaltungen und dem anbetungswütigen Publikum den Glauben an das Startum aufrechtzuerhalten.

Weshalb zahlen aber die Verwaltungen die halbe Bruttoeinnahme einer Veranstaltung an Stargagen aus? Weil es besser ist, einen Bruchteil von viel zu behalten, als das Ganze von nichts. Und weshalb reißt sich das Publikum um die unverschämt teuren Eintrittskarten bei Stargastspielen? – Weil einem die kostspielige Anwesenheit beim „Ereignis" mehr gesellschaftliches Ansehen verleiht als die wohlfeile Erduldung der Talentprobe eines zwar vielversprechenden, aber noch obskuren Anfängers.

Es ist interessant mitanzusehen, wie das Mammuteinkommen ein unerläßlicher Teil des Gesamtbildes eines öffentlichen Idols ist. Man kann sich heutzutage keinen anerkannten Schriftsteller, Arzt, Schauspieler, Politiker oder Dirigenten als armen Schlucker vorstellen, obwohl das in früheren Zeiten sehr wohl möglich war. Und da nun einmal das Geld von den Menschen (nicht ohne Grund) angebetet wird, so wird auch die Hand angebetet, die Macht darüber ausübt. Rückständige Länder, deren Bevölkerung in Lumpen herumläuft und deren Staatskasse den Bau eines Spitals nicht erlaubt, geben Millionen aus für die Unterhaltung eines parasitischen Herrscherhauses, das von diesem selben Lumpenpöbel verehrt und umjubelt wird. Der Luxus spielt eine überragende Rolle in der Aufrechterhaltung der Fiktion des Übermenschentums der gesellschaftlichen Höhenkletterer.

Die Menschen neiden zwar dem reichen Nachbarn seinen Reichtum, nicht aber einer abgesonderten, unnahbaren Glanzfigur des öffentlichen Lebens. Selbst schmollende Orchestermusiker, die eifersüchtig in die Lohntüte des Pultkollegen schielen, können dem lähmenden Bann nicht ganz entgehen, der dem Geldwunder einer großen Dirigentenkarriere entstrahlt. Ist unter diesen Umständen die Zauberwirkung der kapellmeisterlichen Geldfülle für die Öffentlichkeit nicht noch mehr verständlich, wenn man berücksichtigt, daß für diese der Dirigent eine durch Entfernung idealisierte Glanzstellung einnimmt! Da das Publikum den Dirigenten nur im Frack und nicht im Schlafrock kennt, glaubt es, daß seine künstlerische Größe an der Größe seiner irdischen Herrlichkeit zu messen ist. Und durch diese Annahme wird man dazu verführt, zum weiteren Anschwellen dieser Üppigkeit beizutragen. Das Riesenhonorar eines Stardirigenten wird teilweise aus den multiplizierten Scherflein der kleinen Leute bezahlt und durch die an den Musikerlöhnen abgesparten Budgetgewinne su,ventioniert. Was die zuhörenden Anbeter und die ausführenden Opferlämmer in einem Jahr verdienen, ist kaum mehr, als was der Star oft an einem einzigen Abend einsteckt.

Die künstlerischen Finanztheoretiker rechtfertigen diesen Zustand mit einem Hinweis auf die willig ertragene Finanzlast des Unternehmers. Wie dieser eine Riesengage zu zahlen bereit ist, um überhaupt ein Geschäft machen zu können, so sollten die Statisten, die Musiker, den Raub durch den Star begrüßen, weil dieser als besondere Zugkraft den Gang des Kunstbetriebs auf höhere Touren bringen kann. Wenn schon nicht aus künstlerischer Überzeugung, so wenigstens aus Eigeninteresse sollten sich die Orchestermusiker in der Verehrung der Stars dem Publikum anschließen.

Die Orchestermusiker sind durchaus nicht abgeneigt, den Stars, wo immer gerechtfertigt, eine künstlerische wie geschäftliche Anerkennung zu zollen. Ihre Weigerung beschränkt sich nur auf eine Identifizierung mit den Motiven des Publikums. Den Fachmann schaudert's beim Gedanken, mit dem urteilslosen Laien gleicher Meinung zu sein; nicht weil er hochmütig ist, sondern weil er weiß, daß der Laie keine Grundlage zu einer seriösen Meinungsbildung hat. Für die Orchestermusiker äußert sich die Fragwürdigkeit des laienhaften Urteils zum Beispiel durch die Bagatellisierung oder gar gänzliche Ignorierung ihres Anteils an der jeweiligen Gesamtleistung.

Die Ausnahmestellung der Stars ist aufgrund ihrer außergewöhnlichen Gaben sicherlich verdient, sie spiegelt aber in ihrer oft phantastischen Übersteigerung den primitiven Gefühls- und Bildungszustand des Publikums, der es dazu bestimmt, eine Kunstleistung mehr als ästhetisches Reizmittel denn als geistbildende Nahrung in sich aufzunehmen. Die Hellhörigkeit des Publikums für die Höhepunkte einer Darbietung und seine Schwerhörigkeit für den musikalischen Unterbau üben auf die Meister dieses Unterbaus, die Orchestermusiker, einen moralischen Effekt aus, der in ihnen jedes Interesse tötet, sich an einer Huldigung für die Beherrscher des „Oberbaus" zu beteiligen.

Eine gebührende Würdigung der Rolle aller Gestaltungselemente einer Ensembleleistung würde keine maßlose Erhöhung eines Elements auf Kosten aller anderen zulassen. Wohl kann niemand den Vorrang echter Stars wegdisputieren, es sollte aber ebensowenig möglich sein, die Funktion eines Stars in einem künstlerischen Vakuum, von allen vortragstechnischen Wechselbeziehungen losgelöst, aufzufassen. Ein Star sollte der Vordergrundfigur eines Gemäldes vergleichbar sein, in welchem der sinnvolle Beitrag der Nebenfiguren und des Hintergrundes erst den gewünschten ästhetischen Gesamteffekt hervorruft und dementsprechend gewürdigt wird.

Die diesem Postulat zuwiderlaufende Einstellung des Publikums, die von der musikalischen Warenunkenntnis der Konsumenten und folglich der sachfremden Einschätzung der Verhältnisse herrührt, führt dann zwangsläufig zu der bekannten enormen finanziellen Gewichtsverschiebung zwischen Star und Orchesterkuli. Die namenlosen Mitarbeiter an der künstlerischen Leistung, die Orchestermusiker, haben in der Phantasie des Publikums keinen Platz. Diese ist ganz vom namhaften Element ausgefüllt. Man zahlt folglich nicht für das, was man an Leistung tatsächlich bekommt, sondern für das, was man zu bekommen sich einbildet. Das Publikum zahlt nicht für eine Ware, sondern für eine Warenmarke. Und man weiß, daß die Warenmarke meistens teurer ist als die Ware selbst.

Die Nächstinteressierten suchen den exorbitanten Preis der Marke unter anderem auch mit dem Argument des „noblesse oblige" zu rechtfertigen. Ein Stardirigent könne nicht mit belegten Brötchen verköstigt werden, Eisenbahn dritter Klasse fahren und in Absteigequartieren logieren. Man weiß außerdem, daß der Geldhamster von Dirigent oft einen ganzen Hofstaat mit sich schleppen muß. Unter Umständen kann er der Versorger einer kleineren Armee von geschiedenen Frauen und den dazugehörigen Sprößlingen sein. Auf alle Fälle hat er einen Sekretär (oder schon eher eine Sekretärin) und sonstiges Domestikenpersonal in seinen Diensten.

Das ist kein geringer Fortschritt seit Haydn, Mozart und Berlioz, die, weit davon entfernt, andere bei sich im Dienst zu haben, selbst in den Diensten anderer standen und auch als verunglückte Ehemänner sich nicht den Luxus leisten konnten, ihre sauer gewordenen Ehegespons mit frischen, zarten Pflänzchen legal zu vertauschen. Die prominenten Musiker früherer Zeiten gehörten zum Geistesadel, die heutigen gehören zum Geldadel.

Es ist keine Kleinigkeit, wie heute die Musik ihre Apostel mit irdischem Glück überhäuft, während die musengeküßten Musikdichter vergangener Zeiten von der Hand in den Mund leben mußten. Es ist schon beinahe unmoralisch, die klassischen Meisterwerke, die ihren Schöpfern kaum ein Butterbrot eingebracht haben, heute als Goldminen für die Befriedigung kapellmeisterlicher Bereicherungssucht auszubeuten. Es sollte einem Dirigierstar peinlich sein, nach der Aufführung von – sagen wir – Schuberts großer C-Dur-Symphonie ein dickes Honorar einzustreichen, wenn er sich dabei vom Gedanken bedrängt fühlen muß, daß dieses Werk noch lange Jahre nach dem Tod des Schöpfers unentdeckt und ertraglos in einer vergessenen Schublade Staub sammelte. Im Lichte dieser Tatsache wird man wohl nicht bestreiten, daß das Schaffen der genannten Musik (und auch vieler anderer) eine größere kulturhistorische Tat war als ihre reproduktive Wiedergabe. Die Interpretation eines Musikwerkes (ohne ihre Bedeutung zu unterschätzen) ist im Vergleich zu dessen Schöpfung von beschränkter Bedeutung. Die Interpreten kommen und gehen, aber die Werke bleiben. Die Dirigenten und ihre blinden Anhänger haben natürlich ein Interesse an der Verwirrung der Geister über diesen Punkt.

Im Zeitalter der politischen Massenverführung haben wir die künstlerische Massenverführung. Die Anbetungsmanie der Menschen, die sich in der modernen Zeit von der Religion auf das Gebiet der Politik verschoben hat, tobt sich auch in der Sphäre kommandierten Musizierens nicht schlecht aus. Die psychopathischen Zustände im Konzertsaal, die ihre höchste Fiebertemperatur während der Blüteperiode solcher Publikumsbetörer wie Toscanini, Furtwängler, Kussewitzky und Stokowski erreichten, machten eine gebührende Zurückführung der musikalischen Effektleistung auf ihre verschiedenen Quellen geradezu unmöglich. Wenn eine Aufführung von Beethovens Choralsymphonie zum Beispiel unter Toscaninis Leitung die Zuhörer vor Ergriffenheit beben machte, vergaß man, daß diese Wirkung in erster Linie Beethoven und nicht Toscanini zu verdanken war. Aber man feierte Toscanini mehr als Beethoven, weil er bei der Aufführung leibhaftig ministrierte und so mit dem Werk identifiziert werden konnte. Beethoven war nur im Geiste da, und das zählt nicht viel. Man sieht, wie in unserer Gesellschaft, wo von geistigen Werten so viel gefaselt wird, schließlich der kleine Körper von Toscanini über den großen Geist von Beethoven gesetzt wurde.

Freilich wird man darauf entgegnen, daß das schönste Werk toter Buchstabe ist ohne die Verlebendigung durch den Interpreten. Das ist wahr, aber mit einer entscheidenden Einschränkung. Es erfordert nämlich ein unaussprechlich größeres Genie, diesen „toten" Buchstaben zu schreiben als ihn klanglich zu reproduzieren. Das Genie entzündet sich an sich selbst; der Interpret entzündet sich erst am Genie. Der Dirigent ist ein Bauführer und Dekorateur, der Komponist aber ist der Architekt. Die Tätigkeit des Komponisten ist Schaffen, die des Dirigenten Nachschaffen.

Die Tatsache dürfte unbestritten sein: Je größer das Genie, um so seltener ist es. Die Choralsymphonie (und was das betrifft, jede Schöpfung) ist einmalig, während die Wiedergabe tausendfach wiederholt werden kann. Wenn wir keinen Toscanini gehabt hätten, hätten wir die Choralsymphonie immer noch. Sie hätte geduldig gewartet, bis ein anderer, ebenso großer oder noch größerer Dirigent gekommen wäre, um sie zu erwecken. Wenn wir aber die Choralsymphonie und die anderen symphonischen Hohenlieder nicht hätten, wie wir zum Beispiel Schuberts tragisch verschollene Gasteiner Symphonie nicht haben, dann könnten uns Toscanini und alle seine Vorgänger und Nachfolger gestohlen bleiben. Es ist höchst wahrscheinlich oder sogar sicher, daß es noch einmal einen Toscanini geben wird, wie es ja vor ihm schon die Bülows, Nikischs, Mahlers und Weingartners gegeben hat. Es ist aber höchst unwahrscheinlich, daß es so bald wieder einen Beethoven geben wird. 400 Jahre haben bekanntlich nicht genügt, um einen zweiten Michelangelo oder einen zweiten Shakespeare hervorzubringen.

Dasselbe gilt natürlich auch von allen großen Tondichtern. Jeder von ihnen ist in sich einmalig, unwiederholbar und unersetzbar, während die Interpreten in jeder Preislage in einer unabreißbaren Kette fortwuchern. Man täte also gut daran, mit den Lobhudeleien für die Stardirigenten etwas zurückhaltender zu sein. Mit dem Werk Beethovens und jenen der anderen großen Meister im Hintergrund wird die Zwerghaftigkeit selbst eines Toscanini geradezu monumental.

Man kann sich dieser Gedanken nicht erwehren, wenn man den oft bis zur Tobsucht gesteigerten Begeisterungsrausch der Toscanini-Anhänger miterlebt hat. Unter einem besonders grotesken Aspekt erscheinen einem noch nachträglich diese Jubelszenen, wenn man bedenkt, daß inmitten des Rummels um einen in den Himmel gehobenen Podiumspotentaten das Wichtigste, der von Rechts wegen zentrale Punkt des Geschehens – nämlich das Werk – schmählich vergessen zu werden pflegte.

Gerechterweise muß man es aber Toscanini zugute halten, daß angesichts der jeweiligen Beifallsausbrüche er noch am meisten einen kühlen Kopf bewahrte. Es waren hauptsächlich die Hofschranzen seines Gefolges, die für ihn die Trommel so wild schlugen. Bei einer Gelegenheit, als am Ende einer Orchesterprobe seine Musiker wieder einmal byzantinisch in eine Ovation über seine Dirigiermeisterschaft ausgebrochen waren, wehrte er ab (und wurde dadurch selbst zum Zeugen gegen die Dirigierverschwörung): „Ich bin's ja nicht, es ist Beethoven."

Rührend, diese Bescheidenheit, bei einem Abendhonorar von 6000 Dollar! Wie ertragreich das Schmarotzen am fremden Werk doch sein kann, wenn man sich einmal dem Bewußtsein der Mitwelt als Star eingeprägt hat! Als Toscanini von der National Broadcasting Corporation 4000 Dollar für ein Radiokonzert bekommen sollte, und zwar wöchentlich einmal für ein halbes Jahr, erhöhte er die Summe auf Betreiben seiner Frau (des guten Geistes hinter seinen Honorarforderungen) auf 6000 Dollar, weil ihm erst so, nach Abzug der Steuern, ein Netto von 4000 Dollar übrigbleiben konnte. Da sagte er nicht: „Ich bin's ja nicht, es ist Beethoven." Da war es „Ich".

Unnötig zu sagen, daß Toscanini seine Forderung erfüllt bekam. Diese finanziellen Beziehungen der Kunstunternehmer zu ihren besternten Lieblingen haben etwas magisch Faszinierendes an sich. Diese fetten Kunstvögte, denen ein armseliger Bürogehilfe eine Lohnaufbesserung von ein paar Talern im Monat im besten Fall nur mit Ach und Krach abringen kann und mit denen die Orchestermusiker sich in Lohnfragen, auch in berechtigten Fällen, immer Monate lang herumschlagen müssen, schmeißen den Blaublütigen der Tongilde das Geld kübelweise nach. Fromm folgen sie dem Bibelwort: „Wer da hat, dem wird gegeben; wer aber nicht hat, von dem wird genommen, auch was er meint zu haben."

Den wählerisch freigebigen Unternehmern nacheifernd, ziehen in Kunstsachen die Treuhänder öffentlicher Mittel manchmal auch gerne am falschen Ort die Spendierhosen an. Als die Stadt München Bruno Walter einmal (vielleicht aus nazistischer Gewissensplage) irgendwie geehrt haben wollte, obgleich Walter schon 37 Jahre nichts mehr für die Kultur Münchens getan hatte, da war das soweit die Sache der Stadtväter. Was aber weitere Kreise interessieren dürfte, ist, weshalb für die im Jahre 1959 stattgefundene Ehrung eine Form gewählt werden mußte, bei der in den steinreichen Bruno Walter gleich auch noch 15 000 Mark hineingestopft wurden. Es ist ein weitverbreiterer Unfug, Preise immer an Koryphäen zu vergeben, die sie nicht oder nicht mehr brauchen.

Wenn Behörden überhaupt öffentliche Gelder für Kulturzwecke erübrigen können, wäre es dann nicht vernünftiger, diese den ewig in Geldnot steckenden Lehranstalten oder Studenten zugute kommen zu lassen? Was für eine Erleuchtung gehört dazu, eine bereits vor 60 Jahren etablierte Fachautorität neu zu entdecken und sie mit so einem Schülerstipendium auszuzeichnen? Wozu braucht ein umworbener weltberühmter Dirigent, dessen Jahreseinkommen aus Gastdirektionen, Schallplatten und Kapitalanlagen eine gar nicht knappe sechsstellige Ziffer erreicht, ein Trinkgeld von 15 000 Mark? Die Antwort ist einfach. Das sind die Kinkerlitzchen, die – von einer katzbuckelnden Stadtverwaltung in stillschweigendem Einvernehmen mit einem gerne gebauchpinselten Dirigierstar ausgeheckt – dem Preisgekrönten erlauben, seinen Namen und seine Wunderbarkeit zum x-ten Male wieder durch die Weltpresse und das Radio funken zu lassen. Und man soll nur nicht glauben, daß der 82jährige Walter schon darüber hinaus war, sich aus solcher Publizität etwas zu machen. Die selbst im

Methusalemalter fortgesetzte Aktivität der Dirigenten ist ein weiterer Beweis der ohnehin bekannten Ruhmsucht der Stars, die schon nervös werden, wenn ihr Name in der Öffentlichkeit länger als eine Woche nicht erwähnt wird.

Die Lichtquelle des kapellmeisterlichen Glanzes kann auch mal das „Ewigweibliche" sein. Wenn ein Mann inner- oder außerehelich fünf oder fünfzig Frauen als Trophäen seiner donjuanesken Heldentaten zur Schau tragen kann, so sollte das zu keinem öffentlichen Ärgernis Anlaß geben, und jeder (außer Waldeinsiedlern) ist ein Heuchler, der behauptet, daß er solche Triumphe unter allen Umständen verschmähen würde. Bei dieser Sachlage ist es ein mächtiger Kitzel für die Phantasie des braven Bürgers, wenn er in einer öffentlichen Figur den Lebemann erkennt, der sich diesen Luxus leisten kann. Einer, der den schleichend sinnlichen Kitzel des braven Bürgers wohlig zu kratzen verstand, war Weingartner. Seine Ehen erreichten zwar nicht den Propagandawert der Ehen von Heinrich dem Achten, denn er ist fünf legitime Ehefrauen losgeworden, ohne eine einzige von ihnen umzubringen oder auch nur zu diesem Zwecke eine neue Religion zu gründen. Aber auch als unblutige Kopie von Heinrich hat Weingartner als Großverbraucher von Ehefrauen seinen Dirigierrivalen sicherlich den Rang abgelaufen.

Ein schwacher Zweiter auf diesem Gebiet war Scherchen mit nur vier standesamtlich abgestempelten Frauen. Aber nach der Meinung seiner Freunde, die ihren Pappenheimer wohl kannten, handelte es sich bei Hermann – Standesamt hin, Standesamt her – um einen ausgesprochenen Fall von „Scherchen la femme". Einen standesamtlich beglaubigten, ebenbürtigen Konkurrenten im Verschleiß von Frauen hatte Weingartner eigentlich nur unter den Pianisten. Und dann fiel es erst einem Dirigenten zu, den Gottlosen ins Gebet zu nehmen.

Einem Gastauftreten des Frauensammlers und Pianisten d'Albert beim Gewandhausorchester ging gerade die Kunde voraus, daß er sich wieder einmal frisch verehelicht hatte. Als dann Nikisch während einer Probe mit d'Albert die freundliche Erkundigung riskierte, die wievielte diese funkelnagelneue Heirat von d'Albert eigentlich sei, gestand dieser, es sei die sechste. Daraufhin warnte ihn Nikisch: „Von nun an mußt du aber aufpassen, Öschähn (Eugène)! Mit der Neunten kommt auch ein ganzer Damenchor."

Dieselbe Situation kommentierte der nicht nur für seine Kunst, sondern auch für seine Berliner Schnauze bekannte Malerpatriarch Max Liebermann. Als ihn bei einer Abendgesellschaft, bei der auch der eben erst wieder vermählte d'Albert mit seiner Gattin anwesend war, ein Freund auf die Seite nahm und fragte: „Meister, möchten Sie nicht die neuste Gemahlin von d'Albert kennenlernen?", antwortete er: „Nee, danke, die überspring ick."

Im Lichte von d'Alberts Massenverbrauch an Ehefrauen erscheint Richard Strauss mit seinem über ein halbes Jahrhundert lang währenden Eheglück geradezu als ein Vorbild ehelichen Spießertums. Das konnte ihm jedoch publizistisch nicht schaden. Wenn es je einen Musiker gegeben hat, der keine Publizität außerhalb der Musik nötig hatte, so war es Strauss. Und doch hat er im letzten Abschnitt seiner Karriere noch als Präsident der Nazi-Reichsmusikkammer in höchst penetranter Weise auch außermusikalisch von sich reden gemacht.

Furtwängler war auch einer, der sich ein wenig mit Politik bekleckert hat. Da er in der Musik schon so groß war, daß er nicht mehr größer werden konnte, fand er den Weg zu noch höheren Höhen durch seine Ernennung zum preußischen Staatsrat. Der Glanz dieser Würde kostete ihn allerdings die wiederholte Tortur, Hitlers Reden an Ort und Stelle stundenlang zuhören zu müssen. Die Reklame, die ihm für diesen Umgang verständnislose Plagegeister kostenlos besorgten, machte seinen Namen nun sogar jedem Fabrikarbeiter bekannt. Angenommen, daß diese vielleicht nie zuvor in ein Konzert gegangen waren, war es für sie eine Einführung in die Kunst, wenn sie zum Beispiel bei den Auslandskonzerten Furtwänglers vor dem Konzertgebäude zu dem im Inneren vor sich gehenden Musizieren ein untermalendes Protestgedröhne lieferten. Man sieht also, daß die politische Publizität, zusätzlich zu ihrer kulturfördernden Nebenwirkung, den Ruf des Künstlers in die breiten Schichten des Volkes zu tragen vermag.

Unbegrenzte Internationalität erreichte auch der Ruf von Fritz Busch erst, nachdem er sich mit den Nazis wegen Gagendifferenzen verkracht hatte. Durch die finanzielle Unersättlichkeit dieses erklärten Sozialdemokraten, die die Nazis in diesem Fall in ihrem gerechten Zorn nicht befriedigen wollten, versperrte sich Busch den deutschen Markt zunächst mal selbst. Als der noch neue Nazibesen manches sauberfegen wollte, setzten die Besenschwinger über jede Stargage in Deutschland einen Plafond, der für Busch in Dresden etwa die Höhe von 50 000 Mark pro Saison erreichen sollte. Da Busch als Berliner Gastdirigent in jener Zeit regelmäßig zwischen diesen zwei Stationen pendelte und somit ein Doppelverdiener war, kann man nicht sagen, daß er, seine Frau und seine hungrigen Kinder kein Brot in die Milch zu brocken hatten. Wenn aber ein Dirigent so viel zu verdienen beginnt wie ein Bankier, dann möchte er, wie auch das Beispiel Toscaninis zeigt, schon so viel verdienen wie ein Kanonenfabrikant. Der Hafer des Geldprestiges hatte Busch gestochen, denn offenbar hätte ihn niemand für den größten Dirigenten Deutschlands gehalten, wenn er nicht auch eine höhere Besoldung als seine Konkurrenten bezogen hätte. Leider hatte er aber (allerdings in seiner Heimat) nicht so viel Glück wie Toscanini in Amerika. Und doch wäre seine Rechnung aufgegangen und sein Renommee beim geldvernarrten Publikum gestiegen, hätten ihm die verflixten Nazis bloß nicht ins Handwerk gepfuscht. Der herausgeforderte Sturz in Deutschland stellte sich aber als eine gute Kapitalanlage heraus, denn Busch ist in Amerika (Nord und Süd) schließlich nach oben gestürzt. Aus seiner undemokratischen (oder in diesem Fall unsozialdemokratischen) Gagenforderung, die in den Gastgeberländern in ihren Einzelheiten nicht bekannt war, ist ein demokratisches Märtyrertum und ein neuer Karriereaufstieg geworden.

Bei all der sozialethischen Akrobatik, die die Dirigenten ausführen, wäre es ungenau zu sagen, daß sie ihren Erfolg immer nur durch schlau berechnete Pläne erzielen. Sie gelangen oft in eine verbesserte Situation, wie Pilatus ins Credo, ohne ihr Zutun oder sogar ihren Fehlrechnungen zum Trotz. Persönlichkeiten in der Starkategorie pflegen berufliche Krisen unversehrt zu überstehen. Das ist das Geschenk der Welt an die Stars. Was immer sie tun, wird nicht an der Norm für gewöhnliche Sterbliche gemessen. Es ist interessant, wie doch den Auserwählten der Gesellschaft vergönnt ist, in einer von den Durchschnittsbürgern anerkannten Märchenwelt zu leben. Sie können es sich leisten, die Regeln der gesellschaftlichen Gesittung zu ignorieren oder gar zu verletzen; und anstatt dafür gegeißelt zu werden, werden sie dafür noch belohnt.

Ein Skandal um Klemperer in Zürich im Frühjahr 1962 hat einen solchen Fall eintreten lassen. Der Keim des Wirbels war die Verunglimpfung des Tonhalle-Orchesters durch Klemperer, der in einer Probe einige Mitglieder ungebührlich hart angefaßt und einen Bläser sogar „Lausejungen" tituliert hatte. Klemperer mochte sich durch gewisse Unregelmäßigkeiten (die zum Teil auf Mißverständnis beruhten) provoziert gefühlt haben, aber das berechtigte ihn nicht, eine unzivilisierte Sprache zu führen. Er hätte bei der Verwaltung Beschwerde führen können. Statt dessen artete der Konflikt in einen totalen Bruch aus mit der vom Orchester beschlossenen Verweigerung der Durchführung des bereits ausverkauften Konzertes.

Das Beachtenswerteste an der ganzen Affäre war aber die Rolle, die die öffentliche Meinung dabei spielte. Diese kam zum Ausdruck, als Klemperer bei einem späteren Auftreten mit einem importierten Gastorchester mit Sympathiekundgebungen überschüttet, wogegen das beleidigte Lokalorchester bei einer späteren Gelegenheit ausgepfiffen wurde. Die privilegierte Märchenexistenz eines Stars hatte sich also wieder einmal behauptet. Die Öffentlichkeit handelte unter dem Einfluß des kapellmeisterlichen Sternenzaubers, der wahrhaftig Scherben in Gold zu verwandeln mag. Das bekannte Publizitätsprinzip (ohne Rücksicht auf die Natur des Nachrichtenmaterials) hat sich famos zugunsten Klemperers ausgewirkt. Man kann sich vorstellen, wie er sich angesichts dieser Gratisreklame und der daraus resultierenden Bejubelung ins Fäustchen gelacht hat. Nicht umsonst sagte Brendan Behan, der irische Bühnendichter: „Es gibt nur eine einzige schlimme Sache, die die Presse über einen drucken kann – seine Todesanzeige."

Der schlüpfrigste Aal unter den Dirigenten war unzweifelhaft Ansermet. Wenn ihn seine Vermessenheit auch manchmal in ein gefährliches Fahrwasser lockte, so rettete er sich doch bald wieder in eine sichere Bucht. Kein Dirigent hat den Bogen der öffentlichen Meinung gegen sich so zum Reißen gespannt und sich trotzdem mit heiler Haut aus der Affäre gezogen wie Ansermet. Er hatte die denkbar schlechteste Presse, nachdem er eine Zeitungskritikerin in Genf wegen eines harmlosen, aber als mißgünstig ausgelegten Konzertberichts geohrfeigt hatte.

Ansermet war vielleicht selbst erstaunt zu entdecken, daß eine schlechte Presse besser ist als gar keine, denn nach diesem Zwischenfall trat er mehr denn je seinen kapellmeisterlichen Siegeszug auf drei Kontinenten an. Auf das Hornmotiv der Egmont-Ouvertüre „Tadttam, ta Tadttam" (auch aus Sibelius' Valse Triste bekannt) hätte er singen können: „Nützt's nichts, so schadt's nichts!"

Die Erfahrung lehrt aber, daß „es" meistens nützt. Und so ist die Verlockung für angehende Dirigenten groß, die Lancierung ihrer Karriere mit einer herostratischen Tat zu versuchen. Herostratos war bekanntlich der ehrgeizige Mann im alten Griechenland, der den Artemistempel in Ephesus, eines der sieben Wunder der Welt, niederbrannte, um berühmt zu werden. Wer weiß, vielleicht werden wir einmal von einem Dirigenten hören, der einen Konkurrenten ermordet hat. Von Salieri hat man behauptet, er habe Mozart vergiftet. Bewiesen ist es zwar nicht, aber es wäre keine schlechte Reklame, wenn der Fall nicht schon verjährt wäre. Ein Musikermord wäre jedenfalls nicht mehr eine so große Sensation, wie es auf den ersten Blick zu sein scheint. Es wäre auch keine schlechte Idee eines Dirigenten, das Haus eines Musikkritikers in Brand zu stecken und auf diese Weise das Angenehme des Berühmtwerdens mit dem Nützlichen der Beseitigung eines Pressegriesgrams zu verbinden.

Das Blühen der Dirigierherrlichkeit wurzelt, wie zum Teil die herostratische Berüchtigtheit, in der menschlichen Klatschsucht, dem Hang, Neuigkeiten aufzubauschen und weiterzutragen, und in der Bewunderung der Tätigkeiten im Zwielicht der Hochstapelei. Man muß sich immer wieder in Erinnerung rufen, daß das Dirigieren nicht nur ein musikalischer, sondern auch ein Menschenbeherrscherberuf ist. Dieser sozialpsychologische Machtfaktor, der bei den hand- und mundwerklich tätigen Virtuosen fehlt, erklärt es, weshalb die Karriere der Spitzendirigenten noch hypnotisch zugespitzter sind als die der Spitzenvirtuosen.

In der ganzen Geschichte des Virtuosentums wurde der Rang der Legendenhaftigkeit nur zweimal erreicht – in ähnlichem Sinne wie sie bei den Dirigenten in der höchsten Spitzenklasse ein selbstverständliches Attribut der Karriere ist. Auf der Virtuosenseite weisen nur Paganini und Liszt jene übergewerbliche, sozialpsychologisch wirkende Transzendenz auf, die sonst nur Dirigenten vom Schlage eines Bülow, Nikisch, Mahler, Weingartner, Toscanini, Kussewitzky, Walter, Stokowski und Furtwängler kennzeichnet.

Was hat nun diesen Dirigierstars ermöglicht, so viel heller als alle anderen am Musikhimmel zu leuchten? Nun war jeder ein Pionier und Vollender in etwas Speziellem auf dem Felde des Dirigierens. Bülow war der Begründer des modernen Stardirigententums; Nikisch war der erste Poet des Orchesterspiels; Mahler der erste Werkfanatiker, der Torquemada der Musik, ein musikalischer Großinquisitor, vom Missionsgedanken besessen, Körper zu verbrennen, um Seelen zu retten. Weingartner war der sensationserregende Propagandist der wunderlichen Institution der veredelten Riesenkurkapelle im Konzertsaal; Toscanini, der Semmelweis des Ensemblespiels, war der sauberkeitsbesessene Bahnbrecher und grimmige Doktor des antiseptischen Musizierens; Kussewitzky war der Beschwörer des Orchesterklanges um des Orchesterklanges willen und Walter, der zweifelsgeplagte Bußprediger der Dirigierdiktatur, ein Ausüber der Tyrannei ohne Tyrannei; Stokowski war die Schlange im Garten Eden der Töne und Furtwängler der mystische Gralshüter der Orchestermusik.

Die stratosphärische Höhe des Ruhms dieser Dirigenten erklärt es, daß blendende Instrumentalvirtuosen und selbst die Gesangsprimadonnen beiderlei Geschlechts ihren Platz in der Gunst des Publikums diesen Dirigenten räumen mußten.

Diese ungeheuerliche Verschiebung in den künstlerischen Aufstiegsmöglichkeiten kam zustande trotz des Umstandes, daß es Instrumentalisten gab und gibt, die auf ihrem Gebiet selbst einen toscaninischen Qualitätsgrad repräsentieren, aber sie sind eben keine Dirigenten, und das verweist sie auf eine niedrigere Stufe der musikalischen Vortragstätigkeit.

Im Herausbilden dieser Ausnahmestellung scheint das Dirigieren dem Entwicklungsmuster politischer Modeströmungen zu folgen, zumindest nach den Möglichkeiten der Umstände. Die totalitären Staaten haben ihre Diktatoren, und die demokratischen Staaten haben ihre Dirigenten.

Die große kindische Selbsttäuschung dieser Diktatoren und damit auch der Dirigenten aber ist, daß sie bei anhaltender Herrschaft den Erfolg nicht mehr der Schwäche der Anbeter, sondern der Stärke ihres Genies zuschreiben.

Es gibt natürlich vereinzelte Ausnahmen unter den Diktatoren sowohl als auch unter den Dirigenten, die ihre Macht zur Bekämpfung verknöcherter Dummheiten und im Interesse des Fortschritts gebrauchen. Wir haben bereits einige Beispiele gesehen, die als Annäherung an ein solches Ideal von einem Dirigenten angesehen werden können. Im Laufe des Fortschreitens zu den mehr technischen Besprechungen werden diese bisher nur andeutungsweise behandelten, positiven Dirigiereigenschaften und ihre Offenbarung in manch besonderen Individualfällen allmählich in ein helleres Licht gerückt.

Die Erwähnung des technischen Aspekts des Dirigierens muß indessen dem Leser zum Bewußtsein gebracht haben, daß noch nichts Wesentliches über den Dirigenten als Techniker gesagt wurde.

Nach den „esoterischen Höhen" dieses und des vorhergehenden Kapitels sollen nun Berichte über die niedrigeren Alltagserscheinungen des Musikantengewerbes und des Dirigierwesens in den folgenden drei Kapiteln Abwechslung bringen. Ein vergnüglicher Zeitvertreib solcher Art erfüllt außerdem die Funktion einer Brücke, die von der Durchleuchtung der kapellmeisterlichen Persönlichkeitsanatomie allmählich zur vollen Aufdeckung der Tücken der künstlerisch-arbeitstechnischen Orchesterbehandlung führen soll.

# Orchesterverträge werden nicht im Himmel geschlossen

## Nicht alles ist Gold, was klingt

Bei der Besetzung von Befehlsposten, unabhängig von der Natur des Gebietes, sei es künstlerisch, kommerziell oder militärisch, erhebt sich immer die Frage, nach welchem Gesichtspunkt und nach welcher Methode die Wahl getroffen werden soll. Es ist das größte Problem der Rangordnung in der Gesellschaft, den rechten Mann an den rechten Platz zu stellen.

Die soziale Gerechtigkeit und die Wünschbarkeit besserer Leistungen würden verlangen, daß brillanten Talenten keine mittelmäßigen Streber übergeordnet werden. Viele Stützen der Gesellschaft sind jedoch der Auffassung, daß die Fähigkeit, einen hohen Posten zu ergattern, gleichzeitig der Beweis der Fähigkeit zur Bekleidung des Postens ist. Diese Theorie findet deswegen so viele bewußte und unbewußte Anhänger, weil man gewöhnlich keinen anderen unmittelbaren Wertmaßstab hat, den man an die Eignung der verschiedenartigsten Posteninhaber anlegen kann. Wenn man den richtigen Maßstab durch die erwiesenen Fehlleistungen schließlich erkennt, dann ist die Erleuchtung zu spät.

Johann Joachim Quantz, der Flötenlehrer und Leibkomponist Friedrichs des Großen, sagt in seiner Flötenlehre über die Eigenschaften eines Anführers der Musik unter anderem:

> Bisweilen wird die Wahl gar zufälligerweise getroffen. Und dieses ist um so viel weniger zu verwundern, wenn die Wahl, wie nicht selten geschieht, solchen Leuten aufgetragen wird, die wenig oder gar nichts von der Musik verstehen. Ist nun einer von diesen Fehlern bey der Wahl vorgefallen, so kann man sich bey einem dergleichen Orchester eher einen Verfall als eine Verbesserung versprechen. Und wenn man sich öfters bey der Wahl des Anführers, auf den doch so viel ankömmt, so übel vorsieht, so ist daraus abzunehmen, wie die Wahl der andern Mitglieder eines Orchesters beschaffen seyn könne. Man würde demnach wohl thun, wenn man sich besonders einen Mann zum Anführer zu wählen bemühete, der einige Jahre in großen und berühmten Orchestern mitgespielet, und sich darinne im guten Vortrage und andern nöthigen Wissenschaften geübet hätte. Es ist gewiß, daß sich in großen Orchestern öfters Leute befinden, welche mehr Einsicht in die Ausführung haben als bey manchem Orchester der Anführer: und ist wirklich Schade, daß solche Leute nicht eines besseren Glücks theilhaftig werden sollen, wodurch sie mehr Gutes stiften könnten, als wenn sie beständig hinter der Hand als Ripienisten sitzen bleiben müssen.

Von Quantz, diesem ergebenen Freund eines autokratischen Monarchen, wird man kaum sagen können, daß er hochgestellte Persönlichkeiten von ihrem Piedestal stürzen und wahllos Knechte an deren Stelle setzen wollte. Er fühlte nur wie jeder sachlich denkende, der beruflichen Sauberkeit und Qualitätsverbesserung ergebene Fachmann.

Unsere Gesellschaft ist so organisiert, daß ein winziges Übergewicht, das die Schicksalswaage nach einer Seite hin zum Neigen bringt, eine tonnenschwere Machtverschiebung bewirken kann. In seinem Verhältnis zum Dirigenten mag manch ein Orchestermusiker das Wirken dieses Prinzips erkennen. Manchmal fühlt er sich bloß wie ein musikalischer Fußsoldat in einem Orchesterkrieg. Deswegen scheint ihm die Idee gar nicht abwegig, in den Konzerthallen Gedenktafeln zu Ehren des „Unbekannten Orchestermusikers" anzubringen Dirigenten sollten von dieser Ehrung ausgeschlossen sein, da ja auch zur Ehrung des Unbekannten Soldaten kein gefallener General als dessen Symbol gewählt wurde.

Der Keil zwischen Dirigent und Orchestermusiker mag nur aus der Froschperspektive des letzteren eine so krasse Spaltung hervorgerufen haben. Aber mit dem Aufkommen des Stardirigententums ist diese Feststellung keineswegs eine Übertreibung. Nur in den Zeiten unserer Ururgroßväter mag die Distanz nicht so weit gewesen sein. In den Augen der vorrevolutionären Aristokratie existierte kein großer Rangunterschied zwischen Kapellmeister und Orchestermusikant. Was waren denn diese zwei damals, und was sind sie heute?

Zu Haydns Zeiten nannte man den ersteren „Kapellmeister", was sich nach seiner heutigen Bedeutung zu Dirigent ungefähr so verhält wie Schulmeister zu Professor. Heute ist „Kapellmeister", ähnlich wie „Madame", nur noch als Standestitel oder als Anrede mit vorangestelltem „Herr" höflich, nicht aber als Berufsbezeichnung. Es war aber kein Zufall, daß der Kapellmeister der guten alten Zeit seinem Titel noch in jeder Verwendung Ehre machen mußte. Das Dirigieren war nur eine seiner Funktionen. Eine andere, viel wichtigere, war, sein Repertoire auf Bestellung seines fürstlichen Brotherrn oder der Kirche selbst zu komponieren. Da aber außer diesen zwei Autoritäten keine Institutionen bestanden, die einen Musiker ernähren konnten, so war der Kapellmeister-Komponist für seine künstlerische Entfaltung auf die aristokratischen oder kirchlichen Anstellungsmonopole genauso angewiesen wie der Orchestermusiker für sein Brot. Mit diesem hatte er also den entscheidenden Lebensumstand gemein, daß sie letzten Endes beide Domestiken waren. Es kann nun nicht schaden, wenn die Dirigenten ein wenig an die gemeinsame bescheidene Herkunft erinnert werden.

Eine kleine Kostprobe, einem Dokument aus der betreffenden Zeit entnommen, wird die aufgeworfene Frage illustrieren. Der Anstellungsvertrag Haydns mit dem Fürsten Esterhazy enthielt unter dem Titel „Convention und Verhaltens-Norma" teilweise folgende Punkte:

> ... Wird er Joseph Heyden als ein Haus-Officier angesehen, und gehalten werden. Darum hegen Sr. Hochfürstl. Durchlaucht zu ihme das gnädige vertrauen, das er sich also, wie es einem Ehrliebenden Haus-Officier bei einer fürstlichen Hoff-stadt wohl anstehet, nüchtern, und mit denen nachgesetzten Musicis nicht Brutal, sonder mit glimpf und arth bescheiden, ruhig ehrlich, aufzuführen wissen wird, haubt-sächlich, wann vor der Hohen Herrschaft eine Musique gemacht wird sollte er Vice-Capel-Meister samt denen subordinirten allezeit in Uniform und nicht nur er Joseph Heyden selbst sauber erscheinen, sondern auch alle andere von ihme dependirende dahin anhalten, dass sie der ihnen hinausgegebenen Instruction zufolge, in weissen Strümpfen, weisser Wäsche, eingepudert, und entweder in Zopf, oder Har-Beutel, Jedoch durchaus gleich sich sehen lassen.
>
> Derohalben Sind an ihme Vice-Capel-Meister die andern Musici angewiesen worden, folglich wird er sich um so viel Exemplarischer Conduitizieren: damit die Subordinirten von seinen guten eigenschafften sich ein beyspiel nehmen können, ...
>
> Auf allmaligen Befehl Sr. Hochfürstl. Durchlaucht solle er Vice-Capel-Meister verbunden seyn, solche Musicalien zu componieren, was vor eine Hochdieselbe verlangen werden, sothanne neue Composition mit niemanden zu comuniciren, viel weniger abschreiben zu lassen, sondern für Ihro Durchlaucht eintzig, und allein vorzubehalten, vorzüglich ohne wissen, und gnädiger erlaubnis, für niemand andern nicht zu componiren.
>
> Wird er Joseph Heyden alltäglich vor und nach-Mittag in der Antichambre erscheinen, und sich melden lassen, allda die Hochfürstl. ordre ob eine Musique seyn solle? Abwarten, allsdann aber nach erhaltenem Befehl, solchen denen Andern Musicis zu wissen machen,... Solle er Vice-Capel-Meister auf alle Musicalien, und Musicalische Instrumenten all-möglichen Fleiss, und genaue Absicht tragen, damit diese aus unachtsamkeit, oder nachlässigkeit nicht vertorben, und unbrauchbar werden, auch für solche repondiren.
>
> Wird er Joseph Heyden gehalten seyn, die Sängerinnen zu instruiren, und weillen er Vice-

Capel-Meister in unterschiedlichen Instrumenten erfahren ist, so wird er auch in all-jenen, deren er kundig ist, sich brauchen lassen.

Ingleichen die Herrschaft ihne Joseph Heyden nicht nur so lang in Diensten zu behalten (3 Jahre), sondern, wann er eine vollkommene Satisfaction leisten wird, sollte er auch die expectanz auf die Ober-Capel-Meister-stelle haben, widrigenfalls aber ist Hochderselben allezeit frey ihne auch unter dieser Zeit des Dienstes zu entlassen.

Was uns in diesem Vertrag auffällt, ist zunächst mal dessen Grundton, der unverblümt ancien régime ist. Nicht, als ob der Inhalt besonders rühmlich wäre! Was die Arbeitsbedingungen an rein physischer Leistung erforderten, möchte man keinem Lasttier aufbürden. Und so könnte man sich beinahe beglückwünschen, daß es nicht viele Jahrzehnte dauerte, bis dieses Gespinst muffiger Denkart und sozialen Stumpfsinns von einem kräftigen jakobinischen Luftzug zerblasen wurde. Es gibt nur einen Umstand, der unserer Laune beim erzielten Fortschritt einen sanften Dämpfer aufsetzt, und wir werden gleich sehen, was die Ursache dieser Gefühlsdämpfung ist.

Beethoven, dessen Musik nicht mehr die Atmosphäre des Puders und der Perücke atmet, hat mit seinem stachligen Künstlerbewußtsein und mit seiner konventionsfeindlichen Respektlosigkeit als erster der Welt zu verstehen gegeben, daß der Komponist und damit der Kapellmeister ein für allemal aufgehört hat, ein Kammerdiener zu sein. Das war natürlich nur möglich, weil neben den Aristokraten inzwischen auch die Bürger zu seinen Kunden geworden waren.

Es ist kaum ein Zufall, daß diese Wandlung im Bereiche der Musik mit der Französischen Revolution zusammenfiel. Aber genauso wie die Französische Revolution nur das Bürgertum politisch befreite ohne Verständnis für das Aufschießen eines neuen Problems, der wirtschaftlichen Not des Proletariats, so hat die durch Beethoven symbolisierte Hebung des gesellschaftlichen Standes des Komponisten und des Kapellmeisters den Status des Orchestermusikers völlig unberührt gelassen. Der Ton der Anstellungsverträge hatte sich nur für die Kapellmeister geändert, für die Orchestermusiker blieb alles beim alten. In einer Hinsicht hat sich die Lage sogar eher noch verschlechtert. Anstatt nur einen Sklavenhalter zu haben, hatten die Musiker infolge des Aufrückens des Kapellmeisters in die Arbeitgeberklasse nun ihrer zwei.

Die Errungenschaften einer Revolution sind für die Musikerschaft nach den bisherigen Erfahrungen von zweifelhaftem Wert. Wir haben eine umfangreiche Musterkollektion von Revolutionen der näheren und ferneren Vergangenheit, doch haben sie am sozialen Status des Orchestermusikers nicht mehr geändert, als daß er in Frankreich „Monsieur" und in Rußland „Genosse" wurde.

Wohl genießt der Musiker die allgemeinen bürgerlichen Rechte des Landes in welchem er beheimatet ist. Er hat das Stimmrecht, er darf Steuern zahlen, er kann auf die Regierung schimpfen. Die Herrlichkeit dieser Freiheiten hört aber in dem Moment auf, in dem er das Konzertgebäude oder das Theater betritt. Hinter den Mauern dieser Institutionen herrscht ein Reich, das vom wechselnden Sozialklima der Außenwelt durch Jahrhunderte hindurch nur wenig berührt wurde. Dieser Zustand existiert mehr in moralischer als materieller Hinsicht. Der Theatermusiker hat noch kaum die soziale Rangstufe eines Bühnenarbeiters erreicht.

Der uneingeweihte Musikfreund wird darüber ungläubig den Kopf schütteln. Wenn er auch geneigt wäre zu glauben, daß der einzelne Musiker persönlich vor einer gewaltigen Dirigierautorität erzittert, muß es ihm doch eine Entstellung der Tatsachen scheinen, daß die Orchestermusiker noch nicht einmal als Körperschaft imstande sein sollen, den autokratischen Neigungen einer Anstellungsbehörde entgegenzutreten. Man weiß doch, daß heute selbst der allerletzte Straßenkehrer in einer Gewerkschaft organisiert ist, die ihm gegen seine Vorgesetzten den Nacken steift. Sollte man annehmen, daß dem Orchestermusiker dieses Instrument der Kollektivmacht nicht zur Verfügung steht? Selbstverständlich steht es ihm zur Verfügung. Aber den Musikerorganisationen haftet eine Erbschwäche an, nämlich die, daß sie aus Musikern gebildet sind. Die Reihen der Orchestermusiker sind nicht homogen. Zum Beispiel pflegen die Bläser mit den Streichern ihres eigenen Orchesters sowohl fachlich wie gesellschaftlich nur wenig Verkehr. Die Bläser pflegen einen Korpsgeist, der den individualistisch affektierten Streichern fremd ist.

Eine allumfassende größere soziale Stärke besteht im Status einzelner Eliteorchester, deren institutioneller Ruf so suggestiv ist, daß nur wenige Dirigenten wagen, es mit ihnen auf eine autoritäre Kraftprobe ankommen zu lassen.

Die Musikerverbände, die den schwächeren Formationen den Rücken steifen sollten, schaffen für sie nicht immer die erwünschten Arbeitsbedingungen. Man muß aber zugeben, daß die Verbände in ihrer heroischen Geschichtsperiode manch bleibende Sozialverbesserungen durchgesetzt haben. Das System der Kollektivverträge mit dem Minimallohn ist eine rühmenswerte Errungenschaft wenigstens für jene, die ein Engagement haben. Den Stellenlosen nützt es natürlich einen feuchten Kehricht. Ein Konkurrieren auf freiem Markt mit Lohnunterbietung gibt es nicht. Die Stellenlosen sind die Helden der Solidarität.

Eine andere „Errungenschaft" der Verbände ist aber die Beschränkung der Arbeitszeit. Diese Regelung ist, neben der Annehmlichkeit für das Einzelmitglied, auch dazu geeignet, die Anstellungsbasis zu verbreitern und wenigstens Aushilfsstellen zu schaffen. Eine umstrittene Tendenz der Verbandspolitik (vor allem in Amerika) ist jedoch, den Mitgliederbestand der Orchester direkt mitzubestimmen. Wenn die Verbände den einzelnen Musiker auch nicht immer schützen (oder schützen können), so wollen sie wenigstens den Stuhl schützen, auf dem er sitzt. Bei den Riesenorchestern mit einem Mitgliederbestand um die Hundert herum ist dieses Bestreben natürlich gegenstandslos, wohl aber findet es Anwendung bei den kleineren Kapellen.

In einer Großstadt wie New York muß jeder Gesellschaftssaal in Hotels und Restaurants beim Verband registriert werden, desgleichen die Orchesterräume aller Operettentheater. Bei der Riesengröße von New York beläuft sich die Zahl der Eintragungen auf viele Hunderte. Der Verband übt eine „Einwohnerkontrolle" über Säle und Theater aus. Jedes Etablissement ist klassifiziert nach Größe und der Zahl der Musiker, die für eine Gesellschaft in dem betreffenden Saal zur musikalischen, meistens mit Tanz verbundenen Unterhaltung (in den Theatern je nach dem Stück) minimal engagiert werden muß. Wenn ein Saal mit der Pflichtstärke einer zehnköpfigen Kapelle registriert ist, dann müssen in jenem Saal im Falle eines Engagements mindestens zehn Mann spielen und natürlich ebenso viele nach Tarif bezahlt werden. Wenn die Veranstalter nur neun Musiker beschäftigen wollen (von noch weniger gar nicht zu sprechen), dann müssen sie dem Verband ein von Tränen triefendes Gesuch einreichen und triftige Gründe für die Notwendigkeit der Zahlenverminderung angeben. Das Gesuch wird aber in der Regel abgelehnt (nur für eine Taubstummentagung oder einen Kriegsversehrtenball wird eine Ausnahme gemacht), und die Gesellschaft muß die vorgeschriebene Mindestzahl von Musikanten einhalten oder auf eine Unterhaltung mit Musik verzichten. Dieses Resultat, das manchmal eintrifft, zeigt die selbstverhindernde Wirkung der Verbandsregel.

Auch bei den Vertragsverhandlungen mit größeren Unternehmen wie der New Yorker Radio City Music Hall mit einem halbsymphonischen Ensemble wurde zwischen der Direktion und dem Verband zuweilen ein Kampf bis aufs Messer um die Mindestzahl der zu beschäftigenden Orchestermusiker geführt. Das Beharren auf diesem Minimalprinzip hat Musikern bei wenig kapitalkräftigen Etablissements den Verlust mancher Arbeitsgelegenheiten verursacht. Der Verband glaubt mit seinem Mindestzahldogma einen Schutzwall gegen das Einreißen allgemeinen Mannschaftsabbaus errichtet zu haben. Es fragt sich aber, ob wirtschaftliche Tatsachen ungestraft ignoriert werden können. Die starre Haltung des Verbandes ist ein zweischneidiges Schwert, weil es eine fragwürdige Errungenschaft ist, an einer Stelle die Zahl der beschäftigten Musiker nach oben zu drücken und sie an einer anderen, gerade wegen des zu starken Drückens, der gänzlichen Beseitigung anheimfallen zu lassen.

Die Frage, warum die Musiker sich über die wohlgemeinten, aber verfehlten Anordnungen des Verbandes nicht einfach hinwegsetzen, könnte nur in Nichtkenntnis der Verhältnisse gestellt werden. Erstens muß bei vielen Gelegenheitsengagements die Gesamtentlohnung des Ensembles im voraus beim Verband hinterlegt werden, wodurch eine Umgehung der Regeln schon an der Wurzel verhindert wird. (Dieser Maßnahme mag zum Teil die gute Absicht zugrunde liegen, einer Unterschlagung der Löhne durch vorgeschützte Zahlungsunfähigkeit vorzubeugen.) Dann gibt es Beauftragte des Verbandes, die wie eine Polizeipatrouille jederzeit an Ort und Stelle eines Engagements auftauchen können. Und wenn eine Vorschriftsverletzung entdeckt wird, dann wendet der Verband gegen die mitbeteiligten Mitglieder Sanktionen an, die von einer Geldstrafe bis zum Ausstoßen aus dem Verband reichen können. Die Wirksamkeit solcher Maßnahmen ist durch die Mehrheitsloyalität der Mitgliedschaft garantiert, die mit einem in Acht und Bann erklärten Kollegen nicht mehr zusammenarbeitet.

Der amerikanische Musikerverband, beziehungsweise sein New Yorker Zweig, überwacht auch einen anderen Bezirk der Tätigkeit seiner Mitglieder. In New York sind viele Musiker in Operettentheatern angestellt, die dasselbe Stück im Dauerlauf von mehreren hundert (manchmal tausend) Aufführungen allabendlich spielen. Man wird diesen Musikern nicht verdenken, wenn sie gierig nach jeder Gelegenheit greifen, die ihnen eine Abwechslung (ohne Aufgabe der Dauerstelle) von dieser Fronarbeit verschafft. Solche Gelegenheiten bieten sich durch die verschiedenen Sommerfestspiele, an die manche dieser Theatermusiker Anschluß finden. Ihre Abkömmlichkeit kann durch Stellvertretung und Zustimmung der Theaterdirektion meistens leicht arrangiert werden. Dann aber tritt der Verband dazwischen und behält sich das Recht vor, über die Statthaftigkeit solch vorübergehender Vertretungen zu bestimmen. Die Genehmigung wird meistens erteilt, sie sollte aber nicht von der Gutwilligkeit des Verbandes abhängen. Jedenfalls hat es der europäische Musiker, der seine Beziehungen zu seinem Arbeitgeber ohne solch umfangreiche gewerkschaftliche Bevormundung zu regeln pflegt, schwer, diese Funktion des Verbandes zu verstehen.

Ein weiteres Gebiet der Orchesterpolitik, auf dem der amerikanische Musikerverband seine Stimme mit fragwürdigem Erfolg hören läßt, betrifft die jährlichen Wiederverpflichtungen bei den saisonweise arbeitenden Symphonieorchestern. In Amerika ist, selbst auf dem symphonischen Gebiet, Saisonarbeit noch weitgehend verbreitet. Die Orchester, die ihren Mitgliedern einen ganzjährigen Vertrag geben, nehmen zwar von Jahr zu Jahr zu, sind aber noch in der Minderheit. Die wirtschaftliche und moralische Behandlung von Orchestermusikern, wie übrigens auch von Angestellten in prosaischeren Berufen, hängt weitgehend von der Arbeitsmarktlage ab. Es versteht sich, daß nur bei einem geringeren Kräfteangebot eine größere Bereitschaft zur Verbesserung der Engagementsbedingungen besteht. Das war nun die Situation zu Beginn des dritten Drittels des 20. Jahrhunderts, als sich im Orchestermusikerberuf, besonders in der Streicherbranche, ein gewisser Ausfall an Nachwuchs fühlbar machte. Die Anstellungsverhältnisse können aber, im Spiegel einer längeren Zeitperiode betrachtet, Fluktuationen mit Rückschlägen aufweisen. So muß es von Interesse sein, die Zustände einer früheren Periode als Vorstufe zu den künftigen im Rückblick einer Prüfung zu unterziehen.

Es war ein alljährlich wiederkehrendes Phänomen, daß ein großer Teil der symphonischen Musikerschaft sich mit dem Ende der Winterkonzertsaison in einem existentiellen Vakuum befand. In der Regel machte sich der amerikanische Musiker zwar nicht viel daraus, wenn ihm gegen Ende der Saison mitgeteilt wurde, daß er sich nach einem anderen Engagement umsehen könne. Bis zum Beginn der folgenden Saison hatte er vier bis fünf Monate Zeit, sich bei den zahlreichen Orchestern nach einer neuen Stelle umzusehen. Sein Fall war klar. Ebenfalls klar war natürlich der Fall desjenigen, der zur Unterzeichnung der Vertragserneuerung aufgefordert wurde. Außer diesen zwei Kategorien gab es noch eine dritte, und auf diese bezieht sich das vorerwähnte Vakuum. Für diese ging die Saison aus wie das Hornberger Schießen. Nach dem letzten Konzert befanden sich die dazu Gehörigen unversehens auf der Straße, wie Seetiere auf dem Strand nach der Flut. Man hat ihnen zwar nicht gesagt, daß sie entlassen seien, aber auch nicht, daß sie wiederengagiert würden. Es konnte für sie vielleicht ein Trost sein, daß selbst im „menschlicheren" Europa Unterhaltungsmusiker in Kurorten unter ähnlichen schwebenden Verhältnissen arbeiten. Die kleinen Kur- und Kaffeehauskapellen oder einzelne Musiker in ihnen haben nie die Gewißheit eines späteren Wiederengagements und müssen andauernd nach neuen Anstellungsmöglichkeiten Ausschau halten.

Was spielte sich aber in Amerika während der Wartezeit in der Direktionsabteilung ab? Der Dirigent ging (wie es nach wie vor üblich ist) unmittelbar nach Ende der Saison auf die Reise. Diese Reisen waren zuweilen mit Fischzügen nach neuen Musikern verbunden. Es konnte freilich sein, daß ein paar beschlossene oder sonst entstandene Vakanzen auszufüllen waren. Der Dirigent mochte aber auf seinen Wanderungen Musiker getroffen haben, die ihn erst auf den Gedanken brachten, Vakanzen nachträglich zu schaffen. Wenn das der Fall war und der Austausch das entsprechende Fach betraf, dann wurde der aufs Nebengeleise geschobene Musiker ohne sein Wissen auf die schwarze Liste gesetzt. Ein interessantes Gegenstück dazu war die Ungewißheit, in welcher das mutmaßliche Mitglied seinerseits schweben mußte, da ihm ein bindender Vertrag erst nach Klärung der Situation daheim gegeben werden konnte.

Aber ein noch interessanteres Gegenstück zum interessanten Gegenstück ist die von jeher übliche Vorausbedingung bei Stellenausschreibungen, daß eine eventuelle Wahl sofort zur Annahme des Engagements verpflichtet. Diese Vorbedingung existiert übrigens in Europa auch noch. Die engagierenden Orchestergesellschaften können also die ihnen passende Kraft unter zahlreichen Bewerbern frei auswählen. Aber der Orchestermusiker kann das ihm passende Orchester (falls er sich gleichzeitig bei mehreren erfolgreich beworben hat) nicht frei auswählen. Er ist zur Annahme der zuerst einlaufenden Wahl verpflichtet und gerät überhaupt in einen unliebsamen arbeitsrechtlichen Konflikt. Die Standpunkte haben auf beiden Seiten ein Argument dafür und dawider. Bewerbung bei mehreren Orchestern (im Falle einer Koinzidenz der Vakanzen) ist begreiflich, da man eines Erfolges nie gewiß sein kann. Vom Standpunkt der Orchestergesellschaften ist eine Absage unstatthaft, weil sie das bereits durchgeführte Ausscheidungsverfahren illusorisch macht, besonders wenn der zweitbeste Bewerber dann auch schon nicht mehr zu haben sein sollte. Dieses Problem existiert bei den Stellenbesetzungen der Elite-Orchester freilich nicht, da deren Stellenangebote blindlings angenommen werden.

Größere Probleme als bei Engagierungen können bei Entlassungen entstehen. Zum leichteren Verständnis der Praktiken auf diesem Gebiet ist es am besten, den Faden bei den Vorkommnissen der nicht sehr fernen Vergangenheit aufzunehmen. In Amerika war es keine Seltenheit, daß ein Orchester von einer Saison zur anderen ohne viel Federlesens bis zu 50 Prozent seines Bestandes ausgewechselt wurde. Arthur Rodzinsky hat seine Tätigkeit bei der New Yorker Philharmonie mit dem Hinauswurf von vierzehn Mitgliedern, darunter dem Konzertmeister, begonnen. Solche Amputationen werden dadurch erleichtert, daß in Amerika die kollektiven Orchesterverträge mit dem Verband periodisch ablaufen. In Europa ist das Vertragsverhältnis unbeschränkt. Eine Kündigung muß nach vorgeschriebenen Regeln besonders beantragt werden. Wenn diese nicht angerufen werden, dann ist das Engagement lebenslänglich. In Amerika ist das System umgekehrt. Da ist die Beendigung des Engagementsverhältnisses (meistens drei Jahre) automatisch, und für dessen Verlängerung müssen neue Verhandlungen eingeleitet werden.

Es kommt vor, daß der Versuch der Leitung, an diesem Wendepunkt eines oder mehrere unliebsam gewordene Orchestermitglieder auszubooten, mit einer Solidaritätsaktion beantwortet wird, was dann je nach der Stärke der Parteien zu einem entsprechenden Entscheid führt. Daß die Mitglieder eines Orchesters einen gefährdeten Kollegen durch eine Solidaritätsaktion schützen wollen, ist löblich (wenngleich nicht immer absolut begründet). Jedenfalls ist es normal, daß ein Orchester in einem solchen Fall eine schützende oder zum mindesten neutrale Haltung einnimmt. Deswegen dürfte es ein Ausnahmefall in den Annalen der Orchestergeschichte sein, wenn die Orchestermitglieder selbst die treibende Kraft bei der Beseitigung eines Kollegen sind.

Es begab sich im Jahre 1974, daß die Musiker des „San Francisco Symphony Orchestra" (eins der führenden Orchester Amerikas) gegen das Verbleiben von zwei ihrer Mitglieder in ihrer Mitte Stellung nahmen. Das Orchester, beziehungsweise dessen gewählter Vorstand, war vertragsmäßig ermächtigt, nach seinem Urteil über eine Mitgliedschaft neueren Datums innerhalb einer Probezeit von zwei Jahren einen solchen Entscheid zu treffen. Es ist, gelinde gesagt, erstaunlich, zwei Jahre zur Feststellung der Eignung eines Orchestermusikers zu benötigen. Aber die zwei proskribierten Musiker hatten außer ihren angeblich zweifelhaften Spielqualitäten auch zwei andere Eigenschaften, die bei ihrer Einschätzung auch noch nach zwei Jahren mitgespielt haben mochten. Das eine Mitglied war eine schwarze Timpanistin (also eine Frau und Negerin), das andere ein japanischer Fagottist. Beide haben Einspruch gegen ihre Ausstoßung erhoben und den Kollegen Rassenvorurteil vorgeworfen. Das vom Verband gebilligte, aber menschlich wie fachlich verdächtige Vorgehen hätte damit seine wahren Gründe durchscheinen lassen, wenn nicht gerade dann ein japanischer Dirigent an der Spitze des Orchesters gestanden hätte. Es war der wohlbekannte und anerkannte Seidschi Ozawa. Es war eine Komödie der Irrungen, daß das Orchester Kollegen aus Rassegründen abgelehnt haben sollte, wenn dieselben Gründe es nicht daran hinderten, mit einem Dirigenten anscheinend gedeihlich zusammenzuarbeiten.

Im Zusammenhang mit der internen Personalgestaltung und der langen Probezeit drängt sich die Berliner Philharmonie als Parallele auf. Dieses Orchester hat eine noch größere Freiheit in der Personalauslese, indem es dieses Recht schon bei der Aufnahme (also nicht erst nach der Probezeit) geltend macht. Aber die Probezeit, die darüber hinaus ebenfalls besteht, ist von der vernünftigeren Dauer von nur einem Jahr. Die strenge Personalkontrolle hat aber bei den Berlinern eine mehr begründete Annehmbarkeit als bei den Franciskanern, da sie (die Berliner) selbst die Arbeitgeber sind, was bei den Amerikanern nicht der Fall ist. Diese haben nur ein künstlerisches Vetorecht, sind aber geschäftlich nicht unabhängig. Ein mit dem berlinischen halbwegs verwandtes System haben die Wiener Philharmoniker, die als Konzertorchester ebenfalls selbständig und nur als Opernmusiker im Anstellungsverhältnis sind.

In Amerika verwaltet sich kein Orchester in eigener Regie. Es gibt immer eine geschäftsleitende Anstellungsbehörde. Diese, beziehungsweise der maßgebende Dirigent, führt die „schwarze Liste", wann immer nach ihrem Dafürhalten dazu Anlaß besteht. In dieser Hinsicht wurden in Amerika und namentlich in der Stadt New York die Anstellungsbeziehungen bis in die sechziger Jahre hinein ziemlich willkürlich gestaltet. Entlassungen in zwei der drei großen Theaterunternehmen, der „Metropolitan Opera" und der „Radio City Music Hall", konnten, selbst während der Laufzeit des Kollektivvertrags, bei Einhaltung einer festgesetzten mehrmonatigen Kündigungszeit ohne weiteres durchgeführt werden. Im dritten Etablissement, der „City Center Opera" war für die Entlassung gar keine Kündigung nötig. Nach Ende der Frühjahrs- oder Herbstsaison stand die Verwaltung unter keiner Verpflichtung, ein Orchestermitglied für die folgende Saison zurückzuengagieren oder es über die Entlassung auch nur zu benachrichtigen. Eine Nachricht erging nur an solche, die wiederantreten sollten. Die Nachricht an die Ausgebooteten war, wenn die erste Orchesterprobe ohne sie stattgefunden hatte. Eine solche Behandlung konnte auch Musiker treffen, die schon eine Anzahl von Jahren in jenem Bau gearbeitet hatten, denn ein neuer Direktor fühlte sich nicht zur Respektierung der Einrichtungen seines Vorgängers verpflichtet.

Es dürfte das Publikum interessieren (da der Mann manchmal auch in Europa zu Gastdirektionszwecken auftauchte), daß der Direktor und Chefdirigent, der das großzügige Entlassungssystem weidlich auskostete, zur fraglichen Zeit Rulius Judel hieß. Es ist auch nicht uninteressant zu wissen, daß der Verband, der oft gerne zähnefletschend die Gewerkschaftsbarrikade besteigt, diesen Entlassungsanarchismus jahrzehntelang duldete.

Im Jahre 1963 ist dann der Verband endlich aufgewacht. In löblicher Weise ist er in seiner Zivilisierungsbestrebung sogar noch einen Schritt über das Nachholen des Versäumten gegangen. Jetzt mußten die Theater das Entlassungsopfer über seine bevorstehende Entlassung nicht nur rechtzeitig benachrichtigen, sondern sie mußten auch die Gründe dafür angeben, so daß die Entlassung infolge der meistens nichtigen Gründe an sich unmöglich wurde. Der Verband führte nämlich ein Einspruchsverfahren gegen Entlassungen ein, bei dem Beweise der Berechtigung der Entlassung vorgelegt werden mußten. Wenn es sich erwies, daß die Entlassung widerrechtlich war, dann mußte der Musiker unverändert Mitglied des Orchesters bleiben. Dieses Eindringen der Zivilisation in die Verwaltungskanzleien wurde natürlich mit großer Freude aufgenommen. Im Theater soll man aber den Abend nicht vor Ende der Aufführung loben.

Ein Dirigent, der aus unerforschlichen Gründen einen Musiker loswerden will, findet die Masche, durch die er mit seinen Schlichen hindurchschlüpfen kann. Wenn annehmbare Gründe, ohne die eine Kündigung gar nicht beantragt werden kann, nicht zur Hand sind, dann werden falsche Gründe künstlich geschaffen. Eine Demoralisierungskampagne ist eine probate Methode, das gewünschte Resultat herbeizuführen. Schauen wir uns also etwas näher an, wie das Verbot der unbegründeten Kündigung in der Praxis aussieht.

Ein Jahr nach Abschluß des Kollektivvertrags, der die Kündigungsbeschränkung stipulierte, beschloß die Direktion der New Yorker Städtischen Oper, ihren langjährigen und tüchtigen ersten Oboisten, der auch bei Schallplattenaufnahmen des überkritischen Stokowski mitunter erste Oboe gespielt hatte, zu entlassen. Da sich der Betroffene die Kündigung weder mit musikalisch qualitativen noch irgendwelchen disziplinarischen Gründen erklären konnte, legte er beim Verband Berufung dagegen ein. Die Direktion machte qualitative Unzulänglichkeit (nach fünfzehn Jahren Dienst des noch jugendlichen Fünfzigers) geltend, obwohl die wahren Gründe nur geschmacklicher Natur oder das wohlbekannte Platzmachen für ein Protektionskind sein konnten. Die daraufhin vom Verband angeordnete Untersuchung der Statthaftigkeit der Kündigung führte zur Verwerfung des Kündigungsantrages. Das fragliche Anstellungsverhältnis mußte also unbeeinträchtigt aufrechterhalten bleiben.

Diese juristische Verpflichtung konnte aber keine menschliche Verpflichtung mit sich bringen. Vom Operndirektor, dem schon sattsam bekannten Rulius Judel – einer durch Musik veredelten, von Herzensgüte triefenden Künstlerseele –, hätte nur ein unheilbarer Optimist ein anderes Verhalten erwarten können. Er verhängte über unseren Oboisten eine moralische Aushungerungsblockade. Ein volles Jahr lang sah und sprach er ihn weder an, noch nahm er in sonst irgendeiner Weise Notiz von ihm. Man kann sich vom Ausmaß dieser Bösartigkeit einen Begriff machen, wenn man bedenkt, daß diesem Chefdirigenten selbst die bei der Einstudierung der Musik notwendige technische Fühlungnahme nicht wichtig genug war, diese Ächtung zu lockern. Die unter den mitleidvollen Augen des ganzen Orchesters fortgesetzte Kränkung war so herabwürdigend und entnervend, daß der Heimgesuchte am Ende der Saison freiwillig ausschied.

So sieht nun das Verbot der unbegründeten Kündigung in der praktischen Anwendung aus. Tut nämlich eine Anstellungsbehörde ihre Absicht kund, ein Orchestermitglied abzuschütteln, dann stellt sich die Wertlosigkeit der sogenannten Unkündbarkeit sogleich heraus, da es ein unhaltbarer Zustand ist, in einer Stellung zu arbeiten, in welcher man öffentlich als unerwünscht abgestempelt ist. In machiavellistischer Berechnung wird ja die Kündigung trotz ihrer voraussichtlichen Unstatthaftigkeit gerade im Wissen um diese ihre Wirkung ausgesprochen.

Der geschilderte Fall (eine wahre Begebenheit) ist aber noch eher eine mildere, „erträglichere" Nervenkriegsvariante der Kündigungsteufelei. Etwas später, bei passender Gelegenheit, werden wir auch die andere Variante, den atomspaltenden, totalen Kündigungskrieg kennenlernen.

Eine Spezialität des amerikanischen Orchesterwesens sind unter anderem jene Fälle, in denen ganze Orchester aufgelöst werden, wenn die Orchestergesellschaften abwechslungshalber nicht unerwünschte Orchestermusiker, sondern einen mißliebig gewordenen Dirigenten loswerden wollen und den Plan nur durch die Auflösung des Orchesters durchführen können. Die amerikanischen Städte Columbus (Hauptstadt des Staates Ohio) und Detroit (die Automobilstadt) können sich mit erfolgreichen Operationen dieser Art rühmen. Aber nachdem die betreffenden Dirigenten mittels Auflösung der Orchester glücklich abgekratzt worden waren, wurden die Orchester (schon wegen der Unerreichbarkeit der inzwischen in alle Winde zerstreuten alten Mitglieder) mit überwiegend neuem Personal wieder ins Leben gerufen.

Die Laufereien, die die vielen entwurzelten Musiker durch die nachträglich als unnötig erwiesene Stellensuche und Ortsveränderung mit Kind und Kegel ertragen mußten, geben zu einer Frage Anlaß. Da von den torpedierten Kapellmeistern nicht die Naivität vorausgesetzt werden konnte, sich über die Gründe der Auflösung zu täuschen, so ist die Frage berechtigt, warum sie dem Orchester nicht durch freiwillige und rechtzeitige Abdankung ersparten, mit über die Klinge springen zu müssen.

Die Auflösung von Orchestern (eventuell nur vorübergehend) kann auch aus moralisch unanfechtbaren, doch nicht weniger betrüblichen Gründen erfolgen. Manche Orchester führen einen erfolglosen Kampf mit dem Pleitegeier.

Ein besonderer Fall von gänzlicher Auflösung eines Orchesters ist jener, in welchem der freiwillig zurücktretende Dirigent für unersetzlich erklärt wird und nach dessen Abgang das Orchester – nach Ansicht der Verwaltung – sein Daseinsrecht verloren hat. So ein Fall war die Auflösung des Toscanini-Radioorchesters in New York im Jahre 1954.

Die Radiogesellschaft (National Broadcasting Corporation) hatte das Orchester 17 Jahre vorher als ein ausschließlich persönliches Instrument für Toscanini gegründet. Wenn nun der „Spieler" nicht mehr spielen wollte, gab es auch für das „Instrument" keine Verwendung mehr. Das war der Standpunkt der Gesellschaft. Aber das „Instrument" war inzwischen zu einem lebendigen Körper gewachsen, und Toscanini war dessen Kopf. Es erhob sich die große Frage, wie Toscanini sich zum Zerfallen seines Instruments verhalten würde. War er ein Künstler, der etwas Bleibendes von dem, was er aufgebaut hatte, hinterlassen wollte, oder war er ein Karrierist, der nur an seiner eigenen Reklame interessiert war und dieses Interesse aufgab in dem Moment, wo er auch keine Karriere mehr zu verfolgen hatte? Vielleicht kommt man der Beantwortung dieser Frage etwas näher, wenn man seinen Abdankungsbrief liest. Dieser Brief (hier übersetzt) ist vom 25. März 1954 (Toscaninis Geburtstag) datiert und an den Präsidenten der Radiogesellschaft, General David Sarnoff, gerichtet.

Mein teuerster David,
es war um diese Zeit vor siebzehn Jahren, daß Du mich auffordertest, die musikalische Leitung eines eigens für mich zu schaffenden Orchesters zu übernehmen mit dem Ziel, dem amerikanischen Radiopublikum Sendungen symphonischer Musik zu bringen. Du magst dich erinnern, wie ich zögerte, Deiner Einladung Folge zu leisten, denn nach meinem damaligen Empfinden war ich schon zu alt, um neue Aufgaben auf mich zu nehmen. Du hast mich jedoch zum Nachgeben bewogen, und all meine Zweifel waren denn auch zerstreut, sobald ich für das eröffnende Weihnachtskonzert mit dem von Dir organisierten Ensemble feiner Musiker zu proben begann.

Während all der Jahre war es eine große Genugtuung für mich, daß die vom N.B.C.-Orchester gespielte Musik bei der weitausgedehnten Zuhörerschaft in den Vereinigten Staaten und im Ausland anerkennende Aufnahme gefunden hat.

Nun ist der traurige Augenblick gekommen, da ich meinen Taktstock zwar widerwillig, doch unweigerlich niederlegen und meinem Orchester Lebewohl sagen muß. Mein Scheiden soll mir Gelegenheit geben, Dir zu sagen, daß ich das Andenken an all diese Jahre erlebnisreichen Musizierens als etwas mir Teueres hegen werde, und ich spreche Dir und der N.B.C. meinen tiefempfundenen Dank dafür aus, dieses Erlebnis ermöglicht zu haben.

Ich weiß, ich kann darauf vertrauen, daß Du jedem, der bei der N.B.C. mit mir gearbeitet hat, den Ausdruck meiner von Herzen kommenden und aufrichtigen Dankbarkeit übermitteln wirst.

Dein Freund
Arturo Toscanini

Der Gefühlserguß dieses Briefes kann nicht darüber hinwegtäuschen, daß Toscanini das Orchester schmählich im Stich gelassen hat. Nicht, daß er mit dem Dirigieren bis zu seinem 150. Lebensjahr hätte fortfahren sollen! Einmal mußte seine Karriere auch ein Ende nehmen. Er hätte aber versuchen sollen, das Fortbestehen des Orchesters nach seinem Rücktritt sicherzustellen, wenn schon nicht als Radioorchester bei einer kunstmüden Radiogesellschaft, dann als Konzertorchester außerhalb des Radios. Ist es nicht sonderbar, daß er trotz der Betonung seines Gefühlsverhältnisses zum Orchester diese Frage in seinem Brief überhaupt nicht anschnitt? Nicht einmal in Form einer Hoffnung!

Es besteht ein krasser Widerspruch (wie es im Brief zum Ausdruck kommt) zwischen der Lobhudelei über die Qualität des Orchesters und der offenbaren Weigerung, etwas dafür zu tun. Toscanini bestätigte es selbst, daß die Zusammenarbeit mit diesem Orchester ihn erst eigentlich siebzehn Jahre lang aus dem Ruhestand herausgehalten hat. Ein Orchester, das solch eine Verjüngung und Belebung der Musizierbereitschaft eines versauerten, ewig unzufriedenen Siebzigjährigen zu bewirken vermag, sollte vom Nutznießer dieser Wohltat eine praktische Hilfe in der Not erwarten dürfen. Aber jenseits aller sozialen Rücksichten hätte es Toscanini am Herzen liegen müssen, das Orchester als Institution, als beglaubigten Verwahrer Toscaninischer Musiziertradition, in seiner Existenz gesichert zu wissen. Hätte er für das Orchester etwas tun wollen, so hätte ihm ein eingeflochtenes Wort im Brief über die Zukunft des Orchesters einen bequemen Ausgangspunkt für spätere konkretere Erörterungen geschaffen. Die Unterlassung, die er sich in dieser Hinsicht zuschulden kommen ließ, zeigt, daß mit seinem Rücktritt das Orchester für ihn zu existieren aufgehört hatte.

Inmitten der fieberhaften Rettungsversuche, die von interessierten musikalischen und kommerziellen Autoritäten in Szene gesetzt wurden, war Toscanini der einzige, der gänzlich passiv blieb. Nicht einmal beim Abschiedsempfang, zu dem er das Orchester ursprünglich selber eingeladen hatte, erschien er. Wie berichtet wurde, konnte er den Musikern nicht ins Auge sehen, die ihre Stellung seinetwegen verlieren sollten. Zu einem schlechten Gewissen hat es also bei ihm immerhin noch gereicht. Nur nicht zu einer guten Tat.

Als die Musiker von den Gewissensqualen Toscaninis Wind bekamen, schickten sie einen Sendboten zu ihm mit der Versicherung, sie würden ihn für ihren Stellenverlust nicht verantwortlich machen. Diese Kriecherei ähnelt schon der idiotischen Biederkeit eines Todkranken, der den ihn zu Tode behandelnden Arzt tröstet. Und was tat Arturo? Er ließ sich nicht zur Teilnahme an der Gesellschaft, deren Gastgeber er selber war, überreden. Er packte seine Koffer und machte sich auf und davon nach Italien.

In New York hatte man inzwischen alles in Bewegung gesetzt, um die Tätigkeit des Orchesters in Selbstregie und ohne Toscanini weiterzuführen. Bald begann man aber zu munkeln, daß Toscanini mit dem Rücktritt von seiner Radiostelle das Dirigieren nicht gänzlich aufzugeben beabsichtigte. Aus Mailand kam die Nachricht, daß er keine geringere Aufgabe als die Aufführung von „Falstaff" zur Einweihung eines neuen Kammertheaters auf sich nehmen wollte. Die Orchesterverwaltung stürzte sich Hals über Kopf auf die in dieser Nachricht enthaltene Chance und sandte dem Maestro folgendes Telegramm:

> Lieber Meister, das Orchester, das Sie so viele Jahre leiteten, weigert sich zu sterben. Wir, die Mitglieder des ehemaligen N.B.C.-Symphonie-Orchesters, haben uns reorganisiert und beabsichtigen, als Orchester weiterzubestehen. Wie immer, so auch jetzt gilt unser erster Gedanke Ihnen. Es ist unsere tiefgehegte Hoffnung, daß Sie gewillt sein werden, Ihr Orchester wieder zu

leiten, wann immer Sie den Wunsch danach haben. Der öffentliche Widerhall unseres Schrittes ist sehr ermutigend, und wir studieren gegenwärtig die Angebote verschiedener Konzertagenturen für ein ständiges Vertragsverhältnis. Wir sehen Ihrer Antwort gespannt entgegen.

Don Gillis
Obmann des provisorischen
Orchesterausschusses

Die Antwort war, daß Toscanini das Orchester nie mehr leitete. Sein Verhalten war einigermaßen rätselhaft, wenn man es im Lichte gewisser Gerüchte über die Umstände seines Ausscheidens betrachtet. Es wurde behauptet, daß der Abdankungsbrief gar nicht von ihm, sondern von der Verwaltung abgefaßt und ihm einfach zur Unterzeichnung vorgelegt wurde. Der Grund dazu soll gewesen sein, daß Toscanini und auch das Orchester für die Verwaltung zu kostspielig geworden waren und deshalb ausgebootet werden sollten. Wenn diese Behauptung wahr sein sollte, dann hätte doch Toscanini das Angebot zur weiteren Zusammenarbeit mit dem Orchester außerhalb des Radios hochwillkommen sein müssen. Es besteht kein Zweifel, daß Toscanini beim Publikum nach wie vor eine unerreichbare Kassenzugkraft war (die durch die geschlossenen Radiosendungen nicht unmittelbar wirkungsvoll sein konnte) und das Orchester in Selbstregie erfolgreich hätte weiterführen können.

Eine lustige Nebenblüte dieser Bestrebung war die im Zusammenhang damit offenbarte Anstellungspolitik des Orchesterausschusses Negern gegenüber.

Die amerikanischen Symphonieorchester bekunden allenthalben eine schüchterne Haltung in der Zuführung von Negermusikern zum symphonischen Tätigkeitsgebiet. In der Verpflichtung dunkelhäutiger Musiker sind sie voller Hemmungen, was zur Folge hat, daß in ganz Amerika kein Dutzend von ihnen in symphonischen Orchestern anzutreffen ist. Die Orchesterverwaltungen krümmen und winden sich in ihren krampfhaften Ausflüchten, wenn sich ein Negermusiker bei ihnen um eine offene Stelle bewirbt. Die Verwaltung des ehemaligen Toscanini-Orchesters, die in der neuen Situation eine beträchtliche Anzahl neuer Mitglieder benötigte, fand indessen eine patente Ausrede im Abweisen der Negerbewerber. Da das ursprüngliche Toscanini-Orchester bekanntlich keine Negermitglieder hatte, so hätte das nun selbständig weitergeführte Orchester seine visuelle Identität verloren, wenn augenfällige Änderungen in der Hautpigmentation der Mitglieder aufgetaucht wären. Zu solch lustiger Fassadentüncherei mußten die Leiter des neuen Unternehmens Zuflucht nehmen, um das Toscaninische Gesicht des herrenlos gewordenen Orchesters zu wahren.

Die Orchestermitglieder wollten fortsetzen, woran sie gewöhnt waren, nämlich die Nährkräfte ihrer künstlerischen wie physischen Existenz aus dem Ruhm Toscaninis zu ziehen. Diese privilegierte und bequeme Existenzgrundlage hatte sie dann auch zu der Bereitschaft bewogen, die andererseits sehr „unbequemen" Brüskierungen, die ihnen von Toscanini unter dem alten Regime tagtäglich und jahraus, jahrein zugefügt wurden, weiterhin als den günstigsten Kompromiß zu ertragen.

Für diese Herabwürdigung leistete Toscanini seinerseits einen Ersatz, der seinen Musikern jede Beleidigung, jede Niedertrampelung wert war. Der Ersatz war seine Stellung als der ungekrönte König aller Dirigenten und der Vorzug, den die bloße Zugehörigkeit zum Machtkreis selbst von so einem despotischen Monarchen des Dirigierens wie Toscanini bedeutete. Dieses Versöhnen des Despotismus mit der dafür gebotenen Vorzugsstellung ist in einem freimütigen Artikel der früher prominenten amerikanischen Tageszeitung „The New York

Herald Tribune" geschildert. Der Artikel, erschienen in der Kunstbeilage der Sonntagsnummer vom 19. März 1947, gründet sich auf die Geständnisse eines anonymen (weil damals noch aktiven) Mitglieds des New Yorker Toscanini-Orchesters.

### Ich spiele für Toscanini

Kurz nachdem ich mich zu meiner ersten Orchesterprobe mit dem N.B.C.-Symphonieorchester eingefunden hatte, sah ich, wie Toscanini ein Notenpult mit einem Fußtritt vom Podium stieß. Mein Selbsterhaltungstrieb riet mir, den Schauplatz sofort zu verlassen – ich war nämlich, als ich dort ankam, mit nichts anderem als einem zerbrechlichen Musikinstrument bewaffnet. Wie die meisten Musiker hatte auch ich schon von den phantastischen Temperamentsausbrüchen des Meisters gehört. Aber erst als er mit einem Notenpult in bedenklicher Nähe meines Schienbeins Fußball zu spielen begann, erkannte ich, daß die Zusammenarbeit mit diesem Genie zu einem Leben voller Gefahren zu werden drohte. Nach zwei Orchesterproben im Kriegszustand stellte ich eine Verlustliste zusammen. Alles in allem hat Toscanini sechs Taktstöcke über sein Knie gebrochen, zwei Pulte über eine Entfernung von ungefähr zwei Metern gestoßen und einmal in einem Anfall alle seine Partituren durcheinandergewirbelt und in weitem Bogen vom Pult gefegt. Keine schlechte Leistung von einem Mann, der zur Probe weiche Salonschuhe trägt und bald 80 Jahre alt sein wird! Diese Zustände konnte ich aber nicht mehr ertragen, als er anfing, Taktstöcke umherzuwerfen; und ich beschloß, mein Instrument einzupacken und nach Hause zu gehen. Als ich nach meinem Geigenkasten griff, lehnte sich ein gewitzigterer Kollege zu mir herüber und legte eine schützende Hand auf meine Schulter. 'Sachte, mein Junge' – sagte er – 'nimm den Alten nicht zu ernst; er könnte nicht einmal einem Floh etwas antun. All das ist nur Nervenkrieg. Er wird seinen Taktstock nie nach einem Orchestermitglied werfen.' Diese Aufklärung rettete mein Leben als Musiker. Wäre ich am ersten Tag auf und davon gegangen, hätte ich mich der höchsten Befriedigung begeben, die einem Orchestermusiker zuteil werden kann. Das wahre Wesen Toscaninis (des Grimmigen) kam nach und nach zum Vorschein. Er erwies sich als ein unvergleichliches musikalisches Genie, dessen Vollkommenheitsideal immer unverwirklicht bleibt. Er tobt, er faucht, er rauft sich die Haare aus – nicht so sehr aus Wut gegen uns als Einzelpersonen, sondern gegen den Kosmos, der einen Toscanini schuf, um Übermenschen zu leiten, dann aber vergaß, Übermenschen als Gefolgschaft für Toscanini hervorzubringen. Wir im Orchester haben ihn verstehen gelernt. Wir wissen, daß er turmhoch über allen anderen Orchesterleitern steht, die je vor uns gestanden haben, daß er uns Musik entlockt, von der wir nicht wußten, daß sie in uns war.

Der letzte Satz dieser Bekehrungsgeschichte im besonderen fand sein Echo in einer späteren, bebilderten Toscanini-Verherrlichung „Das war Toscanini" aus der Feder eines anderen Orchestermitglieds namens Samuel Antek. Offenbar haben die Mitglieder des Toscanini-Orchesters (oder wenigstens manche von ihnen) Toscaninis Selbsteinschätzung sich zu eigen gemacht. Toscanini hatte erklärt: „Ich bin nicht der größte Dirigent, ich bin der einzige." Dementsprechend haben die Mitglieder seines Orchesters Anspruch darauf erhoben, die „einzigen" Orchestermusiker zu sein. Antek schrieb in seinem Buch: „Das Erlebnis, unter Toscanini zu spielen, steht in sich als etwas Einmaliges gegen alle anderen Spielgelegenheiten unter anderen Dirigenten, gleichgültig, wie groß diese sonst sein mögen. In seiner Art war Toscanini immer etwas vollkommen Verschiedenes. Verglichen mit unserem 'Alten' – unserem Maestro – erschienen die anderen wenig mehr als Lehrlinge."

Hierin liegt nun die Erklärung für das Ertragen der moralischen (und manchmal sogar fast physischen) Fußtritte, die Toscanini den Musikern versetzte. Er wurde für den größten – wenn man will: „einzigen" – Dirigenten seiner Zeit erklärt, folglich konnten seine Musiker die

Geltung der erlesensten Elite der Weltmusikerschaft für sich beanspruchen. Sie haben diesen Anspruch zwar nie offen erhoben (das war auch nicht nötig); da sie aber Toscanini in den Himmel gehoben hatten, konnten sie, als seine Mitarbeiter, logischerweise selber nicht sehr weit vom Himmel entfernt sein. Durch diese Verbindung konnten sie der Musikwelt suggerieren, daß sie inmitten des Musikantenvolkes so etwas wie einen Hochadel bildeten. Sie waren die Royalisten des Orchesterspiels, die sich im Glanz und Ruhm ihres Herrschers sonnten. Kein anderer Dirigent konnte ihnen diesen Nimbus der Exklusivität geben. Für einen Musiker des Toscanini-Orchesters war der Name Toscanini ein Ordenszeichen wie für die Ritter des Monsalwatsch der Gral.

Bei solch einer Erhöhung, wie es der Außenwelt erscheinen mußte, war es eine verschwindende Nebensächlichkeit, wenn diese Gralsritter des Orchesterspiels bei der Arbeit mit Schimpf und Schande behandelt wurden. Es ist interessant, daß Antek, der in seinem Buch auch über diese schimpfliche Behandlung an verschiedenen Stellen berichtet, die Gründe für deren Erdulden nicht erkennt oder sie nicht wahrhaben will. Er schreibt:

> Ich habe immer gestaunt, daß die Musiker, besonders die Stimmführer, bei der entehrenden Behandlung fähig waren weiterzuspielen. Es waren hauptsächlich die Solobläser, die bei der Exponiertheit ihrer Funktion die schwerste Last von Toscaninis Übellaunigkeit tragen mußten. Wir Streicher wurden gewöhnlich als eine Gruppe angegriffen oder bemängelt, die Bläser aber erlitten dasselbe Schicksal einzeln; und sie nahmen es sehr übel. (Aha! Der nach außen hin als Ultraübermensch besungene Toscanini ist also im Inneren als ein hassenswerter Untermensch erkannt worden! Anmerkung der Redaktion.) Andere Dirigenten überhäuften unsere Bläser mit Lob oder brachten Korrekturen in Form von taktvollen Vorschlägen an, Toscanini aber war vollkommen unberührt von ihrer Vorzüglichkeit oder den besonderen Schwierigkeiten ihres Instruments.

Antek brauchte über die Leidensbereitschaft der Bläser nicht so sehr erstaunt zu sein nach seinem eigenen Paradieren mit der erlösenden Toscaninischen Adelsmarke. Dieses bei allen Toscanini-Musikern herrschende Prangen war ja der Umstand, der sie vom Rebellieren abhielt, und der Grund, weshalb sie mit dem Enthüllen ihrer Degradiertheit – wenigstens während des sauren Honigmondes mit Toscanini – sehr zurückhaltend waren. Sie fälschten Toscaninis Lästerungen in frommes Prophetengezeter um, das wiederum als ein integrierender Bestandteil der „Probenliturgie" hingestellt wurde. Es war also ganz natürlich, daß diese auserwählten Orchestermusikanten ihr eigenes Renommee, bei all ihrer gedämpft schwelenden Bitterkeit, nicht durch unzeitgemäßes Bereden ihres Meisters besudeln wollten. Aus diesem Grunde gaben sie auch Toscaninis Treulosigkeit nicht als solche zu, solange sie noch hoffen konnten, ihren einmalig hohen orchestralen Status durch weitere Zusammenarbeit mit ihm und die seltene Kassenzugkraft seines Namens auch noch nach dem Radio-Debakel für ihre Zwecke zu sichern.

Um die Bilanz einigermaßen auszugleichen, muß gesagt werden, daß eine Fahnenflucht wie die Toscaninis nicht ausschließlich auf der kapellmeisterlichen Seite vorkommt. Es gibt auch Orchestermusiker, die es fertigbringen, sich sogar mitten in der Saison auf französisch zu empfehlen, um sich nie wieder blicken zu lassen. Ein so krasser Fall kommt natürlich äußerst selten vor. Es gibt aber eine mildere Form des Vertragsbruchs oder vielmehr des Vertragsbruchversuches, die etwas häufiger anzutreffen ist. Aber eigentlich handelt es sich dabei noch nicht einmal um einen Versuch, den Vertrag zu brechen, sondern nur um den

Versuch, ihn freundschaftlich und mit der Zustimmung des Vertragspartners zu annullieren.

Orchestermusiker kommen zuweilen in die Lage, ein Engagementsangebot gerade dann zu erhalten, wenn sie den Vertrag eines anderen Engagements bereits unterzeichnet haben. Wenn es sich herausstellt, daß das spätere Angebot viel günstiger ist als das bereits angenommene, dann kann man verstehen, daß der betreffende Musiker kreuzunglücklich ist. Es gibt viele Varianten dieser Gewissenskalamität.

Manchmal hat man eine Stelle schon angetreten und zu arbeiten begonnen, wenn das neue Angebot einläuft. In manch anderen Fällen müßte man sich sogar in Stücke reißen, um mehrere Angebote gleichzeitig annehmen zu können. Es kommt auch vor, daß ein verlockendes neues Engagement eine Woche vor Ablauf des alten beginnt. Diese Fälle haben alle das eine gemein, daß sie ein Problem darstellen, das nur im Einvernehmen mit dem Arbeitgeber gelöst werden kann. Dem vertraglich gebundenen Orchestermusiker bleibt, wenn er den Vertrag lösen möchte, nichts anderes übrig, als an das menschliche Verständnis des Arbeitgebers zu appellieren. Solche pflegen einem Befreiungsgesuch gegenüber, öfters als es angenehm ist, einen starren Standpunkt einzunehmen. Auch wenn es ihnen nicht mitgeteilt wird, wissen sie, daß der Orchestermusiker aus dem Vertragsverhältnis heraus will, weil er ein anderes vorzieht. Diese Zurücksetzung schafft natürlich beleidigte Eitelkeiten. Der leitende Kapellmeister, von dem im Orchesterbetrieb die Befreiung vom Vertrag in letzter Instanz abhängt, deutet das Gesuch als Mißtrauensvotum gegen sich. In seiner Mimosenhaftigkeit versteift er sich auf die Ansicht, daß der Orchestermusiker weg will, weil er lieber unter einem anderen Dirigenten spielt als unter ihm.

Die verzwickte Situation wird meistens dadurch gelöst, daß man den Musiker zuerst einige Zeit zappeln, schließlich aber doch laufen läßt. Nachdem der Dirigent dem Musiker seine juristisch untermauerte Vormachtstellung demonstriert hat, wird er von einer Eitelkeit mit umgekehrtem Vorzeichen gepackt. Plötzlich dämmert ihm, daß die Geltendmachung seiner Rechte für den solchermaßen unentbehrlich scheinenden Musiker schmeichelhaft ist, und das gönnt er ihm wieder nicht. Die Freigabe kann aber auch mal tatsächlich wegen Unentbehrlichkeit abgelehnt werden. Außerdem gibt es Ausnahmefälle, in denen der Dirigent eine Schwäche für einen Orchestermusiker hat und sich ungern von ihm trennt. Die Regel aber ist, daß der Musiker sich nicht für unersetzbar halten darf. In der übergroßen Zahl der Fälle ist er es auch nicht. Deshalb kann man sagen, daß die Verweigerung der Pflichtenthebung eine Bösartigkeit ist. In solchen Fällen wird geltend gemacht, daß ein Vertrag zweiseitig ist und daß es unbillig sei, vom Arbeitgeber die Aufhebung des Vertrages zur Konvenienz des Musikers zu verlangen, wenn der Arbeitgeber sich keine solche Sinnesänderung leisten kann. Rechtlich ist dieser Standpunkt richtig. Es gibt aber etwas Höheres als das Recht, und das ist die Gerechtigkeit.

Ein festetablierter Dirigent und die Organisation, die hinter ihm steht, sind hundertmal mächtiger als ein einzelner Orchestermusiker. Macht sollte aber durch Einsicht gemildert und Schwäche durch Zugeständnisse erträglich gemacht werden.

Das Problem der Förderung beziehungsweise Hinderung eines Musikers wird besonders kompliziert, wenn bei der Frage eines Engagements einem Landesbürger ein Ausländer vorgezogen werden soll. Der einheimische Musiker befindet sich dann im Gewissenskonflikt, ob er gewerkschaftliche und behördliche Hilfe in Anspruch nehmen soll. Dieser Gewissenskonflikt ist der individuelle Spiegel des größeren Konflikts zwischen den chauvinistischen und den fremdenfreundlichen Tendenzen im Lande. Dieses Phänomen präsentiert ein Problem, das nicht auf die leichte Schulter zu nehmen ist. Die xenophilisch und xenophobisch gespaltene Haltung der Mitbürger steht einem Ausgleich der nationalen und der institutionalen Interessen im Wege. Orchestergesellschaften neigen dazu, einen Reklamewert als Maßstab anzulegen, der die fremden Kräfte begünstigt. Auf der Gegenseite leistet wiederum eine allzu kritiklose Bevorzugung von stammverwandten Schützlingen der Ausbreitung der Mittelmäßigkeit Vorschub.

Die chauvinistische Einstellung hat die grundsätzliche Schwäche, daß sie die Chauvinisten in anderen Ländern übersieht, die in ihrem Wirkungsbereich dieselbe Politik verfolgen. Der Schutz der Landsleute hebt sich also unter Umständen durch die drohende auswärtige Vergeltung wieder auf. Außerdem ist es eine Politik der Selbstaufgabe, das psychologische Lockmittel des fremden Ursprungs für das eigene Produkt (wo immer es diesen Aspekt annimmt) nicht wirken zu lassen. Im Ausland ist nämlich jeder ein Ausländer, und die Möglichkeiten dieser Situation können in irgendeiner Weise für jedes Land nutzbar gemacht werden. Das wenigste, was man im Sinne dieser Erkenntnis tun kann, ist, das eigene Produkt nicht wissentlich der Geringschätzigkeit preiszugeben. Wohl ist es möglich, daß ein bestimmtes Land weniger „Exportgüter" besitzt als ein anderes und deswegen ins Hintertreffen gerät. Aber das unmännliche Wehklagen über diesen Zustand, anstatt einer systematischen Selbstverbesserung, schafft nur die psychologische Voraussetzung zu einem noch empfindlicheren Hintertreffen. Das Wehklagen ist zu verwerfen, nicht weil es unberechtigt ist, sondern weil es nichts nützt.

Es ist ein desillusionierender Widerspruch, wenn der Ausübende eines künstlerischen Berufs – anstatt mit dem Nimbus seiner Kunst und seinem Talent zu beeindrucken – sich mit allerlei Geschrei und schließlich sogar mit amtlicher Hilfe durchzusetzen sucht. Künstlerischen Arbeitgebern, die nur wenig vom Fach verstehen und nach äußeren Symptomen urteilen, ist ein solches Auftreten verdächtig. Die behördliche Hilfe mag einem augenblicklich Brot verschaffen, aber dadurch sinkt der künstlerische Beruf in den Augen der ratlosen Musikmagistraten zu einem bloßen Broterwerb herab. Sie sträuben sich gegen die Annahme von Bewerbern (unabhängig von deren Befähigung), die vor ihnen unter diesem unkünstlerischen, wenig imponierenden Aspekt auftreten.

Manchmal kann in einem Land eine ganze „Industrie" mit diesem Odium des Mißtrauens gegen die einheimische „Arbeitnehmerschaft" behaftet sein. Als ein konkretes Beispiel für Umstände, die durch das geschilderte Problem charakterisiert sind, mag die Schweiz im besonderen genannt werden.

Ein Fall, der das gedeihliche Ineinandergreifen der Räder der internationalen Wechselbeziehungen im Individualbezirk demonstriert, ist derjenige des schweizerischen Opernstars der fünfziger und sechziger Jahre, Lisa della Casa. Diese Sängerin mit der metallischen Stimme und strahlenden Schönheit war, vor ihrer internationalen Karriere, Mitglied der Zürcher Oper. In diesem Haus sang sie die Rolle der verkleideten Schwester Zdenka in der Oper „Arabella" von Strauss. Wenn man in Ergänzung dazu meldet, daß in der Titelpartie die nicht lange danach tragisch verstorbene Maria Cebotari auftrat, dann sagt man leicht, was schwer getan wurde. Maria Cebotari war kein Mitglied der Zürcher Oper und sollte von Wien eigens für dieses Gastauftreten nach Zürich kommen, da in der Schweiz zu jener Zeit keine Sängerin für diese Rolle vorhanden war. Das ganze Bühnenpersonal und das Orchester hatten schon wochenlang auf Mord und Brand geübt und geprobt, auch der Tag der Hauptprobe war schon angebrochen, doch hockte die Cebotari immer noch in Wien. Damals, ungefähr ein Jahr nach dem Krieg, war das Reisen nur mit Visum möglich, und die schweizerische Fremdenpolizei weigerte sich, der Cebotari die Einreise zu bewilligen. Der Grund zu dieser Strenge war der Umstand, daß die Polizei sich nicht schlüssig werden konnte, ob die Österreicher im Abwaschen der ihnen kurz vorher noch dick anhaftenden braunen Farbe genügend Fortschritte gemacht hätten. Da es aber schon Zeit war, die Welt wieder in Ordnung zu bringen und da die Arabella-Premiere der Operndirektion schon auf den Nägeln brannte, war es gegen die allseitigen Interessen, den Fall noch immer im Lichte der vergangenen Ereignisse zu beurteilen, zumal zur tatsächlichen Zeit jener Ereignisse derselbe Fall nicht so streng beurteilt worden wäre. Fanden doch nicht lange vorher (aber freilich noch während der Glanzzeit des tausendjährigen Reichs) ähnliche Gastspiele an derselben Bühne mit fragwürdigeren österreichischen Teilnehmern statt.

Der kritische Kommentar betrifft aber nicht diese letztgenannten Gastspiele. Man muß für die kompromißlerischen Entscheidungen von Staatsbehörden in heiklen Situationen Verständnis haben. Wohl aber kann die Notwendigkeit harter Maßnahmen für einen Bagatellfall – und nach dem „Sturm" – bezweifelt werden. Es ist eine weltweite Erscheinung, daß Behörden einer Situation immer erst gewahr werden, wenn sie schon vorüber ist. Die Mühlen des heiligen Bürokratius mahlen schnell, aber langsam. So war man auch zu den Juden sehr nett, als sie es nicht mehr nötig hatten. Und man war auf die Nazis furchtbar böse, als sie schon zertreten auf dem Boden lagen. Doch sollten diese verspäteten Reaktionen nicht allzu übel vermerkt werden, da sie ihre weitverzweigten Ursachen haben. Es ist trotzdem schwer, eine Randbemerkung zu unterdrücken darüber, mit welch kindlichem Eifer Behörden lange nach Ende eines Notstandes noch ihre gegenstandslos gewordene Wachsamkeit demonstrieren wollen. So war es auch im Falle von Maria Cebotari. Da es seinerzeit nicht möglich war, den Einmarsch Hitlers in Österreich aufzuhalten, so wollte man wenigstens das Gastauftreten der „furchtbar sündigen und staatsgefährlichen" Maria Cebotari in der Zürcher Oper verhindern.

Die Nutznießerin der in letzter Minute doch noch erteilten Einreise- und Arbeitsbewilligung wurde aber nicht die (ursprünglich russisch-rumänische) Österreicherin Maria Cebotari, sondern die Schweizerin Lisa della Casa. Es begab sich nämlich, daß einige Zeit später die „Arabella" während der Salzburger Festspiele aufgeführt werden sollte. Damit gerieten die Salzburger in eine ähnliche Klemme wie vorher die Zürcher, nur mit vertauschten Rollen. Die Zürcher hatten eine Zdenka, aber keine Arabella; die Salzburger dagegen hatten eine Arabella, aber keine Zdenka. Der Rest der Geschichte braucht eigentlich gar nicht mehr erzählt zu werden, denn jeder hat schon erraten, daß die Cebotari, die auch in der Salzburger Aufführung die Titelpartie sang, Lisa della Casa für die Rolle der Zdenka empfahl und aufgrund ihrer Erfahrung in Zürich garantierte, daß in Lisa della Casa Salzburg eine sensationelle Zdenka haben würde. Mit welchem Erfolg sie in Salzburg sang, davon konnten sich die Wiener, Londoner und New Yorker Opernbesucher bald aus eigener Erfahrung überzeugen. Mit dem Fortschreiten der Zeit ist della Casa von Zdenka zu Arabella hinübergewechselt und hat sich zu einer der prominentesten Mozart- und Strauss-Sängerinnen emporgesungen.

Es kann nun nicht behauptet werden, daß die schweizerischen Behörden mit einer Sperre gegen die Cebotari die Karriere der della Casa verhindert hätten. Bei ihren Naturgaben war ein erfolgloser Berufsweg undenkbar. Aber die Alternative, die möglicherweise eine viel längere Zeitdauer und manche Enttäuschungen bedeutet hätte, ist nicht erwiesen, während die sofort zum Aufstieg führende große Chance, die durch die Cebotari geschaffen wurde, erwiesen ist. Wenn der Spatz in der Hand besser ist als die Taube auf dem Dach, so ist die Taube in der Hand am besten. Und dann braucht man sich um den Spatz auf dem Dach nicht zu kümmern.

Die Erfolgsgeschichte der Schweizerin Lisa della Casa sollte den Nationen, die mit der Schweiz irgendwann eine musikalische Schicksalsgemeinschaft gehabt zu haben glauben, als Ermutigung dienen. Eine andere Nation mit großer musikalischer Kultur und mit großen musikalischen Selbstzweifeln ist England, obwohl viele musikalisch interessierte Engländer diese Feststellung zurückweisen würden. Einer von ihnen, wenn er noch lebte, wäre Sir Thomas Beecham, der die musikalische Potenz seiner Nation – wenigstens insofern sie sich in seiner Person verkörperte – auf eine sehr hohe Stufe setzte. Und doch hat er in seinen Äußerungen und Schriften das Gegenteil bezeugt. Seine Polemik gegen den fremden Einfluß und die Ausbreitung fremder Mächte im englischen Musikleben wäre gegenstandslos gewesen, wenn dieses Eindringen nicht durch andere Engländer begünstigt worden wäre. Diese anderen haben den musikalischen Nationalstolz Beechams offenbar nicht teilen können. Es waren diese und ihre ausländischen Lieblinge, die Beecham mit seiner Philippika andonnerte.

> Ich hatte keine Zuhörerschaft in London. Meine ersten Konzerte mit dem Londoner Philharmonischen Orchester im Jahre 1932 wurden vor halbleeren Häusern gegeben. Dieser Stand der Dinge dauerte drei weitere Jahre. Warum? Weil ich ein Engländer bin. Bis 1935 blieb die Musik von alten Windbeuteln wie Mengelberg und Toscanini monopoliert. Die Qualität ihrer Konzerte war drittklassig. Ich habe mit meinem Orchester Erstklassiges geboten, das in Amerika und in der Welt im allgemeinen als solches anerkannt wurde. Ich brauchte dreißig Jahre, um meinen heutigen Stand zu erreichen. Jeder andere, der es versuchen sollte, wird ebenfalls dreißig Jahre dazu brauchen. Die begabten jungen Engländer von heute werden zu Mummelgreisen, bis das Land erkennt, daß sie allem gewachsen sind, was von auswärts kommt. Es gibt ein Dutzend Leute in diesem Land, die genauso, wenn nicht besser, dirigieren können wie diese verflixten Eindringlinge. Aber wir haben kein Interesse für unsere Landsleute. Wir haben Interesse nur für den pittoresken Ausländer mit einem bombastischen Namen oder mit einem romantischen Pseudonym und einer dunklen Herkunft. Ich werde diese verdammten Kerle aus dem Land jagen. Ich habe durch diese Brut genug gelitten.

Dieser eloquente und sicherlich gerechtfertigte Schmerzensschrei, der in der Beecham-Biographie von Charles Reid aufgezeichnet ist, hat nur einen Schönheitsfehler. Beecham ist nämlich selbst zum Eindringling in einem fremden Land geworden, sofern man einen ausländischen Dirigenten so nennen will. Der Lebensraum, den Amerika während des Krieges Dirigenten bieten konnte, war nicht größer als der musikalische Lebensraum Englands und der Dominien während derselben Zeit. Trotzdem zog Beecham es vor, die Kriegsjahre als Kapellmeister der Seattle-Symphonie im Staate Washington am Pazifischen Ozean und an der Metropolitan Opera in New York zu verbringen. Wenn man zu seiner Rechtfertigung bemerken möchte, daß er seinen Ausfall nicht gegen amerikanische, sondern italienische und deutsche Dirigenten gerichtet hatte, so muß entgegnet werden, daß er mit seiner amerikanischen Zuflucht vom Regen in die Traufe kam, da er sich in Amerika doch wieder gegen Konkurrenten wie den Italiener Toscanini und den Deutschen Fritz Busch zu behaupten hatte. Seine Erbitterung über die früheren Verhältnisse in England ist menschlich verständlich. Aber Klagen, wie Beecham sie in die Welt hinausjammerte, kann sich nur ein unbeachteter Provinzkapellmeister leisten, der sein beschränktes Revier als seine einzige Domäne zu verteidigen hat, nicht aber ein Weltmann und Himmelsstürmer, der mit einem internationalen Widerhall seiner Äußerungen rechnen muß, folglich mit seinem Wehklagen auch gegen das bereits erörterte Prinzip der Wahrung des persönlichen und nationalen Nimbus verstößt.

Vielleicht hätte Beecham die Kränkung bei näherer Überlegung nicht so tragisch genommen. Das stiefmütterliche Schicksal des englischen Musikers (falls es mehr als eine Zwangsvorstellung Beechams war) konnte ja auch nur die Manifestation der sprichwörtlichen sieben mageren Jahre sein, die im Leben einer jeden Nation in irgendeiner Form von Zeit zu Zeit vorkommen. Normalerweise gehen die mageren Jahre den fetten voraus, was zwar gegen die biblische Ordnung ist, aber vom Standpunkt der Kulturentwicklung die glücklichere Reihenfolge ist, wie übrigens gerade Englands jüngste musikalische Geschichte beweist.

Weniger erfreulich ist es (obwohl dann biblisch gerechtfertigt), wenn die mageren Jahre auf die fetten folgen. In einer besonderen Weise trifft das nun bei den zwei Dornen in Beechams Auge zu, nämlich den Italienern und den Deutschen. Daß in bezug auf Musikbedürfnis und -verbrauch diese zwei Nationen von mageren Jahren geplagt wären, kann zwar nicht behauptet werden, aber das elektronische Zeitalter ist dem Nachwachsen ihres fachmusikalischen Nachwuchses offenbar nicht zuträglich. Hätte man sich je träumen lassen, daß italienische Operngesellschaften für die Anwerbung von Orchestermusikern in fremden Landen werden wildern müssen! Die in Mainz herausgegebene deutsche Musikfachschrift „Das Orchester" enthielt in ihrer Doppelnummer von Juli/August 1966 (um nur ein Beispiel unter mehreren gleichen Ursprungs zu nennen) folgende Anzeige:

*TEATRO MASSIMO PALERMO*

*sucht für sein*
*Orchester*
*(Konzert und Operndienst)*
*ab 12. September 1966*

*einen stellvertr. Konzertmeister*
*einen stellvertr. Solobratschisten*
*einen 1. Solo-Cellisten*
*einen 1. Solo-Trompeter*
*zwei Tutti-Violinen*

*Bewerbungen mit Lebenslauf, Zeugnisabschriften und Lichtbild*
*von ersten Kräften mit Erfahrung in Oper und Konzert erbeten an:*

*E. A. TEATRO MASSIMO PALERMO*
*ITALIA*

*(Die Bewerbungen können in italienischer, deutscher, französischer*
*oder englischer Sprache abgefaßt werden)*

Beecham hätte es erleben sollen, daß ein italienisches Operninstitut Bewerbungen um Orchesterstellen in englischer Sprache erbittet. Endlich ist die Stunde der Rache gekommen! Alle Nationen können sich nun für die jahrhundertelange italienische Operntyrannei rächen. Kann man sich die Genugtuung vorstellen, in italienischen Orchesterräumen Musikanten in deutscher und englischer Sprache konversieren zu hören? Aber es ist zu schön, um wahr zu sein. Für einen italienischen Fischzug nach Musikern ist Deutschland, wo der Köder ausgeworfen wurde, das denkbar ungünstigste Jagdgebiet. Deutschland, das früher zusammen mit Italien die Welt mit Musikern versorgte, ist nämlich inzwischen selbst ein musikalisches Importland in großem Maßstab geworden.

Es ist charakteristisch für die veränderten Verhältnisse, daß Amerika, das früher in seinen Opernunternehmen fast ausschließlich deutsche und italienische Sänger beschäftigte, mit der Zeit immer mehr „amerikanisch" wurde und als letzte Phase der Entwicklung sogar schon mehrere hundert amerikanische Sänger an deutsche Bühnen delegieren kann (und man möchte hinzufügen: nicht durchweg zum Entzücken der deutschen Musikkreise). Auch die Dirigiergilde hat in Deutschland einen ausländischen Zuwachs bekommen, der in der sogenannten guten alten Zeit in diesem Ausmaß undenkbar gewesen wäre.

Über die Verhältnisse bei den Orchestermannschaften genügt es zu sagen, daß die Berliner Philharmonie neben ihren Mitgliedern aus dem „normalen Mannschaftsreservoir" auch einen japanischen Bratschenspieler hat. Der Vorrat an verfügbaren weißrassigen Musikern, einschließlich der nichtverspeisten Juden, ist also schon soweit erschöpft worden, daß selbst ein so privilegiertes Orchester wie die Berliner Philharmonie auf den westöstlichen Diwan zurückfallen mußte. Bei allen Klagen gegen die ausländische Invasion in Deutschland sollte aber gerade dieser Japaner von den nationalistisch-nostalgischen Rassenfressern als der am wenigsten störende Ausländer empfunden werden, da er für sie ein bittersüßes Andenken an die selige Berlin-Tokio-Achse darstellen muß. Dieser Orientale ist aber nicht der einzige Vertreter einer exotischen Rasse im deutschen Musikleben. Ein anderer (wenn wir die Sänger in dieser Kategorie vorerst außer acht lassen) ist (beziehungsweise war vor seinem Tode) noch exotischer und dazu noch höher im Rang.

Daß der Negerdirigent Dean Dixon dem Hessischen Rundfunkorchester in Frankfurt am Main lange Jahre vorstehen konnte, ist eine doppelte Ironie der Geschichte. Ist es zu glauben, daß Deutschland imstande war, das Rassensteuer in nur zehn Jahren (und im wichtigen kulturellen Bezirk) 180 Grad herumzuwerfen, wo doch Amerika, dessen Bürger Dixon war, sich in hundert Jahren kaum zur selben Großzügigkeit durchzuringen vermochte! Für Amerika läßt sich jedenfalls sagen, daß es die Welt in der Rassenfrage nicht mit verblüffenden Kursänderungen überrascht. Dafür hat es Gründe, die nur der Erfahrene verstehen kann. Dasselbe bedächtige Vorwärtstasten gilt in Amerika auch für die Rassenfrage in der Musik. Die sich in diesem Zusammenhang aufdrängende scheinbar simple Frage, ob Weiße und Schwarze zusammen musizieren sollen, kann nicht beantwortet werden, weil das Ja unaufrichtig und das Nein unmenschlich wäre.

Sollte es sich nun begeben, daß ein weißes Orchester zum Dirigieren eines Negerdirigenten zu spielen und ein Publikum die Darbietung zu kaufen bereit ist, dann sollte kein Gesetzesparagraph die freie Abwicklung dieses Geschäfts verhindern. Dasselbe Prinzip der freien Annahme oder Ablehnung sollte natürlich auch für die schwarzen Bühnenkünstler gelten.

Im Einklang mit diesem System, das zum Beispiel im verhältnismäßig liberalen amerikanischen Staat Ohio besteht, hat bei einer besonderen Gelegenheit auch Georg Szell, der damalige Dirigent des Cleveland-Orchesters, gehandelt. Natürlich hat er dabei nicht seine eigenen Interessen zu schützen brauchen, da die Dirigentenstelle davon nicht berührt wurde und er ja selbst (wenigstens von außen gesehen) nicht schwarz war. Aber es präsentierte sich das Problem, einen Negerbewerber zur Besetzung einer vakanten Cellostelle zu engagieren. Szell scheint das Richtige getan zu haben, indem er nicht nur im Sinne der vom Gesetz ermöglichten Freiheit verfuhr, sondern auch die andere Seite der Medaille berücksichtigte, nämlich die Bereitschaft der Orchestermitglieder, mit einem Negerkollegen zusammenzuarbeiten. Er veranstaltete eine Umfrage, die günstig ausfiel und somit einem Negermusiker den seltenen Weg zum Eintritt in ein prominentes Orchester ermöglichte. Damit könnte man den Fall als erledigt betrachten. Es läßt sich jedoch die kitzlige Frage nicht unterdrücken, was geschehen wäre, wenn das Orchester ablehnend geantwortet hätte. Man kann diese Möglichkeit nicht ignorieren, da manch andere Orchester, die sich mit diesem Problem noch nicht auseinanderzusetzen hatten, bei einem ähnlichen Verfahren wohl zu einem anderen Schluß gelangen könnten. Das Aufwerfen dieser Frage ist in diesem Fach auch deswegen angebracht, weil Szell sich öffentlich zu einer negerfreundlichen Politik bekannte. Er wäre also zu einem entsprechenden Entscheid in jedem Fall verpflichtet gewesen. Die Befragung des Orchesters hätte dann aber nur einen akademischen Wert gehabt – wenn nicht die Annahme naheliegen würde, daß dem Orchester nicht so sehr ein Mitspracherecht zugestanden, vielmehr die Verantwortung für eine delikate Entscheidung angehängt werden sollte im Falle einer nicht ganz einmütigen öffentlichen Billigung dieser Neuerung.

Dieser Fall ist, unabhängig von der Rassenfrage, hauptsächlich deswegen bemerkenswert, weil es nicht üblich ist, daß Orchestergesellschaften und Dirigenten ihre Anstellungspolitik von der Meinung der Orchestermitglieder abhängig machen. Das sollte jedoch die Orchestermusiker nicht davon abhalten, über alle für ihre Position förderlichen oder hinderlichen Faktoren ihres Berufs nachzudenken und das Mitreden bei Betriebsregelungen von der Konsultation in der Rassenfrage auf andere wichtige Gebiete auszudehnen. Es gibt eine besondere, die Orchestermusiker interessierende Sozialeinrichtung, die über dem kniffligen Problem der ethnischen und nationalen Befangenheiten nicht vergessen werden sollte und die in die Probleme der Anstellung und Entlassung von Orchestermusikern wesentlich hineinspielt. Diese Sozialeinrichtung ist die Institution der Pensionskasse.

Es ist eine schöne Einrichtung bei einer großen Zahl von Orchestern, daß ein Musiker nach ein paar Jahrzehnten treuen Dienstes mit der Hälfte oder zwei Dritteln seiner Gage in den Ruhestand treten kann. Angesichts der unleugbaren Löblichkeit dieser Einrichtung würden wenige Musiker der Sondermeinung beipflichten, daß die Pensionskasse ein Übel ist.

Bevor die Verwünschungen der Weltmusikerschaft auf den Verkünder einer solchen Ketzerei niederhageln, sei rasch erklärt, daß die materielle Versorgung eines emeritierten Musikers vorbehaltlos zu bejahen ist. Nur über die Art und Weise der Durchführung gehen die Meinungen auseinander.

Die Musiker sind gegen die Verheerungen der Pensionskasse leider blind. Es ist bemerkenswert, daß in dieser Frage, entgegen der sonst üblichen menschlichen Kurzsichtigkeit, der in die Zukunft gerichtete Blick den Blick für die Gegenwart trübt. Nicht, als ob der Blick in die Zukunft allzu scharf wäre. Es ist eine Erfahrungstatsache, daß ein monetäres Planen auf 25 oder 30 Jahre voraus unmöglich ist, da die Pensionsbezüge zu der Zeit, da man in ihren

Genuß gelangt, meistens auf einen Bruchteil ihres ursprünglichen Realwertes gesunken sind. Zudem ist zu bedenken, daß während die aktiven Löhne periodisch erhöht werden, die Pensionen an solchen Erhöhungen nicht teilnehmen, oder nur schäbig kärglich.

Das sind die Schattenseiten der Pensionskasse im Lichte der Zukunftsentwicklung. Sie hat aber eine noch viel verderblichere Wirkung für die Gegenwart, und zwar durch die Unterbindung der Freizügigkeit der Orchestermusiker. Man mag die Pensionskasse bei all ihren Mängeln für den seßhaften Musiker bejahen. Was aber soll die Ordnung für den Freizügigen sein? Alle Orchester, die eine Pensionskasse unterhalten, setzen eine Altersgrenze für Mitgliedschaftskandidaten. Das zugelassene Höchstalter für Neueintretende ist in den meisten Fällen 30 bis 35 Jahre. Ausnahmen werden nur für solche gemacht, die sich nicht bewerben, sondern aufgrund besonderer Qualitäten und Berühmtheit eingeladen werden.

Der vorgegebene Zweck der Altersgrenze ist der Schutz der Kasse vor einem zu frühen Erschöpfen der Mittel durch pensionierte Musiker, die nicht lange genug Beiträge gezahlt und die Bezüge nicht genügend abverdient haben. Zugleich ist die Altersgrenze ein willkommenes Instrument in der Hand der Dirigenten und der Orchesterverwaltungen, das Durchschnittsalter der Spieler auf dem niedrigstmöglichen Niveau zu halten. Es ist nämlich eine Lieblingsidee der Orchesterlenker, daß ein mit Jünglingen durchsetztes Orchester nicht nur besser aussieht, sondern auch besser spielt als ein Orchester, in welchem lauter bemooste Häupter zu sehen sind.

Es liegt unleugbar etwas Verführerisches in der Idee eines jugendlichen Orchesters. Dem Idealismus, der Begeisterung und der materiellen Genügsamkeit der Jungen stehen Abstumpfung, Bequemlichkeit und Geldhunger der Alten gegenüber. Wenn diese Äußerung auch keinen Anspruch auf Genauigkeit erheben kann, so sind jedenfalls die Dirigenten von deren Richtigkeit überzeugt. Was sie vergessen, und woran sie noch viel weniger erinnert werden wollen, ist, daß der Erschlaffungsprozeß in der beruflichen Hingabe, wie in den physiologischen Funktionen, von der Lebensweise oder genauer von der beruflichen Lebensweise abhängt.

Um die besonderen Qualitäten der Reife zusätzlich zur glücklich präservierten Jugendlichkeit zu erlangen, müssen die Musiker in einer besonderen Weise Gelegenheit dazu erhalten. Ein Musiker, der in seinen frühen Zwanzigerjahren in ein Orchester eintritt und wegen der Pensionskasse darin steckenbleibt, ist gewöhnlich kein Musiker mit einem weiten Horizont und der Verständnisbereitschaft eines aufgeschlossenen Mitarbeiters, sondern höchstens nur ein folgsamer Untergebener aus bürgerlichem Loyalitätsprinzip.

In den sogenannten bürgerlichen Berufen kann man die Arbeitsstelle monatlich, und noch dazu am selben Ort, wechseln. Der Orchestermusiker muß sich jedoch mindestens für die Dauer einer Saison verpflichten, aber auch beim vorzeitigen Abspringen würde er nicht nach Belieben eine andere Stelle in der Saisonmitte finden. Wenn er sich also vor dem endgültigen Seßhaftwerden in mehreren Orchestern und in verschiedenen Teilen der Welt ausbilden will, kommt er infolge des Zeitverlustes gar nicht dazu, den Endhafen noch vor dem Pensionstorschluß zu erreichen. Dafür sorgen die Dirigenten, die mit der sturen Altersvorschrift die an Routine und Leistung attraktivsten Kräfte von sich fernhalten. Und die Pensionsjagd der Musiker unterstützt und fördert den Geist, der diese Zustände verewigt.

Die Tendenz der Orchestermusiker, an ihren einmal errungenen pensionsberechtigten Stellen festzuhalten, gleicht die Kunsttätigkeit des Musizierens an die staatliche Beamtenlaufbahn an. Künstlerische Gedankenfrische und Leistungsfähigkeit erfordern den Stimulus der Freizügigkeit und des Kulturaustausches. Die verkehrsverstopfenden Pensionsregeln wirken aber diesen Erfordernissen entgegen, und die durch Erstarrung vorausbestimmte, der Möglichkeit jeglicher Neuentwicklung beraubte Zukunft macht das Orchesterspiel zur Tretmühle.

Das gilt bis zu einem gewissen Grad selbst von den prominenten Orchestern der großen Weltmetropolen, obwohl die Arbeit in ihnen durch Gastdirektionen und die vom Orchester selbst unternommenen Konzerttourneen verhältnismäßig kurzweilig gemacht wird. Aber auch in diesen Orchestern wird oft das Verhältnis zwischen den jahrzehntelang nebeneinander spielenden Musikern auch ohne ausgesprochene Zwistigkeiten sauer. Jedenfalls hat manch einer von ihnen nach einem musikalischen Klimawechsel Sehnsucht. Der Wunsch nach Veränderung kann aber bei Mitgliedern kleinerer Orchester manchmal geradezu nagend werden.

Die Arbeitslust, die ein Musiker in eine neue Stelle mitbringt, verflüchtigt sich (nicht allein aus seinem Verschulden) in etwa sieben Jahren. Nach dieser Zeit ist es nur noch das Pflichtgefühl, das ihn in Betrieb hält. Ein Hinüberwechseln in ein anderes Orchester wirkt an diesem kritischen Punkt wie eine Vitaminkur. Die Lösung liegt aber nicht unbedingt in einem Stellenwechsel, der aus praktischen Gründen für die meisten Orchestermusiker sowieso nicht in Frage kommt.

Es könnte eine Methode zum Wiederaufpumpen der erschlafften Musizierfreudigkeit mit Leichtigkeit gefunden werden, wenn sich der Dogmatismus nur aus dem Denken der Maßgeblichen austreiben ließe. Man müßte Austauschaktionen zwischen Orchestern arrangieren, und zwar sowohl innerstaatlich als auch zwischenstaatlich. Ein Orchestermusiker würde seine Stelle mit der korrespondierenden Stelle eines anderen Musikers aus einem gleichrangigen Orchester für die Dauer eines Jahres vertauschen. Alle Sozialleistungen und -verpflichtungen würden (durch den Austauschkollegen) fortgesetzt, wie wenn das Stammitglied selber die Funktion in seinem eigenen Orchester ausüben würde. Die Austauschaktion könnte individuell angebahnt, aber nach Wunsch auch von einem internationalen Vermittlungsbüro besorgt werden. Die jeweilige Zahl der Austauschstellen in einem Orchester könnte im Einvernehmen mit der Direktion festgelegt werden. Die Einführung eines solchen Austauschsystems wäre ein wirksames Gegengift gegen die Musizierübelkeit, die man als Preis für die Wohltat der Pensionskasse ertragen muß. Da wir aber erst im Mittelalter des Orchesterspiels leben, müssen die Musiker einstweilen fortfahren, sich an ihrem eigenen Glück zu verhindern. Es müssen andere, heute schon nicht mehr so utopische Methoden gefunden werden, die Tyrannei der Pensionskasse zu brechen.

Die um ihren Ruhestand besorgten Musiker werden begreiflicherweise fragen, wie denn für ihren Lebensabend ohne Pensionskasse gesorgt werden soll. Die Lösung ist die in vielen Ländern bereits existierende nationale Altersversicherung. Die Musiker, wie Erwerbstätige im allgemeinen, sollten für ihre Altersversicherung von keinem individuellen Arbeitgeber abhängen. Pensionskasse – ja, aber eine von Einzelbetrieben unabhängige Pensionskasse! Die Betriebspensionskassen könnten trotzdem neben der allgemeinen Versicherung weiterbestehen, aber nur, wenn das System der Altersgrenze hinausgeworfen würde und Neueinstellungen bei einem Orchester in jedem annehmbaren Alter möglich gemacht würden. Da aber die Abschaffung der Altersgrenze wahrscheinlich zum Versiegen der Kassenbestände führen würde, so muß der Ausbau der nationalen Altersversicherungen zu einer größeren finanziellen Leistungsfähigkeit mit aller Energie betrieben werden. Die Abschaffung der Betriebspensionskassen vor dem Erreichen dieses Zieles wäre freilich verantwortungslos.

Die Einwendung, die gegen diese Pensionsvorschläge prompt erhoben wird, ist, daß Arbeitnahme in mehr als einem Land die Versicherungsprämien wirkungslos zersplittern würde. Das ist wahr. Aber dem kann abgeholfen werden. Alle Staaten sollten übereinkommen, die Beiträge ihrer Bürger sich gegenseitig gutzuschreiben.

Die Möglichkeit des leichteren Stellenwechsels ist nicht nur für den Wanderlustigen ein Vorteil, sondern auch für den Seßhaften. Die freiwillig Ausscheidenden veranlassen die Dirigenten, die Verbleibenden mehr zu schätzen und in ihnen keine lästigen Kletten mehr zu sehen. Das Begehrtsein eines jeden Angestellten steigt mit der Eventualität seines Verlusts. Die Freizügigkeit dient also der Hebung des Ansehens des Orchestermusikers und ist folglich mit allen Mitteln zu fördern.

Die Behinderung der Freizügigkeit durch die Pensionskasse kann für einen Orchestermusiker geradezu tragisch werden, wenn dieser vom Dirigenten für die Rolle des Orchesterprügelknaben auserkoren worden ist. Da das Unterkommen des Unglücklichen in einem anderen pensionsgesegneten Orchester im fortgeschrittenen Alter unmöglich ist (und wenn die noch pensionsfrei verbliebenen Orchester auch keine Stelle für ihn offen haben), dann ist er gezwungen, die Tierquälerei weiter zu ertragen.

Die Stützen der Gesellschaft werden dazu sagen, daß ein Dirigent einen Musiker nicht ohne Grund schikaniert. Wenn dieser auf die schwarze Liste gesetzt wird, dann muß das einen Grund haben. Sollte es nun zutreffen, daß der betreffende Musiker sich etwas zuschulden kommen ließ, so gibt es jedenfalls zivilisierte Mittel, gegen ihn vorzugehen. Die Art und Weise, wie manch ein Dirigent mit einem „sündigen" Orchestermitglied umspringt, ist jedoch keine berechtigte Maßregelung, sondern das Ausleben sadistischer Gefühle. Besonders schwerwiegend ist die Selbstvergessenheit eines Dirigenten, wenn seine Unduldsamkeit einen Unschuldigen trifft.

Theaterleute wissen, daß dieser Mißbrauch nicht nur dem Orchester, sondern auch dem Bühnenpersonal gegenüber praktiziert wird. Im letzteren Fall ist das Opfer meistens ein Chorist; es kann aber ebensogut ein Solosänger oder sogar eine Sängerin sein. Der Dirigent ist nicht wählerisch, wenn er nur seine krankhafte Neigung befriedigen kann. Dazu ist ihm jeder Untergebene recht, wenn anzunehmen ist, daß dieser sich von allen Opferkandidaten am wenigsten zur Wehr setzen kann.

Wer am Bestehen dieser Zustände zweifelt, sollte an seine Schulzeit zurückdenken, wo möglicherweise ein Lehrer einen ausgesonderten Schüler zur dauernden Zielscheibe seiner Boshaftigkeiten machte. Dasselbe Erlebnis mag durch die teuer gehegten Erinnerungen an die selige Militärzeit vergegenwärtigt werden. Man kennt das Schauspiel, wenn einer es dem Vorgesetzten nie recht machen kann. Wie könnte er's? Der Zweck der Übung ist ja nicht die Leistung, sondern die Demonstration, daß der Untergebene nichts taugt.

Wenn ein Dirigent die Nerven eines Musikers auf die Probe stellen will, dann gibt es gewöhnlich kein Mittel, dem zu widerstehen. Nur ein Musiker, der ein Florettfechter im Widerreden ist, hat einige Aussicht, den Dirigenten durch elegantes Übertrumpfen zum Rückzug zu zwingen. Mit einer Schlagfertigkeit dieser Art hat einmal ein Musiker seinen Kapellmeister in die Schranken gewiesen, als dieser nach entsprechendem „Vorspiel" mit gewollt verletzender Geringschätzigkeit hinwarf: „Schweigen Sie, Sie sind das schwächste Mitglied des Orchesters", worauf der Angegriffene entgegnete: „Es freut mich zu wissen, Ihrer Dirigierkunst von allen am würdigsten zu sein." Eine Variation dieser gegnerischen Kampfstellungen war der Angriff und Gegenschlag, als ein Kapellmeister während der Probe zurief: „Was spielen Sie da für einen Mist?", worauf die in sachlicher Unschuld gegebene Antwort war: „Ich spiele nach Ihrem Taktstock."

Eine mit technischer Finesse gepaarte Schlagfertigkeit äußerte sich in einem anderen Fall, in welchem ein zwar vermuteter, aber infolge des modernen Kompositionsstils nicht sofort erkennbarer Druckfehler einen hartnäckig wiederkehrenden Mißton verursachte. Der darüber erboste, frivole Laxheit vermutende Dirigent ermahnte die betreffende Streichergruppe schroff, mit Gewissenhaftigkeit und größter Konzentration zu spielen. Das gab dem Stimmführer die Möglichkeit zu erklären: „Wir haben den Druckfehler mit größter Konzentration gespielt, um Ihnen Gelegenheit zur Korrektur zu geben."

Solche Redegewandtheit, von der der Dirigent allein sich auf den Mund geschlagen fühlen kann, verlangt aber Kaltblütigkeit und Geistesgegenwart. Wer in einem Orchester das pensionsberechtigte Alter erreichen will, muß entweder mit einem strategischen Plan für einen Zusammenstoß vorbereitet sein oder aber viel einstecken können. Nur mit einem guten Orchesterspiel kann man sich in einem Engagement kein erträgliches Leben sichern. Es kommt sogar vor, daß der Dirigent gerade auf einen vorzüglichen Spieler eine Pike hat, besonders, wenn dieser einer heimlichen Autoritätsleugnung verdächtig, andererseits aber nicht robust genug ist, um sich in kritischen Augenblicken auf die Hinterbeine zu stellen.

Es wäre ein interessantes Experiment, mitzuverfolgen, wie ein weltberühmter Instrumentalkünstler, als Orchestermusiker verkleidet, sich bei solchen Gelegenheiten zurechtfinden würde und wie lange er den Persönlichkeitskonflikten mit dem Dirigenten entgehen könnte. Die oft hervorstechende Sondernatur eines überragenden Könners im Orchester kann ja gerade ein Dorn im Auge des Dirigenten sein, der sich dadurch diesem Musiker gegenüber zu einer Machtdemonstration gereizt fühlt. Wenn der verkleidet ins Orchester geschmuggelte Künstler, dem wir symbolisch den Namen Paganini geben wollen, auf diese Weise zum Leben eines Orchesterproletariers verurteilt ist, dann wollen wir sehen, wie lange es dauert, bis er unter dem Druck der seelischen Degradiertheit niederbricht. Heutzutage schreien zwar die Dirigenten nicht mehr wie früher, aber die lautlose Tücke wird an manchen Orten (wie im Falle des früher erwähnten New Yorker Oboisten) nach wie vor praktiziert.

Damit der Außenstehende sich einen Begriff von der „Folterkammermusik" machen kann, sei hier eine Demonstration der entnervenden Untergebenenbehandlung – des früher versprochenen totalen Kündigungskrieges – vorgeführt.

Die Orchesterprobe ist im Gange. Der Dirigent fuchtelt, faucht, schwitzt und schimpft. Plötzlich dreht er sich im Halbkreis um, heftet seine Glotzaugen auf Herrn Paganini und schreit: „Sie..." Er redet ihn nicht mit dem Namen an. Er weiß nicht, daß der Mann Paganini ist, da dieser ja maskiert und unter einem anderen Namen registriert ist. Der Dirigent redet ihn aber auch nicht mit dem ihm bekannten Namen an. Das wäre ein Höflichkeitsakt, und Höflichkeit ist jetzt vom Dirigenten meilenweit entfernt.

Paganini reagiert auf die Anrede nicht, da er keinen Grund hat, sich getroffen zu fühlen, und außerdem weiß er nicht einmal, daß mit dem „Sie" er gemeint ist. Der Dirigent läßt aber nicht locker und wird jetzt deutlicher: „Sie, Sie, dort am dritten Pult auf der linken Seite."

Nun kann es kein Mißverständnis mehr geben. Paganini zappelt an der Angel des Dirigenten, hat aber keine Ahnung, was der Anlaß dazu war. Er hat aber nicht lange auf die Aufklärung zu warten. „Sie dort, können Sie nicht im Takt spielen? Sie rennen ja davon. Folgen Sie meinem Taktstock! Meinem Taktstock! Meinem Tempo! Oder sind Sie blind?"

Die Anrempelung verschlägt Paganini den Atem. (Es sei daran erinnert, daß der Mann, der hier im Orchester sitzt, Paganini ist. Sein Spiel ist das des legendären Paganini, aber in seiner niedrigen sozialen Stellung ist er jetzt ohne Geltung, ohne Einfluß, ohne Freunde und ohne Geld.) Er schickt sich an, dem Affront entgegenzutreten. Er will den Mund zur Verteidigung öffnen, ist aber vor Erregung nicht imstande, auch nur ein Wort über die Lippen zu bringen. Der Dirigent hat aber noch nicht geendet. Er dreht ihm den Dolch in der Wunde um: „Schweigen Sie! Es wäre besser, Sie würden zu Hause mit dem Metronom üben und im Tempo spielen lernen."

Paganini hat eine ohnmächtige Wut. Er möchte gar nicht bestreiten, daß die Klage des Dirigenten über zu hastiges Spiel berechtigt ist. Aber der Fall ist nicht so simpel gelagert, wie der Dirigent ihn in seiner Oberflächlichkeit wahrhaben will. Die ganze Stimmgruppe ist ins Eilen geraten, nicht Paganini allein. Als der empfindsamste Spieler im ganzen Orchester hat er das Eilen lange vor dem Dirigenten bemerkt. Eigentlich hatte das Eilen schon eine ganze Weile angedauert, ohne daß es den Dirigenten sichtlich gestört hätte. Am liebsten hätte sich Paganini dem Rennen vom ersten Augenblick an entgegengestemmt, wenn er als überlegener Musiker nicht wüßte, daß ein einzelnes Mitglied den wilden Sturm rasender Spieler nicht aufhalten kann und daß der Versuch sowieso nutzlos ist, wenn der Dirigent diese Eilsucht von seiner Seite nicht im Keime zu bezähmen imstande ist. Erfahrungsgemäß registriert der Dirigent solch einen gutgemeinten Rettungsversuch sowieso nur als eine Disziplinlosigkeit und quittiert ihn mit einem beschämenden Verweis. (Die Ente sagt dem Pfau, daß er nicht ohne Watscheln gehen kann.)

Und unser Paganini, der einzig wirklich Erleuchtete inmitten des geschilderten Durcheinanders, steht nun da wie ein lackierter Affe, vom Dirigenten angefahren und durch die Gosse gezogen wie der ärgste Stümper der Welt.

Diese fiktive Schilderung wird in den Autoritätsanbetern heftigen Widerwillen auslösen. Es sei unmöglich, daß ein Orchesterspieler mit dem Können eines Paganini vom Dirigenten nicht als ein Paganini erkannt würde. Die Glaubensanhänger dieser These werden umlernen müssen. Solch eine Verkennung ist nicht nur möglich, sie ist eine wiederholt erlebte Tatsache.

Weshalb sollte aber ein Dirigent einem Orchestermusiker, besonders einem hochbegabten, übel wollen? Was kann er gegen ihn haben, wenn dieser sich nur anständig benimmt und gut spielt?

Es gibt Menschen, die mit Gift im Blut geboren sind und ohne Vernunftgründe Animositäten gegen Mitmenschen entwickeln. Sie sind immer auf der Suche nach Opfern, die sie mit dem Gespinst ihrer Zwangsvorstellung umkleiden können. Wenn solch eine Kreatur zufällig ein Dirigent ist, dann mag es einem aufdämmern, wieso ein Orchestermusiker wegen seiner Künstlerfrisur, seiner barocken Hornbrille oder seiner morgenländischen Nase wegen abgelehnt wird. Wenn man verstehen will, weshalb ein Dirigent gegen einen Musiker Abneigung empfindet, dann muß man sich fragen, weshalb ein Bayer einen Preußen nicht riechen kann oder ein Mailänder einen Römer, oder Julias Vater den Vater von Romeo.

Der Tag ist nun herangerückt, an dem sich Paganini vor die Alternative gestellt sieht, entweder von seiner Stelle abzudanken oder lebenslänglich schikaniert zu werden. Er hätte schon längst die Konsequenzen gezogen, wenn er die Schwere des Problems nicht vor sich selbst zu verhüllen gesucht und noch auf eine Besserung der Zustände gehofft hätte und wenn er Aussicht gehabt hätte, eine andere gleichwertige Stelle zu erlangen. Aber er hat die Pensionsgrenze, die für den Eintritt in ein renommiertes Künstlerorchester gesetzt ist, um weit mehr als ein Jahrzehnt überschritten. Er könnte eine Stelle höchstens bei einem Zwergorchester in der dunkelsten Provinz erhalten. Und wenn er keine Ersparnisse hat oder nicht in Untätigkeit leben will, dann ist diese Lösung der einzige Ausweg aus seinem Elend.

Das ist das Ende der Phantasie. Das Bemerkenswerte daran aber ist, daß es gar keine Phantasie ist. Manche Musiker haben dieses Schicksal entweder am eigenen Leib erfahren oder es sich an einem Kollegen erfüllen sehen.

Ein Einzelschicksal soll uns indessen nicht vergessen machen, daß im Orchesterleben Phänomene zur Alltagspraxis gehören, die das ganze Ensemble summarisch treffen. Von außen gesehen sollte zu deren Erwähnung eigentlich kein Anlaß bestehen, da jeder Beruf Tätigkeiten in sich schließt, denen man sich ungern unterwirft. Beim Orchesterspiel ist diese Tätigkeit das Proben. Man wird noch Gelegenheit haben, das Proben auch als eine angenehme und sogar leidenschaftliche Tätigkeit kennenzulernen. Dazu gehört zum Beispiel die Vorbereitung der Kammermusik und des Solospiels. Aber diese Probengelegenheiten kennen keine obrigkeitliche Führung und keine Zeitvorschriften. Von der Nervenbelastung des orchestralen Probens unter Direktion und ihren musikalischen Willkürlichkeiten wird noch ausgiebig die Rede sein. Verweilen wir jetzt für einen Moment beim zeitlichen Eingespanntsein. Was der Laie gerne übersieht (wenn ein Orchestermusiker über die Länge der Proben klagt), ist, daß er (besonders der Theatermusiker) an den meisten Probentagen auch eine Aufführung zu spielen hat.

Kenner westeuropäischer und möglicherweise auch früherer sowjetrussischer Orchesterverhältnisse mögen darauf hinweisen, daß viele Orchester eine zu große Arbeitslast zu tragen hatten. Die Moskauer und die ehemaligen Leningrader Orchester zum Beispiel hatten in der Regel tatsächlich vierstündige Proben zu leisten, aber an einem Konzerttag dauerte die Probe nur drei Stunden. Bei den vierstündigen Proben wird die Arbeit allerdings durch längere Pausen erleichtert. Es gab bei den vierstündigen russischen Proben zwei Pausen, eine von 30 und eine spätere von 15 Minuten, also 45 Minuten bei einer effektiven Gesamtprobenzeit von 3 Stunden und 15 Minuten.

Unter scheinbar weniger günstigen Umständen arbeiten die Mitglieder des Bayerischen Rundfunk-Symphonieorchesters in München. Sie haben mitunter fünfstündige Proben, die zweimal für je 20, also zusammen für 40 Minuten unterbrochen werden. Die Fachkreise auf der obrigkeitlichen Seite können nicht erkennen, daß eine Probe über die dritte Stunde hinaus, selbst mit entsprechenden Unterbrechungen, eine Kraft- und Zeitverschwendung ist. In der vierten und noch mehr fünften Stunde ist das Orchester für eine nachhaltige Feinarbeit nicht mehr aufnahmefähig.

Eine Probenlast besonderer Art trugen noch in der nicht sehr fernen Vergangenheit und sogar noch in neuerer Zeit manche amerikanischen Provinzorchester. Das fragliche System ist, daß das Arbeitsvolumen nicht durch die wöchentlich geltende Dienstzahl bestimmt wird, sondern durch eine für die ganze Saison festgesetzte Summe von Diensten. Dieses System ist so eingerichtet, daß es bei regelmäßiger Verteilung die als zivilisiert geltende Zahl von etwa acht Diensten in der Woche ergibt. Nun wäre es an sich nicht tragisch, wenn ein Orchester in der einen Woche zehn und in der darauffolgenden sechs Dienste zu absolvieren hätte wie bei manchen europäischen Orchestern, deren acht Dienste pro Woche als sechzehn Dienste pro Doppelwoche mit freier Verteilung zu verstehen sind. In der amerikanischen Praxis erweist sich aber das Pauschalsystem als nicht ganz so zivilisiert. Die meisten Orchester haben auswärtige Konzertverpflichtungen, die das Proben am Tage des Abstechers unmöglich machen. Die aus diesem Grunde ausgefallenen Proben werden der Verwaltung gutgeschrieben, die sie nach diesen auswärtigen Konzerten oder vorher schon einkassieren kann, wenn nur die Gesamtzahl der Saisondienste nicht überschritten wird.

Wo steht nun der Dirigent inmitten dieses Treibens? Was erwartet man von ihm? Er wird doch nicht gegen sich selbst Stellung nehmen und für die Beschränkung der Probenmenge eintreten! Das Beharren auf der juristisch eintreibbaren Probenzahl ist ja seine Politik, nicht in erster Linie die der Verwaltung. Keine Vermehrung der Proben ist ihm zuviel. Da er (mit manchen Ausnahmen) nicht richtig zu proben versteht, so braucht er die meistmögliche Zeit zum Ausarbeiten seiner musikalischen Gestaltungspläne. Er weiß nicht, daß in der richtigen psychologischen Behandlung (neben der technischen) des Orchestertieres Schätze des guten Willens vergraben sind, deren Erschließen in Hingabe und Zeitersparnis umgesetzt werden kann.

Ein Dirigent, der glaubt, daß die Qualität seiner musikalischen Interpretation von seiner Art auf dem Podium allein abhängt, täuscht sich. Der Veredelungsprozeß seiner Werkwiedergaben beginnt nicht mit dem malerischen Heben des Taktstocks vor dem Orchester, sondern mit dem Händedruck, mit dem der Dirigent das ins Orchester neu aufgenommene Mitglied bei seinem Erscheinen in der ersten Orchesterprobe demonstrativ begrüßt. Es ist eine Gedankenlosigkeit und selbstschädigende Ungezogenheit (deren sich Dirigenten trotz ihrer feinen Manieren im Privatleben noch schuldig machen), die ins Orchester neu eintretenden Musiker weder vor dem Orchester zu bewillkommnen noch den alten Mitgliedern namentlich vorzustellen. Dabei sollte der Dirigent noch zusätzlich erklären, daß er sich freue, die neuen Mitglieder für das Orchester gewonnen zu haben, und er sollte seiner Hoffnung und seinem Wunsch Ausdruck geben, daß die Neuankömmlinge von ihren Kollegen in Freundschaft aufgenommen würden.

Die Demoralisierung eines Musikers, der seine neue Stelle ehrgeizig und arbeitsfreudig antritt, fängt schon vor Beginn der ersten Probe an, wenn er sich, wie ein verwahrlostes Kind, unbegrüßt und unbeholfen zu dem ihm zugewiesenen Pult tasten muß. Ein Musiker, der solch einer demütigenden und mißlichen Situation überantwortet ist, braucht Wochen, bis er das Gefühl der persönlichen Nichtigkeit und Gehemmtheit überwindet. Behilflich ist ihm dabei allerdings die dämmernde Erkenntnis, daß ein langes Trauern über den mißglückten Anfang sinnlos ist, da der sang- und klanglose Empfang nur die „würdige" Einführung in ein System von gewohnheitsmäßigen Schroffheiten ist.

Die tägliche Zusammenarbeit des Dirigenten mit seinen Musikern zum Zwecke der Erzeugung von Schönem und Edlem hinterläßt in ihm diesen Musikern gegenüber keine Spuren über die gemeinsame Arbeit hinaus und jenseits der Grenzen des Probenraumes. Der Dirigent, der schon zu einigem Ruhm gekommen ist und das Wohlwollen der Musiker nicht mehr braucht, erkennt diese auf der Straße oder öffentlichen Plätzen gar nicht oder nur schwerlich. Daß er jeden seiner fünfzig bis hundert Musiker in jeder Situation wiedererkennt, kann man von ihm nicht erwarten. Aber auch wenn er vom Musiker zuvorkommend gegrüßt wird, guckt er ihn fremd und nur flüchtig an, damit der Orchesterunteroffizier nicht etwa falsche Gedanken über sein gesellschaftliches Verhältnis zum Tongeneral bekommt. Der Dirigent läßt die Musiker auf Schritt und Tritt fühlen, daß sie nur Mittel zum Zweck sind, daß sie als Menschen nicht zählen und daß er sie am liebsten durch Maschinen ersetzen würde, wenn Maschinen ein Ritenuto nach Taktschlag ausführen könnten.

Diese Jeremiade ist an die Adresse jener Dirigenten gerichtet, die es angeht. Es gibt selbstverständlich auch zivilisierte, feinfühlige Dirigenten, die diese unterschiedslos scheinende Attacke gegen ihre Gilde übelnehmen könnten. Sie sind sich aber der Existenz der hier geschilderten Kollegen wohl bewußt und wissen auch, wie und wieweit die Denunziationen gemeint sind. Jene Dirigenten, die ein kollegiales Gefühl für ihre Musiker haben, sind nicht vergessen worden, und diese Zeilen werden denn auch ihnen volle Genugtuung widerfahren lassen, wie es in einzelnen Seitenbemerkungen vorher schon zum Ausdruck gekommen ist. Um beim Publikum keine Verwirrung hinsichtlich der Trennungslinie zwischen den zwei Kategorien von Dirigenten anzurichten, soll – was in einem kommenden Kapitel noch ausführlicher dargetan wird – jetzt schon eine flüchtige Übersicht über die „Menschen" und die „Unmenschen" unter den Dirigenten gegeben werden. Sie sind auf beiden Seiten fast ausschließlich in die Ewigkeit eingegangene Seelen. Zeitgenossen brauchen nicht erwähnt zu werden, da diese ihren Musikern und deren Freunden aus erster Hand bekannt sind.

| Menschen | Unmenschen |
| --- | --- |
| Nikisch | Bülow |
| Strauss | Lamoureux |
| Muck | Mahler |
| Mengelberg | Toscanini |
| Blech | Kussewitzky |
| Monteux | Stokowski |
| Walter | Ansermet |
| Beecham | Klemperer |
| Schuricht | Reiner |
| Knappertsbusch | Böhm |
| Busch | Szell |
| Kleiber | Solti |

Beide Reihen könnten noch viel länger sein, wenn auch die kleineren Sterne berücksichtigt würden. Aber das Publikum kann nicht am Menschlichkeitsgrad von Hinz und Kunz interessiert sein. Doch kann und muß das Sündenregister der registrierten Sünder fortgesetzt werden, da auch sachliche, unparteiische Persönlichkeiten als Belastungszeugen angerufen werden können.

Die meisten der „Sünder" wissen nicht, welch unerschlossene Werte für die Musik in einer kultivierten Behandlung der Musiker liegen. Sie wissen nicht, daß ein freundliches Wort oder eine Erkundigung bei einer zufälligen Straßenbegegnung – wenn die Gebärde nicht nur dem Musiker, sondern auch dem Menschen gilt – sich bei der Arbeit in Form von gutem Willen tausendfach bezahlt macht. Der Aufmerksamkeit des Dirigenten (besonders eines beruflich hochstehenden) sollten nicht einmal scheinbar unbedeutende Nebenumstände entgehen, insofern sie die Spielmoral zu fördern geeignet sind. – Ein Detail ist zum Beispiel die Veröffentlichung der Namen der Musiker in den Konzertprogrammen. Noch nicht alle Orchestergesellschaften haben diesen Brauch eingeführt. Nicht einmal die Opernhäuser, in denen die Musiker „unter Tag" arbeiten, sollten diese Höflichkeitsgeste unterlassen. Die Dirigenten sollten es aus ihrer eigenen Geschichte gelernt haben, daß solche Äußerlichkeiten für das Prestige eines jeden Ausführenden wichtig sind.

Was würde ein Dirigent sagen, wenn ein von ihm dirigiertes Konzert oder eine Opernaufführung ohne Nennung seines Namens angekündigt würde? Der Beruf würde für ihn seinen ganzen Sinn verlieren. Und doch hat es barbarische Zeiten gegeben (man sollte es nicht für möglich halten), wo der Dirigent auf dem Theaterzettel nicht erwähnt wurde. Die Namen von solchen Dirigierriesen wie Liszt, Bülow und Levi waren auf dem Theaterzettel der epochemachenden Uraufführungen von „Lohengrin", „Tristan", den „Meistersingern" und „Parsifal" nicht aufgeführt. Man hielt es nicht für notwendig, das Publikum darüber zu unterrichten, wer diese Opern zum ersten Mal einstudierte und leitete.

In Deutschland geschah es bei der Bayreuther Uraufführung des „Ring", daß der Name eines Operndirigenten, der in diesem Fall Hans Richter war, zum ersten Mal schüchtern angekündigt wurde. Seitdem haben sich die Dirigenten auf den Reklameplakaten und in den Programmen der Orchester- und Theaterveranstaltungen allmählich (und man möchte sagen: unauslöschlich) festgesetzt.

Daß die Orchestermusiker auch eine Stufe höher rücken und den ihnen zukommenden Anteil an der Publizität erhalten sollen, das ist eine Frage, die die Dirigenten wenig beschäftigt. Sie zeigen auch wenig Verständnis für die Notwendigkeit der Beseitigung rein betriebstechnischer Mängel.

Wenn die Musiker zum Beispiel über das zu schwache Licht der Pultlampen oder die Unleserlichkeit der Noten klagen, werden sie vom Dirigenten wegen ihrer Zimperlichkeit meistens verhöhnt. Er wird ungehalten, weil die Musiker ihn und die Probe mit Klagen stören, die den Elektriker und den Bibliothekar angehen. Er ignoriert es geflissentlich, daß die Klage nur eine Form der Entschuldigung für behindertes Spiel ist. Die Musiker klagen immer erst, nachdem sie wegen ihrer Stolpereien gerügt sind. Sie wollen dann die Gründe angeben. Der Dirigent will sie aber nicht verstehen; er hört gar nicht zu, wenn die Musiker sich zu erklären suchen. Er beharrt auf der stur aufrechterhaltenen Annahme, daß die Musiker die Auswechslung der elektrischen Birnen und der Notenhefte von ihm persönlich erwarten. Solch dummes Aneinandervorbeireden ist eine der Lieblichkeiten des berufsmäßigen Orchesterspiels.

Das Licht und die Noten bleiben unterdessen jahrelang in ihrem mangelhaften Zustand, und die Musiker müssen sehen, wie sie sich in den Orchesterproben jeweils aus der Affäre ziehen. Was aber den Musikern an Dämmerlicht und Notengekritzel zugemutet wird, ist noch gar nichts gegen das, was sie an Unannehmlichkeiten auf Reisen zu ertragen haben.

Die Gastreisen der weltberühmten Starorchester sind in unserer fortschrittlichen Zeit aus der Kategorie der „Viehtransporte" ausgegliedert und einer standesgemäßeren Klasse zugeteilt worden, da man vor der Öffentlichkeit das Gesicht wahren muß. Es gibt aber noch genug Orchester (hauptsächlich in Amerika), die die musikarme Provinz bespielen und den Augen der breiteren Öffentlichkeit entzogen sind. Dazu gehören nicht nur die Symphonieorchester der zweiten Garnitur, sondern auch Orchester von Opern und Ballett-Truppen auf Tournee.

Solche Unternehmen, die natürlich auch in Europa anzutreffen sind, haben ein besonderes Tätigkeitsfeld im weitausgedehnten Amerika.

Diese Tourneen sind eine harte Prüfung, selbst wenn die Natur keinen Strich durch die Reisepläne macht. Die Länge der Tagesreisen (an Konzerttagen) ist verschieden, je nach der Vereinbarung des Orchesters mit der Verwaltung (und selbstverständlich unter Berücksichtigung der Erfordernisse der Entfernungen). Wo es der Verwaltung gelingt, 640 Kilometer (400 Meilen) herauszuhandeln, gibt es keine Verbandsregel, die eine so lange Tagesreise (möglicherweise an mehreren aufeinanderfolgenden Tagen im Autobus) unterbindet. Es kommt zwar selten vor, daß dieses hanebüchene Maximum ausgenützt wird, da eine solche Strecke von acht Uhr morgens bis zur Konzertzeit kaum zurückgelegt werden kann, ausgenommen, wenn sie unbedingt muß und wenn dann die Reise gegen ein Schmerzensgeld schon um sechs Uhr morgens beginnt.

Rastpausen gibt es in der Regel dreimal: einmal für eine Stunde in der Mitte der Tagesfahrt und zweimal für je eine halbe Stunde vorher und nachher. (Damit verlängert sich die Tagesreise um zwei Stunden.) Fällt indessen diese Safari hinter dem Fahrplan zurück, dann wird ein Halt (meistens der dritte) unterschlagen. Im Winter friert man, weil die Wagenheizung mangelhaft funktioniert, und im Sommer schmort man, weil die Kühlanlage versagt. Das „Beste" von allem aber ist, wenn man im Frühling in einem Hochwasser und im Winter in einer Schneeverwehung steckenbleibt. Die Orchesterverwaltung treibt mit dem wetterwendischen Klima Vogel-Strauß-Politik und überantwortet die Karawane der Gefahr der Verschollenheit, des Verhungerns und des Erfrierens, anstatt sich einmal in Unkosten zu stürzen und den ganzen Troß ausnahmsweise per Eisenbahn oder Flugzeug zu befördern. Mit einem abgesagten Konzert verliert sie ja mehr.

Angesichts der genannten Mißlichkeiten drängt sich die Frage auf, in welcher Weise der Dirigent von einem Ort zum anderen hingezaubert wird, da er nie zusammen mit der Mannschaft transportiert wird. Sein Zauberteppich kann das Flugzeug, die Eisenbahn oder im bescheidensten Fall das Privatauto sein. Die Unbequemlichkeit, die dieses letzterwähnte Verkehrsmittel noch mit sich bringen kann, wird durch einen Ablösungsdienst gemildert, indem die Strapazen des Dirigenten durch Bereitstellen eines ständigen Hilfsdirigenten erträglich gemacht werden.

Beim Ballett und der Oper wird das Repertoire ohnehin unter mehrere Dirigenten aufgeteilt, die somit einzelne Stationen überspringen und einen Ruhetag einschalten können. Bemerkenswert ist es aber (und das ist der Hauptzweck dieser ganzen Kriegsberichterstattung), daß so ein ausgeruhter, frischgebadeter Kapellmeister auf dem Podium es für ganz selbstverständlich hält, daß die abgehetzte Zigeunerbande im Orchestergraben – nach langer Autobusfahrt vielleicht nur eine Stunde vorher im Ort angekommen – mit einer freudigen und knusprigen Leistung aufwartet.

Es kommt selten vor, daß der Dirigent sich bei den Musikern wegen der ihnen auferlegten Strapazen entschuldigt oder seinen Dank für ihre Aufopferung ausspricht. Dabei ist es eine Erfahrungssache, daß die bloße Geste der Würdigung außerordentlicher Beanspruchung allein schon ein beruhigender Balsam für den rebellischen Geist ist.

Aber auch im „Heimathafen", dem Ort der regulären Arbeit, wo den Musikern kein Beschwichtigungsschnuller gereicht zu werden braucht, herrscht derselbe Geist hierarchischer Diskrimination. Der Dirigent, der über einen Orchestermusiker gerne hinwegschaut, redet den Theaterpförtner immer sehr höflich an. Er würde nicht wagen, zu einem Bühnenarbeiter oder dem Hauselektriker in einem abfälligen Ton zu sprechen, obwohl ihm in der Hitze der Probenarbeit eine patzige Bemerkung gegen das technische Personal leicht entschlüpfen könnte. Aber da beherrscht er sich, denn er weiß, daß an dem Tag, an dem er sich das erlaubt, keine Abendvorstellung stattfindet. Folglich kann man den Dirigenten während der Probe beobachten, wie er mitten im Geifern gegen das Orchester plötzlich auf eine honigsüße Jungfernstimme umschaltet, sobald er sich mit einem Anliegen an die Bühnenarbeiter wendet. Das assortierte Gesinde des Theaterbetriebes, vom Requisiteur bis zur letzten Putzfrau, merkt natürlich den Unterschied in der Behandlung, die ihm und den Musikern zuteil wird, und schaut auf diese mit verächtlichem Mitleid herab.

Der trotz aller Tünche noch bestehende bescheidene soziale Stand der Orchestermusiker wird auch durch ihre örtliche Unterbringung bei der Arbeit unterstrichen. Erstens ist ihr Umkleideraum das engste, dunkelste und unsauberste Loch, das im ganzen Theaterlabyrinth zu finden ist. Da es einen möglichst direkten Zugang zum Bühnenvorraum haben soll, so liegt es oft im Keller unter der Bühne. Als praktisches Arrangement wäre das an sich nicht zu beanstanden. Da aber dieser Raum oder ein anderer in dessen unmittelbarer Nähe oft auch für die Lagerung von staubbildendem Heizmaterial oder von Kulissen benutzt wird, so ist das dort herrschende Klima nicht gerade mit einem schweizerischen Luftkurort zu verwechseln. Und da diese staubigen und verrußten Kasematten offenbar Sperrgebiet für Putzfrauen sind, so erhalten sie die einzige Reinigung durch das Herumhantieren mit Instrumentenkästen und Kleidungsstücken.

Die ätherische Louis-Quinze-Toilette, die Carl Muck in seinem Theater mit seinem höchstpersönlichen Weihwasser „Café Wellblech" taufte und in gut demokratischer Weise zusammen mit den Musikern als Stammgast frequentierte, wurde offenbar in den meisten Theatern von einem Anti-Wagnerianer entworfen. Denn ohne ein endloses Schlangestehen in den Zwischenaktpausen, mit Aussicht auf ein rechtzeitig und restlos verrichtetes Geschäft aller Mitglieder, ist sie nur für die lichten Reihen eines Mozart-Orchesters zugänglich.

Die demokratische Einstellung Mucks, die durch obigen Bericht aufgefallen sein mag, sei ihm übrigens als eine bei Dirigenten ungewöhnliche Eigenschaft hiermit freudig bestätigt. Mucks aufgeschlossene, jeder Wichtigtuerei abholde Natur kam auch in seinem selbstkritischen Kommentar anläßlich eines seiner Besuche im „Café Wellblech" zum Ausdruck. Als er, von Musikern umstanden, sich melancholisch seinem Geschäft widmete, bemerkte er etwas rätselhaft: „Wenn ich hier bin, werde ich immer an Mozart und Cherubini erinnert." „Wieso, Meister?" fragte ein Danebenstehender. Muck guckte in die kritische Richtung und sagte resigniert, ohne sein Renommee zu schonen: „Früher war er eine Zauberflöte, jetzt ist er nur noch ein Wasserträger."

Es gab wenige prominente Dirigenten, die, wie Muck, sich vor ihren Musikern so ungeschminkt auf den Boden der nackten Tatsachen menschlicher Psychologie gestellt hätten. Und die modernen Dirigenten haben noch weniger Humor und Selbstironie als die der alten Schule.

Bezüglich der nackten Tatsache der sanitär geschimpften Einrichtungen in den Theater- und Konzertgebäuden haben die Dirigenten meistens ihr eigenes abgeschiedenes Boudoir „unnahbar Euren Schritten". Nur wenn sie vom Orchester einen längeren Gang dorthin zu machen haben und wenn die Zeit nicht mehr dazu reicht, bequemen sie sich dazu, ihre Toilettenandacht in der Gesellschaft der Musiker zu verrichten, wobei sie den anwesenden Pöbel und das narkotische Aroma durch eifriges Studium der Plafondfresken zu ignorieren suchen.

Diese wider Willen erworbene Erfahrung mit den Mannschaftsquartieren setzt also die Dirigenten über die Salubritätsverhältnisse an einem von ihnen betreuten musikalischen Arbeitsplatz in Kenntnis. Sie sind aber nur um die Sauberkeit der Intonation und nicht auch um die Installation besorgt.

Es ist noch ein Glück, daß die alten Opernhäuser ab und zu mal von der Kriegsmaschine plattgebügelt werden. In den frisch aufgezogenen Opernhäusern kann man dann schon nicht mehr umhin, im gleichen Aufwaschen auch noch anständige Stimmzimmer einzurichten. Wir müssen die praktische Ordnung der Welt würdigen, in welcher keine Musikertoilette verschwenderisch modernisiert wird, bevor der Wiederaufbau verwüsteter Länder es lohnend macht.

Ein Aspekt der alten Bauordnung wartet aber noch auf seinen Krieg. Das ist der Zugang vom Stimmzimmer zum Orchesterraum. Ob diese zwei Räumlichkeiten auf gleicher Bodenhöhe liegen oder ob eine Treppe von der einen zur anderen hinauf- oder hinunterführt, alle diese Einrichtungsvarianten haben etwas gemein. Die Öffnung, durch die die Musiker ins Orchester gelangen, ist immer zu schmal, zu niedrig und schlecht beleuchtet. Sie ähnelt dem Eingang einer Riesenrattenfalle, einer Kerkertür oder einer Schiffsluke. In manchen Theatern ist die letzte Stufe der dorthin führenden Treppe gleichzeitig die Schwelle des Orchesterraumes, so daß das Eintreten, aber besonders das Rausgehen (wie bei der Straßenbahn mit Paketen unterm Arm) jedesmal ein halsbrecherisches Manöver ist. Das Heraustreten ist nämlich gleichzeitig ein Heruntertreten. Deswegen muß man immer auch eine einbeinige Kniebeuge machen und mit dem anderen Fuß (wie beim Ins-Wasser-Gehen) den festen Grund suchen. Bei diesen topographischen Verhältnissen wissen die Musiker nie, ob sie auf ihren Schritt achten sollen, um nicht zu stolpern, oder auf ihre Instrumente, um sie nicht an den engen Türpfosten anzuschlagen.

Die geringe Höhe des Eingangs ist aber der hervorragendste und bedeutsamste Aspekt der ganzen Einrichtung. Die anderen Mängel sind alle nur physischer Natur. Die Niedrigkeit des Eingangs ist aber von tiefschürfender soziologischer Bedeutung. Man kann die Öffnung nicht passieren, ohne sich zu bücken. Das Betreten des Orchesterraumes beginnt immer mit diesem Bücken, mit diesem Symbol der Unterwerfung und des Untertanentums der Musiker. Es symbolisiert das geringe Ansehen, das ihrer jenseits der Schwelle wartet. Es könnte über dem Eingang angeschrieben stehen wie in Dantes Hölle: „Lasciate ogni speranza, voi ch' entrate!"

Da man in den Zwischenpausen im Laufe eines Dienstes mehrere Male rein und rausgeht, so kann man das Bücken ausnahmsweise auch mal vergessen. Wem diese Unterlassung unterläuft, der wird durch den Denkzettel, den er in Form einer Kopfwunde oder einer Beule abkriegt, noch lange an seine Schuldigkeit gemahnt.

Diese Tücke des Objekts kann die Musiker bis ins Orchester hinein verfolgen. In den meisten Theatern liegt es nämlich, um Raum zu gewinnen, teilweise unter der Bühne. Somit bildet die überhängende Rampe der Bühne eine Art Dach über dem hinteren Streifen des Orchesters. Wegen der geringen Höhe dieses Daches kann man darunter nur sitzen, nicht stehen. Die Köpfe der dort untergebrachten Musiker sind also wieder in Gefahr. Die größte Kalamität besteht jedoch darin, daß wegen der explosiven Akustik der Blechblasinstrumente in solchen Nischen manchmal Streicher dorthin plaziert werden müssen, die dann nicht nur ihre Köpfe, sondern auch ihre Geigenbögen dem Bruchschaden aussetzen. Um es nicht zu einem solchen Unfall kommen zu lassen, müssen die betreffenden Musiker sich so zusammenkauern, als wenn sie in einer Telefonzelle spielen würden.

Auf Provinztourneen, wenn man in unzweckmäßig gebauten Kinohäusern und Varietétheatern spielen muß, macht man mit solchen Einrichtungen liebliche Erfahrungen. Allerdings lohnt es sich wegen des leichten Schmierencharakters reisender Schautruppen nicht, diese Abenteuer tragisch zu nehmen.

Ernster ist der Fall, wenn er in einer Großstadt wie dem amerikanischen Detroit vorkommt. Der fünftausend Sitze enthaltende Freimaurertempel, der auch für Opernaufführungen benutzt wird, kann sich eines Orchesters rühmen, in welchem man aus dem geschilderten Grund nicht spielen kann. In diesem Haus dirigieren mitunter gewiegte Opernkapellmeister, doch haben sie während eines halben Jahrhunderts nie einen Schritt unternommen, um entweder die Hauseigentümerin oder die Stadt zur Sprengung des engen Lebensraumes im Orchester zu bewegen.

Die Theaterökologie zeigt auch Eigentümlichkeiten, die mehr in die Humorspalte als ins Beschwerdebuch gehören. In Bern, der Hauptstadt der Schweiz, beginnt das durch Raumenge verursachte Ducken der Theatermusiker, ehe sie noch das Theatergebäude betreten. Sie benutzen den regulären Bühneneingang nicht, weil sie auf diesem Weg nur durch ein endlos gewundenes Tunnelsystem zu ihrem Aufenthaltsraum gelangen können. Sie vereinfachen ihr tägliches Antreten durch eine Abkürzung, zu der sie von einer Seitenstraße Zugang haben. Für einen Uneingeweihten wäre es indessen schwierig, diesen Zugang zu finden. Auf der betreffenden Seite des Gebäudes gibt es nämlich keine Öffnung, die einer Tür auch nur im entferntesten ähnlich sieht. Es gibt dort nur ein vergittertes Kellerfenster. Dieses aufschließbare Fenster in Hundehöhe ist aber der Musikereingang. Wenn die Musiker beim Dienstantritt sozusagen auf allen Vieren durch dieses Loch kriechen, dann sehen sie aus wie eine Schicht Bergarbeiter, die sich unter Tag begibt. Dieser Theatereingang sollte als besondere Sehenswürdigkeit auf Touristenstadtrundfahrten gezeigt werden.

Eine andere mit dem Orchesterdienst verbundene Schnurrigkeit ist im Chicagoer Opernhaus in Amerika zu finden. Dort sind es die Stühle im Orchester, die für den Humor sorgen. Wenn man sich darauf setzt, glaubt man im Prater oder im Lunapark zu sein und seinen Spaß auf einem der Juxfahrzeuge zu haben.

Diese Stühle haben eine Verwandtschaft mit Schaukelstühlen. Die Stuhlbeine stehen zwar fest auf dem Boden; wenn man sich aber beim Sitzen zurücklehnt, biegt sich die Lehne bis zu 45 Grad nach hinten. Beim Wiederaufrichten des Oberkörpers schnellt die Lehne, von einer starken Feder getrieben, in die ursprünglich senkrechte Stellung zurück. Man kann also seinen Oberkörper nicht durch Anlehnen entspannen, weil ihn beim Zurückneigen nichts Festes stützt. Die Lehne kommt erst zu festem Halt, wenn sie bis zu ihrer äußersten Neigung durchgedrückt wird. Bei diesem Grad erreicht aber der Sitzende eine fast waagerechte Lage wie in einem Liegestuhl. Und das ist bestimmt keine Haltung für das Spielen eines Orchesterinstruments in einer „Tristan"- oder „Rosenkavalier"-Aufführung.

Bei normaler Sitzstellung hat man also eine Lehne im Rücken, die keine Lehne ist. Sie ist für den Rücken wie ein schlüpfriger Teppich für die Füße.

Das ist aber nicht alles. Der Stuhl ist auch zugleich ein Drehstuhl, der sich mitsamt der

Schaukellehne auch horizontal verdrehen läßt, ähnlich den Klavierstühlen unserer Großmütter. Wenn man nicht aufpaßt, kann einen ein besonders temperamentvolles Sforzato aus der „Fahrrichtung" werfen, und man muß sich dann füßestrampelnd in den Dirigierfokus zurückkämpfen. Wenn sich die Musiker durch die Kraftwirkung ihrer Spielbewegungen auf diesen Stühlen hin und her biegen und schaukeln, glaubt man den Turnübungen in einem Institut für Heilgymnastik beizuwohnen.

Die Absicht bei der Bereitstellung dieser Stühle war, den Musikern ausnahmsweise etwas ganz Besonderes an Bequemlichkeit zu bieten. Aber darin ist man offenbar über Bord gegangen. Wenn Opernleiter Orchestermusikern gegenüber Wohltätigkeit üben wollen, dann schnappen sie gleich über. Aber meistens bleibt es nur beim Überschnappen ohne Wohltätigkeit.

Man braucht aber um den Geisteszustand der Dirigenten trotz ihrer Narreteien nicht besorgt zu sein, besonders wenn es sich um die Wahrung ihrer eigenen Interessen handelt. Man weiß, daß selbst gemeingefährliche Verrückte im Abwenden ihnen drohender Gefahren Genies sind. Den interessierten Liebhaber diesbezüglicher Studien werden noch manche kapellmeisterlich gebackenen Leckerbissen aus der orchestralen Hexenküche erlaben. Bei der Erörterung des hiermit folgenden Themas müssen wir aber Europa und Amerika als Operationsgebiete für Dirigenten in gebührender Gegenüberstellung behandeln.

In Europa muß der Dirigent den Musikern die Nadelstiche eigenhändig versetzen. Im inneren Umgang bei der Arbeit erhält er von keiner Seite Sukkurs, wenn er mit diesem oder jenem Orchestermitglied Schindluder treiben will. Der Orchestervorstand als gewählter Wortführer des Orchesters neigt immer dazu, den bedrängten Musiker zu schützen.

In Amerika liegen die Dinge diesbezüglich wesentlich anders. Ein von der Direktion ernannter amerikanischer Orchestervorstand, der immer aus den Reihen der Orchestermitglieder gewählt wird (obwohl er nicht immer mitspielt), ist ungehemmt nur in der Vertretung der Interessen der Verwaltung oder des Dirigenten. Ein wesentlicher Unterschied zwischen dem amerikanischen und dem europäischen Orchestervorstand ist zum Beispiel, daß im Falle einer Entlassungsgefahr der europäische Orchestervorstand das ausersehene Opfer schützt, während sein amerikanischer Kollege die Entlassung durchführen hilft. Er mag zwar zur Beratschlagung mit den Beauftragten des Orchesters veranlaßt werden. Er ist aber mit direktorialer Macht ausgestattet, der die „Volksvertreter" (außer dem selbstmörderischen Arbeitsausstand) nichts Gleichwertiges entgegensetzen können. Damit aber ist das Wesen des amerikanischen Vorstandsamtes noch lange nicht beschrieben. Zur wirksameren Vertretung der kapellmeisterlichen Interessen ist es ihm gestattet worden, Attribute anzunehmen, die in Europa unbekannt, unannehmbar und unmöglich sind.

Die Natur der Funktionen des obrigkeitlich eingesetzten Orchestervorstandes in Amerika erhellt sich schon aus dessen namentlicher Bezeichnung. Er heißt nämlich gar nicht Orchestervorstand (auf englisch „delegate"), sondern Personalverwalter (personnel manager) oder Ensembleleiter (leader). Zur Vermeidung einer Sprachverwirrung sei bemerkt, daß „leader" in England Konzertmeister bedeutet. Dagegen ist Konzertmeister in Amerika „concertmaster".

Von den zwei amerikanischen Bezeichnungen „personnel manager" und „leader" ist die erstere mehr bei Orchestern gebräuchlich, die uneigennützige Organisationen sind, die andere bei Orchestern, die in einem gewinnsuchenden Unterhaltungsbetrieb engagiert sind. In bezug auf die knechtische Bedienung ihrer Schutzherren ist aber zwischen diesen zwei Trabanten kein Unterschied. Beide sind dem Vorarbeiter in einem gewerblichen Betrieb oder dem Wachtmeister beim Militär vergleichbar, stehen aber im Rang eigentlich höher, da sie die von der Direktion beauftragten Unterzeichner des Vertrags sind, den die Musiker mit der Organisation abschließen. Eine solche Arbeitgeberrolle spielt in Europa nur der Leiter einer Kaffeehauskapelle. Große europäische Künstlerorchester übertragen den juristischen Akt der Verpflichtung von Musikern nicht einer bloßen Nummer unter ihnen.

Der Personalverwalter in Amerika hat aber eine noch weit darüber hinausreichende Befugnis. Während der europäische Orchestervorstand über die Musiker erst Aufsicht ausüben kann, wenn sie bereits Mitglieder des Orchesters sind, hat sein amerikanischer Kollege selbst auf die Auswahl der zukünftigen Mitgliedschaft Einfluß. Er kann mit fast unumschränkter Gewalt bestimmen, wer ins Orchester aufgenommen und wer abgewiesen wird. Der Dirigent kann ja seinerseits nur jene Kandidaten prüfen, die ihm der Personalverwalter zuführt; in der Regel kann ein Bewerber an ihn nicht anders herankommen. Selbst schriftliche Bewerbungen müssen an den Personalverwalter adressiert werden. Wenn es einem Musiker durch außergewöhnliche Umstände gelingt, einen Dirigenten von Rang in einem unbewachten Moment anzuhauen, dann kriegt er zur Antwort: „Sprechen Sie mit meinem Personalverwalter." Und damit befindet sich der Stellensucher unverrichteter Dinge wieder auf der Straße. Es stellt sich heraus, daß der Eingang der Ausgang war.

Der Personalverwalter kann nur in den seltensten Fällen erfolgreich umgangen werden (ein Beispiel wäre die glücklich gewonnene Fürsprache eines Freundes des Dirigenten). Die Zweckbestimmung des Personalverwalters vom Standpunkt des Dirigenten ist gerade die, eine Schutzmauer um ihn zu bilden und jedes lästige Geschäft von ihm fernzuhalten. Dieses Abschließen der prominenten Dirigenten gegen unerwünschte Bittsteller ist selbstverständlich auch in Europa üblich. Nur müssen sie dort für ihren Schutzdienst in eigener Regie mit Hilfe von persönlichen Sekretären und Familienmitgliedern sorgen. Es blieb dem amerikanischen Musikerverband vorbehalten, den Dirigenten diese Annehmlichkeit durch die offizielle Prostituierung eines Verbands- und Orchestermitglieds zu bieten.

Der Personalverwalter ist nicht ausdrücklich verpflichtet, seinen Musikerkollegen gegenüber unkollegial, parteiisch, lügenhaft und ein Dirigentenknecht zu sein, aber es ist eine stillschweigende Vereinbarung, daß es ihm freisteht, all das zu sein, wenn er nach seinem Dafürhalten sein Amt auf diese Weise am besten ausüben kann. Seine vorgeschriebene Funktion ist, den Musikern die dienstlichen Anordnungen der Direktion bekanntzugeben, die wöchentliche Stundenzahl der geleisteten Dienste eines jeden Mitglieds zu registrieren und sie dem Zahlmeister zu melden. Er muß freilich auch dafür sorgen, daß die Ordnungsregeln des Betriebes von den Orchestermitgliedern befolgt werden. Für diese Funktion erhält er anderthalbfaches bis doppeltes Gehalt.

Dieser materielle Vorteil in Verbindung mit dem erlangten Machtbewußtsein eines früheren Orchesterkulis erklärt es, daß dieser sich tierisch an die ergatterte Position klammert. Er ist in eine höhere Gesellschaftsklasse aufgerückt, und damit hat sich sein Weltblick von Grund auf geändert. Zwar bleibt sein Benehmen das eines Proleten, doch glaubt er, sich dadurch erhöht zu haben, daß er sich im Dienste des Dirigenten gegen seinesgleichen wendet. Der Dirigent begrüßt freilich einen solchen Helfer, da er ihm die Mühe der konstanten Garstigkeit abnimmt. Durch ihn kann er seine Kräfte für die besonders dramatischen Ausbrüche aufsparen. Diese Umstände erleichtern es dem Personalverwalter, einen wesentlichen Teil der Funktionen an sich zu reißen, die von Rechts wegen die Amtsfunktionen des Dirigenten sind.

Die Dirigenten glauben, daß mit dem Musizieren ihre Aufgabe erfüllt sei. Das mochte in Großvaters Zeiten so gewesen sein. Seitdem hat aber die Gesellschaft so etwas wie ein soziales Verantwortungsbewußtsein entwickelt. Der Dirigent ist nun nicht bloß ein Musikinterpret, er ist auch ein Arbeitgeber, von dem Menschenschicksale abhängen. Die Abtretung des organisationstechnischen Teils seiner Funktion an den Personalverwalter durchkreuzt jedoch diese soziale Verpflichtung. Wenn man den Bock zum Gärtner macht, dann darf man sich nicht über den Zustand des Gartens wundern.

Der Personalverwalter hat nur eine Sorge: wie er den Dirigenten (nach Maßgabe von dessen Urteilsfähigkeit) zufriedenstellend bedient und dadurch seine Stellung verewigt. Der Musikerschaft und der Gesellschaft gegenüber fühlt er sich nicht im geringsten verpflichtet. Das unsoziale Verhalten des Dirigenten entsteht manchmal vielleicht aus Gedankenlosigkeit. Das unsoziale Verhalten des Personalverwalters ist aber eine logische und bewußt entwickelte Folge der besonderen Natur seines Amtes.

Die Mannschaft beim Militär wird vom Wachtmeister rücksichtsloser gedrillt als vom Offizier. Der Wachtmeister will mit dem überforcierten Drill bei seinen Vorgesetzten Punkte schinden, während der sachverständige Offizier mehr das Ziel der Übung als die Übung selbst im Auge haben mag. Wenn der Wachtmeister besonders dumm und grausam ist, kann es sogar passieren, daß die Übung dem Ziel gar nicht dient. Dann muß ein Vorgesetzter kommen, der das entdeckt und abstellt. In der Musik funktioniert aber eine solche Kontrolle noch weniger als beim Militär. Dem Personalverwalter wird deswegen in vielen Dingen freie Hand gelassen, weil der Dirigent die stümperhaften Anordnungen des Personalverwalters selbst nicht erkennt.

Da der Personalverwalter die von Saison zu Saison neu zu engagierenden Musiker oft ganz ohne kapellmeisterliche Prüfung aussucht, so gibt es viele Fälle, in denen der Dirigent diese Zugereisten überhaupt erst bei der Arbeit zum ersten Mal zu Gesicht bekommt. Die möglichen Nieten unter ihnen vermögen aber das Vertrauen des Dirigenten zu seinem Amanuensis nicht zu erschüttern. Die Stallburschenmanieren dieses Orchesterwachtmeisters, die offenbar in den Augen des Dirigenten eine gute Orchesterdisziplin garantieren, zerstreuen bei ihm jeden Zweifel über dessen Vorzüglichkeit als Hüter der Gemeinschaftsinteressen. Dabei ist es in Musikerkreisen in Amerika notorisch, daß bei Stellenbesetzungen Schiebungen vorkommen.

Der Personalverwalter engagiert empfohlene Musiker oft als Gegenleistung für eine erwiesene oder erwartete Gefälligkeit von einem anderen einflußreichen Musikschacherer. Da er selbst meistens ein stümperhafter Musiker ist (die Dirigenten haben schon ein Auge für die Wahl solcher Existenzen) und kein eigenes Urteil in musikalischen Dingen hat, so deckt er sich durch die Beimischung renommierter Musiker. Das ist eine Methode, die einen ziemlich guten Durchschnitt garantiert, da ja nicht alle renommierten Musiker Stümper sind. Die mitengagierten Protektionskinder können dann, unter die fähigen Kräfte gemischt, einfach lautlos, ohne den Klangfluß zu stören, mitrudern. Und die Dirigenten, die mit wenigen Ausnahmen nur eine blasse Ahnung von der Eignung der Orchestermusiker haben (feststellbar an der manchmal freundlichen Behandlung der Stümper und der unfreundlichen der Könner) erfahren nie, wie sie von ihrem Personalverwalter hinters Licht geführt werden.

Der beißend kritische, nie zu befriedigende Toscanini hat sich nicht weniger als andere, tölpelhafte Kapellmeister von seinem Personalverwalter einseifen lassen. Während seiner siebzehn Jahre am New Yorker Radio hat er nicht einen einzigen Kandidaten für eine Orchester-stelle selbst geprüft. Das Orchester, das einige seiner früheren Schützlinge enthielt, war im allgemeinen aus ihm unbekannten Kräften zusammengestellt worden. Die bei Musikerwahlen übliche Schiebung wurde von den Toscanini-Helfershelfern unter dem Druck der Verantwortung ihrem Meister gegenüber in diesem Fall einigermaßen gemildert, so daß das Produkt schließlich ein vorzügliches Orchester war, wenngleich auch so noch mit einer Anzahl Nieten marmoriert. Dieses Zurückbleiben hinter dem Ideal eines Superorchesters kontrastierte mit der allgemeinen Vorstellung von einem Toscanini-Orchester als dem Inbegriff orchestraler Vollkommenheit.

Die Musikerwahl, die die Stardirigenten selbst vornehmen, ist im allgemeinen auch so noch der Einschränkung einer vorhergehenden, von unteren Organen getätigten Durchsiebung unterworfen. Damit lassen sich die Dirigenten ein Hintertürchen offen für die partielle Ab-wälzung eines eventuellen Fehlurteils.

Es ist aber bezeichnend für die Größenordnung der Dinge in den Augen der amerikani-schen Dirigenten, daß sie ihren Musikerhoflieferanten, den Personalverwalter, für die Zufüh-rung unzulänglicher Kräfte (wann immer diese als solche erkannt werden) nie verantwortlich machen. Offenbar betrachten sie dieses Orchesterfaktotum, trotz Fehlschlägen, als eine un-entbehrliche Verbindungsperson zum Musikerhandel des amerikanischen Orchesterwesens, die ihnen die abgeschmackte Aufgabe der Mannschaftsanwerbung abnimmt oder wenigstens durch angemessene Vorbereitung erträglich macht.

Die meisten in den verschiedenen amerikanischen Städten wirkenden Dirigenten haben neben dem regulären Personalverwalter ihres Orchesters auch einen zweiten solchen Beauf-tragten in New York. Da dort die Musikerbörse Amerikas ist, so wollen die Dirigenten an Ort und Stelle einen Vertreter haben, der für sie den Markt überwacht. Das Eigenartige dabei ist, daß trotz des möglichen Interessenkonflikts oft zwei oder sogar drei Dirigenten einen ge-meinsamen Vertreter haben. Diese Kumulierung der Vertretungen ist (von seiten der Dirigen-ten) nicht absichtlich (dagegen sehr absichtlich von seiten der Vertreter), aber jedenfalls kommt sie auch nicht wider den Willen der Dirigenten zustande. Diese mögen denken, daß einer, der auch andere Klienten hat, ein tüchtiger Vertreter sein muß.

Diese Annahme ist richtig, aber nicht in dem von den Dirigenten gemeinten Sinn. Die Tüchtigkeit dieser Vertreter dient nämlich ihren eigenen Zwecken. Sie monopolisieren das Musikleben Amerikas, insofern es die Orchesterengagements betrifft. Die Frage wäre berech-tigt, was daran schlimm sein soll. Vermittlungsagenturen (die es übrigens in Amerika für Orchestermusiker nicht gibt, nur für Solisten) erfüllen ja dieselbe Funktion. Zwischen den beiden besteht aber ein grundlegender Unterschied. Eine Agentur vermittelt nur, wenn ihre Dienste beansprucht werden. Der persönliche Vertreter eines Dirigenten kann aber nicht um-gangen werden, weil dieser nur durch ihn zu erreichen ist.

Die Dirigentenvertreter haben zusätzlich zu ihren anderen Eigenschaften das Kennzeichen, daß sie halbwegs im geheimen arbeiten. Sie wollen nicht andauernd mit Stellengesuchen überschwemmt werden, weil sie diese mit den Aufträgen von seiten der Dirigenten im Gleich-gewicht halten wollen. Sie kundschaften den Markt halbwegs verstohlen aus, wenn sie dem auftraggebenden Dirigenten einen Musiker zu liefern haben. Sie haben auch immer einen beschränkten Vorrat an Musikern in Reserve, der meistens auch einen Musiker des gewünsch-ten Fachs enthält.

Man würde nun annehmen, der verlangsamte Fluß des Musikernachwuchses (besonders in der Streichbranche) gegen Ende der sechziger und zu Beginn der siebziger Jahre hätte eine umgekehrte Situation geschaffen. Die Anstellungsbehörden und auch der Verband sollten doch bei der veränderten Marktlage jede Neuerung begrüßen, die ihnen das Auffinden abkömmlicher Kräfte erleichtert. Es ist nun interessant, die fragliche Lage im Spiegel der Stellenausschreibungen in den Fachblättern Amerikas und Deutschlands zu beobachten. Obwohl die Bevölkerung Amerikas ungefähr viermal größer ist als die Deutschlands, kann man den Musikbedarf im gehobenen Konzertsektor als gleich groß annehmen. Vor der Fortsetzung dieses Themas muß wiederholt betont werden, daß selbst bei der vermehrten Rolle des Fachblattes (besonders in Amerika) in der Stellenvermittlung die Lage sich nicht wesentlich verändert hat, weil in Amerika alle Antworten auf eine Stellenausschreibung an den Personalverwalter und nicht an die inserierende Orchestergesellschaft gerichtet werden müssen, wodurch sie in dessen Tasche verschwinden, bevor sie letztere erreichen. Freigegeben werden sie erst nach zweckdienlicher Durchsicht.

In Deutschland ist das Organ für Stellenausschreibungen die Monatsschrift „Das Orchester", in Amerika das offizielle Fachblatt des Landesverbandes „International Musician" und „Allegro", das Lokalfachorgan der Ortsgruppe New York. In Anbetracht der Größenverhältnisse dieser zwei Länder könnte man darauf schließen, daß die ungefähr gleich große Zahl der Ausschreibungen (bei der vierfachen Größe Amerikas) einen relativ viermal größeren Musikermangel in Deutschland repräsentiert. Das Bild ist irreführend, weil die in Amerika bestehende Suche nach Musikern größer als die annoncierte ist, aber zu einem wesentlichen Teil immer noch durch die Kanäle der Personalvertretung fließt. Dieser Zustand herrscht unvermindert bei den Vakanzen der Tonfilmindustrie und den Operettentheatern, von denen es in New York etwa zwei Dutzend gibt. Letztere engagieren die benötigten Musiker von Fall zu Fall je nach der Partitur der Neueinstudierung ausschließlich durch den Personalverwalter unter gänzlicher Ausschließung der Öffentlichkeit.

Die anderen Vakanzen (in den symphonischen Orchestern) werden allerdings in erklecklicher Zahl in den zwei Fachblättern, dem des Landesverbandes und dem der New Yorker Ortsgruppe, der ganzen Musikerschaft des Landes bekanntgegeben. Die Elite-Orchester wie die Orchester der Operngesellschaften nehmen an diesen Ausschreibungen ebenfalls teil. Das Weitere ist dann nur die Aufnahme der Verbindung mit den betreffenden Organisationen, beziehungsweise mit deren Personalvertretern, die in den Inseraten immer mit Namen und Adresse angegeben sind.

Man kann in Amerika ungefähr zwölf Symphonieorchester rechnen (je nach persönlicher Auffassung kann die Zahl um einige noch erhöht werden), die – obwohl sie auch untereinander verschiedene Qualitätsstufen repräsentieren – immerhin im Verhältnis zu den vielen Dutzend anderen so etwas wie eine Elitegruppe bilden. Ohne ihre besonderen Titel (alle sind entweder Symphonie oder Philharmonie) sollen sie einfachheitshalber nur durch ihren Sitz namhaft gemacht werden. Es sind New York, Philadelphia, Boston, Chicago, Cleveland, Pittsburgh, Detroit, Washington, Saint Louis, Minneapolis, San Francisco und Los Angeles. Abgesehen von den angedeuteten weiteren Orchestern (wie zum Beispiel Cincinnati, Dallas, Houston und Rochester, die großzügig mitgerechnet werden können), verdienen es die zwei ständig arbeitenden Opernorganisationen in New York und die Filmstudios in Hollywood, als besondere, bevorzugte Arbeitsmöglichkeiten für Orchestermusiker erwähnt zu werden. Eine

Orchesterkarriere in Amerika kann nicht als besonders erfolgreich bezeichnet werden, wenn man nicht Mitglied von einem dieser Orchester ist.

Die Anziehungskraft dieser Orchester hat es mit sich gebracht, daß ihre Vakanzen noch bis in die sechziger Jahre gar nicht annonciert zu werden brauchten. Der mit der Zeit fühlbar gewordene Mangel an erstklassigen Musikern (mittelmäßige sind immer vorhanden) hat aber diese Orchester der öffentlichen Bewerbung zugänglicher gemacht. Doch ist es bei aller Lokkerung des Ausschlusses der Öffentlichkeit bezeichnend, daß die vielleicht attraktivste aller Anstellungen (bei den Tonfilmstudios in Hollywood) mit der höchsten Besoldung und geringsten Dienstzahl bis zum Tage dieses Berichts noch nie zur öffentlichen Bewerbung im Landesorgan des Verbandes ausgeschrieben wurde. Bei dieser absoluten Abschließung gegen eine öffentliche Bekanntmachung der Vakanzen ist es kein Wunder, daß es für den gewöhnlichen Sterblichen (selbst wenn er ein Orchestermusiker ist) leichter ist, Ritter des englischen Hosenbandordens zu werden als Mitglied eines Hollywooder Studioorchesters.

Wenn man nun bis zur Einladung zu einem Probespiel bei einem dafür zugänglichen Orchester fortgeschritten ist, dann erhebt sich die Frage des Schauplatzes dieser historischen Begebenheit. Als Schauplatz des Probespiels werden in Amerika einige zentrale Punkte innerhalb einer zusammenhängenden Zone in Hinsicht auf leichtestmögliche Erreichbarkeit gewählt. Es wird von einem Musiker in Baltimore an der atlantischen Küste nicht verlangt, 5000 Meilen (8000 Kilometer) nach Honolulu am Pazifischen Ozean zu reisen, nur um beim Orchester dieser Stadt für eine Stelle probezuspielen. Wenn der Orchesterchef von Honolulu Musiker sucht, die er am Sitz des Orchesters nicht findet, dann arrangiert er Probespiele höchstwahrscheinlich in Los Angeles oder in San Francisco für die Musikerschaft des Westens und in New York oder Chicago für den musizierenden wilden Osten. Aber von wo die Bewerber auch immer herkommen mögen, sie brauchen jedenfalls nur die Hälfte des Kontinents westöstlich oder nordsüdlich zu durchqueren.

Zugegebenermaßen verursacht selbst eine so verkürzte Weltreise (freilich per Flugzeug) immer noch beträchtliche Kosten, die besonders dann schmerzlich sind, wenn das Probespiel schiefgeht. Aber der Plan eines früheren New Yorker Ortsgruppenpräsidenten, die Reisekosten den Orchestergesellschaften aufzubürden, ist ein zweischneidiges Schwert. Bestreiten nämlich die Bewerber selbst die Kosten ihrer Beförderung, dann sind die Orchestergesellschaften wenigstens bereit, eine größere Zahl von Probespielern anzuhören. Wenn die Gesellschaften für die Reisespesen der Bewerber aufkommen müssen, dann kann man sich darauf verlassen, daß sie den Rahmen des Prüfungsprozesses durch vorherige schriftliche Klärung der mutmaßlichen Eignung so eng ziehen, daß dadurch die Bewerbung wiederum zum ausschließlichen Privileg einiger weniger Auserwählter wird.

In Europa ist es Sitte (wenn das Probespiel einem weiteren Kreis von Bewerbern offensteht), die Reisespesen nur dem Gewinner zurückzuerstatten, also nur dem, der sie am wenigsten braucht, da er durch den Siegespreis schon reichlich entschädigt ist. In diesem Arrangement kommt das nicht ganz einwandfreie Prinzip zum Ausdruck, daß die Verlierer (bevor sie verloren haben) in der Vorahnung eines Mißerfolgs gar nicht zum Probespiel hätten kommen sollen und folglich die Konsequenzen selbst zu tragen haben. Es ist begreiflich, daß die Orchestergesellschaften keine „Erholungsreisen" für allerlei stümperhafte Selbstkandidaten finanzieren wollen, die sonst in Massen zu den Probespielen strömen würden.

Eine Zwischenlösung, die manche Organisationen anwenden, ist ein Probespiel aufgrund einer eingesandten Tonbandaufnahme abzuhalten, die das Feld für das persönliche Probespiel verengt. Ein Prüfungssystem mit solch einem Fernprobespiel hätte die vielleicht nicht allseits willkommene unmittelbare Wirkung, daß viele Bewerber sich gar nicht erst bewerben würden. Sie könnten durch ihr eigenes Spiel, wie es ihnen vom Band entgegentönt, entmutigt werden. Jeder Musiker hat es schon erfahren, wie enttäuschend eine anfänglich unretuschierte „Tonfotografie" seines Spiels ist und wie wenig geeignet, ihm Lorbeeren zu ernten. Die Selbstprüfungen auf dem Tonband bewirken also ein Lichterwerden der Kandidatenreihen, bevor die Orchestergesellschaften mit ihren unliebsamen Maßnahmen dieselbe Situation selbst schaffen.

Bewerbungen werden normalerweise durch den Abgang eines auf dem betreffenden Posten bis dahin tätigen Mitglieds aktuell. Es ist ein interessantes Phänomen, wie der Dirigent sich zu diesen zwei Musikern, dem abtretenden und dem neu eintretenden, gefühlsmäßig verhält. Ersetzt ein neues Mitglied einen ausgeschiedenen Liebling, dem der Dirigent nachtrauert, dann kann der Neuling der hingebungsvollste Mitarbeiter und größte Virtuose der Welt sein – seine Bemühungen werden am Dirigenten abprallen wie Wasser von einer Regenhaut.

In diesen ihren Reaktionen sind die Dirigenten ganz primitiv. Wenn obiger Fall mit vertauschten Rollen vorkommt, wenn nämlich das alte Mitglied unbesungen ausziehen mußte, dann ist sein Nachfolger in den Augen des Dirigenten automatisch eine Kanone und ein Charmeur, selbst wenn er in Wirklichkeit ein Dutzendmensch und ein ebensolcher Musikgewerbsmann ist. Es kann in einem solchen Fall Monate dauern, bis der tatsächliche Wert des neuen Mannes erkannt wird und auch dann nicht durch die Urteilsfähigkeit des Dirigenten, sondern meistens durch sachverständige Meinungen, die die Runde machen und deren Wellen allmählich auch ihn erreichen.

Die Sachunkenntnis vieler Dirigenten in der Beurteilung der Spielqualitäten ihrer Musiker ist eine mögliche Quelle ihrer Existenzbedrohung (wie, je nach dem Fall, auch ihrer Bevorzugung). Noch schlimmer sind aber jene Fälle, in denen nicht die Sachunkenntnis, sondern der nichtswürdige Charakter des Dirigenten zu solchen Konsequenzen führt. Es kann zu einem bitteren Erwachen führen, wenn man sich auf das gegebene Wort eines Dirigenten verläßt. Es gibt solche, die jemandem ein Engagement in Aussicht stellen und ihn dann längere Zeit zappeln lassen, um ihn schließlich gänzlich fallen zu lassen. Ein solches Vorgehen ist aber nicht der äußerste Grad der Schnödigkeit. Es kann durch die Feigheit des Dirigenten, dem betreffenden Musiker den Entscheid nicht bekanntzugeben, noch schnöder gemacht werden. Es ist ein Musterstück „schonender Menschenbehandlung", die Kunde vom Wortbruch durch ein Gerücht ans Ohr des Opfers gelangen zu lassen.

Ein Fall kapellmeisterlicher Treulosigkeit, deren Held Leopold Stokowski war, ist in der Kunstbeilage der New York Times vom 21. April 1974 dokumentiert. Stokowski hatte einen unschönen Plan, dessen Auswirkung durch anfängliche Geheimhaltung nur noch verschlimmert wurde. Sollte man seine Unterlassung vielleicht der in seinem Alter schon möglichen Senilität zuschreiben? Obwohl er, selbst in seinen siebziger und achtziger Jahren, immer nur von der Zukunft sprechen wollte, war es begreiflich, daß er nach Vollendung seines neunzigsten Lebensjahres kaum weitere Dirigierpläne mehr haben konnte. Da das bis dahin von ihm geleitete und teilweise auch von ihm finanzierte „American Symphony Orchestra" sozusagen sein persönliches Eigentum war, so mußten seine Abdankungspläne das Orchester in einer besonders empfindlichen Weise berühren. Stokowski aber verstand es, das „Berühren" noch über das bei solchen Wechseln Normale hinaus empfindlich zu machen, indem er die Musiker mit einem journalistisch enthüllten französischen Abschied überraschte. Ein (hier abgekürzter) Zeitungsbericht in der New York Times unter dem bereits erwähnten Datum deckte den folgenden Tatbestand auf.

> Stokowski hatte dem Verwaltungsrat im Mai 1972 geschrieben, daß er als Musikdirektor des A.S.O. abdanken und nach England übersiedeln werde. Charakteristischerweise wurden die Orchestermitglieder nicht benachrichtigt. Im Herbst überprüfte der Verwaltungsrat die finanzielle Lage und die Zukunftsaussichten des Orchesters – wieder ohne die Orchestermitglieder über diese Vorgänge zu unterrichten. Im November gab der Verwaltungsrat die Absage der 1972/73-Konzertsaison bekannt. Die Orchestermitglieder erfuhren davon zum ersten Mal aus der New York Times. Der Personalverwalter des Orchesters kommentierte: ,Es schien mir wie eine Verschwörung des Stillschweigens. Ein Orchester wie das unsrige stirbt, und niemand rührt sich.' Die Orchestermitglieder waren außer sich.

Stokowski oder der Verwaltungsrat, oder beide, haben mit Menschenschicksalen gespielt, da sie schon im Mai (noch mit genügender Zeit für eine anderweitige Engagementssuche) mit der Auflösung des Orchesters rechneten, das Orchester davon aber erst im November – und auch dann nur auf Umwegen – in Kenntnis setzten. Juristisch konnten sie es tun, weil keine formelle Verpflichtung bestand, die Tätigkeit des Orchesters von einer Saison zur anderen fortzusetzen.

Der Fall Stokowski mit seinem Orchester zeigt die Wechselwirkung von Stellung und Charakter. Die Orchestermusiker müssen ihrem Vorgesetzten, dem Dirigenten, gegenüber die Regeln der Zivilisation und der Moral immer beachten. Die Stellung wirkt auf den Charakter bei den Vorgesetzten umgekehrt. Sie können es sich leisten, die Zivilisation und die Moral zu mißachten. Das ist ihr Privileg. Sie sind ja die Arbeitgeber, auch wenn sie keine Arbeit geben. Man kann andererseits nicht behaupten, unter einem glücklichen Stern geboren zu sein, wenn man sein ganzes Leben lang immer nach der Pfeife anderer zu tanzen hat (oder nach dem Tanzen anderer zu pfeifen). Eine Kategorie orchestraler Unterordnung, die. weniger ungern nach dem kapellmeisterlichen Tanzen pfeift oder geigt, ist die weibliche Komponente. Die Frauen leiden schon sowieso unter der männlichen Überlegenheit, so daß für sie die kapellmeisterliche Erweiterung keine besondere Erschwerung bedeutet.

In einer Gesellschaft, in der die Frauen das Stimmrecht haben und Militärdienst leisten, wäre es anachronistisch, gegen ihre Anwesenheit in Orchestern Stellung zu nehmen. Manche von ihnen sind musikalisch sogar ihren männlichen Kollegen überlegen, und auch in charakterlicher Hinsicht sind sie manchmal Heroinen, die das Herz einer Charlotte Corday haben. Die Naturgesetze, kraft deren der weibliche Charakter sich vom männlichen unterscheidet, lassen sich jedoch im allgemeinen nicht verleugnen. Und diese Gesetze bewirken, daß die Frauen das Beherrschtwerden nicht bloß aus Gemeinschaftssinn (wie die Männer) akzeptieren, sondern als ein erfüllendes Vergnügen empfinden.

Es mag zwar zutreffen, daß letzten Endes die Frauen die Männer beherrschen; in den äußerlichen Details des geschlechtsbedingten Wechselspiels haben aber die Frauen ihr Wohlgefallen an Männern, die Überlegenheit und Machtwillen ausstrahlen. Manche Frauen sind neurotische Sklaven, die, wenn sie in einem Orchester spielen, durch ihre durchscheinende Machtbewunderung die Tyrannei des Dirigenten magnetisch begünstigen. Sie sind auch diejenigen, die über die Witze des Dirigenten am lautesten lachen.

Jedenfalls ist der soziale Widerstandsgeist eines Orchesters mit vielen weiblichen Mitgliedern von vornherein gebrochen. Als Neuemanzipierte sind sie im Orchester noch mit der Psychologie des Bürgers zweiter Klasse behaftet und folglich in ihrer Teilnahme an Sozialkämpfen mutlos und zaudernd. Deshalb bleibt ein mit Frauen durchsetztes Orchester im Genuß von Sozialleistungen meistens hinter dem sonst herrschenden Durchschnitt zurück.

Der Drang nach Verbesserungen besteht bei Frauen weniger als bei Männern. Sie ertragen schwere Orchesterdienste von unendlich langer Dauer geduldiger als ihre männlichen Kollegen. Dieser größere, die Standeseinheit gefährdende Arbeitseifer mag mit ein Grund sein, daß die Musiker die Anwesenheit von Frauen im Orchester im allgemeinen nicht überaus gerne sehen. Ein zu hohes weibliches Kontingent verleiht dem Ensemble den Charakter einer Damenkapelle.

Die tiefste und deswegen unbewußteste Wurzel der Weiberscheu der Musiker im Orchester ist vielleicht die Peinlichkeit ihrer sozialen Erbärmlichkeit, die sie unter der schadenfrohen Beobachtung des schwachen Geschlechts zur Schau stellen müssen. Die Musiker möchten ihr Schicksal so gestalten, daß ihnen die Plage der unselbständigen Erwerbstätigkeit nicht mehr weh tut als notwendig. Die Anwesenheit von Frauen im Orchester, diesem exponiertesten Schaufenster der Demütigungen, ist aber nicht dazu angetan, die Musiker diesem Ziel näherzubringen.

Die Abhilfe braucht freilich nicht notwendigerweise durch Entfernung der Zeugen ihrer Schmach (die dank ihrem zarten Geschlecht nicht ganz den gleichen Brüskierungen ausgesetzt sind) geschaffen zu werden. Eine radikal geänderte Grundlage der Beziehungen des Dirigenten zu den Musikern (auch ohne Rücksicht auf die An- oder Abwesenheit von Frauen) könnte eine befriedigendere und nachhaltigere Besserung bringen. Wenn die unselbständige Erwerbsart schon nicht aus der Welt zu schaffen ist, so sollten die Vorgesetzten wenigstens daran denken, daß sie die Untergebenen und die Untergebenen die Vorgesetzten sein könnten. Sie sollten alle ihre Anordnungen mit der inneren Fragestellung treffen, ob sie sie als Untergebene respektieren oder ablehnen würden.

Das Gedeihen eines Unternehmens hängt einzig und allein von der Sachkenntnis ab, mit der es geführt wird. Aber Fachbegabung und allgemeine Intelligenz gehen leider nicht immer Hand in Hand.

Die Widerwärtigkeiten, die die Orchestermusiker bei einer solchen Berufsausübung ertragen müssen, sind auch schon lange vor dieser Lamentation geschildert worden. Daß diese Schilderung aus jener anderen Quelle nicht den Weg in die Öffentlichkeit gefunden hat, läßt sich damit erklären, daß sie in einer Fachschrift versteckt liegt, die sich mit den Dirigenten nur im Vorbeigehen beschäftigt. Das Exposé ist in der „Kunst des Violinspiels" von Carl Flesch zu finden. In seiner knappen Fassung ist es, kraft seiner offenbarenden Bildbeleuchtung und der unanfechtbaren Glaubwürdigkeit seines Verfassers, ein solch schlagendes Dokument, daß daneben selbst das dickste Fachbuch über dieses Thema schier überflüssig wird.

> Das tragische Moment im Beruf des Orchestergeigers liegt darin, daß seine Betätigung von vornherein einer Entsagung gleichkommt, daß sie nicht ein von Hoffnungsfreudigkeit getragenes Beginnen darstellt, sondern meist den Abschluß einer Periode schmerzlicher Enttäuschungen, zertrümmerter Hoffnungen bildet. Nahezu jeder Orchestergeiger hat einmal davon geträumt, ein berühmter Solist zu werden. Auch der materielle Lohn, den er für seine Mühe erhält, ist eher der eines Handwerkers als der eines Künstlers.
>
> All dies bildet aber noch keine genügende Erklärung für die nagende Unzufriedenheit des Orchestermusikers mit seinem Schicksal. Ich bin davon überzeugt, daß die Verbitterung seines Gemütes vornehmlich in einer gewissen seelischen Fesselung ihren Ursprung findet.

Ein brauchbares Orchestermitglied hat außer den selbstverständlichen instrumentellen und musikalischen Eigenschaften noch folgende Bedingungen zu erfüllen: Aufgabe seiner Persönlichkeit, seiner künstlerischen Überzeugung, seiner individuellen Geschmacksrichtung, vollkommene Unterwerfung unter den Willen des Dirigenten, der ihm seine eigenen menschlichen und künstlerischen Eigenschaften aufzwingt – also Verleugnung des eigenen Ichs, zwangsweise Annahme einer fremden Individualität. Das wesentliche Kennzeichen seiner Brauchbarkeit liegt demnach in einer gewissen Versklavung und Willensverneinung, in selbstloser Entsagung jeder persönlichen Gefühlsregung. Ein Mitwirkender, der seine künstlerische und menschliche Selbständigkeit durchzusetzen versuchte, würde bald als untauglich aus dem Orchester entfernt werden müssen. Unwillkürlich drängt sich die Parallele mit dem militärischen Drill auf, nur mit dem Unterschied, daß der Orchestermusiker sein ganzes Leben lang ein Untergebener bleibt und blind gehorchen muß. Solange ein Vorgesetzter ein Künstler ist, dem er seine Achtung nicht versagen kann, dessen Überlegenheit er sich beugen muß und von dem er in menschlicher Weise behandelt wird, so lange ist er auch bereit, sich der suggestiven Kraft des Dirigenten zu unterwerfen. Aber wehe beiden Teilen, wenn der Vorgesetzte nicht als höherstehend anerkannt wird, wenn er als Mensch nicht sympathisch, als Künstler nicht vollwertig erscheint! Zwischen Dirigent und Musiker wird sich dann ein Abgrund auftun, in dessen Tiefe die Absichten des Leiters spurlos versinken. Der Musiker umgürtet sich dann mit einem aus Verachtung und Gleichgültigkeit geschmiedeten Panzer, an dessen Undurchdringlichkeit die sinnfälligsten Zeichen, die heftigsten Gefühlsergüsse des Leiters abprallen, wie ein Indianerpfeil an einer modernen Betonfestung. Welche Tragikomik ruht nicht in einem solchen Duell, im Gegensatz zwischen den ellenlangen Bewegungen des Taktstockes und den nach Millimetern zu messenden Bogenstrichen des passive Resistenz übenden Geigers! Sein bitteres Lächeln, ein Gemisch aus Ironie und Verachtung, spricht Bände, wenn der Dirigent in einer Bemerkung seine Unfähigkeit verrät oder gar das Orchester für einen von ihm selbst begangenen Irrtum verantwortlich macht!

In den seltenen Fällen, wo sich der Musikschriftsteller bisher mit dem Orchestermusiker beschäftigt hat, geschah dies immer in Form von Vorschlägen zur Verbesserung seiner materiellen Lage. Um die Beschaffenheit seines seelischen Zustandes hat man sich bisher recht wenig gekümmert. Jedoch auch das höchste Gehalt kann niemals ein Entgelt bilden für die dem ganzen Berufe anhaftende seelische Not. Deshalb sollten die Vorgesetzten alles versuchen, um ihn mit seinem Schicksal einigermaßen auszusöhnen. Der Dirigent besitzt jedoch nur höchst selten die richtige Einstellung zu seinen Untergebenen. Er versucht kaum jemals, sich liebevoll in ihre Lage einzufühlen. Der Orchestermusiker ist für ihn bloß ein Werkzeug, eine ‚quantité négligeable‘, die gerade gut genug ist, den Altar der Kunst als Opfertier zu schmücken.

Um wieviel günstiger würden sich die Beziehungen zwischen Orchester und Dirigenten in den meisten Fällen gestalten, wenn dieser sich gewisse unschwer zu verwirklichende Grundsätze zu eigen machte.

Er soll sich nicht scheuen, einen Irrtum einzugestehen, ohne erst zu versuchen, ihn dem Orchester in die Schuhe zu schieben. Ein gewiegter Orchestermusiker läßt sich ohnehin niemals Sand in die Augen streuen. Er spreche weder zu laut noch zu leise. Gewohnheitsmäßig schreiende Vorgesetzte sind dem Orchester verhaßt. Der Dirigent soll fest, doch nicht hart – energisch, doch nicht unhöflich sein. Einige Dirigenten haben die üble Angewohnheit, ihrem Mißfallen über unglückliche Zufälle im Orchester während einer öffentlichen Aufführung durch heftiges Aufstampfen mit dem Fuß oder gar durch beleidigende Zurufe Ausdruck zu geben. Auch das unentwegte Fixieren des Schuldigen, dessen Nervosität dadurch natürlich ins Ungemessene steigt, gehört hierher. Er sei bestrebt, seine Kritik an die richtige Adresse zu richten. Er muß es über sich bringen, in nähere menschliche Beziehungen zu seinen Leuten zu treten. Sie werden sein Interesse durch verdoppelte Hingabe belohnen. Und er versäume keine Gelegenheit, um für die materielle Verbesserung der Lage der Orchestermusiker einzutreten. Es ist seine Pflicht; denn sie opfern ihm ihr Alles und verhelfen ihm zu Ruhm und Ehre.

Also sprach Carl Flesch bereits in den zwanziger Jahren des 20. Jahrhunderts. Diejenigen, die ihn gekannt haben, werden bei den Worten „Der Orchestermusiker ist für ihn (den Dirigenten) bloß ein Werkzeug, eine quantité négligeable, die gerade gut genug ist, den Altar der Kunst als Opfertier zu schmücken" sicherlich aufgemerkt haben. Aber die Dirigenten (wenigstens jene, die gebildet genug sind, Flesch gelesen zu haben) tun seine Empfehlung hinsichtlich näherer menschlichen Beziehungen zu den Orchestermusikern damit ab, daß er kein Dirigent war und somit kein Verständnis für die stets lauernden Unliebsamkeiten im Umgang mit Untergebenen hatte. Die praktische Folge dieser Ansicht ist, daß auch diejenigen Dirigenten, die im Grunde menschlichere Neigungen haben, sich schließlich von den misanthropischen Strömungen mitreißen lassen. Sie akzeptieren die Theorie, nach welcher Menschlichkeit Vertraulichkeit züchtet; und Vertraulichkeit sei das Ende der Obrigkeit.

Unterdessen hat Flesch in Arnold Schönberg ein Echo gefunden. Es könnte interessieren, was er zu diesem Thema zu sagen hatte.

> Die soziale Lage der Musiker muß gehoben werden. Der Oboist oder Hornist, der am Abend ein Solo blasen wird, ist ein Künstler, der in seinem Fach unfehlbarer sein muß als die meisten Hofräte in dem ihrigen. Sein Studium erfordert Fleiß, Ausdauer, Ernst, dauert so lange Zeit und verlangt so viel Begabung, daß man ihn den Erlesensten auf der sozialen Stufenleiter beizuzählen hat.

Mit seiner knappen Erklärung geht Schönberg noch über Fleschs Forderung hinaus. Er will den Stand der Musikerschaft nicht nur intern im Verhältnis zum Dirigenten, sondern auch extern im Verhältnis zur Gesellschaft heben. Es wäre aber eine mehr oder weniger berechtigte Einwendung gegen Schönbergs Empfehlung, daß der Orchestermusiker der äußeren Ehre zuerst durch innere Erhöhung würdig werden soll.

Es ist nicht zu leugnen, daß die im Orchester arbeitende Musikerschaft von einem proletarisch anmutenden Dunstkreis umgeben ist. Zwar würden die meisten Musiker gegen eine solche Klassifizierung protestieren, doch kann das nichts daran ändern, daß die sogenannte bessere Gesellschaft diesen Eindruck von den Musikern hat.

Der allgemeine Eindruck hinkt, wie auch auf manch anderen Gebieten, der tatsächlichen Entwicklung etwas nach, da die Zugehörigkeit zu Orchestern von Weltruf den betreffenden Musikern doch so etwas wie einen Nimbus künstlerischer Auserwähltheit verleiht. Wenn aber den anderen, nicht in diese exklusive Klasse gehörenden Orchestern noch ein zigeunerhaft proletarischer Hauch anhaftet, so ist es das Produkt der sozialgeschichtlichen Zwangslage, in welcher sich Orchestermusiker noch in großer Zahl befinden.

Aber unabhängig vom hohen oder niedrigen künstlerischen und sozialen Rang eines Orchesters sehen sich die im historischen Vorurteil befangenen Dirigenten auf dem Podium einer rohen Masse gegenübergestellt. Was auf beiden Seiten gerne übersehen wird, ist, daß die Dirigenten und die Orchestermusiker nicht zwei verschiedene Menschenrassen sind, sondern zwei verschiedene Rollen, die dieselbe Rasse in zwei verschiedenen Situationen spielt. Der Orchestermusiker als Dirigent und der Dirigent als Orchestermusiker wären als Menschen nicht anders, als was sie vor diesem Platzwechsel waren. Der Charakter bleibt sich gleich. Nur ein scheinbarer Unterschied entsteht im Aufeinanderwirken von Stellung und Charakter. Der edle Mensch ist philosophisch im Dienen und verständnisvoll im Befehlen. Der gemeine Mensch ist widersetzlich im Dienen und tyrannisch im Befehlen.

Es gibt einen Grundsatz im Arbeitsverhältnis, dessen Beachtung oder Mißachtung das Schicksal eines Unternehmens auf lange Sicht entscheidet. Und das ist die Identifikation der Angestellten mit den Zielen des Unternehmens. Ein Angestellter kann sich aber mit diesen Zielen nur identifizieren, wenn das Unternehmen sich seinerseits mit ihm identifiziert. In Erwiderung einer solch positiven Einstellung, wo immer sie besteht, muß der Untergebene (in der Musik der Orchestermusiker) auch seinen Beitrag leisten. Dieser ist der gute Wille, mit dem er sein Können fruchtbar einsetzt.

Wenn ein Dirigent ein Vertrauensverhältnis zu seinen Musikern auf dieser Basis zu schaffen versteht, dann wird der Orchestermusiker fühlen, daß er zusammen mit den Millionen, die in Beethovens Choralsymphonie umschlungen sind, mit umschlungen ist. Und der Dirigent braucht sich dann seinerseits am Abend nicht betroffen zu fühlen, wenn Tosca dem Scheusal Scarpia das Herz mit dem Messer durchbohrt und ausruft: „... Und vor diesem zitterte ganz Rom!"

# Worte ohne Lieder

### Der Dirigent als Marathonprobenredner

Wenn Bewegungskünste wie Tanz, Pantomime, Mimik zuweilen auch stumme Musik genannt werden, so könnte man versucht sein, diese euphemistische Bezeichnung auch auf die Orchesterdirektion anzuwenden. Diese „Musik" ist aber für die Orchestermusiker ganz und gar nicht stumm. Ihnen ist in den Orchesterproben auch das tönende Dirigieren bekannt. Wir wollen uns den lautlichen Mitteln zuwenden, deren sich die Dirigenten in ihrem mündlichen Verkehr mit dem Orchester bedienen. Wir wollen sehen und hören, wie die kapellmeisterlichen Schnäbel gewachsen sind.

Das Gastdirigentensystem und in geringerem Maße die Anstellung ausländischer Musiker in einem sonst mehrheitlich nationalen Orchester machen es einem Dirigenten fast zum Gebot, fremde Sprachen zu sprechen, und zwar selbst dann, wenn er eine der großen abendländischen Kultursprachen zur Muttersprache hat. Außerdem schließt der Ausbildungsgang eines wissensdurstigen Musikers das Studium manch einer unübersetzten fremden Fachschrift ein. Die Kenntnis von fremden Sprachen drückt also dem Besitzer solcher Kenntnisse gewissermaßen den Stempel der Bildung auf. Und daß ein Dirigent eine solide Bildung haben sollte, dürfte wohl als selbstverständlich gelten. Wir wollen nun sehen, was der alte Ratgeber der Kapellmeister, Johann Mattheson, zu diesem Thema zu sagen hat.

> Er (der Kapellmeister) soll sich befleißigen, die Französische Sprache, vornehmlich aber die Welsche Sprache auf solche Maaße zu fassen, daß er sie verdolmetschen könne. Und da es auch billig, daß ein Capellmeister ein galant homme sei, so ist nicht leicht abzusehen, wie diese Eigenschaft, heutiges Tages, ohne beide gedachte Sprachen behauptet werden möge.

Über den „galant homme" (wenigstens dem Orchester gegenüber) wollen wir uns lieber nicht näher auslassen. Aber die Worte über die praktische Notwendigkeit von Sprachkenntnissen für Dirigenten sind in der Neuzeit sicherlich nicht weniger zutreffend als zu Matthesons Zeiten im frühen 18. Jahrhundert. Freilich sprach Mattheson vom Standpunkt des deutschen Kapellmeisters, und deshalb hat er Deutsch als eine zu erwerbende Sprache nicht besonders erwähnt. Und was das Englische anbelangt, lag es damals für einen Musiker noch außerhalb praktischer Erwägungen, obwohl Händel die „diplomatischen Beziehungen" mit England in der Musik gerade kurze Zeit vorher in großem Maßstab eingeleitet hatte. Für den kontinentalen Musiker ist Englisch erst mit dem späteren, mammutartig vergrößerten Musikbedarf Amerikas zu ebenbürtiger Wichtigkeit emporgestiegen. Der Ruf der Neuen Welt hat dann auch den Dirigenten mit einem Schielauge nach dem fernen Westen neue Sprachprobleme aufgeladen.

Anfänglich waren diese Probleme nicht sonderlich brennend, da die europäischen Musikkolonisten in Amerika, Theodor Thomas und Leopold Damrosch, gleich ihre deutschen Pioniersoldaten mit sich nahmen. Ebenso sorgten die französischen Dirigenten in Boston: Caplet, Rabaud, Monteux, Münch und der von Paris her engagierte Kussewitzky für den Nachschub französischer Instrumentalisten zur Besetzung der Pulte im Symphonieorchester. Und die absolute Italienerherrschaft über das Metropolitan-Orchester während der Toscanini-Ära ist ja bekannt. Unter ihren Musikern konnten sich also die europäischen Dirigenten aus den verschiedenen musikalischen Exportländern, die in jener Erschließungszeit das Feld in Amerika allein beherrschten, ziemlich daheim fühlen.

Diese Situation konnte naturgemäß nicht unbeschränkt andauern. Obwohl der fortschreitende Anglisierungsprozeß durch zwei Emigrationswellen – nach dem Ersten und vor dem Zweiten Weltkrieg – einen sanften Rückschlag erlitten hatte, konnte die endgültige Etablierung des Englischen in den amerikanischen Orchestern als die einzige und offizielle Verkehrssprache nicht aufgehalten werden. Damit war den prospektiven Amerikafahrern unter den Dirigenten das Einsatzzeichen gegeben, ihr Probenvokabular in englischer Auflage neu einzubüffeln.

Beim Überwinden dieser Sprachhürde haben die Dirigenten eine unterschiedliche Gewandtheit an den Tag gelegt. Wenn man Beobachtungen in dieser Richtung anstellt, wird man finden, daß an den Sprachbeziehungen der Dirigenten ihr Charakterbild im allgemeinen abzulesen ist. Es gibt viele Eigenheiten, Schrullen und Tücken, die durch den besonderen Sprachgebrauch der verschiedenen Dirigenten zum Vorschein kommen. Die zahlreichen sprachlichen Rosinen in ihrer Rede sollen denn auch der Reihe nach herausgeklaubt und examiniert werden.

Wer beanspruchen kann, den Operationstisch für eine Sprachanalyse, zumindest der alphabetischen Ordnung nach, als erster zu besteigen, ist Ernest Ansermet. Es geziemt sich, ihm auch schon deswegen den Vortritt zu lassen, weil sein Fall uns mit einem Schlag darüber ins Bild setzt, wie die menschliche Sprache durch einen Dirigenten über ihre gedankentragende Funktion hinaus als Mittel sozialpolitischer Manipulationen gehandhabt wird. An Ansermets Beispiel wollen wir sehen, auf was für skurrile Ideen diese Dirigenten im Aushecken ihres Betriebssystems verfallen.

Die weltweite Ausdehnung des englischen Sprachgebiets, das ein ebenso ergiebiger und begehrter musikalischer Absatzmarkt ist, legt es jedem erfolgsbedachten Dirigenten auf dem Kontinent nahe, Englisch im Nebenfach zu pflegen. Um nun für die Geschäftsbeziehungen mit der angelsächsischen Musikwelt gestiefelt und gespornt zu sein, hat Ansermet seine sprachliche Ausbildung durch die Einrichtung eines „praktischen Kursus" in seinem Orchester gefördert. Er hatte schon früh bei seinem Machtantritt in Genf einen englischen Posaunisten engagiert. Im Genfer Orchester, in welchem von jeher von Saison zu Saison ein großes Kommen und Gehen von Musikern herrschte, hat es nie ein Mitglied mit festerer Position gegeben als diesen englischen Posaunisten.

Auf dem europäischen Kontinent muß man weit laufen, bis man im Fremdenabteil eines Orchesters einen englischen Musiker findet. Aber für Ansermet war es das Ei des Kolumbus, durch die Anwesenheit eines Engländers sich gleichzeitig mit dem Einstudieren der Musik auch in englischer Konversation zu üben. Kein Wunder, daß seine Anreden an diesen Gentleman zum kleinsten Teil von musikalischen Notwendigkeiten veranlaßt waren.

Ansermet liebte es, seine Zuhörer mit seinen Sprachkenntnissen zu beeindrucken. Bei den Musikern hatte sich diese rednerische Schaufensterdekoration allerdings längst abgegriffen, aber bei den in seinen Orchesterproben hospitierenden Freunden, Presseleuten und reisenden Solisten konnte diese Effekthascherei immer erneut ein beeindruckbares Publikum finden. In den Generalproben, in denen die Vorgänge gewöhnlich von einer kleineren Gemeinde Getreuer verfolgt wurden, war sonderbarerweise immer etwas mit der Posaune los. Es muß für die Zuhörer erhebend gewesen sein, Ansermet auf englisch herumkommandieren zu hören, was freilich nur im Verkehr mit besagtem Posaunisten möglich war. Also gab es für dessen Orchesterpart in öffentlichen und halböffentlichen Proben meistens noch etwas Besonderes auszufeilen.

Das Italienische verursachte Ansermet keine derartigen Probleme. Mit den paar brüchigen Brocken Italienisch, die er im Monolog hinwarf, wollte er nur zeigen, daß er auch diese Sprache zu seinem Sprachinventar zählte.

Ganz anders verhielt es sich bei Ansermet mit dem Deutschen. Das ist nun eine Sprache, bei welcher weitaus mehr auf dem Spiel stand als beim Italienischen. Sein häufiger Kontakt mit deutschsprachigen Orchestern und deutschen Musikern, von denen er stets einige in seinem Orchester sitzen hatte, machte ihm das Deutschsprechen zu einer alltäglichen Aufgabe. Und man muß sagen, daß er eher gerne deutsch sprach.

Musiker, die nach Nationalität oder von ihrem Studiengang her mehr der deutschen Sprachsphäre zugerechnet wurden, redete er ausnahmslos auf deutsch an, selbst wenn diese leidlich französisch sprachen und es sogar vorgezogen hätten, einen so scharf geprägten Charakter wie Ansermet in seiner mehr faszinierenden Muttersprache zu erleben. Aber mit dem Gebrauch des Deutschen verfolgte er eine hämische Politik und nahm dafür die mentale Belastung der fortwährenden Umstellung auf eine fremde Sprache willig in Kauf.

Innerhalb wie außerhalb der musikalischen Terminologie wandte Ansermet bei den deutschen Hauptwörtern nicht einmal zufällig den richtigen Artikel an. Das wirkte sich natürlich bei den musikalischen Ausdrücken besonders störend aus, da diese ja den Hauptteil der von ihm gebrauchten Wörter ausmachten. Er war nicht wie der Berliner, der immer „mir" sagt, auch wenn es richtig ist. Richtigkeit im Deutschen wurde von Ansermet methodisch vermieden.

Natürlich wird uns das sprachliche Benehmen auch anderer Dirigenten und anderer Nationen interessieren. Es soll aber vorher noch ein Wort über einen anderen Aspekt der Beziehungen Ansermets zur deutschen Sprache gesprochen werden.

Eine gewisse behäbige Geselligkeit und biedermännische Zutunlichkeit der deutschen Wesensart mag der Grund dafür sein, daß die Deutschen sich von fremdländischem Wesen, trotz gegenteiliger Beteuerungen von mancher Seite, im allgemeinen gerne beeindrucken lassen. Bei ihrer Kulturprominenz fällt auf, daß sie mehr als andere ihnen ebenbürtige Nationen fremde Sprachen, fremde Sitten, fremde Leistungen bewundern. Darin ist ihnen schon der „olle" Flötenspieler von Sanssouci mit gutem Beispiel vorangegangen: der königliche Flötenspieler, dem die deutsche Sprache nicht reich und stimulierend genug war für eine deutsche Benennung seiner Lieblingsresidenz. Zu Zeiten, da gerade Kriege abgehalten werden, und bei sonstigen internationalen Verschnupftheiten pflegen diese Neigungen allerdings einen leichten Knacks zu erleiden. Aber auch dann bleiben die obligaten Aufräumungsaktionen gegen die fremde Art und die unsanfte Schulmeisterung der sogenannten Fremdenanbeter durch den weniger behaglich veranlagten Teil des Volkes wohl eher ein Beweis als eine Entkräftung dieser These. Man braucht doch nicht artige Kinder zu schlagen noch auf harmlose Nebenbuhler eifersüchtig zu sein.

Gleichsam als Antwort auf ein Stichwort kamen die nach hundertjährigem Dornröschenschlaf veröffentlichten Tagebücher von Cosima Wagner, die in ihrer Aufzeichnung vom 20. und 24. August 1870 die selbst während des preußisch-französischen Krieges unverminderte deutsche Französelei bestätigt: „Die Zeitungen sind immer voll empörender Notizen über die Artigkeiten der deutschen Frauen gegen französische Offiziere. Es erscheint sehr unanständig, daß die deutschen Frauen am liebsten französische Verwundete pflegen, um ihr bißchen Französisch anzubringen."

Für linguistische Beobachtungen ist das Orchester, in welchem sich Sprachen buntesten Ursprungs kreuz und quer begegnen, eine unvergleichliche Fundgrube. Dirigenten aller Sprachen und aller Länder dirigieren und bereden Musiker aller Sprachen und aller Länder. Die internationale Freizügigkeit, die diesen Sprachverkehr ermöglicht, ist freilich den Zeitverhältnissen stark unterworfen. Das Gebiet, auf dem die Internationalität orchestralen Musizierens jedoch immer unverändert bleibt, ist das System der Gastdirektionen. So kann man fortfahren, die linguistische Kuriositätensammlung bei den Dirigenten zu betreiben.

Unser hauptsächliches Interesse wendet sich unwillkürlich der species teutonica zu, der es aufgrund ihres häufigsten Vorkommens unter den maestri di cappella aller Himmelsstriche billigerweise zukommt. Wir wollen sehen, ob die Figur, die unser Subjekt sprachlich vor dem Orchester präsentiert, uns den Schlüssel zum Verstehen der Arbeitsatmosphäre gibt, die in der Orchesterprobe eines deutschen Kapellmeisters mit einem fremdsprachigen Orchester herrscht. Solche Musiker pflegen den von der Direktion präsentierten Kapellmeister meistens widerspruchslos hinzunehmen. Insbesondere versagt der französische Musiker oder sein gleichgesinnter Kollege dem deutschen Kapellmeister die innere Bereitschaft zur Zusammenarbeit durchaus nicht.

Man kann sich schon vorstellen, daß die verflixten französischen Musiker den deutschen Kapellmeistern wegen ihres Akzentes Spitznamen anhängen, die das Ironische auf gut französische Art mit dem Unliebenswürdigen verbinden. Dementsprechend konnte Klemperer, der trotz nazistischer Gegenmeinung sprachlich doch deutsch war, nach seinem ersten Pariser Auftreten als siegreicher Dirigierfeldherr von dannen gehen, wenngleich ihm die Qualifikation dazu nicht in erster Linie sein musikalischer Erfolg gab, sondern der Geistesblitz der Witzbolde im Orchester, die ihn promt Kl'Empereur benamsten.

Auch das englische Lallen und das amerikanische Schnarren können einen Franzosen zu boshaften Kommentaren reizen, die ihren Niederschlag zum Beispiel für Beecham in „ Goddam" fanden. Jedoch, während Angehörige der meisten Kulturnationen ihrer französischen Rede (wenn sie französisch sprechen können) hauptsächlich den Stempel ihres Tonfalls aufdrücken, ist bei den Deutschen die leidige Fühllosigkeit gegenüber dem Unterschied zwischen harten und weichen Konsonanten der schwerer wiegende Stein des Anstoßes. Deswegen ist im Französischen die stets drohende Verwischung der Grenzen zwischen stimmhaften und stimmlosen Konsonanten durch Deutsche besonders vermerkt.

Goethe als Theaterdirektor hat schon von solchen Lautentstellungen bei seinen Schauspielern halb ärgerlich, halb belustigt Kenntnis genommen. Bei einem Gespräch mit seinem Famulus Eckermann über dieses Thema, vom 5. Mai 1824 datiert, erwähnte er unter einer ziemlichen Anzahl solcher Fälle jene, in denen „packe ihn an" wie „backe ihn an" ausgesprochen und „Kartenhaus" in „Gartenhaus" umgewandelt wurde. Deutsche Dirigenten, die Gelegenheit haben, romanische und selbst englischprechende Musiker zu dirigieren, würden auf diese einen knusprigeren Eindruck machen, wenn sie ihnen – wie Goethe es bei seinem Bühnenpersonal vor 200 Jahren schon nicht duldete – nicht dieses Leipziger Allerlei von läppischem Konsonantenprovinzialismus auf fremde Sprachen gepfropft auftischten.

Schon Wagner fand die für Franzosen ohrenstechenden Zungenschrullen seiner Landsleute so sehr erwähnenswert, daß er in seine gutgelaunten „Pariser Fatalitäten für Deutsche" eine diesbezügliche Bemerkung über den Typ des in Paris gestrandeten deutschen Glücksritters einflocht, der als letzte Rettung aus seiner Not eine wohlhabende französische Witfrau heiratet.

> Sie findet in ihm alles, was sie bedarf und hat den Vorteil, daß ihr dieser Mann blutwenig kostet und außerdem viel Spaß macht durch die tausend Calembours, die er, ohne deshalb besonderen Erfindungsgeist zu besitzen, in seiner zweideutigen Aussprache täglich zum besten gibt.

Diese Drolligkeiten, die auch in der Sprache der deutschen Kapellmeister vor dem Orchester zum Ausdruck kommen, haben den sprachlichen Ruf der Deutschen so fest begründet, daß sogar die etwas abseitsliegenden Spanier darüber ihre Glossen zu machen sich bemüßigt fühlen. Was die Deutschen vom Spanischen denken, davon ist nur soviel bekannt, daß sie es den unverstandenen Sprachen von Krethi und Plethi als Spitznamen anhängen. Für den Spanier ist aber Spanisch die Sprache der Liebhaber, in traditionell stolzer Geringschätzung der anderen Sprachen mit nüchternerer Daseinsbestimmung wie Italienisch für Musiker, Französisch für Diplomaten, Englisch für Gänse und Deutsch für Nilpferde.

Bis auf weiteren Vorstoß in noch unbekannte Sprachgebiete beschränken sich also diese Lateiner darauf, der deutschen Sprache am Zeug zu flicken. Aber jedenfalls sind die Dicken Berthas der deutschen Sprache von Schubert, Schumann, Mendelssohn, Brahms, Wolf und Schoeck nicht ganz ohne Grazie in Musik gesetzt worden.

Mendelssohns wohlverdienter Platz in dieser Gruppe zeigt aber auch das Graue der Theorie Wagners, der die jüdische Sprechweise als eine der Abnormitäten ansah, die die angebliche Impotenz der Juden in der Musik hervorgerufen haben sollen.

Wenn man sich bescheidet, mit Wagner nicht über sprachliche Rassencharakteristika zu hadern, so sollte man wenigstens auf die Sprache der Tschechen als die eines anderen Kulturvolkes hinweisen dürfen, von der man, so süß sie für tschechische Ohren auch klingen mag, kaum sagen kann, daß sie in Anderssprachigen Gedanken an Musik wach werden läßt. Was für ulkige Situationen ihr Abfärben auf andere Sprachen hervorrufen kann, ist durch den köstlichen Lapsus eines tschechischen Kapellmeisters an einem deutschen Theater illustriert. Als während einer Probe mit vollem Bühnenapparat und Orchester die Hörner schon so viel gekickst hatten, daß es auf keine Kuhhaut mehr ging, hielt es unser Wenzel nicht länger aus und begann aus vollem Hals zu schreien: „Die Hurn, die Hurn", worauf das Bühnentreiben zum augenblicklichen Stehen kam und sämtliche Solo- und Chordamen sich verdutzt nach vorne an die Rampe drängten. Der Mann auf dem Kutscherbock war nun darob selbst erstaunt und wehrte schmollend ab: „Aber doch nicht die Hurn auf der Bühne, die Hurn im Orchester!"

Trotz solcher „Zungenunfälle" plazierten sich die anderen Landsleute Smetana und Dvorak, der Weber und der Brahms der tschechischen Musik, nicht übel im Komponistenpantheon.

Der Zauber der Fremdsprache als erfolgförderndes Reizmittel ist mit dem Fortschreiten der Zeit in zunehmendem Maße erkannt worden. In geruhsameren Zeiten waren jedoch die in fremden Ländern tätigen Fachleute noch nicht gewitzigt genug zu erkennen, daß für die intellektuell angestochenen Schwarmgeister unter den Ortsgebundenen der feilgebotene Kulturkram in Importpackung imponierender gewesen wäre. Die ursprüngliche und natürliche Bestrebung war, sich der Umgebung auch sprachlich schlecht und recht anzupassen. Diese Ten-

denz kam auch in der Angleichung der Namen vieler Musiker an fremdländische Spracheigentümlichkeiten zum Ausdruck.

Der Italiener Lulli hat an seinem Namen bald nach seiner Ankunft in Frankreich die kleine,
aber beachtenswerte plastische Operation vorgenommen, die aus ihm Lully gemacht hat. Offenbach ist mit Vornamen nur als Jacques bekannt, obwohl bei seiner Kölner Taufe (wenn
man den Ausdruck bei einem jüdischen Tempelsängerssohn durchschlüpfen läßt) kaum gleich
französisch ins Geburtenregister eingetragen wurde. Als Gegenstück zu Offenbachs Jacques
hat sich Meyerbeers Jakob in Italien zu Giacomo gemausert. Auch Beethoven, der notorisch
in allen den Charakter betreffenden Dingen eichenfeste Ansichten hatte, zeigte genug Bieg-
samkeit und Entgegenkommen, seine französischen Briefe mit Louis (v. B.) zu zeichnen.

Aus diesen Beispielen ersieht man das Bestreben vieler Musiker, den Augen und Ohren
ihrer fremdsprachigen Freunde, Gönner und Schutzherren unnötige sprachliche Rauheiten zu
ersparen. Diese Verwischung der sprachlich fixierten Identität der Persönlichkeit, die auch als
eine Art Rückgratlosigkeit erscheinen mag, zeugt von einer gesellschaftlichen Orientierung,
für die die überlieferte Form eines Namens kein unantastbares Heiligtum darstellte.

Uns Heutigen kommt es verschroben vor, in vergilbten Schriften den Namen Heyden anstatt Haydn zu finden. Diese Variante ist die Folge der früher manchmal sorglos phantasievollen Wahl der sprachlichen Lautsymbole. Aber schon zu Haydns Zeiten begannen sich Erscheinungen bemerkbar zu machen, die vom Erwachen der Streber zu der besonderen Funktion des opportun geformten Namens für das künstlerische Vorwärtskommen zeugen.

Wer zum Beispiel heutzutage als Operntenor oder Zauberkünstler auftreten will, trägt am
besten einen italienischen Namen. Modernistische Malereien erzielen den größten künstlerischen und kommerziellen Effekt, wenn sie mit einem französischen und vielleicht gleich einem Doppelnamen gezeichnet sind. Ein wissenschaftlicher Weltreisender ist nur echt, wenn
er auf einen angelsächsischen Namen hört. Ein Militärinstruktor im Dienste exotischer Regierungen kann nur ein Deutscher und ein Finanzberater in ähnlicher Stellung nur ein Schweizer
sein. Ein Ballettstar aber ist unbesehen russisch.

Ob der deutsche Geiger und Kapellmeister Spohr dieses Rezept mit bewußtem Raffinement angewendet hat, ist nicht mit Gewißheit zu sagen. Es steht fest, daß er von Ludwig auf
Louis umgesattelt hat, und zwar nicht nur gelegentlich wie Beethoven, sondern ein für allemal. Wenn aber echte deutsche Namen von echten deutschen Menschen als Hindernis für eine
Künstlerkarriere empfunden werden können, dann sollte bei Juden (mit ihren zumeist verächtlichen Zwangsnamen) die benennungstechnische Schönfärberei erst recht angebracht sein.

Auf die Tunlichkeit einer solchen Verschönerungsoperation wurde Ignaz Friedman, der
geschätzte Klaviervirtuose der Zwischenkriegszeit, von einem wohlmeinenden Verehrer mit
der Frage hingewiesen, weshalb er sich keinen wohlklingenden Künstlernamen zulege. Die
Antwort war: „Aber bitte hören Sie auf! ‚Ignaz Friedman' ist doch mein Künstlername." (Und
der war es tatsächlich, denn vor der nicht sehr kühnen Kosmetik hieß Friedman Freudmann.)

Weniger schlimm fiel eine ähnliche Erkundigung für das leidende Subjekt aus, als Brahms
einmal Max Bruch beim Kragen nahm und ihm hinsichtlich seiner Abstammungsverhältnisse
auf den Zahn fühlte. Bruch, der nicht nur der Komponist seines tapfer überlebenden, populären Violinkonzertes, sondern auch ein vielbeschäftigter Kapellmeister war, mußte wegen seines Namens schon zu seinen Lebzeiten Verdächtigungen über sich ergehen lassen. Deswegen
wird jeder, der Bruchs anderes unsterbliches Werk, das „Kol Nidrei", gehört und seine Foto-

grafie gesehen hat, mit Erschütterung erfahren, daß er kein Jude war. Jedenfalls wurde er von den Nazis, die in solchen Dingen keinen Spaß kannten, als Arier beglaubigt. Brahms war aber hinsichtlich des Ariertums von Bruch schon Generationen vor der Nazizeit skeptisch, und so konfrontierte er ihn einmal mit der Frage: „Sagen Sie mal, Bruch, sind Sie sicher, daß Sie früher nicht Baruch geheißen haben? Wo haben Sie das 'a' gelassen?" „Dort, Meister" – entgegnete Bruch – „wo Sie Ihr 'A' von Abrahms gelassen haben."

Eine interessante Kombination von Namen und Herkunft finden wir bei Chopin. Es ist bemerkenswert, daß bei seiner polnischen Herkunft sich niemand über seinen französischen Namen aufhält. Und doch wäre es wohl angebracht, weil dieser viel mehr als ein bloßes Firmenschild ist. Chopins Vater, der ebenfalls Chopin hieß, war Franzose, und Chopin fils selber verbrachte die zweite Hälfte seines Lebens in Frankreich. Der französische Anteil an seiner Persönlichkeit, der von seiner Blutmischung und seinem hauptsächlichen Tätigkeitsgebiet herrührt, wird bei seiner künstlerischen Würdigung zuwenig beachtet. Er wird seiner seelischen Prägung nach immer nur als Pole gewertet, wobei übersehen wird, daß in der ersten Hälfte des 19. Jahrhunderts das polnische Musikleben keinen so hochfliegenden Tondichter wie Chopin auf die Dauer geistig inspirieren konnte, ähnlich wie auch Ungarn keinen daheim steckengebliebenen Liszt hätte hochzüchten können. Der französische Kulturboden, der den verpflanzten (oder soll man sagen: zurückverpflanzten?) Chopin künstlerisch befruchtete und nährte, hätte also einiges Recht, ihn wenigstens zum Teil als seinen eigenen Sproß zu betrachten. Wenn die Engländer Händel, dessen Vater kein Engländer war, als einen der Ihrigen betrachten können, dann besteht auf französischer Seite kein Grund, Chopin, mit einem französischen Vater und nach einem in der französischen Atmosphäre verbrachten halben Leben, nicht wenigstens teilweise als Franzosen zu beanspruchen. Das wäre um so berechtigter, als die Aufnahme der slawischen Mischung von Schwermut und Explosivkraft der chopinschen Kunst beim westeuropäischen Publikum durch die gallische Auflockerung und Eleganz sicherlich erleichtert wurde. Deswegen muß im schöngeistigen, für das völkische Kulturelement noch nicht hellhörigen Paris seiner Zeit der unslawisch überfeinerte Chopin noch eher französisch als polnisch gegolten haben.

Es ist denn auch Tradition geworden, daß in der Kunst die französische Herkunftsmarke, wie die lateinische im allgemeinen, auf die Kunstkonsumenten des Abendlandes von jeher eine besondere Anziehungskraft ausübt. Damit sind romanisch klingende Namen auch für nichtromanische Künstler anziehend geworden. Die Wörter „Roman", „Romanze", „Romantik" zeigen an sich schon, daß der Begriff des Märchenhaften, Poetischen, Zauberhaften und Wunderbaren mit „Rom", also mit Latinität und nicht mit Germanentum und Slawentum assoziiert ist. Das bedeutet natürlich nicht, daß die Germanen und die Slawen weniger romantisch sind als die Romanen. Es zeigt nur, welche Assoziationen in den Köpfen der Menschen herumschwirren. Auf diese Einbildungen bauen aber jene Künstler, die ihren als zu prosaisch empfundenen Namen vorzugsweise gegen ein romanisch anmutendes Markenzeichen eintauschen.

Zusätzlich zu den bereits genannten romanischen Wiedertaufen sind weitere Verwelschungen die Künstlernamen „Nellie Melba" (als Umänderung von Helen Porter Mitchell), „Emmy Destinn" (von Kittl), „Lillian Nordica" (von Norton) und bei den Dirigenten zum Beispiel „Dorati" des als Antal (Anton) Deutsch geborenen Ungarn. Der sehr bekannte und schwungvolle Name „Eugen Ormandy" ist eine ungarisch gedachte, aber sich auf Normandie reimende Zufallsverwelschung des trotz seiner Wortbedeutung farblosen „Jenó Blau". Und wenn man will, kann man auch den Schriftsteller Remarque zu den anderen euphemistisch Gemauserten zählen, da sein Name ein französisch buchstabiertes Palindrom des nüchtern deutschen „Kramer" ist.

Diese Ziernamen, die den romantischen Stempel der Latinität tragen, sind freilich eine Modesache, die gemäß örtlich geschmacklichen Verschiedenheiten anderer ethnischen Idealen Platz machen können. So ist aus Maria Jedlitzka – Maria Jeritza, aus Bruno Schlesinger – Bruno Walter und aus Artur Rittigstein – Artur Rodzinsky geworden. Eine findige Namensbildung mit exotischer Klangwirkung ist die der Sängerin Maria Ivogün, deren Name ein Akronym ihres richtigen Namens Ilse von Günther ist.

Die Überlegungen hinsichtlich der sprachlichen Manipulation im Zusammenhang mit der Dirigiertätigkeit haben den Gesichtspunkt des Orchestermusikers soweit außer acht gelassen. Danach erhebt sich die Frage, ob und in welchem Maße die Orchestermusiker einen ihnen eigenen Blickwinkel in der Sprachenfrage haben sollten. Ist es nicht natürlich, daß die Sprachmittel, die dem Dirigenten die Verständigung mit dem Orchester ermöglichen oder erleichtern, auch diesem willkommen sein sollten? Die Antwort muß nach dem heutigen Stand der Dinge negativ ausfallen. Wünschen denn die Orchestermusiker keine Verständigung mit ihrem Kapellmeister? Doch, Verständigung schon, aber nur Verständigung! Das bedeutet jedoch nicht ausschließlich sprachliche Verständigung.

Außenstehende werden es vorerst schwer verstehen (und in diesem Zusammenhang sind auch die Dirigenten Außenstehende), daß die Orchestermusiker gegen wortreiche Dirigenten eher negativ eingestellt sind. Ein wortreicher Dirigent ist aber nicht einer, der viel zu sagen hat, sondern einer, der redet, wenn er besser schweigen und bloß dirigieren sollte.

Infolge der vielen Spielunterbrechungen, die vom Dirigenten zum Zwecke mündlicher Erklärungen gemacht werden, befinden sich die Musiker während der Orchesterproben in einer dauernden Nervenanspannung. Da sie annehmen, daß der Dirigent weniger oft unterbrechen würde, wenn er keinen Rededrang in sich verspürte; und da sie Abneigung gegen die Spielunterbrechungen empfinden, so wird das kapellmeisterliche Sprechen als die Quelle des Übels angesehen.

Ist aber der Kapellmeister für die Musiker nicht wie ein Lehrer, der ja auch erklären muß? Gewiß haftet dem Kapellmeister von Berufs wegen etwas Didaktisches an, aber dazu müßte man ihn als eine wahre Autorität auf seinem Felde erkennen. Der Kernpunkt der Frage ist, daß die Musiker die fachliche Berufung der meisten Dirigenten, einschließlich mancher der berühmtesten, in Frage stellen. Ob zu Recht oder zu Unrecht, ist an diesem Punkt belanglos, weil wir vorerst nur die Tatsachen, so wie sie sind, ins Auge fassen wollen.

Nach Ansicht der Musiker sollten die kapellmeisterlichen Belehrungen, wenn schon unvermeidlich, wenigstens ohne langgestreckte Vorträge und mit geringstmöglichen Unterbrechungen der Musik verabreicht werden. Für zünftige Orchestermusiker ist der Maßstab kapellmeisterlicher Berufung nicht zuletzt die Fähigkeit, sich mit dem Taktstock ohne viel sprachliche Beihilfe auszudrücken. Dem kapellmeisterlichen Schema: in der Probe reden, im Konzert dirigieren, setzen die Musiker ihr Prinzip entgegen: in der Probe dirigieren, im Konzert musizieren.

Diese Divergenz zwischen Dirigent und Orchester, die freilich nur unter der Decke schwelen darf, würde nicht bestehen, wenn die Dirigenten sich über eine zweckdienliche Art und

Substanz der notwendigen Belehrungen immer im klaren wären. Die Musiker möchten die Probe ohne unnötigen Aufenthalt und Zeitverlust zu Ende führen. Sie erblicken ihre Aufgabe in der Bewältigung des Pensums und nicht im Absitzen der Zeit. In den Perorationen des Dirigenten, die ihnen nicht durchweg anlaßbedingt und zweckdienlich erscheinen, erblicken sie das Haupthindernis auf dem Wege zu ihrem Ziel, nämlich dem Ende einer fruchtbar durchgeführten Probe.

Für den Nichteingeweihten wird es vorerst schwer sein zu verstehen, weshalb es für die Musiker ein Unterschied sein soll, die normalerweise dreistündige Probendauer nur mit Spielen, nur mit Reden oder abwechselnd mit Spielen und Reden zuzubringen. Eigentlich hätten die Musiker nichts dagegen, wenn der Dirigent die ganzen drei Stunden einer Probe mit Reden ausfüllen würde, besonders angesichts der Tatsache, daß selbst schnelle Probenresultate gewöhnlich mit keinem Zeiterlaß belohnt werden.

Daß eine ausschließlich mit Reden verbrachte Orchesterprobe keine Probe mehr wäre, sondern eine Vorlesung, ist vom Standpunkt der Musiker unerheblich, weil die Sitzung deswegen nicht früher und nicht später als sonst aufgehoben würde. Die Dirigenten wären ihrerseits einer solchen Probenart freilich nicht abgeneigt, wenn ihnen anschließend an die ersten drei noch weitere drei Stunden zum praktischen Repetieren zur Verfügung stünden. Da aber solche sechsstündigen Sitzungen höchstens in kapellmeisterlichen Wunschträumen existieren, so können wir gleich zum anderen extremen Fall, demjenigen des ununterbrochenen Durchspielens, schreiten. Man muß aber auch da sofort sagen, daß eine dreistündige Orchesterprobe, in der kein Wort gesprochen wird, ebenfalls der Märchenwelt angehört.

Es bleibt also nur die gemischte Gattung übrig, die einzige, die allenthalben im Gebrauch ist, obgleich darin das eine oder das andere Element beträchtlich überwiegen mag. Den Musikern ist aber gerade dieses andauernde, qualvoll unvermeidliche Umstellen von Rede auf Musik, von Musik auf Rede und zurück und abermals zurück eine Nervenbelastung, für deren Ausmaß nur überlebende Opfer der chinesischen Folter wahres Verständnis aufbringen können.

Wir wollen den Dingen nicht vorgreifen und die Arbeitsweise eines Orchesters hier schon behandeln. Es wird jedoch unmöglich sein, dieses Gebiet ganz zu umgehen, wenn wir die Auswirkungen der kapellmeisterlichen Mundtätigkeit für die Musiker untersuchen wollen.

Dieses „Rin-in-die-Kartoffeln, raus-aus-die-Kartoffeln!" wäre nicht so schlimm, wenn die Musik bei jeder Wiederaufnahme mit einem Druck auf einen Fußhebel am Orchesterpult angelassen werden könnte. Leider ist das nicht so; die Orchesterinstrumente sind eben keine Musikautomaten. Das Anspielen eines Instruments setzt die innigste mentale und physische Beziehung des Spielers zu seinem Klangwerkzeug voraus. Die interpretatorischen Beziehungen zur gespielten Musik wollen wir bei dieser Analyse außer acht lassen.

Der probende Orchestermusiker kann bei den unzähligen Unterbrechungen nicht zu einem entspannenden Abschluß seiner nervenfressenden Teilverrichtungen kommen. Diesen Vorgang könnte man „ludus interruptus" nennen, was die Natur dieses Vorganges jedem psychophysisch informierten Interessenten aufs drastischste verständlich macht. Der dieser Verhinderung entgegenwirkende Drang erklärt auch die von den Dirigenten verabscheute, aber psychologisch natürliche andere Erscheinung, daß auf ein mitten im Spielablauf gegebenes Abklopfzeichen viele Musiker des plötzlichen Anhaltens nicht fähig sind und weiterspielen, so daß sie mit großem Geschrei zum Stehen gebracht werden müssen.

Ob nun dieses Hindurchstottern durch ein Musikstück zu dessen fruchtbringender Einstudierung unbedingt nötig ist, ist eine vortragstechnische Frage, von der jetzt nicht die Rede ist. Wesentlich für unser gegenwärtiges Thema ist nur der Umstand, daß die Musiker während einer Probe rund hundertmal durch die psychische Verletzung der Unterbrechungen gehen müssen. Und was füllt diese Unterbrechungen aus? Dozieren. Worte ohne Lieder. Diese Intermezzi sind die großen Momente für die Tiraden des Dirigenten. Wegen dieser Assoziation von Unterbrechen und Reden ist für die Orchestermusiker kapellmeisterliches Reden mit Nervenzerrüttung gleichbedeutend.

An diesem Punkt wäre die Einwendung angebracht, daß ein Soloinstrumentalist sich beim Üben mindestens so oft unterbricht wie der Dirigent das Orchester beim Proben. Gewiß tut er das. Aber der übende Solospieler unterbricht aus freiem Willen nach eigenem Urteil. Der Orchestermusiker dagegen unterbricht auf Befehl nach fremder Willkür. Das zeigt, daß zwei äußerlich ähnliche Prozesse innerlich verschiedene psychologische Situationen offenbaren können, wodurch die Analogie hinfällig wird. Eine Analogie besteht nur zwischen dem Solisten und dem Dirigenten. Letzterer unterbricht den Spielfluß ebenfalls aus egozentrischen Impulsen und zu eigennützigen Zwecken. Bei ihm kommt aber noch der Umstand hinzu, daß er den Schock der Unterbrechungen, im Vergleich zu seinen leidend gehorchenden Untergebenen, von einem sozialpsychologischen Gegenpol her erlebt, nämlich von dem des Gebietenden, und dadurch die eigentlich nur arbeitstechnische Zweckhandlung der Spielunterbrechung mit einem beim Solisten fehlenden Machterlebnis verbindet.

Daß ein Orchesterstück nicht ohne mündliche Erklärungen des kapellmeisterlichen Erfindungsgeistes und die dadurch ausgelösten Unterbrechungen einstudiert werden kann, ist den Musikern wohl bewußt. Deswegen sind sie auch bereit, dem Dirigenten in dieser Hinsicht Konzessionen zu machen. Das Unheil geschieht aber immer wieder, weil nur die wenigsten Dirigenten verstehen, den Tonschutt der Probenkatzenmusik mit kurzen Erklärungen über längere Strecken hin aus dem Weg zu räumen und den Musikern die geäußerten Wünsche beim laufenden Spiel nur noch mit dem Taktstock in Erinnerung zu rufen. Der Wortschwall des Dirigenten nimmt manchmal auch solche Formen an, daß eine Kabarettparodie über eine Orchesterprobe keine lustigere Karikatur bieten könnte als das Original selbst. Wenn ein besonderes Beispiel für einen Dirigenten genannt werden soll, der seine Proben in dieser Weise leitete, würden die älteren Semester des Orchesterspiels im Chor „Mengelberg" schreien.

Mengelberg war bei den Orchestermusikern in allen Musikzentren der Welt als unerreichter Marathonprobenredner berüchtigt. In Budapest, wo er wiederholt als Gastdirigent auftrat, wurden seine Proben von den schelmischen Orchestermitgliedern „Onkel Willems Märchenstunden" genannt. Da er unvergleichlich mehr Zeit für seine Erklärungen in Anspruch nahm, als er den Musikern zum Spielen ließ, konnten sich diese, wenn er seine Tiraden vom Stapel ließ, wenigstens für ein Viertelstündchen schlafen legen. Nur war für die Bläser jeder Wiederbeginn eine grausame Heimsuchung.

Die Spieler der Blasinstrumente müssen ihre Lungen, wie Schwimmer vor dem Tauchen, vor jedem Einsatz kräftig mit Luft anfüllen und dann ein bis zwei Sekunden in dieser gespannten Lage verharren, da sie ja nicht genau wissen können, in welchem Augenblick die kapellmeisterliche Laune ihnen das Zeichen zum Anspielen und damit zur Entspannung gibt. Dirigenten, die für das physiologische Bedürfnis nach einem mehr oder weniger ausgeglichenen Atmungsprozeß auch beim Blasinstrumentenspiel Verständnis haben, versuchen, die musikalischen Notwendigkeiten mit den physiologischen zu versöhnen und vermeiden, ihre

Bläser mit leichtfertig gegebenen und widerrufenen Anspielzeichen verrückt zu machen. Goethe hat das menschliche Wohlgefühl durch normalen Atemrhythmus im vierten Gedicht des West-Östlichen Divans „Talismane", beziehungsweise in dessen letzter (fünfter) Strophe hübsch beschrieben.

*Im Atemholen sind zweierlei Gnaden:*
*Die Luft einziehen, sich ihrer entladen;*
*Jenes bedrängt, dieses erfrischt;*
*So wunderbar ist das Leben gemischt.*
*Du danke Gott, wenn er dich preßt,*
*Und dank ihm, wenn er dich wieder entläßt.*

Wie man es nach diesem Gedichtchen vermuten darf, hätten die Orchesterbläser mit Goethe als Dirigenten nicht über aufgezwungene Atemschwierigkeiten beim Blasen zu klagen gehabt. Er hätte sicherlich erfaßt, daß der vom Lebensinstinkt regulierte Wechselstrom des Atmens auch beim Spielen der Blasinstrumente möglichst ungehindert fließen muß. Mengelberg (um nicht zu vergessen, daß von ihm die Rede ist) hintertrieb aber den Plan der Natur, indem er nach dem „Pressen" das „Entlassen" immer schuldig blieb. Für seine Bläser gab es immer nur ein „Pressen", aber kein „Entlassen". Dabei mußten sie jedesmal, wenn er am Ende seines Monologs angekommen zu sein schien und sogar schon die Einsatzstelle andeutete, kräftig einatmen und sich für das normalerweise gleich danach fällige Einsatzzeichen bereitmachen. In diesem Moment pflegte aber der Musengeist erst eigentlich auf Mengelberg niederzusteigen mit den Folgen, daß er seine eigene Einsatzwarnung mißachtete und sich erneut in ellenlangen Erörterungen über den eben erst behandelten Gegenstand erging. Unseren braven Bläsern blieb dabei nichts anderes übrig, als die so wertvolle, mit pflichtbewußtem Aufwand eingeatmete und drohender Erstickungsgefahr zurückgehaltene Luft unverrichteter Dinge und mit tiefem Seufzer wieder aus ihren Lungen zu stoßen.

Als einmal in einer Probe dieses aufreibende Hinhalten durch mehrmalige Wiederholung in unmittelbarer Folge offenbar die Grenze des Erträglichen erreicht hatte, hielten die Nerven eines Bläsers die Belastung nicht mehr aus. In dem Moment, in dem Mengelberg den Taktstock zum x-ten Male zum Beginnen zückte, ihn aber wieder sinken ließ, um dafür den Mund zu öffnen (ebenfalls zum x-ten Male), stieß ein Posaunist einen Verzweiflungsschrei aus, gab seinem Stuhl mit seinem Allerwertesten einen heftigen Ruck nach hinten und landete mit großem Gepolter auf dem Boden.

Die Antwort auf die sich aufdrängende Frage, wie denn Mengelberg den Zwischenfall aufnahm, ist enttäuschend. Er nahm überhaupt keine Notiz davon. Bejahrt, wie er damals schon war, hatte er sich zur Schonung seines Herzens zum Grundsatz gemacht, sich über nichts aufzuregen. So wartete er geduldig und wortlos, bis die allgemeine Erregung sich gelegt, der Mann sein Instrument aufgelesen und seinen Platz wieder eingenommen hatte und setzte die Probe in seiner gewohnten Weise mit den unerschütterlichen Redeeinlagen fort, als ob nichts geschehen wäre.

Wenn Mengelberg ein gemischtsprachiges Orchester dirigierte, dann ging der Ernst der Probe gänzlich aus den Fugen. In solchen Fällen glich sie einem internationalen Kongreß mit der dazugehörigen Konfusion und Unergiebigkeit. Mengelberg war ziemlich sprachgewandt.

Neben seiner holländischen Muttersprache beherrschte er Deutsch, Französisch und Englisch, was ihn bei seinem Rededrang dazu verleitete, seine Ansprachen an das Orchester je nach dessen nationaler Zusammensetzung in den betreffenden Sprachen zu wiederholen. Er hat sich nicht beirren lassen und sich etwa kurz gefaßt, nur weil seine Erläuterungen wegen der manchmal notwendigen Übersetzungen Extrazeit beanspruchten. In seiner sprachkundigen Weitschweifigkeit brachte er es oft fertig, die vollen drei Stunden einer Orchesterprobe mit dem Wiederkäuen eines solch kurzen und abgedroschenen Werks wie der Unvollendeten von Schubert zu vertrödeln.

Er hat manche Mengelbergismen geprägt. Um den Musikern den Rhythmus der Eröffnungstakte des Scherzos der Neunten von Beethoven nahezubringen, schnatterte er patriotisch auch außerhalb Hollands: „Amsterdam – Amsterdam – Amsterdam – Amsterdam." Musikausdrücke in Makkaronideutsch wie Schmierage, kratzando und schabando könnten von ihm stammen, aber „titatissimo" ist verbürgt. Wenn er ein ganz kurzes Stakkato haben wollte, sagte er „tita". Und wenn er das Stakkato noch kürzer haben wollte, dann ist aus tita eben titatissimo geworden.

Der gleiche Geist, wenngleich aus anderer Quelle, ist der Urheber weiterer Ausdrücke für die Denunzierung klobigen Orchesterspiels. Richard Strauss sprach vom ewigen Mezzoforte, in welchem ein Orchester durch ein Musikstück bummelt. Aus der Ehe seines Ausspruchs und Mengelbergs Wortschöpfung wurde das „Mezzofortissimo" geboren, das die Musiker von den Dirigenten oft unter die Nase gerieben bekommen. In der englischen Sprachsphäre sagen auch Dirigenten auf die dynamische Fühllosigkeit der Orchestermusiker anspielend: For the Orchestra life begins at forte.

Um von Mengelberg würdig Abschied zu nehmen, ist es interessant, den Kontrast zu vermerken, den zu seiner Redemühle die Wortkargheit des Auchkapellmeisters Kodály bildete. Eine Ähnlichkeit zwischen den beiden bestand nur darin, daß auch Kodály in einer Anzahl Sprachen zu Hause war. Was aber den Gegensatz nur unterstreicht, ist, daß Kodály seine eigenen Werke dirigierte und so doppelt versucht sein konnte, mit Tiraden über die Werkwiedergabe aufzuwarten. Trotzdem waren seine kapellmeisterlichen Erläuterungen meistens einsilbig. Seine Bemerkungen klangen wie Buchtitel oder Aphorismen. Ein Musterbeispiel dieser Ausdrucksweise ist sein Ausspruch, mit dem er die Geradheit, Unbeirrbarkeit und Kompromißlosigkeit seines Freundes und Kollegen Bartók charakterisierte. Bartóks Charakter, sagte er, war wie ein abgeschossener Pfeil. Aber auch die Adjektive von Kodálys eigenen Verhaltensregeln in den Orchesterproben waren wie Hammerschläge auf den Kopf des Nagels. Sie erfaßten die Situation so erschöpfend, daß jede weitere Erklärung überflüssig war. Das Tugendhafte an all dem aber war, daß er die Seelenstärke besaß, es auch dabei bewenden zu lassen, was den wenigsten unter den Dirigenten selbst bei ähnlicher Bündigkeit des Stils nachgesagt werden kann.

Das Kodálysche Vorbild könnte manche Dirigenten zur Entdeckung führen, daß das Taktschlagen, das heißt das richtige Taktschlagen, zur Verständigung mit dem Orchester vollkommen ausreicht. Das beweisen tüchtige Einspringkapellmeister, die die Direktion am Abend in letzter Stunde ohne Probe übernehmen und selbst bei riskanten Vortragsimprovisationen unter Umständen eine erquicklichere Aufführung zustande bringen, als von dem verhinderten Stammkapellmeister zu erwarten war. Aber auch planmäßig durchgeführte Konzerte, nach Proben mit Sprachschwierigkeiten und folglich mit mangelhafter mündlicher Verständigung, pflegen wegen der notwendigen größeren und freiwilligen Konzentration der Musiker häufig spannungsvoller und brillanter zu verlaufen als gewöhnlich.

Zu Beginn einer sprachbehinderten Probe (vor dem Erkennen der Arbeitsmöglichkeit auch unter solchen Bedingungen) empfinden es die Dirigenten als schmerzlich, auf ihre hochliterarischen Kleinigkeitskrämereien verzichten zu müssen. Aus dieser Beengtheit haben nur die Italiener, dank dem niedrigen Siedepunkt des südländischen Temperaments, ein unmittelbar befreiendes Ventil gefunden. Es ist ihre Spezialität, sich um keine Sprachisolierung zu kümmern, sondern einfach in ihrem Mutteritalienisch drauflos- und am Orchester vorbeizuplappern.

In ähnlicher Sprachnot schicken sich die nordischen Dirigenten meistens ins Unabänderliche und bequemen sich bald zu einer Taubstummenverständigung mit dem Orchester unter Beiziehung der knappen italienischen Fachausdrücke. Die italienischen Dirigenten, mit Ausnahme vereinzelter Phlegmatiker unter ihnen, vergessen dagegen in ihren sanguinischen Ausbrüchen die Welt um sich und setzen das Orchester unter einen Wasserfall von unverstandenem Geschnatter in hochklassischem Italienisch.

Wenn sich zwischen Dirigent und Orchester Sprachbarrieren auftun und wenn dann der Dirigent übereifrig bestrebt ist, die Probe in der von ihm kümmerlich beherrschten Sprache des Orchesters zu leiten, braucht daraus noch keine knifflige Situation zu entstehen, solange er sein Benehmen mit seinen Sprachmängeln in Einklang bringt. Nach diesem Rezept verfuhr Leo Blech, als er sich bei einem französischen Orchester gleich mit der gemütlichen Warnung einführte: „Messieurs, comme vous le remarquerez bientôt, mon français est très malade." Und dieser offenbar einstudierte Eröffnungssatz war denn auch der letzte, der noch Hand und Fuß hatte.

Karl Schuricht, der sich in keinerlei Beziehung je wichtigtuerisch benahm, konnte sich folglich bei seinen Straucheleien mit Erkundigungen über die korrekte Ausdrucksweise in der betreffenden Sprache ohne Prestigeverlust aus der Affäre ziehen. Für ihn haben die Proben mit dem Genfer Orchestre Romand französische Sprachstunden ersetzt. Neben seiner deutschen Muttersprache hatte er schon ziemlich gut Englisch und auch etwas Italienisch gesprochen, als er nach dem Krieg sein Zelt in Genf aufschlug. Mit der Zeit wurde er dort häufiger Gast und eine Art Reservekapellmeister. Im Französischen, das ja die Hauptverkehrssprache des Orchestre Romand ist, war aber Schuricht zu Beginn recht schwach. Wenn er in seinen französischen Gehversuchen steckenblieb, griff er die Stichworte der Einhelfer wie ein guter Schüler willig und dankbar auf. Er wiederholte jeweils den Satz mit dem neuerworbenen Wort als seinen stolzen Wissensbesitz.

Manche Dirigenten (wie zum Beispiel Furtwängler, der kein Wort Französisch und auch kein Englisch sprach, aber auf Erklärungen auch an Musiker dieser Zungen nicht verzichten konnte) unternehmen gar nicht erst, die Sprachschwierigkeit aus eigener Kraft zu überwinden. Sie bedienen sich der freiwilligen Dolmetscher im Orchester (die für jede Sprache zufällig immer vorhanden sind) oder bringen manchmal einen privaten Übersetzer mit in die Probe.

Einen eher harmlosen Fall stellte Monteux dar. Dieser französische Dirigent, der mehrere Jahrzehnte in Amerika lebte, hat dem sprachlichen Einfluß seiner Wahlheimat ziemlich gut widerstanden. Mit seiner Sprachenmischung konnte er als ein lebendes Denkmal der englischen Sprache aus dem Spätmittelalter angesehen werden. Er französierte das lateinische Element des Englischen in dessen ursprüngliche Klangform zurück. Wann immer in seiner Rede englische Wörter französischen Ursprungs vorkamen, glich er sie der französischen Aussprache an. In einem Mustersätzchen werden alle betreffenden englischen Wörter durch deutsche Phonetik angedeutet. „In the üniversité I teach all my püpil condücteur sspessially style, they have to stüdié how to enterprät the composissyo(n) with more natürell nüance."

Die Engländer werden unter den Kulturnationen als jene betrachtet, die den Sprachen anderer Völker am wenigsten aufgeschlossen sind. Mit dem Fortschreiten der Zeit büßt dieser Ruf einiges an Gültigkeit ein. Eigentlich ist es schon eine Weile her, daß englische Dirigenten fremde Sprachen zu sprechen begannen. Je nach ihrem auswärtigen Studienaufenthalt sprechen sie mehr oder minder Deutsch wie Boult oder Französisch wie Barbirolli, der freilich schon durch seine Herkunft unvermeidliche Beziehungen zu den lateinischen Sprachen hatte. Beecham dagegen hatte nur primitive Französischkenntnisse.

Mit unterschiedlichem Talent und Eifer sprechen die italienischen Dirigenten fremde Sprachen. Jene, die in der Welt als Gastdirigenten herumschwirren, lernen natürlich die nötigen Sprachen schlecht und recht. Es sind hauptsächlich die jüngeren Jahrgänge unter ihnen, die bestrebt sind, den direkten sprachlichen Kontakt mit den fremden Orchestern herzustellen. Die ältere Generation dagegen legte früher in ausländischen Opernhäusern einen seltsamen Kolonialgeist an den Tag. Der Kolonialpolitik der Angelsachsen stellte diese alte Garde einen musikalischen Imperialismus Italiens an die Seite.

Ein Museumsexemplar dieses Kapellmeistertyps war Tullio Serafin. Seine Wirkungszeit bei der New Yorker Metropolitan Opera deckt sich fast genau mit der zehnjährigen Amtsdauer Toscaninis bei der New Yorker Philharmonie. Nun, wenn man nicht wüßte, daß ein leidliches Quantum von Englisch an Serafin haften geblieben ist, wäre anzunehmen, daß seine elf Jahre in New York nicht vorübergehen konnten, ohne sprachliche Spuren bei ihm zu hinterlassen. Trotzdem hat er noch nach diesem langen „englischen Sprachkursus" die Proben bei der New Yorker Städtischen Oper ausschließlich in Italienisch geleitet und sich nicht darum gekümmert, daß ihn mindestens vier Fünftel des Orchesters und neunzehn Zwanzigstel auf der Bühne nicht verstanden haben. So entnahm also das Orchester seine Anweisungen gar nicht aus dem, was er sagte, sondern aus seinem reichlichen Vorsingen und seiner noch reichlicheren Gestikulation.

Ein Kontrast zu dem kindlichen Sichklammern der Italiener an ihre Sprache ist die Hemmung, die manche ungarische Dirigenten ihrer Muttersprache gegenüber an den Tag legen.

Eine bequeme Methode, sich ums Ungarischsprechen zu drücken, wandte Georg Szell an. Wenn er so angesprochen wurde, stellte er sich ganz einfach taub. Seine Scheu vor der ungarischen Sprache schien seine Degoutiertheit über Ungarns politischen Kurs während der Zwischenkriegszeit widerzuspiegeln, der lange vor Deutschland und Italien der Vorbote des Geschäftsruins für Dirigenten seines Schlages gewesen war. Die Konsequenzen, die er und seinesgleichen aus diesem Stand der Dinge gezogen haben, sind aber eine nicht weniger engstirnige Vermengung des kulturellen Weizens mit der politischen Spreu. Man sollte den sich aufbäumenden Gewaltzwergen nicht die Ehre erweisen, die ewigen kulturellen Äußerungen, also auch die Sprache der von ihnen befallenen Völker, mit ihren vergänglichen politischen Systemen zu identifizieren. Wenn man jede Sprache, deren Stammvolk zeitweise politische Wildlinge hervorbringt, ächten wollte, würde es bald keine Sprache mehr geben, in welcher menschliche Wesen noch miteinander verkehren könnten.

Szell aber hatte offenbar Schwierigkeiten, sich zu solchen Schlußfolgerungen durchzuringen, was der Grund dafür sein mag, weshalb er auch nicht als Vertreter der deutschen Kultursphäre gelten wollte, der er ja doch am meisten verpflichtet war. Glücklicherweise hatte er noch andere Länder in Reserve, und so war es ihm möglich, sein Herkunftsproblem in befriedigender Weise zu lösen. Sein mehrere Jahre währendes Stationieren in der Tschechoslowakei als Kapellmeister am Prager Deutschen Landestheater gab ihm die Möglichkeit, seine Wurzeln nachträglich und ostentativ auf dieses duldsame Land zurückzuführen.

Nun gab es zufälligerweise einen anderen tschechischen Dirigenten, einen etwas authentischeren als Szell, der sich in einer mehr oder weniger ähnlichen Lage befand. Sein Vater war Kubelik, der Geiger, seine Mutter eine Ungarin. Das war aber nur ein Teil der Parallelität, denn diese Ungarin hatte auch noch – wie durch einen Witz des Schicksals – den Mädchennamen Marianne Szell. Sie war aber nicht und konnte – Gott bewahre – auch nicht eine Verwandte ihres Namensvetters sein, da sie der ungarischen Nobilität entstammte. Sie wurde Szell von Gottes Gnaden, und er wurde Szell von Gettos Gnaden.

Ein anderer Dirigent, der seinem Namen und teilweise auch seiner Abstammung nach bei den Slawen einzuordnen wäre, war Stokowski. Er bezeichnete sich gelegentlich sogar selber als Pole. Trotzdem kann man ihn nicht schlankweg als dem Slawentum zugehörig betrachten. Gefühlsmäßig mochte er die slawischen Überreste in seiner Persönlichkeit zärtlich gehegt haben, doch war er im ganzen genommen eher ein Angelsachse, der auch Französisch und Deutsch sprach. Diese Sprachen sparte er jedoch nicht für den Kontakt mit Vertretern der betreffenden Nationen auf. Wenn es ihm einfiel, gebrauchte er ein deutsches oder ein französisches Wort zur Unterstreichung seiner Wünsche in einer Probe mit einem englischsprechenden Orchester. Er nannte auch das Fagott, selbst wenn er englisch sprach, nie bei dessen englischem Namen: Bassoon. Ob er deutsch oder englisch sprach, sagte er immer Fagott.

In seiner sprachlichen Absonderlichkeit, als Teil seiner sonstigen Absonderlichkeiten, war Stokowski jedenfalls einzigartig unter den angelsächsischen Dirigenten. Mit seinen Sprachmanipulationen bildete er gewissermaßen das englische Gegenstück zu Ansermet.

Es gab auch einen Dirigenten, der die schnurrige französisch-englische Sprachenrunde von der deutschen Seite her vervollständigte. Und wer anders kann es gewesen sein als Hermann Scherchen! Auch er war ein berühmter Rednerkapellmeister. Obwohl er einige Fremdsprachenkenntnisse besaß, zog er es vor, sich in seiner Muttersprache auszutoben. Scherchens Stil war gekennzeichnet durch ein Gemisch von Wissenschaftlichem, Burschikosem, Schnoddrigem und Übergeschnapptem. Obwohl er zuzeiten recht ungemütlich werden konnte, redete er die Musiker oft per „Kinder" an. Das war aber kein autoritär gefärbtes Von-oben-Herabsprechen eines Schulmeisters zu seiner Klasse, sondern mehr die wohlwollende, spielerische Vertraulichkeit eines Hochschülers zu den Primanern.

Bei den Angelsachsen gibt es hin und wieder ein damit vergleichbares Fraternisieren zwischen dem Dirigenten und den Orchestermitgliedern durch gegenseitiges Anreden mit dem Vornamen, da das Duzen in der englischen Sprache grammatisch nicht ausgedrückt werden kann. Über Scherchen muß zusätzlich vermerkt werden, daß er mit seiner unkonventionellen Art auch noch im Rückblick als ein ziemlich liebenswerter Geselle erscheint. Mangel an Konvention war aber nicht der einzige oder gar überragende Zug seines Wesens. Das Hervorstechendste an ihm war seine pausenlose Geschäftigkeit. Er beschwor das Bild des arbeitsüberlasteten Laboratoriumsforschers herauf, der mit dem belegten Brötchen in der linken Hand vor dem Reagenzglas steht. Seine Beziehung zur Musik war die eines Entomologen zu den Schmetterlingen oder des Philatelisten zu den Briefmarken. Schon seine äußere Haltung vor dem Orchester verriet diese Einstellung. Da er meistens ohne Taktstock dirigierte, hatte er die Finger frei, um aus dem Daumen und dem Zeigefinger seiner Rechten eine Art Klammer zu formen, mit der er, wie mit einer Pinzette, die Töne aus den Musikern herauszog.

Wenn er nicht dirigierte und auch keine Verhandlungen führte, rannte er mit seinem Schmetterlingsnetz von Museum zu Museum, um in den verstaubten Rumpelkammern die verschollenen Nachtfalter der Musik aufzustöbern. Für ihn galten nur das ganz Alte und das ganz Neue etwas. Von der romantischen Musik hatte er nur für jene Werke Interesse, deren Aufführung irgendwie mit Schwierigkeiten verbunden ist, sei es, daß sie einen außergewöhnlichen Chor, melodramatische Sprecher, ein mehrfaches Orchester oder sonst irgend etwas Monströses verlangen.

Daß er um den Ausdruck der Musik rang, zeigten seine krampfhaften Anstrengungen, sie richtig zu erklären. Darin war er jedoch höchst ungeschickt, unglücklich und erfolglos.

Es ist eine verlockende Methode, die jeder Dirigent mehr oder weniger anwendet, dem Orchester kleine Geschichtchen zu erzählen oder ein literarisches Miniaturbild vor dem Orchester zu entwerfen, um es zwecks besseren Verständnisses für das gespielte Stück in die richtige Stimmung zu versetzen. Die Anwendung dieser Methode bei der Einstudierung eines Orchesterstücks ist aber wie das Lakritzenschlecken; zuerst ist es süß, aber allmählich wird es abgeschmackt und bitter.

Ein nicht übermäßig dick aufgetragenes Beispiel der allegorischen Werkdeutung überlieferte Weingartner der Nachwelt durch ein Gleichnis in Verbindung mit dem zweiten Satz von Beethovens A-Dur Symphonie. Dieser Satz, den „Procession Nocturne" zu nennen man kaum widerstehen kann, wird mit einem Zauberspiegel verglichen, der beim Ertönen des herzbeklemmenden Eröffnungsakkordes nur sein geheimnisvoll leuchtendes Kristall zeigt. Wie nun die Musik in Gang kommt, sich ein Herz faßt und anschwillt, so belebt sich auch die Bildfläche. Zauberhafte Gestalten ziehen durch die Spiegelwelt, bis die Musik allmählich zu Ende geht und ausklingt. Damit schwindet auch das wundersame Traumgesicht dahin, und beim sehnsuchtsvollen Schlußakkord zeigt der Spiegel wieder seinen leeren Glanz.

Mit Recht mahnt Weingartner zur Zurückhaltung mit solchen Beschreibungen, da sie die Vorstellung vom Werk im Sinne einer vom Komponisten nicht beglaubigten Auslegung beeinflussen. Mit Maß und Geschmack dargeboten, können jedoch bildhafte Schilderungen den Musikern den künstlerischen Zweck ihrer Arbeit näherbringen und sie zur größeren Hingabe anspornen.

Manche der berühmtesten Dirigenten haben nicht die Redegabe, die von ihnen bei ihrer hohen Stellung zu erwarten wäre. Ausgesprochen farblos und eher einschläfernd war die Stimme und der Stil Bruno Walters. Er hob das Gesagte durch salbungsvollen Tonfall auf ein scheinbar höheres Niveau. Seine Eintönigkeit äußerte sich auch durch die häufige Wiederholung eines Lieblingswortes im Verlaufe einer Probe. Zu diesem Wort möchte man sagen: „Du bist die Ruh." Denn um Ruhe bat er die von seinem betenden Gemurmel zerstreut gewordenen Musiker. Es erschien mit den anderen Worten der Gesuchsformel in allen Permutationsmöglichkeiten. Zuerst hieß es: Bitte, Ruhe! Dann: Ruhe, bitte! Das darauffolgende Mal: Bitte um Ruhe! Später: Meine Herren, ich bitte Sie um Ruhe. Dann wieder: Ich bitte Sie um Ruhe, meine Herren. Danach wurde er ungeduldiger, kurzatmiger und bat nicht mehr: Meine Herren, Ruhe! Ruhe, meine Herren! Ruhe, Ruhe! Und so weiter.

Ein anderer Dirigent, nicht von der disziplinarisch beeindruckenden Sorte, in dessen Proben immer ein Gesums herrschte, faßte sich einmal ein Herz und erklärte mit strenger Stimme, daß er diese ewige Probenstörung durch Geschwätz, Hin- und Herrücken und allerlei disziplinloses Benehmen nicht mehr ertragen werde und vom Orchester in Zukunft ein ordentliches Verhalten erwarte.

Die Ermahnung schien ihre Wirkung getan zu haben, denn als der Dirigent am nächsten Tag zur Probe kam, empfing ihn gleich beim Eintreten eine Totenstille. Die ganze Probendauer lang hielt diese übertriebene Sittsamkeit an. Kein Gesums, kein Piep war zu hören. Der Dirigent wollte seinen Ohren nicht trauen, er wähnte in einem verwunschenen Schloß zu sein.

Nachdem diese unheimliche Atmosphäre schon längere Zeit angedauert hatte, hielten es seine Nerven nicht mehr aus, und in einem verzweifelten, weinerlichen Ton platzte er mit der flehentlichen Bitte heraus: „Aber Kinder, bitte tut mir das nicht an, macht doch Krach, ich kann diese Stille nicht ertragen."

Die Identität dieses Dirigenten ist mit der Zeit verlorengegangen, aber sicher war es nicht Furtwängler. Wenn es bei ihm ein Disziplinproblem überhaupt gab, so war es seine eigene Idiosynkrasie. Er schloß jede Generalprobe mit der frommen Prophezeiung: „Wenn wir Glück haben, werden wir eine schöne Aufführung haben." Das sagte er halbwegs sinnend und ein wenig zögernd, als ob er das Glück nicht beschreien wollte, und mit dem charakteristischen Gluckern in seiner Stimme. Der Persönlichkeitszauber Furtwänglers war nicht zuletzt auf dieses eigenartige, aber gewinnende Sprechorgan zurückzuführen.

Ein anderer Dirigent, der sich durch den Reiz seiner Stimmfärbung und Sprechweise vom Durchschnitt abhob, war Knappertsbusch. Im Sprechen wie in allem war er steifer, gemessener und eckiger als Furtwängler. Seine Stimme war klangvoll und soldatisch, obwohl er in seiner Gesinnung und Menschenbehandlung dem Militärischen abgeneigt war.

Der unfreiwillige Humor durch Sprachverrenkung zeitigte auf deutscher Seite vergnügliche Blüten aus dem Munde eines so bedeutenden Mannes wie Hans Richter. Er, der die unter Dirigenten einzigartige Distinktion der Beherrschung aller Orchesterinstrumente besaß, konnte schwerlich als ebensolcher Meister der Sprachen gelten. Rosinen aus seiner possenhaften Behandlung des Englischen als Zeugnisse seiner Tätigkeit an der Spitze des manchesterschen Hallé-Orchesters im ersten Jahrzehnt des 20. Jahrhunderts gehen heute noch von Mund zu Mund.

In einer Probe wandte er sich an die Cellisten mit der vortragstechnischen Verhaltungsmaßregel, die gleichzeitig seine profunde Kenntnis des Instruments offenbaren sollte, die aber auch eine unbeabsichtigte Nebenwirkung erzeugte: „Don't play on the seaside!" (Spielen Sie nicht am Meeresstrand; seaside = C-Sait'). Als während einer anderen Probe die Reinemachefrau im Saale mit ihrem Besen herumraschelte und dadurch die Probe störte, rief ihr Richter die etwas verwirrende Mahnung zu: „Wife, don't care!" (Weib, sei unbesorgt; care = kehr').

Neben den unfreiwilligen Humoristen hat das Dirigentenpult auch seine eingefleischten Spaßmacher. Ihr unbestrittener Großmeister war zu seiner Zeit Sir Thomas Beecham. Er war Possenreißer im Hauptamt und Dirigent nur nebenbei. Er machte quasi einen Beruf aus der Spaßmacherei und neigte darin deutlich zur skatologischen Richtung.

Von dem Elefanten, dem in der Einzugszene in Aida auf offener Bühne etwas Menschliches passierte, sagte er: „Welch schlechte Manieren, aber was für ein Kritiker." Er verstand es auch, einer Situation das Schlüpfrige abzugewinnen, wovon seine Bemerkung zu einem Kollegen zeugt, der die Aufnahme weiblicher Bewerber in sein bis dahin ausschließlich männliches Orchester kurz vorher eingeführt hatte. Beecham fragte ihn, wie sich das neue System in der Praxis bewährt hätte, ob nicht Komplikationen infolge der Vermischung der Geschlechter im Orchester aufgetreten wären. Auf die Versicherung des Befragten hin, daß die neue Ordnung sich gut bewährt und zu keinerlei Klage Anlaß gegeben habe, war der enttäuschte Kommentar Beechams: wie schade!

Eine explosionsgefährliche Situation entsteht in einem Orchester, wenn als Gast ein stotternder Kapellmeister auftritt. Niemand wird bestreiten, daß das Stottern, so sehr man auch bestrebt ist, es als ein mitleiderregendes Gebrechen zu betrachten, doch oft die Quelle komischer Situationen sein kann. Die Begebenheit, bei der Hermann Wetzler, der früher in Deutschland auch als Komponist stark beachtete Dirigent, zur Belustigung Anlaß gab, geht noch etwas über den normalen Grad der vom Stottern hervorgerufenen Heiterkeit hinaus.

Wetzler hatte eine ziemlich humorvolle Einstellung zu seinem eigenen Stottern. Das bewies er mit einer Ankündigung, die er als Echo auf die Ankündigung eines anderen Dirigenten an die Mitglieder des Kölner Orchesters richtete. Es begab sich, daß Wetzler und Klemperer einige Jahre gleichzeitig in Köln tätig waren und sich im Dirigieren regelmäßig ablösten. Eines Tages, als Klemperer, dessen Taufe gerade für den darauffolgenden Tag vorgesehen war, an die Reihe kam, trat er mit der Eröffnung vors Orchester: „Meine Herren, von morgen an bin ich kein Jude mehr." Wer die Wahrheit dieser Geschichte anzweifelt, soll, falls Ohrenzeugen nicht mehr auffindbar sein sollten, jene konsultieren, die über den Festigkeitsgrad der Schrauben in Klemperers Schädel Bescheid wissen. Und überhaupt: se non è Verdi ben Trovatore, wie die schelmischen Musiker es einander zur Charakterisierung dieser zwei Dirigierrivalen erzählten.

Wie dem auch sei, am Tag nach dieser bedeutsamen Erklärung erschien Wetzler zur Probe mit dem Orchester. Er wußte natürlich um Klemperers Ankündigung und wollte nicht hinter seinem Kollegen und Konkurrenten zurückstehen, so hob er wie folgt an: „Me-eine He-he-herren, von mmmorgen an stotter ich nicht mehr." Dieses Geschichtchen soll nur die Selbstironie Wetzlers illustrieren, für die er sich allerdings mit dem Genuß eines Seitenhiebes gegen den lieben Kollegen schadlos hielt. Der Bericht über die vorhin angedeutete lustige Begebenheit, deren Hauptdarsteller Wetzler war, kommt aber erst.

Wetzler hatte seinen Sitz in seinen späteren Jahren in der Schweiz. So kam er dazu, das Zürcher Radioorchester zu dirigieren. Nun aber traf es sich so, daß dieses Orchester einen stotternden zweiten Oboisten hatte. Der Verlauf der Ereignisse brachte es mit sich, daß Wetzler zwecks besonderer Anweisungen sich persönlich an diesen Oboisten wenden mußte. Das tat er in seinem normalerweise freundlichen, doch leider eben auch stotternden Ton. Jetzt aber begannen die Wolken eines drohenden Gewitters am Horizont aufzuziehen. Der also angesprochene, oder in diesem Fall eher angestotterte Musiker hatte klärende Fragen zu stellen, die er in seiner für ihn normalen Sprechweise arglos, aber ebenfalls stotternd hervorbrachte. Wetzler, der von dieser zufälligen Leidensgenossenschaft keine Ahnung hatte, dachte, daß der Oboist ihn verulken wollte. Das konnte er sich natürlich nicht bieten lassen und machte sich daran, so gut er konnte, den frechen Orchesterkuli auszuschimpfen. Dieser aber setzte sich im Bewußtsein seiner Unschuld zur Wehr. Er suchte sich zu rechtfertigen; da er es aber auch nur stotternd tun konnte, goß er damit Öl ins Feuer.

Wenn nun das Stottern eines Menschen allein schon etwas peinlich Komisches an sich hat, dann ist das Stottern im Dialog wahrhaftig eine harte Probe für die Wohlanständigkeit gesitteter Zuhörer. Aber das Tragikomische der Szene, die zwei streitende Stotterer bieten, schlägt dem Faß den Boden aus.

Während nun das Wettstottern unserer zwei Streithähne im Gange war, geriet das Orchester außer Rand und Band, und es dauerte eine ganze Weile, bis das Mißverständnis aufgeklärt werden konnte. Und die Wirkung der Aufklärung auf den Dirigenten!? – Tableau!

Ein anderes Gebrechen milderer Art, das in der Sprache, beziehungsweise in der Stimme der Kapellmeister von Zeit zu Zeit auftaucht, ist die Heiserkeit. Sonderbarerweise sind die singenden Kapellmeister immer die heisersten. Ein singender Kapellmeister ist aber nicht etwa einer, der singen kann, sondern einer, der beim Erklären der Musik sich des Singens nicht enthalten kann. Jene wiederum, die auf Schritt und Tritt in Singen ausbrechen, sind die Italiener. Demnach sind die italienischen Kapellmeister der Erfahrung nach die heisersten. Das kommt nicht notwendigerweise vom Schreien; sie kommen meistens schon mit rauher Kehle zur Probe, und wenn nicht, dann gehen sie gewiß mit einer solchen davon. Es wäre zwar ungerecht, in dieser Hinsicht alle Italiener über denselben Kamm zu scheren, wer aber keine Ausnahme davon bildete, war Toscanini.

Wir sind nun beim „felis leo" der Dirigenten angekommen. Wer den lateinischen Ausdruck nicht verstehen und auch kein Wörterbuch zur Hand haben sollte, kann die Bedeutung der Bezeichnung im nächstbesten Zoo durch die Überschrift am Löwenkäfig herausfinden. Es war Toscanini, der, ungehalten über die schlechte Maske und Positur der Löwen in einer von ihm dirigierten Zauberflöte-Aufführung, fragte: „Ist der Löwe überhaupt noch der König der Tiere? Diesen Kreaturen nach würde man annehmen, er sei nur noch Präsident." Toscanini konnte sich aber damit trösten, daß er der unbestrittene König der Dirigiertierwelt war mit all den dazugehörigen Attributen einschließlich des Brüllens.

Da aber die Behandlung der dynamischen Seite kapellmeisterlicher Verlautbarungen nicht der eigentliche Gegenstand dieses Kapitels ist, so wollen wir uns bei dieser Gelegenheit auf die Spracheigentümlichkeiten Toscaninis in seinem Verkehr mit Orchestern beschränken und sein löwenhaftes Brüllen für das nächste Kapitel aufsparen.

Die sprachliche Manifestierung des Dirigenten Toscanini war einzigartig. Sein sprachliches Gebaren trug natürlich die untrügliche Herkunftsmarke seiner Landsleute, und zwar nicht nur in der Aussprache, sondern vor allem in der kindlich unpsychologischen Unbekümmertheit fremden Sprachempfindlichkeiten gegenüber. Das galt aber nur, wenn Toscanini vor dem Orchester stand. In seinen Gesprächen, in gleich welcher Sprache innerhalb seiner Kenntnisse, konnte der Privatmann Toscanini eine gewisse Stabilität bewahren. Wenn er aber der Orchestermeute ins Auge blicken mußte, dann ging es mit seiner Sprachverfassung drunter und drüber.

Bei der Eröffnung der Orchesterproben gab er das Werk, mit dem er beginnen wollte, in einem unzeremoniellen, geschäftlichen und eher gedämpften Ton an. Das war aber auch so ziemlich das letzte noch in Ruhe gesprochene Wort. Von da an verlief die Probe in einem zum Bersten gespannten Erregungszustand. Sobald dieser Situationsrahmen festgelegt war, sank die Redeweise Toscaninis vorerst auf das Niveau des stammelnden Urmenschen des ältesten Paleolithikums herab. Die lautlichen Mittel seiner Ausdrucksübertragung waren Brummen, Knurren, Stöhnen, Röcheln, Knirschen und Kreischen.

Ein besonderer Zug dieses Stimmungsbildes war das Zusammenwürfeln der Sprachen.

Außer seinem ererbten Italienisch hatte Toscanini brauchbare Kenntnisse in Französisch, Deutsch und Englisch. Je nach der Nationalität des Orchesters, das er gerade dirigierte, bequemte er sich zu dessen Sprache als Grundsprache der Verständigung. Oft hatte er aber Wortausbrüche, die er nicht direkt an das Orchester oder auch nur an Einzelpersonen richtete, obwohl offenbar diese der Anlaß dazu waren. Auf der höchsten Stufe der Erregung schien ihm die direkte Beschimpfung des Orchesters wie eine Verkleinerung des Unheils, das für ihn die irritierenden oder gehäuften musikalischen Verstöße bedeuteten. In solchen Augenblicken warf er die Hände hoch, als ob er einen Expreßzug aufhalten wollte, oder er führte mit der flachgestreckten Hand einen klatschenden Streifhieb gegen seinen Oberschenkel und drehte sich durch den Schwung halb oder ganz um seine Achse; dazu schnitt er ein hippokratisches Gesicht und rief die Götter zu Zeugen seines Schmerzes an. Das war aber nur der bildliche Rahmen zu seinem oralen Schleusenbruch. Gleichzeitig krachte eine Salve profaner Ausdrükke. Und das bringt uns wieder zu unserem Thema zurück.

Toscaninis Schimpfausbrüche waren nicht anders als in italienisch denkbar, gleichgültig ob die Szene sich in Mailand, Bayreuth, Tel Aviv, Paris, Buenos Aires oder New York abspielte. Sein Lieblingsfluch war: per la Madonna Santissima! (bei der Heiligen Mutter Gottes!). Mit einem Ohr hingehört, klingt das gar nicht so arg. Aber c'est le ton qui fait la musique. In Toscaninis Version klang die Beschwörung, wie wenn Gewitter, Sturm und Donnergetöse die Wände zersprengen wollten. Wenn er von heftiger Gemütsbewegung angewandelt wurde, sprach oder vielmehr lästerte er immer auf Italienisch. In seinen wilderen Wutanfällen, in denen er den Gemütskontakt mit dem Orchester nicht ganz verlor, adressierte er seine Schmähungen direkt an die Musiker. Zuzeiten war ihr moralisches Brandzeichen das Wort „vergogna". Vorzugsweise gebrauchte er es seinem langjährigen New Yorker Radioorchester gegenüber. Bei einer Gelegenheit, nachdem er seinen englischsprechenden Musikern wiederholt „vergogna" an den Kopf geworfen hatte, fiel ihm ein, daß dieses Fremdwort vielleicht nicht von allen verstanden wurde. Und daran hängt eine kleine Geschichte.

Im allgemeinen kümmerte sich Toscanini nicht darum, ob seine italienischen Schimpfiaden von den anderssprachen Musikern verstanden wurden. Die Worte waren nicht wichtig, und sein Benehmen war sowieso die unmißverständliche Übersetzung. Aber bei der genannten Gelegenheit hatte er die Laune, die englische Übersetzung mitzuliefern. „Vergogna bedeutet shame on you"(Ihr sollt euch schämen), erklärte er. Der Vorfall wäre an sich nicht besonders erwähnenswert, wenn Toscanini nicht kurz danach in Mailand dirigiert und die italienischen Musiker in erstaunlicher Abweichung von seiner Gewohnheit auf englisch mit „shame on you" ausgescholten hätte. Sobald ihm aber die Rüge entfahren war, zuckte es ihm durch den Schädel, daß er ja in Italien war, und er fügte eilends hinzu: „Wißt Ihr, was 'shame on you' bedeutet? Es bedeutet 'vergogna'."

Diese Begebenheit zeigt Toscanini als Humoristen und ist deswegen trügerisch. Er hatte nicht viel von einem Humoristen, jedenfalls nicht vor dem Orchester. Sein Humor, wo er durchbrach, war mehr Verschmitzheit und Derbheit. Als er in einer Probe mit der stimmlich und figürlich hochdramatischen jugoslawischen Sopranistin Zinka Milanov seine Not hatte (und mit welcher Sängerin oder mit wem überhaupt hatte er keine?), aber zufällig zum Witzereißen aufgelegt war, wies er mit dem Taktstock auf ihre zwei prächtig entwickelten Hemisphären, die bei Sängerinnen auch unter der Bezeichnung „Ferruccio Busoni" und „Titta Ruffo" (verrutscho Busoni, die da ruff, oh!) bekannt sind, und riskierte die mit halbzusammengepreßten Lippen gesprochene Bemerkung: „Wenn die Masse da drinnen Gehirn wäre, wären Sie ein Genie."

Immer, wenn er sich vom Brummeln zum artikulierten Sprechen durchgerungen hatte, stammte die Buntheit der Sprache Toscaninis mehr vom Herumhüpfen zwischen den Sprachen, als vom eigentlichen Humor. Wenn er ein international gemischtes Orchester dirigierte, fühlte er sich zur sprachlichen Freizügigkeit nur noch mehr ermutigt. Diese linguistische Anpassung an die ethnische Zusammensetzung des Orchesters bedeutete aber nicht, daß er in der Prägung seiner Ausdrücke sonst viel Rücksicht auf die Bedürfnisse seiner Musiker genommen hätte. Bei seinem aus verschiedenen Sprachen zusammengelesenen Befehlsjargon war ihm das Wichtigste, daß er damit sein eigenes Ausdrucksbedürfnis befriedigte. An zweiter Stelle mochte er hoffen, daß es auch bei den Musikern seine Wirkung tun würde.

Die bunte Sprachenmischung Toscaninis entstand durch ein impulsives Herausgreifen von Ausdrücken aus der jeweils passenden Sprache. Sein Ringen um den sprachlichen Ausdruck seiner vortragstechnischen Ziele sollen durch je ein englisches, französisches, deutsches und italienisches Beispiel beleuchtet werden. Die vier Wörter sind: short, sec, schleppen und cantare. Sie stellen keine unverrückbare Regel dar, bieten aber einen ziemlich aufschlußreichen Ausschnitt aus Toscaninis Praxis gewisser Wortpräferenzen für bestimmte Nutzeffekte.

Wenn er eine Note kurz gespielt haben wollte, sagte er: short, und zwar nicht nur in England und in Amerika. Daß er bei einem Orchester von deutsch- oder französischsprechenden Musikern nicht „kurz" oder „court" und auch kaum sein eigenes italienisches „corto" sagte, zeigt, daß ihm nicht nur die Bedeutung, sondern auch die Klangwirkung des Wortes wichtig war. Zu diesem Zweck braucht das englische „short" mit seinem zischenden Anfangslaut tatsächlich nicht einmal ganz bis zum Ende ausgesprochen zu werden, um die Musiker zur Folgsamkeit aufzurütteln.

Was wiederum das französische „sec" anbelangt, gibt es keine andere Sprache, in welcher „trocken" trockener ausgedrückt werden kann. Das nächsttrockenste italienische „secco" und das übernächste englische „dry" können da nicht mitkommen. Deswegen eignet sich „sec" besonders für schreckende Schreieffekte und gefühlskalte Akkorde, denen nach Toscaninis Lieblingsart der Kopf mit einem Beil abgehackt werden sollte.

Für das nächste Wort sind die Deutschen am Zug. Während seiner ganzen Karriere konnte sich Toscanini nicht genug tun, dem deutschen Volk seine Dankbarkeit dafür auszudrücken, daß es die Welt mit dem Wort „schleppen" beschenkt hat. Er war in dieses Wort geradezu verliebt, und zwar trotz des Umstandes, daß er in der Musik nichts mehr haßte als das Schleppen, das heißt die Tempoerschlaffung im Fluß der Musik. Aber er liebte dieses Wort gerade deswegen, weil es ihm die Möglichkeit gab, seinen Haß gegen das Schleppen in der Musik in unvergleichlicher Weise auszudrücken.

Nichts übertrifft in dieser Hinsicht das preußisch knorrige und zugleich explosiv zischende „Nicht schleppen!", das außerdem noch eine andere Eigenschaft hat, um derentwillen ihm Toscanini in Liebe zugetan war. Es packt das Übel an seiner psychologischen Wurzel, indem es nicht sagt, was die Musiker tun – sondern was sie vermeiden sollen. Es war überhaupt eine Lieblingsbeschäftigung Toscaninis, das Negative im Musizieren anzuprangern. Wenn er sich in Verwünschungen gegen die musikalischen Untugenden in der Welt von Grönland bis Tasmanien ergehen konnte, war es ihm wohl wie in einem warmen Bad. Wenn er aber seine Musiker zur singenden Tongebung anstacheln wollte, rief er indigniert – und immer auf Italienisch: „Non cantano mai!" (Nie singen sie). Das war Klage, Verdammung und Ansporn zugleich. Es war übrigens eine seiner vielen psychologischen Verirrungen, daß er das Singen, das heißt das seelenvoll ausströmende Spiel der Instrumentalisten, immer auf dem gefühlsbetonten Befehlsweg erreichen wollte.

Eine vortragstechnische Instruktion besonderer Art erteilte Toscanini seinen Musikern in der Form einer pantomimischen Vorführung mit seinem Taschentuch. Dieses weitbekannte Spiel mit dem Taschentuch war sein Steckenpferd und wirkte im Wiederholungsfalle oder bei denen, die davon schon gehört hatten, wie billiges Komödiantentum. Er nahm zu diesem Ausdrucksmittel Zuflucht, wenn in der Musik eine Stelle vorkam, deren Charakter am besten mit „lusingando", also der einschmeichelnden Manier, bezeichnet wird. Wenn die Musiker sich nur widerwillig zur gewünschten spielerischen Leichtfüßigkeit herbeiließen, zückte Toscanini sein Schnupftuch, warf es in die Luft wie ein schweizerischer Fahnenschwinger und ergötzte sich am Flattern der herabschwebenden Seide und an seiner eigenen Geschicklichkeit, sie wiederaufzufangen. Diese Tändelei sollte den Musikern das Gefühl des Anmutigen beibringen. Er pflegte das Kunststück mehrere Male zu wiederholen, so daß er aussah wie eine verkümmerte Salome beim Tanz der sieben Schleier. Aus solch erfinderischer Anschauungssprache, an Stelle der unwirksam gewordenen gesprochenen, sollten die Musiker die Erleuchtung für die geeignete Wiedergabe ihrer Musik gewinnen.

Nach Betrachtung der mannigfachen Aspekte der Verständigung eines Dirigenten mit den Musikern soll abschließend die politisch bedingte Ausschaltung der Sprache bei ihrem Verkehr erwähnt werden – und die daraus resultierende Taubstummenverständigung, die nach dem Zweiten Weltkrieg in manchen Ländern ein peinliches Gebot wurde. Diese Situation ist durch den Groll entstanden, den die deutsche Besetzung bei den überrannten Völkern gegen alles Deutsche, und damit auch gegen die deutsche Sprache, hinterließ.

In vielen Nachbarländern Deutschlands und Österreichs, die zum Teil die deutsche Schutzherrschaft ertragen mußten, war die deutsche Sprache von jeher als Mittel der Verständigung mit Fremden und natürlich mit den Deutschen benutzt worden. Das galt selbstverständlich auch von den Orchestern und den bei ihnen gastierenden Dirigenten, deren Hauptkontingent aus Deutschland oder aus deutsch beeinflußten Ländern stammte. Wenn es sich nun von selbst versteht, daß in der ersten Zeit nach Abzug der Besatzungsflut keine regimetreuen deutschen Dirigenten in den vergewaltigten Ländern auftreten konnten, so gab es genug emigrierte und andere akzeptable deutschsprechende Dirigenten, von denen keine Kenntnisse in Tschechisch, Holländisch oder Dänisch erwartet werden konnten. So entstand die groteske Situation, daß Dirigenten vor Orchestern standen, zu denen sie in der einzigen von beiden Parteien gemeinsam beherrschten Sprache nicht reden durften. Man mußte mittels mühseliger Verhandlungen nach nicht verpönten Sprachen suchen, in denen sich der Dirigent mit wenigstens einem Musiker verständigen konnte, der seinerseits als Dolmetscher für seine Kollegen fungieren sollte. Wenn sich aber keine solche Behelfssprache finden ließ, dann blieb dem Dirigenten nichts anderes übrig, als sich mit der Anstrengung und Verzweiflung eines Ertrinkenden händeringend, füßestrampelnd und rotangelaufen aus der Erstickung der unterdrückten Verständigung herauszuarbeiten. Es muß für einen in diesen Schlamassel hineingeratenen armen Schlucker von Dirigent ein Zustand ohnmächtiger Wut gewesen sein, das rettende Ufer in Armlänge zu wissen und doch die Hand nicht danach ausstrecken zu dürfen.

Das Fortschreiten der Zeit hat naturgemäß die Schranken gegen die deutsche Sprache allmählich hinfällig gemacht; es könnte aber in dieser zerrissenen Welt solche gegen andere Sprachen wieder errichten. Deswegen wäre es für die Dirigenten keine schlechte Übung, das Dirigieren als Zeichenkunst mehr in den Proben als in den Konzerten zu entwickeln. Der Dirigent, der es fertigbringt, sich in den Proben ohne eine gesprochene Sprache auszudrük-ken, hat die größte Aussicht, sich mit jedem Orchester und bei allen politischen Wechselfällen verständigen zu können. Ansonsten kann er auf das Kommen des Chiliasmus vertrauen, in welchem nur noch eine Einheitsweltsprache gesprochen wird. Er kann auf diese messianische Zeit hoffen, insofern die Dirigenten sich inzwischen nicht selbst schon aus dem Dirigieren heraugeschwatzt haben, und vorausgesetzt, daß der Dirigierberuf überhaupt alt genug wird, um jenes gelobte Zeitalter zu erleben.

# Tortur – Oh! ... mit Arturo

## Der Dirigent als Unmensch

Die Dirigenten, die nicht Arturo heißen, brauchen nicht eifersüchtig zu werden. Sie sind nicht vergessen worden. Zwar konnte es keiner von ihnen hinsichtlich der Tortur mit dem seligen Artur aufnehmen, doch werden die Gustavos, Sergios, Ernestos, und wie sie alle heißen, den ihnen gebührenden Ehrenplatz unter den Taktknüppelmeistern erhalten.

Um zum Beispiel Kussewitzky ein neiderfülltes Umdrehen in seinem Grabe zu ersparen, mag dieses Kapitel pietätvoll den Untertitel tragen: Scherecei mit Sergei oder zu Ehren eines anderen Kollegen: Gusti mit der Mordlusti. Nicht von der Hand zu weisen wäre: Leidest leichtest fernest von Ernest oder: Tutto brutto ist das Motto von Otto und als Zugabe: Fritze mit der Giftspritze.

Die um die Jahrhundert- und Jahrtausendwende lebenden Musikfreunde werden dem sarkastisch hervorlugenden Pferdefuß dieser Wortprägungen möglicherweise ratlos gegenüberstehen. Vorbei sind die Zeiten, wo Dirigenten der Foltermethode, Mordlust und Vergiftung verdächtigt werden konnten. Aber die Erscheinungen jener Zeit spuken noch als Geister immer wieder herum. In Europa mag es weniger der Fall sein, aber in Amerika spricht man von Toscanini, wie wenn er noch mitten unter den Zeitgenossen lebte. Seine überlebenden Musiker und die jüngere Generation seiner eigenen Familie sind unerschöpflich im Erzählen der um Toscanini gewobenen Geschichten und Reminiszenzen.

Die Unterhaltung des nachgeborenen Publikums mit der Toscanini-Legende wird in Fernsehprogrammen besorgt. Viele Filmaufnahmen von Toscanini an der Arbeit mit seinem New Yorker Radioorchester und auch von seinen außermusikalischen Tagesbeschäftigungen sind immer wieder am Bildschirm der Fernsehapparate zu sehen. Aber alle diese Ausschnitte aus Toscaninis Leben und Wirken sind zensuriert. Man kann seinen Heldentaten zwei Stunden lang zuschauen, ohne den wahren Toscanini ein einziges Mal zu sehen.

Die anderen Dirigenten derselben Epoche (auch die Stardirigenten) werden nicht mit demselben Kult geehrt. Aber auch wenn sie in der Dirigierkunst vielleicht hinter Toscanini rangiert haben, haben manche mit ihm in den Eigenschaften gewetteifert, die vor der Nachwelt verschwiegen werden. Diese werden nun mit ihrem vollständigen Bild präsentiert. Die Nachwelt soll kennenlernen, wie das Dirigieren in der nicht allzu fernen Vergangenheit von manchen seiner prominenten (und nicht so prominenten) Vertreter praktiziert wurde. Es kann auch als Warnung für die Zukunft dienen, denn die Vergangenheit pflegt manchmal in späteren Zeiten wiederzuerscheinen.

Um den Schock der Beschreibung einigermaßen abzuschwächen, sei gleich erklärt, daß einige Dirigenten, mit Toscanini an der Spitze, ihren Beruf im Widerspruch zur holden Musik nach dem Vorbild der tyrannischen Diktatoren ausgeübt haben. Bei der Nominierung von Kandidaten für den kapellmeisterlichen Pöbelpreis (wohlverstanden in die vergangene Toscanini-Epoche zurückversetzt gedacht) sind den Möglichkeiten keine Grenzen gesetzt. So muß denn auch der Lichtpunkt eines jeden Dirigierbuchs die Beschreibung der kapellmeisterlichen Kinderstubendefekte sein. Wer über Dirigenten schreibt – vorausgesetzt, daß er die Materie kennt und unbestechlich ist – kann nicht umhin, die normalerweise ausschlaggebenden sachgemäßen Attribute des Metiers wie Talent, Dirigiertechnik, Interpretation und Karriere nur als sekundären, einrahmenden Begleitstoff seines Themas zu betrachten. Es drängt sich nämlich der nackte Mensch Dirigent unabweislich in den Vordergrund.

Wenn Machtbildungen offenbar das unabänderliche Lebensgesetz der Welt sind, so möchte man doch glauben, daß die Formen, in denen das gesellschaftliche Kräftespiel stattfindet, zivilisierter geworden sind. Man tut jedoch gut daran, den Dirigierberuf nicht zur Zivilisation zu rechnen. Eine Oper wie zum Beispiel Wolf-Ferraris „Die vier Grobiane" konnte zu Toscaninis Zeiten unter ihrem gewohnten Titel gar nicht aufgeführt werden, weil immer und unweigerlich ein fünfter Grobian mit dabei war. Als Wolf-Ferrari seine Oper komponierte, hatte er nicht bedacht, daß die vorgeschriebene Zahl von vier Grobianen nur bei einer Aufführung ohne Dirigenten eingehalten werden konnte. Da es aber freilich nicht seine Absicht war, das Werk ohne Direktion aufführen zu lassen, so hat er sich mit der Zahl seiner Grobiane arg verrechnet. Denn mindestens ein Grobian tritt in jeder Opernvorstellung auf, selbst wenn in der Besetzung gar keiner vorgesehen ist. Vielleicht ist dieser lästige Teilnehmer dafür verantwortlich, daß die vier vortrefflichen, von jedem Musikfreund vermißten Operngrobiane so selten über die Bretter gehen. Sie wollen nicht in schlechte Gesellschaft geraten.

Es gibt eine Reihe anderer Opern aus namhaften Quellen, die eine ähnliche Verbindung befürchtet und die der Bühne wahrscheinlich deswegen fernbleibt. Sicherlich wünschen „Die Räuber" von Verdi (um ein Beispiel zu nennen) keine solch dubiose Vermehrung ihrer Zahl, wie sie sie von der anderen Seite der Rampe her erfahren müßten. Auch vom „Vampyr" von Marschner und von Gersters „Hexe von Passau" kann schwerlich angenommen werden, daß sie sich einer Schmutzkonkurrenz jenseits der Rampe aussetzen wollen. „Der Widerspenstigen Zähmung" von Hermann Götz oder auch von Vittorio Giannini könnte andererseits bei den Dirigenten auf Widerstand stoßen, da die Opernkompanien, von diesem Beispiel ermutigt, versucht sein könnten, bei ihren Dirigenten ein ähnlich rauhes Bezähmungsverfahren auszuprobieren.

Ein solches Experiment wäre tatsächlich sehr passend, da zwischen der vertonten beziehungsweise Shakespeareschen „Widerspenstigen" und dem Titelhelden dieses Kapitels eine verblüffende Ähnlichkeit besteht. Bekanntlich zerschlug die widerspenstige Katharina in einem Wutanfall ihre Laute am Kopf ihres Musiklehrers. Der gleichartige andere Fall ist zwar nicht mehr aus erster Hand feststellbar, nichtsdestoweniger ist es wahr, daß Arturo in seinen Zornausbrüchen Partituren, Taktstöcke und Taschenuhren zertrampelte. Das ist natürlich eine extreme Manifestation kapellmeisterlicher Überschwenglichkeit. Sollte sich aber ein Tier in einem Zoo ähnlich überbordend benehmen, dann wird es niedergeschossen. Für ein destruktives Benehmen wurde jedoch ein Dirigent mit Lobeshymnen, Engagementsangeboten und Mammuthonoraren überschüttet. Dabei haben selbst die bösartigsten Tiere den ihnen verwandten Dirigenten etwas an Kultur voraus. Sie schimpfen nicht und gebrauchen keine undruckbaren Redensarten.

Es ist ein bemerkenswertes Zusammentreffen der Erscheinungen, daß das skandalöseste Benehmen, das sich ein Dirigent je in der Geschichte der Musik herausnehmen durfte, mit dem größten Erfolg aller Zeiten zusammenfiel. Nicht als ob die kapellmeisterliche Unkultur erst seit vorgestern bestanden hätte. Wohl aber blieb es dem mittleren 20. Jahrhundert vorbehalten, sie zur höchsten Blüte zu bringen.

Schon vor 350 Jahren pflegte Lully (wie Mattheson berichtet) seinen unwilligen Geigern das Instrument „auf dem Puckel entzwey zu schlagen". Allerdings wurde er hinterher immer reuig, und nicht nur bezahlte er die kaputtgeschlagene Fiedel, sondern er lud auch den Gekränkten zu sich zum Speisen ein. Eine ähnliche Mischung von Aggressivität und Gönnerhaftigkeit zeichnete auch den Charakter Glucks aus. Laut Bericht einer zeitgenössischen Zeitschrift erzählte Kaiser Joseph bei einer Audienz amüsiert, wie Gluck (der zeitweise in kaiserlichen Diensten stand) einmal bei einer Aufführung zu einem Kontrabassisten, der falsch spielte und auf seinen Wink und Ruf nicht achtete, unter dem Pult hingekrochen sei und ihn so derb in die Wade gekniffen habe, daß dieser aufschrie und sein gewaltiges Instrument mit großem Geräusch hinwarf.

Ungefähr um dieselbe Zeit erschien in Cramers Musikmagazin eine aufschlußreiche Beschreibung Glucks aus der Feder eines eingeweihten Zeitgenossen. „So ein gutmüthiger lieber Mann Herr Gluck sonst in jedem Verhältnisse des Lebens ist, so macht er doch, sobald er auf dem Platze als Director steht, den wahren Tyrannen, der durch den geringsten Schein von Fehler in Harnisch und bis zu den stärksten Äußerungen der Hitze gebracht wird. Er brusquirt die Musiker alsdenn so sehr, daß sie ihm oft schon den Gehorsam aufgekündigt und nur durch Zureden des Kaisers: ‚Ihr wißt ja, er ist nun einmal so! Er meint's nicht so arg' bewogen werden konnten, unter ihm zu spielen. Auch müssen sie immer doppelt bezahlt werden, und diejenigen, die z. B. für ihr Spielen Einen Ducaten sonst erhielten, bekommen, wenn Gluck dirigirt, zweye."

Wie man sieht, wußten diese alten Tyrannen wenigstens, mit welchem Balsam die Schmerzen der von ihnen geschlagenen Wunden zu lindern waren. Und fern vom Podium waren sie ja gutmütige Menschen, deren Charakter nur vom Dirigieren verdorben wurde. Dieses hat auf den, der es ausübt, eine ähnliche Wirkung wie die Politik auf die Politiker. Es heißt auch, daß die Politik den Charakter verdirbt. Für die Dirigenten des 20. Jahrhunderts kann aber dieser Spruch kaum gelten, da sie schon von Haus aus nichts zum Verderben mitzubringen hatten.

Es ist eine sonderbare Erscheinung, daß der Verfeinerungsprozeß bei den Orchestermusikern mit einem Verrohungsprozeß bei den Dirigenten Hand in Hand ging. In früheren Zeiten stand der Dirigent bildungsmäßig über dem Orchestermusiker. Da in jener Zeit nicht die soziale Lockung oder musikpolitische Schiebungen, sondern die innere Berufung und Bildung die Besetzung leitender musikalischer Positionen bestimmten, so waren die Dirigenten zumindest fachmännisch wirklich die Elite ihres Berufs. Demgegenüber waren damals die von ihnen geleiteten Musiker kaum mehr als musikalische Vagabunden. Während aber mit der steigenden Schulung aller Volksschichten auch die Orchestermusiker zu einer höheren musikalischen und allgemeinen Bildungsstufe aufstiegen, läßt sich bei den Dirigenten eine rückläufige Entwicklung feststellen.

Noch nicht lange her hat ein hemmungslosen Schreien fast jede andere Führungsmethode überflüssig gemacht. Mit dem fortschreitenden Emanzipationsprozeß in der Orchesterwelt hat ein vermindert krasser, aber nicht minder verletzender Sarkasmus das Schreien teilweise abgelöst. Manche Kapellmeister sind zu primitiv, um nicht in die ältere Form der Behandlungsweise zurückzuverfallen. Es ist denn auch interessant, die Stimmstärkenunterschiede bei Vorgesetzten zu studieren.

Es gibt natürlich Schreien und Schreien. Die meisten italienischen Dirigenten gehören in die ungiftige Kategorie von Schreiern – mit unlöblichen Ausnahmen! Ganz anders geartet ist das Schreien der deutschen Dirigenten (wo immer es noch nicht ausgestorben ist). Um diese

Art richtig zu würdigen, muß man sich den Ausspruch Churchills (ursprünglich von Oscar Wilde) in Erinnerung rufen. „Ein Gentleman ist einer, der nie unbeabsichtigt grob wird." Die deutschen Dirigenten sind aber Gentlemen. So weiß man, daß hinter ihrem Schreien eine Absicht steckt. Die Italiener schreien, um sich zu erleichtern. Die Deutschen schreien, um ihre Hörer zu belasten. Hitler, der auf seine Weise auch ein Dirigent war, hat Österreich und die Tschechei mit Schreien gewonnen. Die damaligen Regierungschefs dieser zwei Länder sind durch die Schreckwirkung des Brüllens zur Übergabe mürbe gemacht worden.

Da das diktatorische Schreien mit dem Verschwinden der Diktatoren nun sozusagen ganz still geworden ist, so ist das kapellmeisterliche Schreien auch nur noch an wenigen Orten zu hören. An dessen Stelle trat die Unhöflichkeit. Nicht, daß sie nicht auch früher schon bekannt gewesen wäre, aber die aus der Mode gekommene Grobheit läßt ihr nun mehr Raum, sich auszubreiten.

Wenn der Dirigent am Vormittag zur Probe erscheint und vor dem versammelten Orchester das Podium betritt, bequemt er sich gerade noch dazu, „Guten Morgen" zu sagen, aber gleich danach schreitet er dazu, dem Orchester den Morgen zu verderben. Die Probe ist nämlich für ihn mehr eine Übung in Autorität als eine Übung in Musik. Natürlich kommen bei den Musikern Unaufmerksamkeiten und manchmal sogar Widersetzlichkeiten vor. Wenn aber solche Störungen nicht von einem falschen Verfahren des Dirigenten verursacht werden, dann wendet sich das Orchester selbst gegen den Störenfried. Mit solchen Elementen hat der Dirigent eigentlich ein leichtes Spiel. Es kommt fast nie vor, daß ein offensichtlicher Saboteur und Unruhestifter von der Mehrheit des Orchesters unterstützt würde. Die Unstimmigkeiten entwickeln sich nicht aus solchen Begebenheiten, sondern aus einer falschen Einstellung des Dirigenten. Er tritt an ein Orchester mit der Wahnidee heran, daß eine Probe eine Aufführung ist, und deswegen erwartet er, daß alles gleich mit dem Schliff einer Aufführung vonstatten geht.

Der Dirigent ignoriert die natürlichste Tatsache geflissentlich und hartnäckig, daß nämlich eine Probe dazu da ist, um dem Spielapparat zur Verbesserung von Fehlern Gelegenheit zu geben. Kann man sich einen Chirurgen vorstellen, der beim Öffnen der Eingeweide eines Patienten, wegen der damit verbundenen heiklen Aufgaben, die Geduld verlieren oder gar in eine Schimpferei ausbrechen würde? Bei der Komplexität des Orchesterapparates, der Zahl der Ausführenden und der Verzwicktheit der gespielten Werke ist es eher ein Lob der Musiker, daß Aufführungen mit einer beschränkten Zahl von Proben überhaupt auf die Beine gestellt werden können. Was für Schwierigkeiten in einer Orchesterprobe auch immer auftreten, es ist ein integrierender Teil der Aufgaben eines Dirigenten, sie mit sachlichen Mitteln ohne Gefühlswallungen zu beheben.

Es gibt natürlich Situationen, in denen ein Mensch (nicht nur ein Dirigent) emotional wird und aufbraust. Die Dirigenten – wenn sie in diesen Zustand geraten – sind aber nicht ganz aufrichtig, wenn sie als dessen Ursache die Widerwärtigkeiten ihrer Berufsausübung vorschützen, denn die Orchestermusiker erleben dieselben Widerwärtigkeiten, ohne daß ihnen der Dirigent ein ähnliches Benehmen ihm gegenüber zugestehen würde. Die emotionale Spannung, in welcher ein Dirigent arbeitet, ist ein einseitiger Vorwand zur Bestätigung seiner Privilegien. Die Orchesterprobe ist „seine" Probe, nicht auch die der Musiker und der Musik selbst. Deswegen ist er schon bei der kleinsten Störung entrüstet. Die Fehler tun nicht der Musik, sondern seiner Karriere Abbruch. Er interpretiert die Vorgänge nicht vom

Gemeinschaftsinteresse, sondern vom Eigeninteresse aus. Wenn er nur um die Musik besorgt wäre, brauchte er nicht fortwährend aus dem Häuschen zu geraten, denn in seinen musikalischen Zielen könnte er sich als Verbündeter der Musiker fühlen. Der Dirigent erfaßt aber nicht die Vorteile, die auch für ihn aus diesem Bündnis fließen. Ihm ist Gegensätzlichkeit mit Autorität lieber als Resultate bei fachmännischer Gleichheit.

Die menschliche (und damit auch die musikalische) Gemeinschaft hat trotz aller Reformen noch nicht die Stufe bürgerlicher Gleichberechtigung erreicht, die zum Beispiel in der Hundegesellschaft schon von jeher – und ohne Revolution – existiert. Kein Hund, der einen anderen Hund anbellt, kann diesem das Wiederbellen verbieten. Und selbst ein Dackel hat keine Angst, einem Bernhardiner re-bell-isch entgegenzutreten. Das Recht auf ein einseitiges Bellen existiert nur in der menschlichen Zivilisation.

Vielleicht ist die fortgeschrittenere Hundezivilisation auch die Erklärung dafür, daß die Musik auf Tiere und andere „unmenschliche" Wesen mehr als auf Menschen eine besänftigende Wirkung ausübt.

Die Furien, die Orpheus vor den Toren der Unterwelt bedrängten, wurden unter der Wirkung seiner Musik zahm! Sogar die im Meeresschungel lebenden Delphine haben bewiesen, daß sie das Herz auf dem rechten Fleck haben, als sie Arion, den weniger bekannten Landsmann und Kollegen von Orpheus, auf ihrem Rücken tragend vor dem Ertrinken retteten, weil er sie vor seinem Seeunglück mit Lyrenspiel unterhalten hatte. Auch Wolfgang Amadeus hat seinen Glauben an die Bezähmbarkeit der Tiere durch Musik bezeugt. Seine Löwen zeigen, wann immer sie erscheinen, mehr Sittsamkeit unter dem Zauber seiner Flöte als die zweibeinigen Löwen, die nicht nur eine Mähne, sondern auch einen Taktstock schütteln.

Im Gegensatz zu den vorhergehenden Beispielen scheint die Musik auf Menschen oft eine verderbliche Wirkung auszuüben. Sie weckt in ihnen die rohesten Instinkte, die bei Lebewesen überhaupt zu beobachten sind. Oder könnte es sein – was noch furchtbarer wäre –, daß den Menschen gerade seine niedrigsten Instinkte zur Musik führen? Ist es überholt, daran zu erinnern, daß die unsanften Diktatoren der Zwischenkriegszeit alle begeisterte Musikfreunde waren? Mussolini hat selbst Geige gespielt, und Hitler war ein ebenso glühender Verehrer der tristen Isolde wie der lustigen Witwe. Im Vergleich dazu hat die Musikalität der degeneriert undiktatorischen Churchill und Roosevelt gerade noch zum Absingen eines halben Chorals gereicht. Offenbar war ihre mangelhafte Musikalität die auszeichnende Eigenschaft, die sie zur Errettung der Welt aus den Krallen der Musikfreunde befähigte.

An Mister Truman, dem besten Präsidenten unter den Pianisten, haben sich die Folgen der Musikverbundenheit wiederum unheilvoll bemerkbar gemacht. Aber noch mehr an jenem Washingtoner Musikkritiker, den er zur Strafe für den über seine singende Tochter geschriebenen Verriß mit einer Ohrfeige bedrohte.

An niemanden hat sich je die verheerende Wirkung der Musik mehr gezeigt als an den Dirigenten. Daß sie nicht bei jedem Aufbegehren auch gleich tätlich wurden, war vielleicht nur dem Umstand zu verdanken, daß die Orchestermusiker die zahlenmäßige Übermacht hatten. Aber im übrigen wurden sie nur als Schrauben in einem größeren Mechanismus betrachtet trotz Scheinwerferlicht, Applausbeteiligung und Verbandsvertretung. Für sie war von Widerrede keine Rede. Die Orchestermusiker sind vielleicht heute noch die einzigen unter den höher geschulten Menschen, die wissen, weshalb die Malerei und die Bildhauerei die bildenden Künste und die Literatur die schöne Kunst genannt werden. Die Erklärung ist einfach: ...

weil von der Musik niemand gebildeter und niemand schöner wird.

Wenn ein armseliger Musikant diese Tatsache feststellt, dann wird er als gemein und effekthascherisch verschrien. Was die Autoritätsanbeter folglich brauchen, ist die Verkündung derselben Ansicht aus einer universal verehrten Quelle. Diese finden wir nun in der Gestalt des großen russischen Schriftstellers Leo Tolstoi. Ihm können, wenn er die Dirigenten kritisiert, schwerlich Motive der Gemeinheit und der Sensationshascherei unterstellt werden. Allerdings, hundert Jahre später, als die Dirigenten sich der Zivilisation bereits mehr oder weniger angeschlossen hatten, hätte Tolstoi wahrscheinlich keinen Anlaß gehabt, ganz denselben Bericht wie den folgenden zu schreiben. Dieser Bericht über eine Opernprobe, der er beiwohnte, stammt aus dem Jahr 1898 und ist in seiner Abhandlung „Was ist Kunst?" enthalten. Die Schilderung soll mit einigen Kürzungen wiedergegeben werden, um das Abrollen der Szenenfolge nicht durch unerhebliche Einzelheiten aufzuhalten.

### Eine Oper wird geprobt

Ich denke zurück an einen Besuch bei der Probe einer der neuerdings in Schwang gekommenen Durchschnittsopern, die in allen Opernhäusern Europas und Amerikas aufgeführt werden.

Ich kam im Theater an, als die Probe des ersten Aktes bereits im Gange war. Der Zuschauerraum war bei dieser Gelegenheit nur durch den Bühneneingang zu erreichen. Durch dunkle Öffnungen und Gänge in den Gewölben des gewaltigen Gebäudes wurde ich hindurchgeleitet an Riesenmaschinen vorbei, die teils zum Kulissenschieben, teils zur Beleuchtung von Bühne und Zuschauerraum dienen. Um mich herum, im Halbdunkel, konnte ich sehen, wie Arbeiter sich zu schaffen machten.

Am anderen Ende angelangt, bin ich quer über die Bühne – und mittels einer aus Brettern gezimmerten Brücke über das Orchester hinweg, in welchem vielleicht hundert Instrumentalisten aller Art vom Tympanisten zum Flötisten und Harfenisten saßen – zu einem unbeleuchteten Proszenium geleitet worden.

In einem erhöhten Lehnstuhl zwischen zwei Reflektoren und mit einem Pult vor ihm saß der Musikdirektor. Mit dem erhobenen Dirigierstab leitete er das Orchester, die Sänger und überhaupt die ganzen Bühnenvorgänge.

Der Vortrag hatte bereits begonnen, und die Bühne zeigte einen Hochzeitszug von indischen Landleuten, die im Begriffe waren, eine Braut zu ihrem neuen Heim zu führen. Außer den kostümierten Männern und Frauen flitzten zwei gewöhnlich gekleidete Männer auf der Bühne herum: der eine der Regisseur, der andere der in weichen Schuhen mit ungewöhnlicher Flinkheit von einer Stelle zur anderen hüpfende Ballettmeister. Die drei Fachleiter gaben Anweisungen bezüglich des Singens, des Orchesterspiels und des Umzugs.

Nun beginnt der Umzug. Aber kaum ist man soweit, als in der Begleitung beim Horn etwas passiert. Der Dirigent fährt zusammen, als ob ein furchtbares Unglück geschehen wäre, und klopft mit dem Taktstock ans Pult. Alles kommt zu einem Halt; der Dirigent wendet sich zum Orchester und greift den Hornisten mit den gröbsten Ausdrücken an – in einem Ton, wie er sonst nur von schimpfenden Droschkenkutschern zu hören ist –, und all das wegen einer falschen Note. Daraufhin setzt sich der ganze Apparat wieder in Bewegung. Nun scheint vorerst alles glatt zu gehen, aber schon hört man das Klopfen des Taktstocks wieder, und der Dirigent beginnt, die Herren und Damen des Chores in einem schmerzerfüllten und zornigen Ton auszuschelten. Es stellt sich heraus, daß die Herren und Damen vergessen haben, während des Singens die Hände von Zeit zu Zeit zum Zeichen der Belebung hochzuheben. „Seid Ihr alle tot, oder sonst was? Was für Ochsen Ihr seid! Seid Ihr Leichen, daß Ihr euch nicht rühren könnt?" So beginnen sie wieder, und auf diese Weise geht es weiter für eine, zwei, drei Stunden. Die volle Probe dauert aber geschlagene sechs Stunden. Sie ist ausgefüllt mit Taktstockgepolter, endlosen Wiederholungen, Umstellungen, Bekrittelungen der Sänger, des Orchesters, der Tänzer und des ganzen Bühnenbetriebs — alles mit wüsten Schimpfereien gespickt. Ich hörte Worte wie Esel,

Narren, Idioten, Schweine an die Musiker und Sänger gerichtet, mindestens vierzigmal im Verlauf einer Stunde. Und der Unglückliche, an den die Beleidigung gerichtet ist, sei er Flötist, Hornist oder Sänger, ist körperlich und seelisch schon so demoralisiert, daß er nichts antwortet, sondern einfach tut, was von ihm verlangt wird. Der Dirigent weiß, daß diese Leute so demoralisiert sind, daß sie zu nichts anderem mehr im Leben taugen als zum Trompetenblasen und Hellebardentragen. Folglich läßt er seiner Rüpelhaftigkeit freien Lauf, ganz besonders, da er dieselben Praktiken in Paris und in Wien beobachtet hat und weiß, daß das die Art und Weise ist, wie die besten Dirigenten sich benehmen, und daß es die musikalische Tradition der großen Künstler ist, vom wichtigen Geschäft ihrer Kunst so eingenommen zu sein, daß sie nicht die Muße haben, sich über die Gefühle anderer Künstler Sorgen zu machen.

Es wäre schwierig, einen abstoßenderen Anblick zu finden. Ich habe gelegentlich mitansehen müssen, wie ein Arbeiter einen anderen ausschimpfte, weil dieser beim Güterverladen die auf seine Schultern gestapelte Last nicht tragen konnte, oder wie beim Aufschobern von Heu der Dorfälteste einen Bauern ausschalt, weil er die Bündel nicht richtig schichtete. Und ich mußte zusehen, wie diese Getretenen sich ohne Widerrede fügten. Und doch: so betrüblich es auch war, solche Szenen mitzuerleben, wurde deren Anstößigkeit durch das Bewußtsein gemildert, daß die fragliche Verrichtung notwendig und wichtig war und daß der Fehler, um dessentwillen der Rangältere den Untergeordneten abkanzelte, das Verpfuschen eines notwendigen Geschäfts verursachen konnte.

Was aber war der Zweck der Übung hier? Wofür und für wen? Höchstwahrscheinlich war der Kapellmeister ermüdet, aber wer zwang ihn dazu, sich zu ermüden? Und zu welchem Zweck hat er sich soviel Mühe gegeben? Die Oper, die er probte, war eine der banalsten Opern – jedenfalls für Leute, die ihr gewohnheitsmäßiges Publikum sind – aber auch eine der monumentalsten Albernheiten, die überhaupt erdacht werden können.

Nun stellt sich unwillkürlich die Frage: zu wessen Spaß wird das alles eigentlich aufgetischt? Wem kann solches Zeug gefallen? Wenn in der Oper hie und da gute Melodien vorkommen, die man gerne hört, so könnten sie doch auch ohne diese dummen Kostüme vorgetragen werden, und ohne all die Umzüge, Rezitative und Armschlenkereien.

Es ist absolut unerfindlich, wem diese Abgeschmacktheiten zur Unterhaltung dienen sollen. Der gebildete Mensch fühlt sich von ihnen herzhaft angewidert, und der durchschnittliche Arbeitsmann weiß überhaupt nichts mit ihnen anzufangen. Und all diese hämische Narretei wird nicht in angemessener Schlichtheit noch in zwangloser Vergnüglichkeit vorbereitet, sondern in einer Atmosphäre von Bösartigkeit und Roheit.

Das sind die Worte des heiligen Tolstoi. Sie könnten ebensogut über Toscanini am Pult geschrieben worden sein. Seit Ende des 19. Jahrhunderts und sich auf den größeren Teil des zwanzigsten erstreckend hat sich in den Beziehungen der Dirigenten zu den Orchestermusikern wenig geändert. Im Jahre 1898 war es ein obskurer russischer Kapellmeister, und im Jahr 1962 war es der Weltstar Klemperer, der dem Orchester Beleidigungen ins Gesicht schleuderte; von Toscaninis Garstigkeiten und Unflätigkeiten gar nicht zu sprechen. Die in Tolstois Bericht offen zutage tretende Abneigung gegen die Gattung der Oper entwertet die Gültigkeit seines Urteils über das kapellmeisterliche Benehmen keineswegs. Bemerkenswert ist seine Äußerung über die Schlichtheit und Vergnüglichkeit, die den Ton der Probenarbeit allein bestimmen sollten.

Die Bestrebung der Dirigenten, eine vorzügliche, ja vollkommene Aufführung zu sichern, ist löblich und jede Unterstützung wert. Aber die Mittel der Durchführung sollten doch mit dem übrigen Weltgeschehen im Einklang sein. Was zählt schon der musikalische Schmerz eines Dirigenten gegen die Weltmisere, die uns umgibt? Die Welt endet nicht bei der Achtelnote. Die Überbewertung des Bruchteils einer Sekunde, um den das Einsetzen eines Instruments im Ensemblespiel irrtümlich zu früh oder zu spät erfolgt (obwohl es das Musikgefühl verletzt), ist doch wahnsinnig lächerlich, wenn man bedenkt, daß es nicht einen einzigen solchen Bruchteil einer Sekunde gibt, in welchem nicht irgendwo in der Welt auf einem Schlachtfeld oder in einem Bürgerkrieg ein junger Mensch getötet wird, und daß Frauen sich ihrerseits gegen ihre Natur und Berufung unter dem Zwang der Verhältnisse in Fabriken abrackern sowie Millionen von Kindern in allen Teilen der Erde unbekleidet und hungrig herumlaufen und daß die ganze Menschheit in dauernder Angst vor einer atomaren Weltvernichtung lebt. Diese Überlegung soll zwar nicht zum Falschspielen im Orchester ermutigen, wohl aber zu einem vernünftigen Abstimmen der Methoden musikalischer Qualitätsbestrebung auf das übrige Weltgeschehen.

Im übrigen richtet sich diese kritische Betrachtung nicht gegen gelegentliche, provozierte Temperamentsausbrüche eines Dirigenten. Ein rauhes Benehmen wäre verständlich, wenn die Orchestermusiker alle widerspenstig, bockbeinig, bösartig und unverbesserlich wären. Es mag auch mal einen oder zwei solche geben, aber es ist unsinnig, deswegen die Laune eines ganzen Orchesters zu verderben. Die Dirigenten vergegenwärtigen es sich nicht, daß die Unliebsamkeiten, die ein Orchestermusiker mit ihnen erlebt, wieder wach werden, wenn die von ihnen früher dirigierte Musik in einem anderen Rahmen ertönt. Widerwärtige Gedankenassoziationen von Dirigent und Musik bleiben an derselben Musik auch in veränderten Situationen haften. Nach einer jahrelangen Orchesterlaufbahn ist sozusagen die ganze Orchesterliteratur mit Erinnerungen an einen grämlichen Dirigenten belastet. Es nützt wenig, daß es auch gefällig eindrucksstarke Dirigenten gibt. Man hat nicht das Glück, ein Leben lang immer unter der Leitung eines solchen Dirigenten zu spielen. Und außerdem: Was ein Musiker nicht am eigenen Leib erfahren hat, daß weiß er durch Überlieferung. Einige längst entschwundene Dirigentengestalten wirken auf die Musiker bei ihrer Erwähnung wie Schreckgespenster. Ein solches Gespenst ist jenes von Gustav Mahler.

Mahlers Ruf ist fest verankert im Weitergeben der Zeugenaussage jener Unglücklichen, die unter ihm gespielt haben. Seine Gewohnheit, auf menschlichen Empfindlichkeiten herumzutrampeln, hat die Mitglieder des Wiener Opernorchesters massenweise zum vorzeitigen Ausscheiden aus ihren Stellungen getrieben. Unter seiner Knute sind die Musiker alle nervöse Ruinen geworden. Carl Flesch sagt in seiner „Kunst des Violinspiels": „Gustav Mahler, innerlich ein Edelmensch, war infolge seiner Verachtung des streichenden oder blasenden Individuums dem Orchester der Wiener Hofoper, das er zehn Jahre dirigierte, so verhaßt, daß seine Freunde häufig tätliche Angriffe befürchteten."

Wenn nun die Wahrheitstreue dieses Berichts über den Haß gegen Mahler nicht bezweifelt werden kann, so ist es zugleich unmöglich, an Fleschs persönlichem Kommentar wortlos vorüberzugehen. Es ist offenbar, daß Flesch Mahler für einen innerlich edlen Menschen hielt. Er sagt aber auch, daß Mahler den Orchestermusiker verachtet hat. Diese zwei Feststellungen schließen sich gegenseitig aus, insofern sie sich auf einen Menschen mit normaler Gehirnfunktion beziehen. Nur ein schizophrener Psychopath kann in einem Gehirnlappen edle Neigungen und in einem anderen Verachtung für seine engsten Mitarbeiter hegen. Man kann sich vorstellen, welch ein Vergnügen es sein muß, mit einem solchen Menschen zusammenzuarbeiten.

Hier sind wir nun an der Quelle des Übels, wie es von einem Beobachter vom Range eines Flesch aufgedeckt wird. Aus dieser Dokumentation ist einmal mehr ersichtlich, was auch

durch frühere schon belegt ist, daß nämlich die vielfach zerrütteten orchestralen Arbeitsverhältnisse mit Dirigenten der mahlerschen Art ihren Ursprung nicht bei den Orchestermusikern nehmen. Vielmehr sind es die Dirigenten, die mit ihren hanebüchenen geistigen Verren-
kungen in den Orchesterproben die Atmosphäre eines Irrenhauses verbreiten. Diese Zustände
setzten sich gegen Ende des Jahrhunderts kaum mehr fort. Aber auch unter den verbesserten
Umständen blieb die Arroganz eine treue Begleiterin des Dirigierens. Die Orchestermusiker
mögen der Ausgangspunkt zu einem schlechten Musizieren sein, der Dirigent aber der zu
einer Atmosphärenvergiftung. Von einer Werkstubenatmosphäre, von Kollegialität, einer Art
Primus inter pares, kann keine Rede sein.

Die Spaltung des Charakters eines Dirigenten in einen Edelmenschen und einen Men-
schenverächter à la Mahler kam bei verschiedenen Dirigenten in verschiedener Weise zum
Ausdruck. Es gab unter ihnen solche Halbedelmenschen, die in ihrer anderen Hälfte eine
nicht geistig, sondern ausgesprochen physisch sadistische Ader hatten. Im selben Abschnitt,
in welchem Flesch den vergeistigten Sadismus Mahlers schildert, sagt er von Charles
Lamoureux: „Auch Lamoureux in Paris, der u. a. die Unmenschlichkeit besaß, den Streichern
bloß runde Stühle ohne Lehne für vierstündige Proben und zweieinhalbstündige Aufführungen zur Verfügung zu stellen, zählte trotz der Pionierarbeit, die er im Pariser Musikleben
unstetig geleistet hat, mit Recht zu den verhaßtesten Dirigenten."

In dieser „freundlichen" Würdigung sind außer dem Hauptspaß der runden Stühlchen noch
drei liebliche Rosinen zu beachten. Erstens die Wendung „u. a. die Unmenschlichkeit besaß".
Also besaß Lamoureux möglicherweise noch andere Unmenschlichkeiten! Wie rücksichtsvoll von Flesch, sie nicht zu erwähnen! Flesch sagt dann, daß Lamoureux *mit Recht* zu den
verhaßtesten Dirigenten zählte. Er billigt also Lamoureux' Verruf. Und schließlich bedeutet
die superlative Formulierung „zählte zu den verhaßtesten Dirigenten", daß es verhaßte, ver-
haßtere und verhaßteste Dirigenten gab. Lamoureux zählte aber beileibe nicht zu den offenbar zahlreichen verhaßten und verhaßteren Dirigenten, sondern zur engeren Elitegruppe der
verhaßtesten.

Man sollte es nicht für möglich halten, wie man aus einem einzigen Satz wie dem von
Flesch sozusagen die ganze frühere Geschichte des Dirigierens kennenlernen kann. Sie erinnert an die indischen Weisen, die – in Ausführung des Befehls ihres Monarchen, den Inhalt
der vieltausendbändigen Menschheitsgeschichte in der Hofbibliothek auf einen praktisch les-
baren Umfang zu reduzieren – nach fünfzigjähriger Arbeit dem schon auf seinem Sterbebett
liegenden Herrscher schließlich die Quintessenz meldeten: „Sie wurden geboren, sie litten,
sie starben." Von den Orchestermusikern läßt sich auch nicht viel mehr melden – höchstens,
daß sie, in Abweichung von der übrigen Menschheit, ihr trauriges Schicksal durch „runde
Stühle" ohne Lehne erleiden müssen.

Wer nicht berufsmäßig sitzend zu musizieren gezwungen ist, kann die Bedeutung des musikalischen Sitzens, besonders auf einem Stuhl ohne Lehne, nicht ermessen. Auf den ersten
Blick scheint es eine arbeitsscheue Zimperlichkeit, Stühle mit Rückenlehne zu verlangen.
Wenn man konzertierende Kammermusik beobachtet – nicht zu sprechen von den stehend
spielenden Geigersolisten –, da wird man feststellen können, daß sie trotz ihrer Lehnstühle
meistens mit freischwingendem Oberkörper spielen. Die Sitzweise der Kammermusiker wäre
aber ein ungerechter Maßstab für die Beurteilung der Orchestermusiker. Erstens lehnen sich
die Kammermusiker bei ihren Proben auch oft an, und zweitens lehnen sich die Orchestermu-

siker beim öffentlichen Vortrag oft auch nicht an. Das Überwiegen des Anlehnens bei den Orchestermusikern hat jedenfalls einen soziologischen Aspekt, den eben nur ein Autoritätssadist ignorieren kann.

Es ist ein psychologisches Naturgesetz, daß die innere Bereitschaft eines Menschen, Härten auf sich zu nehmen, in direktem Verhältnis zu den moralischen und wirtschaftlichen Früchten seiner Tätigkeit steht. Der Kammermusiker, der dem Orchestermusiker gegenüber in dieser Hinsicht im Vorteil ist, erschlafft bei seiner Arbeit (von seinem Ehrgeiz angespornt) nicht so schnell wie der Gruppenmusiker, folglich braucht er das Anlehnen weniger. Außerdem ist zu bedenken, daß man selbst beim gewöhnlichen Sitzen – ohne ein Musikinstrument zu spielen – bald zusammensackt, wenn man sich nirgends anlehnen kann. Der spielende Streicher muß indessen nicht nur einen stramm aufrecht gehaltenen Oberkörper zur Schau tragen, sondern ihm außerdem ein rechtwinkelig heraustehendes Gerät anhängen. Sein ausgestreckter linker Arm, zusammen mit diesem Spielgerät, verlegt die perpendikulare Projektion seines Schwerpunktes außerhalb seiner Sitzfläche, was wiederum prekäre Gleichgewichtsverhältnisse schafft.

Flesch wußte denn auch, weshalb er Lamoureux, der seine Musiker auf Stühlen ohne die zwischendurch erfrischende Rückenlehne zu spielen beorderte und freilich gleichzeitig eine schickliche Haltung forderte, als einen der verhaßtesten Dirigenten bezeichnete. Musiker, die in entscheidenden Momenten des Orchesterspiels immer auf dem Posten sind, sollten die Freiheit haben, sich bei den beschaulicheren Stellen des Spielablaufs und während der Pausen zu entspannen. Leider gibt es Dirigenten, die die Musiker auf ihre Sitzweise hin fortwährend mit Argusaugen beobachten. Zu dieser Sorte gehörte auch der große Furtwängler, der sich einmal in diesem Zusammenhang einen über seine übliche Mutwilligkeit hinausgehenden Auftritt leistete.

Einleitend zu diesem Vorfall sei festgestellt, daß Furtwängler im großen und ganzen ein leidlicher Vorgesetzter war. Im Gegensatz zu Toscanini, mit dem er in eine Art Rivalität gebracht wurde, hatte er in rein musikalischen Dingen selten die Geduld verloren. Er ließ den Musikern vielfach das Gefühl der fachlichen Mitarbeiterschaft. Außerdem hatte er einen zwar etwas eckigen, aber wirksamen Charme und verstand es im allgemeinen mehr als manch andere Stardirigenten, die Gefolgschaft seiner Musiker auch ohne gewaltsame Nachhilfe zu gewinnen. Die Minnestimmung in seinen Proben verflüchtigte sich aber bald, wenn er mangelhafte Beteiligung von seiten eines Musikers witterte.

Jedes Anzeichen nachlassenden Interesses – und mochte es nur auf einem Mißverständnis beruhen – verwandelte Furtwängler in ein verwundetes Wild. In solchen Momenten war es nicht möglich, zu ihm zu sprechen. Er machte den Eindruck, als ob es zu seinen physiologischen Bedürfnissen gehörte, sich periodisch in Klageergüssen zu ergehen, und er wurde jeweils erst wieder zugänglich, nachdem sein Anfall abgeklungen war. In jeder Probe entdeckte er jemanden (und wie nach ärztlicher Vorschrift jedesmal nur einen), der nicht die von ihm geforderte Beteiligung bekundete. Wenn der Augenblick der Gemütsspülung kam und er den Anlaß dazu gefunden zu haben glaubte, brach er nicht sofort in Zorn aus. Zuerst machte er eine schmerzgetränkte, vorwurfsvolle Bemerkung, wonach dieser oder jener Musiker oder Sänger (bei einer Chorprobe) nicht die Hingabe gezeigt hätte, die er, Furtwängler, dem Spielkörper selber als Vorbild hinstellte.

Als man dann die Affäre schon hinter sich zu haben glaubte, begann der Sturmwind erst richtig zu blasen. Bei Toscanini, wie bei den meisten Dirigenten, verliefen die Zornentladungen eher in einem Decrescendo mit einem Blitzschlag als Eröffnung. Furtwängler redete sich aber immer mehr in Rage mit dem Blitzschlag als Schlußeffekt. Sein unpassender Lieblingsausdruck, mit dem er das Verhalten des Schuldigen brandmarkte, war „Rücksichtslosigkeit". Nach seiner kapellmeisterlichen Logik war es eine Rücksichtslosigkeit, ihn arbeiten zu lassen und dabei nicht mitzuarbeiten.

Wenn nun ein inmitten einer Orchesterprobe dösig gewordener Musiker als rücksichtslos bezeichnet wird, müßte man dann nicht folgerichtig den aufmerksamen Musiker rücksichtsvoll nennen? Es ist möglich, daß kein Dirigent diesen Ausdruck in der Furtwänglerschen Anwendung gebrauchen würde. Aber Furtwänglers Sprachgebrauch ist wohl mit eine Bestätigung des allenthalben herrschenden Dirigiersystems, wonach beim Orchestermusiker gar keine Spontaneität, sondern nur Pflicht vorausgesetzt wird. Ein echter Musiker folgt einem echten Dirigenten doch nicht aus Rücksicht, sondern aus Musizierfreudigkeit. Und wenn es wahr ist, daß in den Orchestern manch „unechte" Musiker sitzen, so ist es ebenso wahr, daß ihnen vielfach „unechte" Dirigenten vorstehen, denen man nicht musizierfreudig folgen kann. Man sieht jedenfalls, daß selbst ein Furtwängler, der allgemein als ein echter Dirigent angesehen wurde, in seinen Gemütsreaktionen wie in seiner intellektuellen Ausdrucksform dem unoriginellen Rezept muffigen Kapellmeistertums folgte.

Diese eines großen Künstlers unwürdige schulmeisterliche Mentalität kam denn auch bei ihm durch die schnüfflerische Aufsichtskrämerei zum Ausdruck, mit der er die Sitzweise der Musiker beobachtete. In Fällen, in denen ein täppisches Benehmen vielleicht Anlaß dazu geben konnte, hätte er den Selbstvergessenen mit einem Zuck der Augenbrauen oder einer ätzend humorvollen Bemerkung zur Ordnung rufen können, anstatt die Probe mit einer minutenlangen Tirade aufzuhalten. Aber er hatte keinen Humor, und seine unelastische Denkweise war im Grunde auch schuld daran, daß sein Fimmel, die Sitzweise der Musiker zu überwachen, ihn einmal beinahe in einen häßlichen Schlamassel verwickelte.

In einer Probe anläßlich einer Gastdirektion beim Zürcher Tonhalle-Orchester blieb sein Blick plötzlich an einem Primgeiger haften, der seinen Rücken, nach Furtwänglers Meinung, zu sehr gegen die Lehne des Stuhls preßte und dadurch den Eindruck machte, als ob er in einer nach hinten neigenden Sitzweise musizieren wollte. Daß dieser Geiger vielleicht seinen ermüdeten Oberkörper aufstützen und erfrischen wollte, hätte Furtwängler wahrscheinlich auch dann nicht interessiert, wenn er überhaupt an die Möglichkeit einer solchen Notwendigkeit gedacht hätte. Jedenfalls sah er in der Positur des Geigers eine Herausforderung seiner Autorität, und da an diesem Tag noch kein Disziplinarvergehen vorgekommen war, so griff er zu, die Gelegenheit zu seiner üblichen Schreitherapie mitsamt dem Donnercrescendo und Blitzeffekt auszunützen.

Das Durcheinander, das aus dieser Hitlernachahmung resultierte, führte zur Unterbrechung der Probe und zu einer improvisierten Konferenz des Orchestervorstandes mit Furtwängler. Man suchte ihm begreiflich zu machen (was vielleicht nicht die einfallsreichste Argumentation war), daß dieser Geiger – einer der besten seiner Gruppe – aus dem französischen Kulturbereich stammte und somit in einer vom Stil seiner alemannischen Kollegen abstechenden Manier geigte. Auf diesen Rettungsversuch hin, hinter welchem er sowieso nur eine Spitzfindigkeit vermutete, ließ Furtwängler das Wort fallen, das – wenn es damals den Weg in die breite Öffentlichkeit gefunden hätte – seiner weiteren Tätigkeit in der Schweiz höchstwahrscheinlich ein für allemal ein Ende gesetzt hätte. Gemäß einem unmittelbar nach der Konferenz nur einigen wenigen Kollegen anvertrauten Bericht eines Vorstandsmitglieds sagte Furtwängler: „Wenn er auch französischer Herkunft ist, hier in Deutschland soll er nach den hiesigen Regeln musizieren." „Hier in Deutschland!" Horribile dictu: Wer die Schweiz und die Schweizer kennt, weiß, was es für sie bedeutet, mit Deutschland verwechselt zu werden. Besonders von jemandem, der gewissermaßen als ein Abgesandter Deutschlands galt und dessen Stimme (zum mindesten innerhalb seines Berufs) einen autoritären Klang hatte. Es läßt sich jedenfalls nicht darüber streiten, daß man eher den Beitritt des Papstes zum Freimaurertum erleben könnte als die Bekehrung der Schweizer zum Reichsdeutschtum. Aber in der schwülen Atmosphäre der machtstrotzenden deutschen Ausbreitung in den frühen vierziger Jahren verspürte keiner der Eingeweihten Lust, das heiße Eisen der Furtwänglerschen Zumutung anzufassen und weiterzutragen, besonders da die Feinde Furtwänglers in der Schweiz ihm daraus gerne einen Strick gedreht hätten. Die Anfeindung seitens dieser Kreise war nicht ganz verdient. Wenngleich Furtwängler als ein Exponent des Dritten Reiches angesehen wurde, war er in diese Rolle eigentlich nur hineingeglitten wie Pilatus ins Credo. Seine scharfen Kritiker übersahen, bei all ihren achtbaren Motiven, einen Umstand.

Es ist eine oft beobachtete Erscheinung, daß viele innere Gegner eines tyrannischen Systems mit diesem nicht brechen können, weil der dafür günstige psychologische Boden durch das Wirken auswärtiger Faktoren kompromittiert wird. Das Brechen mit dem Diktatursystem im Inneren des Landes ist unmöglich, und ein Emigrieren kommt für jemanden, der dazu physisch nicht gezwungen ist, vernünftigerweise nur unter zwei Voraussetzungen in Frage. Diese sind: eine restlose, militante Solidarität des Auslandes und das Willkommensein daselbst. Diese Voraussetzungen sind aber nie erfüllt. Die Redensarten der auswärtigen Gegner des sogenannten verhaßten Regimes tönen immer so, als ob sie den inneren Gegner des betreffenden Regimes das Ausrücken nahelegen wollten. Sie sagen aber nie, wo die Emigranten hingehen sollen. Bekanntlich sind diese nirgends willkommen. Die berufliche Konkurrenz und Eifersüchtelei stehen über der politischen Freundschaft. Deswegen emigriert fast immer nur derjenige, dem das Pflaster in direkt persönlicher Weise und nicht nur in allgemein politischer Hinsicht schon unerträglich heiß geworden ist oder dem durch besondere Berühmtheit die Weltöffentlichkeit eine Ausnahmestellung zusichert. Zu dieser Kategorie gehörten Toscanini, Busch, Kleiber und zu der anderen, im besonderen Fall Hitlerdeutschlands, natürlich unterschiedslos sämtliche jüdische Dirigenten. Es wäre indessen interessant gewesen zu beobachten, wie sich diese zum Zurückkehren gedrängelt hätten, hätte Hitler den Humor gehabt, sie aus der Emigration nach Deutschland zurückzurufen.

Wer in einem Diktaturstaat jeweils zurückbleibt, paßt sich unter dem Druck der Umstände an. Das wird ihm durch das Ausland selbst erleichtert. Er muß mitansehen, wie trotz des lauten antidiktatorischen Bellens das Ausland mit dem verhaßten Regime die diplomatischen, wirtschaftlichen, wissenschaftlichen, kulturellen, sportlichen und touristischen Beziehungen weiter munter aufrecht erhält. Der geheime innere Dissident fühlt sich von den sogenannten freiheitlichen Kräften im Ausland angeekelt, die in ihren sicheren Häfen zwar nicht imstande sind, ihre Regierungen und die kollaborierenden Organisationen zur Unterbindung dieses Verkehrs mit dem Diktaturstaat zu veranlassen, aber von den gestrandeten Freiheitsfreunden verlangen, daß sie in ihrer prekären Lage einen demonstrativen Schritt gegen die Diktatur unternehmen und sich dadurch ins Ungewisse begeben.

Während aber die Befolgung der von außen erteilten „guten" Ratschläge voller Mißlichkeiten wäre, wird der Zweifelnde im Inneren von seiner Regierung mit Ehrungen überhäuft. Er wird zu den höchsten Stellen erhoben. Er wird Kunstakademiker, Staatsrat und Musikfeldmarschall. Und der Preis, den er für all diese Herrlichkeiten zu zahlen hat, ist nur, daß er zu all dem nicht nein sagt. Unter diesen Umständen schwinden seine Zweifel natürlich immer mehr. So kann man verstehen, daß ein Furtwängler, der zwar unter anderem noch den verpönten Hindemith in Schutz genommen und die Ausreise des im besetzten Holland gestrandeten Carl Flesch nach der Schweiz erwirkt hatte, schließlich doch eine Stütze Hitlerdeutschlands wurde. (Das Verdienst für dieses freie Geleit, das Ansermet für sich beanspruchte, kann ihm nur teilweise zugesprochen werden. Für das weit schwierigere Erwirken der Ausreise aus dem deutsch-besetzten Holland hatte nur Furtwängler als nazistischer Würdenträger den nötigen Einfluß, den er nicht ohne gewisse Risiken spielen ließ.) Der ihm in der Schweiz entschlüpfte närrische Schnitzer „hier in Deutschland" war denn auch nichts anderes als das saure Aufstoßen eines Parteischlagworts aus dem politisch belasteten Magen eines gedankenlosen Papageien.

Die Inkrimination Furtwänglers, wenn man dazu post mortem Lust empfindet, sollte sich nicht gegen das Phantom einer politischen Zumutung, gegen irgendwelche von ihm sicherlich nicht gehegten Annexionswünsche richten, sondern ganz allgemein gegen die unintelligente Fühllosigkeit, die egozentrische Unbekümmertheit um fremde Empfindlichkeiten und gegen die absolute mentale Unzugänglichkeit, diese oft ihre eigene Niederlage in sich bergende Maginot-Linie kapellmeisterlicher Strategie. Furtwängler war freilich nur einer der vielen Strategen dieses kapellmeisterlichen Unverstandes.

Als Typ einer besonderen Menschenart repräsentiert der Dirigent, wenigstens für seine Musiker, wahrlich keinen homo sapiens, vielmehr einen homo idioticus. Auf dem Podium vergessen die Dirigenten ihre Kinderstube, Erziehung, Schulbildung, ihre Vertragspflichten, die primitivsten Anstandsregeln und überhaupt die ganze Welt um sich.

Und es ist kein Unterschied, ob der jeweils in Rede stehende Dirigent nach seinem politischen Bekenntnis ein Faschist oder ein Demokrat ist. In dieser Hinsicht ist es lehrreich, dem braunbekleckerten Germanen Furtwängler den gallisch-helvetischen Ansermet gegenüberzustellen.

Was könnte demokratischer, zivilisierter, sachlicher und toleranter sein als die Kombination französischen Intellekts und schweizerischen Freiheitsbewußtseins? Es soll Ansermet zugute gehalten werden, daß er als Privatmann und Organisator die Qualitäten seiner beiden Kulturwurzeln zur Geltung brachte. Er hat sich zum Beispiel in der Wahl seines Personals nie von engen nationalen Gesichtspunkten leiten lassen. Darin hat er zuweilen mehr getan, als es seinen Landsleuten lieb war. Musikerflüchtlinge aus Hitlerlanden haben in keinem schweizerischen Orchester eine so willige Aufnahme gefunden wie in seinem Orchestre Romand. Seine musikalischen Beziehungen reichten, ungeachtet der jeweiligen Konjunktur, über die Grenzen aller politischen Ideologien hinaus.

Und doch war dieser weltaufgeschlossene Europäer eifersüchtig wie eine verliebte Primadonna, wenn es seine kapellmeisterliche Karriere anging. Er ähnelte einer solchen auch darin, daß er in seiner Eifersucht unglaubliche Dummheiten zu begehen imstande war. Um die Primadonnen noch zu übertreffen, hat er sich auch jene Art von Dummheit erlaubt, die ihn vollauf zur Aufnahme in den Berserker- und Amokläuferklub qualifizierte. An Ansermet zeigten sich die zuweilen vergröbernden Folgen der Musik in ähnlicher Weise, wie wir es bei Präsident Truman bereits beobachten konnten, der den Kritiker seiner singenden Tochter mit Tätlichkeit bedrohte. Allerdings war bei Truman die Ursache dieser Heftigkeit teilweise die Vaterliebe; bei Ansermet war es ausschließlich die Eigenliebe. Die Ähnlichkeit dieser zwei Fälle ist allerdings, daß die Ohrfeigenempfänger beide Male Zeitungsrezensenten waren. Ansermets Selbstvergessenheit wog aber dadurch schon schwerer, daß es sich in seinem Fall um eine Kritikerin, also eine Frau handelte.

Gegen Ende von „Homo dirigens" ist dieser Zwischenfall flüchtig erwähnt worden als Beleg für den positiven Reklamewert, den selbst eine kulturlose Tat produzieren kann, wenn sie von einem berühmten Dirigenten begangen wird. Bei dieser Gelegenheit wird es von Interesse sein, einen anderen Aspekt des Falles herauszustreichen, nämlich die wacklige Grundlage, auf der die kapellmeisterliche Zivilisation ruht. Den Wortlaut der Kritik, die den Zwischenfall auslöste, werden wir bald kennenlernen; interessant ist aber, ihre Wirkung vorwegnehmend zu schildern.

Ansermet muß noch frisch im Erregungszustand gewesen sein, in den ihn das Durchlesen der Kritik versetzt hatte, denn er ging schnurstracks ins Büro, wo die Kritikerin gerade an ihrem Schreibtisch arbeitete, und stieß sie unter einer Flut von Invektiven vom Stuhl. Der leichte Zugang Ansermets zu der Arbeitsstätte der Kritikerin erklärt sich aus dem Umstand, daß sie neben ihrer journalistischen Tätigkeit Kanzleiangestellte der Radiostation war, in welcher Ansermet als Chefdirigent des Hausorchesters selber sein Hauptquartier hatte. Er mochte also in ihr ein ihm untergeordnetes Organ gesehen haben und zu seiner Tat durch den Umstand verleitet worden sein, daß er sie sozusagen in seinem eigenen „Hoheitsgebiet", dem Radiogebäude, vollbringen konnte.

Was aber war der Brennstoff, der diese Explosion verursachte? Was würde man sich nicht alles vorstellen, was an Böswilligkeiten und Ungerechtigkeiten in einer Kritik stehen muß, die eine solch heftige Reaktion nach sich ziehen kann? Man mag sich die Kritikerin als eine giftige, bissige Weibsperson vorstellen, die ihren üblen Ehrgeiz darein setzte, einen hochstehenden, geachteten Künstler öffentlich herunterzureißen. Wie könnte ein so hochstehender, allgemein geachteter Künstler, der zudem damals schon über 60 Jahre alt war, seine Fassung sonst dermaßen verlieren und sich wie ein betrunkener Saufbruder in einer Kneipe benehmen?

Hier folgt nun die Maus, die den Elefanten geboren hat. Sie erschien in der Genfer Tageszeitung „La Suisse" am 12. Oktober 1944 und sei hier, aus dem Französischen übersetzt und unter Weglassung irrelevanter Teile, wiedergegeben.

> Das Konzert wurde mit dem Vortrag der Siebten Symphonie von Beethoven beendigt. Man hätte vorgezogen, dieses Werk auf dem Programm von Carl Schuricht zu sehen, der das Orchester im November dirigieren wird, denn er hat gerade mit diesem Werk bei den Luzerner Sommerfestspielen 1943 einen triumphalen Erfolg erzielt. Ansermets gestrige Interpretation, die – wie uns hie und da schien – der Leichtfüßigkeit und des diesem Werk eigenen unwiderstehlichen, wirbelwindartigen Schwungs ermangelte, brachte doch den träumerischen Charme gewisser Stellen glücklich heraus.

Der Geist Calvins, der seinen doktrinären Gegner Michel Servet durch Verbrennung bei lebendigem Leibe zur Räson brachte, lebte also noch in Genf, wie es aus der heftigen Reaktion Ansermets auf diesen Nadelstich ersichtlich ist. Bei diesem inquisitorischen Geist eines Dirigenten ist es verständlich, daß die Anrufung eines anderen, für die Interpretierung von Beethoven angeblich besser qualifizierten Dirigenten, Ansermet rasend machte. Da aber der Scheiterhaufen als Strafe für eine ketzerische Zumutung an einen Potentaten leider nicht mehr angewendet werden konnte, so nahm man eben mit einem Fausthieb vorlieb. Aber auch das ist nur vornehmen Leuten, wie Dirigenten, gestattet. Plebejer würden dafür unfehlbar zu einer Geldstrafe verdonnert und ins Kittchen gesteckt. Freilich hat sich Ansermet als vornehmer Mann, von manchem journalistischem Stirnrunzeln abgesehen, absolut ohne nachteilige Folgen aus der Affäre gezogen.

Äußerlich sind nicht alle rachsüchtigen Dirigenten so explosiv wie Ansermet. Manche sind beängstigend beherrscht, gerade wenn man annehmen muß, daß sie innerlich kochen. Diese sind für die Musiker die gefährlichsten und gefürchtetsten. Im Einklang mit dem äußerlichen Benehmen dieser Dirigenten hat sich in Musikerkreisen wie auch im Publikum die Ansicht verbreitet, daß der rauhe kapellmeisterliche Kasernenton des Toscaninischen Zeitalters Orchestern gegenüber heutzutage nicht mehr möglich ist. Diese Ansicht mag durch manche Potemkinschen „Orchesterdörfer" bekräftigt scheinen. Das Übertünchen rauher Methoden in der Orchesterbehandlung ist aber nicht die ausschließliche Spezialität der modernen Zeit. Es hat früher schon Dirigenten gegeben, die das Unheil in aristokratischem Mezzopiano zu verkünden pflegten und nicht weniger als die pöbelhaften Schreier gefürchtet wurden. Ähnlich wie die römischen Kaiser, die bei den Gladiatorenkämpfen wortlos, nur mit dem nach unten gedrehten Daumen das Zeichen zum Töten des niedergerungenen Kämpfers gegeben haben, so hat auch zum Beispiel Stokowski gelegentlich mitten in der Orchesterprobe seinem Personalverwalter durch bloßes Gesichtsverziehen in der Richtung eines Proskribierten das Zeichen gegeben, diesen von der Personalliste zu streichen.

Stokowski hat es fertiggebracht, zwei Mitglieder seines einstmals berühmten Jugendorchesters mitten in einer kontinentalen Tournee auf die Straße zu setzen, weil sie beim Spielen unaufmerksam waren und vergaßen, in einem kritischen Augenblick auf ihn zu schauen. Das dermaßen statuierte abschreckende Beispiel war ihm das Opfer der finanziellen Vertragserfüllung für die Dauer des Engagements wert.

In einem anderen Fall hat Stokowski einen Musiker seines Schallplattenorchesters mitten in der Aufnahmesitzung fast lautlos fortgejagt und nie zurückempfangen, weil dieser in der spannungsvollen Pause (wohlverstanden, als nicht mehr zur Aufnahme gespielt wurde) unmittelbar nach einem Aufnahmeabschnitt, als man auf das Zurückspielen des Tonbandes wartete, sein Feuerzeug mit einem Knall aufklappen ließ.

Um die Situation nach Maß zu würdigen, muß man wissen, daß bei den amerikanischen Schallplattenaufnahmen immer eine ziemlich zwanglose Atmosphäre herrscht. Es ist gang und gäbe, zwischen den Aufnahmeperioden, wenn entweder der eben eingezeichnete Abschnitt zurückgespielt oder ein neues Tonband vorbereitet wird, zu rauchen. Der unglückliche Raucher mit dem Feuerzeug tat ja nur, was alle anderen Raucher eine Minute später auch taten. Er hatte nur nicht das Fingerspitzengefühl, auf Stokowskis Pausenzeichen zu warten. Er ist ihm darin um fünf Sekunden zuvorgekommen. Die Unterbrechung der nach jeder Aufnahme noch kurz anhaltenden Stille wirkte auf Stokowski wie das Vorbeiflitzen einer Maus auf eine Katze. Im Nu und mit einem donnerlosen, aber gleichwohl vernichtenden Wortblitz stürzte er sich auf den Musiker, und schon war dieser in den Korridor hinausbefördert, um für die Entheiligung der weihevollen Schallplattenandacht mit ewiger Verdammnis und Verbannung zu büßen. Hätte der unvorsichtige Zigarettenraucher mit seinem Feuerzeug einige Sekunden später losgeknattert, dann wäre das Geräusch im allgemeinen Gesums der vielen anderen Raucher untergegangen und auch Stokowskis Aufmerksamkeit von einer anderen Marotte in Anspruch genommen worden.

Die Frage, die nun jedem sozial gesinnten Bürger wohl auf der Zunge liegt, ist, wieso ein Orchestermitglied wegen so einer geringfügigen und praktisch nicht ins Gewicht fallenden Ordnungsstörung aus dem Engagement entfernt werden kann, ohne gleich einen geifernden Musikerverband auf den Plan zu rufen. Die Erklärung ist einfach. Schallplattenaufnahmen sind einzelne Gelegenheitsverpflichtungen. Die Dauer der Beschäftigung in dieser Industrie ist ein Jahr, ein Tag oder drei Stunden, ganz nach der Laune des Dirigenten oder der kommerziellen Anstellungsbehörde. Der Verband hat mit den Gesellschaften einen Kollektivvertrag und ist nicht weiter daran interessiert, wer wann und wie lange bei Schallplattenaufnahmen beschäftigt wird. Wenn in einem Orchester ein Stuhl frei wird, dann wird er von einem anderen Musiker eingenommen, der die Arbeit einfach unter derselben Arbeitsregelung wie sein Vorgänger fortführt. Dieses System berührt natürlich die mit festem Personal arbeitenden namhaften Markenorchester nicht, sondern nur die für allerlei Utilitäts- und Begleitungszwecke zusammengetrommelten Ad-hoc-Formationen. Da nun unter den dargestellten Umständen ein Orchestermusiker auch völlig unschuldig und ohne jede Begründung von einer Stunde zur anderen aus dem Schallplattengeschäft entfernt werden kann, so ist es gegenstandslos, auch noch nach der Schwere seiner eventuellen „Sünden" zu fragen. Man versteht also, wieso das Zigarettenanzünden im schlecht gewählten Augenblick einen Orchestermusiker eine Einkommensquelle kosten kann. Der Fall zeigt auch, daß ein egozentrischer Fanatiker wie Stokowski sein Verhalten gegen Menschen von Zufallsbegebnissen abhängig machte, anstatt es nach einem humanitären und gewerblichen Wertmaßstab von Bestand zu gestalten.

Ein ähnlich donnerloser, aber nicht minder gefährlicher Dirigent war Fritz Reiner. Er hat viele Musikerherzen ohne Beschönigung mit einer einzigen sarkastischen Bemerkung durchbohrt. Zuzeiten, besonders in seinen jüngeren Jahren, hat er in einem momentanen Aufbrausen, ähnlich wie Furtwängler, mal auch einen Schrei von sich gegeben; seine Spezialität war aber das glatte, sozusagen chirurgisch kühle Anritzen empfindsamer Nerven. Er hat sich nichts daraus gemacht, eine vernichtende, für das augenblickliche Vortragsproblem irrelevante Bemerkung „Sie sind noch nicht reif genug, um in einem berufsmäßigen Symphonieorchester zu spielen" einem Musiker coram publico ins Gesicht zu klatschen. Man kann sich vorstellen, welch eine demoralisierende Wirkung eine solche, nicht vor die Öffentlichkeit gehörende Bemerkung auf einen Orchestermusiker ausüben muß. Und wenn die Tatsachen die Bemerkung an sich rechtfertigen mochten, so war ja der betreffende „unreife" Musiker schließlich nicht ohne die vorherige Zustimmung Reiners (oder eines Vorgängers) in das Orchester eingedrungen. Jedenfalls führen solch verletzende und periodisch wiederholte Brandmarkungen am Ende zum „freiwilligen" Ausscheiden des Opfers.

Ein Orchestermusiker kann aber auch zum kapellmeisterlichen Lieblingsprügelknaben erhoben werden und sich zum unentbehrlichen Blitzableiter für die Gemütsausbrüche des Dirigenten entwickeln. Die Herausbildung eines solchen Verhältnisses zwischen einem Vorgesetzten und einem Untergebenen ist eines der unergründlichsten Mysterien des Lebens. Der Dirigent hat eine große Auswahl an Leidenskandidaten, doch reitet er auf einem besonderen

„Auserwählten" mit Vergnügen herum. Es ist eine Tatsache, daß selbst der unfreundlichste Kapellmeister nicht zu allen Orchestermitgliedern gleich unfreundlich ist. Mit der Zeit teilen sich die Musiker eines Orchesters, je nach ihrem Verhältnis zum Dirigenten, in Gruppen von Gekränkten, Behelligten, Gleichgültigen, Unantastbaren und Gebauchpinselten ein. Nach der Laune des Dirigenten bildet sich im Orchester ein wahrhaft indisches Kastensystem der Behandlungsunterschiede heraus.

Mit einer feineren Differenzierung könnten diese Gruppen noch mit weiteren ergänzt werden. Aber unabhängig von der Zahl und der Umgrenzung der Gruppen ist die Tatsache unbestreitbar, daß solche Abstufungen existieren und daß für ihre Existenz keine befriedigende Erklärung gefunden werden kann. Selbst Sigi Freud wäre meschugge geworden, wenn er dieses Phänomen zu analysieren versucht hätte.

Für den gesunden Menschenverstand wäre es das Nächstliegende, die unterste Kaste mit den minderwertigsten Instrumentalisten und die Oberkaste mit den vorzüglichsten Musikern als identisch anzunehmen. Mit gesundem Menschenverstand wird man aber an die Absonderlichkeiten der Orchesterleitung und des Orchesterspiels besser nicht herangehen. Es kommt nämlich vor, daß stümperhafte Musiker von ihrem Kapellmeister heiß geliebt werden, dafür haben eminente Künstler chronisch unter der Garstigkeit des Dirigenten zu leiden. Die Garstigkeit braucht nicht die Form geräuschvollen Grobseins anzunehmen (was jetzt schon „gesetzlich" verboten ist), sondern die des probaten und unangreifbaren Ignorierens.

Hat aber einmal ein Dirigent, unabhängig von den Qualitätsverhältnissen, seine Lieblingszielscheibe gefunden, dann kann er sich dem vergnüglichen Sport widmen, Giftpfeile gegen das zuckende menschliche Opfer abzuschießen. Und es kann dabei die eigenartige Situation entstehen, daß der Opfermusiker dem betreffenden Dirigenten in derselben Weise unentbehrlich wird wie einem Morphinisten sein Rauschgift. Der Prügelknabe mausert sich zum Glückbringer, ohne den der Dirigent nicht mehr dirigieren kann. Die Dirigenten sind eben unberechenbar: die einen wollen ihr Opfer hinausekeln, die anderen ihre Komplexe an ihm abreagieren.

Ein Beispiel für diese Alternative lieferte Toscanini. Als er nach seiner ersten Saison bei den Luzerner Festspielen im folgenden Sommer wieder auftreten sollte, war man erstaunt, daß er die Wiederverpflichtung des ersten Oboisten besonders verlangte. Nach den Greuelszenen, die sich zwischen Toscanini und diesem Oboisten abgespielt hatten, schien es absurd, daß er wünschen sollte, ihn wieder im Orchester zu haben. Aber offenbar war für Toscanini das Eingespieltsein auf ein Katze-und-Maus-Spiel wichtiger als das Eingespieltsein auf das Musizieren.

Im Zusammenhang mit Toscaninis stacheliger Untergebenenbehandlung redet man von den hohen Idealen seiner Interpretationsabsichten, die er wegen der Begriffsstutzigkeit der Orchestermusiker nie verwirklichen konnte und um derentwillen er immer außer Rand und Band geriet. Der besonders hingebungsvolle Nacheiferer des Meisters, Georg Solti, erzählt gern, wie einmal Toscanini seinem New Yorker Radioorchester zurief: „Ich hasse euch; ich hasse euch alle, weil ihr meine Träume zerstört." Als seinen eigenen Kommentar fügt dann Solti hinzu, wie wunderbar in diesem Gifterguß das Streben Toscaninis nach Vollkommenheit zum Ausdruck kam.

Dieser anekdotische Bericht von Solti, dem Hauptmöchtegern unter den Toscanini-Lückenbüßern, wird immer mit der Harmlosigkeit von Lämmern – und unwidersprochen – angehört. Weder fragen die Zuhörer noch fragt Solti, und freilich fragte (zu seiner Zeit) Toscanini am allerwenigsten danach, ob nicht vielleicht auch er beim Orchester etwas zerstörte und sich dadurch dessen Haß zugezogen haben könnte. Eine solche Eventualität interessiert keinen Dirigenten.

Aber unabhängig davon wurde Toscanini von niemandem in die unliebsame Lage versetzt, sich seine Träume zerstören zu lassen und sein Orchester hassen zu müssen. Er hätte ganz einfach zu Hause bleiben und sich ungestört seinen Träumen widmen können. Wenn er aber die überreichlich bezahlte Arbeit mit dem Orchester der unbezahlten häuslichen Träumerei vorzog, dann mußte er darauf gefaßt sein, daß die Verwirklichung seiner Träume nicht in den ersten fünf, ja auch nicht in den ersten fünfzig Minuten zu erwarten war.

Das Hindernis auf dem Weg zur Verwirklichung seiner Träume war vielleicht der falsche Eindruck, den er den Orchestermusikern von diesen Träumen vermittelte. Nach Toscaninis irrenhäuslerischem Benehmen mochten sie denken, daß seine Träume Alpdrücke waren und im Einklang mit den Vorstellungen eines Geistesgestörten verwirklicht werden sollten. Er hätte versuchen sollen, sich seinen süßen Träumen entsprechend zu benehmen und die Musiker dadurch bei den Werkwiedergaben vor der Zerstörung seiner Träume zu bewahren.

Das tolle Gebaren Toscaninis in den Orchesterproben wird indessen erst ins richtige Licht gerückt, wenn man bedenkt, daß alle Orchester, die er leitete (und mochten sie aus den turbulentesten Elementen zusammengesetzt sein), immer das Bild einer friedlichen Herde verschüchterter Lämmer boten. Weit davon entfernt, wider den Stachel zu löcken, hatten die Musiker nicht einmal die Freiheit, Worte der interpretationstechnischen Erkundigung zu sprechen. In der Regel durfte Toscanini nur vom Konzertmeister angeredet werden. Man sieht also, daß die disziplinarische Organisation bei den von Toscanini dirigierten Orchestern so straff war und die Musiker so fügsam abgerichtet, daß ihnen seine musikalischen Anordnungen so leicht eingehen mußten wie ein heißes Messer in Butter. Es wäre interessant gewesen zu erfahren, was für besondere Träume er eigentlich hatte, wenn sie trotz dieses Idealzustandes so leicht zerstört werden konnten.

Diese Feststellung ist um so berechtigter, als die disziplinarische Organisation der Toscaninischen Dirigate immer auch von einem angemessenen künstlerischen Arrangement vervollständigt wurde. Toscanini dirigierte immer nur entweder große Künstlerorchester von Weltruf oder Gelegenheitsformationen aus der Elite (wenigstens vermeintlichen Elite) der Weltmusikerschaft. Nie gab es einen Dirigenten, dem man mehr in die Hände gearbeitet hätte. Ihm zuliebe leitete man sogar den Schiffsverkehr auf dem Vierwaldstätter See um, damit ein von ihm im Wagnerhaus im schweizerischen Tribschen dirigiertes Freilichtkonzert nicht etwa durch ein zufälliges fernes Geräusch gestört würde, obwohl der Gebrauch der Schiffssirenen ohnehin schon verboten war.

Bei Eisenbahnfahrten auf Tourneen, wenn er im Speisewagen Wein trank, ordnete man eine Verminderung der Fahrgeschwindigkeit an, um das Überschwappen seines Getränks zu verhindern, mit der zusätzlich gegebenen gnädigen Erlaubnis, auf die höhere Zuggeschwindigkeit zurückzuschalten, wann immer der Weingenuß vorüber war.

Die New Yorker Radiogesellschaft, in deren Studio er seine Proben und Konzerte abhielt, baute für ihn einen geheimen Extraeingang, damit er unbemerkt und unbehelligt von Autogrammjägern und sonstigen Verehrern ins Gebäude hinein- und wieder hinausschlüpfen konnte. Eine beflissenere Liebedienerei und freigebigere Aufbietung von Ressourcen zur Sicherung der Qualität und des Gelingens von Orchestervorträgen, als es im Falle Toscaninis geschah, ist auf dieser Erde nicht möglich. Trotzdem waren seine Träume zerstört! Und Papageien mit beschränkter Intelligenz, aber gespreiztem Bombast, wie Solti, plappern die Klage nach, ohne nachzudenken, wieviel Substanz und Sinn dahintersteckt.

Das von Widersprüchen strotzende Phänomen, das Toscanini für seine skeptisch verwunderten Beobachter verkörperte, kann am besten durch eine Demonstration der Unvereinbarkeit der verschiedenen Faktoren seines Wirkens bloßgestellt werden. Zufriedenheit als Folge negativer Faktoren und Unzufriedenheit als Folge positiver Faktoren können wohl als außergewöhnliche und einigermaßen rätselhafte Situationen bezeichnet werden. Und doch muß der Schlüssel zu Toscaninis paranoischem Gebaren im Bestehen solcher Absurditäten gesucht werden. Wir wissen, daß er beim Dirigieren ewig unzufrieden war, wobei die Musikwelt seine Aufführungen als den Zenit orchestraler Leistungsfähigkeit feierte. Das Gute (nämlich das Beste, was an orchestraler Spielqualität erhältlich war) war für Toscanini nicht gut genug. Andrerseits wurde das „Schlechte" (was nämlich für Toscanini nicht gut genug war) vom Publikum als das Höchstmögliche gepriesen. Um diesen Widerspruch zu klären, sollen die nach außen hin positiv wirkenden, aber von Toscanini als negativ empfundenen Betriebsfaktoren mit Hilfe seiner eigenen, intern geäußerten Reaktionen untersucht werden.

1. Kombination:

Wenn wir annehmen, daß die von Toscanini dirigierten Orchestermusiker musikalisch und disziplinarisch einwandfrei waren, und wenn wir ferner annehmen, daß Toscanini geistig zurechnungsfähig war, und wenn wir es (nach Toscaninis eigenem Zeugnis) als Tatsache anerkennen, daß er trotz der obigen positiven Faktoren nie so gut und nie so schön musizieren konnte, wie es seinem Ideal – „seinen Träumen" – entsprochen hätte, dann bleibt nur eine Möglichkeit offen. Und die ist, daß Toscanini als Dirigent ein Stümper war, der seine Auffassung dem Orchester nicht beizubringen vermochte.

2. Kombination:

Die obigen Voraussetzungen bezüglich der musikalischen und disziplinarischen Vorzüglichkeit der Orchestermusiker bleiben sich gleich. Und jetzt (in Abweichung von obiger Annahme) nehmen wir auch bei Toscanini die absolute kapellmeisterliche Maßgeblichkeit an. In diesem Fall muß er geisteskrank gewesen sein, da er entweder nicht imstande war, eine Situation wahrheitsgetreu zu beurteilen oder nicht wußte, was er wollte.

3. Kombination:

Bei dieser Variante wird sowohl die kapellmeisterliche als auch die geistige Kompetenz Toscaninis als positiv angenommen. In dem Fall müssen aber die Orchestermusiker entweder Stümper gewesen sein oder

4. Kombination:

Sie waren musikalisch einwandfrei, aber disziplinlos.

5. Kombination:

Nun müssen wir nach menschlichem Ermessen und im Besitz der entsprechenden Informationen annehmen, daß sowohl Toscanini als auch die Orchestermusiker in jeder Hinsicht auf der Höhe ihrer Aufgabe standen. Da aber die Leistung (immer nach Toscaninis eigener Bezeugung) trotz alledem noch hinter der gewünschten Qualität zurückblieb, so ist nur eine Schlußfolgerung möglich: Toscanini hätte das Dirigieren als ein an sich unmögliches Unternehmen aufgeben müssen. Das hat er aber nicht getan. So weit ging sein Musizierleid nicht. Die Zerstörung seiner Träume hat nicht den Grad erreicht, bei dem er die Konsequenzen gezogen hätte. Also hat er sich durch die gleichzeitige Verdammung und Akzeptierung eines Zustandes zum unaufrichtigen Schwätzer und theatralischen Hampelmann gestempelt.

## 6. Kombination:

Der letzte noch offenstehende logische Ausweg wäre (was aber wieder dicht an die Grenze der Geisteskrankheit führt), daß Toscanini die Unvollkommenheit, den Ärger und das Leiden liebte. Er bemerkte, als er sich einmal mit Bruno Walter verglich, daß Walter auf dem Podium zerschmelze, er, Toscanini, aber leide. Da er nun dem Dirigieren 70 Jahre lang treu blieb, so muß er das Leiden tatsächlich geliebt haben. Und da er bekam, was er sich wünschte, so hatte er eigentlich keinen Grund zur Klage. Das machte ihn zum nahen Verwandten der religiösen Märtyrer, die ihr Hauptvergnügen an der Folter und dem Tod hatten und doch als Unglückliche in alle Ewigkeit bejammert werden.

Die überlebenden Anhänger Toscaninis sorgen für die Verewigung seines Kultes. Es gibt keinen anderen Dirigenten, von dem noch nach seinem Tode (besonders in Amerika) soviel geredet würde. Seine großen Zeitgenossen und Rivalen, Kussewitzky, Furtwängler und Walter, beschäftigen die Phantasie des Publikums als Personen, unabhängig von ihren Schallplatten, weit weniger. Bei Toscanini verhält es sich eher umgekehrt: bei ihm steht mehr der persönliche Nimbus im Vordergrund.

Noch im Jahre 1975, 18 Jahre nach seinem Tode, wurden zwei Bücher über ihn veröffentlicht. Seine jüngeren, überlebenden Freunde halten Vorträge über ihn und machen Propaganda für ihn, als wenn er noch am Leben wäre.

Dieses Lebendigerhalten seines Kultes bringt es mit sich, daß auch Berichte über seine schlechten Manieren (trotz Verdunkelungsversuchen) durchsickern und der jüngeren Generation ein schlechtes Beispiel geben. Durch Nachäffung ist das Schimpfen ein unerläßliches Zubehör des Dirigierrituals geworden. In gewissen Kreisen der Musikerschaft und der Orchesterverwaltungen wurde das kapellmeisterliche Schimpfen als Rüstzeug des Dirigierens so notorisch, daß man einen Kapellmeister, der nicht schimpfte, auch nach Toscaninis Abgang noch lange als einen Amateur ansah. Dagegen wurde ein Schimpfer auf dem Podium auch ohne jede weitere Qualifikation als eine wahrhafte Dirigierkanone angesehen. Das folgende Geschichtchen, das mit anderen ähnlichen unter dem bereits bekannten Motto „Se non e Verdi, ben Trovatore" segelt, illustriert die Zustände beredter als jede lange Erklärung.

Ein Musiker meldete sich einmal bei einem Orchester auf eine (wie sich später herausstellte) irrtümliche Einladung hin, um für eine angeblich frei gewordene Geigenstelle probezuspielen. Zu seinem Leidwesen mußte er an Ort und Stelle erfahren, daß keine Geigenstelle zur Neubesetzung ausgeschrieben war. Um aber sich nicht ganz vergeblich beworben zu haben, fragte er, ob er nicht vielleicht als Bratschist engagiert werden könne. Die Antwort war wieder verneinend. Da er aber schon beim Fragen war und da er auch Cello spielen konnte, so erkundigte er sich nach einem eventuellen Engagement als Cellist. Damit hatte er wieder kein Glück, denn es war auch keine Cellostelle zu besetzen. Daraufhin machte er einen letzten verzweifelten Versuch und bot sich als Kontrabassist an. Als er wieder abgelehnt wurde, konnte er sich nicht länger beherrschen und brach in ein wüstes Schimpfen aus: „Herrgott, zum Donnerwetter nochmal, ihr Schweinehunde; habt ihr's nötig gehabt, mich für die Katz hierherkommen zu lassen? Der Teufel soll euch alle holen." Der Effekt dieses Ausbruchs war aber das gerade Gegenteil von dem, was normalerweise zu erwarten gewesen wäre. Der Verwaltungsobmann wandte sich nämlich mit honigsüßem Lächeln zu dem Musiker: „Ach, Sie sind auch Kapellmeister! Warum haben Sie das nicht gleich gesagt? Wir suchen schon lange einen, doch keiner der bisherigen Bewerber schien für die Stelle so geeignet wie Sie. Ich heiße Sie willkommen, Sie sind engagiert."

Dieser Musiker – angenommen, daß er ein wirkliches menschliches Wesen war und daß sein Fall sich in der geschilderten Weise zugetragen hat – hat seinen Erfolg nur Toscanini zu verdanken gehabt. Die Orchesterverwaltung muß gedacht haben, als sie ihn schimpfen hörte, daß sie das Glück hatte, einen zweiten Toscanini gefunden zu haben. Durch die vielen Publikationen, Biographien und sogar auch durch unmittelbare Beobachtung muß die Verwaltung zur Ansicht gelangt sein, daß das Grobsein und Schimpfen ein untrügliches Zeichen echten Dirigententums ist. Die Ansichten der übergroßen Mehrheit der Orchestermusiker sind aber von den eben festgestellten Ansichten der Orchesterverwaltungen und manch schwärmerischer Orchestersklaven grundverschieden.

Das kapellmeisterliche Schimpfen hat nämlich – dem Tierdünger ähnlich – zwei Aspekte. Für den Landwirt, zum Beispiel, ist der Dünger etwas Kostbares, während er für den Stadtbewohner nur etwas bedeutet, in das hineinzutreten man bestmöglich vermeidet. Der nun zu enthüllende kapellmeisterliche Schimpfdünger, der in besonders würzigen Musterstücken hiermit repräsentiert wird, kann also je nach dem Anschauungsstandort als leckere Kostprobe oder als Brechmittel betrachtet werden.

Das große Publikum, das weder zum Dirigierhofstaat noch zum Orchestergesinde gehört und folglich vorerst noch neutral sein sollte, kann dann aufgrund der Prüfung der sogleich folgenden wie auch aller anderen, früher erwähnten Fälle entscheiden, auf welche Seite es sich in der Dirigierkontroverse zu schlagen wünscht. Da aber das Publikum am Ende argwöhnisch werden könnte gegen eine immer noch oppositionell beleuchtete Dirigierdüngerschau, so soll die Demonstration diesmal direkt von der dirigentenfreundlichen Partei besorgt werden. Es soll hier nur registriert werden, was zwei Toscanini-Narren (ein subalterner Bewunderer und ein Busenfreund) von ihm zu erzählen wissen. Denn freilich kann die kapellmeisterliche Grobschlächtigkeit mit der nötigen Dramatik nur durch das Beispiel Toscaninis demonstriert werden.

Die zwei Gewährsmänner, die zufällig den Vornamen „Samuel" miteinander gemein haben, sind der bald vielsagend hervortretende Toscanini-Freund S. Tschotzinoff und der im vorletzten Kapitel schon einmal erwähnte Geiger S. Antek. Dieser Antek leistet sich in seinem Buch „Das war Toscanini" solch byzantinische Lobhudeleien wie „Die Gelegenheiten meiner Zusammenarbeit mit Toscanini auf dem Podium des N.B.C.-Radiostudios in New York erschienen mir mehr wie die Vision einer feierlichen Andachtsstunde in einem Gotteshaus als eine in Wirklichkeit geleistete Konzertaufführung. Wie Toscanini in Orchesterproben auf dem Podium stand, schien er gleichsam wie eine priesterliche Führergestalt oder ein Ehrfurcht einflößender Heiliger." Antek fährt dann in seinem Bericht über Toscanini, in einer Anwandlung unaufhaltsamer Wahrhaftigkeit, mit einer der Verehrung hohnsprechenden Widersprüchlichkeit, folgendermaßen fort:

> Plötzlich entschwindet der Heilige, und wie ein Donnerschlag aus heiterem Himmel peitscht der Dämon das Orchester mit einer krachenden Wortexplosion in einer Sprache, die selbst das Gesicht eines Hafenarbeiters zum Erbleichen bringen würde.
>
> Es war nicht das bloße Brüllen, was Toscaninis Wutausbrüche so erschreckend machte, vielmehr war es die besondere Art seines Gebrülls, die einem Schrecken einjagte. Es war eines der furchtbarsten Lautphänomene, die ich je gehört habe. Es schien direkt von seinen Eingeweiden zu kommen. Zu Beginn eines Anfalls krümmte er sich zusammen, machte den Mund weit auf bei gleichzeitigem Puterrotwerden seines Gesichts, als ob er sogleich vom Schlag gerührt werden sollte. Dann brach aus ihm ein heiseres Geschmetter von unglaublicher Stärke hervor. Das einzige Lautphänomen, das nach meiner Lebenserfahrung dem Toscaninischen Kreischen an Furchtbarkeit gleichkommt, ist das Schreckensgebrüll gestochener Rinder in dem Schlachthof, den ich einmal in meiner Jugend in Chicago besuchte.

Man soll inmitten dieser Schilderung nicht vergessen, daß sie von einem vorbehaltlosen Gefolgsmann und Bewunderer Toscaninis stammt, der ihn einige Zeilen vorher noch mit einem Heiligen gleichgestellt hatte. Nach dem etwas mißtönigen Zusammenklingen dieser zwei Beschreibungen kann man Toscanini füglich einen Schreiheiligen nennen.

Eine beachtenswerte Nebenerscheinung der Schilderung von Toscaninis charakterlichem Dualismus ist deren lammfromme Hinnahme durch das lesende Publikum. Dasselbe gilt sogar von den Gewaltigen der Zunft, die weder an Toscaninis Doppelgesicht noch an dessen kritiklos literarischer Fotografie etwas auszusetzen haben. Die unkritische, aber sehr aufschlußreiche Erzählung von Antek, diesem byzantinischen Leuchterträger Toscaninis, ist aber noch nicht zu Ende. Er hat noch manches „Erbauliche" über das Benehmen seines Idols, besonders im Zusammenhang mit einer Probe der Neunten Symphonie von Beethoven, zu berichten.

> Die Probe ging in ihrer gewohnt dramatischen Weise vor sich, bis das Scherzo drankam. „Die Celli!", schrie Toscanini, „Celli!" Die Cellisten lehnten sich an die Rückenlehne ihrer Stühle an. Es war keine Schärfe, kein Leben in ihrem Spiel! Sie hatten keinen Respekt vor der großen Musik! Sie schliefen! Sie beleidigten Beethoven! Sie beleidigten Toscanini! Aber nein! Ein Toscanini läßt sich kein solch furchtbares Spiel bieten! Der wütende Sturm war entfesselt. Inmitten eines Wolkenbruchs von Beschimpfungen brach Toscanini seinen Taktstock entzwei; er ergriff die Partitur und fing zuerst an, darauf einzuhauen, dann aber zerriß er sie in Stücke; er traktierte sein Pult mit Fußtritten, um es schließlich vom Podium zu stoßen. Dann begann er – während er aus vollem Halse schrie – an seinem Kragen herumzuzerren, bis sich seine Hand in die aus seiner Brusttasche heraushängende Uhrenkette verfangen hatte. Mit einem wilden Ruck riß er sie heraus, glotzte sie mit blöden Augen an und schmiß sie blindwütig auf den Boden, wo die zerschmetterten Teile der Uhr nach allen Richtungen flogen. – Nein! Nein! Nein! Er sei erledigt! Er werde dieses Orchester von Idiotentrampeln nie mehr leiten! Daraufhin trottete er, schimpfend und sich die Bühnenwand entlangtastend, zum Ausgang; und wie er an Stühlen vorbeiging, versetzte er jedem mit der geballten Faust einen kräftigen Schlag. Wir haben noch gehört, wie sein Geschimpfe außerhalb der Halle auf seinem Weg zum Umkleideraum im Korridor widerhallte.
>
> Für einige Sekunden waren wir wie versteinert; kaum hatten wir den Mut, auch nur zu atmen. Was war da zu machen? Was war passiert? Worüber war er eigentlich so aufgebracht? „Was

haben wir verbrochen?" fragte ein Cellist weinerlich. „Er hätte uns ja nur sagen brauchen, daß wir lauter spielen sollten." – Ich habe von diesen Wutausbrüchen früher schon gehört, aber ich habe immer geglaubt, daß es nur aufgebauschte Gerüchte waren. Ich war im falschen Glauben.

Das also ist die Zeugenaussage eines hingebungsvollen Toscanini-Anhängers, der in der Einleitung zu seinem Buch – in Hinblick auf das Toscanini-Orchester, dessen Mitglied er war – den Maestro per „unser vielgeliebter Alter" apostrophiert. Über die Größe Toscaninis (die er natürlich als unbestreitbare Tatsache annimmt) sagt er, daß diese in der kolossalen Energie und Weißglut lag, mit deren Ausstrahlung er sein Instrument – die Orchestermannschaft – im Banne hielt. Der kleine Widerspruch zwischen Toscaninis Bannwirkung auf seine Musiker und der vorgeblichen Schlappheit der Cellisten in der Beethoven-Probe scheint dem gebannten Antek entgangen zu sein.

Toscaninis Größe sei (ebenfalls im Antek-Buch postuliert) auch durch seine unanfechtbare Ehrlichkeit, Unbescholtenheit und warme Menschlichkeit bezeugt, die in seinem Arbeitsprozeß ihren glänzendsten Ausdruck fanden. Kollege Antek muß sonderbare Begriffe von einer warmen Menschlichkeit gehabt haben, wenn sie sich für ihn durch Brüllen, Partitur-Zerreißen, Pult-Umwerfen und Taschenuhr-Zerschmettern äußern konnte. Da aber mindestens zwei Zeugen zur Bekräftigung eines Tatbestandes erforderlich sind, so soll auch ein anderer Zeuge in der „Gerichtssache Toscanini" angerufen werden.

Die Dokumentation von Toscaninis tollwütiger Menschlichkeit aus einer anderen, gleichfalls freundlichen Quelle steht in einem vom Verlag Alfred A. Knopf, New York, veröffentlichten Buch „Toscanini, An Intimate Portrait" von Samuel Tschotzinoff. Dieser Herr Tschotzinoff war musikalischer Administrator bei der National Broadcasting Corporation (der Anstellungsbehörde des Toscanini-Radioorchesters in New York) und als solcher Toscaninis musikalisches und administratives Mädchen für alles. Mit wenigen und geringfügigen Trübungen hatte er mit ihm ein jahrzehntelanges freundschaftliches Verhältnis. Seine Glaubwürdigkeit als die eines „Belastungszeugen" in der „Affäre Toscanini" ist also über jeden Verdacht erhaben. In seinem Buch ist die nun hiermit wiedergegebene Beschreibung einer Studio-Aufführung von Puccinis Bohème, zu der auch ein Publikum an Ort und Stelle zugelassen war, zu lesen.

Die öffentliche Aufführung von „La Bohème" war vollkommen bis auf die letzten vier Takte der Oper. Mit der sich steigernden Gefühlsgeladenheit der Musik gegen Ende der Oper staute sich in den Orchestermusikern und im Maestro eine derartige Spannung an, daß das Blech mit seinem letzten Einsatz, vier Takte vor dem Schluß, um den Bruchteil einer Sekunde zu früh kam. Der Fehler war so minimal, daß er nur den nervösen Bläsern und dem Maestro bewußt werden konnte. Einige Augenblicke später war die Aufführung vorüber, und die Zuhörer brachen in einen stürmischen Applaus aus. Der Maestro stieg seinerseits mit geneigtem Kopf vom Podium und begab sich eiligst in seinen Umkleideraum, ohne sich am Verbeugen der Sänger zu beteiligen. In seinem Zimmer angelangt, ließ er alle Zügel schießen. Es entrang sich ihm ein solch elementarer Wutausbruch, wie ich ihn bei ihm nie zuvor erlebt hatte. Er schrie und brüllte in unverständlichen Wortfetzen, riß sich die Kleidungsstücke vom Leibe und warf jeden beweglichen Gegenstand um, der seiner aufgepeitschten Kraft nachgab. Dem Klavier und seinem massiven Schreibtisch, die der Verrückung widerstanden, versetzte er wiederholt solch heftige Fußtritte, daß ich befürchtete, er würde sich das Bein brechen. Nach einigen Minuten solcher Tobsuchtsanfälle und Blitzentladungen hörte er plötzlich auf und sagte: „Schicken Sie mir diese Schweine her. Ich will mit ihnen sprechen." Die schuldigen Musiker hatten nicht gewagt, das

Haus zu verlassen. Da waren sie noch, neun an der Zahl. Ich geleitete sie ins Zimmer des Mae-stros, wo sie verdattert, kreideweiß und gesenkten Hauptes an einer Wand entlang Aufstellung nahmen. Der Maestro schritt vor ihnen auf und ab, wie ein Wachtmeister, der eine Schar in Reih und Glied geordneter Soldaten musterte, und blitzte jeden einzelnen haßerfüllt und voll Verach-tung an. Mit Bitterkeit machte er endlich seinem Zorn Luft: „Ich verhülle mein Gesicht vor Schmach. Nach dem, was heute abend passiert ist, ist mein Leben zu Ende. Ich kann niemandem mehr ins Gesicht sehen. Ich bin erledigt. Aber Sie – (und er wies mit dem Finger auf den Mann an der Spitze des elenden Häufleins) – Sie werden heute nacht mit Ihrer Frau schlafen, als ob nichts passiert wäre. Ich kenne euch alle!" Daraufhin kehrte er der Gruppe den Rücken, und die Mannen zogen traurig ab.

Tant de bruits pour une omelette! Toscanini war wirklich ein Mann der Proportionen! Er betrachtete sein Leben als beendet wegen einer mikroskopisch winzigen Vorwegnahme eines Bläsereinsatzes. Es ist nur schade, daß seine Todesverkündigung ein leeres Versprechen war. Es ist nicht auszudenken, welch herrliche Zustände es für die Orchestermusiker schaffen würde, wenn die Dirigenten (unter der beispielgebenden Wirkung ihres Vorbildes) mit einem fal-schen Instrumenteneinsatz getötet werden könnten.

Der Einsatzfehler der Bohème-Musiker, der das Ende von Toscaninis Leben bedeuten soll-te, hat auch einen strikt dirigier- und spieltechnischen Aspekt, der im nächstfolgenden, auch solchen Fragen gewidmeten Kapitel ausgiebig besprochen wird. In dieser technischen Hin-sicht kann und muß jedoch – solange das Eisen des Toscaninischen Donnerhammers noch heiß ist – über den Fall jetzt schon einiges gesagt werden.

Um Toscanini innerhalb der Möglichkeiten Gerechtigkeit widerfahren zu lassen, muß zu-gegeben werden, daß der Funke, der Toscaninis Gemütsdynamit zur Explosion brachte, bei jedem empfindsamen Musiker (auch mit einem geruhsameren Grundtemperament) einen hef-tigen Widerwillen ausgelöst hätte. Für Nichtmusiker ist es vielleicht schwer zu verstehen, daß ein Ton oder Akkord dem musikalisch empfindsamen Hörer einen fast physischen Schmerz verursachen kann, wenn dieser Ton oder Akkord im Verhältnis zum allgemeinen Fluß der Musik und zu seiner darin vorbestimmten „Zeitstelle" auch nur um den Bruchteil einer Se-kunde zu früh erklingt. Ein zu spätes Erklingen kann einem zwar auch Qualen verursachen, der große Stein des Anstoßes in der Musik aber ist die fahrige, unmotivierte Antizipation. Ein Beispiel für dieses Phänomen aus einem anderen Bereich menschlicher Erfahrung wäre das Reinplumpsen einer vorlauten Person mit der Pointe in die Erzählung einer Anekdote, wenn der Erzähler die Schlußwirkung noch für einen Moment später aufsparen will. Ein anderes Beispiel könnte das verwirrende Nichtabwarten eines Stichwortes beim Theaterspiel sein. Jede verfrühte (also Nervosität und Unbeherrschtheit verratende) Handlung beim Ablauf von geistigen und sogar physischen Prozessen vernichtet die kunstvoll errechnete Wirkung. (Die im Prinzip nicht weniger verwerfliche Verzögerung kann immerhin Gefaßtheit und Beschau-lichkeit vortäuschen.)

Nach diesem Einblick in die Leidigkeit der ungenauen Zeitbemessung im musikalischen Vortrag kann man Toscaninis mutwillige Reaktion verstehen. Trotzdem war er völlig im Un-recht. Erstens zeugt seine Berserkerwut und das moralische Niedertrampeln der Musiker (bei aller Anerkennung des Grundmotivs) von einer seelischen Unkultur und despotischen Welt-verachtung, die mit seinem schöngeistigen Beruf und der Nichtigkeit des Anlasses in einem Übelkeit erregenden Widerspruch stehen. Zweitens war er am Fehler selber hundert Prozent schuld. Das kann selbst einer feststellen, der beim „Ereignis" gar nicht persönlich anwesend war. In der Schilderung des Vorfalls durch Freund Tschotzinoff liegt nämlich die Schuld Toscaninis offen zutage. Jedermann (auch ohne musikalische Schulung) kann sich ausrechnen, daß es für die Musiker (mit Ausnahme eines biblischen Mirakels) absolut unmöglich war, den Fehler in der beschriebenen Weise aus eigenem Verschulden zu begehen.

Zur Erleichterung des Verständnisses nehmen wir als Analogie neun Schnelläufer, die an der Startlinie gespannt auf das Zeichen zum Losspringen warten. Ist es nun diesen Wettläufern möglich, ohne ein von außen gegebenes Zeichen haargenau im selben Augenblick loszuspringen? Die Antwort auf diese Frage klärt gleichzeitig die Situation beim erörterten Bläsereinsatz am Ende der Toscaninischen Bohème-Aufführung. Genauso wie es den Wettläufern nicht möglich ist, ohne ein gegebenes Zeichen hermetisch zusammen (wie der Start ja sein soll, und wie der Ensembleeinsatz in der Musik sein muß) loszuschnellen, so ist es Musikern im Ensemblespiel nicht möglich, einen vorgeschriebenen, gemeinsamen Einsatz zusammenzubringen, wenn sie dazu nicht ein Zeichen aus einer im voraus vereinbarten Quelle bekommen. Diese Quelle kann, je nach Vereinbarung, auch einer der mitspielenden Musiker sein, wenn das Ensemble (wie in der Kammermusik) ohne einen Dirigenten spielt. Steht aber dem Ensemble ein Dirigent vor, dann ist er der alleinige Kristallisationspunkt der allgemeinen Aufmerksamkeit, und dann kann ein Präzisionseinsatz mehrerer Musiker nur auf ein Präzisionszeichen von ihm zustande kommen, weil die beteiligten Musiker ihren Blick in sozusagen hypnotischer Erstarrung auf nichts und niemand anders als auf diesen Dirigenten heften. Das straffe Angeben des kapellmeisterlichen Einsatzzeichens und dessen haargenau einmütige Abnahme sind besonders dann ein Gebot, wenn keine rhythmische Figuration in einer anderen, bereits spielenden Stimme das Zeitmaß hörbar angibt. Nur der Zeitfluß in einer spielenden Nebenstimme kann, großzügig gerechnet, das Dirigieren überflüssig machen. Unter solchen Umständen wäre es aber nichts weniger als mirakulös, wenn neun Musiker beim Spielen einer sich beschaulich hinschlängelnden Musik (also ohne rhythmische Prägnanz) nicht nur zeichenlos einen genauen Einsatz bringen, sondern sogar wie durch göttliche Inspiration im selben Augenblick zusammen denselben Fehler begehen würden. Da wir aber heute nicht mehr in Zeiten der Wunder leben, andererseits der gemeinsame Fehler der mißbrauchten Toscanini-Musiker eine feststehende Tatsache ist, so müssen wir für die Begebenheit eine realistischere Erklärung finden.

Die präzise Einmütigkeit der Musiker beim Begehen des Fehlers ist im Bericht durch die Feststellung bezeugt, daß die Musiker als Gruppe um den Bruchteil einer Sekunde zu früh eingesetzt haben. Das Vorgreifen wurde nicht Individuen zur Last gelegt, sondern allen neun Blechbläsern zusammen als Gruppe. Wären diese Musiker im Verhältnis zueinander ungenau gewesen, dann hätte es sich nicht um einen Bruchteil, sondern um verschiedene Bruchteile einer Sekunde gehandelt, und das Spiel der Musiker hätte dann als schlampig und desorganisiert charakterisiert werden müssen. Das war jedoch nicht der Fall, denn es ist im Bericht ausdrücklich bestätigt, daß die Musiker von großer innerer Spannung erfaßt waren, und das bedeutet, daß sie hellhörig und aufmerksam gewesen sein müssen. Eigentlich ist ihnen, wie wir sehen werden, gerade ihre zu große Reaktionsbereitschaft zum Verhängnis geworden.

Nun kann man Menschen, die sich in einem seelischen Spannungszustand befinden und sich zur Ausführung einer Präzisionshandlung anschicken, mit der zum Springen angezogenen Sehne eines Bogens vergleichen. Man weiß, daß das leichteste versehentliche Abgleiten der Haltefinger die Sehne und damit den Pfeil zum unbeabsichtigten vorzeitigen Losschnellen bringen kann. Der Bogenschütze muß sich also seiner Verantwortlichkeit sehr bewußt sein, um an seiner Waffe nicht unachtsam herumzufingern. Je gespannter sein Bogen, desto ruhiger und gefaßter muß er selber für den richtigen Augenblick des Abschusses bereitstehen.

Was nun Toscanini betrifft (der in musikalischer Umdeutung die Funktion des selbstbeherrschten Bogenschützen zu erfüllen berufen war), sagt der Opernbericht ausdrücklich, daß er in einem drückenden Spannungszustand dirigierte. Das beraubte ihn jedoch der Kontrolle, die er über sein Instrument, das Orchester, hätte ausüben müssen. Die wahrscheinliche Einwendung gegen einen Vergleich des Dirigenten mit dem Bogenschützen wird geltend machen, daß die künstlerische Aufgabe eines Dirigenten ihrer Natur nach eine starke Gefühlsbeteiligung erfordert, folglich kann der technischen Komponente der Tätigkeit keine Ausschließlichkeit im Streben nach Vollkommenheit, wie beim Bogenschießen, zugestanden werden.

Nun ist eine starke Gefühlsbeteiligung und eine damit verbundene, emotional orientierte Geistesanstrengung für die Tätigkeit des Dirigenten, wie aller Vortragskünstler, eine absolute Notwendigkeit, doch kann keiner als wahrhafter Künstler gelten, wenn die technische Komponente seiner Leistung von einer dilettantischen Gefühlsduselei weggeschwemmt wird. Nur die beherrschte Gefühlserregung ist künstlerisch, die unbeherrschte ist dilettantisch. Sollte zum Beispiel ein Geiger vom Gefühlsgehalt eines Stückes noch so überwältigt sein, er muß trotzdem beim Spielen die Intonation, das Stakkato und den Rhythmus genauso kühl beherrschen, als wenn er mit einem Bogen schießen oder ein Auto lenken würde. Nur die Synthese von Technik, Sinn und Gefühl kann als künstlerisch wertvoll anerkannt werden. Deswegen ist es für einen Vortragskünstler keine Entschuldigung (Toscanini inbegriffen), aus Gefühlsgespanntheit einen technischen Fehler zu begehen. Die technische Aufgabe des Dirigenten ist nun einmal die, den dirigierten Spielkörper trotz aller Gefühlserregung fest in der Hand zu haben.

Der zu frühe Gruppeneinsatz gegen Ende der strittigen Bohème-Aufführung zeigt aber, daß Toscanini die Kontrolle über die Bläsergruppe entglitten war. Jene routinierten Orchesterhasen hätten schon trotz ihrer Erregtheit richtig gespielt, wäre nur der kommende Einsatz mit der richtigen, warnenden Zeichengebung eines überlegenen, gewitzten Dirigenten eingeleitet worden. Die einmütige Präzision in der Vorwegnahme des Einsatzes zeigt eigentlich, daß die Musiker ja bei der Stange geblieben waren; die Verflixtheit lag darin, daß die Stange eine falsche Stange war. Die Musiker folgten einer Direktion, die selbst irregegangen war. Wenn die neun Bläser nicht nach einer gemeinsamen Leitung, sondern nach ihrem eigenen Kopf gespielt hätten, dann hätte es höchstwahrscheinlich auch solche unter ihnen gegeben, die nicht zu früh, sondern zu spät eingesetzt hätten. Daß dies nicht der Fall war, ist mit ein Beweis, daß der Impuls zum falschen Einsatz nur von außen her kommen konnte. Und bei der sklavischen Ergebenheit des Orchesters für Toscanini konnte nur er die äußere Quelle der Irreführung sein.

Toscaninis augenblickliches Irrewerden brauchte ihm selber nicht bewußt gewesen zu sein. Es kann sogar als sicher angenommen werden, daß er im entscheidenden Moment unbewußt gehandelt hat. Der Fehler muß nichtsdestoweniger ihm zur Last gelegt werden, denn es genügt nicht, bloß das Gute anzustreben, man muß aufgrund früherer Erfahrung auch das Schlechte zu verhindern wissen.

Das gilt für einen Dirigenten noch mehr als für den Einzelmusiker, denn der Fehler des

Einzelmusikers ist ein Einzelfehler, der Fehler des Dirigenten ist aber ein Gesamtfehler. Ein unbewußtes Zucken der Augenbrauen, der Mundwinkel oder der Hände, wie es Toscanini offenbar passierte, ist geeignet, die gespannt sprungbereiten Musiker mitzureißen und unter Umständen das ganze Ensemble aus den Fugen zu bringen.

Die Marotten und schlechten Gewohnheiten der Dirigenten zwingen die Orchester geradezu zu einer Rollenvertauschung. Bei ihren Unarten und Narrcteicn sind es nicht mehr sie, die das Orchester überwachen, vielmehr sind es die Orchestermusiker, die die Dirigenten überwachen müssen. Als Toscanini seine Bläser so niederträchtig und ungerecht ausschimpfte, hätte er eigentlich sagen müssen: „Was fällt euch ein, auf ein Zeichen von mir einzusetzen, das nicht als Zeichen gedacht war? Es ist eure Pflicht zu erraten, in welchem Fall mein Zeichen ein Zeichen ist und in welchem es keins ist. Wenn ich gespannt und nervös bin, ist das kein Grund für euch, ebenfalls gespannt und nervös zu werden. Ihr seid doch intelligente und wohlerzogene Orchestermusiker und keine übergeschnappten, pöbelhaften Dirigenten wie ich einer bin."

Das tatsächliche, nicht nur fiktive Verhalten Toscaninis in dieser Angelegenheit stellt den Beobachter vor eine Alternative, die für Toscanini in keinem Entscheidungsfall schmeichelhaft ist. Wenn er nämlich aufrichtig überzeugt war, daß seine Bläser allein am verfrühten Einsatz schuld waren, dann hat er sich damit das beschämendste Armutszeugnis bezüglich seiner Kenntnis des Funktionierens der Orchestermaschinerie ausgestellt (weil – wie bereits dargetan – ein einmütiges, mikroskopisch genaues Einsetzen einer Gruppe von Musikern ohne ein Zeichen von einer gemeinsam beobachteten Quelle nicht möglich ist). Sollte aber Toscanini die Unschuld der Musiker insgeheim eingesehen haben, dann war die gegen sie gerichtete heuchlerische Anklage eine Schnödigkeit ohnegleichen. Dieser Fall enthüllt ihn vor aller Welt entweder als einen kapellmeisterlichen Ignoranten oder als einen Verächter menschlicher Gerechtigkeit.

Daß für die Annahme von Toscaninis technischer Unzulänglichkeit triftige Gründe bestehen, kann man beurteilen, wenn man einen Zeugen anruft, der diese Unzulänglichkeit nicht nur aufgrund eines Buchberichts analysiert, sondern aus erster Hand erfahren hat. Dabei ist für die Glaubwürdigkeit seiner Aussage erhärtend, daß der Zeuge, der ein Toscanini-Lobredner ist, trotz seiner loyalen Grundeinstellung unwillkürlich den klägerischen Standpunkt unterstützt. Es handelt sich wieder um den bereits bekannten Toscanini-Geiger Samuel Antek, der in seinem Buch die technischen Schwächen Toscaninis freimütig aufdeckt.

Als Taktschläger hatte Toscanini viele ihm überlegene Kollegen. Er hat sich keine besondere Mühe gegeben, das Orchester im spieltechnischen Sinne zu leiten. Ich habe sogar das Gefühl gehabt, daß er sich über die richtige Handhabung des Taktstocks selber nicht ganz im klaren war. Wenn er beim Dirigieren vor der Wahl stand, seine Aufmerksamkeit dem technischen Zusammenspiel oder einer allumfassenden musikalischen Umrißzeichnung zu widmen, entschied er sich immer für das letztere und geißelte das Orchester, nicht aus eigener Kraft für einen guten mechanischen Spielablauf zu sorgen. Ein Werk, in welchem diese Einstellung zum besonderen Problem wurde, ist der langsame Satz von Debussys „Iberia". Nie, während all der Jahre, da diese Musik auf dem Programm erschien, ist der fragliche Teil befriedigend oder sauber vorgetragen worden. Trotz der unzähligen Proben verfielen wir bei der Aufführung immer in ein heilloses „Schwimmen". Bei der Verzwicktheit dieser besonderen Passagen ließ uns Toscaninis eigenartiges Gefühl für den Fluß dieser Musik irgendwie immer in der Luft hängen, und wir wußten nie, welcher Taktteil welchem Schlag eigentlich entsprach. Es wurden viele Taktstöcke zerbrochen, Pulte demoliert und unglückliche Musiker durch rücksichtslosen Drill zur Verzweiflung getrieben, weil Toscanini sich darauf versteift hatte, die Musik auf diese Weise – seine Weise – zu dirigieren, unabhängig von dem, was immer dabei geschehen mochte. All die Verwirrung und Aufregung hätte mit Leichtigkeit gebannt werden können, hätte Toscanini die fraglichen Passagen mit mechanischer Genauigkeit dirigiert, wie es alle anderen Dirigenten tun. Aber sein wilder Stolz widersetzte sich einer solchen Lösung. Es schien mir, daß er eher zu sterben bereit gewesen wäre, als für bloße Zusammenspielzwecke mechanisch zu dirigieren, was seiner Meinung nach bei der pflichtgemäßen Eigenbemühung des Orchesters als überflüssig erklärt werden muß.

Im Lichte dieser Beschreibung von Toscaninis Dirigierphilosophie erscheint sein wüstes Anrennen gegen die Bläser der „schartigen" Bohème-Aufführung doppelt verdammenswert. Wenn Anteks Feststellungen zutreffend sind (und man hat keinen Grund zur Annahme des Gegenteils, da er selbst bei seinem gelegentlich negativen Befund immer von einem Pro-Toscanini-Standort aus spricht), dann ist es erwiesen, daß Toscanini eine wesentliche Funktion des Dirigierens bewußt mißachtete. Wenn er der Ansicht war, daß das Orchester ein präzises Ensemblespiel auf sich selbst gestellt ohne kapellmeisterliche Einwirkung bewerkstelligen müsse (was von Ausnahmefällen abgesehen absurd ist), dann hätte er wenigstens nicht mit einem zu früh losgelassenen Zucken ins Ensemblespiel hineinpfuschen sollen. Mit dem Verantwortlichmachen der Musiker für die Folgen eines doppelt falschen Dirigieraktes hat er nach dem Muster der despotischen Rechthaberei von Diktatoren gehandelt, die ihr Reich falsch führen, aber von den Untertanen trotzdem gute Resultate verlangen. Über die künstlerische Befugnis eines Dirigenten besteht keine grundsätzliche Meinungsverschiedenheit (obgleich eine unverbindliche Mitsprachefunktion der Untergebenen auch in dieser Hinsicht nicht gänzlich ausgeschlossen sein sollte). Aber eine behindernde oder gar kompromittierende Ausführungsmethode sollte kein widerspruchsloses Erdulden beanspruchen können. Ein Dirigent, der seine Aufgaben nur im „Dirigieren" des Werkes, und nicht auch im „Dirigieren" des Orchesters sieht, ist wie ein Baumeister, dem nur der Anblick und die Silhouette seines Bauwerkes am Herzen liegt und sich nicht um ein eventuelles Einstürzen des strukturell fahrlässig gebauten Komplexes kümmert.

Diese Umstände konnten auch Antek, diesem im Grunde empfindsamen und intelligenten Musiker, nicht verborgen sein. Sein menschlicher und fachmännischer Eifer hat ihm tatsächlich nicht erlaubt, die Schattenseiten des Toscaninischen Wirkens, in Musik wie in Menschenbehandlung, zu verschweigen. Aber er bringt es nicht fertig, darin zu einem verurteilenden Verdikt zu gelangen. Die Toscaninischen Mißbräuche werden immer nur berichtet, nie wertend klassifiziert. Ekstatische Ausdrücke werden nur für die Schilderung der fruchtbaren Seiten von Toscaninis Wirken gebraucht, nicht aber für die Enthüllung von dessen Auswüchsen. Dementsprechend strotzt Anteks Buch von katzbuckelnder Lobhudelei. In seiner Beschreibung ist Toscanini als Musikvermittler ein Koloß, der hoch am musikalischen Horizont aufragt. Gegen ihn seien alle anderen Dirigenten wenig mehr als Lehrlinge, und er ist von Antek für die Welt des Podiums noch zu seinen Lebzeiten heiliggesprochen worden.

Die Erklärung für diese einseitige, das Negative duldende und das Positive geradezu anhimmelnde Haltung dem „Maestro" gegenüber ist die Toscanini-Trunkenheit, von der die ganze Musikwelt erfaßt wurde. Diese Epidemie wurde durch die großsprecherische Manie der menschlichen Natur, die alles Beeindruckende sofort durch ein Vergrößerungsglas sieht, nur noch mehr geschwellt. Die Hauptnahrung für diese Einstellung ist die Autosuggestion.

Diese hat zwar ihren Ursprung in einer äußeren Quelle, aber es gibt in den Wechselwirkungen einen Punkt, von welchem an die Wirkung selbsterzeugend ist. Dieses Phänomen könnte man Münchhausenkomplex nennen. Die Neigung, alles aufzubauschen und auszuschmücken, ist dabei am Werk. Man redet sich in den Glauben an die eigenen Übertreibungen und Erfindungen hinein.

Viele Menschen haben den Kitzel, etwas Erlebtes oder Erzähltes in der Wiedererzählung zweimal so groß, stark, schön oder – je nach der Natur der Sache und der persönlichen Einstellung dazu – gefährlich und furchtbar erscheinen zu lassen. Wenn einer einen steckengebliebenen Zweisitzer-Sportwagen mit einem Stoß der Hände wieder flottgemacht hat, dann wird aus der Kraftwanze in der Erzählung ein Lastwagen. Und wenn von einem weltberühmten Dirigenten die Rede ist, dann weiß man von ihm zu erzählen, daß er ein seit 50 Jahren nicht mehr gespieltes und auch nicht mehr gehörtes Musikstück aus dem Gedächtnis mit nur einem einzigen Fehler niedergeschrieben hat. Aus Realitätsrücksichten geht die Übertreibung nicht bis zur absoluten Fehlerlosigkeit, wie auch der sagenhafte Jäger sich nur mit dem Erlegen von 999 Hasen brüstet, weil er wegen eines einzigen lumpigen Hasen, mit dem er seine Beute auf 1000 aufrunden könnte, nicht zum Lügner werden will.

Derselbe Dirigent (dreimal darf man raten, wer es ist), der das vergessene Musikstück fast fehlerlos niedergeschrieben hat, hat auch andere mnemotechnische Heldentaten vollbracht. Er beherrschte die Orchesterliteratur so unfehlbar auswendig, daß er bei einer unmittelbar vor Konzertbeginn erstatteten Meldung eines Defekts in der Applikatur eines Fagotts im Nu wußte, daß die davon betroffene tiefe Note in keiner Programmnummer vorkam und somit einen störungsfreien Spielablauf nicht in Frage stellte. Dieser durch alle Toscanini-Biographien (jetzt weiß man's) hindurch hallende Gedächtnis-Heldengesang wird von der idiotischen Annahme geschwellt, daß der Fagottist nicht auch schon ohne Toscaninis Versicherung wissen konnte, wieweit sein defektes Instrument für das Programm noch funktionsfähig war.

Schauen wir uns jetzt aber auch andere Dirigenten an, die – an Toscanini gemessen, nach Anteks Urteil – kaum mehr als Lehrlinge waren. Mitropoulos hatte ein Gedächtnis, das jenes von Toscanini um ein mehrfaches übertraf (er konnte sogar die Probenziffern in den Stimmen und die Musikstellen, von diesen Ziffern vorwärts oder rückwärts gerechnet, auswendig angeben), doch hat niemand Bücher über ihn geschrieben, um dieses mnemotechnische Wunder münchhausisch zu besingen. Schuricht, zum Beispiel, hatte als Dirigent (nur durch die Musik und nicht durch sein Benehmen ausgedrückt) mehr hinreißenden Schwung als Toscanini. Kleiber seinerseits war ihm (und nicht nur ihm) in bezug auf Schlagtechnik weit überlegen. Und mit Szell verglichen war Toscanini ein Dilettant in Vollkommenheitsfanatismus. Wohl war er ein lärmender, aber auch ziemlich erfolgloser Vollkommenheitsreiter, wovon seine Schallplatten zeugen. Kussewitzky war ein Konkurrent mit mehr musikantischer Naturhaftigkeit, Furtwängler mit mehr Vertiefung, Knappertsbusch mit mehr Leidenschaftlichkeit und Walter mit mehr Rührung. Doch machte man aus diesen Notabeln bei aller Anerkennung und sogar Bewunderung keine münchhausischen „Fabeltiere".

Toscanini hatte keine Eigenschaft, in der er von den Genannten und manch anderen im einzelnen oder auch in macherlei Kombination nicht erreicht oder gar übertroffen worden wäre – ausgenommen eine: seine wahrhaft überlebensgroße Pöbelhaftigkeit. Diese durch Macht aufgestützte, in diesem Maße nie vorher gekannte Grobheit und Arroganz und die davon erzeugte hypnotische Faszination waren der Ausgangspunkt seines Ruhmes oder vielmehr seiner Berüchtigtheit. Es wurden bei der Musikerschaft mehr und mehr Legenden über das erzählt, was sich Toscanini in den Orchesterproben an skandalösem Benehmen leistete. Man sah seinem ersten Auftreten bei einem Orchester schon mit Zittern und Beben, aber auch mit einer bis zum Bersten gesteigerten Spannung entgegen. Hatte man aber die Begegnung mit heiler Haut überlebt (obwohl das Zittern und Beben auch nachher nicht aufhörte), dann konnte man sich beglückwünschen, mit der Legende in Berührung gekommen und von ihr in den Kreis der Eingeweihten gezogen worden zu sein. Dieses Beteiligtsein an der Legende, dieses Ein-Teil-von-ihr-geworden-Sein ist die Erklärung für den künstlerischen Koitus, den die byzantinischen Bewunderer im Orchester beim Toscaninischen Dirigieren erlebt zu haben glaubten.

Deswegen ist ein Buch wie jenes von Antek, trotz seiner eigenen unter Toscanini erlittenen harten Prüfungen, aus einer Einstellung untertäniger Anbetung heraus geschrieben. Aus demselben Grund führen sich seine Leser (und auch die des Tschotzinoff-Berichts über die Bohème-Aufführung) die Lektüre von den barbarischen Wutausbrüchen Toscaninis zu Gemüte, als wenn diese ein Säuseln des Frühlingszephyrs gewesen wären. Toscaninis Anhänger, die ihn vorzugsweise wegen seines Musikertums, und jene anderen, die ihn vornehmlich wegen seiner Gerechtigkeitsliebe auch noch nach seinem Abgang bewundern, können unter sich ausmachen, welche von ihnen sich mehr blamiert vorkommen sollen. Die Lösung dieser Alternative mag durch den Umstand erleichtert werden, daß sich Toscanini seiner in beiden Bezirken begangenen Fehltritte nicht ganz so unbewußt war, wie es seine Fackelträger wahrhaben möchten.

Die Annahme ist nicht von der Hand zu weisen, daß Toscanini, nachdem seine Unart berüchtigt geworden war, sich zu deren bewußter Pflege sozusagen verpflichtet fühlte. Das Schreien und Stampfen in den Proben ist seine Warenmarke geworden, ohne die vielleicht sogar seine Identität bezweifelt worden wäre. Seine möglicherweise willkürlich angenommene Rolle als die eines Berserkers auf dem Podium – eine allerdings gerne und lebensgetreu gespielte Rolle – ist im späteren Verlauf seiner Karriere auch noch ein wissenschaftlich und gerichtlich beglaubigtes Privileg geworden.

Diese Distinktion erreichte Toscanini, als bei dem gerichtlichen Prozeß wegen der Augenverletzung eines Musikers mit dem Taktstock eine bekannte Autorität im Jahre 1919, ein gewisser Annibale Pastore, Philosophie- und Psychologieprofessor an der Universität in Turin, ein rettendes Gutachten abgab. Von der ausführlichen psychologischen Studie seien nur ein paar hervorstechende Sätze wiedergegeben.

> Bei hervorragenden Gelegenheiten wird dieser Fürst des Dirigententums dermaßen von einem heiligen Fiebereifer ergriffen, daß ihn seine normale Persönlichkeit verläßt. Wie von Geistern besessen, ist er in solchen Momenten ganz außer sich und jedem hemmenden Einfluß normaler Nervenreaktionen entrückt. In der Übersteigerung seiner Kunstbegeisterung fällt er den Fängen der Kunst zum Opfer, und seine Fähigkeit, zwischen Gut und Böse zu unterscheiden, ist den extremen Fluten und Ebben seiner Gefühlserregbarkeit unterworfen.

Dieses Gutachten hat dazu beigetragen, daß Toscanini von der Schuld der absichtlichen Körperverletzung freigesprochen wurde. Wäre aber nicht doch gerade dieses Charakterbild ein Grund gewesen, ein Dirigierverbot über Toscanini zu verhängen! Ein Kapellmeister, der im oben charakterisierten Zustand dirigiert, ist dem Autofahrer vergleichbar, der mit seinem

Wagen betrunken durch die Straßen rast. Wie aber ein Auto nicht nur ein Gaspedal, sondern auch eine Bremse hat, die in geeigneten Momenten ebenfalls betätigt sein will, so müssen sich auch beim Agieren eines Dirigenten Ekstase und Beherrschtheit die Waage halten. Es wird oft gesagt, das Orchester sei sein Instrument. Wenn aber ein Dirigent dieses sein Instrument mit derselben Sorgfalt behandelt wie der betrunkene Fahrer seinen Wagen, dann ist es ein Glück, daß er nicht Geige oder Cello spielt. Man könnte ihm kein wertvolles Instrument in die Hand geben. Kann man sich vorstellen, daß ein Geiger seine Stradivari so brutal behandeln würde, wie Toscanini das ihm unterstellte Künstlerpersonal? Sollte aber ein Orchester weniger schonend behandelt werden, nur weil es aus Menschen besteht?

Die Bühnenkunst wäre auch ein Beruf, in welchem man sich in der Hitze der Betätigung noch mehr als beim Dirigieren zu einem unbeherrschten Benehmen hinreißen lassen könnte. Nennt man aber die Schauspieler, die der Versuchung, dick aufzutragen, erliegen, nicht Schmierenkomödianten? Verdient ein Dirigent, der sich keine Schranken zu setzen weiß, eine bessere Bezeichnung? Einen stürmischen Ausbruch erlaubt sich ein berufener Schauspieler nur, wenn seine Rolle es verlangt. Die Rolle des Dirigenten verlangt aber einen solchen Ausbruch nie, denn man darf nicht vergessen: in der Orchestermusik wird der Ausbruch im Endeffekt vom Orchester und nicht vom Dirigenten besorgt. Er gibt nur die Andeutung und das Zeichen dazu. Wenn der Dirigent selbst außer Rand und Band gerät, dann weiß man, daß er es weder für die Musik noch für die Musiker tut, sondern einzig und allein zu seiner eigenen Befriedigung. Im Fall von Toscanini war das um so mehr erwiesen, als seine Ausbrüche ja immer nur in den Proben stattfanden, in denen solche als Zeichen der Hingerissenheit noch weniger Sinn haben als bei Aufführungen.

Unter Berücksichtigung dieses Umstandes ist die obige psychologische Expertise ein wenig naiv. Der Psychologe hat mitten im eigenen Wortschwall vergessen, den wahren Tatbestand aufzudecken. Er übersah vollkommen, daß all die hochtrabend stilisierten Feststellungen gegenstandslos sind, wenn sie nicht auf das Benehmen Toscaninis in den Proben, sondern auf sein Benehmen in den Aufführungen bezogen werden. Dem Konzertpublikum hat ja Toscanini immer das Bild eines hochzivilisierten Dirigenten geboten. Am Abend auf dem Podium war er nie außer sich, er hat vor dem vollen Saal nie geschimpft, Partituren zerrissen oder einem Musiker mit dem Taktstock ein Auge ausgestochen. Warum hat der Psychologe nicht darauf hingewiesen, daß diese Heldentaten nur den Proben vorbehalten blieben? Weil er dann die Zauberwirkung der Musik nicht als Grund für das schlechte Benehmen Toscaninis hätte vorschützen können. Wenn die Musik überhaupt eine charakterverderbende Wirkung haben kann, so doch auch in den Aufführungen, nicht nur in den Proben. Der Gerichtsexperte hat sich mit dem Ignorieren dieses Umstandes zu einem naiven wissenschaftlichen Stümper, wenn nicht gar zu einem parteiischen Helfershelfer Toscaninis gestempelt. Er hätte sagen müssen, daß Toscanini einfach dem Weg des geringsten Widerstandes folgte, daß er seinem schlechten Charakter freien Lauf ließ, wo er konnte, nämlich in der Orchesterprobe. Der Experte sagte, daß Toscanini bei „hervorragenden Gelegenheiten" von einem heiligen Fiebereifer ergriffen wurde. Seit wann ist eine Orchesterprobe eine hervorragende Gelegenheit? Damit konnte aber nur eine Orchesterprobe gemeint sein, denn die Charakterschilderung Toscaninis paßte nicht auf sein Benehmen bei der wahrlich hervorragenden Gelegenheit einer Abendaufführung. Weshalb nicht, das ist leicht zu erklären, und in dieser Beziehung kann das Urteil über ihn insofern gemildert werden, als die Erklärung für alle Dirigenten gleichermaßen gilt.

Man weiß, daß selbst ein gesellschaftlich weniger exponierter Ladeninhaber mit seinen Angestellten normalerweise nicht in der Anwesenheit von Kunden schimpft. Sein Schimpfen wird entweder für die Perioden flauen Geschäftsganges aufgespart oder in einen hinteren Lagerraum verlegt. In ähnlicher Weise wahrt auch ein Dirigent im öffentlichen Konzert mehr oder weniger den Schein. Der Schauplatz der großen Familienszenen zwischen Dirigent und Orchester ist die Orchesterprobe.

Wenn wir nun die zivilisierten weißen Raben unter den Dirigenten, die ihre Machtposition unter keinen Umständen mißbrauchen, als Ausnahmefälle betrachten wollen, so heißt es nicht, daß die anderen, nämlich die grobschlächtigen Kapellmeister, aufgrund ihrer anerkannten Garstigkeit, sozusagen als „Normalfälle", einen Freibrief haben, in den Proben nach Toscaninischer Art ohne weiteres ihr Unwesen zu treiben. Die tatsächlichen Zustände hängen vom Verhältnis der kapellmeisterlichen Machtstärke und der Sozialstellung des betreffenden Orchesters ab. Es gibt manche, deren Sozialrechte auf so schwachen Füßen stehen, daß vor ihnen jeder Kapellmeister sich wie ein Dirigiernapoleon fühlen kann. Es gibt aber heute mehr und mehr Orchester, bei denen auch der verwöhnteste Taktstockheld sich in acht nehmen muß.

Die opportunistische Erbärmlichkeit der tyrannischen Dirigenten (nicht unähnlich derjenigen der politischen Diktatoren) enthüllt sich jedesmal unfehlbar, wenn sie sich einer selbstbewußten, entschlossenen und dabei starken Gegenkraft gegenübergestellt sehen. Der Psychologieprofessor, der über Toscanini ein so großartig verschnörkeltes und geschwollenes Gutachten abgab, vergaß auch an diesem Punkt, das Wesentlichste und Nächstliegende auszusprechen, daß nämlich die extremen Fluten von Toscaninis Gefühlserregbarkeit bald zu einer lächerlichen Pfütze abgeebbt wären, hätten bloß die von ihm dirigierten Orchester verweigert, sich überschwemmen zu lassen. Das Rückgrat, das solche Manöver zur Voraussetzung haben, war bei den Orchestern während Toscaninis Glanzzeit vorerst nur spärlich vorhanden. Außerdem hatte sich um ihn herum eine besondere Situation herausgebildet. Es war irgendwie zur Tradition geworden, daß ihm für sein Benehmen bei allen Orchestern carte blanche gegeben wurde. Und doch gab es damals schon Anzeichen dafür, daß selbst er in die Schranken gewiesen werden konnte. Dazu war nichts anderes nötig als Selbstbewußtsein, Entschlossenheit und organisatorischer Zusammenhalt, wovon besonders letzterer die Errungenschaft der nächstfolgenden Sozialentwicklung war.

All das war offenbar bei der Londoner Philharmonie bereits in einem erfreulichen Maß vorhanden, als Toscanini dieses Orchester in den dreißiger Jahren dirigierte. Die erste Hälfte der ersten Probe bei seinem Gastauftreten verlief mitten im wohlbekannten Toscaninischen Gewittersturm (vielleicht auch nur um die Reißfestigkeit der legendenhaften englischen Geduld auf die Probe zu stellen). In der Pause aber muß sich Toscanini die Augen gerieben haben, als der Orchestervorstand auf ihn zutrat und mit unnachahmlichem englischem Phlegma sagte: „Lieber Maestro, wir freuen uns, Sie bei uns zu Gast zu haben, aber wir bezweifeln, daß wir das Konzert unter den gegebenen Umständen durchführen können." Toscanini war nicht so dumm, daß er den Wink nicht verstanden hätte. Zwar war er Orchestern auch mal wutentbrannt oder gekränkt davongelaufen, aber immer nur wenn er sicher war, daß man ihn zurückrufen würde. Die obige, in knappe Freundlichkeit gekleidete Warnung ließ aber für den Fall eines verschnupften Ausrückens keine Illusion über einen solch günstigen Ausgang der Affäre zu. Und die Folge war, daß Toscanini für den Rest der Zusammenarbeit den Musikern aus der Hand fraß.

Von einem ähnlichen Erlebnis mit einem anderen italienischen Dirigierstreithahn, Leopoldo Mugnone, berichtet Beecham in seinem Buch „Mingled Chime" (in annähernder Übersetzung „Bunte Klänge"). Sein Bericht ist ein Beleg für die sehr praktische Theorie, daß ein Dirigiertyrann nur Schwächeren gegenüber ein Held ist und sehr wohl lammfromm werden kann, wenn er mit einer stärkeren Macht konfrontiert wird. Der bewußte Mugnone war ein Vorläufer Toscaninis, und zwar nicht nur chronologisch, sondern auch charakterlich, was soviel bedeutet, daß er die Rolle des Löwen und die des Lammes gleich talentiert zu spielen verstand. Beecham, der bei der geschilderten Konfrontation als Impresario fungierte, zeichnet das Porträt von Mugnone mit der ihm eigenen stilistischen Eleganz.

Wie manch andere unter seinen Kollegen war er ein Mann von feurigem, unbezähmbarem Temperament, der keinen Arbeitstag hinter sich bringen konnte, ohne mit Sängern, dem Chor und dem Orchester stürmische Szenen aufzuführen und den ganzen Spektakel noch mit der Drohung zu krönen, daß er unverzüglich nach Italien zurückkehren werde. Der Höhepunkt dieser Fieberanfälle wurde meistens nach den Proben in meinem Bureau erreicht, wo es mir nach dem sechsten oder siebten Fall zu bunt zu werden begann. Dementsprechend habe ich mich für den nächstkommenden Fall gestiefelt und gespornt und ihn ungefähr mit der folgenden Eröffnung empfangen: „Mein lieber Freund, es betrübt mich unsagbar, Sie so furchtbar unglücklich zu sehen. Wir mögen Sie recht gut leiden, es ist jedoch offenbar, daß Sie uns gar nicht leiden mögen. Ich weiß, Sie wollen uns zum frühestmöglichen Zeitpunkt verlassen, aber fühlen sich vielleicht durch Pflichteifer gebunden, hier auszuharren. Nun bin ich jedoch durchaus bereit, Sie von Ihrem Vertrag auf der Stelle zu befreien, und ich habe sogar schon ein übriges getan, indem ich heute früh Fahrkarten für Sie und Ihre Familie gekauft habe, die Ihnen ermöglichen – wenn Sie es so wünschen –, die Rückreise nach Mailand morgen schon anzutreten." Also gesprochen, zog ich die Karten aus der Tasche und streckte die Hand aus, um sie ihm zu überreichen. Nun habe ich in meinem Leben eine erkleckliche Anzahl Menschen mit verdutzter Miene gesehen, aber noch keinen so wie diesen ehrenwerten Italiener. Er schnappte nach Luft, rollte die Augen, fuhr mit den Fingern durch die Haare, und nachdem er zum Sprechen wiederholt Anlauf genommen hatte, platzte er schließlich mit der Beteuerung heraus: „Ich werde Sie niemals verlassen." „Oh, doch, Sie werden uns verlassen" – antwortete ich. „Ich kenne Sie besser als Sie sich selbst." Daraufhin folgte eine lange Erklärung mit Rechtfertigungen und Beteuerungen, daß er mißverstanden wurde, daß er London sehr liebe und den Rest seiner Tage hier zubringen möchte. Er hätte ja doch erst begonnen, die englischen Gebräuche zu verstehen und er werde zeigen, wie reibungslos er in Zukunft mit jedermann am Arbeitsplatz auskommen werde. Da er den größten Teil seiner Streitereien ja gar nicht mit dem englischen Element, sondern mit seinen eigenen Landsleuten in der Organisation hatte, war ich von der Einlösung dieses Versprechens nicht völlig überzeugt. Da ich aber sah, daß ich ihm doch einigen Eindruck gemacht hatte, steckte ich die Fahrkarten wieder in die Tasche und hoffte das Beste für die weitere Entwicklung. Unser kleiner Meinungsaustausch zeigte in der Folge, tatsächlich eine wohltuende Wirkung ausgeübt zu haben, denn von da an habe ich von keiner Friedensstörung mehr gehört.

Mugnones Fall muß sich in seiner Heimat bald herumgesprochen haben, denn der etwa zehn Jahre jüngere Toscanini wußte schon, als er ihm in England nachgerückt war, wie weit er den Bogen bei den Briten spannen durfte. Mugnones Beispiel und auch seine eigenen Erfahrungen haben aus Toscanini für die Dauer seiner englischen Gastdirektionen einen solch zivilisierten Mann gemacht, daß er für seine kontinentalen Freunde nicht wiederzuerkennen war.

Ein plötzliches Frommwerden Toscaninis kam ab und zu auch mal während seiner langjährigen Zusammenarbeit mit den sonst garstig behandelten New Yorker Philharmonikern vor. Bei solchen Gelegenheiten mochten sich viele Mitglieder des Orchesters ungläubig gewundert haben, was denn in ihn gefahren sei. Der geheime Grund seines gelegentlichen und immer nur sehr kurzlebigen Sittsamwerdens in New York war eine von beleidigten Orchestermitgliedern oder vom Vorstand selbst diskret erstattete Anzeige an den Musikerverband. In Amerika, wo die Orchester im Notfall nicht von ihrem eigenen Vorstand, sondern vom Musikerverband in frische Windeln gewickelt werden, kommt es vor, daß der Verband – wenn er sich vor seiner Aufgabe schon gar nicht mehr drücken kann – sich ein Herz faßt und Schritte unternimmt, wenn gegen einen gar zu übermütig gewordenen Kapellmeister geklagt wird. Die Orchester machen zwar von diesem Privileg nur spärlich Gebrauch, denn hat einmal der Verband seine Schuldigkeit getan, müssen sie ja mit dem nun gewitzt rachsüchtigen Kapellmeister weiterleben. Trotzdem sind solche Beschwerden zuweilen unumgänglich, und so hat sich auch sogar der aalglatte Stokowski mal erwischen lassen.

Großen Dirigierautoritäten gegenüber schlägt der Verband allerdings nicht sofort Alarm. Ein Verbandsfunktionär wird heimlich in die Orchesterprobe geschickt, der dort die Vorgänge vorerst von einer versteckten Ecke aus beobachtet. Er erstattet dann der Verbandsleitung Bericht, die den betreffenden Stardirigenten je nach dem Befund, aber immer nur mit behandschuhten Händen anfaßt. Nur gegen die weniger bekannten Dirigiergrößen gebärdet sich der Verband fürchterlich, wenn er es gegebenenfalls opportun findet, gegen einen Vertreter dieser Kategorie vorzugehen. Bei Toscanini kam er aber nicht einmal dazu, seine zu diesem Zweck bereitgehaltenen Glacéhandschuhe auch nur aus der Schachtel zu nehmen. Wenn nämlich Toscanini alle Schaltjahre vielleicht einmal hinterrücks angezeigt wurde (was übrigens in krassem Widerspruch zu den öffentlich geleisteten Liebedienereien steht), dann wurde es ihm von irgendeinem Mitwisser hinterbracht, so daß der zur Probe beorderte Verbandsspion immer nur einen Toscanini vorfinden konnte, der die Sittsamkeit selbst war. Am nächsten Tag, wenn der schleichende Beobachter nicht mehr anwesend war, ließ Toscanini die Maske freilich wieder fallen. In diesen Situationen hat sich seine Bauernschlauheit offenbar besser bewährt als die weltmännische Unbekümmertheit Stokowskis, der einmal mittels der schleichenden Verbandsstrategie erwischt und verwarnt wurde.

Und so ist Toscanini, der mehr als irgendein anderer Kapellmeister verdient hätte, Mores gelehrt zu werden, am Ende immer ungeschoren davongekommen. Bis auf ganz wenige Widerstandsfälle hat dieser Mann es fertiggebracht, einen großen Teil der Musikerschaft in der westlichen Kultursphäre nahezu 70 Jahre lang unwidersprochen zu drangsalieren und gleichzeitig vom Weltpublikum und teilweise sogar von seinen untergeordneten Opfern (von letzteren offenbar nicht durchweg aufrichtig) angebetet zu werden. Daß es mit dieser Aufrichtigkeit haperte, ist auch in einem vom New Yorker „Atheneum" herausgegebenen Toscanini-Buch des amerikanischen Musikliteraten George Marek bekräftigt. Der von ihm erwähnte Fall begab sich in der Metropolitan-Oper während des Direktorats von Giulio Gatti-Casazza. Er schreibt:

> … In der nächsten Probe, die schlecht ging, rückte Toscanini dem Orchester scharf auf den Leib, wobei er sein Arsenal italienischer Schimpfworte ins Feld führte. Daraufhin marschierte eine Delegation des Orchesters zu Gattis Büro. Dieser hörte ihre Beschwerde (sie seien noch nie so beleidigt worden) an und sagte dann mit einem Achselzucken: „Ihr solltet hören, was für Ausdrücke er mir gegenüber gebraucht!" Trotz dieses Beschwichtigungsversuches trat das Orchester in den Ausstand. Der Konflikt wurde in der Folge durch ein Schiedsgericht geschlichtet, doch mußte sich das Orchester wohl oder übel an die rauhe Sprache seines Leiters gewöhnen.

Beschwerden gegen Toscanini, wie die im Marek-Buch berichtete und auch manch andere, haben ihn (wie die Berichte ebenfalls zeigen) an der Fortsetzung seines anstößigen Benehmens nicht im geringsten gehindert. Aber jedenfalls konnte Toscanini dann schon nicht mehr geltend machen, daß er sich seines eigenen Benehmens nicht bewußt war. Und gerade darin war der Gerichtsexperte unangebracht entgegenkommend. Der Psychologieprofessor, der diesen Mann Toscanini als unfähig der Unterscheidung zwischen Gut und Böse unter der Wirkung der Kunst erklärte, hätte seine Expertise nicht so schmählich prostituiert, wenn er den Umstand gebührend herausgestrichen hätte, daß andere Menschen unter der Einwirkung dieser selben Kunst sozialethisch verfeinerte Empfindungen entwickeln. In diesem Lichte hätte die kulturfeindliche Kunstpflege Toscaninis, die eine im Grunde verrottete, asoziale Gesinnung offenbarte, für den Gerichtsentscheid mitnichten mildernd, sondern erst recht erschwerend ins Gewicht fallen sollen.

Auf dasselbe Blatt gehört gewissermaßen das Verhältnis des Dirigenten zum Opernpersonal. Die Zivilisation, die im Orchestergraben schon zu einem erträglichen System geführt hat, funktioniert nicht immer so reibungslos im Verkehr mit der Bühne. Die persönlichen Empfindlichkeiten, die beim Orchester keine wesentliche Rolle spielen, können bei den Opernsängern und besonders -sängerinnen ein großer Stein des Anstoßes sein. Die Funken einer Meinungsverschiedenheit zwischen dem Dirigenten und einem Rollenträger können noch während der Aufführung weiter unter der Asche glimmen. Man sieht und auch hört den Dirigenten mitten im Dirigieren durch halbzusammengepreßte Lippen ein dumpf verbissenes Schimpfen gegen die Bühne ausstoßen. Die Sänger zahlen dann diese „Freundlichkeit" damit heim, daß sie vereinbarte Tempos, Pianos und Fermaten über den Haufen singen.

Ein Dirigent, der nicht müde wurde, dieses ebenso aufdringliche wie fruchtlose Schauspiel in Opernvorstellungen als Nebenspektakel immer wieder von neuem aufzuführen, war Joseph Rosenstock. Von all seinen zahlreichen geistesverwandten Kollegen verdient er eine besondere Erwähnung, weil er wahrscheinlich der einzige Dirigent in der ganzen Musikgeschichte ist, dessen Nörgelsucht es fertiggebracht hat, mitten in einer Carmen-Aufführung die Sänger zum Improvisieren eines neuen Opernschlusses zu treiben und damit in der kapellmeisterlichen Verstänkerung von Aufführungen alles bis dahin Geleistete zu übertreffen.

Dieser Joseph Rosenstock war ein fachlich durchaus ernst zu nehmender Dirigent, ein wenig professoral und pedantisch, aber nicht ohne Phantasie und Schwung. Vor allen Dingen war er ein überlegener Beherrscher des Stoffes und ein sauberer Taktschläger. Im Besitze dieser Qualitäten hat er verdientermaßen in Deutschland, Amerika und Japan in den besten Häusern gearbeitet. Nach dieser erschöpfenden Biographie kann man fragen, wozu er Grobheit nötig hatte, um sich bei seinen Untergebenen in Respekt zu setzen. Seine Unfähigkeit, die wahren Grundlagen seiner Autorität, nämlich sein solides Können, zu erkennen und ausschließlich zu pflegen, hat in einer Opernaufführung die skurrilste Kalamität heraufbeschworen, die vor einem Theaterpublikum überhaupt passieren kann.

Es begab sich in Chicago in den mittleren fünfziger Jahren, daß Rosenstock bei der Leitung einer Carmen-Aufführung den Tenor andauernd mit bösartigem drohendem Gefuchtel bedrängte. Dieser Tenor, ein später noch in jungen Jahren tragisch verstorbener Italo-Amerikaner namens David Poleri, Besitzer einer selten schönen, sinnlich timbrierten Stimme und eines gewinnenden Äußeren, hatte nicht nur um Carmen und mit Escamillo, sondern auch gegen Rosenstock zu kämpfen. Es mag sein, daß er sich trotz seiner sonst passablen Musikalität und Bühnengewandtheit nicht ganz nach der Leitung richtete, doch dachte er offenbar, daß die öffentliche Aufführung nicht die passende Gelegenheit war, ihm die Rolle unter Gezappel, Geknurre und Fratzenschneiden einzustudieren. Und so, bei seiner letzten Haderszene mit Carmen vor der Erdolchung, riß ihm die Geduld, er schmiß sein Messer zu Boden, drehte sich herausfordernd zum Dirigenten und rief aus (hier auf deutsch wiedergegeben): „Machen Sie Ihren Dreck alleene." Daraufhin marschierte er ab stolz wie ein Spanier. Die arme Carmen (von der stimmlich wie figürlich „sexy" Gloria Lane verkörpert) blieb verlassen und hilflos auf der Bühne zurück und mußte zum ersten-, aber wahrscheinlich auch zum letzten Mal in der Operngeschichte Selbstmord begehen, um dem hereinströmenden Volk Anlaß zum vorschriftsmäßigen Entsetzen zu geben.

Daß der Tenor auf der Stelle entlassen wurde, ist nur die Hälfte des Epilogs, denn zwei Jahre später sang er mit derselben Kompanie wieder, wodurch bewiesen wurde, daß die kapellmeisterliche Grobheit die ihr zugeschriebene autoritäre Wirkung, wenigstens in diesem Fall, nicht auszuüben vermochte. Sie hat weder eine Aufführung retten noch einen Sänger einschüchtern, noch einen schweren Disziplinbruch wirksam strafen können.

Das Störende bei Vorgesetzten ist nicht die gelegentliche, durch echte gedankliche Vertiefung, Geistesabwesenheit und Probenzeitnot veranlaßte Schroffheit, die zudem bald verflogen ist und sogar bereut wird, sondern die gezüchtete, chronische Schroffheit als Fassade nichtexistierender Gedankentiefe und Männlichkeit. Wenngleich kein Orchestermusiker oder Sänger von einem Dirigenten erwartet, daß er sich läppisch benimmt, um freundlich zu scheinen, so wird es diesem anderseits auch nicht nachgesehen, wenn er grob ist, um autoritär zu wirken. Eigentlich ziehen die Orchestermusiker eine straffe Führung einer weichlichen durchaus vor. Aber sie müssen fühlen, daß die Straffheit im Dienst an der Sache und nicht am „Ich" begründet ist.

Die Orchestermusiker wollen von einem Dirigenten geleitet werden, der so groß ist, daß er sich das Kleinsein ohne Autoritätsverlust leisten kann, anstatt einen Dirigenten zu erleiden, der sich aufblasen muß, um seine Kleinheit zu verbergen. Es gibt natürlich einen dritten Typ, den Haupttyp, der dieses Kapitel eigentlich veranlaßt hat, und das ist der große Dirigent, der keine Aufgeblasenheit nötig hat und sich trotzdem aufbläst. Seine gleichsam pathologische Verirrung wird klar, wenn man ihm seinesgleichen ohne Pathologie gegenüberstellt. Dann wird man entdecken, daß die guten Geister unter den Dirigenten eine solch beachtenswerte Gruppe bilden, daß sie schon gar nicht mehr als Ausnahme, sondern als eine zweite Regel gelten können.

Es hat der Autorität von Joseph Haydn, der dreißig Jahre Kapellmeister des Eszterhazyschen Orchesters war, keinen Abbruch getan, von den ihm unterstellten Musikern Papa Haydn genannt zu werden. Eine unvorstellbare Anredeform für einen neuzeitlichen Generalmusikdirektor! Könnte man sich einen Papa Klemperer, einen Papa Toscanini oder Papa Mahler vorstellen? Haydn hatte aber auch eine andere, höchst unkapellmeisterliche Eigenschaft. Er hatte die Gewohnheit, sein Wort zu halten, und mehr noch, für eine ihm erwiesene gute Tat dankbar zu sein, und zwar für den Rest seines Lebens. Beweis dafür ist sein Testament, das folgenden Paragraphen enthält: „... Der Jungfrau Anna Buchholzin 100 Florin, weil mir ihr Gross Vatter (Marktrichter Anton Buchholz) in meiner Jugend und äußersten Noth 150 Florin ohne Interessen geliehen, welche ich aber schon vor 50 Jahren bezahlt habe..."

Jedem Musikfreund muß es das Herz wärmen, daß der heitere Adel der Musik von Papa Haydn den Menschen getreu widerspiegelt. Es sollte denn keinem Dirigenten gestattet sein, eine Haydn-Symphonie zu dirigieren, ohne dieses Testament gelesen zu haben.

Wenn ein Kapellmeister wie Haydn 30 Jahre an ein und derselben Institution tätig ist, dann wäre anzunehmen, daß er ein besonderes Regiment der Autorität aufrechterhalten muß, um das Herabgleiten der Institution in einen Gemütlichkeitsverein zu verhindern. Haydn begnügte sich jedoch mit der Autorität, die ihm sein Komponiergenie verlieh und scheute sich nicht, sogar am Kartenspiel seiner Musiker teilzunehmen und ihnen seine eventuellen Gewinne nachher zurückzuerstatten.

Etwas aristokratisch distanzierter war Mendelssohn. Aber er hatte es mit Haydn gemein, daß er als schaffender Künstler seine Autorität beim Orchester auf diese seine Eigenschaft stützen konnte. Seine zwölfjährige Amtszeit beim Gewandhausorchester war zwar wesentlich kürzer als die Haydns, jedoch lang genug, um das Problem des Vertraulichwerdens mit langjährigen Mitarbeitern aufkommen zu lassen. Die Umstände haben aber nicht nur nicht zum Niederbrechen der Organisation geführt, sondern sogar auf Mendelssohns schöpferische Tätigkeit befruchtend gewirkt. Wer weiß, ob wir heute ein Violinkonzert von Mendelssohn besäßen, wenn er nicht von seinem Konzertmeister Ferdinand David dazu inspiriert und angespornt worden wäre! Es ist nicht üblich, daß große Komponisten solistische Instrumentalwerke für Orchestermusiker schreiben (selbst wenn diese Inhaber führender Posten sind). Komponisten ziehen es vor, ihre Solowerke weltberühmten Virtuosen mit dem größtmöglichen Propagandawert zu widmen. Aber in diesem Fall, wie schon bei Haydn, der seine Violinkonzerte für seinen Konzertmeister Tomasini geschrieben hatte, war die künstlerische Beehrung des Konzertmeisters das Symbol der Engerknüpfung des Verhältnisses zwischen einem Dirigentenkomponisten und seinen Musikern, mit dem natürlichen Effekt der Vertiefung ihrer Hingabe an den bewunderten Meister. Solch ein auf innere Achtung gegründetes Freundschaftsverhältnis ist eine tausendmal wertvollere Gewähr für eine gedeihliche Zusammenarbeit als die mit Schreckmitteln durchgesetzte Autorität.

Es ist denn auch kein Zufall, daß die Gewandhauskonzerte, die schon ein halbes Jahrhundert vor Mendelssohn gegründet worden waren, unter seiner Leitung zur höchsten Blüte gebracht und auf den Rang einer weltberühmten Institution erhoben wurden. Mit der Autorität der Leistung ausgestattet, brauchte Mendelssohn keine Angst zu haben, den Keim einer Lockerung der Disziplin im Orchester zu säen, als er einem Freund schrieb: „Das Plaisir, zu regieren, empfinde ich nicht." Georg Schünemann, Verfasser einer „Geschichte des Dirigierens", faßt die Überlieferung der Meinungen über Mendelssohn und sein Verhältnis zum Gewandhausorchester in den Worten zusammen: „Mendelssohn stand seinem Orchester nicht wie der Napoleonide Spontini gegenüber. Freundlichkeit und Güte, Herzlichkeit und vorbildliche Pflichttreue schufen ein inniges Band zwischen Dirigenten und Musiker. Alle sahen ihre Ehre darin, dem verehrten Dirigenten alle Wünsche und Forderungen zu erfüllen."

Dieses Charakterbild Mendelssohns spiegelt sich nur noch mehr (durch Offenbarung eines bei Dirigenten und besonders zu jener Zeit bemerkenswerten Sozialgefühls) in einem am 3. Oktober 1843 „Einem Hochedeln und Hochweisen Rath der Stadt Leipzig" gesandten Brief, der mit manchen hier weggelassenen weiteren Einzelheiten in einer 1863 von Mendelssohns veröffentlichten Briefsammlung nachzulesen ist.

Das hiesige Stadt-Orchester hat mich von einer Eingabe in Kenntnis gesetzt, in welcher es um einige Veränderungen seines Contractes mit dem Theater-Unternehmer bittet; hauptsächlich war es eine Erhöhung der vor vielen Jahren festgesetzten Gehalte und eine Verbesserung der Substituten-Ordnung, von denen es sich dabei handelte, und zu deren Erreichung die Vermittlung des Hochedeln Rathes erbeten wurde.

Ich weiß wohl, daß es schwer sein mag, an geistige Leistungen, wie die eines Orchesters, den Zahlenmaszstab zu legen und sie nach Thalern und Groschen zu taxieren; aber in Zeiten wie die jetzige wo so viel von geistigem Eigenthum die Rede ist, steht doch wohl das Eine fest, daß es Gerechtigkeit und Ungerechtigkeit, Billigkeit und Unbilligkeit in der Bezahlung geistiger Leistungen giebt; daß diese nicht von dem mehr oder minder guten Willen, von der größeren oder kleineren Gnade des Bezahlenden abhängt, sondern daß ein Recht existiert, welches der in Anpruch zu nehmen hat, der sein Leben einer geistigen Aufgabe widmet und der darum auch verlangen muß, daß ihm dadurch sein Leben gefristet werde, sobald er diese Aufgabe gut und untadelig löst. Das thun aber die Mitglieder des hiesigen Orchesters auf's trefflichste, und in diesem Sinne halte ich nach meiner innersten Überzeugung die Besoldungen, wie sie im bisherigen Contracte zwischen dem Orchester und dem Theater-Unternehmer festgesetzt waren, für unbillig.

Sänger und Sängerinnen sind hier in Leipzig bezahlt, wie an anderen ähnlichen Orten, und das Orchester ist es nicht. Wollte man aber sagen: Sänger und Sängerinnen seien durchaus nur nach den Erfordernissen der Zeit zu wählen und zu bezahlen – hingegen beim Orchester komme es weniger darauf an; ob das etwas besser oder schlechter besetzt oder besoldet sei, merke Niemand im Publicum – so ist das gerade wieder ein Grund, der mich zu diesem Schreiben gezwungen hat; denn dieser Meinung immer entgegenzutreten halte ich für meine und für jedes Musikfreundes Schuldigkeit. Eben weil das Publicum jederzeit auf die Luxus-Artikel mehr zu sehen pflegt, als auf das Wesentliche – eben deswegen ist es Pflicht, dahin zu wirken, daß über dem Glänzenden nicht das Rechte, Notwendige hintangesetzt und beeinträchtigt werde. Den guten, weit verbreiteten musikalischen Ruf, den Leipzig in ganz Deutschland genießt, verdankt es einzig und allein diesem Orchester, dessen Mitglieder sich auf's kümmerlichste, auf's traurigste behelfen müssen; jener gute Ruf ist gewiß nicht ohne materielle Vortheile für die Stadt Leipzig, der geistigen Vortheile für die Kunst zu geschweigen; sollen denn die Einzelnen, denen man so günstige Resultate schuldig ist, nach wie vor in einer ihren Leistungen und den Zeitumständen unangemeßenen, in einer drückenden Lage bleiben, während das Ganze durch sie gedeiht, und die Stadt selbst Ehre und Nutzen von ihnen hat?

Mögen meine Worte demnach als ein Beweis der innigsten Liebe und Verehrung gelten, mit welcher ich mein Lebenlang an Allem Theil nehmen werde, was Leipzigs Ehre in künstlerischer und musikalischer Beziehung berührt.

Stets Eines Hochedeln und Hochweisen Rathes ergebenster
Felix Mendelssohn Bartholdy

Die Wiedergabe dieses Briefes ist ein doppelter Beweis, nämlich einerseits für die Möglichkeit einer kultivierten und noch dazu sozialbewußten Vorgesetztenhaltung ohne Betriebsanarchie, andererseits für die Willigkeit des Berichterstatters, etwas Edles über einen Dirigenten zu melden, wenn die Möglichkeit dazu besteht.

Das Bekenntnis von zwei weiteren Sonderfiguren unter den Komponistendirigenten macht es verständlich, weshalb sie trotz ausgiebiger kapellmeisterlicher Tätigkeit im Bewußtsein der Nachwelt kaum als Dirigenten weiterleben. Sie waren die sonderbarsten Kreaturen, die je in der ganzen musikalischen Naturgeschichte vorgekommen sind. Sie waren nämlich (was eine contradictio in adjecto ist) Kapellmeister wider Willen. Ins Politische übersetzt ist das gleichbedeutend mit einem Diktator wider Willen. Wenn zum Beispiel Meyerbeer Einladungen zu Gastdirektionen erhielt, suchte er immer nach Ausflüchten, um der Verpflichtung zu entgehen. Das Berliner Generalmusikdirektorat übernahm er für kurze Zeit nur, weil er dem König von Preußen nicht nein sagen konnte.

Meyerbeer schwankte zwischen seiner eigenen humanitären Auffassung und den allgemein anerkannten Begriffen von den notwendigen Eigenschaften eines Dirigenten. Dagegen schlägt sich Offenbach unzweideutig auf die humanitäre Seite. Er äußerte: „Ich bin während der drei Jahre, in denen ich an ein Orchesterpult geschmiedet war, so mißmutig und unglücklich gewesen, und ich begreife so gut die Gereiztheit, die den Proben unter einem anmaßenden Komponisten entspringt, daß ich es stets als meine Pflicht betrachtet habe, die mit der Ausführung meiner Musik betrauten Künstler so sanft und angenehm wie möglich zu behandeln."

Unser nächstfolgender humanitärer Dirigent ist auch ein Komponistendirigent, nämlich Richard Strauss. Er hat seine Dirigentenlaufbahn, insofern sie die Orchestermusiker betraf, nicht als ein Engel begonnen. Mit dem Wachsen seiner Autorität auf dem schöpferischen Gebiet klärten sich jedoch seine Dirigiermethode und auch seine Menschenbehandlung immer mehr ab. Schließlich gelangte er als Dirigent (man möchte sagen: in entgegengesetzter Entwicklung zum Komponisten) zu einem Stil, der jeglicher Wichtigtuerei bar war. Obwohl er bei der Arbeit den „Sündern" ätzende Nadelstiche zu versetzen liebte, wußte er die Gemüter mit seiner versöhnenden Selbstironie wieder zu glätten.

Die Behauptung, daß Strauss das Kartenspiel ernster nahm als das Dirigieren, ist keine anekdotische Großsprecherei. Der Bariton Hans Hotter berichtet über eine Begebenheit, die er mit ihm bei einer Skatpartie erlebte. Als die Wellen des Spielfiebers am höchsten schlugen und Hotter offenbar stümperte, wandte sich Strauss zu ihm und sagte: „Hotter, Sie mögen meinetwegen, wenn ich dirigiere, einen falschen Einsatz bringen; auch ein paar falsche Töne kann ich ab und zu ertragen. Wenn Sie aber mit mir Skat spielen, soll Ihnen nicht einfallen, eine falsche Karte auszuspielen."

Man hat Strauss nachgesagt, daß er als Geschäftsmann größer war denn als Musiker. Und was für ein Musiker er war, das weiß man ja. So kann man sich einen Begriff machen, wie geschäftstüchtig er sein mußte. Sein gesegneter Appetit für Geld, der freilich nur durch die häufigstmögliche Aufführung seiner Werke zu befriedigen war, stimmte ihn, trotz seiner sonstigen musikalischen Sauberkeitsliebe, gegenüber minderwertigen Aufführungen seiner Werke durch andere sehr nachsichtig. Besser schlecht als gar nicht: Es machte ihm nichts aus, wenn Instrumente, die in kleineren Ortschaften für sein Mammutorchester nicht immer beschafft werden konnten, einfach wegblieben.

Wenn er eine Gastdirektion an einem Theater absolvierte, in welchem seine Opern mit argen Strichen gespielt zu werden pflegten, ließ er diese stehen mit dem gutmütig mürrischen Kommentar: „Ich versteh's nicht; diese Herren Kapellmeister schneiden mir meine beste Musik raus." Dabei war er dafür bekannt, daß er Striche an seinen Werken selber leichten Herzens und unverhohlen vornahm, wenn er die betreffenden Stellen in Proben oder Aufführungen plötzlich minderwertig fand. (In diesem Zusammenhang kann man der Versuchung nicht widerstehen, eine diesbezügliche alte Anekdote zu verzapfen. Eine Dame fragte Strauss einmal – in Künstleranekdoten sind es immer Damen, die fragen, nie Herren – ob er ein Werk, an dem er gerade arbeitete, bald herausbringen würde. Strauss antwortete, daß das Werk bereits fertiggeschrieben vorliege, es wären nur noch die Striche zu komponieren.)

Eine andere sympathische Bagatellisierung seiner eigenen Wichtigkeit kam bei Strauss auch darin zum Ausdruck, daß er persönlich geleitete Aufführungen seiner Opern manchmal nicht zu Ende dirigierte, sondern die Beendigung dem Stammdirigenten des Theaters überließ. Nach dem zweiten Akt eines Dreiakters, oder vielleicht sogar schon nach dem ersten, sagte er plötzlich: „I hoab gnua, I geh ham."

All diese unzeremoniös bürgerlichen Wunderlichkeiten und unbemäntelten Schwächen zeigen, daß die Autorität keine bombastische Inszenierung nötig hat, wenn sie sich aus den natürlichen Quellen des Könnens und der Leistung nähren kann.

Da die berühmtesten Komponistendirigenten, die Anspruch auf einen Ehrenplatz im Paradies haben, für unsere Vergleichzwecke bereits großenteils aufgebraucht worden sind, ist es Zeit, unter den nichtkomponierenden Dirigierengeln Umschau zu halten. Einer, der vielleicht selber gar nicht als Engel gelten wollte, war Karl Schuricht. Zwar stimmt auch das nicht ganz, daß er ein nichtkomponierender Dirigent war, doch kann man ihn als solchen betrachten, da er sich im Laufe der Zeit ganz aufs Dirigieren verlegt hatte. Als Musiker war er der Typus des deutschen Altmeisters, der aber nach dem zweiten Krieg als reifer Siebziger noch seine Renaissance erlebte. Was an ihm vom Standpunkt der orchestralen Erziehungspolitik am meisten interessieren kann, war seine Technik der Autoritätserzeugung ohne Autorität.

Für einen Dirigenten ist es eine besondere Gelegenheit, die Eleganz (oder die Plumpheit) seiner Situationsbeherrschung zu zeigen, wenn ein Orchestermitglied zu spät zur Probe kommt. Wenn das passiert, ist die Ursache der Verspätung vorerst immer unbekannt, also ist es eher unintelligent, den Säumigen sofort anzubellen. Selbst wenn die Verspätung rein äußerlich eine faustdicke Respektlosigkeit gegen die Dirigierautorität ist, wird die Situation für den Dirigenten nicht verbessert, wenn er sich wie ein Schulmeister benimmt. Wenn die Verspätung sich als unentschuldbar herausstellt, sollte sie bestraft werden, aber nur durch Instanzen, an denen der Dirigent nicht teilnimmt. Dirigenten, die ihre Autorität mit außermusikalischen Mitteln durchzusetzen suchen, schwächen die spontane Bereitschaft zur Anerkennung ihrer musikalischen Autorität. Je größer nämlich die äußere erzwungene Autorität, um so geringer die innere spontane Autorität. Eine wirkliche Fachgröße ignoriert die nicht zur Sache gehörenden Unregelmäßigkeiten, wie zum Beispiel das Zuspätkommen, denn nur dadurch kann sie demonstrieren, daß kleinliche Kränkungen nicht an sie heranreichen. Die Nichtbeachtung der Regelwidrigkeit ist auch schon deswegen eine wirksamere Strafe als sie auf den ersten Blick zu sein scheint, weil der Pflichtvergessene, der immer eine Entschuldigung bereit hat, durch die verhinderte Gewissensläuterung und die demonstrierte Bedeutungslosigkeit seiner Person abgeblitzt wird. Eine solch elegante, von geistiger Überlegenheit zeugende Situationsbeherrschung fördert die kapellmeisterliche Autorität weit mehr als eine proletenhafte Keiferei.

Wollte aber ein Zuspätgekommener seine Bestrafung selbstzerfleischend durch sofortige Meldung beim Dirigenten an Ort und Stelle erzwingen, dann sollte dieser zum Humor Zuflucht nehmen. Man kann auch mitunter den am Bart herbeigezerrten Gemeinplatz kapellmeisterlichen Humors hören: „Ist der Wecker nicht losgegangen?" Oder: „War der Kaffee nicht stark genug, um Sie auf dem Herweg vorm Einschlafen zu bewahren?" Wie man aber die Humormethode mit besonderer Finesse anwendet, dafür hat Schuricht ein nachahmenswertes Beispiel geliefert. Als ein verspätetes Orchestermitglied sich in einer seiner Proben bei ihm zur Entschuldigung meldete, erkundigte sich Schuricht mit betontem Interesse: „Warum sind Sie denn zu spät gekommen?" Der Musiker, der verschlafen hatte, wollte aus Schamgefühl seine Schwäche in einer etwas verhüllten, beschönigenden Form eingestehen und sagte dementsprechend: „Ich bedauere, ich hatte keine Macht über meine eigenen Handlungen." Schuricht: „Wer hatte Macht über Ihre Handlungen?" Musiker: „Das ist schwer zu erklären." Schuricht: „Richten Sie bitte der Dame meine schönsten Grüße aus."

Eine solche Behandlung des Falles gab Schuricht zwar keine Versicherung gegen Verspätungen in der Zukunft, aber er sicherte sich damit jedenfalls unauslöschlich die wärmste Anhängerschaft des Delinquenten und aller Ohrenzeugen des Dialogs.

Auf die allbekannte Gutmütigkeit Schurichts spekulierte auch ein anderer saumseliger Kollege, der bei seinen Probenantritten immer die Grenzen der Pünktlichkeit streifte. Als er einmal diese Grenzen eindeutig überschritten hatte, glaubte er, den Chef für seine Verspätung mit einem unverhohlenen Bekenntnis nachsichtig stimmen zu können. Er schlug sich mit folgender Entschuldigung an die Brust: „Ich bitte tausendmal um Verzeihung, Herr Kapellmeister, ich habe verschlafen" – worauf der Dirigierpapa erstaunt ausrief: „Was, Sie schlafen zu Hause auch?"

Im Gegensatz zu Schuricht mag freilich ein Dirigent in einem Verspätungsfall weniger humorvolle, für den finanziell abhängigen Berufsmusiker folgenschwere Gegenmaßnahmen ergreifen. Aber auch ein solcher Dirigent hat keine unbeschränkte Machtbefugnis Amateursängern gegenüber, die bei der Aufführung von Chorwerken freiwillig und unentgeltlich mitwirken und die sich zu einem wesentlichen Teil aus der Handelsbranche der Ortschaft rekrutieren. Die verhältnismäßige Unabhängigkeit solcher Dilettanten vom Dirigenten kam einmal bei der Vorbereitung zu einem Frankfurter Chorkonzert unter dem berühmten Chorspezialisten Siegfried Ochs hübsch zur Geltung, als ein Chormitglied und Großkaufmann am Platze zu einer Probe zu spät kam. Ochs wollte diese Gelegenheit benutzen, die Amateursänger trotz ihrer unverbindlichen Beteiligung sanft an die Beobachtung der Hausregeln zu erinnern, und so unterbrach er die Probe beim Eintreten des Nachzüglers, um ihm mit dem Zaunpfahl kapellmeisterlichen Humors einen Wink zu geben. Er hielt den Probenstörer unter den skandalhungrigen Augen der ganzen Probenversammlung mit den laut vernehmbaren Worten an: „Herr Schmidlapp, es scheint, Ihre Uhr geht nach." „Nein, Herr Kapellmeister" – gab dieser zurück – „das Geschäft geht vor."

Der allmächtige Chordirektor Ochs mußte mit den anderen, jetzt auch schon im Himmel schwebenden Schöngeistern unter die Nase gerieben bekommen, daß es im Leben auch wichtigere Dinge gibt als die Kunst und daß der Sarkasmus eines Vorgesetzten keine Einbahnstraße ist. Bei all den Zusammenstößen der oppositionellen Scharfzüngigkeiten haben die Dirigenten jedoch einen unbestreitbaren Vorteil. Sie haben das Glück, einen Beruf auszuüben, der die physiologischen Voraussetzungen zur Lebensverlängerung schafft.

Das Dirigieren ist ein Beruf, in welchem man sein Leistungspotential durch Nutzbarmachung der Lebensenergien anderer erhöhen kann. Es gibt in der Welt auf alle Fälle zwei Mittel, die in solch positiver Weise wirken. Es sind die Macht und der Joghurt. Die Statistik über die menschliche Langlebigkeit zeigt, daß die Vertreter machtausübender Berufe wie Generäle, Päpste und Dirigenten überdurchschnittlich lange leben. Anderseits ist es ebenso bekannt, daß die sich hauptsächlich von Joghurt nährenden bulgarischen Bauern gewöhnlich ein patriarchalisches Lebensalter erreichen. Was diese betrifft, wäre es allerdings schwierig, ihre Langlebigkeit mit einem Namenverzeichnis berühmter hundertjähriger Joghurtesser zu beweisen. Aber die uralten Päpste, Generäle und Dirigenten können sich hinter keiner Anonymität verstecken.

Es ist denn auch eine Tatsache, daß es auf alle Fälle zwei Berufe gibt, die das Herzzipfelchen der Lebensversicherungsgesellschaften sind: die Generäle und die Dirigenten. Die Päpste können außer acht gelassen werden, da sie wenigstens bis zum nächsten ökumenischen Konzil noch nicht für Weib und Kind zu sorgen haben. Und da auch für die pensionsberechtigten Generäle kein unmittelbares Bedürfnis nach einer Lebensversicherung besteht, so können vom praktischen Standpunkt aus gesehen die Dirigenten als die Berufsgruppe par excellence mit dem günstigsten Versicherungsrisiko gelten.

Es ist bekannt, daß die Frauen im Durchschnitt sieben Jahre länger leben als die Männer. Die Dirigenten aber leben sieben Jahre länger als die Frauen. Ein Beweis dafür ist, daß jene, die nicht in zweiter, dritter oder fünfter Ehe ihre 60 Jahre jüngeren Schülerinnen oder Anbeterinnen geheiratet haben, selber als Witwer gestorben sind. Toscanini und Walter, die nur einmal verheiratet und dann viele Jahre verwitwet waren, kommen einem als Beispiele augenblicklich in den Sinn. Für denselben Tatbestand zeugen auch die mehrfach rückfälligen kapellmeisterlichen Bräutigame wie Stokowski, Kodály, Casals, Schuricht, Weingartner, Dohnanyi, Beecham und Scherchen, die bei ihrem spätesten Eheunternehmen schließlich Backfische zu Schwiegermüttern bekommen haben.

Der letztgenannte Scherchen, der Benjamin dieser Gruppe, ist allerdings nur aufgrund seines Frauenverbrauchs und nicht seiner kärglichen 75 Jahre wegen zu den anderen gezählt worden. Diese Gruppe mit ihren unentwegten Heiratsathleten zeigt jedenfalls eine Vitalität, die sonst nur bei den Erlauchten des Generalberufs zu finden ist. Die lebenverlängernde Wirkung des Dirigierens ist denn auch schon so notorisch geworden, daß bei manchen Dirigiernachzüglern sogar der Verdacht besteht, diese Tätigkeit bewußt als lebenverlängerndes Mittel aufgenommen zu haben. Bei den damals schon weit über 80 Jahre alten Casals, Strawinsky und Kodály, die sich vom Komponieren oder dem Instrumentalspiel immer mehr aufs Dirigieren verlegten, erwies sich das Dirigierelexier als höchst wirksam.

Eine bemerkenswerte Erscheinung in Verbindung mit dem Greisenalter der Generäle und der Dirigenten ist, daß sie – weit davon entfernt, an Kräften abzunehmen – ihre berufliche Vorzüglichkeit und Prominenz nur noch mehr erhöhen. Alte Generäle pflegen im Kriegsfall sogar aus dem Ruhestand in den Aktivdienst zurückberufen zu werden. So etwas kann den Dirigenten allerdings nicht passieren, da bei ihnen die Kriege nie aufhören und sie, auch davon abgesehen, nie in den Ruhestand treten. Das Dirigieren ist der einzige Beruf, in welchem es keine Altersgrenze gibt. Die Dirigenten sind nicht nur ewig unverwüstlich, sondern (im zweitbesten Fall) nicht einmal eine Minute vor ihrem schließlichen Zusammenklappen vom Dirigentenpult wegzukriegen. Abends um 8 Uhr, wenn sie, wie jeder andere emeritierte Großpapa, schon mit der Wärmflasche im Bett eingemummt liegen sollten, fangen sie erst richtig an zu leben. Und am nächsten Morgen, wenn manch ein Orchestermitglied noch verschlafen, mit verklebten Augen herangewackelt zur Probe kommt, stehen sie schon munter wie Kleiderläuse und ungeduldig, mit der Uhr in der Hand, zu allen Schandtaten bereit am Dirigentenpult. Ihre Musiker, wenn sie mit 65 Jahren zwangspensioniert werden, sind meistens in einem halben Jahr schon tot, was allerdings zur Aufrechterhaltung der Solvenz der Pensionskasse höchlich erwünscht ist. Die Dirigenten denken aber ihrerseits nicht im entferntesten daran, sich dem Pensionstod auszusetzen, und da sie ja selber keine Kassenmitglieder sind, so sind auch die Institutionen nicht an ihrem frühen Tod interessiert.

Die Dirigenten wissen natürlich, daß ein langes Leben durch nichts mehr gefördert wird, als durch hemmungsloses Benehmen. Das Schreien, Schimpfen und Schinden sind die drei Sch's der Lebensverlängerungsformel. Ein Hundertjähriger, über die Gründe seines langen Lebens befragt, sagte, daß er es dem Umstand zu verdanken habe, keine Energien mit dem Widerstand gegen Versuchungen verschwendet zu haben. Darin hat man den Schlüssel zur Lösung des Langlebigkeitsgeheimnisses der Dirigenten und auch der Generäle, die ihren sozialen Standort ebenfalls im obersten Stockwerk des Gesellschaftsgebäudes haben und sich's somit leisten können, auf die übrige Menschheit herunterzusp... schauen.

Das direkte Verhältnis zwischen Prominenz und Alter bei Generälen und Dirigenten kann durch eine Liste der berühmtesten Persönlichkeiten in beiden Fächern hübsch demonstriert werden. Es gibt (und gab) unzählige Generäle und Dirigenten, die ein hohes Alter erreicht haben. Eine Aufzählung hat aber nur Sinn, wenn die Namen, dank ihrer Weltberühmtheit, jedermann bekannt sind. Aus diesem Grunde sollen die beiden Gruppen auf je ein Dutzend allgemein bekannter Namen beschränkt bleiben. Die Zulassung zu beiden soll aber noch durch eine weitere Bedingung beschränkt werden: Kein Mitglied darf jünger als 85 Jahre sein. Da nun die Grundregeln festgelegt sind, können wir zur Aufzählung der Namen (mit beigefügten Altersziffern) schreiten.

### Generäle

| | | | |
|---|---|---|---|
| Hindenburg 87 | Dufour 88 | Horthy 89 | Petain 95 |
| Zieten 87 | Pershing 88 | Moltke 91 | Mackensen 96 |
| Tschiang Kai-Schek 87 | Kluck 88 | Radetzky 92 | Weygand 98 |

### Dirigenten

| | | | |
|---|---|---|---|
| Walter 85 | Schuricht 87 | Klemperer 88 | Paray 93 |
| Ansermet 86 | Damrosch 88 | Monteux 89 | Stokowski 95 |
| Blech 87 | Serafin 88 | Toscanini 90 | Casals 97 |

Das ist allerhand, wenn man bedenkt, daß diese Raritätenkabinettfiguren in ihrer übergroßen Mehrheit ohne Schutzimpfungen, ohne Antibiotika und ohne Vitaminpillen so alt geworden sind. Leider aber mußten (wegen der einschränkenden Beitrittsregeln dieses Methusalemklubs) manche sonst würdigen Kandidaten, die auch nicht gerade als grüne Jungens starben, ausgeschlossen bleiben. Kussewitzky, zum Beispiel, hat sich trotz seines diktatorischen Lebenselixiers mit 77 Jahren zufrieden geben müssen. Nikisch, Furtwängler, Kleiber und Busch, die alle im Jünglingsalter unter 70 hingemäht wurden, können nicht unbedingt als eine Entkräftung der Regel gelten, da sie keine Blutsauger waren, die ihr Leben auf Kosten anderer verlängert hätten.

Eine ausgesprochene Widerlegung der Regel sind nur Bülow und Mahler, diese zwei Drillmeister der Orchesterinfanterie, die trotz dieser lebensverlängernden Funktion als Minderjährige schon mit 64 beziehungsweise 51 Jahren abgetreten sind. Auch sie haben übrigens ihr militärisches Gegenstück in Napoleon, dessen Ruhm sich vom Blut eines ganzen Kontinents nährte und der trotzdem nur 52 Jahre alt wurde. Bei ihm muß man allerdings zwei Milderungsumstände in Betracht ziehen. Erstens hat er mit 26 Jahren schon Armeen kommandiert, er war also ein militärisches Wunderkind, sozusagen der Mozart der Kriegführung, der seinen Kollegen um 30 Jahre voraus war. Er hatte also keine Lebensverlängerung nötig, da bei ihm die

Karriere um 30 Jahre vorverlegt wurde. Zweitens hat er die letzten paar Jahre seines Lebens in untätiger Zurückgezogenheit verbracht (möglicherweise mit einem Ende durch Vergiftung), und man kann nicht wissen, wie alt er noch geworden wäre, hätten ihm die Umstände erlaubt, noch mehr Verheerung in der Welt anzurichten.

Das gleiche gilt auch von Hitler und Mussolini, die aufgrund ihrer Metzeleien ein längeres Leben verdient hätten, aber infolge der „Unmenschlichkeit" ihrer Gegner nicht zur vollen Reife gelangen konnten. Demgegenüber hat diese Unmenschlichkeit ihrem hauptsächlichen Spiritus rector, Churchill, offenbar zur Erreichung eines Alters von 90 Jahren verholfen.

Im kapellmeisterlichen Bezirk ist die lebenerhaltende Kraft des „Berufs" von Bruno Walter ausdrücklich anerkannt worden, obwohl er das Phänomen gewissermaßen durch die verzerrende Brille eines wirklichkeitsfremden Dirigenten sah. In der Sonntagsbeilage der „New York Times" vom 9. September 1956, kurz vor seinem 80. Geburtstag, ließ sich Bruno Walter folgendermaßen vernehmen: „Ich bin überzeugt, daß die Musik eine verjüngende Wirkung auf den Menschen ausübt. Ich weiß es aus täglicher Erfahrung. Wenn ich schlecht geschlafen habe, beginne ich eine Orchesterprobe am nächsten Morgen oft müde und niedergeschlagen. Aber schon nach fünf Minuten Musizieren bin ich nicht nur wach, sondern auch meine Arbeitslust ist auf höchste Touren gebracht. Das ist nicht mein Verdienst. Es ist der Macht der Musik zuzuschreiben. Es ist meine Überzeugung, daß der Musik eine große stärkende Kraft für Körper und Seele innewohnt."

Dieser Äußerung Walters ist ein großes Aber beizufügen. Natürlich kann man Walter beipflichten, aber nur wenn an seine Äußerung eine gewisse Qualifikation geknüpft wird. Sein Ausspruch kann nämlich nur gelten, wenn er auf die richtige Person bezogen wird. Daß die Musik eine verjüngende Wirkung auf die Dirigenten hat, ist schon lange vor Walter bekannt gewesen. Er hätte etwas Neues nur sagen können (wenigstens für weltfremde Dirigenten seines Schlages), wenn er danach gefragt hätte, welche Wirkung die Musik, das heißt die Orchestermusik, auf die Orchestermusiker ausübt. Für sie hat nämlich die Musik eine diametral entgegengesetzte Wirkung. Sie gehen nach einer erquickenden Nachtruhe frisch zur Orchesterprobe und werden schon nach fünf Minuten sogenannten Musizierens todmüde. Es war naiv von Walter, die bewußte verjüngende Kraft ausschließlich der Musik zuzuschreiben und seine Eigenschaft, in welcher er die Musik pflegte, nämlich die eines gebietenden Leiters, außer acht zu lassen.

Außer diesem brustschwellenden Machtgefühl gibt es noch eine andere kapellmeisterliche Verjüngungsquelle, deren prosaische Natur für Walters Dichterseele offenbar der Erwähnung nicht würdig war. Das ist die Körperkultur, die mit dem Dirigenten unlöslich verbunden ist. Es gibt kein Gelenk des menschlichen Körpers, das beim Dirigieren nicht betätigt und aufgelockert würde. Diese Gymnastik ist sogar besser als das Schwimmen oder Radfahren. Und das ist eine glückliche Fügung für die Dirigenten, denn keiner von ihnen würde in reiferen Jahren seinen Körper drei bis sechs Stunden täglich freiwillig trainieren. Unter diesen Umständen ist die Dirigiergymnastik geradezu ein Geschenk des Himmels, da die wünschenswerten, aber sonst vernachlässigten täglichen Körperübungen ins Dirigieren eingebaut und durch eine musikbegleitete Befehlshaberei anziehend gemacht sind, so daß weder Selbstüberwindung noch besondere Aufmerksamkeit noch Extrazeit daran gewendet zu werden braucht. Es ist die gesündeste und gleichzeitig vergnüglichste Körperübung, die je erfunden werden konnte. Bei den meisten Dirigenten ist es auch mit einem Schwitzbad verbunden, das mit dem darauffolgenden Abbrausen und Abreiben die Kur vervollständigt. Herrlich! In keinem anderen Beruf wird man für Leibesübungen und fürs Schwitzen so begeistert bejubelt und so fürstlich bezahlt.

Bei all dieser Herrlichkeit ist aber zu bedenken, daß die kapellmeisterliche Heilgymnastik und ihre fürstliche Entlohnung eigentlich nur ein sekundärer Plus-Faktor des Verjüngungsprozesses ist. Der Hauptfaktor ist und bleibt die Kraft durch Freude, deren schöpferische Funktion auch von einer Seite anerkannt wurde, mit welcher Walter sonst in Todfeindschaft lebte. Die Einmütigkeit über die Kraft durch Freude und die daraus folgende Freude nach Kraft, also durch den Genuß der Machtausübung, bringt schon die gegensätzlichsten Parteien zusammen! Das Befehlen liebt ein jeder (jedenfalls mehr als das Gehorchen), dieses wunderbare Gefühl, unter Umständen unrecht zu haben und doch unwidersprochen diktieren zu können. Es ist kein Wunder, daß ein solcher Stand in der Berufshierarchie einen zum Jubeln über seine Lebenstätigkeit hinreißt.

Es ist leicht, die Musik zu lieben und von ihr wiedergeliebt zu werden, wenn man ihr Prinz und nicht ihr Knecht ist. In dieser bevorzugten Stellung konnte sich Walter freilich ewig verjüngt fühlen. Es gibt denn auch keinen Gegner von Walter, der die Tatsache seiner Verjüngung durch Musik (durch die vom ihm dirigierte Musik) bestreiten würde. Es wäre aber interessant gewesen zu erfahren, ob Walter sich auch durch die von seinen Konkurrenten vorgetragene Musik verjüngt fühlte, oder von einer Musik verjüngt worden wäre, die er unter der Dirigierpeitsche eines anderen hervorzubringen gehabt hätte. Wie dem auch sei, es ist schon wahr (angesichts der Wirkung des eigenen Musizierens), daß es keine alten Dirigenten gibt. Dafür gibt es keine jungen Orchestermusiker. Wenn diese nach ihrer Ausbildung in ein Orchester eintreten, werden sie dort vorzeitig alt. Deswegen gibt es eine Altersgrenze sowohl für die Aufnahme als auch für das Verbleiben in einem Orchester, während das Dirigieren zeitlos ist. Die Dirigenten verstehen es, mit den guten Jahren der Orchestermusiker zu ihrem eigenen Vorteil zu wirtschaften. Während sie selber nie zu alt sind, um vor einem Orchester zu stehen, können ausgebildete Orchestermusiker nie zu jung sein, um in einem Orchester spielen zu dürfen.

Stokowski äußerte einmal, daß ein Orchestermusiker von über 30 Jahren schon zu alt ist, um für das Orchesterspiel geeignet zu sein. Stokowski mußte schon wissen, was er seinen Musikern angetan hatte, wenn sie ihm nach ihrem 30. Jahr nicht mehr brauchbar schienen. Dazu haben die bösen Musikerzungen bemerkt, daß Stokowski die reiferen Semester im Orchester deswegen scheel ansah, weil er ihnen nichts mehr vorflunkern konnte. Er selber schien aber seinen Witz über die 30jährige Ausscheidungsgrenze ernst genommen zu haben, denn er gründete tatsächlich ein Kinderorchester. Wäre dieses nicht bei Ausbruch des Zweiten Weltkrieges aufgelöst worden, dann hätten dessen Mitglieder höchstwahrscheinlich als greise Zwanziger friedlich in den Ruhestand treten müssen. Bei der späteren Gründung seines Amerikanischen Symphonieorchesters war Stokowski ungewöhnlich entgegenkommend, indem er bei einem Drittel der Mitgliedschaftskandidaten reifere Jahrgänge gnädig zuließ.

Nun wird man sich bei Stokowskis wohlbekannter Schrullenhaftigkeit an einer solch übertriebenen Altersscheu nicht stoßen. Daß aber der abgeklärte, menschenfreundliche Casals mit einer ähnlich läppischen Marotte vor die Öffentlichkeit treten konnte, macht einen schon stutzig. Eine Notiz in der „New York Times" vom 30. Oktober 1963, die eine südamerikanische Tournee von Casals mit seinem Oratorium „El Pessebre" (Die Krippe) unter seiner Leitung ankündigte, zitierte eine Äußerung von ihm, wonach er junge Musiker für sein Orchester bevorzugte, weil die Jugend die stärkste Kraft sei, die für den Frieden und die menschliche Freiheit eingesetzt werden könne. Für eine musikalische Verwendung die Jugend als das Höchste zu erklären, nicht, weil von ihr ein größerer künstlerischer Enthusiasmus zu erwarten wäre (was noch einigen Sinn hätte), sondern weil sie die stärkste Kraft für Frieden und Freiheit sei, ist ein unsinniges und zudem von den Tatsachen widerlegtes Gerede. Die Hitlerjugend war auch eine Jugend, deren Leistungen auf dem Gebiete der Freiheit und des Friedens mitunter von solch wackligen Veteranen wie Casals bekämpft werden mußten. Und ausgerechnet in einem Orchesterkonzert wollte er diesen Kampf für Freiheit und Frieden fortsetzen (wo doch diese zwei Kostbarkeiten unter den damals vorwaltenden Umständen nicht sonderlich bedroht waren), anstatt um das viel mehr schutzbedürftige Musizieren besorgt zu sein, das ihm mit seiner ungezügelten Meute auch ohne einen Freiheitskampf schon übergenug zu schaffen machte.

Die trotz dieses Umstandes laut betonte fadenscheinige Bevorzugung der Jugend für seine Gruppe, könnte einem – bei allen sonstigen musikalischen Rücksichten – die Annahme nahelegen, daß Casals in Kenntnis der leichten Erregbarkeit des südamerikanischen Temperaments eine kampffähige Schar um sich haben wollte, falls seine Produktion Mißfallen erregen und es zu Handgemengen und Tätlichkeiten kommen sollte. Wenn aber Casals, aus gleich welchen Gründen, von der Notwendigkeit der Teilnahme von nur jungen Leuten an seinem Unternehmen überzeugt war, dann ist die Frage berechtigt, wieso er mit seinen damaligen 87 Jahren nicht auch sich selbst disqualifizierte. Wenn die Verbreitung des Friedens, der Freiheit und vielleicht auch der Musik angeblich nur junge Leute brauchen kann, dann hätte der uralte Kracher Casals, seiner eigenen Ansicht folgend, sich selbst vom Dienst am Frieden, der Freiheit und damit in diesem Fall auch der Musik ausschließen müssen.

Aber im stillschweigenden Einvernehmen mit all seinen halbvermorschten Kollegen wußte Casals schon, was er wollte. Durch das möglicherweise unreife, aber erwartungsgemäß blutvolle Musizieren jugendlicher Musiker sollte ein neues, lebensvolles Pulsen des ermüdeten kapellmeisterlichen Blutes vorgetäuscht werden. Die Lebendigkeit hochbetagter Dirigenten ist somit oft nichts anderes als die enteignete Lebendigkeit ihrer jugendlichen Musiker. In dem Maße, wie sie sich selbst an der Vitalität ihrer Musiker hochpäppeln, werden diese immer mehr ausgepumpt. Die Folge dieser sozusagen vampirischen Kraftusurpation aber ist, daß die Dirigenten kaum erwarten können, bis sie die ausgequetschten Zitronen von Musikern auf den Schutthaufen werfen und sie durch neue Kraftspender ersetzen können.

Ein Herzchen von einem Dirigenten, der in vorderster Reihe solch hochstrebender Orchesterbeherrscher stand, war Mahler. Während seiner Hamburger Operndiktatur hatte er lange darauf gesonnen, zwei seiner Ansicht nach zum Ausrangieren reif gewordene Orchestermitglieder (nennen wir sie Müller und Meyer) loszuwerden. Eines schönen Tages brachte man ihm endlich die frohe Botschaft, daß Müller gestorben sei. „Scharmant" – sagte Mahler – „und Meyer?!..."

Man wird indessen bemerkt haben, daß die langlebigen Dirigenten nicht alle gewaltsame Naturen waren, obwohl es nicht ohne Pikanterie ist, daß der gewaltsamste jedenfalls mit der langlebigste war. Aber auch bei den „in Ehren ergrauten" Dirigenten besteht ein direktes Verhältnis zwischen Machtfülle und Alter. Im tiefsten Grunde seines Herzens war zum Beispiel selbst der so sanftmütige Bruno Walter nicht ganz rein. In dem Interview, das anläßlich seines

80. Geburtstags in der „New York Times" erschien, sagte er unter anderem: „Bei der Zusammenarbeit mit Orchestern muß man mehr Überredung als Zwang anwenden. Auf welchem Gebiet es auch immer sei, ich bin kein Anhänger der Tyrannei. Es kann nichts unter der Diktatur blühen. Und doch gibt es in der Musik gewisse unerbittliche Tyranneien, unter die wir uns alle beugen müssen. Aber ‚Disziplin' wäre ein unpassender Ausdruck in diesem Zusammenhang. Ich habe meine Methode, und andere haben ihre. Ich kann die Dirigenten nicht verurteilen, die ungeduldig werden. Es liegt in ihrer Natur. Wenn sie ihr im Interesse der Musik freien Lauf lassen, dann ist es entschuldbar."

Dieses Liebäugeln mit der Tyrannei bringt die künstlerischen Demokraten mit den Tyrannen ihrer Fakultät in ein platonisches Verhältnis. Aber auch dieses verschämte Nippen am Nektar der Tyrannei tut schon seine Wirkung. Es braucht ein Mächtiger seine Macht nicht notwendigerweise tyrannisch zu mißbrauchen oder auch nur maßvoll auszuüben, um der physiologische Nutznießer seines Machtbesitzes zu werden. Die nichtgebrauchte, aber potentiell vorhandene Macht, das bloße Bewußtsein der Machtvollkommenheit, kann einem eine ebenso große Befriedigung verschaffen wie die tatsächlich ausgeübte Macht. Diese hat nämlich eine selbsttätige Wirkung; sie braucht gar nicht eingesetzt zu werden, um ihre Wirkung fühlen zu lassen.

Der machtvolle Mensch ist wie der reiche Mensch. Was den Reichen auszeichnet, ist, daß er kein Geld nötig hat. Er hat überall Kredit. Er kann eine vollständige Garderobe oder eine ganze Wohnungseinrichtung kaufen, ohne einen roten Heller auf den Tisch legen zu müssen. In einem ähnlichen Sinn braucht auch der machtvolle Mensch nicht zu schreien, nicht zu drohen oder auch nur zu schmollen, und doch sind alle seine Untergebenen und Mitarbeiter unablässig auf dem Sprung, seine Wünsche im Nu zu erfüllen.

Der Durchschnittsbürger hat eine verschwommene Vorstellung von dem, was es bedeutet, Macht (oder Geld) zu besitzen. Ein unbestimmtes Gefühl sagt ihm, daß die Mächtigen und Reichen nicht zum menschlichen Geschlecht gehören. Sie sind eine abgesonderte höhere Art von Lebewesen. Man kann wohl sagen, daß die Menschheit in diese zwei Kategorien geteilt ist: die Gebieter und die Gehorchenden. Und es gibt keine Philosophie, Religion oder politische Bewegung, die diesen Zustand je zu ändern fähig wäre. Die Machtverhältnisse mögen sich verschieben, es wird sich aber am Ende immer eine Machtschicht herauskristallisieren, die diese Zweiteilung der Welt verewigt. Für den einzelnen Menschen stellt sich also die große Lebensfrage, ob es ihm gelingt, sich in irgendeiner Form dem Machtkreis anzuschließen. Das Aufsteigen in die höhere Klasse ist durch außergewöhnliche Umstände möglich; was aber nicht möglich ist, ist die Beseitigung der Grenzlinie zwischen den Kasten.

Eine diesbezügliche, peinlich groteske soziologische Situation entsteht, wenn einer von zwei Freunden in die höhere Kaste aufrückt. Bei solchen zum Beispiel, die nicht am selben Ort tätig sind, gibt es einen unfehlbaren Maßstab, an dem der Grad des Fortkommens des einen oder des anderen abzulesen ist. Wenn der eine auf einer Reise umständehalber in der Stadt des anderen absteigt und diesen anruft, dann weiß der Ortsansässige, daß sein durchreisender Freund noch keine Karriere gemacht hat. Von einem, der schon arriviert ist, hört man nämlich durch die Presse. Von dem, der keine Karriere gemacht hat, hört man direkt durchs Telefon. Haben wir aber mit dem Fall zu tun, in dem der eine Freund ein Günstling des Karriereglücks ist, dann äußert sich das nicht nur im Unterbleiben eines normalerweise fälligen Telefonanrufs. In keinerlei Hinsicht kann die Freundschaft in unveränderter Herzlichkeit weiter gepflegt werden. Sogar wenn der Aufgestiegene anständig genug ist, seinen früheren Freund nicht gänzlich zu verleugnen, ist es für das Selbstgefühl des Überflügelten schwer erträglich, eine durch Gönnerhaftigkeit vergällte Freundschaft zu akzeptieren. Aber selbst solch eine unbequeme Kompromißlösung ist nur der seltenere Fall; der häufigere ist, daß die arrivierte Partei den früheren Freund überhaupt nicht mehr kennen will.

Es ist eine oft gemachte Erfahrung, daß aus Orchestern hervorgegangene Dirigenten selten etwas für ihre ehemaligen Kollegen tun. Vor allen Dingen wollen sie sie nicht in ihrem eigenen Orchester haben. Die dem verflossenen Freund wohlbekannte Vergangenheit des Emporgekommenen macht es jenem schwer, in diesem eine wahre Autorität zu sehen. Und da der betreffende Dirigent sich dieses stillen Vorbehaltes wohl bewußt ist, so fühlt er sich davon andauernd irritiert. Man braucht nun keine neurologischen Kenntnisse zu haben, um zu wissen, daß eine chronisch mentale Irritation einem Menschen auf die Dauer seelisch und körperlich schadet. Man erkennt also die physiologische prophylaktische Selbsterhaltungsmaßnahme hinter gewissen rücksichtslosen sozialpolitischen Manipulationen eines Dirigenten.

Ein Orchesterleiter fühlt sich zu solch einer ausgeklügelten Politik mehr veranlaßt als ein Vorgesetzter in irgendeinem anderen Beruf, weil seine Arbeit einen dauernd engen Kontakt mit seinen Untergebenen erfordert. Der Dirigent ist ein Vorgesetzter, der in einer subtilen Weise selbst der Untergebene seiner Untergebenen ist. Sein Erfolg hängt nämlich in einer besonderen Weise von der inneren Beteiligung seiner Mitarbeiter ab. Bei einer bürgerlichen Arbeit kann man immerhin (falls man nichts Besseres weiß) die Leistung der Untergebenen mit einem Machtwort bestimmen und im Falle einer Verfehlung höchstens den Prozeß wiederholen. Bei einer musikalischen Aufführung kommt aber alles auf die sofortige innere Bereitschaft der Ausführenden an. Deswegen muß die kapellmeisterliche Autokratie mit besonderer Finesse praktiziert werden. Der Dirigent schaltet nach Möglichkeit, wenn auch nicht alle, so wenigstens jene Faktoren aus, von deren Störwirkung er im voraus weiß. Er kann nicht zulassen, daß sich im Orchester institutionelle Stützpunkte des Widerstandes festsetzen. Aber gerade einen solchen Kristallisationspunkt der möglichen Zersetzung des Untertanengeistes im Orchester bilden in der Vorstellung des Dirigenten seine ehemaligen Freunde, diese sozusagen erblich belasteten Skeptiker seiner Autorität, sofern sie nicht andererseits als Horcher mißbraucht zu werden bestimmt sind. Im letzteren Fall müssen diese erfahrungsgemäß in einer vom Mißtrauen ihrer Orchesterkollegen umgebenen Isolation leben.

Nun, unabhängig davon, ob der „Freund" ausgeschlossen oder mißbraucht werden soll, wird er vom Dirigenten jedenfalls nur als ein Spielzeug betrachtet. Im ersteren Fall ist er das in einem grausamen, im letzteren in einem abgeschmackten Spiel. Diese Zumutung wirft die Frage auf, worauf eigentlich die abgründige gesellschaftliche Spaltung beruht, die ein menschliches Wesen befähigt, das Schicksal eines gleichgearteten anderen menschlichen Wesens, sei es ein ehemaliger Freund oder auch nur ein Fremder, nach seinen persönlichen Bedürfnissen leichtfertig zu bestimmen.

Ein Auserwählter der Gesellschaft muß wohl wissen, daß er im Grunde genommen ein ebensolches Säugetier ist wie jeder andere gewöhnliche Mensch. Seine Verdauung, seine Drüsensekretionen, sein Blutkreislauf, seine Arterienverkalkung und schließlich sein Abkratzen und Verfaulen unterliegen denselben Gesetzen wie die Lebensfunktionen des zerlumptesten Bettlers in der Gosse. Gegen diese Tatsache besehen, ist es bemerkenswert, daß unter den Tieren derselben Gattung und derselben Art eine soziale Gleichheit herrscht, die ihrer physiologischen Gleichheit entspricht. Es gibt keine Verwaltungsrats-Berberlöwen und Nachtwächter-Berberlöwen oder Oberleutnant-Schäferhunde und Korporal-Schäferhunde. Aber innerhalb der menschlichen Gesellschaft gibt es zum Beispiel einen preußischen Staatsrat und einen preußischen Kaminfeger, die – wenn beide frischgebadet, glattrasiert, säuberlich gekämmt und nach derselben Mode gekleidet – voneinander entweder überhaupt nicht oder unter Umständen sogar zum Vorteil des Kaminfegers zu unterscheiden sind. Persönlichkeit, Talent und auch Macht treten nicht immer im selben Individuum auf.

Es ist wahr, die Bienen haben eine Königin. Aber sie leistet etwas, was ihr angeboren ist und was die anderen Bienen nicht leisten können. Bei den Tieren gibt es keine Schiebung, Bestechung und Verfälschung der Qualitätsverhältnisse. Auch Wölfe auf einem Raubzug haben nur einen Führer, der stärker, größer gewachsen und instinktsicherer ist als die anderen Mitglieder des Rudels. Ein Wolf ohne diese Eigenschaften könnte die Stellung eines Führers nicht usurpieren. Kann im selben Sinn ein preußischer Staatsrat von Natur aus etwas leisten, was ein preußischer Kaminfeger nicht leisten kann? Sind die preußischen Staatsräte größer, stärker und klüger als die preußischen Kaminfeger? Die Rechtmäßigkeit des sozialen Unterschiedes zwischen ihnen kann nicht in ihrer unterschiedlichen Erziehung liegen, weil die unterschiedlichen Erziehungsmöglichkeiten an sich schon ungerecht sind. Die Erklärung müßte also in der Verschiedenheit der angeborenen geistigen Fähigkeiten liegen. Diese Erklärung ist aber auch irrig, weil es eine nicht wegzuleugnende Tatsache ist, daß es wohl einerseits idiotische Staatsräte, andererseits aber außerordentlich aufgeweckte Kaminfeger gibt. Man mag zum Beispiel vom ehemaligen Sowjetrußland denken, was man will, aber man wird nicht bestreiten können, daß es zuzeiten unter Beteiligung von vormaligen Land- und Grubenarbeitern, Marinesoldaten und Unteroffizieren mit wenig formaler Schulbildung im Verein mit gleichgesinnten Intellektuellen in der Verfolgung der neuen Ziele und in Hinsicht auf die Sicherung der Zukunft wenigstens für die Erfordernisse jener Zeit gewandt regiert wurde, während ihre Vorgänger, der zaristische Adel und das Beamtentum, die Staatsmaschine in den Dreck gefahren haben.

Dieser gegenseitige soziale Platzwechsel brachte einen Zustand an den Tag, der auch auf dem musikalischen Gebiet im jahrzehntelangen unangefochtenen Verbleiben manch eines stümperhaften Kapellmeisters an der Spitze eines tüchtigen Orchesters existiert. Und es wird wohl keinen Sachverständigen geben, der das Bestehen solcher Kombinationen bestreiten würde. Es bleibt also keine andere Erklärung für eine soziale Machtusurpation übrig als die Täuschbarkeit des bei größter Intelligenz gefühlshaft voreingenommenen menschlichen Geistes und die logischerweise darauf beruhende göttliche Sauordnung in der Gesellschaft.

Dieses „göttliche" Element ist das große Argument, mit dem die Auserwählten ihre Position und hauptsächlich ihre positionsbedingten Prärogative vor sich und vor der Welt dauernd erklären und rechtfertigen. Bei Gesellschaftssystemen, in welchen die Grundmauern des göttlichen Anspruchs bereits eingestürzt sind, ist es – im Sinne der Theorien von Nietzsche – ein heidnisches Übermenschentum, das für das Machtprinzip geltend gemacht wird. Jedoch ist auch das keine voll befriedigende Rechtfertigung des Machtbesitzes, da es gleichzeitig viele Übermenschen geben kann, die nur mangels günstiger Umstände nicht zur Entfaltung gekommen sind. Was im Grunde nur die Desorganisation der Gesellschaft ist, fassen aber die erfolgreichen Machtmenschen als eine speziell sie begünstigende geschichtliche Schicksalsfügung auf. Lenin drückte das, auf seine Machtergreifung zurückblickend, in einer Anwandlung selbstvergessener Freimütigkeit (mit einem Hinweis auf die nach dem zaristischen Zusammenbruch herrenlos gewordene russische Gesellschaft) mit den Worten aus: „Die Macht lag in den Straßen auf dem Boden herum. Wir haben sie aufgelesen." Wer nun mit solch großangelegter Pfiffigkeit es fertigbringt, in die Bresche niedergebrochener Machtkontinuität zu springen, der kann dann nach Belieben schalten und walten und sich einen Pfifferling um die Meinung der Umwelt kümmern. Dieses angemaßte, sozusagen selbstgebraute Gottesgnadentum (oder Teufelsgnadentum?) hat freilich manch einen auch schon zu Schlimmerem verleitet als dem für das Weltgeschehen bedeutungslosen Drangsalieren von Orchestermusikern.

Aber es gilt von der kapellmeisterlichen Macht wie von jeder anderen, daß der Machthaber sich zu Gewaltakten erst recht verleiten läßt, wenn er sieht, daß er anderen ein Leid antun kann, ohne daß diese auch nur im geringsten etwas dagegen tun können. Die Möglichkeit der straflosen Ungerechtigkeit wird alsdann als eine göttliche Sanktion der Ungerechtigkeit interpretiert. Ihr arrogantester Ausdruck liegt darin, daß ein Machtlüsterner sich nicht damit begnügt, nach Belieben schalten und walten zu können. Seine größte Befriedigung liegt im Wissen, daß die Machtlosen nicht tun können, was sie wollen. Die für den Peiniger nutzlose Kränkung des Opfers bereitet ihm das größte Vergnügen, weil sie, mehr als die nützliche, sachdienliche Kränkung, eine Demonstration seiner unumschränkten Macht ist. Die utilitarisch entschuldbare Grausamkeit ist keine Machtprobe in Reinkultur. Nur die Grausamkeit um der Grausamkeit willen ist ein absolut überzeugender Beweis der Macht. Deswegen wird sie bei gewissen politischen Systemen weit über die für die Machterhaltung notwendige Grausamkeit hinaus derartig ins Höllische gesteigert.

Die primitiven Äußerungen der Grobschlächtigkeit, wie das keinen Widerspruch duldende Schreien und Schimpfen, dieses demokratische Überbleibsel mittelalterlich körperlicher Züchtigungen, dienen nicht, wie heuchlerisch vorgegeben, der erzieherischen Aufrechterhaltung einer guten Ordnung. Im Orchester sind die Musiker oft schon sehr ordentlich und wohlerzogen (wie sie es unter Toscanini zweifelsohne waren), und der Dirigent (wie Toscanini und seine Nachahmer) schreit und schimpft trotzdem. Die orale Gewaltsamkeit hat für die Dirigenten die tiefere Bedeutung, daß sie unter allen Umständen die einzigen sind, die sich ein solches Benehmen herausnehmen dürfen, während die „Künstler" im Orchester kuschen müssen.

Diese triumphal selbstherrliche Abspaltung von der erbärmlichen Alltagswelt und nicht die künstlerische Mission gibt dem Dirigierberuf seinen Sinn. Die neiderfüllte Bewunderung des Erfolglosen für den Erfolgreichen und die Verachtung des Erfolgreichen für den Erfolglosen sind die Gefühle, die das Verhältnis zwischen Vorgesetztem und Untergebenem bestimmen. Diese unüberbrückbare Scheidung der Lebenssphären gibt dem Vorgesetzten das Gefühl einer unanfechtbaren, monarchischen Auserwähltheit, die in Wirklichkeit mit Gottesgnadentum nicht mehr zu tun hat, als das gestürzte deutsche oder das entgötterte japanische Kaisertum damit zu tun hatten. Der eifersüchtig gehütete (weil umdrohte) Auserwähltenstatus hat seine Wurzeln vielfach nur in der Sachunkenntnis und dem Autoritätskult der Einflußreichen, in der Täuschbarkeit und Verzagtheit der Entrechteten, im Raummangel auf der obersten Stufe der Karrierenpyramide und im glücklichen Zusammentreffen örtlicher und zeitlicher Zufallssituationen.

Die legitimen Faktoren der kapellmeisterlichen Höhenstellung, nämlich die Persönlichkeit und das Können, gehören nicht in diesen Fragenkomplex, weil die reine Persönlichkeit und das reine Können nie auf eine positionsmäßige Auserwähltheit zu pochen brauchen und weil sie von den Untergebenen ohnehin freiwillig anerkannt und gefördert werden. Die Erhebung eines besonderen Talents über die Masse der Durchschnittsbegabungen und dessen legitime Pflege zu seiner eigenen Entfaltung und zur Erbauung der Allgemeinheit ist eine Erhebung, mit der kein vernünftiger und kulturbewußter Mensch hadert. Es sind nur die autokratische Anmaßung und die kunstschändenden Pöbeleien – zu denen eine Position mißbraucht wird –, die niedriger gehängt werden müssen.

Was aber die beiden positiven Faktoren der kapellmeisterlichen Funktionselemente, die Persönlichkeit und die Fachkenntnis betrifft, ist erstere bei früheren Gelegenheiten bereits ausgiebig erörtert worden, und somit ist der Pfad zu unserem nächstfolgenden Erkundungsgebiet, dem längst fälligen Gegenstand der musikalisch fachmännischen Komponente der Dirigiertätigkeit und der damit zusammenhängenden allgemeinen Musizierpraxis, automatisch vorgezeichnet.

# Zum Studieren geht's über Probieren

Spiel und Schwiel'

Hat man schon darüber nachgedacht, wie einer Orchestermusiker wird? Wenn man glaubt, daß einer Orchestermusiker wird, weil er (möglicherweise dem Plan seines Vaters folgend) beschlossen hat, Orchestermusiker zu werden, ähnlich wie man beschließt, Arzt, Kaufmann oder Elektriker zu werden, dann irrt man sich. Diese Annahme gilt bis zu einem gewissen Grad nur von einer Gruppe der Orchestermusiker, den Bläsern (und auch den Schlagzeugern). Daß die bürgerlich übliche Art der Berufswahl auch für diese Gruppe nur mit einiger Beschränkung gilt, rührt daher, daß manche Bläser und Schlagzeuger ihren ersten Zusammenstoß mit der Musik auf einem Streichinstrument oder vielleicht auf dem Klavier erleiden. Für die Streicher, von denen im besonderen die Rede ist, gilt aber der bürgerlich normale Prozeß der Berufsentfaltung ganz und gar nicht.

Bedeutet diese skeptische Betrachtung, daß in einem Orchester alle Musiker abgebrannte Existenzen sind, die ihren Lebensweg anders geplant haben? Das hierarchische und gesellschaftliche Herunterpurzeln der Musiker vollzieht sich in verschiedenen Graden, je nachdem, bei welcher Höhe der Sturz beginnt. Die schmerzlichste Bauchlandung erleiden die Geiger (aber nicht etwa, weil ihre Töne die höchsten sind). Vielleicht spekuliert nicht jeder Vater, der seinen sechsjährigen Jungen zur ersten Violinstunde führt, daß der Bengel einstmals ein zweiter Jascha oder Yehudi werden wird. Besonders nicht, wenn es nach ein paar Jahren Studium klar wird, daß der Geniekandidat kein Talent hat und die Fiedel an den Nagel hängen muß. Sollte aber das Studium die Pubertätszeit glücklich und verheißungsvoll überdauert haben und wenn der Geigertitan auch im weiteren die Violinstunden nicht schwänzt und das Üben nicht auf das Billardspiel, Schürzenjagen oder den Rauschgiftgenuß beschränkt und wenn die Familie sich nicht mit aller Gewalt gegen eine Künstlerlaufbahn stemmt, dann ist der Weg zu den glänzendsten Enttäuschungen offen.

Früher als die Streicher erkennen die Bläser während ihres Studiums, daß sie sich auf der abschüssigen Bahn befinden, und sie sind durch diese frühe Erkenntnis seelisch besser abgehärtet, sich mit dem unentrinnbaren Orchesterschicksal abzufinden. Deswegen faßt der Bläser sein Studium schon kurz nach dem Anfang eher wie eine Art Handwerkslehre auf, von welcher aus er sich immer mehr, besonders als der spätere aktive Orchestermusiker, zum Künstler entwickelt.

Einen krassen Kontrast dazu bietet der Streicher, der sein Studium mit Künstlerallüren beginnt, um schließlich bei einer handwerksmäßigen Ausübung seines Berufs anzulangen. Die Erklärung für diese entgegengesetzte Entwicklungsrichtung ist (was während der Studienzeit weder dem Streicher noch dem Bläser voll zum Bewußtsein kommt), daß der Streicher nach dem solistischen Studium zum Gruppenmusiker wird, während der eher illusionsfrei abgerichtete Bläser in der verhältnismäßig unabhängigen Betreuung seiner Orchesterstimme, die kompositionstechnisch fast immer eine Solostimme ist, sich erhöht fühlt.

Der Stand der anderen Instrumente, bei deren Betreuung Enttäuschungen sehr wohl möglich sind, hängt von der funktionellen Rangstufe ab. Konzertmeister, Stimmführer und Solobläser können sich mit ihrem Musikantenlos leichter versöhnen als die gemeine Mannschaft in den Tiefen des Orchesterdickichts. Aber mit der Harfe kann keine sonstige Ausnahmestellung im Orchester konkurrieren. Selbst der Konzertmeister und auch sein Assistent sind aus den Reihen der Violinen schlecht und recht ersetzbar. Dasselbe gilt auch von den Solobläsern, und zwar in dem Sinn, daß eine Lücke, wenn sie entsteht, durch Umstellung der Spieler wenigstens nicht in der wichtigsten Stimme zu entstehen braucht. Auch die Pauke kann von einem der Schlagzeuger betreut werden. Das einzig und absolut unersetzliche Mitglied eines Orchesters – innerhalb desselben – ist die Harfenistin (da es ja meistens eine Frau ist).

Keine Stimme im Orchester ist so solistisch und gleichzeitig an eine besondere Person geknüpft wie die der Harfe. Deswegen ist die Harfenistenstelle in einem Orchester im soziologischen Sinn eigentlich gar keine Orchesterstelle. Die Harfenistin fungiert im Orchester nicht wie ein gewöhnliches Mitglied, sondern wie ein ständiger Gast. Das zeigt sich auch dadurch, daß sie ihren eigenen Probenplan hat und nicht selbst für die Beförderung ihres Instruments zum Spielschauplatz zu sorgen braucht, vielmehr zu diesem Zweck eine Transportmannschaft zur Verfügung gestellt bekommt. Wenn die anderen Orchestermitglieder bei der Arbeit schwitzen, geht sie spazieren. Dafür kommt sie in den Bau während der dienstfreien Stunden (wenn die nichtswürdigen Kollegen dort ungern gesehen werden), um ihrem Tausendfüßlerinstrument frische Schnürsenkel einzufädeln. Zum Dienst (wenn sie ausnahmsweise überhaupt mal Dienst hat, was selten vorkommt, da viele Komponisten die Harfenistin in ihrer Ruhe nicht stören wollten und deshalb ohne Harfe komponierten) kommt sie immer erst, wenn das Schlimmste des Probenringkampfes bereits vorüber ist, und sie geht auch immer vor dem Ende der Probe nach Hause, wenn zu ihrer Annehmlichkeit nur noch Bach geprobt wird. Diese Situationsbeschreibung bezieht sich hauptsächlich auf den Konzertdienst und nicht so sehr auf den Theaterbetrieb mit seinem eher romantischen Repertoire und dem heiklen Zusammenspiel mit den Bühnensängern, bei dem das Harfenspiel sicherlich keine Sinekure ist. Aber auch im Theater reden die Dirigenten mit der Harfenistin höflich, auch wenn sie anstatt auf die Bremse auf das Gaspedal getreten hat.

Kein Wunder, daß die Harfenistin die verhaßteste und umworbenste Prinzessin des Orchesters ist, in die jedes männliche Mitglied heimlich und nicht so heimlich verliebt ist und die jeder heiraten möchte, und zwar nicht nur wegen ihrer Schönheit, sondern auch, weil sie eine glänzende Partie ist, das Familieneinkommen aufs Doppelte erhöht und mehr Zeit als ihre dienstbeschwerte Ehehälfte für den Haushalt erübrigen kann. Aus diesen Präliminarien folgt, daß sie in ihren frühen zwanziger Jahren schon entweder mit dem Oberkapellmeister, dem Konzertmeister oder tiefstens mit einem Stimmführer oder ersten Bläser verheiratet ist.

Von allen Instrumenten hat die Harfe die besondere Distinktion, daß sie, zwar kaum anders als ein Orchester- oder Kammerinstrument verwendbar, innerhalb dieser Verwendungsmöglichkeit doch ein Soloinstrument bleibt. Die zwei anderen Orchesterinstrumente, die (mehr als alle übrigen) als Soloinstrumente weitreichende Verwendung finden, die Geige und das Cello, befinden sich nicht in einer so klaren Situation wie die Harfe. Normalerweise stehen unter den etwa drei bis vier Dutzend Streichern nur der Konzertmeister und der Solocellist an der Grenzlinie einer Orchester- und Solotätigkeit. Diese zwei Mitglieder eines großen Künstlerorchesters stehen der Klasse selbständiger Solovirtuosen qualitativ ziemlich nahe. Ihr ein bis zwei Stufen tieferer Stand in der Reihe der Virtuosenhierarchie ist die Folge verschiedener Faktoren.

Um einen international geltenden Virtuosenruf zu erringen, genügt es nicht, ein überragendes instrumentalistisches Talent zu sein. Das ist natürlich eine Grundbedingung. Dazu müssen kommen (vom günstigen kommerziellen und propagandistischen Arrangement gar nicht zu sprechen) eine eiserne Konzentration auf die sich zu eigen gemachte Aufgabe und ein unerschütterlicher Glaube an das Selbst.

Es gibt große Talente, die eine Weile im Konzertfeld herumwirbeln, sich dann aber in die weniger glanzvollen Regionen des Orchesterspiels zurückziehen müssen, weil sie die geistigen und charakterlichen Stützelemente nicht oder nicht genügend besitzen. Es ist also kein Wunder, daß manche Talente der Überbeanspruchung des ausschließlichen Solospiels nicht standhalten können oder wollen und bei den geringeren Härten des Orchesterspiels Erlösung suchen. Aber eine „Feuerprobe" bleibt auch dann noch übrig, die einen Musiker unter Umständen bis in die Reihen der „namenlos" arbeitenden Orchestermannschaft verfolgen kann. Und das ist das Lampenfieber.

Vorerst scheinen Lampenfieber und Orchesterspiel wenig oder gar nichts miteinander zu tun zu haben. Selbstverständlich ist die exklusiv solistische Lampenfiebertemperatur viel höher (oder kann viel höher sein) als jene bei einem Gruppenspiel. Man wird aber erkennen, daß einer vom Lampenfieber auch in diesem Rahmen erfaßt werden kann. Ebenfalls sehr hoch kann die Lampenfiebertemperatur bei jenem Solospiel steigen, das gar nicht zur Kategorie des eigentlichen Solospiels gerechnet wird, weil es nur flüchtig und kaum merkbar in das Orchestergeflecht eingebettet ist. Das Lampenfieber ist also – wie man mehr und mehr erkennen wird – auch ein Problem des Orchesterspiels und mag bei seinen weitverzweigten Zusammenhängen gleich an erster Stelle behandelt werden.

Was ist nun Lampenfieber? Es deutet, wie das gewöhnliche Fieber ohne Lampen, seinem spezifischen Wortsinn nach einen Krankheitszustand an, von dem Vortragskünstler aller Schattierungen geplagt werden. Zwar ist es in erster Linie mit der Solistentätigkeit assoziiert, es hat aber auch Opfer unter den Gruppenspielern. Welche Musiker im Orchester während eines Konzertes und möglicherweise sogar in einer Probe vom Lampenfieber bedroht sind, das wird durch diesen Bericht über den Verlauf künstlerischer Lampenfieberkurven nach und nach bekannt. Tatsache ist, daß das Lampenfieber im Aussuchen seiner Opfer nicht wählerisch ist und gern jeden befällt, der den Ehrgeiz, die Kühnheit oder nur das Schicksal hat, nicht ausschließlich sein eigener Zuhörer zu sein.

Nach althergebrachter Diagnose ist die Ursache des Lampenfiebers ein furchterregender Mangel an Selbstvertrauen gerade in Momenten, in denen man nicht zuviel davon haben kann. Die Zweifel am Gelingen vergiften die Aufgabe des Vortragenden trotz aller gegenteiligen sachgemäßen Vorkehrungen. Die ursprüngliche Unbesorgtheit naturnaher Kindlichkeit einer Künstlerseele ist mit dem Anbruch der künstlerischen Pubertät und der Rechenschaftsschuld dem Publikum gegenüber dahingeschwunden.

Es ist eine Eigenartigkeit der menschlichen Psyche, daß sie gerne jene Gedanken und Gefühle heraufbeschwört, die sie am meisten von sich fernhalten möchte. Deswegen ist das Lampenfieber wie ein Bakterienherd, der sich unaufhaltsam ausbreitet und gesunde Lebenszellen ansteckt. Alle unwillkommenen Nebenumstände eines öffentlichen Auftretens sind für das Lampenfieber Öl ins Feuer. Zum Beispiel wird der Tag des Auftretens, der immer in die schützende Zukunftsferne entrückt schien, plötzlich zur erschreckenden Gegenwart. Der Vortragsheld denkt, daß er fähig wäre, sich seiner Aufgabe ruhmvoll zu entledigen, wenn nur das

Datum der Veranstaltung wenigstens zwei Tage aufgeschoben werden könnte. Aber leider kann er mit seinem Auftreten nicht auf Gelegenheiten warten, die ihn in einer gelösteren Stimmung oder besseren technischen Disposition finden würden. Der Vortragskünstler muß vortragen, gleichgültig, ob er am fraglichen Tag Börsenverluste, einen Streit mit seiner Schwiegermutter oder Magenbeschwerden hatte. Der Druck durch die fast absolute, nur wenige Ausnahmen zulassende Unverrückbarkeit der äußeren Umstände eines berufsmusikalischen Auftretens ist ein zuwenig beachteter Faktor bei der Erörterung des Lampenfiebers. Seine Ursache wird meistens nur in einer Art sozio-psychologischer Akrophobie gesucht, nämlich in der Angst eines Hochgekletterten, der an seiner Haltefähigkeit in der Höhenstellung zweifelt.

Damit ist aber die Ursache des Lampenfiebers noch nicht erklärt. Ein wesentlicher Faktor, neben der Schwindelhaftigkeit der Podiumshöhe, ist der Zwang, sich überhaupt in die Höhe zu begeben. Das Lampenfieber setzt nicht erst bei der Konfrontation mit dem Publikum ein, vielmehr hat es seinen Ursprung in der Zwangslage, überhaupt zur Konfrontation antreten zu müssen. Da hat man einen Beruf, der freiwillig gewählt wird, aber unfreiwillig ausgeübt werden muß (falls er nicht samt und sonders an den Nagel gehängt wird). Die ursprünglich freudige Berufswahl wird zum Berufszwang. Deswegen fühlt man sich in ihr in eine Falle gelockt und unschuldig zum Freiheitsverlust verurteilt. In der Vortragstätigkeit liegt etwas verhängnisvoll Unentrinnbares.

Manche konzertierenden Musiker, die schon oft über die Klinge springen mußten, aber jedesmal glücklich zum Leben wiedererweckt werden konnten, gewöhnen sich mit Ach und Krach an die regelmäßige Wiederkehr zum Konzertschlachthof und entwickeln sich schließlich zur genetischen Kuriosität eines Mondkalbs, in welchem der Hasenfuß mit dem Löwenherzen vereinigt ist. Bei manch anderen, den anfänglich furchtlosen Siegfrieden des Podiums, liegt der Fall umgekehrt, indem sie nach einer dreist ungestümen, aber nun dahinschwindenden Jugendzeit immer mehr den Krallen des Lampenfiebers verfallen. Dieser Zustand tritt bei ihnen dadurch ein, daß nach dem alle Bedenken hinwegfegenden Schwung der Jugend sich allmählich Sprünge im technischen und mentalen Gebälk ihres Spielapparates bemerkbar machen. Im Konzertverlauf steuern sie an manchen „Verkehrsunfällen" nur mit knapper Not vorbei, von denen das Publikum zwar noch nichts merkt, die ihnen aber die Möglichkeit unliebsamer Überraschungen im Konzert zum Bewußtsein bringen. Diese Künstler – wenn sie kein Abwehrsystem auszuarbeiten fähig sind und auch keine äußere Hilfe erhalten oder annehmen – gleiten mehr und mehr in eine von befürchteten Katastrophensituationen und vom Dauerlampenfieber beherrschte Geistesverfassung hinab.

Es wäre indessen durchaus falsch anzunehmen, daß Künstler, die in einen solchen Krisenzustand geraten sind, auch in ihrer geistig-musikalischen Leistungsfähigkeit unbedingt nachgelassen haben müssen. Ihre Krise entsteht nur durch ihre Unfähigkeit, ihr angegriffenes psychomechanisches Funktionieren auszubalancieren. Sie befinden sich plötzlich in der Lage des Tausendfüßlers, der im Gehen behindert ist, weil er darüber nachdenkt, wie er es beim Gehen fertigbringt, nach dem 358. Fuß automatisch den 359. zu heben. Also, immer wenn er die 358. Fußbewegung ausgeführt hat, stockt er bei der nächsten oder bei einer anderen, je nach der Schrittnummer, bei der er sich selbst im Gehen mit Spekulationen behindert. Das gleiche Teufelswerk treibt sein Unwesen im Menschen durch unkontrolliert unzeitige Selbstbefragung bei der Ausführung delikater Funktionen. Das geschieht hauptsächlich während der Übergangsperioden menschlicher Lebensabschnitte, namentlich, wenn die sorgenfreie

Robustheit der Jugend zu schwinden beginnt. Ein solcher Prozeß kann aber schon sehr früh im Leben einsetzen. Diese Funktionsstörung kann jedoch leicht und dauernd behoben werden.

Große Vortragskunst – abgesehen von der Grundbedingung des technischen und musikalischen Rüstzeugs – beruht psychologisch auf zwei Tragpfeilern: auf Spontaneität und Bewußtsein. Das sind auf den ersten Blick zwei widersprechende Funktionen. Die Aufgabe des Vortragskünstlers ist, sie miteinander zu versöhnen. Von einem konzertierenden Künstler, dessen Konzertdatum, Programm und Ausführungsort festgelegt sind, ist es schwer, Spontaneität zu verlangen. Um Spontaneität bis zu einem gewissen Grad herbeizuführen, müssen die egozentrisch positiven Aspekte des öffentlichen Auftretens betont werden, nämlich Geltung, Ruhm und Ausnahmestellung in der Gesellschaft. Die Erwartung dieser Vorzüge ist wohl der Hintergedanke bei vielen Eltern, wenn sie ihre Kinder in die Künstlerlaufbahn lancieren. Es ist nichts Verwerfliches an diesem Plan, wenn er gleichzeitig auch auf Talent gegründet ist. Die Sache hat aber den Haken, daß das Musikstudium keine Anleitung zur moralischen Bewährung inmitten der Wellenschläge einer Künstlerkarriere enthält. Das Verhältnis zum Publikum ist in keinem Konservatorium Gegenstand des Studiums. Dort lehrt man, wie ein bestimmtes Musikstück gespielt wird, aber man lehrt nicht, wie dieses Stück vor dem Publikum gespielt wird. Der angehende Künstler muß sich durch viele Straucheleien hindurch zu einer ausgeglichenen beruflichen Lebenshaltung abklären.

Es wird zuweilen geltend gemacht, daß der Vortragende im Grunde genommen für sich selbst spielt und daß er dabei das Publikum eigentlich ignorieren könnte. Man tut aber gut daran, mit einer solchen Theorie vorsichtig zu sein, da es sonderbar anmuten muß, für sich selbst spielen zu wollen, dann aber diese Selbstentzückung in einem Konzertsaal durchzuführen. Das Spielen zur eigenen Befriedigung darf jedoch in dem Sinn gelten, daß kein Zuhörer so hohe Ansprüche an den Vortragskünstler stellen kann, wie dieser an sich selbst stellt, und daß für ihn die Selbsterfüllung in diesen vom Publikum nicht ganz erklommenen höheren Regionen seiner Kunst mehr bedeutet als der Applaus.

Die Übersteigerung der Forderungen des Künstlers an sich selbst ermöglicht schließlich die vom niedrigeren Publikumsniveau aus übermenschlich erscheinenden künstlerischen Spitzenleistungen. Aber das künstlerische Emporstreben benötigt auch die befruchtende Resonanz verständnisbereiter Kunstbegeisterung. Kein Künstler kann in einem gesellschaftlichen Vakuum gedeihen. Selbst der asketischste, zurückgezogenste Eigenbrötler kann den Applaus erst ignorieren, nachdem er ihn erhalten hat. Die für den künstlerischen Prozeß notwendige Inspiration kann nur von Lebewesen kommen, die die Seelenregungen des Künstlers miterleben. Das Vortragen für ein mitgehendes, belohnendes Publikum ist das Lebenselement einer künstlerischen Darbietung. Der echte Künstler hat denn auch einen Schuß Komödiantenblut in seinen Adern, das ihm die für eine bewundernswerte Podiumsfigur notwendige, gesund selbstgefällige Betörermiene verleiht – freilich mit den Einschränkungen der Verfeinerung, die vor dem Herabgleiten in eine herausfordernde Arroganz bewahrt. Von den zwei Impulsen, dem Übersprudeln und der Beherrschtheit, ausgleichend in die richtige Bahn gelenkt, fühlt sich der echte Künstler vor dem Publikum in seinem eigentlichen Habitat. Auf dem Podium fühlt er sich mehr zu Hause als zu Hause. Er kann sein Bestes nur vor der Öffentlichkeit hergeben, weil ihm in seiner Studierstube der Ansporn des geschwellten Ichs und das Bewußtsein der Beglückung anderer fehlt. Mit dieser inneren Haltung kann er die Suggestion ausstrahlen, daß er seinen Beruf, seine Musik, sein Publikum liebt; und nur mit der Ansteckungskraft dieser Liebe kann er seine Zuhörerschaft zu einer Gegenliebe hinreißen. Wie wir nun sehen, wird der leidige Mangel an Spontaneität bei den vorausgeplanten Konzertdarbietungen durch denselben Akt des Vorausplanens wieder aufgehoben, nämlich durch die Erwartung des Zuganges zur kostbarsten Quelle der Inspiration: zum Publikum.

Als Gegensatz zum begeisterten und begeisternden Publikum gibt es auch Zuhörergemeinden, die ganz und gar nicht inspirieren. Es kann aber auch eine willkommene Übung sein, die musischen Überzeugungskräfte auf die Probe zu stellen und das Ziel des Entzückens und der Eroberung des Publikums unentwegt zu verfolgen.

Solche Kniffe – vom Subjekt einseitig angewandt – erweisen sich aber nur auf der Basis konkreter, sachbedingter Erkenntnisse als wirkungsvoll. Eine erfolgversprechende psychologische Einstellung zum Publikum setzt eine feste technische Grundlage des Metiers voraus. Daß pure Psychologie ohne die Überzeugungskraft fachtechnischer Tatsachen nicht zur Problembehandlung befähigt, das hat der Cellist Gregor Piatigorsky erfahren, wie es aus einem anekdotischen Bericht hervorgeht. Piatigorsky war ein sehr begabter Konzertcellist, der sich mit seinen Erfolgen trotz seiner gelegentlichen Unebenheiten zufriedengeben konnte. Doch hat ihm die Stimme des Gewissens Sorgen gemacht und ein chronisches Lampenfieber verursacht. Aber anstatt den Fall gründlich zu analysieren und sachgemäß zu behandeln, versuchte er, sich mit Kinkerlitzchen aus seiner Lage herauszureden. Als ein Freund ihn einmal über die Abhilfe, die er zur Behebung des Mißstandes anzuwenden gedachte, befragte, trug Piatigorsky seine schlaue Strategie, mit der er sein Lampenfieber auszutreiben suchte, vor. Er spreche folgendermaßen zu sich: „Grischa, du hast doch nichts vor dem Publikum zu fürchten; du bist doch der großartige, weltberühmte Cellist, den die ganze Welt bewundert." Daraufhin fragte ihn der Freund, ob denn diese Selbstaufpäppelung die gewünschte Wirkung erzielt hätte. Piatigorsky ließ den Kopf traurig hängen und sagte: „Leider nein, ich glaube mir nämlich nicht."

Piatigorsky wußte nicht, daß es eine Methode gibt, mit deren Hilfe man Glaubwürdigkeit für seine eigenen Äußerungen bei sich selbst erlangen kann. Und das ist – in der Selbstbehandlung – die auf Realitäten aufgebaute Psychologie. Das Lampenfieber schwelt nur, solange man Grund hat, vor ihm Angst zu haben. Es kann zwar nicht direkt beseitigt werden, aber der Grund dazu kann und muß beseitigt werden. Der Angriff auf das Übel muß mit der Frage beginnen, welches Element des öffentlichen Vortrags die meiste Sorge bereitet. Die Antwort wird wohl lauten: das Auswendigspiel. Es gibt natürlich auch andere Sorgen, die Lampenfieber und Hemmungen verursachen, aber man ist den schwersten Ballast los, wenn die Sorge um das Auswendigspiel behoben ist. Dieses ist (bei gründlicherer Analyse) eigentlich nicht das Problem an sich. Der leidige Faktor ist die durch das Auswendigspiel in Gang gesetzte Denktätigkeit, die dem sonst automatisch funktionierenden Auswendigspiel nicht erlaubt, automatisch zu funktionieren. Wie wir schon beim Tausendfüßler gesehen haben, kann das Denken bei der Ausführung gewisser Tätigkeiten zu einer fatalen Hemmung werden. Für die Bekämpfung dieser Hemmung wie aller anderen gilt die Regel, daß alle Situationen, in denen sie auftreten, bei der Übungsarbeit bewußt und verschärft heraufbeschworen werden müssen.

Eine Quelle vieler Hemmungen und Störungen bei einer öffentlichen Darbietung ist das Auftreten neuer, während der Übungsperiode nicht erlebter Zwischenfälle. Um diese Störungsquellen zu beseitigen, muß ein öffentliches Auftreten so vorbereitet sein, daß dabei nichts Unerwartetes geschieht. Unerfahrene und manchmal auch erfahrene Konzertgeber neigen dazu, ihre häuslichen Übungen bei größter Bequemlichkeit durchzuführen. Aber Bequemlichkeit zu Hause bedeutet fast immer Unbequemlichkeit auf dem Podium. Da entdeckt man, daß der Kragen des Frackhemdes eine rauhe Naht hat, die den Hals wundreibt, daß der Kragenknopf tief in die Haut hineinschneidet und daß aus dem Frackärmelfutter ein Roßhaar heraussticht, das den Gefolterten unter der Achselhöhle kitzelt. Der weise gewordene Vortragskünstler weiß, daß alle nur möglichen Konzertplagen in die Übungszeit verlegt werden müssen. Er weiß, daß er beim Üben einen besonders engen und harten Kragen tragen muß, der zudem mit einem mordsmäßig großen und scharfkantigen Knopf zugemacht wird. Es ist auch empfehlenswert, für das Üben eine zu enge Jacke anzulegen, weil das festliche Gewand am Abend erfahrungsgemäß fühlbar enger ist als beim Anprobieren am Tag. Es ist denn auch möglich, daß die Zukunft wesentliche Lockerungen der Tyrannei in der Konzertmode bringen wird, wie manche sich eigentlich schon jetzt bemerkbar machen.

Freilich braucht man die empfohlenen Maßnahmen bei den noch bestehenden Kleidungssitten nicht schon am ersten Tag des Übens anzuwenden. Die Vorbereitungen zur Aufführung eines Musikstückes beginnen normalerweise Monate, manchmal sogar Jahre vor seiner öffentlichen Darbietung. Es wäre lächerlich, ein Studierzimmer für eine so lange Zeit in eine Folterkammer zu verwandeln. Wenn aber das Konzertdatum allmählich heranrückt, dann muß man mit den Gewaltmaßnahmen rücksichtslos einsetzen. Sie zeitigen auch in rein musikalisch-technischer Hinsicht frappante Resultate. Es ist eine Erfahrung, daß ein Vortragsstück, das schon so flott gespielt wird, daß daran scheinbar nichts zu üben ist, beim Verschärfen der Behinderungen plötzlich eine Menge neuer Schwierigkeiten offenbart, die dann ihrerseits eine verschärfte Übungsarbeit erfordern. Die Erschwerung der Aufgaben beim Üben sowohl im musikalischen als auch im akzidentellen Teil sollte dermaßen gesteigert werden, daß der Solist danach nur noch den einen Wunsch hat, von seiner Übungsplackerei durch das Konzert erlöst zu werden.

Die physische Erschwerung mit dem Hervorlocken versteckter Unvollkommenheiten zeigt ihre nützliche Wirkung unter anderem auch beim anstrengenden, konzertmäßig ununterbrochenen Durchspielen eines mehrsätzigen Werkes bereits in der früheren Übungsperiode. Ein gründliches Studium erfordert richtigerweise unzählige Wiederholungen verhältnismäßig kurzer Strecken. Deswegen ist es nicht üblich, ein langes, mehrsätziges Stück schon im Vorbereitungsstadium von Anfang bis Ende ununterbrochen durchzuspielen. Die vielen, besonders schweren Passagen machen genug zu schaffen, um Kraft und Zeit für das sowieso noch unzeitige Durchspielen übrigzulassen. Trotzdem sollte man mit dem Durchspielen nicht bis kurz vor dem Auftreten zuwarten. Viele angehende Solisten, wenn sie mit Orchesterbegleitung zu spielen beginnen, entdecken in den ersten Orchesterproben, daß das gut einstudierte Werk miserabel geht. Besonders Streicher und Sänger machen die Erfahrung, daß beim Zusammenspiel mit einem Orchester oder auch nur einem Klavier das Stück kaum dasselbe ist, das sie einstudiert haben. In der Wiedergabe mit dem vollen Apparat und im Zusammenfassen der gesondert memorierten Teile in eine höhere Einheit gewinnt die Musik ein vollkommen verändertes Gesicht. Das bereits bis zum letzten Schliff einstudiert geglaubte Stück muß nach der ersten Orchesterprobe nun wieder von vorne einstudiert werden. Jetzt erst weiß der Solist – was er vor der Gesamtprobe nicht wissen konnte –, was eigentlich zum Üben noch übriggeblieben war. Wenn bis zum Konzert noch Zeit dazu vorhanden ist, dann ist die Situation nicht unrettbar. Aber solche Vollproben finden meistens so spät im Prozeß statt, daß der Solist bei seinem Auftreten nun einem plötzlich unvertraut gewordenen Werk entgegensehen muß. Braucht man unter diesen Umständen noch zu fragen, aus welchen Quellen das Lampenfieber sich nährt? Bei solchen Vorträgen erkennen manche Solisten erst richtig, was am Stück noch zu üben übrigblieb, und geloben, in strengsten Übungen bis zum nächsten Konzert daran zu arbeiten.

Das veränderte „Gesicht", mit dem ein gründlich einstudiertes Musikwerk den Solisten in der konzertmäßigen Aufführung gegenüber dem Übungsbild überrascht, ist nicht ausschließlich auf orchesterbegleitete Darbietungen beschränkt. In jeder Form des öffentlichen Auftretens erweisen sich viele der beim Üben sorgfältig zurechtgelegten Vortragspläne als Versager. Streichern mit einiger Solopraxis ist die Tatsache bekannt, daß im öffentlichen Konzert fast alle beim Üben bewährten Bogenstriche sich als unbrauchbar herausstellen. Im Konzert entdeckt der noch wenig erfahrene Geiger, daß seine Geige zu groß, dafür aber sein Bogen zu kurz ist. Alle Bogenstriche, bei Lautstärken von Mezzoforte bis Fortissimo, müssen halbiert werden, das heißt, wo immer möglich, halbsoviel Töne auf einen Bogen genommen, als ursprünglich geplant. Diese Erkenntnis soll zur Verhütung anderer möglicher Betriebsstörungen inspirieren. Zum Beispiel kann es wesentlich zur Bewahrung der Gemütsruhe eines konzertierenden Geigers beitragen, wenn für das Konzert eine Ersatzgeige bereitgestellt wird. Selbstverständlich muß diese von guter Qualität und in vollkommen spielbarem Zustand sein. Außerdem muß der Spieler mit ihr genauso vertraut sein wie mit seiner eigenen. Die Kalamität einer gerissenen Saite oder eines gelockerten Kinnhalters – obwohl ziemlich selten – ist immerhin soweit möglich, daß sie eine Vorbeugungsmaßnahme rechtfertigt. Der Wert einer Vorbeugung liegt weniger in der materiellen Hilfe, die sie geben kann, als im Bewußtsein des Solisten, daß er nicht in peinlicher Verlegenheit dastehen muß, falls sein Instrument mitten im Spiel plötzlich einen Betriebsunfall erleidet. Es ist schon vorgekommen, daß in einem Konzert der Solist das Spiel, den ganzen Orchesterapparat und das Publikum wegen Saitenriß und Neubesaitung für zehn peinliche Minuten kaltstellen mußte, dazu kam noch das wiederholte Nachlassen und Heraufstimmen der ungestreckten neuen Saite. Solche Unannehmlichkeiten haben die nur noch schlimmere Alternative der Übernahme einer mensural ungewohnten, folglich schwer spielbaren fremden Geige aus dem Orchester. Das mindeste, was ein konzertierender Streicher demnach tun sollte, ist das Aufziehen frischer Saiten etwa eine Woche vor dem Auftreten. Dadurch ist die Gefahr eines Saitendefekts weitgehend gebannt bei gleichzeitiger Hebung der Sonorität des Instruments. Es sind nämlich nicht nur die frischen Saiten, die besser klingen als die abgelegten, sondern das Instrument selbst gewinnt durch die beim Saitenwechsel entstandenen winzigen Spannungsverlagerungen im Holz und durch sein währenddessen gewonnenes „Aufatmen" einen helleren, durchschlagenderen Klang. Man sollte auch die Wichtigkeit des richtigen Nagelschneidens nicht unterschätzen. Da es vorkommen mag, daß nach dem Schneiden zwischen dem Nagel und der zarteren, freigelegten Haut des Fingers ein kleiner Riß entsteht, so sollten die Nägel eine Woche vor dem Konzert geschnitten werden, um dem eventuell notwendigen Zuheilen Zeit zu lassen. Freilich werden die Nägel inzwischen wieder etwas nachgewachsen sein; dann brauchen sie aber nur noch ein wenig am Konzerttag abgefeilt zu werden.

Diese Vorkehrungen und möglicherweise noch andere, die jeder aus seinen persönlichen

Verhältnissen heraus notwendig und nützlich findet, werden natürlich getroffen, um dem Solisten ein Gefühl der Geborgenheit inmitten einer unbehaglichen Umgebung zu ermöglichen.
Er muß das Podium in der Überzeugung besteigen, daß alle Vorkehrungen zur Sicherstellung
eines erfolgreichen Spielablaufs getroffen wurden. Dieses Sicherheitsgefühl muß aber von
Umständen hergeleitet sein, deren Realität erwiesen oder jederzeit nachprüfbar ist und nicht
bloß auf einer Einbildung beruht. Nur unter dieser Voraussetzung kann sich die Methode in
praktischer Anwendung bewähren und in der Folge ihre wohltuende psychologische Wirkung
ausüben. In diesem Sinne ist jedes Konzert eine Probe und Vorbereitung zum nächsten.

Das psychologische Bannen des Lampenfiebers besteht ja gerade in dem Interesse und der
Neugierde, mit denen man jedem neuen öffentlichen Auftreten entgegensieht. Die Freude auf
neue Taten und neue Erfahrungen ist der Tod des Lampenfiebers. Einer, der sich mit der
Sprungbereitschaft eines Rennpferdes zum Konzertieren anschickt, hat in seiner Gefühlswelt
gar keinen Platz für Lampenfieber. Man mag wohl ein Spielfieber haben; aber das ist ein
Fieber, das nicht hemmt, sondern beflügelt.

Manche Künstler behaupten, daß sie vor dem Publikum ohne die Erregung dieses Taten-
durstes gar nicht ihr Bestes leisten können. Der legendäre Tenor Caruso, der zu diesen Künstlern gehörte, rief einmal seinen Sekretär Zirato einige Minuten vor einem Auftreten zu sich
und forderte ihn auf, seine (Carusos) ausgestreckten Hände zu betrachten und festzustellen,
ob ein Zittern zu bemerken war. Als dann der Befund ein absolutes Stillhalten, sozusagen als
Zeichen gefaßter Überlegenheit, bestätigte, sauste Caruso mit bitterem Triumph auf den wohlmeinenden Sekretär herab: „Sehen Sie? – Das ist es ja gerade; ich werde heute abend schlecht
singen, meine Hände zittern nicht."

Carusos Beispiel sollte indessen nicht dazu verleiten (auf die Verheißungen der Fiebers-
irene hin), ins Extrem zu verfallen und allzu vertrauensselig auf Erregtheit und Begeisterung
zu bauen. Der vorkonzertliche Übermut soll durch Konzentration auf die technischen Aufgaben gebändigt werden, die der zurückgedrängten Begeisterung erst im Konzert gestatten, die
Zügel schießen zu lassen. Es geschieht beim Üben oft – wenn man gute Fortschritte gemacht
hat –, daß man sich von seinem eigenen Spiel verführen läßt und sich dadurch einer Euphorie
der Unfehlbarkeit hingibt. Es fragt sich, ob eine solch hinreißende, aber unzeitig entfaltete
Leichtblütigkeit die Probe des Ernstfalles bestehen kann. Bei manchen kann die Frage bejaht
werden. Diesem Typ, als Ausnahmefall, begegnet man im Konzertleben immer wieder. Bei
der mehrheitlichen Gruppe der Skrupulösen gewinnen aber im entscheidenden Augenblick,
trotz aller Vertrauensseligkeit und aus sogleich erkennbaren Gründen, die Selbstzweifel, die
Gehemmtheit und das Lampenfieber die Oberhand.

Es ist eine Tatsache, daß jene Konzertgeber, die nicht anlagemäßig gegen das Lampenfieber immun sind, dieses selbst beim höchsten Grad der Herzstärkung durch stoffliches Können
und organisatorische Sicherheitsvorkehrungen immer noch nicht gänzlich loswerden können.
Die Ursache der scheinbaren Unausrottbarkeit dieses restlichen Lampenfiebers ist der Umstand, daß das maximal erreichte Sicherheitsgefühl des Solisten nicht absolut, sondern nur
relativ ist. Er kann sich zu seiner Beruhigung sagen, daß er alles für einen glatten Konzertab-
lauf getan hat, was er tun konnte. Aber er kann nicht sagen, daß er alles tun konnte, was zu tun
war. Dem Solisten kann nach langanhaltender Illusion einer vollkommenen Stoffbeherrschung
auf einmal doch ein Schnitzer unterlaufen.

Die Fragwürdigkeit einer zuverlässigen Gedächtnisstütze durch die bloß arbeitstechnische

Pflichterfüllung spukt bei seinen öffentlichen Auftritten herum. Der teuflische Anfall braucht aber gar nicht erst während des Spielablaufs zu kommen, wenn der Spieler vom Schwung des Vortrags und der maschinell weiterlaufenden Fingermechanik, unabhängig von allem Denken, mitgerissen sein mag. Der Lampenfieberteufel kann einen möglicherweise kritischeren Augenblick zum Losschlagen wählen, und meistens tut er es auch, wenn nämlich der Solist im Künstlerzimmer unmittelbar vor dem Hinaustreten vors Publikum noch die Muße hat, sich den absurdesten Denkqualen hinzugeben. In diesen spannungsvollen letzten Augenblicken, wenn sein Geist von größter Zuversicht beschwingt sein sollte, stellt er sich die höchst unzeitgemäße Frage, ob unter den unzähligen Noten des zu spielenden dreisätzigen Instrumentalkonzertes nicht doch einige Noten beim Üben unter das Pult gefallen sind, die er während des Vortrags nicht imstande sein wird, sich in Erinnerung zu rufen. Kann man sich einen entzündbareren Brennstoff für das Lampenfieber vorstellen?

Da steht er nun, unser Held, der Solist, auf dem Podium, und er zweifelt, ob er alle Noten des angesetzten Stückes spielen kann. Das ist das Phänomen, das Carl Flesch in seiner „Kunst des Violinspiels" besonders behandelt. Die Zweifel, die in einem Solisten während eines Konzertvortrags über eine später im Spielverlauf drankommende Tonfolge aufstiegen, nennt Flesch „Vordenken". Das ist ein höchst verteufelter Prozeß. Der Solist spielt eine Passage und denkt an eine andere. In Gedanken, noch während des Spiels, will er sich vergewissern, ob er sich an jene andere Stelle, die erst Minuten später erreicht wird, noch erinnert. Etwas Dümmeres könnte ihm nicht einfallen, aber solche Streiche spielt dem Menschen eben sein sogenannter gottgegebener Geist. Es kommt offenbar in den besten Familien vor, da Flesch versucht (mit fragwürdigem Ergebnis), in die finsteren Winkel dieses Problems hineinzuleuchten.

Wann immer das Vordenken während eines Solovortrags sein gefürchtetes Haupt erhebt, droht diese willensschwach disziplinlose Gedankenkreuzung mit einem Niederbrechen des ganzen Spielvorganges. Flesch empfiehlt, diese unheilschwangere Störung mit konzentriertem Zuhören zum eigenen, sich eben abwickelnden Spiel und dem Sichverlassen auf die gedankenlose Roboterarbeit der eingedrillten Finger zu bekämpfen. Der Rat ist voll guter Absichten, es fragt sich aber, ob er sich in der Praxis bewähren kann, da das Umlenken der Konzentration einen Willensakt voraussetzt, der sich gegen Zwangsvorstellungen schwerlich durchsetzen kann. Flesch läßt zwei wichtige Umstände außer acht. Erstens gibt er seinen guten Rat für die falsche Zeit, nämlich für das Verhalten während der Konzertdarbietung; er sagt nicht, was gegen das Vordenken beim Üben zu tun ist. Da es eine typische Konzerterscheinung und keine Übungserscheinung ist, so hat er die Möglichkeit und die Notwendigkeit nicht erkannt, dieses Problem schon beim Üben zu behandeln. Seine andere Unzulänglichkeit ist, daß er das Vordenken als eine zu befürchtende (und zu bekämpfende) Erscheinung anerkennt. Eine psychologische Behandlung kann aber am ehesten auf Erfolg hoffen, wenn sie – anstatt den unsterblich bösen Feind töten zu wollen (Gedanken sind ja nicht tozukriegen) – versucht, ihn zum Spielkameraden zu machen. Die Ausrottung der Selbstzweifel wird dann am befriedigendsten zustande gebracht, wenn man ihr Aufkommen nicht scheut. Wenn der Spieler das Podium betritt, muß er in solcher Weise vorbereitet sein, daß ihm kein Gedanke, und sollte es der destruktivste, teuflischste Gedanke sein, unwillkommen ist.

Während einer solistischen Darbietung kommen solche Gedanken schon, aber niemals während des Übens. Und doch liegt die Heilmethode gerade darin. Die lästigen Gedanken müssen während des Übens an den Haaren herbeigezogen werden. Beim öffentlichen Auftreten sind es die Gedanken, die uns beherrschen. Dafür müssen wir ihnen beim Üben zeigen, wer der Herr im Hause ist. Zu diesem Zweck soll das Vordenken beim Studium geübt werden, und zwar genau so, wie es beim öffentlichen Vortrag erscheint. Der Unterschied ist nur, daß es am Abend vor dem Publikum ein Schrecken ist, in der Übungsstunde aber ein Spaß.

Der Vortragskünstler muß sich zum Beispiel beim Üben der Exposition des ersten Satzes eines Instrumentalkonzertes fragen (und zwar nicht etwa in einer Ruhepause, sondern während des tatsächlichen Spiels, genau wie auf dem Podium), ob er die transponierte Parallelstelle der Wiederkehr in Gedanken heraufbeschwören kann. Die stillschweigende Antwort, die sich in der Ohnmacht dieser törichten Fragenphantasie von selbst ergibt, ist dieselbe wie beim Konzertvortrag, daß man nämlich die fragliche Stelle während der Ausführung einer anderen gedanklich nicht heraufbeschwören kann. Und man soll es auch nicht können. Dieser im Konzert fatale Gedankenprozeß hat in seiner künstlichen Anwendung beim Üben einen höchst praktischen Sinn. Der Zweck ist nämlich nicht, zwei verschiedene Stellen desselben Konzertstücks gedanklich gleichzeitig gegenwärtig zu haben, sondern sich zu überzeugen, daß dieses In-die-Zukunft-Hineindenken gegenstandslos ist. Diese Überzeugung ist leicht und schnell gewonnen, wenn man das Spiel unterbricht und die Anfangstöne der Sorgenpassage anschlägt mit der erleichterten Feststellung, daß sie unbeschwert erklingen. Diese Nachprüfung, die im öffentlichen Konzert natürlich nicht möglich ist, ist glücklicherweise sehr wohl möglich beim Üben und ist bei befriedigendem Ergebnis geeignet, dem Spieler seinen Glauben an die Zuverlässigkeit seines Gedächtnisses wiederzugeben.

Das beschriebene Experiment zeigt, wie die Verlegung vom Konzert in die Übungszeit ein Problem eliminieren kann. Viele geplagte Konzertspieler haben aber die Nützlichkeit der „Gewaltmethoden" beim Üben noch nicht erkannt oder sind des Nachdenkens über einen möglichen Abwehrplan nicht fähig. Sie haben keine Abwehrmethode gegen das bei einem Vortrag drohende Steckenbleiben, das mehr Ursachen als nur das Vordenken haben kann. Da beim Üben ein Steckenbleiben keine bösen Folgen hat, ja nicht einmal ernstlich beachtet wird, so fühlt sich der Solist für den späteren Ernstfall nicht alarmiert. Er erlaubt seinem Auswendigspiel schlafwandlerisch zu funktionieren, weil diese Art für das Üben befriedigend ist. Während des öffentlichen Vortrags wacht aber der Schlafwandler auf, und dann droht er niederzufallen. Jetzt stellt er sich verspätet die Frage, ob er die unbewußt memorierten Passagen bewußt reproduzieren kann. Er wird von diesem Zweifel erfaßt, weil ihm seine frühere gedankliche Laxheit und die davon begünstigte mechanische Studierweise plötzlich wie Jugendsünden bewußt werden, denen sein Gewissen nicht erlaubt, ungestraft davonzukommen.

Als Hintergrund zu dieser Situation muß man sich vergegenwärtigen, daß ein Konzertsolist sein Vortragsstück nicht im besonderen auswendig lernt, weil das gar nicht nötig ist. Mit den unzähligen Wiederholungen aller Teile des Stücks, die das technische Ausfeilen automatisch mit sich bringt, setzt sich die Notenmasse in seinem Gedächtnis allmählich fest. Diese Lernweise würde den Ansprüchen der auswendigen Werkwiedergabe genügen, wenn der Wiedergabeprozeß dem Prinzip des Aufnahmeprozesses folgen würde, nämlich dem automatisierten Anhängen des Spieltextes an die technische Fingerfunktion und an die Formstruktur des Werkes. Bei der öffentlichen Wiedergabe schaltet sich aber ein weiterer Faktor ein, der beim Üben fehlt. Und das ist die kritische Selbstbeobachtung hinsichtlich der getreuen Notenreproduktion. Was aber beim Üben mechanisch einstudiert wurde, kann bei der Aufführung auch wieder nur mechanisch reproduziert werden (vorausgesetzt, daß ein solches Funktionieren sich überhaupt aufrechterhalten läßt und nicht vom Denkbazillus infiziert niederbricht).

Wer einen Vortragsstoff unter Umgehung eines Denkprozesses einverleibt hat, begibt sich in die Gefahr des Steckenbleibens, wenn er bei der Wiedergabe plötzlich zu denken anfängt. Glücklicherweise gibt es viele Virtuosen, die vor dieser Gefahr dadurch bewahrt sind, daß sie des Denkens in jeder Situation unfähig sind. Die Denkfähigen und die Zwangsdenker täten aber gut daran, mit dem Denken rechtzeitig zu beginnen. Wenn ein Stück gedankenvoll wiedergegeben werden soll, dann muß es auch gedankenvoll einstudiert werden.

Auch wenn man zum Beispiel während einer Abwesenheit von zu Hause sicher sein will, daß man die Wohnungstür vor dem Ausgehen fest geschlossen hat, genügt es nicht, die Tür geschlossen zu haben. Man muß während des tatsächlichen Schließens an Ort und Stelle schon daran denken, daß man die Tür schließt. Die Gewißheit liegt nicht im Akt des Schließens, sondern im Denken an das Schließen im Augenblick des Schließens. Die Aufgabe also ist, einen Prozeß, der unbewußt offenbar nicht verläßlich funktioniert, schon an der Quelle des Prozesses bewußt zu machen.

Manche Konzertgeber mögen es von sich weisen, einen spielmechanischen Vorgang gleich bei seinem Entstehen mit forciertem Kontrolldenken zu überlasten, weil ihnen ihre automatische Studierweise einstweilen noch treu dient und weil sie ihren gesunden Organismus keiner Gedächtnischirurgie unterziehen wollen. Diese Künstlernaturen sollen denn auch nicht in ihrem Sicherheitsgefühl gestört werden. Diese Ausführungen sind nicht als Heilmittel für alle Welt ohne Ausnahme gedacht. Ist aber einem Konzertsolisten einmal ein Gedächtnisdefekt unterlaufen, dann kann ihm nur das gründliche Aufrollen des ganzen Fragenkomplexes helfen.

Die Methode dieser Verankerung im Bewußtsein wird bald erörtert, aber vorher noch ist es lehrreich, kurz bei jenem Künstlertyp zu verweilen, der die Konzentration aus gedankenloser Narretei geradezu in den Wind schlägt. Solospieler mit einer solchen Charakteranlage fordern den Ablenkungsteufel zuweilen selbst mit einer übermütigen Augenblickshandlung heraus. Das ist hauptsächlich bei Geigersolisten zu beobachten, obwohl es ab und zu auch bei Pianisten vorkommt. Unter den prominenten Geigern einer früheren Epoche war es Bronislaw Hubermann, der es nicht aushielt, während der Orchestereinleitung eines Violinkonzertes geduldig auf den Einsatz seiner Solostimme zu warten. Als das Spiel des Orchesters ungefähr die Mitte der Einleitungsexposition erreichte, drückte er seine Geige unerwartet und für den Moment unpassend ans Kinn, also lange bevor er drankam, und schloß sich dem Tuttispiel der Primgeiger an. Er spielte die Orchesterstimme nur eine kurze Weile mit, denn er mußte sich für sein eigenes Solo bald vom Tutti abspalten. Diese sonderbare Vermengung eines Orchesterparts mit der Solofunktion war nicht die ausschließliche Spezialität von Hubermann. Er lieferte nur ein Beispiel von mehreren für das fahrige Benehmen bei einem orchesterbegleiteten Solospiel.

Was veranlaßt einen Solokünstler (vorkommendenfalls), sich in das Spiel des begleitenden Orchesters einzuschieben? Will er sich vielleicht einspielen? Wenige Minuten vor seinem Auftreten kann er doch noch im Künstlerzimmer präludieren. Will er sich vergewissern, ob er in der neuen Situation im Rampenlicht überhaupt noch spielen kann? Will er mit diesem improvisierten Spiel seinem Lampenfieber etwas zu fressen geben?

Dieser Einleitungsmitspieler ist ein Narr, der sich selbst von seiner Aufgabe ablenkt. Oder hat er Angst, wegen möglicher Gedankenkreuzung, sich auf seine Aufgabe zu konzentrieren? Gerade wenn er das mit Feuereifer tun sollte, gibt er sich mit nichtsnutzigem Zeugs ab. Aber er macht dabei zwei weitere Fehler. Er verwirrt sein Publikum. Sein Soloeinsatz sollte doch genauso inszeniert werden wie der Auftritt eines Hauptrollenträgers in einer Oper für seine erste Szene. Kann man sich vorstellen, daß Escamillo (in „Carmen") vor seinem brausenden Toreadorlied auf der Bühne wie ein Statist herumlungern würde? Der Instrumentalsolist, der bei der Orchestereinleitung mitspielt, tötet die Wirkung seines Solo-Einsatzes. Das Interesse des Publikums ist schon geschwächt, die Spannung gelähmt, wenn es ihn vorher schon fiedeln gesehen hat. Es weiß gar nicht, wann das Solo überhaupt beginnt.

Abgesehen von allen diesen Überlegungen hat der Solist gar kein Recht, in der Einleitung mitzuspielen. Der Tuttiprimgeigenpart ist nicht seine Stimme. Niemandem in einem Ensemble ist es gestattet, die Stimme eines anderen Instrumentalisten zu spielen. So sollte der Solist auch bei seinem Leisten bleiben und sich auf seine eigenen Probleme konzentrieren.

Wir haben die Schwierigkeit bereits erkannt, sich auf einen Nutzgegenstand zu konzentrieren. Neben den grotesk selbstverschuldeten Störeinflüssen (wie dem widersinnigen Tuttimitspielen) stellen sich dem Solisten nun auch die anderen wohlbekannten Zwangsvorstellungen als Bremsklotz des Auswendigspiels in den Weg. Dieses Problem hat aber eine Lösung. Sie liegt in einer kalt berechneten technischen Maßnahme, die das Auswendiglernen der Traumwelt entzieht und einer lückenlosen mentalen Überwachung unterstellt.

Der Grundirrtum der allgemein üblichen Lernmethode des Auswendigspiels ist, daß es immer mit dem Instrument in der Hand durchgeführt wird (oder sitzend am Klavier). Dadurch wird der Lernstoff unlöslich mit der Fingerarbeit assoziiert und sozusagen einem motorischen Fingergedächtnis anvertraut. Deswegen ist der Spieler in fataler Verlegenheit, wenn er sich den Spieltext ohne Fingerbewegung in Erinnerung rufen will. Der Spieltext sitzt nämlich nur in der Nervenmechanik seiner Finger und nicht auch unabhängig davon in seinem Gehirn. Um es auch, frei von den Fingern, im Gehirn zu verankern, muß man es vorübergehend von den Fingern befreien. Das kommt aber erst nach einer gut funktionierenden Fingerbeherrschung des Stückes, da es natürlicher und leichter ist, über eine bereits erworbene Geschicklichkeit nachzudenken, als sich eine Geschicklichkeit erst aufgrund eines Nachdenkens zu erwerben. Der Spieler muß also bei einer fortgeschrittenen Stufe der Tontextbeherrschung allmählich anfangen, das Stück auch ohne Instrument fingerlos zu „spielen".

Die Sache ist nicht so absurd, wie sie auf den ersten Blick aussieht. Wenn einer ein Gedicht auswendig lernt und es schon fließend hersagen kann, dann wird er auch imstande sein, das Gedicht ohne hörbares Sprechen innerlich zu denken. Er wird das Gedicht im Geiste Wort für Wort mit derselben Genauigkeit heraufbeschwören können wie in der Normalsituation in einer laut vernehmbaren Deklamation. In ähnlicher Weise muß der Musiker sein Vortragsstück Ton für Ton ohne Instrument durchdenken. Er kann (oder vielmehr: muß) den Prozeß im verlangsamten Tempo durchführen. Diese imaginäre Zeitlupenwiedergabe ist deswegen notwendig, weil man sich über die vielen einzelnen Töne einer blitzschnellen Passage im Normaltempo gedanklich gar nicht Rechenschaft ablegen kann. Man muß die Töne in ihrer Folge in Gedanken dermaßen genau identifizieren können, daß man sie auch niederschreiben könnte. Eigentlich ist die notengetreue Niederschrift des Tontextes aus dem Gedächtnis die höchste Probe der auswendigen Beherrschung des Vortragsmaterials. Wenn man auch nicht gleich so weit gehen will, die ganze Solostimme von Anfang bis Ende aus dem Kopf niederzuschreiben, so ist es jedenfalls empfehlenswert, einzelne Proben hinsichtlich dieser Fähigkeit zu machen. Worin man sich aber mit keiner Teilarbeit begnügen darf, ist das innerliche, gedankliche Vorspielen oder Vorsingen des betreffenden Stückes. Es ist absolut notwendig, bei dieser Übung strengste Gewissenhaftigkeit walten zu lassen. Kein Ton, sei es eine ganze Note oder ein Zweiunddreißigstel, darf unbeachtet durchschlüpfen. Wenn man sich bei einer Lokkerung der Konzentration ertappt, dann muß man die ganze vernachlässigte Strecke zurückrollen und den Faden beim zuletzt kontrollierten Phrasenbeginn wiederaufnehmen. Aber abgesehen von diesen Zwangswiederholungen muß man die komplizierteren Stellen, wie beim wirklichen Üben, mehrere Male freiwillig durchdenken, bis man sich über ihre gedankliche Beherrschung vollkommene Gewißheit verschafft hat. Eine gelegentliche Schriftprobe ist besonders dann dringend notwendig, wenn Lücken in der gedanklichen Rekonstruktion entstehen. Wenn das Gedächtnis die fehlenden Töne auch nach mehrmaligem Versuch nicht zutage fördert, dann kann man ihm mit den Fingern auf dem Instrument oder, als letzte Rettung, mit einem Nachlesen im Notenheft nachhelfen. Die gedankliche Vergegenwärtigung der Tonfolgen braucht selbstverständlich nicht das ganze Stück in einer Sitzung zu umfassen. Wie beim wirklichen Üben, schreitet man von Abschnitt zu Abschnitt je nach dem bereits erzielten Resultat.

Als Beispiel für die Arbeitsweise beim Denküben verfolgen wir einen Geiger, wie er den Beginn des Brahms-Konzertes ohne Geige im Geiste spielt. (Ein anderer Instrumentalist oder Sänger wird sein Beispiel freilich aus seiner Literatur wählen.) Die Sänger müssen besonders die Pausen gedanklich mitüben, mit denen ihre mehr rhapsodisch gestalteten Partien, wie zum Beispiel bei Recitativos und Ensembles, durchsetzt sind. Dafür haben sie es bei den Tonfolgen leichter, diese, „fingersatzlos" von ihrem Gehörinstinkt geleitet, in der richtigen Bahn zu halten. Ein Geiger wird nun bei dieser Demonstration mit dem Brahms-Konzert zuerst die wohlvertrauten Anfangstöne in Gedanken auf seiner imaginären Geige spielen. Die Töne müssen natürlich der Komposition getreu geordnet sein und mit dem richtigen Fingersatz und Bogenstrich gedacht werden. Auf diese Weise muß der ganze Satz ohne Geige in der Hand durchgedacht werden.

In dieser analytischen Beschreibung scheint die Übung freilich schwerfällig und sogar lächerlich. In der Ausführung (gedanklichen Ausführung) dauert sie etwa fünfzehn Sekunden. Das auf ein Drittel oder Viertel herabgesetzte Tempo des Originals ermöglicht aber ein gründliches Durchdenken aller Töne und Handlungen dieses Stückes.

Die Langwierigkeit und scheinbare Überflüssigkeit einer solchen Übung sollte keinen Lampenfiebersolisten von deren Durchführung abhalten. Es ist eine bescheidene Zeitkapitalanlage im Verhältnis zur Gewißheit, daß man sich beim öffentlichen Auftreten mit diesem Konzert nicht noch in letzter Minute nervös fragen muß, wie doch diese Passage eigentlich gehe. Aber jedenfalls wüßte man die Antwort, sollte die Frage sich erheben. Das Allerwesentlichste ist, daß ein Geiger, der mit einer solchen, auf sein ganzes Spielmaterial ausgedehnten Denkübung zum öffentlichen Auftreten vorbereitet ist, sich gar keine zerfleischenden Fragen vor oder während der Konzertdauer mehr stellt. Der Vordenkteufel, der ihn dazu anstacheln könnte, ist lahmgelegt. Er ist matt gesetzt, weil er den Spieler mit keinem Necken in Verlegenheit bringen kann. Der Extrazeitaufwand, den die Denkübungen zusätzlich zu den freilich nach wie vor unerläßlichen Normalübungen verlangen, ist nicht so unerschwinglich, wie die zeitraubende Natur dieser Übungen anzudeuten scheint. Der große Vorteil des Übens im Geiste, gegenüber dem wirklichen Üben mit dem Instrument, ist, daß es die vielen, mitten durch allerlei kleinliche Tagesbeschäftigungen eingeschobenen und sündhaft untätig verschwendeten Wartezeiten nutzbar machen kann. Das qualvolle Herumsitzen im Vorzimmer des Zahnarztes, bei der Steuerbehörde oder bei der Geschworenenwahl wird, mit einem Violinkonzert im Kopfe, zu einem seligen Zeitvertreib. Lange Eisenbahnfahrten und Seereisen sind wie gemacht für solche Kopfübungen. (Aber bei Straßenkreuzungen und beim Chauffieren soll man sich vor ihnen hüten.) Nach all dem Wie und Was dieser Übungen wird schließlich einmal die Zeit des Konzertauftritts gekommen sein, und dann wird man wissen müssen, in welcher Weise das Gelernte sich eigentlich in der Praxis zu bewähren hat. Die bisherigen Erörterungen könnten nämlich zu dem Mißverständnis führen, daß die Denkkontrolle während des ganzen Spielablaufs unausgesetzt eingeschaltet sein muß. Tatsächlich sollte man das gerade Gegenteil im Auge behalten, daß nämlich beim öffentlichen Vortrag die Hauptquelle der Heraufbeschwörung des Tontextes nach wie vor das motorische Gedächtnis bleibt. Der Spieler soll gar nicht eine konstante Gedächtniskontrolle ausüben. Er braucht sich nicht jeden Augenblick davon zu überzeugen, was schon bewiesen ist: daß er nämlich jeden einzelnen Ton des Notentextes wie auf Knopfdruck reproduzieren kann. Die gleichzeitig funktionierende automatische Vorstellungsmotorik schüttelt ja die Töne sozusagen aus dem Ärmel. Diese motorische Funktion ist der „Seiltanz", den die Finger des Musikerseiltänzers ausführen. Aber darunter spannt sich seine passive Verstandeskontrolle, die wie ein Schutznetz für das Aufstützen der möglicherweise niederbrechenden Reproduktionsmotorik bereitsteht. Das entscheidende psychologische Moment der Verstandeskontrolle ist – neben ihrem praktischen Rettungsdienst im Notfall – gerade ihre vorbeugende Funktion. Wie das Schutznetz unter dem Zirkusseiltänzer nicht nur zum physischen Auffangen, sondern noch viel mehr zur Stärkung seines Sicherheitsgefühls dient, um ein Fallen überhaupt außerhalb der praktischen Möglichkeit zu stellen, so ist für den auswendig spielenden Solisten das jederzeit mobilisierbare verstandesmäßige Textbewußtsein die psychologische Stütze, die ihm ermöglicht, sich ganz der instinkthaften Textreproduktion hinzugeben.

Gegen das als unfehlbar angenommene System der „instrumentenlosen" Gedächtnisfunktion mag es zwei Einwendungen geben. Nach der einen sei das System überflüssig, nach der anderen trügerisch. Jugendliche und reifere Semester mit jugendlicher Unbeschwertheit mögen geltend machen, daß ein System mit zuviel Denken eher wissenschaftlich als künstlerisch ist. „Von des Gedankens Blässe angekränkelt" sei eine hinreißende Virtuosenleistung undenkbar. Nun: „Chacun à son mauvais goût!" Eine Krankenversicherung mag eine unnötige Kostenbelastung sein für den, der nie krank ist. Das kann man aber immer erst nachher wissen. Wer es vorher zu wissen glaubt, kann es ja für sich entscheiden, ob er die Versicherung oder das Risiko vorzieht.

Eine ernstere Einwendung kann von den Kammermusikern und unter gewissen Voraussetzungen auch von den Orchestermitgliedern erhoben werden. Die Probleme der gedanklichen Stoffbeherrschung während eines Musikvortrages mögen von ihnen trotz aller Theorien und Ratschläge nur mit Vorbehalt als Ursache der Podiumsscheu anerkannt werden. Der Kammermusiker, um ihn zuerst zu behandeln, wird darauf hinweisen, daß die Notenstütze, mit der er in der Regel vorträgt und die keine Gedächtnisprobleme aufkommen läßt, ihn vor dem Lampenfieber doch nicht gänzlich bewahrt. Es ist unleugbar, daß auch Kammermusiker mitunter an Lampenfieber laborieren. Jedoch, jeder Musiker, der in beiden Disziplinen, nämlich im

Solospiel und der Kammermusik tätig ist, kann bestätigen, daß das Kammerlampenfieber mit dem Sololampenfieber nicht zu vergleichen ist.

Das kammermusikalische Streichensemble, mit drei bis sechs (in wenigen Fällen noch mehr) Stimmen, ist ein delikates Gebilde. Gleichzeitig mit dem Ensembleklang sind alle Instrumente auch individuell zu hören. Die Streichkammermusik wirbelt keinen Klangstaub auf wie das Orchester und die Klavierkammermusik (die Duo-Sonate als zu solistisch ausgenommen), die mit ihren Klangwolken dem einzelnen Spieler das Gefühl der Geborgenheit vor allzu kritischen Ohren verleihen. Deswegen ist das Lampenfieber am niedrigsten bei der Klavierkammermusik und gleich null beim Tutti-Orchesterspiel. Die Streichkammermusik ist nun wahrlich der exponierte Luftkurort unter den miasmatischen gemeinschaftlichen Musizierarten. In der klaren Höhenluft des Streichkammermusikklanges ist es leicht, den Sünder zu entdecken, der die Luft verdirbt. So muß jedes Mitglied des solidarischen Ensembles nicht nur um sich, sondern auch um jeden anderen Kollegen besorgt sein.

Die Kammermusik ist zwar ein Ensemble, aber ein Ensemble von Solisten. Durch die Eliminierung der Gedächtnisgefahren (von den seltenen, auswendig spielenden Quartettisten abgesehen) sind die Risiken zwar für jeden einzelnen an sich vermindert, aber die Sorge um die Makellosigkeit des Ganzen und um das Würdigsein des Niveaus der Partner mag das Fieberthermometer doch wieder hart an die Grenze der kritischen Zone treiben. Alles in allem steigt das Lampenfieber beim Kammermusikvortrag immerhin nicht bis zu dem gefährlichen Grad, den es beim Solospiel so oft erreicht.

Ein heftiger Fieberzustand kann auch bei einer Gruppenform des Musizierens entstehen, bei welcher eine solche Situation kaum vermutet wird. Das betrifft das Orchester in einer seiner Effektkombinationen, beziehungsweise jene besonderen Musiker, denen als Anführern ihrer Stimmgruppe das Spielen der kleinen Solopassagen zufällt, die im größeren Rahmen eines symphonischen Werkes episodisch vorkommen. Eigentlich ist dieses solistische Hervortreten im Ensemble bei den Bläsern, besonders den Holzbläsern, gang und gäbe und deswegen als Gewohnheitserscheinung ein geringeres Problem. Das Vorkommen solistischer Episoden ist aber bei den Streichern eher eine Ausnahme. Jedoch, unabhängig von ihrer Häufigkeit, können diese kleinen Solos eine akute Temperatur- und Blutdruckerhöhung verursachen.

Die oft nur aus wenigen Takten bestehenden Orchestersolos, die unerwartet aufblitzen und rasch wieder verschwinden, laden dem verantwortlichen Streichstimmführer oder dem Bläsersolisten alle Nachteile des Solospiels ohne dessen mögliche Vorteile auf. Die möglichen Vorteile des Solospiels (nämlich unter günstigen Umständen) sind die Hebung der persönlichen Geltung des Spielers, eine gewisse Ausnahmestellung in der Gesellschaft und der Musikerschaft, innere Befriedigung und im besonderen Glücksfall fette Honorare. Von all den genannten moralischen und materiellen Lorbeeren erntet der solistische Orchesterspieler kein dürres Blatt. Dafür hat er alle Mißlichkeiten zu ertragen, die das Solospiel andererseits mit sich bringt: Uneingespieltes Beginnen, zu Ende sein vor dem Warmwerden, An-der-Leine-geführt-Werden, kollegialer Neid, kapellmeisterliche Undankbarkeit und karge Lohnzulage. Der unabhängige Berufssolist hat das Feld nur einem tausendköpfigen Publikum gegenüber zu behaupten. Vom Standort des Orchestersolisten gesehen, ist diese Tausendköpfigkeit eine Kleinigkeit, an dem einen Kopf des Dirigenten gemessen. Zu all den Widerwärtigkeiten und dem Herzeleid bei der Vorbereitung eines Konzertauftretens kommt beim Orchestersolospiel auch noch der Dirigent als „Extrasegen" hinzu. Das Lampenfieber, das ein Konzertpublikum im Solisten entfacht, ist wie ein zarter Frühlingshauch gegen die Höllenhitze, die der Dirigent dem Orchestersolisten entgegenfaucht. Ein dreitaktiges Orchestersolo, das der Stimmführer einer Gruppe zu spielen hat, kann zu einer schwereren Seelenkrise führen als ein dreistündiger Soloabend eines Geigen- oder Klaviervirtuosen.

Die Konzertsolisten wissen nicht, wie glücklich sie sind, daß sie sich nur gegen ein Publikum zu behaupten haben, ohne auch noch mit dem Dirigiertwerden gesegnet zu sein. Sie kriegen höchstens eine blasse Ahnung davon, wenn sie mit Orchesterbegleitung auftreten. Das sind die Gelegenheiten, bei denen der Berufssolist der Vorsehung auf den Knien dankt, nicht im Bergwerk eines Orchesters unter Tag arbeiten zu müssen. Bei diesen Gelegenheiten erfährt er, wie der Dirigent, der die Instrumentalvirtuosen und ihre Sololiteratur haßt und sie nur aus unumgänglicher Konvention zur Programmbeteiligung zuläßt, ihm, dem gründlich vorbereiteten Solisten, das angesetzte und oberflächlich verachtete Stück allesbesserwisserisch einstudieren will. Da gewinnt der Gast einen Einblick in die Natur der Solopflege innerhalb des symphonischen Apparates unter einem verständnislosen und eigensinnigen Zuchtmeister, obwohl er als Autorität und Durchreisender freilich keine bleibenden Wunden davonträgt. Für das ständige Mitglied schafft aber das episodische Solospiel im Orchester die widerspruchsvollste Situation, die in der Wiedergabekunst überhaupt denkbar ist. Beim Orchestersolospiel finden wir die gänzliche Aufhebung der Großhirnfunktion eines Spielers und deren Ersetzen durch jene des Dirigenten. Das sollte beim Orchesterspiel zwar nichts Außergewöhnliches sein, da die Physiologie des orchestralen Musizierens ja gerade darin besteht, einem großen, der Selbstlenkung unfähigen Organismus einen leitenden Kopf zu geben. Das soll denn auch für das Orchester als Ganzes notgedrungen anerkannt werden. Diese geistige Unterordnung ist kein absolut unerträglicher Zustand, weil der einzelne namenlose, nur als Ensemblezelle funktionierende Musiker für seine Leistung dem Publikum gegenüber nicht direkt verantwortlich ist. Der Gehirnraub wird aber zu einem schmerzlichen Mißbrauch, wenn der Vergewaltigte vom Publikum als Solospieler beachtet und beurteilt wird, ohne indessen die geringste Autorität und Selbständigkeit bei der Interpretation der gespielten Musik zu besitzen.

Es handelt sich nicht darum, daß der Orchestersolist berechtigt sein soll, dem Dirigenten einen interpretatorischen Schlag ins Gesicht zu versetzen. Selbstverständlich muß er sich in den allgemeinen Charakter der Wiedergabe einfügen. Dieses Ziel wird aber meistens nicht aufgrund einer künstlerischen Mitarbeiterschaft angestrebt. Und doch sollte der Orchestersolist wenigstens für seine Passage ein mitbestimmender Partner sein, da er sich ja für die Dauer seines Solos dem öffentlichen Urteil persönlich aussetzt. Die Erfüllung seiner Aufgabe sollte ihm durch das größtmögliche Entgegenkommen erleichtert werden, da er auch im besten Fall in einer organisationstechnischen Zwangsjacke arbeiten muß.

Die schlimmste arbeitstechnische Verirrung eines Dirigenten einem Orchestersolisten gegenüber ist, gleich nach dem ersten Durchspielen einer Soloepisode, wenn sie noch nicht zurechtgefeilt ist, mit herrischen Instruktionen auf den Mann loszustürzen, anstatt ihm mit einigen Wiederholungen Gelegenheit zu geben, sich von selber geschmeidig ins kollektive Interpretationskonzept einzufügen. Selten bekundet ein Dirigent die verfeinerte Intelligenz, zu erkennen, daß gleichzeitig mit seinem vor Ungeduld schier berstenden kritischen Drang der Orchestersolist denselben Kritisierdrang gegen sich selbst empfindet. Der Dirigent gibt ihm aber keine Gelegenheit, seine Selbstkritik zur Auswirkung kommen zu lassen und die von ihm selbst empfundenen Unvollkommenheiten auszuglätten. Ein tüchtiger Orchestersolist (Streicher oder Bläser), der zudem seinen Kapellmeister kennt, wird die richtige Spielweise für das Solo von selber in dem Maße finden, daß am Ende nur wenige Korrekturstellen übrigbleiben. Im schlimmsten Fall, oder wenn die Passage überdurchschnittlich lang ist, kann man die Vortragsweise in einer privaten Probensitzung durchsprechen. Nichts ist unfruchtbarer, als an einem spindeldürren Solo vor dem ganzen brachliegenden Orchester endlos herumzufummeln. Die Peinlichkeit der öffentlichen Ausbreitung der schmutzigen Wäsche des Solisten hat dann zur Folge, daß die Sache mit jeder Wiederholung schlechter und schlechter wird. Das Destruktivste an einer solchen Herumwürgerei aber ist die Zerstörung der solistischen Autorität des betreffenden Spielers. Unabhängig davon, ob er seine Position verdient oder nicht, liegt es – angesichts der unmittelbaren Unabänderlichkeit der Situation – nicht nur im Interesse des Solisten, sondern auch der ganzen Gemeinschaft, für den Moment die bestmögliche Gesamtleistung unter Ausschließung aller Autoritätskonflikte sicherzustellen.

Die Dirigenten sind Genies in der Kompromittierung der langfristigen Aufgabenziele des Unternehmens zugunsten ihrer nächstliegenden Eigenliebe. Wenn in der Kontroverse mit einem Orchestersolisten die Wahl des Dirigenten zwischen Rechthaben mit Pfuschen und Nachgeben mit Qualitätssicherung ist, wählt er das Rechthaben mit Pfuschen. Kann es aber nicht auch mal sein, daß der Dirigent und nicht der Solomusiker recht hat? Freilich kann das sein. Der Dirigent hat nicht immer unrecht, aber auch wenn er recht hat, hat er oft unrecht in der Art und Weise, wie er sein Rechthaben geltend macht. Eine Sololeistung wird von ihrer größten Qualitätsmöglichkeit auf eine niedrigere Stufe gesenkt, wenn der Orchestersolist nicht mit der Autorität auftreten darf, die seiner Funktion angemessen ist. Die andauernd in der Luft hängende Bedrohung seiner solistischen Autorität von seiten des Dirigenten schafft für ihn eine Fieberatmosphäre, wann immer ein Orchestersolo am Horizont auftaucht. Das Lampenfieber ist also nicht ausschließlich hauptamtlichen Berufssolisten vorbehalten. Antek hat es eindrücklich beschrieben, wie Toscanini seine Solobläser rücksichtslos in solche Situationen versetzte.

Die Fieberlampen brennen aber nicht für alle Solospieler des Orchesters gleich heiß. Der Konzertmeister, als erster und auffälligster Solospieler, genießt eine gewisse diplomatische Immunität gegen die Fieberwirkung des Dirigenten. In einer Weise ist er nicht nur der Führer seiner Gruppe (der ersten Geigen), sondern gleichzeitig auch des ganzen Orchesters. Er ist der einzige, der beim Konzertbeginn, wenn die Musiker antreten und ihre Plätze einnehmen, als letzter, unmittelbar vor dem Dirigenten, erscheinen darf, was seinen Rang dem Orchester gegenüber vor dem Publikum unterstreicht. Er ist auch der einzige, der zum Künstlerzimmer des Dirigenten ungeladen Zutritt hat. Der Dirigent scheut sich begreiflicherweise vor der Desavouierung eines so privilegierten Musikers (selbst wenn dieser kein Kirchenlicht in seinem Fach ist), weil er eine Art autoritäre Zwischenstufe zwischen ihm und dem Orchester darstellt. Eine offene Attacke gegen den Konzertmeister würde die Autoritätsstruktur der ganzen Organisation schwächen. Solche Überlegungen fallen bei den anderen Orchestersolisten weg, weil ihre beschränkte, an sich brüchige Autorität ihren Stimmkollegen gegenüber kein genügend wichtiger Grund für den Dirigenten ist, sich Zurückhaltung aufzuerlegen.

Unter den Streichern sind eigentlich nur der Cello- und der Bratschenstimmführer Solospieler. Der Kontrabaß-Stimmführer, dessen Instrument nicht gerade mit Solospielen assoziiert ist, hat immerhin einige wichtige, absolut partnerlose Solos in der Orchesterliteratur. Abgesehen von wenig gespielten oder mancherorts kaum bekannten Werken wie Prokofjews „Kije-Suite" und Ginasteras „Variations Concertantes", gibt es drei Literaturstellen, bei denen der Kontrabaß-Stimmführer gänzlich unbegleitet (nicht wie beim Gruppensolo in „Othello" oder in Rigolettos Sparafucile-Duett mit dem Celloaufguß) als Solist aus dem Ensemble hervortritt. Diese sind die Einleitungstakte des dritten (langsamen) Satzes der ersten Mahler-Symphonie, der Elefant in „Carnaval des Animaux" von Saint-Saens und die akustische Illustration des Halsabsäbelns in „Salome", bei welch letzterem das Lampenfieber zur Förderung einer erwünscht belemmerten Tonbildung eigentlich willkommen ist. Aber angesichts der nicht allzu häufigen Aufführung genannter Werke ist der Solobaßspieler jedenfalls nicht übermäßig von frontalen Lampenfieberattacken und von deren Folge einer zittrigen Bogenführung bedroht.

Aber im übrigen kann eine gelegentlich exponierte Bogenführung den Seelenzustand eines Streichers beim Vortrag wesentlich beeinflussen. Haben die Bläser auch ein technisches Problem ähnlicher Natur, das auf ihren Seelenzustand übergreifen kann? Was der Bogenstrich für den Streicher, das ist nach allgemeiner Annahme das Atmen für den Bläser. Es ist aber nicht ganz von denselben Problemen begleitet, weil die Atemlänge – obwohl freilich physiologisch beschränkt – doch nicht wie die Bogenlänge durch fachtechnische Maßbestimmungen festgelegt ist. Der Atem läßt sich je nach der individuellen Lungenkraft strecken, der Bogen natürlich nicht. Außerdem ist ein Atem, nach seiner technischen Funktion, genau wie ein anderer Atem. Es gibt keinen „Heraufatem" und keinen „Herunteratem". Ein Heraufatem wäre, nach der Bogenanalogie, das Einatmen. Aber beim Einatmen werden die Blasinstrumente nicht gespielt, sondern immer nur beim Ausatmen. Die Festlegung der Atempunkte ist wichtig, aber sie ist nicht mit der Frage der Atemrichtung kompliziert. Bei den Streichern dagegen ist die Frage der Bogenrichtung von entscheidender Wichtigkeit. Obwohl jeder strebsame Streicher Übungen auch mit umgekehrtem Bogen durchführt, gibt es für jede Vortragspassage, nach Maßgabe der persönlichen Neigung und Fähigkeit, meistens nur einen besonderen Bogenstrich, mit dem das Optimum für eine gewünschte Wirkung erzielt werden kann.

Es gibt aber auch Zweifelsfälle, die ein längeres Experimentieren mit Bogenstrichen erfordern, bevor ein endgültiger Strich eingerichtet werden kann. Viele Dirigenten haben kein Verständnis für die bogentechnische Ursache mancher Schwierigkeiten und verlieren sich in interpretatorischen Kritteleien, weil sie den wahren Grund nicht erkennen. Mit dem richtigen Bogenstrich ergibt sich eine gewünschte Phrasierung oft automatisch. Wenn die Dirigenten die Lösung dieser Probleme den Stimmführern überließen – und wenn sie überhaupt die Natur der Probleme zu erkennen imstande wären –, würden viele sogenannte musikalische Mängel sich von selbst beheben. Es soll zwar einem Dirigenten nicht verwehrt werden, in Fragen des Bogenstriches dreinzureden. Aber der Dirigent, der eine solch detaillierte Kontrolle über die Spielart seiner Streicher ausüben will, muß selbst ein außerordentlich versierter Streicher sein. Eine instrumentalistische Halbbildung des Dirigenten, mit Halsstarrigkeit gepaart, ist der Schreck eines jeden Orchesters. In solchen Fällen sind es gerade die „guten Ratschläge" des Dirigenten, die die Ausführung der betreffenden Passage nach seinen interpretatorischen Wünschen verhindern.

Der Mangel an Sachkenntnis zeigt sich meistens im Nichtkennen der Ausnahmen. Jeder Dilettant kennt die Regeln, der Kenner kennt aber auch die Ausnahmen, und zwar die richtigen, zulässigen und wünschenswerten Ausnahmen. In dieser Hinsicht haben allerdings viele sogenannte erfahrene Orchestermusiker vor ihrem unmaßgeblichen Dirigenten nichts voraus. Zusammen mit ihm sind sie nicht über die musikalische Kindergartenregel hinausgekommen, daß ein Taktbeginn mit Herunterstrich und ein Auftakt mit Heraufstrich gespielt werden muß. Die Beachtung dieser Regel führt in der Mehrzahl der Fälle zu einem guten Ergebnis. Es gibt aber Fälle, in denen der umgekehrte Bogen einer natürlichen Spielmechanik besser entspricht. Jeder verfeinerte Streicher wendet den umgekehrten Bogenstrich an, wenn dessen Tunlichkeit augenfällig ist. Man muß aber mit einem besonders feinen Bogeninstinkt begabt sein, oder aber aufgeklärt sein, um zu erkennen, bei welchen Passagen eine bogentechnische Umkehrung am Platze ist.

Wir haben auch einen besonderen Grund für die Art unseres Arpeggiospiels. Es handelt sich dabei um eine Bogenökonomie, in die aber auch ein mechanisches Moment der springenden Holzstange hineinspielt. Es kann an einem Arpeggio-Beispiel demonstriert werden, daß jeder einigermaßen talentierte Geiger beim Erreichen der Fortschrittsstufe des Arpeggiospiels diese Strichart meistens ohne eingehendes Studium sofort mit lockerer Geschicklichkeit und komfortabel auszuführen imstande ist. Kaum ein Geiger erinnert sich daran, wie und wann er das Arpeggiospiel erlernt hat; so leicht eignete er es sich an. Und so kriegt ein Sologeiger mit Leichtigkeit sogar im verflixten „Heldenleben" von Richard Strauss diese Strichart raus. Das liegt – außer der natürlichen Armbewegung – daran, daß der Bogen trotz seiner scheinbaren Bewegung eigentlich ohne Ortsveränderung arbeitet. Das ist ein Umstand, der nicht genügend gewürdigt wird und deswegen für zweckmäßige Bogenstriche bei anderen, nicht direkt arpeggioartigen, aber arpeggioverwandten Tongebilden unausgenützt bleibt. Wenn wir die einzelnen Töne der vorhin aufgezeichneten Arpeggioformel

auf ihr Verhältnis zu den Bogenkontaktpunkten hin untersuchen, erkennen wir, daß jeder Ton mit ein und demselben Kontaktpunkt des Bogens gespielt wird, so daß der Bogen in bezug auf die Saiten während des Spiels unbeweglich bleibt. Um Mißverständnisse zu vermeiden, sei betont, daß diese Unbeweglichkeit des Bogens nur im Verhältnis zu den einzelnen Saiten besteht und nicht zum Körper der Geige oder zur Außenwelt im allgemeinen. Eine kleine zeichnerische Darstellung wird das demonstrieren. Die Saiten der Geige erscheinen dem Auge des Spielers in schematischer Darstellung wie Figura zeigt:

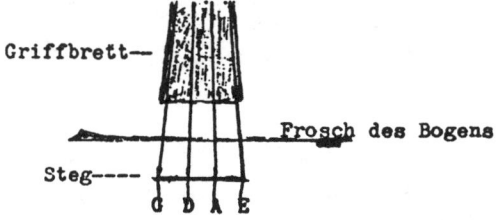

Wie das Arpeggiospiel auf der tiefsten (G) Saite beginnt und sukzessive auch die anderen Saiten erfaßt, ist in der folgenden Figurenreihe dargestellt (von der vorherigen Figur nur noch das Wesentliche beibehaltend):

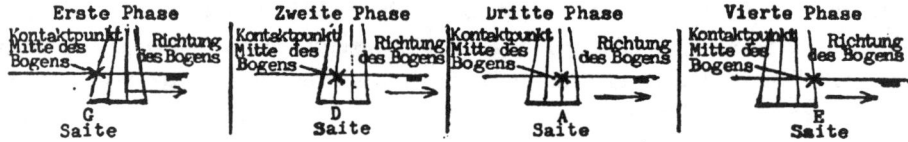

Wir sehen also, daß während der Bogen sich streichend oder springend von links nach rechts bewegt (dasselbe gilt freilich auch umgekehrt von rechts nach links), sein Kontaktpunkt (seine ungefähre Mitte) bei jeder weiteren Saite derselbe bleibt. Nämlich: so wie der Bogen von einer Saite auf die benachbarte überspringt, verschiebt er sich in der Luft genau um den Grad, der dem Saitenabstand gleich ist, so daß er wieder mit seinem Mittelpunkt auf der nächsten Saite auftrifft. Von der G-Saite über die mittleren (D und A) zur höchsten E-Saite hinübergleitend, vollbringt also der Bogen eine Spielleistung, ohne von seiner noch nutzbaren Länge auch nur das mindeste zu verbrauchen. Dieses Phänomen vollzieht sich aber nur, wenn der Bogen die arpeggioartige Bewegung beibehält und nicht auf eine vorher gestrichene Saite zurückfällt. Die Kontaktpunkte müssen immer in derselben Richtung entstehen, in welcher der Bogen verläuft. Ein Verstoß gegen diese Regel wird in der folgenden Figur anschaulich gemacht.

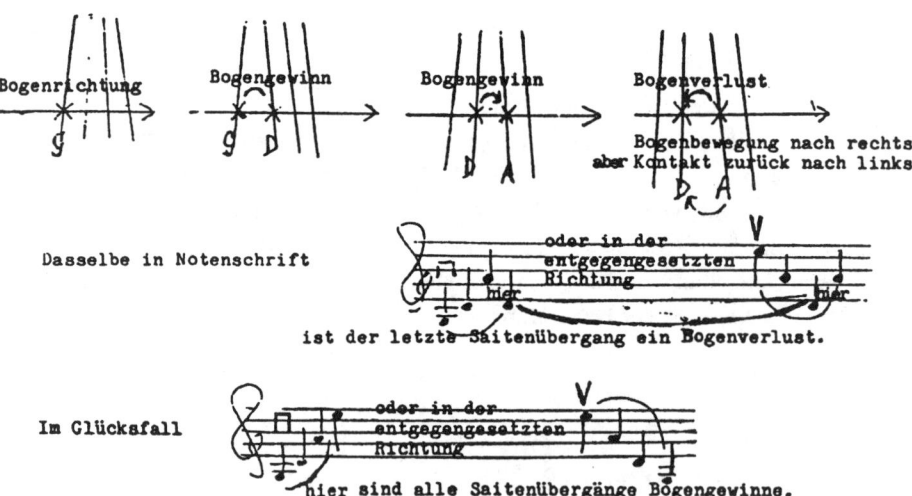

Das Phänomen des Bogengewinns oder -verlustes sollte die Streicher deswegen besonders interessieren, weil sie ihren Bogen beim Spielen gebundener Tonfolgen oft als zu „kurz" empfinden. Diese Beengtheit kann beim mehrsaitigen Spiel durch Bogenstriche erleichtert werden, die der bogenverlängernden oder -verkürzenden Wirkung der Saitenübergänge Rechnung tragen. Ein Idealzustand existiert allerdings nicht, da der Bogenstrich auch im besten Fall einmal zu Ende geht und weil der musikalische Text und die Tonkombinationen manchmal eine befriedigende Lösung gänzlich ausschließen. Das sollte aber einen Streicher nicht davon abhalten, ein Auge für die Möglichkeit eines vorteilhaften Kompromisses offenzuhalten und sich dadurch die größtmögliche Spielbequemlichkeit durch findige Bogenstriche zu verschaffen. Der längere Bogen, der eine größere Bequemlichkeit mit sich bringt, begünstigt auch die Tonschönheit und damit schließlich auch die Interpretation selbst. Der technische Hintergrund der tonveredelnden Spielbequemlichkeit liegt in der Reserve des längeren Bogens, die ihm eine größere Streichgeschwindigkeit ohne vorzeitiges Auslaufen und damit den Saiten ein freieres Schwingen gestattet. Im Gegensatz zu dieser Funktion des längeren Bogens muß der kürzere Bogen bei gleicher Notenzahl, Klangdauer und Dynamik langsamer laufen, um nicht übers Ziel hinauszuschießen, wodurch er aber eine bremsende, erstickende Wirkung auf das Schwingen der Saiten ausübt.

Das qualitätfördernde Prinzip des „längeren" Bogens erweist sich auch bei den nun folgenden Eingangstakten der ersten Violine im Mendelssohn-Oktett (und freilich bei allen ähnlichen Stellen der Streicherliteratur) als richtig. (Die dünn gezogenen Bindebogen sind die Originalzeichen Mendelssohns, die fett eingetragenen sind ein integrierender Teil der empfohlenen Stricharten.)

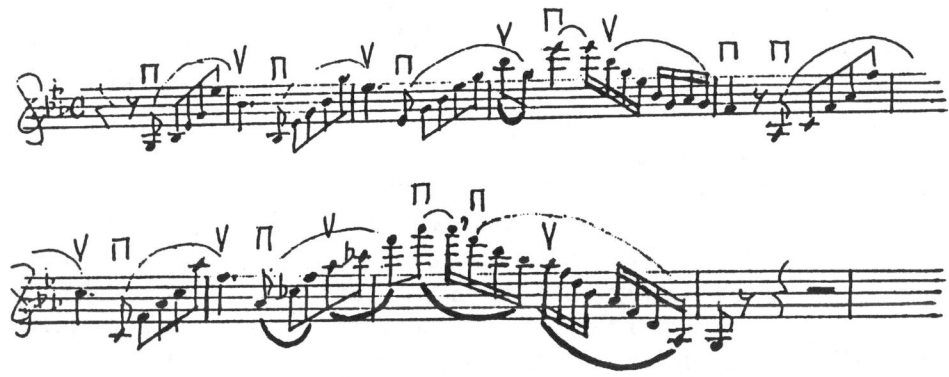

Fingersätze für die Noten dieses Themas, deren Festlegung auch an sich eine interessante Aufgabe sein kann, sind nicht eingezeichnet worden, weil jetzt nur die Frage des Bogenstriches behandelt wird. Die Fingersatzordnung dieser Stelle wird etwas später bei der Besprechung anderer Fingersatzprobleme wieder aufgegriffen. Inzwischen kann es für den Fingersatzjäger ein anregender Zeitvertreib sein, diese Notengruppe selbständig und unbeeinflußt aufs Korn zu nehmen.

Was die Bogenstriche betrifft, ist es lehrreich, die ganze Stelle (mit Ausnahme des vierten und achten Taktes) auch mit umgekehrtem Bogen zu spielen. Es gibt ja Geiger, und zwar auch manche prominenten, die den Anfang (den Auftakt) mit Heraufstrich und dann den Niederstrich abwärts spielen. Das ist immerhin erstaunlich, weil der Bogen auf diese Weise bei jedem Saitenübergang an Länge verliert und folglich auf die Saitenschwingung hemmend wirkt. Nach den vorausgegangenen Ausführungen über die verlängernde Arpeggioform der

Bogenführung kann doch ihre Richtigkeit bei Passagen wie der mendelssohnschen Themenexposition nicht bezweifelt werden. Dieses Streichsystem erfüllt aber auch einen anderen nützlichen Zweck, von dem bis jetzt noch nicht die Rede war.

Es handelt sich dabei um den Saitenübergang, der eine Funktion des Bogens ist, wenn er von einer tieferen Saite zu einer höheren oder von einer höheren zu einer tieferen hinüberwechselt, und zwar besonders in jenem Fall, in welchem eine oder möglicherweise zwei dazwischenliegende Saiten übersprungen werden. Diese Änderung der Laufebene des Bogens wird zu einer besonderen Geschicklichkeitsprobe, wenn man im Augenblick des Übergangs nicht bloß irgendwo in der Mitte, sondern am Frosch oder an der Spitze streicht. Beim Saitenübergang an diesen Bogenenden entsteht jene Situation, die im Jargon der Fachsimpelei, je nach dem Fall, mit den Ausdrücken „Pronation" und „Supination" bezeichnet wird. Diese Ausdrücke lassen vielleicht ihre Bedeutung für das praktische Spiel nicht ohne weiteres erkennen, so sei es gleich gesagt, daß die Pronation (Vornüberneigung) als natürliche Wölbung des Handrückens, wo immer sie zur geeigneten Anwendung kommt, eher eine Spielbequemlichkeit andeutet, während die Supination (Zurückbiegung) eine Tendenz zur Knickkung des Handgelenks signalisiert.

Für eine Illustration dieser Erscheinung kann eine Stelle im letzten Satz der berühmten c-Moll-Symphonie von Mozart dienen. Ungefähr in der Mitte des Durchführungsteils kommt in der zweiten Violine unter anderen ähnlichen diese Stelle vor:

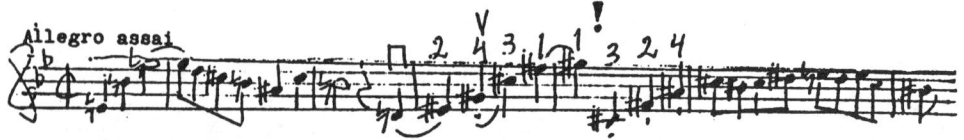

Der kritische Takt ist natürlich der fünfte mit den zwei lautlos übersprungenen Zwischensaiten. Die Fingersätze und die Bogenstriche sind so eingerichtet, wie sie in der Stimme gewandter Spieler wahrscheinlich anzutreffen sind. Man kann annehmen, daß dieser Takt und der vorhergehende in Froschnähe gespielt werden. Das Streichen der Noten des fünften Taktes an dieser Stelle des Bogens und in diesen Richtungen, nämlich das obere Fis abwärts und das tiefe Cis aufwärts, passen nicht in das Arpeggioschema. Zum vollständigen Arpeggio ergänzt, zeigen sie den typischen Fall der Supination.

Abgesehen von den Ecktönen Fis und Cis, sind auch in der weiteren Mozart-Tonfolge Cis und Fis und beim Taktübergang Ais und Cis eine Supinationshäufung. Man könnte das Ais auch mit dem ersten

Finger spielen. Aber das ist nicht empfehlenswert wegen dessen Überbeanspruchung beim nächstfolgenden His.

Mit dem umgekehrten Bogenstrich, also mit dem heraufgestrichenen Fis und dem heruntergestrichenen Cis, haben wir dann die glückliche Vereinigung des Pronations- und des Arpeggioprinzips.

Es gibt sicher Geiger, die lieber die Supination mit in Kauf nehmen, als mit solch undogmatischen Bogenstrichen zu spielen. Aber die Grundregel ist trotzdem (oder sollte sein, wann immer die Umstände es gestatten), daß arpeggioähnliche Passagen, selbst wenn sie unvollständig arpeggieren, arpeggierende Bogenstriche verlangen. Das achttaktige Mendelssohn-Thema ist voll solcher Passagen. Der Bogen streicht da wie beim Spielen normaler Arpeggios, obwohl die Tonreihen teils lückenhaft, teils überzählig sind. Aber das Tongerüst ist immer das eines Arpeggios und muß (abgesehen von Fällen zwingender Gegenindikation) in der Normalbogenrichtung Gestalt annehmen. Wer würde eine Kombination von Tönen wie das Tonskelett der ersten zwei Mendelssohn-Takte mit den oben eingezeichneten Bogenstrichen spielen anstatt mit den unten eingezeichneten?

Im Prinzip ist aber die Mendelssohn-Passage dieselbe:

Deswegen ist es absurd (wann immer Zweifel über die Bogenrichtung bestehen sollten), sie nicht mit dem normalen Pronations-Arpeggiobogenstrich zu spielen.

Diese Feststellungen gründen sich auf das Nachspüren nach den natürlichen Neigungen der instrumentalistisch beschäftigten Körperteile in den spieltechnisch erforderten Positionen. In der geigerischen Ausbildung muß man diesen Neigungen allerdings in einem wesentlichen Teil der Übungsaufgaben entgegenarbeiten, um die Nerven, Muskeln und Gelenke für alle Situationen handlungsfähig zu machen. Deswegen kann der gründlich geschulte Streicher das als Anwendungsfall für eine natürliche Bogenführung zitierte Mendelssohn-Oktett auch mit umgekehrtem Bogen kunstvoll ausführen. Für die Vortragspraxis sollte aber die Einsicht gelten, daß das erworbene technische Rüstzeug erst von natürlichen Neigungen gefördert zum Optimum der persönlichen Leistungsfähigkeit führt. Der Instinkt dieser natürlichen Neigungen ist aber erfahrungsgemäß nicht in jedem Ausübenden lebendig. Man möchte sagen, daß gerade der Besitz dieses Instinkts das große Talent vom bescheideneren Kollegen unterscheidet. Was aber der Talentvollere erfühlt, das muß der Minderbegabte erlernen. Paradoxerweise muß diesem das Natürliche (wie dem falsch ernährten Zivilisationsopfer das

Vitaminsupplement) künstlich eingetrichtert werden. Eine musikalische Reformernährung für die geigentechnisch Unterernährten ist ja teilweise der Zweck der in diesen Zeilen praktizierten „Quacksalberei".

Man sollte sich indessen nicht wundern, wenn das Funktionieren des Instinkts nicht immer mit den ausgeklügelten Ersatzmethoden des Scholasten harmoniert. Große Talente verblüffen oft damit, daß sie die physiologischen Grundlagen des Instrumentalspiels nicht nur erfüllen, sondern auch mit Erfolg ignorieren können. Es gibt Virtuosen, die mit widerhaarigen Fingersätzen und verkehrten Bogenstrichen höhere Leistungen hervorbringen als bescheidenere Talente mit ihrer klug ausgedachten Methode. In solchen Fällen präsentiert sich der Spielinstinkt in der Form eines akrobatischen Überwindungsvermögens bei physischen Hindernissen. Die zweite Geigernatur würde aber einen groben Fehler begehen, wenn sie die großen Virtuosen, in Verkennung der Erfolgsgründe, gedankenlos nachahmen und sich mit einer ihr wesensfremden Frivolität durchsetzen wollte, angenommen, daß es Virtuosen solchen Charakters zum Nachahmen überhaupt noch gibt. In der früheren heroischen Zeit des Geigenvirtuosentums hat es manche gegeben, die sich gerade nur durch ihre unorthodoxe Spielweise auf ihrer schwindelhaften Virtuosenhöhe zu erhalten vermochten. Wir wissen zwar nicht, besonders im Rückblick, ob sie vorwiegend oder nur sporadisch mit verkehrten Bogenstrichen und Fingersätzen gespielt haben. Wir haben ja nur eine überlieferte Kenntnis von ihrem Musizierstil und Vorzugsrepertoire. Diese aber charakterisieren ihre Einstellung zu ihrem Beruf, wodurch das Phänomen des sorgenfreien Herumwirbelns im gefährlichen Minenfeld des Violinspiels beleuchtet werden kann. Wenn aber diese geigerischen Eintags- oder Einjahrzehntschmetterlinge (solche besonders im Sinne ihrer Bedeutungslosigkeit für die Nachwelt) ihr künstlerisches Flattern ihrerseits einer wesensfremden Systematisierung unterzogen hätten, dann wäre ihr Zauber höchstwahrscheinlich noch vor dem naturbestimmten Ende ihres Schmetterlingsdaseins zerronnen. Aber schließlich ist das doch ihr Schicksal geworden. Wenngleich Wunderkindtypen unter den voll ausgewachsenen Geigern auch heute noch hin und wieder am Horizont erscheinen, so sind sie doch nur wie die nichtsnutzigen schönen Püppchen ohne Hausfrauentugenden, mit denen man gerne poussiert, die man aber schließlich doch nicht heiratet. Der Virtuosentyp eines Sarasate, Burmester, Kubelik, Prihoda oder Elman kann heute keine legitimen künstlerischen Beziehungen zum Publikum herstellen. Ihnen stehen die beständigeren Denkerkünstler entgegen wie zum Beispiel Joachim, Flesch, Szigeti (vor dem Einsetzen einer tonzerstörenden Fingermuskelschwäche), Milstein, Stern, Oistrach, Francescatti, Grumiaux und Morini.

Die Denkerstirn ist heutzutage ein ebenso beachtetes Attribut des Instrumentalkünstlers wie seine Finger. Welches den Vorrang haben soll, und zwar nicht nur in der Höhenlandschaft aristokratischen Virtuosentums, sondern vornehmlich auch in den niederen Regionen des Orchesterspiels, läßt sich aus der folgenden Gegenüberstellung errechnen. Der Unterschied zwischen tötender Systematik und blühender Systemlosigkeit besteht darin, daß die Systematik zuerst tötet und dann belebt, während die Systemlosigkeit zuerst belebt und dann tötet. Der Geiger Yehudi Menuhin und der Pianist Wladimir Horowitz sind durch das Purgatorium beider Prüfungen gegangen und haben ihre Karriere nach einer Zwischenkrise aufgrund tieferer Erkenntnisse schließlich wiederhergestellt. Dem bescheidenen Talent, das uns als orchestrales Menschenmaterial mehr als die Virtuosenbrut interessiert, steht aber diese Möglichkeit der Wiederbelebung nach einem Meteorsturz der Virtuosität gar nicht offen. Es beginnt gleich mit einer „Krise" und muß sich von allem Anbeginn an qualvoll und mit Selbstverleugnung in das Gewerbe einarbeiten.

Die Spielbequemlichkeit, die durch Beachtung der angeratenen Regeln und der wohldurchdachten Ausnahmen erreicht werden kann, wird oft von den Dirigenten zunichte gemacht. Es gibt Orchesterleiter, die die Leistungen ihrer Streicher mehr mit Argusaugen als mit „Argusohren" verfolgen. Sie legen großen Wert darauf, daß – wann immer die Tonfigur bei allen Streichinstrumenten dieselbe ist – alle Streicher tatsächlich mit gleichem Bogenstrich spielen. Daß die Cellos und die Kontrabässe mit ihren Bogenstrichen ganz anderen Regeln folgen als die hohen Streicher, braucht nicht betont zu werden. Aber auch die höheren Streichergruppen unter sich können selbst beim selben Tongebilde nicht immer uniform streichen, weil die Oktavendifferenzen Registerunterschiede mit sich bringen, die verschiedene Bogen-Saite-Relationen schaffen.

Die Bogenuniformität der Gruppen ist oft auch schon deswegen ein müßiges Bestreben, weil zum Beispiel die opponierende Sitzordnung der ersten und der zweiten Geigen gerade beim gleichen Bogenstrich entgegengesetzte Bewegungsrichtungen ergibt. Aber auch bei der Parallelsitzordnung der zwei Geigergruppen kommt es nur selten vor, daß sie einen haargenau identischen Text spielen, und so müssen sie den Augen des Publikums, für welche die Uniformität der Bogenstriche uneingestanden gedacht ist, in ihrer nicht differenzierbaren Vermengung die meiste Zeit ein Bild zerrütteter Streichordnung präsentieren. Aber selbst wenn die fehlende deutliche Abgrenzung der zwei parallel plazierten Geigergruppen eine Bemängelung ihrer scheinbaren Bogenanarchie an sich berechtigt machen würde, müßte dem Publikum schwindlig werden, wenn es während eines ganzen Orchesterabends nichts anderes als die illegitimen Gegenbewegungen der Bögen beobachten wollte. Das kann sogar bei legitimen Gegenbewegungen der Fall sein, wenn dieselbe Streichergruppe mehrstimmig aufgeteilt ist. Sollte man dann dem Publikum erklären, daß die Gruppe „divisi" spielt?

Die Frage des uniformen Bogenstriches kann mitunter eine ziemliche Wichtigkeit innerhalb derselben Streichergruppe erlangen. Entscheidend ist, ob die Uniformität für das Auge oder für das Ohr verlangt wird. Die Ansprüche der Augen sollen nicht ignoriert werden, folglich ist es recht und billig, Bogenuniformität zu verlangen, wenn daraus kein musikalischer Nachteil entsteht. Für viele Dirigenten ist es allerdings unfaßbar, wieso das uniforme Streichen nachteilig sein kann, und so verlangen sie es, wann immer ihre Aufmerksamkeit nicht anderweitig in Anspruch genommen ist. Für diese Bogenstrichdogmatiker ist ein abweichender Strich, wenn sie ihn erwischen, geradezu eine Majestätsbeleidigung. An der Grundregel, nach welcher eine uniforme Bogenführung für dieselbe Gruppe am natürlichsten, einfachsten und ästhetischsten ist, soll nicht gerüttelt werden. Ein Durcheinander nur um des Durcheinanders willen wäre unsinnig. Im besonderen sollen die in mäßigem Tempo aufeinanderfolgenden langen Striche uniform gespielt werden. Wenn aber die Striche kurz gehackt und zudem in raschem Tempo ausgeführt werden, dann ist die Uniformität gegenstandslos. Was man an versteckter, unsichtbarer Ästhetik gewinnt, mag man an hörbarer Qualität verlieren, weil der vorgeschriebene Bogenstrich nicht allen Spielern bequem liegen mag. Das trifft besonders dann zu, wenn der Stimmführer keinen natürlichen Bogeninstinkt und auch keine entsprechenden Kenntnisse besitzt und deshalb auch jene besser beratenen Tuttimitglieder zum verkehrten Bogenstrich zwingt, die mit diesem Strich nicht ihr Bestes leisten können. Es ist offenbar, daß in einem solchen Fall der gleiche Bogenstrich zu einem musikalischen Nachteil wird.

Die Konformität kann (in seltenen Fällen) auch ihr Gegenstück haben, wenn nämlich die Streicher dazu angehalten werden, unter keinen Umständen mit demselben Bogenstrich zu spielen. Dieses System hat zum Beispiel bei Stokowski geherrscht. So wie die Streicher unter Dirigenten der „Uniformpartei" durch die peinliche Beachtung des gleichen Striches gehemmt sind, so waren sie unter Stokowski durch die Sorge um die Vermeidung gleicher Bogenstriche gehemmt. Dieser Dirigiersonderling, der als eine fragwürdige musikalische Autorität galt, hat aber die nicht zu verachtende Idee gehabt, den Klang breitfließender Kantilenenpassagen durch uneinheitliche Bogenstriche zu einem größeren Glanz zu beleben. Das Durchhalten des Tones bei einem Teil der Streicher während des Wechselns bei einem anderen war dazu bestimmt, das Abschwellen oder gar Brüchigwerden des Tones zu verhindern. Dieses System, wenn es nicht zum Dogma erhoben wird, kann gute Resultate zeitigen. Das Vernünftigste bei Bogenstrichen ist eine undogmatische Uniformität, die in einer hie und da hervortretenden Gegenbewegung nicht sofort eine unverzeihliche Todsünde erblickt. Der Streicher, der andauernd darauf achten muß, mit seinem Bogenstrich nicht aus der Reihe zu tanzen, spielt trotz seines guten Willens (und eigentlich gerade deswegen) mit halbem Einsatz. Seine Aufmerksamkeit ist auf eine sekundäre Spielaufgabe hingelenkt. Wenn er in der Hitze des Spiels mit seinem Bogen aus der „Fahrrichtung" gerät, muß er nach Gewahrwerden der Vorschriftsverletzung für einen Moment aussetzen, um sich der Herde wiederanzuschließen. Da diese Unregelmäßigkeit und die darauffolgende Wiedereinrenkung im Laufe des Vortrags zu verschiedenen Zeitpunkten bei mehreren Spielern auftreten können, so schwebt die Spielintensität der Gruppe andauernd in der Gefahr einer Verminderung. Während des öffentlichen Vortrags sollte sich der Orchestermusiker nicht unter der Knute eines unproduktiven Disziplinzwanges fühlen. Das bedeutet keine Negierung der Disziplin, sondern nur ein Bestreben, die Lähmung der Musik durch die Disziplin zu verhindern. Eine zum Dogma erhobene (oder vielmehr erniedrigte) Disziplin ist in der Musik der Tod der Idee und der Absicht.

Nun, da wir aus dem langen, dunklen Tunnel der bogentechnischen Fachsimpelei somit glücklich heraus sind, kann sich die gemopste Leserschaft wieder auf der sonnenbeschienenen Flur ungeigerischer Fachsimpeleien versammeln und das Lesen bis zum Einfahren in den nächsten Tunnel fortsetzen.

Wenn man bedenkt, welche Bogenstrichnöte die Streicher beim Gruppenspiel haben, dann können sich die anderen Orchestermitglieder wenigstens in dieser Hinsicht glücklich schätzen. Von den bogenlosen Bläsern wird nur verlangt, daß sie klanglich zusammenspielen. Ein visuelles Zusammenspiel wird von ihnen nicht verlangt, da sie ja nichts Visuelles haben, was koordiniert werden könnte. Dafür haben sie Nöte anderer Art.

Die Rolle, die die Bläser im Orchester im Vergleich zu den Streichern spielen, mag selbst einen Orchesterschwärmer überraschen. Er legt sich höchstwahrscheinlich keine Rechenschaft darüber ab, daß die Bläser im Orchester eigentlich alle Solisten sind. Selbst zweite, dritte und noch weiter hinten rangierende Bläser sind bis zu einem gewissen Grad Solisten, da ihre Stimme normalerweise nur von einem einzigen Spieler betreut wird. In einem noch viel höheren Maße sind freilich die ersten Bläser Solisten. Mitten im Ensemblespiel eines Orchestervortrags kann man zwischendurch eine Flöte, Oboe, Klarinette, Trompete, Posaune oder ein Fagott wie auch ein Horn allein hervortreten hören. Die Situation der Spieler dieser solistisch herausgestellten Orchesterinstrumente ist gewissermaßen jener der Podiumskünstler der üblichen Soloinstrumente vergleichbar. Sie tragen inmitten ihrer Kollegen eine überdurchschnittliche Verantwortung für einen künstlerischen Vortrag innerhalb des engeren Rahmens ihres episodischen Hervortretens. Im Gegensatz zu den hauptamtlichen Solisten genießen sie einen Vorteil durch das Wegfallen des Auswendigspiels. Dafür haben sie einen machthaberischen Dirigenten vor sich, dessen angsterzeugende Wirkung viel schlimmer ist als das Starren des düsteren Mobs im Zuschauerraum. Ein Plus mag wiederum darin liegen, daß Bläsersolos während eines Orchestervortrags gleichsam am laufenden Band hervorquellen und daß durch diese Häufigkeit der Schrecken sozusagen zum Normalzustand wird. Was aber durch Angewöhnung gewonnen wird, geht durch das gesteigerte Dazwischentreten des Dirigenten wieder verloren. In diesem Zusammenhang mag man sich wieder an Toscanini erinnern, der seine Bläsersolisten zu Tode quälte.

Die Funktion der Streichersolisten im Orchester (des Konzertmeisters, des Solobratschisten und des Solocellisten) unterscheidet sich von der der hauptsächlichen Bläsersolisten (der ersten Spieler der vier Holzblasinstrumente, des ersten Horns, der ersten Trompete und der ersten Posaune, also sieben gegen drei) durch ihre größere Augenfälligkeit dem Publikum gegenüber. Das episodische Hervortreten eines Orchestersolisten, sei er Streicher oder Bläser, als vorübergehende Einflechtung ins größere orchestrale Klanggewebe, kann nicht damit rechnen, dem Publikum aufgrund seiner bloß klanglichen Existenz bewußt zu werden. Die großen obligaten Solopartien (wie zum Beispiel jene im „Heldenleben" für die Violine, in „Harold in Italien" für die Bratsche und in „Don Quixote" für das Cello) als offenbar extreme Fälle nicht gerechnet, fällt ein Streichersolo im Orchester, unabhängig von dessen Dauer, hauptsächlich durch die visuellen Nebenumstände auf. Die Soloepisoden des Konzertmeisters sind nicht zu übersehen und zu überhören, da er ja die auffälligste Schaufensterfigur des Orchesters ist. In etwas geringerem Maße gilt das auch vom Solobratschisten und dem Solocellisten, von denen der erstere oder der letztere, je nach der Variante der modernen Orchestersitzordnung, in Spiegelbildstellung zum Konzertmeister zur Rechten des Dirigenten oder zu seinen Füßen in ungehinderter Sicht dem Publikum gegenüber sitzt. Zusätzlich zu ihrer positionsmäßigen Augenfälligkeit heben sich diese führenden Streicher bei Solopassagen – besonders wenn völlig unbegleitet – durch ihre großtuerisch abgesonderte Bogentätigkeit von ihrer Gruppe ab. Der Soloklang läßt sich dann durch die visuelle Abhebung leichter lokalisieren. Diese visuell erleichterte Wahrnehmbarkeit der orchestralen Streichersolos setzt den jeweiligen Spieler, über den Kopf des Dirigenten hinweg, in direkte geistige Verbindung mit dem Publikum. Der Solospieler findet also vor der oft demoralisierenden Wachhundhaltung des Dirigenten beim Publikum Zuflucht. Sein direkter künstlerischer Verbindungsweg zum möglicherweise wohlwollend zuhörenden Publikum lockert den vom nur-kritischen Dirigenten ausgeübten Druck. Es ist eine Ironie des Schicksals, daß die normale Lampenfieberwirkung einer größeren Zuhörerschaft sozusagen von dieser selbst wieder aufgehoben wird angesichts der viel größeren Konkurrenzwirkung eines Unheil ausstrahlenden Dirigenten. Die bezähmende Wirkung der Öffentlichkeit auf den Dirigenten und die momentane künstlerische Fühlungnahme des Streichersolisten mit dem Publikum machen aus ihm jedenfalls eine identifizierbare, für seine Leistung wenigstens scheinbar verantwortliche Persönlichkeit.

Nach diesen die Streicher betreffenden Vorbemerkungen gelangt nun der hellhörige Leser schon von selbst zur beabsichtigten Schlußfolgerung, daß die Bläsersolisten eines Orchesters, im Gegensatz zum halbwegs direkten künstlerischen Außenkontakt ihrer Streicherkollegen, in völliger Anonymität arbeiten. Ein Grund der Unauffälligkeit der Bläsersolos mag der Umstand sein, daß die stets mehr soloartige als chorische Verwendung der Blasinstrumente (im Gegensatz zum umgekehrten Verhältnis dieser Verwendungsarten beim Streichkörper) den Zuhörer gegen die Registrierung des Bläserklanges als Solospiel abstumpft. Doch kann man sicher sein, daß, wann immer man einen Bläserklang hört, irgendeiner der sieben Blastonangeber solistisch am Werke ist. (Die Pauke, das Schlagzeug und die Harfe als besondere Blickfanginstrumente stehen außerhalb einer normalen Vergleichsmöglichkeit.) Unter den Soloblasinstrumenten pflegen hauptsächlich die vier Primadonnen der Bläserkunst, die Flöte, die Oboe, die Klarinette und das Horn, hervorzutreten. Es ist aber höchst selten, daß sie beim Vollbringen ihrer solistischen Heldentaten identifiziert werden können. Wenn die stark ausgeprägte individuelle Klangfarbe der einzelnen Blasinstrumente im Durchschnittszuhörer möglicherweise noch einige Ahnung von der Herkunft des betreffenden Bläserklanges erweckt, bleibt jedenfalls die Person des Spielers selbst – im Gemenge der hinteren Reihen – unerkannt, da ihm, zur Verwirrung des Beobachters, meistens noch andere Stimmen des gleichen Instrumentes zum Assistieren beigegeben sind. Es wird zum Beispiel beim Alphornsolo in der Einleitung des vierten Satzes der ersten Brahms-Symphonie dem Zuhörer – infolge der Verdoppelung jedes zweiten Taktes zwecks Atemhilfe für den ersten Spieler unmöglich gemacht, den eigentlichen Solisten zu identifizieren. Dieselbe Verhinderung besteht bei der Wiederholung der Alpenmelodie in der Flöte, da wegen desselben Atemproblems die zweite Flöte dem Soloflötisten den Ton in jedem zweiten Takt aus dem Mund nehmen muß.

Einen Anhaltspunkt zum visuellen Herausfinden des Solisten einer Bläsergruppe könnte die Beobachtung jenes Spielers geben, der die verzweifelten Grimassen schneidet. Ein solcher Versuch wäre aber auf jeden Fall eine schwierige Aufgabe, weil das Ausspähen gerechterweise bei sieben Gruppen durchgeführt werden müßte, wozu die normalerweise zweistündige Dauer unserer Programme auch dann nicht ausreichen würde, wenn man auf das genußvolle Zuhören verzichtete. Die Grimassen im Antlitz des vermuteten Solisten rühren übrigens nicht notwendigerweise von der Schwierigkeit des gespielten Parts her. Der Bläsersolist weiß, daß seine Identifizierung auf Hindernisse stößt, und so will er mit seinen Grimassen die Identifizierung erleichtern. Das selbstbespiegelnde Hineinknien des Streichersolisten mit seinem Bogen versucht der Bläser mit seinen Gesichtsmuskeln wettzumachen. Um dieses Ringen um Geltung nicht in völliger Enttäuschung enden zu lassen, fordern manche mildherzigen Dirigenten den Orchestersolisten nach besonders langen und gewichtigen Solos auf, sich vor dem Publikum zu verbeugen. Das ist eine edle Gebärde, deren Nutzwert jedoch auf den besonderen Fall beschränkt ist, da derselbe Solist in einem späteren Fall ohne Hervorruf doch wieder unerkannt bleibt. Außerdem verstreicht manchmal nach dem Solo bis zum Schlußakt so viel Zeit, daß das Publikum zwischen dem Solospiel und der Verbeugung gar keinen Zusammenhang mehr erkennt und den Solisten nur noch mit einem verlegenen, blutarmen Höflichkeitsapplaus belohnt. Das ist zum Beispiel der Fall beim Oboensolo im Brahms-Violinkonzert. Aber selbst eine Verlegenheitsverbeugung ist bei diesem Konzert nur möglich, wenn zwischen dem zweiten und dritten Satz Applaus für den Geiger ausbricht, was bei unseren asketischen Applaudiersitten selten der Fall ist. Vollends ist der Oboist um seinen sichtbar persönlichen Erfolg geprellt, wenn der dritte Satz „attacca" gespielt wird. Es wäre in diesem Fall gar zu lächerlich, den Oboisten ganz am Ende, eine halbe Stunde nach seinem längst vergessenen Solo, im Schatten der Ovation für den Geigenvirtuosen um ein Erfolgsscherflein betteln zu lassen.

Der Grundmißstand bleibt, daß ein Solobläser durch sein Spiel allein, ohne irgendein anderes Erkennungszeichen, nicht identifizierbar ist. Die Unterbringung der Bläser hinter dem Vorfeld der Streicherhorde ist trotz des erhöhten Bodens ein Umstand, der unvermeidlich zur Entpersönlichung der blasmusikalischen Funktion im Orchester beiträgt.

Vielleicht sollte die Sitte vergangener Zeiten wiederbelebt werden, wonach der Orchestersolist seine Passage stehend spielte. Aus jener Zeit stammt das Witzwort des berühmten Wiener Spaßmachers Hellmesberger, der einem solospielenden Kollegen mit den Worten gratulierte: „Du hättest besser sitzen bleiben können und das Solo stehnlassen." Vielleicht ist die Hänselei Hellmesbergers dafür verantwortlich, daß die Orchestersolos seitdem nicht mehr stehend gespielt werden.

Die Tutti-Streicher werden diese künstlerisch-persönliche Werteinbuße der Bläser vielleicht nicht tragisch finden, da sie ja auch unpersönlich musizieren. Der Unterschied aber ist der, daß ein Tutti-Streicher kein Solist ist und von löblichen Ausnahmen abgesehen auch keine solche Rangerhöhung erstrebt, während ein erster Bläser normalerweise durch eine erwiesene Eignung als Solist beglaubigt und somit zu einer gewissen persönlichen Erhöhung berechtigt ist. Seine Arbeitsbedingungen hinter „Schranken" versagen ihm jedoch diese Genugtuung. Der Solobläser hat kein Publikum im Publikum, wie es bei den im Vordergrund fungierenden Streichersolisten mehr oder weniger der Fall ist. Das Publikum des Solobläsers ist der Dirigent. Das aber bedeutet, daß ihn – den Streichern unähnlich – das kleinere Übel des Publikums vom größeren Übel des Dirigenten nicht erlösen kann. Wenn der Bläser im Orchester solo spielt, drückt ihn nur die eine Sorge: Was wird der Dirigent dazu sagen? Nicht, daß die Meinung der Kollegen (nur der Bläserkollegen, da die Streicher für die Bläser eine unmaßgebliche, minderwertige Menschenrasse sind) ihn nicht interessiert, aber alle Überlegungen verblassen angesichts der vom Dirigenten ausgehändigten Zensuren. Durch diese mehr obrigkeitliche als künstlerische Beziehung zwischen Dirigent und Musiker wird jedes Solospielen eines Bläsers im Orchester sozusagen zum Probespiel. Um dem Bläsersolo diesen Pflichtstückcharakter zu nehmen, dessen sterilisierende Wirkung manche Dirigenten irgendwie mildern möchten, glaubte zum Beispiel Furtwängler, den Kompromiß in einer visuellen Uninteressiertheit am Vorgang gefunden zu haben. Im höheren Interesse der Gesamtleistung wollte er vermeiden, den Orchestersolisten mit den allzu zensorischen Sperberaugen des Dirigenten aus der Fassung zu bringen.

Beim Herausarbeiten eines Bläsersolos in der Probe, besonders wenn es sich um ein kickserbedrohtes Hornsolo handelt, pflegte Furtwängler ermutigend zu sagen: „Wenn das Solo am Abend drankommt, schaue ich gar nicht hin." Er deckte damit den allgemein empfundenen, aber verschwiegenen psychologischen Komplex, mit dem das orchestrale Solospiel beschwert ist, unwillkürlich auf. Wenn nämlich das Wegschauen des Dirigenten bei einem Bläsersolo für den Solisten eine psychologische Entlastung bedeuten soll, dann ist damit impliziert, daß das Hinschauen als ein böses, hemmendes Element des Dirigierens gewertet werden kann. Das läßt tief blicken! Man erkennt, welche Herzenswärme dem Augenkontakt des Dirigenten mit einem Orchestermusiker in der Orchesterwelt im allgemeinen zugeschrieben wird. Aber schließlich kommt es nicht auf das Hinschauen oder Wegschauen an, sondern auf die gesinnungsmäßige Einstellung des Dirigenten, die der Orchestersolist bei ihm voraussetzt. Wenn der Dirigent sich dem Denken der Musiker als bösartig eingeprägt hat, dann hilft das Wegschauen auch nicht. Der Blick, den der Dirigent dem Solospieler am Abend zuwirft oder vorenthält, ist nur das letzte Glied in der langen Kette persönlicher Beziehungsgestaltung. Der Orchestersolist wird das abendliche Augenspiel des Dirigenten im Lichte seiner morgendlichen Zungenkultur interpretieren. Furtwängler hat mit seiner Versicherung, am Abend beim Solo wegzuschauen, die Dirigierfunktion unbewußt zu einem ab ovo negativen Element der gemeinschaftlichen Musiziertätigkeit gestempelt. Wenn es tunlich ist, im kritischen Augenblick wegzuschauen, dann ist das Dirigieren ad absurdum geführt, weil die grundlegende Funktion des Dirigierens ja gerade der visuelle Kontakt des Dirigenten mit den Orchestermusikern ist. Für einen solchen Kontakt genügt es nicht, wenn die Musiker nur ihrerseits auf den Dirigenten schauen, weil dessen optisches Ausweichen den einsatzbereiten Musiker unsicher und mutlos macht. Es ist eine irrige Annahme, daß der Orchesterspieler schon nervös wird, wenn ihn der Dirigent aufs Korn nimmt. Ganz im Gegenteil. Es kommt freilich auf seine zur Schau getragene Haltung an. Wenn er nur einen Mephistoblick für den Musiker übrig hat, dann kann er auch geradesogut wegschauen. Aber ein warmer, liebevoll einladender Blick ist viel mehr dazu angetan, den möglicherweise nervösen Musiker zu beruhigen, als ein Wegschauen, das niemals Freundlichkeit ausdrücken kann, und zwar unbeschadet der guten Absichten, von denen es motiviert sein mag.

Könnte es sein, daß dieses Wegschauen in entscheidenden Augenblicken die Ursache der gelegentlichen kleinen Sonnenflecken war, mit denen die Bläser den Glanz der Furtwänglerschen Aufführungen notorisch getrübt haben? Es passierte Furtwängler immer wieder, daß seine Interpretationen, trotz ihrer großen Gefühlsspannung, nicht die technische Makellosigkeit aufwiesen, die er in den Proben verlangt und durchgesetzt hatte. Während der Abendaufführungen schwebte er immer im siebenten Himmel und ließ seine weniger flugfähigen Musiker irgendwo im sechsten oder fünften Himmel zurück. Furtwänglers große Wirkung auf das Publikum beruhte auf einem bei ihm mehr als bei jedem anderen Dirigenten sichtbaren Miterleben des Gefühlsinhalts der Musik. Er schien immer wie auf den Schwingen der Klänge gen Nirwana getragen zu sein. Sein bekannter, häufig gehörter Stoßseufzer am Ende der Orchesterproben, „wenn wir Glück haben, werden wir eine schöne Aufführung haben", zeigte jedoch, daß er hinsichtlich der sachgemäßen Vorbereitung seiner Konzerte auf wackligem Boden stand und daß er den Imponderabilien eine zu große Wirkungsmöglichkeit einräumte. Trotz seiner intellektuellen Erscheinung war er nicht intellektuell genug, um die psychologische Bedeutung des Augenkontakts mit den ausführenden Orchestermusikern zu erfassen. Er hatte vielleicht davon gehört, daß manche Orchestermusiker es nicht gerne haben, beim gespannten Solospiel die weidenden Blicke behaglicher Zuschauer auf sich ruhen zu fühlen. Es gibt tatsächlich Musiker, die nicht nur die Augen des Dirigenten, sondern sogar die ihrer Kollegen scheuen und sie als unheilbringend abergläubisch fürchten. Eine solche Einstellung bei einem Musiker ist fast unfehlbar das Kennzeichen künstlerischer Minderwertigkeit. Kann man sich zum Beispiel eine größere Absurdität vorstellen als eine Schauspielbühne, auf der die Darsteller nur hinter geschlossenem Vorhang auftreten wollen, weil sie die Blicke des Publikums nicht ertragen können? Nun ist diese Absurdität bei einem ähnlich publikumsscheuen Musiker vielleicht nicht ganz so kraß, da die Musik an sich keine Augen verlangt oder fürchtet. Aber der Musiker, der das Rampenlicht scheut, ist nicht die Persönlichkeit, die auf ein erwartungsvolles Publikum mit der unerläßlichen Eindrücklichkeit eines Bühnenkünstlers wirkt. Die Negierung der visuellen Beeindruckung in der Musik, von der schon hinlänglich die Rede war, gilt nur für den Zuhörer, dem kein volles Recht auf eine primär visuelle Einstellung zu Musikvorträgen zugesprochen werden kann. Für den Musiker selbst ist aber die schauspielerische Haltung kräftig zu bejahen; zwar nicht als erfolghascherischer Selbstzweck, wohl aber als psychologisches Rückgrat, das einen überhaupt erst zum öffentlichen Auftreten befähigt. Der Musiker muß mit dem Schauspieler die Liebe zur Öffentlichkeit und dessen Bühnensicherheit gemein haben. Nur wer diese Eigenschaften nicht besitzt und folglich auch keinen Bühnenmagnetismus in sich spürt, kann bei den „glanzvollsten" Gelegenheiten seines Lebens das Ignoriertwerden begrüßen. Ein solcher Musiker, und zwar nicht nur der hauptamtliche Solist, sondern namentlich auch dessen Leidensgefährte im Orchester, erkennt nicht, daß das elektrisch fühlbare Mitgehen einer Zuhörerschaft mit dem künstlerischen Vorgang diesem überhaupt erst eine praktische Daseinsberechtigung verleiht.

Der Dirigent, als gleichzeitiger Zuhörer, dessen Gesicht Freude auf das kommende Solospiel eines Orchestermusikers spiegelt, ersetzt für diesen das beflügelnde Publikum, an das er sich nicht direkt wenden kann. (Diese Unerreichbarkeit des Publikums gilt, wie bereits dargetan, natürlich nur für die Person des Spielers und nicht für sein Spiel.) Wenn aber der Dirigent beim Orchestersolo wegschaut, dann hat der Solist überhaupt kein Publikum, dessen Ergötzen für die Spielfreude einer jeden echten Musikernatur als Inspiration unerläßlich ist. In einer Weise bilden natürlich auch die Orchestermitglieder ein Publikum für ihren solo-spielenden Kameraden. Aber ihre Anteilnahme kann nur dann befruchtend wirken, wenn der Dirigent selbst der Anführer der geneigten Zuhörergemeinde ist. Ein griesgrämiger Dirigent kann jede Inspiration, die dem Solisten aus anderen Quellen zuströmen mag, ertöten.

Eine stimmungstötende Gebärde und zugleich faustdicke Unfreundlichkeit ist es, wenn der Dirigent nicht weg-, sondern am Solisten vorbeischaut. Solch tückisches Benehmen kommt glücklicherweise nur selten vor, aber manchmal glaubt ein Dirigent doch, einen Solospieler des Orchesters mit einem wohlgezielten „Schneiden" strafen zu müssen. Er schaut nicht direkt weg, sondern nur daneben. Der Zielpunkt kann die Pultlampe, eine Stuhllehne, ein Kollege rechts oder links sein, nur nicht die Augen des Solisten selbst. Eine teuflische Variante dieses Danebenschauens wird manchmal nicht beim Solospiel, sondern beim Tutti-Einsatz einer Orchestergruppe angewandt, wenn nämlich der Dirigent im entscheidenden Augenblick nicht den Stimmführer, sondern seinen Nebenmann oder gar das zweite Pult anschaut. Diese absichtlich falsch adressierte Fühlungnahme soll nicht mit dem allumfassenden Blick für die ganze Gruppe verwechselt werden. Es ist durchaus legitim, eine Streichergruppe mit einem einzigen Blick einfangen zu wollen, sozusagen als Ausdruck der Sorge um die Gesamtleistung der betreffenden Stimmgruppe und als Alarmzeichen für die hinten, weit vom Schuß sitzenden Schläfer. Jene, die es angeht, mißverstehen diesen kollektiven Blick des Dirigenten nie, denn er ist nicht starr, sondern erregt schweifend. Demgegenüber merken sie es sofort, wenn der Blick des Dirigenten zum „Schneiden" des Stimmführers dient, und sie fassen ihn sogleich als Einladung zur Anarchie auf. Wenn der Dirigent bei einem wichtigen Einsatz nicht den Stimmführer, sondern seinen Spannemann anschaut, dann weiß die Gruppe, daß der Stimmführer beim Dirigenten in Ungnade gefallen ist und daß er wie eine Leiche den kollegialen Aasgeiern zum Schmaus hingeworfen wurde. Es kann natürlich auch sein, daß die Absichten des Dirigenten nicht so weit zielen und daß er die primitivsten Höflichkeitsregeln der Musikerbehandlung nur aus Dummheit verletzt. Wie dem auch sei, er selber erleidet den größten Schaden, da eine Stimmgruppe hinter einem desavouierten Stimmführer sich nicht mehr zum disziplinierten Spielen verpflichtet fühlt. Eine solche Situation zeigt aber, daß die so kolossal anspruchsvollen Herren Kapellmeister sehr wohl Dreck fressen können, wenn dieser das Abfallprodukt ihrer herrischen Laune ist.

Wenn ein Streichstimmführer durch einfache Übergehung vor den Kopf gestoßen werden kann, verlangt die destruktive Behandlung eines Bläsers eine verfeinerte Gemeinheit, da kein Bläser, dem Stimmführer einer Streichergruppe vergleichbar, einen anderen Bläser führt, an den der Dirigent sich über den Kopf des Todgeweihten hinwegwenden kann. Die beliebte Methode der Demoralisierung eines Bläsers ist, ihn vor der ganzen Probenversammlung allein vorspielen zu lassen. Obwohl das an sich keine besondere Strafe für einen Bläser bedeutet, da er ja abgehärtet ist, auch im Ensemble als Solist gehört zu werden. Aber gerade das gibt der kapellmeisterlichen Taktik den Anschein einer praktischen Übungsmaßnahme, wobei die wahre Absicht nur der Mißbrauch des Normalen zu frivolen Zwecken und damit die Zermürbung des proskribierten Bläsers ist. Diese Bösartigkeit (oder im besten Fall Dummheit) ist dann unverkennbar am Werke, wenn der Dirigent den Bläser zu unzähligen Wiederholungen einer Passage anhält, die von Mal zu Mal schlechter gehen. Die Verlegenheit, Verwirrung und das schließliche Versagen des Gepeinigten, die aus dem Gefühl des Verfolgtseins entstehen, werden vom Dirigenten, in teuflischer Mißdeutung der Umstände, als berufliche Unfähigkeit hingestellt.

Jeder kluge und menschliche Dirigent weiß, daß eine Passage, die bei der dritten Wiederholung noch nicht besser, sondern sogar schlechter geht, für eine spätere Überprüfung zurückgestellt und dann unter Ausschluß der Öffentlichkeit behandelt werden muß. Wenn aber das Versagen des Spielers tatsächlich das Resultat seiner beruflichen, chronisch erwiesenen Unfähigkeit ist, dann mißbraucht ein anständiger Vorgesetzter seine Macht durch ein öffentlich zur Schau gestelltes Katz-und-Maus-Spiel mit einem hilflos Untergebenen noch immer nicht, sondern er regelt den Fall unter größtmöglicher Schonung persönlicher Empfindlichkeiten. In Anbetracht des Schutzes durch neuzeitlich inspirierte Kollektivverträge mag man annehmen, daß solch eine kapellmeisterliche Rücksichtnahme eigentlich gegenstandslos geworden ist, weil der Stand des Musikers im Orchester nicht mehr von seinem Edelmut abhängt. Es ist unleugbar, daß der erhöhte soziale Schutz manche Besserungen gebracht hat. Dabei wird aber übersehen, daß selbst die fortschrittlichsten Sozialmaßnahmen wenig gegen eine schleichende Demoralisierung ausrichten können. Ein Orchestermusiker kann zu einem nervösen Wrack geritten werden, bevor der Dirigent des Mißbrauchs überführt werden kann. Infolge der exponiert solistischen oder quasi-solistischen Gestaltung der Bläserstimme in der orchestralen Werkstruktur sind die Bläser der kapellmeisterlichen Opferjagd besonders ausgesetzt. Dabei könnte gerade dieser Hauptzug der Bläserrolle im Orchester ein eminenter Vorteil sein. Unter günstigen Umständen, das heißt unter Führung eines weisen, menschlich fühlenden Dirigenten, sind die Bläser für ihre Isolierung vom Publikum durch die höher geltende Wertschätzung eines maßgeblichen Fachmannes entschädigt. In einer solch traumhaften Glückslage heben die sozusagen unabreißbaren Gelegenheiten zur brustschwellenden Solotätigkeit den Bläser im Orchester weit über den Stand des Tutti-Streichers hinaus. Zu all dem bleibt dem Bläser das mit der Solotätigkeit normalerweise verbundene, lampenfiebererzeugende Auswendigspiel erspart. All diese aus leicht erreichbarer Nähe winkenden Vorteile werden aber zu oft von einem humor-, verständnis- und lieblosen Dirigiergewaltigen in ihr Gegenteil verkehrt. Ist es nun verständlich, weshalb das Lampenfieber bei den Orchesterbläsern trotz dessen scheinbarer Grundlosigkeit üppig wuchert? Heiklen Solos, die während eines Orchestervortrags vorkommen, wird unter Angstmacherdirigenten, wie zum Beispiel Mahler, Toscanini, Reiner und ihren nie aussterbenden Nacheiferern, anstatt freudig, wie bei ehrgeizerregenden Aufgaben, mit würgendem Herzklopfen entgegengesehen.

Die Resultate der Solofunktion unter einem solchen Dirigenten sind mitunter sogar in Band- und Schallplattenaufnahmen verewigt. Die kommerziell erhältlichen enthalten freilich selten die Früchte kapellmeisterlicher Angstmacherei, weil sie bis zum letzten Schliff wiederholt werden oder mit der modernen Flicktechnik aus den besten Teilen verkorkster Aufnahme- einheiten zusammengebastelt werden. Aufschlußreich sind aber die Bandaufnahmen von Tos- canini, die in unkorrigierbarer Gleichzeitigkeit mit seinen öffentlichen New Yorker Radio- konzerten gemacht wurden und manchmal heute noch gesendet werden. Da kann man hören, wie der Pikkolospieler in der Semiramis-Ouvertüre das jedem Gartenkonzertgast wohlvertraute Seitenthema verpfuscht. Etwas Ähnliches ist im ersten Akt von „Boheme" zu hören, in wel- chem der Klarinettist sich mit seinem auf weiter Flur allein gespielten Geschnörkel zwischen dem Abgang des Bohemien-Kleeblatts und dem Nachsinnen des alleingebliebenen Rodolfo arg verhaspelt. Auch in den Simultanaufnahmen der Beethoven-Aufführungen kann man hin und wieder hören, wie ein Streicher in eine Pause hineinpatzt. Alle diese Sommersprossen sind die Zeugnisse überspannter Nerven von Orchestermitgliedern, die unter einem Musiker- schreck spielen.

Ein solcher Spannungszustand führte auch zu einem Lapsus des ersten Trompeters von Toscaninis New Yorker Radioorchester bei einer (nicht eingezeichneten) Konzertwiedergabe von Beethovens Choralsymphonie. Am Ende des vom dritten zum vierten Satz überleitenden Klanggedröhns (vor dem Cello-Rezitativ), das man „Weltgerichtsmusik" zu nennen versucht sein könnte (wo die zackigen Bläsersprünge die Vision von niederrasselnden Steinblöcken suggerieren), hängte der aufgeregte erste Trompeter dem abrupten Schlußakkord noch einen alleinstehenden Extraton an.

Dieser Fall verdient eine besondere Erwähnung, nicht nur zwecks Illustrierung des Orchester- spiels im Angstzustand, sondern auch, weil in diesem Fall Toscanini, von seinen explosiven Reaktionen löblich abweichend, ausnahmsweise Gnade für „Unrecht" ergehen ließ. Als der unglückliche Trompeter, der in Amerika wohlbekannte Bläserstar Harry Glantz, nach der Aufführung zur Entgegennahme seines erwarteten Todesurteils zu Toscanini eilte, fand er einen mit dem schon halbvergessenen Schnitzer versöhnten Maestro vor, der die Selbstkasteiung des Sünders mit den unglaublich entgegenkommenden Worten abwehrte: „Selbst der Papst macht Fehler."

Ein solch glimpfliches Davonkommen war natürlich eine Ausnahme, die in der vorange- gangenen Beklommenheit nicht vorausgesehen werden, folglich nicht die nötige Nerven- beruhigung für ein sattelfestes Spiel schaffen konnte. Natürlich kann ein Orchesterspiel auch unter einem bekannt freundlichen Dirigenten, und selbst von einer Sanatoriumsatmosphäre umgeben, Scharten aufweisen. Wo aber die Musizierstimmung nicht so günstig ist, da ist ein Optimum der Leistungen aufgrund der technisch vorhandenen Mittel nicht zu erwarten. Es ist jedenfalls ein Unterschied, ob eine Gipfelleistung bei größter Bemühung aus menschlicher Un- zulänglichkeit oder bei größter Bemühung aus gezüchtetem Stumpfsinn nicht erreicht wird. Tos- canini, der in einem helleren Moment die Sachlage erkannte, war in seinen weniger hellen, aber viel zahlreicheren Momenten nicht bereit, den Orchestermusikern wenigstens so viel Fehlbarkeit zuzugestehen wie dem Papst. Dafür glaubte er, selbst ein unfehlbarer Dirigierpapst zu sein.

Bei der überhitzten, nervenverzehrenden Arbeitsatmosphäre der Dirigieramokläufer ist es, wie obiges Beispiel zeigt, jedenfalls leichter, Opfer in den lichten Reihen der Bläser zu finden als unter den in dichter Phalanx kämpfenden Streichern. Der Urheber eines Schnitzers in einer Bläserstimme kann, als der einzige Spieler dieser Stimme, leicht lokalisiert und bloßgestellt werden. Die von Tutti-Streichern begangenen Stolpereien dagegen sind für die Täter nicht ganz von denselben peinlichen Konsequenzen, da der Dirigent – besonders in der Hitze des Gefechts – nicht feststellen kann, wer ihm in die Suppe gespuckt hat. Deshalb werden auch die Streicherschnitzer mit geringerer Bestimmtheit Einzelspielern in die Schuhe geschoben. Ein stolzer Stardirigent kann sich doch nicht an Ort und Stelle als ein schwerhöriger Tondetektiv bloßstellen – wie der nicht so sagenhafte Taktiermeier es tat, als er nach einem unzeitig losdonnernden Paukenschlag scharf fragte: „Wer war das?"

Vom falschen Streichereinsatz weiß unfehlbar nur der Pultkollege des Täters. Bei einem falschen Bläsereinsatz, oder was immer die Bläsersünde sonst sein mag, kann man schwerlich für Alibi plädieren. Die Streicher laufen nur Gefahr, stillschweigend falsch angeklagt zu werden. Das ist das Risiko der anonymen Pfuscherei für die Gemeinschaft und damit für den Unschuldigen. Es ist nicht üblich, obwohl es zur Sitte gemacht werden sollte, sich bei einem Fehler durch Handerheben anzuzeigen. Das hätte möglicherweise den Vorteil einer milderen kapellmeisterlichen Beurteilung angesichts einer derartigen Demonstration von Ehrlichkeit und Opferwillen. Die heute noch bestehende Situation aber ist, daß bei einem aus dem Streicherklang herausstechenden Mißton, unabhängig von der Quelle, jener Spieler stillschweigend als Täter abgestempelt wird, der dem Dirigenten vorher schon unsympathisch war. Der Dirigent, um seine Unkenntnis zu verhüllen, knurrt dann etwas unpersönlich und mit einer gespielt vielsagenden Andeutung gegen den unbestimmbaren Missetäter. In Gedanken beschließt er aber, das ihm ohnehin schon unsymphatische Mitglied für den technischen Schönheitsfehler ohne Klärung, ohne Verhör, ohne Rekurs und ohne Gnade leiden zu lassen. Die bestehende, aber niemals zugegebene Ratlosigkeit vieler sogenannter Dirigierleuchten hinsichtlich der wahren Zustände in ihrem Orchester wird ihnen anschaulich vorgeführt, wenn sie zu ihrem engeren orchestralen Heimatgebiet einige Distanz gewinnen.

Wie sollten die Dirigenten das Tun und Lassen ihrer Musiker richtig beurteilen können, wenn sie den Gültigkeitsgrad ihrer Musizierideen für ihren eigenen Gebrauch nicht beurteilen können! Wahrscheinlich gibt es nicht einen einzigen Dirigenten, der seine eigenen Interpretationen (wenn sie durch Aufnahme verewigt sind) nicht schon nach kurzer Zeit verleugnen möchte. Es handelt sich aber nicht um eine Verleugnung aufgrund der größeren Erleuchtung durch den natürlichen Reifungsprozeß, sondern um eine Verleugnung als Folge einer erst später erkannten Verbohrtheit, die das Urteilsvermögen fast aller Dirigenten für die unmittelbare Gegenwart lähmt. Als Demonstration der Verhältnisse ist ein Fall besonders erwähnenswert, den man mit dem „genialen" Toscanini erlebt hat.

Wenn es gilt, die eigenen, phonographisch verewigten „Missetaten" wiederzuerkennen, dann kann es passieren, daß den Dirigenten ihre Verblendung einen peinlichen Streich spielt. Die Erklärung für diese akustische Gehirnblockade liegt im Hereinströmen eines Klangbildes aus der unbestechlichen Entfernung, das man bei dessen ursprünglichem Entstehen nur aus der trügerischen Nähe kannte. Die Distanz des Außenstehenden zu einer Wiedergabe ist immer dieselbe. Mit anderen Worten, er ist für die Interpretation immer ein Außenstehender. Dagegen ist der Dirigent (oder ein Vortragender auch in einer anderen Musizierform) einmal ein Nahestehender (nämlich beim Hervorbringen der Leistung) und ein andermal ein Außenstehender (nämlich beim Vernehmen derselben Leistung am Radio ohne Identifizierung der Herkunft). Die Unarten, die ein Musikinterpret bei der ursprünglichen Leistung aus Blindheit begangen und folglich nicht als solche empfunden hat, werden ihm in der anonymen Vermittlung plötzlich sonnenklar. Außerdem kann sein Urteil, da er ja eine fremde Wiedergabe zu hören glaubt, ungehemmt schonungslos sein.

Bei einer impulsiven, nicht intellektuell bedachtsamen Natur wie Toscanini bestand die Möglichkeit einer solchen Gemütsreaktion ganz besonders. Bei seinem eigenen Dirigieren war ihm seine allgemein anerkannte musikalische Unart, ein Werk unerbittlich durchzupeitschen, nicht bewußt. Seine Tempovergewaltigungen, zu denen er sich von einer besserwisserisch herzenskalten Tonklauberei verleiten ließ, schienen ihm normal, solange ihn das Wissen um die eigene Vaterschaft am Erkennen der Häßlichkeit des Kindes hinderte. Als er aber seiner Musik einmal zufällig wie jeder andere unvoreingenommene Außenstehende nichtsahnend zuhörte, dann fielen ihm die Schuppen von den Ohren.

Es geschah auf einer Seereise, die er im Jahre 1940 mit seinem New Yorker Radioorchester für eine Konzerttournee in Südamerika unternahm. Der Fall ist durch den Bericht eines persönlich daran beteiligten Orchestermitglieds bekannt geworden. Als Hintergrund des Falles ist der Umstand wesentlich, daß gerade zur Zeit der erwähnten Seereise eine der berühmten Rooseveltschen Plaudereien am Kaminfeuer angekündigt wurde. Als Toscanini davon erfuhr, wollte er die Radioansprache des Präsidenten unbedingt anhören, und so schloß er sich zur angekündigten Stunde anderen Interessenten in einer mit Radio ausgestatteten Kabine an. Es schien aber, daß wegen besonderer Empfangsschwierigkeiten die „Kaminfeuerstation" nicht zu erhaschen war. Wie man dann am Apparat zur Einstellung auf die richtige Wellenlänge herumfummelte, stieß man zufällig auf die Übertragung eines Orchesterkonzertes, in welchem gerade die Wiedergabe der Vierten Beethoven-Symphonie im Gange war. Toscanini ließ den „Radiooperateur" nicht weiter nach der Kaminfeuerplauderei suchen. Er geriet dermaßen in den Bann dieser Beethoven-Interpretation, daß Roosevelt vollkommen vergessen wurde und seine Rede ohne die Zuhörerschaft von Toscanini halten mußte. Das Interesse Toscaninis wurde aber beileibe nicht durch das Ergötzen an dieser Beethoven-Aufführung festgehalten, außer daß es ein Ergötzen der hämischen Genugtuung war, die Leistung eines unbekannten Dirigenten in Grund und Boden verdammen zu können. Toscanini ließ an dieser Beethoven-Wiedergabe kein gutes Haar. Nichts war richtig für ihn. Tempo, Dynamik, Phrasierung, Intonation, Zusammenspiel seien alle das Werk eines klotzigen Provinzorchesters unter Leitung eines blutigen Dilettanten gewesen. Diese Gelegenheit zum Herunterreißen eines Konkurrenzunternehmens war für Toscanini ein gefundenes Fressen. Er war noch bis über die Ohren in schadenfrohem Schwelgen versunken, als am Ende der Darbietung die Schlußansage kam und die Urheberschaft der gesendeten Schallplattenaufnahme mit dem Londoner BBC-Orchester unter der Leitung von Arturo Toscanini bekanntgab. Das verschlug Arturo den Atem. Er wollte sich alle seine noch am Kopf verbliebenen Haare an Ort und Stelle ausreißen. Die Erde (oder in diesem Fall der Ozean) war nicht gnädig genug, ihn inmitten der anwesenden kleinen Gruppe seiner eigenen Musiker zu verschlingen. Nur ein altgriechischer Bildhauer hätte sein schmerzentstelltes Gesicht in Marmor wiedergeben können. Als er nach einer Weile peinlicher Stille seine Fassung einigermaßen wiedergewann, stieß er das Gelübde aus, nie mehr im Leben eine Schallplattenaufnahme zu machen. Plötzlich war an allem die Aufnahmetechnik schuld. Er hätte schon immer gesagt, daß die Schallplattenindustrie ein Mißbrauch und Verrat an der Musik sei.

Toscaninis Ausbruch gegen das Schallplattenmusizieren mochte, trotz der unpassenden Gelegenheit, zum Teil berechtigt gewesen sein. In seiner Gekränktheit vergaß er aber, daß die Schallplattenindustrie ihren Verrat an der Musik mit einer überströmenden Freundlichkeit für sein Bankkonto wiedergutmachte. Das in Trauer um die verratene Musik blutende Herz Toscaninis war also nicht in Gefahr des Verblutens, solange sein grammophongegnerisches Gelübde gebrochen blieb und die Grammophongesellschaften für eine Blutzufuhr in bar sorgten. Die vielerlei Dienste, die Toscanini der Musik erwiesen hat, sollen nicht verkleinert werden. Aber der Dienst der Musik an Toscanini ist auch nicht zu verachten. Es war also nur recht und billig, daß er ihr die Gunst vergalt. Aber trotz seiner dienstbeflissenen Jeremiaden und Wahnsinnsszenen brauchte man nicht besorgt zu sein, daß er sich bei diesem Tauschgeschäft über Gebühr verausgaben mochte. Im geheimen war er ein schlauer Fuchs, der sich die zur Schau getragenen Dirigierqualen als herzstärkende Kraftmedizin zu Gemüte führte. Von dem kalten, nur der Eigenliebe dienenden Feuer seines Temperaments hat er einmal selbst in seiner Anwandlung von Freimütigkeit Zeugnis abgelegt. Sein Freund und Biograph Samuel Tschotzinoff berichtet darüber in dem von Alfred A. Knopf, New York, herausgegebenen „Toscanini, An Intimate Portrait" folgendermaßen: „Jetzt erinnerte ich mich daran und verstand erst seine erstaunliche Bemerkung, mit der er den Befund einer Herzuntersuchung kommentierte. Sein italienischer Herzspezialist hatte ihm versichert, daß sein Herz in vollkommenstem Zustand war, gleichsam wie unberührt; worauf Toscanini bemerkte, warum denn nicht, es ist ja nie gebraucht worden."

Man versteht nun, wieso Toscanini mit der verhaßten Mechanisierung der Musik nicht nur geldlich, sondern auch kardiologisch seinen Frieden machen konnte. Aber die in der obigen Bemerkung zum Ausdruck kommende Empfindungsfeindlichkeit sollte wenigstens in einer Hinsicht zu keiner Kritik Anlaß geben. Das betrifft seine Beziehung zum seelenverwandten Empfindungsathleten Wagner. Toscaninis interpretatorische Tendenz zum Hinwegspielen über eventuelle Gefühlsduseleien einer Musik gab ihm die Befähigung zu einem eminenten Wagner-Dirigenten. Die sonst fragwürdige Toscanini-Spezialität der forcierten Tempos war bei den Wagner-Interpretationen ausnahmsweise erträglich und sogar zu bejahen. Seine südländisch forsche Temponahme bei Wagner drängte die von den teutonischen Kapellmeistern oft geförderte Dickflüssigkeit und Langgestrecktheit der Wagnerschen Tonrhetorik in eine deutlicher erfaßbare Konzeptionseinheit zusammen und war damit eher geeignet, das Zuhörerinteresse wachzuhalten. Nebenbei gesagt, kann dieses von Toscanini eifrig befolgte Tempoprinzip mehr oder weniger für alle Opern gelten, die bei ihrer drei-, vier- und manchmal sogar fünfstündigen Aufführungsdauer mit jeder unnötig zugegebenen Minute ins Aschgraue verlängert werden.

Unglücklicherweise sind bei Toscanini dem sonst gesunden Operntempoprinzip die Oasen des musikdramatischen Tongedränges fast immer zum Opfer gefallen. Ein besonderes Corpus delicti ist die Schallplattenaufnahme der „Traviata" mit der goldenen Metropolitansängerin Licia Albanese. Nach ihrer Koloraturarie am Schluß des ersten Aktes konnte man tatsächlich sagen: Corpus, da liegt sie. Die Albanese war keine Koloratursängerin, wie ja die Traviatas für diese Kombinationsrolle in der Regel es auch nicht sind. Wenn man von ihnen nicht so viel Koloratur verlangt wie von einer echten Koloratur, dann muß es weniger sein, nicht mehr, ohne freilich die Koloraturszene mit der Trauer des letzten Aktes zu verwechseln. Aber Toscanini hat die Albanese in ein Wirbelwindtempo hineingehetzt (obwohl vielleicht nicht wesentlich über die Tempovorschrift hinaus), bei dem die sonst vorzügliche Sängerin wegen des sturen Vorwärtsstürmens Toscaninis gegen Ende auf der Strecke zu bleiben drohte. Dieser Sturm-und-Drang-Dirigent war nicht zu jenem unmerklichen Kompromiß zwischen Tempovorschrift und Stimmbequemlichkeit bereit, der jede wohlausbalancierte Interpretation kennzeichnet. Daß er der Sängerin erlaubt hätte, sich bei der Schlußdominante zum traditionellen hohen „Es" (im Falle einer solchen Höhenbeherrschung) oder wenigstens zum „B" mit der dazugehörigen Fermate hinaufzuschwingen, davon konnte unter diesen Umständen natürlich schon gar keine Rede sein.

Die Einschaltung nichtgeschriebener Töne in die Notenreihe eines bestehenden Werkes ist zugegebenermaßen ein bedenkliches Unterfangen, und niemand würde die Einbeziehung fremder Töne bei Mozart oder bei Verdis „Othello" und „Falstaff" befürworten. Aber bei einer Bravourarie frühverdischen Stils ist die Sünde eine Gottesstrafe wert.

Das hohe Tenor-C in der berühmten Troubadour-Stretta (die die Italiener nach den Anfangsworten des Gesangtextes und auch wegen der Vorbereitung zum Scheiterhaufen „La Pira" nennen) ist nicht von Verdi geschrieben. Doch würde kein Tenor wagen, trotz des Puristenwürgengels Toscanini, dieses C oder bei Transponierung der Arie zum mindesten ein H nicht zu singen (man transponiert ja, um es zu ermöglichen), wenn er, wenigstens in Italien, nicht von der Bühne gejagt werden will. Dieselbe Situation besteht hinsichtlich des ursprünglich in der unteren Oktave geschriebenen Schlußtons von „La Donna e mobile". Auch Rigolettos Gilda steigt in ihrer „Caro Nome"-Kadenz höher, als von Verdi vorgeschrieben und nach dem Schlußtriller manchmal sogar noch zum hohen Oktaven-E, in ähnlicher Weise, wie sie sich am Ende des Quartetts im Schlußakt zum inoffiziellen hohen Des hinaufschwingt. Toscaninis Absage an diese traditionell sanktionierten, mehr in die Kadenzkategorie gehörenden, stilistisch annehmbaren Änderungen und an die technisch hilfreichen Atempausen und Tempoberuhigungen gibt einem bei seinen Interpretationen das Gefühl, wie wenn einem beim Tortenessen die oben aufgesetzte, bis zuletzt aufgesparte kandierte Kirsche im letzten Moment weggeschnappt würde. Die Singstimme ist das Mittel der sinnlichsten Art des Musizierens. Es ist naturwidrig, sie durch Unterschlagung der Prachttöne ihrer Zweckbestimmung und damit den Zuhörer der höchsten Wonne im Kunstgenuß zu berauben.

Die aus dogmatischem Respekt vor dem Komponisten beobachtete Buchstabentreue mag als Tugend gelten, aber man kann sie auch übertreiben. Man muß eben die Grenze zu ziehen wissen. Wenn alle Musik nur gemäß den eingezeichneten Vorschriften gespielt würde, dann könnten unsere Opern geradesogut in Klöstern aufgeführt werden. Toscaninis Interpretationen waren immer trotzige, traditionsgegnerische, angeblich die Werktreue wiederherstellende Demonstrationen, die nicht für den Genuß, sondern die Belehrung des Zuhörers bestimmt waren. Bei ihm sind alle Fragen der musikalischen Interpretation nach dem Strafgesetzbuch standrechtlich entschieden worden. Daß der Hingerichtete manchmal der Komponist selbst war, den er ja mit seiner Buchstabentreue schützen wollte, das kam ihm nicht in den Sinn. Allegro Molto war für ihn Allegro Molto, auch wenn es die Tempobezeichnung eines Menuetts war. Menuette sind zu verschiedenen Zeiten mit verschiedener Geschwindigkeit getanzt und gespielt worden, aber doch nie so schnell wie ein böhmischer Furiant.

Toscaninis ehemalige New Yorker Radiostation sendet noch manchmal seine alte „Pau-

kenschlag"-Aufnahme mit diesem Furiant-Menuett. Wer keine Gelegenheit hat, die Paukenschlag-Symphonie von Haydn in Toscaninis Interpretation zu hören, der kann sich von deren
Menuett in seiner Version einen Begriff machen, wenn er sich als Maßstab das Scherzo der
„Eroica" vorsingt. In ungefähr demselben Tempo dirigierte Toscanini das Paukenschlag-Me-
nuett, und zwar deswegen, weil es zufällig die Tempobezeichnung „Molto allegro" trägt. Toscaninis Stilgefühl hat nicht dazu ausgereicht zu verstehen, daß das Molto allegro für die Viertel gilt, nicht für die ganzen Takte. Dabei hätte er als Italiener noch mehr als seine deutschen
Kollegen das Wort „allegro" in seinem italienischen Sinn (wie es wahrscheinlich auch von
Haydn gemeint war) nicht als „schnell", sondern als „fröhlich" verstehen sollen. Es gehört
eine stumpfsinnige Verirrung dazu, besonders seitens eines Italieners, eine in italienischer
Sprache gegebene Vorschrift nicht nach deren italienischem Sinn aufzufassen, wenn der Geist
des Werkes ohnehin schon auf dieselbe Bedeutung hinweist. „Molto allegro" bedeutet nämlich ganz einfach: „sehr fröhlich". Aber selbst das fröhlichste Menuett wird nicht anders als in
drei Schlägen dirigiert. In dem Tempo, in welchem Toscanini dieses Haydn-Menuett leitete,
kann es aber nur mit einem Schlag für den Takt dirigiert werden. Toscanini muß doch dieses
Menuett auch in der Aufführung anderer Dirigenten gehört haben. Es hätte ihm zu denken
geben müssen, warum sie es halb so schnell gespielt haben wie er. Offenbar dachte er, daß für
diesen Fall sein eigener, berühmt gewordener Ausspruch galt: „Tradition ist die letzte schlechte
Aufführung." Die manchmal berechtigte Nutzanwendung dieser These sollte sich aber nur
einer gestatten, der auch weiß, daß die Buchstabentreue (noch dazu eine falsch gedeutete
Buchstabentreue) ihrerseits sehr wohl die erste schlechte Aufführung sein kann.

Die Tugend Toscaninis war (um der Fotografie die gebührende Retusche zu geben) die
eines Insektenvertilgers in einem verstaubten, vermoderten alten Gebäude. So wie ein Haus-
reiniger, der die Teppiche wegreißt, die Möbel verschiebt, die Schlupfwinkel ausmistet, hat
Toscanini im muffigen Porzellanladen des Opernbetriebs die Rolle des Elefanten gespielt und
damit zum Teil eine heilsame Funktion erfüllt, obwohl er mit dem Zertrampeln des alten
Gerümpels auch manch brauchbare Einrichtung zu Scherben geschlagen hat (wie zum Beispiel die Pflege des Nachwuchses und den Freiheitsmarsch der musikalischen „Leibeigenschaft").

Toscanini hat sich nie um den beruflichen und sozialen Lebensweg der jüngeren Musikerschaft (um den der älteren schon sowieso nicht) gekümmert. Obwohl es in seinem Interesse
gewesen wäre, hat er die Rekrutierung der erstklassig verfügbaren Musiker für seine Orchester nie selbst durchgeführt. Mit Ausnahme einzelner weniger Protektionskinder aus seinem
Gesellschaftskreis wurden ihm die Orchestermitglieder von Vertrauensleuten zugeführt. Dieses System – wenn man es so nennen will – mag zwei Gründe gehabt haben. Vielleicht wollte
er seine Hände nicht mit dem kleinlichen Geschäft der Anstellungskrämerei beflecken oder
sich freie Hand im Rüffeln von Musikern behalten, die nicht seine Wahl waren. Diese Absicht
mag auch bei anderen prominenten Dirigenten der Fall sein, die ihre Orchestermusiker nicht
aufgrund persönlicher Prüfung engagieren. Das ist freilich eine Selbstverständlichkeit bei den
hauptsächlich als Gast auftretenden Dirigenten, aber eher eine hintergründige Eigentümlichkeit bei den ständigen Musikdirektoren.

Es gibt verschiedene Systeme der Ausschreibung und Prüfung von Kandidaturen. Was die
Bekanntgabe einer vakanten Stelle selbst betrifft, sollte man annehmen, daß die Anstellungsbehörden, zwecks Erfassung aller erwünschten Bewerber, die größte Verbreitung solcher Be-

kanntmachungen anstreben. Diesen Eindruck hat man auch tatsächlich, wenn man die vielen lockenden Stellen in den verschiedenen Fachblättern zur Besetzung ausgeschrieben sieht. In Europa war die unbemäntelte öffentliche Ausschreibung freigewordener Orchesterstellen von jeher Sitte. In Amerika dagegen waren die Neubesetzungen bis etwa Mitte der sechziger Jahre von einer sonderbaren Geheimnistuerei umgeben. Es kam höchst selten vor, daß eine Stellenannonce in ein musikalisches Fachblatt eingerückt wurde, und dann auch nur von einem obskuren Provinzorchester, bei welchem kein ehrgeiziger Berufsmusiker angestellt werden wollte. Die Besetzung der begehrten freien Stellen wurde immer von den wie herrschaftliche Gutsverwalter fungierenden Kontraktoren (diesen obrigkeitlich eingesetzten Orchestervorständen) durch die Kanäle privater Empfehlung arrangiert. Ein Probespiel wurde zwar auch bei diesem System meistens verlangt, es stand aber nur den ausdrücklich genehmigten Geheimkandidaten offen, deren Qualifikation nicht wie bei deutschen Eliteorchestern aufgrund der Karriereunterlagen, sondern der klüngelhaften Annehmlichkeit entschieden wurde. Wenigstens hat diese Duckmäuserei bei der qualitativen Vorwahl wesentlich mitgespielt, insofern diese infolge der organisatorischen Weltentrücktheit des Dirigenten dem Ermessen des Kontraktors überlassen blieb. Musiker, die nicht das Renommee hatten, zur Teilnahme an der Bewerbung persönlich aufgefordert zu werden, mußten durch ihre kollegialen Verbindungen einen Nachrichtendienst bezüglich der freiwerdenden Orchesterstellen unterhalten und gegebenenfalls ihre Kandidatur dem Kontraktor ungeladen und mit dem Hut in der Hand zur Berücksichtigung unterbreiten. Ein Sonderfall ist die ohne jede öffentliche Rechenschaftspflicht beschlossene Verpflichtung eines dem Chefdirigenten persönlich bekannten und bevorzugten Musikers, dessen Wahl, als fait accompli, dann schon selbstverständlich jedwede freie Bewerbung von vornherein ausschließt. Diese hinter den Kulissen funktionierende Stellenbesetzung existiert sporadisch heute noch und wird wahrscheinlich bis in alle Ewigkeit existieren (und zwar nicht nur in Amerika), weil das Engagieren eines Dirigentenlieblings angesichts des diskretionalen Entscheidungsrechts mancher Chefdirigenten selbst bei einem öffentlichen Wettbewerb nicht zu verhindern ist.

Abgesehen von diesem letzteren Fall, in welchem der Dirigent bewußt persönliche Ziele verfolgt, ist der Grund für das von den amerikanischen Kontraktoren betriebene und von den Dirigenten geduldete unterirdische, viele willige und würdige Kandidaten ausschließende Bewerbungssystem schwer erklärlich. Gegen Anfang der sechziger Jahre ist aber – wegen des Versiegens des Nachwuchses – der Auftrieb auf dem Musikermarkt immer spärlicher geworden, so daß nicht die Musiker die Stellen, sondern die Stellen die Musiker suchen mußten. Die Orchestergesellschaften sahen sich nun zur Einführung der unamerikanischen Sitte der Stellenausschreibung veranlaßt. Die Metropolitan Opera und die New Yorker Philharmonie inserieren zwar ihre Vakanzen, aber die Operettentheater setzten die früheren, der Geheimnistuerei eines Spionagedienstes ähnlichen Engagierungspraktiken fort. Eine Stellenausschreibung von einem Operettentheater ist nie in einer Zeitung zu lesen.

Unter den europäischen Ländern war das System der offenen Bewerbung in Deutschland mit seinem größten Musikermarkt (teilweise von ausländischer Beteiligung geschwellt) von jeher am meisten verbreitet. Für die deutsche Musikerschaft war aber das Forum des Stellennachweises auf das Musikfachblatt beschränkt. In neuerer Zeit hat Frankreich diesen Kreis der Publizität noch erweitert.

In Frankreich werden die offenen Orchesterstellen in den Tageszeitungen inseriert. Dieses

Mittel der Musikersuche ist in seltenen Fällen auch in Amerika angewendet worden. Aber die französische Stellenausschreibung in Zeitungen ist eine regelmäßige Einrichtung, die in ihrer vorbehaltlosen Aufforderung (also ohne jegliche Vorwahlschranke) zur Bewerbung und zum Probespiel noch zwei Schritte weitergeht. Sie gibt nicht nur das obligatorische Vorspielstück an (was auch manche Stellenangebote in deutschen Fachorganen tun), sondern bezeichnet sogar den Anfangs- und Endtakt des Teilstückes, das von einem Instrumentalkonzert gespielt werden muß. Diese genaue Festlegung des Prüfungsmaterials (das an Stelle des normalerweise freigewählten Vortragsstücks verlangt wird) scheint eine objektive Vergleichsbasis für die Beurteilung aller Kandidaten anzustreben. Wenn alle dasselbe Stück und sogar dasselbe Teilstück spielen müssen, dann kann keiner sich einen Vorteil durch die Wahl eines zu leichten Stückes sichern. Unter diesen Bedingungen könnte die Musikalität der Kandidaten hinsichtlich Tempogefühl und Phrasierung und freilich auch ihr technisches Rüstzeug im Verhältnis zueinander sozusagen mit der nüchternen Planmäßigkeit einer klinischen Untersuchung gewertet werden.

Im deutschen Musikbereich lädt die Berliner Philharmonie zur Bewerbung mit der Vorschrift eines Pflichtstücks ein, das (neben Stücken nach freier Wahl) beim Probespiel in erster Linie vorgetragen werden muß. Dazu hat die Berliner Philharmonie eine Probespielregel (oder vielmehr Probespielerleichterung) eingeführt, die in der Folge auch anderswo Nachahmer gefunden hat.

Die Berliner hatten bei Probespielen schon vor ziemlich langer Zeit das Vomblattspiel abgeschafft. Das war eine sehr vernünftige Neuerung. Kann ein Dirigent beim probenuntermauerten, probengesicherten System zweifeln, daß ein Geiger, der beim Probespiel das Mendelssohn-Konzert leidlich gut spielt (wenigstens so gut, daß er allein aufgrund dieser Leistung schon des Engagements würdig wäre), nicht fähig sein sollte, die Geigenstimmen einer vielfältigen Orchesterliteratur in ausgiebigen Orchesterproben (je nach Bedarf noch durch Heimarbeit verstärkt) zu bewältigen?

Ein Probespiel sollte sich auf jene Spielelemente konzentrieren, die weder beim Solovortrag noch beim Vomblattspiel offenbar werden und die in der bisherigen Praxis nie geprüft worden sind. Eine Prüfung in diesem Sinne wäre das Vorspielen der Geigenduopassage in der „Figaro"-Ouvertüre (jene, die vom Durchführungsteil zur Reprise zurückführt) mit einem hierzu bestellten geeichten Mitglied des Orchesters zur Feststellung der präzisen Zusammenspielfähigkeit. Diese einfache, wenngleich bedeutsame Prüfung sollte aber dadurch besonders zivilisiert gemacht werden, daß dem Kandidaten Zeit zur Vorbereitung zu dieser Prüfung gegeben würde. Und der Orchesterpraxis ähnlich sollte (wenn nötig) die Verbesserungsfähigkeit des Kandidaten durch mehrere Wiederholungen der Passage geprüft werden.

Das Probespiel repräsentiert im Denken der Orchestermusiker ein musikalisches Gestapoverhör, das entsprechende Gegenmaßnahmen beziehungsweise den Aufbau einer planmäßigen Abwehrstrategie wachgerufen hat. Parallel mit dem Umsichgreifen des Probespielunheils sind von sachverständigen Instrumentalisten Orchesterstudien zusammengestellt und veröffentlicht worden, die gegen das Scheitern an den gefürchteten Sturzhürdenpassagen der Orchesterliteratur wappnen. Für jene Probespielwettkämpfer, die mit diesem eingepaukten Hürdenmaterial zur Prüfung gehen, ist aber das Vomblattspiel selbstverständlich kein Vomblattspiel mehr. Noch kann es von der Prüfungskommission als ein solches betrachtet werden, da sie von der Existenz und dem Gebrauch der Orchesterstudien wohl weiß. Ein Probespiel mit dem Lesen dieser Passagen ist nur ein Trick, Überraschtsein unüberrascht vorzutäuschen mit Wissen des Überraschers. Deswegen ist es ein weiterer Grund (neben der Lesepfuscherei), die Komödie des Vomblattspiels bei Aufnahmeprüfungen aller Orchester abzuschaffen.

Manche Orchesterleitungen wollten die aus ungleichem Vorstudium resultierenden ungerechten Unterschiede im Vomblattspiel beseitigen. So haben die Pariser Opern den teuflisch „unbestechlichen" Plan ausgeheckt, die Prüflinge aus längstverstaubten, unbekannten, nur im Manuskript existierenden und nur zu diesem Zweck exhumierten Opernpartituren (den sogenannten berüchtigten „Inédits") vorspielen zu lassen. Offenbar ist in Paris die Guillotine für Orchestermusiker noch nicht abgeschafft worden. Ist nämlich das Vomblattspielen schwieriger Passagen aus gedruckten Noten schon eine harte Probe, so ist das Vorsetzen einer handgeschriebenen Orchesterstimme einer Sitzung des Revolutionsgerichts vergleichbar. Würde man einen Schauspieler zu Engagementszwecken aus einem unbekannten Manuskript vordeklamieren lassen? Glücklicherweise begegnet man solchen Prüfungsmethoden für Musiker nur selten, sie existieren aber vereinzelt auch noch außerhalb Frankreichs.

Stokowski wandte bei seinen Probespielen eine modifizierte Version des handschriftlichen Notenlesens an. Er kramte nicht verschollene, unbekannte Orchesterwerke zum Prima-vista-Lesen aus, vielmehr versetzte er eine Sammlung von Passagen aus allbekannten, gedruckten Meisterwerken ins Handschriftliche zurück. Sein Hintergedanke war, auch die Literaturkenntnis des Kandidaten zu prüfen. Die handgeschriebenen Noten sollten den Ursprung der Passage tarnen, die dann der Prüfling nicht nur zu spielen, sondern auch zu identifizieren hatte. Da es sich durchweg um bekannte Werke handelte, waren diese Doppelprüfungen nicht übermäßig hart, obwohl manche der aus dem Zusammenhang gerissenen und handschriftlich entstellten Notenbilder nicht immer auf den ersten Blick erkennbar waren. Jedenfalls hat es für den Bewerber etwas Anregendes gehabt, nicht nur seine Finger, sondern auch seinen Kopf prüfen zu lassen. Diese Kopfprüfung wurde noch dadurch erweitert, daß der Prüfling während des Lesens der Orchesterpassagen Stokowskis Direktion zu folgen hatte. Dieses Folgen führte ihn dann (ungleich jedem eventuellen Dirigiertwerden bei anderen Probespielen) über eine wahre Achterbahn von graduellen sowie plötzlichen Tempobeschleunigungen und -verlangsamungen, und zwar weit darüber hinaus, was selbst der freieste Vortrag normalerweise erlauben würde. Stokowski wollte sehen, ob sein künftiges Orchestermitglied ihm durch dick und dünn zu folgen fähig und dazu auch bereit war. Dadurch, daß er den Hauptakzent der Leseprüfung nicht so sehr auf das schwer zu bewältigende Technische als auf das musikalisch Intelligente legte (das freigewählte Solospiel mußte freilich hochgradig sein), kam Stokowski einer zweckdienlichen Prüfungsabnahme näher als manche seiner „musikalischeren" Kollegen.

Ein weniger amüsantes Handschriftenlesen kam zuweilen bei den Probespielen der New Yorker Metropolitan-Oper vor. Äußerlich war es nicht so tückisch wie die Pariser Schlingfalle, doch konnte es zu nicht weniger beklagenswerten Resultaten führen. In der Metropolitan wurden manche italienischen Opern noch lange nach ihrem urheberrechtlichen Freiwerden, infolge eines gebührentechnischen Konflikts mit dem betreffenden Verlagshaus, aus handgeschriebenem Material gespielt, als diesem Opernhaus das Spielen nicht mehr, aber das gedruckte Material noch vorenthalten werden konnte. Dieser Umstand stellte manche Metropolitan-Probespieler bei einer Anzahl von Prüfungspassagen vor die Aufgabe des Handschriftenlesens. Die handgeschriebenen Stimmen, wo sie auch immer im Gebrauch sein mögen, haben die „Lieblichkeit", besondere Sprengladungen zu enthalten, die dem Prüfling beim Vomblattspiel ins Gesicht zu platzen pflegen. Eine solche Platzpatrone im Stimmenmaterial der Met-Oper verdient besondere Erwähnung, weil der Probespielleiter einer früheren Verwaltung sie, immer wenn es ihm zweckmäßig erschien, zur Explosion brachte. Obwohl der konkrete Fall hauptsächlich die Bratschisten angeht, ist der Prozeß für Kandidatenprüfungen aller Instrumente charakteristisch.

Jeder instrumentalistisch tätige Leser kann anhand des folgenden Beispiels auf seinem Instrument ein kleines Privatprobespiel veranstalten, bei dem er seine eigene Jury sein und feststellen kann, ob er die Prüfung, so wie sie mit dieser Passage in der Metropolitan-Oper durchgeführt wurde (und möglicherweise noch wird) bestehen würde. Es wird zum erfolgreichen Bestehen, wie auch bei wirklichen Probespielen, keine Vollkommenheit verlangt. Die Spielqualität muß aber in vernünftigem Verhältnis zum Schwierigkeitsgrad der Musik stehen. Wenn das Stück technisch leicht und das Tempo mäßig oder gar langsam ist, dann werden die Ansprüche an Intonation, rhythmische Artikulation und Tonschönheit entsprechend höher gesetzt. Wenn also bei einem leichten, eher langsamen Stück eines dieser Spielelemente grob verletzt wird, dann muß sich der Prüfling als durchgefallen betrachten. Um nun die Umstände bei der kommenden Prüfung wahrheitsgetreu zu gestalten, darf der Selbstprüfling die Passage vor dem Spiel nicht endlos studieren. Dazu hat er auch beim wirklichen Probespiel keine Gelegenheit. Es wird von ihm andererseits auch nicht verlangt, daß er sich kopflos ins Spiel stürzt. Das ist gerade die Verirrung vieler Probespielpechvögel, daß sie sich keine Zeit zum Sammeln und wenigstens zu einer flüchtigen Augenbekanntschaft mit der Natur, dem Tempo und der Dynamik des Prüfungsstücks nehmen. Unser Leser-Prüfling weiß nun, daß er die Passage für einige ruhige Sekunden mit den Augen durchlaufen kann. Die Länge der Wartezeit hängt wieder von der absehbaren oder vermutlichen Länge der Passage ab. Nach dieser Verhaltungsmaßregel wird der Prüfling im vorliegenden Fall genügend Zeit haben, um festzustellen, daß die Passage langsam ist, daß sie dem Aussehen nach nicht schwer sein kann (es kommen darin keine Vierundsechzigstel vor) und daß sie von einem fähigen Spieler schon beim ersten Versuch ohne nennenswerte Straucheleien bewältigt werden sollte. Was er beim flüchtigen Durchsehen jedoch höchstwahrscheinlich nicht wird feststellen können, das ist die Identität der Musik. Die kurze Nachdenkzeit wird ihm vielleicht noch gerade die blasse Erkenntnis vermitteln, daß er diese Tonfolge nie vorher gehört noch in irgendeinem Orchesterstudienheft gesehen hat. Ein Wiedererkennen wäre ihm sowieso erschwert, weil ja die Noten auf einem gesonderten Blatt mit der Hand geschrieben sind und weil er (sich nun in die Lage eines wirklichen Probespielers versetzend) in der Fieberatmosphäre des Probespiels nicht einmal seinen eigenen Namen wiedererkennen würde. Ein solcher Fieberzustand ist nicht verwunderlich, wenn man bedenkt, daß vom Probespiel das Berufsschicksal, Familienglück und die Gesundheit des Prüflings abhängen und daß die Prüfung für ihn folglich einen Kampf auf Leben und Tod bedeutet.

Und nun zum Prüfungsstück. Im wesentlichen soll es so wiedergegeben werden, wie es den Augen des Prüfungsopfers bei einem Metropolitan-Probespiel erscheint. Es soll darin keine entstellende Verschmierung vorkommen, aber (dem Original getreu) auch kein maschinell gedrucktes, bürokratisch geordnetes Notenbild nachgeahmt werden. Jedenfalls soll der Musikfreund und Dirigentenbewunderer bei diesem selbstauferlegten Probespiel eine herzbeklemmende Kostprobe davon erhalten, was der Berufsmusiker bei der „Marche au Supplice" empfindet.

Was für ein Teufel steckt denn in diesem vierten Takt, und wer hat ihn dorthin gepflanzt? Der Täter ist kein Geringerer als Puccini, und die etwas schieläugige Melodie kommt in seiner wenig gespielten Oper „Manon Lescaut" vor, und zwar zu Beginn des noch viel weniger bekannten Intermezzos vor dem dritten Akt. Aber Puccini ist ein unbewußter Erzeuger des Teufels. Er hat den strittigen Takt mit gutem Gewissen geschrieben und hat auch alles Recht dazu gehabt. Der Mißbrauch liegt in der Verwendung dieser Passage als heimtückischer Stein des Anstoßes bei Opernprobespielen. Das Notenbild ist nämlich geeignet, dem Spieler einen falschen rhythmischen Eindruck zu vermitteln. Da dieses rhythmische Gebilde als Triolenform in vorhergehenden Takten schon mehrere Male vorkam, wird man dazu verleitet, in der Tonfolge

besonders nach den unmittelbar vorausgehenden zwei Triolen (auch ohne das Triolenzeichen 3), ebenfalls zwei Trioleneinheiten zu sehen. Auf diese Weise interpretiert, verwandelt sich der Viervierteltakt in einen zu kurzen Dreivierteltakt:

Beim näheren Besehen kommt dann der Viervierteltakt selbstverständlich wieder in seinem vollen Glanze zum Vorschein:

Der in dieser Verwandlungsmöglichkeit verborgenen Tücke bedient man sich, wenn man einen (aus bereits erörterten Gründen) unbequemen Kandidaten demoralisieren und mit den von der lähmenden Demoralisierungstendenz ausgelösten weiteren Fehlern einen Vorwand zur Bekrittelung konstruieren will. Die Jury ist nämlich souverän im Entscheiden, wem sie mit diesem Tricktakt ein Bein stellen und ob sie das Ergebnis erst überhaupt in die Waagschale werfen soll. Die im Manon-Lescaut-Intermezzo gestellte, Turandot-artige musikalische Wissensprobe mit dem drohenden Kopfverlust ist indessen keine ausschließliche Spezialität der New Yorker Metropolitan-Oper. Georg Szell, der langjährige Dirigierduce des Cleveland-Orchesters, hatte eine Lieblingspassage mit einer eingebauten Mausefalle, in der er bei Probespielen gerne unvorsichtige Orchesterhasen fing. Mit dem Aufstellen dieser Falle verfolgte er keine allzu bösen Absichten. Es machte ihm nur Spaß, dem fiedelnden Nagetier auf den Zahn zu fühlen. Die von ihm verwendete Falle trägt den Markennamen Brahms und liegt zwischen den Läufen des Scherzosatzes der Vierten Symphonie dieses symphonischen Fallstrickfabrikanten versteckt. Sie erfüllt den doppelten praktischen Zweck, sowohl Geiger als auch Bratschisten zu fangen. Obwohl es, wie vorher, jedem Instrumentalisten offensteht, sich darauf hin zu prüfen, wie leicht (oder vielleicht gar ohne jede Schwierigkeit) er diese Falle überlisten kann, ist die Prüfung, wegen gewisser fingertechnischer Verquickungen, eigentlich nur für Streicher sinnvoll. Das Wirkungselement dieses Prüfsteins ist die violinistische Fingertendenz, die der Täuschbarkeit des Gehörs Vorschub leistet.

Da nun der Amateur-Prüfling durch diese Erklärung des Funktionsprinzips der Prüfung ziemlich gründlich verwirrt ist, so soll er wenigstens die Erleichterung haben, die Bratschenstimme wieder in den Violinschlüssel übertragen präsentiert zu bekommen. Der angeführte Partiturauszug beschränkt sich auf die zwei Geigen und die Bratsche, da die anderen Instrumente für das Experiment unwesentlich sind. Man soll aber nicht etwa versuchen (sofern zwei Geiger und ein Bratschist oder drei Geiger zufällig gleich zur Hand sind), den Abschnitt als Trio zu spielen, weil das eine Verfälschung der Probespielsituation wäre. Beim wirklichen Probespiel spielt man ja allein, so sollen die drei Stimmen ebenfalls einzeln gespielt werden, und zwar in einer besonderen Reihenfolge. Man soll mit der Bratschenstimme beginnen, weil der Bratschist, von den Geigen isoliert, wie er beim Probespiel tatsächlich ist, keine Gelegenheit haben soll, vom Vorspielen der leichter geprüften Geigen den Weg gewiesen zu bekommen. An zweiter Stelle soll die erste Geigenstimme gespielt werden und zuletzt die Stimme der zweiten Geige. Nach dem Abspielen jeder Zeile soll man eine ausgiebige Pause einschalten und über das Gespielte nachdenken. Das verletzt die Probespielregel nicht, da man ja beim Probespiel schließlich auch erfährt, wie man abgeschnitten hat. Der Unterschied ist nur, daß man in diesem Fall sein eigener Schiedsrichter ist. Wenn man alle drei Stimmen in der vorgeschriebenen Reihenfolge durchgespielt hat, wird man schon eine Idee (wenn nicht gar eine feste Kenntnis) davon haben, ob das Spiel richtig oder fehlerhaft war. Hierauf kann man zum Buchtext für einen Meinungsaustausch zurückkehren.

Die ganze Prüfung hat freilich nur für jene Selbstprüfer einen Sinn, die die Vierte Brahms-Symphonie entweder noch nie gespielt haben oder sich nicht mehr an ihre Einzelheiten erinnern. Unterdessen muß man auch der Spielregel eingedenk sein, daß vor dem Spielen nur ein visuelles Durchlaufen der Passage gestattet ist. Hat man einmal den Bogen zum Spielen angesetzt, dann darf man nicht mehr tonweise oder auch nur taktweise daran herumprobieren. Das wäre beim wirklichen Probespiel auch nicht möglich. Da diese ganze Dissertation die Beschreibung der wirklichen Probespielverhältnisse zum Zweck hat, so muß auch die praktische Demonstration, die Selbstprüfung, probespielgerecht durchgeführt werden. Aber die Spielfolge nicht vergessen! Zuerst die Bratschen, dann die erste und zuletzt die zweite Geige.

Wer die Prüfung ohne Fehler bestanden hat, soll das Fragment mehreren Bekannten ohne nähere Erklärung zum Spielen vorlegen. Es wird sich wenigstens einer finden, der den Köder schluckt. Es ist aber nicht sicher, daß dem Reingefallenen sein Schnitzer überhaupt bewußt wird, solange er die oberen zwei Stimmen noch nicht gespielt hat. Der kritische Takt ist der fünfte und die kritische Stimme die dritte (deswegen mußte sie zuerst gespielt werden).

Wir haben in allen Stimmen dieselben Töne, die aber verschiedene Umkehrungen desselben Akkords, des übermäßigen Dreiklangs

sind. Von dessen „Mißklang" wird die Bratsche am tückischsten getroffen, und deswegen ist sie mehr als die anderen Stimmen verleitet, die falsche Fährte zu betreten. Es widerstrebt ihr, das klanglich unfreundliche und grifftechnisch schlecht liegende Intervall einer übermäßigen Quinte oder einer verminderten Quarte ohne ein „semaphorisches" Warnungssignal zu spielen. Das Signal wäre ein Auflösungszeichen (♮) vor dem h, das bürokratisch zwar überflüssig, aber praktisch notwendig ist. Intelligente Werkausgaben sparen denn auch nicht mit überflüssigen Vorzeichen, wenn dadurch drohende Mißverständnisse vermieden werden können.

Die Orchesterstimmen sind aber nicht für isolierte Probespielzwecke gedruckt worden. Das ist bedauerlich und verhängnisvoll für die Probespieler. Die Verwendung von Orchesterstimmen als Prüfungsmaterial reißt sie aus dem Gefüge des Werkganzen, innerhalb dessen ihre technischen Schwierigkeiten durch die sinnvolle Vervollständigung leichter zu erfassen und zu bewältigen sind; von ihm losgelöst sind sie jedoch nur ein Wust von Tönen ohne Hand und Fuß, gerade noch gut genug, desorientierte Prüflinge in eine Falle zu locken.

Von den Schleppenträgern der Dirigenten werden solche Bemängelungen freilich als banausische Quengeleien abgetan. Aber man kann fragen, wozu ein Orchesterkandidat mit einem repetierend gebrochenen Dreiklang in der ersten Lage, den jeder Konservatoriumspimpf spielend lesen kann, geprüft werden soll, wenn der Zweck nicht der ist, ihm mit dem fehlenden Auflösungszeichen einen Knüppel zwischen die Finger zu werfen. Die Boshaftigkeit ist auf der Seite des Dirigenten, der einen Stellenbewerber mit solchen Kinkerlitzchen prüft. Es mag sein, daß Meister Szell, der diesen Trick angewendet hat, den Entscheid über ein

Engagementsangebot nicht von so einem Reinfall abhängig machte, aber jedenfalls hat er sich jedesmal über den gelungenen Spaß mit dem Vorzeichen-Versteckspiel wie ein Kind gefreut, das einem ahnungslosen Opfer einen Krampus ins Gesicht hat springen lassen.

Dazu möchte man nun sagen: „Genug des grausamen Probespiels!" Aber als Zugabe und zur Nervenberuhigung soll noch eine Probespielaufgabe präsentiert werden, diesmal jedoch nicht so sehr als Durchfallhürde denn als unterhaltendes Gesellschaftsspiel. Die fragliche Stelle steht in der ersten Violinstimme der Oper „Figaros Hochzeit", und zwar gleich als Eröffnungspassage des ersten Aktes unmittelbar auf die Ouvertüre folgend. Mit der zweiten Geige als einleitende rhythmisch-harmonische Stütze sieht die kinderleichte Stelle, die spaßeshalber auf jedem beliebigen Instrument sofort fehlerlos vom Blatt gespielt werden kann, folgendermaßen aus und soll unbedingt noch vor dem Weiterlesen gespielt werden, wenn man sich den Spaß nicht verderben will.

Hoffentlich ist man beim Ende der Passage ohne Unfall angelangt. Es ist jedoch nicht ausgeschlossen, daß manchem Spieler ein kleines Stolpern unterlaufen ist. Wenn das der Fall ist, braucht man nicht untröstlich zu sein. Derselbe Fehler passiert selbst Geigern in Weltstadtorchestern. Welcher Fehler? Wer keinen Fehler begangen hat, soll schadenfroh erfahren, daß seine weniger aufgeweckten Kollegen im sechsten Takt textwidrig wieder d spielen wollten wie schon im zweiten und vierten Takt. Jedoch gibt es im sechsten Takt kein d, man ist aber, vom zweiten und vierten Takt ermutigt, schon dermaßen im Schuß, daß man auch im sechsten unwillkürlich in ein d hineinrennt. Man stutzt freilich spätestens beim zweiten (falschen) d; wenn das aber bei einem richtigen Probespiel passiert, dann ist die Reue zu spät.

Der Prüfer weiß zwar, daß dieser oder ein ähnlicher Fehler in den besten Familien vorkommen kann, und er ist vielleicht nicht so unmenschlich, das Probespielresultat von einer solchen Kleinigkeit abhängig zu machen, aber der Fall dient ihm dazu, ihn in seinem inquisitorischen Machtbewußtsein zu bestärken. Jedenfalls betrachtet er das Einschnappen der von ihm gelegten Falle als einen gelungenen Spaß.

Die bei Probespielen angewandten Tücken führen über die Kandidatenentwürdigung hinaus zu einer viel bedenklicheren Folgeerscheinung. Zusätzlich zu den bereits vorgebrachten Gründen gegen die Primavista-Prüfung sollte sie auch schon deswegen abgeschafft werden, weil das durch sie notwendig gewordene Vorstudium den Zielen der Musikinterpretation zuwiderläuft. Wenn die Dirigenten so feinfühlig wären, wie sie es von ihren Musikern verlangen, und wenn sie an die Pflege menschlicher Empfindsamkeit zwecks Erzeugung einer künstlerischen Empfindsamkeit glaubten, dann würden sie ihren Musikern geradezu verbieten, eine noch unbekannte Orchesterstimme je vor der ersten Orchesterprobe des betreffenden Werkes auch nur anzuschauen.

Vom individuellen Vorarbeiten für eine künftige Orchesterprobe, das unter Umständen sehr notwendig sein kann, wird noch manches zu sagen sein. Jetzt müssen wir aber beim Thema bleiben und das Verhältnis der Vorübung zur Ensemblearbeit nicht vom technischen, sondern vom psychologischen Standpunkt aus behandeln.

Ganz allgemein kann man sagen, daß das Herangehen an das Studium eines Musikwerkes mittels eines herausgerissenen Teils, mit dem man sich dann eingehend beschäftigt, ohne dessen Funktion an der Einbettung in seine organische Umgebung zu erkennen und zu erfühlen, nicht nur die technische Arbeit in der Luft hängen läßt, sondern auch für das spätere Gesamterlebnis des Werkganzen empfindliche psychologische Narben hinterläßt. Diesem Phänomen wird im allgemeinen so gut wie keine Beachtung geschenkt. Empfindsame Musiker, die sich der Folgen eines solch fragmentarischen Studiums bei dessen Durchführung nicht bewußt sind, aber durch die allgemeine Praxis zu solchen Studien gezwungen sind, entdecken beim späteren Gesamtvortrag, daß die gesondert studierten Teile sich nicht recht ins Ganze einfügen wollen. Dieses mehr ideell als akustisch bemerkbare Herausstechen wird nicht durch technische Mängel, sondern durch falsche Gedankenverbindungen verursacht. Es hat etwas Verwandtes mit den hartnäckigen Hemmungen, die nach einem schulmäßigen Sprachstudium beim späteren praktischen Gebrauch der betreffenden Sprache in natürlicher Umgebung zurückbleiben, im Vergleich zu jener Fremdsprachenkenntnis, die von Anfang an in natürlicher Umgebung erworben wurde.

Die unregelmäßigen Zeitwörter einer fremden Sprache bleiben einem sein Leben lang unregelmäßige Zeitwörter, also hemmungserzeugende, unnatürliche Wörter, wenn sie einem gleich beim ersten Bekanntwerden als unregelmäßig vorgestellt wurden. Für den Muttersprachler gibt es keine unregelmäßigen Zeitwörter. So sollte es für den fremden Studenten auch keine solchen geben. Es ist eine Seelenverletzung, ein Zeitwort zu Beginn eines Sprachstudiums unregelmäßig zu nennen. Mehr noch, es ist eine Seelenverletzung, ein Wort überhaupt Zeitwort zu nennen. Ein Wort – was immer seine Kategorie und Funktion – dürfte nur als das lautliche Ausbrechen eines erlebnishaften Impulses eingeübt werden (wie es beim Erlernen der Muttersprache tatsächlich der Fall ist). Wenn ein deutscher Student die Konjugation „nous faisons, vous faites" von seinem zopfigen Französischlehrer vorrezitiert bekommt, wird ihm die Unregelmäßigkeit der Form in der zweiten Person unlogisch und unnatürlich vorkommen, die ihn bei jeder künftigen Begegnung stutzig macht. Wenn aber besagter Student in den Armen eines französischen Mädels zum ersten Mal in seinem Leben die Worte hört „Chéri, vous me faites plaisir", dann wird ihm diese Siezform zweiter Person sehr natürlich erscheinen und ewig unauslöschlich bleiben. Wer die unregelmäßigen Zeitwörter durch lebenserfüllte Nachahmung in sich aufgesogen hat, der kann nachher zur Urbanisierung und Intellektualisierung seiner Kenntnisse Grammatik, Syntax und Stilistik im höheren Studium lernen. Eine natürliche Lernweise verlangt aber, daß die Theorie der Praxis folgt, nicht umgekehrt, das heißt, immer erst wenn das primär reflexartige Funktionieren der Unregelmäßigkeiten zusammen mit den Regelmäßigkeiten im Denkmechanismus vorher schon automatisch verankert worden ist.

Dasselbe gilt für die Sonderpassagen eines Orchesterwerkes. Man sollte an sie nicht in der Weise herangehen, die ihnen eine psychologische Abspaltung vom Werkganzen erlaubt. Der Orchestermusiker, der die fragmentarischen Passagen der Orchesterstimme eines ihm noch nicht oder nur nebelhaft bekannten Werkes übt, studiert „unregelmäßige Zeitwörter". Die noch vor dem Ensemblespiel konsultierten Orchesterstudien, in welchen die schwierigen Passagen der Literatur zu einem eindrucksvollen Strauß gebunden präsentiert sind, suggerieren dem Studierenden, daß das in ihnen enthaltene Material einer musikalischen Klinik entnommen ist. Wenn der Student alle Passagen schließlich gründlich eingeochst hat, dann kann er sagen, daß er die ganze Orchesterliteratur durch ihre amputierten Gliedmassen kennt. Wenn er dann später beim normalen Orchesterspiel denselben Bestandteilen begegnet, kommen sie ihm wie chirurgische Gewebeumpflanzungen vor.

In der orchestralen Repertoireübung, wie beim Sprachunterricht, muß das Erleben dem analytischen Einzelstudium vorausgehen. Wenn das Erlebte zerlegt wird, dann begleitet das Erlebnis die Teile in die Zerlegung. Wenn, beim umgekehrten Prozeß, die Teile vor dem Gesamterlebnis bearbeitet werden, dann haftet ihnen kein ästhetisches Formerlebnis an, und die Beschäftigung mit ihnen wird zu einer geistlosen Sklavenarbeit. Das Üben ausgesonderter Teile eines Ensemblewerkes wird ungemein erleichtert und fruchtbar gemacht, wenn der Spieler beim Studium das vollständige Klangbild des Werkes gleichzeitig im Geiste miterlebt. Eine solche, imaginär reproduktive Vervollständigung ist ihm aber nur möglich, wenn er die Übungsstellen im Rahmen einer in Wirklichkeit tönenden Werkwiedergabe im Orchester unter Direktion bereits erlebt hat.

Die Dirigenten mögen der Ansicht sein, daß eine unvorbereitete erste Orchesterprobe eine Zeitverschwendung ist, weil man nicht im Verlauf dieser Probe schon zum feineren Ausfeilen der Einzelheiten fortschreiten kann. Diese Einwendung müßte wohl ernst genommen werden, wenn sie nicht eine Verdunkelung der tatsächlichen Umstände enthielte. Die Masse der regelmäßig gespielten Werke ist jedem Konservatoristen bekannt. Vieles wird schon im Schulorchester gespielt (bei dem das Prinzip der vorbereitungslosen Orchesterprobe ohne Zeitsorgen angewandt werden kann). Von einer relativen Probenbehinderung könnte von seiten der wenigen, von Jahr zu Jahr neuengagierten Novizen die Rede sein, die noch keine Gelegenheit hatten, die härtesten Nüsse der Konzertliteratur anderswo zu knacken. Man wird aber das Prinzip des richtigen Anlernens dieser Neuankömmlinge doch nicht einem unbedeutenden, auf die erste Probe beschränkten Nachschleppen opfern wollen.

In einer erweiterten Problemkategorie (bei welcher der kapellmeisterliche Einwand hinsichtlich des Zeitverlustes Gültigkeit zu haben scheint) sind jene Werke zu berücksichtigen, die noch keinem einzigen Orchestermitglied bekannt sind. Diese können aber keine entscheidende Arbeitsverzögerung verursachen (nur wegen der Unterlassung individuellen Vorstudiums), da sie ja nur einen kleineren Teil des Gesamtprobenmaterials ausmachen. Es ist entschieden eine Verirrung, ein schwieriges, unbekanntes Werk sofort gründlich studieren zu wollen.

Die Dirigenten sollten in dieser Sache bei den Hausfrauen eine Anleihe machen, die die Wäsche am Vorabend des Waschtags einweichen. In der ersten Probe sollte ein strittiges Werk nur schlecht und recht „durchgespült" werden, und zwar nur einmal gleich am Anfang der Probe, ohne auf ein detailliertes Reinigen auch nur im geringsten einzugehen. Das Programm enthält ja auch andere Werke, die für eine minuziöse Feinarbeit reif sind und mit denen die Zeit nützlich ausgefüllt werden kann. Am Ende der ersten Probe, wenn Zeit dafür erübrigt werden kann und wenn das Orchester noch nicht erschöpft ist, ist es empfehlenswert, sich durch das Problemwerk noch ein zweites Mal durchzuwürgen. Wenn dann die Musiker am nächsten Tag zur zweiten Probe antreten, werden sie das neue Werk zu Hause schon gründlich

studiert haben, und zwar mit so viel mehr Gewinn, als sie schon wußten, was sie daran besonders zu studieren hatten und was diese Teile im Werkganzen zu bedeuten haben.

Selbstverständlich kann (und eigentlich sollte) diese Probenmethode noch darin erweitert
werden, daß das Durchspielen des neuen Stückes nicht erst am Vortag der ersten Detailprobe,
sondern in der Vorwoche oder sogar schon im Vormonat stattfindet (mit einer oder zwei weiteren, nach Möglichkeit zwischendurch eingeschobenen Durchspielgelegenheiten), wodurch
ein längerer Reifungsprozeß die geistige Einverleibung des Werkes nur noch mehr vertieft.
Der Grundgedanke beim anfänglich oberflächlichen Bekanntwerden mit einer widerhaarigen
Neuschöpfung ist, dieses so schmerzlos wie möglich zu gestalten. Wenn die Musiker die
Orchesterstimmen nach einer oder vielleicht mehreren Durchspielproben zur Heimarbeit mit
nach Hause nehmen, gehen sie an das Einzelstudium nicht mehr mit uneingeschränkter Abneigung gegen alles Unbekannte und Schwerverdauliche und mit der Desorientierung vor
einem undurchdringlich scheinenden Dickicht heran.

Dieses System der Verwerfung des zusammenhanglosen Vorstudiums von Orchesterpassagen mag die Bearbeiter und Verleger der Orchesterstudien mit Sorge um ihre Einkünfte
erfüllen. Doch brauchen sie deswegen keine schlaflosen Nächte zu haben. Die Orchesterstudien sind und bleiben nützlich. Sie ersparen den Musikern, die schweren Stellen in den
Orchesterstimmen für ihre private Sammlung mühsam abzuschreiben. Es ist nämlich sehr
nützlich, diese Studien beizeiten wieder zu konsultieren, wenn das betreffende, bereits bekannte Werk von neuem aufs Programm gesetzt wird. Bei solchen Wiederholungen geht der
Dirigent mit vollem Recht sofort an das detaillierte Ausarbeiten des Vortrags, folglich müssen
die Musiker mit ihrer Stimmenbeherrschung schon in der ersten Probe auf der Höhe sein. Bei
der großen Nützlichkeit der Orchesterstudien sollte man aber nicht übersehen, daß viele
Orchesterpassagen auch so noch abgeschrieben werden müssen, weil sie in keiner Orchester-
studie enthalten sind.

Unterdessen sollte man den Umstand nicht aus den Augen verlieren, daß die Vorschläge
hinsichtlich der Vorstudienfrage nur sinnvoll und anwendbar sind, wenn das Primavistaspiel
bei Probespielen abgeschafft wird. Beim bestehenden System kann es sich kein Stellenbewerber leisten, ohne gründliches Studium der abgesonderten Werksplitter zum Probespiel zu gehen. Aber gerade deswegen sollte das Vomblattlesen bei Probespielen abgeschafft werden,
weil diese Praxis die Musiker zum unnatürlichen Studium unbekannter Werkglieder im „amputierten" Zustand zwingt.

Die Frage der Sinnberaubung beim Üben zusammenhangloser Werkteile mag sich auch
beim Studium des Soloparts eines Instrumentalkonzertes erheben, und zwar um so mehr, als
das Üben des Konzertsoloparts lange ohne die Möglichkeit der orchestralen Ergänzung fortgesetzt werden muß. Das Problem des isolierten Studiums eines Soloparts ist jedoch wesentlich verschieden von dem derselben Studierweise einer Orchesterstimme. Es kommt selten
vor, daß ein Solist ein vollkommen unbekanntes Werk einzustudieren hat. Freilich erlebte
jedes Instrumentalkonzert einmal seine Uraufführung. Aber die Rolle der Solostimme in einem solchen Werk ist dermaßen beherrschend, daß ihr Üben in sich jedenfalls hundertmal
mehr inhaltsvoll ist als das einer abgetrennten Orchesterstimme. Außerdem kann das
Instrumentalkonzert für seine strukturelle Ergänzung das Klavier heranziehen, was für die
Orchesterstimme, oder sagen wir für die Hunderte von Orchesterstimmen schon wegen der
großen Zahl unzweckmäßig ist.

Zum Zwecke einer gleichmäßigeren Verteilung der Erfolgschancen bei Probespielen haben manche Orchestergesellschaften das Vorspielen hinter einem Vorhang eingeführt. Bei diesem System stimmt die Prüfungskommission nicht für Namen, sondern für Nummern, die nach dem verkündeten Resultat die Namen auf einer Schlüsselliste aufdecken. Dieses System ist natürlich das unparteiischste, was ausgedacht werden konnte. Es fragt sich nur, ob Unparteilichkeit, die es selbstverständlich geben soll, in dieser keimfreien Version nicht zu einem Wachsfigurenkabinett der Personalgestaltung führt. Beim blinden Probespiel wählt man Finger, nicht Menschen. Es schließt die Möglichkeit aus, mit den Kandidaten zu sprechen und dadurch ein Vorgefühl ihrer Bildung und ihrer gesellschaftlichen Umgangsformen zu gewinnen. Das System der verhüllten Prüfung beraubt die Anstellungsbehörde der selektiven Unparteilichkeit. Wenn zwei Kandidaten einander technisch und musikalisch ebenbürtig sind, kann man es nicht Parteilichkeit nennen, wenn der menschlich Näherstehende vorgezogen wird.

Das Vorspielen hinter dem Vorhang ist bei der Prüfung von Stimmführerkandidaten entschieden abzulehnen. Stimmführer, und gar erst Konzertmeister, müssen Persönlichkeiten sein, die sich als solche durch einen Vorhang hindurch in zehn Minuten nicht ausprägen können. Dann sind für gewisse Posten wiederum die starken Persönlichkeiten ungeeignet. Wie es geborene Solistenpersönlichkeiten gibt, so gibt es auch geborene zweite Bläser und Tuttistreicher, die aber fachtechnisch durchaus vorzüglich sein können.

Beim Probespiel hinter dem Vorhang sollte auch nicht übersehen werden, daß gewisse Kandidaten selbst die griesgrämige Zuhörerschaft der Prüfungskommission als Publikum zum Vorspielen brauchen. Der Solistentyp kann sich mit seinem spezifisch solistischen Ton nicht entfalten, wenn er in einen dumpfen Vorhang hineinspielen muß. Die beschaulicheren, mehr nach innen gekehrten Naturen dagegen fühlen sich gerade durch die „Abwesenheit" einer Zuhörerschaft und die gleichmacherische Tonwirkung des Vorhanges ermutigt. Diese einerseits hemmenden, andererseits fördernden Auswirkungen des Vorhanges sind geeignet, vom Persönlichkeitstyp wie auch von der Spielfähigkeit der Kandidaten ein falsches Bild zu vermitteln. Wenn eine Orchesterleitung dermaßen von der Notwendigkeit der Unparteilichkeit überzeugt ist, daß sie bereit ist, sich für das hohe Ziel blind zu machen, dann kann sie doch Unparteilichkeit geradesogut auch mit offenen Augen üben. Es kommt auf die Absichten an, nicht auf die Form.

Eine intelligentere Methode der Sicherung der Unparteilichkeit ist die Zulassung oder vielmehr Einladung aller Orchestermitglieder zu den Probespielen als Zuhörer. Eine solche Teilnahme ist zum Beispiel bei der Berliner Philharmonie, aber auch bei manch anderen Eliteorchestern zum absoluten Entscheidungsrecht erweitert. Bei Orchestern, deren Mitglieder diese Befugnis haben, erfüllt ihre Beobachterrolle jedenfalls eine konstruktive Funktion. Ihre Anwesenheit bei den Probespielen – wie es zum Beispiel beim Zürcher Tonhalleorchester praktiziert wird – garantiert an sich schon eine weitgehende Unparteilichkeit, weil die Orchesterleitung sicherlich nicht in den Geruch der Korruption oder der Inkompetenz durch eine allgemein feststellbare hanebüchene Entscheidung kommen will. Eine Kombination des Berliner und des Zürcher Systems besteht bei der New Yorker Metropolitan-Oper. Das ganze Orchester wird bei dieser Institution nicht zu den Probespielen eingeladen, sondern nur die Mitglieder der Gruppe, in welcher die freie Stelle zu besetzen ist. Ihnen gesellen sich alle Stimmführer und alle Kapellmeister zu, die dann zusammen in geheimer Abstimmung und mit gleicher individueller Stimmstärke den Sieger bestimmen.

Alle diese Prüfungssysteme, mit allgemeiner oder partieller „Volksbeteiligung", sind aber trotz ihrer aufrichtig angestrebten Unparteilichkeit den Interessen vieler Probespieler abträglich. Ein Probespiel muß für die meisten Teilnehmer selbst bei bester Leistung notwendigerweise mit Mißerfolg enden, wenn sie sich um nur eine einzige verfügbare Stelle bewerben.

Manche zur Nachsicht und Vernunft neigenden Orchestergesellschaften mildern den Primavistaschreck, abweichend von der allgemeinen Praxis, durch vorherige Bekanntgabe der zum Vorspielen bestimmten Orchesterpassagen. Das ist freilich nicht nur human, sondern auch logisch, da der Kandidat die betreffenden Passagen dann unter Bedingungen spielt, die auch bei einem normalen Orchesterdienst herrschen.

Ein festeres oder lockereres Anziehen der Daumenschraube bei Musikerwahlen ist sowieso nur ein Spiel autoritärer Illusionen. Es ist schon passiert, daß ein Geiger, dem bei einem Orchester die Aufnahme in die zweiten Geigen verweigert wurde, bei einem anderen, besseren Orchester ein Engagement als erster Geiger erhielt. Solche scheinbaren Launen des Schicksals kommen deshalb vor, weil der Kandidat bei dem einen Probespiel als Versuchskaninchen und beim anderen als potentieller Mitarbeiter behandelt wird, und zwar im ersteren Fall unter lähmendem Lampenfieberdruck, im letzteren aber in der befreienden Atmosphäre einladender Gastlichkeit.

Ein Probespiel ist eine musikfachliche Vivisektion, von Tonsadisten durchgeführt. Die Tonchirurgen wollen nicht etwa erfahren, wieviel Schönes ihnen das untersuchte Objekt bieten kann, vielmehr wollen sie wissen, wo im zerlegten Körper ein Körnchen Unregelmäßigkeit nistet. Beim Probespiel wird der normale Zweck des Vorspielens in sein Gegenteil verkehrt. Der passive Beteiligte ist nicht der Zuhörer, der vom Spieler in seinen Bann gezogen wird, der passive Beteiligte ist der Spieler, der von seinen Zuhörern in ihren Bann gezogen wird. Alles, was an einem Instrumentalvortrag schön und erhebend sein kann, wird als gegenstandslos beiseitegeschoben, und alles, was daran schwierig und tückisch ist, wird bestrahlt, anästhesiert und zergliedert.

Jeder Instrumentalist oder Sänger, der das Lampenfieber mit Hilfe der positiven Aspekte des öffentlichen Solovortrags zu bekämpfen gelernt hat, wird wieder in die Krallen des Lampenfiebers zurückfallen, wenn er in die Rolle eines musikalisch minderjährigen Examinanden hineingezwungen wird. Es ist derselbe Unterschied, den man erlebt, wenn man einen Wissensstoff als Professor vor Studenten von oben herab autoritativ behandelt, oder wenn man über denselben Stoff mit derselben Sachkenntnis als Student vor Professoren von unten herauf artig Rede und Antwort stehen muß.

Die an diesem Punkt logisch vorgebrachte Bemerkung mag wohl sein, daß die meisten Orchestermusiker, darunter freilich auch die Stimmführer, doch irgendeinmal durch die Feuerprobe des Probespiels gegangen sein müssen. Wenn das Probespiel solch ein furchterregendes Ereignis sein soll, wie ist es dann möglich, daß die meisten Orchester ihren Mitgliederbestand überhaupt durch den Ausleseprozeß des Probespiels aufbauen konnten? Nun unterwerfen sich die Musiker dem Probespiel trotz aller Bangigkeit und Abneigung, weil sie, von Ausnahmefällen abgesehen, keine andere Wahl haben, wenn sie in ein Orchester eintreten wollen. Was dann hinter den verschlossenen Türen des Probespielraumes vorgeht, ist vielfach ein Spiel des Schicksals. Dazu wird man wohl bemerken, daß ein kompletter Stümper doch ebensowenig angenommen, wie ein brillanter Könner abgewiesen werden kann. Vielleicht ist das im allgemeinen wahr, es gibt aber schreiende Ausnahmefälle, die wohl zum Nachdenken veranlassen.

In seinen Reminiszenzen bei einer New Yorker Radioübertragung anläßlich seines achtzigsten Geburtstags hat Fritz Kreisler auch über seine anfänglichen Karriereschwierigkeiten, namentlich die Abweisung beim Wiener Hoforchester, berichtet. Es war erstaunlich zu vernehmen, daß Kreisler seine Laufbahn als Orchestermusiker beginnen wollte. Er mußte bei der fraglichen Bewerbung seine Prüfung vor Arnold Rosé, dem damaligen Konzertmeister, ablegen. Die ausgeschriebene Stelle war die des zweiten Konzertmeisters. Man kann sich vorstellen, wie entzückt Rosé sein mußte, Aussicht auf einen Pultnachbarn vom Range eines Fritz Kreisler zu haben. Folglich schrieb er einen Bericht über dessen Eignung für die Stelle mit dem Ergebnis, daß Kreisler sich enttäuscht als weltberühmter Konzertsolist außerhalb Wiens etablieren mußte. Er war gut beraten, gegen diese hanebüchene Hintertreibung bei der höheren Behörde keine Verwahrung einzulegen. So war er nicht versucht, eine Karriere in der Unterwelt des Orchesters anstatt im Glanze des Konzerthimmels zu verfolgen.

Ein anderer ähnlicher Unfall passierte dem nachmalig berühmt gewordenen Konzertcellisten Janos Starker, der in einem Wettbewerb mit einem Kandidatenkollegen zur Aufnahme in die New Yorker Philharmonie den kürzeren zog.

Diese Mißerfolge zweier Streichervirtuosen sind natürlich seltene Ausnahmefälle. Charakteristisch für die Verhältnisse ist, was sich auf dem Mittelgrund des Durchschnitts ereignet. In dieser Kategorie gibt es jene unzähligen Fälle, bei denen eine winzige Verschiebung der Entscheidungsfaktoren sehr wohl die Hintansetzung des Talents und die Bevorzugung der Minderbegabung bewirken kann. Die Situation zeigt eine gewisse Ähnlichkeit mit Schulprüfungen. Zum Beispiel müssen Abiturienten, sagen wir, 40 Thesen in jedem von etwa fünf Prüfungsgegenständen vorbereiten. Manche Studenten lassen sich auf ein Glücksspiel ein und sind für die Beantwortung von nur einem Viertel der möglichen Fragen gerüstet. Wenn es der Zufall will, kriegt solch ein studentischer Hasardspieler jene, oder mehrheitlich jene Fragen vorgelegt, die er beantworten kann. Ein anderer Student, der mit 150 eingebüffelten Thesen (von den 200 vorgeschriebenen) viel besser vorbereitet ist, kann trotzdem durchfallen, wenn alle seine Fragen fatalerweise aus den restlichen 50 entnommen werden.

Um nun zur musikalischen Seite der Parallele zurückzuschwenken, können wir feststellen, daß es Probespielkandidaten gibt, die von den unzähligen berüchtigten, à prima vista verlangten Orchesterpassagen die schweren und schwersten einstudieren und sich für die leichteren auf ihre Lesefertigkeit verlassen. Diese Kandidaten, wenn sie verhältnismäßig leichte, aber unvorbereitete Passagen zum Spielen bekommen, geben freilich eine weniger heroische Figur ab, als wenn sie ihre vorbereiteten schweren Passagen vorgelegt bekämen. Daß bei ein und demselben Probespiel die Prüfungspassagen für alle Kandidaten so ziemlich dieselben sind, ist eine Gleichheit, die jenem wenig hilft, der das auferlegte Prüfungsmaterial nicht in seinem „Repertoire" hat. Obwohl bestimmte Orchesterpassagen, vornehmlich aus den Werken von Wagner und Strauss, bei den Probespielen erwartungsgemäß in beträchtlicher Zahl auftauchen, ist der Kandidat jedoch ziemlich schutzlos, falls ihm unvoraussehbare, nicht sonderlich schwere, aber tückische Werkschnipsel vorgelegt werden wie die früher zitierten Beispiele von Puccini, Brahms und Mozart. Die Verschrobenheit und die Kalamität der Irreführungen und Prüfmaß-Ungleichheiten erreichen ihren Höhepunkt (beziehungsweise Tiefpunkt für den Pechvogel von Kandidat), wenn infolge einer verwünschten Passagenzuweisung der talentierte Spieler schließlich schlechter spielt als der weniger talentierte – eine Fügung, deren Ursachen der Prüfungskommission ewig verborgen bleiben und die bewirkt, daß mittelmäßige Spieler in großen Künstlerorchestern sitzen, während Talentierte arbeitslos spazieren gehen.

Nachteilig für den ernsteren Bewerber wirkt sich auch aus, daß ihm die unumgängliche Pfuscherei beim Vomblattspielen größere Seelenqualen verursacht als dem unangekränkelten Windbeutel. Diese Einstellung, die der Leseleistung natürlich eine trauervolle Note aufdrückt, wird bei der Wahl auch nicht in Rechnung gestellt, wodurch wiederum der weniger „preiswürdige" Kandidat einen Vorsprung gewinnt. Da er in seiner Unbekümmertheit „besser" pfuscht als der Empfindsamere, so hat letzterer das Nachsehen.

Im Purgatorium des Probespiels muß der Kandidat allen Prüfungen gewachsen sein. Er muß in einem nicht konzertmäßigen Milieu und in einer konzertfeindlichen Stimmung konzertmäßig spielen. Kann aber von einem sensiblen Musiker, verraten wie er unter diesen Umständen ist, erwartet werden, ohne Nervosität, ohne Lampenfieber und ohne Schlottern in den Knien und in den Gelenken seinen Mann zu stehen? Daß er des normalerweise jedem Vortragenden zukommenden künstlerischen Prestiges entkleidet und unter Verfälschung der Zweckbestimmung des Solospiels fast nur wie ein bettelnder Straßenmusikant auftreten darf, wird auch dadurch unterstrichen, daß seine Zuhörerschaft, die Prüfungskommission, ihm gegenüber nicht einmal die primitivsten Anstandsregeln beachtet. Während des Vortrags des freigewählten Prüfungsstückes, mit dem das Probespiel traditionsgemäß beginnt, herrscht beim Richterkollegium eine wahre Kaffeehausatmosphäre. Ein Schwatzen summt durch die ganze Dauer des Solospiels hindurch, wie wenn Gesellschaftsdamen zu einem Kaffeeklatsch zusammengekommen wären. Zu all seinen übrigen Nöten wird der Prüfling auch noch vom Zweifel geplagt, ob ihm überhaupt zugehört wird. Seine Spielkonzentration wird innerlich durch die schleichende Frage zerfressen, ob er mit dem Tischgespräch eigentlich kritisiert oder ignoriert wird.

Eine weitere Unsicherheit entsteht durch die Unvoraussehbarkeit der Länge des Vorspielens. Der Kandidat kann nicht bestimmen, wieviel von seinem Konzertstück vorgetragen werden soll. Von selber könnte er nur mit dem Schlußakkord des Stückes zum Stehen kommen. Eine solche Endung ist aber außerhalb praktischer Möglichkeit, weil die Jury weder Interesse noch Geduld noch Zeit für solch einen restlos ausgeschöpften „Kunstgenuß" hat. Es ist also sicher, daß die Darbietung irgendwo mitten in ihrem Verlauf unterbrochen wird. Aber wo und wann? Die Unmöglichkeit der Beantwortung dieser Frage ist einer der entnervendsten Begleitumstände des Probespiels, um den der konzertierende Berufssolist sich wenigstens keine Sorgen zu machen braucht. Der Probespielprüfling wird aber während des Spielens vom Widerstreit zweier gegensätzlicher Gefühle aufgerieben. Das eine ist der Wunsch, wenigstens noch bis zu einer Stelle fortfahren zu können, mit der er zu glänzen hofft, das andere Gefühl ist die Furcht, bis zu einer anderen Stelle fortfahren zu müssen, mit der er sich eine Blamage holen kann. Die grausame Schicksalsgöttin inspiriert aber die Jury meistens nur zum Verlangen jener Teilstücke, mit denen der Kandidat sich hübsch in die Nesseln setzen kann, ohne ihm je zum Erreichen der ersehnten Oasen in seinem Vorspielmaterial Gelegenheit zu geben.

Eine weitere Folge aller dieser Behinderungen ist die Unmöglichkeit des Einspielens, beziehungsweise dessen Nutzbarmachung. Das Probespiel ist ein Solospiel, bei dem man nie über das Einspielen hinauskommt. Der Solist im Konzertsaal, der bei seiner Eröffnungsnummer noch mit Lampenfieber und Steifheit kämpfen muß, hat wenigstens den Vorteil, diese kritische Anfangsperiode zum Sichfreispielen für den Rest des Programms auszuwerten. Für den

Probespieler ist aber diese Anfangsperiode die einzige Periode. Für ihn gibt es kein Einspielen, was soviel heißt wie kein Auswerten. Wenn er den Punkt erreicht hat, an dem sein Lampenfieber vielleicht schon nachzulassen und seine Steifheit sich zu lockern beginnt, wird ihm Einhalt geboten. Diese Spielunterbrechung – diese interruptio praecox – hat dann wenigstens das eine Gute an sich, daß gleichzeitig mit ihr auch das Gemurmel auf der Richterbank verstummt. Damit aber beginnt das eigentliche Probespiel: das Vomblattspielen. Jetzt kann der Prüfling sicher sein, daß sein Spiel (oder sein Tongewürge) mit keinem Gesumse gestört wird. Die Musiksadisten am grünen Tisch würden sich das Fressen um nichts in der Welt entgehen lassen, das Todesringen eines in ihre Schlinge geratenen Opfertieres bis zur Neige auszukosten.

Das ist ein Spektakel, das von dessen Genießern im umgekehrten Verhältnis zur Größe des Gaudiums belohnt wird. Wenn die Jurymitglieder Anlaß zum Lachen haben, dann hat der Geprüfte nichts zu lachen. Seine lustige Darbietung wird mit einem traurigen Entscheid vergolten. Deswegen muß er auf der Hut sein, keinen Anlaß zur Erheiterung zu geben. Dieses Ziel kann aber nur durch eine erstklassige Probespielleistung erreicht werden, die jedoch im Primavistateil leider nicht ganz (wie beim Solovortragsstück) von einer gründlichen Vorbereitungsarbeit abhängt, und zwar deswegen, weil eine solche für das Primavistaspiel gar nicht möglich ist. Die Überraschungspassagen, die in keiner Orchesterstudiensammlung enthalten sind und über die der unerfahrene Stellenbewerber auch von anderer Seite keine Warnung erhalten hat, machen ein allumfassendes Vorausplanen unmöglich. Aber auch die bekannten und aus den Orchesterstudien erlernbaren Passagen bergen noch (soweit es die Streicher betrifft) einen Unsicherheitsfaktor in sich; und das ist die Uneinheitlichkeit der Fingersatzsysteme.

Die gedruckten Orchesterstimmen sind in der Regel nicht mit Fingersätzen bezeichnet. Das wird von den Orchestermusikern nicht als Mangel angesehen, da sie es vorziehen, sich die Fingersätze nach eigenem Geschmack zurechtzulegen. Diese Selbständigkeit spiegelt sich in den mit rotem, blauem, grünem und auch schwarzem Stift hineingekritzelten Fingersätzen, die man in gebrauchten Orchesterstimmen findet.

Passende Fingersätze sind freilich der Schlüssel auch zu einem annehmbaren Vomblattspiel. Bei all den anderen zu erfüllenden Erfordernissen wie Rhythmus, Identifizierung gedrängter Tontrauben mit vielen Vorzeichen, ist der Fingersatz am wichtigsten, weil die Noten nur durch ihn die absolut bestimmende Anweisung geben können, wo auf dem Griffbrett eine Saite niederzudrücken ist. Wie man weiß, gibt es auf einem Streichinstrument für fast jeden Ton eine vielfache Alternative in bezug auf den zu dessen Erzeugung notwendigen Finger. In dieser Hinsicht bieten die Blasinstrumente (besonders die Holzblasinstrumente), ohne ihre Probespielschwierigkeiten zu unterschätzen, geringere Probleme, da alle ihre Klappen und Tonlöcher in Reichweite der unabänderlich lokalisiert greifenden Finger angeordnet sind. Demgegenüber kann man beobachten, wie die linke Hand des Streichers beim Spielen über die ganze Länge des Griffbretts hin und her huscht. Diese Lagenwechsel sind aber notwendig, nicht nur um einen weit abliegenden Ton rein physikalisch zu erfassen, sondern auch um ihn mit dem klanglich jeweils bestwirkenden und für die gegebene Passageverkettung passendsten Finger auszuprägen. Ohne den Fingersatz entscheiden also die Noten nicht mit letzter Genauigkeit, wie eine Passage technisch und phraseologisch zu bewältigen ist.

Die Übungsarbeit eines Konzertgeigers ist demnach schon halbwegs verrichtet, wenn er für sein Solostück die richtigen Fingersätze gefunden hat. Sie sind dermaßen die Stützpfähle des Aufbaus einer geigentechnischen Leistung und bilden ein solch unverrückbar zusammenhängendes System, daß kein Geigersolist auch nur daran zu denken wagt – ohne die Gefahr eines Schmisses –, die Fingersätze während einer Darbietung zu ändern. Das Einstudieren eines Instrumentalsolos ist mehr oder weniger gleichbedeutend mit dem Einstudieren der Fingersätze. Daß ein Primavistaspiel auch mit einer einigermaßen gut (manchmal sogar glänzend) funktionierenden Fingersatzimprovisation möglich ist, beruht auf dem Eingefleischtsein von Formeln als Kombination von Tongebilden und den zu ihnen passenden Fingersätzen und auf dem raschen Erkennen der Kombinationsmöglichkeiten. Das Entwickeln (sehr oft ein instinkthaftes Entwickeln) eines solch unmethodischen Systems ist höchst individuell. Es gibt zwar Passagen, für die vernünftigerweise nur ein einziger Fingersatz denkbar ist, der dann als Optimum für jeden Spieler gelten kann. Es gibt aber unzählige andere Passagen, über deren Fingersätze die Meinungen stark auseinandergehen mögen. Sogar derselbe Spieler kann sich manchmal für seinen eigenen Gebrauch nicht über den zweckmäßigsten Fingersatz schlüssig werden und ändert ihn jedesmal, wenn das betreffende Stück von neuem gespielt wird.

Bei dieser Lage der Dinge wird es klar, vor welche Aufgabe ein Stegreifnotenleser gestellt ist, wenn er ein unbekanntes oder fingersatztechnisch nicht zurechtgelegtes oder gar mit unpassenden fremden Fingersätzen befrachtetes Musikstück spielen muß. Eine solche Aufgabe ist nicht auf die leichte Schulter zu nehmen, wenn sie nicht zum privaten Spaß, wie bei häuslichen Kammermusikabenden, sondern für die Begründung einer beruflichen Existenz bewältigt werden soll. Die Unzulänglichkeit der Orchesterstudien wie auch des Musikunterrichts besteht darin, daß sie nicht zu einem solch lebenswichtigen Entscheidungsmoment in der Laufbahn eines Musikerkandidaten vorbereiten.

Beim Probespiel, wo rasche Entschlüsse notwendig sind, kann der Novize nicht mit der tüftelnden konservatorischen Methode an die vorgelegte Orchesterpassage herangehen. Die Notlage zwingt ihn, instinktmäßig zu wursteln aufgrund der Kombinationserfahrung, die sich in seinem Gehirn während der verschiedenen Musiziergelegenheiten festgesetzt hat. Was ihm aber dabei abgeht und was auch seine Lehrmeister versäumt haben, ihm zu vermitteln, ist ein System der Improvisation.

Nun sind System und Improvisation gewissermaßen widersprechende Begriffe. Es ist aber möglich, ein System der Fingersatzimprovisation einzurichten, wenn man sich dazu entschließen kann, nicht nur aus Zwang, sondern auch aus scholastischer Einsicht zu wursteln. Es wäre natürlich unter der Würde eines Konservatoriumsprofessors, Unterricht in Wurstelfingersätzen zu geben. Auch die Orchesterstudienherausgeber würden sich schämen, für gedruckte Wurstelfingersätze verantwortlich zu zeichnen. Und doch sind die fraglichen undogmatischen Fingersätze nichts Neues. Manche Orchestermusiker wenden sie schon lange an. Aber gerade der Geigernachwuchs, der sie für die Probespiele nötig hätte, ist noch zu unverderbt und zu künstlerisch idealistisch, um auf billige Küchenfingersatzsysteme zu verfallen. Beim Konstruieren eines Einheitspreisfingersatzes muß man aber eine gewisse Feinschmeckerei des Kochens mit Wasser sich zu eigen machen. Dazu können vier Grundregeln aufgestellt werden.

Die erste Regel ist die Ignorierung aller gedruckten und handgeschriebenen Fingersätze. Das bedeutet nicht, daß in den eingerichteten Stimmen überhaupt keine brauchbaren Fingersätze zu finden sind. Zeugnisse guter Fingersatzeinfälle tauchen in alten Stimmen immer wieder auf. Wenn man aber keine Muße hat, sie zu überprüfen, dann begibt man sich mit der Befolgung aller vorgeschriebenen Fingersätze in Bausch und Bogen aufs Glatteis. Man kann allerdings ein halbes Auge für sie riskieren, wenn man sich durch sie bei der Beachtung des eigenen Systems nicht beirren läßt.

Die zweite Regel ist die vollkommene Emanzipierung und Gleichstellung des vierten Fingers bei Lagenwechseln. Ein Abwärtslagenwechsel mit dem vierten (kleinsten und schwächsten) Finger als leitendem erstem Griff-Finger in der neuen Lage wird gemäß der akademischen Fingersatzmethode als ausgefallen angesehen. Bei Abwärtstonleitern ist der bevorzugte Wechselfinger der dritte. Diese akademische Dogmatik hat aber bei Primavistaprüfungen auch schon zu schlimmerer Pfuscherei geführt, als sie durch den kühnen Gebrauch des vierten Fingers entstehen kann. Was am Abwärtswechseln mit dem vierten Finger auch immer ausgefallen sein mag, der Zweck dieser Empfehlung ist nicht, die Anfänger in den Konservatorien schon mit diesem leckeren Ei des Kolumbus zu füttern. Selbstverständlich sollen die Kinder zuerst Zucht und Tradition lernen.

Aber auf der höheren Stufe kann es ihnen nicht schaden, wenn sie am Kelch der frivolen Tricks nippen. Der Gebrauch des vierten Fingers (als Wechselfinger) sollte nicht nur in den unvermeidlichen Fällen manch großer Abwärtssprünge genehmigt sein, sondern auch bei graduellen Tonleitern (im Presto), und zwar sowohl in der Aufwärts- als auch in der Abwärtsrichtung. Die mit den ersten zwei Fingern gespielten Tonleitern mögen in einem von langer Hand vorbereiteten Solostück noch hingehen, aber beim Vomblattspiel bewirkt es eine wohltuende Abkühlung des Improvisationsfiebers (und auch eine größere psychologische Übersichtlichkeit des Notenbildes), wenn durch den Gebrauch aller vier Finger in einer Lage die Zahl der notwendigen Lagenwechsel nach Möglichkeit auf die Hälfte herabgesetzt wird.

Die dritte Regel der Fingersatzketzerei (die in diesem Fall eigentlich gar keine Ketzerei ist) ist die Vorbereitung der hohen Lagen auf weite Sicht. Oft wechseln Geiger zu den hohen Lagen, wenn diese schon nicht mehr zu vermeiden sind. Die hohen Lagen sollten aber vorausgesehen und vorweggenommen werden. Man soll nicht in hohe Lagen rutschen, wie man vor einem im Walde plötzlich auftauchenden Bären fliehend auf einen Baum klettert. In beiden Fällen, auf der Geige wie auf dem Baum, endet ein solch kopfloses Klettern gewöhnlich mit einem argen Gekratze. Ein Lagenwechsel soll in ähnlicher Weise in die Höhe führen, wie eine Bergbahn sich auf ihrer Fahrt fahrplanmäßig zum Gipfel windet. (Das ist eine Grundregel, die Ausnahmen wohl zuläßt. Für manche Reisen ist das Flugzeug zweckmäßiger als die Bahn.)

Die vierte und voraussichtlich letzte Regel ist die Vereinfachung des Denkprozesses bei Lagenwechseln. Die Fingersätze, beziehungsweise die Lagenwechsel, die die Realisierung der Fingersätze überhaupt erst ermöglichen, müssen sich durch eine vorausgehende gedankliche Festlegung sozusagen automatisch ergeben. Die in dieser Weise funktionierenden Fingersätze könnte man Knopfdruckfingersätze nennen. Dieses System ist charakterisiert durch die Zusammenfassung von metrisch zusammengehörenden Tongruppen in eine wechselvolle Fingersatzreihe. Diese Fingersätze ergeben sich (freilich mit gewissen naturbedingten Beschränkungen) durch eine für sie günstige Handstellung. Die Konzentration wird nämlich nicht zwischen vielen einzelnen Fingersätzen zersplittert, sondern auf eine umfassende Handstellung gerichtet, von welcher dann die einzelnen Fingergriffe sozusagen wie die Äste eines Baumes automatisch abzweigen.

Nach dieser Beschreibung mag die Theorie ein wenig kompliziert erscheinen. Schauen wir sie nun in der Praxis an und vergleichen wir sie mit den Schulregeln. Es gibt ein Werk in der Literatur, das durch sein Doppelbeispiel für die Geige und die Bratsche den Erfordernissen unserer Demonstration wie bestellt entgegenkommt. Die Symphonie Concertante von Mozart schließt in der Sologeige und der Solobratsche mit einer Passage ab, die zur Anwendung des Patentfingersatzes und zu dessen Vergleich mit der Geigenscholastik Gelegenheit gibt.

Die Behandlung dieses streng technischen Themas, das nur Geiger und Bratscher interessieren kann, möge von den Lesern anderer Fachinteressen überschlagen, aber gleichzeitig als „Zwischenakt" toleriert werden, da die „Armgeiger" immerhin 40 Prozent der Gesamtmitgliederzahl eines Orchesters ausmachen und dadurch eine exklusiv ihnen gewidmete Aufmerksamkeit von beschränkter Dauer beanspruchen können. Eigentlich können sogar die Cellisten von dem in der vierten Regel angedeuteten metrischen Lagenwechselprinzip profitieren. Dieses Prinzip bezweckt, Lagenwechsel (wenn möglich) bei rhythmisch betonten Taktteilen auszuführen, weil solche Lagenwechsel leicht memorisierbar sind.

Im Demonstrationsobjekt (Symphonie Concertante) wird für die Bratsche die allgemein nur in Es-Dur geschriebene Einrichtung gebracht und nicht die von Mozart für eine Scordatur in D-Dur notierte Stimme. Die Reihenfolge der Passagen (die ja nur eine Oktavenwiederholung derselben Tonfolge sind) soll auch in der Zitierung der Reihenfolge im Werk entsprechen, also mit der Bratsche in der Führung.

Nachdem jeder Geiger und jeder Bratschist seinen eigenen Fingersatz und Bogenstrich für die Passagen eingerichtet hat, wird es interessant sein zu sehen, mit welchen Mitteln der Bearbeiter der Edition-Peters-Ausgabe, Hans Sitt, die erwünschte Brillanz für diese Stellen erreichen zu können glaubt. Für die Bratsche (die wir zuerst untersuchen wollen) sind seine kärglichen Bezeichnungen Heraufstrich für die erste Note (in der ersten Lage) und drei Fingerzeichen in der letzten Achteltonleiter.

Nach dem bei diesem Bogenstrich (und in der ersten Lage) überwiegend unnatürlichen Gelenkspiel der rechten Hand zu urteilen, muß Hans Sitt eine brillante Bogentechnik gehabt haben. Von den sechs Saitenwechseln sind vier Gelenkknickungsübergänge gegen zwei Gelenkrundungen.

Nun wird selbst der begabteste Bratschenspieler mit der brillantesten Bogentechnik (und auch wenn er ein Anhänger der alten Schule ist) hoffentlich zugeben, daß diese Stelle in der folgenden Einrichtung flotter ausgeführt werden kann.

Der Abwärtsbeginn in der zweiten Lage und das Zurückfallen in die erste im dritten Takt sind ein kaum fühlbarer, aber sehr lohnender Kompromiß zur Beseitigung unbequemer Saitenübergänge gleich den ersten zwei Takten. Das Einrenken (eigentlich nur ein halbes Rutschen) in die erste Lage ist konform mit dem Lagenwechsel *beim Taktschlag*, der durch das rhythmische Gefühl sozusagen automatisch ausgelöst wird. Es ist der zweite Schlag im dritten Takt. Eins-zwei, eins-zwei, eins-hier! Zusätzlich ist zu beachten, daß alle Taktanfänge Pronationssaitenübergänge sind, also solche mit Gelenkwölbungen. Dadurch vollzieht sich das Streichen nach einem einheitlichen Muster sozusagen automatisiert.

Für den Rest der Passage kommt die zweite der angesagten Regeln in Anwendung, nämlich – je nach Bedarf – der freie Gebrauch aller vier Finger bei Lagenwechseln.

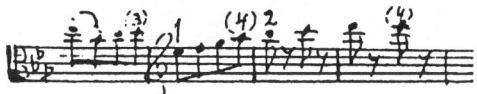

Dieser Fingersatz hat den Vorteil (gegen den Sittschen), daß er die Zahl der Lagenwechsel vermindert und der Hand eine ruhigere Fortbewegung erlaubt. Außerdem verlegt dieser Fingersatz die Lagenwechsel auf die metrisch entscheidenden Punkte, so daß sie ohne besondere Denkarbeit fixiert werden können. Auch kann im drittletzten Takt das Aufsteigen in die vierte Lage (zur Erleichterung, wenn gewünscht) enharmonisch als dritte Lage umgedeutet werden:

Hans Sitt verstößt mit seinem Fingersatz gegen das Naturgefühl auch bei der Geigenpassage. Er hat keinen Sinn für einen quasi automatisch funktionierenden, mit dem „Pulsschlag" zusammenfallenden Lagenwechsel. Im dritten Takt der Geigenpassage schreibt er diesen Lagenwechsel vor:

Es ist natürlich wichtig, bei dieser Stelle in der vierten Lage zu sein, da sie der Ausgangspunkt zum Weiterklettern ist. Aber die Sittsche Wechselstelle ist unglücklich, weil sie den Spieler mit ihrem metrisch blinden Ton für dessen Auffinden zum besonderen Achtgeben zwingt. Die Wechselstelle muß (wenn möglich, und hier ist es möglich) beim metrischen Pulsschlag sein, wo der Lagenwechsel von der rhythmischen Artikulation sozusagen automatisch hingelegt wird. Der Fingersatz und der Bogenstrich müssen von Anfang an im Hinblick auf dieses Zusammentreffen eingerichtet werden.

Man beginnt also in der dritten Lage und schleicht hinauf in die vierte beim zweiten Taktschlag des zweiten Taktes. Dieses Hinaufschleichen ist eigentlich gar kein Lagenwechsel. Man kann es enharmonisch als dritte Lage auffassen:

und sich dann bei der Fortsetzung ohne jeden weiteren Wechsel in der vierten Lage fühlen. Das Wesentliche aber ist das Zusammenfallen des Wechsels mit einem Taktschlag, wodurch ein anstrengendes Konzentrieren auf die Wechselstelle (wie bei Sitt) wegfällt. Hervorgehoben seien diesmal wieder die Pronationssaitenübergänge (mit Handgelenkwölbung und nicht Handgelenkknickung) bei allen Taktanfängen, wo sie dem Spieler in ihrer Uniformität ein Gefühl unaufhaltsamen Dahinjagens verleihen.

Alles sind Pronationssaitenübergänge am Taktanfang.

Die Endportion der Passage (der zweitaktige Achtellauf und die vier hohen Achtelschläge) kann von der Bratschenstimme abgelesen werden, da die Bogenstriche und die Fingersätze – trotz des Oktavenunterschiedes – identisch sind.

Diese ganze Einrichtung gilt aber nur (diese Einschränkung muß festgestellt werden), wenn das Tempo sehr schnell ist wie bei den zitierten Mozart-Läufen. Bei langsamen Figuren hat die metrische Koordinierung der Lagenwechsel keinen Sinn, weil Lagenwechsel in solchen Rahmen keine Denkhilfe durch metrische Eckpunkte benötigen. Im langsamen Tempo ist die melodische Gestaltung des Lagenwechsels viel wichtiger als das leichte Memorisieren. Im langsamen Tempo ist das Feststellen der Lagenwechselstelle kein Problem. Wesentlich ist, immer zu wissen, welches Spielelement in welchem Zusammenhang am vorteilhaftesten angewendet werden kann.

Bei Probespielen gewinnt der metrische Lagenwechsel seine Wichtigkeit zurück, weil bei jenen Gelegenheiten meistens rasche Passagen vom Blatt zu lesen vorgelegt werden. Das kurze Überfliegen des Prüfungsmaterials vor dem tatsächlichen Spielen soll sich also hauptsächlich auf die unvermeidlichen Lagenwechsel, beziehungsweise auf deren mögliche Verlegung zu einem Taktschlag konzentrieren. (Um nicht zu vergessen: das ist besonders empfehlenswert bei dem zu Hause vorbereiteten Lesematerial, weil die metrischen Lagenwechsel – von allen Lagenwechseln – am leichtesten im Kopf behalten werden können.)

Nehmen wir also ein Beispiel – diesmal aus der Orchesterliteratur –, und zwar eines, das sowohl in der ersten als auch in der zweiten Geigenstimme vorkommt. Die betreffenden Passagen sind auch in manchen Orchesterstudien angeführt, und zwar gleich mit der Zugabe der gutgemeinten, aber meistens kläglichen Fingersatzempfehlungen der Herausgeber.

Gewitzigt, wie man in der Fingersatzfrage jetzt schon sein sollte, mag es einen reizen, die verschiedenen Fingersatzideen der alten Orchesterhasen unter dem neuen Blickwinkel kennenzulernen und sie miteinander zu vergleichen. Nach dem Vertrautwerden mit dem Doppelprinzip des metrischen Vierfingerlagenwechsels hat man jetzt schon eine einigermaßen annehmbare Richtschnur, mit der man an die Beurteilung fremder Vorschläge beziehungsweise an die Einrichtung eigener Fingersätze herangehen kann. Um mit der Bewältigung der Aufgabe auf neutralem Boden zu beginnen und dem Studierenden Gelegenheit zum unbeeinflußten Denken zu geben, soll der Notentext zuerst, wie früher schon, in der unmarkierten Originalform geboten werden. Die Passagen sind der Oper „Tannhäuser" entnommen und bilden darin den zweiten Szenenbeginn des zweiten Aktes.

Trotz seines Eifers soll der interessierte Geiger nicht nach den später folgenden markierten Versionen dieser Passagen schielen, bevor er versucht hat, eigene Fingersätze für sie zu finden. Indessen ist es nicht zu leugnen, daß diese Läufe tatsächlich beängstigend wirken können, besonders, wenn unser Geiger sich vorstellt, bei einem Probespiel vor seinen „Richtern" zu stehen, und wenn die schulgerechten Fingersatzvorschläge sich aus seinem Kopf wahrscheinlich alle verflüchtigt haben. Wenn er in dieser Situation zur alten Methode zurückflieht und auf der Suche nach Fingersätzen mit den Augen von Note zu Note streicht, anstatt die Schlüsselpunkte zum Wechseln zu erfassen, dann wird das Resultat nicht gerade rühmlich sein. Die nur auf Fingerordnung achtenden Schulfingersätze mit der jedesmal sich wiederholenden Schreckwirkung ihrer metrisch nicht koordinierten Lagenwechsel funktionieren beim Vorspielen nur, wenn sie in ausgedehntem, soloartigem Studium geübt worden sind. Nach dem zeitlich nur begrenzt möglichen Normalstudium der unzähligen Orchesterpassagen ist es aber unmöglich, sich beim Probespiel an all die mühsam einstudierten akademischen Stolperfingersätze zu erinnern.

An diesem Punkt mag es angebracht sein, nochmals zu betonen, daß die vorgeschlagenen Patentfingersätze nicht den Zweck haben, den Geigern das technische Einrichten ihrer Stimmen beim Orchesterdienst mit gelahrter Autoritätsmiene aufzudrängen, sondern nur um ihnen noch vor Erreichung der Orchesterdienstetappe (beziehungsweise gerade zu deren Ermöglichung) für das Probespiel ein leichtmemorisierbares Behelfssystem zu geben. Eine Möglichkeit, von den zu Hause einstudierten Fingersätzen die größtmögliche Zahl ins Probespiel hinüberzuretten, besteht nur, wenn bei ihrer Festlegung ein mnemotechnisch wirkendes, für alle Fingersatzprobleme gültiges Prinzip angewendet wird. Und dieses Prinzip ist abermals nichts anderes als der schon oft erwähnte metrische Lagenwechsel, nämlich einer bei rhythmischen Eckpunkten, an die man sich automatisch erinnern kann.

Beim Herangehen an die angeführten Wagner-Läufe (wie an alle Läufe) ist der erste Schritt die Ortsbestimmung der höchsten Spitze des Notengebirges. Von dieser Spitze aus rechnet man dann vorwärts und rückwärts bis zu den Stellen, bei denen der Lagenwechsel bergauf beziehungsweise bergab unaufschiebbar stattfinden muß. Damit ist aber der Fingersatz noch nicht gegeben. Dieser vorläufige Überblick soll nur das verwirrendste Überraschungsmoment abschwächen. Der nächste, entscheidende Schritt ist, den als notwendig befundenen Positionsbezug nach Möglichkeit zu einer Taktschlagnote hinzulenken. Wenn Lagenwechsel bei einer Sechzehntelpassage, wie bei unseren Wagner-Läufen, notwendig sind (bei langsamen Tonfolgen gibt es kein vergleichbares Lagenwechsel-Gedächtnisproblem), dann müssen wir von diesem Schema geleitet werden:

also vom Bestreben, den Lagenwechsel (freilich nur wenn nötig und möglich) bei der ersten, metrischen Ecknote der Taktschlaggruppe auszuführen. Das bewirkt eine Automatisierung der Lagenwechsel, weil diese Leuchtpunkte des Taktes einem ersparen, andauernd mit Luchsaugen auf die sonst überallhin verstreuten Wechselstellen aufzupassen.

Wieweit dieses hemmende Aufpassen bei den „schlecht" bürgerlichen Fingersätzen notwendig ist, kann anhand von zwei Bearbeitungen der Tannhäuser-Läufe festgestellt werden. Die eine ist in einer vom Verlag Schott im Jahre 1939 herausgegebenen „Orchesterschule" von Josef Schmalnauer enthalten, die andere in einem Heft von Orchesterstudien von Robert Künzel (Verlag Breitkopf & Härtel 1914). Die zwei Bearbeitungen stimmen in vielem miteinander überein, was von der weiten Verbreitung desselben Geistes zeugt. Sie weichen aber in wenigen Punkten genügend ab, um einander gegenübergestellt zu werden. Die Schmalnauer-Fingersätze und -Bindungen sind über und jene von Künzel unter dem Notentext eingezeichnet.

An manchen Stellen gibt Schmalnauer eine Alternative (in Klammern). Künzel stimmt fast durchweg entweder mit dem Hauptfingersatz oder der Alternative von Schmalnauer überein. Der eigentliche Unterschied zwischen ihnen ist, daß manche Alternativfingersätze von Schmalnauer die Hauptfingersätze von Künzel sind. Wesentlich weicht dieser nur im letzten Takt des dritten Laufes von seinem Kollegen ab. Worüber aber beide sich grundsätzlich einig sind, ist die Mißachtung der Bestimmbarkeit leicht merkbarer Wechselstellen, so daß der Spieler bei ihren Fingersätzen andauernd auf der Hut sein muß, sich nicht von den unregelmäßig auftauchenden Lagenwechseln überraschen zu lassen. Diese Labilität führt zu dem einen oder anderen von zwei möglichen Fehlern. Der eine ist eine Neigung zur Geschwindigkeitsverminderung, der andere, der wahrscheinlichere (da man sich den ersteren im Ensemblespiel nicht gut leisten kann): Schmieren. Freilich, wenn zwei Dutzend Geiger (erste und zweite vereinigt) dieselbe Passage spielen, gleichen sie ihre abwechselnden Unebenheiten gegenseitig aus. Beim Probespiel hat aber der Prüfling keinen Spannemann, der seine Tonlücken ausfüllen kann.

Die wunden Punkte der angeführten Fingersatzbeispiele sind die metrisch ungeordnet verstreuten Lagenwechsel (genau sieben an der Zahl), die nicht den Spielschwung fördernd auf das erste Sechzehntel der Vierergruppen, sondern hemmend auf das zweite, dritte und vierte fallen. Die Bindebogen sind bei beiden annehmbar, ausgenommen die endlose untere Version des dritten Laufes, die ihre Existenz offenbar einem Versehensfehler verdankt. Von den strittigen sieben Lagenwechseln sind zwei im ersten Lauf, und zwar beide im zweiten Takt (erster und vierter Taktteil). Im zweiten Lauf gibt es einen kritischen Wechsel, und man kann es sich aussuchen, wo man ihn haben will. In der zweiten Hälfte des ersten Taktes gibt es diese Alternative:

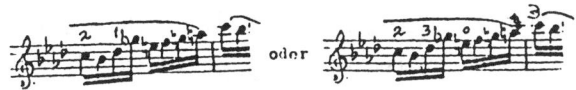

Im ersteren Fall ist der Wechsel technisch leichter, aber klanglich schlechter. Im Alternativfall ist die Klanglichkeit besser, aber der Wechsel technisch und besonders metrisch ausgesprochen unglücklich. Wir werden bald sehen, wie einfach, säuberlich und klangvoll gerade diese Stelle sich klären läßt, wenn man sich nur dazu entschließen kann, die Fingersatzvorurteile in den Wind zu schlagen.

Im dritten Lauf haben wir vier metrische und technische Holprigkeiten.

Die zweite Version des letzten Beispiels ist zwar vom metrischen Standpunkt richtig, aber die Ausführung mit dem gestreckten vierten Finger in der hohen Lage auf der A-Saite klanglich bedenklich.

Wir wollen nun sehen, wie ein Geiger bescheideneren Talents mit metrischen Lagenwechseln einem Virtuosen erfolgreich Konkurrenz machen kann. In einem muß er aber mit dem Meister auf mindestens gleicher Höhe sein; er muß einen offenen Geist für „orthopädische" (aber noch durchaus leicht rollende) Fingersätze haben.

Die vielen Fingersatzzeichen, von denen die meisten nur ermutigende Lagenbestätigungen und als solche eigentlich überflüssig sind, lassen das Notenbild ein wenig drohend erscheinen. Tatsache ist, daß nach Weglassung der entbehrlichen Zeichen die Passagen die Harmlosigkeit eines Kinderspiels offenbaren. Mit diesen Fingersätzen sollten sie tatsächlich ein Kinderspiel sein, und zwar nicht nur wegen ihrer leichten Spielbarkeit, sondern auch und ganz besonders wegen ihrer leichten Behaltbarkeit im Kopf. Die Lagenwechsel mit diesen Fingersätzen erfordern zu ihrem Auffinden kein Radarauge. Mit einer halben Ausnahme fallen sie alle auf die metrisch betonte erste Note einer Sechzehntelgruppe. Die halbe Ausnahme befindet sich in der Mitte des dritten Laufes

wo aber eher nur ein bloßes Herunterlangen als ein voller Lagenwechsel nötig ist.

Manche dieser Fingersätze, besonders beim Wechseln mit gleichbleibendem drittem (3- -3) oder viertem (4- -4) Finger zwischen dem Ausgangs- und dem Zielton, mögen von den Akademikern als Schusterfingersätze abgetan werden. Auf diese Weise wechseln nämlich unbegabte Sonntagsgeiger die Lage. Es ist wahr, daß der Wechsel mit dem dritten Finger zum dritten Finger und mit dem vierten zum vierten, also ein Lagenwechsel ohne Fingerwechsel in der Aufwärtsrichtung, im Legatospiel (von wohlangebrachten Effektrutschern abgesehen) schmierig und unfachmännisch ist. Wenn aber ein solcher Lagenwechsel im Augenblick eines gleichzeitigen Bogenwechsels, sozusagen verstohlenerweise, stattfindet, dann gibt es kein Akademikerohr, das dabei auch nur eine Spur von Schusterei entdecken kann. Ganz im Gegenteil! Es gibt nämlich keinen Legatolagenwechsel, selbst mit dem authentischsten Fingersatz ausgeführt, der so brillant, unverschmiert und stolperfrei sein kann wie ein Lagenwechsel (namentlich aufwärts, wovon jetzt die Rede ist) mit dem „Schusterfingersatz" von 3 zu 3 und von 4 zu 4 (und freilich auch nur im Moment des Bogenwechsels), wie es bei den drei Lagenwechseln in unseren Tannhäuser-Beispielen der Fall ist. Tatsache ist, daß im Vergleich zu diesen geächteten „Schusterfingersätzen" die Anhänger der Professorenfingersätze bei manchen Lagenwechseln in den fraglichen Passagen Knackse erzeugen, die an die Gangwechsel eines alten Klapperkastens mit Handschaltung erinnern.

Die alte Fingersatzschule, die die Spielbarkeit der Tannhäuser-Geigenpassagen unnötig erschwert, belastet auch die Bratschen bei der Venusbergmusik mit einem schartigen Fingersatz.

Die zwei traditionellen „Fingerbremsen", mit denen wahrscheinlich die meisten Bratschisten das Bacchanalmotiv spielen, wird auch vom autoritären Bratschenexperten Bernhard Unkenstein in seinen Wagner-Studien im Druck bestätigt. Die betreffende Passage kommt zweimal vor, einmal mit den hier gegebenen Legatozeichen und etwas später noch einmal ohne Bindungen, Ton für Ton gestoßen. Aber dieser Unterschied in der Strichart ändert nichts an der Bewertung des jeweiligen Fingersatzes, der beim selben Spieler beide Male derselbe ist.

Man könnte manches in diesen vier Takten kommentieren (zum Beispiel die Zeichenlosigkeit im zweiten Takt, die den in der ersten Lage spielenden Bratscher zum Rutschen zwischen h-ais verleiten könnte, was aber durch Angabe der halben oder dritten Lage schon beim Taktbeginn unbedingt vermieden werden muß). Wir wollen uns aber auf die Lagenwechselspäße des vierten Taktes konzentrieren. Innerhalb der akademischen Fingersatztradition hat man für das Emporschwingen zum hohen Cis die Wahl zwischen zwei garantierten Pleitefingersätzen. Der eine ist das eben erst gesehene Geisteskind von Professor Unkenstein, der andere ist jener, den die noch konservatorisch konservierten Bratschisten aushecken, denen die Unkensteinsche Fingersatzfibel entweder unbekannt oder unbefriedigend ist. Der Professor schreibt nämlich einen Fingersatz vor, der dem immer mehr gesteigerten Bacchanalfortissimo – mit dem zuletzt noch explodierenden Sforzato im letzten Takt – kaum gerecht werden kann. Die bei diesem Fingersatz notwendige Streckung des zweiten Fingers beraubt diesen seiner Griffsicherheit, was an sich vielleicht nicht so schwer wiegt, da der Ton sowieso blitzschnell vorüberhuscht. Aber die Streckung „wirft ihren Schatten voraus" und zieht nicht nur den Stützfinger vorwegnehmend in Mitleidenschaft, sondern auch den Bogen, der einen lendenlahm gegriffenen Ton nicht ohne Kratzen fortissimo streichen kann. Der schwächste Teil dieses Fingersatzes aber ist das Vorschreiben des zarten vierten Fingers für das dynamisch kulminierende Cis. Es wirkt also in dieser Passage eine Kombination von Schwächepunkten, die von einem traditionsbefangenen Bremsklotzfingersatz herrühren.

Man kann natürlich gegen diese Kritik einwenden, daß eine starke Bratschengruppe in einer Tannhäuser-Aufführung (zudem von den Klarinetten im Unisono unterstützt) bei der fraglichen Passage selbst mit dem kleinen Finger schon genügend Festigkeit aufweisen kann. Besonders inmitten eines allgemeinen Getöses wären bratschistische Kraftmeiereien sowieso nur ein Schlag ins Wasser. Als Unkenstein seinen Fingersatz den Bacchanalnoten anhängte, wurde er aber wahrscheinlich vom Gedanken an ein Probespiel geleitet. Es ist nämlich für einen Orchestermusiker wichtiger, bei einem Probespiel gut zu spielen als in einer öffentlichen Opernaufführung.

Beim Streben nach dem bestmöglichen Probespielfingersatz glauben viele Bratschisten dem Ziel näherzukommen, wenn sie den schwindsüchtigen Unkensteinschen Fingersatz durch eine kleine Lagenathletik verstärken. Sie spielen den betreffenden vierten Takt der Bacchanalpassage mit folgendem Fingersatz:

Diese Variante hat tatsächlich den Vorteil (wenn man vom Heraufschmieren des ersten Fingers und dem daraus resultierenden Verwischen der Tonlinie absieht), daß man das akzentuierte Fortissimo-Cis wenigstens mit dem kräftigeren dritten Finger festnageln kann – vorausgesetzt, daß der rutschende erste Finger (in dieser bratschistischen Wolkenkratzerhöhe) vom Griffbrett nicht abrutscht. Es ist nämlich eine typische Probespielbehexung, daß der Finger bei einem Lagenwechsel dieser Art auf der Bratsche leicht ausgleitet und ins Weltall hinausfliegt. Das Lagenwechselproblem ist aber in diesem Fall (trotz des Registerunterschiedes zwischen Geige und Bratsche) grundsätzlich mit jenem in der vorher erörterten zweiten

Tannhäuser-Violinpassage identisch. Ein Vergleich der zwei betreffenden Passagenteile wird den richtigen Fingersatz für die Bratsche automatisch ergeben.

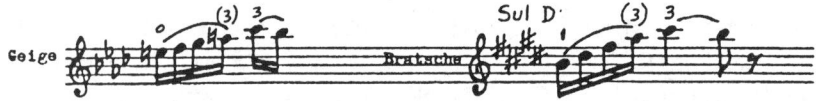

Mit diesem Fingersatz ausgeführt, wird die Passage mit keiner Verschlammung durch Rutschen belastet, weil der Lagenwechsel unter dem Deckmantel des Bogenwechsels unmerklich erfolgt. Die Lageneinheit (Verbleiben in derselben Lage) der gebundenen Vierersechzehntelgruppe dieses Taktteils sichert ihr eine makellose Klarheit. Eine Ausrutschgefahr gibt es auch nicht, weil der allein aktive dritte Finger während des Emporhuschens vom unteren zum oberen Ton fest auf dem Griffbrett klebenbleiben kann und somit den höheren Ton nicht (wie beim Fingerwechsel) aufs Geratewohl aus der Luft zu erhaschen hat. Die Entgleisungsgefahr ist außerdem auch dadurch gebannt, daß der höhere Ton Cis (als Wechselzielton) verhältnismäßig lang ist (im Gegensatz zum flüchtigen Sechzehntel A) und dem kritischen (rutschenden) Finger dadurch Zeit gibt, sich daran festzusaugen. Daß zum technischen Vorteil hinzu dieser Lagenwechsel mit dem extra betonten dritten Viertel als Zielpunkt auch metrisch ins Schwarze trifft und dadurch der gedanklichen Fingerlenkung die Zersplitterung der Konzentration mitten im flüchtigen Tonfüllsel erspart, braucht nicht besonders hervorgehoben zu werden.

All die angeführten Notenbeispiele für die Demonstration der nützlichen Koordinierung der Lagenwechsel mit metrischen Eckpunkten haben sich als für diesen Zweck besonders verwendbar erwiesen. Man kann jedoch nicht erwarten, daß die metrische Rechnung bei Lagenwechseln in jedem Tontext so gut aufgeht wie bei unseren Mozart- und Wagner-Beispielen (die aber ursprünglich nicht in Hinsicht auf ihre gute Verwendbarkeit ausgesucht wurden). Man muß sich darauf vorbereiten, daß eine unbeschränkte oder auch nur beschränkte Möglichkeit für den metrischen Lagenwechsel nicht bei allen Passagen und Läufen besteht. Deswegen muß der Anfänger das Wechseln der Lagen zuerst mit den traditionellen, unmetrischen Fingersatzkombinationen lernen. Aus demselben Grund dürfen die unorthodoxen Fingersatzratschläge nicht vorzeitig minderjährigen Streicherstudenten in die Hände fallen. Sie sollten ihre Fiedlerkarriere nicht gleich mit sündhaften technischen Kniffen beginnen. Diese Fingersatzverführung wendet sich nur an jene reiferen Semester, die in ihrer Jugend bereits durch die Schule der tugendhaften Fingersatzordnung gegangen sind.

Das traditionsgebundene Studium ist nützlich, weil es zu Kompromissen vorbereitet, die immer wieder notwendig werden. Der gute Bogenstrich und der gute Fingersatz werden oft von einem notwendigen Kompromiß beeinträchtigt. Deswegen muß ein Geigenschüler zuerst die traditionellen, aber meistens phantasielosen technischen Lösungen lernen. Auf einer höheren Stufe des Fortschritts muß er sich jedoch mit den zwei akademisch ignorierten Spielelementen, dem Bogengewinn bei Saitenübergängen und dem metrischen Lagenwechsel, vertraut machen. Das letzte Ziel ist natürlich die Griffsicherheit und der gute Klang. Diesem dienen die erwähnten Spielelemente. Kehren wir also zum Mendelssohn-Oktett zurück, um dessen früher absichtlich weggelassene Fingersatzbezeichnung nachzuholen.

Es ist möglich, daß der hier gebotene Plan vielen Geigern nichts Neues bringt, da sie dieselbe Bogenführung und Fingerwahl bereits instinktiv gefunden haben. Zum Bewußtmachen der Prozedur kann aber eine schriftliche Festlegung jedenfalls von Nutzen sein. Bogenstrich (mit dem heruntergestrichenen Auftakt) und Fingersatz arbeiten hier zusammen, um den bestmöglichen Klang zu sichern. Man wird feststellen können, daß die Saitenübergänge fast durchweg mit Bogengewinn (also klangfördernd) bewerkstelligt werden.

Da nun Mendelssohn der Gegenstand der Erörterung ist, so soll noch ein anderer Bogenstrich- und Fingersatzvorschlag für das Eröffnungsthema seines Violinkonzertes folgen. Beim ersten Spielversuch mit dieser Einrichtung wird man die Abweichung von der Tradition wahrscheinlich mit Widerwillen aufnehmen. Es mag aber auch Geiger geben, denen die Absicht des unkonventionellen Spielarrangements einleuchtet. Der Grundgedanke ist die Vermehrung der Zahl der Bogenwechsel, um längere Bögen mit größerer Klanglichkeit zur Verfügung zu haben. Die unter der Linie (in Klammern) eingezeichneten Fingersätze und Bogenstriche sind jene von Carl Flesch, und man mag sich beim Vergleichen mit den vorgeschlagenen Zeichen wundern, ob nicht gerade die professoralen Einzeichnungen von Flesch die ausgefallene, verrenkte Art sind, eine Geigenstimme zum Vortrag einzurichten. Soll man die (gerade beim Anfang) unsichere zweite und vierte Lage und das Zusammenpferchen von Melodientönen auf einen Bogen als eine ehrbare Tradition respektieren?

Die Flesch-Fingersätze und überladenen Bogenstriche können in der Peters-Ausgabe nachgesehen werden. Es fragt sich, ob Flesch sie zur Irreführung und Pleite seiner Feinde veröffentlicht hat. Der heruntergestrichene Auftakt in der oberen Einrichtung hat den Zweck des sichereren Ansetzens des Bogens näher beim Frosch anstatt an der weniger sicheren Spitzenhälfte. Man sollte keine Bedenken wegen einer „unmusikalischen" Betonung des Auftaktes haben. Der Herunterstrich braucht keine unmäßige Betonung mit sich zu bringen, wohl aber macht er den Beginn mutiger und plastischer. Der Fingersatz bewirkt trotz der scheinbaren Schwierigkeit des Flageolett-E (auch wahlweise fest gegriffen) mit dem kühn geführten zweiten Finger gerade eine bequemere Lagenbefestigung. Nach einigen Wiederholungen wird man dieser Stimmeneinrichtung nicht mehr so ablehnend gegenüberstehen. Aber schließlich spielt jeder nach seiner eigenen Neigung und Überzeugung.

Die präsentierten Beispiele haben sich auf die Einrichtung solistisch vorgetragener Stücke bezogen. Es sollte nicht weniger unsere Aufgabe sein, die leitenden Regeln für das Ensemblespiel festzuhalten. Die technische Ausführung orchestraler Streichmusik in Hinsicht auf Bogentechnik, Fingersatz und Lagenwechsel ist bereits an geeigneten Beispielen demonstriert worden. Der nächste Schritt führt uns nun zu einer technischen Frage, die mit einem moralischen Problem eng verknüpft ist.

Die Technik des Orchesterspiels hat bei ihrem guten Funktionieren (wenn dies der Fall ist) auch eine menschliche Komponente. Diese wäre in der Rubrik mit dem Titel „Ethik des Orchesterspiels" zu behandeln. Ein weitverbreiteter Grund allenfalls minderwertigen orchestralen Musizierens ist der Mangel an Spielethik und dessen Duldung oder ausgesprochene Nichtkenntnis von seiten der Dirigenten.

Wenige Orchestermusiker überschreiten die mentale Grenze der Überzeugung, daß zum guten Musizieren genügt, nach dem Taktschlag des Dirigenten zu spielen. Der allgemeine Fluß der Musik hängt natürlich davon ab, und in manchen entscheidenden Momenten kann der zielbewußte Taktschlag tatsächlich eine absolute Präzision im Zusammenspiel bewirken. Beim Verlauf eines Musikvortrages ist aber der Taktschlag für das Zusammenspiel nicht in jedem Augenblick absolut bestimmend. Ein Orchester spielt über lange Strecke hin maschinell, ohne im Dirigenten eine leitende, einigende Energiequelle zu erleben. Die Orchestermaschine hat nicht das unbeirrbare Zusammenwirken der Maschinenteile einer mechanischen Konstruktion. Um einem Betriebsgerät zu ähneln, müßte das lose Hängen am Dirigenten durch ein hermetisches Zusammenhängen der Spielpartner im Orchester ergänzt werden. Das kann aber selbst beim besten Willen nicht ohne weiteres durchgeführt werden. Infolge der oft trotzigen Spiellaune einzelner Mitglieder wird der Vortrag schlacksig, wie auch ein Triebwerk rauh arbeitet, wenn es ungeölt ist.

Ein solcher Defekt (in der Musik) ist dem Publikum unbemerkbar, und auch der Dirigent merkt ihn – wenn er ihn merkt – nur in einer falschen Erscheinungsform. Er glaubt, das Orchester als Ganzes spiele nachlässig. Er weiß nicht, daß die Quelle des Übels der eingefressene Mangel an Spielethik seitens einzelner Orchestermitglieder ist. Nur der hingebungsvolle, gewissenhafte Musiker weiß, daß sein stumpfsinniger oder widerspenstiger Pultnachbar die Tonschlacken in die Fugen der Phrasenfiguren der Musik streut. Daß so etwas möglich sei, wird von den Musikfreunden kaum geglaubt, weil sie nicht wissen, wie das zustande kommt. Der Dirigent weiß es auch nicht. Nun gibt es Orchesterspieler, die es fertigbringen, mit einem Phrasenbeginn um einen unmeßbaren Bruchteil einer Sekunde zu früh oder zu spät (meistens zu früh) einzusetzen oder jede Note einer bereits fließenden Melodie mit einer solchen Verschiebung zu spielen. Die Abweichung ist so unendlich klein, daß sie niemandem außer dem Pultnachbarn bemerkbar ist und ihm bei einem Dauerzustand überhaupt die Lust zum Ensemblemusizieren nimmt. Es fehlt eben an Ethik im Orchesterspiel.

Die Ethik des Orchesterspiels verlangt, daß die Pultnachbarn aufeinander hören, lückenlos zusammenspielen und selbst nicht die winzigsten Unebenheiten in die Musik einschleichen lassen, die bei aller Beachtung der Taktierzeichen eine hundertprozentige künstlerische Leistung hintertreiben. Es gibt in den Orchestern Leute, die ihren „Nächsten" nicht lieben wie sich selbst. Sie nehmen nicht einmal von der Tatsache Kenntnis, daß sie einen Nächsten haben.

Und diese Zustände scheinen den Dirigenten verborgen zu sein. Es hat noch nie einen Dirigenten gegeben, einschließlich der größten Taktstockpotentaten, der das Orchester ermahnt hätte, nicht nur ihm zu folgen, sondern auch auf den Pultnachbarn zu achten und zusammen mit ihm wie *ein* Mann zu spielen.

Die Dirigenten wissen nicht, daß eine Gruppe in gewissen Fällen nur deswegen leidlich zusammenspielt, weil die empfindsamen Spieler den Stümpern nachgeben. Der Stümper gibt dem guten Musiker nicht nach. Manchmal weiß er gar nicht, daß er ein Stümper ist. In anderen Fällen gibt er aus Bockbeinigkeit nicht nach. Deswegen ist der gute Musiker gezwungen, oft schneller, langsamer oder leiser zu spielen, als er möchte, weil das Zusammenspiel nur durch diese Anpassung zu retten ist. Neben einem zu laut spielenden Nachbarn muß man sich zu einem niedrigeren Stärkegrad mäßigen, um die Gesamtstärke innerhalb der vorgeschriebenen Dynamik zu halten. Der grobschlächtige Pultnachbar nimmt beim Pianospiel die volle (und noch mehr) Dynamik ganz für sich in Anspruch und läßt seinem empfindsamen Kollegen keine übrig.

Es gibt auch eine andere Behinderung durch einen Pultnachbarn, die zum Teil als ein Verstoß gegen die Spielethik angesehen werden kann. Zugegebenermaßen ist dieser Verstoß nicht so schwerwiegend wie der vorher erörterte. Aber jedenfalls ist es eher erstaunlich, daß beim Orchesterspiel das Umblättern ein Verkehrshindernis sein kann.

Die Regel ist, daß von den zwei Spielern am selben Pult immer der innen sitzende das Notenblatt wendet. Wo die Sitzordnung nicht klar ist, gilt als innen Sitzender jener, der nicht in der Linie des Stimmführers sitzt. Im großen und ganzen besteht kein Grund, die Blattwender zu kritisieren. Es gibt aber auch manche unter ihnen, die sich für ihre „erniedrigende" Rolle mit einem miserablen Blattwenden rächen. Ein behinderndes Wenden kann freilich auch aus momentaner Unachtsamkeit oder ungenauer Spielberechnung passieren. Es gibt aber zweifellos Fälle, in denen Böswilligkeit dafür verantwortlich ist. Aber unabhängig von der Gesinnung des Verantwortlichen ist das Resultat dasselbe. Der außen sitzende Pultnachbar ist so oder so im Weiterspielen behindert. Das führt wiederum zu der doppelten Kalamität, daß an jenem Pult für mehrere Takte niemand spielt. Wenn an jedem Pult einer Gruppe ein Bösewicht umblättert, dann kann bei einer wichtigen Passage die ganze Stimmgruppe ausgelöscht sein. Das passiert natürlich fast nie, da die bösartigen wie auch die harmlosen Blattwender nicht gleichzeitig denselben Fehler machen.

Worin kann so ein Fehler bestehen? Darin, daß der Gewissenhafte zu früh und der Nachlässige zu spät umblättert. Beim zu frühen Umblättern gehen die letzten Takte am Seitenende verloren. Beim zu späten Umblättern versäumt man die ersten paar Takte auf der nächsten

Seite. Zu alledem hat mancher Umwender die schlechte Gewohnheit (die in seinem Gehirn als eine große Hilfe gedacht ist), daß er nach dem Umblättern mit seinem Bogen die Stelle zeigt, wo der Faden nach den versäumten Takten wiederaufgenommen werden soll. Das ist die hirnloseste Hilfsbereitschaft, weil der spielende Pultnachbar die Spielstelle mit seinen Augen schneller finden kann als der andere mit seinem Bogen und weil der Bogen die Behinderung nur noch schlimmer macht, da er das Notenbild verdeckt. Der Schlüssel zum richtigen Umblättern (für den Nichtspielenden) ist, die Notenschrift so zu verfolgen, als wenn man selbst mitspielen würde, und dann ungefähr soviel vor dem Seitenende zu wenden, wie man auswendig weiterspielen könnte. Der richtige Moment des Umblätterns hängt natürlich vom Tempo ab. Im schnellen Tempo wird es früher, im langsamen später sein.

Das richtige Umwenden ist besonders wichtig am ersten Pult, denn man kann den Stimmführer nicht einen Augenblick in der Luft hängen lassen. Die Mitglieder einer Stimmgruppe müssen sich möglichst nach ihm orientieren. Er ist tonangebend im konkreten wie im figürlichen Sinne des Wortes, und jedes Mitglied muß bestrebt sein, mit ihm zusammenzuspielen. Freilich haben die hinter ihm Sitzenden keinen ungehinderten Kontakt mit ihm. Viel hängt aber vom guten Willen ab. An der Art, wie der Stimmführer den Bogen zu einem Einsatz hebt, was seinen Gruppenkollegen über die Köpfe hinweg wohl sichtbar ist, kann man den Moment der Attacke erfassen. Der überragend bestimmende Faktor des Zusammenspiels bleibt natürlich der Fluß der Musik, wenn man ihn bis zu einer atomaren Genauigkeit erfühlt.

Wenn nun das Zusammenspiel eine maschinelle Präzision verlangt, so ist eine Anpassung an die allgemeine Lautstärke jedenfalls einfacher und leichter. Darin sind jedoch manche Musiker nicht weniger disziplinlos als im Zusammenspiel. Es ist ein Verstoß gegen die Ethik des Orchesterspiels, lauter zu spielen als der Stimmführer. Wenn das Orchester als Ganzes fortissimo spielt, dann sind der individuellen Kraftmeierei keine Grenzen gesetzt. Aber vom Mezzoforte an bis hinunter zum Pianissimo sollte sich kein Tuttimusiker die Freiheit nehmen, lauter zu spielen als der Stimmführer. Dieser bestimmt mit seinem eigenen Spiel als Anzeiger (aufgrund der Dirigierzeichen), mit welcher Dynamik die ganze Gruppe zu spielen hat.

Es ist auch eine Unsitte von seiten mancher Tuttimusiker, mit weit ausholenden Körperbewegungen zu musizieren. Das Maß dieser Bewegungen wird von jenen des Stimmführers bestimmt. Es ist eine Ungehörigkeit, wenn einer in den hinteren Reihen aufdringlich herumfuchtelt, während der Stimmführer für die gespielte Stelle mäßige Körperbewegungen passend findet.

Bei aller Wichtigkeit des Kontakts der Stimmkollegen untereinander bleibt der wichtigere Kontakt nach wie vor jener mit dem Dirigenten. Ein Orchestermusiker sollte fast immer ein „halbes" Auge auf dem Dirigenten fixiert halten. Die Dirigierzeichen mit ihren augenblicklichen Vortragssignalen gehen das ganze Orchester an. Daneben gibt es Zeichen, mit denen sich der Dirigent nur an eine bestimmte Gruppe wendet. Es handelt sich in solchen Fällen meistens um die Andeutung einer hervorzuhebenden Passage oder um einen wichtigen Einsatz nach einer Pause. Bei diesem Zudirigieren zu einer Stimmgruppe schafft dann der Dirigent einen Extraaugenkontakt mit dem Stimmführer oder der ganzen Gruppe. Wehe dann dem Stimmführer (oder dem im Moment aufs Korn genommenen Gruppenmitglied), wenn der Augenkontakt des Dirigenten mit Wegschauen oder einem ziellosen Starren erwidert wird.

In der Orchesterpraxis ereignen sich die visuellen Kontaktgelegenheiten fast nie überraschend. Jeder erfahrene Musiker weiß, wo in seiner Stimme eine Stelle vorkommt, bei der ein auf die Gruppe gerichteter Blick des Dirigenten zu erwarten ist. Man kann sich wohl kaum mehr in die Gunst eines Dirigenten setzen, als wenn man bei diesen Stellen durch den gegenseitigen Augenkontakt und freilich durch ein entsprechend ausdrucksvolles Spiel demonstriert, daß man auf der Höhe seiner Aufgabe ist.

Wachsamkeit ist besonders wichtig in den Mittelstimmen, den zweiten Geigen und den Bratschen. Die ersten Geigen und die Cellos sind schon von Haus aus „Schaufensterspieler", die immer im Brennpunkt des Geschehens stehen und sich nicht auf besondere Stellen zu konzentrieren brauchen, da sie ja fast immer besondere Stellen haben. Solche Stellen sind aber in den Mittelstimmen sporadisch genug, um besonders beachtet zu werden. Einige Beispiele sollen zeigen, wo im Repertoire den zweiten Geigern (und in einem Fall ihrem Stimmführer) besondere Aufmerksamkeit und Fühlungnahme mit dem Dirigenten anzuraten ist.

Das erste Beispiel spricht für sich selbst, da es kaum zu übersehen ist. Beethovens Choralsymphonie bringt im langsamen Satz als erste Episode die berühmte Melodie mit den zweiten Geigen in Führung (durch die Bratschen verstärkt), bei deren Anfang die Spieler gut daran tun, dem Dirigenten mimisch anzudeuten, daß sie sich der Erhabenheit des Augenblicks wohl bewußt sind. Es ist wohl unnötig, ein Notenzitat mitzuliefern, da jeder Musiker und auch Musikfreund weiß, um welche Stelle im Satz es sich handelt.

Ein „erschütternder" Szenenwechsel soll uns von der Choralsymphonie zur Fledermaus-Ouvertüre führen. Das ist eine Musik, die vom Standpunkt der Vortragsdisziplin vielleicht nicht der Kategorie der erhabenen Werke der Schulmusik zugerechnet wird. Doch schadet es nicht, wenn die zweiten Geigen dem Dirigenten mit ihrem Augenspiel bekanntgeben, daß ihnen ihr eintaktiges solistisches Hervortreten, wie im angefügten Zitat, bewußt ist. Die ein paar Takte vorher und nachher gespielte Melodie der ersten Geige und die gleichzeitig untergeordnete Rolle der zweiten Geige sollen das plötzliche Hervortreten der letzteren in dem erwähnten einen Takt beleuchten.

Das nächste Beispiel ist nicht der ganzen Sekundgeigergruppe gewidmet, sondern nur ihrem Stimmführer. Es ist eine Seltenheit oder eher eine Einmaligkeit, daß der Stimmführer der zweiten Geigen ein von keiner anderen Stimme begleitetes Solo spielt. Man soll die Erwartungen nicht zu hoch schrauben. Er spielt einen einzigen, vier Takte lang ausgehaltenen Ton, ein Gis, den ersten Halbton auf der G-Saite. Das geschieht in der Oper „Carmen" während der Verhaftungsszene im ersten Akt. Das Gis beginnt nicht gleich als Solo, sondern als Bestandteil einer vorhergehenden harmonischen Untermalung; dann aber bleibt der zweite Stimmführer mit diesem Ton plötzlich mutterseelenallein. Er muß darauf vorbereitet sein, er muß den Takt, bei dem das geschieht, genau abpassen und einen halben Augenblick vorher mit dem Dirigenten Fühlung nehmen, um den Eindruck zu vermeiden, daß er mit seinem verwaisten Gis aus dem vorhergehenden harmonischen Schlaf geschreckt wird.

Die Bratschisten teilen mit den zweiten Geigern die gelegentlich wichtige Fühlungnahme mit dem Dirigenten. Es sollen einige Beispiele (von wesentlich mehr möglichen) aus „Figaros Hochzeit" die Situation demonstrieren. Das erste hier zitierte findet sich in der Cavatina, Nummer 10 des zweiten Aktes (es ist die Eröffnungsserie der Gräfin), wo die Takte 18, 19, 20 und 21 das folgende Notenbild bieten. (Außer der Violinbegleitung gibt es natürlich den Gesang und taktangebende Baßtöne, aber keine Bläser.)

Man mag ein wenig enttäuscht sein, diese Takte in der Bratschenstimme so „ereignislos" zu finden. Es wäre aber verfehlt, die Situation danach zu beurteilen. Dieser ausgehaltene Ton in der Bratsche wirkt wie das Rückgrat der ganzen Passage. Hier erfüllt die Bratsche eine hornähnliche Funktion als eine Art Orgelpunkt, den die anderen Instrumente und der Gesang mit ihren Figuren umspielen. Der lange, ausgehaltene Ton muß seiner Wichtigkeit entsprechend besonders espressivo gespielt werden. Das Wesentliche, weswegen die Stelle überhaupt zitiert wird, ist aber die besondere Aufmerksamkeit, die der Dirigent der Bratschengruppe dabei zuwendet. Die Bratschisten tun freilich auch ihrerseits gut daran, die Aufmerksamkeit des Dirigenten nicht nur mit ihrem ausdrucksvollen Spiel, sondern auch mit ihrem Gesichtsausdruck augenfällig zu erwidern. Sie müssen zeigen, daß sie nicht nur Töne ziehen können, sondern auch den Geist der Musik verstehen. Aber der Dirigent muß sich seinerseits hüten, selbstvergessen dreinzuschauen, wenn die Musiker seine Augen auf sich geheftet in Hochspannung erwarten.

Die Bratschisten haben Gelegenheit, von ihrem musikalischen Verständnis auch im Rezitativ der Nummer 19 im dritten Figaro-Akt Zeugnis abzulegen. Die fragliche Stelle ist der 10. und 11. Takt (rückwärts gezählt) vor der wichtigen und bekannten C-Dur-Arie der Gräfin. Hier ist der springende Punkt eine einzige Achtelnote, die beim lautlosen Lesen der Partitur höchstwahrscheinlich gar nicht auffällt. Für die Präsentierung dieses Falles braucht die Singstimme nicht eingezeichnet zu werden, weil sie für die harmonische Struktur des Beispiels belanglos ist. Das Orchester besteht bei der zitierten Stelle ausschließlich aus Streichern.

Das ist alles, was im Orchester in diesen zwei Takten geschieht. Wenn man Gelegenheit hat, dem Dirigenten beim Dirigieren dieser Stelle zuzuschauen, wird man merken, wie er sich im zweiten Takt beim zweiten Taktschlag der Bratschengruppe zuwendet und gleichzeitig quasi von einem nervösen Zucken erfaßt wird. Kein Wunder. Er will die Bratschisten vom Ton b des ersten Taktteils zum Ton a des zweiten hinunterzerren. Da liegt es in der Macht der Bratschisten allein, die Harmonieänderung herbeizuführen. Die Bratschenstimme löst die zuerst intonierte verminderte Septime in einem Dominantseptimenakkord auf. Und es ist empfehlenswert für die Bratschisten, die Wichtigkeit ihres Amtes sowohl im Spiel als auch im Gesichtsausdruck zur Schau zu tragen. Nichts erbost den Dirigenten mehr als das gedankenlos routinemäßige Hinschmieren selbst eines einzigen Tons, der seiner Ansicht nach (und im erörterten Fall auch nach objektivem Urteil) ein Angelpunkt der Klangstruktur ist.

Das vielleicht zu wichtig scheinende Kommentieren dieser Stimmengestaltung im Orchesterspiel soll auf die immer wieder auftauchenden ähnlichen Gelegenheiten in der Orchesterpraxis hinweisen, bei denen das Wissen um die Bedeutsamkeit des Spielstoffs und dessen Demonstrieren vor dem Dirigenten eine künstlerisch aufgeweckte Beteiligung an der Orchesterarbeit bekundet. Wenn der Dirigent zum Hervorheben eines einzigen Taktes sich einer Instrumentengruppe oder Einzelperson zuwendet, so soll sein Blick nicht einem „abwesenden" oder „schlafenden" Mitglied begegnen. Oft beurteilt ein Dirigent die Leistungsfähigkeit eines Musikers nicht nach seinem Spiel, sondern nach der Aufmerksamkeit, die dieser seiner Führerfunktion entgegenbringt.

Um noch für einen Moment bei Figaro zu bleiben, ist ein sehr wichtiger „Schlüsseltakt" im Finale des zweiten Aktes zu erwähnen. Die Bühnenhandlung, bei der die Bratschenstimme musikalisch führend und folglich für die Direktion „magnetisch" ist, gelangt zu einer wichtigen Wendung. Der unmittelbar vorhergehende Abschnitt endet mit der geheuchelten Klage Figaros über eine Beinverrenkung, die er sich beim Sprung aus dem Fenster eines Schloßzimmers zugezogen haben soll. Die zwei letzten Takte, die Figaro quasi unbegleitet singt, werden von einem ganz neuen, straff angeschlagenen Metrum der Bratschen allein abgelöst.

Daß in der Folge der Gärtner beweisen will, daß Figaro nicht der Springer sein konnte, ist für die Rolle der Bratschen unwesentlich. Wesentlich ist – was aus dem Notenbeispiel hervorgeht –, daß sie das Tempo für den Szenenwechsel ohne jede Stütze angeben, da sie die einzigen Spieler im größeren Teil dieses Taktes sind. Der Dirigent kann ihnen nicht helfen, da er nach dem Niederschlag kein zweites Achtel angeben kann. Dafür ist das Tempo zu schnell. Die Andante-Bezeichnung ist in dieser Beziehung irreführend, denn selbst bei einem mäßigen Tempo sind die Achtel zu schnell, um sechs Schläge im Takt zu gestatten. Es ist klar, daß der Dirigent im Moment dieses Anfangs die Bratschengruppe beschwörend anschaut wie einen Retter am Rande des Abgrunds. Selbstverständlich wissen die Bratschisten um diese Klippe und greifen das in den Proben vereinbarte Tempo straff an.

Es soll noch ein weiteres, letztes Beispiel des Kontakts mit den Bratschen angeführt werden, obwohl der Kontaktpunkt in diesem Fall nicht das Auge des Dirigenten, sondern das eines Solokünstlers ist. Es ist ein außergewöhnlicher Fall, der selten vorkommt, ist aber wegen seiner Skurrilität erwähnenswert. Im allgemeinen sehen es die Dirigenten höchst ungern, wenn während einer Probe ein Solist sich in Sachen des Orchestervortrags direkt mit einem Orchestermitglied in Verbindung setzt. Das scheint aber dem Solisten gegebenenfalls notwendig, weil manche Dirigenten für die vom solistischen Standpunkt wichtigen Einzelheiten keinen Sinn haben. Es ist nun möglich, über einen konkreten Fall dieser Art zu berichten.

Der berühmte Dirigent Ansermet und der Violinvirtuose Milstein haben einmal das Brahms-Violinkonzert auf dem Programm gehabt. In der Probe war alles normal verlaufen, als gegen Ende des letzten Satzes der Solist gerne einen Herzenswunsch geäußert hätte. Es war ihm peinlich, den Dirigenten auf das bewußte Detail aufmerksam zu machen, denn es handelte sich nicht um eine solche Kleinigkeit wie eine dynamische Schattierung oder eine Tempomodifikation. Das Anliegen reichte in das strukturelle Erfassen der Komposition, das dem Dirigenten entgangen oder nicht wichtig genug war. Als beim Spielen die bewußte Stelle erreicht wurde, drehte sich der Solist halbwegs und verstohlen in die Richtung der Bratschen, als ob er ihnen etwas andeuten wollte, denn offenbar war der Hund in der Bratschenstimme begraben. Die Spieler mögen die Bedeutung dieser Gebärde aus Erfahrung richtig gedeutet haben, sie haben aber Bedenken gehabt, nicht strikt ihrem Dirigenten zu folgen. Nach der Probe erhaschte aber der Solist einen Augenblick, wo er dem Bratschenstimmführer zuflüstern konnte, welche Stelle in welcher Ausführungsart er im Sinne hatte. Da sind nun die wenigen Takte (im Zusammenspiel der Sologeige und der Bratschen), die dem Solisten am Herzen lagen, und es soll sogleich erklärt werden, welche Art des Vortrags er hinter dem Rücken des Dirigenten erreichen wollte:

Diese Stimmenkombination kommt vorher schon zwischen der Solovioline und der ersten Geige vor. Sie könnte zur Frage veranlassen, warum damit keine Umstände gemacht wurden. Der Grund ist, daß die ersten Geigen, wie üblich, ganz außen am Rand des Podiums nur einen Schritt vom Solisten entfernt sitzen. Sie spielen diese rhythmische Figur außerdem eine Oktave höher, so daß der Solist sie mit Leichtigkeit hört. Bei der gewöhnlichen Sitzordnung eines Orchesters ist aber die Bratschengruppe weiter hinten, dem Solisten weder gut sichtbar noch hörbar, untergebracht. Doch ist ihm die zitierte Figur der Bratschen wichtig, weil sie, als alleinige rhythmische Bewegung im Takt, den Fluß der Musik aufrechterhält. Bei einem verschwommenen Spiel würde der Solist – die anderen Spieler übrigens auch – in der rhythmischen Orientierung unsicher gemacht. Deswegen müssen diese Sechzehntel sozusagen „gestochen", prominent gespielt werden, zumal sie in der Bratschenstimme eine Oktave tiefer gesetzt sind. Begreiflicherweise liegt einem Solisten in diesem Stück bei dieser Stelle viel daran, die rhythmische Akkuratesse sicherzustellen. Er weiß aus Erfahrung, daß von den Dirigenten im allgemeinen kein feinnerviges Verständnis für die Bedürfnisse eines Solisten zu erwarten ist. Die Dirigenten dringen mit ihrer Sezierarbeit in jedes Atom eines Orchesterstücks ein, nicht aber, wenn diese Peinlichkeit den Interessen des Solisten dient.

Bei der zitierten Stelle (und bei vielen ähnlichen) glaubt der Dirigent, daß der rhythmische

Fluß der Musik allein schon durch sein Dirigieren aufrechterhalten und sichergestellt wird. Das ist ein Irrtum fast aller Dirigenten. Sie halten nur den Fluß der Musik im Gange (mit manchen Vortragsfinessen geschmückt), aber nicht den Rhythmus. Sie wirken sogar gegen den Rhythmus, weil es unter ihrer Würde ist, das Orchester mit haargenauen Taktierzeichen zu leiten. Die Orchestermusiker erwarten vom Dirigenten durchaus kein schulmeisterliches Taktieren. Es gibt aber Eckpunkte in der Komposition, wo die theatralischen Posen einer straffen Führung Platz machen müssen. Die Dirigenten lassen sich aber oft auch am falschen Ort von ihrer Gefallsucht verführen und bevorzugen wellige Schlangenlinien in ihrem Taktschlag, weil diese choreographisch wirksamer sind. Diese Dirigierweise ist aber oft die Wurzel eines Mißstandes. Für Unebenheiten im Zusammenspiel wird in solchen Fällen die Verantwortung leichtfertig Unschuldigen in die Schuhe geschoben. Den Musikern wird zugeschrieben, woran der Dirigent selbst schuld ist.

Das absolute Zusammensein einer Stimmeneinheit bei einem Einsatz oder beim Auftauchen einer vertrackten Figur ist durch gegenseitige Einfühlung der Mitglieder nun auch auf sich selbst gestellt möglich. Ein zweiter Klarinettist wird scharf beobachten, was ein erster Klarinettist tut. Sollte aber das Zusammenspiel (in entscheidenden Momenten) auf weit voneinander plazierten Spielern beruhen, die einander gar nicht klar sehen können, dann ist das Resultat ohne eine „schulmeisterliche" Leitung meistens ein bedenkliches Wackeln.

Ein Streichquartett oder selbst ein kleines Kammerorchester kann ohne einen Dirigenten spielen, weil zwischen dem Primarius oder Konzertmeister und den Mitspielern ein lückenloser Kontakt besteht und weil der Vorspieler mit einer Körperbewegung oder einem Zuck der Augenwimpern ein unmißverständliches Zeichen zum Einsatz gibt. In entscheidenden Momenten des Orchesterspiels muß der Dirigent diese kammermusikalische Präzision sich zu eigen machen.

In einer Orchesterprobe ist es eine immer wieder erlebte Szene, daß der Dirigent dem Orchester oder auch nur einer Gruppe zuruft: „Zusammen!" Der Zuruf hat aber keine Wirkung. Die Probe wird unterbrochen, und unter scharfer Ermahnung zum Zusammenspiel wird das aus den Fugen gegangene Ensemble wieder in Bewegung gesetzt. Es ist wieder nicht zusammen. Der Dirigent beginnt die Geduld zu verlieren, aber bei seiner autoritären Position kann man ihm nicht sagen, daß sein unvollkommenes Taktiersystem für den Zustand verantwortlich ist.

Fälle, in denen Orchestermusiker, sei es aus Unfähigkeit oder Übermut, tatsächlich ein Bremsklotz sind, kommen bei dieser Betrachtung nicht in Frage. Es wird angenommen, daß von fähigen und disziplinierten Musikern die Rede ist. Wenn das Zusammenspiel von diesen etwas zu wünschen übrig läßt, dann ist wohl anzunehmen, daß es an der Dirigiertechnik der Leitung hapert. Das Problem präsentiert sich meistens bei Einsätzen nach einer Pause oder gleich beim allerersten Spielanfang. Das Zauberwort für die Lösung dieses Problems ist „Vorbereitung".

Die Situation hat eine Ähnlichkeit mit dem Starten von Schnelläufern bei sportlichen Wettbewerben, vornehmlich bei Kurzstreckenläufen. Die Läufer warten auf den Startschuß, um loszuspringen. Aber sie würden niemals zusammen, haargenau zusammen, aus dem Startloch springen, wenn das einzige Zeichen der Startschuß wäre. Ohne ein vorausgeschicktes Zeichen können sie nicht wissen, in welchem Augenblick der Knall erfolgt. Deswegen gibt es beim Starten zwei Vor-Zeichen. Der Starter ruft zuerst „Achtung", dann „bereit" und zuletzt

„los" (oder er knallt los). Diese Startzeichen erfolgen aber im gleichen Zeitabstand, so daß die Läufer wissen und noch mehr fühlen, in welchem Augenblick „los" gerufen oder der Knall ausgelöst wird. Auf diese Weise können sie im Augenblick des letzten Zeichens wie *ein* Mann losspringen.

Der musikalische Einsatz erfordert auch einen Starter. Wenn wir einen Viervierteltakt haben und der Einsatz beim dritten Viertel ist, dann muß der Dirigent den zweiten Schlag markieren, damit die Spieler gemäß dem Pulsschlag des angegebenen zweiten Taktteils auf „drei" einsetzen können. Nun sind die Dirigenten ganz und gar nicht unwissend hinsichtlich der Notwendigkeit einer Vorbereitung, aber sie haben verschwommene Ideen von der richtigen Art dieser Vorbereitung. Sie geben meistens ein abruptes Zeichen, das in keinem rhythmischen Verhältnis zum Einsatz steht. Das vorbereitende Zeichen des vorhergehenden stummen Taktschlages muß so gegeben werden, als wenn dieser (der stumme Taktschlag) ein integrierender Teil der Musik wäre. Die Musiker müssen, wenn sie diesen Taktschlag sehen, schon mit ihm im Rhythmus der Musik atmen. Dadurch werden sie für den mikroskopisch genauen Augenblick des Einsatzes einheitlich bereit sein und ein lückenloses Zusammenspiel produzieren. Es ist unwesentlich, mit welcher Bewegung der stumme Taktschlag ausgeführt wird. Wenn der Dirigent keinen vollen Schlag in die Luft zeichnen will, so kann er das Zeichen mit dem Handgelenk, dem Arm oder einem Kopfnicken geben. Wesentlich ist, zwischen dieser Gebärde und dem tatsächlichen Einsatz dem „Atem" den genauen Zeitraum zu geben, der im Fluß der Musik von Taktteil zu Taktteil besteht. Gleichzeitig müssen die Augen des Dirigenten Entschlossenheit ausdrücken, um anzudeuten, daß er nicht bloß zufällig so handelt.

Die beschriebene Methode der Sicherung des Zusammenspiels läßt sich zugegebenermaßen nicht immer anwenden. Es gibt Wendungen in der Musik, bei denen ein Einsetzen aus dem Stegreif nicht zu vermeiden ist. Ein kurz vorher gebrachtes Notenzitat enthält auch ein Beispiel für diesen Fall.

Bei der Stelle, wo die Bratschen nach Figaros Beinverstauchungsklage den Szenenwechsel unvermittelt einleiten, ist ein vorbereitendes Zeichen des Dirigenten zum Einsetzen nahezu unmöglich. Aber die Situation ist nicht hoffnungslos. Der Dirigent wartet mit erhobener Hand auf den Abschluß von Figaros Jammerszene. Im entscheidenden Moment reißt er dann seine Hand mit einem Ruck nach unten zu dem Punkt, wo der erste Taktteil der Zielpunkt des Schlages ist. Die Bratschisten setzen mit ihrem ersten Ton im selben Augenblick ein. Die Vorbereitung kann in diesem Fall nicht länger sein als das Niederschnellen der Hand des Dirigenten von ihrer wartenden Höhenstellung, also fast gleich Null. Für die Bratschisten ist das aber genügend, weil sie während der Wartezeit sprungbereit sind. Ihre Promptheit wird noch dadurch unterstrichen, daß nicht der Dirigent, sondern sie (wie bei der früheren Gelegenheit schon vermerkt) das Tempo angeben. Der Dirigent gewinnt die Tempobestimmung erst beim zweiten Schlag in der zweiten Hälfte des Taktes wieder. Es ist eine interessante Erscheinung, daß die zuerst ohne kapellmeisterliche Tempobestimmung spielenden Bratschisten bei dieser Stelle immer einwandfrei zusammenspielen. Die Erklärung dafür ist, daß sie für die Dauer von drei kräftigen Achteln zu dirigentenlosen Kammermusikern werden, die gespannt auf ihren Stimmführer und aufeinander achten und hören.

Die Gelegenheiten sind selten, bei denen das Orchester oder eine von dessen Gruppen dem Dirigenten in der Führung zuvorkommt. Es gab aber einen Dirigenten, bei dem das immer der Fall zu sein schien. Es ist vielleicht übertrieben, ihn einen Dirigenten zu nennen, da er diese

Eigenschaft nur nebenamtlich besaß. Aber in seinem Hauptfach war er jedenfalls eine der größten Gestalten, und er hätte es sich leisten können, dem Orchester bei seinen Dirigaten nicht den Vortritt zu lassen. Aber trotz seiner großen Autorität hat er gerade das getan. Man mag schon vermutet haben, daß es sich um Anton Bruckner handelt.

Hans Richter lud Bruckner einmal ein, eine seiner Symphonien mit dem Orchester der Wiener Gesellschaft der Musikfreunde zu dirigieren. In der Probe stand er da vor dem Orchester mit dem Stock in der Hand und einem verklärten Lächeln im Gesicht. Das Orchester war zum Anfangen bereit, aber Bruckner hat keine Anstalten gemacht, das Anfangszeichen zu geben. Schließlich sagte Rosé, der Konzertmeister: „Wir sind bereit, Herr Bruckner, bitte beginnen Sie." „O nein" – antwortete Bruckner – „nach Ihnen, meine Herren."

Furtwängler und Toscanini hätten das hören sollen. Diese zwei Musikdiktatoren hätten Bruckner als Zerstörer des kapellmeisterlichen Nimbus aus der Gilde der Dirigenten ausballotiert. Wenn es aber auf das Urteil der Orchestermusiker angekommen wäre, fragt es sich, ob nicht die zwei Dirigierpotentaten ausballotiert worden wären. Furtwängler gehörte zu jener Kategorie von Dirigent, die vom präzisen Zeichengeben am entferntesten ist. Seine Stärke war seine große Persönlichkeit, sein magisches Fluidum, das eine Atmosphäre der Vergeistigung um sich verbreitete. Daß er sich bei den Musikern behaupten konnte, beruhte auf dem Privileg, das einer großen Autorität auch bei technischen Mängeln zugestanden wird, und auf der erhöhten gesellschaftlichen Geltung, die sie ihren Untergebenen durch die Mitarbeiterschaft verleiht.

Ein Dirigent von geringerer oder gar keiner Autorität hätte sich den Dirigierstil Furtwänglers nicht leisten können. Mit dem schmetterlingsartigen, von oben nach unten flatternden Taktstock würde ein Dirigent dritten Ranges ausgelacht. Dirigenten dieser Klasse müssen präzise Taktschläger ohne Mätzchen sein.

Im Vergleich zu Furtwängler war der Leuteschinder Toscanini, bei all seiner schrankenlosen Handlungsfreiheit, ein ziemlich nüchterner Taktschläger. Sein äußerlich mätzchenloser Taktschlag verschleierte allerdings manche seiner Unebenheiten. Bei der von ihm spärlich kultivierten modernen Musik wurden seine technischen Mängel für das Orchester fühlbar. Diese kamen aber nicht von einem histrionischen Zuviel, sondern von einem technischen Zuwenig. Nur im Erzeugen von „Atmosphäre" litt er nicht an Zuwenig. Seine Proben ähnelten im Einklang mit seinen Menschenschindermethoden einer vulkanischen Explosion, einem Erdrutsch, einem Dammbruch. Auch in der rein probentechnischen Organisation hatte er verschrobene Eigentümlichkeiten. Wenn ihm nur eine beschränkte Probenzeit zur Verfügung stand, nahm er davon keine Kenntnis und hielt die erste von drei Proben so ab, wie wenn sie die erste von zehn gewesen wären.

Nach einem zeitgenössischen Bericht aus dem Jahr 1939 probte Toscanini in London die ersten vier Takte der Pastorale von Beethoven für 20 Minuten und dann den Rest des ersten Satzes für weniger als 20 Minuten. Da in den ersten vier Takten keine Bläser – weder Holz noch Blech – vorkommen, so haben die Spieler dieser Instrumente 20 Minuten untätig herumgesessen.

Dieser Umstand führt automatisch zum Plan, der unabhängig vom erwähnten Vorfall sich jedem vernünftigen Orchesterfachmann sowieso schon aufdrängt. Der Plan ist: geteilte Proben. Dirigenten im allgemeinen und Stardirigenten im besonderen machen kaum Gebrauch vom System der nach Instrumenten geteilten Proben. Und doch haben diese unschätzbare

Vorteile. Freilich sollen sie nur wenn nötig angewendet werden. Aber die Arbeit mit schwierigen Orchesterwerken wird wesentlich erleichtert, wenn die Streicher, Holzbläser und Blechbläser zu Anfang gesondert geprobt werden. Unter Umständen können sogar die Streicher noch weiter auf hohe und tiefe aufgeteilt werden.

Die Dirigenten mögen glauben, daß diese Instrumentalisten ihre Stimmen schon zu Hause soweit vorbereitet haben, daß solche Sektionsproben überflüssig seien. Zuversichtlich kann man annehmen, daß jeder Spieler seinen Part zu Hause geübt hat. Aber eine Teilprobe wirkt auch in diesem Fall Wunder, weil die Heimübung an sich schon viel gründlicher ist, wenn man weiß, daß man dem „Vergrößerungsglas" der Einzelprobe ausgesetzt wird. Zusätzlich zur Verbesserung der Spielqualität haben die Teilproben das heilsame Nebenprodukt wesentlichen Zeitgewinns. Die Probenzeit kann um eine halbe oder ganze Stunde verlängert werden, ohne die Musiker so viel länger an ihr Pult zu ketten.

Der Zeitgewinn wird für sie dadurch erzielt, daß die 15 bis 20 Minuten lange Probepause, die wegen des schleppenden Wiederantretens sich meistens noch länger hinzieht, durch den unmittelbaren Anschluß der nächsten Probe eliminiert werden kann. Nach ihrer anderthalbstündigen Probe brauchen die Streicher keine besondere Arbeitspause, da sie ja nach Hause gehen. Die unmittelbar anschließende Holzblasprobe macht eine Pause auch gegenstandslos, da diese Spieler auch nur für eine anderthalbstündige Periode im Dienst sind. Nach dessen Ende wiederholt sich die unmittelbare Ablösung durch die überhaupt erst frisch antretenden Blechbläser. Die Probe für diese kann sogar auf eine einzige Stunde beschränkt werden, da ihre Stimmen weniger Musik enthalten und ihre Ensembles einfacher sind.

Beim Teilprobensystem erlebt man in der Vollprobe am nächsten Tag eine Offenbarung. Die Vorbereitung des Konzertes ist einen Riesenschritt weiter, und man kann dann auch mit dem vollen Orchester eine minuziöse Arbeit durchführen, ohne einzelne, im Moment unbeschäftigte Gruppen des Orchesters für lange Zwischenperioden brachliegen zu lassen.

Das beschriebene Teilprobensystem hat für mittelschwere Werke eine vereinfachte Variante, die die Sonderproben im ganzen innerhalb dreier Stunden abwickelt. Demgemäß proben die Streicher nur eine Stunde, dann proben die Bläser (Holz und Blech zusammen) 55 Minuten, während deren die Streicher ihre Pause haben. Dann wird für die Bläser eine Pause von 10 Minuten eingeschaltet, wonach die Streicher (zusammen mit den Bläsern) zu einer Endprobe von 55 Minuten zurückkehren. Bei dieser Vereinfachung des Systems dauert die Gesamtprobe nur drei Stunden, und doch hat keine Gruppe länger als zwei Stunden gearbeitet. Die den Streichern verursachte Inkonvenienz der eingeschalteten einstündigen Wartezeit zwischen ihrer Anfangsprobe und der abschließenden Gesamtprobe kann mit einer Umkehrung der Reihenfolge in der Probenordnung bei einer späteren Gelegenheit ausgeglichen werden.

Wer den Teilprobenvorschlag (der übrigens gar nicht alleinstehend, aber noch nicht so detailliert durchdacht ist) zu spitzfindig findet, der wird eine noch spitzere Findigkeit feststellen können, wenn er den nächsten Probenvorschlag vernimmt. Dieser wird, als erste Reaktion, sowohl beim Dirigenten als auch bei den Orchestermusikern auf Widerstand stoßen – aber aus entgegengesetzten Gründen. Der Plan ändert die gewohnte Probenordnung am Konzerttag durch Verschiebung der sogenannten Generalprobe (die dem Plan gemäß sowieso keine Generalprobe wäre) vom Morgen auf den Abend. Nur keine überstürzte Aufregung! Es handelt sich nicht um eine gewöhnliche zwei- bis dreistündige Probe, sondern nur um eine einstündige. Dabei soll man des Vorteils eingedenk sein, keine Frühprobe am selben Tag zu haben, nur eine mit einem Probenbeginn anderthalb Stunden vor dem Konzert. Das Publikum würde natürlich erst nach dieser Probe in den Saal hereingelassen.

Die Abendprobe dient zwei Zwecken. Sie wird eine Art Retuschenprobe sein mit dem Antippen einzelner wichtiger Passagen der Programmnummern. Das nachfolgende volle Programm wird dann quasi als eine Wiederholung empfunden. Und man weiß, daß man bei einer Wiederholung besser spielt, weil man dann aufgelockert und nicht mehr so steif ist. Das Eingespieltsein ist mit ein Zweck der vorkonzertlichen Abendprobe.

Der Nachteil dieser Ordnung scheint zu sein, daß das Orchester anderthalb Stunden früher als gewöhnlich anzutreten hat. Aber der viel größere Vorteil ist, daß sozusagen der ganze Tag frei ist und daß die Musiker (von denen manche in der Vorstadt wohnen) die Reise zum Konzertsaal nicht zweimal am Tag zu machen brauchen. Die Zeitersparnis der einmaligen Reise wiegt den Zeitverlust des früheren Antretens weitaus auf.

Für das Entwerfen des eigentlichen Probensystems sind einige grundsätzliche Feststellungen nötig. Ein Orchester soll ein (ihm) unbekanntes, vertracktes, technisch schweres Werk nie beim ersten Auflegen detailliert proben. Der Vorschlag hat selbstverständlich keine Anwendung für bekannte und leicht spielbare Werke, wohl aber für widerhaarige, noch nie gespielte Kompositionen, die in der ersten Probe bei einer ins einzelne gehenden Arbeit großen Zeitverlust und Nervenverschleiß verursachen.

Das Herangehen an eine schwere Aufgabe soll nicht mit Qualitätsfragen kompliziert werden. Die Musiker sollen das erste, schlecht und recht bewältigte Durchspielen als Spaß und quasi als ein „Maßnehmen" auffassen. Ein solches Durchspielen soll (wie bei einer früheren Gelegenheit bereits angedeutet) Tage oder eine bis zwei Wochen vor der eigentlichen Probenarbeit an eine frühere Arbeitsgelegenheit angeschlossen werden, wenn dafür Zeit erübrigt werden kann, wie es bei kürzeren Proben der Fall sein mag. Es handelt sich ja nur um ein einmaliges, etwa halbstündiges Durchspielen ohne Rücksicht auf Fehler und Unterbrechungen. Der Zweck ist, mit dem Werk eine zwanglose „Grußbekanntschaft" herzustellen.

Wenn die Umstände günstig sind, kann man das erste Durchspielen mit einem zweiten unter denselben zwanglosen Bedingungen verstärken. Aber zum mindesten ist ein einmaliges Durchspielen ein Gebot, und es sollte im Hinblick auf seine spätere ersprießliche Wirkung nicht mißachtet werden. Eine solche Wirkung macht sich zum Beispiel bemerkbar beim willigeren Heimüben der Orchesterstimmen vor der ersten gemeinsamen Probe. Die Orchestermusiker sind ihrer Aufgabe beim Heimüben viel mehr aufgeschlossen, wenn sie von der Natur und den Schwierigkeiten des bereits oberflächlich bekannten Werkes einen Begriff haben. Man hat dann mit dem Einstudieren schon einen fühlbaren Fortschritt gemacht, bevor die eigentliche erste Probe stattfindet.

Diese erste Probe soll aber, zusätzlich zu den anderen Eigentümlichkeiten, auch eine Sektionsprobe sein. Die Stimmgruppen, Streicher, Bläser (in den meisten Fällen Holz und Blech zusammen) sollen getrennt antreten (gemäß gütlich vereinbarter Reihenfolge). Jede Gruppe probt, im Falle besonders schwerer Werke, anderthalb Stunden. Dann vereinigen sie sich zu einer anderthalbstündigen Gesamtprobe. Bei diesem System ist die Gesamtarbeitszeit für jede Gruppe nur drei Stunden. Nur der Dirigent arbeitet viereinhalb Stunden. Aber mit zehnminütigen Pausen dazwischen kann das für ihn bei seiner chronisch unersättlichen Probenlust nicht unerträglich sein.

In der zweiten Probe werden die Repertoirewerke zuerst geprobt, und das nun technisch gut vorbereitete Problemwerk in der zweiten Hälfte. Die nächste Probe, die dritte, ist die Generalprobe. Diese sollte aber gleichzeitig eine Arbeitsprobe sein. Jedes Werk soll zuerst vortragsmäßig ohne Unterbrechung mit allen künstlerischen Feinheiten durchgespielt werden mit einem anschließenden Retuschieren, das erfahrungsgemäß immer notwendig wäre, wenn es beim alten System nicht schon überholt wäre. Die nächste Zusammenkunft ist, nach einem fast gänzlich freien Tag, am Konzertabend mit der vorangehenden, einstündigen Einspielprobe (wie bereits beschrieben).

Es mag vermerkt werden, daß im Falle eines früher schon gespielten selbst schweren Werkes das vorgängige, zum Vertrautwerden bestimmte Durchspielen wegfällt.

Im übrigen sollen die Musiker, denen das Arbeiten in Sektionsproben widerstrebt, daran erinnert werden, daß diese Probenmethode gewöhnlich nur ein einziges Werk betrifft, wovon die anderen Programmnummern unberührt bleiben.

Für das Opernorchester ist das entworfene Probensystem schwerlich anwendbar, weil in der Oper die Arbeit des Orchesters sich nach den Notwendigkeiten der Bühne und der Abkömmlichkeit der Dirigenten richten muß. Außerdem kann in der Oper wegen der viel größeren Arbeitsmenge nicht der letzte Schliff eines konzertmäßigen Vortrags angestrebt werden, was nicht unbedingt tadelnswert ist, da in der Oper nicht das Orchester der „Solist" ist, sondern die Bühne.

Auch für die Aufstellung eines „unter Tag" arbeitenden Opernorchesters können nicht so eng umschriebene Vorschläge gemacht werden wie für die eines Konzertorchesters.

Mit der Probenordnung des letzteren ist seine Sitzordnung nahe verwandt. Das hervorstechende Merkmal eines Orchesters in klassischer Aufstellung ist die „Spiegelbildstellung" der zwei Geigergruppen. Die ersten Geigen sitzen zur Linken des Dirigenten und die zweiten zu seiner Rechten, so daß letztere positionsmäßig so aussehen, als wenn sie das Spiegelbild der ersten Geigen wären. Diese zwei Gruppen haben ihren Platz ganz am Rand des Podiums am nächsten zum Publikum. Danach versteht es sich von selbst, daß die anderen Streicher hinter die Geigen gegen die tiefere Mitte des Podiums zurückgedrängt sind. Weiter hinter diesen sitzen die Holzbläser und hinter diesen das Blech.

An der Sitzordnung der Bläser kann keine Verbesserungsbestrebung wesentlich etwas ändern. Aber die klassische Sitzordnung der Streicher ist verfehlt und sollte geändert werden, wo man es noch nicht getan hat. Unabänderlich ist die Aufstellung der ersten Geiger. Dagegen müssen alle anderen Streicher zur klanglichen und spieltechnischen Verbesserung umgestellt werden. In vielen Orchestern ist das bereits tatsächlich geschehen, obwohl in manchen die Änderung trotzdem nicht glücklich zu nennen ist. In diesen Fällen haben nur die zweiten Geigen und die Bratschen den Platz gewechselt, so daß jetzt die Bratschen in Spiegelstellung zu den ersten Geigen sitzen. Es ist schwer einzusehen, in welcher Weise die Bratschen an der Außenseite des Podiums den Klang und die Spieltechnik des Orchesters fördern können. Bei dieser Aufstellung sind sie entweder von den zweiten Geigen abgeschnitten (wenn die Cellos neben sie gesetzt sind) oder von den Cellos (wenn sie die zweiten Geigen zu Nachbarn haben). Das Optimum in der Aufstellung der Streicher wird erreicht, wenn jede Gruppe mit jener anderen ein ungebrochenes Ensemble bilden kann, mit der sie immer wieder vereinigt spielen muß. Die vernünftigste Aufstellung der Streicher sieht demnach aus, wie Figura zeigt.

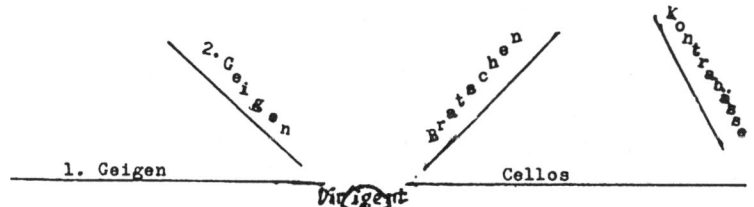

Die zwei Geigergruppen spielen nebeneinander, die zweiten Geigen und die Bratschen spielen ebenfalls nebeneinander, wie sie als gleichbehandelte Füllstimmen oft auch müssen, und die Bratschen bilden mit den Cellos eine Gruppe, wenn sie zu „des Basses Grundgewalt" beizutragen haben. Nur die ersten Geigen und die Cellos sind voneinander getrennt. Aber diese Trennung ist kaum nachteilig, da diese zwei Intrumente selten eine phraseologisch zusammengehörende Tonfolge spielen und außerdem als Eckstimmen sich gegenseitig auch im getrennten Zustand deutlicher hören, als das bei einer dumpfen, am Rand gegenüberliegenden Mittelstimme der Fall ist.

Über das Cello ist noch besonders zu vermerken, daß es nicht nur ein Fundament des Ensemblespiels ist, sondern auch ein edles Soloinstrument, das oft innerhalb wie außerhalb des Orchesters als solches verwendet wird, folglich zu seiner exponierten Außenstellung im Orchester berechtigt ist.

Die als meistbevorzugt erkannte Sitzordnung hat außer ihrer Nützlichkeit den Vorteil, daß sie die Arbeit des Dirigenten erleichtert. Bei den nebeneinander sitzenden verwandten Gruppen braucht er (bei ihrem häufigen Zusammengehen) nicht nach verschiedenen Seiten hin zu fuchteln. Die Geigen sind alle zusammen, die Mittelstimmen sind zusammen, und die tiefen Stimmen sind auch alle zusammen.

Dieses System hat, beziehungsweise hatte, einflußreiche Gegner. Einer, der es bekundete, war der englische Dirigent Sir Adrian Boult. Im Vorwort zu der englischen Ausgabe von Inghelbrechts Werk „Le Chef d'Orchestre et son équipe"(frei übersetzt: Der Dirigent und sein Rüstzeug) mit dem englischen Titel „The Conductor's World", schreibt er: „Ich war erfreut über seine (Inghelbrechts) Parteinahme für die ausgeglichene Instrumentenverteilung in Opposition zu der modernen Zusammendrängung der Diskantinstrumente auf der linken und aller tieftönenden Klangerzeuger auf der rechten Seite des Podiums; eine Sitzordnung, die die klaren Wünsche fast aller Komponisten von Mozart an bis zu unseren Zeitgenossen mißachtet in Hinsicht auf ein antiphonisches Wechselspiel zwischen den ersten und den zweiten Geigen als gleichberechtigten Partnern."

Es ist möglich, daß Mozart und insbesondere Haydn die alte Ordnung kultivierten, weil sie dieser Frage bei der beschränkten Zahl der Streicher (die sowieso dicht zusammengedrängt musizierten) keine Bedeutung beimaßen. Die wesentliche Vergrößerung der Instrumentenmassen des Orchesters in der Romantik (schon von Beethoven an) hat eine neue Situation geschaffen, die nicht mit mozartschen Maßen gemessen werden kann. Inghelbrecht und Boult hatten aber auch moderne Verbündete, darunter als wichtigsten Toscanini. Auch der zwar ältere, aber fortschrittliche und unkonventionelle Berlioz war in dieser Frage bei der Konvention geblieben. Mit der Scheidung der Streicher nach Klanghöhe sei ihrer Meinung nach ein gewisses Gleichgewicht der zwei „Streicherhalbchöre" umgestoßen. Wenn die zweiten Geiger neben den ersten sitzen, dann sei der antiphonische Effekt verloren.

Wirklich? Man muß fragen, wann und wie oft die zweiten Geiger antiphonisch, quasi responsoriumartig im Verhältnis zu den ersten Geigern spielen. Diese Frage ist gleichbedeutend mit der Frage nach der Konstruktion von Orchesterwerken, die die zweiten Geiger in dieser Rolle auftreten lassen. Die zweiten Geigen erfüllen, aufgrund der weitaus größten Zahl der ihnen zugewiesenen Aufgaben im Zusammenspiel mit den ersten Geigen, etwa fünf verschiedene Funktionen, von denen keine einzige antiphonisch ist. Diese Funktionen sind: Unisono, harmonische Ergänzung in Parallelbewegung, rhythmische Begleitung, Untermalung und Kontrapunktik.

Eine sechste Sekundgeigenfunktion, nämlich die Übernahme vieler eingeflochtener Themensplitter mitten im Satzbau, braucht nicht mitgezählt zu werden, weil daran alle Instrumente gleichermaßen beteiligt sind.

Das Unisonospiel der zweiten Geigen mit den ersten ist sehr verbreitet. Es gibt kein großangelegtes symphonisches Werk, in welchem es nicht mehrere Male auftauchen würde. Das Unisono umfaßt freilich auch den identischen Text eine Oktave tiefer. In allen Brahmssymphonien wird die zweite Geige zum Überfluß auf diese Weise behandelt. Die Erste, Dritte und Vierte beginnen gleich mit solchen Unisonos. Ein gutes Beispiel zum Zitieren sind auch das Allegrohauptthema und das Seitenthema des ersten Satzes der fünften Tschaikowsky-Symphonie.

Eine harmonische Ergänzung der ersten Geigenstimme durch die untere Terz in der zweiten ist im Dankgesang von Beethovens „Pastorale". Anschließend soll ein einschlägiges Beispiel aus der zweiten Brahms-Symphonie folgen, in deren drittem Satz die harmonische Ergänzung auffallend auch die untere Sexte erfaßt, an der Brahms dann durch dick und dünn festhält.

Nun brauchen gerade diese Terz- und Sextgänge eine Verschmelzung, eine Homogenität des Klanges und nicht ein Echo aus einer entfernten Ecke des Podiums.

Die Verwendung der zweiten Geigen zur rhythmischen Begleitung kommt meistens bei Tanzstücken wie der Polka, dem Ländler und dem Walzer vor. Ein Beispiel für diese ihre Rolle im Vierviertelakt ist bei der früheren Anführung einiger Takte aus der Fledermaus-Ouvertüre dargeboten worden. Ihre „nachklappende" Walzerbegleitung ist natürlich klassisch. Zu deren Illustrierung sei (von den Hunderten von möglichen Beispielen) ein Ausschnitt aus den „Rosen aus dem Süden" von Joh. Strauß angeführt.

Selbst wenn dieser Zweig der Musik in einer mehr stilisierten, sozusagen visionären Gestalt erscheint, behält die zweite Geige zu einem wesentlichen Teil ihre „walzende" Funktion. Das folgende Beispiel ist ein Teil, etwas vor der Mitte, des Lisztschen Mephisto-Walzers (kurz nach der Vorzeichen-Änderung von drei Kreuzen zu fünf Bs).

Die zweite Geige kann auch die Rolle der Untermalung und Stimmungserzeugung als Unterlage zur Melodie der ersten Geige übernehmen. Diese ihre Rolle wird augenscheinlich im zweiten Satz („Szene am Bach") von Beethovens „Pastorale". Auch bei dieser Verwendung der zweiten Geigen kann man nicht behaupten, daß die antiphonische Sitzordnung wesentlich zur Erzeugung der Stimmung beiträgt; besonders da vom fünften Takt an die Untermalung in eine ausgesprochene harmonische Begleitbewegung übergeht.

Die zweite Geige spielt in diesem Abschnitt, wie in ihren bereits zitierten anderen Begleitrollen, bekanntlich nicht allein, sondern im Verein mit ihrer traditionellen Begleitpartnerin, der Bratsche. Daß diese nicht zusammen mit der zweiten Geige einer Prüfung und Dokumentierung unterzogen wurde, hat seinen Grund darin, daß sie nie als eine antiphonische Partnerin der ersten Geige postuliert wurde. Aus demselben Grund sind auch alle Cello- und Baßstimmen aus allen Zitaten als nicht zum Thema gehörend weggelassen worden.

Falls die antiphonische Partei darauf beharren sollte, daß die emsigen Sekundgeigensechzehntel am Rechtsaußenflügel des Podiums für die am entgegengesetzten Ufer zirpenden Primgeiger (und auch für das Publikum) ein nur aus dieser Entfernung plastisch abgehobenes Plätschern des Bächleins darstellen können und im Schatten der ersten Geigen in einem unförmigen Klangbrei versumpfen, dann sind sie (die „Antiphonisten") schön lackiert, denn die Cellos (wenn sie rechts außen sitzen) können das Plätschern des Bächleins viel plastischer, viel abgehobener – und viel antiphonischer – besorgen. Die in den Zitaten stets weggelassene Cellostimme soll für die „Szene am Bach" ausnahmsweise ins Zitat aufgenommen werden, um die angebliche Degradierung des Streicherensembles durch das Auslogieren der zweiten Geiger von ihrem angestammten Platz zugunsten der Cellisten zu widerlegen. Drei Takte genügen, um die These zu illustrieren. Die ersten zwei Takte mit der Achtelbewegung und der erste mit der Sechzehntelbewegung der geteilten Cellos sollen ohne jedes andere Instrument zitiert werden. Man kann die Melodie der ersten Geigen hinzudenken.
Wer mag klagen über den Verlust der zweiten Geigen am

Podiumsrand mit diesen Cellos an ihrer Stelle? Zudem ist zu bedenken, daß die zweiten Geigen mitnichten verlorengegangen sind. Sie haben sich nur unter die Fittiche der ersten Geigen begeben. Aber es bleibt ihnen auch in ihrem neuen Quartier noch genügend Selbständigkeit erhalten. Ein diesbezüglicher Fall soll gleich anschaulich und mit einem anschließenden Kommentar vorgeführt werden.

Die trommelnden „Regentropfen" in der zweiten Geige sind die Vorboten des kommenden Sturms, der in diesem vierten Satz von Beethovens „Pastorale" dargestellt wird. Das Zusammenspiel mit der ersten Geige ist kompositionstechnisch eine kurze kontrapunktische Episode, die unmittelbar nachher transponiert wiederholt wird. Kontrapunkt ist aber keine Antiphonie, weil darin eine Stimme kein Widerhall einer anderen ist. Die Stimmen sind selbständig. Eine echte Antiphonie finden wir im ersten Satz der Choralsymphonie.

Die Wiedergabe dieser Passagen in der klassischen Aufstellung (erste Geige links, zweite rechts) ist visuell tatsächlich sinnvoll, da das Echo sichtlich von der anderen Seite kommt und der Dirigent zu dessen Veranschaulichung, wie ein Rohr im Wind, bei jedem Takt hin und her schwanken kann. Diese optische Erscheinung kommt aber in der Orchesterliteratur mit einer dazu passenden klanglichen Situation der zwei Geigen sehr selten vor. Das Dirigieren von Unisonos, Tanzbegleitungen und harmonischen Parallelgängen in zwei entgegengesetzten Richtungen jeden Tag des Jahres ist absurd, nur um einer veralteten Gruppenaufstellung zweimal im Jahr Gelegenheit zur Berechtigtheit zu geben.

Bei der Ausführung der genannten, „einseitig" leichter erfaßbaren Geigenfunktionen ist ein präzises Zusammenspiel viel mehr garantiert, wenn der Dirigent beiden Gruppen gleichzeitig ins Auge schauen kann. Diese Bewertung der Situation ist besonders zwingend, wenn die Passagen der zwei Gruppen wie Zahnräder ineinandergreifen müssen. Eine solche Stelle, unter manch ähnlichen, ist in Mozarts Figaro-Ouvertüre bei der Überleitung von der Durchführung zur Reprise.

Es ist klar, daß die zwei Geigergruppen wie *ein* Mann zusammenspielen müssen. Ein Mann kann aber nicht gleichzeitig auf zwei Seiten sein. Und der Dirigent sollte nicht in zwei entgegengesetzten Richtungen dirigieren müssen, wenn der „eine Mann" nur in einer Richtung betriebssicher erreichbar ist.

Die angebliche Verwischung der Klanggrenzen beim Nebeneinanderstellen der zwei Geigergruppen (wenn eine solche Beeinträchtigung überhaupt besteht) wird durch anderweitige Vorteile reichlich aufgewogen. Die größere Genauigkeit im Zusammenspiel braucht nicht nochmals betont zu werden. Es liegt aber auch eine klangliche Verbesserung in der günstigeren Halterichtung der Geigen. Die von Boult postulierte Gleichberechtigung mit den ersten Geigen wird gerade dann erreicht, wenn die zweiten ihre Schallöcher ebenfalls dem Publikum und nicht dem Instrumentengewühl des Orchesters zudrehen.

Die Freimachung des Rechtsaußenflügels des Podiums für die Cellisten bringt einen weiteren Vorteil mit sich, nämlich die Außenprojektion des Celloklanges. Die umgekehrte Saitenordnung dieses Instruments läßt zum Vorteil werden, was bei den zweiten Geigen ein Nachteil war. Die zur Rechten des Dirigenten spielenden Cellisten haben ihre melodietragende A-Saite auf der Publikumsseite, und so bringen sie solche Gruppensolos wie die Eröffnung des zweiten Satzes von Beethovens Fünfter Symphonie und das Fünfvierteltakt-Grazioso im zweiten Satz von Tschaikowskys „Pathétique" und viele andere mit großem Effekt zur Geltung. Auch individuelle Solos wie in der Wilhelm-Tell-Ouvertüre, im „Bürger als Edelmann" und in manch anderen brauchen, vom erstickenden Orchesterdickicht befreit, nicht um Zugang zu den Ohren des Publikums zu kämpfen. Zudem ist es für das Publikum fesselnder zu sehen, wo die schönen Cellosolos gruppenweise oder solistisch herkommen. Es wäre lächerlich, die zweiten Geigen in dieser Hinsicht mit dem Cello zu vergleichen.

Die Orchestersitzordnung, die die Cellos nach außen den Rand entlang, die Bratschen daneben und die zweiten Geigen neben die ersten setzt, verbessert auch den inneren orchestralen Kontakt. Der Vorteil liegt aber nicht nur im verstärkten Kontakt der Gruppen untereinander, sondern auch in der erleichterten akustischen Kontrolle durch den Dirigenten, da die Klangstufen graduell von oben nach unten und nicht im Zickzack verlaufen. Die visuelle Ordnung ist also gleichzeitig eine Richtschnur der Klanglichkeit. Das ist ein Vorteil für die Dirigenten, weil sie in Sachen des Klanges (manchmal auch aus anderen Gründen) verwirrt sein können.

Es mag übelgesinnt scheinen, einen solchen Mangel selbst bei einer Minderheit der Dirigenten anzunehmen. Tatsache ist, daß nicht alle Dirigenten ein scharfes Gehör haben. Das äußert sich zum Beispiel dadurch, daß sie zuweilen eine korrekte Intonation als falsch perzipieren und dann weiter korrigieren, wo nichts zu korrigieren ist. Andererseits, ihrer wohlbekannten Laune getreu, lassen sie Intonationsstörungen durchschlüpfen, wo diese absolut unstatthaft sind.

Dem kann man entgegnen, daß wir in einem temperierten System arbeiten, in welchem minimale Abweichungen unter Umständen legitim sind. Das wäre richtig, aber der Zuhörer muß fühlen, wann die verschiedenen Instrumente eine Uniformität der temperierten Abweichung beachten und nicht willkürlich „temperieren". Ein Musiker mit einem empfindsamen Gehör wird bei unbewußter Toleranz einer delikaten Temperatur immer feststellen können, ob die Stimmung eines Ensembles rein oder unrein ist.

Wenn Abweichungen im temperierten System statthaft sind, dann kann man fragen, wo die Grenze des Statthaften ist. Die Antwort bekommt man, wenn man das Quintenintervall auf dem Klavier mit demselben auf der Geige (oder einem anderen Streichinstrument) vergleicht. Die Quinten der gut eingestimmten Saiten dieser Instrumente sind mit den entsprechenden Quinten auf dem Klavier nicht identisch. Die Streicher stimmen ihre Quinten (nicht aus Berechnung, sondern ihrem Naturgefühl gehorchend) gemäß der Reihe der Obertöne.

Was sind Obertöne und wie erfährt man von ihrer Existenz? Jeder Ton hat Obertöne, aber als Grundton des Experiments nimmt man am praktischsten das große

(Es könnte geradesogut ein anderer tiefer Ton sein). Nun drückt man zuerst die Tasten auf dem Klavier lautlos nieder, die klanglich die Töne c, g, c, e, g

ergeben würden. Man kann diese Reihe auch eine Oktave tiefer nehmen (Höchstwahrscheinlich sind für diese Operation zwei Personen nötig). Jetzt schlägt man das große

kräftig an und läßt es sofort wieder los (während die vorher genannten Tasten lautlos niedergedrückt bleiben). Unmittelbar nach dem Anschlagen und Loslassen des tiefen C ertönen laut vernehmbar die bis dahin stummen Töne der niedergedrückten Tasten in der gleichen Weise, als wenn sie selbst sanft angeschlagen worden wären. Dieses Phänomen ist die Resonanz. Die oberen Töne (die Obertöne) sind im tiefen C latent enthalten und springen sozusagen aus ihm heraus, wenn ihren korrespondierenden, widerhallenden Saiten ein freies Schwingen gestattet ist.

Wenn man jetzt das Experiment zur Kontrolle (bei gleichbleibendem großem C) mit Tönen wiederholt, die nicht zur Obertonreihe des C gehören, also einen Ton tiefer mit b, f, b, d, f

dann wird man mit Erstaunen oder mit Genugtuung feststellen, daß das Anschlagen des großen C eine absolute Totenstille produziert. Zwischen C und b, d, f gibt es keine Resonanz, weil die letzteren drei nicht zur C-Obertonreihe gehören.

Wohl können auch b, d und f Obertöne sein, aber dann müssen sie ihren eigenen Grundton, das tiefe

haben.

Wenn wir einfachheitshalber bei der C-Reihe bleiben, dann zeichnet sich die Obertonreihe folgendermaßen ab: C, c, g, c, e, g, a-b (ein Ton zwischen den beiden) und dann wieder c

Das erste Intervall ist die Oktave, dann folgen die Quinte, die Quarte, große Terz, kleine Terz, eine zu große (falsche) Sekunde, die zur zweiten Oktave des Grundtons führt. Die Obertonreihe setzt sich noch fort mit immer mehr sich verjüngenden Intervallen, die aber für unsere Zwecke außerhalb praktischer Erwägung liegen. Das an zweiter Stelle genannte Intervall, die Quinte, ist das Intervall, das beim Stimmen der Streichinstrumente reproduziert wird.

Die A-Saite der Geige kann wohl mit demselben a auf dem Klavier identisch gestimmt werden. Wenn man aber nachher das eine Quinte tiefer liegende d auf beiden Instrumenten anspielt, dann wird man finden, daß das d auf der Geige ein winzig wenig tiefer klingt. Und die weiter darunter liegende Quinte g der Geige wird im Vergleich zum Klavier-g noch tiefer sein. Der Befund ist also, daß die Quinten (die natürlichen Quinten) auf der Geige etwas größer (man könnte sagen: schärfer) sind als auf dem Klavier. Die Klavierquinten (gleichgültig, von welchen zwei Tönen gebildet) sind durchweg um ein Winziges zu klein. Wenn die Quinten auf dem Klavier so gestimmt würden wie auf der Geige (oder dem Cello), dann wären die Werke aller Komponisten seit Bachs wohltemperiertem Klavier (um nicht von noch früher zu rechnen) unspielbar, weil eine absolut reine Quinte die anderen unweigerlich falsch machen würde.

Auf dem Klavier gibt es nur ein Intervall, das keinen Kompromiß kennt, und das ist die Oktave. Alle andern weichen vom reinen Stimmungsideal ab. Die Quinten (die zu eng sind) und die Quarten (zu weit) ertragen die geringsten Abweichungen. Die Terzen und die Sexten können schon etwas kühner gestreckt werden, bevor sie die Grenze der Dissonanz erreichen.

Der notwendige Ausgleich, beziehungsweise die gegenseitige Anpassung (Temperierung) der Töne des Klaviers kann auch bei manchen Tönen der Geige (oder des Cellos) demonstriert werden. Die leeren Saiten sind freilich aus dem Naturgefühl des Streichers nach den Gesetzen der Obertöne gestimmt. Was aber die gegriffenen Töne betrifft, ist der Geiger manchmal gezwungen, diese Töne durch haarfeine Modifizierung des Greifens auf dem Griffbrett zu temperieren. Das Geigenspiel (und damit auch das Cellospiel) ist manchmal gezwungen, innerhalb seiner eigenen Welt zu temperieren. Die folgenden Beispiele werden diese Zwangslage demonstrieren.

Der Geiger beginnt mit dem Intonieren einer Sexte, die von der leeren D-Saite und dem gegriffenen h auf der A-Saite gebildet wird:

Er wird dieses Intervall mit tadelloser Reinheit spielen. Nachher spielt er (unabhängig vom vorhergehenden) die Quarte h-e

Diese muß natürlich auch restlos sauber sein. Wenn unser Geiger jetzt den Akkord (Sekundakkord im Weitstand) d, h, e

anstreicht, dann wird er das in der Mitte liegende h nicht an derselben Stelle greifen können, an der er es in den zwei anderen Fällen getan hat. Wenn er sich auf eine absolut reine Sexte konzentriert, dann kriegt er eine falsche (zu weite) Quarte. Wenn er die Quarte so sehr enger zieht, daß sie sauber wird, dann ist die Sexte zu weit und falsch. Das h muß seinen Platz irgendwo zwischen den zwei anderen Greifmöglichkeiten suchen. Dadurch wird weder die Sexte noch die Quarte absolut rein sein, aber der Akkord erreicht ein Optimum an Sauberkeit. Diese Manipulation ist deswegen notwendig, weil die Saiten D, A und E in reinen (also „zu großen") Quinten eingestimmt wurden. Wenn sie auf „engere Quinten" (wie auf dem Klavier) eingestimmt worden wären, dann würde das dazwischen liegende h beiden schon ab ovo soviel näher liegen, daß ein Suchen der Mitte gegenstandslos wäre.

Da sieht man den Unterschied zwischen Geigen- und Klaviertemperatur. Auf der Geige wird die Temperatur je nach Notwendigkeit und Möglichkeit an Ort und Stelle geregelt. Auf dem Klavier ist sie von Haus aus eingebaut, so daß nur der Klavierstimmer und nicht der Spieler sich darum zu kümmern hat.

Man kann den Unterschied auch darin erkennen, daß der Pianist immer, bei jedem Ton, temperiert spielt – immer temperiert spielen muß; der Streicher dagegen nur in besonderen Fällen, die ihm die Freiheit geben, die meiste Zeit seinem natürlichen Toninstinkt folgend untemperiert zu intonieren.

Das Klavierspiel ist indessen in keine fühlbare Künstlichkeit eingeengt. Die winzigen Abweichungen von den kristallreinen Intervallen sind für das menschliche Ohr ganz und gar nicht störend. Sogar die leeren Saiten der Streichinstrumente vertragen sich mit den entsprechenden temperierten Tönen des Klaviers und überhaupt auch die ganze natürliche Intonation mit all den künstlich gestimmten Tönen.

Nach all den Präliminarien müssen wir aber auf alle Fälle beim Standpunkt bleiben, daß die Intonation im Orchester so rein (so wenig temperiert) sein muß wie nur möglich. Aber manche Instrumente bilden ihre Töne nach den Obertonreihen, die manchmal von den temperierten um eine knapp merkbare Schwingung abweichen. Das ist der Fall zum Beispiel bei den Hörnern, obwohl das Ventilsystem das Horn der Temperatur nähergebracht hat. Jedenfalls muß der Dirigent in puncto Intonation großzügig sein, wo ein triftiger Grund dafür besteht und wenn die Abweichung nicht über die Grenzen der Temperatur hinausgeht. Oft wirkt eine Abweichung zwischen Instrumenten verschiedener Kategorie wie ein Farbenunterschied. Eine unterschiedliche Schwingungszahl in der Hornintonation und in jener der Geige wirkt weniger störend als ein Detonieren zwischen zwei Geigen unter sich, was absolut unerträglich ist.

Alle diese Umstände verlangen von den Dirigenten eine Differenzierung hinsichtlich der Ursachen der Intonationsschwankungen und als Konsequenz, je nach dem Fall, Strenge oder Nachgiebigkeit. Manche Schwankungen sind läßlich, manch andere sind intolerabel. Die Frage ist, ob die Dirigenten die Qualifikation haben, in Sachen der Intonation als höchste Autoritäten aufzutreten. Es ist jedenfalls eine gültige Feststellung, daß sie im Intonationsfach nicht alle ebenbürtig sind. Es ist eine Erfahrungstatsache, daß manche Dirigenten bei ein und demselben Orchester die Intonationsfrage großzügig behandeln, während andere darüber nie zur Ruhe kommen können. Es muß sonderbar anmuten, daß ein und dasselbe Orchester die Intonationsbedürfnisse einer Dirigentenkategorie befriedigt und die einer anderen andauernd zum Bemängeln herausfordert. Die Erklärung ist, daß ein Instrument einmal schärfer, ein andermal flacher intonieren muß, um sich ins Ensemble einzufügen, und daß der Dirigent manchmal glaubt, diesen Unterschied fallweise selbst regeln zu müssen.

Ein ziemlich genügsamer Dirigent unter den Stars war Bruno Walter. Ein ebensolcher war in Hinsicht auf Stimmung und Intonation Furtwängler. Auch der sonst nie zufriedene Toscanini hat sich kaum mit Intonationsfragen abgegeben. Seine Steckenpferde waren das eigenmächtige Tempo, die Phrasierung und die Gesanglichkeit. Er war an der Intonation (innerhalb des Erträglichen) soweit uninteressiert, daß die Streicher ihre Instrumente immer vor seinem Auftreten einstimmen mußten.

Es ist interessant, wie manche Dirigenten zu fühlen scheinen, daß die Orchestermusiker in der Intonationsfrage maßgebender sind als sie selber und sich deswegen in die Intonationsregelung gar nicht einmischen. Das konnte man aber von Georg Szell schon gar nicht sagen. Jede Komponente der Orchesterarbeit verfolgte er wie ein Wachhund. Ihm ist kein technisches Detail, einschließlich der Intonation, entgangen. Das war bemerkenswert, da er als Pianist den tonerzeugenden Instrumenten des Orchesters nicht sonderlich nahestand. Das aber wirft gleichzeitig die Frage der kapellmeisterlichen Prädestination auf, die wohl einer Untersuchung wert ist.

Was mag ein Dirigent in Musik gewesen sein, bevor er Dirigent geworden ist? Es ist kaum denkbar, daß eine Dirigierkarriere sich nicht aus irgendeiner früheren musikalischen Tätigkeit heraus entfaltet hätte. Wenn man die Dirigenten auf ihr Vorleben hin prüft, wird man bei ihnen ein buntes Sortiment von musikalischen Tätigkeiten feststellen können. Die Buntheit betrifft hauptsächlich die lange Reihe von Instrumenten, die Dirigenten in ihrem musikalischen Vorleben kultiviert haben. Die Reihe dieser Instrumente reicht vom Pikkolo bis zum Kontrabaß. Es gibt kein Orchesterinstrument, das nicht das frühere Instrument eines zum Dirigenten aufgestiegenen Musikanten war. Es gibt (auch gab) namhafte Dirigenten, die Flötisten, Hornisten, Bratschisten, Kontrabassisten und andere waren. Kann man einen Dirigenten mit so einer Vergangenheit ernst nehmen? Wenn er berühmt, bewundert und fürstlich bezahlt wird, dann ist es müßig, diese Frage zu stellen.

Das Hervorgehen aus dem Dschungel des Orchesters hat bestimmt seine Vorteile, aber nicht jedes Instrument ist eine unbestreitbar passende Vorstufe zum Dirigieren. Ohne viel nachzudenken, aber nicht ganz gedankenlos, würde man sagen, daß ein Blasinstrument keine Grundlage zum Dirigieren bietet, weil es weder intellektuell noch musikalisch ein weites Gebiet umfaßt. Die meisten Blasinstrumente haben eine beschränkte Sololiteratur, die dem Spieler selbst mit den bearbeiteten fremden Werken keinen weiten musikalischen Horizont eröffnet.

Das wäre die Theorie. Man kann natürlich nicht gegen „des Lebens goldenen Baum" argumentieren, wenn ein solch namhafter (obwohl außerhalb Frankreichs heute nicht mehr bekannter) Flötist wie Paul Taffanel das Graue der Theorie demonstriert. Ein anderer die Flöte spielender Dirigent, dessen Name bis heute auch außerhalb Frankreichs noch bekannt ist, war Hector Berlioz. Dirigenten einer viel moderneren Zeit sind die zwei amerikanischen Bläser, die vielleicht auch in Europa (wenigstens in Musikerkreisen) bekannt sind. Es sind der Oboist Edo de Wart (ursprünglich aus Holland) und der Hornist Gunther Schuller. Große Persönlichkeiten und Talente können (wenn sie auch Glück haben) alle Schwierigkeiten überwinden. Aber die Theorie von der Nichteignung eines Blasinstruments als Sprungbrett zur Dirigierkarriere muß (für allgemeinen Gebrauch) nach wie vor als gültig betrachtet werden.

Wie verhält es sich mit einem Streichinstrument? Die Sololiteratur ist in diesem Bereich (auch ohne Bearbeitungen) unvergleichlich umfangreicher als die der Bläser (besonders, wenn man die Blasinstrumente einzeln rechnet). Die Streicher haben einen musikalischen Kulturschatz zu ihrer exklusiven Verfügung, die selbst die Pianisten nur durch sinnentstellende Bearbeitungen kennen. Das ist die Streichkammermusik. Die Erziehung der Streicher durch ihre exklusive Kammermusikliteratur ist eine Schule, die ihnen eine Kultur vermittelt, die noch weit darüber hinaus reicht, was das Orchester an Vorbildung verlangt. Aber auch diese Erziehung hat als Grundlage der Orchesterleitung ihre Lücken. Der Streicher denkt linear, nicht polyphon. Das kann er natürlich überwinden, aber es liegt ihm im Blut und erlaubt eine Erweiterung des Denkens erst auf einer späteren Stufe der Dirigierpraxis.

Die Schlußfolgerung aus dieser Übersicht weiß man schon, bevor sie gezogen wird. Der echte Dirigent muß eine pianistische Herkunft haben. Wenn man es sich aber zweimal überlegt, dann könnte man zum Schluß gelangen, daß der Pianist sich eigentlich noch weniger zum Dirigenten eignet als der Bläser. Wohl ist er zum polyphonischen Denken erzogen (schon die Klavierstimme ist eine Art Partitur), aber er hat gar keine Beziehung zum Orchester; er muß Musiker leiten, von deren Instrument er keine Ahnung hat. Die Nichtkenntnis der Blasinstrumente ist an sich kein besonderes Hindernis des Verkehrs mit deren Spielern, weil die Anweisungen an sie rein musikalisch sind und die Spieltechnik nicht berühren. Einem Streicher kann man aber keine phraseologische Anweisung geben, ohne von der Ausführungsweise eine Ahnung zu haben. Heraufstrich, Herunterstrich, gleiche Bogenstriche (oder ungleiche), die Notenmenge mit einem ungeteilten Bogen, Bogenwechsel und die Phrasenstelle des Wechsels sind die technischen Einzelheiten des Geigenspiels, die der Pianist auch dann nicht lernen kann, wenn sie ihm erklärt werden. Diese technischen Kniffe sind das Wissensgut des Streichers, das ihm (wie dem Pianisten die Polyphonie) im Blut liegt.

Wie kommt nun ein Dirigent mit den Mängeln an Kenntnissen bei seiner Tätigkeit aus? Seine musikalischen Ideen werden (wenn er ein Klavierspieler ist) vom Konzertmeister für die Geiger und von den Stimmführern für die anderen Gruppen in Technik übersetzt. Mit der Zeit lernt er, wenigstens keine Absurditäten zu verlangen. Er kann für einen Tonfarbeneffekt immerhin verlangen, daß eine Passage auf der G-Saite in hoher Lage anstatt auf der D-Saite in tiefer Lage gespielt oder nahe dem Steg krächzend gestrichen wird. Er kann auch einen Blechbläser auffordern, gestopft zu spielen, oder einen Klarinettisten vor dem Vibrieren warnen. Er mag auch wissen und dementsprechend erwarten, daß das Fagott nur in der hohen Lage vibriert und nicht in der tiefen. Bei diesen Stellungnahmen sagt aber der Dirigent nur, was man machen soll, nicht aber, wie man es machen soll. Das gilt in vermehrtem Maße für das Geigenspiel.

Wer ist nun der ideale Dirigent vom instrumentalistischen Standpunkt? Es gibt Dirigenten, die viele Instrumente spielen und somit für das Amt am geeignetsten scheinen. Eine Vielzahl von Instrumenten bedeutet aber gewöhnlich Oberflächlichkeit auf allen. Der größte Greuel für einen Orchestermusiker ist die Halbbildung des Dirigenten auf seinem Instrument. Er redet in die Ausführung einer Passage hinein, ohne deren verborgene Verzwicktheit zu verstehen. Der ideale Dirigent (nur vom instrumentalistischen Standpunkt; die anderen Standpunkte nicht gerechnet) wäre demnach einer, der ein ausgezeichneter Geiger (oder Cellist) und ein ebensolcher Pianist wäre. Es ist aber höchst unwahrscheinlich, daß es je einen Dirigenten geben wird, der auf der Geige ein Heifetz und auf dem Klavier ein Horowitz ist.

Es gibt allerdings einige Dirigenten, die diesem Ideal wenigstens in einem Fach näher kommen. Der berühmte Rostropowitsch ist bekanntlich ein konzertierender Starcellist und auch ein sehr guter Klavierspieler. Selbstverständlich ist er gleichzeitig ein hauptamtlicher Dirigent. In allen diesen Fächern war Casals sein Vorgänger, der in seinen reiferen Jahren ein vollbürtiger Dirigent wurde. Übrigens war der eben erst genannte Heifetz auch ein sehr guter Klavierspieler, der aber nie in die Sünde des Dirigierens verfiel.

Heifetz ähnlich (auch darin, daß er sich nie in die Dirigiererei verirrte) war Fritz Kreisler, neben seiner Geigenvirtuosität auch ein ausgezeichneter Pianist. Er legte Zeugnis von seiner

Doppelkunst auf eine amüsante Weise ab. Es geschah im Zusammenhang mit einem Sonatenabend, den er mit seinem Altersgenossen, dem früher sehr beachteten, in England geborenen, aber hauptsächlich in Amerika tätigen Pianisten Harold Bauer gab. Bauer hatte seine musikalische Laufbahn als Violinvirtuose begonnen und war in seiner früheren Jugend sogar in vielen öffentlichen Konzerten als solcher aufgetreten. Auf dem Programm des Sonatenabends, den er schon als Pianist mit Kreisler gab, war auch Beethovens Kreutzer-Sonate. Beim nachkonzertlichen geselligen Zusammensein spielten sie dann dieses Werk nochmals, aber bei dieser Gelegenheit zur besonderen Unterhaltung der Gäste mit vertauschten Rollen. Bauer spielte mit den hinübergeretteten Resten seiner ehemaligen Geigenkunst den Violinpart, und Kreisler saß natürlich am Flügel.

Diese zwei Künstler haben also den Prototyp des idealen Kapellmeisters, wenigstens auf instrumentalistischer Basis, verkörpert. Ob sie auch dirigiertechnisch und menschlich anlagemäßig zur Orchesterleitung berufen waren, ist nie einer praktischen Beurteilung unterzogen worden. Es gibt aber einige aktive Dirigenten, die dem postulierten Ideal nach dem Kreislerschen Vorbild wenigstens annähernd entsprechen.

Wenn man nun bereit ist, sich hinsichtlich einer Doppelleistung auf einen Kompromiß zu einigen, dann sollte die Schlußfolgerung sein, daß der Dirigent Klavier und auch ein Streichinstrument spielen soll, davon wenigstens das eine auf dem Niveau der Virtuosität. Welches den Vorzug haben soll, könnte nach dem vorherrschenden Tätigkeitsfeld des Dirigenten entschieden werden. Ohne dogmatisch zu sein (also auch mit einer möglichen Umkehrung der Vorzugswahl), könnte man für das Konzertpodium einen erstklassigen Geiger (der in seinem eigenen Orchester Konzertmeister sein könnte) mit zweitklassigem Klavierspiel und einen erstklassigen Pianisten mit zweitklassigem Geigen- oder Cellospiel für die Oper als den geeigneten Mann bezeichnen.

Nur eines sollte man bei der Zweitklassigkeit des Geigens und des Klavierspiels nicht vergessen. Mit der Erklärung der Zweitklassigkeit des Geigenspiels muß man vorsichtig sein. So wie sie bei obigen Überlegungen gemeint war, darf sie nicht die Primitivität eines blutigen Dilettanten bedeuten. Mittelmäßiges Geigenspiel und mittelmäßiges Klavierspiel repräsentieren nicht denselben Grad der Empfangswürdigkeit. Wenn das Klavierspiel fließend und ohne jedes Danebenhauen dargeboten wird, dann kann es auch ohne besondere Feinheiten erträglich sein. Ein fließendes und intonationssicheres Geigenspiel wird aber unerträglich, wenn die Tonerzeugung mit dem Bogen und das Vibrato nicht verfeinert sind. Das Spiel kann die technischen Grundbedingungen erfüllen und doch jämmerlich sein. Mit der Zweitklassigkeit des Geigenspiels eines Dirigenten ist ein Niveau gemeint, das die Erfordernisse der ehrenvollen Mitwirkung in einem anständigen Streichquartett als zweiter Geiger erfüllt.

Die ausführliche Behandlung des Instrumentalfaches des Dirigenten könnte den Eindruck der Vernachlässigung der anderen Erfordernisse des Dirigententums erwecken. Im folgenden sollen also die weiteren Requisite des Dirigierhandwerks behandelt werden. Zuerst muß noch festgestellt werden, daß die überdurchschnittliche Beherrschung eines Streichinstruments dem Dirigenten eine besondere Autorität vor seinen Musikern verleiht. Das Klavier kann selbstverständlich dieselbe Funktion erfüllen, aber ein virtuoses Geigen- oder Cellospiel bringt den Dirigenten dem Orchester fachlich näher. Seine Erklärungen über musikalische Interpretation und deren technische Ausführung klingen überzeugender und veranlassen die Musiker, die Anweisungen willig anzunehmen und auszuführen. Über Interpretation und Ausführung hat Richard Strauss als allgemeine Grundlage und Vorstufe zu den individuellen Interpretationseinfällen eines Dirigenten eine Sammlung von Ratschlägen veröffentlicht. Er nannte sie die Zehn Goldenen Regeln – einem jungen Kapellmeister ins Stammbuch geschrieben.

1. Bedenke, daß du nicht zu deinem Vergnügen musizierst, sondern zur Freude deiner Zuhörer.
2. Du sollst beim Dirigieren nicht schwitzen, nur das Publikum soll warm werden.
3. Dirigiere „Salome" und „Elektra", als seien sie von Mendelssohn: Elfenmusik.
4. Schau niemals aufmunternd das Blech an, außer mit einem kurzen Blick, um einen wichtigen Einsatz zu geben.
5. Dagegen lasse niemals Hörner und Holzbläser aus dem Auge: wenn du sie überhaupt hörst, sind sie schon zu stark.
6. Wenn du glaubst, das Blech blase nicht stark genug, so dämpfe es nochmals um zwei Grade ab.
7. Es genügt nicht, daß du jedes Wort des Sängers, das du auswendig weißt, selber hörst, das Publikum muß mühelos folgen können. Versteht es keinen Text, so schläft es.
8. Begleite den Sänger stets so, daß er ohne Anstrengung singen kann.
9. Wenn du glaubst, das äußerste Prestissimo erreicht zu haben, so nimm das Tempo noch einmal so schnell (Möchte ich heute, 1948, dahin abändern: so nimm das Tempo halb so schnell – an die Mozart-Dirigenten).
10. Wenn du dies alles freundlich bedenkst, wirst du bei deiner schönen Begabung und deinem großen Können stets das ungetrübte Entzücken deiner Hörer sein.

Bei Strauss kann man einmal mehr die Feststellung machen, daß musikalisches Genie und menschlicher Intellekt nicht immer Hand in Hand gehen. Die Regeln 1, 2 und 10 können glattweg ignoriert werden, da sie mit musikalischem Vortrag gar nichts zu tun haben. „Salome" und „Elektra" (No. 3) als Mendelssohnsche Elfenmusik wurden (nebst Regeln 4, 5, 6, 7) von Strauss selbst Lügen gestraft. Es ist schon früher berichtet worden, daß Strauss in einer Elektra-Probe das Orchester noch zu einem überlauten Fortissimo peitschen wollte, weil er die Sängerin noch hören konnte. Die Regel 9 macht diesen musikalischen Dekalog überhaupt unseriös, wenn Strauss über dieselbe Frage zweier einander diametral entgegengesetzten Meinungen sein konnte. Die Regel 8 hat als die einzige einen klaren Sinn und kann zur Befolgung empfohlen werden. Sie ist aber eine alte Weisheit, die von manchen Dirigenten auch ohne Extramahnung beachtet wird und bei anderen sowieso nichts nützt. Was kann man den jungen Dirigenten als Wegzehrung mitgeben, von der sie ihre ganze Karriere lang mit Nutzen zehren können? Es gibt zahlreiche Dirigierfibeln, die den angehenden Dirigenten und vielleicht auch den bereits angegangenen das richtige Dirigieren in allen Einzelheiten erklären. Es ist wohl überflüssig, zum x-ten Male in dieselbe Kerbe zu hauen. Doch gibt es unter den verschiedenen Kunstgriffen des Dirigierens ein Hauptstück, das besonders erwähnt und analysiert werden soll. Alle großen Dirigenten wenden es mehr oder weniger an, ohne es methodisch zu formulieren, formulieren zu können oder zu wollen. Die Formel ist verblüffend einfach. Das Orchester muß so spielen, wie ein Konzertsolist spielt. Sein Spiel muß von derselben Energie und Eindrücklichkeit durchpulst sein, die den Vortrag eines einzelnen Instrumentalkünstlers charakterisiert. Die Beanspruchung der Orchestermusiker, die die Last dieser Forderung auf sie legt, kann nicht ignoriert werden und wurde bereits bei den soziologischen Zusammenhängen des Orchesterspiels behandelt. Selbstverständlich müssen die Orchestermusiker wie Künstler behandelt werden, wenn von ihnen eine willige Zusammenarbeit bei einem künstlerischen Projekt erwartet wird.

Ein Instrumentalsolist funktioniert während der ganzen Dauer eines Vortrags in höchster Spannung und Konzentration. Eine solche Beanspruchung wird von den Orchestermusikern nicht erwartet. Sie müssen aber bereit sein, sich diesem Druck während der vom Dirigenten dazu bestimmten hervorragenden Stellen des Spielablaufs zu unterwerfen. Der Beitrag muß aber eher von den Dirigenten geleistet werden. Jene unter ihnen, die selber keine Instrumentalsolisten sind, haben selten den Sinn für die Feinheiten des Solospiels. Sie zielen auf große Effekte, die das Publikum verblüffen, aber den Fachmann mit verfeinertem Sinn für die „kleinen" Effekte kalt lassen.

Manche der skeptischen Beobachtungen mögen wie Tüfteleien erscheinen, aber sie sind nicht unbedingt verwerflich, wenn deren Notwendigkeit und Nützlichkeit den Ausführenden wie den Zuhörern einleuchtet. Eigentlich besteht jede Orchesterprobe mehr oder weniger aus Tüftelei. Die Frage ist, welchen Zwecken sie dient. Der Durchschnittsdirigent erschließt nicht die Mittel eines verfeinert effektvollen Vortrags. Der große Dirigent (groß in den Augen der Musiker) kann manchmal mit einem einzigen Wort eine bis dahin verborgene Wahrheit offenbaren. Toscanini hat zum Beispiel auf die Irregularität hingewiesen, daß zwei Achtel zwischen längeren Noten im Legatospiel die Tendenz haben, routinemäßig ohne Ausdruck gespielt zu werden. Ihre gedankenlose Ausführung kann sich auch durch eine leichte Beschleunigung des Tempos äußern.

Toscanini nannte als Beispiel die eingekeilten zwei Achtel im ersten Melodie-Takt des langsamen Satzes in Mendelssohns Italienischer Symphonie.

Diese Achtel sollten nicht schleppender, aber auch nicht weniger melodisch und espressivo gespielt werden als die sie umrahmenden längeren Noten. Diese Regel gilt natürlich für alle ähnlichen Notenkombinationen, wo immer sie in der Literatur auftauchen.

In einem anderen Fall haben wir solche Achtelpaare am Anfang des langsamen Satzes von Beethovens Choralsymphonie.

Im Sinne von Toscaninis Befund werden die zwei Achtel im letzten Takt des Zitats nicht in der gleichen Weise espressivo gespielt wie das davor stehende Viertel. Als ob Beethoven das vorausgeahnt hätte, setzte er das Crescendozeichen direkt unter die zwei Achtel. Offenbar wollte er vermeiden, daß diese zwei Achtel an Ausdruck verlieren, obwohl die Cantabile-Vorschrift für jede Note ohne Ausnahme gelten sollte.

Mit demselben Komplex ist auch die Triole zwischen zwei längeren Noten behaftet. Daß eine eingeflochtene Triole meistens zu schnell gespielt wird, ist sprichwörtlich in Musikerkreisen. In diesem Zusammenhang mag es von Interesse sein, einen Blick auf den zweiten Satz von Tschaikowskys Pathétique-Symphonie zu werfen. Die zitierte Melodie wird von den Cellisten gespielt, hier in Violinschlüssel umgeschrieben.

Man kann nicht alle Pathétique-Aufführungen mit der Bemängelung belasten, daß sie die Triolen des Grazioso-Satzes überhasten. Die Mahnung ist aber auf jeden Fall am Platze, die Triolen singend (möglichst mit Vibrato) und nicht flüchtig zu spielen. In einem gedankenlosen Vortrag klingt die Triole leicht wie ein Mordent. Ein Aufrütteln ist gerade in diesem Fall angebracht, weil das Auftreten der Triole in jedem zweiten Takt leicht zur Maschinenmäßigkeit führen kann. Selbstverständlich darf die Phrase auch nicht schwerfällig sein. Man muß den goldenen Mittelweg zwischen Gesanglichkeit und Eleganz finden.

In einem anderen Werk ist die routinemäßige Abfertigung der Triole (gegebenenfalls) noch augen- bzw. „ohrenfälliger". Es ist die dem großen Publikum wenig bekannte Sakuntala-Ouvertüre von Karl Goldmark. Wenn dieses schöne Werk seine Renaissance erlebt (wie es ihm gerechterweise zukommt), dann wird man seine Erwähnung beim Thema der Triolen verstehen. Eigentlich ist das vorher schon möglich, da Schallplattenaufnahmen dieses Werkes existieren. Das Zitieren einiger Takte des Hauptthemas gibt zum Kommentar Gelegenheit. Die aus den achtziger Jahren stammende Schallplattenaufnahme enthüllt das verständnislose Spielen des wichtigen Triolenteils der Melodie. Diese Triolen haben die Position von Auftakten im Takt, sind aber mitnichten als Auftakte zu spielen. Sie sind ein integrierender Teil der Melodie und müssen melodisch gedehnt gespielt werden. In der genannten Aufnahme sind sie zusammengedrängt und zeigen die Unempfindlichkeit des Dirigenten für diese Musik. Sein Fall betrifft den früher erwähnten schmerzlichen Werkempfang durch musikalisch feinnervige Zuhörer. Toscanini wäre aus der Haut gefahren beim Hören der gleichmütig ohne Gesanglichkeit gespielten Triolen.

Bei den Sakuntala-Triolen haben wir es mit einer melodischen Emphase zu tun, die indessen keine Hervorhebung, sondern nur eine Aufrechterhaltung der durchgehenden Ausdrucksfülle bezweckt. Es gibt aber auch Fälle, in denen nicht die melodische, sondern die rhythmische Emphase für den beabsichtigten Effekt notwendig ist. Die Angabe der Ausführungsart dieser Vortragsideen wird vom Komponisten oft wissentlich unterlassen, weil die Gefahr einer Übertreibung besteht. Es bleibt dann dem Interpreten, in unserem Fall dem Dirigenten, anheimgestellt, den Effekt innerhalb des Zulässigen herbeizuführen. Ein Beispiel (unter vielen möglichen) für eine solche Gelegenheit finden wir im Scherzo der großen C-Dur-Symphonie (der Göttlichen) von Schubert.

Nach den 12 Anfangstakten, als die Streicher den zweiten Anlauf machen, weicht der dritte Takt des Themas vom dritten Takt des ersten Anlaufs rhythmisch ab, obwohl das thematische Bild identisch zu sein scheint. Die zwei Zitate der ganzen viertaktigen Phrase sollen den Unterschied zeigen. In beiden spielen nur die Streicher, und zwar unisono.

Man sieht, daß im ersten Anlauf (Anfang des Satzes) die Achtelstakkatonoten unaufhaltsam in das e des nächsten Taktes hineinrennen. In der zweiten Passage dagegen stutzt der Lauf vor dem e, als ob er beim Anrennen gegen ein Hindernis eine augenblickliche Atempause zum Festigen der Beine nötig hätte. Es gibt unter den zahlreichen Schallplattenwiedergaben dieses Scherzos keine, die diesen Unterschied der Absicht des Werkes entsprechend ausprägen würde. Das Sforzato, mit dem das e attackiert werden soll, verlangt eine Zäsur (in der ersten Passage wegen der pausenlos durchlaufenden Achtel unanwendbar) zwischen diesem e und der vorausgehenden Viertelnote a, deren Punktzeichen deutlich zeigt, daß sie im vorherrschenden raschen Tempo äußerst kurz sein muß (mit folgendem Atemanhalten). Der ganze Witz des Unterschieds zwischen den zwei „dritten" Takten geht verloren, wenn das Sforzato-e beim zweiten Anlauf nicht nach einem eingeschalteten Sekundenbruchteil knallend hereinbricht. Die meisten Aufführungen machen das gerade Gegenteil des Erwünschten. Sie plumpsen (nach dem Achtellauf mit dem Endviertel) fast zu früh in das darauffolgende e hinein, anstatt die Zuhörer mit einer kaum merkbaren und doch fühlbaren Zäsur in Atem zu halten, wie ein Künstlersolist in einem Solostück es tun würde. Hier ist ein vortragstechnischer Effekt verborgen, der (mit Maß) ausgekostet werden sollte.

Die unermüdliche Ausarbeitung der wenig beachteten Vortragselemente in den Orchesterwerken mag dem Laienpublikum und auch manchen Fachleuten übertrieben erscheinen. Das Resultat mag nicht in vernünftigem Verhältnis zum Arbeitsaufwand stehen. Viel Probenzeit wird mit Einzelheiten verschwendet, die vom Publikum gar nicht beachtet werden. Soll man also auf die „Feinmechanik" der Orchesterarbeit verzichten? Wo ist die Grenze zwischen dem Nützlichen und dem leeren Strohdreschen? Die Philosophie des „Vergeblichen" könnte ja ganz zum Aufgeben der Musikpflege führen. Wenn man aber dem Prinzip Nietzsches folgt, wonach das Leben ohne Musik ein Irrtum wäre, dann kann man dem hinzufügen, daß das Leben ohne die zum Höchsten verfeinerte Musik zumindest kulturell vermindert wäre.

Dieser Idee dient die Tüftelarbeit in der Vorbereitung einer musikalischen Aufführung. Die Tonkultur führt zu immer schärferer Hellhörigkeit. Und es ist der Ehrgeiz der meisten künstlerisch Tätigen, den Hellhörigen und nicht den Schwerhörigen zu gefallen. Selbstverständlich beruht alle höhere Musikdarbietung auf der primitiven Grundlage des einfachen Wohlklanges, des regelmäßig pulsenden Rhythmus und des wohlgefügten Zusammenspiels. Aber wie in der Kochkunst, wo man sich nicht mit bloß nahrhaften Naturprodukten zufrieden gibt, sondern auch dem Gaumen mit würzigen Zutaten schmeicheln will, so will man auch in der Musik, namentlich in der großen Ensemblemusik (die endlose Varianten von Klangleckereien zur Verfügung hat) die Ansprüche der auditiven Phantasie des Musikschwärmers befriedigen.

Was ist die Würze in der Musik, besonders in der Orchestermusik, die viele Dirigierköche ihrem Gericht nicht beizumischen verstehen? Nehmen wir die Wiedergabe einer Rossini-Ouvertüre. Ein solches Werk ist für unsere Zwecke eminent geeignet, da Rossini selbst der größte Freßspezialist unter den Komponisten war. Von ihm heißt es, daß er nur zweimal in seinem Leben geheult habe. Das erste Mal war es, als er Paganini Geige spielen hörte; das andere Mal, als er es mit ansehen mußte, wie ein Kellner einen getrüffelten Truthahn beim Servieren aus Unachtsamkeit in den Gardasee fallen ließ. Bei der Wiedergabe der Ouvertüre zur Oper „Der Barbier von Sevilla" können wir feststellen, wie die meisten Dirigenten die Trüffeln, mit denen Rossini seine Ouvertüre gewürzt hat, beim Servieren unter das Pult fallen lassen. Hier folgt das Seitenthema des Satzes, das mit Rossinis Gewürzzutat piekfein gemacht wurde.

Das ist natürlich nur ein Skelett der Partitur. Das bunte Ensemble des ganzen Instrumentariums ist nicht nötig für die Demonstration der Tändelei, mit der Rossini die Hauptmelodie umspielt. Dieser Sechzehntelschnörkel scheint weder für die melodische Gestaltung noch für die Satzkonstruktion wesentlich. Doch wäre der ästhetische Gesamteindruck lückenhaft, wenn man ihn wegließe. Dann würde man fühlen, daß diese Floskeln die Rosinen im Kuchen sind. Sie kommen achtmal, meistens von Streichern, einmal auch vom Fagott gespielt, vor. Viermal in der Exposition und desgleichen in der Reprise. Wenn man aufmerksam zuhört, findet man bei den meisten Aufführungen, daß dieses Phrasenfüllsel seine Rolle nicht als das erfüllt, was es sein sollte: Eine mit Liebe und Freude ziselierte Kostbarkeit, vielmehr ist es nur ein hastig und quasi aus Not hingeworfener Klecks.

Im Gegensatz zum „Einheitspreisgeschäft" des Orchesterspiels sind Solisten in der Regel sehr sorgsam im Vortrag sekundärer Werkbestandteile. Figurationen, Verzierungen, Begleitstimmen werden mit der Prominenz von Hauptmelodien gespielt. In Instrumentalkonzerten gibt es viele Stellen, bei denen das vom Orchester gespielte Hauptthema von den Girlanden der Solostimme effektvoll umspielt wird. Ein Beispiel ist die Trillerbegleitung, mit der die Sologeige das Orchesterspiel im dritten Satz des Beethoven-Violinkonzertes verziert. Die Stelle ist das Ende der Kadenz, das gleichzeitig die Wiederaufnahme des Rondos ist.

Hier ist der Geigentriller eigentlich nur eine Verzierung der von den Streichern gespielten Fragmente des Hauptthemas. In den letzten vier Takten gewinnt aber die Verzierung eine harmonische Funktion, die sie für die Modulation zum As-Dur wesentlich macht. Diese Funktion kann in einem Orchester- oder Kammermusikwerk sehr wohl auch einer Mittelstimme zufallen. Wenn aber diese Rolle der Sologeige zugewiesen wird, dann gibt die Modulation (in unserem Fall sogar durch doppelte Alteration: vom Fistriller zu f und vom Grundton e zu es) dem Solisten Gelegenheit, sein Spiel durch demonstratives Ausstanzen des Harmoniewechsels eindrücklicher zu machen.

Das ist die Art der solistischen Stimmengestaltung, die im Orchesterspiel meistens versumpft. Es gibt jedoch Fälle, in denen auch die solistische Ader eines Instrumentalkünstlers verkümmert ist. Ein Irregehen des solistischen Gestaltungsvermögens kann an einigen Beispielen demonstriert werden, weil viele Künstler, in diesem Fall Geiger, darunter manche der größten und namhaftesten, einer falschen Lockung auf den Leim gehen. Sie machen Fehler, die normalerweise nur für das Orchesterspiel charakteristisch sind. Das Übel ist die Unfähigkeit männlich beherrschter Phrasierung. Die wenigsten Vortragenden können den richtigen Moment für den richtigen Zug abwarten. Die Orchester und in gewissen Situationen auch die Solisten sind wie Eilzüge ohne Bremse. Beim Orchester ist natürlich der Dirigent der Lokomotivführer, der für die Mißachtung des Fahrplans verantwortlich ist. Der Solist muß seinerseits den Fehltritt seiner eigenen Gedankenlosigkeit zuschreiben. Nehmen wir als Demonstrationsobjekt den ersten Einsatz des Soloinstruments in Tschaikowskys Violinkonzert. Es werden nur die Instrumente angeführt, die für die Demonstration der kritisierten Erscheinung einen hinreichenden Rahmen bilden.

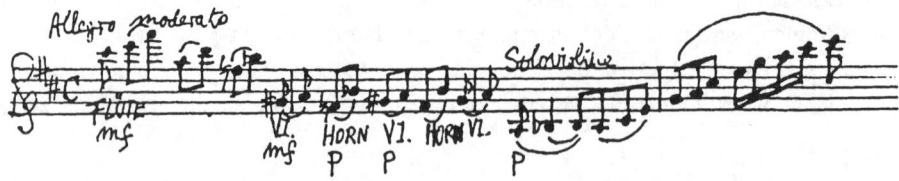

Glücklich ist der Zuhörer, der das erste (tiefe) a der Solovioline je gehört hat. Dieses a wird vom unmittelbar vorhergehenden Orchesterklang meistens überdeckt. Der Schlußton des Orchesters ist noch nicht verklungen, wenn der hastige Solist mit seinem ersten Achtel schon einsetzt. Und es ist kein Fall bekannt – in welchem diese Übereilung vorkam –, daß der Dirigent den Solisten von dessen eigener Verhinderung abgehalten hätte. Das Einsatz-a des Solos ist freilich das zweite Achtel des ersten Viertels des Taktes. Aber diese Musik ist nicht für eine Maschine, sondern einen Vortragskünstler komponiert worden. Die ganze Einleitung hat den Charakter einer Kadenz. Das hat Tschaikowsky selber durch das gleich nach dem Anfang hingesetzte Ritenuto angedeutet. Tatsächlich spielt diese Einleitung kein Geiger strikt im Tempo. Nach dem übereilten Einsatz gibt sich jeder Solist Zeit, die ganze Passage rubato zu gestalten. Was für einen Sinn hat es dann, sie sozusagen wie auf ein militärisches Kommando anzufangen? Das Rubato sollte durch ein ausgiebiges, doch nicht überlanges Atemholen gerade beim ersten Einsatz zur Geltung kommen, weil da der Solist sich vom Orchester deutlich absetzen und dem Publikum als überlegener Beherrscher der Situation vorstellen sollte. Ein metrisch zu striktes Beginnen zeugt von nervöser Unruhe und sogar von Unmusikalität, weil es die Zeremonie einer zwanglosen ersten Fühlungnahme mit dem Publikum in eine vorschriftsmäßige Schulaufgabe verwandelt.

Dieses Tschaikowsky-Violinkonzert gibt dem Solisten Gelegenheit, denselben Fehler im dritten Satz noch krasser zu begehen. Die Situation ist gewissermaßen die gleiche wie im ersten Satz. Es geschieht wieder beim Solobeginn, daß der Geigenvirtuose sich selbst auf die Füße tritt. Er kann mit dem Einsetzen (mit löblichen Ausnahmen) nicht auf den musikalisch und psychologisch richtigen Moment warten. Er spielt wieder bürokratisch, wie wenn ihm ein Metronom den Takt schlagen würde. Hier ist nun das Notenbild der kritischen Stelle. Nur die melodietragende Klarinette ist angegeben, aber der Fortissimoakkord wird selbstverständlich vom ganzen Orchester gespielt.

Wenn der Solist strikt im Tempo einsetzt, was viele Geiger tun, dann hört es sich so an, wie wenn er zusammen mit dem Akkord eingesetzt hätte, da die „Staubwolke", die das Fortissimotutti aufwirbelt, den Soloeinsatz in einen Klangschleier hüllt und der zeitlichen Feststellbarkeit entzieht. Das Zuwarten, bis die Luft für einen klaren Einsatz wieder rein wird, ist in diesem Fall noch begründeter als im früheren Fall, weil das Solo metrisch (nicht wie im ersten Satz) keine direkte Fortsetzung der vorhergehenden, vom Orchester gespielten Phrase ist. Man könnte da sogar eine Pause von der Länge eines ganzes Taktes einschalten, ohne den Zusammenhang mit dem Orchestervorspiel zu zerreißen.

Auch beim Soloanfang des Beethoven-Violinkonzertes wäre eine winzige Zäsur wohl angebracht. Oft hebt sich dieser Anfang vor der Orchestereinleitung nicht deutlich genug ab. Eine kaum merkliche Luftpause vor dem Soloeinsatz schafft dem Solisten eine freie Plattform, auf der er sich von der Orchesterphalanx sofort als Einzelperson abheben kann.

Von den vielen Fällen solistischer Verirrung soll noch einer erwähnt werden, dem man vielleicht am häufigsten begegnet. Allerdings scheint niemand unter den Interessenten daran interessiert zu sein. Weder der Solist noch das Publikum noch schließlich die Dirigenten fühlen sich durch einen Verlust ärmer, den sie bei jeder Wiedergabe des Mendelssohn-Violinkonzertes erleiden. Es handelt sich dabei natürlich, wie schon in den anderen Fällen, um einen Verlust, der zeitlich gerechnet in Bruchteilen einer Sekunde bemessen ist. Prozentual ist das im Verhältnis zu der halbstündigen Vortragsdauer des Konzertes nicht der Rede wert. Aber man kann auch im Bruchteil einer Sekunde getötet werden, und gerade das passiert denen, die musikalisch so empfindlich sind, daß sie bei einem Dolchstoß gegen die Musik ein wenig mitsterben. Erkennen wir nun am Notenbeispiel, wo und wie der Musik die Verwundung zugefügt wird. Die Stelle ist die kurze, launige Einleitung zum dritten Satz durch das Alternieren zwischen der Fanfare und der Solovioline.

Hand aufs Herz! Jeder, der behauptet, die Solovioline in einem öffentlichen Konzert mit Orchesterbegleitung anders als so gehört zu haben

ist ein Lügner oder ein Phantast. Die ersten zwei Sechzehntel sind nur alle Jubeljahre einmal zu hören. Diese Sechzehntel werden in den meisten Aufführungen unterschlagen; nicht aus Unredlichkeit, sondern aus Dummheit. Weder der Solist noch der Dirigent vergegenwärtigen sich, daß alles unmittelbar nach dem Trompetenfortissimo piano Gespielte vom Widerhall des Geschmetters verschluckt wird. (Das ist nach der Streicherfloskel im fünften Takt nicht mehr der Fall.) Die Medizin dagegen ist, nicht kopflos in die Sechzehntel hineinzurennen, sondern wenigstens einen haarfeinen Moment zwischen dem Trompetensignal und dem Soloeinsatz zu warten. Das ist um so notwendiger, als die kleine Sechzehntelfloskel der Sologeige die Vortragsvorschrift „scherzando" trägt. Um diesen Vortragscharakter zur Geltung zu bringen, muß man Ruhe und Zeit dazu haben. Die meisten Geiger glauben, mit den fünf scherzhaften Noten eine Prüfung in Virtuosität ablegen zu müssen. In diesem Violinkonzert gibt es genug Gelegenheit, in Virtuosität zu schwelgen. „Scherzando" bedeutet nicht „bravourös". Wenn an diese Passage mit etwas kühlerem Blut herangegangen wird, dann wird das Publikum auch mehr davon hören und genießen, und Mendelssohn wird sich nicht mehr in seinem Grab umdrehen...

Dieselbe Prozedur wäre auch für den Einsatz des Solocellos im Brahms-Doppelkonzert gleich am Anfang nach dem kurzen Orchestervorspiel zu beobachten. Nicht alle Cellisten erfassen die Notwendigkeit des kunstvollen Wartens nach dem polternden Klangwirbel der Orchestereinleitung. Ein Zitat des Konzertbeginns wird dessen Klangverhältnisse klarstellen.

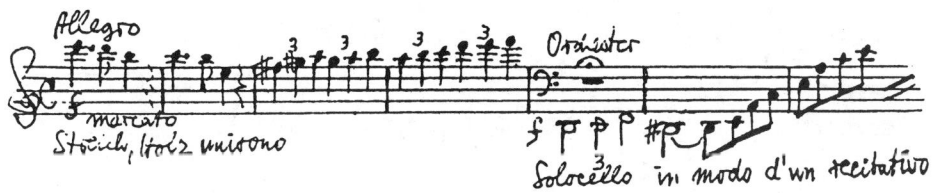

Eine wohlangebrachte Kunstpause vor dem Celloeinsatz bezweckt kein klaffendes Abspalten des Solos vom Orchester. Jeder empfindsame Musiker weiß, daß man von den Schulregeln abweichen und wieviel man von ihnen abweichen kann oder soll. Ein einziger Augenblick kann in der Musik zu früh oder zu spät bedeuten, und man weiß – wenn man's fühlt –, wann und wo das eine oder das andere angebracht ist. Die haarfeine Verzögerung des Brahms-Celloeinsatzes ist wohl innerhalb des erwünschten und erlaubten Rahmens. Brahms hat keine Spielanweisung für diese Nuance gegeben, weil er höchstwahrscheinlich eine Übertreibung befürchtete. Aber seine Zustimmung ist durch die Fermate des pausierenden Orchesters im Einsatztakt stillschweigend angedeutet.

Ein brauchbarer Maßstab der statthaften Artikulationsfreiheit ist das akustische Mitgehen des Publikums. Dieses muß gleich beim ersten Ton eines Solos (auch eines solchen im Orchester) mit dabei sein und sich nicht erst im zweiten Takt bewußt werden, daß da etwas bereits begonnen und verpaßt wurde. Das kann aber der Fall sein, wenn ein hastiger Soloeinsatz auf ein Fortissimo-Orchestertutti folgt. Es ist also Sache des Vortragenden, diesem Umstand in Dynamik und Rhythmik Rechnung zu tragen.

Noch nachträglich, bevor das Eisen ganz kalt wird, muß im Zusammenhang mit der dynamischen Rücksichtnahme der drittletzte Takt des Mendelssohn-Violinkonzertes erwähnt werden. Der brillante Lauf in diesem Takt

ist in einem orchesterbegleiteten Vortrag wahrscheinlich noch nie gehört worden. Gespielt wird er natürlich nicht weniger als alles andere in diesem Stück. Aber das heillose Gedröhn des Orchesters macht ihn gänzlich unhörbar. Noch nie hat ein Dirigent die Menschlichkeit gehabt, den Orchesterakkord trotz des vorgeschriebenen Fortissimos bis zur akustischen Freilegung der Solovioline abzudämpfen.

Ein klangliches Versinken beim Ablösen einer Instrumentengruppe durch einen Einsatz aus anderer Quelle ist ein Phänomen, das nicht nur in der Kombination mit einem Soloinstrument vorkommen kann. Es gibt Passagen in der Literatur, die zu dieser Feststellung Anlaß geben. Am besten wird ein solcher Fall gleich durch das Zitat einer besonderen Orchesterpassage illustriert.

Die Bratschenstimme ist zwecks der Übersichtlichkeit der Stimmfolge in Baßschlüssel umgesetzt. Dieses Zitat ist ein Auszug aus Arthur Honeggers „Pastorale d'été", (einer Art Sommeridyll). Die Hauptteile des Stücks sind in einem ruhigen Fluß gehalten, und nur der Mittelteil, dem das Zitat entnommen ist, bringt eine fröhlich bewegte Abwechslung. Diese Werkgestaltung wäre kein Grund zur Anführung, wenn nicht die Stimmenverhältnisse im letzten Takt Anlaß dazu geben würden.

Wenn man diesen letzten Takt (des Zitats) etwas genauer anschaut, wird man finden, daß die Kontrabässe, die vorher noch mit den Cellos unisono gespielt haben, sich in der zweiten Hälfte des Taktes von ihnen trennen und mit ihrer Stimme allein bleiben. Der Grund für dieses selbständige Weiterspielen, wie man's wahrscheinlich schon weiß, ist, daß die Besaitung des Cellos beim C (der leeren C-Saite) ihre unterste Grenze hat und zum nächstfolgenden tieferen B nicht mehr herabsteigen kann. Der etwa noch eine weitere Oktave tiefer reichende Baß muß nun die thematische Linie fortführen. In dem Moment, wo er den Ton B anschlägt, muß er also so tönen wie ein tiefer hinuntersteigendes Cello. Aber gerade das trifft nicht ein.

Nach den Erfahrungen, die man bei den (leider) spärlichen Aufführungen dieses ansprechenden Werkes gesammelt hat, erfüllt der Baß ganz und gar nicht die ihm zugewiesene Funktion. Das ist nicht seine Schuld, sondern in den meisten Fällen die des Dirigenten, der es zuläßt, daß die Kontrabaßportion der Tonfolge sozusagen unmerklich in die Spielbahn einschleicht, anstatt zum Anpacken des B angehalten zu werden, und zwar zu einem Anpacken mit derselben Prominenz, mit der es die Cellisten täten, wenn es ihnen rein physisch möglich wäre. Die Dirigenten haben keinen Sinn für die Aufrechterhaltung der Phrasenlinie, wie sie von den Cellos auf die Bässe übergeht, und so hört man beim Erreichen ihres wichtigsten Punktes, nämlich des tiefsten Tons B, nur ein dumpfes Gemurmel. Zum Zwecke der Deutlichkeit wäre sogar ein leichter Akzent statthaft.

Mit der detaillierten Analyse dieses Vortragsexempels mag die Frage der Überbetonung einer kaum oder gar nicht beachteten Einzelheit wieder aufs Tapet gebracht werden. Diese Einzelheit bleibt aber keine Einzelheit, wenn sie sich auf zahlreiche Vortragspunkte der reichen Orchesterliteratur erstreckt. Die ganze Vortragspraxis verfolgt sozusagen das einzige Ziel – und das ist auch ihr Beruf –, die Musikwerke auf dem verfeinertsten Niveau zu vermitteln. Jede gründlich und verständnisvoll ausgearbeitete Einzelheit erhebt die Vortragskunst zu der Ebene, die im Verein mit ähnlichen Bestrebungen auf anderen Gebieten unsere Kultur repräsentiert. Es wäre also verfehlt, die Sorge um die Einzelheit geringzuschätzen. In der Musik geben die Dirigenten vor, auch diesem Prinzip zu huldigen, aber in der Praxis arbeiten sie, vielleicht unbewußt, fabriksmäßig. Bei ihnen ist die Musik das Ergebnis einer Massenproduktion. Nicht, daß sie nicht auch ins Detail gehen, aber ihre vortragstechnischen Erklä-

rungen bleiben nicht in der den Orchestermusikern verständlichen Begriffswelt eines natur-
haften Musikantentums. Sie reden nicht präzis zur Sache, sondern allegorisch daneben. Sie
operieren mit billigen Tiraden geschwollenen Literatentums. Ein gelegentlicher Gedankenaustausch mit dem Konzertmeister beleuchtet die Art des geistigen Verkehrs mancher Dirigenten mit dem Orchester:

Die Orchesterprobe ist auf Hochtouren im Gange. Auf einmal unterbricht der Dirigent den
rauschenden Klangwirbel und wendet sich zum Konzertmeister. „Bei dieser Stelle müssen
die Geiger singen wie Frühling, wie ein sanfter Wind, der durch den Wald bläst, wie ein
liebkosender Sonnenstrahl... So, versuchen wir es noch einmal." Der Konzertmeister guckt
den Dirigenten an und sagt: „Nun gut, Herr Kapellmeister, aber sagen Sie jetzt, wie Sie es
haben wollen; laut oder leise?"

Die Orchesterchronik weiß von einem anderen, nahezu ähnlichen Zwischenfall, bei welchem
aber nicht der Dirigent, sondern ein Orchestermusiker, der Solohornist, die Probe unterbrach. Der
Vorfall hat darin eine Vorgeschichte, daß der Dirigent den Hornisten am Vortag auf seine „literarische" Weise instruiert hatte, wie er (der Hornist) einer bestimmten Passage eine „purpurne"
Färbung geben solle. Er sollte beim Spielen an Purpur denken, damit die Zuhörer in ihrer Phantasie zum Heraufbeschwören dieser Farbe inspiriert werden. Am nächsten Tag, als das Orchester
wieder an der Arbeit war und beim Spielen zu der bewußten Stelle gelangte, sprang der Hornist
plötzlich von seinem Stuhl und unterbrach die Probe mit einem lauten Schrei. Der Dirigent wurde
über die Störung sehr ungehalten und verlangte erregt Aufklärung über diese Ungehörigkeit. Der
Hornist stand für eine Auskunft bereit: „Herr Kapellmeister, ich bitte um Entschuldigung, ich
habe die Probe aufgehalten, weil ich einen Fehler gemacht habe." Der Dirigent: „Einen Fehler?
Ich habe keinen gehört. Was war der Fehler?" Der Hornist: „Sie haben mich gestern angewiesen,
dieser Passage eine purpurne Farbe zu geben. Ich aber habe ‚rot' gespielt."

Diese Berichte mögen selbst zu literarisch scheinen. Wenn das Körnchen Salz, mit dem sie zu
genießen sind, vielleicht das Übliche an Größe ein wenig übertrifft, so kommen sie den Tatsachen
ziemlich nahe. Es gibt unter den Dirigenten leidenschaftliche Märchenerzähler, die dem Orchester die von ihnen gewünschte Vortragsweise durch solche Methoden beizubringen versuchen,
anstatt die rein musikalischen Nuancen mit fachlich verständlicher Terminologie zu umschreiben. In einer früheren Generation waren Mengelberg und Scherchen berüchtigte „literarische"
Dirigenten. Zu ihnen kann man bis zu einem gewissen Grad auch Erich Kleiber zählen, dessen
anschauliche Erklärungen jedoch in erträglichem Rahmen blieben und praktischen Zwecken dienten.

Während der Hitlerzeit hatte Kleiber (obwohl kein Jude) eine ausgedehnte Tätigkeit in seinem
südamerikanischen Exil. Einmal, in einem Konzert in der chilenischen Hauptstadt Santiago, dirigierte er Beethovens Siebte Symphonie. Bekanntlich kommt im Scherzo diese Figur

vor. Die Musiker hatten es schwer, den kurzen Vorschlag deutlich oder überhaupt zu spielen,
und so war die Ausführung nicht besser als

Da der Schauplatz dieser Begebenheit die Stadt Santiago war, so verfiel Kleiber auf die patente Idee, den Musikern die richtige Ausführungsart durch eine spielerische Verwendung des Namens dieser Stadt beizubringen. Er sang ihnen das Scherzothema mit dem untergelegten Namen folgendermaßen vor: „Santago, Santago." Und dann fügte er hinzu: „Das ist das sprachliche Abbild dieser Musik in Ihrer Leseart. Würden Sie eine so entstellte Aussprache des schönen Namens Ihrer Stadt zulassen? Tun Sie also auch Beethoven nicht eine solche Atrozität an! Bitte spielen Sie die Stelle nun so: Santjago, Santjago!" Der Trick hat verfangen. Die Chilenen haben das Scherzo der Siebten von da an immer einwandfrei gespielt.

Kleibers literarische Neigung äußerte sich hauptsächlich durch sein Prinzip, die Opernmusiker immer über den Inhalt der von ihnen gespielten Opern zu informieren. Er war überzeugt, daß die Musiker hingebungsvoller spielen, wenn sie wissen, welche Beziehung ihre Musik Schritt für Schritt zum Bühnengeschehen hat. Die Idee war nicht abwegig, weil viele Musiker keine genaue Kenntnis der Einzelheiten der Operngeschichten haben. In dieser Beziehung sind sie nicht viel besser dran als manche Opernbesucher, die den Vorgängen selbst beim Zuhören und Zuschauen keinen Sinn abgewinnen können. Kleiber hat in dieser Beziehung in einem ganz besonderen Fall selbst seine drollige Erfahrung gemacht.

Hindenburg, der deutsche Staatspräsident der zwanziger Jahre, wohnte einmal einer von Kleiber dirigierten Zauberflöte-Aufführung bei. Beim nachherigen Empfang sagte der Präsident zu Kleiber: „Es wäre für mich unterhaltsamer gewesen, wenn man mir vorher gesagt hätte, was all das Treiben auf der Bühne zu bedeuten hatte." Hindenburg war gar nicht so sehr auf dem Holzweg. Die „Zauberflöte" kann klar sein wie Quellwasser, aber auch wie das größte Durcheinander. Im letzteren Fall wären natürlich Erläuterungen notwendig.

Ein Dirigent, der sich mit Erläuterungen ziemlich zurückhielt, war Richard Strauss. Er war zwar literarisch in dem Sinn, daß er oft literarische Themen für seine Symphonischen Dichtungen wählte. Aber in seinem Verkehr mit Orchestern hat er nicht viel Worte gemacht. In seinen Orchesterproben ist er kaum über das technisch Notwendige hinausgegangen; manchmal nicht einmal so weit gegangen. Als einmal „Tod und Verklärung" zu einem Konzert vorbereitet werden sollte, begann er die Probe mit der Frage: „Ist da jemand im Orchester, der dieses Stück noch nicht gespielt oder eventuell noch gar nicht gehört hat?" Allgemeines Schweigen. Da das Orchester offenbar kein solch unerfahrenes Mitglied hatte, so schritt Strauss gleich zum nächsten Werk: „Ist da jemand, der ‚Zarathustra' noch nicht... usw." Die Antwort war wie vorher. Dann sagte Strauss: „Ich sehe, wir haben alle Voraussetzungen zu einem erfolgreichen Konzert. Auf Wiedersehen am Abend."

Zu obiger Geschichte mag man sagen, daß das Körnchen Salz von vorher auch auf die Strauss-Probe anwendbar ist. Am Ende des 20. Jahrhunderts sind kaum noch Orchestermusiker am Leben, die unter Strauss gespielt haben und die Echtheit all seiner Aussprüche bezeugen können. So ist man also auf den Schneeball der Überlieferungen angewiesen, die Strauss mehr oder weniger glaubhaft charakterisieren. Was feststeht (und manche noch existierenden Filmaufnahmen dokumentieren), ist, daß Strauss mit der Geruhsamkeit und Unentwegtheit einer Lokalbahnlokomotive dirigierte. Bei ihm gab es keine Faxen. Darin war er eine große Ausnahme. Nicht weil es nicht auch andere Dirigenten ohne Faxen gab und gibt, sondern weil bei ihm diese Abgeklärtheit sowohl in den Proben als auch in den Aufführungen die Regel war.

Die meisten Dirigenten müssen sich irgendwo austoben. Wenn sie in den Proben ruhig sind, dann schütteln sie sich im Konzert aus den Kleidern. Wenn sie im Konzert ruhig sind, dann haben sie schon eine stürmische Probe hinter sich. Natürlich gibt es Zwischenstufen, die weder bei der einen noch der anderen Kategorie klar eingruppiert werden können. Es gibt aber klare Fälle, in denen das Abreagieren des Temperaments bei der einen oder der anderen Gelegenheit deutlich zum Vorschein kommt.

Toscanini war, wie allgemein bekannt und schon verschiedentlich so geschildert, stürmisch in den Proben. Dafür war er in den Konzerten ein Muster der Selbstbeherrschung. Eigentlich hat ihn diese Eigenschaft davor bewahrt, von den Musikern als ein in die Zivilisation eingedrungener Amokläufer betrachtet zu werden. Irgendwie ist ihm im Konzert alles in den Proben Verbrochene verziehen worden. Er hatte auch eine von wenigen Dirigenten besessene, nur im Konzert bekundete gute Eigenschaft. Fehler während einer Aufführung hat er nie zur Kenntnis genommen. Er hat kein Gesicht verzogen noch irgendeine ungeduldige Gebärde gemacht, selbst wenn ihm ein Musiker in die schönste Passage hineingepatzt hat. Aber er hat darin einen Unterschied gemacht. Wenn der Fehler ein Unfall menschlicher Unvollkommenheit war, dann war er sofort vergessen. Und Toscanini hat dann nicht einmal eine freiwillige Entschuldigung angenommen. Sollte aber für den Fehler musikalische Stumpfheit verantwortlich gemacht und dessen Wiederholung in einem späteren Fall vorausgesehen werden können, dann war Toscanini (nach Ende der Aufführung) wie ein aus seinem Zwinger ausgebrochenes wildes Tier.

Zu der Toscaninischen Schule des Probensadismus mit der versöhnenden Konzertkultur gehörten unter anderen Fritz Reiner und Georg Szell. Furtwängler war ein stets dem Ausbruch naher grollender Vulkan, der aber in jeder Probe nur einmal ausbrach. Im Konzert war er kein Brausekopf, denn dazu stieg er aus den Wolken nicht zu genügender Erdnähe herab.

Dirigenten, die sich am Vormittag im Gegensatz zu den Probenstänkerern wie Gentlemen benehmen, führen im Konzert ein Kasperletheater auf. Vor der Öffentlichkeit können sie sich freilich nicht in wilden Schimpfereien ergehen. Dafür machen sie ihrem überkochenden Temperament durch maßlose Zappelei Luft. Ein solcher Gentleman war Dimitri Mitropoulos, der in den Proben sehr zivilisiert, aber in den Konzerten ein Hampelmann war. Der größte Konzertschausteller unter seinen Geistesbrüdern war, bis in seine reifsten Jahre hinein, Leonard Bernstein. Er war auch der wohlerzogenste Probenleiter, der aber in den Konzerten alle Zügel wie ein Hanswurst schießen ließ.

Ist es möglich, daß die übermäßigen Körperbewegungen mancher Dirigenten auf dem Podium seinen fehlenden physischen Kontakt mit „seinem Instrument" ersetzen sollen? Der Pianist kann in die Tasten hauen, und es hängt nur von diesem physischen Kontakt ab, wie laut oder leise das Instrument anspricht. Die Tonerzeugung auf der Geige setzt einen noch intimeren Kontakt, sozusagen ein Einssein mit ihr voraus. Diese Identität von Spieler und Werkzeug ist dann bei dem Sänger nicht nur bildlich, sondern buchstäblich. Dieses physische Einssein des Vortragenden mit seinem Instrument existiert beim Dirigieren nicht. Die Beherrschung eines Orchesters ist nicht physisch, sondern erzieherisch, disziplinarisch und psychologisch. Diese nichtkörperlichen Kontaktmittel garantieren aber keine Überwindung des naturgegebenen Widerstandes eines Orchesters in ähnlicher Weise wie die Technik eines Solisten bei seinem Medium es fertigbringt.

Das Gefühl des Dirigenten, daß sein Wirken nicht nur von seinen Fähigkeiten, sondern auch von nicht völlig kontrollierbaren Eigengesetzlichkeiten eines Fremdkörpers abhängt,

mag die Ursache seiner kompensatorisch überspannten Dirigiermanieren sein. Sein über-
kochendes Benehmen auf dem Podium (wo immer es der Fall ist) ist ein blindes Ankämpfen
gegen die eigene Unbeholfenheit. Das Lob, das ein Dirigent unter Umständen einem Kollegen nach einem Konzert spendet, gilt (vielleicht ihm selbst unbewußt) nicht so sehr der möglicherweise hohen Qualität der Leistung, sondern (unausgesprochen) dem Ertragen der Leiden, denen der Kollege im Kampfe mit dem Orchester unterworfen wurde.

Toscanini hat tatsächlich enthüllt, daß ihm das Dirigieren immer nur Qualen bereitete.
Vielleicht war es die Kenntnis dieses Umstandes, die Kleiber Toscanini und den anderen
ähnlich leidenden Kollegen gegenüber zur Barmherzigkeit veranlaßte. Er sagte, er freue sich
von Herzen, wenn er ein gelungenes Orchesterkonzert unter Leitung eines lobenswerten Dirigenten höre. Daraufhin fragte man ihn, was er empfindet, wenn das Orchester und der Dirigent schlecht sind. Kleibers Antwort war: „Dann freue ich mich noch mehr.“

Kleiber war offenbar ein Gemütsmensch, was wahrscheinlich der Grund für seine Beliebtheit bei den Orchestermusikern war: Eine Errungenschaft, mit der sich nicht viele Dirigenten
rühmen können! Man hat Kleiber mit dem zuweilen griesgrämigen Klemperer verglichen.
Klemperer war immer dermaßen im Ausforschen des Inhalts der studierten Werke verloren,
daß er vergaß, auf die menschlichen Empfindungen der Orchestermitglieder Rücksicht zu
nehmen. Man hat ihn und Kleiber in einem zunftgemäßen Sinnspruch nebeneinandergestellt.
Es hieß: Klemperer, Zeitverplemperer. Kleiber, Zeitvertreiber.

Ja, die Zeit vertreiben, aber andererseits auch verplempern, sind wichtige Phänomene der
Orchesterarbeit. Auch in den Zivilberufen spielt die Zeitfrage eine große Rolle. Für den Büro-
chef und den Geschäftsinhaber ist die Zeit nie zu lang, nämlich die Zeitdauer der von den
Angestellten verrichteten Arbeit.

Im Verhältnis von Dirigent zu Orchestermusiker ist das Phänomen das gleiche. Dem Dirigenten ist die Probendauer nie zu lang, nur den Musikern. Außenstehende, die nie in einem
Orchester gesessen haben, mögen annehmen, daß es selbst bei langer Dauer ein Vergnügen
sein muß, die Zeit mit dem Studium der Kunst zu verbringen. Das gilt freilich für den Dirigenten. Warum aber nicht auch für die Orchestermusiker? Die erste (noch nicht die volle)
Antwort ist, daß der Dirigent zur Förderung seines Ruhmes arbeitet, während die Musiker
nicht für ihr eigenes Fortkommen, sondern auch wieder nur für den Dirigenten arbeiten. Aber
die Arbeit (wenn man sie so nennen will) müßte auch unter diesen Umständen angenehm
sein. Ja, aber nicht wie eine Orchesterprobe abgewickelt wird. In einer Orchesterprobe wird
nicht kontinuierlich, sondern stoßweise gearbeitet. Der Dirigent kann in jedem Takt abbrechen, eine Instruktion geben, den Takt wiederholen, dann aber auch noch nicht zufrieden sein,
also nochmals abbrechen, den Takt ein zweites Mal wiederholen und denselben Prozeß vier-,
fünf- und noch mehrfach durchführen. Daß diese Wiederholungen zur Qualitätsverbesserung
unerläßlich sind, ist möglich (obwohl manchmal auch nur vom Kommunikationsmangel des
Dirigenten veranlaßt), aber es ändert nichts an der nervenzerstörenden Wirkung dieser Arbeitsweise bei den Orchestermusikern.

Die früher erwähnte Londoner Toscanini-Probe muß unter solchen Umständen verlaufen
sein, wo die ersten vier Takte der Pastorale-Symphonie 20 Minuten in Anspruch nahmen, also
240 mal mehr als ihre Fünfsekundendauer in normaler Wiedergabe. Ein anderer Dirigent würde
für dieselbe Stelle höchstwahrscheinlich nicht das 240fache, sondern nur das 24fache von
deren Normaldauer, also wenn überhaupt nötig, nur zwei Minuten brauchen. Aber selbst wenn

ein Dirigent zufällig gar keine Extrazeit für diese Stelle benötigt, gibt es unzählige andere Stellen, wo eine 24fache Verlängerung der Normalspieldauer sehr wohl vorkommen kann. In dieser Hinsicht war zum Beispiel Furtwängler ein besonders minuziöser Probenleiter, der nicht einen einzigen Takt ohne Wiederholung, möglicherweise mehrmalige Wiederholung, selbst ohne sichtliches Verbesserungsbedürfnis durchgehen ließ.

Für die Orchestermusiker bedeuten solche Proben ein Durchstottern durch das Konzertmaterial. Der Dirigent empfindet sie nicht als ein Durchstottern, weil für ihn diese Proben eine Lebensnotwendigkeit sind. Es soll indessen kein falsches Bild der Situation entworfen werden. Die Orchestermusiker brauchen detaillierte Proben mit vielen Taktwiederholungen auch, besonders beim Einstudieren unbekannter, schwieriger Werke. Zu diesem Zweck sind ja die Teilproben vorgeschlagen worden, die zu Taktwiederholungen viel mehr geeignet sind als die Gesamtproben und in denen die Musiker sie willig auf sich nehmen. In solchen Sektionsproben nehmen es die Musiker dem Dirigenten viel weniger übel, daß die Detailarbeit nicht weniger seinen eigenen Zwecken als ihnen selbst dient. Obwohl der Dirigent in einem gewissen Sinn ein Lehrer ist, der normalerweise schon gründlich vorbereitet zur Probe kommt, ist er nicht weniger als die Musiker darauf angewiesen, weil ihn sein Heimstudium nicht in derselben Weise zur Orchesterleitung vorbereiten kann wie den Orchestermusiker sein Heimüben zum Gruppenspiel. Kein Partiturstudium, keine Klavieranalyse kann das lebendige Orchester ersetzen. Das Leiten des lebenden Körpers eines Orchesters (wenn man's richtig macht) ist nicht so leicht, wie es von außen aussieht.

Auf dem Dirigenten lastet eine enorme Verantwortung, mit der das Orchestermitglied nicht belastet ist. Aber gerade diese Unterschiedlichkeit der Aufgaben ist der Grund, weshalb die Dirigierarbeit nie zuviel, während die Orchesterarbeit immer zuviel ist. Wer viel Verantwortung trägt, der will die Arbeit immer mehr vertiefen und verfeinern; der Unbeschwerte dagegen ist mit weniger Gründlichkeit zufrieden und empfindet ein Übermaß an Aufgaben (was ihm als Übermaß erscheint) als eine unbillige Kürzung seiner Lebensansprüche.

Diese Diskrepanz erklärt sich auch dadurch, daß der Dirigent für den ganzen Leistungskomplex verantwortlich ist, der Orchestermusiker dagegen nur für ein Teilstück. Es soll nicht der Eindruck entstehen, daß der einzelne Musiker an der Gesamtleistung des Orchesters nicht interessiert ist. Es sitzen viele empfindsame, verantwortungsbewußte Musiker in einem Orchester, die die großen Werke der Orchesterliteratur heiß lieben und für deren künstlerische Realisierung ihr Alles hergeben. Es ist aber ein Naturgesetz, daß sie während einer Aufführung mit ihrer Teilaufgabe nicht in allen ihren Fasern in derselben Weise fieberhaft glühen können wie der Dirigent, der in seiner Person die Gesamtbemühungen individuell konzentriert und verkörpert empfindet.

Der Dirigent hat auf dem Podium dieselbe Exponiertheit wie der Instrumentalsolist oder der Sänger. Es ist er, der den emotionalen Kontakt mit dem Publikum herstellt und aufrechterhält, nicht das Orchester. Dieser grundlegende Unterschied bestimmt auch die unterschiedliche Einstellung zu den Aufgaben. Der Dirigent steht und fällt mit der Qualität der Leistung. Das Schicksal der einzelnen Orchestermusiker hängt nicht von der schwankenden Qualität einer Serie von Leistungen ab. Für sie ist Schicksal kein unmittelbar abhängiger Faktor der Qualität. Für den Dirigenten ist aber Qualität mit Schicksal gleichbedeutend. Deswegen hat er zur „Arbeit" eine ganz andere Einstellung als die Orchestermusiker. Die Musiker werden vom Dirigenten geritten, der Dirigent aber wird vom Teufel geritten.

Bis zu einem gewissen Grad ist der Instrumentalsolist in einer ähnlichen Lage. Aber er ist sein eigener Teufel. Er behandelt sich selbst ähnlich wie der Dirigent das Orchester. Die Qualitätsbestrebung hat bei ihm keine Grenzen; deswegen übt er sein Konzertstück in Hunderten von Wiederholungen. Die Dirigenten möchten den Solisten nacheifern und ihre Orchester ebenfalls mit Hunderten von Wiederholungen zum Konzert vorbereiten. Das ist natürlich nicht möglich, aber – wie bald ersichtlich – auch nicht nötig.

Ein Operndirektor hat einem Dirigenten, der den „Rosenkavalier" dirigieren sollte, mitgeteilt, daß ihm drei Orchesterproben genehmigt wurden. „Was, nur drei?" protestierte der alte Opernhase entrüstet. Der Direktor versicherte ihm, daß das Orchester absolut auf der Höhe seiner Aufgabe sei und den „Rosenkavalier" ganz besonders im kleinen Finger hätte, und zwar dermaßen, daß es die Oper selbst aus dem Schlaf geschreckt sofort einwandfrei spielen könnte. „So?" entgegnete der anspruchsvolle Dirigent – „in diesem Fall brauche ich sechs Proben, denn dann gibt es viel mehr zu ändern, als ich angenommen habe." Er war noch bescheiden, daß er nicht hundert Proben verlangte.

Manche Musikfreunde mögen sich wundern, wieso ein Orchester ein ganzes Konzertprogramm in drei Proben soll einstudieren können, während ein Instrumentalsolist für ein einziges Stück hundert Übungsperioden und möglicherweise noch mehr benötigt. Die Erklärung ist sehr einfach. Jeder Orchestermusiker (namentlich wenn er Streichstimmführer oder erster Bläser ist) spielt nur einen hundertsten Teil in gleich solistischer Exponiertheit wie der Instrumentalsolist. Es lastet auf ihm also nur ein hundertster Teil der Verantwortung des Solokünstlers. Er hat sich nur eine halbe Minute zu konzentrieren gegen die halbe oder ganze Stunde des Konzertsolisten. Die Orchestersolisten lösen sich oft schon in wenigen Sekunden ab. Die Solopassagen springen von Instrument zu Instrument, so daß die Aufgaben gemeinschaftlich und nicht durchweg individuell zu bewältigen sind. Eine Orchesterleistung setzt sich vom Beitrag von hundert Teilleistungen zusammen, die sich in ihrem eigenen Bezirk verhältnismäßig leicht auf eine hohe Spielqualität konzentrieren können.

Die in drei Proben angestrebte Qualitätsstufe der Tuttispieler, was sie anbelangt, wird durch die gegenseitige Stütze erreicht, die das chorische Zusammenwirken den einzelnen Teilnehmern sichert. Da der Tuttispieler nicht unter dem Druck individueller Verantwortlichkeit arbeitet, so spielt er unbeschwerter, also besser. Schließlich sind die Tuttispieler (mitunter in der ersten Geigenstimme allein 16 an der Zahl) fähige Instrumentalisten, die aber ihr Bestes nur in Gemeinsamkeit mit ihren Gruppenbrüdern leisten können.

Solange ihr Spiel nur ein Teil eines Gruppenspiels ist, ist ihre Seelenruhe nicht gestört. Und da sie nie allein zu spielen haben, so besteht für sie kein Grund, nicht einwandfrei zu spielen. Sie haben ja ihre Stimme (die Orchesterstimme) schon zu Hause und in den Teilproben geübt. Außerdem spielt man im Orchester nicht auswendig. Man ist also von allen Lasten befreit, die das Solospiel mit sich bringt. Deswegen ist es möglich, ein Orchesterkonzert – besonders mit oft gespielten Werken – in hoher Qualität und in einem Bruchteil der Zeit vorzubereiten, die ein Solospiel erfordert.

Die Kammermusik liegt in Hinsicht auf Arbeitsmenge ungefähr in der Mitte zwischen Solo und Orchesterspiel. Die Kammermusiker sind viel solistischer als die Orchestermusiker, aber weniger als die Instrumentalsolisten. Sie üben an einem Stück, wegen ihrer halbsolistischen Identifizierbarkeit, unvergleichlich mehr, als ein Orchesterstück ähnlichen Schwierigkeitsgrades erfordert. Sie bleiben aber an Übungszeit weit hinter dem Solisten zurück. Zusammenfassend kann man sagen, daß der Grad der individuellen Exponiertheit die dem Vortragsrahmen angemessene Arbeitsmenge bestimmt. Oder mit großzügiger Einfachheit ausgedrückt, wiederholt der Solist das Vortragsstück während der Übungsperiode 300 mal, das Kammerensemble 30 mal und das Orchester 3 mal.

Nach diesen Gegenüberstellungen wird die ursprüngliche Frage über die Diskrepanz zwischen der Hingabe des Dirigenten und der des Orchestermusikers an die Orchesterarbeit wohl als beantwortet gelten. Ein Dirigent faßt seine Arbeit auf wie ein Solist die seine, während der Orchestermusiker seine Aufgabe trotz allen Mitgehens als orchestrale Fabrikarbeit auffaßt. Der 300fache kapellmeisterliche Ehrgeiz ist in andauerndem Konflikt mit der schon nach dreimaliger Wiederholung erschöpften Orchesterroutine.

Man weiß nun, weshalb die Dirigenten an einem unersättlichen Probenhunger leiden. Sie fühlen sich mit den konzertierenden, sich ewig unermüdlich vervollkommnenden Instrumentalsolisten gleichgestellt. Es gibt aber auf der Dirigentenseite manche Ausnahmen. Nicht, daß sie weniger arbeitswütig wären, aber diese Eigenschaft hat bei ihnen verborgene Ursachen. Sie drängen auf massive Orchesterproben, weil sie die Partitur in diesen Proben einüben wollen. Da sie zur Orchesterprobe nicht völlig vorbereitet kommen, so müssen sie das angesetzte Werk in der Probe lernen. Diese Dirigenten lassen sich die Orchesterpassagen wiederholt vorspielen, weil es ihnen das versäumte Heimstudium ersetzt. Die Musiker merken natürlich bald, was der Zweck der Übung ist, und geben dann (obwohl in diesem Fall unschuldig) zu der oft erhobenen Klage Anlaß, unwillige, pflichtvergessene Untergebene zu sein.

Wenn nicht der Dirigent das Orchester einstudiert, sondern das Orchester den Dirigenten, dann wird die Zeit – in den Augen der Orchestermusiker – nutzlos verschwendet, weil der Dirigent an etwas herumlaboriert, was zu Hause hätte besorgt werden sollen. Von den Musikern wird ein solcher Dienst als ein bloßes Absitzen der Probenzeit angesehen. Eine andere unwirtschaftliche Arbeitsweise ist es, wenn die Dienstdauer nicht dem Schwierigkeitsgrad der geprobten Werke angepaßt ist. Das Probensystem der meisten Orchestervereinigungen trägt solchen Unterschieden schon Rechnung. Es gibt aber auch kopflose Arbeitsgewohnheiten, bei denen ein leichtes Programm genauso lang geprobt wird wie ein schweres. Wenn das Programm leicht und die ihm zur Verfügung stehende Probenzeit überreichlich bemessen ist, dann findet der Dirigent immer etwas zu tun, mit dem er die Zeit ausfüllen kann. Bei manchen Orchestern nennt man diese Praktik Zeitarbeiten anstatt Werkarbeiten.

Ein leeres Strohdreschen wird in allen Tätigkeitsbereichen praktiziert, in Industriebetrieben, Geschäftsleitungen, beim Militär. Der englische Sozialpsychologe Northcote Parkinson gab diesem Phänomen eine treffliche Formulierung. Nach ihm nennt man sie „Parkinsons Gesetz". Das englische Original ist so bündig, daß man seiner Anführung nicht widerstehen kann. Nachher folgt es natürlich auch auf Deutsch. „Work expands in direct ratio to the time available to its completion." (Eine Arbeitsmenge vergrößert sich – auch ohne jedes Hinzutun – in dem Maße, wie die ihrer Verrichtung zugestandene Zeit verlängert wird.)

Die künstlich ausgefüllte Probenzeit bei einem wenig Arbeit erfordernden, leichten Konzertprogramm bringt einen auf den Gedanken von deren Verwendung zu einem bisher nicht ins Auge gefaßten Zweck. Zum mindesten wäre es theoretisch nicht von der Hand zu weisen, daß die überschüssige Zeit, die der Dirigent zu nichts Produktivem ausnützen kann, vom Orchester zu seiner Beratung verwendet werden sollte. Das ist natürlich ein Wunschtraum, denn niemals würde ein Dirigent vom Orchester Ratschläge entgegennehmen. Das ist aber sein Verlust. Das Wissen der Orchestermusiker ist für die meisten Dirigenten eine unerschlossene Goldgrube. Sie wissen von der Orchesterleitung mehr (selbst wenn sie es praktisch nicht ausführen könnten) als jeder einzelne Dirigent, da sie das Wissen aller Dirigenten (mit denen sie während ihrer Berufstätigkeit zusammengearbeitet haben) in ihrem Kopf kumuliert aufgespeichert haben.

Aber noch vor der Prüfung der Lebensfähigkeit dieser Ideen wird man einwenden, daß unausgenützte Probenzeiten in Orchesterproben gar nicht existieren können, da diese gerade an deren Gegenteil, nämlich chronischem Zeitmangel, leiden. Das stimmt bei der großen Mehrheit der Orchesterbetriebe. Es gibt aber auch musikalische Unternehmen, die vornehmlich die leichte Gattung pflegen und unter keiner erdrückenden Arbeitslast seufzen. Das sind die kleinstädtischen Operettentheater und manche Radioorchester, die hauptsächlich Unterhaltungsmusik senden. Tatsache ist, daß die Orchestermusiker in den anderen Situationen viel zur Rationalisierung der Orchesterleitung beitragen könnten.

Die Führungsmethode mancher Dirigenten ist ausgesprochen läppisch, weil sie nicht wissen, was von den gewitzigteren Musikern als veraltet ausgelacht wird. Es ist eine heutzutage nicht mehr so oft gebrauchte Dirigiertechnik, der rechten und der linken Hand betont verschiedene Funktionen zuzuteilen. Man begegnet dieser Wunderlichkeit zwar heute noch, aber hauptsächlich in einer früheren Epoche des Orchesterspiels konnte man den Dirigenten mitten in der Probe an die Musiker die Worte richten hören: „Bitte, schauen Sie auf meine linke Hand." Was war da Besonderes zu sehen? Die linke Hand war und bei manchen Dirigenten ist noch der Regulator der Dynamik. Ob man laut oder leise spielen sollte, wäre also an der Gestikulation der linken Hand abzulesen. Kann man sich einen Dirigenten vorstellen, dessen ganzer Körper und besonders das Gesicht ausdruckslos ist mit Ausnahme der wild fuchtelnden oder flehend beschwichtigenden linken Hand? Die Bewegungen des Oberkörpers, der rechten Hand und der Gesichtsmuskeln können doch gar nicht unterdrückt werden, wenn eine besondere Dynamik angedeutet werden soll. Wenn ein Dirigent fortissimo oder pianissimo dirigieren will, dann ist das schon durch die Art des Taktschlages seiner rechten Hand ausgedrückt. Man kann den Takt gar nicht anders als der gewünschten Dynamik entsprechend schlagen. Diese Funktion im besonderen der linken Hand zuzuweisen (auf die sie gar nicht beschränkt werden kann) zeigt, daß der Dirigent ein Bürokrat ist, der diese Praktik von einem altväterischen Vorgänger übernommen oder in einer verramschten Dirigierfibel gelesen hat.

Die dynamische linke Hand wird ganz humoristisch, wenn man sie durch die Brille von Richard Strauss betrachtet. Wenn es nach Strauss gegangen wäre, hätte das Dirigieren überhaupt eine einarmige Tätigkeit sein können. Er pflegte den Dirigenten, deren Probenleitung seiner Opern er aus dem Zuschauerraum verfolgte, zu sagen, die linke Hand in die Tasche zu stecken und das Orchester spielen zu lassen. Durch diese Bemerkung wurde unbewußt die altväterisch dynamische Rolle der linken Hand bestätigt, denn die Absicht von Strauss mit der in die Tasche gesteckten linken Hand war, die Lautstärke des Orchesters nicht abzudämpfen. Strauss, der ja noch zu der alten Schule gehörte, ignorierte die Tatsache, daß der Dirigent das Orchester mit der rechten Hand allein, beziehungsweise mit einem verhaltenen Taktschlag und einem entsprechenden Gesichtsausdruck, unabhängig von einer parasitischen linken Hand, hätte, wenn er wollte, abdämpfen können. Strauss schrieb der linken Hand eine Funktion zu, die in seinen eigenen Augen gegenstandslos war.

Ein anderer, etwa zehn Jahre jüngerer altväterischer Dirigent, der in seiner Orchesterpsychologie gar nicht altväterisch war, war der Franzose Pierre Monteux. Er hat weder von der linken Hand noch vom linken Fuß etwas gesagt, aber von der Art des psychologischen Verkehrs des Dirigenten mit dem Orchester. Er war so psychologisch, daß er sich hütete, vor dem Orchester überhaupt von Psychologie zu sprechen. Seine Ansicht (und auch seine Praxis) war, den einzelnen Orchestermusiker, der eine schwere Stelle zu spielen hatte, nicht auf deren Schwierigkeit aufmerksam zu machen. Freilich war das auch nicht besonders nötig, da es jeder Musiker früh genug merkt, wenn er eine schwere Passage zu spielen hat. Aber Monteux wollte die Ausführung nicht durch Warnung noch schwerer machen. Wenn er besonders heikle Stellen außer der Reihe proben wollte, machte er keine Umstände, sondern er probte, ohne etwas zu sagen, sachlich und gutmütig, wie es zwei ebenbürtige Kollegen in der Kammermusik tun. Er war als technisch virtuoser Dirigent mit dem ebenfalls virtuosen Taktschläger Fritz Reiner in derselben Klasse. Der Unterschied zwischen ihnen lag im Gutmütigkeitsbezirk. Reiners Probensystem war nämlich eher wie eine Hinrichtungsmethode.

Ein Geistesbruder Monteux' in Gutmütigkeit war der englische Dirigent Sir Thomas Beecham. Darin ging er sogar einen Schritt weiter, indem er die Gutmütigkeit durch Humor noch gutmütiger machte. Als Charakter war er in Sachen Karriere zwar weder gutmütig noch humoristisch, aber innerhalb der vier Wände des Probenraums konnte er seine rauhere Seite vorübergehend außer Betrieb setzen. Seine Dirigierschnitzer waren für ihn wie für seine Musiker ein Anlaß zur Heiterkeit. Einmal in einer Probe nahm er die Posaunenecke mit blitzenden Augen aufs Korn und rief allen vernehmbar aus, daß die dritte Posaune zu laut sei. Daraufhin meldete einer aus der Gruppe, daß der dritte Posaunist gar nicht mitspielte, da er vor einigen Minuten ausgetreten war. Beecham ließ sich nicht aus der Fassung bringen und gab dem Posaunistenkollegen mit folgenden Worten Bescheid: „Machen Sie sich nichts daraus. Sagen Sie Ihrem Pultnachbarn, wenn er zurückkommt, daß er bei dieser Stelle zu laut ist."

Kein Wunder, daß Beecham die Abwesenheit des Posaunisten nicht merkte. Er hielt seinen Kopf zu sehr in der Partitur begraben. Wenn nun das Dirigieren im Konzert ohne Partitur ein diskutabler Gegenstand sein kann, so sollte die Ausdehnung dieser Art des Dirigierens auf Orchesterproben außer Betracht fallen. Eine so entscheidende Stellungnahme gegen das Auswendigdirigieren in Proben wurde jedoch von einzelnen Dirigenten Lügen gestraft. Der berühmteste Auswendigdirigierer in Proben war der zeitweilige Musikdirektor der New Yorker Philharmonie, Dimitri Mitropoulos. Toscanini hat die Partitur in Proben auch nicht viel zu Hilfe genommen, aber dazu war er von seiner Kurzsichtigkeit gezwungen. Mitropoulos war ein Auswendigvirtuose aus absoluter Freiwilligkeit. Er hat nicht nur die Musik im Kopf gehabt, sondern auch die Probierzahlen, was soviel heißt, daß er die Musik und die Instrumente bei jeder Zahl (oder jedem Buchstaben, wenn dieser das Kennzeichen war) aufeinander bezogen identifizieren konnte. Bei Spielunterbrechungen war er imstande anzusagen, daß man zum Beispiel sieben Takte vor dem Buchstaben K oder vier nach O wieder anfangen sollte. Es war eine solch unglaubliche Gedächtnisleistung, daß ihn manche Musiker verborgener Tricks verdächtigt haben.

Manche Dirigenten machen die Einmaligkeit dieser Gabe von Mitropoulos mit der Beanspruchung der gleichen oder annähernd gleichen Fähigkeit streitig. Es ist nicht zu leugnen, daß manche Dirigenten (übrigens auch nichtdirigierende Musiker) ein außergewöhnliches musikalisches Gedächtnis haben. Die Hauptfrage, die in dieser Beziehung jedoch jenseits aller Gedächtnisrenommisterei gestellt werden muß, ist, ob das öffentliche Orchesterspiel sich mit dem Auswendigdirigieren verträgt oder gar davon qualitativ gewinnt. Daß die orchesterbegleitenden Instrumentalsolisten ausnahmslos auswendig spielen, ist eine unverrückbare Praxis. Mit einem Hinweis darauf könnte man dasselbe auch von den Dirigenten verlangen. Diese zwei Vortragsformen können aber nicht in allen Punkten verglichen werden. Der Solist muß seine eigene Stimme lückenlos beherrschen ohne die Notwendigkeit einer detaillierten Kenntnis der orchestralen Struktur des gespielten Werkes. Beim Dirigieren verhält sich die Sache umgekehrt. Der Dirigent braucht nicht jede Orchesterstimme Note für Note zu kennen. Aber er muß die Eckpunkte des Vortrags einzelner Instrumente und Gruppen und den Zusammenhang größerer Einheiten im Kopfe gegenwärtig haben. Die Frage aber bleibt, ob man mit der Partitur im Kopf oder mit dem Kopf in der Partitur dirigieren soll.

Der berühmte französische Dirigiertheoretiker Desiré Emile Inghelbrecht ist der Apostel der mit Partiturhilfe dirigierenden Orchesterleiter. Es wäre billig, ihn eines „Pro-domo"-Standpunktes zu verdächtigen. Wenn er selber nicht auswendig dirigieren konnte, dann war es natürlich, daß er dagegen Stellung nahm. Er führt aber ein Argument ins Treffen, das schwerlich seinem Schwächestandpunkt zugeschrieben werden kann. Er sagt, daß die Schwäche eines auswendig dirigierenden Kapellmeisters nicht in seiner eigenen Unsicherheit liegt, sondern in der des Orchesters. Die Musiker hätten Angst vor einem auswendigen Dirigieren, weil sie befürchten, daß der Dirigent den Faden verlieren könnte und sie dann führerlos weiter wursteln ließe. Jeder Dirigent muß sich also prüfen, ob bei ihm diese Gefahr auch nur im entferntesten besteht. Wenn er sich nur 99 Prozent sicher fühlt, dann darf er nicht ohne Partitur dirigieren. Die Sicherheit muß hundertprozentig sein, weil auch nur ein Minus von einem einzigen Prozent im vorkonzertlichen Zweifeln auf ein totales Minus im Konzert herabsinken kann.

Wird indessen eine absolut lückenlos partiturlose Dirigiersicherheit mit guten Gründen angenommen, dann ist das Auswendigdirigieren entschieden vorzuziehen. Ein Dirigent, der die Partitur mit dem Ziel des Auswendigkönnens studiert, studiert sie ab ovo gründlicher. Dann kann er die lästige Scheidewand der Partitur zwischen der Direktion und dem Orchester – und der Bühne in der Oper – beseitigen. Sein Geist schwebt dann ungehindert über dem Orchester und der Bühne. Er braucht auch nicht nach jedem zehnten Takt umzublättern. Dieses unablässige Umblättern tötet die Stimmung und die Interpretation. Es ist eine Dienerarbeit, die den Dirigenten dazu zwingt, den ganzen Spielapparat jedesmal für einen Takt oder zwei bis drei aus der Hand gleiten zu lassen.

Manchmal ist der Partiturdirigent, unter dem Fieberdruck der Musik, gezwungen, das Umblättern zu vernachlässigen und dann ein oder zwei Blätter nachträglich zu wenden. Dieses Hin- und Herfummeln mit Partiturblättern hindert ihn, sich entspannt der Musik und der Aufführung zu widmen. Von allen anderen Störungen eines Orchester- und Opernbetriebes abgesehen, wird er während einer Aufführung zwei- bis dreihundertmal von einer gänzlich unmusikalischen Kuliarbeit in Anspruch genommen. Wenn sein Hören und Sehen ganz auf die Ausführenden gerichtet sein sollte, muß er die Partitur lesen, um das fortwährend notwendige Umblättern nicht zu versäumen. Ein Sänger mag zu seiner rhythmischen und musikalischen Rückenstärkung flehend auf ihn schauen, wenn er gerade im selben Moment in der Partitur verloren ist.

Schaljapin sagte, bei seiner Rollengestaltung und dem Singen in der Oper sei der Dirigent das größte Störelement gewesen, weil er steif an der Partitur klebte und nicht zum elastischen

Mitgehen und Nachgeben frei war. Die Dirigenten antworteten auf die gegen sie von den Sängern vorgebrachte Kritik, daß sie (die Sänger) lernen sollten, so natürlich zu singen wie die Vögel. Das gab den Sängern Gelegenheit zur Replik, daß die Vögel es leicht haben, natürlich zu singen; sie singen, ohne von einem schulmeisterlichen Griesgram dirigiert zu werden.

Die Vögel würden sich außer dem bekannten auch aus einem weiteren Grund nicht von einem Taktstockschwinger dirigieren lassen. Sie könnten glauben, daß der Stock zum Heranlocken und Fangen mit einem Köder hergerichtet ist. Das könnte natürlich bei den Dirigenten, die ohne Taktstock dirigieren, nicht der Fall sein. Auch die lustigen Vögel im Orchester sind uneinig in Hinsicht auf den Gebrauch des Taktstocks. Stockloses Dirigieren hat den Vorteil, die Augen der in der Nähe des Pults Sitzenden nicht in Gefahr zu bringen. Man erinnert sich an den Fall Toscanini, der in Turin wegen der Augenverletzung eines Orchestermusikers zu einem Gerichtsfall wurde.

Man könnte sagen, daß es zwei verwerfliche Arten des Dirigierens gibt: mit Taktstock und ohne Taktstock. Der Taktstock hat etwas Schulmeisterliches, Militärisches. Aber die stocklose Hand ist auch musikfeindlich. Wenn sie geballt ist, dann ist das Dirigieren ein Boxen. Wenn sie offen ist, dann ist es wie ein Tappen im Dunkeln. Wenn der Zeigefinger den Taktstock ersetzt, dann ist er wie ein Mahnzeichen, das dem Musiker sein sündhaftes Orchesterspiel vorhält. Nur eine schöngeformte Hand kann akzeptabel ohne Taktstock dirigieren. In der früheren Generation hatte Stokowski solche Hände, der sie durch Verzicht auf den Taktstock und deren prunkhaftes Schaustellen zu einem Zugstück seines Dirigieraktes machte. Es mag scheinen, daß die weiblichen Dirigenten wie vom Schicksal zum taktstocklosen Dirigieren berufen sind, da ihre Hände von Natur aus eine Augenweide sind. Diese Gabe ist den meisten männlichen Dirigenten vorenthalten worden, und so sind sie für einen effektvollen Gebrauch ihrer Hände auf das kleinere Übel einer „Bewaffnung" angewiesen.

Eine Form der Musikproduktion, bei der die Anwendung oder das Fallenlassen des Taktstocks von der Publikumsseite gesehen keine Rolle spielt, ist die Schallplattenwiedergabe. Die Schallplatte spielt heute im Musikleben eine mindestens so große Rolle wie der öffentliche Musikvortrag. Die heutige Aufnahmepraxis unterscheidet sich von der früheren in einem wesentlichen Punkt. Früher hat man Einzeichnungen fast ausschließlich in einem Studio gemacht. In neuerer Zeit werden Aufnahmen direkt von einem öffentlichen Vortrag abgenommen. Die Vor- und Nachteile beider sind offensichtlich. Die Studioaufnahmen sind meistens makellos, aber ein wenig steril. Die Lokalaufnahmen sind meistens lebensvoll, aber nicht makellos. Die Frage ist, welche Kombination von Vor- und Nachteil man vorzieht. Bei Studioaufnahmen kann man Teile mit Schnitzern (ohne andere Teile) unendlich lang wiederholen, bis eine fehlerlose Aufnahme glückt. Diese wird dann in die anderen bereits brauchbaren Teile eingefügt, was bei der modernen Schallplattentechnik unbemerkbar ist. Ein gewisser Instrumentalist hat sich selbst nach einem solchermaßen zusammengestückten Solospiel zum wunderbaren Endresultat beglückwünscht, worauf der Dirigent auf diese Selbstgefälligkeit mit der Bemerkung kaltes Wasser goß: „Sie könnten froh sein, wenn sie so gut spielen könnten." Die Lokalplattenaufnahmen, die das tatsächliche Können des Künstlers zeigen, haben den Nachteil, daß die darin enthaltenen eventuellen kleinen „Sommersprossen" bei jedem Abspielen unerbittlich wieder erscheinen. Demgegenüber hat das an Ort und Stelle besuchte öffentliche Konzert den Vorteil, daß ein Kicks in einem späteren Konzert nicht wieder zu passieren braucht und so eine spätere Wiedergabe desselben Stücks eine verbesserte Auflage zu genießen ermöglicht. Bei öffentlichen Vorträgen wird man nicht jedesmal vom selben verewigten Fehler erschreckt.

Es gibt allerdings wichtige Werke in der Musikliteratur, die in mehreren Aufnahmeversionen existieren, so daß man sich seine „Lieblingsfehler" und deren Stileigentümlichkeiten aussuchen kann. Dazu gibt es Werke, die in geplant mehreren Versionen existieren und auch mit den eingebürgerten Abweichungen aufgeführt werden. Solche Doppelexistenzen sind zum Beispiel manche Symphonien von Bruckner und die verschiedenen Versionen von Mussorgskis Oper „Boris Godunow". Auch Beethoven hat drei Leonore-Ouvertüren geschrieben, die zwar blutsverwandt und doch verschieden sind. Es gibt auch Textunterschiede, bei denen ein Dirigent immer für ein und dieselbe Version, während ein anderer für eine andere Stellung nimmt, wenn nämlich das Manuskript oder dessen allein existierende Kopie keine eindeutige Auskunft über die einzig geltende Lesart gibt.

Eine noch ungeschlichtete und wahrscheinlich nie zu schlichtende Abweichung besteht in Hinsicht auf eine Note in Beethovens Leonore-Ouvertüre Nummer 3. Die fragliche Note ist das C, die erste Note, mit der in den Geigen das Schluß-Presto plötzlich hereinbricht. Toscanini behauptete (und er ließ sein Orchester immer dementsprechend spielen), daß dieses C ein Druckfehler ist und ein D sein sollte. Sein Argument ist nicht von der Hand zu weisen. Das C (wenn es gelten soll) entscheidet den harmonischen Wert der ganzen Passage; es setzt sie in das tonische C-Dur. Toscanini verfocht den Standpunkt, daß die Tonika bei dieser Stelle eine Absurdität sei, weil sie erst später nach der langen Dominantenpassage eintreten darf. Toscanini scheint um so mehr recht zu haben, als die Passage nach dem Tonika-Anfang verstohlen in die Dominante zurückschleicht und auch die einzeln nach und nach eintretenden anderen Streicher ihre Passagen auf der Dominante beginnen. Beethoven würde doch nicht ein harmonisch ratloses Hin und Her komponiert haben. Aber Richard Strauss war mit Toscaninis Folgerungen nicht einverstanden. Er behauptete, daß diese Presto-Passage von allem Anfang an in C-Dur-Tonika zu tönen habe. Hat er aber nicht gefühlt, daß der Tonika-Anfang mit der nur eingeschobenen Zufallsdominante die Frische der später triumphal eintretenden Tonika des Hauptthemas schwächt?

Strauss hatte Toscanini in einer anderen Sache recht gegeben. Er gab zu, daß Toscanini seine (Strauss') Werke effektvoller aufzuführen wußte als er selber. Bei diesen zwei Potentaten der Musik haben wir den Fall des Zusammentreffens einer unwiderstehlichen Kraft mit einem unverrückbaren Objekt. Indessen übersieht man – während man über den Passagenbeginn streitet –, daß die Kontroverse bereits von Beethoven selbst beim Komponieren seiner Ouvertüren entschieden wurde. In der 2. Leonore steht an der betreffenden Stelle diese Wendung:

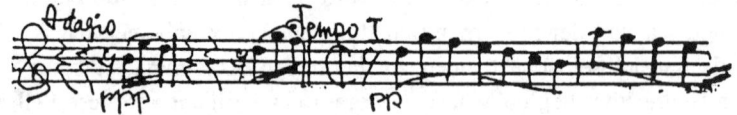

Das zeigt, daß Beethoven den Passagebeginn in der Dominante und nicht in der Tonika gedacht hat. Er mag allerdings in der 3. Leonore h anstatt d als Anfangsnote gewählt haben, um der Passage mit dem h (nicht wie mit einem viermal wiederholten d) frisches Leben einzuflößen. So wäre die Dominantenharmonie jedenfalls eindeutig festgelegt vor ihrer Ablösung durch das schallende C-Dur des wiederkehrenden Hauptthemas.

Der beginnende h-g-Sprung wäre auch logisch, da die Tonleiterbruchstücke auch durchweg mit solchen Sprüngen beginnen.

Das alles ist nur eine Anregung, die zu keiner endgültigen Entscheidung in dieser Kontroverse berechtigt. Die Wächter und Zensoren der Musikwelt würden ihrerseits eine Abweichung vom geschriebenen Buchstaben niemals sanktionieren. Lieber würden sie ihr Leben lang einen Druckfehler spielen, als ihren gesunden Instinkt zu Rate zu ziehen.

Es gibt auch Notentexte, bei denen nicht die Schrift selbst der Zankapfel ist, sondern die Art und Weise, wie man sie liest. Bei den Klassikern und Vorklassikern ist es nicht immer klar, ob der Vorschlag vor einem wichtigen Melodieton kurz oder lang gemeint ist. Die Frage ist, ob der Vorschlag ein integrierender Teil der Melodie ist oder nur eine Verzierung. In den landläufig gebräuchlichen Ausgaben wird der kurze Vorschlag mit einem Querstrich angedeutet. Wenn kein Strich angegeben ist, dann soll der Vorschlag seinem Wert entsprechend gespielt werden. So hat man es in der Schule gelernt.

Die Musikwissenschaftler, die diese Regel aufgestellt haben, können sich nicht auf eine absolut authentische Quelle dieser Schlußfolgerung berufen, weil die Komponisten, die kurze und lange Vorschläge in ihre Notentexte eingefügt haben, deren Bezeichnung anders verstanden oder nachlässig behandelt haben mochten. Dazu kam noch das gelegentlich nachlässige Kopieren und vielleicht ein ebensolches Drucken. Der Grund, weshalb lange (nicht durchgestrichene) Vorschläge überhaupt mit Miniaturnoten angegeben wurden, obwohl sie mit den anderen Noten der Melodie gleichwertig sind, ist (auf Philipp Emanuel Bach zurückgeführt), um anzudeuten, daß der harmonisch wichtige Ton nicht der Vorschlag, sondern der ihm folgende Ton ist.

Wenn nun der kurze Vorschlag keinen Zeitwert hat und immer außerhalb des Metrums gespielt wird, so gibt es gute Gründe für eine gelegentlich gleiche Behandlung des langen Vorschlags, der dann freilich nicht mehr lang ist und auch nicht so genannt werden sollte.

Die oppositionellen Parteien, die für die eine oder andere Deutung des „langen" Vorschlags eintreten, schaffen eine Situation, in welcher wenigstens eine Deutung Purismus durch Verfälschung ist. Das Vernünftigste, was ein ratloser Musikant angesichts des Notenwertungsproblems tun kann, ist, sich auf seinen gesunden musikalischen Sinn zu verlassen und sich nicht übermäßig um musikalische Exegetik zu kümmern. In den meisten Fällen sagt die Logik der Musik selbst, ob eine Vorschlagsnote kurz oder lang gespielt werden soll.

Im berühmten und beliebten „Air" in Bachs Suite Nr. 3 gibt es gleich im zweiten Takt zwei Vorschläge, die ohne Verkürzungszeichen notiert sind und vernünftigerweise doch verkürzt gespielt werden sollten und wahrscheinlich auch von Bach so gedacht wurden, ohne sich inmitten seines 200maligen Kantatenschreibens und des Lärms seiner 20 Kinder die Mühe des genauen Notierens zu geben.

In der überlieferten Notenschrift präsentieren sich die kurzen Vorschläge lang geschrieben.

Da die Vorschlagsnoten nicht durchgestrichen sind, so sollten sie, genau der Notierung nach, lang gespielt werden, wie manche pedantischen Musiker sie tatsächlich spielen. Das bezieht sich hauptsächlich auf den ersten Vorschlag. Der zweite (vor dem Viertel) wird auch von den Pedanten schon nicht so gespielt, wie er strikt der Regel nach eigentlich gespielt werden sollte.

Der erste Vorschlag (fis) und seine Hauptnote (e) sind im zweiten Beispiel als zwei Zweiunddreißigstel dargestellt, weil die Schulregel es eigentlich so verlangt. Zur Klarheit sei daran erinnert, daß in diesem sehr langsamen Tempo ein Zweiunddreißigstel kein flüchtiger Ton ist, jedenfalls bei weitem nicht so flüchtig, wie ein kurzer Vorschlag wäre. Nun mag diese zwei Töne jeder spielen, wie es ihm sein Geschmack diktiert. Aber er soll bedenken, daß das verlängerte Fis aus dieser Sechzehntelgruppe quasi eine Quintole macht und die edel ziselierte Melodie verwischt.

Weniger Grund besteht zur Klärung der Spielweise des zweiten Vorschlags. Obwohl die umgedeutete Schreibweise des Zitats der Regel gemäß zwei Achtel zeigt, gibt es wahrscheinlich wenige Musiker, die diese Töne (h und a) mit gleichem Zeitwert spielen. Die wahrscheinliche Ausführung wird in den meisten Fällen sein:

Der Vorschlag ist hier weder ganz kurz noch gleichwertig mit der Hauptnote, sondern er bildet einen Viertelwert des Taktteils. Eine solche Ausführung widerspricht der Regel, ist aber die einzig vernünftige.

Manchmal ist die Spielart der Vorschlagsnoten gänzlich akademisch. Fast bei jeder Aufführung der Oper „Carmen" gibt es eine Debatte, ob die Vorschlagsnoten in der Chormusik des 3. Aktes vor dem metrischen Akzent oder mit diesem zusammenfallend gespielt werden sollen. Die Ungewißheit ist die Folge einer widersprüchlichen Notierung (entweder von Bizet oder der Druckerei), die beide Deutungen zuläßt. Das Notenbild zeigt sowohl in der Partitur als auch im Klavierauszug die abweichenden Ausführungsmöglichkeiten.

Der Vorschlag auf der rechten Seite des Taktstrichs verleitet zu dessen metrischer Betonung. Aber die Begleitpizzikatos der Bratschen und der Celli stehen im Druck direkt unter der ersten Melodienote. Demnach wäre der Vorschlag unbetont vor dem metrischen Akzent zu spielen. Und blasphemisch sei erklärt, daß diese Spielart die richtige ist. In den meisten Theatern legt man aber das Gewicht auf den Vorschlag. Der hauptsächliche Grund für diese Spielart ist ein kindisch musikalischer Puritanismus. Der vorweggenommene, unbetonte Vorschlag kommt den meisten Dirigenten zu dilettantisch vor. Der „Dilettantismus" ist aber in diesem Fall vorzuziehen. Ein Grund dafür ist die Festlegung des Rhythmus. Wenn der Hauptmelodieton und das erste Begleitpizzikato haargenau, ohne die geringste metrische Verschiebung, zusammen ertönen, dann ist das beabsichtigte stramme Marschtempo sichergestellt. Wenn aber der Vorschlag betont wird, dann verschiebt sich die Hauptnote ein wenig hinter den Taktschlag, was den Rhythmus wurschtig macht.

Außer dem rhythmischen Gesichtspunkt gibt es bei der Vorschlagsbestimmung auch einen akustisch-psychologischen Gesichtspunkt. Der Zuhörer perzipiert den Vorschlag auch dann nicht als betont, wenn er betont wird, und empfindet ihn nur als eine eingeschobene Verzierung. Die Verpflichtung zur Werktreue, wie die Dirigenten sie auffassen, lastet auf ihnen auch dann, wenn die Praxis die Werktreue gegenstandslos macht.

Es gehört auch zur Frage der Werktreue, ob Wiederholungen von Expositionen in Sonaten und Symphonien beachtet werden sollen. Da die Wiederholungen von den Komponisten selbst eingerichtet worden sind, so scheint es keinem Zweifel zu unterliegen, daß sie wiederholt werden müssen. Manchmal hat die Exposition zwei Endungen, von denen eine zum Anfang zurückführt und die andere weiterleitet. Demnach scheint eine Stellungnahme gegen Wiederholungen die Absichten der Komponisten zu mißachten.

Von einer ausnahmslosen Streichung der Wiederholung ist keine Rede. Ganz kurze Expositionen (besonders wenn sie interessantes Material enthalten) sollen natürlich wiederholt werden. Auch ein Wiederholungsgegner würde nicht ins Gericht gehen, wenn die Exposition von Beethovens c-Moll-Symphonie wiederholt wird. Diese Exposition (übrigens der ganze Satz) ist nicht sehr lang; so kann man davon eine Doppelportion ertragen. Aber! Alle Symphonie-Expositionen, die dieses Maß überschreiten, sollten rigoros auf ein einmaliges Durchspielen beschränkt bleiben. Erstens gab kein Komponist eine ausdrückliche Weisung, seine Exposition zu wiederholen; so steht es einem frei, das Wiederholungszeichen zu mißachten. Der hauptsächliche Negativfaktor ist nicht die Vermeidung einer Spielzeitverlängerung (die zwar auch ein Faktor sein kann), sondern das Umstoßen des Gleichgewichts der Satzstruktur.

Im Eröffnungssatz einer Symphonie kommt die Exposition auch ohne Wiederholung zweimal vor; einmal im Anfangsteil und das zweite Mal im Schlußteil. Zwischen diesen zwei steht die Durchführung. Diese ist wie die Querstange einer Wippschaukel, die deren zwei Armen ein Balancieren ermöglicht. Wenn die erste Exposition zweimal gespielt wird, dann ist der

Satz kopflastig. Aber die Durchführung selbst ist ja nichts anderes als ein Wiederkäuen der Exposition. Mit ihrer Wiederholung läßt man dieselbe Musik viermal über sich ergehen. Dreimal sollte genügen. Es ist besser, von einer Kostbarkeit zu wenig als zuviel zu genießen. Auf diese Weise wird der Zuhörer in Spannung gehalten und nicht mit einer Wiederholung übersättigt. Außerdem wird die Modulation zur Dominante in der Exposition gegenstandslos, wenn man sowieso abrupt zur Tonika zurückkehrt. In der Wiederholung verliert die Modulation ihre Logik.

Die Frage der Wiederholung stellt sich auch bei den Variationen. Die leitende Regel bei dieser Kompositionsform sollte sein, daß nur die Teile des Themas (bei Mehrteiligkeit und wenn der Komponist diese Möglichkeit vorsieht) wiederholt werden, aber die Variationen dann nur noch unwiederholt zu Ende gespielt werden sollen. Aber auch diese Regel ist nicht ohne Ausnahme.

Wie bekannt, ist der langsame Satz von Schuberts Streichquartett „Der Tod und das Mädchen" ein Variationswerk, dessen Thema das gleichnamige Lied des Komponisten ist. Dieser himmlischen Musik kann man durchgehende Wiederholungen nur mit einem steinernen Herzen verweigern. Der kurz angebundene Strawinsky, dessen Musik von der Schuberts weltenweit entfernt ist, hat genug Herz gehabt, Schubert zu lieben. Als man ihn angesichts dieser ungewöhnlichen Schwäche fragte, wieso er die einschläfernde Länge Schuberts ertragen könne, antwortete er: „Ja, diese einschläfernde Länge. Aber wenn ich aufwache, bin ich im Paradies." Wenn man sicher ist, daß eine Wiederholung, wie bei Schubert, ins Paradies führt, dann kann man sie mit Freuden hinnehmen. Das Prinzip sollte sein, daß man nicht nach einem Prinzip spielt, sondern nach Gefühl und Bedürfnis.

Wenn man die Handhabe besitzt, die Länge einer Komposition durch Manipulierung der Wiederholungen zu bestimmen, so gibt es auch andere Mittel und Zwecke der Manipulation (freilich ohne Strukturverletzung), deren Anwendung manchmal notwendig erscheint. Ein solches Mittel ist die Änderung der Strichart bei den Streichern zum Zwecke der plastischeren Wiedergabe einer klanglich verbesserungsbedürftigen Passage. Ein konkreter Fall dieser Notwendigkeit (wenigstens nach Ansicht des Dirigenten) wurde bei der Aufführung von Beethovens c-Moll-Symphonie aktuell. Vielleicht wäre die Korrektur nicht allseitig gebilligt oder auch nur notwendig gefunden worden, aber die Autorität von Fritz Busch, des Dirigenten des fraglichen Konzertes, war jedenfalls eine von vornherein beschwichtigende Medizin. Die Stelle in der Komposition, bei der er eine Retusche anbringen wollte, war die von den Cellos mit Bratschenverstärkung gespielte zweite, figurierte Wiederkehr des Themas im langsamen Satz der genannten Symphonie. Ein Fragment der bewußten Stelle wird den Fragenkomplex anschaulich machen.

Beim Spielen dieser Figuration auf dem Cello ist es ein klanglich behindernder Umstand, daß ein andauerndes Hin und Her auf der A- und der D-Saite legato ausgeführt werden muß. Mit gewechseltem Bogen für jeden Ton gewinnt die Stelle sofort an Klarheit. Aber ein durchwegs gewechselter Bogen würde den Charakter der Figuration verändern und auch verfälschen. So verfiel Busch auf den Kompromiß, die Hälfte der Cellogruppe legato und die andere Hälfte (alle innen sitzenden Pultkollegen) mit gewechseltem Bogen spielen zu lassen. Der Legatocharakater ist erhalten geblieben, mit der Würze des zusätzlich gestoßenen Bogens schärfer gemacht. Wahrscheinlich war Busch nicht der einzige und auch nicht der erste mit der Anwendung eines solchen Kniffs, wofür die Literatur mehrere Notwendigkeiten und auch Möglichkeiten enthält.

Ein anderes Eingreifen in die Ausführungsart einer Komposition, das etwas problematischer war, obwohl es aus den besten Absichten und zum Vorteil des Komponisten durchgeführt wurde, geschah ebenfalls bei der Wiedergabe der c-Moll-Symphonie, aber in jenem Fall den ersten Satz betreffend. Der „Verbesserer" war Weingartner, dessen Ehrgeiz es war, Neuerungen in die technische Praxis der Orchester einzuführen. Eine Verbesserung Weingartners war die Eliminierung eines Fagottsolos im ersten Satz der Fünften von Beethoven und dessen Übertragung auf das Horn. Diese „Gewebeumpflanzung" passierte in der Wiederkehr der Exposition (nach der Durchführung). Ein Zitat wird seine Beweggründe klar machen. In der Exposition (im Anfangsteil) wird das Seitenthema mit dem folgenden Hornsignal eingeleitet (der tatsächliche Klang in Violinschlüssel notiert).

In der Wiederkehr wird das Seitenthema vom selben Signal eingeleitet, aber diesmal vom Fagott gespielt (das tatsächliche Register in Violinschlüssel wiedergegeben).

Man sieht, daß das zweite Signal (in der Wiederkehr) eine Terz tiefer liegt als das erste. Diese kompositorisch bedingte Tieferlegung hat es Beethoven unmöglich gemacht, wieder das Horn als Signalinstrument zu verwenden. Im frühen 19. Jahrhundert, sozusagen knapp vor dem Erfinden des chromatischen Horns, hatte Beethoven nur das Naturhorn zur Verfügung, auf dem in der tiefen Lage nicht alle Obertöne geblasen werden konnten. Die Töne (die drei letzten) des zweiten Signals paßten aber nicht in die Obertonreihe des Es-Horns, das Beethoven in Anpassung an die Bedürfnisse des größeren Teils der Symphonie vorschrieb. So mußte das zweite Signal einem anderen, für den Zweck nicht ganz geeigneten Instrument zugeteilt werden, wofür das Fagott der annehmbarste Kompromiß zu sein schien.

Weingartner versuchte, hundert Jahre nach der Tat, Beethovens Gedanken zu lesen und kam zum Schluß, daß der Komponist das Horn auch in der Wiederkehr gerne verwendet hätte, wenn es ihm möglich gewesen wäre. Weingartner traute Beethoven nicht die Verirrung zu, das komische Fagottgegacker zu verwenden, wo er einen heroischen Signalrufer benötigte. Daß Beethoven das Fagott nicht aus Not, sondern als Abwechslung zum vorher schon gebrauchten Horn verwendete, ist eine Ausrede, weil das in tiefer Lage männlich baritonal klingende Fagott in der unvermeidlich hohen Lage der ersten Signaltöne wie ein heiserer Tenor gluckert. Da nun die modernen Hörner nicht mehr auf die Obertöne eines einzigen Grundtons beschränkt sind und alle Töne der chromatischen Tonleiter hervorbringen können, so wurde in Weingartners Orchester auch das zweite Signal in Beethovens Symphoniesatz vom Horn gespielt.

Ein anderes die Ausführung betreffendes Detail des Orchestervortrags, worüber manche Dirigenten sich Gedanken machen, ist der Gebrauch der leeren Saiten der Streicher. Wie es allgemein bekannt sein dürfte, wird mit dem Ausdruck „leere Saite" diejenige Tonproduktion bezeichnet, bei der eine Saite durch Streichen oder Zupfen ins freie Schwingen gebracht wird, ohne einen Finger auf das Griffbrett zu pressen. Die vier Saiten der im Orchester gebräuchlichen Streichinstrumente geben (ungegriffen) den Ton, auf den sie gestimmt sind. Diese Töne können auf einer benachbarten (tieferen) Saite auch gegriffen erzeugt werden. Diese Möglichkeit führt manche Dirigenten zum Dekretieren des „Elften Gebots", die leeren Saiten zu vermeiden und deren Töne (greifend) auf die Nachbarsaiten zu übertragen.

Der Grund der Abneigung gegen die leeren Saiten ist ihr starrer, unvibriert gefühlskalter und bei der E-Saite der Geige auch schrill herausstechender Klang. Aber man soll nicht das Spiel eines Anfängers oder eines von Natur aus gefühlskalten Spielers als Basis zur Prüfung des Problems nehmen. Ein Geiger, dessen Spiel empfindsam und geschliffen ist, sollte nicht mit einem Leersaitenverbot gegängelt werden. Er würde die leere E-Saite von selber nie in die Mitte einer Melodie wie eine Fabriksirene hineinpfeifen lassen. Er würde diese leere Saite vielleicht vermeiden und die E-Note, wenn sie Teil einer delikaten Melodie ist, gegriffen auf der A-Saite spielen. Aber die leere E-Saite ist nicht immer ein Unfug. Wenn sie ein einziges Glied einer Melodiekette ist, die nur auf der E-Saite gespielt werden kann, und wenn sie (die leere Saite) feinfühlig angestrichen wird, dann kann es ein größerer Nachteil sein, wegen einer einzigen Note eine andere Saite behelfsmäßig und flüchtig anzustreichen.

In Mozarts A-Dur-Violinkonzert beginnt das Allegro-aperto-Solo nach der kurzen Adagio-Einleitung mit einer solchen Spielkombination. Kein Geiger würde die zweite Note anders als auf der leeren E-Saite spielen, und doch ist es nie als unpassend kritisiert worden. Freilich kommt es auf eine feinfühlige Bogenführung an, die keinen Unterschied zwischen den gegriffenen Tönen und der leeren Saite merken läßt.

Im Akkordspiel ist das Mitklingen der leeren E-Saite gang und gäbe.

Abgesehen davon, daß sie gegebenenfalls gar nicht zu vermeiden ist, verleiht sie dem Akkord einen willkommenen Glanz. In einer raschen Tonleiter fällt die leere E-Saite gar nicht auf und kann technisch sehr nützlich sein. Manchmal ist sie geradezu der Bestandteil eines Effekts, und ihr Gebrauch ist dann eine Selbstverständlichkeit. Ein solches Auftreten der leeren E-Saite kommt zum Beispiel in der Kadenz des Mendelssohn-Violinkonzertes vor; desgleichen in Bazzinis „Ronde des Lutins", in welcher vier gleiche E-s, angefangen mit der leeren E-Saite, hintereinander auf den vier Saiten in rascher Folge gespielt werden. Ebenfalls im Mendelssohn-Konzert kommen diese Effekt-Passagen vor:

Das erste Beispiel demonstriert die grundsätzliche Identität des natürlichen Flageoletts mit der leeren Saite, da es, wie diese, unvibriert bleibt.

Bei der Behandlung dieses Gegenstandes ist es unmöglich, das Prélude der E-Dur-Solopartita von Bach unerwähnt zu lassen. In diesem Satz erlebt man die Apotheose der leeren E-Saite, die im Wechselspiel mit dem gegriffenen E (auf der D- und der A-Saite) über mehrere Passagen hin unvergleichlich glänzt.

Eine besondere Verwendung der leeren E-Saite muß noch erwähnt werden. Diese hat die Skurrilität, daß sie nur in Schrift zu sehen, aber akustisch nicht zu vernehmen ist. Mit dieser Besonderheit zeichnet sie sich in Saint-Saens' „Danse Macabre" aus. Ganz stumm ist sie zwar nicht, aber sie klingt nicht so, wie sie geschrieben wird. In diesem Werk wird die E-Saite des Konzertmeisters (der darin solistisch hervortritt) einen halben Ton tiefer gestimmt, so daß man beim Anstreichen der leeren E-Saite ein leeres Es hört. Die fragliche Passage zeigt in der Partitur wie in der Solostimme diese Notierung:

Man sieht hier die Noten der leeren Saiten D, A und E. Was man aber hört, ist das folgende:

Der Solist braucht natürlich kein Es zu spielen, denn die E-Saite ist schon auf Es herabgestimmt und erzeugt die verminderte Quinte automatisch, gerade wenn man sie frei schwingen läßt ohne das Greifen des Spielers. Beim Spielen dieses Stücks könnte der Dirigent dem Konzertmeister nun wirklich nicht sagen, daß er die leeren Saiten vermeiden soll. Fabula docet, daß man auch in Hinsicht auf die leeren Saiten nicht dogmatisch sein kann.

All die angeführten Beispiele wurden der Sologeigenliteratur entnommen. Aber als leer gedachte oder angeordnete Saiten kommen auch in der Orchesterliteratur vor. Ein Beispiel ist eine Passage in der Paukenschlag-Symphonie von Haydn. Im ersten Satz enthält die Sekundgeigenstimme eine Stelle, die mit der vorhin zitierten Figur im Mendelssohn-Konzert

verwandt ist. Die Töne (neben dem selbstverständlichen E) sind bis auf ein Vorzeichen identisch. Ein Unterschied ist der getrennt gestrichene Bogen in der Symphonie.

Man soll indessen nicht vergessen, daß die Streichinstrumente auch Zupfinstrumente sind. Dieselbe Feinfühligkeit, die beim Anstreichen einer Saite angewandt wird, ist auch beim Zupfen der Saiten eine Tugend. Kunstvoll ausgeführte Pizzikatos sind besonders auf den tiefen Instrumenten ergötzlich. Beim Orchesterspiel gibt es aber auch ein Saitenzupfen anderer Art; und die Saiten, die dabei als Objekt dienen, könnten eher Nervenstränge genannt werden. Diese verlangen zu ihrem Zupfen, wie die Saiten der Instrumente, auch einen Meister. Hat man vielleicht spontan Kapell-Meister verstanden?

Nun gab es, besonders in früheren Zeitläuften, manche Meister dieser Kunst. Der prominenteste von allen war Leopold Stokowski. Bei ihm äußerte sich diese Gabe nicht ausschließlich durch sachkundiges „Nervensägen", sondern auch durch allerlei skurrile Ideen, die kaum je einem seiner Kollegen eingefallen waren. Eine verhältnismäßig milde Abweichung von der üblichen kapellmeisterlichen Linie war seine Verheiratung klassischer Musik mit Kinospektakel.

Wahrscheinlich gibt es Musik- und Kinofreunde, die sich noch an die Ton- und Farbfilmproduktion „Fantasia" erinnern, die absolute Musik choreographisch belebte und erklärte. Stokowski hat aber auch ein anderes Spektakel veranstaltet, das zwar hauptsächlich als ein Nervenreiz für sein Publikum gedacht war, aber auch bei seinen Kollegen und den Orchestermusikern ein mildes Kopfschütteln verursachte. Er spielte pizzicato auf den Nerven seiner Zuhörer.

Stokowski war lange vom Zuspätkommen des Publikums bei seinen Konzerten irritiert gewesen, so verfiel er auf eine patente Idee, diese Unsitte ein für allemal auszumerzen. Der Bericht über seinen Kriegsplan und dessen Durchführung soll nun die letzte Einzelheit des „über Studieren gehenden Probierens" sein, die dieses Kapital seinem Inhalt angemessen beschließt.

Stokowskis Einfall war die Aufführung von Haydns „Abschieds-Symphonie". Das an sich wäre natürlich kein Einfall gewesen, wenn nicht Stokowski diese Symphonie auf den Kopf gestellt hätte. Dieses Haydn-Werk war beim denkwürdigen Konzert die erste Nummer des Programms. Das war schon eine ziemliche Abweichung von der üblichen Programmgestaltung, da man ein Konzert normalerweise nicht gleich mit einem Abschied beginnt. Aber das war noch die geringste Umkehrung der traditionellen Ordnung. Stokowski führte die Symphonie (beziehungsweise deren letzten Satz) genau nach dem Beispiel des Zuspätkommens der Zuhörer auf.

Man weiß, daß Haydns Werkaufbau ist, die Instrumente (im Adagio nach dem Presto) beim Fortschreiten des Spiels eines nach dem anderen zu eliminieren und am Ende nur zwei Geigen übrigzulassen. Nun begann Stokowski diesen Abschiedssatz (als erste Nummer des Programms) mit nur zwei Geigern, denen sich dann die anderen Spieler, der originalen Reihenfolge entgegengesetzt, einer nach dem anderen zugesellten, bis das Orchester vollzählig wurde. Die Komposition dieses Satzes erlaubt eine solche Umkehrung der Reihenfolge, weil das Thema sich andauernd, nur in verschiedener Lautstärke, wiederholt. Da war nichts anderes zu tun, als die Teilstücke in umgekehrter Ordnung aneinanderzureihen. Stokowski gab dem Publikum eine anschauliche Lektion, indem er die Musiker parallel mit dessen Zuspätkommen auch einzeln herangewackelt auftreten ließ.

In der Vorhalle ließ er eine große Tafel anbringen mit der Inschrift „Grüß Gott, tritt ein, wir bringen Glück herein!" Der „Reigen (un)seliger Geister" (nämlich des Publikums) aus „Orpheus" war auch auf dem Programm – mit dem bekannten Flötenzwischenspiel, das bei Stokowskis notorischem Verbesserungsfimmel von der Solovioline vorgetragen wurde.

Falls man daran zweifeln sollte, daß Stokowski beim Konzerteingang eine Ankündigung in deutscher Sprache anbringen ließ, dann ist man auf der richtigen Fährte; deswegen soll gleich hier das englische Original folgen:
„Just march in on the signal of the bell
We are ready with a cock-eyed farewell."
Das Gluck-Solo wurde natürlich auch beim Originalarrangement gespielt, was eine passende deutsche Übersetzung von Stokowskis Geistesblitz ermöglichte.
Aber jedenfalls hat er Musikgeschichte gemacht, indem er aus Haydns „Abschieds-Symphonie" Stokowskis „Antritts-Symphonie" gemacht hat.

# Das „Judentum" am Dirigentenpult

irregegangen, auch wenn nicht am Pult, zum Christenkult

# Ergänzung zu „Dirigierdschungel"

als Evandschungelium und Mosespokus

1 Die Überschrift ist von Wagner gestohlen (natürlich mit der notwendigen Anpassung an unser Thema). Wagner hat seine berüchtigte judengegnerisehe Streitschrift unter dem Titel „Das Judentum in der Musik" segeln lassen. Bei ihm war dieser Titel trotz seiner semitischen Zielscheibe falsch angebracht, da kaum das ganze Judentum als Platzbesetzer in der Musik bezeichnet werden kann. Auch für diese Abhandlung wäre „sein" Titel schlecht gewählt, wenn nicht die warnenden Gänsefüßchen einen Unterschied zwischen Judentum und „Judentum" andeuteten. Worin dieser Unterschied besteht, wird im Laufe des nun folgenden Gedankenspiels allmählich klar werden.

Das „jüdische Gespenst", das in Wagners Kopf herumspukte, stammte nur vom Eindringen des Judentums ins Tonschöpfertum, noch nicht von dessen Eroberung des Dirigentenpultes. Abgesehen von einem flüchtigen Nadelstich in seinem zweiten „Judenlobgesang": „Aufklärungen über das Judentum in der Musik" läutete er noch nicht Sturm gegen die jüdischen Dirigenten. Er schrieb ein Dirigierbuch, ohne darin die Juden (als Juden) auf dem Dirigiersockel (trotz ihres bereits merkbaren Hervortretens) auch nur zu erwähnen. Die erst nach seinem Wirken zur vollen Üppigkeit gereiften Zustände um das Dirigentenpult wären aber für Wagner sicherlich ein gefundenes Fressen gewesen. Er hätte seiner stets sprungbereiten Angriffslust entsprechend wahrscheinlich orgiastisch darüber geschrieben. Vielleicht hätte er sogar eine Oper mit dem Titel „Die Meisterschwinger" oder „Götterbumerang" komponiert. Zur Zeit der Entstehung seiner Dirigierschrift bestand aber noch keine dringende Veranlassung, das Thema über das künstlerisch-fachliche Interesse hinaus unter Berücksichtigung soziologischer und religiös-rassenmäßiger Aspekte zu behandeln. Es ist auch fraglich, ob er zwischen den zwei Kategorien von Juden, die hier mit und ohne Gänsefüßchen bezeichnet werden sollen, unterschieden hätte.

2 Wagner, dem arischen Außenstehenden und mehr rassenmäßigen als religiösen Antisemiten mochte ein Unterschied zwischen zwei Kategorien von Juden gleichgültig sein. Ganz anders verhält es sich mit dem Verfasser dieser Zeilen, für den als ideologisch verpflichteten Innenstehenden ein bedeutsamer Unterschied zwischen zwei bestimmten Arten von Juden besteht.

Das „Innenstehen" des Verfassers bedeutet in diesem Fall, daß er zu den gänsefußlosen Rassengenossen gehört. Damit aber ist es notwendig geworden, auf die strittigen Gänsefüßchen ein stärkeres Licht zu werfen. Ihre Bedeutung wird wahrscheinlich von selber klar, wenn jene Dirigenten aufgezählt werden, für deren Judentum in der Niederschrift die angewandten Anführungszeichen die ausnehmende Charakteristik sind. Die Dirigenten, deren „Judentum" in schriftlicher Erwähnung Gänsefüßchen verlangt, sind die folgenden: Mendelssohn, Levi, Mahler, Damrosch, Blech, Kussewitzky, Monteux, Walter, Stiedry, Rodzinsky, Klemperer, Reiner, Szell, Ormandy, Kletzki und Dorati.

Wenn die Aufzählung nicht in diesem Buch und in dieser Abhandlung präsentiert würde, dann möchte man annehmen, daß sie eine Liste prominenter, weltberühmter Dirigenten darstellt. Es muß aber dem Scharfäugigen aufgefallen sein, daß andere, künstlerisch ebenfalls in diese Kategorie gehörende Kollegen wie zum Beispiel Bernstein und Maazel, deren Judentum nie mit Gänsefüßchen geschmückt gedacht werden kann, nicht mitangeführt worden sind. Der trennende Umstand besteht darin, daß die Mitglieder der Mehrheitsgruppe, im Gegensatz zum verwaisten gänsefußlosen Pärchen, aus ihrer jüdischen Haut schlüpfen und verkleidet mit den christlichen Wölfen heulen wollten.

Diese Bestrebung muß in der bedingten Form registriert werden, da jeder klarsehende Mensch weiß, daß sie nicht erfolgreich sein kann und daß ein solcher Versuch folglich eine aberwitzige Illusion ist. Die Galerie dieser buchstäblich zu Kreuze gekrochenen jüdischen Dirigenten stellt die seltsamste Gemeinschaft unverabredeter Einmütigkeit dar, die in der Sphäre emanzipierten Künstlertums von begabten, gebildeten, erfolgreichen, umschwärmten, wohlhabenden und charakterlosen Individuen überhaupt geformt werden kann. Diese Gruppe ist eigentlich noch umfangreicher, wenn die weniger bekannten Größen derselben Sorte mitberücksichtigt werden. Auf der anderen Seite der Grenzlinie gibt es freilich auch mehr Herkunftstreue als die zwei bereits Genannten, wenngleich es äußerst schwierig ist, prominente Dirigenten in dieser Kategorie zu finden.

In den nahezu zwei Jahrhunderten seit Beginn der Tätigkeit Mendelssohns sind erstaunlicherweise fast alle weltberühmten jüdischen Dirigenten Proselyten gewesen. Die Psychose dieser religiösen Fahnenflucht hat zuzeiten solch epidemische Proportionen angenommen, daß davon alle Berufsbezirke der jüdischen Oberschicht erfaßt wurden. Es ist höchst bemerkenswert, daß es die geistige und die geldliche Aristokratie des Judentums waren, die (mit löblichen Ausnahmen wie zum Beispiel Einstein und die Rothschilds, aber nicht ausgenommen der Dichter Heine, der Philosoph Husserl, der – Deutschlands Kriegführung im Ersten Weltkrieg mit seiner Luftstickstoffgewinnung ermöglichende – Chemiker Haber, der englische Ministerpräsident Disraeli und der keiner näheren Bezeichnung bedürfende Karl Marx) zum Christentum übergelaufen sind. Diese Überläufer bilden aber jene Gruppe des Judentums, die kraft ihrer starken Position die Anbiederung am wenigsten nötig hatte, während der jüdische Kleinbürger und das jüdische Proletariat des Ostens, diese zwei niederen Stände, die unter der konstanten Bedrückung, Drangsal und Pogromdrohung sich zum Einlenken am meisten veranlaßt fühlen konnten, tapfer bei der Fahne des Davidsterns durchgehalten haben. In der Musikwelt – außerhalb der Dirigentengruppe – finden wir Joachim, Rosé, Flesch und Kreisler, also die jüdischen Aristokraten des Violinspiels, unter den opportunistischen Konvertiten, die mit den niedergehaltenen, aber standfesten jüdischen Orchesterfiedlern seltsam kontrastieren. Das krasseste Phänomen bleibt aber jenes der getauften jüdischen Dirigenten. Diese Gruppe, die mit ihren über ein Dutzend zählenden Angehörigen nahezu die Hälfte aller Stardirigenten der bisherigen Musikgeschichte ausmacht, ist ein soziales Phänomen, das in seiner Skurrilität nicht so bald seinesgleichen findet. Wenn es wahr sein soll, daß die Orchesterdirektion ein spezifisch jüdischer Beruf ist, weil ein so hoher Prozentsatz der kapellmeisterlichen Aristokratie aus dem Judentum hervorgegangen ist, dann könnte man einen Schritt weitergehen und sagen, daß die Orchesterdirektion ein Beruf für getaufte Juden par excellence ist.

Wären aber die Juden in anderen Berufen diesem kapellmeisterlichen Beispiel gefolgt, dann würde es heute kaum ein Judentum geben, das sich noch Judentum nennen könnte.

Nun brauchte ein nominelles, sozusagen schmerzloses Verschwinden des Judentums kein Unglück zu sein, und zwar weder für die Juden noch für die nicht-jüdische Mitwelt. Wo steht es geschrieben, daß es auf der Welt ein Judentum geben muß? Diese Frage ist aber nur berechtigt, wenn man auch die Notwendigkeit der Existenz eines Deutschtums, eines Armeniertums und (in einem anderen Sinn) eines Christentums bezweifelt. Die Geschichte liefert genug Beispiele für den Wunsch nach Ausrottung all dieser Gemeinschaften. Wenn aber solche Wünsche, jedesmal wenn sie gehegt werden, erfüllt würden, dann wäre die Erde bald eine leblose Wüste. Was die Juden anbelangt, haben sie eigentlich von allen Völkern den stärksten Rechtsanspruch auf ein sorgenfreies Dasein, da ihnen allein ein Gedeihen bis in die fernste Zukunft vom Bibelgott versprochen wurde. Dieses Versprechen ist zwar im Neuen Testament prompt widerrufen und durch eine Verdammnis ersetzt worden. Da es aber angeblich derselbe Gott ist, der beides angeordnet hat, so muß angenommen werden, daß entweder Gott nicht weiß, was er tut, oder die Christen mit Gott falsch verbunden sind.

Wie dem auch sei, die Sinnesänderung Gottes kann nicht, wie die Christen behaupten, mit der Verleugnung von Jesus durch die Juden gerechtfertigt werden. Die Unhaltbarkeit des christlichen Standpunkts ist auch durch die Situation der Armenier erwiesen, die als Christen selbstverständlich an Jesus glauben, trotzdem – ähnlich der großenteils noch existierenden jüdischen Diaspora – keinen eigenen unabhängigen Staat besitzen, wozu sie auch noch einen religiös inspirierten Massenmord zu erleiden hatten. Jedenfalls zeigt das Armenierbeispiel, daß der Jesusglaube keine Gläubigenkatastrophen zu verhindern vermag. Die Juden brauchen also nicht von Reue erfüllt zu sein, den christlichen Messias abgelehnt zu haben. Wenn das Schicksal der Juden sich entsprechend der göttlichen, Abraham gegebenen Verpflichtung glimpflich entwickelt hätte, dann hätten sie überhaupt keinen Messias (oder eigentlich Erlöser) nötig gehabt, weil ein Erlöser nur als Ersatz für das nicht eingehaltene göttliche Versprechen notwendig wurde.

Es ist nützlich, an diesem Punkt den Unterschied zwischen dem jüdischen und dem christlichen Messias-Begriff festzuhalten. Für die Christen ist der Messias ein Gottmensch, der die Sterblichen, wenn sie an ihn glauben, von ihren irdischen Sünden im Himmel erlöst. Für die Juden ist der Messias ein Erlöser von der irdischen Misere gleich hier auf Erden. (Von seinen Sünden muß sich der Jude durch Befolgung der Gebote selbst erlösen.) Was die Person des von außen eingreifenden Erlösers betrifft, ist es belanglos, ob er ein göttliches oder menschliches Wesen ist, solange er nicht beides in einer Person ist, da für die Juden eine solche Mischung unmöglich und jedenfalls eine Blasphemie ist. Aber die Erlösung muß auf alle Fälle hier auf Erden stattfinden. Der erdgebundene Erlöserglaube der Juden findet seinen Ausdruck zum Beispiel bei dem Propheten Jeremias. Er legt Gott 1400 Jahre nach Abschluß des Bundes diese materialistische Interpretation in den Mund. Der fünfte und sechste Vers in seinem 23. Kapitel enthält folgende Bestätigung:

> Sieh, es kommt die Zeit, spricht der Herr, daß ich dem David ein gerechtes Gewächs erwecken will, und soll ein König sein, der wohl regieren wird und Recht und Gerechtigkeit auf Erden anrichten. Zu seiner Zeit soll Juda geholfen werden und Israel sicher wohnen.

Dieses Versprechen lag Jeremias offenbar so sehr am Herzen, daß er es in Vers 14,15 und 16 des 33. Kapitels fast Wort für Wort wiederholte.

Der Messias ist also für die Juden jener (und eigentlich jeder), der die irdische Schicksalsverbesserung der Judenschaft sicherstellt. Er muß nur dann aus dem Hause David hervorgehen, wenn er gleichzeitig König sein soll. Aber auch das gilt nur für das von den Stämmen Juda, Benjamin und den später teilweise hinzugekommenen Leviten geformte, „Juda" genannte Königtum, weil der nachsalomonische Sonderbund der anderen neun Stämme – mit der Bezeichnung „Israel" – unter einem ephraimitischen König ein davidisches Thronmonopol nicht anerkannt hat. Dieser Umstand machte wiederum die krampfhaft geltend gemachte davidische Abstammung von Jesus gegenstandslos, da die Hebräer bei ihrem bis zu drei Vierteln antidavidischen Monarchismus einen sogenannten davidischen Thronprätendenten aufgrund des entscheidenden Mehrheitsprinzips dann schon in toto abzulehnen berechtigt waren. Der Boden der davidischen Thronfolge ist damit Jesus, selbst im Falle eines glaubwürdigen Nachweises dieser Stammlinie, entzogen worden, weil dieser Boden bei der Mehrheit der Teilnehmer eines eventuell wiedervereinigten Königreichs auch für keinen anderen David-Abkömmling existierte.

3   Die Nichteignung von Jesus für den israelischen Thron war, von allen anderen Umständen unabhängig, ziemlich wohlbegründet. Die zwei Genealogien im Neuen Testament (bei Matthäus und Lukas), die seine davidische Abstammung nachweisen wollen, sind eine Karikatur von dem, was eine Genealogie sein sollte. Ein Nachlesen der davidischen Königsfolge im Alten Testament zeigt, daß sie mit der Liste der Evangelisten nur in wenigen Punkten übereinstimmt. Was aber letztere zu einer ausgesprochenen Fälschung macht, ist, daß die Evangelisten auch unter sich nicht einig sind und weder für die Namen noch für die Zahl der Generationen eine identische Aufzählung vorlegen. Kann ein Mensch auf der männlichen Seite zwei verschiedene Abstammungen haben? Außerdem wiederholt Matthäus (mit Lukas) einen groben genealogischen Fehler des Alten Testaments. Mit dem unnötigen und unkritischen Zurückverfolgen von Davids Vorfahren wurde die unwahrscheinliche, wenn nicht gar unmögliche Abstammung Davids von seinem etwa 200 Jahre älteren Großvater Obed (Sohn der berühmten Ruth und in ihrem Buch erwähnt) ins Neue Testament gepflanzt. (Die Stammlinie und Zeitfolge ist leicht nachzuweisen. Rahab, die Hure, war Zeitgenössin des Eroberers Joschua ungefähr in der Mitte des 13. Jahrhunderts v. Chr.. Ihr Sohn Boas heiratete die eben genannte Ruth, deren Sohn Obed war. Dieser muß also gegen 1200 geboren worden sein.) Zwischen Obed, Davids Großvater, und David gibt das Alte wie das Neue Testament für die ganzen 200 Jahre nur eine einzige Zwischengeneration, nämlich Obeds Sohn und Vater Davids, Jesse, an. Einen solch verdrehten Stammbaum von Jesus bietet uns Matthäus.

Lukas seinerseits übertrifft aber selbst Matthäus, indem seine Stammbaumversion überhaupt die reinste Phantasie ist. Er hat sich offenbar nicht einmal die Mühe genommen, die Königschronik des Alten Testaments auch nur oberflächlich zu lesen.

Man kann sich vorstellen, daß die Genealogien den christlichen Apologeten viel Kopfzerbrechen verursachen. Um sich aus der Schwierigkeit der auf väterlicher Seite widersprechenden Doppelabstammung von Jesus zu retten, behaupten manche, daß die davidische Linie nicht durch Joseph, sondern durch Mutter Maria auf Jesus übertragen wurde. Das sollte Joseph als davidisches Kettenglied überflüssig machen und ihm gleichzeitig ermöglichen, dem Heiligen Geist für die göttliche Zeugung diskret den Vortritt zu lassen.

Da nun die davidische Herkunft für Jesus durch Joseph sich nicht aufrechterhalten läßt, so hat man also versucht, sie durch Mutter Maria hinüberzuretten. In diesem Fall müßte aber Maria ihre eigene Zugehörigkeit zum Hause David beweisen. Wäre sie dazu in der Lage, wozu dann eine Genealogie, in der sie gar nicht vorkommt? Wie könnte eine Frau ihre Abstammung von einem bestimmten, tausend Jahre älteren Vorahnen geltend machen, wenn es bei einem nichtgeführten Nachweis nach tausend stürmischen Jahren überhaupt unerfindlich ist, welche Frau von wem abstammt? Es ist aberwitzig, die davidische Abstammung von Jesus durch Maria beweisen zu wollen, wenn ihre eigene davidische Abstammung nicht nachgewiesen ist.

An diesem Punkt ist allerdings eine einschränkende Bemerkung angebracht. Es sind nämlich interessanterweise vier weibliche Ehegesponse in der matthäischen Ahnenliste mitgezählt, wenngleich sie für Marias davidische Abstammung nur von sekundärer Bedeutung sind, da sie noch zu den vordavidischen Generationen gehören. Es ist jedoch interessant festzustellen, was für Weiblichkeiten in der Ahnenreihe Marias überhaupt vorkommen. Es ist nicht ohne Pikanterie, daß vier Ahnfrauen der keuschesten Heroine der Weltgeschichte schockant lose Weibspersonen waren. Es ist ein Rätsel, warum Matthäus von den 39 Ehefrauen (von Abrahams Sarah bis zu Josephs Mutter) ausgerechnet nur jene vier der Erwähnung würdig fand, mit denen sich die Heilige Familie als Vorfahren am wenigsten brüsten kann. Alle diese vier jüdischen Ahnfrauen waren nämlich Huren. Zwei im reinsten (oder vielleicht im unreinsten) Sinne des Wortes und zwei als unredliche Gattenjägerinnen, was moralisch ungefähr in dieselbe Kategorie gehört.

Die erste von Matthäus Genannte ist Thamar, ursprünglich Judas Schwiegertochter, die nach dem Tode ihres Mannes (Judas Sohn) als Hure verkleidet den nichtsahnenden Schwiegerpapa verführte (Genesis, 38. Kapitel). Die zweite Hure ist Rahab, die im Buch Josua im ersten Vers des zweiten Kapitels unverhohlen mit diesem „Ehrentitel" eingeführt wird und bei jeder späteren Erwähnung (6. Kapitel, 17. und 25. Vers) immer dieses Epitheton ornans trägt, auf daß der fromme Leser nicht etwa vergißt, in welchem Beruf Rahab tätig war. Diese Familienspezialität ist dann offenbar fortgesetzt worden, denn Rahabs Sohn Boas heiratete ein Mädel, das ihn als Ehemann (den zweiten nach Verwitwung) auf Anstiftung ihrer vormaligen kupplerischen Schwiegermutter durch Hineinschleichen ins Bett des schlafenden Boas kaperte, woraus dann der vorhin erwähnte Obed (Davids Großvater) resultierte (Buch Ruth, 3. Kapitel). (Nebenbei bemerkt, ist Ruth eine Urenkelin des betrunken Inzucht treibenden Lot und seiner älteren Tochter. Man sieht, welch nette Leute sich in Marias Ahnenreihe zusammengefunden haben, insofern sie als ein David-Abkömmling gelten will.)

Nun kommen wir zu der vierten Glanznummer, die füglich als die luderhafteste bezeichnet werden kann. Sie begnügte sich nämlich nicht mit bloßem Betrug, sie konspirierte außerdem mit ihrem Buhlen, ihren Ehemann um die Ecke zu bringen (2. Buch Samuel, 11. Kapitel). Matthäus nennt sie nicht mit Namen; wenn er aber sagt:

> Der König David zeugte Salomo von dem Weib des Uria,

dann enthüllt er nicht nur, daß es Bathseba war, sondern er bringt außerdem den Ehebruch unverhohlen mit in die heilige Abstammung – eine Gottesverachtung, wie er sie in den früheren drei Fällen nur diskret in die Aufzählung der Generationen einstreute.

Die Matthäische Weibergenealogie erzeugt nun sonderbare Nebenumstände. Die theologischen Alchimisten, die aus jedem echten Dreck falsches Gold machen können, befreien Jesus vom Sündendruck seiner Ahnfrauen, indem sie diese Weiber als ein göttliches Vorzeichen für seine Erlöserrolle in seiner eigenen Familie hinstellen. Die großmütterlichen Huren geben Jesus Gelegenheit, sich im Erlösen zu Hause zu üben. Diese theologische Ehrenrettung ist indessen völlig gegenstandslos, da die vier Sünderinnen nur aus Irrtum der Genealogie Jesu zugeteilt wurden. Um die Situation zu klären, braucht man nur der Beweisführung der verflixten Ungläubigen zu folgen. Sie glauben nämlich den Matthäischen Bericht nicht, und zwar deswegen, weil sie weder an die davidische Abstammung von Maria noch an die von Joseph glauben. Damit stehen sie auf solch solider theologischer Grundlage, daß nicht einmal 130 Kardinäle und 3000 Bischöfe ein stichhaltiges Argument dagegen vorbringen könnten.

Die Berufstheologen haben sich Marias davidische Abstammung – wie es nun allmählich an den Tag kommt – nur so aus den Fingern gesogen. Aber sie bleiben dabei, daß die davidische Erbfolge durch Mutter Maria zu Jesus weitergeleitet wurde, und zwar durch die auf nichts gegründete Annahme, daß der Großvater Eli (laut Lukas-Evangelium) nicht der Vater, sondern der Schwiegervater von Joseph war. Das machte es möglich, Maria als ungenannte Tochter von Eli in die Genealogie von Jesus einzuschmuggeln. Die Theologen sind wie Goethes Ratte, die von Loch zu Loch läuft, bis sie aus dem letzten Loch pfeift. Das letzte Loch der theologischen Ratten, aus dem es kein Entkommen mehr gibt, ist, daß weder Maria noch ihr unterschobener Vater Eli Davids Nachkomme sein konnte.

Trotz wesentlicher Lockerung der Stammesbande zu Jesu Zeiten wurden sie eifrig aufrechterhalten, wo immer die Stammesidentität als erwiesen galt. Das war zum Beispiel der Fall beim Priesteramt, das nur von einem Leviten bekleidet werden konnte. Dieser Umstand ist ein wichtiger Faktor bei der Feststellung der Stammeszugehörigkeit von Jesu Mutter Maria. Das Neue Testament (Lukas-Evangelium, 1. Kapitel, 36. Vers) sagt ausdrücklich, daß Elisabeth, die Ehefrau des Priesters Zacharias, eine Aaronitin und damit selbstredend eine Levitin sowie die Kusine Marias war. (Zur Bezeichnung des Kusinenverhältnisses gebraucht zwar Luther das heute unverständliche Wort „Gefreunde", jedoch ist die richtige Bedeutung aus der lateinischen Bibel und dem griechischen Original zu ersehen, wo „cognata" beziehungsweise „syngenis" unmißverständlich „Kusine" oder Blutsverwandte bedeuten.) Elisabeth, die nun als eine Levitin eingeführt ist (Levi, ein Sohn Jakobs, war der Urgroßvater von Aaron), konnte um so mehr als Angehörige dieses Stammes gelten, da ihr Ehemann Zacharias, dem levitischen Priestermonopol entsprechend, selber ein levitischer Priester war. Die Stammesgleichheit, die für Ehen im allgemeinen galt, war bei Priesterehen schon von Amts wegen eine Voraussetzung. Wenn aber Elisabeth nichts anderes als eine Levitin sein konnte, dann muß ihre Kusine Maria ebenfalls eine Levitin (das heißt keine zu David führende Judaitin) gewesen sein. Das erhellt aus einem Mosaischen Gesetz, das in der Versgruppe 5, 6 und 7 des 36. Kapitels im 4. Buch (Numeri) von Moses nachzulesen ist.

> Mose gebot den Kindern Israel nach dem Befehl des Herrn und sprach: Das ist's, was der Herr gebietet den Töchtern Zelophehads und spricht (das war ein Vater, dessen mannbare Töchter die Bestätigung des Gesetzes aktuell machten): Laß sie freien, wie es ihnen gefällt; allein daß sie freien unter dem Geschlecht des Stammes ihres Vaters, auf daß nicht die Erbteile der Kinder Israel fallen von einem Stamm zum anderen; denn ein jeglicher unter den Kindern Israel soll anhangen an dem Erbe des Stammes seiner Väter.

Laut dieses Gesetzes gehörten nun nicht nur Ehepartner und ihre Kinder, sondern auch Kusinen (freilich auch Vettern) zwangsläufig zum selben Stamm. Das System ist klar. Eltern von Kusinen, als Geschwister, gehören ab ovo zum selben Stamm. Damit aber müssen die Ehepartner dieser Geschwister, folglich auch ihre Kinder, ebenfalls zum selben Stamm gehören. Solche Kinder waren Elisabeth und Maria. Und da nun Elisabeths levitische (aaronitische) Abstammung und ihr Kusinenverhältnis zu Maria vom Evangelisten Lukas bezeugt sind, so zerrinnt Marias judaitische, das heißt davidische Abstammung ins Nichts. Das hat natürlich zur Folge – da Josephs Vaterschaft vorher schon durch den Heiligen Geist eliminiert wurde –, daß die davidische Abstammung des Sohnes und damit sein Thronanspruch und auch seine angemaßte Erlöserrolle von beiden Seiten her als null und nichtig erwiesen ist.

Trotz der präsentierten, schwerlich anfechtbaren Dokumentation werden die Bemühungen nicht aufgegeben, der Menschheit die davidische Abstammung von Jesus die Gurgel runterzujagen. Manche Theologen greifen auf die Klügelei von Eusebius, dem frühchristlichen Bischof im palästinensischen Cäsarea, zurück. Dieser Eusebius machte eine nutzlos krampfhafte Anstrengung zur Rettung der davidischen Abstammung von Jesus. Er hat das uralte jüdische Leviratsgesetz ausgebuddelt, das die Ersatzehe eines Mannes mit der Witwe seines verstorbenen Bruders zum Gegenstand hat. Die Regelung war, daß die Kinder aus einer solchen Schwagerehe („levir" = Schwager auf lateinisch) das Geschlecht des verstorbenen Bruders unter seinem Namen fortsetzten.

Es ist sonderbar, daß ein großer Geist wie Eusebius die sonnenklare Tatsache nicht sehen konnte, daß das Leviratsgesetz bei Jakob und Eli unanwendbar war, da sie von zwei verschiedenen Vätern abstammend gar nicht Brüder sein konnten, folglich weder der eine noch der andere eine Adoptivvaterschaft für Joseph im Sinne des Gesetzes übernehmen konnte. Aber selbst wenn sie Brüder gewesen wären und für Joseph eine Art Doppelvaterschaft gebildet hätten, was hätte das für den göttlich gezeugten Jesus bewiesen?

Eusebius glaubte mit der Geltendmachung des Leviratsgesetzes die Zugehörigkeit Josephs zu zwei Ahnenreihen (wie bei Matthäus und Lukas unterschiedlich angegeben) bewiesen zu haben. Eusebius hat das Unnötige bewiesen. Aber er hat weder Marias davidische Abstammung noch Josephs Vaterschaft bewiesen. Beim letzteren konnte er sich noch glücklich schätzen, denn sonst hätte ihn die Kirche in den heißesten Backofen der Hölle gesperrt.

Es ist eine sonderbare Blindheit der Evangelisten (und ihrer Nachfolger), daß sie die davidische Abstammung Josephs mit aller Gewalt beweisen wollen, wo er doch gar nicht das vermittelnde Glied dieser Abstammung von Jesus sein kann, noch darf. Eigentlich ist es unter den von der Kirche selbst postulierten Voraussetzungen unmöglich, Jesus vom Hause Davids herzuleiten. Es ist müßig und aberwitzig, Josephs davidische Abstammung nachweisen zu wollen, wenn er nach dem kirchlichen Dogma nicht Jesu Vater ist. Ist es nötig, nach 2000 Jahren immer noch darauf hinzuweisen, daß Jesus vom Heiligen Geist gezeugt oder von diesem durch eine zauberhafte Einwirkung vom Stapel gelassen wurde? Die ganze Welt läßt sich mit Vergnügen zum Narren halten durch das kirchliche Diktum, daß Jesus väterlicherseits von einer Reihe menschlicher Familienhengste, mit David angefangen, abstammt bei gleichzeitiger Erklärung, daß er keinen menschlichen Vater hatte. Und nachdem man mit allen unmöglichen Mitteln den männlichen Zweig triumphierend vorgeflunkert hat, kommt man mit der Behauptung, daß die davidische Abstammung von Jesus eigentlich durch die auch nicht davidische Maria gesichert wurde.

Aber selbst bei Annahme dieser nichtexistierenden Abstammung wäre die Messianität von Jesus als David-Abkömmling eine Verletzung der göttlichen Ordnung, weil bei der davidischen

Dynastiegründung von der Errichtung eines Messianismus, mit oder ohne Jesus, überhaupt keine Rede war. David hat von einem Messias soviel Ahnung gehabt wie Jesus von einem Luther. Und die Idee, daß Jesus der Sohn Gottes sein sollte, hätte für die Juden, wenn es ihnen damals eingefallen wäre, soviel Bedeutung gehabt wie die Feststellung, daß Horus der Sohn von Osiris ist.

Im 22. Kapitel der ersten Chronik spricht Gott direkt zu David. Der 9. und 10. Vers gibt seine Worte wieder:

> Siehe, der Sohn, der dir geboren soll werden, der wird ein Mann der Ruhe sein; denn ich will ihn ruhen lassen von all seinen Feinden umher, denn er soll Salomo heißen; denn ich will Frieden und Ruhe geben über Israel sein Leben lang. Der soll meinem Namen ein Haus bauen. Er soll mein Sohn sein, und ich will sein Vater sein. Und ich will seinen königlichen Stuhl über Israel bestätigen ewiglich.

Offenbar übernahm Gott eine gönnerhafte Adoptivvaterschaft, aber nicht für Jesus. Der königliche Stuhl war nicht für Jesus bestimmt, denn es ist klar, wer mit dem „Sohn" gemeint ist. Daß es der davidische Salomo ist und nicht der levitische Jesus, könnte nicht deutlicher ausgedrückt werden. Bei der Gründung der davidischen Dynastie war absolut keine Rede davon, ein Messiasgeschlecht oder eine himmlische Erlösung durch Opfertod vom Stapel zu lassen. Die Gründung war eine innerjüdische Angelegenheit, die mit einer christlich konzipierten Welterlösung damals überhaupt nichts zu tun hatte.

**4** In den Augen der Juden war es ein christlich-theologisches Ausgleiten, die Erlösung von der Erde in den Himmel zu verlegen.

In ihrer überwiegenden Mehrheit erwarten die Juden gar keinen Messias. Für sie ist dieser (im Sinne eines Erlösers) kein leibhaftiger Mensch, sondern nur ein Symbol, eine Hoffnung (wie es übrigens von der ganzen Menschheit gilt), einmal bessere Tage zu sehen. Auf den jüdischen Bereich beschränkt, ist dieses Sehnen durch die Neugründung des Staates Israel ohne einen persönlichen Erlöser gerade in unserer Zeit teilweise erfüllt. Die persönlich gedeutete Funktion eines Messias ist eigens für Jesus geschaffen worden als Folge einer überhitzten Auslegung des alten Bibeltextes durch christliche Besserwisser. Daß die jüdisch messianische Sendung nicht nur eine sprituelle Erlösung (wie sie durch Jesus ausschließlich repräsentiert wird), sondern auch durchaus materialistische Ziele anstrebt, geht daraus hervor, daß sogar Nichtjuden als Beauftragte Gottes zur Erfüllung dieser Funktion qualifiziert sind, wenn sie die Sache der Judenschaft im Sinne von Jeremias (mit dem „ Geholfenwerden und sicheren Wohnen") fördern. So wird zum Beispiel der Perserkönig Cyrus, der die Juden von der Babylonischen Gefangenschaft befreite und den Wiederaufbau Jerusalems und des Tempels vorbereitete, bei Jesaja Messias genannt. So heißt es im letzten Vers des 44. und zu Beginn des 45. Kapitels:

> Ich (Gott) spreche von Cyrus: Der ist mein Hirte und soll all meinen Willen vollenden, daß man sage zu Jerusalem: Sei gebaut! und zum Tempel: Sei gegründet!
> So spricht der Herr zu seinem Gesalbten, dem Cyrus, ... um Jakobs, meines Knechtes willen

und um Israels, meines Auserwählten, willen. Ja, ich rief dich bei deinem Namen und nannte dich, da du mich noch nicht kanntest. Ich bin der Herr, und sonst keiner mehr; kein Gott ist außer mir. Ich habe dich gerüstet, da du mich noch nicht kanntest.

Aus dem Bibeltext geht hervor, daß Gott Cyrus rief und ihn rüstete für den Wiederaufbau Jerusalems und des Tempels. Und obwohl Cyrus Gott vorher noch nicht kannte – was damit gleichbedeutend ist, daß er kein Jude war –, wurde er von Gott trotzdem Gesalbter, das heißt Messias, genannt – wenn man den Text hebräisch liest. Die deutschsprachigen Christen sind zwar nicht gewohnt, automatisch „Gesalbter" zu denken, wenn sie die Bezeichnung „Messias" hören, aber das ändert nichts an der Tatsache, daß die Wörterbuchbedeutung der zwei Ausdrücke dieselbe ist. Im Laufe der Zeit und durch Tradition ist dann das hebräische Original in alle Sprachen der Christenheit übergegangen und, kraft seines exotischen Schriftbildes und Klanges und der neu entwickelten Glaubensrichtung, seiner ursprünglichen Bedeutung entwachsen. In der christlichen Gedankenwelt hat nämlich das Wort eine ausschließliche, dem jüdischen Sprachgeist fremde Bedeutung angenommen.

Wenn Händel sein großes Oratorienwerk „Gesalbter" anstatt „Messias" betitelt hätte, würden die Leute kaum wissen, daß damit Jesus gemeint ist. Und die Deutungsunsicherheit wäre berechtigt, denn im Hebräischen ist „Gesalbter" keine bestimmte, exklusiv so genannte Person, sondern ein Epitheton, das jeder verdienten Notabilität (und sogar mehreren gleichzeitig) verliehen werden konnte. Das Wort „Messias" kommt im Alten Testament öfters vor, aber bis kurz vor dem Ende nie als Hauptwort im Sinne von „Erlöser" oder im Zusammenhang mit Jesus. Nur aus dem 9. Kapitel des späten, bei der Schlußgruppe des Alten Testaments eingereihten Buches Daniel könnte man eine solche Verwendung des Ausdrucks herauslesen, wo „Gesalbter" zum ersten Mal mehr oder weniger im Sinne einer bestimmten Person und nicht bloß als Epitheton vorkommt. Die christliche Theologie liebt es, auf dieses alttestamentliche Andeuten „ihres" Messias hinzuweisen, aber sie würde sich besser Zurückhaltung auferlegen, weil der Gesalbte (bei näherem Besehen) auch der syrische Judenfeind Antiochus Epiphanes sein könnte. Als herrschender Fürst konnte er wohl gesalbt sein.

Der Gesalbte, von dem der Pseudo-Daniel (in Wirklichkeit ein unbekannter Verfasser des 2. vorchristlichen Jahrhunderts) spricht, kann in keinem Fall Jesus sein, weil dieser Gesalbte eine ungefähr in Daniels Epoche lebende Persönlichkeit sein mußte. Daniel rechnete (Kapitel 9, Vers 25) bis zum Erscheinen dieses Gesalbten nach dem im Jahr 558 erlassenen Baubefehl des Königs Cyrus 483 Jahre, wodurch er ins vorchristliche Jahr 75 gelangte. Nach einem Rechnen von 75 bis Jahr 0 plus etwa 25 Jahre bis Jesu Lehrtätigkeit kam Jesus 100 Jahre zu spät, um Daniels Gesalbter zu sein. Außerdem konnte Daniel – dem jüdischen Salbungsgebrauch gemäß – niemanden Gesalbten nennen, der noch gar nicht geboren, geschweige denn messianisch tätig sein konnte. Er hätte einen Erlöser, aber niemals einen Gesalbten prophezeien können.

Das Schicksal dieses Gesalbten, wer immer er gewesen sein mag, wird von Daniel in den dunkelsten Farben geschildert und als das Ausmünden in einen totalen Zusammenbruch dargestellt. Würden die Christen behaupten, daß sie ein solches Ende der Herrschaft Jesu voraussehen? Vers 26, 27 des 9. Daniel-Kapitels sagt folgendes (Wochen bedeuten siebenjährige Perioden):

Und nach den zweiundsechzig Wochen wird der Gesalbte ausgerottet werden und nichts mehr sein. Und das Volk eines Fürsten (Antiochus Epiphanes) wird kommen und die Stadt und das Heiligtum zerstören, daß es ein Ende nehmen wird wie durch eine Flut; und bis zum Ende des Streits wird's wüst bleiben.

Er wird aber vielen den Bund stärken eine Woche lang. Und mitten in der Woche wird das Opfer und Speiseopfer aufhören. Und bei den Flügeln (des Tempels) werden stehen Greuel der Verwüstung, bis das Verderben, welches beschlossen ist, sich über die Verwüstung ergießen wird.

Das klingt nicht gerade wie eine frohe Botschaft. Es ist unwahrscheinlich, daß ein Prophet, der eine Vision von Jesus hat, mit dem ausgerotteten Gesalbten, der nichts mehr sein wird und auch für keine Wiederauferstehung vorgesehen ist, Jesus meinen kann. Wenn mit dem ausgerotteten Gesalbten trotz der zeitlichen Unvereinbarkeit Jesus gemeint sein soll, dann möchte man die Christen fragen, ob sie solch eine wahrsagerisch und chronologisch monströse Schilderung ihres Erlösers als gültig anerkennen. Sollten die christlichen Gläubigen – wie es wahrscheinlich ist – solch eine (von ihrem Standpunkt) verrenkte Beschreibung ablehnen, dann können sie aber Daniel nicht als einen Verkündiger von Jesus feiern. Die irrige (auch von manchen Theologen als solche anerkannte) christliche Auslegung von Daniels Gesalbtem führt diesen logischerweise in die Rahmen jüdisch-biblischer Begriffswelt zurück, in welcher „Gesalbter" nie als ein einmaliger, persönlich umschriebener und göttlich verklärter Messias gedeutet wird. Mittelalterliche jüdische Mystiker mögen zwar einen solchen Messias-Begriff entwickelt haben (den die überwiegende Mehrheit der Judenschaft mit ihnen übrigens nicht teilt), aber in der religiös allein verpflichtenden hebräischen Bibel wird der Ausdruck immer nur als ein allgemein anwendbares, keinen Göttlichkeitsbegriff enthaltendes substantiviertes Eigenschaftswort gebraucht. Zu diesem, als Titel, wird je nach dem Fall immer auch „König", „Priester" oder „Nobelmann" unausgesprochen hinzugedacht. Das in der Originalform übernommene hebräische Eigenschaftswort ist aber in der christlichen Anwendung ein Hauptwort und noch dazu ein exklusiver Beiname geworden. Diesen, in seiner verbreitetsten Version, hat auch Franz Liszt angewendet, als er sein Jesus-Oratorium „Christus" betitelte und damit auf Griechisch dasselbe sagte, was auf Hebräisch „Messias" und auf Deutsch „Gesalbter" heißt.

Entgegen der Originalbedeutung des Wortes bezeichnen der hebräische und der griechische Titel bei Händel und Liszt schon nicht mehr einen bloß Gesalbten, sondern den Helden des Neuen Testaments, also einen einmaligen, besonderen Menschen, der laut christlicher Doktrin auch noch ein Gott ist. Wenn nun die Christen die fragliche Bezeichnung, in umwälzender Abweichung vom hebräischen Sprach- und Glaubensgeist, für ihren eigenen, privaten Gebrauch umgedeutet wissen und zur Trägerin eines neuen Begriffs machen wollen, so haben die Juden nichts dagegen einzuwenden. Wogegen sie aber sehr viel einzuwenden haben, ist, daß der christliche Missionsgeist sich nicht mit dem Privileg begnügt, seinen eigenen Messias-Begriff schaffen zu dürfen, sondern außerdem die Juden, zum mindesten durch seine bigottesten Vertreter, zur Anerkennung des aus diesem Begriff hervorgegangenen, völlig unjüdischen Phänomens drängt.

Daß diese Drängerei weder eine logische noch irgendwelche testamentarische Grundlage hat, wird jedem sachlich denkenden Beobachter klar, wenn man das, was das Neue Testament über die angeblich prophezeite Sendung von Jesus sagt, mit den Tatsachen vergleicht. In der Apostelgeschichte sagt Petrus, von Vers 29 bis 32 im zweiten Kapitel, folgendes:

Ihr Männer, liebe Brüder, lasset mich frei reden zu euch von dem Erzvater David. Er ist gestorben und begraben, und sein Grab ist bei uns bis auf diesen Tag. Da er nun ein Prophet war und wußte, daß ihm Gott verheißen hatte mit einem Eide, daß die Frucht seiner Lenden sollte auf seinem Stuhl sitzen, hat er's zuvor gesehen und geredet von der Auferstehung Christi, daß seine Seele nicht dem Tode gelassen ist und sein Fleisch die Verwesung nicht gesehen hat. Diesen Jesus hat Gott auferweckt.

Petrus verkündet also – in offenbarer Unkenntnis der Jungfernzeugung (die Joseph ausschließt) und von Marias levitischer, nichtdavidischer Abstammung (die sie ausschließt), daß Jesus als leiblicher Abkomme von David auf dessen Thron sitzen wird. Sehen wir jetzt, was Lukas im ersten Kapitel seines Evangeliums, von Vers 30 bis 33, berichtet.

Und der Engel sprach zu ihr: Fürchte dich nicht, Maria! Du hast Gnade bei Gott gefunden. Siehe, du wirst schwanger werden und einen Sohn gebären, des Namen sollst du Jesus heißen. Der wird groß sein und ein Sohn des Höchsten genannt werden; und Gott der Herr wird ihm den Stuhl seines Vaters David geben; und er wird ein König sein über das Haus Jakob ewiglich, und seines Königreichs wird kein Ende sein.

Kein Ende sein? Vorerst hat es noch nicht einmal begonnen! Der Engel ist mit der Erfüllung der Prophezeiung bis jetzt schon 2000 Jahre im Rückstand.

Die natürlichste Frage, die nach diesen Verkündigungen jeder einigermaßen vernünftige Mensch stellt, ist, wann eigentlich Jesus auf dem Stuhl Davids gesessen hat und König über das Haus Jakob war. Selbst das Neue Testament behauptet nirgends in seinen übrigen Teilen, daß diese Voraussagen in Erfüllung gegangen seien. Die Tatsache ist, daß Jesus weder während seiner irdischen Laufbahn noch nach seiner Wiederauferstehung je, außer in der Verspottung, königliche Macht über Israel oder Juda ausübte.

Wenn man nun glaubt, daß damit die Kontroverse erklärt und zugunsten des gesunden Menschenverstandes beigelegt ist, dann irrt man sich. Die Glaubensklügler finden immer eine Hintertür, durch die sie aus der forensischen Niederlage zu entweichen suchen. Sie behaupten, das Königreich Jesu sei als eine zeitlose, geistlich globale Regierung gedacht und das Haus Jakob durch seine Kontinuität in Jesus mit dem Christentum identisch. Daß diese Identität nicht besteht, ist durch die Worte von Jesus selbst erwiesen. Wenn sein Reich seiner eigenen Erklärung nach nicht von dieser Welt ist, dann hat er damit auf die davidische Erbschaft (die ihm aus den früher dargelegten Gründen sowieso nicht zukommt) von vornherein verzichtet, denn Davids Reich ist ja sehr von dieser Welt (soweit es überhaupt existiert). Außerdem wird die Prophezeiung des Engels, nach welcher Jesus auf dem „Stuhl" Davids sitzen soll, von den theologischen Rechthabern in ihr Gegenteil verkehrt. Sie machen als Beweis der Erfüllung die weltweite Verbreitung der Herrschaft Jesu geltend. Aber selbst wenn man bereit wäre, den christlichen Weltherrschaftsanspruch gelten zu lassen, ist er durch den Wortlaut der Prophezeiung gegenstandslos gemacht. Diese sagt nicht (wie es die Theologen drehen wollen), daß Jakob durch Jesus über die Welt herrschen wird, sondern daß Jesus durch Jakob über das Judentum herrschen wird. In dieser inhaltstreuen Lesung dient die Prophezeiung den Zwecken der Theologen nicht. Wohl mag Jesus über einen (und auch nur kleineren) Teil der Welt herrschen, es ist aber offensichtlich, daß die Juden nicht dazu gehören. Falls den Theologen diese Beweisführung immer noch nicht als stichhaltig erscheinen sollte, dann können sie die Bestätigung der gegnerischen These in ihrer eigenen Bibel lesen. Johannes-Evangelium, 1. Kapitel, 11. Vers:

Er kam in sein Eigentum; und die Seinen nahmen ihn nicht auf.

Und wenn das den Theologen auch noch nicht genügen sollte, dann können sie diese Absage an Jesus im 43. Vers des 5. Johannes-Kapitels noch einmal lesen: „Ich bin gekommen in meines Vaters Namen und ihr nehmet mich nicht an." Die christliche Bibel bezeugt also selbst, daß Jesus beim Judentum zu keinem Amt, nicht einmal zur Mesnerei, geschweige denn zum Herrschen zugelassen wurde. Es ist denn auch weithin sichtbar, daß schon mindestens 2000 Jahre keiner, am allerwenigsten Jesus, auf dem Thron Davids sitzt. Die Prophezeiung, wonach Jesus auf diesem jüdischen Thron sitzen soll, ist also nicht erfüllt.

Eine jakobitische und davidische Kontinuität im Christentum könnte für die Juden nur dann einen Schein von Gültigkeit haben, wenn das Judentum als selbständige Religion zu existieren aufgehört hätte. Bei der ungebrochenen Existenz des Judentums als unabhängige Religion können die Christen weder David noch Jakob (außer einer platonischen Verehrung) als ihr Herrschaftserbe beanspruchen. Sie gehören den Christen aufgrund eines Herrschaftsanspruchs genausowenig wie Wilhelm Tell den Deutschen aufgrund des vom Deutschen Schiller verfaßten „Evangeliums" schweizerischen Freiheitsglaubens. Tell ist schweizerisch und nicht deutsch, unabhängig davon, wer über ihn schreibt. Desgleichen sind Jakob und David jüdisch (und nicht christlich), unabhängig davon, wer sie verehrt.

Eine vielleicht zutreffendere Analogie zum „getauften" Jakob bildet das Verhältnis der Habsburger Dynastie zur Schweiz. Bekanntlich haben die Habsburger ihren Ursprung in der Schweiz. Doch hätten die Österreicher trotz dieser habsburgisch-schweizerischen Personalverbindung nie in der neueren Geschichte irgendwelche Hoheitsrechte in der Schweiz geltend machen können. Es wäre also auch für die Christen schicklich, sich bei der Enteignung jüdischer Patriarchen etwas weniger besitzgierig zu zeigen. Nicht, daß die Juden ihnen Jakob und David für das Nähren ihrer Illusionen nicht gerne ausborgten! Aber genauso wie die schweizerischen Habsburger die Schweiz nicht als Mitgift mit nach Österreich nehmen konnten, so sollten sich auch die Christen den Traum aus dem Kopf schlagen, daß die Einverleibung Jakobs und seiner Nachfahren ins Christentum mit dem Anrecht auf eine Massenbekehrung der Juden gleichbedeutend ist.

Daß übrigens das Haus Habsburg nicht mit dem Haus Jakob zu vergleichen wäre, weil das erstere ein irdisches, während das letztere ein himmlisches Reich repräsentiert, ist ab ovo ein nichtiges Argument, was sofort erkennbar wird, wenn man die früher zitierte Verkündung von Jeremias nachliest. Der Prophet spricht von einem König, der Recht und Gerechtigkeit *auf Erden* anrichten wird. Außerdem soll Juda geholfen werden und Israel sicher wohnen. „Hilfe" und „sicheres Wohnen" zur Zeit der Regierung eines irdischen Königs könnten die diesseitige jüdische Religionsphilosophie nicht eindeutiger ausdrücken, für die eine Erlösung nur auf Erden, in dieser wirklichen, physischen Welt eine Bedeutung hat. Außer ihren wenigen verbohrten Mystikern glauben die Juden nicht, daß ein Mensch, lebend oder tot, in den Himmel gehört. Die Juden leiten kein himmlisches Erlösungsbedürfnis von Adams irdischer Sünde her.

Wie immer nun das Verhältnis zwischen Gott und den jüdischen Erdenwanderern sich gestaltet, das eine ist gewiß, daß der von Gott vorgezeichnete Lebensweg des Judentums (wenn man fromm jüdisch überhaupt an eine solche Vorausbestimmung glaubt) mit der Mission Jesu für die Christen bibelkundlich in keinen kausalen Zusammenhang gebracht werden kann. Gott kann die Juden (logischer- und gerechterweise) nicht für die Ablehnung von Jesus strafen, wenn seine eigene Bibel das Unerfülltsein des Thronanspruchs seines Sohnes und damit die Unglaubwürdigkeit und Wertlosigkeit der Prophezeiungen bezeugt.

Noch vor der Frage der Prophetieerfüllungen könnte man die kaum weniger wichtige Frage aufwerfen, ob Jesus überhaupt, auch nur im christlichen Sinne, der Sohn Gottes war. Es wäre sehr wohl möglich, dafür zu argumentieren, daß er nicht der Sohn Gottes sein konnte, da in den Seligpreisungen (Matthäus, Kapitel 5, Vers 9) niedergelegt ist, daß nur die Friedfertigen Kinder Gottes heißen. Jesus war aber mitnichten friedfertig. Laut Vers 51, 52 des 12. Lukas-Kapitels sagt er:

> Meinet ihr, daß ich hergekommen bin, Frieden zu bringen auf Erden? Ich sage: Nein, sondern Zwietracht. Denn von nun an werden fünf in einem Haus uneins sein, drei wider zwei, und zwei wider drei.

Jesus läßt es indessen gar nicht bei dieser feurigen Erklärung bewenden, er gibt im 36. Vers des 22. Kapitels sogar die Gebrauchsanweisung durch Angabe des Instruments, mit dem der Friedensbruch am zweckmäßigsten durchgeführt werden kann.

> Aber nun, wer einen Beutel hat, der nehme ihn, desgleichen auch die Tasche; wer aber nichts hat, verkaufe sein Kleid und kaufe ein Schwert.

Man mag nun ausrechnen, ob Jesus mit dieser „Friedfertigkeit" im Sinne der Seligpreisung der Friedfertigen ein Kind Gottes heißen kann.

Das ist nun die Grundlage, auf der die Christen die Juden zur Anerkennung der Gottessohnschaft Jesu und damit zur Annahme der Taufe veranlassen wollen. Es besteht jedoch keine große Wahrscheinlichkeit, daß das Judentum sich auf dieser Grundlage zum baldigen schmerzlosen Verschwinden bereitfinden wird.

An diesem Punkt ist es angebracht festzustellen, daß es von jeher die Politik der Kirche war (wenigstens nach ihren offiziellen Verlautbarungen), die physisch gewaltsame Bekehrung der Juden abzulehnen. Es kann aber als kaum weniger gewaltsam bezeichnet werden, wenn die Bekehrung durch die Gefahr der Landesverweisung oder der Verführung und auch Entführung von Kindern erzwungen wird. In Spanien sind die Juden vielfach durch Taufe aus solchen Gründen verschwunden und auch durch Flucht vor falschen Ostienschändungs- und Ritualmordanklagen, um zu vermeiden, auf dem „Bratrost" für die christliche Erlösung zubereitet zu werden. Aber auch die Taufe der im Lande Verbliebenen hat sie der Angst und der Sorge nicht enthoben, weil die des Geheimjudentums Verdächtigen noch mehr als die Ungetauften vom Scheiterhaufen bedroht waren. Das war eine vornehmlich lateinische Institution, die unter nördlicheren Himmelsstrichen in weniger disziplinierten Pöbelaktionen (wie den „nebenamtlichen Vorübungen" der durchmarschierenden Kreuz"ritter") ihr Gegenstück fanden. Man konnte seine Wahl treffen: sich ins Feuer stürzen, zum Beispiel beim Aufdecken eines vorgetäuschten Christenglaubens und bei Wutanfällen gegen eine unerschütterlich gebliebene jüdische Glaubenstreue wie in Spanien und Portugal, oder vor den mordenden und brennenden Kreuzfahrern hergetrieben in andere Länder flüchten wie in der germanischen „Kultur"sphäre. Das Getto war übrigens die Alternative zu dem immer unmöglicher gewordenen Weiterwandern.

**5** Ein kurzes Halbjahrhundert nach der spanischen Judenvertreibung dokumentierte auf deutscher Seite Luther selbst die judenfeindlichen Tendenzen bei den Teutonen in seiner Kampfschrift „Von den Juden und ihren Lügen". Dieser antisemitische Bericht und Wegweiser ist unter anderem in der 1936er, im besonders günstigen Naziklima veröffentlichten Auflage von „Luthers Kampfschriften gegen das Judentum" im Druck der Berliner Verlagsfirma Klinkhardt und Biermann nachzulesen. Luthers Schlußfolgerungen, die etwas rhapsodisch zwischen den Seiten 201 und 218 zu finden sind, können in den folgenden Musterbeispielen wiedergegeben werden. „Was wollen wir Christen nun mit diesem verworfenen, verdammten Volk der Juden tun? Ich will meinen treuen Rat geben, daß man ihre Synagogen oder Schulen mit Feuer anstecke und, was nicht verbrennen will, mit Erde überhäufe und beschütte, daß kein Mensch einen Stein oder Schlacke sehe ewiglich. Und solches soll man tun unserm Herrn und der Christenheit zu Ehren, damit Gott sehe, daß wir Christen seien und solch öffentlich Lügen, Fluchen und Lästern seines Sohnes und seiner Christen wissentlich nicht geduldet noch gewilligt haben. Desgleichen zerbreche und zerstöre man ihre Häuser, denn sie treiben eben dasselbe darin, das sie in ihren Schulen treiben. Dafür mag man sie etwa unter ein Dach oder Stall tun wie die Zigeuner, auf daß sie wissen, sie seien nicht Herren in unserem Lande, wie sie rühmen, sondern in der Verbannung und gefangen, wie sie ohne Unterlaß vor Gott über uns Zeter schreien und klagen. Wenn wir gleich den Juden ihre Synagogen verbrennen und ihnen verbieten, öffentlich Gott loben, beten, lehren, seinen Namen zu nennen usw., so werden sie es doch heimlich nicht lassen. Und weil wir wissen, daß sie es heimlich tun, so ist's ebensoviel, als täten sie es öffentlich. Denn es heißt doch nicht heimlich, wenn man weiß, daß etwas heimlich geschieht und geduldet wird, und unser Gewissen ist gleichwohl damit vor Gott beschwert. Wohlan, da mögen wir uns vorsehen! Meines Bedünkens will's doch darauf hinaus, sollen wir der Juden Lästerung rein bleiben und nicht teilhaftig werden, so müssen wir geschieden sein und sie aus unserem Lande vertrieben werden. Sie mögen in ihr Vaterland gedenken; dann dürfen sie nicht mehr vor Gott über uns schreien und lügen, daß wir sie gefangen halten, wir auch nicht klagen, daß sie uns mit ihrem Lästern und Wuchern beschweren. Dies ist der nächste und beste Rat, der beide Teile in solchem Falle sichert."

Luther wollte also die Juden, nachdem er die Unmöglichkeit ihrer Bekehrung, trotz früherer Hoffnungen, eingesehen hatte, nach Palästina schicken. Man muß ihm zugute halten, daß er, entgegen der katholischen Inquisition, keine zur Bekehrung getriebenen jüdischen Christen, keine Marannen, nebst ihrer Bespitzelung nach spanischem Muster haben wollte. Noch wollte er die Synagogen mit den Juden im Innern niederbrennen. Es war nett von ihm, die Juden vorher in Viehställe, also in Konzentrationslager Modell 1543, als Übergangsstation stecken zu wollen. Mit diesen Plänen erwies sich Luther, im Vergleich zu Torquemada und Hitler, geradezu als Judenfreund, denn er wollte, zwar von einem antagonistischen Standpunkt aus, letzten Endes das gleiche, was die Juden sich selbst wünschten. Im 137. Psalm belegen sich die Juden selber mit einem Fluch für den Fall, daß sie in der Babylonischen Gefangenschaft Jerusalem vergessen haben sollten. Und jede jüdische Osterfeier endet mit dem Wunsch einer Wiederholung der Feier im folgenden Jahr in Palästina. Der Luthersche Antisemitismus, der mit diesen historischen Hoffnungen des Judentums in vollkommenem Einklang ist, zeigt aber dadurch, bei all seinem religiösen Unterton, schon deutliche Anzeichen einer völkisch inspirierten Politik.

Dieser vom spanischen abweichend motivierte Kurs ist eine Folge der protestantischen

Umwälzung innerhalb des Christentums, die übrigens den Christen jener Zeit Gelegenheit gab, ihre vielgerühmte Liebe füreinander in großem Maßstab zu bezeugen und damit den Juden mit „gutem Beispiel" voranzugehen. Die protestantische Umwälzung hat, als Begleiterscheinung der Abwendung von Rom, nationalistische Elemente in die bis dahin übernational geltende Religion hineingetragen. Jedes protestantische Land entwickelte seine eigene Version von Christentum und erhob an Stelle des Lateins die Landessprache zur Sprache der Liturgie. Unter diesen Umständen hat natürlich auch der Antisemitismus in den betreffenden Ländern sein Gesicht geändert. Aus dem größeren Nationalbewußtsein der protestantischen Völker hat sich ein ethnischer und – in weiterer Verschärfung – rassenmäßiger Antisemitismus entwickelt, während in den katholischen Ländern die altbewährte religiöse Grundlage des Antisemitismus beibehalten wurde. Da aber nun die fortschreitende geistige Aufklärung in Europa eine allgemeine Schwächung der religiösen Hingabe bewirkt hatte, so griff der unsterbliche Judenhaß in allen Ländern mehr und mehr nach der neuentdeckten rassenmäßigen Rechtfertigung seiner Weiterexistenz. Wagner sagt schon in seinem „Judentum" (also nahezu ein Jahrhundert vor Hitler), daß die Zeiten vorbei seien, wo der Jude seiner Religion wegen gehaßt wurde. Er betont, daß viele sogenannte Christen, die die Juden hassen, aus ihrem eigenen Christentum sich nichts mehr machten.

6    Das also ist die Grundlage, auf der das jüdische Überlaufen zum Christentum betrachtet werden muß. Es ist nun selbst dem närrischsten Optimisten klar geworden, daß dem Glaubensantisemitismus mit seinem lockenden Konversionsschlupfloch keine Tränen nachgeweint zu werden brauchen. Es wird noch reichlich Gelegenheit geben zu zeigen, daß der Sirenengesang des Glaubensantisemitismus in Wirklichkeit nichts weiter ist als ein Sirenengeheul. Einstweilen können wir aber bei der Feststellung bleiben, daß es beim neuzeitlichen Blutkult kein Wunder ist, wenn die rassenblinde Assimilationspolitik der jüdischen Elite schmählich zusammengebrochen ist. Der Rassenantisemitismus hat den religiösen Kompromißlern gezeigt, daß ein Kompromiß nicht möglich ist. Im Unterbewußten wollten sie ihre Rasse ändern, da aber die Änderung der Rasse (oder das Ausstreichen des Rassenstempels) nicht möglich ist, so haben sie sich über diese Schwierigkeit mit einer Religionsänderung hinweggetäuscht. Es ist bezeichnend für den Schärfegrad ihres Intellekts, daß sie das Wesentliche der Erscheinungen erst erfaßten, als es ihnen schon an den Kragen ging.

So ein Kragenbesitzer mit einer langen Leitung (um unseren musikalischen Grundgegenstand nicht ganz zu vergessen) war Bruno Walter, dessen optimistische Übersiedelungen mit Hitler auf den Fersen, trotz der allgemeinen Tragik der Situation, in ein Witzblatt gehören. Nach dem Torschluß beim Leipziger Gewandhausorchester suchte er sich den Nazispuk in Salzburg aus dem Kopf zu schlagen. Als der gewitzigtere Salzburger Kollege, der nichtjüdische, aber nazigegnerische Toscanini, die braunen Gewitterwolken schon am österreichischen Horizont heraufziehen sah und klugerweise noch vor dem Sturm Fersengeld geben wollte, versuchte der pathologisch optimistische Walter, ihn zum Bleiben zu bewegen. Kurz darauf, nach einem italienischen Intermezzo, hat Walter um die französische Staatsbürgerschaft nachgesucht. Aber er konnte auch sein neuerworbenes „Stockfranzosentum" nicht lange genießen, weil er Hitler wie einen Magneten überall nach sich zog. In Amerika stand er mit seinem Taufschein da, den er in diesem Paradies der Juden geradesogut hätte einmarinieren können.

Die besonders treuen Anhänger Walters mögen ihm für sein unentwegtes Durchschlängeln durch die sich auftürmenden Widerwärtigkeiten eine posthume Tapferkeitsmedaille verleihen, da Harmlosigkeit manchmal tatsächlich unwillkürliche Tapferkeit erzeugt. Die Fluchten Walters waren aber natürlich nichts anderes als das Platzen einer jahrzehntelang tickenden Zeitbombe, die mit Walters Taufe gelegt worden war. Nicht, daß die Ereignisse sich ohne diese Taufe anders entfaltet hätten, aber sie hätten bei Walter vielleicht weniger Augenreiben und eine weniger läppische Reaktion ausgelöst. Es ist ein Unterschied, ein besonnener Tatsachenmensch oder ein schwärmerischer Opportunist zu sein. Ein Mensch, der etwas Grips und Selbstachtung hat, zieht die Konsequenzen aus einer Entwicklung – vor der Entwicklung.

Bei hochgestellten Persönlichkeiten, die einer Gruppe von Untergebenen vorstehen, muß man außerdem noch mit dem schlechten Beispiel ihrer geistigen und charakterlichen Unzulänglichkeit rechnen. Die Diskrepanz zwischen der vorgeblichen musikalischen Allwissenheit eines Dirigenten und der Erbärmlichkeit seiner Lebensführung kann zu groß werden, um die Achtung seiner Untergebenen nicht herabzumindern. Die in den Orchesterproben zum besten gegebenen Faseleien über den bürgerlichen Heroismus einzelner Tondichter und dessen Spiegelung in ihren Werken wecken nur Gedanken über den Kontrast zwischen diesen Vorbildern und der Zwerghaftigkeit des Erzählers. Die schönste Schilderung wird zu einer hohlen Phrase, wenn der Schilderer in den Augen der Zuhörer seiner eigenen Schilderung unwürdig erscheint. Das ist die Lage, in welcher sich die getauften jüdischen Dirigenten befinden. Sie könnten weder im wirklichen Leben noch in der Literatur einen Fall finden, in welchem die religiöse Abtrünnigkeit (womit natürlich eine Religionsänderung mit dem Ziele der Situationsverbesserung gemeint ist) als Beispiel für einen edlen Akt hingestellt wäre. Ganz im Gegenteil ist es gerade die Besinnung auf die eigene Art, Kultur, Geschichte und Schicksalsgemeinschaft, für die die dichterische Gerechtigkeit Partei ergreift.

Der französisch-jüdische Philosoph Henri Bergson, der zwar in die unglaubliche Verirrung der ideologischen Parteinahme für das Christentum herabgeglitten war, bewahrte noch soviel Sinn für einen noblen Lebensstil, daß er den offiziellen Übertritt zum Christentum ablehnte. Er erklärte (offenbar unter dem Eindruck der Dreyfusaffäre und später der hitlerschen Judenverfolgungen), daß man sich in Zeiten der Not nicht von einer Gemeinschaft lossagt. Für seine in Schranken gehaltene, aber wohlbekannte Liebäugelei mit dem Katholizismus ist er bei seinem Tod mit einem vom Erzbischof von Paris angeordneten katholischen Abdankungsgebet belohnt worden. Es wäre nun interessant zu erfahren, ob Bergson, mit der doppelten Einsegnung versehen, die göttliche Bewilligung erhalten hat, seinen himmlischen Wohnsitz je nach Wunsch im jüdischen oder im katholischen Paradies zu nehmen. Da er im Jenseits keine gesellschaftlichen Bedenken mehr zu haben braucht, so kann er die Genugtuung haben, nach seinem jüdischen Erdendasein wenigstens ein toter Katholik sein zu dürfen. Diese privilegierte Stellung wird ihn jedoch nicht davor bewahren, für seinen vormaligen theologischen Dilettantismus in diesen irdischen Zeilen später noch etwas näher unter die Lupe genommen zu werden. Nichtsdestotrotz kann sein Fall als Beispiel für die Ablehnung opportunistischer Religionsänderungen ins Treffen geführt werden.

Daß die Taufe eines Juden vom charakterlichen Standpunkt schon in den Jahrhunderten leidenschaftlicher Bigotterie nicht als Erhebung, sondern vielmehr als eine Erniedrigung galt, dafür zeugt Shakespeare, der seinen Juden Shylock für dessen rücksichtslose Handelsmethoden mit Christentum bestrafte.

**7** Es wird im allgemeinen übersehen, daß mit der aufgezwungenen Taufe als Strafe für einen Juden Shakespeare auch dem Christentum einen Tritt ins Schienbein versetzt hat. Dem Christentum diese Rolle des Schmutzfanges zuzuweisen, ist im Einklang mit Shakespeares früher ausgedrückter Meinung, wonach die jüdische Gaunerei nur ein Abbild und eine Heimzahlung der christlichen Gaunerei ist.

In der ersten Szene des dritten Aktes im „Kaufmann von Venedig" antwortet Shylock auf die Frage nach der praktischen Verwendbarkeit von einem Pfund menschlichen Fleisches mit folgendem Gefühlsausbruch: „... Fische damit zu ködern. Sättigt es sonst niemanden, so sättigt es doch meine Rache. Er (Antonio, aus dessen Leib ein Pfund Fleisch herausgeschnitten werden soll, wenn er seine Schulden nicht bezahlt) hat mich verunglimpft, mir eine halbe Million gehindert; meinen Verlust belacht, sich über meinen Gewinn aufgehalten, mein Volk geschmäht, meinen Handel hintertrieben, meine Freunde verleitet, meine Feinde gehetzt. Und warum das alles? Weil ich ein Jude bin. Hat nicht ein Jude Augen? Hat nicht ein Jude Hände, Organe, Sinne, Neigungen, Leidenschaften? Mit derselben Speise genährt, mit denselben Waffen verletzt, denselben Krankheiten ausgesetzt, mit denselben Mitteln geheilt, gewärmt und gekältet vom selben Winter und Sommer, wie ein Christ? Wenn ihr uns stecht, bluten wir nicht? Wenn ihr uns kitzelt, lachen wir nicht? Wenn ihr uns vergiftet, sterben wir nicht? Und wenn ihr uns beleidigt, sollen wir uns nicht rächen? Sind wir euch in allem übrigen gleich, so wollen wir's euch auch darin gleichtun. Wenn ein Jude einen Christen beleidigt, wie drückt dieser seine Demut aus? Durch Rache. Wenn ein Christ einen Juden beleidigt, was soll seine Antwort nach christlichem Vorbild sein? Nun, Rache. Die Bosheit, die ihr mich lehrt, die will ich ausüben, und es müßte mich hart ankommen, wenn ich meine Lehrmeister nicht übertreffen sollte."

Bei dieser Einschätzung der jüdisch-christlichen Beziehungen ist es weder für einen Juden eine besondere Ehre, Christ zu werden, noch für das Christentum eine besondere Genugtuung, einem unrettbar vergällten Widersacher die christliche Warenmarke aufzustempeln. Shakespeare, der einiges um die menschliche Natur wußte, hätte das jüdisch-christliche Verhältnis vom Morast gegenseitiger Anfeindungen zur Höhenlandschaft schließlicher Versöhnlichkeit geführt, wenn er an den Wert und die Tunlichkeit der Einschmelzung des Judentums ins Christentum tatsächlich geglaubt hätte. Wenn es ihm um eine globale, institutionelle Zuführung der „erlösungsbedürftigen" Juden zur Kirche zu tun gewesen wäre dann hätte er die Christianisierung auf breiterer, konstruktiverer Basis demonstriert als am Beispiel eines erbitterten Opfers und Rächers, der das Christentum am Ende des Gerichtsverfahrens nur unter heftigen Protesten und unter Todesdrohung annimmt. Der Kirche mögen die Gefühle eines Zwangsbekehrten gleichgültig sein, aber ein Shakespeare kann doch eine Bekehrung ohne Verbrüderung unmöglich befürworten. Und wozu sollte er der christlichen Zwangsreligion Zuträgerdienste leisten, wenn sie ihm nur so achtenswert erscheint, wie er sie im selben Schauspiel, im selben Akt, eine Szene später charakterisiert?

„Die Welt läßt sich immerfort durch Schimmer und Putz betrügen. Vor Gericht, wo ist eine so stinkige Sache, daß ihre üble Absicht nicht mit der Schminke der Beredsamkeit übertüncht werden könnte? In der Religion, wo ist ein so verdammlicher Irrtum, den nicht eine fromme, feierliche Stirne segnen, durch einen Text bestätigen, und seine scheußliche Mißgestalt unter eine schöne Verzierung verstecken kann?"

Wenn der Verfasser solcher Worte in seinem Spielplan die Bekehrung eines Juden zum Christentum vorsieht, dann kann er nichts anderes im Sinn gehabt haben, als den Schmutz mit Schmutz zu waschen. Was den Charakter Shylocks betrifft, ist sein Kompromiß verständlich. Man wird ihm nicht vorwerfen, daß er zur Rettung seiner Haut seine Religion opferte oder zu opfern schien, da es eine offene Frage bleibt, ob er nicht vielleicht nur ein Scheinchrist, ein Maranne wurde. Shakespeare war jedenfalls zu diesem anscheinend pessimistischen Spielausgang berechtigt, weil viele Juden im wirklichen Leben ähnlich gehandelt hätten. Es entspricht aber ebenfalls der Tatsache, daß viele Juden sich lieber aus dem Land ihrer jahrhundertelangen Ansässigkeit vertreiben ließen, als ihren Glauben auch nur zum Schein zu verleugnen.

Eine opportunistische nominelle Christlichkeit unter weit weniger bedrohlichen Umständen war der Anlaß zur Taufe für den Dirigenten Gustav Mahler und seinen Famulus Bruno Walter. Mahler wußte, was jedermann wußte, daß er in seiner musikpolitischen Rangerhöhung ohne die Taufe entscheidend gehindert worden wäre. Seine späteren Operndirektorate in Hamburg und in Wien waren die nicht überraschende Rechtfertigung seiner Spekulation. Dieses probate Mittel ist dann von Walter auf persönliches Anraten von Mahler mit gleichem Erfolg angewandt worden. Daß sie hinterrücks „gespritzte" Juden genannt wurden und daß Walter sein abgelegter früherer Familienname in der zierlichen Neuprägung „Schlesinger von Stolzing" wiederangehängt wurde, konnte bei der Machtstellung dieser zwei Glaubensathleten äußerlich ignoriert werden. Doch ist es gewiß, daß ihr Konvertitenstatus ihrem Ansehen bei der Gruppe, auf die es musikalisch am meisten ankam, nämlich bei den unmittelbar mitarbeitenden Orchestermusikern, Abbruch getan hat. Aber für Mahler und Walter war ein bißchen Anfeuchten mit dem Weihwasser ein Spottpreis für das Ergattern der Wiener Hofoper.

Angesichts dieses Schachers mit Religion und Position wird man ein wenig nachdenklich über die spanischen Juden, die nicht davor zurückschreckten, ihr Leben für ihren Glauben in Gefahr zu bringen, während Mahler und Walter nicht einmal dazu bereit waren, zugunsten ihres Glaubens bloß auf Stellung zu verzichten. An diesem Punkt melden sich natürlich die Mahler- und Walter-Anbeter zum Wort. Sie werden sofort darauf hinweisen, daß die Größe der Opferbereitschaft für eine Sache von der Größe des Glaubens an diese Sache abhängt. Die spanischen Juden waren opferbereit, weil sie bis zum Tod an ihre Sache glaubten, während Mahler und Walter (und freilich all die anderen getauften jüdischen Dirigenten, oder was das betrifft, getauften Juden im allgemeinen) schon lange keinen Glauben mehr an die jüdische Religion hatten. Also zogen sie mit deren Aufgaben eigentlich nur die Konsequenzen aus einer wertlos gewordenen Verbindung. Wozu sollte der Mensch für etwas, woran er nicht glaubt, Opfer bringen?

Diese Argumentation ist eine gute Gewissensstärkung für jene, die nicht alle Aspekte dieses Fragenkomplexes berücksichtigt haben. Es genügt jedoch nicht, die Beziehung zu der alten, sinnberaubten Religion zur alleinigen Basis des Handelns zu nehmen. Man muß auch das Verhältnis zur prospektiven Religion in Betracht ziehen. Und man wird keinen großen

Irrtum begehen, wenn man annimmt, daß nicht einer unter hundert jüdischen Überläufern (besonders von der dirigierenden Sorte) eine aufrichtigere Beziehung zu seiner neuen Religion hat, als er zu der alten hatte. Die Neuerung für die Getauften besteht nur darin, daß sie – anstatt, wie früher, nicht in die Synagoge zu gehen – nun nicht in die Kirche gehen.

Wann war es das letzte Mal, daß ein getaufter jüdischer Dirigent in einer Kirche beim Beten ertappt wurde? Freilich gehen die Dirigiertäuflinge in die Kirche, wie Dirigenten im allgemeinen, wenn es dort etwas zum Dirigieren gibt. Wo in der Welt würden sie nicht hingehen, wenn sie nur dirigieren dürfen! Die Frage betrifft aber jetzt nicht die beruflich motivierte Frömmigkeit, sondern den Kirchenbesuch um des Kirchenbesuchs willen. Bei den durch das jüdische Überlaufen geschwellten Reihen des christlichen Segments der Dirigiergilde sollte es doch möglich sein, hie und da einen Dirigenten in einer Kirche beim Verrichten seiner Andacht zu entdecken. Aber keine Spur. Die Autogrammjäger können sich die Mühe sparen, ihre in Andacht versunkenen Angebeteten beim Gottesdienst überfallen zu wollen. Sie würden sie dort nicht finden. Weder die christlich geborenen noch die christlich gemauserten Dirigenten lassen sich in der Kirche blicken. Aber jedenfalls freuen sich die Kirchen, diese nicht kommunizierenden Kommunikanten mit auf ihrer Steuerliste zu haben.

In diesem Zusammenhang ist die Mutmaßung nicht von der Hand zu weisen, daß das merkliche Nachlassen der Konversionslust in den Kreisen des jüdischen Dirigentennachwuchses etwas mit der Gründung des Staates Israel, seines Philharmonischen Orchesters und manch anderer Ensembles zu tun hat. Das Auftauchen neuer Dirigieropfer im rein jüdischen Lebensraum hat den dirigierhungrigen jüdischen Kapellmeistern das Verbleiben im Judentum wieder schmackhaft gemacht, besonders da die israelische Philharmonie nur widerwillig christliche Juden zum Dirigieren engagiert, vorzugsweise nur jüdische Juden und christliche Christen. Wenn nur die Errichtung des Staates Israel mit seinem Philharmonischen Orchester, dieser Rarität südlich und östlich vom Mittelmeer, einige Jahrzehnte früher, vor der großen Konversionswelle gekommen wäre! Das Dröhnen der israelischen Flugzeuge, Kanonen und Orchesterpauken mochte die jüdischen Dirigenten vom Massenauszug aus dem Judentum abgehalten haben. Ihr Stolz auf den Heroismus ihrer Rassenbrüder und die Lockung dirigierbarer, leibhaftiger Symphonieorchester hätte sie vielleicht sogar zur Fürsprache zugunsten Israels und damit seiner Orchester bei den Vereinten Nationen angespornt. Sie hätten ihren Einfluß mit dem Argument geltend machen können, daß die Welt einen unermeßlichen Schaden erleiden würde, wenn die jüdischen (und auch die nichtjüdischen) Dirigenten bei einer Zerstörung Israels nicht mehr im Mittelosten dirigieren könnten.

Es war ein wunderbares Ereignis, daß Israel mit Gottes Hilfe (oder wie General Dayan sagte: Gott mit Israels Hilfe) die einzige Oase des Orchesterspiels im Mittelosten ohne den Sukkurs der reuig christlichen Dirigierjuden retten konnte. In wenigen Ausnahmefällen haben allerdings sich anbiedernde Renegaten vorher schon geholfen, wie zum Beispiel Kussewitzky, der den Rückempfang in Abrahams Schoß mit der Schenkung seiner ganzen Musikbibliothek an die bedürftige israelische Philharmonie erkauft hatte. Auch zwei anderen Renegaten, dem „nächtlich verklärten" Arnold Schönberg und dem täglich verkehrten Otto Klemperer, ist verziehen worden, die bei ihrer jugendlichen Taufe offenbar eine Rückfahrkarte für eine spätere, eventuelle Rückkehr zum Judentum gelöst hatten. Schade, daß Schönbergs und Klemperers Tod ihren religiösen Experimenten ein zu frühes Ende setzte. Es wäre interessant gewesen zu beobachten, ob sie im Falle einer erneut tödlich drohenden arabischen

Überflutung des israelischen Staates und seiner Orchester sich wieder von der Traufe in die Taufe gerettet hätten, um beim eventuellen Wiederaufleuchten des Davidsterns ein drittes Mal jüdisch zu werden. Bei den unberechenbaren Weltereignissen und bei den religiösen Farbenwechseln von Schönberg und Klemperer hätten diese zwei Glaubenschamäleons vielleicht einen Pendelverkehr zwischen dem Judentum und der Eisenbahnstation des Vatikans eingerichtet. (Zum Glück ist der Katholizismus eine Religion mit einer Eisenbahnstation.) Vielleicht hätten sie auch in ihren Badezimmern eine Weihwasserleitung installiert, die von den geschäftstüchtigen christlichen Glaubensbetrieben während der Taufsaison mit den nötigen Weihwasserzufuhren mietweise versorgt worden wäre.

Ein ähnlich kopfloser Glaubenswechsler war auch Bruno Walter, der vom Judentum ausgehend allerdings nicht mehr rückwärts reiste, sondern über eine oberflächliche Christentümelei hinweg schließlich bei der halb philosophischen, halb religiösen Anthroposophie landete. Walter gehörte offenbar zu jenen Glaubensbürokraten, die sich nicht damit begnügen können, hochtrabende Gedanken über das höhere Ich, abstrakte Wahrnehmungen und die geistigen Vorgänge im Weltall zu haben, sondern diese Gedanken auch in klassifizierte, mit Titelzetteln versehene Schubkästchen einmagazinieren müssen. Die Anthroposophie hat denn auch dem ordnungsliebenden Walter die Titelzettel und die Schubkästchen für das Ordnen seiner philosophisch-religiösen Gehirnschwaden zur Verfügung gestellt.

Die Distanz, die Walter mit seiner Einstellung seinem angestammten Judentum gegenüber beobachtet hatte, führte zur vielsagenden Situation (und diese war der Preis, den er für die selbstgeschaffene Distanz zahlen mußte), daß das in den dreißiger Jahren gegründete jüdische Palästina-Orchester nicht von ihm, dem damals größten „jüdischen" Dirigenten, sondern von dem größten christlichen Dirigenten Toscanini vom Stapel gelassen wurde.

Diese Wahl war unvermeidlich, weil es damals (vor dem Heranwachsen des stammestreuen Leonard Bernstein) nicht einen einzigen ungetauften jüdischen Stardirigenten gab und weil die getauften, wie Walter und seinesgleichen, durch die anfänglich strikten (erst später gelockerten) konvertitengegnerischen Annahmeregeln vom Engagiertwerden ausgeschlossen waren.

Der Grund, weshalb Bruno Walter immer wieder als Beispiel für eine desillusionierende Demonstration herbeigezerrt wird, ist, daß er mehr als irgendein anderer Dirigent mit dem Heiligenschein menschlicher und künstlerischer Erhabenheit gekrönt ist und deswegen den hinter den Kulissen liegenden Dreck charakterlicher Erbärmlichkeit, ohne das betäubende Riechmittel der weihrauchkübelschwingenden Reklame, am krassesten zeigt.

Heute, bei der moralischen Erhebung des Judentums durch die physische Wiedergeburt jüdischer Volkheit im israelischen Staate, würde Bruno Walter wahrscheinlich sagen, daß er sich aus Bescheidenheit taufen ließ. Er habe nicht in den Verdacht kommen wollen, sich in den Strahlen jüdischen Ruhms zu sonnen. Wo ein gutes Gewissen fehlt, stellt eine Entschuldigung zur rechten Zeit sich ein, würde Goethe sagen. Beim Begehen eines fragwürdigen Aktes greift man aus der Situation immer den Umstand heraus, der die verdächtigen Motive am ehesten zu verdecken verspricht.

Was sind denn die verdächtigen Motive, die bei den Handlungen getaufter Dirigenten ein Verdecken verlangen? Wir haben schon einige Situationen gesehen, in denen die Taufe eines Juden, und im besonderen eines jüdischen Dirigenten, offensichtlich aus Motiven der Karriereförderung erfolgte. Ein anderer Aspekt der Verschleierung der jüdischen Glaubensflucht ist das Pochen auf deren private Natur.

Wenn man sagt, daß die Religion eine Privatsache sei, dann sagt man eigentlich, was sie sein sollte, nicht, was sie ist. In einer anständigen Gesellschaftsordnung wäre die Religion so sehr eine Privatsache, daß den Menschen nicht einmal einfallen würde, sie auch nur eine Privatsache zu nennen. Das Schachspiel ist eine Privatsache, und kein Schachspieler findet es nötig, sich ihm unter Berufung auf dessen private Natur zu widmen. Hätten wir in der Gesellschaft einen vergleichbar idealen Zustand religiöser Gewissensfreiheit schon erreicht, dann hätte sich kein einziger jüdischer Dirigent taufen lassen. Sie haben sich gerade deswegen taufen lassen, weil die Religion ja eine öffentliche Sache ist. Man kann sie doch nicht so ohne Formalitäten wechseln, wie man zum Beispiel seine Männerchormitgliedschaft wechselt, obwohl von der Religion als Privatsache nur dann die Rede sein könnte, wenn beide Schritte gleichermaßen unter dem schützenden Schleier absoluter öffentlicher Uninteressiertheit unternommen werden könnten. Ein Religionswechsel erfordert, im Gegensatz zum Chorvereinswechsel, ein Gesuch an das betreffende Pfarramt und eine bestätigte Austrittserklärung bei der abgestreiften Glaubensgemeinde. Der vollzogene Übertritt muß schließlich auch standesamtlich registriert werden, wenigstens in Ländern, in welchen Staat und Kirche nicht getrennt sind, die Kirchensteuer vom Staat verwaltet wird und persönliche Dokumente die Religionszugehörigkeit angeben. Derjenige aber, der sich für seinen Religionswechsel diesem Prozeß unterzieht, erkennt den öffentlichen Status der Religion an. Er macht sich mitschuldig an der Aufrechterhaltung der mehr oder weniger stillschweigenden Gesinnungstyrannei der Mehrheitsclique der Gesellschaft, die eifersüchtig darüber wacht, den Loyalitätsstand der Bürger und besonders der tonangebenden Persönlichkeiten im Auge zu behalten. Wenn aus keinem anderen Grund, so schon wegen der Verweigerung der Zusammenarbeit mit Behörden in den exklusiv privaten Glaubenssachen sollte die Taufe abgelehnt werden. Die getauften jüdischen Dirigenten, die nebst ihren ungetauften jüdischen und humanitären christlichen Kollegen sich auf ihre hohen Menschheitsideale nicht genug zugute tun können, erweisen sich mit ihrer Taufe als die Stützen muffigster gesellschaftlicher Rückschrittlichkeit. Sie leisten der Offenkundigkeit der Religion Vorschub gerade mit dem Akt, den sie aufgrund eines privaten Privilegs zu vollziehen beanspruchen.

Diese religiösen Rösselsprünge sind nun nicht bloß eine Frage der Religion, sondern auch die einer gesellschaftlich-politischen Stellungnahme, die bei den Dirigenten mit dem Adel der von ihnen dirigierten Musik eine schrille Dissonanz bildet. Die veredelnde Wirkung der Musik macht sich bei ihren unmittelbarsten Pflegern am wenigsten bemerkbar. Daß Gustav Mahler ohne die Taufe nicht zum Wiener Hofoperndirektorat berufen worden wäre, ist keine Entschuldigung. Er hätte mit seiner beruflichen Vorzüglichkeit den Kaiser zur Akzeptierung seines Judentums zwingen sollen, nicht sich vom Kaiser zur Aufgabe seines Judentums zwingen lassen. Es ist übrigens gar nicht sicher, daß das Odium des Banausentums, mit dem der durchlauchtigste Mäzen in toleranteren Himmelsstrichen wegen der religiösen Ablehnung belastet worden wäre, ihn nicht zur Aufgabe seines Vorurteils gezwungen hätte. Vermutlich hätte der Kaiser von Österreich vorgezogen, vor der Weltöffentlichkeit mit dem König von England anstatt dem russischen Zaren verglichen zu werden. Das Eintauschen der Religion gegen einen fetten Posten war also zu alledem auch noch ein überstürzter strategischer Rückzug. Die Festigkeit, die auf den ersten Anhieb möglicherweise erfolglos geblieben wäre, hätte später um so reichere Früchte tragen können. Eine Künstlerbiographie, die von der Kompromißlosigkeit des Helden zu berichten weiß, ist eine erhebendere Lektüre als eine, die seine

Charakterschwächen entschuldigen muß. Die getauften jüdischen Dirigenten stellen sich nie die Frage, ob ihr Idol Beethoven, dessen heroische und kompromißlose Ideen sie durch die Musik verbreiten helfen, seine Religion äußerer Umstände wegen gewechselt hätte. Da Beethoven von seinen 137 Opusnummern, die mindestens doppelt soviel Werke repräsentieren, nur drei (zwei Messen und ein Oratorium) dem religiösen Gedanken widmete (die drei Kantaten besingen weltliche Ereignisse) – und wenn man seine unnumerierten Werke mitrechnet, dann ist die Gesamtzahl mindestens dreimal so groß – so ist der Schluß zulässig, daß seine Bande bei dieser kärglichen Kirchenmusik mit der katholischen Religion nicht allzu eng und eventuell sogar noch weiter zu lockern waren. Es ist aber undenkbar, daß Beethoven selbst eine nur oberflächliche Religionszugehörigkeit auf Druck von seiten einer Obrigkeit oder wegen sonstiger Karriereschwierigkeiten aufgegeben hätte, besonders, wenn er sich zusätzlich zur ideologischen Selbstverleugnung auch noch von einer verfolgten Gemeinschaft hätte lossagen müssen. Kann ein solcher Schritt dem Komponisten des „Fidelio" zugetraut werden? Sollte man es für möglich halten, daß sich Beethoven auf die Seite des Tyrannen Pizzaro geschlagen und den entrechteten Florestan im Stich gelassen hätte? Er hätte aber seine Oper mit einer solchen Stellungnahme schreiben müssen, wenn er nach dem Prinzip von Mahler und Walter verfahren wäre.

Es gibt noch einen rein beruflichen Gesichtspunkt zu berücksichtigen. Ein Jude, der sich für ein Amt taufen läßt, gibt zu, daß er ohne die Taufe nicht vorzüglich genug ist, das Amt ausschließlich um seines Talentes willen zu erhalten. Gleichzeitig beugt er sich einer Autorität, die er solch bigotter und unfachlicher Kriterien wegen eigentlich verachten müßte.

Natürlich wollten es Mahler und seinesgleichen bei der Verfolgung ihrer Karrieren nicht auf ein Biegen oder Brechen ankommen lassen. Als Juden hätten sie die begehrten privilegierten Stellungen möglicherweise nie erreicht. Sie hätten sich vielleicht mit zweitrangigen Stellungen und mit Berufungen nach dem toleranteren Ausland begnügen müssen. Das wäre zwar auch keine Tragödie gewesen; es hätte sogar zu ihrem Vorteil ausschlagen können. Da es sich ja nicht um einen Kampf auf Leben und Tod handelte (wie zum Beispiel bei den Bedrohten der Inquisition und der Pogrome und bei den Verzweifelten der Hitlerkatastrophe), so blieb der Schicksalsverbesserung auch ohne Taufe noch genügend Raum. Im Schmelzofen der Enttäuschung und Kränkung wären sie vielleicht zu edleren Geistern gemodelt worden mit dem Resultat, zum Beispiel im Falle von Mendelssohn und Mahler, daß sie wertvollere Symphonien komponiert hätten.

8 Es wäre eine Untersuchung wert festzustellen, ob Mendelssohn sein ausnehmend mozartisches Talent nicht infolge seiner ethnischen Entwurzelung in brillanten Halbheiten verzettelte und dadurch das Judentum und auch die Menschheit um ein Genie ärmer machte. Ihn in dieser Hinsicht mehr als Mahler hervorzuheben, kann damit begründet werden, daß Mahler in einer dekadenten Epoche der Symphonie-Dichtung wirkte, in welcher auch aus der nichtjüdischen „Bodenständigkeit" kaum noch stärkende Nährkräfte zu schöpfen waren. Aber Mendelssohn wirkte noch auf allen Seiten von den Riesen der Symphonie- und Opernkunst umgeben, gegen die sein weltmännisch-technisches Genie allein zur Ebenbürtigkeit nicht

ausreichte. Es ist tragisch, daß ein Jude das feststellen muß; es würde aber nichts nützen, Kriterien des Kunstschaffens aufzustellen, die von der Geschichte und vom Gesamtempfinden einer Volkseinheit, trotz vieler gewichtiger Gegenmeinungen, nicht gutgeheißen werden. Jede Geistesäußerung wächst – wie die physische Existenz des Menschen selbst – aus dem Boden einer besonderen Kulturgemeinschaft heraus. Die Botschaft, die Blüte, mag allein menschlich sein, aber die Wurzel ist es nicht, weil ein gesundes Wachstum seinen eigenen Nährboden verlangt. Shakespeare, Molière, Schiller mögen Propheten der Menschheit sein und der ganzen Welt gehören, aber der Geist eines jeden wurde vom Erdgeruch des Stücks Land in die Welt getragen, das ihn hervorgebracht hat.

Nun ist es denkbar, wie es in manchen Fällen vorgekommen ist, daß der Sproß eines Landes früh in ein anderes Land verpflanzt wird und dort wie ein Eingeborener heranwächst. Shakespeare hätte als Kind nach Frankreich gebracht werden oder von englischen Eltern schon dort geboren sein und Chaquepierre heißen können. Auf ähnliche Weise hätte Molière in Deutschland unter dem Namen Müller aufwachsen können und Schiller in England als Skiller. Wenn wir annehmen, daß sie in ihren Adoptivsprachen ebenso genial gedichtet hätten, wie es uns durch ihre tatsächlichen Sprachen bekannt ist, und wenn wir ferner annehmen, daß ihre Werke den Geist ihres Adoptivlandes geatmet hätten, dann stellen wir damit nur eine der natürlichsten Erscheinungen der Welt fest. Mit einem Vorbehalt! Dieser ist, daß die Adoptivländer ihren Adoptivkindern genauso liebevoll den Boden zum Gedeihen geboten haben, wie diese als treue Söhne ihrer Wahlheimat zu leben bestimmt waren.

Das Verhältnis zwischen einem Land oder genauer einem Volk und dem einzelnen Bürger muß absolut gegenseitig sein. Wenn ein Land manche seiner Bürger nicht als ebenbürtig mit der Mehrheit betrachtet und behandelt, dann entzieht es ihnen die geistigen Nährkräfte, die ihnen zum menschenwürdigen Funktionieren als Bürger unentbehrlich sind. Das ist nun das Verhältnis, das zwischen den Diaspora-Juden und ihren Wirtsländern fast ausnahmslos besteht. Wenn ein Jude zufällig ein Künstler ist, was uns jetzt im besonderen interessiert, dann muß seine Kunst unter dieser Stiefsohnschaft leiden, weil die Kunst eine Pflanze ist, die ihre Nährkräfte nicht aus der Luft, sondern vom Boden gewinnt. Es läßt sich nicht wegdisputieren, daß die Kunst immer national ist; freilich nicht im politischen, sondern im ethnisch-stilistischen Sinne. Es gibt keine echte Kunst, und sei sie noch so intellektuell abstrahiert, die nicht in der Psyche der Nation des Künstlers wurzelt. Man betrachtet die Kunst und insbesondere die Musik als international. Nichts ist weniger international als die Musik. Ihre Internationalität liegt nur in ihrer physischen Wahrnehmbarkeit durch das Sinnesorgan, unabhängig vom Ort der Wesensart. Aber jeder Musikliebhaber kann zwischen deutscher, russischer, italienischer und französischer Musik unterscheiden, weil jede Nation (auch die anderen, nichtgenannten) ihre Musik nach den von ihrer Natur diktierten Akzenten ausprägt.

Die volksstiltragende Eigenschaft der Musik hat für die jüdischen Musiker tragische Konsequenzen. Die Musik ist das „Buch", in welchem die trostlose Geschichte der jüdischen Kulturtätigkeit in der Diaspora geschrieben ist. Da die Musik den Charakter der sie produzierenden Nation spiegelt, so mag es scheinen, daß der deutsch-jüdische Komponist deutsche Musik, der ungarisch-jüdische ungarische und der französisch-jüdische französische Musik komponiert. Das zu glauben ist ein großer Irrtum. Die Musik der jüdischen Komponisten, ganz gleich unter welcher nationalen Ägide, ist das Abbild des wurzellosen jüdischen Lebens das nicht mehr jüdisch, aber auch noch nicht nichtjüdisch ist. Man hört diesen Befund freilich ungern, weil die Wurzellosigkeit mit Minderwertigkeit identifiziert wird. Das ist aber auch falsch. Die Juden sind wurzellos nicht aus Charakter oder Absicht, sondern aus Schicksal. Ihr Ausgeschlossensein aus der Gefühlswelt des Wirtsvolkes ist eine historische Tradition, zu der beide Teile beigetragen haben. Nur in Amerika ist eine kulturelle Spaltung weniger fühlbar. Nicht daß das jüdische Schicksal nicht bis nach Amerika gedrungen wäre! In dieser Hinsicht ist Amerika auch keine Ausnahme. Aber in Amerika hat es keine eigenständige Pflege der Kunstmusik gegeben, die der jüdischen Beteiligung wesentlich vorausgegangen wäre. Die jüdische Musikpflege in Amerika ist gleichaltrig mit der amerikanischen Musikpflege und von allem Anbeginn an mit ihr verwachsen. In Amerika sind die Juden nicht „in der Musik", wie Wagner es sagen würde, vielmehr ist die Musik in ihnen in derselben Weise, wie die deutsche Musik in den Deutschen ist. Sie sind Juden und Amerikaner in einer innigeren Verschmelzung, als die Parallelerscheinung in den europäischen Ländern anerkannt wird. Copland, Gershwin, Bernstein und in der leichteren Branche Rodgers, Kern, Berlin und Lowe haben die Herzfasern des Amerikaners in ihrer Musik.

Wagner konnte dagegen geltend machen, daß das Verhältnis der jüdischen Musiker zur Musik in Deutschland vergleichbar ist jenem eines Zugereisten zu einer schon seit Jahrhunderten bestehenden Institution. Das war auch das Verhältnis der vorhin gewogenen und für ihre Mission zu leicht befundenen Mendelssohn und Mahler, wie Wagner es meinte, als er sein Pamphlet „Das Judentum in der Musik" verfaßte. Mahler kommt natürlich in dieser Schrift nicht vor, da er zur Zeit ihrer Veröffentlichung noch gar nicht geboren war. Dafür aber wird über Mendelssohn und mit ihm über das gesellschaftliche Phänomen des assimilationshungrigen und ewig wurzellosen jüdischen Intellektuellen das Urteil gesprochen.

9  Von etwa 20 Seiten des judengegnerischen Pamphlets Wagners sollen hier zwei Stellen in der Gesamtlänge von einer Seite wiedergegeben werden. Unmittelbar vor der zuerst angeführten Stelle beschreibt Wagner den gesellschaftlichen und wirtschaftlichen Aufstieg des Judentums als Folge der Liberalisierung des politischen Systems und der immer mehr beherrschenden Rolle des Geldes. Dann fährt er folgendermaßen fort:

> Von nun an tritt also der gebildete Jude in unsrer Gesellschaft auf, dessen Unterschied vom ungebildeten, gemeinen Juden wir genau zu beachten haben. Der gebildete Jude hat sich die undenklichste Mühe gegeben, alle auffälligen Merkmale seiner niederen Glaubensgenossen von sich abzustreifen. In vielen Fällen hat er es selbst für zweckmäßig gehalten, durch die christliche Taufe auf die Verwischung aller Spuren seiner Abkunft hinzuwirken. Dieser Eifer hat den gebildeten Juden aber nie die erhofften Früchte gewinnen lassen wollen: er hat nur dazu geführt, ihn vollends zu vereinsamen, und ihn zum herzlosesten aller Menschen in einem Grade zu machen, daß wir selbst die frühere Sympathie für das tragische Geschick seines Stammes verlieren mußten. Für den Zusammenhang mit seinen ehemaligen Leidensgenossen, den er übermütig zerriß, blieb es ihm unmöglich, einen neuen Zusammenhang mit der Gesellschaft zu finden, zu welcher er sich aufschwang. Was so der Vornahme der Juden, Kunst zu machen, entsprießt, muß daher notwendig die Eigenschaft der Kälte, der Gleichgültigkeit, bis zur Trivialität und Lächerlichkeit an sich haben, und wir müssen die Periode des Judentums in der modernen Musik geschichtlich als die der vollendeten Unproduktivität, der verkommenen Stabilität bezeichnen.
> An welcher Erscheinung wird uns dies alles klarer, ja an welcher konnten wir es einzig fast

inne werden, als an den Werken eines Musikers jüdischer Abkunft, der von der Natur mit einer spezifisch musikalischen Begabung ausgestattet war, wie wenige Musiker überhaupt vor ihm? Alles, was sich bei der Erforschung unsrer Antipathie gegen jüdisches Wesen der Betrachtung darbot, aller Widerspruch dieses Wesens in sich selbst und uns gegenüber, alle Unfähigkeit desselben, außerhalb unsres Bodens stehend, dennoch auf diesem Boden mit uns verkehren, ja sogar die ihm entsprossenen Erscheinungen weiter entwickeln zu wollen, steigern sich zu einem völlig tragischen Konflikt in der Natur, dem Leben und Kunstwirken des frühe verschiedenen Felix Mendelssohn-Bartholdy. Dieser hat uns gezeigt, daß ein Jude von reichster spezifischer Talentfülle sein, die feinste und mannigfaltigste Bildung, das gesteigertste, zartempfindende Ehrgefühl besitzen kann, ohne durch die Hilfe aller dieser Vorzüge es je ermöglichen zu können, auch nur ein einziges Mal die tiefe, Herz und Seele ergreifende Wirkung auf uns hervorzubringen, welche wir von der Kunst erwarten.

Uns genüge es hier, zur Verdeutlichung unsrer allgemeinen Empfindung uns zu vergegenwärtigen, daß bei Anhörung eines Tonstückes dieses Komponisten wir uns nur dann gefesselt fühlen konnten, wenn nichts anderes unsrer, mehr oder weniger nur unterhaltungssüchtigen Phantasie, als Vorführung, Reihung und Verschlingung der feinsten, glättesten und kunstfertigsten Figuren, wie im wechselnden Farben- und Formenreize des Kaleidoskopes, dargeboten wurde – nie aber da, wo diese Figuren die Gestalt tiefer und markiger menschlicher Herzensempfindungen anzunehmen bestimmt waren.

Das offenbare Schwelgen im Herunterreißen eines imaginären und schon toten Kollegen, ähnlich dem Zerfleischen einer Antilope durch einen Tiger, soll uns nicht gegen den Umstand blind machen, daß Wagners Urteil nicht ganz von der Hand zu weisen ist. Sein Vernichtungsversuch ist nur deswegen so verletzend – trotz der Anerkennung von Mendelssohns außergewöhnlichem Talent –, weil er den Fall gleichsam als ein künstlerisches Sittlichkeitsvergehen behandelt und die geschichtlichen Ursachen der besonderen Lage jüdischer Tondichter gänzlich außer acht läßt.

Mit poetica licentia und zu Demonstrationszwecken könnte man Wagner (oder auch irgendeinen deutschen Künstler) in die nachhitlersche Zeit versetzt denken und ihm die Rolle eines in Rußland geborenen und aufgewachsenen deutsch-stämmigen Komponisten inmitten einer feindlich gesinnten Bevölkerung zuweisen. Wie würde Wagner sein seelisches Gleichgewicht und seinen künstlerischen Stil unter solchen Umständen finden? Namentlich, wenn er mit dem vertragsbrüchigen Hitler, der die Sowjetunion meuchlings überfiel, schon im Kindergarten identifiziert und trotz seiner persönlichen Unschuld als ein Verräter beschimpft würde.

Es ist möglich und sogar wahrscheinlich, daß Mendelssohn und die anderen jüdischen Komponisten und, was das betrifft, jüdische Kinder überhaupt in der Elementarschule schon mit weniger oder eigentlich ganz ohne Grund, und zwar nicht nur in einer Fiktion, sondern in der harten Tatsachenwelt per Judas, Jesusmörder und Stinkjude tituliert wurden. Das Lehrerkollegium und die Mitschüler mochten im großen und ganzen noch so judenfreundlich sein, sicher aber war in jeder Schule und in jeder Klasse mindestens ein Judenhetzer, der für das Wachhalten des Geächtetenbewußtseins in den jüdischen Mitschülern gesorgt hat. Ist es unter diesen Umständen verwunderlich, wenn der erwachsene Jude gegen die Scholle, in die er seine Wurzeln senken sollte, mißtrauisch wurde? Die deutschen Juden hingen an Deutschland mehr, als die Umstände es rechtfertigten. Aber die „Scholle" gab sich keine Mühe, die jüdischen Wurzeln fest an sich zu ziehen.

Die angebliche Oberflächenverankerung des jüdischen Geistes im deutschen Boden, die Wagner den Juden zur Last legte, ist eigentlich gar kein deutsches, sondern ein jüdisches

Problem. Was kümmerte es Wagner, wie tief, markig, menschlich und herzensempfindend Mendelssohns Musik war oder nicht war, wenn er ihr die Zugehörigkeit zum deutschen Kulturbesitz sowieso absprach? Das Eigenartige an Wagners Kritik ist, daß sie gegenstandslos ist. Mit der Mendelssohnschen Musik wurden die deutschen Kulturwerte um nichts vermindert, schlimmstenfalls nicht vermehrt, falls einer sie in dieser Weise zu beurteilen beliebt. Wenn die von Wagner als minderwertig diagnostizierte Musik Mendelssohns ihn zum Schreiben eines bösartigen Pamphlets veranlaßte, wäre es dann nicht logisch gewesen, die zahllosen deutschstämmigen Komponisten, die noch seichter, hohler, unmenschlicher, herzloser und vor allen Dingen talentloser waren als Mendelssohn, ebenfalls in einem Pamphlet anzugreifen? Logischerweise hätten sie sogar noch schärfer angegriffen werden müssen, da sie nicht die Entschuldigung des fremden Blutes für die Belastung der deutschen Kultur mit Mittelmäßigkeit zur Verfügung hatten.

Wenn es wahr ist, daß das blutsmäßige Verwachsensein mit dem deutschen Volk zum genialen Musikschaffen unerläßlich ist, wieso gelten dann Komponisten (vom ganz unbekannten Musikgewerbsmann gar nicht zu sprechen) wie zum Beispiel Reissiger mit seiner „Felsenmühle", Konradin Kreutzer mit seinem „Granadischen Nachtlager", Cornelius mit dem „Barbier von Bagdad", Marschner mit „Hans Heiling" und Bruch mit „Loreley" nicht als Genies? Sie waren Musiker und haben deutsches Blut gehabt. Warum werden auch die Opern von Spohr, Schubert und Schumann nie aufgeführt? Diese waren Genies, deren deutsches Blut und Genialität unbestritten sind, doch haben ihnen diese Vorzüge – um Wagners Worte gegen Mendelssohn zu gebrauchen – es nie ermöglichen können, auch nur ein einziges Mal die tiefe, Herz und Seele ergreifende Wirkung hervorzubringen, welche wir von der Opernkunst erwarten. Warum hat Wagner dieses Problem nicht analysiert? Er hat diesen Komponisten nur Nadelstiche versetzt (wie wir es aus den Tagebüchern seiner Frau erfahren), aber kein voll ausgewachsenes Pamphlet gewidmet. Die „Hinrichtung" Mendelssohns ist nicht kunstkritisch anrüchig, sondern nur wegen ihrer sadistischen Schwelgerei.

Auch Wagners Schwiegervater Liszt – der möglicherweise ein noch wilderer Antisemit war als er – zeigt in seiner Musik Eigenheiten, die Wagner bei Mendelssohn bemängelte. Auch seine Musik ist – trotz intellektueller genialer Konzeption – kaltschnäuzig, lärmend glitzernd, mit wenig Herzenswärme. Und Wagners eigene Musik ist auch nur an wenigen Stellen zu Herzen gehend, meistens anmaßend herrisch, deklamatorisch mit ausgiebigen Strecken leeren Strohdreschens, deren Streichung bei Aufführungen den genialen Geistesblitzen erst eigentlich erlauben, stärker aufzuleuchten als beim betäubenden Wust der ungekürzten Gesamtmasse.

Wagners eigenwillige Kunstästhetik soll indessen nur wegen seiner eigenen Unzulänglichkeiten nicht in Bausch und Bogen abgelehnt werden. Seine Feststellungen über Mendelssohn haben manches Richtige an sich, wenn sie nicht aus Bösartigkeit, sondern in neutraler Objektivität gemacht werden. Eine seiner Bemerkungen ist sogar absolut positiv und deshalb höchst beachtenswert, die aber unter seinen schonungslosen Fausthieben leicht übersehen werden mag. Er bezeichnet Mendelssohn als einen Musiker jüdischer Abkunft, „der von der Natur mit einer spezifisch musikalischen Begabung ausgestattet war, wie wenige Musiker überhaupt vor ihm". Diese Bewertung ist von ganz ungewöhnlicher Bedeutung. Sie setzt Mendelssohn als Begabung mit Bach, Mozart und Beethoven auf die gleiche Stufe. Wohlverstanden, nur seine Begabung, nicht seine Leistung. Die mangelhafte Auswertung von Mendelssohns Leistungspotential ist dann mit seiner ethnischen Wurzellosigkeit begründet. Dieser Kausalzusammenhang wurde denn auch in dieser Mendelssohn-Würdigung vor dem Wagnerschen Zitat schon postuliert. Die Frage ist, ob diese Folgerung richtig ist. Sicherlich werden sie viele Mendelssohnbewunderer, Judenfreunde und Juden selbst als irrig ablehnen. Es wird aber auch andere geben, die mit der hier präsentierten Folgerung, die auch jene Wagners ist, einverstanden sind. Im Anfangsteil des Wagner-Zitats steht das vielsagende Urteil:

> Die Taufe hat nur dazu geführt, den gebildeten Juden vollends zu vereinsamen, und ihn zum herzlosesten aller Menschen in einem Grade zu machen, daß wir selbst die frühere Sympathie für das tragische Geschick seines Stammes verlieren mußten. Für den Zusammenhang mit seinen ehemaligen Leidensgenossen, den er übermütig zerriß, blieb es ihm unmöglich, einen neuen Zusammenhang mit der Gesellschaft zu finden, zu welcher er sich aufschwang.

Diese Gesellschaftsdiagnose Wagners wird wahrscheinlich, wie schon zu seiner Zeit, bei manchen heute noch Widerwillen auslösen. Das ändert nichts an der Tatsache, daß er die Situation hinsichtlich des behandelten Gegenstandes richtig beurteilt hat. Was die Taufe von Privatpersonen betrifft, brauchen wir uns darum keine Sorgen zu machen. Ein Jude, der die Taufe und das Christentum höher schätzt – was immer seine Gedanken und Hintergedanken dabei auch sein mögen – als seine Zugehörigkeit zum Judentum, der erweist diesem auch tatsächlich den besten Dienst, wenn er ausscheidet. Was aber die Abtrünnigkeit eines Künstlers, eines Genies, betrifft, fügt sie dem Stamm und auch dem Abtrünnigen eine blutige Wunde zu. Das übermütige Zerreißen des Zusammenhängens mit dem Stamm hat für den Künstler unvergleichlich schlimmere Folgen als für den Privatmann. Wer kümmert sich um die Vereinsamung von diesem! Aber der Künstler amputiert seinen Charakter, seine Seele und seine Schaffenskraft. Schiller sagt in der ersten Szene des zweiten Aktes von „Wilhelm Tell" durch den Mund von Attinghausen:

> Ans Vaterland, ans teure, schließ dich an, Das halte fest mit deinem ganzen Herzen. Hier sind die starken Wurzeln deiner Kraft.

Welches war Mendelssohns Vaterland? Kann man, nach dem, was Wagner über die Juden und die Getauften im besonderen gesagt hat, vorbehaltlos behaupten, daß Deutschland Mendelssohns Vaterland war, wo die starken Wurzeln seiner Kraft waren? Mendelssohns Schaffen ist die negative Bestätigung von Schillers Feststellung. Es genügt nämlich nicht, wenn das Wohnland ein Vaterland ist, es muß auch ein „Sohnland" sein. Es nützt nicht, wenn ein Sohn sich an einen Vater klammert, wenn dieser ein Rabenvater ist. Mendelssohn muß die unfreundliche Atmosphäre gespürt haben ganz unabhängig von dem, was Wagner sagte (was er ja persönlich nie gehört hat). Deswegen ist für ihn, die Juden und die Welt die Hälfte seines Genies verlorengegangen. Das Vaterland, das teure, hat seine Wurzeln nicht an sich gesogen, und so hat ihn auch Wagner, trotz Anerkennung seiner Begabung („wie wenige vor ihm eine hatten"), nicht in den Himmel der Geniegötter deutscher Musik hereingelassen, weil er nur in der Musik ein Genie, als Mensch aber ein ethnischer Waisenknabe war.

Die Funktion des ethnischen Bewußtseins als konstituierendes Element im Gefüge des Schöpfergeistes erweist sich in Ausnahmefällen, namentlich im Falle eines Juden, sogar auch dann wirksam, wenn der Künstler als Schöpfer nicht in die Genieklasse gehört. Wie das Stammesbewußtsein einen Künstler zweiter oder dritter Ranges ausnahmsweise zum schöpferischen Höhenflug beflügeln mag, erwies sich beim bekenntnishaft jüdischen Komponisten Ernest Bloch. Sein vielfältiges Schaffen hat im Musiklande nicht viel Wasser getrübt. Es ist ihm aber gelungen, ein Werk zu schaffen, in welchem sein jüdisches Herz ihn weit über seine gewohnten Grenzen hinaus trug. Seine symphonische Rhapsodie „Schelomo" für Cello und Orchester ist ein Zeugnis für die Kraft ethnischer Selbstbesinnung. Es ist wahrscheinlich das einzige Werk in der bewußt jüdisch-ethnischen Kunstrichtung, dessen glühendes Bekenntnis und starke Wirkung es in den Rang der wichtigen Schöpfungen allgemeinen Musikschaffens erhebt. Das kleine Talent Bloch hat darin fertiggebracht, was dem großen Genie Mendelssohn nie gelungen ist, und zwar nur deswegen, weil er „sich anschloß, wo die starken Wurzeln seiner Kraft waren".

Es gibt allerdings andere Völker, deren nach fremden Ländern verschlagene Splitter mit keinen sehr starken Wurzeln an ihr Vaterland angeschlossen bleiben konnten. Trotzdem würden sie es nicht dulden, daß ihnen judenähnliche Eigenschaften nachgesagt werden. Können aber die Juden so viel schlechter sein, wenn sie nur sind, wie die anderen auch sind? Als Landlose hatten sie mehr Ursache dazu. Die anderen hatten schon immer ihr eigenes Land gehabt, trotzdem richteten sich ihre Wanderlustigen bei anderen Völkern auch ohne Willkommensgruß häuslich ein.

Viele Polen, Iren, Ungarn, Griechen und manch andere Nationalitäten leben außerhalb der Grenzen ihrer ursprünglichen Heimat. Es gibt aber zwei, die in der Welt besonders verbreitet sind und in ihrem neuen Habitat weitgehend exklusive Gemeinschaften bilden. Diese sind die Italiener und die Deutschen. Beim Betrachten der letzteren fallen einem die Worte Wagners im ersten Satz seines ersten Zitats ein: „Von nun an tritt also der gebildete Jude in unsrer Gesellschaft auf, dessen Unterschied vom ungebildeten, gemeinen Juden wir genau zu beachten haben." Wagner wird es in seinem Grab nicht übelnehmen, wenn der Satz in Nordamerika, Südamerika, Ungarn, Rumänien, Jugoslawien, in der Sowjetunion und in manch anderen Ländern mit einer kleinen Änderung wiederholt wird: „Von nun an tritt also der kolonisierende Deutsche in unsrer Gesellschaft auf, dessen Unterschied vom daheimgebliebenen, gemeinen Deutschen wir genau zu beachten haben." Es sei zugegeben, daß zwischen den deutschen Siedlern in fremden Ländern und den Reichsdeutschen in einer Hinsicht kein Unterschied besteht; sie übertreffen nämlich in Unassimilierbarkeit sogar die Juden. In allen aufgezählten Ländern haben die deutschen Siedler die deutsche Sprache durch die Jahrhunderte hindurch beibehalten. Das hat sie nicht daran gehindert, den Juden ähnlich, wichtige Positionen zu erlangen, darunter zum Beispiel die Staatspräsidentschaft im südamerikanischen Paraguay. Der Präsident dieses Staates in den siebziger und achtziger Jahren war der Sohn eines deutschen Einwanderers namens Stroessner.

In diesem Zusammenhang gibt es zu denken, in welchem Maße Deutschstämmige, außer der erwähnten Staatspräsidentschaft, sich schon seit längerer Zeit in fremden Ländern als effektive Machthaber oder zum mindesten als monarchisches Souveränitätssymbol häuslich eingerichtet haben. Sie erinnern an den Spruch, der auf die Habsburger gemünzt war, aber auch auf andere deutsche Fürstenhäuser anwendbar ist. Manchmal wird die erste Zeile auch auf Lateinisch zitiert: „Bella gerant alii, tu felix Austria nube!" Auf deutsch lautet das Ganze:

> Kriege lass' andere führen!
> Du, glückliches Österreich, heirate!
> Den andern gibt Mars, dir Venus
> die Mehrung des Reiches.

Und dem Ruf des Hauses Österreich und der anderen Häuser hat solch eine parasitische Ausbreitung (abgesehen von der Pensionierung) nicht im geringsten geschadet. Aber für die Juden ist es empfehlenswert, kein Beispiel an ihnen zu nehmen.

**10**  Beim Judentum wird die fremde Stammeszugehörigkeit erschwerend mit Religionszugehörigkeit identifiziert, so verlangt das Verhältnis dieser zwei zueinander eine Klärung. Es ist eine eigenartige Erscheinung, daß die Taufe, die ja ein religiöser Akt ist, gleichzeitig, wie Wagner es feststellte, eine Zerschneidung der Stammesbande bedeutet. Die Taufe wird ja fast ausschließlich mit dieser Absicht vollzogen. Demgegenüber bedeutet die Absage an die Religion ohne Taufe keine Auflösung der Stammeszugehörigkeit (wenn die Umwelt sachlich genug ist, diese Distinktion zu verstehen). Unter den Christen war Wagner selber nicht fromm, noch waren es Goethe, Schopenhauer und vor allem Nietzsche, was ihrem Deutschtum keinen Abbruch tat. Auf der jüdischen Seite ist eine Trennung der Religion vom Volkstum selbstverständlich ebenfalls möglich. Wenn aber ein stammesbewußter Jude erkennt, daß die Religion, die jüdische, wie übrigens alle anderen, mit seiner Weltbetrachtung unverträglich ist, dann muß er seine Kontroversen innerhalb seiner Gemeinschaft austragen und unter keinen Umständen mit der Taufe Anlaß zur Ansicht geben, daß er sich von den Absurditäten der jüdischen Religion durch andere Absurditäten erlösen kann. Der charaktervolle Jude ohne Religion steht sogar immer bereit, die Religion seiner Väter als einen Bestandteil der völkischen Kulturentwicklung in der Konfrontation mit anderen in Schutz zu nehmen. Dieser Stand hat nicht nur eine gefühlsmäßige, sondern auch eine stark objektive Basis.

Die Gegenüberstellung kommt natürlich praktisch nur mit der christlichen Religion in Frage, die von den unzähligen Religionen mit dem Judentum traditionsgemäß als die einzige in eine solche Beziehung gebracht wird. Nur die christliche Theologie glaubt, daß das Judentum beim Christentum eine unbeglichene Rechnung hat. Von ihrem Standpunkt aus hat diese Einstellung eine gewisse Berechtigung, weil das Bestehen der jüdischen Religion gewissermaßen ein Beweis der Ungültigkeit des Christentums ist. Diese Feststellung mag absurd und befremdlich scheinen, weil die allgemeine christliche Ansicht ist, daß die Sachlage gerade umgekehrt ist, daß nämlich das Christentum das Judentum ersetzt, aufgehoben und seine Weiterexistenz theoretisch ausgelöscht hat.

Diese Ansicht zeugt von einer verschrobenen Denkweise. Wenn die Griechen, dann die Römer und später die Germanen und die Slawen ein entstelltes Judentum übernommen haben, war das ein Grund für die Juden, sich von diesen Glaubensstümpern vorschreiben zu lassen, ihre damals schon über 2000 Jahre alte Religion ebenfalls zu verstümpern? Ist es die Sache fremder Völker, den Juden ihr Judentum zuzudiktieren und den jüdisch messianischen Gedanken in einer unjüdisch seelenerlösenden anstatt einer jüdisch lebenerhaltenden Weise zu interpretieren? Das Christentum ist echt als Christentum für die Christen, aber falsch als Judentum für die Juden. Da nun die Juden Juden bleiben wollten, so konnten sie sich nicht von falschen Juden vorschreiben lassen, wie sie Juden sein sollten; und von echten Christen konnten sie das auch nicht, weil sie, wie sie keine falschen Juden, so auch keine echten Christen sein wollten. Die Christen sind „Kinderräuber", die die beraubten Eltern dazu zwingen wollen, den Raub zu legitimieren und den Räubern noch dazu die anderen Kinder und all ihr Hab und Gut auszuhändigen und für den Fall der Verweigerung sogar der widerrechtlichen Ausübung der elterlichen Gewalt angeklagt zu werden. Kaum je wurde eine Sache so auf den Kopf gestellt.

Objektiv gesehen war das Problem nicht, daß die jüdische Religion den Christen nicht den Gefallen der Selbstliquidierung tun wollte, sondern daß das falsche Judentum des Christentums zum Beweis seiner Echtheit das echte Judentum tot haben wollte. Die Überlebtheit der jüdischen Religion als christliche Trumpfkarte auszuspielen ist eine Absurdität. Der Befund einer solchen Überlebtheit ist nur vom atheistischen Standpunkt stichhaltig (aber das gilt für alle Religionen, nicht nur für die jüdische). Die jüdische Religion – weit davon entfernt, durch das Christentum gegenstandslos gemacht worden zu sein – ist gerade umgekehrt ein ewiges Memento nicht nur der Verfehltheit des Christentums, sondern sogar seiner von allem Anfang an offenbaren Gegenstandslosigkeit. Das Ziel von Jesus war, ein besseres Judentum zu schaffen. Das Ergebnis aber ist ein schlechteres Judentum, das zum Glück der Juden unter dem Namen Christentum bekannt geworden ist.

Paulus versuchte dieses entartete Judentum an die Stelle des echten zu setzen, indem er erklärte, daß durch Jesus das Gesetz (das alttestamentliche) abgeschafft sei. Er verkündet diese Ablösung im Vers 3 und 4 des 10. Kapitels in seinem Römerbrief.

> Israel aber hat dem Gesetz der Gerechtigkeit nachgetrachtet, und hat das Gesetz der Gerechtigkeit nicht erreicht. Warum das? Darum daß sie es nicht aus dem Glauben, sondern als aus den Werken des Gesetzes suchen. Christus ist des Gesetzes Ende; wer an den glaubt, der ist gerecht.

Christus selbst war indessen weniger christlich als Paulus, denn er glaubte nicht, daß er ein Ersatz für das jüdische Gesetz war. Im Vers 17,18 des 5. Matthäus-Kapitels sagt er:

> Ihr sollt nicht wähnen, daß ich gekommen bin, das Gesetz oder die Propheten aufzulösen; ich bin nicht gekommen, aufzulösen, sondern zu erfüllen. Denn ich sage euch wahrlich: Bis daß Himmel und Erde zergehe, wird nicht zergehen der kleinste Buchstabe noch ein Tüttel vom Gesetz, bis daß es alles geschehe.

Jesus ist offenbar weniger päpstlich als der Papst. Für ihn hat das Christentum das Judentum nicht abgelöst, wenigstens das Christentum, das er gekannt hat. Nur seine Nachfolger waren überchristlich genug zu glauben, daß das Christentum ein erfüllter Judaismus war, der in einem Zustand der Unerfülltheit zurückblieb und somit des weiteren Daseinsrechts verlustig ging.

Die Christen übersehen die Tatsache, daß das Judentum keiner Erfülltheit bedarf. Selbst wenn ein Messias der Juden gekommen wäre, hätte er die Struktur der jüdischen Religion in keiner Weise geändert. Ein jüdischer Messias wäre kein Gott oder auch nur dessen exklusiv eingeborener Sohn. Er würde von keiner Sünde, sondern nur von der irdischen Misere erlösen. Er würde auch nicht den Weg zum Himmel ebnen. Er würde auch nicht verlangen, daß man an ihn glaubt und ihn anbetet. Er brauchte nicht zu demonstrieren, daß er sterben und auferstehen kann. Und alle diese Attribute, die der christliche Messias besitzt, sind im Alten Testament – trotz aller christlichen Rechthaberei – mitnichten prophezeit worden. Die sogenannten Prophezeiungen beziehen sich immer auf örtlich und zeitlich beschränkte Verhältnisse im Zusammenhang mit den Nöten der Zeitgenossen. Diese „Prophezeiungen" wurden immer auf kurze Sicht für die unmittelbare Verwirklichung von Plänen gemacht, wie sie ein Patriot jeder beliebigen Nation zur Herzstärkung seiner Volksgenossen in Hinsicht auf ihre irdische Schicksalsverbesserung verkünden würde. In manchen Fällen handelt es sich um die frommen Wünsche eines Selbstquälers. Aber von der Voraussage eines weltbeglückenden, von Sünden loskaufenden Ersatzmärtyrers und Gottessohns ist im Alten Testament keine Rede. (Das oft zitierte 53. Jesaja-Kapitel ist schon wegen der christlich beanspruchten Gottessohnschaft kein Gegenargument, weil diese Bibelstelle von keinem Gottessohn spricht, wird aber auch aus anderen noch zu besprechenden Gründen als solches ausscheiden.)

Ein Beispiel für die christlich prophetische Verzerrung einer alttestamentlichen Schwärmerei ist der 16. Psalm Davids. Dieser ist eines der Lieblingszitate der Prophetiegläubigen. (Darauf bezog sich auch Petrus bei der früher erwähnten Apostelversammlung). Der 10. Vers gibt Davids Worte wieder:

> Du (Gott) wirst meine Seele nicht dem Tode lassen und nicht zugeben, daß dein Heiliger verwese.

Es wird auch vor und nach diesem Vers in ähnlichem Sinn gefaselt, aber dieser 10. Vers soll die eigentliche Prophezeiung von Jesu Sieg über den Tod sein. Diese Winselei von David als eine Prophezeiung der Überwindung des Todes durch Jesus zu deuten ist eine typisch religiös-gläubige Tatsachenverdrehung. Es wird nicht beachtet, daß David im ersten Teil seines Stoßseufzers selbst nicht an seine Errettung vom Tod glaubt, denn im zweiten Teil fleht er schon, wenigstens vom Verwesen verschont zu bleiben. Die erste Sorge eines Menschen in seiner Lebensfülle ist doch nicht die Verwesung, sondern der Tod. Wenn er überhaupt an Verwesung denken kann, dann hat er schon die Unvermeidlichkeit des Todes eingesehen. Aber Davids Hoffnung, wenigstens von der Verwesung verschont zu bleiben, war auch vergebens, denn Gott hat gar nicht auf seine Winselei geachtet. Wie kann von einer Erfüllung die Rede sein, wenn gar nichts versprochen wird? David hat nur um Verschonung gewinselt, doch wird mit keinem Wort gesagt, daß er auch erhört wurde. Die Tatsache ist, daß er genauso dem Tod und dem Staub „gelassen" wurde wie jeder andere gewöhnliche Sterbliche. Wenn David der vorausgeworfene Schatten von Jesus sein soll, dann muß Jesus auch dem Tod und dem Staub „gelassen" worden sein. Davids Schicksal als Prophezeiung für Jesus hat für diesen nur Tod und Verwesung bedeuten können. Aber selbst wenn Gott an Jesus aufgrund einer davidischen Abstammung zu erfüllen bereit gewesen wäre, worauf der Urgroßpapa vergeblich vertraut hatte, steht es um Jesus ganz schlimm, da er gar kein Abkömmling von David war, wie es vor nicht sehr vielen Seiten unwiderleglich nachgewiesen wurde. Mütterlicherseits war er ein Levite und väterlicherseits war er gar kein Mensch. Wo ist da eine Verbindung mit David?

Den 16. Psalm als eine Prophezeiung der Auferstehung Christi zu deuten, ist eine erbärmliche Wortklauberei christlicher Theologie. Ihre Blamage ist indessen kein besonderer Triumph der jüdischen Gegenspieler. Auch die Juden haben im allgemeinen einen falschen Begriff vom Messias-Phänomen. Dazu sind sie wahrscheinlich von der christlichen Entgleisung mitgerissen worden. Den persönlichen Messias nehmen sie zwar nicht an, sind sich aber nicht genügend bewußt, daß es nicht bloß eine Frage der Person, sondern hauptsächlich die der Funktion des Phänomens ist, worüber das Judentum und das Christentum auseinandergehen. Die Juden plappern die Bezeichnung „Messias" gedankenlos im christlichen Sinn nach, obwohl der Messias im Alten Testament nicht eine Persönlichkeit ist, auf die man wartet, sondern eine, die schon da ist und bereits ein Amt bekleidet, denn der Messias ist der Wortbedeutung nach ein Gesalbter, und keiner kann gesalbt sein, bevor er durch irgendeine besondere Leistung dessen würdig geworden ist.

Im mittelalterlichen Gebrauch begannen die Juden unter christlichem Einfluß auch schon von einem Messias im christlichen Sinne zu sprechen, aber die richtige Bezeichnung für den erwarteten Messias ist Erlöser. Auf diesen und nicht einen Gesalbten haben die zersprengten und heimatlosen Juden gewartet, der die frühere, souveräne, aber zerstörte jüdische Staatlichkeit wiederherstellt. Das ist der Sinn des jüdischen Erlösertums, nicht die Rettung von Seelen durch einen Gottmenschen für das Himmelreich. Es ist aberwitzig von den Christen, den Juden eine bereits verwirklichte Messianenherrschaft vorzuhalten, wenn ihre Erwartungen, die sie an den Erlöser knüpfen, nicht erfüllt sind, und durch Jesus schon gar nicht. Der Staat von Israel ist nur eine halbe Erfüllung bei der unablässigen arabischen Bedrohung, und selbst dieser Zustand ist das Werk von nicht einmal einem halben Jesus.

Leider sehen viele Juden gar nicht klar den wahren Grund der Ablehnung des christlichen Messianismus. Aber eine schlimmere Verkennung der Umstände besteht auf seiten der Christen, die den Juden einen von ihrem Standpunkt völlig gegenstandslosen (himmlischen und nicht irdischen) Messianismus aufzwingen wollen. Der christlichen Theologie widerstrebt es freilich, ihre Gläubigen über die Unmöglichkeit einer jüdischen Anerkennung von Jesus als einem zweckwidrig funktionierenden Ankömmling aufzuklären. Die Lücke ihrer beiseitegeschobenen Bemühung füllen sie also mit dem Argument aus, daß die Juden das Christentum anerkennen sollten, da es ja ihr Produkt ist. Selbst wenn Jesus ein nichtsnutziger Prophet war, war er ein jüdischer Prophet, für den die Juden verantwortlich seien.

Der Vorwurf wegen der jüdischen Ablehnung von Jesus als Messias kann indessen umgedreht werden mit dem Gegenvorwurf, weshalb die heidnischen Völker des Abendlandes Jesus nicht ablehnen, wenn ihn sein eigenes Volk ablehnt. Die Juden müssen doch besser wissen, wie sie eine Nummer ihrer Rasse zu beurteilen haben. Im Einklang mit ihrem Stand in der Jesus-Frage haben sie den heidnischen Völkern Jesus nicht aufgezwungen oder auch nur empfohlen. Abgefallene, wie Paulus, haben nie die Gesamtheit der Juden repräsentiert. Die heidnischen Völker haben Jesus ohne Empfehlung oder Drängen der Juden ganz aus freien Stücken angenommen. Das aber verpflichtet die Juden nicht, der Handlungsweise der verführten Urchristen zu folgen.

Die nun bestehende Tatsache jedenfalls ist, daß durch die jüdische Ablehnung die Christen ihre Religion als entwertet empfinden. Sie würden das selbstverständlich niemals offen zugeben. Aber sie geben es durch die Jahrhunderte hindurch fortgesetzten Judenverfolgungen zu. Was zum Kuckuck brauchten sie sich um die Jesus-Anerkennung oder -Nichtanerkennung durch die Juden zu kümmern, wenn die jüdische Ablehnung die Gültigkeit ihres Glaubens nicht in Frage stellen würde? Um den Wurm der Zweifel zu töten, müssen sie also das Volk strafen, das ihnen tagtäglich vor Augen führt, daß sie in den Krallen einer ihnen aufgeschwatzten falschen Religion gefangen zappeln. Sie haben von den Juden verlangt und verlangen jetzt noch – freilich nicht mit der früheren Grausamkeit das Beglaubigungszeichen für ihre Religion; da sie es aber nie erhalten können (da zu dessen Genehmigung auf jüdischer Seite kein Anlaß besteht), so können sie auch vom Judenhaß nie gänzlich ablassen. Das ist menschlich verständlich, weil das jesuslose Fortbestehen des Judentums ein unerträgliches Entwertungszeugnis des Christentums ist.

**11** Das aus der christlichen Entwertung resultierende jahrhundertelange Toben gegen die Juden hat natürlich mit der Zeit nachgelassen. Es kann unterdessen von Interesse sein, die mittelalterlichen Wildheiten für einen Moment Revue passieren zu lassen und zu zeigen, wie die christliche Religion der Liebe unfähig war, sich aus ihrer eigenen Güte heraus zur Zivilisation durchzuringen. Die Juden werden zwar nicht mehr angeklagt, das Blut christlicher Kinder zum Backen des Osterbrotes zu benutzen, aber seit der ersten Anklage dieser Art im Jahre 1144 in England bis zur letzten im Jahre 1940 in der Tschechoslowakei (offenbar als Folge der Verhetzung durch die nazistische Besatzungsmacht) gab es ungefähr 200 Ritualmordanklagen.

Es nützte nichts, daß eine solche Tat für die Juden ein Ding der Unmöglichkeit ist, weil den jüdischen Geboten gemäß der Blutgenuß (selbst tierischen Ursprungs) eine der größten Sünden ist. Der christliche Klerus muß das schon immer gewußt haben (es steht ja in der Bibel), trotzdem hat er sich der grundlosen christlichen Rache (von wenigen löblichen Ausnahmen abgesehen) während all der Jahrhunderte nicht entscheidend entgegengestellt. Einige Päpste, wie zum Beispiel Gregor X. im 13. Jahrhundert als erster, haben versucht, die Unhaltbarkeit dieser Verleumdung klarzumachen. Es läßt aber tief blicken, daß bei der einmaligen weltlichen und spirituellen Macht der Päpste der Mordglaubenswahnsinn acht Jahrhunderte hindurch wüten konnte.

Man kann auch ohne den Verdacht der Kritisiersucht fragen, warum von den nahezu 100 Päpsten dieser Geschichtsperiode nur etwa zehn ihre Proteststimme hören ließen. Ist es nicht die Pflicht eines jeden Menschen, Papst oder Sakristan, sich beim Gericht zu melden, wenn er von der Unschuld eines Angeklagten überzeugt ist und Beweise dafür vorlegen kann? Die gerichtlichen Ritualmordprozesse (wie zivilisiert, nicht immer Lynchjustiz zu üben!) dauerten viele Monate, während welcher wohlinformierte Menschen dem moralischen und physischen Zerfleischen der unschuldig Angeklagten ohne Dazwischentreten zuzusehen imstande waren. Freilich gab es immer Männer von hoher Moralität und Courage wie Renan, Masaryk und andere, die der christliche Rachedrang nicht am Eintreten für Gerechtigkeit hinderte und die gegen den grausamen Unsinn protestiert haben. Männer ihres Geistes haben aber bei Regierungen, die fähig sind, überhaupt Ritualmordprozesse zu inszenieren, wenig Kredit. Und doch – die 40 Fälle, die allein im 19. Jahrhundert (im geistig fortschrittlichsten und fruchtbarsten Jahrhundert in den verschiedenen Ländern Europas, noch!) vor Gerichten gemäß dem zivilisierten Prozeßverfahren behandelt wurden, endeten ausnahmslos mit der Freisprechung der Angeklagten.

Die Erklärung für das sehr passive Verhalten klerikaler Kreise ist, daß es immer wieder Geistliche gab, die den Anklagemißbrauch trotz der offenbaren jüdischen Unschuld geduldet haben, weil sie darin eine gerechte Strafe für die Ablehnung des Christentums erblickt haben. Diese Vergeltungsmanie mag auch erklären, weshalb der französische Klerus in der Dreyfusaffäre mit den falschen Anklägern gemeinsame Sache machte. In dieser Einstellung liegt aber ein typisch christlicher Widerspruch, weil die Juden nach einem Lehrsatz der christlichen Theologie eigentlich bis zum Wiederkommen Jesu als Juden überleben sollten, um die „Falschheit" ihrer ablehnenden Haltung ihm gegenüber zu erkennen. Wenn die Juden als solche in ihren Nachkommen schon unidentifizierbare Christen geworden oder sonst verschwunden wären, für wen könnte dann der wiedergekommene Jesus triumphierend auf die Erfüllung der prophetischen Dichtungen hinweisen? Die Christen mußten also bei ihren Grausamkeiten aufpassen, nicht allzu erfolgreich zu sein. Vielleicht dienten auch die gemäßigt dosierten päpstlichen Mahnrufe diesem Zweck. Ein Häuflein von Nachrichtenüberbringern und „Zeugen ihrer Schmach" mußte doch für die zweite Messias-Begegnung erhalten bleiben.

Jetzt, wo dieses Überleben, trotz des Hitlerzwischenspiels, mehr als gesichert erscheint und wo die gegenseitigen Beziehungen so viel freundlicher geworden sind, scheint es unbillig, die alten Wunden wieder aufzureißen. Zur Versicherung der Christen sei gesagt, daß die unerfreulichen Reminiszenzen nicht in erster Linie an ihre Adresse gerichtet sind, sondern an die getauften Juden und solche, die, wie Bergson, die Taufe als einen möglichen und sogar folgerichtigen Schritt werten. Ihnen sei gesagt, daß im Judentum und im Judesein ein unschätzbarer Wert verborgen ist, den sie nicht erkennen. Eine große Genugtuung im Judesein liegt, wenn in nichts anderem, so darin, daß man nicht Christ ist. Nach den Erfahrungen von 2000 Jahren kann ein Jude aus theologischen, moralischen und intellektuellen Gründen nur ein Charakterlump sein, wenn er sich dem Christentum anschließt.

Henri Bergson, der französisch-jüdische Denker und Menschenfreund, wollte einer Religion angehören, und sechzehn jüdische Stardirigenten nebst einer beträchtlichen Anzahl jüdischer, getaufter Notabilitäten haben ihr auch tatsächlich angehört, einer Religion, die ihre Vorfahren acht Jahrhunderte lang fälschlich und wissentlich des Kindermordes, der Brunnenvergiftung und der Seuchenverbreitung angeklagt oder zum mindesten eine solche Anklage durch andere unter Stillschweigen geduldet hat. Einer Religion wollte sich Bergson anschließen, der man sich gar nicht richtig anschließen konnte, da man in Spanien (zum Teil auch in Portugal, Italien und Frankreich) nicht lange vorher noch auf die Anzeige eines elenden Schnüfflers, Neiders oder Übelwollenden hin der Inquisition als falscher Christ mit den bekannten Folgen überantwortet werden konnte. Wie hätte ein Jude überhaupt Christ werden können, wenn ihm eine aufrichtige Christlichkeit gar nicht geglaubt wurde?

Man weiß, daß Bergson unter dem Schock des Nazismus vor der Taufe zurückscheute. Wären aber die Juden nicht die auserwählten Opfer Hitlers gewesen und hätte er im Nazismus etwas Attraktives entdeckt, wäre er dann zu diesem übergegangen, wie er zum Katholizismus übergehen wollte? Schließlich war das Christentum für die Juden der Nazismus des Mittelalters. Diese Erwägung ist bei Bergsons Philosophie des „elan vital", der vorwärtsdrängenden Lebenskraft, sehr wohl angebracht, da die Nazis zum mindesten in Hinsicht auf die Dynamik ihrer Bewegung die anschauliche Verlebendigung seiner Philosophie waren. Wenn ihn die Grausamkeiten der Kirche an seinen Taufabsichten nicht gehindert haben (die zeitliche Entfernung konnte doch dieses Brandmal nicht auslöschen), weshalb sollte er dann den Nazismus strenger beurteilen? Und wenn nicht, wäre er im Mittelalter ungeachtet der christlichen Grausamkeiten freiwillig ein Christ geworden?

12 Das zweite Vatikanische Konzil bemühte sich, hinter die furchtbare Vergangenheit den Schlußpunkt zu setzen. Wie hat es das getan? Anstatt die Juden um Vergebung anzuflehen, hat es den Juden verziehen. Verziehen was? Die Kreuzigung Christi! Offenbar zeugen die Protokolle der Weisen des Vatikans von der Unfähigkeit genannter Weisen, die Bibel zu lesen oder das Gelesene zu verstehen. Sie lesen nicht aus der Bibel, sondern in die Bibel

hinein. Zugegeben, es steht eine Kreuzigungsgeschichte im Neuen Testament, die die jüdische Pfaffenclique in einem ziemlich schlechten Licht zeigt. Wer aber mit Verständnis lesen kann, der wird feststellen müssen, daß keine Kreuzigung stattfand, jedenfalls keine mit tödlichem Ausgang, und so waren die Intriganten ohne ihr Wissen nur unschuldige Wichtigtuer. Schließlich haben sie nur getan, was Jesus sich selbst antun wollte.

Wenn wir die vier Berichte über die Kreuzigung Christi in den vier Evangelien aufmerksam und objektiv nachlesen, etwa so wie Sherlock Holmes es tun würde, um vor Gericht den Fall als das Resultat seiner Nachforschungen darzulegen, dann muß man zu dem Schluß gelangen, daß keine Kreuzigung im Sinne einer Hinrichtung stattfand. Eine solche Folgerung wird natürlich nach altem, billigem Rezept sofort als blasphemisch denunziert. Wenn die „pietätvollen" Jesusgläubigen mit der Waffe der Blasphemie kämpfen wollen, dann werden sie alle Hände voll zu tun haben.

Die Vermutung einer gestellten Kreuzigung ist nicht neu. Von Zeit zu Zeit meldeten sich Forscher und auch radikale Religionskritiker, die die Kreuzigung Jesu als eine arrangierte Scheinhinrichtung zu entlarven suchten. Sie unterlegten dem Akt verschiedene Motive und beschrieben ihn mit Erläuterungen der möglichen Ausführungsmethoden. Man kann sich mit ihnen in Hinsicht auf die Theorie über die Vorspiegelung einer Kreuzigung identifizieren, es soll aber auch eine neue Detektivarbeit in der Aufdeckung der wahren Vorgänge präsentiert werden. Eine Blasphemie-Anklage kann natürlich schon bei dieser Voranmeldung als sicher angenommen werden. Die Ankläger sollten aber bedenken, daß eine solch erhaben denkende, sachverständige und von jeder Blasphemie-Absicht meilenweit entfernte Persönlichkeit wie Albert Schweitzer durch sein Buch „Geschichte der Leben-Jesu-Forschung" unvermeidlich in die Blasphemie-Kalamität verwickelt ist.

Der englische Titel des Buches, der natürlich nicht ohne Schweitzers Wissen und Zustimmung gewählt werden konnte, verrät schon vor dem Lesen, daß nicht alle Einzelheiten des Lebens Jesu ohne weiteres als geschichtliche Tatsachen betrachtet werden. Der englische Titel ist „The Quest of the Historical Jesus", was in der deutschen Rückübersetzung „Die Suche nach dem geschichtlichen Jesus" bedeutet. Wenn aber Jesu Existenz und Lebensweg nach christlichem Glauben keinem Zweifel unterliegt, dann ist ein Suchen ab ovo gegenstandslos. Folglich schreitet Schweitzer mit seinem Suchen nach etwas, was nicht gesucht zu werden braucht, auf ziemlich unchristlichen Pfaden. Auch die 18 theologischen Forscher sind in Schweitzers Buch „von Reimarus zu Wrede" als Zweifler an der Jesus-Geschichte präsentiert. Die meisten, unter denen es Vertreter aller großen europäischen Nationen gibt, haben infolge ihrer freien Forschung Karrierenschwierigkeiten zu ertragen gehabt. Wie die 18 Jesus-Zweifler gedacht und geschrieben haben, kann natürlich am einfachsten in Schweitzers Buch nachgelesen werden.

Als erstes sei festgelegt, daß nur die vier Berichte in den Evangelien als Grundlage zur Untersuchung berücksichtigt werden. Keine außerhalb der Bibel geäußerte Meinung – mit Ausnahme allgemeingültiger, unparteiisch und unpersönlich formulierter physikalischer Gesetze – wird die Untersuchung und die daraus gezogenen Folgerungen beeinflussen. Die Theologen sollen nicht versuchen, die Untersuchung mit der Einwendung unwirksam zu machen, daß Jesus ein Gott war, für den die Gesetze der Physik nicht galten. Es ist ihr eigener Glaubenssatz, daß Jesus am Kreuz als Mensch litt. Er hätte gar nicht leiden können, wenn er nicht Mensch gewesen wäre. Einen Gott kann man nicht ans Kreuz schlagen. Selbst wenn man nicht daran rüttelt, daß einer gleichzeitig Gott und Mensch sein kann, ist es ein Angelpunkt der christlichen Lehre, daß Jesus eigens zum Zwecke der Erlösung der Menschheit durch sein Leiden und Todesopfer in diese Welt gekommen ist. Diese seine Funktion konnte er also nur erfüllen, wenn er ein leidensfähiger Mensch war. Sollte man ihn durch seine Gottheit von den physikalischen Gesetzen loszulösen versuchen, dann würde man es ihm unmöglich machen, seine Mission als ein physisch leidendes Wesen, wie er ja mit seinem Auspeitschen, Anskreuzschlagen und Sterben geschildert wird, zu erfüllen. Man muß sich also für einen unverletzbaren Gott ohne Erlösungsmission oder für einen sterblichen Menschen mit einer Erlösungsmission entscheiden. Man kann nicht beides gleichzeitig haben.

Um nun die Umstände bei der Kreuzigung von Jesus besser zu verstehen, ist es wissenswert, einiges über die Ausführung, den Verlauf und die Wirkung einer Kreuzigung zu erfahren. Die Darstellungen in den Gemälden sind meistens irreführend. Sie zeigen immer ans Kreuz genagelte Hände und Füße. Die Kreuzigungsmethode war nicht einheitlich. Es gab solche ohne Verwendung von Nägeln nur mit dem Festbinden der Hände am Gelenk und der Füße an den Fesseln. Es gab auch solche, bei denen die Hände durchbohrt wurden, nicht aber die Füße. Diese wurden, auf einem kleinen Gestell ruhend, mit einem Strick an die Stange gebunden. Diese Art der Kreuzigung wurde bei Jesus angewendet. Dieser Befund ist strikt auf die Evangelienberichte gegründet, aus denen es klar hervorgeht, daß Jesu Füße von keinem Nagel durchbohrt wurden.

Die falsche Annahme von durchbohrten Füßen hat ihren Ursprung in einer ungereimten Bezugnahme auf das Alte Testament, in welchem der 17. Vers des 22. Psalms den Klageschrei Davids (in einer vollkommen verschiedenen Situation, bei der von einer den Juden sowieso unbekannten Kreuzigung gar keine Rede ist) auf diese Weise ausdrückt:

> Denn Hunde haben mich umgeben, und der Bösen Rotte hat mich umringt; sie haben meine Hände und Füße durchgraben.

Dieser Satz wird übereifrig und oberflächlich mit der Kreuzigungsgeschichte zusammengewürfelt. Davids allegorische Hundebisse und Dolchstiche an Händen und Füßen als vom Psalmisten angeblich erträumte Körperverletzungen von Jesus müssen in Hinsicht auf die Füße korrigiert werden. Jesu Füße wurden bei der Kreuzigung weder tatsächlich noch allegorisch durchbohrt. Im Neuen Testament liest man Einzelheiten über Jesu Kreuzigungswunden bei keinem der drei Synoptiker (Matthäus, Markus, Lukas). Sie stellen nur einsilbig fest, daß Jesus gekreuzigt wurde. Alles, was wir davon wissen, verdanken wir dem vierten Evangelisten, Johannes. Die vollständigen Einzelheiten von Jesu Verletzungen wurden aber nicht durch den Kreuzigungsbericht selbst bekannt, sondern erst später, als der Jünger Thomas die Auferstehung mit den tödlichen Wunden von Jesus für unmöglich hielt. Die Stelle 24 bis 27 im 20. Kapitel, bei welcher Johannes die Erleuchtung von Thomas schildert, deckt die Natur von Jesu Verletzungen und damit die Art der Kreuzigung auf. Jesus wußte natürlich von Thomas Zweifel, als er sich den versammelten Jüngern plötzlich zugesellte.

> Danach spricht er zu Thomas: Reiche deinen Finger her und siehe meine Hände, und reiche deine Hand her und lege sie in meine Seite, und sei nicht ungläubig, sondern gläubig.

Die Äußerungen beider sind hinsichtlich ihres Schweigens über einen Punkt, denselben Punkt, bemerkenswert. Weder verlangte Thomas, Wunden an Jesu Füßen zu sehen, noch bot ihm Jesus an, seine Füße als Beweis zu zeigen. Da Thomas einige Kenntnis von der Natur der Kreuzigungen haben mußte, darunter unzweifelhaft auch von jener von Jesus, so bedeutet sein Schweigen über die Füße, daß er sie nicht als Objekte einer blutigen Verletzung betrachtete.

Ein weiterer Beweis der unverletzten Füße war die noch am Tage der Auferstehung unternommene Fußwanderung nach Emmaus, das von Jerusalem 12 Kilometer entfernt lag. Das 24. Kapitel des Lukas-Evangeliums macht genaue Angaben hinsichtlich des Tages und der Länge des Abstechers. Die Entfernung zwischen Jerusalem und Emmaus ist im griechischen Original mit dem Längenmaß „Stadion" angegeben, wovon eine Einheit umgerechnet 200 Meter ausmacht. 60 davon sind also 12 Kilometer. Mit durchbohrten Füßen, die die Zerstörung eines großen Teils der Knochenstruktur als Tatsache annehmen lassen, könnte nicht einmal Jesus 12 Kilometer in einem fort wandeln. Nicht einmal 12 Zentimeter! Es ist klar, daß Lukas, der keine Körperverletzung im besonderen erwähnt, nicht an durchbohrte Füße von Jesus geglaubt hat, sonst hätte er nicht über einen Tagesausflug von 24 Kilometern (hin und zurück) berichtet.

Kehren wir aber von den Füßen zu den Händen zurück. Die Handverletzungen von Jesus, die er tatsächlich erlitt, waren für ihn nicht so behindernd, wie Fußverletzungen bei einer Wanderung oder auch nur beim Gehen gewesen wären. Die Knochenartikulation der Hände ermöglicht es, einen Nagel durch sie zu schlagen, ohne die Knochen, bei allerdings schwerer Verletzung, zu zerstören. Außerdem hindert eine Handverletzung nicht an Körperbewegungen, besonders, wenn man solch hingebungsvolle Pflege genießt, wie Jesus sie von seinen zwei Freunden Joseph von Arimathia und Nikodemus dem Pharisäer erhielt. Diese zwei spielen eine entscheidende Rolle in der Rettung.

Das Verschontbleiben von Jesu Füßen hätte an sich kein Überleben garantiert. Es war notwendig, Jesus schnellstens vom Kreuz herunterzunehmen. Die Dauer, die die Verurteilten am Kreuz lebend durchgehalten haben, war sehr verschieden. Es hing nicht nur von der körperlichen Widerstandsfähigkeit des Opfers ab, sondern auch von den Witterungsverhältnissen und der Periode der Insektenzüge. Ein Körper am Kreuz konnte von der Sonne verbrannt und von den Insekten zerstochen werden. Für solche, deren Hände angebunden wurden, war das Brechen der Beine eine Wohltat (die bei den Dieben an den Seiten von Jesus getan wurde), weil das Absacken des Körpers (durch Beseitigung der Fußstütze) mit dem erhöhten Anspannen des Stricks den Blutkreislauf in den Armen unterband und einen Herzschlag beschleunigte oder überhaupt verursachte. Wo aber weder diese Beschleunigungsmaßnahme angewandt wurde noch die Witterungsverhältnisse „ungünstig" waren, konnten Gekreuzigte tagelang vor ihrem Tod leiden. Das mußte bei Jesus unbedingt vermieden werden, weil er sich, selbst bei einem solchen Überleben, nicht als ein wundersam auferstandener, sozusagen magisch verschonter Messias seinen Jüngern, der Familie und auch der Menge hätte präsentieren können. Es bestand aber die größere Gefahr, daß er bei seiner asthenischen Körperverfassung vor dem Herabnehmen sterben könnte. Bei der Vermeidung dieser Gefahr spielte Joseph von Arimathia eine entscheidende Rolle.

An diesem Punkt war Jesus sechs Stunden am Kreuz. Er wurde um 9 Uhr früh gekreuzigt, und die Evangelien melden, daß er den Geist nachmittags um drei aufgab. Die Erfahrung bei

Kreuzigungen war, daß niemand, besonders ohne das Beinbrechen (das Jesus nicht verabreicht wurde), in so wenigen Stunden starb. (Erster Beweis gegen einen Kreuzigungstod.) Offenbar hatte Pilatus nie von einem so schnellen Kreuzigungstod gehört, denn er wunderte sich, daß Jesus schon tot wäre, als Joseph ihn um Erlaubnis bat, die Leiche vom Kreuz zu nehmen und zu begraben (Markus-Evangelium, Kapitel 15, Vers 43, 44, 45).

Ein dem Kreuzigungstod widersprechender Umstand war, daß Jesus vor seiner Toterklärung laut schrie. (Zweiter Beweis.) Die ersten drei Evangelien bezeugen es. Johannes sagt, daß Jesus noch zuletzt verkündete: „Es sei vollbracht." Wenn man bedenkt, was die Todesursache sein mußte, nämlich äußerste Erschöpfung nach sechs Stunden Hängen am Kreuz mit durchbohrten, blutenden Händen und gefesselten Füßen, dann ist es absolut unmöglich, daß er noch schreien oder auch nur sprechen konnte. Jeder Arzt kann bestätigen, daß man in einem solchen Zustand nicht schreien kann. Diese Fähigkeit war nur unter einer Voraussetzung möglich, wenn er nämlich noch nicht dem Sterben nahe war. Wenn er noch schreien konnte, dann war er im nächsten Augenblick nicht tot. Im Bericht von Johannes heißt es, daß er nach seiner „Vollbracht"-Verkündung das Haupt neigte und verschied. Dieses abrupte Verscheiden unmittelbar nach dem lauten Schreien schmeckt nach Verabredung, besonders bei den darauffolgenden weiteren Indizien.

Die Soldaten, die die Beine der zwei Mitgekreuzigten brachen, ließen Jesu Beine unversehrt. Ob das als ein Anzeichen der Bestechung zum Verschonen von Jesus zu deuten ist, wäre es jedenfalls der dritte Beweis gegen einen unbezweifelbaren Kreuzigungstod.

Als vierter Indizienbeweis von Jesu Überleben am Kreuz verlangt sein eben erwähnter Ausruf „Vollbracht" besondere Aufmerksamkeit. Der Ausruf hatte den doppelten Zweck der Genugtuung über den sich günstig entfaltenden Plan und des Signalisierens an Arimathia (daher das laute Schreien), daß der Augenblick des Handelns gekommen und nun keine Zeit mehr zu verlieren war.

Nach den bisher aufgezählten vier Indizienbeweisen kommen wir zu einem fünften, viel stärkeren Beweis. Dieser ist im 34. Vers des 19. Johannes-Kapitels enthalten und lautet:

> Der Kriegsknechte einer öffnete seine Seite mit einem Speer, und alsbald ging Blut und Wasser heraus.

Das ist eine gewichtige Behauptung, die bei einer gerichtlichen Untersuchung nicht unangefochten durchgehen kann. Blut hätte auf keinen Fall aus einer Leiche einige Stunden nach Eintreten des Todes herausfließen können. Der erste Eindruck beim Lesen der betreffenden Bibelstelle ist, daß der rauhe Eingriff des Kriegsknechts unmittelbar auf den angeblichen Tod von Jesus folgte. Das war ganz und gar nicht der Fall. Es muß eine ziemlich lange Zeit vor dem Speerstoß und nach dem Beinbrechen bei den zwei Dieben verstrichen sein, denn zu diesen Akten und zur Leichenabnahme mußte eine Bewilligung bei Pilatus eingeholt werden (Johannes, Kapitel 19, Vers 31). Vom Schauplatz der Kreuzigung außerhalb der Stadt mußte man zum Amtsgebäude von Pilatus gehen und dann zurück, was immerhin Zeit brauchte, wozu noch das Antichambrieren beim Gouverneur gerechnet werden muß. Man wird bei einem so hohen Herren nicht sofort, besonders unangemeldet, hereingelassen. Und die unvermeidliche Berichterstattung und Besprechung nimmt auch Zeit in Anspruch.

Eine zusätzliche Verzögerung trat auch dadurch ein, daß Pilatus, nach dem Gesuch um die Leichenabnahme den Hauptmann der Exekutionsabteilung extra zu sich kommen ließ, um sich den Tod Jesu durch ihn bestätigen zu lassen. Das bedeutet eine Verdopplung der vorher kalkulierten Zeitdauer, da ein Amtsbote zum Hauptmann geschickt werden und mit ihm zurückkommen mußte. Die erheblich lange Zwischenperiode ist im Markus-Evangelium im Vers 44, 45 des 15. Kapitels mit aller Klarheit registriert:

> Pilatus rief den Hauptmann und fragte ihn, ob er (Jesus) schon lange gestorben wäre. Und als er's erkundet von dem Hauptmann, gab er Joseph den Leichnam.

Was für Veränderungen können nun in einer Leiche während der Zeitdauer des beschriebenen Prozesses (des „schon lange" eingetretenen Todes) vorkommen?

Das eigentliche Blut gerinnt ziemlich rasch. Das Plasma oder Blutwasser und die lymphatische Flüssigkeit können beim Öffnen noch einige Zeit aussickern, aber nicht bei der Leichenstellung und der Speerverletzung von Jesus. Nach dem Tod sinken alle Flüssigkeiten in die tiefer liegenden Körperteile. Beim Flachliegen auf dem Rücken wird keine Flüssigkeit durch den Bauch heraustreten. Desgleichen wird der Rücken, wenn die Leiche bäuchlings liegt, keine Flüssigkeit durchlassen. Da Jesus' Körper noch senkrecht am Kreuz hing, als ihm der Soldat die Seite aufritzte, so würden seine lymphatischen Säfte, wenn er tot gewesen wäre, alle schon in der Bauchhöhle zusammengeflossen sein. Um diese Säfte nach außen fließen zu lassen, hätte der Soldat den Speer in den Bauch des „toten" Jesus stecken müssen. Die Wunde an Jesu Seite konnte sowieso nicht tief sein, weil der Soldat ihm keine Stechwunde, sondern nur eine Streifwunde zufügte. Er stand ja nicht auf gleicher Ebene mit Jesus, er mußte den Speer nach oben führen, und zwar beträchtlich hoch nach oben. Die Durchschnittshöhe der Körper am Kreuz (zwischen Fußsohle und Erde) war im allgemeinen zwei Meter. Ein außergewöhnlich großgewachsener Mensch reichte ungefähr bis zur Fußsohle des Gekreuzigten. Eine solche Höhe ist in drei Evangelien (mit Ausnahme von Lukas) angedeutet, zum Beispiel bei Matthäus, Kapitel 27, Vers 48, mit der Bemerkung:

> Und alsbald lief einer unter ihnen, nahm einen Schwamm und füllte ihn mit Essig und steckte ihn auf ein Rohr und tränkte ihn.

Um Jesu Mund zu erreichen, brauchte man also eine längere Stange. Der Stoß zur Verletzung von Jesu Hüfte konnte demnach nicht waagerecht geführt werden, folglich auch nicht tief eindringen. Übrigens ist die Rippengegend nicht der Teil des Körpers, in den ein abgefeimter Kriegsmann seinen Speer instinktiv stößt (wo die knochenreiche Anatomie einen gewissen Widerstand leistet), anstatt in den Bauch oder die Brust. Der Blutfluß von Jesus in senkrechter Stellung lange nach seinem gemeldeten Tod ist also unter den geschilderten Umständen der Beweis, daß er nicht tot war. Und das ist der fünfte und stärkste Beweis seines Überlebens.

Alles deutet auf eine Verabredung hin. Die Unterlassung des Beinbrechens bei Jesus und die Hüftverletzung anstatt eines Lanzenstoßes in die Herzgegend lassen eine Bestechung der Soldaten stark vermuten. Es ist auch bemerkenswert, daß Joseph von Arimathia in allen Evangelien als der einzige bezeichnet wird, der die Leiche von Jesus begehrte und begrub. Dieses Ausschließen jedes anderen, besonders der Jünger und unter ihnen vorab des Johannes und der Mutter, welche zwei kurz vorher noch von Jesus selbst zu einer Familie geweiht wurden, zeigt, daß sein Überleben niemandem bekannt sein durfte, um die Auferstehungsfiktion zu bewahren. Der einzige Mitwisser war Nikodemus, der zur arzneilichen Beihilfe benötigt wurde. Die absolute Ausschließung aller Familienmitglieder, Jünger und Anhänger von der Teilnahme an der Kreuzabnahme, Bestattung und Auferstehung ist wiederum ein Indizienbeweis, der sechste, des Überlebens von Jesus.

Daß die Kreuzigung mit der Unterlassung des Beinbrechens und der leichten Hüftverletzung (ohne tödliche Folgen) durch Bestechung bis zu diesem Punkt gebracht werden konnte, macht die Erwähnung einer anderen Bestechung aktuell, die eigentlich der erstgenannten hätte vorausgehen sollen.

Jeder weiß, daß die Kreuzigung an einem Freitag stattfand; und wenn man ein wenig mehr mit deren Umständen vertraut ist, weiß man auch, daß die Kreuzabnahme gegen Abend, etwa zwei bis drei Stunden nach dem um drei Uhr gemeldeten Tod, durchgeführt wurde. Bei diesem Umstand wird es von den Christen zuwenig beachtet, daß der Freitagabend der Beginn des jüdischen Sabbats ist und daß er in jedem Fall auch der Beginn der jüdischen Osterfeier war. Der Bericht der Evangelisten, insbesondere jener von Markus und Johannes, betont, daß gekreuzigte Juden, zur Vermeidung der Feiertagsbefleckung, nicht bis in den Sabbat hinein am Kreuz bleiben sollten. Und es muß nochmals betont werden, daß der jüdische Sabbat mit dem Sonnenuntergang am Freitagabend beginnt. Das Beinbrechen der zwei Diebe bezweckte die Beschleunigung ihres Todes, damit die Leichen noch vor dem Sonnenuntergang entfernt werden konnten. Jesu Beine sind nicht gebrochen worden, weil es bei Annahme seines Todes überflüssig wurde, besonders, wenn die Beinbrecher bestochen waren.

Ein wenig oder gar nicht beachteter Aspekt des Bestechungsarrangements ist auch das angeblich von Arimathia aufbewahrte Blutspezimen von Jesus. Für Arimathia muß die Hüftverletzung von Jesus ein unter seiner Mitwisserschaft geplanter Akt gewesen sein, denn niemand geht zu einer Hinrichtung mit einem Gefäß ohne die Gewißheit, vom herausfließenden Blut des Verwundeten wenigstens ein Gläschen voll gewinnen zu können. Die Aufbewahrung von Jesu Blut in dem „Gral" genannten Kelch ist natürlich nur eine Legende, aber eine Realität für mystisch Gläubige, die sogar, wie Wagner, so weit gehen können, eine Oper darüber zu schreiben. Aber gerade für diese Gläubigen muß das aufbewahrte Blut Jesu ein Beweis des abgekarteten Kreuzigungsschauspiels sein, denn nur bei einer vereinbarten Hüftverletzung konnte Arimathia für das Auffangen von Jesu Blut mit einem Gefäß bereitgestanden haben. Ohne Verabredung konnte er von einem Lanzenstoß und Blutfluß keine Ahnung haben. Es war nicht üblich, dem Leib eines Gekreuzigten noch eine Extrawunde zuzufügen.

Es wird interessant sein, das weitere Vorgehen des unternehmungslustigen Joseph bei der technischen Durchführung der Kreuzabnahme mitzuverfolgen. Im Besitze der Genehmigung von Pilatus schickte er sich an, Jesus vom Kreuze zu lösen und ihm auf die Beine zu helfen. Bei diesem Manöver hat er eine übermenschliche, wenn nicht gar unmögliche Leistung vollbracht. Er hat nämlich seine Aufgabe nach dem Zeugnis aller vier Evangelien vollkommen allein, ohne jede Hilfe gelöst. Nikodemus, der mit seinen Drogen beim weiteren Prozeß wichtige Hilfe leistete, war bei der Herabnahme noch nicht anwesend. Sein späteres Hinzukommen war durch physische Umstände bedingt (wie es aus der weiteren Entwicklung leicht verständlich sein wird). Dieser Umstand kann als Beweis (der siebte) dafür gelten, daß Joseph nur deswegen fähig war, Jesus allein vom Kreuze zu nehmen (ohne ihn halsbrecherisch zu Boden fallen zu lassen), weil Jesus sein Absteigen teilweise und sorgsam bemäntelt aus eigenen Kräften bewerkstelligte.

Die Evangelienberichte schildern die Umstände bei der Kreuzabnahme in einer Weise, daß sie (die Umstände) die Zusammenarbeit von Jesus mit Joseph weitgehend erleichterten. Von dem Moment an, wo Joseph Jesus vom Kreuze loszulösen begann, war keine Seele in der Nähe, die den Vorgang beobachten konnte. Die Soldaten waren die einzigen, die noch dabei sein mochten (obwohl auch sie schon keinen strikten Wachdienst mehr ausgeübt haben, da Pilatus diese Aufgabe auf die Priester und Pharisäer abwälzte). Die Rolle der Soldaten war an diesem Punkte – wenn nicht durch Bestechung – jedenfalls durch die Ermächtigung Josephs durch Pilatus neutralisiert. Nach Pilatus' Auslieferungsbefehl konnte es sie nicht mehr interessieren, ob Jesus lebend oder tot war. Um diese Zeit des Abends, da der Sabbat inzwischen hereingebrochen war, waren alle Trauernden und auch die Schmäher schon beim Synagogendienst. Daß sie kurz nach dem gemeldeten Tod Jesu in die Stadt zurückkehrten, ist durch Lukas im 48. Vers seines 23. Kapitels bestätigt, wo es heißt:

> Und alles Volk, das dabei war und zusah, da sie sahen, was da geschah, schlugen sich an ihre Brust und kehrten wieder um.

Die Freitagkreuzigung wurde sicherlich auch im Wissen um den gottesdienstlichen Abmarsch der Menge angesetzt. Gegen 6 Uhr abends, ungefähr die Zeit des Sonnenuntergangs in den Tagen nach der Frühlings-Tagundnachtgleiche, war der Richtplatz so gut wie verlassen. Nur noch die engsten weiblichen Angehörigen und Anhänger hatten ausgeharrt, über die Matthäus (Kapital 27, Vers 55), Markus (Kapitel 15, Vers 40) und Lukas (Kapitel 23, Vers 49) sagen, daß sie (die Frauen) den Vorgängen „von ferne" zusahen. Diese Frauen hatten also die Vorgänge aus der Ferne verfolgt, von wo es ihnen in der Abenddämmerung und beim trüben Wetter nicht möglich war, alle Einzelheiten genau zu beobachten. Sie kamen zum Grab erst, nachdem Jesus darin schon zur Ruhe gelegt worden war.

Nun hat das Drama den Punkt erreicht, wo Jesus (vorerst versteckt) zu einer normalen Lebensfunktion zurückgebracht werden mußte. Seine Verletzungen waren keine Kleinigkeit, aber wenigstens konnte er mit Ach und Krach auf den Beinen stehen. Ohne diese Fähigkeit hätte ihn Joseph niemals zum Grab bringen können. Obwohl dieses nicht weit weg war, hätte er Jesus dorthin entweder wie einen Sack Steine am Boden nach sich schleifen oder auf der Schulter tragen müssen. Als alter Mann wäre er weder zum einen noch zum anderen fähig gewesen, abgesehen vom Zustand von Jesus, dessen Seitenverletzung einen solchen Transport gar nicht zuließ. Der Bibelbericht sagt in allen vier Evangelien ausdrücklich, daß Joseph die Herabnahme und die Überführung von Jesus zum Grab allein bewältigte. Aufgrund aller Angaben und Umstände war das nur möglich, wenn Jesus auf eigenen Beinen, freilich von Joseph an der unverletzten Seite nach Kräften aufgestützt, zum Grab taumelte. Da die Frauen an diesem Punkt im Halbdunkel noch aus der Ferne nach den Vorgängen spähten, so konnten sie die Prozedur der Kreuzabnahme und des weiterführenden Ganges zum Grab nicht genau beobachten.

Ungefähr bei der Ankunft am Grab trat endlich auch Nikodemus auf den Plan. Er brachte 100 Pfund allerlei Heilkräuter mit. Selbst wenn die damaligen Pfunde nach unseren heutigen Maßbegriffen keine 50 Kilo ausmachten, muß diese ungewöhnliche Menge ziemlich schwer gewogen haben. Jedenfalls hätte Nikodemus selbst unter Mitwirkung des alten Joseph Jesus und das schwere Gewicht mit nur zwei Händen nicht gleichzeitig tragen können. Dieser Umstand schloß seine Mithilfe bei der Kreuzabnahme aus, ist aber zugleich der Beweis (der achte), daß er mit dem Überleben von Jesus rechnete und dessen nur teilweise unterstütztes Absteigen und Gehen für möglich hielt. Es ist offenbar, daß Joseph und Nikodemus das Grab als Treffpunkt vereinbart hatten. Der Plan war also gelungen.

Jesus war nun lebend und sicher an einem Zufluchtsort untergebracht bei gleichzeitiger Annahme der Obrigkeit und der ganzen Bevölkerung, daß er tot war.

Joseph und Nikodemus hüllten den mit Spezereien vollgepackten Körper von Jesus in leinene Tücher und legten ihn – wohin? Johannes spricht (die anderen Evangelisten übrigens auch) von einem Grab. Es mag ein Grab gewesen sein, aber nicht für Jesus. Joseph von Arimathia hätte ihn nie in dieses Grab gelegt, wenn er tot gewesen wäre. Das ist der neunte Beweis, daß Jesus am Kreuz nicht starb. Es war ein jüdischer Brauch (übrigens jetzt noch und nicht nur bei den Juden), daß kein totes Nichtfamilienmitglied in eine Familiengruft gelegt wurde.

Das sogenannte Grab von Jesus liefert auch den zehnten Beweis des Überlebens von Jesus bei seiner Kreuzigung. Die Grabeinfassung war so arrangiert, daß sie eine freie Luftbewegung hinein und hinaus erlaubte. Der Eingang zum Grab war nicht hinunterführend, sondern ebenerdig. Alle Evangelien beschreiben das Grab in diesem Sinne. Im 46. Vers seines 15. Kapitels sagt Markus:

> Joseph legte Jesus in ein Grab, das war in einen Fels gehauen und wälzte einen Stein vor des Grabes Tür.

Wenn das Grab eine Grube gewesen wäre, dann hätte er das Grab nicht gehauen, sondern gegraben, und den Stein nicht vor, sondern über die Öffnung gerollt.

Überdies heißt „dieses" Grab im lateinischen Text bei seiner häufigen Erwähnung immer „monumentum" und nie „tumba", was ein weiterer Beweis ist, daß es eine über der Erdoberfläche sichtbare Errichtung und keine Grube war.

Diese scheinbar unwesentlichen Umstände sind deswegen wichtig, weil sie einerseits die leichte Lüftung der Felsenhöhle, andererseits ihre ebenfalls leichte Zugänglichkeit beim Verkehr hinein und hinaus zeigen. Beide Erleichterungen waren wichtig. Nur ein lebender Mensch brauchte Luft, und nur ein solcher brauchte Pfleger, die ihn dann, als er am dritten Tag schon leidlich erholt war, aus der Höhle führen konnten. Es wurden nun zehn Beweise, beziehungsweise Indizien präsentiert, die demonstrieren, daß Jesus bei der Kreuzigung nicht getötet wurde.

Das also ist die Kreuzigungsgeschichte, nicht bloß gemäß der Auslegung eines Skeptikers, sondern nach objektivem Lesen der evangelischen Berichte. Man ist doch berechtigt, das Auferstehen eines tot geglaubten Körpers zu bezweifeln und dafür rationalistische Ursachen zu verlangen, falls solche bestehen, wie es bei der Kreuzigung von Jesus der Fall ist. Niemand ist verpflichtet, Naturvorgänge durch einen emotionalen Nebel gefiltert zu sehen. Jene, die dazu veranlagt sind, sollen natürlich ebenfalls die Freiheit haben, an naturwidrige Vorgänge zu glauben, solange sie ihre andersdenkenden Mitmenschen nicht diktatorisch zum Bekenntnis derselben Denkweise zwingen.

Im Judentum gibt es auch Phantasten, die an die Absurditäten der jüdischen Religion glauben. Aber seit Beginn des Mittelalters gibt es im Judentum keine für alle Juden geltenden Willkürlichkeiten im Gegensatz zu solchen Tendenzen im Christentum. Tatsache ist, daß im Judentum mit fortschreitender Zeit eine Liberalisierungstendenz sich abzeichnet. Jedenfalls gibt es im Judentum keine zentrale Gewalt, der sich alle Juden wenigstens im Prinzip unterwerfen müssen. In den christlichen Religionen bestehen in verschiedenen Graden solche Tendenzen und Systeme, besonders, wo die Religion im Verein mit der Staatsmacht auftritt. Diese staatlich untermauerte Macht der Religion ist freilich in der modernen Zeit fühlbar geschwächt. Aber die Doktrin bleibt unverändert und glimmt weiter unter der Asche. Das ist das Weltbild vom religionskritischen Standpunkt aus gesehen. Und von diesem Standpunkt aus werden auch die verblendeten jüdischen Individuen betrachtet, die sich der ihnen im Grunde fremden und sogar feindlichen Ideologie anschließen.

Das Betrübliche dieses Prozesses ist, daß er sich in gänzlicher Unkenntnis des Verlassenen wie des Angenommenen vollzieht. Die wenigsten Juden (einschließlich der Gelehrten) wissen, was Judaismus im Grunde ist (oder sie verfälschen ihn). Noch weniger kennen sie das Christentum – oder sagen wir, sie stolpern in das Christentum hinein, wie man zum Baden wissentlich in eine Jauchegrube hineinwatet. Sie sollen nun das Wesen beider Systeme im Lichte des Hinüberwechselns erkennen. Das ist ja der Zweck dieser ganzen Schrift. Es sollen beide ohne Schminke gezeigt werden. Allerdings kleidet das Christentum einen geborenen Christen äußerlich wohlgefällig. Mit der christlichen Tünche sieht aber der Jude häßlicher aus als die groteskeste Karnevalsmaske. Eine solche Verirrung kopfloser Juden ist natürlich nur möglich, weil sie (bei ihrem Waschlappencharakter) die Schriften entweder überhaupt nicht lesen oder das Gelesene nicht verstehen. Sie bestimmen den Inhalt des biblischen Lesestoffes, bevor sie mit dem Lesen überhaupt beginnen. Sie wollen nicht lernen, sondern für ihr verrenktes Denken eine Begründung finden. Kein Gläubiger liest die Bibel (wie er es aber sollte), wie er einen Mietsvertrag oder Geschäftsbericht liest, so daß er aus ihr herauskriegt, was darin steckt.

Welch eine blasphemische Zumutung! Man liest Schiller auch nicht wie eine Gebrauchsanweisung einer Medizinflasche. Der Unterschied ist, daß ein solches Lesen von Schiller – wenn man's versucht – sich angesichts des unanfechtbaren, dichterisch logischen Wahrheitsgehalts des Stoffs nicht aufrechterhalten läßt, während die Bibel beim objektiven Lesen ihre Intellektfeindlichkeit auf Schritt und Tritt offenbart. Was (übrigens) bei einem Gedicht annehmbar wäre (wenn man es nämlich mit aller Gewalt undichterisch lesen wollte), ist unannehmbar bei einem System, das mit Schwefel und Feuer verbreitet wird, weil dabei die Spontaneität ab ovo tyrannisch ausgeschlossen ist. Schiller kann selbst unter Diktat nicht unschillerisch gelesen werden, aber die Bibel kann trotz Diktat unbiblisch gelesen werden. Der Gläubigenstandpunkt ist trotzdem, daß die Bibel nicht nach ihrem Wahrheitsgehalt – anerkennend, wo sie es verdient, ablehnend, wo sie das verdient – gelesen werden soll, sondern nach dem Diktat ihrer Propagandisten. Und weil die Menschheit sich im allgemeinen diesem Diktat beugt, so lebt sie in dauerndem Zwiespalt von Vorurteil und Intellekt.

13    Die Zweiteilung des menschlichen Innenlebens in Affekterlebnisse und Besonnenheit wäre an sich nicht zu beanstanden. Schließlich resultiert aus ihrer situationsbedingten, sich harmonisch ausgleichenden und ergänzenden Funktion die Zivilisation. Nur das Umstoßen dieses Gleichgewichts zugunsten der Vorurteile, Gefühlsmäßigkeiten und Affekthandlungen führt zu den großen Gesellschaftskrisen. Bis jetzt hat die blinde Gefühlsmäßigkeit die

Menschheit nur deswegen nicht vernichtet, weil ihr der Lebenswille noch genügend Vernunft eingeflößt hat, um sie vor einem solchen Schicksal zu bewahren. Die katholische Gefühls-mäßigkeit und die protestantische hätten sich zum Beispiel bis zur Vernichtung der einen oder der anderen Partei bekämpft, wenn die Unmöglichkeit dieses Ziels nicht eingesehen worden wäre. Ihre Domestikation kam aber nicht von ihren Lehren, sondern von der Vernunft des Lebensinstinkts und jener dritten Partei, die den Primat der Vernunft über die Gefühlsmäßigkeit befürwortet. Natürlich kann auch die Sache der Vernunft durch Verräter von innen ausgehöhlt werden. Dann müssen andere Streiter der Vernunft in die Bresche springen und die Begriffe und die Fronten klären und wiederherstellen.

Gefühlsmäßigkeit im Menschen ist primär und niedriger, Vernunft sekundär und höher. Alle menschliche Gemeinschaftsbildung ist auf dem Zurückdämmen der Gefühlsmäßigkeit durch die Vernunft aufgebaut. Auf dieser Basis funktionieren die gesetzgebenden Körper-schaften, die Gerichte und die Wissenschaften, die trotz ihrer gelegentlichen Lippenbekennt-nisse im wesentlichen keine Gottheit, Wundertätigkeit oder Gefühlsduselei kennen. Demge-genüber funktionieren die Religionen auf gefühlsmäßiger Basis. Sie geben freilich vor, die Mission der Hervorbringung und Förderung des Zivilisationsprozesses zu erfüllen. Daß sie auch entsprechende Glaubenssätze zur Erfüllung dieser Mission einverleibt haben, ist aber nur die Folge des Drucks der Notwendigkeiten und des Strebens nach Beseitigung lebens-feindlicher, anarchistischer Abirrungen. Das, was in der Religion nicht gefühlsmäßig, son-dern vernünftig ist, wurde in sie von außen hineingetragen durch solche Kräfte und Tenden-zen, die auch ohne Religion wirksam waren. Zivilisation ist nicht die Folge göttlicher Inspira-tion, sondern die der harten Tatsachen irdischen Lebens. Man kann sogar behaupten, daß die Religion die vernünftigen Prinzipien usurpiert hat, um ihre vernunftwidrige Gefühlsmäßigkeit auch an solche zu verkaufen, die sich sonst schämen müßten, Religionsanhänger zu sein.

Die Religionen arbeiten mit den Mitteln von Kindermärchen. In diesen kann alles Gefühl sein unter Ausschluß jeglicher Vernunft. Die Kinder haben keine zivilisierte Gesellschaft nö-tig (die sie auch nicht formen können). Die Eltern wachen darüber, daß sie nichts Unzivilisier-tes anstellen. Wenn sie aber aufwachsen, dann müssen sie auch Vernunft annehmen. Das ist die Ordnung der säkularen Gesellschaft. Die Religionen ihrerseits repräsentieren in der Welt ein System, in welchem die Kinder ohne Vernunft heranwachsen dürfen, ja müssen. Da aber die Gesellschaft bei ihrem Funktionieren keine vernunftwidrig erzogenen Kinder brauchen kann, so muß jedes religiös unheilbar geimpfte Kind ein inneres Doppelleben führen. In der Werktagsschule lernen sie das Denken und den Gemeinschaftssinn, und in der Sonntagsschu-le lernen sie, das Gelernte zu verlernen. An den Werktagen glaubt der Schulentlassene keinen Unsinn, aber am Sonntag (oder Samstag oder Freitag, je nach der Impfung) schaltet er sein Gehirn auf seine Impfung um.

Das Einschalten und Zurückschalten der geistigen Einstellung ist an sich schon schlimm genug, das Schlimmste aber ist, daß das geistige Hin- und Herwenden nicht säuberlich auf die zwei Wochenperioden verteilt werden kann. Die Sonntagsimpfung fließt in die Wochentage über und vergiftet sie. Die Religionskriege sind nicht nur an „Sonntagen" geführt worden. In den Kriegen, und nicht nur den kirchlichen, herrschte auch an Wochentagen der Geist des Sonntags. Das wurde sogar der Kirche zuviel, und so ordnete sie in verschiedenen Erlassen in den ersten drei Jahrhunderten des zweiten Milleniums die sogenannte Treuga Dei, den Gottes-frieden an, der die Kriegsfurie nur drei Tage, Montag, Dienstag und Mittwoch wüten ließ.

Man mußte vier Tage Frieden haben, damit für die anderen drei etwas zum Morden übrigblieb. Die vier Friedenstage waren am Wochenende zum frömmelnden Andenken an die „Je-
sus-Tage" der Karwoche.

Es wäre natürlich ungerecht, den Eindruck zu erwecken, daß die Menschen ohne Religion
nicht mehr töten würden. Ein Unterschied muß aber hervorgehoben werden. Die unfrommen
Kriege sind verwildert zielstrebige Kriege, während die religiösen Kriege kultiviert dumme
Kriege sind. Die Spaltung zwischen der römischen und der griechischen Kirche entstand aus
einem einzigen dummen Wort: filioque. Das bedeutet „auch vom Sohn", nämlich das Hervorgehen des Heiligen Geistes nicht nur vom Vater, sondern auch dem Sohn. Das ist der Standpunkt Roms. Die Ostkirche schreibt dem Sohn keine Funktion einer Ausgangsstation für den
Geist zu. Diese kindische Meinungsverschiedenheit hat die zwei Hauptzweige des Christentums zur gegenseitigen Verdammung und Exkommunikation veranlaßt, die rund 1000 Jahre
gedauert hat. In neuerer Zeit haben die zwei Kirchen eingesehen, daß diese Meinungsverschiedenheit eine Dummheit ist, was soviel bedeutet, daß sie vor 1000 Jahren schon und
während der ganzen Zwischenzeit eine Dummheit war.

Es fragt sich nun, wann die Dummheit von Adams Sünde eingesehen wird. Es handelt sich
natürlich nicht darum, daß es dumm von Adam war, eine Sünde zu begehen, sondern daß es
dumm ist zu glauben, daß eine nichtexistierende Person eine Sünde begangen hat, daß diese
Nichtsünde die Sterblichkeit der Menschheit verursachte und daß es notwendig ist, die Menschheit von den nichtexistierenden Folgen der nichtbegangenen Sünde durch ein nichtnotwendiges
Opfer zu einem nichtexistierenden ewigen Leben zu erlösen.

Unter den jüdisch gebliebenen Juden gibt es nicht einen einzigen, der den mythologischen
Adam ernst nimmt. Adam spielt in der jüdischen Religion absolut keine Rolle. Er ist nicht
einmal eine Person. Der Name Adam ist im Hebräischen gar kein Name, sondern nur ein
gewöhnliches Wort, das Erde, Lehm bedeutet. Es ist das Symbol der Schöpfung des Menschen aus Staub. Gott sagt im 19. Vers des 3. Kapitels der Genesis:

> Im Schweiße deines Angesichts sollst du dein Brot essen, bis daß du wieder zu Erde werdest,
> davon du genommen bist. Denn du bist Erde und sollst zu Erde werden.

Bis zu dem Moment, wo Gott die Schöpfung des Menschen aus Erde verkündet, spricht er
ihn nie mit dem Namen Adam an. Nur der Bibelerzähler spricht von ihm unter dieser Bezeichnung. Gott sagt immer nur „der Mensch" oder „Mann und Weib". Nur nachdem er die Identität des Menschen mit der Erde verkündet hatte, spricht er ihn per „Adam" an, denn von da an
ist die Natur seiner Existenz durch seinen Namen festgesetzt.

Der Name der Frau „Eva" bezeichnet auch keine besondere Person im individuellen Sinn.
Im Hebräischen ist ihr Name „Havvah", dessen Bedeutung durch Anklingen an „Hajjah"
„Leben" ist, wodurch die lebengebende Funktion der Frau in der Fortpflanzung ausgedrückt
ist. Die Bibel ist ziemlich klar über diesen Punkt, wenn sie im 20. Vers des 3. Genesis-Kapi-
tels sagt:

> Und Adam hieß sein Weib Eva, darum daß sie eine Mutter ist aller Lebendigen.

Die Figuren Adam und Eva sind keine originelle Erfindung des jüdischen Bibelerzählers.
Verschiedene Aspekte ihrer Persönlichkeit wie ihrer Taten sind auch in anderen Mythologien

zu finden. In der griechischen Mythologie, die älter ist als die jüdische, hat der Titane Prometheus den Menschen auch aus Lehm geformt und ihm Leben durch Feuer eingehaucht. Sein Sohn Deukalion ist das Urbild zweier alttestamentlicher Figuren. Als einziger (mit seiner Frau Pyrrha) Überlebender der „griechischen" Sintflut (Urbild von Noah) bevölkert er die Erde durch deren Bewerfen mit lebendig gewordenen Kieselsteinen (Urbild von Adam). Die Menschschöpfung des jüdischen Gottes war also nicht das erste Werk dieser Art. Es scheint nur so, weil er (der jüdische und nun auch christliche Gott) noch nicht zur Mythologie erklärt wurde. Aber das Judentum hat den ersten Schritt dazu getan, indem es Adam – im Gegensatz zum Christentum – wenigstens nicht als einen einzelnen, absolut ersten Menschen, sondern nur als ein Symbol der Menschheit betrachtet. Er repräsentiert das menschliche Schicksal der ewigen Ratlosigkeit in einer Welt, in der er seinen Weg nicht findet und falsch handelt, also wie fast alle Menschen fast immer. Er ist ein Symbol der Kurzsichtigkeit, die das Nächsterreichbare wählt und die größeren Dinge der Zukunft nicht sieht. Im Schicksal Adams erhalten die Härten und Enttäuschungen des Menschenlebens eine dramatisch poetische Begründung durch die jüdische Brille gesehen.

Wahrscheinlich wurde diese Geschichte (zusätzlich zu den griechischen) aus babylonischen und zoroastrischen Motiven gewoben. Die Schlange als Form kommt vom Ungeheuer der Gilgamesch-Sage und ihr böser Geist mag ein Eindringen des zoroastrischen Teufels Ahriman ins jüdische Paradies sein. Diese Deutung ist chronologisch vertretbar, weil die jüdische Bibel (in der Niederschrift bei weitem nicht so alt wie der vorgegebene Zeitrahmen) erst in der Epoche der Babylonischen Gefangenschaft, also nach der vorausgegangenen Existenz des Zoroastrismus, zusammengestellt wurde. Soweit ist die Adam-Geschichte nur eine jüdische Mythologie, die von der voll entwickelten jüdischen Religion – wenngleich nicht ausdrücklich, doch substantiell – als eine solche behandelt oder eher ignoriert wird.

Eine so einfache Abfertigung einer mythologischen Phantasmagorie war für das leidens- und erlösungsbesessene Christentum nicht befriedigend. Da mußte eine tragische Hintergründigkeit in das adamitische Kindermärchen hineingeheimnist und zu einer jahrtausendelang geistlich melkenden Kuh aufgebauscht werden. Demnach ist Adam nicht bloß ein Symbol der Menschheit, er ist ein historisch beglaubigtes Individuum und ein furchtbarer Sünder, der trotz elterlichen Verbots einen sauren Apfel vom Garten seines Vaters stahl und einen Bissen davon schluckte. Seine Sünde war so groß und sein Vater so teufelswild böse, daß zusätzlich zu seiner eigenen Strafe auch seine ganze Nachkommenschaft noch nach 6000 Jahren dafür büßen muß, und wenn er 10000 weitere Jahre noch Nachkommen auf der Erde haben sollte, diese auch noch unter den Schlägen der Strafrute zu seufzen hätten.

Was ist da zu tun? Die Strafreligion, die über Adams Sünde nicht zur Ruhe kommen kann, ist glücklicherweise auch eine Sündentilgungsreligion. Sie hat einen Gesalbten, der bei Gott einen Extraeingang hat und jeden vom bösen Erbe befreien kann, den er bei Gott als der Freisprechung würdig einführt. Die Befreiung tritt zwar erst nach dem Tod in Kraft, aber das ist immerhin besser als gar nichts, und so kann man ein seliger Toter anstatt ein todeslänglich verurteilter unseliger Toter sein.

Um den Glauben an solche Weiterungen von Adams Sünde unter den Menschen zu verbreiten, wurde eine Organisation gegründet, die mit Zuckerbrot und Peitsche eine bei der menschlichen Natur nicht erstaunliche Riesenmenge von Süßmäulern und Angsthasen zur Mitgliedschaft anwerben konnte. Der Hauptpropagandist des Unternehmens war ein gewisser Jude namens Saul, der, nach gut jüdischer Art, seine Nase in jedes fremde Geschäft zu stecken, seinen Namen zwecks größerer Erfolgschancen zu Paulus latinisierte und dadurch seine frühere sadistische Christenfeindlichkeit zu verbergen hoffte. Er verbreitete den neuen Glauben in Briefen, von denen einer Adams Sünde und das Verfahren zur Befreiung von der ererbten Strafe darlegte. Der Brief wurde an die junge Gemeinde in Rom gerichtet und enthielt im 5. Kapitel (12 bis 21) die folgende grundlegende Erklärung.

> Derhalben, wie durch einen Menschen die Sünde ist gekommen in die Welt und der Tod durch die Sünde, so herrschte der Tod von Adam an bis auf Mose auch über die, die nicht gesündigt haben mit gleicher Übertretung wie Adam, welcher ist ein Bild des, der zukünftig war. Wo aber die Sünde mächtig geworden ist, da ist doch die Gnade viel mächtiger geworden, auf daß, gleichwie die Sünde geherrscht hat zum Tode, also auch herrsche die Gnade durch die Gerechtigkeit zum ewigen Leben durch Jesum Christum, unsern Herrn.

In heutiger Alltagssprache ausgedrückt, bedeutet diese Kombination von Brandmarkung und Trostspruch, daß durch Adams Sünde Tod in die Welt kam, der nur durch Jesus Christus in ewiges Leben aufgelöst werden kann. Ob einer das ewige Leben begehrt und nicht lieber zu geeigneter Zeit stirbt, danach wird gar nicht gefragt. Es gibt Menschen, für die ein ewiges Leben eine Strafe wäre. Wenn Gott das erfährt, wird er diesen auch ohne die Fürsprache von Jesus ein ewiges Leben geben. Es ist also denkbar, ein ewiges Leben ohne Jesus zu erlangen; man muß es nur als Strafe betrachten.

14    Sollte das Vorenthalten des ewigen Lebens eine Strafe sein, dann tritt der fragwürdige Charakter Gottes in den Vordergrund, dessen Gerichtsbarkeit nicht auf der Stufe der Zivilisation steht, die die abendländische Jurisprudenz seit langem erreicht hat. Das bürgerliche Prozeßverfahren gibt dem Angeklagten die Möglichkeit, sich zu verteidigen und Milderungsumstände geltend zu machen. Adam sagt auch, daß er durch Vermittlung seiner Frau von der Schlange zur Übertretung des Verbots verleitet wurde. Zu seiner weiteren Verteidigung hätte er einen Rechtsanwalt benötigt, der Gott klargemacht hätte, was Adam selbst noch nicht erkennen konnte, daß er vollkommen unerfahren war und die Bedeutung von Verbot und Tod nicht erfassen konnte. Er hatte noch niemanden sterben sehen. Außerdem konnte Adam nur aufgrund der in ihn gepflanzten Charakterzüge handeln. Er war ein Produkt aus Gottes eigener Werkstatt. Wenn Adams Übertretung eine Sünde war, dann war Gott der Sünder.

Die christliche Theologie sagt, daß Gott Adam freien Willen zum Handeln gab, so daß er für seine Taten verantwortlich war. Es lag an ihm zu tun oder lassen.

Nun, erstens steht in der Bibel nirgends etwas von einem freien Willen. Zweitens ist Gott, wenn er dem Menschen freien Willen gab, auch dafür verantwortlich. Diese Alternative wird nur aus Entgegenkommen an die Gläubigen des freien Willens erwogen. Die Tatsache ist, daß in der Bibel weder in der alten noch in der neuen, etwas von einem freien Willen gesagt wird. Ganz im Gegenteil! Beide Bibelteile sprechen von der Unfähigkeit des Menschen, ohne die Lenkung Gottes etwas aus eigenem Willen unternehmen zu können. Im 16. Kapitel seiner Sprüche sagt Salomon im 9. Vers:

> Des Menschen Herz erdenkt sich seinen Weg; aber der Herr allein gibt, daß er fortgehe.

Im Doppelvers 20-21 des 9. Kapitels im Paulinischen Römerbrief drückt sich die Willenlosigkeit des Menschen metaphorisch aus.

> Ja, lieber Mensch, wer bist du denn, daß du mit Gott rechten willst? Spricht auch ein Werk zu seinem Meister: Warum machst du mich also? Hat nicht ein Töpfer Macht, aus einem Klumpen zu machen ein Gefäß zu Ehren und das andere zu Unehren?

Gott wird also mit einem Töpfer und der Mensch mit einem Klumpen verglichen, welch letzterer freilich sich nicht selbst formen kann. Diese Allegorie wurde durch Paulus allerdings von Jesaja ausgeborgt, der im 9. Vers seines 45. Kapitels sagt:

> Weh dem, der mit seinem Schöpfer hadert, eine Scherbe wie andere irdene Scherben. Spricht auch der Ton zu seinem Töpfer: Was machst Du? Du beweisest deine Hände nicht an deinem Werke?

Der Standpunkt beider Testamente ist also, daß Gott wissen mußte, was für ein Wesen er geschaffen hatte und wie dieses unter den von ihm geschaffenen Umständen handeln würde. Als Gott von seiner Wolke herunterblickte und die Schlange in den Garten schleichen sah, wußte er – als „Töpfer" – nicht, was bevorstand? Er erlaubte, wenn nicht gar befahl, der Schlange, mit ihrem (oder Gottes) tückischen Plan in den Garten einzudringen. Nach unserem menschlichen Rechtsempfinden und Billigkeitssinn hätte Adam nicht einmal einen Verweis verdient. Er war ja nur ein Spielzeug in der Hand Gottes. Schade, daß damals kein Voltaire, kein Victor Hugo oder ein Zola zur Hand war, der Gott für sein gemeines, hinterhältiges Spiel mit Adam alle Schande gesagt hätte. Gott hatte aber nicht nur die Unverfrorenheit, ihn und die Menschheit wegen einer Lappalie für alle Ewigkeit zu strafen, er verfluchte auch den wirklich unschuldigen Boden, auf dem Adam stand. Es ist kein Wunder, daß Leute, die einen solchen Gott anbeten, auch in anderen Dingen wirre Gedanken haben.

Paulus sagt, daß der Tod auch über jene Menschen herrschte – „mit gleicher Übertretung wie Adam" –, die gar nicht gesündigt hatten. Aber die Gnade sei mächtiger geworden als die Sünde und der Tod, und diese Gnade sei durch Jesum Christum, unseren Herrn, zu erlangen. Man kann nur fragen, wieviel Jesu Gnadendienst denen hilft, die von Jesus nichts wissen und nie von ihm gehört haben.

Die Kirche sagt zwar, daß Leute, die ohne ihr Verschulden nicht an Jesus glauben (wozu auch die von Missionaren noch nicht beglückten zeitgenössischen Dschungelbewohner gehören), nicht als verlorene Sünder gelten. Dieser Standpunkt ist aber im Widerspruch mit dem Diktum von Paulus, der ausdrücklich erklärte, daß die Sünde und der Tod auch über jene herrschte – „mit gleicher Übertretung wie Adam" –, die nicht gesündigt haben. Dieser Widerspruch ist jedoch nicht die größte Sorge der Kirche, sie hat sich mit viel größeren herumzuschlagen.

Um genau zu sein, war es der strenge Papst Pius XII., der mit der Wissenschaft seine Not hatte. Er und seine Untertanen haben sich natürlich eingebildet, gegen die Wissenschaft die Oberhand behalten zu haben.

Die Kontroverse, die nicht neu war, kam unter Pius' Regierungszeit in ein akutes Stadium. Sie war, wie man bald erkennt, mit Adams Sündenfall eng verknüpft. Die Wissenschaft kam der Kirche unwillkürlich in die Quere, denn was scherte es sie, wenn die Kirche mit Adam auch noch nach 6000 Jahren eine unbeglichene Rechnung zu regeln hatte. Aber die Kirche nahm von den wissenschaftlichen Theorien über den Ursprung des menschlichen Geschlechts notgedrungen Kenntnis, weil die Sünde Adams dadurch gegenstandslos zu werden drohte, daß Adam selbst aus der Existenz sich zu verflüchtigen drohte.

**15** Wenn der Mensch vom Affen abstammt, was soweit niemand mit absoluter Gewißheit behauptet hat, dann verliert die Kirche ihr wertvollstes Spielzeug. Es wäre absurd zu behaupten, daß Gott einen Affen „ihm zum Bilde schuf". Das würde aus Gott selbst einen Affen machen. Aber auch dann, wenn er selbst trotz seines Affengeschöpfs nach wie vor „menschlich" blieb, könnte er doch ein dumpfes Tier nicht auf eine moralische Probe stellen und es sündig erklären. Man versteht, warum die Kirche an Adam mit aller Gewalt festhalten muß. Ein sündloses Tier würde sie in ihren Grundfesten erschüttern.

Der Sandsturm, der von den Darwinisten im 19. Jahrhundert aufgewirbelt wurde, war aber nur eine Brise gegen den Gewittersturm der neuen Theorien des 20. Jahrhunderts. Ob der Mensch vom Affen abstammt, ist gar nicht mehr die wichtigste Frage. Viel wesentlicher ist es, ob der Mensch – was immer seine Urform gewesen sein mag – an verschiedenen Punkten der Erde voneinander unabhängig (aber freilich nicht unabhängig von ähnlich günstigen Verhältnissen) die moderne Menschform erreicht hat. Wenn nicht alle Menschen von einem einzigen individuellen Urmenschen abstammen, dann ist es mit Adam und seiner paradiesischen Sünde Essig.

Die Kontroverse ist jetzt über Monogenese und Polygenese (auch Monogenie und Polygenie genannt). Der Laie soll sich nicht von diesen gelehrten Ausdrücken schrecken lassen. Ihre Bedeutung ist leicht verständlich, und es ist nützlich, sie zu kennen, damit man weiß, wovon die Rede ist, wenn die Klugscheißer (in Wissenschaft und Religion) dieses Thema erörtern. Adam und Eva bedeuten Monogenese, das heißt Abstammung aller fünf Milliarden Menschen der Erde von einem einzigen Urelternpaar. Polygenese bedeutet mehrere „Paradiesgärten" an verschiedenen Punkten der Erde und in ihnen eine gleiche Anzahl Urelternpaare, von denen sich die verschiedenen Gliederungen der Erdbevölkerung unabhängig voneinander entwickelt haben. Die Theorie des einzigen Urelternpaars ist natürlich jene der Kirche, wie sie in der Bibel in Märchenform zu lesen ist. Die Theorie der mehrheitlichen Urelternpaare ist ein wissenschaftliches Geistesprodukt, obwohl die Wissenschaftler keine so einheitliche Front bilden wie die Religionen. Diese Gegenüberstellung ist auf alle Fälle für jedermann leicht verständlich.

Der bevorzugteste Tierkandidat als Urahne des Menschen ist natürlich der Affe. Aber nicht etwa jener, den man im Zoo sieht. Die Vermutung ist, daß vor undenklicher Zeit ein Wesen in seinen zerebralen und physischen Zügen irgendwo zwischen Mensch und Affe stand und eine weitere Entwicklungsfähigkeit hatte. Dieses imaginäre Tier nennt man das fehlende Zwischenglied, weil man noch keine Überreste eines Tieres fand, das dem Modell entsprechen würde. Selbstverständlich sind unsere Freunde, die Gorillas und Schimpansen, auch noch weit weniger als bloß zurückgebliebene Vettern, obwohl die Kopfform, besonders deren Vorderansicht, und auch die Vordergliedmaßen in Form und Gebrauch bei keinem Tier den menschlichen so nahekommen wie bei ihnen. Auch sind sie in der Manifestierung primitivster menschlicher Züge von allen anderen Tieren so verschieden, daß eine Brücke der Natur zum Menschen hin nicht von der Hand zu weisen ist, und die Zukunft mag diese Brücke, das Tier-Mensch-Zwischenglied, noch zutage fördern. Einige Wissenschaftler glauben, genau das in den vier Millionen Jahre alten, bis zu 40 Prozent in Afrika erhaltenen Überresten einer Weibskreatur, die sie Lucy nennen, gefunden zu haben. Über die Tragweite dieses Fundes ist indessen noch nicht das letzte Wort gesprochen worden.

Man mag theoretisieren, daß das Zwischenglied zwischen Affe und Mensch der Mensch selbst ist. Manche Menschen stehen geistig kaum über einer Tierstufe, und manch andere haben auch das Äußere eines Affen. Deswegen ist es grotesk, wenn die Kirche sich so mit Händen und Füßen gegen die Affenabstammungstheorie sträubt. Ihre Missionare gehen in afrikanische und südpazifische Dschungel, um Typen zum Evangelium zu bekehren, die in Aussehen und Auffassungsvermögen mit Affen verwechselt werden könnten. Würde die Kirche wirklich Affen, die wenigstens Hokuspokus zu stottern gelernt haben (wozu es noch kommen mag), zum Glauben bekehren? Würde sie es dann immer noch als einen Affront gegen Adam und Eva betrachten, sie mit den stotternden Affen gleichgestellt zu sehen? Wäre die Kirche gesonnen, Affen als Glaubensbrüder zu begrüßen, aber als Ureltern abzulehnen? Bei welcher Entwicklungsstufe würde die Kirche einen Gorilla taufen und nach wievielter Gorillataufe würde sie einen Gorilla-Adam als Urvater der Menschheit akzeptieren?

Der enorme Unterschied zwischen einem norwegischen Nobelpreisträger und einem papuanischen Dschungelbewohner (obwohl dieser kein Gorilla ist) dürfte den Glauben an eine Abstammung der beiden von demselben Urelternpaar auch dem Papst eher schwer machen. Die wissenschaftliche Logik, die das Auftreten des Menschen nahezu in der gleichen Periode der Erdgeschichte an verschiedenen geographischen Punkten annimmt, leuchtet mehr ein als die Einurelternpaarphantasie. Wieso gibt es Weiße und Schwarze (von den Blonden, den Brünetten, den Rothäuten und den Mongoloiden gar nicht zu sprechen)? Kann man annehmen, daß ein rassereiner Neger weiße Haut und ein ebensolcher Norweger schwarze Haut haben kann aufgrund einer Anpassung an veränderte klimatische Verhältnisse innerhalb einiger Jahrhunderte? Heutzutage, wo eine Mischung auch von entferntesten Rassen vorkommt, kann man über den Habitus kommender Generationen nicht sicher sein. Aber die unmittelbaren rassereinen Nachkommen von Adam konnten nicht schwarz sein, wenn er weiß war, oder weiß, wenn er schwarz war. Isoliert lebende Rassen haben keine Sprößlinge, die die physischen Züge entgegengesetzter Globusbewohner zeigen. Auch heute noch, trotz Verkehr und Austausch, bestehen Milliardenblöcke von Rasseneinheiten, die nicht deswegen so geworden sein können, weil sie von Adams Heimstätte nach entlegenen Wohngebieten gewandert sind. Rassen verändern sich ungemischt auch in tausend Jahren nicht. Die altrömischen und griechischen Bildhauerwerke zeigen abendländische Rassenmerkmale. Die Antlitze aus jener Zeit und Kultursphäre zeigen keine negroiden oder mongoloiden Züge. Änderungen in der physischen Erscheinung von Menschen, wie von allen Lebewesen, vollziehen sich in Zeitlängen von Millionen Jahren. Gerade die Kirche mit „ihrer" 6000jährigen Geschichte kann nicht behaupten, daß die Nachkommen von Adam in so kurzer Zeit weiß, schwarz, gelb und rot geworden sind, wenn er noch exklusiv eine dieser Farben hatte. Die Schwarzen sind schon 400 Jahre in Nordamerika und sind trotz starker Mischung immer noch schwarz. Die Araber ihrerseits leben schon 4000 Jahre in nächster Nachbarschaft afrikanischer Neger und sind noch immer nicht schwarz. Vielleicht brauchen sie 40 000, 400 000 oder 4 Millionen Jahre dazu, aber das würde Adam für einen Witz halten, wenn seine Nachkommen denselben Trick in weniger als 6000 Jahren vollbracht haben, wie die Kirche es glaubt.

Eine objektive Beobachtung der Menschheit kann nur zu der Schlußfolgerung führen, daß beim Entstehen der bunten Verschiedenheit des menschlichen Geschlechts die Polygenese am Werk war. Das „Tier", das der Urahne des Menschen war, wanderte auf der Erde umher, und wo die klimatischen und vegetativen Verhältnisse für die Entstehung und Evolution von Menschen günstig waren, da schritt es durch die genetische Pforte, und je nach der Variante seiner örtlich bedingten Vorentwicklung begann es, Mensch verschiedener Variante zu werden. Man braucht nicht dabeigewesen zu sein; man kann im Gesicht der Menschheit ihre Geschichte lesen. Die Verfasser der Adam-Geschichte waren auch nicht bei den Ereignissen anwesend, die sie beschrieben haben. Die Bereitschaft, Ansichten unter wegweisender Führung der Erscheinungen zu formen, zeichnet die Befürworter der polygenetischen Theorie aus. Demgegenüber pressen die Adam-Gläubigen die Erscheinungen und Ereignisse ohne Rücksicht auf Angemessenheit in ihr vorgefaßtes System hinein.

Die Kirche hat für die Erklärung des menschlichen Ursprungs ein Dogma, und wie ihre Dogmen im allgemeinen, ist auch dieses das Abbild verknöcherten, unbeugsamen Denkens. Das Dogma der römisch-katholischen Kirche im Zusammenhang mit der Schöpfung des Menschen, mit seiner gleich zu Beginn ungehorsamen Handlungsweise und deren Konsequenzen für seine Nachkommenschaft wurde von Pius dem Zwölften in seiner Enzyklika „Humani generis" vom Jahr 1950 niedergelegt. Diese Enzyklika behandelt das Problem der Polygenese, die Pius begreiflicherweise beunruhigte. Ihr wesentlichster Teil, der wie eine Antwort auf den eben behandelten Gegenstand klingt, soll hier angeführt werden.

> Es gibt Mutmaßungen über die Polygenese (wie man sie nennt), die den gläubigen Christen keine derartige Freiheit der Wahl offenläßt. Der christliche Glaube kann nicht ihre Zustimmung zu einer Anschauung geben, die behauptet, daß nach Adam auf dieser Erde wahrhafte Menschen existieren, die nicht direkt von ihm als dem ersten Vater aller Menschen abstammen. Desgleichen ist es nicht zulässig zu glauben, daß Adam nur eine Bezeichnung sei, die eine Mehrzahl von Ureltern repräsentiert.
>
> Es ist in keiner Weise einzusehen, wie eine solche Ansicht mit der Doktrin der Erbsünde versöhnt werden könne, die von der geoffenbarten Wahrheit der Heiligen Schrift und den Dokumenten der erzieherischen Kirchenautorität festgelegt wurde. Diese Unversöhnlichkeit besteht ferner dadurch, daß die Erbsünde infolge der historischen Tatsache des Sündigens eines Individuums namens Adam auf alle seine Nachkommen übertragen und somit zur angeborenen Eigenschaft eines jeden Menschen wurde.

Diese Erklärung, die nicht im 10. Jahrhundert, sondern genau in der Mitte des 20. veröffentlicht wurde, ist eher humoristisch als alles andere. Die Freunde der Kirche pflegen zu sagen, daß zwischen Religion und Wissenschaft kein Gegensatz besteht. Dazu kann man nur ein altes Sprüchlein in freier Formulierung zitieren. Die Kirche besteht auf ihren Irrtümern mit absoluter Sicherheit, während die Wissenschaft auch daran noch zweifelt, was sie schon sicher weiß. Aber in einer Hinsicht ist das Dogma der Erbsünde unfehlbar. Die Menschheit trägt tatsächlich eine Erbsünde in sich, und diese ist ihre Hirnerweichung. Sie ist ewig und kann nie abgewaschen werden.

Mit dieser Erbkrankheitssünde ist die Elite des zivilen Geisteslebens noch mehr behaftet als die Geistlichkeit. Diese soll eigentlich gar nicht kritisiert werden, denn sie ist von Jugend auf in geistiger Verrenkung erzogen und dann berufsmäßig daran gekettet worden. Aber, ob geistlich oder weltlich, sie sind alle wie die Zigarettenfabrikanten, die für ihre gesundheitsschädigende Ware Reklame machen. Die Dummen sind die Raucher. Aber auch zwischen Rauchern und Rauchern soll ein Unterschied gemacht werden. Jene, die von Kindheit an aus Familientradition an eine Diät von Weisheit und Aberglauben gewöhnt wurden und im späteren Leben nicht mehr fähig sind, sich davon loszureißen, können diese Lebensumstände als Milderungsumstand geltend machen. Aber ein Geistesriese wie Bergson und Konsorten derselben Herkunft, die nicht in einer Diktaturreligion aufgewachsen sind (die jüdische Religion hat keinen Papst, und gemäß der Bibel kann jeder in Zeiten ohne König und ohne Hohepriester die Gesetze nach persönlicher Auffassung interpretieren), besudeln ihre eigene Gesinnung mit ihrer katholischen Liebäugelei. Diese moralischen und politischen Feinschmecker sind religiöse Dreckfresser.

Bergson, der im Jahre 1941 starb, hat die „Humani generis" vom Jahr 1950 nicht mehr erlebt, aber er hat während seiner 82 Jahre genug Zeit in der Nähe der katholischen Kirche verbracht, um mit der Natur ihrer Dogmen vertraut zu werden. Er war auch mit den Dogmen von Hitler, Mussolini und Stalin vertraut. Hätte ihm, was Pius zu sagen hatte, nicht im Prinzip ähnlich geklungen wie der Grundton der Reden genannter notorischer Persönlichkeiten? In derselben Enzyklika, aus der ein wesentlicher Teil bereits zitiert wurde, stand auch folgender Satz:

> Der katholische Glaube verpflichtet uns zu glauben, daß Seelen unmittelbar von Gott geschaffen werden.

Der Inhalt dieser Einschärfung ist auch sehr interessant und soll noch zu weiterem Kommentar Anlaß geben. Was aber im Moment besondere Aufmerksamkeit verdient, ist die Ermahnung, daß die katholische Religion uns zu einem obrigkeitlich bestimmten Glauben verpflichtet; wohlverstanden, nicht zu einem Glauben anregt oder inspiriert, sondern verpflichtet! Hätte der Jude Bergson, der Katholik werden wollte, diese Ermahnung von Pius blindlings angenommen, so wie die Faschisten und die orthodoxen Kommunisten die Anordnungen ihrer „Päpste" blindlings befolgt haben?

Hatte Bergson keine eigenen Gedanken über die menschliche Seele, so daß er für ein Mutmaßen darüber einen Vormund benötigte?

Gläubigkeit nach Vorschrift wird besonders absurd, wenn deren Gegenstand auch ohne Vorschrift schon absurd ist, oder mit einem anderen Glauben aus derselben Quelle in offensichtlichem Widerspruch steht. Das ist der Fall bei den Glaubenssätzen der Erbsünde und des Seelenschaffens von Gott. Pius hat es fertiggebracht, in ein und derselben Enzyklika eine logische Stümperei zu begehen. Dadurch, daß die widersprechenden Verkündungen in derselben Enzyklika enthalten sind, hat er es seinen Kritikern wesentlich erleichtert, den Widerspruch nachzuweisen. Im längeren Zitat von vorhin konnten wir lesen, daß Adams Sünde auf seine Nachkommen übertragen wurde. Das andere, einsätzige Zitat aber sagt, daß die menschliche Seele von Fall zu Fall direkt von Gott geschaffen wird. Wenn diese Feststellung wahr ist, dann kann Adams Sünde nicht auf seine Nachkommen übertragen worden sein, weil die Seele, die Gott jedem Menschen individuell bei der Geburt oder schon bei der Empfängnis gibt, vermöge dieser Gabe kein Nachkomme von Adams Seele sein kann. Die Seele pflanzt sich nicht fort (das ist ja der Sinn von Gottes unmittelbarem Seelenschaffen), nur der Körper pflanzt sich fort. Aber der Körper kann keine Sünde begehen. Die Sünde ist ein moralischer und kein körperlicher Begriff. Man sündigt zwar meistens durch einen physischen Akt, aber die Verantwortlichkeit liegt im Denken, Gefühl, Ungehorsam und Entschluß, also in der mentalen und moralischen Konstitution des Menschen, mit anderen Worten in seiner Seele. Wenn aber der Mensch seine Seele frisch von Gott erhält, dann erbt er nur seinen Körper von Adam, und der Körper als Materie ist für nichts verantwortlich, weil die Materie ohne Lenkung durch den Geist nicht handlungsfähig ist.

Die Kirche kann die ausgeführte Schlußfolgerung nicht bestreiten, denn gerade sie vertritt die Philosophie des Körper-Seelen-Dualismus. Nach dem kirchlichen Denken sind Körper und Seele nur während unseres irdischen Daseins zu einer Einheit zusammengefügt und erreichen diesen Zustand bei unserer Geburt, um sich bei unserem Tod wieder zu trennen. Das ist natürlich eine verrückte Philosophie, die das Christentum vom griechischen Spiritualismus zusammen mit der Unterweltsidee (die jeder von Orpheus her kennt) übernommen hat. Das Judentum ist in dieser Hinsicht unvergleichlich vernünftiger, vielleicht weniger poetisch, aber vernünftiger, da es in seiner reinen Form (die erst in der späteren Entwicklung unter fremdem Einfluß ein wenig korrumpiert wurde) keine Hölle kennt. Das heutige Judentum ist wieder ganz zu dem früheren höllenlosen Glauben zurückgekehrt. Die Sadduzäer waren freilich von jeher strikte Leugner jedes Jenseitsglaubens.

In diesem Zusammenhang kommt Bergsons Verirrung kraß zum Vorschein, die die jüdische Religion nach Auftreten des Christentums für überlebt hielt, obwohl gerade das Christentum durch Übernahme vieler Aspekte der griechischen Mythologie in eine frühere, primitivere Gedankenwelt zurückverfallen ist.

Es ist interessant, daß das Judentum, das nur an eine einmalige Seelengebung Gottes am sechsten Tag der Schöpfung glaubt und so eher an die Vererbung von Adams Sünde glauben könnte, nicht an diese verhängnisvolle Vererbung glaubt. Die Christen dagegen, die an eine solche Vererbung glauben, machen es sich eigentlich durch die jedesmal frische Seelengebung Gottes unmöglich, diesen Sündenübertragungsglauben aufrechtzuerhalten. Gerade um dieses Flickwerk zusammenzuhalten, mußte der Papst den Befehl hinsichtlich des obligatorischen Glaubens erlassen. Tatsächlich hatte er einflußreiche Zweifler dieses Glaubens in seinem eigenen Lager schon sehr früh, eigentlich lange vor seiner eigenen Zeit gehabt.

Augustinus, der festeste Grundstein der Kirche, hat sich auch über die Erbsünde und das fortgesetzte Seelenschaffen Gottes Gedanken gemacht. Der richtige und unerschrockene Zweifler aber war Pelagius, ein Zeitgenosse und Widersacher von Augustinus um die Wende des 4. und 5. Jahrhunderts. Pelagius, der kein Geistlicher wie Augustinus war, erklärte offen, daß er nicht an die Erbsünde glaube. Das Sündigen sei ein Akt, den keiner von einem anderen erbt, und jeder sei nur für das verantwortlich, was er selber begeht. Pelagius hat für seine These einen starken Rückhalt im Alten Testament. An verschiedenen Stellen wird die persönliche Verantwortung für die eigenen Taten betont. Durch Vermittlung des Propheten Hesekiel (auch Ezechiel) erklärt Gott (Kapitel 18, Verse 2, 3), entgegen jeder anderen früheren Behauptung, die alleinige Gültigkeit dieser Regel. Im 20. Vers desselben Kapitels wird das Gesetz klar formuliert.

> Denn welche Seele sündigt, die soll sterben. Der Sohn soll nicht tragen die Missetat des Vaters, und der Vater soll nicht tragen die Missetat des Sohnes; sondern des Gerechten Gerechtigkeit soll über ihm sein und des Ungerechten Ungerechtigkeit soll über ihm sein.

Auch im 2. Buch der Könige wird diese Verordnung im 16. Vers des Kapitels proklamiert, wobei eigentlich nur das Mosaische Gesetz im 16. Vers des 24. Kapitels des Deuteronomiums wortwörtlich wiederholt wird.

> Die Väter sollen nicht für die Kinder noch die Kinder für die Väter sterben, sondern ein jeglicher soll für seine Sünde sterben.

Wir sehen also, daß die Verewigung von Adams Sünde (wenn man die Sündentheorie nicht an sich schon als absurd verwirft) im System der alttestamentlichen Gerechtigkeit absolut keinen Platz hat. Die auf dieser Grundlage stehende vernünftige Theologie von Pelagius hat sich aber in der christlichen Religion nicht durchgesetzt, und die Menschheit hat demzufolge eine bigotte Ungerechtigkeit zu den vielen anderen hinzugefügt.

Es sollte natürlich jedem klar sein, daß die christlichen Kirchen, nicht nur die katholische, die Ungerechtigkeit der Verantwortung für eine 6000 Jahre alte Sünde als den wesentlichsten Teil ihrer Theologie beibehalten und verewigen müssen, nachdem sie die Medizin für die Wiedergutmachung in der Mission Jesu ersonnen haben. Adam wäre für die Christen eigentlich Jacke wie Hose. Er war kein Christ, er war nicht einmal ein Jude. Die Menschheit hat 4000 Jahre ganz gut ohne ihn gelebt. Dann hat man ihn ausgegraben. Die jüdischen Sektierer um Jesus haben in der Bibel etwas von einem Erlöser gelesen – der nach den Verkündungen von Jeremias (Kapitel 50, Vers 33 – 34) und von Jesaja (Kapitel 43, Vers 14 – 15) Gott selbst sein soll –, diese Rolle auf ihren Führer übertragen und – damit die Rolle besser paßte – aus ihm noch einen Gott gemacht. Ein Erlöser muß aber von etwas erlösen. Die Juden haben von ihm, oder wer immer der Erlöser sein sollte, nur die Verbesserung ihres irdischen Schicksals und keine himmlische Erlösung erwartet. Die anderen Juden mit ihrer Sündennarrheit, die anfingen, sich Christen zu nennen, hatten ihrerseits in Adam ihr Fressen gefunden. Sie stellten ihrem Erlöser zur Verfügung, was er zum Erlösen nötig hatte.

Leider hatte die Erlösungsbedürftigkeit Adams und seiner Nachfahren einen Haken. Wenn er nicht der einzige Adam war, wie die vorhin erörterte Polygenese es postuliert, dann ist die Theologie in großer Verlegenheit zu erklären, wieso wir unter den vielen anderen an verschiedenen Punkten der Erde in verschiedenen Gärten nur von einem einzigen wissen dürfen, dem das Apfelessen verboten war und der infolge der Verbotsübertretung straffällig wurde. Warum sagt uns die Religion nichts von den anderen Urvätern und von ihrer Schuldlosigkeit, die ihnen nicht abgesprochen werden kann, da ihnen die Religion schon lange eine Sünde vorgeworfen hätte, wenn sie eine begangen hätten. Die Antwort der Religion ist, daß sie keine gibt. Sie kann die Existenz unschuldiger Adamsstämme nicht dulden, weil sonst das Dogma des Sündenfalles mitsamt der Erlösung flötengeht. Pius XII. hat sich nicht geniert, vor aller Welt zu erklären, daß die Naturgeschichte sich dem katholischen Dogma unterzuordnen habe. Vor einigen Seiten konnte man das Zitat aus der Enzyklika „Humani generis" lesen, in der unter anderem die Erklärung steht:

> Es ist nicht zulässig zu glauben, daß Adam nur eine Bezeichnung sei, die eine Mehrzahl von Ureltern repräsentiert. Es ist in keiner Weise einzusehen, wie eine solche Ansicht mit der Doktrin der Erbsünde versöhnt werden könne.

Soll die Erde vielleicht auch ihre Drehbewegung einstellen (wie die Kirche es ihr einmal tatsächlich vorzuschreiben suchte), weil sie mit der Doktrin der Kirche nicht versöhnt werden kann? Die Opposition gegen wissenschaftliche Befunde ist aber nicht die hanebüchenste Absurdität, deren der kirchliche Dogmatismus fähig ist. Die Kirche scheut aus Rechthaberei sogar vor einem moralischen Selbstmord nicht zurück. Während sie sich nämlich mit der Wissenschaft über die Möglichkeit mehrerer Adamsgeschöpfe rauft, ist diese Möglichkeit in ihrer eigenen Bibel bestätigt. Es scheint, daß Pius die Bibel vor seiner antipolygenetischen Erklärung schon lange nicht mehr gelesen und so deren Inhalt vergessen hatte. Im 4. Genesis-Kapitel findet sich die Stelle von Vers 13 bis 17, mit der die erlöste Seele von Pius konfrontiert werden soll, unmittelbar nach dem Bericht über Kains Brudermord und seine brennenden Gewissensbisse.

> Kain aber sprach zu dem Herrn: „Meine Sünde ist größer, denn daß sie mir vergeben werden möge. Siehe, du treibst mich heute aus dem Lande, und ich muß mich vor deinem Angesicht verbergen und muß unstet und flüchtig sein auf Erden. So wird mir's gehen, daß mich totschlage, wer mich findet." Aber der Herr sprach zu ihm: „Nein; sondern wer Kain totschlägt, das soll siebenfältig gerächt werden." Und der Herr machte ein Zeichen an Kain, daß ihn niemand erschlüge, wer ihn fände. Also ging Kain von dem Angesicht des Herrn und wohnte im Lande Nod, jenseits Eden, gegen Morgen. Und Kain erkannte sein Weib; die ward schwanger und gebar den Henoch. Und er baute eine Stadt, die nannte er nach seines Sohnes Namen Henoch.

Man sollte es nicht für möglich halten, daß die Erde zu Kains Zeiten schon so bevölkert war. Er und Gott reden von Leuten, die ihn totschlagen könnten. Und dann ist Kain plötzlich, mir nichts, dir nichts, verheiratet und baut eine Stadt für nur drei Personen. Man kann annehmen, eigentlich muß man es annehmen, daß die Leute, die für ein Totschlagen von Kain und das Bewohnen seiner Stadt in Frage kamen, und freilich auch seine eigene Frau, mit ihm annähernd gleichaltrig waren. Sie müssen aber in dem Fall auch mit Adam und Eva gleichaltrig gewesen sein. Kain war ja (delikat ausgedrückt) nur ein Jahr jünger als seine Eltern (undelikat war er nur neun Monate jünger). Kains Ehefrau und die genannten anderen Leute können nicht die Kinder von Adam und Eva gewesen sein, weil Gott schon unmittelbar nach Kains Mordtat von Totschlägern spricht, als Kain, ein Erstgeborener, noch ein Knabe war und noch keine weiteren Geschwister hatte. Das dritte Kind Seth wurde erst 130 Jahre später geboren, was wie ein Witz anmutet, aber die Bibel ist eben ein Anekdotenbuch.

Die Theologie versucht allerdings, den Witz der 130jährigen Zeugungspause damit zur Humorlosigkeit zu machen, daß Seth ihrer Meinung nach mitnichten der dritte Sprößling war. Sie behauptet, daß Adam und Eva in der ganzen Zwischenzeit, von Kain bis Seth, am laufenden Band Kinder fabriziert haben, deren Erwähnung die Bibel nur nicht nötig fand. Eine Tochter aus dieser totgeschwiegenen Kinderschar soll dann Kains Frau geworden sein.

Halten wir uns nicht auf über die Blutschande, den Jahrzehnte ausmachenden Altersunterschied in der Kainehe (nach einer ebenso langen Geschlechtsenthaltsamkeit) und die absurde Schweigsamkeit der Bibel. Fragen wir nur, ob die möglichen Totschläger auch während der 130jährigen Periode im selben Bett gezeugt und geboren wurden. Wenn die Theologie recht haben soll, dann hat es damals bis zur Geschlechtsreife der Kinder kein anderes Ehebett gegeben. Wieso hat es dann doch Leute gegeben, die schon vor Kains Flucht und Heirat erwähnt wurden? Sie müssen doch schon existiert haben. Es ist absolut widersinnig – selbst für die Theologie –, daß Kain vor Leuten geschützt werden sollte, die Jahre, eigentlich viele Jahre, nach ihm und auch nach Verjährung der Sünde zur Welt kommen sollten und von seinem Vorleben gar nichts hätten wissen können. Nur Leute kamen für sein Totschlagen in Frage, die entweder direkt oder durch Herumsprechen von seiner Bluttat erfahren konnten. Das Totschlagen war kein Projekt für 20 Jahre später, sondern für die unmittelbare Folgezeit nach dem Brudermord. Deswegen mußte ja Kain fliehen. Bei Leuten, die noch nicht existierten und ihn erst 20 Jahre später erschlagen sollten, brauchte er nicht sofort nach der Tat wie ein Verrückter herumzuirren. Es ist offenbar – und es geht auch aus den Worten Gottes hervor –, daß die Totschlägerkandidaten Zeitgenossen Kains waren und von einer vorausgehenden Generation gezeugt worden sein müssen, selbst wenn die Bibel nicht sagt, daß Gott vielleicht vor der Schöpfung schon verstohlen zum Sicheinüben an einem Homunkulusmodell herumbastelte.

Da finden wir jedenfalls die ganze wissenschaftliche Polygenese gleich in der biblischen (und vorbiblischen) Geschichte bestätigt. Diese läßt sich also entgegen dem Diktum von Pius nicht mit der Doktrin der Erbsünde und freilich auch nicht mit der Erlösung versöhnen. Pius mochte sich krümmen und winden, doch gab es Menschen, die nicht von Adam und Eva abstammten. Ferner ist es klar, daß – wenn Kains Frau und die möglichen Totschläger nicht von Adam und Eva abstammten – dann alle diese Leute von keinen Nachwirkungen des unverdauten Apfels geplagt sein konnten, folglich auch ihre Nachkommen, sofern welche heute noch existieren, keiner Erlösung von irgendwelchen sündhaft ererbten Magenbeschwerden bedürfen. Wer hat nun recht, die Bibel oder Pius? Mit seinem Erlösungsdogma muß Pius in einen ziemlich sauren Apfel gebissen haben. Er raufte sich mit der Wissenschaft und hat nicht gemerkt, daß ihm die empfindlichste Blamage von seiner eigenen Bibel zugefügt wurde.

Pius hätte das Christentum beinahe abgeschafft, wenn er zugegeben hätte, daß nicht alle Menschen von Adam abstammten und folglich keine Erlösung von seiner vererbten Sünde benötigten. Kein Wunder, daß Pius zu einer vernunftwidrigen Stellungnahme gezwungen war.

Die Sünde Adams, ihre Übertragung auf die ganze Menschheit und dann die Erlösung von dieser spezifischen Sünde durch Jesus ist eigentlich das ausschließliche Werk von Paulus.

Die Rückgängigmachung der Gottesstrafe soll nach der Spekulation der christlichen Theologie im 3. Kapitel (Vers 14, 15) der Genesis versprochen sein. Wohlverstanden: nur nach der Spekulation der Theologie. Die Situation ist unmittelbar nach der Verführung des Adam-Ehepaars zum Früchteessen durch die Schlange, die dann zum drohenden Auftreten des erbosten Gottes Anlaß gegeben hat.

> Da sprach Gott der Herr zu der Schlange: Weil du solches getan hast, seist du verflucht vor allem Vieh und vor allen Tieren auf dem Felde. Auf deinem Bauche sollst du gehen und Erde essen dein Leben lang. Und ich will Feindschaft setzen zwischen dir und dem Weibe und zwischen deinem Samen und ihrem Samen. Derselbe soll dir den Kopf zertreten, und du wirst ihn in die Ferse stechen.

Gott war in Naturgeschichte ziemlich schwach, wenn er glaubte, daß die Frau und auch die Schlange ihren Teil zur Fortpflanzung durch Samen beitragen. Offenbar wußte er nicht, was er geschaffen hatte. Zufällig produzieren beide Eier. Die Sache wird aber ernst, wenn die Theologie den „Samen" als das Symbol von Jesus deutet, der den Kopf der Schlange zertreten soll. Man wundert sich, wie eine Schlange mit einem zertretenen Kopf noch „stechen" kann. Gott scheint über den Verlauf irdischer Kämpfe (und auch über die beißende Schlange) nicht gut informiert zu sein. Wenn Samen-Jesus mit dem Kopfzertreten zuerst attackiert, wie Gott den Kampfplan ausdrücklich niedergelegt hat, was bleibt dann der Satansschlange noch zu tun übrig? Gott hat sich aber mit seinem Plan noch schlimmer verrechnet, denn die Tatsache ist, daß die Schlange zuerst „gestochen" hat, und zwar so gründlich, daß der Samen gar nicht mehr zum Zertreten kam. Der Samen, oder wenn man will Jesus, hat vielmehr das „Stechen" der Schlange am Kreuz zu ertragen gehabt und ist seitdem nirgends in der Welt zu finden. Dafür feiert die Schlange, das heißt Satan, Orgien in der Welt. Jesus hat bis jetzt schon 2000 Jahre an den Folgen des Fersenstechens gelitten, und es bestehen Anzeichen dafür, daß es noch weitere 2000 Jahre dauern mag, wenn das „Stechen" nicht inzwischen anstatt der Ferse den Kopf der Welt treffen sollte.

Worin aber die Theologie am meisten pleite ist, ist das absolute Fehlen jedes Versprechens einer Erlösung im Fluche Gottes. Der Fluch verspricht nur einen Sieg (um den Preis einer Fersenverletzung) über die Schlange, und nicht einmal das ist eingetroffen. Die Idee der Erlösung hat absolut nichts mit einem biblischen Plan zu tun. Sie entstand vollkommen unabhängig davon nur als Ausdruck der Sehnsucht nach einer angeblich verlorenen Unsterblichkeit. Und Jesus sollte die nichtexistierende Erlösung aus dieser Verfallenheit durchführen. Daß in der Bibel mit keinem Wort von einer durch Sünde verursachten Sterblichkeit die Rede ist, das stört die Theologen nicht im geringsten. Sie folgen dem Irrtum von Paulus, der im 21. Vers des 5. Kapitels seines Römerbriefes schreibt:

> Gleichwie die Sünde geherrscht hat zum Tode, also auch herrsche die Gnade durch die Gerechtigkeit zum ewigen Leben durch Jesum Christum, unseren Herrn.

# 16

Mit einfachen Worten ausgedrückt heißt es, daß die Sünde Tod über die Menschheit gebracht hat und daß Jesus die Gnade erwirkt, die das ewige Leben sichert. Das ist nicht nur eine falsche Interpretation, sondern ein ausgesprochen falsches Lesen der Bibel. Die Bibel sagt nirgends, daß die Sterblichkeit eine Strafe für die Sünde ist. Auf dieser Basis kann man von der Reue und der Sühne und dem aufopfernden Einsatz von Jesus kein Gewinnen eines ewigen Lebens erwarten. Der Mensch war weder mit noch ohne Sünde zur Unsterblichkeit bestimmt. Die letzten drei Verse des 3. Kapitels der Genesis sagen:

> Und Gott der Herr sprach: Siehe, Adam ist geworden wie unsereiner und weiß, was gut und böse ist. Nun aber, daß er nicht ausstrecke seine Hand und breche auch von dem Baum des Lebens und esse und lebe ewiglich! Da wies ihn Gott der Herr aus dem Garten Eden, daß er das Feld baute, davon er genommen ist, und trieb Adam aus und lagerte vor den Garten Eden die Cherubim mit dem bloßen, hauenden Schwert, zu bewahren den Weg zu dem Baum des Lebens.

Was aus dieser Beschreibung hervorgeht, ist, daß Adam nicht die Gabe der Unsterblichkeit hatte. Gott wollte ja Adam gerade am Erringen dieser Gabe verhindern. Folglich kann er sie nicht gehabt haben. Das an sich ist allerdings kein Beweis (und darin fühlen sich die Theologen siegreich), daß Gott nicht die Absicht hatte, Adam später Unsterblichkeit zu geben. Wir wissen nur, daß Gott sie ihm noch nicht gab, aber wir können nicht behaupten, daß er auch nicht diese Absicht hatte, die er möglicherweise nur im letzten Moment widerrief. Die theologische These ist, daß Adam ein Kandidat für Unsterblichkeit war, diese aber durch seinen Ungehorsam verscherzte. Diese These erlaubt natürlich, Jesus als einen Wiederhersteller der verlorenen Gunst wirken zu lassen. Aber weder Jesus noch seine Theologen werden recht behalten.

Gottes Androhung des Todes ausdrücklich für den Tag der Verbotsübertretung kann nicht als ein Verlust von Unsterblichkeit gedeutet werden. Sie setzt nur den Tag des Todes, von einem möglichen Ereignis abhängig, fest, bedeutet aber keineswegs, daß der Verwarnte im Unschuldsfalle nicht später sterben sollte. Die Unsterblichkeit ist eine monumentale Eigenschaft, die nicht ohne ausdrückliche Bestätigung als Tatsache betrachtet werden kann. Auch der Umstand, daß Gott seine Drohung nicht, wie angekündigt, wahr machte, bedeutet keine Unsterblichkeit, denn Adam starb ja später. Es handelte sich bloß um einen Strafaufschub, der mehr in Gottes als Adams Interesse war. Wenn Adam auf der Stelle gestorben wäre, dann hätte Gott wie ein lackierter Affe ohne Menschheit dagestanden. Er mußte seine Schöpfung durch die Ermöglichung von Nachkommenschaft für Adam präservieren. Wenn er ihn sofort getötet und einen neuen ersten, sozusagen zweitersten Menschen geschaffen hätte, dann hätte er die Schöpfung nicht in sechs Tagen beenden können.

Eine weitere Frage im Zusammenhang mit dem Unsterblichkeitsproblem bleibt noch zu beantworten. Wozu hat Gott einen Baum des Lebens in den Garten gepflanzt, wenn es nicht seine Absicht war, Adam den Genuß von dessen Frucht zu erlauben, andrerseits aber den Baum auch nicht mit einem Verbot belegte? Es war zu erwarten, daß Adam von dieser Frucht früher oder später auch ganz ahnungslos essen würde. Wenn man die ganzen Geschehnisse betrachtet, so wie sie sich bis zu ihrem Ende abgespielt haben, dann kommt man zu dem Schluß, daß der Lebensbaum im Garten geradezu eine Notwendigkeit war, um Adams von Anfang an bestehende Sterblichkeit zu dokumentieren. Wenn Adam ohne den Lebensbaum schon unsterblich gewesen wäre, dann hätte das Anpflanzen eines Lebensbaums zwecklos und widersinnig sein müssen. Deswegen hat der Baum einen besonderen Zweck zu erfüllen gehabt. In einem negativen Sinne mußte er die Sterblichkeit Adams beweisen. Ohne den Baum hätte der Satz, in welchem Gott seine Todesdrohung für einen bestimmten Tag aussprach, einen anderen Sinn erhalten. Der Ausdruck „an dem Tag wirst du sterben" hätte von den Theologen als Widerruf einer tatsächlich existierenden Unsterblichkeit gedeutet werden können. Aber die nichtgepflückte Lebensfrucht ist der unwiderlegliche Beweis, daß Adam zu keiner Minute seines Aufenthalts im Garten unsterblich war, weil nur der Baum Unsterblichkeit geben konnte, von dessen Frucht er aber nicht gegessen hatte. Und gleich nach dem Apfelmißgriff wurde er vor die Tür gesetzt bei einer unverkehrbaren Unerreichbarkeit der Lebensfrucht.

Sollte aber Adam zufällig von der Lebensfrucht zuerst gegessen haben (die nicht verboten war) und nachher von der Frucht des Wissens, dann hätte Gott das angedrohte Todesurteil an ihm vollstreckt. Freilich wäre damit auch die Unsterblichkeit zunichte geworden, aber das läuft der Theologie und dem Glauben der Christenheit nicht zuwider, da es ja gerade diese Kreise sind, die an die zuerst gewährte und dann widerrufene Unsterblichkeit glauben.

Gott hätte vielleicht in seinem Grimme gleichzeitig mit Adam auch die eben erst geschaffene Welt in einer vorsintflutlichen Sintflut ersäuft (als Vorübung zu der späteren) und eine neue Welt mit einem ganz neuen Menschen zusammengebastelt. In diesem Fall wäre aber Jesus der zu kurz Gekommene gewesen, da es anzunehmen ist, daß der enttäuschte Gott in einer kosmischen Neuauflage sein entgleistes Experiment mit einem ungehorsamen Dummkopf, einer naseweisen Verführerin und einer hinterlistigen Schlange nicht wiederholt hätte.

Ohne die unverläßlichen Rollenträger einer Sündenfallkomödie hätte aber Jesus ein arbeitsloser Erlöser sein müssen. Eine zweite Welt mit einer besser entworfenen Menschheit ist natürlich auf jeden Fall nur eine akademische Spekulation, da die erste, verpfuschte Menschheit eine Tatsache ist, die nicht mehr rückgängig gemacht werden kann. Sie kann aber auch nicht durch Jesus repariert werden, und zwar nicht nur deswegen, weil sie an sich irreparabel ist, sondern auch und hauptsächlich, weil die an Jesus geknüpfte Erlösung gerade aufgrund der biblischen Dokumente gegenstandslos ist.

Die Erlösung und damit die Gabe des ewigen Lebens durch das Wirken und Opfer von Jesus will den Menschen etwas zurückgeben, was sie nie hatten und nie zu besitzen berufen waren. Das Unerträgliche dieses Erlösungsdogmas für jeden denkenden Menschen ist, daß es alle Tatsachen und alle Logik ignoriert. Es ignoriert sogar die Schrift, auf die sie sich beruft. Zurückgeben oder Wiederherstellen kann man nur etwas Verlorenes. Das ewige Leben war nie ein Besitz des menschlichen Daseins und war nie dazu bestimmt, es zu werden. Was also will uns Jesus zurückgeben?

Die Adamsgeschichte ist eine Ex-post-facto-Allegorie. Nachdem die menschliche Erfahrung zu der bitteren Erkenntnis geführt hat, daß das Leben mit irreparablen Irrtümern, Sorgen und Leiden beschwert ist, so erfindet man Märchen, die die bestehenden Zustände aus sinngemäßen Ursachen herleiten. Die Zustände wären aber dieselben auch ohne die Märchen. Die Sonne geht auch jeden Morgen auf unabhängig vom Hahn, der sich einbildet, den Sonnenaufgang mit seinem Krähen zu verursachen. Die christliche Theologie begnügt sich indessen nicht mit allegorischen Märchen; für sie ist die Allegorie, wie für Kinder, die Tatsache selbst, und dann verfälscht sie diese zu alledem auch noch, denn selbst ein buchstäbliches Verstehen der Adamsgeschichte führt nicht zu den Schlußfolgerungen der christlichen Theologie. Außer Adams persönlicher Strafe ist in seiner Geschichte von einer Strafe der Menschheit durch Tod mit keinem Wort die Rede. Und wenn man es mit aller Gewalt dazu verdreht, dann ist immer noch keine Rede von einer Erlösung im Anschluß an Adams Strafe. Weder die Sünde noch die Strafe ist ein Vorspiel zur Erlösung und zum ewigen Leben. Die christliche Menschheitssünde und die daran geknüpfte Erlösung hat gar keine Grundlage im Alten Testament. Und es ist ein Schwindel, diesen Eindruck zu erwecken.

Es ist idiotisch zu glauben, daß die Menschen nur wegen Adams Sünde sterben müssen, selbst wenn die Bibel (das Alte Testament) das behaupten würde (was sie natürlich nicht behauptet). Man sollte von den Menschen mehr Verständnis für das Funktionieren der Natur erwarten können, als daß sie das Sterben auf die Missetaten einer Kindermärchenfigur zurückführen würden. Ist es nötig darauf hinzuweisen, daß die Tiere ohne eine irgendwie feststellbare Sünde ihrer Tierurahnen ebenfalls sterben müssen? Sieht man in der Natur nicht einen ewigen Wechsel von zyklischem Aufsprießen und Absterben? Kann man sich einen Menschen vorstellen, der Hunderte, Tausende, ja Millionen von Jahren lebt, ohne zu sterben? Und wenn man sich den andauernden Bevölkerungszuwachs vorstellt ohne einen befreienden Schwund, wo würde man die Trillionen und Abertrillionen von Menschen unterbringen und wie würde man sie ernähren? Oder würden in einer Welt, die keinen Tod kennt, keine Menschen mehr geboren? Wenn dem so wäre, dann wären Adam und Eva die einzigen, die heute lebten, denn die Geburtensperre hätte schon gleich bei ihnen in Kraft sein müssen. Entweder hat der Mensch eine sterbliche oder eine unsterbliche Natur. Er kann nicht beides gleichzeitig haben. Man kann nicht ewiges Leben und Fortpflanzung zusammen haben. Entweder ewiges

Leben ohne Fortpflanzung oder Fortpflanzung mit Tod. Als Gott sprach, im ersten Genesis-Kapitel: „Seid fruchtbar und mehret euch und füllet die Erde", damit hat er das Todesurteil über den Menschen ausgesprochen, denn vermutlich kann Gott ebensogut rechnen wie jedes Kind, um das astronomische Anwachsen der Menschheit bei konstanter Fortpflanzung ohne Tod vorauszusehen.

Die Theologie wird erwartungsgemäß geltend machen, daß die Gefahr einer irdischen Übervölkerung selbst bei einem ewigen Leben nicht besteht, weil das ewige Leben nach dem irdischen im Himmel fortgesetzt wird (für jene, die es verdienen). Die Theologie hat sozusagen ein Doppelsystem ausgearbeitet, das den irdischen Tod mit einer himmlischen Ewigkeit verbindet. Die überschüssige Menschenvermehrung wird in den Himmel transferiert, wo die körperlosen Seelen von keinem Platz- und Nahrungsmangel geplagt werden. So sieht also das ewige Leben aus, das Jesus seinen Gläubigen an Stelle des verlorenen wiederherstellt.

Das ist sehr schön, aber das verlorene Leben Adams und Evas (wenn man es spaßeshalber als Grundlage der Spekulation annimmt) war nicht körperlos. Sie waren physische Wesen und wären ohne Tod physische Wesen geblieben. Man muß das Problem der Wiedergutmachung von diesem Zustand her betrachten. Das ewige Leben, das Jesus einem gibt, ist ein Geisterleben, kein körperliches Leben. Aber Adam – wenn es wahr ist, daß er ein ewiges Leben verloren hat – hat ein körperliches Leben verloren, wofür ein Geisterleben kein Ersatz ist. Wer will ein Leben haben, in welchem man ein Spuk ist, ohne Gehirn, ohne Sinnesorgane? Die ganze Erlösung ist also ein Schwindel, der keinen Pfifferling wert ist.

Aber die Erlösung hat noch Millionen von Anhängern, weil sie – auch Marx' Opium und Shakespeares Kaviar fürs Volk – der Alkohol der Seele ist, der sie trunken macht. Und die Erlösung hat natürlich die Sünde zur Voraussetzung, folglich bleibt Adam der ewige Prügelknabe, der es uns allen eingebrockt hat. Was aber die Kirche als seine und unsere Strafe betrachtet, könnte vielmehr eine Auszeichnung und Belohnung sein. Wenn man es sich recht überlegt, hat uns Adam mit seiner Tat den bestmöglichen Dienst erwiesen. Die wahre Strafe für die Menschheit wäre erst recht gewesen, wenn Adam gehorsam im Paradies geblieben wäre und (diese Möglichkeit angenommen) sich dort fortgepflanzt hätte.

Es wäre die furchtbarste Strafe gewesen, 6 Milliarden Menschen (zu denen Adams Nachkommen inzwischen angewachsen sind) in ein Gebiet hineinzupferchen, das bei weitester Rechnung nur vom Euphrat bis zum Mittelmeer reicht. Wenn Adam mit seinem Ungehorsam die Auslogierung aus diesem menschlichen Schafstall verursacht hat, dann war seine „Sünde" die größte Wohltat, die der Menschheit je widerfahren ist. Wovon will uns nun Jesus erlösen? Und wozu? Könnte es sein, daß seine Erlösung als eine viel schlimmere Strafe gedacht ist, als die Strafe, von der er uns erlösen will? Grämt es ihn, daß 6 Milliarden Menschen nicht in diesem Dampfkochtopf schmoren? Kann er den Gedanken nicht ertragen, daß die Menschen zur Strafe in der Freiheit der weiten Welt leben müssen, wo sie nie hingekommen wären, hätte Adam brav gehorsam seine ganze Nachkommenschaft in dem kleinen Garten untätig, ohne jede nützliche Beschäftigung, zu einem Drohnenleben aufgezogen?

Unwillkürlich drängt sich einem der Gegensatz zwischen den paradiesisch zum Ersticken eingepferchten Jesus-Schützlingen und dem Jesus-Freund Bergson mit seiner Lebensgeschäftigkeit auf. Wie konnte ein Philosoph des unablässigen menschlichen Vorwärtsstrebens ein Jünger des stickige Gartenatmosphäre verbreitenden Jesus sein?

Der Kernpunkt von Bergsons These ist, daß die Welt sich in einer Dauerschöpfung befindet. Man kann diese Philosophie drehen, wie man will, darauf kommt sie hinaus. Es ist die Theorie der dynamischen Fortentwicklung der Welt, der Epigenesis, des nachwirkenden, kontinuierlichen Schöpfungsprozesses. Das ist aber mit der christlichen Doktrin der einmaligen Weltschöpfung durch Gott und dem paradiesischen Untätigkeitskult von Jesus im Widerspruch. Aber Bergson hat den Dreh gefunden, mit dem er sich in die Gunst der Kirche hineinmanövrieren konnte. Er hat den Katholizismus gleichsam als einen Schneeball angesehen, dessen Kern unverändert bleibt, aber beim Rollen sich vergrößert. Es scheint, daß Bergson nie einen Schneeball im Sommer gesehen hat. Für den christlichen Schneeball hält die schwüle Jahreszeit schon lange an. Jedenfalls ist er in viele Teile auseinandergefallen, die unabhängig voneinander und gegeneinander weitergerollt sind.

Bergson hat den jüdischen Schneeball vergessen, der auch ein Schneeball ist. Wenngleich er nicht so groß geworden ist wie der christliche, so hat er wenigstens den Schrumpfungsprozeß nicht mitmachen müssen. Das Christentum hat das Judentum im Bergsonschen Sinne nur in zweierlei Hinsicht überflügelt. Es hat dem Judentum zwei Neuheiten aufgepfropft: die Vielgötterei und die Hölle. Diese sind aber ein Import von der griechischen Mythologie, also eine Vergrößerung durch einen heidnischen Zusatz.

**17**   Die Theologen sagen, daß die Vielgötterei schon im Judentum existierte, was in einer Weise wahr ist. Man darf nicht vergessen, wie weit die jüdische Tradition in die Vergangenheit zurückreicht. Man kam aus der Vielgötterei nicht an einem Tag heraus. Aber das Judentum hat sie mit der Zeit mehr und mehr abgeworfen, während das Christentum sie mehr und mehr angenommen hat. Das Angebetetwerden ist das ausschließliche Privileg Gottes. Die Juden beten nicht einmal zu Moses. Wenn aber die Christen zu den Heiligen beten, die nicht als Götter gelten, so besitzen doch die drei Personen der Heiligen Dreifaltigkeit eingestandenermaßen dieses Attribut.

Die Theologie liebt es, auf den Besuch Gottes bei Abraham hinzuweisen, bei dem Gott gleichsam als eine dreifache Person erschien und wovon die Dreifaltigkeit unter anderem hergeleitet wird. Es soll genügen, die Bibelstellen nur numerisch anzugeben, die der Interessent selbst nachschlagen kann. Die Szene wird im 18. Genesis-Kapitel geschildert. Für eine kurze Weile könnte man meinen, daß Gott tatsächlich drei Personen ist. Aber gleich am Anfang des nächsten, 19. Kapitels stellt es sich heraus, daß zwei der drei Männer Engel waren, die Gott begleiteten und sich dann von ihm trennten. Die Christen werden wohl nicht behaupten wollen, daß Engel Götter sind. Dahingegen haben sie drei wirkliche, leibhaftige Götter.

Die strikt monotheistische Stellungnahme, die drei Götter nicht als einen anerkennen will, kann einen überempfindlichen Christen die Wand hinaufjagen. Die Unitarier, die sich ebenfalls als Christen betrachten, gehören natürlich nicht in diese Kategorie der empfindlichen Dreifaltigkeitsgläubigen, da sie, wie die Juden und die Mohammedaner, strikt monotheistisch sind. Die Mehrheitschristen werden indessen nicht müde zu erklären, daß die drei Personen der Dreifaltigkeit ein einziger Gott sind, weil sie in einer uniform göttlichen Natur erscheinen. Eigentlich ist es nicht sicher, daß mit dieser Formulierung das Wesen der Dreifaltigkeit richtig erklärt ist, weil die authentisch theologische Erklärung selbst ein Vexierrätsel ist. Zuerst wird erklärt, daß die eine Natur der drei Personen nicht etwa so zu verstehen ist, daß sie deswegen ein Gott sind, weil sie diese göttliche Natur teilen, sondern durch den Besitz dieser Natur einzeln und gänzlich. Dann ist ihre Natur wiederum nicht nur nebengeordnet, das heißt gleich und ähnlich, sondern eine einzige. Also teilen sie die Natur nicht, doch ist sie dieselbe. Wie kann man aber etwas nicht teilen, wenn man hat, was ein anderer auch hat, und wenn es dasselbe ist? Das Beharren dreier Anspruchsteller auf einen identischen Besitz ohne Teilen ist für den gesunden Menschenverstand eine Unmöglichkeit. Wenn es so gemeint ist, wie zum Beispiel derselbe Familienname von drei Brüdern, die ihn besitzen, ohne ihn im Sinne des Aufteilens untereinander zu teilen, dann ist aber die Tatsache nicht zu umgehen, daß es drei Besitzer gibt. Entweder ein Besitz ist unteilbar, und dann kann ihn einer von drei gleichberechtigten Besitzern nicht voll besitzen, oder aber eine volle Besitzerschaft wird dreifach angenommen, dann aber gibt es drei Reklamanten, das heißt mit Bezug auf die göttliche Natur drei Götter. Drei Brüder, die denselben Namen gesondert tragen, sind wohl eine Familie, aber nicht ein Sohn. Drei Götter, die dieselbe Natur gesondert besitzen, mögen eine Götterfamilie sein, aber nicht ein Gott. Wotan, Freia und Fricka waren auch eine Götterfamilie, aber nicht ein Gott.

Wenn einem schon der Kopf von diesen Erklärungen schwirrt, dann wird man damit beruhigt, daß die Dreifaltigkeit nicht zum Verstehen da ist, sondern zum vorbehaltlosen Glauben. Es ist ein Mysterium und ein Dogma. Es war Gottes Ratschluß, uns den Schlüssel zu dessen Verstehen nicht zu geben. Es ist interessant, daß es Menschen gibt, die über Gottes Ratschluß genau informiert sind, und andere, denen diese Information beim größten Bemühen nicht zugänglich ist. Letztere sind beim Erforschen des Mysteriums der unteilbaren Dreiteiligkeit der göttlichen Natur auf ihre gottlose Arithmetik angewiesen. So ein gottloser Arithmetiker war der Amerikaner Robert Ingersoll, dessen Name in seinem Heimatland noch ziemlich bekannt ist, obwohl sein Leben schon vor ungefähr 100 Jahren endete. Er schrieb zahlreiche Werke über Religion, deren Art nach seiner Beschreibung der Dreifaltigkeit leicht erkennbar ist. Er hat die mehrfache Einheit der Gottesnatur untersucht und deren Rätsel zur allgemeinen Zufriedenheit mit folgendem Resultat ein für allemal gelöst.

Christus, dem Glauben gemäß, ist die zweite Person der Dreifaltigkeit. Der Vater ist die erste und der Heilige Geist die dritte. Jeder dieser drei Personen ist Gott. Demnach ist Christus, als Gott, sein eigener Vater, aber auch sein eigener Sohn. Der Heilige Geist ist weder Vater noch Sohn, aber als Gott ist er beides. Der Sohn wurde vom Vater gezeugt, aber existierte schon bevor er gezeugt wurde. Christus ist gleich alt wie sein Vater, und der Vater ist gleich jung wie sein Sohn. Der Heilige Geist ging aus dem Vater und dem Sohn hervor, war aber ebenbürtig mit dem Vater und dem Sohn, bevor er aus ihnen hervorging, das heißt bevor er existierte, aber er ist mit ihnen gleichaltrig. (Er muß, wenn er Gott ist.) Es ist verkündet, daß der Vater Gott ist und der Sohn ebenfalls Gott ist und der Heilige Geist auch Gott ist und daß diese drei Götter zusammen ein Gott sind. Nach dem himmlischen Einmaleins macht einmal eins drei, und dreimal eins macht eins. Wenn wir nach der himmlischen Subtraktion zwei von drei abziehen, bleibt drei. Die Addition ist ebenso wundersam. Wenn wir zwei und eins addieren, haben wir nur eins. Jedes ist gleich mit sich selbst und auch gleich mit den anderen zwei.

Ingersoll ist nicht der einzige, der die Rechenaufgabe des Dreimaleins zu erklären suchte. Goethe hat schon 100 Jahre vor ihm denselben Versuch gemacht, aber ihn dermaßen unter den Scheffel gesteckt, daß er vom ganzen Gedicht losgelöst werden muß, um seinen Sinn klarer zu enthüllen. Das Experiment führt uns in die Hexenküche, die Faust mit Mephisto besucht, um den verjüngenden Trank zu empfangen. Bevor der Kelch kredenzt wird, kauderwelscht die Hexe allerlei Zaubersprüche. Es lohnt sich, auch die Kommentare von Faust und Mephisto, die unmittelbar darauf folgen, mit dazu zu liefern.

> Die Hexe: Du mußt verstehn! Aus Eins mach Zehn,
> Und Zwei laß gehn,
> Und Drei mach gleich, So bist du reich. Verlier die Vier! Aus Fünf
> und Sechs – So sagt die Hex – Mach Sieben und Acht, So ist's vollbracht:
> Und Neun ist Eins, Und Zehn ist keins. Das ist das Hexen-Einmaleins!
> Faust: Mich dünkt, die Alte spricht im Fieber.
> Mephisto: Das ist noch lange nicht vorüber,
> Ich kenne es wohl, so klingt das ganze Buch:
> Ich habe manche Zeit damit verloren;
> Denn ein vollkommener Widerspruch
> Bleibt gleich geheimnisvoll für Kluge wie für Toren.
> Mein Freund, die Kunst ist alt und neu.
> Es war die Art zu allen Zeiten,
> Durch Drei und Eins und Eins und Drei
> Irrtum statt Wahrheit zu verbreiten.
> So schwätzt und lehrt man ungestört;
> Wer will sich mit den Narrn befassen?
> Gewöhnlich glaubt der Mensch, wenn er nur Worte hört,
> Es müsse sich dabei doch auch was denken lassen.

Die Kirche ist mit Mephisto einverstanden, denn in der Religion sagt man nicht, was man glaubt, sondern man glaubt, was man sagt. Zuerst spricht die Zunge, dann paßt sich der Verstand an. Die Musik der Dichterworte fließt so üppig, daß Goethes gar nicht sehr verhüllte Anspielung auf die Dreifaltigkeit als einen für Kluge wie für Toren geheimnisvollen Widerspruch ein wenig überschwemmt wird. Es gab aber auch Gelegenheiten, die Goethe ergriff, um seine Dreifaltigkeitskritik unmißverständlich auszudrücken. Eine solche Gelegenheit war ein Gespräch mit seinem Gesellschafter Eckermann am 4. Januar 1824. Unter diesem Datum berichtet Eckermann in seinen Aufzeichnungen folgendes Bekenntnis von Goethe:

> Ich glaubte, an Gott und die Natur und an den Sieg des Edlen über das Schlechte; aber das war den frommen Seelen nicht genug, ich sollte auch glauben, daß drei eins sei und eins drei; das aber widerstrebte dem Wahrheitsgefühl meiner Seele; auch sah ich nicht ein, daß mir damit nur im mindesten wäre geholfen gewesen.

Die Antwort der Theologie an Goethe ist, daß die Dreifaltigkeit kein Gegenstand der Arithmetik, sondern des Glaubens ist. Daß ein Mensch einsieht, nicht alles in der Welt und im Leben zu verstehen und sich deswegen über vieles mit einem Glauben oder Spekulieren begnügen muß, ist keine ausschließliche Einsicht der Gläubigen. Die Atheisten und die Wissenschaftler teilen diese Unzulänglichkeit mit ihnen. Aber die kritischen Denker nehmen keine Glauben von anderen an, die auch nicht mehr wissen als sie. Außerdem ist alles, was sie glauben, dem Widerruf beim Auftauchen neuer Erkenntnisse unterworfen.

**18**  Einer, für den weder neue Erkenntnisse noch altbewährte Wahrheiten zählten, war Jesus. Im 6. Kapitel des Matthäus-Evangeliums ist seine sonderbare Tagediebphilosophie zu lesen, die die Verranntheit eines im geistigen und moralischen Morast versandeten Gesellschaftsfeindes widerspiegelt.

> Darum sage ich euch: Sorget nicht für euer Leben, was ihr essen und trinken werdet, auch nicht für euren Leib, was ihr anziehen werdet. Ist nicht das Leben mehr denn die Speise? und der Leib mehr denn die Kleidung? Sehet die Vögel unter dem Himmel an: sie säen nicht, sie ernten nicht, sie sammeln nicht in die Scheunen; und euer himmlischer Vater nährt sie doch. Und warum sorget ihr für die Kleidung? Schauet die Lilien auf dem Felde, wie sie wachsen: sie arbeiten nicht, auch spinnen sie nicht. Ich sage euch, daß auch Salomo in aller seiner Herrlichkeit nicht bekleidet gewesen ist wie derselben eins. Darum sollt ihr nicht sorgen und sagen: Was werden wir essen, was werden wir trinken, womit werden wir uns kleiden? Darum sorget nicht für den anderen Morgen; denn der morgende Tag wird für das Seine sorgen.

Nun soll man behaupten, daß die Erziehung der Kinder in diesem christlichen Geist empfehlenswert oder gar verbindlich ist. Man soll auch offen erklären, daß für Christen die Sprichwörter „Müßiggang ist aller Laster Anfang" und „Müßiggang ist des Teufels Ruhebank" nicht gelten.

Jesus sagte, daß man für den morgigen Tag nicht sorgen soll. Wenn man in seinem Sinn christlich sein wollte, dann müßte das Bankwesen und jedes Sparsystem abgeschafft werden. Weder Privatunternehmen noch Regierungen könnten einen Haushaltsplan aufstellen und für das kommende Jahr Vorsorge treffen, wenn sie wirklich christlich sein wollten. Nach den Grundsätzen von Jesus könnte es keine Landwirtschaft geben, weil er das Säen und Ernten für unchristlich erklärte. Er wollte, daß die Menschen sich ähnlich ernährten wie die Vögel: nur durch Aufpicken, was sie auf dem Boden hingefallen oder hingeweht finden. Ganze Berufe wie die Schneiderei und Schuhmacherei müßten als unchristlich abgeschafft werden, weil Jesus den Schutz und die Bedeckung des Leibes für verwerflich hielt. Jeder sollte arbeitsscheu und zerlumpt herumlaufen wie er. Das alte Sprichwort „Verschiebe nicht auf morgen, was du heute kannst besorgen" lautet in der Jesus-Ausgabe: „Was du verschieben kannst auf morgen, sollst du heute nicht besorgen."

Kein Wunder, daß die Juden mit dem Juden Jesus so wenig gemein haben. Er ist tüchtig aus der Art geschlagen. Die Juden glauben nicht an einen Lebensunterhalt durch christliche Bettelei oder durch irgendeine sonstige Art von Bettelei. Es muß selbst dem rabiatesten Antisemiten aufgefallen sein, daß unter den Juden drei Kategorien gesellschaftlichen Abfallprodukts nicht existieren. Unter den Juden gibt es keine Gassenbettler, keine Trunkenbolde und keine Raubmörder.

Die Einschärfungen von Jesus über die würdigste Art des Lebensunterhaltes sind vorhin schon (einmal in wörtlicher Anführung und dann im Kommentar) dargetan worden. Jetzt sollen den Jesus-Worten die Äußerungen des Alten Testaments über denselben Gegenstand (nämlich die Einstellung der Menschen zu den Versorgungsproblemen) gegenübergestellt werden und dem Gesellschaftskritiker entscheiden helfen, welche Wirtschaftsphilosophie vernünftiger und der allgemein ausgeübten Lebensform mehr entsprechend ist.

Die Sprüche Salomos (die im Alten Testament unmittelbar auf die Psalmen folgen) enthalten mehrere Maximen über das Verhältnis des Menschen zur Arbeit und dessen Folgen je nach der positiven oder negativen menschlichen Einstellung. Vier sollen zitiert und dann mit den im 6. Matthäus-Kapitel katalogisierten Ratschlägen von Jesus verglichen werden. Die Sprüche sind die folgenden: Kapitel 10, Vers 4,5; Kapitel 6, Vers 6, 7, 8; Kapitel 14, Vers 23; Kapitel 12, Vers 11.

> Lässige Hand macht arm; aber der Fleißigen Hand macht reich. Wer im Sommer sammelt, der ist klug; wer aber in der Ernte schläft, wird zu Schanden. – Gehe hin zur Ameise, du Fauler; siehe ihre Weise an und lerne! Ob sie wohl keinen Fürsten noch Hauptmann noch Herrn hat, bereitet sie doch ihr Brot im Sommer und sammelt ihre Speise in der Ernte. – Wo man arbeitet, da ist genug; wo man aber mit Worten umgeht, da ist Mangel. – Wer seinen Acker baut, der wird Brot die Fülle haben; wer aber unnötigen Sachen nachgeht, der ist ein Narr.

Es ist unwahrscheinlich, daß Salomo mit der zuletzt zitierten Charakterisierung Jesus meinte, da er ja 1000 Jahre vor ihm lebte. Es ist aber möglich, daß Jesus, der Salomo als seinen eigenen Urgroßvater (wenn der Matthäische Stammbaum richtig ist) sehr gut kannte, sich durch Salomos Bemerkung getroffen fühlte und zum trotzigen Demonstrieren seines höchstpersönlichen Lebensstils einen Standpunkt in scharfem Gegensatz zum weisen Urgroßpapa einnahm. Er hat zum größeren Effekt ein Rudel von Kumpanen für ein arbeitsscheues Bummelleben zusammengetrommelt. Die galiläischen Fischer, die er angehauen hat, haben tatsächlich ihr Schiff, Netz und den Fang auf ein Wort von ihm stehengelassen und sind mit ihm einfach auf und davon gegangen. Jesus war der palästinensische Rattenfänger von Hameln.

Die zwölf Anhänger, die Jesus verführte, waren auch tatsächlich Ratten, insofern es ihre geistigen Fähigkeiten betraf. Sie folgten ihrem Meister, ohne richtig zu verstehen, was er von ihnen wollte. Kann man von einem Holzkopf wie Petrus annehmen, daß er verstand, was gemeint war, als Jesus ihm sagte, daß er nicht mehr ein Fischer von Fischen, sondern von Menschen sein sollte? (Das ist übrigens die einzige Stelle in den Evangelien, wo der ziemlich humorlose Jesus einen sauren Humor zeigt.) Jesus sprach zu seinen Jüngern oft in Parabeln, das heißt in Rätseln, obwohl er von ihrer Intelligenz keine hohe Meinung hatte. Trotzdem fand er ihre Gesellschaft und auch die anderer, die schwer von Begriff waren, zu seinem Geschmack.

Obwohl Jesus von der Begriffsstutzigkeit seiner Jünger zuweilen irritiert war, duldete er sie als die Ernte seiner eigenen Anwerbung. Bei seinem Verhältnis zu dieser ziellosen, nichtsnutzigen Wanderschar drängt sich die Annahme auf, daß für die Ehre der Zugehörigkeit zur Anhängerschaft von Jesus geistige Beschränktheit eine conditio sine qua non war. Das ist durch die immer wieder bekundete Tendenz erhärtet (sowohl aus dem Munde von Jesus als auch seines fanatischsten Propagandisten Paulus), eine Art neutestamentliche Stumpfsinnsverherrlichung über den alttestamentlichen Wissensdrang zu setzen.

Beim Lesen der zwei Testamente braucht es nicht lange, bis der Gegensatz zwischen ihnen in Hinsicht auf geistige Bestrebung klar wird. Während das Alte Testament nach größtmöglicher Weisheit strebt, macht das Neue Testament geradezu einen Kult aus Unvernunft und Torheit. Es ist bezeichnend für die Benebelung der Gläubigen, daß sie einen Bibeltext nicht nach dessen tatsächlichem Sinn zu verstehen fähig sind. Die Form überwältigt den Sinn. Weil die berühmte Bergpredigt im 5. Kapitel des Matthäus-Evangeliums so salbungsvoll klingt, so überhört man, daß im 3. Vers die geistlich Armen (nach dem lateinischen Text eigentlich Menschen armen Geistes, beati pauperes spiritu) selig genannt werden, denn das Himmelreich gehört ihnen. Um in den Himmel zu kommen, muß man also nach christlicher Auffassung bedeppert sein. Ebenfalls bei Matthäus sagt Jesus im 25. Vers des 11. Kapitels:

> Ich preise dich, Vater und Herr Himmels und der Erde, daß du solches den Weisen und Klugen verborgen hast und hast es den Unmündigen offenbart.

Ob Gott sich von diesem Kompliment von Jesus geschmeichelt fühlte, ist fraglich, wenn man den ersten Vers des 10. Kapitels (auch den 20. des 15. Kapitels) der Salomonischen Sprüche liest. Salomon war als Weisheitsempfänger der spezielle Günstling Gottes, demnach muß er sozusagen das Echo Gottes gewesen sein, als er sagte: „Ein weiser Sohn ist seines Vaters Freude." Wenn Gott nach Begattung eines Sohnes seine Freude nun wirklich lieber an Unmündigen als Weisen und Klugen hat, dann muß er sich seit seinen Alttestamentstagen bis zur Unkenntlichkeit verändert haben.

Der emsigste Jünger aus der Jesus-Schule in zweiter Generation, der uns wohlbekannte Paulus, wollte seinem Meister nicht nachstehen, und so hat er die geistige Beschränktheit ebenfalls für wirksam bei der Verbreitung des neuen Glaubens erachtet. Im 10. Vers des 4. Kapitels im 1. Korintherbrief sagt er fast stolz:

> Wir sind Narren um Christi willen.

Seine Weisheit ist Narrheit, wie er es im 18. Vers des 3. Kapitels sagt:

> Niemand betrüge sich selbst. Welcher sich unter euch dünkt weise zu sein, der werde ein Narr in dieser Welt, daß er möge weise sein.

Narreteien sind auch im Alten Testament in Hülle und Fülle zu finden, aber nicht als Weg zur Weisheit. Das Alte Testament macht kein Hehl daraus, daß in der Welt und damit auch im Judentum Narrheit sich breitmacht, aber es rät niemanden, ein Narr zu werden, um Weisheit zu erlangen. Daß der Weg zur Weisheit das Erkennen der Notwendigkeit der Wahrheit ist, wie das Alte Testament lehrt, ist auch das leitende Prinzip aller christlichen Lehranstalten. Keine christliche Hochschule macht es zur Bedingung der Immatrikulation, wie Paulus es machen würde, daß die Hörerkandidaten Narren sein müssen. Die zivilisierte Welt folgt nicht dem neutestamentlichen Narrenkult, sondern dem alttestamentlichen Weisheitskult. Seit König Salomon ist es ein jüdischer Zug, sich soviel Wissen wie möglich anzueignen. Ob die Geschichte, die die Bibel über Salomon zu berichten weiß, wahr ist, ist nicht wesentlich. Wesentlich ist die geistige Einstellung, die eine solche Episode im Leben eines Königs meldet oder auch nur erfindet. Nirgends im Neuen Testament ist ein so erbauliches, geistanregendes Beispiel gegeben wie im ersten Buch der Könige, in welchem von Vers 5 bis 12 des 3. Kapitels über ein Gespräch zwischen Gott und Salomo berichtet wird.

> Der Herr erschien Salomo zu Gibeon im Traum des Nachts, und Gott sprach: Bitte, was ich dir geben soll! Salomo sprach: Nun, Herr, mein Gott, du hast deinen Knecht zum König gemacht an meines Vaters David Statt. So bin ich ein junger Knabe, weiß nicht weder meinen Ausgang noch Eingang. So wolltest du deinem Knecht geben ein gehorsames Herz, daß er dein Volk richten möge und verstehen, was gut und böse ist. Denn wer vermag dies dein mächtiges Volk zu richten? Und Gott sprach zu ihm: Weil du solches bittest und bittest nicht um langes Leben noch um Reichtum noch um deiner Feinde Seele, sondern um Verstand, Gericht zu hören, siehe so habe

ich getan nach deinen Worten. Siehe, ich habe dir ein weises und verständiges Herz gegeben, daß deinesgleichen vor dir nicht gewesen ist und nach dir nicht aufkommen wird.

Daraufhin hat Salomon von Gott offenbar einen solchen Weisheitsvorrat bekommen, daß er seine Geistesblitze aus den Antennen seiner zehn Finger unter das Volk aussprühen konnte. Die Titel von drei Büchern des Alten Testaments enthalten seinen Namen, und zwei von ihnen triefen wirklich von seinen Weisheiten. Das dritte, das Lied der Lieder, mit seinem schlüpfrigen Inhalt zeigt, daß Salomon auf mehr Gebieten als jenem des Mutterwitzes, der Gottesanbetung und der Philosophie alle Ansprüche befriedigen konnte. Sein erstes Buch, die Sprüche Salomonis, enthält Aphorismen, die in jedem Sonntagsmagazin stehen könnten und tatsächlich die Quelle vieler unserer geflügelten Worte sind. In derselben Reihenfolge wie die Quellenangabe werden einige Sprichwörter aufgezählt, die zum mindesten dem Sinn, aber teilweise auch der Form nach als unsere geläufigen Sprichwörter wiederzuerkennen sind. 1) Kap. 16, Vers 9; 2) Kap. 16, Vers 18; 3) Kap. 17, Vers 28; 4) Kap. 24, Vers 29; 5) Kap. 26, Vers 27; 6) Kap. 27, Vers 1; 7) Kap. 27, Vers 2.

1) Der Mensch denkt, Gott lenkt.
2) Hochmut kommt vor dem Fall.
3) Hättest du geschwiegen, würdest du noch als ein Weiser gelten.
4) Was du nicht willst, das man dir tu, füge auch anderen nicht zu.
5) Wer einem eine Grube gräbt, fällt selbst hinein.
6) Du sollst den Tag nicht vor dem Abend loben.
7) Eigenlob stinkt.

Manche dieser Sprüche und auch andere, nicht angeführte, kommen an verschiedenen Stellen des Alten Testaments vor. Der durch gebrochenes Schweigen unweise Gewordene ist zum Beispiel auch im 5. Vers des 13. Kapitels von Jobs Buch zu finden. Andererseits ist noch aus Salomons Sammlung im Predigerbuch (Kapitel 10, Vers 20) die gelungene, aber dort etwas geschnörkelt ausgedrückte Mahnung „die Wände haben Ohren" der Anführung wert.

Es offenbart sich in diesen Sprüchen eine praktische Lebensweisheit, die im Neuen Testament entweder nicht zu finden oder fast ausschließlich eine alttestamentliche Entlehnung ist. Dieses Nachhinken des Neuen Testaments hinter dem Alten, das schon aus den bisherigen Beispielen ersichtlich ist, wird noch einer schärferen Gegenüberstellung unterzogen. Einstweilen soll in der Weisheitsfrage die reifere jüdische Lebenseinstellung im Vergleich zu den christlichen Phantasiegebilden und vernunftwidrigen Einschärfungen zusammenfassend durch die Gegenüberstellung von zwei grundsätzlichen und gegensätzlichen Erklärungen demonstriert werden. In den ersten sechs Versen des 9. Kapitels der Salomonischen Sprüche ist (neben vielen anderen in diesem Buch) die prominente Rolle der Weisheit im Leben verkündet.

Die Weisheit baute ihr Haus und hieb sieben Säulen, schlachtete ihr Vieh und trug ihren Wein auf und bereitete ihren Tisch und sandte ihren Mädchen aus, zu rufen oben auf den Höhen der Stadt: „Wer unverständig ist, der mache sich hieher!" und zum Narren sprach sie: „Kommet, zehret von meinem Brot und trinket den Wein, den ich schenke; verlasset das unverständige Wesen, so werdet ihr leben, und gehet auf dem Wege der Klugheit."

Lesen wir jetzt, was Paulus im 8. Vers des 2. Kapitels seiner Epistel an die junge christliche Kolossergemeinde schreibt.

> Sehet zu, daß euch niemand beraube durch die Philosophie und lose Verführung nach der Menschen Lehre und nach der Welt Satzungen, und nicht nach Christo.

Man hätte Bergson, der allgemein als ein bedeutender Philosoph anerkannt ist, gerne gefragt, ob er mit dem Paulinischen Diktum einverstanden war, daß er seine Leser durch Philosophie beraubte und durch seine Menschenlehre verführte. Er hätte nicht geltend machen können, daß er mit der katholischen Kirche nie in Konflikt geraten wäre, mit der Begründung, seine Lehren seien alle genau „nach Christo" gewesen. Man hätte Bergson gerne einen Katalog der Jesus-Lehren vorgelegt und ihn dann befragt, ob er darin eine christlich weise Vorsichtsmaßnahme gegen die jüdische (und bergsonsche) Beraubung durch Philosophie ausgedrückt findet. In welcher Weise hätte Bergson die Jesus-Worte im 6. Vers des 15. Johannes-Kapitels als Kampfplan gegen die raubgierige Philosophie und die verführerische Menschenlehre gerechtfertigt gefunden?

> Wer nicht in mir bleibt, der wird weggeworfen wie eine Rebe und verdorrt, und man sammelt sie und wirft sie ins Feuer, und müssen brennen.

Das Neue Testament wollte nicht mißverstanden werden, so hat es seinen Fanatikern dieses Ausbrennen an vier anderen Stellen eingeschärft: Matthäus, Kapitel 3, Vers 10 und Kapitel 7, Vers 19, sowie Lukas, Kapitel 3, Vers 9 und ganz besonders Vers 17, bei welchem der Feuertod selbst mit bestem Willen nicht symbolisch zu deuten ist, vielmehr unverhohlen und mit zusätzlicher Höllenverbannung angedroht wird. Johannes der Täufer kündigt das Programm von Jesus an.

> In seiner Hand ist die Wurfschaufel, und er wird seine Tenne fegen und wird den Weizen in seine Scheuer sammeln, und die Spreu wird er mit ewigem Feuer verbrennen.

Das nennt sich eine wirksame Bekämpfung der raubgierigen Bergsonschen Philosophie und der verführerischen Menschenlehre. Man kann indessen annehmen, daß das Verbrennen der Spreu, die nichts anderes als Spreu ist, kein ewiges Feuer verlangt. Es gehört also keine große Erfindungsgabe zum Erraten, wen der Täufer mit der Spreu und was für ein Brennen er mit dem ewigen Feuer gemeint hat. Die Schürer der gottgefälligen Scheiterhaufen haben denn auch keine besondere Phantasie nötig gehabt, die Gebrauchsanweisung des neutestamentlichen Feuerungssystems zu verstehen und in praktischer Anwendung durchzuführen. Eine wohlangebrachte Frage aber ist, ob der jüdische Jesus-Narr Bergson diese „Gebrauchsanweisung" gelesen und deren Bedeutung für die christliche Praxis in der Behandlung von Ketzern erfaßt hat. Das Christentum ist eine Religion, die mit Symbolen leicht über Bord geht. Zum Beispiel kann auch der Wein buchstäblich Blut sein und das Brot Menschenfleisch. War Bergson ein Narr oder ein Spießgeselle? Wollte er die jüdische Religion vielleicht deswegen verlassen, weil durchgeführte Verbrennungen auch im Alten Testament erwähnt werden? Genau zwei an der Zahl. Die eine steht im 10. Kapitel des dritten Buches von Moses, die andere im 11. Kapitel des vierten, beide gleich am Anfang. Diese zwei alleinstehenden Fälle können aber mit den christlichen Verbrennungen nicht verglichen werden, nicht etwa, weil nicht auch ein einziger Fall zuviel wäre, obwohl Tausende von Verbrennungen im Laufe der Jahrhunderte gegen verschwindend wenige nicht ganz außer Betracht fallen sollten. Der wesentliche Unterschied zwischen den zwei jüdischen Verbrennungen und mehreren tausend christlichen ist, daß die ersteren Legenden sind, die letzteren dagegen Tatsachen. Vernünftigerweise können auch Sodom und Gomorrha nur zu den Legenden gezählt werden.

# 19

Die legendenhafte Natur des Alten Testaments ist unter anderem auch daraus ersichtlich, daß die statistischen Zahlen immer rund sind. Es werden immer 100 000 Krieger der Feindesarmee getötet oder 50 000 oder 25 000; in einem Fall sogar 500 000 (2. Chronik, 13. Kapitel, 17. Vers). Nicht 499 999 und auch nicht 500 001, sondern genau 500 000. Kann man sich die Akkuratesse der Gefechtsleitung des siegreichen Generals vorstellen, der die Metzelei nicht vor dem Fallen des 500 000. „Schlachtopfers", aber haarscharf unmittelbar danach einstellte?

Auch die Leichenzähler müssen eine fehlerfreie Arbeit geleistet haben, da sie die kunstvoll berechnete Verlustliste nicht zuschanden machten. Man wundert sich, ob die damals führende Jerusalemer Tageszeitung „Frohe Botschaft" die runden Zahlen der judäischen Kriegsberichte in der Humorspalte meldete. Die einzige unrunde Zahl der biblischen Geschichte, die bei einer Massentötung erwähnt wird, ist jene der 42 Kinder, die von zwei Bärinnen als Gottesstrafe für die Verspottung des Propheten Elischa zerrissen wurden. Die Bärinnen hatten keinen Sinn für den Zauber der runden Zahlen (2. Könige, Kapitel 2, Vers 23, 24).

Der alttestamentlich jüdische Hang zur Schlächterei wird ganz ungeschminkt zum Witz, wenn die Opfer beim Aufstehen nach einer Übernachtung entdecken, daß sie tot sind. Gegen Ende des 19. Kapitels der 2. Könige wird beschrieben, wie Gott Jerusalem gegen einen Angriff der Assyrer beschützte.

Vers 35. Und in derselben Nacht fuhr aus der Engel des Herrn und schlug im Lager von Assyrien 185 000 Mann. Und da sie sich des Morgens früh aufmachten, siehe, da lag's alles eitel tote Leichname.

Man kann sich glücklich schätzen, so einen tüchtigen Engel zum Bundesgenossen zu haben. Man hätte einen im Zweiten Weltkrieg brauchen können gegen die Nazi-Assyrier. 185 000 bei einer einzigen Gelegenheit hätten viele Millionen auf beiden Seiten vor dem gleichen Schicksal bewahrt. Aber solche Wunder sind die Spezialität des Alten Testaments. Nur darin kann man auch andere blind-religiös geglaubte münchhausische Geschichten finden, wie zum Beispiel jene, in welcher die geschlagenen und vollkommen ausgerotteten Feinde der Wunschtraum-Juden sich wie Stehaufmännchen wiederaufrichten und nach ihrer zweiten Vernichtung zum dritten Mal für eine abermalige Niederlage wiederkommen. Die Stehaufmännchen dieser Münchhausiade sind die Amalekiter, deren doppelte Wiederauferstehungsgeschichte im ersten Buch Samuel an drei Stellen zu lesen ist. Der Anfang ist bei Vers 7 und 8 des 15. Kapitels, die Fortsetzung ist bei Vers 8 und 9 des 27. Kapitels. Über das dritte Auftreten der Amalekiter, nachdem David weder Mann noch Weib am Leben ließ, berichtet im wesentlichen (unter Weglassung der biblischen Redseligkeit) Vers 1 und 17 des 30. Kapitels.

Drama in drei Akten

## I

Da schlug Saul die Amalekiter von Hevila an bis gen Sur, das vor Ägypten liegt, und griff Agag, der Amalekiter König, lebendig, und alles Volk verbannte er mit des Schwertes Schärfe. (Verbannen mit des Schwertes Schärfe bedeutet im Hebräischen soviel wie Niedermetzeln.)

## II

David aber zog hinauf samt seinen Männern und fiel ins Land der Gesuriter und Girsiter und Amalekiter; denn diese waren von alters her die Einwohner dieses Landes, wo man kommt gen Sur bis an Ägyptenland. Da aber David das Land schlug, ließ er weder Mann noch Weib leben.

## III

Da nun David des dritten Tages kam gen Ziklag mit seinen Männern, waren die Amalekiter eingefallen ins Mittagsland und in Ziklag und hatten Ziklag geschlagen und mit Feuer verbrannt. Und David schlug sie vom Morgen an bis an den Abend gegen den anderen Tag, daß ihrer keiner entrann, außer vierhundert Jünglinge; die stiegen auf die Kamele und flohen.

Genug des grausamen Spiels oder der spielerischen Grausamkeit. Kann einer, der nicht von allen guten Geistern verlassen ist, solche alttestamentlichen Geschichten als Gegengewicht gegen die christlichen Religionskriege und die blutigen Ketzerverfolgungen in die Waagschale werfen? Ist das eine Entlastung für das Christentum, daß die Juden „es" auch getan haben, wenn dieses Tun 3000 Jahre zurückliegt und auch dann nur eine dichterische Großtuerei war?

**20**    Die christliche Rechtfertigung stellt sich allerdings (scheinbar) auf eine festere Grundlage in ihrer Berufung auf das jüdische hexengegnerische Gesetz. Die Christen gingen aber zu weit in ihrem Versuch, das alttestamentliche Gebot im 18. Vers des 22. Exodus-Kapitels hinsichtlich der Todesstrafe gegen Zauberinnen als Begründung der Hexenverbrennungen geltend zu machen. Die Berufung auf dieses Gesetz ist eine Übersteigerung der jüdischen Absicht, weil das auf dem Papier zugegebenermaßen zu scharfe und sogar grausame Gesetz durch die fanatisch blinde christliche Auslegung (wie das Verbrennen der dürren Rebe) erst eigentlich grausam gemacht wurde. Die „Hexen" sind ja deswegen verbrannt worden, weil sie zusammen mit der „Ketzerrebe" ins Feuer gehörten. Die Verantwortung dafür auf das Alte Testament abzuwälzen, ist eine Ablenkung von der christlichen Neigung, eine Strafe so grausam wie möglich zu steigern. Im jüdischen Gesetz ist keine Rede von einem Feuertod, sondern nur von einer nicht näher bestimmten Todesstrafe. Zudem brauchte dieses Gesetz überhaupt nie angewandt zu werden, weil es sich nur gegen solche richtete, die sich selbst für Zauberinnen ausgegeben haben. Im Judentum wurde keine Frau der Zauberei angeklagt, die nicht versuchte, Zauberei zu treiben. Dagegen spielte im Christentum die Unschuld keine Rolle, nur der Verdacht und die Anklage.

Der Grund zur Androhung der Todesstrafe für eine in Wirklichkeit substanzlose Treiberei ist das orthodox jüdische Grauen vor Handlungen, die sozusagen in den Wirkungskreis Gottes einzudringen drohen. Es war nicht die Zauberei an sich, die die Juden beunruhigte, sondern die unbefugte Fühlungnahme mit einer göttlichen Macht. Der strikte Monotheismus zur Zeit dieser Gesetzesverordnung sah in der Zauberei, als einer Art Verkehr mit fremden Göttern, eine Rückkehr zum Heidentum, und das galt als Kapitalverbrechen. Das Alte Testament kommt zu diesem Thema mehrere Male zurück und warnt jedes Mal vor der Zauberei, wie es auch vor fremden Göttern warnt.

Dieses Gesetz, das ein mehr oder weniger freiheitlich denkender Jude, übrigens auch ein gleichgesinnter Christ, für lächerlich gegenstandslos hält, weil die Zauberei auch dann nicht existiert, wenn sie versucht wird, wurde vom bigotten Segment des Christentums, worin der Protestantismus nicht minder stark vertreten ist, zu einem allen anderen religiösen Skandalen ebenbürtigen Skandal gemacht.

Die teuflischen Machinationen der christlichen Glaubensjuristen mit dem Hexengesetz waren die orgiastischen Grausamkeiten, die – gerade als die ketzerverbrennenden Flammen allmählich am Erlöschen waren – diese gegen die „Hexen" wieder hell auflodern ließen. Die christlichen Glaubenssadisten haben (den Juden unähnlich) keinen Beweis der Zauberei für eine Verurteilung benötigt. Ein Verdacht oder ein falscher Zeuge genügte; nachher haben sie den Beweis durch Gottesurteil oder Folter selbst fabriziert. Sie haben die Angeklagten mit zusammengebundenen Händen und Füßen ins Wasser geworfen. Wenn die Opfer in diesem Zustand ertranken, dann „waren sie unschuldig". Wenn sie sich aber irgendwie (offenbar durch „Zauberkraft") über Wasser halten konnten, dann waren sie schuldig und wurden verbrannt.

Die christlichen Richter haben die ursprüngliche Absicht des jüdischen Gesetzes vollkommen auf den Kopf gestellt. Die jüdische Absicht war, keine Zauberinnen zu haben und auch keine künstlich zu schaffen, wenn es schon keine gab. Die christliche Absicht (oder zum mindesten ihre Duldung durch die höheren Behörden) war, Zauberinnen, oder wie sie genannt wurden, Hexen zu schaffen, weil die Flammen, beim fortschreitenden Ketzermangel, nach neuer Nahrung lechzten.

Die Hexenprozesse liefen parallel mit den Ritualmordbeschuldigungen, aber im Gegensatz zu diesen mit zeitlich zunehmender Stärke und (ausnahmsweise) nicht gegen die Juden, sondern die eigene Rasse und hauptsächlich gegen Frauen. Es ekelt einen, in dieser Welt, inmitten dieser Menschheit zu leben, die aus religiösem Wahn, blindem Fanatismus und orgiastischem Sadismus Tausende und Abertausende von unglücklichen und unschuldigen Frauen (sie konnten ja gar nichts anderes als unschuldig sein) den Flammen überantwortet hat. Das erste Dokument von diesem Greuel stammt aus dem 13. Jahrhundert und vermehrte sich während der folgenden sechs Jahrhunderte in allen „zivilisierten" Ländern des Christentums. Die letzte offiziell beglaubigte Hexenverbrennung fand im schweizerischen Kanton Glarus im Jahre 1782 statt, als Goethe 33 und Beethoven 12 Jahre alt waren. Aber noch bis ins 19. Jahrhundert hinein haben russische Bauern „Hexen" ermordet.

Die Stellungnahme der Päpste zu der Hexenfrage war unterschiedlich, aber eher auf der „hexengläubigen" Seite. Es gab verschiedene päpstliche Erlasse mit Anweisungen über die Behandlungsweise für Leute, die mit dem Teufel paktierten. Wenn die angeklagten Frauen hartnäckig leugneten, dann wurden sie zum Tode verurteilt. Wenn sie „reuig" waren, dann war die Strafe lebenslänglicher Kerker. Man mußte Schuldigkeit lügen, um am Leben zu bleiben. Verteidiger der unglückseligen Frauen, einige Ärzte und Philosophen (wie zum Beispiel Giordano Bruno, der als Ketzer selber im Jahre 1600 [Shakespeares Blütezeit] Opfer des Scheiterhaufens wurde) versuchten, die Hexerei als eine seelische Krankheit umzudeuten und den Gerichten dadurch eine weniger grausame Beurteilung der Fälle zu suggerieren. Diese Menschenfreunde, die noch im falschen Jahrhundert geboren waren, gerieten manchmal selbst, wie das Beispiel Brunos zeigt, in Schwierigkeiten. Der betrüblichste Aspekt dieser furchtbaren Verirrung ist vielleicht der hexengläubige Stand der Reformatoren. Sowohl Luther als auch Calvin waren vom Teufel behext. Und wenn man bedenkt, daß die christliche Bibel die leibliche Existenz des Teufels nach wie vor lehrt, dann wundert man sich, ob wir das dunkle Mittelalter schon hinter uns gelassen haben. Es sei allerdings zugegeben, daß für dieses Wundern mehr Gründe als der Glaube an den leibhaftigen Teufel Anlaß geben.

Wenn man alle christlichen Grausamkeiten, den Feuertod für verdächtige jüdische Scheinchristen, sektiererische Dissidenten, „Hostienschänder" und „Hexen" zusammenzählt, dann ist die Schlußfolgerung unentrinnbar, daß die christliche Grausamkeit in ihrer Sturm-und-Drang-Zeit viel teuflischer war als der spätere kommunistische und nazistische Terror. Abgesehen von der Hinrichtungsmethode, deren Feuertod – verglichen mit dem Erschießen, Vergasen oder selbst dem Guillotinieren – viel grausamer ist, besteht eine größere Grausamkeit allein schon in ihrer eigentlichen Unmotiviertheit. Wenn man es sich recht überlegt, ist es ein schauderhafter Standpunkt, Andersdenkende aus keinem anderen Grund, als daß sie anders denken, nicht bloß zu strafen, sondern sogar grausam zu töten. Diese Feststellung sollte freilich auch für politische Schreckenssysteme gelten. Doch steht die religiöse Grausamkeit ihrer eigenen Hölle eine Stufe näher. Politische Systeme haben die Tendenz, mit der Konsolidierung ihrer Macht auch in ihren Methoden nachgiebiger zu werden. Demgegenüber wütete die christliche Graumsamkeit um so „teuflischer", je stärker sie ihre Machtstellung befestigte. Natürlich sind die Religionen im Abendland nicht mehr grausam, weil sie keine Macht dazu haben. Die politische Grausamkeit hat übrigens im Vergleich zu der religiösen die weniger verdammenswerte Eigenschaft, daß sie nicht heuchlerisch ist. Sie sagt offen, daß sie beherrschen will. Und abgesehen von Fällen, in denen sie mit der Religion verbündet ist, gibt sie nicht vor, barmherzig zu sein. Diese Heuchelei oder Wahnidee charakterisiert fast alle Religionen, aber selbst militante Religionen wie der Islam und in seiner mythischen Zeit auch das Judentum waren nie so grausam und nie für so lange wie das Christentum während seiner „Blütezeit".

21    Das Christentum hat seine grausame Ader von seinem heidnisch-römischen Urahnen geerbt, und es dürfte wohl keine irrige Diagnose sein, daß das Christentum eigentlich eine Verewigung des Heidentums ist. Diese Ansicht hat auf seine Weise schon der englische Philosoph Thomas Hobbes in seinem sozialkritischen Werk „Leviathan" im Jahre 1651 ausgedrückt, als er schrieb: „Das Papsttum ist das Gespenst des Römischen Reichs gekrönt auf dessen Grab gesetzt." (The papacy is the ghost of the Roman Empire sitting crowned on the grave thereof.)

Wenn die Christen, beziehungsweise die Katholiken im besonderen sich über diese Feststellung empören wollten, dann sollten sie daran erinnert werden, daß der Papst den Titel „Pontifex maximus", nämlich den Titel des altrömisch-heidnischen Oberpriesters trägt. Das ist aber nicht das einzige, wodurch der Katholizismus und auch das ganze Christentum das heidnische Erbe mit sich schleppt.

22    Das Symbol des Christentums, das Kreuz, ist ein heidnisch-römisches Mordin-
strument. Es soll christliche Liebe ausdrücken, in Wirklichkeit ist es ein Zeichen des Hasses.
Es baumelt an jeder Priesterbrust mit dem verkrampft angenagelten Jesusleib als Mahnung,
daß das christliche Liebessymbol eigentlich ein Mordsymbol ist. Immer wenn Grausamkeiten
begangen wurden, in Krieg, Sklavenbedrückung, Religionstyrannei, war das Kreuz strahlend
dabei. Auch der Scheiterhaufen hat seine Inspiration vom Kreuz bezogen. Der Tod am Kreuz
war ein leidensverlängernder langsamer Tod. So war er auch für die unglückseligen
Scheiterhaufenopfer, denn diese wurden nicht in ein augenblicklich verzehrendes Flammen-
meer geworfen, sondern zum sadistischen Rösten über ein langsam brennendes Feuer gesetzt.
Das ursprüngliche Christenleiden am Kreuz ist zum späteren Völkerleiden durch das Kreuz
geworden. Der Leidtragende hat sich in einen Leidbringenden gewandelt.

So steht es also um unsere judeo-christliche Zivilisation, von der das „judeo" besser weggelassen würde. Es wird natürlich von mancher Seite für müßig oder gar destruktiv gehalten,
die Vergangenheit dermaßen aufzurühren, weil die früheren Atrozitäten aus denselben religiösen Motiven heute nicht mehr möglich sind und nachdem das Christentum selbst zum
Fackelträger des Humanismus gegen andere, neu erstandene Unmenschlichkeiten geworden
ist. Da aber die unerwünschte Möglichkeit besteht, daß der Zweck der unbemäntelten Worte
über das Christentum immer wieder mißverstanden wird, so ist es notwendig, die Gründe
dafür ebenso oft zu wiederholen. Es handelt sich nicht um das Christentum an sich, sondern
um seine Gegenüberstellung mit dem Judentum zum Vorteil jener Juden (wie zum Beispiel
Bergsons und seinesgleichen), die sich im Wahn befinden, daß ihre angestammte Religion ein
lebloses, aber noch nicht begrabenes Fabelwesen ist, das seinen Platz in der Welt dem lebensvollen Christentum räumen muß. Die jüdische Religion mag abgestorbene Äste haben, die
vielleicht am besten ins Feuer geworfen werden, sofern es nicht dem tödlich christlichen
Symbolismus anheimgestellt wird, gleich das ganze Judentum in Rauch aufgehen zu lassen.
Das Aufzeigen der weniger schönen Fassade des Christentums soll nur die jahrtausendelange
Verfälschung der Werte in ihrem gegenseitigen Verhältnis aufdecken und korrigieren.

Es ist billig, jetzt, wo das Christentum angesichts neuerstandener Weltbeherrschungsan-
sprüche in die Defensive gedrängt ist, von judeo-christlicher Zivilisation zu sprechen. Die
abendländische Zivilisation, die die Juden nicht mehr beschuldigt, christliches Blut zu trinken, und auch die Frauen nicht mehr verdächtigt und anklagt, mitternächtlich auf Besen ritt-
lings über die Hausdächer zu fliegen, hätte schon vor 1000 Jahren existieren können, wenn es
am Hofe Karls des Großen oder spätestens im Spanien der Inquisition üblich gewesen wäre
von judeo-christlicher Zivilisation zu sprechen. Damals war die Zivilisation ganz christlich,
und so hat sie auch ausgesehen. Die humanisierenden und lebensklugen Aspekte der jüdischen Religion sind schon von Jesus nach und nach hinausgeworfen worden. Seine maßlosen
Übertreibungen und Umsturzbestrebungen haben in der Gesellschaft Anarchie und Fanatismus verbreitet, indem er in den Evangelien ein undurchführbares Programm niederlegte und
gleichzeitig dessen Durchführung unter Androhung höllischer Strafen forderte. Sein Programm
bestand aus zwei gegensätzlichen Unmöglichkeiten, aus absoluter Lebensfeindlichkeit und
aus einer bis zur Engelhaftigkeit getriebenen Lebenserhöhung.

**23** Anführungen verschiedener Äußerungen von Jesus sollen deren Unvereinbarkeit, aber auch deren in sich schon bestehende Fragwürdigkeit dartun. Die erste Gegenüberstellung ist aus dem 5. Kapitel des Matthäus-Evangeliums entnommen. Die ersten drei Verkündigungen der Bergpredigt schaffen eine Art Adel des Miserablen. Dann, rund zehn Verse später, schlägt Jesus in eine Verhimmelung öffentlicher Großtuerei um. Zuerst kann man nicht klein genug und nachher nicht groß genug sein.

> Selig sind, die da geistlich arm sind;
> Selig sind, die da Leid tragen;
> Selig sind die Sanftmütigen;
> Ihr seid das Licht der Welt. Es kann die Stadt, die auf einem Berge liegt, nicht verborgen sein. Man zündet auch nicht ein Licht an und setzt es unter einen Scheffel, sondern auf einen Leuchter; so leuchtet es denn allen, die im Hause sind. Also lasset euer Licht leuchten vor den Leuten, daß sie eure guten Werke sehen und euren Vater im Himmel preisen.

Die Ansprache, die zuerst Kleinmütigkeit einflößt und dann zur Renommisterei ermuntert, wurde an dieselbe Zuhörerschaft gerichtet, und zwar innerhalb einer einzigen Minute. Es ist schwer, unter den namhaften Persönlichkeiten der Weltgeschichte eine zweite zu finden, die so wetterwendisch war wie Jesus. Über denselben Gegenstand hat er selten zweimal dasselbe gesagt. Einmal sollte das materielle Leben vernachlässigt, ein andermal Gegenstand unmittelbarer Sorge sein. Stellen wir den 22. Vers des 12. Lukas-Kapitels dem 11. Vers des 6. Matthäus-Kapitels gegenüber. Letzteres ist ein Vers des Vaterunsers.

> Er sprach zu seinen Jüngern: Sorget nicht für euer Leben, was ihr essen sollt.
> Darum sollt ihr also beten: Unser täglich Brot gib uns heute.

Daß diese zwei Verse in der Bibel nicht nebeneinander stehen, ist keine Entschuldigung. Jesus treibt auch die geschlechtliche Enthaltsamkeit bis zur Lebensfeindlichkeit, dann aber gewährt er wiederum seine göttliche Belohnung für eine lose Lebensführung. In der Versgruppe 10, 11, und 12 des 19. Matthäus-Kapitels ist ein Gespräch mit den Jüngern registriert, nachdem ihnen Jesus die strikten Regeln des Ehebundes geschildert hat.

> Da sprachen die Jünger zu ihm: Steht die Sache eines Mannes mit seinem Weibe also, so ist's nicht gut, ehelich zu werden. Er sprach aber zu ihnen: Das Wort faßt nicht jedermann, sondern denen es gegeben ist. Denn es sind etliche verschnitten, die sind aus Mutterleibe also geboren; und sind etliche verschnitten, die von Menschen verschnitten sind; und sind etliche verschnitten, die sich selbst verschnitten haben um des Himmelreiches willen. Wer es fassen kann, der fasse es!

Schade, daß nicht alle Anhänger von Jesus es fassen können. Wenn sie es könnten, wäre die Welt ein gutes Stück Weges weiter zur allgemeinen gesunden, lebensbejahenden Daseinsfreude. Aber der Geschlechtskrüppelfreund Jesus verfällt schon nach zwei Kapiteln ins andere Extrem, wie es im 31. Vers des 21. Kapitels als letzter Gegenschlag in einem Geplänkel mit den Hohepriestern und Stadtältesten berichtet wird.

> Jesus sprach zu ihnen: Wahrlich ich sage euch: Die Zöllner und Huren mögen wohl eher ins Himmelreich kommen denn ihr.

Ob die Zöllner für einen erleichterten Eingang ins Himmelreich verschnitten waren, ist schwer zu sagen. Aber von den Huren kann man wohl behaupten, daß sie nicht zu jenen gehörten, die Jesus mit der Bemerkung meinte:

Wer es fassen kann, der fasse es!

Aber auch wenn diese Damen es nicht fassen konnten, waren sie die besonderen Sorgenkinder von Jesus. Diese waren jene Stiefkinder der Gesellschaft, die der Missionsarbeit von Jesus besonderen Sinn gaben. Es war löblich von ihm, sich der Verstoßenen der Gesellschaft anzunehmen. Im Matthäus-Evangelium (mit Echo bei Markus und Lukas) ist die Szene geschildert, die ihm zu einer vielsagenden Erklärung Anlaß gab (Kapitel 9, Vers 10,11, 12).

Es begab sich, da er zu Tische saß im Hause, siehe, da kamen viele Zöllner und Sünder und saßen zu Tische mit Jesu und seinen Jüngern. Da das die Pharisäer sahen, sprachen sie zu seinen Jüngern: Warum isset euer Meister mit den Zöllnern und Sündern? Da das Jesus hörte, sprach er zu ihnen: Die Starken bedürfen des Arztes nicht, sondern die Kranken.

Es ist allerhand von einem Kastrationsapostel, den Kranken der unkastrierten Kaste so gefühlvoll ärztliche Hilfsmittel verabreichen zu wollen. Offenbar war nach dem Verschnittenenstatus die zweitbeste Qualifikation für die Himmelreichsbürgerschaft die berufsmäßige Ausübung einer unverschnittenen Tätigkeit.

Eines hat aber Jesus übersehen oder darüber absichtlich hinweggesehen. Mit der Beschränkung seiner „ärztlichen Hilfe" auf die „Kranken", womit zweifelsohne das Seelenheil für Heilsbedürftige gemeint war, hat er die Religion für „Starke" abgeschafft. Atheisten, die nicht Zöllner, Prostituierte und sonstige Spötter der Gesetze sind, können aufatmen. Jesus hat ihnen bestätigt, daß sie keine Religion, jedenfalls keine christliche, nötig haben. Das ist aber nicht der einzige Fall einer Ermunterung zur Religionslosigkeit durch Jesus. In einem anderen geht er noch weiter und ermutigt sogar schon zur ausgesprochenen Sündhaftigkeit. Laut Bericht der Versreihe 4 bis 7 im 15. Lukas-Kapitel unterhält er seine Zuhörerschaft mit folgendem erbaulichem Geschichtchen:

Welcher Mensch ist unter euch, der hundert Schafe hat und so er der (deren) eines verliert, der nicht lasse die neunundneunzig in der Wüste und hingehe nach dem verlorenen, bis daß er's finde? Und wenn er's gefunden hat, so legt er's auf seine Achseln mit Freuden. Und wenn er heimkommt, ruft er seine Freunde und Nachbarn und spricht zu ihnen: Freuet euch mit mir; denn ich habe mein Schaf gefunden, das verloren war. Ich sage euch: Also wird auch Freude im Himmel sein über einen Sünder, der Buße tut, vor neunundneunzig Gerechten, die der Buße nicht bedürfen.

Beständige Treue und bewährte Zuverlässigkeit wird also weniger geschätzt als die verdächtig gewordene Rückkehr zu einem verratenen Freundeskreis. Daß die Allegorie mit dem Schaf und dem Sünder bedenklich hinkt, sei nur nebenbei bemerkt. Die Freude über ein wiedergefundenes Schaf ist rein materialistisch, da das Tier, ohne Erfassen der Vorgänge, ein absolut passiver Beteiligter ist und auch nur Geldwert repräsentiert. Zu dieser Ansicht gibt Jesus noch mehr Anstoß durch Wiederholung der Allegorie gleich anschließend an ihr Schlußwort, aber mit einem verlorenen Groschen an Stelle des Schafs. Ist die Wiederkehr (oder überhaupt die

Bekehrung) eines Verirrten in keiner höheren Weise erfreulich als das Beibringen eines Schafes oder Geldstückes? Für Jesus zählt ein reuiger Mensch nur soviel wie ein Schaf oder ein Geldstück. Es ist nicht verwunderlich, da die Hintansetzung von 99 unerschütterlich Gerechten hinter einen fragwürdig reuigen Sünder moralisch bedenklich ist und den Grund zu einem gesellschaftlichen Verfall legt. Wozu sollen Leute beständig tugendhaft sein, wenn einer unbegrenzt lang luderhaft sein kann, seinen Mantel noch rechtzeitig nach dem Winde hängt, und wenn er dann noch mehr Ehre empfängt, als die Dummfrommen je hatten oder auch haben können.

Bei diesem System kann einer sein Leben lang betrügen, rauben und morden, und wenn er mit den Früchten seines Treibens, auch nach langer Zeit noch unentdeckt, in den übelverdienten Ruhestand tritt und seiner Vergangenheit abschwört (was ihn an diesem Punkt nichts kostet), dann kann er der Jesus-Ethik gemäß nicht nur als ein ehrbares Kirchenmitglied, sondern sogar als ein hochbelobigtes Musterbild gottergebener Gediegenheit paradieren. In der zitierten Lukas-Bibelpassage sagt Jesus ganz ohne Schamgefühl, wieviel mehr Privilegien ein einzelner reformierter Sünder im Himmel genießt als 99 langbewährte Gerechte (die der Buße nicht bedürfen). Er scheut sich nicht, den Menschen nahezulegen, daß es besser ist, einen wesentlichen Teil des Lebens in Sünde zu verbringen mit einer billigen Notreparatur zur rechten Zeit, als während des ganzen Lebens ohne Abirrung anständig zu sein. Und auf einer Grundlage dieser Art soll die menschliche Gesellschaft funktionsfähig zusammengehalten werden!

Die Katholische Kirche, als treue Schülerin von Jesus, folgt ihm nicht nur in der Anwendung seines frivolen Sündenprinzips auf das Benehmen des Menschen während seines Lebenslaufs, sondern auch auf seine Ankunft an der Schwelle des Todes. Wenn einer sein Leben nach dem geschilderten Sündenmuster einrichtet und kurz vor seinem Ende die Hokuspokus-Salbung empfängt, dann wird seinem Gesuch um Himmelreichsbürgerschaft, unter Zurückstellung der Gesuche der ewig unbeirrten Glaubensautomaten, eine Vorzugsbehandlung zugesichert. Sollte aber demgegenüber einer der genannten Ewigfrommen eine Minute vor seinem unerwarteten Ende zufällig aus Unachtsamkeit einen sündhaften Fehltritt begehen – möglicherweise den ersten in seinem Leben – und wegen Zeitmangel ohne Absolution und letzte Ölung abkratzen, dann wird er zur ewigen Verdammnis verurteilt. Ein luderhaftes Leben mit einem gottgefälligen Schlußakkord hat mehr Aussicht, ins Paradies zu führen als ein gottgefälliges Leben mit einem verpfuschten Ende. Nur das Ende zählt, sozusagen die letzte Minute, und die vorausgegangenen Jahrzehnte zählen einen Schmarren. Das ist Gerechtigkeit, wie sie von der Kirche nach dem von Jesus statuierten Exempel praktiziert wird.

Jesus war ein großer Verfechter der Gerechtigkeit. Er ermahnte seine Jünger und die anderen Anhänger und Zuhörer verschiedentlich zur Gerechtigkeit. Schon in der Bergpredigt (Matthäus, Kapitel 5, Vers 10) sagt er:

Selig sind, die um Gerechtigkeit willen verfolgt werden; denn das Himmelreich ist ihr.

Am Anfang des 7. Kapitels sagt er:

Richtet nicht, auf daß ihr nicht gerichtet werdet. Denn mit welcherlei Gericht ihr richtet, werdet ihr gerichtet werden; und mit welcherlei Maß ihr messet, wird euch gemessen werden.

Im 20. Vers des 5. Kapitels ist die Mahnung noch deutlicher und folgenschwerer:

Ich sage euch: Es sei denn eure Gerechtigkeit besser als der Schriftgelehrten und Pharisäer, so werdet ihr nicht in das Himmelreich kommen.

Gerechtigkeit zu predigen ist natürlich löblich. Es fragt sich nur, was für eine Auffassung der Prediger vom Wesen der Gerechtigkeit hat. In der abendländischen Zivilisation schließt der Begriff der Gerechtigkeit das Bestreben nach Gleichheit, Freiheit und Brüderlichkeit in sich ein, so wie der Wahlspruch der Französischen Revolution es postuliert hat. Man macht sich natürlich keine Illusionen über die Erreichbarkeit oder auch nur die absolute Wünschbarkeit dieser Ideale, aber die Mehrheit zivilisierter Menschen wird wohl eine Annäherung an sie als ein positives Bestreben anerkennen. Es kann von Freiheit, Gleichheit und Brüderlichkeit keine Rede sein, wenn ein Mensch unermeßlich reich und ein anderer erdrückend arm ist, besonders wenn keiner seinen extremen Status durch sein persönliches Tun verdient hat. Auch eine maßlos auseinanderklaffende Verteilung der Arbeitslast paßt nicht in das erstrebte Ideal, besonders wenn die Entlohnung dem Belastungsunterschied nicht Rechnung trägt. Der allgemein menschliche Gerechtigkeitssinn wird ein Gesellschaftssystem mit solchen Praktiken kaum als gesund und gedeihlich beurteilen.

Für die Beurteilung der „gerechten" Verteilung der Arbeitslast hat Jesus ein erbauliches Beispiel geliefert, als er beim Zurüsten zu einem Mittagsmahl, zu dem er eingeladen war, über die Rolle von zwei Schwestern seine Meinung äußerte. Er hat die faule, sich von der Arbeit drückende Schwester belobigt und die sich darüber beklagende, arbeitsame Schwester abgekanzelt. (Zum Nachlesen am Ende des 10. Kapitels im Lukas-Evangelium empfohlen.)

**24** Wie bereits registriert, hat Jesus auch seine Jünger und Anhänger zur Gerechtigkeit ermahnt. War aber seine Gerechtigkeit von der Art, die als allgemein gültig angenommen werden könnte? Das 20. Kapitel des Matthäus-Evangeliums enthält den Bericht über eine sogenannte Parabel von Jesus, die seinen Begriff von sozialer Gerechtigkeit wiedergibt. Die Anführung umfaßt die ersten 15 Verse, die für ihre Länge mit ihrer nützlichen Lehre entschädigen. Besondere Beachtung verdient der erste Satz, wofür der Grund vielleicht nicht sofort ersichtlich ist. In dem der Anführung folgenden Kommentar wird er klar werden.

Das Himmelreich ist gleich einem Hausvater, der am Morgen ausging, Arbeiter zu mieten in seinen Weinberg. Und da er mit den Arbeitern eins ward um einen Groschen zum Tagelohn, sandte er sie in seinen Weinberg. Und ging aus um die dritte Stunde und sah andere an dem Markte müßig stehen und sprach zu ihnen: Gehet ihr auch hin in den Weinberg; ich will euch geben, was recht ist. Und sie gingen hin. Abermals ging er aus um die sechste und neunte Stunde und tat gleich also. Um die elfte Stunde aber ging er aus und fand andere müßig stehen und sprach zu ihnen: Was stehet ihr hier den ganzen Tag müßig? Sie sprachen zu ihm: Es hat uns niemand gedingt. Er sprach zu ihnen: Gehet ihr auch hin in den Weinberg, und was recht sein wird, soll euch werden. Da es nun Abend ward, sprach der Herr des Weinbergs zu seinem Schaffner: Rufe die Arbeiter und gib ihnen den Lohn und heb an den letzten bis zu den ersten. Da kamen, die um die elfte Stunde gedingt waren, und empfing ein jeglicher seinen Groschen. Da aber die ersten kamen, meinten sie, sie würden mehr empfangen; und sie empfingen auch ein jeglicher seinen Groschen. Und da sie den empfingen, murrten sie wider den Hausvater und sprachen: Diese letzten haben nur eine Stunde gearbeitet, und du hast sie uns gleich gemacht, die wir des Tages Last und die Hitze getragen haben. Er antwortete aber und sagte zu einem unter ihnen: Mein Freund, ich tue dir nicht Unrecht. Bist du nicht mit mir eins geworden um einen Groschen? Nimm, was dein ist, und gehe hin! Ich will aber diesem letzten geben gleich wie dir. Oder habe ich nicht Macht zu tun, was ich will, mit dem Meinen? Siehst du darum scheel, daß ich so gütig bin?

Gibt es jemanden, der behaupten würde, daß der Gerechtigkeitssinn der Menschheit mit dem von Jesus identisch oder auch nur entfernt verwandt ist?

Darauf mag man antworten, daß diese Frage ihr Ziel verfehlt, weil Jesus in der angeführten Parabel gar keinen eigenen Gerechtigkeitssinn zur allgemeinen Kenntnis bringen wollte. Oft wird der Sinn seiner Parabeln mit dem Argument abgeschwächt oder ganz umgedeutet, daß die darin vorkommenden Immoralitäten nicht seine Lebensnorm, sondern jene der Gestaltung in der Erzählung widerspiegeln und zum Hervorheben des richtigen Benehmens dienen. Diese Einwendung ist bei keiner Parabel ganz stichhaltig, weil Jesus das angeblich richtige Benehmen dem falschen nur in den seltensten Fällen gegenüberstellt. Meistens hat man den Eindruck, daß die allegorische Figur in seinen Parabeln ihn selbst repräsentiert. In der angeführten Parabel mit dem Weinberg und den gedungenen Arbeitern besteht nun absolut kein Zweifel über die Identität des Hausvaters. In diesem Fall liefert Jesus selbst die Identifikation. Der erste Satz sagt, daß das Himmelreich seinem Hausvater gleich ist, der für seinen Weinberg Arbeiter mietete. Also gilt alles, was vom Weinbergbesitzer gesagt wird, auch vom Himmelreich. Nach der Erklärung von Jesus hat die Parabel nur dann einen Sinn wenn das Himmelreich die Menschen so behandelt wie der Hausvater seine Arbeiter, nämlich ungerecht, frohlockend und am Ende auch noch arrogant herausfordernd. Da nun der Lebenszweck von Jesus war, die Gerechtigkeit dieses Reichs auf Erden zu verbreiten (er warnt ja seine Jünger, daß für das Gewinnen des Himmelreichs ihre Gerechtigkeit besser sein muß als die der Schriftgelehrten und Pharisäer), so hat die Menschheit Gelegenheit gehabt, die Gerechtigkeit von Jesus kennenzulernen und zu verwerfen, gleichzeitig aber auch aus eigener Einsicht eine andere, bessere zu entwickeln und zu praktizieren. Jesus war ein Phrasenmacher, der manchmal über Gerechtigkeit und Armenschutz faselte, aber sich in Wirklichkeit auf die Seite der Ausbeuter und Faulenzer stellte.

Im 19. Lukas-Kapitel ist die Parabel über den Edelmann, der seine Untergebenen beauftragte, mit den ihnen anvertrauten Geldsummen zu wirtschaften. Als es sich beim späteren Rechenschaftsbericht herausstellte, daß ein Untergebener das ihm anvertraute Geld aus Angst vor einem möglichen Verlust nicht auf Zinsen anlegte und nur die ursprüngliche Summe zurückerstattete, schimpfte ihn der Lehnsherr aus:

Und er sprach zu denen (Vers 24, 25, 26), die dabeistanden: Nehmet das Pfund von ihm und gebet's dem, der zehn Pfund hat. Und sie sprachen zu ihm: Herr, hat er doch zehn Pfund. Ich sage euch aber: Wer da hat, dem wird gegeben werden; von dem aber, der nicht hat, wird auch das genommen werden, was er hat.

Das ist die Gerechtigkeit, die Jesus predigte und deren gedeihliche Folgen er seinen Jüngern laut Matthäus-Evangelium, Kapitel 6, Vers 33 versicherte.

Trachtet am ersten nach dem Reich Gottes und nach seiner Gerechtigkeit, so wird euch solches alles zufallen.

Dieses Zufallen bezieht sich nicht auf den Armen, dem auch das noch weggenommen wird, was er (nicht) hat. Er ist die Vertröstung jener arbeitsscheuen Jesus-Anhängsel, von denen früher die Rede war. Diese zwei Jesus-Prinzipien, das Entblößen der Habenichtse und dann wiederum die Gratis-Atzung der Faulenzer, bilden einen netten Widerspruch oder eine gegenseitige Ergänzung und damit eine typische Spezialität von Jesus.

Das Maß, mit dem Jesus gemessen hat, war anscheinend dem ähnlich, mit dem man in manchen Kneipen den Wein ausschenkt. Dem vielseitigen Jesus war nämlich auch die Weinpanscherei nicht ganz fremd. Er hat nicht nur sein eigenes Maß, sondern auch seine eigene Bezugsquelle für seine Weinwirtschaft gehabt. Fromme Leute, die mit den Taten von Jesus vertraut sind, wissen schon, daß es sich um den Weinausschank bei der Hochzeit zu Kana handelt. Bevor aber über Jesu Rolle als Weinlieferant bei dieser Festlichkeit berichtet wird, ist es eine passende Einleitung dazu, wenn seine frühere Stellungnahme zu ähnlichen Situationen bekanntgemacht wird.

Jesus hatte vor Schlemmerei gewarnt, weil das Reich Gottes jeden Augenblick hereinbrechen könnte und die im Prassen versunkenen Schlemmer den Anschluß an die Erlösung verpassen würden. Das Verspaar 34 – 35 des 21. Lukas-Kapitels gibt die Schlußworte seiner Warnung wieder.

> Hütet euch, daß eure Herzen nicht beschwert werden mit Fressen und Saufen und mit Sorgen der Nahrung und komme dieser Tag schnell über euch; denn wie ein Fallstrick wird er kommen über alle, die auf Erden wohnen.

Es ist interessant, wie unbesorgt Jesus um den Fallstrick sein konnte, denn bei der Hochzeit zu Kana, wo er mit seinen Jüngern und sogar seiner Mutter zu Gaste war, hat er das Saufen nicht nur geduldet, sondern sich daran über das unvermeidliche hinaus mitschuldig gemacht. Er muß von Gott einen Geheimbericht bekommen haben, daß das Hereinbrechen des Reichs für den Tag der Hochzeit nicht vorgesehen war. An diesem Punkt sollte nun das Hauptereignis der Kana-Hochzeit, nämlich Jesu erstaunlicher Beitrag zur Weinseligkeit und auch die Szene mit seiner Mutter, aus der Bibel zitiert werden. Vor diesem Schritt muß aber eine technische Erklärung über Textgestaltung eingeschaltet werden.

(Es ist passend, bei dieser Gelegenheit darauf hinzuweisen, daß manche Bibelstellen mehr ein Kernproblem enthalten und deswegen dem besonderen Thema entsprechend aufgeteilt behandelt werden müssen. Das erklärt das Erscheinen manchen Bibelzitats an mehr als einer Stelle, wiewohl immer in einem anderen Zusammenhang, entweder selbst als Ausgangspunkt zu einem Thema oder als Klarlegung eines anderen. Ein Beispiel für eine solche Zitatenbehandlung ist gerade der Bibelbericht über die Hochzeit zu Kana, bei welcher die grobe Abfertigung von Jesu Mutter durch ihn und das damit aktionsmäßig eng verbundene Wunder des alkoholisierten Wassers zwei voneinander getrennte Erörterungen verlangen. Der kurze, aber lieblose Dialog, den Jesus mit seiner Mutter führt, bleibt für einen späteren Kommentar aufgespart. Bei dieser Gelegenheit wollen wir uns auf den Bericht über das Hochzeitstreiben beschränken und daraus gewisse Konsequenzen ziehen.)

**25**    Über die berühmte Kana-Hochzeit wird im 2. Kapitel des Johannes-Evangeliums berichtet. Von den ersten zehn Versen des Berichts wird in diesem Zitat nur der vierte, als nicht zum gegenwärtigen Thema gehörend, weggelassen.

> Und am dritten Tage ward eine Hochzeit zu Kana in Galiläa; und die Mutter Jesu war da. Jesus aber und seine Jünger wurden auch auf die Hochzeit geladen. Und da es an Wein gebrach, spricht die Mutter Jesu zu ihm: Sie haben nicht Wein. Seine Mutter spricht zu den Dienern: Was er euch sagt, das tut. Es waren aber allda sechs steinerne Wasserkrüge gesetzt nach der Weise der jüdischen Reinigung, und ging in je einen zwei oder drei Maß. Jesus spricht zu ihnen: Füllet die Wasserkrüge mit Wasser! Und sie füllten sie bis obenan. Und er spricht zu ihnen: Schöpfet nun und bringet's dem Speisemeister! Und sie brachten's. Als aber der Speisemeister kostete den Wein, der Wasser gewesen war, und wußte nicht, woher er kam, ruft der Speisemeister den Bräutigam und spricht zu ihm: Jedermann gibt zum ersten guten Wein, und wenn sie trunken geworden sind, alsdann den geringern; du hast den guten Wein bisher behalten.

Wenn man Jesus vorwerfen wollte, in Betrunkene noch mehr Gesöff hineinzufüllen, dann könnte es sein „Alibi" sein, daß die Hochzeitsgäste schon so sternhagelvoll waren, daß sie nicht mehr zwischen Wasser und Wein unterscheiden konnten und daß ihr weiteres Beduseln gerade darauf gegründet war, daß der „Wein" ja nach wie vor Wasser und nur eine hypnotisch wirkende Vorspiegelung war. Unerschütterliche Jesusgläubige weisen natürlich diese Charakterrettung ab, weil sie an der Wundertätigkeit von Jesus niemals zweifeln würden. In diesem Fall hat aber Jesus Betrunkenen noch mehr Wein zum Trinken gegeben, was mit seiner Warnung gegen Sauferei in unversöhnlichem Widerspruch war.

**26**    Es ist schwer, in den Ansichten und Handlungen von Jesus, welches sie auch seien, ein widerspruchsloses Gleichgewicht zu finden. Im 38. Vers des 5. Matthäus-Kapitels kritisiert er das alttestamentliche „Auge um Auge, Zahn um Zahn" und gibt im darauffolgenden Vers, im Gegensatz dazu, seine Auffassung vom richtigen Benehmen in einer feindlichen Umwelt.

> Ich aber sage euch, daß ihr nicht widerstreben sollt dem Übel; sondern, so dir jemand einen Streich gibt auf deinen rechten Backen, dem biete den andern auch dar.

Unsere zivilisatorischen Tendenzen mögen dem alttestamentlichen Vergeltungssystem widerstreben. Darin drückt sich aber nur eine Art moralische Ästhetik aus. Seien wir aufrichtig; wir sträuben uns nur gegen eine Methode, nicht aber gegen das Prinzip. Welches Prinzip regiert die abendländischen Rechtssysteme?

Die Vergeltung von Übeltaten, das Strafen der Gesellschaftsfeinde oder die Duldung und Ermutigung des Verbrechertums? Wenn die nominell und auch die aktiv christlichen Staaten tatsächlich dem Prinzip von Jesus folgten, dann könnte es gar keine Jurisprudenz, Polizei, keine Gerichte und Strafanstalten geben. Jesus begnügt sich nicht einmal damit, den Übeltäter laufen zu lassen, er bietet ihm an, nach einer Übeltat gleich eine andere zu begehen. In einer ähnlichen Weise wie seine arbeitsgegnerische Philosophie die Wirtschaft zerstören würde, so würde seine Sozialethik die Gesellschaftsordnung in eine wilde Anarchie auflösen. Er rät uns, Feinde zu lieben, Fluchende zu segnen und zu unseren Hassern wohltätig zu sein. Wenn seine hingebungsvollsten Nacheiferer seine Moralität sich zu eigen gemacht haben, warum hat dann Luther den

Papst gehaßt? Warum haben die spanischen und französischen Katholiken die Muselmanen, anstatt sie zu bewillkommnen, blutig bekämpft und schließlich vertrieben? Warum hat Jesus selbst nicht nach seinem eigenen Prinzip gehandelt, als er seinen Jüngern verbot, in die Städte der Samariter zu gehen, und als er jeden, der nicht an ihn glaubte, für verdammt erklärte (Markus, Kapitel 16, Vers 16) und ihm sogar mit dem Brennen im ewigen Höllenfeuer drohte (Markus, Kapitel 9, Vers 48), obwohl ein Ungläubiger und Ungehorsamer nicht an sich ein Feind ist?

Jesus war nicht fähig, seinen eigenen Prinzipien zu folgen. Welches moralische Recht hatte er unter diesen Umständen, die alttestamentliche Vergeltungshärte in formell berechtigten Fällen zu kritisieren? Sein Stand ist in Wirklichkeit viel schlimmer als der des Alten Testaments. Die Tatsache ist, daß – während die alten Juden nur ein Auge für ein Auge verlangten – Jesus die Menschen im Ablehnungsfalle samt und sonders ins Höllenfeuer werfen wollte. Dieser unbeugsame Mutwille kommt bei ihm auch im Zusammenhang mit seiner Behandlung der Geschlechtsfrage zum Ausdruck. Daß ihm die geschlechtliche Natur des Menschen ein Greuel war, ist schon in einem anderen Zusammenhang erwähnt worden. Man erinnert sich, daß er die Verschnittenen für die Lieblinge seines Himmelreichs erklärte. Im „schwerbeladenen" 5. Kapitel des Matthäus-Evangeliums, beim 28. Vers, ist seine Warnung an die Nichtverschnittenen wiedergegeben.

> Ich aber sage euch: Wer ein Weib ansieht, ihrer zu begehren, der hat schon mit ihr die Ehe gebrochen in seinem Herzen.

Mit diesem Diktum richtet Jesus eine heillose Verwirrung an. „Weib" bezeichnet jegliche Weiblichkeit, im biblischen noch mehr als im modernen Gebrauch. Es kann auch eine ledige Jungfrau sein. Der Gebrauch dieser Bezeichnung durch Jesus macht demnach sein Urteil absurd. Die Annäherung an eine ledige Jungfrau (übrigens auch an eine Witwe) und die Werbung um sie wird genauso unmöglich wie im Falle einer verheirateten Frau, wodurch letzten Endes auch die Ehe unmöglich wird. Vielleicht war das die geheime Absicht von Jesus, um das Himmelreich auf Erden leichter einrichten zu können. Der katholische Klerus mit seinem Zölibat interpretiert ihn offenbar auch in diesem Sinne.

27   So wie Jesus die gegenseitigen Beziehungen von Mann und Frau ins Absurde zu biegen trachtete, stellte er die Dinge auch im geschlechtlich neutralen, gesellschaftlichen Gesundheitsbezirk auf den Kopf. Sein Begriff von Gesundheitspflege war das Schmutzigsein. Die Hygiene ist eines der Gebiete, auf denen der Unterschied zwischen altjüdischer Zivilisation und altchristlicher Unzivilisiertheit deutlich in Erscheinung tritt. Auf die Christen mag diese Feststellung freilich wie ein Schlag ins Gesicht wirken, aber nur deswegen, weil sie sich dessen nicht bewußt sind, daß ihre heutige Lebensweise den 3000 Jahre alten jüdischen Gesundheitsregeln folgt und weil es ihnen auch nicht bewußt ist, daß sie gemäß dem Schmutzschutz von Jesus dreckig herumlaufen müssen. Man hat den Eindruck, daß das einzige Bad, das Jesus während seines ganzen Lebens nahm, bei seiner Taufe im Jordan war. Markus, der den längsten Bericht über den Schmutzkult von Jesus im Kapitel 7 erstattete, soll wegen der Überfülle der Dokumente übersprungen werden und das Wort Lukas bei Kapitel 11, von Vers 37 bis 40, übergeben werden.

Da er aber in der Rede war, bat ihn ein Pharisäer, daß er mit ihm das Mittagsmahl äße. Und er ging hinein und setzte sich zu Tische. Da das der Pharisäer sah, verwunderte er sich, daß er sich nicht vor dem Essen gewaschen hätte. Der Herr aber sprach zu ihm: Ihr Pharisäer haltet die Becher und Schüsseln auswendig reinlich; aber euer Inwendiges ist voll Raubes und Bosheit. Ihr Narren, meinet ihr, daß es inwendig rein sei, wenn's auswendig rein ist?

Matthäus, Kapitel 15, von 1 bis 6.

Da kamen zu ihm die Schriftgelehrten und Pharisäer von Jerusalem und sprachen: Warum übertreten deine Jünger der Ältesten Aufsätze? Sie waschen ihre Hände nicht, wenn sie Brot essen. Er antwortete und sprach zu ihnen: Warum übertretet denn ihr Gottes Gebot um eurer Aufsätze willen? Gott hat geboten: „Du sollst Vater und Mutter ehren; wer aber Vater und Mutter flucht, der soll des Todes sterben." Aber ihr lehret: Jener tut wohl, der zum Vater oder zur Mutter spricht: „Ich habe Gott gegeben, was ich dir hätte geben sollen." Damit geschieht es, daß niemand hinfort seinen Vater oder seine Mutter ehrt, und also habt ihr Gottes Gebot aufgehoben um eurer Aufsätze willen.

Es ist bezeichnend für die Welt und im besonderen für eine große Zahl ihrer führenden Persönlichkeiten mehr als für Jesus, daß in einem Buch, das als heilig verehrt wird, eine offene Stellungnahme zugunsten körperlicher Unreinlichkeit, billige Wortverdrehung und sogar nackte Heuchelei unwidersprochen präsentiert werden kann.

Als Jesus sich im Haus des Pharisäers an den Mittagstisch setzte, zeigte er, daß nicht nur seine Hände schmutzig waren, sondern daß er im ganzen ein unzivilisierter Bauer und Grobian war. Da er die Einladung ohne Zwang aus freien Stücken annahm, so hätte er sich an die ihm bekannten Sitten des Gastgebers anpassen und die Hände waschen sollen. Seine Unzivilisiertheit wuchs aber zur Unverschämtheit, als er den Gastgeber der Räuberei, der Bosheit bezichtigte und einen Narren schimpfte. Dieser Pharisäer kann kein so schlechter Mensch gewesen sein, wenn er Jesus zu Gaste geladen hatte. Die Einladung war ein Zeichen dafür, daß er zu einem freundlichen Austausch der Meinungen und vielleicht sogar zu einer Annäherung an Jesu Ansichten, wenn nicht gar vollkommenen Bekehrung, bereit war. Das hätte Jesus auskundschaften können. Er hatte sich großsprecherisch für einen Arzt der seelisch Bresthaften erklärt; da war nun die Gelegenheit, seine Heilkunst an einem willkommenen Objekt zu erproben. Aber Jesus war ein Arzt, der sich selber nicht heilen konnte. Er hat selber mit diesem Gedanken gespielt, wie es im 4. Kapitel des Lukas-Evangeliums berichtet wird. Der kranke Arzt Jesus konnte sich nicht beherrschen, als er die nur in Gedanken geformte Kritik seines Gastgebers über seine schmutzigen Hände telepathisch erriet. Beschämt und im Bewußtsein seines Unrechts platzte er sofort mit Schimpfereien heraus. Er war rachsüchtig in der schlimmsten Weise, indem er sich nicht für eine erlittene Unbill, sondern eine berechtigte und nur gedachte, gar nicht geäußerte Kritik rächen wollte. Außerdem war es seine Methode, auf eine Beanstandung gar nicht einzugehen, sondern sofort in Gegenangriff überzugehen, und zwar immer in einer Sache, die mit dem Gegenstand der Kritik überhaupt nichts zu tun hatte. Anstatt sich zu entschuldigen und erst nachher – wenn angebracht – einen schwachen Punkt des Gegners aufzuzeigen, fing er sofort an zu schimpfen.

Noch krasser als im Hause des Gastgebers war sein Ausbruch gegen die aus Jerusalem hergereisten Schriftgelehrten. Den Vorwurf, daß seine Jünger mit ungewaschenen Händen aßen, würdigte er nach seiner gewohnten Methode überhaupt keiner Antwort. Um abzulenken, erhob er Gegenklage über eine angebliche Respektlosigkeit Eltern gegenüber, was mit dem Thema des Schmutzkonfliktes gar nichts zu tun hatte. In dieser Konfrontation erscheint Jesus in zweierlei Hinsicht als sein eigener Ankläger. Erstens erweist sich der Stein des Anstoßes, den er den Schriftgelehrten in den Weg zu rollen versucht, als eine Seifenblase. Ein Geschenk an Gott, das man den Eltern hätte geben können, bedeutet keine Respektlosigkeit diesen gegenüber. Man kann Eltern auch anders als mit Geschenken ehren. Mit dieser Klage hat sich Jesus nur blamiert, da sie offensichtlich mit aller Gewalt an den Haaren herbeigezogen wurde. Er klagt, ist aber nicht fähig, einen annehmbaren Grund dafür anzugeben. Für ihn ist Angriff die beste Verteidigung. Aber diesmal ging der Schuß nach hinten los. Die Blamage der grundlosen Anklage wurde sogar von seiner Heuchelei in den Schatten gestellt. Ausgerechnet der Elternhasser Jesus sollte von Elternverehrung sprechen? Im 37. Vers des 10. Kapitels des Matthäus-Evangeliums sagt er:

> Wer Vater oder Mutter mehr liebt denn mich, der ist mein nicht wert.

Das ist ihm aber noch nicht genug im Ausdruck der Unterordnung der Elternliebe unter die Loyalität zu ihm. Bei Lukas wird für die Eltern der Entzug der Liebe zu einem ausgesprochenen Haß gesteigert. Im 26. Vers des 14. Kapitels heißt es:

> So jemand zu mir kommt und haßt nicht seinen Vater, Mutter (und andere Familienmitglieder), der kann nicht mein Jünger sein.

Ebenfalls bei Lukas heißt es im 29. Vers des 18. Kapitels:

> Wahrlich ich sage euch: Es ist niemand, der ein Haus verläßt oder Eltern oder Brüder oder Weib oder Kinder um des Reiches Gottes willen, der es nicht vielfältig wieder empfange...

28    In den vorgängig gegebenen Beispielen gibt uns Jesus eine Demonstration, wie einer ein ungerechter und zudem heuchlerischer Ankläger sein kann. Er beanstandete (ohne einen Beweis dafür zu liefern), daß die Schriftgelehrten ein Geschenk nicht den Eltern, sondern Gott gegeben hätten. Er kritisiert haargenau das, was er nachher selbst fordert. Das Hintansetzen der Elternliebe hinter die Jesusliebe und sogar der ausgesprochene Elternhaß wurde von ihm ja gerade als Geschenk für Gott gefordert. Im 29. Vers des 18. Lukas-Kapitels heißt es ja, daß die Abwendung von der Familie „um des Reiches Gottes willen" gefordert wird. Jesus klagt also Leute an, die ihre Eltern angeblich nicht ehren, wirft aber das Steuer 180 Grad herum und gebietet Haß gegen dieselben Eltern, wenn er selber als Gottesvertreter der Nutznießer der Schwenkung sein soll.

Die Forderung der Elternverehrung durch Jesus ist eine Heuchelei wie sie nicht zynischer sein könnte. Im 18. Kapitel von Lukas (unter anderen Stellen) berichtet der 20. Vers die Ermahnung von Jesus: „Du sollst deinen Vater und deine Mutter ehren." Dazu kann man nur sagen: „Da schau mal her, wer hier den Mund voll nimmt." Nie hat einer selbst einen Ziehvater so verächtlich behandelt wie Jesus seinen heiligen Vormund. Er hat ihn überhaupt für eine Null gehalten. Der düpierte Hahnrei hat ihm während seiner Kindheit Obdach und Nahrung geboten und ihn ein Handwerk gelehrt. Er flüchtete mit ihm (wenn man dem Evangelisten glauben kann) unter schwierigsten Umständen nach Ägypten, um ihn den blutigen Händen der Kindermörder zu entziehen. Er war um ihn besorgt und hat nach ihm geforscht, als er mit zwölf Jahren einmal vier Tage verschollen war. Nach dieser väterlichen Hingabe und Aufopferung würde man annehmen, daß Jesus seine Dankbarkeit für das Liebeswerk der Vaterschaft Ausdruck gegeben hätte. Weit gefehlt! Er hat sich nicht einmal die Mühe unverbindlichen Komplimentierens gegeben. Jesus war der undankbarste Sohn der Weltgeschichte, denn er hatte nicht nur nie ein gutes Wort für seinen väterlichen Wohltäter, er verleitete auch andere Söhne zur Herzlosigkeit ihren Eltern gegenüber. Jesu Predigt über die Ehre für den Vater hatte soviel Gültigkeit und Aufrichtigkeit, daß er einem Jünger nicht einmal Zeit ließ, dessen eben gestorbenen Vater zu begraben (Matthäus, Kapitel 8, Versgruppe 19, 21, 22).

Diesem Fall reiht sich der Fall jenes anderen Jüngers an, dem er nicht gestattete, vor dem Anschluß an den Jüngerkreis von seiner Familie Abschied zu nehmen (Schlußsätze des 9. Lukas-Kapitels). Ihm nachzufolgen war so dringend, daß es nicht eine Minute Aufschub zur Beobachtung der elementarsten Anstandsregeln duldete. Die Elternverehrung (die auch ein „Tüttel" des Gesetzes ist) wurde plötzlich null und nichtig und mußte seinem maßlosen Egoismus und seiner Tyrannei geopfert werden. Es wäre interessant, eine Umfrage bei den christlichen Seelsorgern zu veranstalten, ob sie durch solche Verachtung gegen ihre Eltern Jünger Christi geworden sind und ob es also bloß eine hohlköpfige Phrasendrescherei war, als Jesus die Beobachtung des Fünften Gebots (der Elternverehrung) forderte.

Die Ehre, die Jesus seinem Vater und Vätern im allgemeinen erwies, hätte seine Mutter durchaus nicht eifersüchtig machen können. Ein Beispiel seiner Liebe zu seiner Mutter findet man in dem vorhin bei der Kana-Hochzeit weggebliebenen Wortwechsel mit seiner Mutter (Johannes, Kapitel 2, Vers 3, 4). Als sie ihn auf den steigenden Weinbedarf aufmerksam machte, fuhr er sie unwirsch mit den Worten an:

> Was geht das mich und dich an, Weib?

(Das ist die genaue Übersetzung aus dem Lateinischen, entgegen der viel verletzenderen Formulierung von Luther, dessen Übersetzung lautet: „Weib, was habe ich mit dir zu schaffen?") Die Theologen behaupten, daß die Anrede „Weib" im archaisierenden Gebrauch nicht so respektlos ist, wie sie in unseren Ohren klingt. Das ist ein vergeblicher Verschönerungsversuch. Im griechischen Original ist das entsprechende Wort „Gynai" und im Lateinischen „Mulier", die genau die Valeur von „Weib" haben. Eine mögliche Abschwächung der Wortbedeutung in der Redensart „mein Weib" ist im Fall von Jesus unwirksam, weil seine Mutter nicht sein Weib war. Daß Jesus dieses Wort nicht in einer angeblich altertümlichen Zierbedeutung gebraucht haben kann, geht auch daraus hervor, daß er die fünffach flatterhafte Samaritanerin (Johannes, Kapitel 4, Vers 21) und die Ehebrecherin (Kapitel 8, Vers 10) auch per „Weib" anredete. Also findet der große Elternverehrer Jesus für seine Mutter keine zärtlichere Anrede als für die sittenlosen Weibspersonen. Er hatte nicht die Seelenkultur, seine Mutter – wie es jeder liebende Sohn tut – ganz einfach „liebe Mutter" zu rufen.

Jesu geistiges Funktionieren zeigt eine Zerrüttung, die selbst bei einem Menschen bedenklich ist, geschweige denn bei einem Gott. Der Heuchelei war er noch fähig, aber der Logik nicht. Warum mußte einer seine Eltern hassen, wenn er sein Jünger werden wollte? Wenn er an der mangelnden Elternverehrung (wie er sie festzustellen glaubte) Anstoß nahm, dann hätte er erst recht eine restlose Hingabe an die Eltern als Bedingung zur Aufnahme in seine

Gefolgschaft stellen müssen. Das wäre nicht nur logisch, sondern auch ethisch der einzig einwandfreie Standpunkt gewesen. Er verlangte, er, der „Mustersohn", daß Leute ihre Eltern ehren, und im selben Atemzug gebot er ihnen, sie zu hassen, wenn es seinen Zwecken diente. Er war der krasseste und schamloseste Egoist der Weltgeschichte. Das ist die Meinung eines Juden von einem anderen.

Diese scharfe Kritik wäre nicht nötig, wenn Jesus kein Jude gewesen wäre. Die Juden sind nicht an den Sitten und den charakterlichen Besonderheiten anderer Völker interessiert. Aber es ist gerade die nichtjüdische Mitwelt, die jeden Juden für das Verhalten jedes anderen verantwortlich macht. Diese Gruppenverantwortung gebietet also, einen Rassengenossen zu denunzieren, der Schande über die Gemeinschaft bringt. Man soll nicht vergessen: Als Jesus vor Grimm geiferte, war er ein hundertprozentiger Jude.

Jesu Unfähigkeit, logische und menschenwürdige Ansichten zu entwickeln, äußerte sich auch in der von ihm konstruierten Alternative zwischen gottgefälligem Schmutz und gottvergessener Sauberkeit. Sein heftiger Ausbruch als Rückschlag auf die Bemängelung seiner ungewaschenen Hände scheint zu bedeuten, daß man nicht zugleich sauber und gottgefällig sein kann. Das Kritisieren seiner und seiner Jünger Hände verlangte eine Erklärung über deren Zustand, nicht eine Gegenkritik über den Glaubensstand der Kritiker. Wo diese in Sachen Religion standen, ging Jesus einen Dreck an (vielleicht den Dreck an seinen ungewaschenen Händen). Er hatte gar kein Recht, diese Frage überhaupt aufs Tapet zu bringen, geschweige denn als Kritiker aufzutreten. Seine Religion konnte mit gutem Recht seine eigene Sache sein, aber nicht gezwungenermaßen auch die Religion eines anderen. Er wurde zu einer Mahlzeit zum Essen und je nach der Stimmung zu einer Konversation eingeladen und nicht dazu, seinen Gastgeber über Religion pöbelhaft zu schulmeistern. Auf der anderen Seite ging es den Gastgeber sehr an, ob der Reinlichkeitsgrad von Jesu Körper befriedigend genug war, um ihn zu einer gemeinsamen Mahlzeit in einem ordentlichen Hause zu befähigen. Das war keine ideologische, sondern eine hygienische und ästhetische Frage.

Das Prinzip „Dem Reinen ist alles rein" ist im Fall von Jesus ganz und gar nicht anwendbar. Nur jener Schmutz kann als „rein" geltend gemacht werden, den man zu ertragen bereit ist, nicht aber jener, den man einem anderen zumutet. Jesus kann seinen „reinen" Schmutzbegriff für sich selbst haben, aber nicht anderen aufzwingen.

Jesus blieb nicht nur hinter dem Kulturstand seiner jüdischen Volks- und Zeitgenossen zurück, er hatte noch viel weniger die gesellschaftliche Grazie der griechisch-römischen Heidenwelt. Diese hatte mit den Juden die Sitte des Badens gemein. Der „Fortschritt" des Christentums war das Zurücksinken in Unflat und Seuche, deren Grassieren im Mittelalter nur zu bekannt ist. Das Alte Testament drückt wiederholt Sorge um die Gesundheitsverhältnisse aus. Darin war es mit anderen semitischen Kulturen wie zum Beispiel jener unter dem großen Gesetzgeber und König von Babylonien, Hammurabi, verwandt. Diese Tradition wurde auch vom Islam fortgesetzt. Die mohammedanischen Völker waren auch von jeher große Liebhaber des Badens. Nur das frühe und mittelalterliche Christentum mit seinem wahnsinnigen asketischen Kult sah im Bad etwas Ungöttliches.

Die christliche Scheu vor dem Baden war allgemein bekannt und von Zeit zu Zeit Gegenstand kritischer Bemerkungen. Es überrascht nicht, darüber einen Kommentar auch im „Antichrist" von Friedrich Nietzsche zu finden. Im Endteil des Abschnitts 21 sagt er:

Der Versteck, der dunkle Raum ist christlich. Hier wird der Leib verachtet, die Hygiene als Sinnlichkeit abgelehnt; die Kirche wehrt sich selbst gegen die Reinlichkeit (die erste christliche Maßregel nach Vertreibung der Mauren war die Schließung der öffentlichen Bäder, von denen Cordova allein 270 besaß).

Man weiß nicht, ob Nietzsche oder die Mauren mit 270 Bädern in einer Stadt übertrieben haben, aber die Tatsache ist, daß Unreinlichkeit zur offiziellen christlichen Ordnung erhoben wurde. Einige Kirchenväter, die Regeln über das richtige Benehmen erlassen haben, konnten sich in dieser Frage auf die programmatische Erklärung von Jesus stützen. Jesus, der den Schriftgelehrten bei seinem heftigen Gegenangriff auf die Kritik über schmutzige Hände keine unmittelbare sachliche Antwort gab, trommelte nachher eine größere Gruppe von Menschen zusammen, und diesen erklärte er den Grund für die leidige Unreinlichkeit. Offenbar wollte er einem freien Zirkulieren seines Charakterbildes ohne die Möglichkeit unmittelbarer Rechtfertigung vorbeugen. Hören wir nun, was für eine Erklärung über schmutzige Hände er dem Volk gab, die er den Schriftgelehrten nicht gegeben hatte (Matthäus, Kapitel 15, Vers 10,11 und 17,18, 19, 20).

> Er rief das Volk zu sich und sprach zu ihm: Höret zu und fasset es! Was zum Munde eingeht, das verunreinigt den Menschen nicht; sondern was zum Munde ausgeht, das verunreinigt den Menschen. Merket ihr noch nicht, daß alles, was zum Munde eingeht, das geht in den Bauch und wird durch den natürlichen Gang ausgeworfen? Was aber zum Munde herausgeht, das kommt aus dem Herzen, und das verunreinigt den Menschen. Denn aus dem Herzen kommen arge Gedanken: Mord, Ehebruch, Hurerei, Dieberei, falsch Zeugnis, Lästerung. Das sind die Stücke, die den Menschen verunreinigen. Aber mit ungewaschenen Händen essen verunreinigt den Menschen nicht.

Ehebruch und Hurerei aus dem Herzen? Wenn mit dem Herzen ein Planen und Verwirklichen gemeint ist, dann leidet Jesus an Begriffsverwirrung. Ehebruch und Hurerei sind schicksalhafte Lebenswendungen, in welchen das Subjekt ein Objekt ist ohne Vorsatz und Willkür, nur durch die treibende Kraft des Schicksals.

Der letzte Satz der Erklärung von Jesus „Aber mit ungewaschenen Händen essen verunreinigt den Menschen nicht" hat der christlichen Hygiene für Jahrhunderte den Weg gewiesen. Da religiöse Fanatiker (übrigens Fanatiker jeder Sorte) alles übertreiben, was ihr Führerprophet als Richtschnur des Benehmens verkündet, so hat sich das Ungewaschensein von den Händen auf den ganzen Körper ausgebreitet. Das war eigentlich logisch, da der Rest des Körpers kaum mit schmutzigen Händen gereinigt werden kann. Für die christlichen Asketen waren die ungewaschenen Hände von Jesus ein gefundenes Fressen. Es war nicht schwer zu folgern – vielleicht haben sie es aus früherer eigener Erfahrung, vor ihrer Umnachtung, gewußt –, daß das Baden und die Reinlichkeit eine Quelle des Wohlgefühls sind, und diese Asketen haben nichts mehr verachtet als das Wohlgefühl. Dieses war die Vorstufe zur Sinnlichkeit, und diese ihrerseits war das Gottloseste, dem ein Mensch verfallen sein konnte. Die Askese und die Unreinlichkeit waren also die natürlichsten Zwillingsschwestern.

Im 4. Jahrhundert gab es drei berühmte Kirchenväter, die Maßregeln über das Baden beziehungsweise das Nichtbaden erlassen haben. Der erste und älteste war St. Pachomius, ein nordägyptischer Klostervater, der das Baden des ganzen Körpers verbot. Ein Vollbad war nur im Krankheitsfall gestattet. Die fanatischen Asketen waren aber pachomischer als Pachomius, da sie sich des Badens selbst im Krankheitsfall enthalten haben. Ihr Mann war St. Hieronymus, der berühmte Bibelübersetzer, der Verfasser der volkstümlichen lateinischen Bibelversion „Vulgata". Hieronymus war ein fanatischer Asket, der das Baden unter keinen Umständen gestattete. Der dritte Unreinlichkeitsapostel desselben Jahrhunderts war der noch berühmtere St. Augustin, einer der wichtigsten Doktoren der Kirche. Er war freilich kein Doktor der Medizin, aber immerhin der nachgiebigste unter den Schmutzheiligen. Er gestattete Klosterfrauen, einmal im Monat ins öffentliche Bad zu gehen (die Klöster haben kein eigenes gehabt), aber nur in Gruppen von wenigstens dreien. Allein durfte sich keine Frau im Bad blicken lassen. Für Männer, die zu ihrer Annehmlichkeit kein Bad nehmen durften, ist gegebenenfalls ein Bad als Strafe vorgeschrieben worden, nämlich ein Bad in eiskaltem Wasser für eine meistens unerträglich lange Zeitdauer.

Als Jesus die Liste der verunreinigenden Sünden im Gegensatz zu der nicht „verunreinigenden" schmutzigen Hand aufstellte, nannte er Mord an erster Stelle. Man kann als sicher annehmen, daß die überwiegende Mehrheit der Menschheit im Einvernehmen mit Jesus Mord als eine schwere Sünde ansieht. Auch das ist ein allgemein akzeptiertes Prinzip, das der bloße Wunsch nach Vernichtung eines Menschenlebens eine bedenkliche innere Regung ist. Wenn aber Jesus den Wunsch schon mit der vollendeten Tat, wie gierige Blicke mit Ehebruch, gleichsetzt, dann sollte er folgerichtig sein und sich selbst des Mordes anklagen, da er in gewissen Situationen den Tod von Menschen wünschte, von Menschen, die nach den allgemeinen Begriffen der Zivilisation keiner schweren oder überhaupt keiner Missetat schuldig waren.

29 Die Mordlust von Jesus bricht, im Spiegel der evangelischen Berichte, mehrere Male durch und wird immer von egoistischen Motiven befeuert. Es brennt in ihm ein Vernichtungswahn gegen Menschen, die seine messianische Autorität ablehnen. Schon bei ihm fing der wilde Eifer an, der das Christentum von allen anderen Religionen unterscheidet, nämlich das Anmaßen des unerbittlichen Anspruchs auf Unterjochung der ganzen Welt und auf das grausamste Strafen jener, die ihre Gewissensfreiheit trotz größter Widerwärtigkeiten und Leiden bewahrt haben.

Der universale Machtanspruch äußert sich unter anderem in der Entsendung von Missionaren nach fernen Ländern und Völkern mit dem Ziel der Zerstörung und Ersetzung ihrer angestammten Religion, während keine asiatischen und afrikanischen Glaubensagenten in Europa oder Amerika eine vergleichbar religiöse Kolonisation betreiben. Das Propagandaschlagwort von Jesus, den Bedrängten Erquickung und Ruhe zu bringen, ist ein Schalmeienklang, wo die Kirche keine Macht hat, und ein Machtwort, wo sie sie besitzt. Die Verheißung wird zum Zwang. Das Christentum kennt keine Neutralität. Man muß zwischen Erlösung und Verdammung wählen. In der christlichen Vorstellung hat ein Mensch nicht die Freiheit, die Erlösung zu verschmähen und doch auch nicht verdammt zu werden. Das Christentum ist eine Vogel-friß-oder-stirb-Religion. Man wirft auch den Juden ihren Auserwähltheitsanspruch vor, der aber eine niemanden schädigende, nach innen gerichtete Selbstbespiegelung und im Vergleich zum christlich tyrannischen Weltmachtanspruch eine bedeutungslose Zwergerscheinung ist. Zur Dokumentierung dieser Sachlage sei an das bekannte und auch nach wiederholten Anführungen nie abgegriffene Diktum des 16. Verses des 16. Kapitels im Markus-Evangelium erinnert.

Wer da glaubet und getauft wird, der wird selig werden; wer aber nicht glaubet, der wird verdammt werden.

Wie Jesus das Verdammtsein versteht, das ist unter anderem im Endteil des 25. Matthäus-Kapitels zu lesen, wo Jesus sich mit einem König vergleicht, der seine Anhänger und Verneiner in zwei Gruppen, zu seiner Rechten und zur Linken, einteilt. Die Anhänger, die Gerechten, werden natürlich mit dem ewigen Leben belohnt. Zu den „Bösen" zur Linken wird er aber sagen (41. Vers):

Gehet hin von mir, ihr Verfluchten, in das ewige Feuer, das bereitet ist dem Teufel und seinen Engeln!

Bei diesen Verfluchten handelt es sich aber nicht etwa um Feinde, sondern nur um solche, die für den König (Jesus) nichts übrig haben. Dafür ist ihre Strafe, wie es von Jesus nicht anders zu erwarten ist, ewiges Höllenfeuer. Dagegen ist es geradezu eine Wohltat, wenn er einen Widerspenstigen nur ersäufen möchte (bei dem wäre der Mord wenigstens augenblicklich ohne ein ewiges Rösten), wie es im 6. Vers des 18. Matthäus-Kapitels ausgedrückt ist.

Wer aber ärgert dieser Geringsten einen, die an mich glauben, dem wäre besser, daß ein Mühlstein an seinen Hals gehängt und er ersäuft würde im Meer, da es am tiefsten ist.

Mit Jesus ist nicht zu spaßen, er wußte für ein Ärgern seiner Gläubigen die richtige Strafe zu wählen durch Ersäufen mit einem Mühlstein am Halse im Indischen Ozean, der doch mit einer Tiefe von 12 Kilometern von allen Weltmeeren am tiefsten ist. Es ist zwar bekannt, daß man auch in einer Badewanne ersaufen kann, aber Jesus liebte keine Halbheiten; er ging immer aufs Ganze und verlangte absolute Gewißheit. Wenn er jemanden ersäufen wollte, dann war ihm dazu nur der Indische Ozean gut genug; er hat ja gesagt, „wo das Meer am tiefsten ist". Für seine Landsleute kam das allerdings wegen Transportschwierigkeiten schwerlich in Frage, doch auch für die ideal plazierten, aber widerwilligen Inder war es eher akademisch, da das Christentum in Indien bis zum heutigen Tag nur kümmerliche Fortschritte gemacht hat. Die praktische Anwendbarkeit von Vergeltungsmaßnahmen war sowieso belanglos, da Jesu Mordtat nach seinem eigenen Prinzip „Begehren ist Begehen" durch den geäußerten Wunsch in seinem Herzen auch ohne ein tatsächliches Ersäufen schon als vollendete Tatsache feststand.

Jesu Wunsch nach dem Umbringen von Menschen, die ihm absolut nichts zuleide getan, nur ihn als Herrscher abgelehnt haben, ist im 19. Kapitel des Lukas-Evangeliums noch deutlicher als vorher ausgedrückt. Eigentlich war es in diesem Fall mehr als ein Wunsch, es war ein Befehl, und die Hinrichtungsmethode war kein Ertränken, sondern ein ganz trockenes Erwürgen. Die Bibelstelle, die unter anderem auch diese kaltblütige Beseitigung erzählt, wurde schon einmal angeführt, als vom untüchtigen Diener und seinem Herrn die Rede war, der ihn bei jener Gelegenheit noch ziemlich menschlich behandelte, denn er hatte, wie es sogleich offenbar wird, noch viel giftigere Pfeile in seinem Köcher (19. Kapitel von Lukas, 23 bis 28):

Warum hast du denn mein Geld nicht in die Wechselbank gegeben? Und wenn ich gekommen wäre, hätte ich's mit Zinsen gefordert. Und er sprach zu denen, die dabeistanden: Nehmet das Pfund von ihm und gebet's dem, der zehn Pfund hat. Und sie sprachen zu ihm: Herr, hat er doch zehn Pfund. Ich sage euch aber: Wer da hat, dem wird gegeben werden; von dem aber, der nicht hat, wird auch das genommen werden, was er hat. Doch jene meine Feinde, die nicht wollten, daß ich über sie herrschen sollte, bringet her und erwürget sie vor mir! Und als er solches sagte, zog er fort und reiste hinauf gen Jerusalem.

Wer sagte solches und wer zog fort und reiste hinauf gen Jerusalem, der Edelmann oder Jesus? Es ist beachtenswert, wie der Edelmann sich unmerklich in Jesus verwandelt. Wer will die unwilligen Untertanen erwürgen, und wer ist es, der solches sagt und dann nach Jerusalem abgeht? Wo endet der Edelmann, und wo beginnt Jesus? Der halbe Satz „und als er solches sagte" wächst aus der Rede des Edelmanns heraus und wächst in Jesus hinein. Durch diesen halben Satz bilden der Edelmann und Jesus siamesische Zwillinge. Dieses Zusammenwachsen entsteht dadurch, daß der Edelmann Jesus aus der Seele redet. Wenn das nicht der Fall wäre, dann müßte Jesus empört gegen die Gesinnung des Edelmannes protestieren. Die Parabel muß doch eine Moral haben, sonst besteht gar kein Anlaß zu ihrem Vortrag. Da aber Jesus keinen Piep von Mißbilligung von sich gibt, so ist der Edelmann mit all der Tyrannei und Mordlust seine eigene Verkörperung. Jesus fordert diese Deutung heraus, weil er die Parabel nicht als Spiegel eines hassenswerten Verhaltens, sondern als Ansporn zum Fordern tyrannischer Privilegien vorträgt. Die ganze Erzählung hätte gar keinen Sinn und Zweck, wenn Jesus nicht sein eigenes Programm bekanntgegeben hätte. Es wäre hirnverbrannt, für ein Programm Propaganda zu machen, zu dem man sich im Gegensatz befindet.

Diese Interpretation wird von der Theologie bestätigt. Der Edelmann, von dem die Rede ist, war in ein fernes Land gegangen (so erzählt Lukas im selben Kapitel vom 12. Vers an), um dessen Herrscher zu werden und dann mit dieser Machterweiterung wiederzukommen. Die Theologie deutet dieses neugewonnene Reich als das Reich Gottes, den Eroberer als Jesus und seine Rückkehr als seine versprochene Wiederkunft. Das ist ganz logisch, sonst hätte die Parabel gar keinen Sinn. Das Rügen des untüchtigen Dieners und die Wegnahme des ihm anvertrauten Pfundes, das er nicht zum Verzinsen auf die Bank brachte, wird von der Theologie als Strafe für die Vernachlässigung des Glaubens gedeutet. Ebenfalls wird das Verlangen nach dem Erwürgen der Feinde des Edelmannes mit dem Strafen der Feinde des Glaubens gleichgesetzt. Die Bedeutung der ganzen Parabel ist einfach. Wenn der Edelmann, der im Reich (dem Reich Gottes) als Herrscher eingesetzt wird, Jesus ist, dann ist der Edelmann, der seine Feinde erwürgt sehen möchte, ebenfalls Jesus.

Daß Jesus mit dem mordgierigen Edelmann identisch ist, dafür zeugt auch sein in früheren Fällen erwiesener Charakter mit der Lust nach Vernichtung durch Verdammung und Ersäufung. Er glaubte eine mörderische Willkürherrschaft aufgrund seiner vorgeblichen Gottessohnschaft beanspruchen zu können. Im Judentum kann sich jedoch kein Mensch (wofür auch der Jude Jesus gehalten wurde) auf ein göttliches Piedestal stellen. Deswegen wurde Jesu Beanspruchung des allmächtigen Gottheitsstatus als blasphemisch empfunden. Dazu hat er mit seiner im 30. Vers des 10. Johannes-Kapitels registrierten Erklärung unmißverständlich Anlaß gegeben.

Ich und der Vater sind eins.

Die Erklärung, die für jüdische Ohren im höchsten Maße gotteslästernd klang, führte dann zwischen Jesus und seiner Hörerschaft zu einem Wortwechsel, der in den nächstfolgenden Versen von Johannes wiedergegeben ist.

Da hoben die Juden abermals Steine auf, daß sie ihn steinigten. Jesus antwortete ihnen: Viel gute Werke habe ich euch erzeigt von meinem Vater; um welches Werk unter ihnen steiniget ihr mich? Die Juden antworteten ihm und sprachen: Um des guten Werks willen steinigen wir dich nicht, sondern um der Gotteslästerung willen und daß du ein Mensch bist und machst dich selbst zu Gott. Jesus antwortete ihnen: Steht nicht geschrieben in eurem Gesetz: „Ich habe gesagt: Ihr seid Götter"?

Jesus rechtfertigt seinen Gottestitel mit dem Hinweis auf ein „Gesetz" Gottes (das er nicht näher nennt), das den Menschen eine göttliche Qualität verleiht und die er für sich in Anspruch nimmt. Dieses „Gesetz", das keins ist, sondern nur eine Feststellung, steht im 82. Psalm. Die Bedeutung der Feststellung ist, daß Gott den Menschen „ihm zum Bilde schuf" und damit in einem gewissen Sinne göttlich machte. Die Bezugnahme von Jesus auf diese Stelle im Psalm ist eine lahme Klügelei. Der Psalm betont, daß die genannten göttlichen Menschen sterblich sind (und zwar ohne Wiederauferstehung) und spricht von den Kindern Gottes in einem allumfassenden Sinn. Jesus rechnete sich als Sohn Gottes nicht im selben Sinn, wie ein jeder sich als Kind Gottes betrachten kann. Die Sohnschaft Jesu in Abweichung vom göttlichen Kindheitsverhältnis eines jeden Menschen ist im 3. Kapitel des Johannes-Evangeliums ausgesprochen. Der 16. Vers lautet:

Also hat Gott die Welt geliebt, daß er seinen eingeborenen Sohn gab, auf daß alle, die an ihn glauben, nicht verloren werden, sondern das ewige Leben haben.

Nun ist kein Mensch der „eingeborene" Sohn Gottes wie Jesus, der als Glaubensideal ewiges Leben zu geben beanspruchte. Mit dem Versuch, sich aus der Gottesgleichheitsklage durch Verallgemeinerung der menschlichen Göttlichkeit herauszureden, wollte Jesus nur einen Punkt in der Debatte gewinnen, denn unmittelbar nachher machte er seine besondere Gottessohnschaft wieder dadurch geltend, daß er vorgab, Gott hätte ihn geheiligt und als sein Sprachrohr in die Welt gesandt. Damit hat er aber von seiner opportunistischen Juristerei Zeugnis abgelegt. Er wollte Durchschnittsmenschenkind oder exklusiver Gottessohn sein, je nach der Tunlichkeit der Situation.

# 30    Vom Grad und Wesen von Jesu beanspruchter Gottesnähe im Verhältnis zu seinen jüdischen Widersachern gewinnen wir einen realistischeren Eindruck, wenn gewisse Teile der zwei Testamente einander gegenübergestellt werden. Im 2. Vers des 4. Kapitels und im 1. und 2. des 17. Kapitels des Evangelisten Matthäus lesen wir folgendes:

Da er vierzig Tage und vierzig Nächte gefastet hatte, hungerte ihn. Und nach sechs Tagen nahm Jesus zu sich Petrus und Jakobus und Johannes, seinen Bruder, und führte sie beiseits auf einen hohen Berg. Und er ward verklärt vor ihnen, und sein Angesicht leuchtete wie die Sonne, und seine Kleider wurden weiß wie ein Licht.

Lesen wir jetzt, was der letzte Vers des 24. Kapitels sowie die Verse 28 und 29 des 34. Kapitels im Exodus (2. Buch von Moses) zu erzählen wissen.

> Und Mose ging mitten in die Wolke und stieg auf den Berg und blieb auf dem Berge vierzig Tage und vierzig Nächte. Und er war allda bei dem Herrn vierzig Tage und vierzig Nächte und aß kein Brot und trank kein Wasser. Und er schrieb auf die Tafeln die Worte des Bundes, die Zehn Worte. Da nun Mose vom Berge Sinai ging, hatte er die zwei Tafeln des Zeugnisses in seiner Hand und wußte nicht, daß die Haut seines Angesichts glänzte davon, daß er mit Ihm geredet hatte.

Moses ist in einer christähnlichen Verklärung erschienen, ohne ein Sohn Gottes zu sein; und er hat das 1300 Jahre vor Jesus fertiggebracht. Ein anderer christähnlicher Wundertäter, ebenfalls lange vor Jesus (etwa 800 Jahre vor ihm) war Elischa. Eine seiner Taten ist in den letzten drei Versen des 4. Kapitels im 2. Buch der Könige beschrieben.

> Es kam ein Mann von Baal-Salisa und brachte dem Mann Gottes Erstlingsbrot, nämlich zwanzig Gerstenbrote, und neues Getreide in seinem Kleid. Er aber sprach: Gib's dem Volk, daß sie essen! Sein Diener sprach: Wie soll ich hundert Mann von dem geben? Er sprach: Gib dem Volk, daß sie essen! Denn so spricht der Herr: Man wird essen, und es wird übrigbleiben. Und er legte es ihnen vor, daß sie aßen; und es blieb noch übrig nach dem Wort des Herrn.

Jesus hatte sich auf seine Werke berufen, die sein Einssein mit Gott beweisen sollten. Ein solches Werk ist zwischen Vers 32 und 37 im 15. Kapitel des Matthäus-Evangeliums beschrieben.

> Und Jesus rief seine Jünger zu sich und sprach: Es jammert mich des Volks; denn sie beharren nun wohl drei Tage bei mir und haben nichts zu essen; und ich will sie nicht ungegessen von mir lassen, auf daß sie nicht verschmachten auf dem Wege. Da sprachen zu ihm seine Jünger: Woher mögen wir so viel Brot nehmen in der Wüste, daß wir so viel Volks sättigen? Und Jesus sprach zu ihnen: Wie viel Brote habt ihr? Sie sprachen: Sieben und ein wenig Fischlein. Und er hieß das Volk sich lagern auf die Erde und nahm die sieben Brote und die Fische, dankte, brach sie und gab sie seinen Jüngern; und die Jünger gaben sie dem Volk. Und sie aßen alle und wurden satt; und hoben auf, was übrig blieb von Brocken, sieben Körbe voll.

Das von Jesus zauberhaft improvisierte Picknick als Beweis seiner Gottessohnschaft ist schwer denkbar ohne das 800 Jahre alte Vorbild Elischas. Die Abfütterung einer Volksmenge aus nichts war nicht mehr ein Beweis der Gottgleichheit als Elischas Taschenspielerkünste. In diesem Lichte erscheinen die von Jesus vorgeschützten Beweise seiner exklusiven Gottessohnschaft ziemlich blaß. Die Anklage der Juden (das sollte nun klar sein) richtete sich denn auch nicht gegen das, was gar nicht geglaubt wurde, nämlich die Gottessohnschaft, sondern gegen die Arroganz von deren Behauptung.

Die Geschichte der Wasserwandlung von Jesus mag auch von der im Jordan schwimmenden Axt des verflixten Elischa inspiriert worden sein. Das 6. Kapitel im 2. Buch der Könige berichtet, wie Elischa eine ins Wasser gefallene Axt wie einen Luftballon schwimmfähig machte. Nach diesem Vorbild konnte sich auch der „münchhausische" Jesus über Wasser halten.

Elischa ist verschiedentlich der Mann Gottes genannt worden. Das konnte in der gottnahen Hierarchie nicht sehr niedrig sein, denn er hat die gleichen Wundertaten vollbracht wie der Sohn Gottes, und zwar so lange vorher, daß dieser viele hundert Jahre Zeit hatte, seinem Vorbild die Zaubereien abzugucken. Elischa war Jesus auch darin ein Vorbild, daß er Aussätzige rein machen konnte, zum Beispiel den syrischen Feldhauptmann Naeman, wie es im 5.

Kapitel des 2. Königsbuches von Vers 3 bis 14 berichtet wird. Bei all dem hat sich Elischa - Jesus unähnlich – nicht im biologischen Sinne Sohn Gottes genannt.

Elischa war indessen nicht der einzige alttestamentliche Wundertäter. Tobias war zum Beispiel einer, dessen Spezialität die Ophthalmologie war und bei dem Jesus offenbar in die Schule gegangen ist. Als Einleitung zum Auftreten von Tobias als wundertätiger Augenarzt sei erwähnt, daß in seinem Elternhaus bei seiner Rückkehr nach langer Abwesenheit, große Aufregung herrschte. Das Buch Tobias, das nicht in jeder Bibelausgabe enthalten ist, berichtet über die Vorgänge vom 10. bis zum 15. Vers des 11. Kapitels.

> Der Vater, der blind war, stand auf und begann mit wackligen Füßen, von einem Diener gestützt, seinem Sohn entgegenzurennen, um ihn zu empfangen. Endlich in seinen Armen, küßte er ihn, worin seine Frau (die Mutter) mit ihm wetteiferte. Dann brachen sie vor lauter Freude in Tränen aus. Nachdem sie zu Gott gebetet hatten, setzten sie sich endlich nieder. Dann nahm Tobias (Sohn) eine Fischgalle hervor (die er auf Anraten vom Erzengel Raphael für spätere, situationsbedingte Zwecke besorgt hatte) und salbte damit die Augen seines Vaters. Er setzte diese Behandlung eine halbe Stunde fort; dann begann ein weißes Häutchen aus den Augen des Blinden herauszuquellen, das der inneren Membranhülle eines Hühnereis glich. Tobias ergriff es und zog es aus des Vaters Augen. Und auf der Stelle gewann dieser sein Augenlicht wieder.

Der Jesus-Version dieser Geschichte könnte man den Spruch voranstellen „Alles, was du kannst, kann ich besser". Der Bericht seiner Augenheilung ist in verschiedenen Varianten in allen Evangelien zu lesen. Markus berichtet darüber von Vers 22 bis 25 in seinem 8. Kapitel.

> Er kam gen Bethsaida. Und sie brachten zu ihm einen Blinden und baten ihn, daß er ihn anrührte. Und er nahm den Blinden bei der Hand und führte ihn hinaus vor den Flecken; und spützte in seine Augen und legte seine Hände auf ihn und fragte ihn, ob er etwas sähe? Und er sah auf und sprach: Ich sehe Menschen gehen, als sähe ich Bäume. Darnach legte er abermals die Hände auf seine Augen und hieß ihn abermals sehen; und er ward wieder zurechtgebracht, daß er alles scharf sehen konnte.

In einem anderen Fall von Augentherapie, die im 10. und 11. Vers seines 9. Kapitels berichtet wird, schreibt Johannes die folgenden Schlußworte:

> Da sprachen sie zu ihm (dem Blinden): Wie sind deine Augen aufgetan worden? Er antwortete und sprach: Der Mensch, der Jesus heißt, machte einen Kot und schmierte meine Augen und sprach: „Gehe hin zu dem Teich Siloah und wasche dich!" Ich ging hin und wusch mich und ward sehend.

Man versteht nicht, warum die heutige Ophthalmologie die Augenkranken nicht mit Fischgalle, Spucke und Kot heilt, wenn es doch so viel einfacher und wirksamer ist als die wissenschaftliche Quacksalberei.

Diese alten Heilverfahren, die Blinde sehend und Aussätzige rein machten, und die sonstigen Wundertaten wie das Abfüttern einer großen Menschenmenge sozusagen ohne Nahrung und das Überwasserhalten eines bleischweren Körpers, sind Leistungen, die manch ein Jahrmarktszauberer unter günstigen Umständen vollbringen mag. Es gibt aber noch schwerere Aufgaben zu lösen, die schon einen besonderen Mann der Zunft erfordern. Zum Beispiel ist das Wiedererwecken eines Toten und dann noch als großes Finale selber bei lebendigem Leibe in den Himmel hinaufzuschweben eine Kunst, die bisher nur ein Jesus und der alttestamentliche Zauberer Elia, Meister des Zauberlehrlings Elischa, zu vollbringen vermochten. Schwelgen wir indessen nicht in der Entdeckung dieser Parallelen der Weltgeschichte, sondern stellen wir sie einfach nebeneinander.

1. Buch der Könige, Kapitel 17, Vers 17 bis 22.

Und nach diesen Geschichten ward des Weibes, seiner Hauswirtin, Sohn krank, und seine Krankheit war so sehr hart, daß kein Odem mehr in ihm blieb. Und sie sprach zu Elias: Was habe ich mit dir zu schaffen, daß mein Sohn getötet wurde. Er sprach zu ihr: Gib mir her deinen Sohn! Und er rief den Herrn an und sprach: Herr, mein Gott, laß die Seele dieses Kindes wieder zu ihm kommen! Und der Herr erhörte die Stimme Elias; und die Seele des Kindes kam wieder zu ihm, und es ward lebendig.

Evangelium des Lukas, Kapitel 7, Vers 11 bis 17.

Und es begab sich darnach, daß er in eine Stadt mit Namen Nain ging; und seiner Jünger gingen viele mit ihm und viel Volks. Als er aber wieder nahe an das Stadttor kam, siehe, da trug man einen Toten heraus, der ein einziger Sohn war seiner Mutter. Und da sie der Herr sah, jammerte ihn derselben, und er sprach zu ihr: Weine nicht! Und trat hinzu und rührte den Sarg an; und die Träger standen. Und er sprach: Jüngling, ich sage dir, stehe auf! Und der Tote richtete sich auf und fing an zu reden; und er gab ihn zu seiner Mutter.

Jetzt kommen wir zu dem größten Wunder, daß ein Mensch bei lebendigem Leibe in den Himmel fahren kann. Jesus mochte eifersüchtig sein, daß ein anderer das vor ihm schon fertiggebracht hatte, und zwar einer, der nie vorher gestorben war. Allerdings mag man aufgrund der jetzt schon bekannten wahren Kreuzigungsgeschichte geltend machen, daß die Himmelfahrt von Jesus auch der Abschluß eines ersten, einzigen, ununterbrochenen und todlosen Lebens war.

2. Buch der Könige, Kapitel 2, Vers 1,11,12, und 13.

Und da sie miteinander gingen und redeten, siehe, da kam ein feuriger Wagen mit feurigen Rossen, die schieden die beiden voneinander; und Elias fuhr also im Wetter gen Himmel. Elischa aber sah es und schrie: Mein Vater, mein Vater! und sah ihn nicht mehr. Und er faßte seine Kleider und zerriß sie in zwei Stücke und hob auf den Mantel Elias' der ihm entfallen war, und kehrte um und trat an das Ufer des Jordans.

Kombination von zwei Berichten, beide von Lukas. Apostelgeschichte 1. Kapitel, Vers 9, 10 und dann 52. Vers des Evangeliums.

Er führte sie aber hinaus bis gen Bethanien und hob die Hände auf und segnete sie. Und da er solches gesagt, ward er aufgehoben zusehends, und eine Wolke nahm ihn auf vor ihren Augen weg. Und als sie ihm nachsahen, wie er gen Himmel fuhr, beteten sie ihn an und kehrten wieder gen Jerusalem mit großer Freude.

Als Schlußwort könnte man dieser Umarmung des Alten und des Neuen Testaments den Satz anhängen, mit dem Johannes sein Evangelium schloß.

Es sind auch viele andere Dinge, die Jesus getan hat; so sie aber sollten eins nach dem anderen geschrieben werden, achte ich, die Welt würde die Bücher nicht fassen, die zu schreiben wären.

Und wenn den Berichten über die Taten und Äußerungen von Jesus all die Stellen des Alten Testaments, von denen sie abgeschmiert worden sind, als Quellennachweis an Ort und Stelle hinzugefügt würden, dann müßte Gott ein zweites Weltall schaffen, um die Bibliothek seines Sohnes unterbringen zu können.

**31** Die „Goldene Regel" ist ein von Jesus selbst anerkanntes Beispiel seiner Anlehnung an ältere jüdische Religionsweisheit. Im 12. Vers des 7. Matthäus-Kapitels steht die alte Ermahnung aus zweiter Hand.

> Alles nun, was ihr wollt, daß euch die Leute tun sollen, das tut ihr ihnen auch. Das ist das Gesetz und die Propheten.

Die Anerkennung der älteren Urheberschaft ist löblich, aber Jesus macht den kleinen Fehler, die Ermahnung dem Gesetz und den Propheten zuzuschreiben. Daß diese moralische Verhaltungsmaßregel schon bei den Chinesen und auch den Römern ein geflügeltes Wort war, ist im Zusammenhang mit Jesus nicht sehr wichtig, weil sie tatsächlich auch ein Teil der jüdischen Tradition war. Jesus mag es aber nicht vom Gesetz und den Propheten, sondern vom berühmten Rabbiner Hillel übernommen haben, der ungefähr eine Generation vor ihm lebte. In Hillels Version hatte der Spruch eine negative Formulierung, weil er es vorteilhafter fand, etwas Unerwünschtes auf jeden Fall von sich fernzuhalten, als etwas Erwünschtes zu gewinnen. Sein Wahlspruch lautete dementsprechend: „Was du nicht willst, daß man dir tu, das füg auch keinem anderen zu". Im Lateinischen hatte der Spruch auch eine negative Form: „Quod tibi fieri non vis, alteri ne feceris". Das Verspaar 32-33 im 10. Kapitel von Matthäus und der 36. Vers im 3. Kapitel von Johannes spiegeln die Jesus-Version der „Goldenen Regel" wider, die man eher die „Talmigoldene Regel" nennen könnte.

> Wer nun mich bekennet vor den Menschen, den will ich bekennen vor meinem himmlischen Vater. Wer mich aber verleugnet vor den Menschen, den will ich auch verleugnen vor meinem himmlischen Vater. Wer an den Sohn glaubt, der hat das ewige Leben. Wer dem Sohn nicht glaubt, der wird das Leben nicht sehen, sondern der Zorn Gottes bleibt über ihm.

Charakteristisch für Jesu Vergeltungsprinzip ist auch die Lazarus-Geschichte, die im Lukas-Evangelium die letzten dreizehn Verse des 16. Kapitels bildet. Angeführt werden sollen nur die ersten sieben, weil sie für den Kernpunkt des Gegenstandes allein schon erschöpfend sind.

> Es war ein reicher Mann, der kleidete sich mit Purpur und köstlicher Leinwand und lebte alle Tage herrlich und in Freuden. Es war aber ein Armer mit Namen Lazarus, der lag vor seiner Tür voller Schwären und begehrte sich zu sättigen von den Brosamen, die von des Reichen Tische fielen; doch kamen die Hunde und leckten ihm seine Schwären. Es begab sich aber, daß der Arme starb und ward getragen von den Engeln in Abrahams Schoß. Der Reiche aber starb auch und ward begraben. Als er nun in der Hölle und in der Qual war, hob er seine Augen auf und sah Abraham von ferne und Lazarus in seinem Schoß. Und er rief und sprach: Vater Abraham, erbarme dich mein und sende Lazarus, daß er das Äußerste seines Fingers ins Wasser tauche und

kühle meine Zunge; denn ich leide Pein in dieser Flamme. Abraham aber sprach: Gedenke, Sohn, daß du dein Gutes empfangen hast in deinem Leben, und Lazarus dagegen hat Böses empfangen; nun aber wird er getröstet, und du wirst gepeinigt.

In dieser Geschichte ist bis zu diesem Punkt schon ein solcher Wust von Ungereimtheiten, daß der gesunde Menschenverstand nicht ohne Gefahr einer Verblödungsansteckung weiter lesen kann. Folgende Punkte drängen sich einem auf. Reich zu sein ist an sich keine Sünde, deren Lohn die Hölle sein muß. Kein reicher Christ, einschließlich des Vatikans, glaubt, daß er nur wegen seines Reichtums ein Sünder ist. Ein Armer kann auch ein Sünder sein. Er aber hat es nun himmlisch schön als Schadenersatz für das Böse, das er im irdischen Leben empfangen hat. Das Sichnähren von hingestreuten Brosamen, das offenbar unter anderem das empfangene Böse des Armenlebens war, kann jedoch nach Jesu eigener Sozialphilosophie nichts Böses gewesen sein.

Man mag sich erinnern, wie Jesus im 6. Matthäus-Kapitel sagte:

> Sorget nicht für euer Leben, was ihr essen, trinken und womit ihr euch kleiden werdet. Sehet die Vögel unter dem Himmel an: Sie säen nicht, sie ernten nicht, sie sammeln nicht in die Scheunen; und euer himmlischer Vater nährt sie doch.

Der Arme vor der Tür des Reichen bestritt seinen Lebensunterhalt haargenau nach dem Plan von Jesus. Wenn Jesu Lebensprinzipien aufrichtig gemeint waren, dann gab es im Leben des Armen nichts Böses, wofür er im Himmel Schadenersatz erhalten sollte. Jesus befand sich mit seiner Sozialphilsosophie und der Notwendigkeit der himmlischen Belohnung der Armen in einem argen Widerspruch.

Jesus hat seine kranke Logik mit der Einführung Abrahams als Urteilsverkünder noch ein gutes Stück weiter getrieben. Er engagiert Abraham für ein Gastspiel in einer Komödie, in welcher er schutzlos in der falschen Rolle auftreten muß. Der Abraham, den wir da sehen, ist nicht der einst leibhaftige Patriarch der Juden, sondern nur ein Phantasiegebilde von Jesus. Abraham – wenn ihm die Rolle des Referenten bei einer Gegenüberstellung von Reichtum und Armut zugefallen wäre – hätte es abgelehnt, ein moralisches Werturteil zu fällen. Für diese Behauptung gibt es unanfechtbare Gründe. Abraham – ob er als Jude oder Nichtjude betrachtet wird (er stand noch nicht unter den Mosaischen Gesetzen) – kannte weder in dem einen noch dem anderen Fall den Begriff der Sündhaftigkeit des Besitzes oder der Sündlosig- keit der Armut. Dieser Begriff entstand erst durch die verrenkte Denkweise von Jesus. Das ist auch die uneingestandene Meinung der ganzen christlichen Welt (mit Ausnahme einiger Wald- einsiedler, Klosterkrüppel und Bettelmönche), die genauso ohne Gewissensbisse nach irdi- schen Gütern streben wie jeder Nichtchrist.

32  Das von Jesus dem Patriarchen unterschobene Urteil ist eine Verfälschung von Abra- hams Charakter, und wenn man ihn als Juden betrachtet, auch des ganzen Judentums. Der Judaismus verurteilt den Reichtum nicht, er mahnt nur gegen dessen Mißbrauch. Ein wohltä- tiger Reicher, der außerdem im modernen Sinne gesellschaftsbewußt ist, mag die Behaglich- keit der Wohlhabenheit ohne Gewissensskrupel genießen. Die einschränkende, irdisch (und

nicht himmlisch) verpflichtende jüdische Gerechtigkeit ist in einschlägigen Gesetzen kodifiziert. Vers 9 und 10 des 19. Kapitels im 3. Buch von Moses enthält folgendes Gesetz:

> Wenn du dein Land einerntest, sollst du nicht alles bis an die Enden umher abschneiden, auch nicht alles genau aufsammeln. Also auch sollst du deinen Weinberg nicht genau lesen noch die abgefallenen Beeren auflesen, sondern dem Armen und Fremdling sollst du es lassen.

In Vers 19 und 20 des 24. Kapitels des Deuteronomiums (5. Buch) steht eine Vorschrift, die wie ein Nachtrag zum vorhergehenden Gesetz anmutet und eine noch weitergehende Sorge um die Bedürftigen ausdrückt.

> Wenn du auf deinem Acker geerntet und eine Garbe vergessen hast auf dem Acker, so sollst du nicht umkehren, dieselbe zu holen, sondern sie soll des Fremdlings, des Waisen und der Witwe sein. Wenn du deine Ölbäume hast geschüttelt, so sollst du nicht nachschütteln; es soll des Fremdlings, des Waisen und der Witwe sein.

Das Alte Testament beschäftigt sich auch mit der Frage der Lohnzahlung an drei Stellen. Zwei solche sind in der Liste der Gesetze und die dritte beim Propheten Jeremia zu finden, der im 13. Vers seines 22. Kapitels folgende Mahnung erläßt:

> Wehe dem, der sein Haus mit Sünden baut und seine Gemächer mit Unrecht, der seinen Nächsten umsonst arbeiten läßt und gibt ihm seinen Lohn nicht.

Das Gesetz selbst befindet sich im Levitikus und im Deuteronomium. Im ersteren ist es der 13. Vers des 19. Kapitels, im Deuteronomium bildet es den Doppelvers 14-15 des 24. Kapitels.

> Du sollst deinem Nächsten nicht unrecht tun noch ihn berauben. Es soll des Tagelöhners Lohn nicht bei dir bleiben bis an den Morgen. Du sollst dem Dürftigen und Armen seinen Lohn nicht vorenthalten, sei er von deinen Brüdern oder den Fremdlingen, die in deinem Lande und in deinen Toren sind, sondern sollst ihm seinen Lohn des Tages geben, daß die Sonne nicht darüber untergehe (denn er ist dürftig und erhält seine Seele damit), auf daß er nicht wider dich den Herrn anrufe und es dir Sünde sei.

Die jüdische Sozialethik ist aber nicht nur älter als die christliche, sondern auch weitreichender. Sie betont, daß in der Würdigung der Arbeitsleistung kein Unterschied zwischen Juden und Fremden gemacht werden darf. Der Judaismus scheint nur durch seine besondere Religionspraxis der Welt gegenüber abgeschlossen und eingeengt. Er ist aber in praktischer Moralität weltaufgeschlossen. Die alttestamentlichen Moralgesetze (wohlverstanden Moral- und nicht Brauchtumsgesetze) sind nicht nur für Juden, sondern für alle Menschen konzipiert und legen dem Juden Achtung ans Herz vor allen, die sie beobachten, ohne Rücksicht auf Religion und Volkszugehörigkeit. In den zwei benachbarten Psalmen 117 und 118, im ersteren der erste Vers, im anderen der zwanzigste, gewährt der Ausruf den Juden ausdrücklich keine Vorzugsstellung anderen Völkern gegenüber:

> Lobet den Herrn, alle Heiden; preiset ihn, alle Völker! Das ist das Tor des Herrn; die Gerechten werden dahin eingehen.

Dieser Aufruf sagt nicht, daß nur Juden die Gerechten sein können. Auch zum Loben und Preisen des Herrn braucht man nicht zum Judentum überzutreten. Alle Völker, selbst die Heiden, können den Herrn loben, nämlich durch eine ihm annehmbare Moralität. Diese ist die Hauptsache, Religion ist Nebensache. Darin erkennt man den Abgrund zwischen Judentum und Christentum. Dieses ist weltaufgeschlossen nur in der Religionspraxis (tatsächlich kann jeder ohne Zugehörigkeitsausweis oder Liturgiekenntnis daran teilnehmen), dafür ist es engstirnig und abgeschlossen in seiner Moral. Moralisches Benehmen gilt beim Christentum für eine unwirksame Eigenschaft, wenn man es als Religion nicht angenommen hat. Außerhalb der Kirche gibt es keine Seligkeit! Wenn die Moral zählte, warum hat dann das Christentum andere Religionen verfolgt?

Die grausamen Religionsverfolgungen richteten sich nicht gegen unmoralische Menschen, sondern gegen Andersgläubige. Die Universalität des Christentums ist die Universalität eines universalen Gefängnisses. Die Universalität des Judentums ist die Verbreitung einer Moral, die alle Menschen als die nützlichste und wünschenswerteste freiwillig anerkennen können. Das Judentum hat der Menschheit die Zehn Gebote nicht blutig und noch nicht einmal unblutig aufgezwungen, doch sind sie von der ganzen Welt als gültig anerkannt. Nur hat die christliche Welt diese Gabe aus religionsmonopolistischem Egoismus mit Grausamkeit und Urheberschaftspiraterie vergolten. Eine natürliche Folge dieses Zustandes ist die Erziehung der christlichen Jugend, von Generation zu Generation, in Unkenntnis der Tatsache, daß die traditionelle Moralität ihrer Zivilisation, auf der die Staatsgesetze aller abendländischen Völker beruhen, alttestamentlich jüdischen Ursprungs ist.

Es war eine fühlbare Abkehr von der Tradition des Totschweigens (wenn nicht Totmachens), als Papst Pius XI. erklärte, daß wir (die Christen) spirituell alle Semiten sind. Eine solche Erklärung gerade aus seinem Mund ist deswegen besonders interessant, weil er auch der Verfasser der arbeitspolitisch beachtenswerten Enzyklika „Quadragesimo Anno" (Im Vierzigsten Jahr) ist. Dieser Titel deutet auf die Enzyklika von Leo XIII. hin, die genau vierzig Jahre vorher im Jahre 1891 veröffentlicht wurde und quasi als Vorbild für das Quadragesimo diente. In diesem letzteren hat sich Pius mit denselben (offenbar ungelöst gebliebenen) Problemen befaßt, die schon das Hauptthema der früheren Enzyklika „Rerum Novarum" waren. (Es ist eine anekdotisch erwähnenswerte Koinzidenz, daß „Rerum Novarum" als Ausdruck die lateinische Version des ebenfalls 40 Jahre später geprägten Rooseveltschen Schlagworts „New Deal" ist.)

Die Angemessenheit der Erwähnung der zwei Enzykliken beruht auf deren Sorge um dieselben Sozialprobleme, die Jeremia 2500 und Moses 3000 Jahre vorher beschäftigten. Das Bemerkenswerte dabei ist, daß die zwei sozialpolitischen Reformpäpste mit ihrem Streben nach Verbesserung der Arbeitsverhältnisse mitnichten in Jesu Fußstapfen getreten sind. Das Diktum von Jesus in bezug auf Arbeit und Lohn war, daß der Mensch überhaupt nicht arbeiten soll, und wenn er es trotzdem tut, dann zu keinen besonderen Lohnansprüchen berechtigt ist (der 12 Stunden Arbeitende kriegt nicht mehr als der nur eine Stunde Arbeitende; und Jesus sagt, das ist die Ordnung im Himmelreich; Matthäus, 20. Kapitel). Es ist an sich schon sonderbar, wenn ein großer Mann (ein Gott), der der Erzieher der Menschheit zu sein beansprucht (nach welchem sich die Kirche die Lehrmeisterin der Welt nennt), den Menschen nicht zur Werktätigkeit anhält oder anspornt. Tatsächlich spricht Jesus nicht ein Sterbenswörtchen über die veredelnde Wirkung der Arbeit. Und das ist noch nicht das Ärgste; er hat (wie bekannt) als sein Lebensprinzip verkündet (Matthäus, Kapitel 6), daß man nicht für den morgigen Tag sorgen, Kleider machen, Land anbauen, sondern nur von der Hand in den Schnabel leben soll wie die Vögel unter dem Himmel. Er hat aus seinen vormals arbeitsamen Jüngern tatsächlich Fechtbrüder und Tagediebe gemacht. Zwei Bruderpaare, Simon – Andreas und Jakobus – Johannes, die in der Fischerei ihres Vaters arbeiteten, lockte er mitten aus ihrer Arbeit und von ihrem schwer arbeitenden Vater weg.

Die Ideen von Jesus über die Bemessung und Auszahlung von Löhnen sind mit seiner „Arbeitsfreudigkeit" im Einklang. Das eklatanteste Beispiel ist die soeben angedeutete Parabel über den Weinbergbesitzer, der den sich tagelang abmühenden Arbeitern nicht mehr Lohn zahlt als den Nachzüglern, die nur eine Stunde gearbeitet haben. Diesen Bericht, der sich im 20. Kapitel von Matthäus auf die ersten 15 Verse erstreckt, muß man mindestens zweimal lesen, weil man den darin bekundeten Zynismus kapitalistischer Unbekümmertheit um Arbeiterempfindlichkeit und Billigkeitsnorm gar nicht glauben will. Und dieses Ekel von einem Weinbergbesitzer ist in der Parabel nicht etwa als abschreckendes Beispiel hingestellt (das können die Theologen nicht verdrehen), sondern als das Ebenbild des Himmelreichs, wie Jesus es beglaubigt.

Die Frage demnach ist, inwieweit die Päpste der sozialen Gerechtigkeit Jesus und das Himmelreich vertreten, wenn sie ihre Enzykliken erlassen. Jesus wollte ja gar keine soziale Gerechtigkeit; wenigstens nicht in dieser irdischen Welt. Das war ihm nicht wichtig, weil er sowohl dem Bevorzugten als auch dem Benachteiligten im Jenseits Gerechtigkeit widerfahren ließ. Für den Bevorzugten hat sich das als Unmöglichkeit der Beteiligung am himmlischen Bankett ausgewirkt, weil man im irdischen Leben arm sein muß, um ins Himmelreich zu kommen. Daß aber die ganze Welt sich im geheimsten und gar nicht so geheimen Zipfel ihres Herzens nicht einen Pfifferling um das Himmelreich kümmert, wenn sie zwischen diesem und irdischem Glück wählen kann, das wird wohl nur ein Geisteskranker bezweifeln. Das Bestreben der sozial erwachten Päpste, sich bei der überwältigenden Mehrheit der Menschen mit dem Köder irdischer Schicksalsverbesserung einzuschmeicheln, disqualifiziert sie also, als Statthalter des arbeits- und lohnfeindlichen Jesus zu fungieren.

Dem praktischen Urteil der Welt nach haben in dieser Kontroverse zugegebenermaßen die Päpste und nicht Jesus recht. Bei der Begegnung des höllisch gepeinigten Reichen mit dem Bettler Lazarus im Jenseits spricht aber Abraham als Jesuspapagei das Urteil, daß Armut ja an sich etwas Gutes sei. Sie muß doch gut sein, wenn sie im Gegensatz zum Reichtum der Paß zum Eintritt ins Paradies ist. Jesus ist so felsenfest von der Richtigkeit dieses Urteils überzeugt, daß er dem Reichen nicht einmal einen Tropfen Wasser auf die Zunge zur kärglichsten Erleichterung gönnt. Das nennt sich Barmherzigkeit, wie sie Jesus im 5. Matthäus-Kapitel unter den Seligpreisungen verkündet hat, und ebenfalls ist es eine tätige Demonstration seiner berühmten Vergebung siebzigmal siebenmal!

Es gereicht aber den Päpsten auch nicht zum Lobe, wenn sie immer wieder vom christlichen Spiritualismus faseln (von diesem Spiritualismus, der den Reichen zum höllischen Verschmachten verurteilt), gleichzeitig aber die Rechtmäßigkeit des Besitzes in Enzykliken verkünden. Ist nun Reichtum statthaft oder unstatthaft? Ein chronischer Wurm des Widerspruchs nagt im Inneren des Christentums, der es moralisch mehr aushöhlt, als jede von außen her geübte Kritik es je fertigzubringen vermag.

Was dem Christentum und (in diesem besonderen Fall des gefolterten Reichen) auch dem

Lukas-Evangelium vorgeworfen werden kann, ist die mißbräuchliche, entstellende Heranziehung des Alten Testaments für seine Zwecke. Es ist schon vermerkt worden, daß Abraham die Rolle des grausamen Schiedsrichters zwischen dem Reichen und dem Bettler nicht spielen könnte, weil im Judentum diese zwei Stände nicht Sünde beziehungsweise Tugend an sich repräsentieren. Eine noch weitergehende Verfälschung der alttestamentlichen Theologie ist die Unterbringung Abrahams in einem christlichen Himmel. Abraham kann im Himmel nicht nur kein falsches Urteil fällen, sondern auch kein richtiges.

Das Judentum – das ursprüngliche, unverfälschte Judentum – weiß von keinem anderen Aufenthalt eines Toten als seinem Grab und von keiner anderen Tätigkeit als dem Schlafen. „Schlafen" ist natürlich metaphorisch als ewiger, traumloser Tod gemeint. Der 12. Vers des 7. Kapitels im 2. Buch Samuel registriert die Worte Gottes an David:

> Wenn deine Zeit hin ist, daß du mit deinen Vätern schlafen liegst ...

Gott verspricht David weder den Himmel noch ein Wiederauferstehen, sondern nur das Schlafen. Abweichungen von der Norm gibt es allerdings auch im Alten Testament, aber hauptsächlich deswegen, weil es eine Sammlung von Schriften vieler, unterschiedlich denkender Verfasser ist. Der evangelische Teil des Neuen Testaments ist aber der ausschließliche Spiegel der Gedankenwelt von Jesus. Die darin feststellbaren Ungereimtheiten sind ihm allein zuzuschreiben. Seine Widersprüche verleihen seinem Charakter eine besonders hervorstechende Note. Ein bemerkenswertes „Plus" seiner Individualität sind die Anleihen, die er bei Persönlichkeiten macht, die ihm geistig überlegen sind. Besonders erweist er sich als ein blasser Schatten des Weisheitskönigs Salomon. Im 14. Kapitel des Lukas-Evangeliums wird berichtet, wie er im Hause eines vornehmen Pharisäers speiste (schon wieder aß er das Brot eines Verhaßten) und dann im Mittelpunkt der Gesellschaft (Vers 7 bis 11):

> Sagte er ein Gleichnis zu den Gästen, da er merkte, wie sie erwählten obenan zu sitzen, und sprach zu ihnen: Wenn du von jemand geladen wirst zur Hochzeit, so setze dich nicht obenan, daß nicht etwa ein Vornehmerer denn du von ihm geladen sei, und dann komme, der dich und ihn geladen hat, und spreche zu dir: Weiche diesem! und müssest dann mit Scham untenan sitzen. Sondern wenn du geladen wirst, so gehe hin und setze dich untenan, auf daß wenn da kommt, der dich geladen hat, er spreche zu dir: Freund, rücke hinauf! Dann wirst du Ehre haben vor denen, die mit dir zu Tische sitzen. Denn wer sich selbst erhöht, der soll erniedrigt werden; und wer sich selbst erniedrigt, der soll erhöht werden.

Jesus begnügt sich nicht, sich einfach zu blamieren, er tut es bombastisch. Er braucht fünf Verse, das zu sagen, was das Alte Testament in den Sprüchen von Salomon (Kapitel 25, Vers 6, 7) in zweien sagt.

> Prange nicht vor dem König und tritt nicht an den Ort der Großen. Denn es ist besser, daß man zu dir sage: Tritt hier herauf! als daß du vor dem Fürsten erniedrigt wirst, daß es deine Augen sehen müssen.

Jesus hat als sein eigenes Geistesprodukt von sich gegeben, was er im 1000 Jahre älteren Alten Testament gelesen hat. Er war auch nicht sehr originell mit dem Anraten zur gastlichen Verköstigung der Armen (anstatt der Reichen), die nicht die Mittel haben, die Bewirtung zu erwidern. Jesus hat den Ruf, ein himmelweit offenes, mildtätiges Herz zu haben im Gegensatz zur angeblichen alttestamentlichen Hartherzigkeit. 2000 Jahre haben nicht genügt, diese Ente umzubringen. Die christlichen Religionen haben sich nicht beeilt, ihre Gläubigen darüber zu erleuchten, wo Jesus den Grundgedanken zum folgenden Ratschlag hergenommen hat (unmittelbar anschließende Verse an die vorhin zitierte Bescheidenheitsmaxime):

> Wenn du ein Mahl machst, so lade die Armen, die Krüppel, die Lahmen, die Blinden, so bist du selig; denn sie haben's dir nicht zu vergelten, es wird dir aber vergolten werden in der Auferstehung der Gerechten.

Das Verspaar 28-29 des 14. Kapitels im 5. Buch von Moses, das mehrere hundert Jahre vor der Geburt Jesu verfaßt wurde, hat uns im Zusammenhang mit der Einladung der Armen zum Gastmahl etwas zu sagen.

> Alle drei Jahre sollst du aussondern alle Zehnten deines Ertrages desselben Jahrs und sollst's lassen in deinem Tor. So soll kommen der Levit (der kein Teil noch Erbe mit dir hat) und der Fremdling und der Waise und die Witwe, die in deinem Tor sind, und essen und sich sättigen, auf daß dich der Herr, dein Gott, segne in allen Werken deiner Hand, die du tust.

Daß der Fremdling, der Waise und die Witwe beim Ernten nicht vergessen werden dürfen, haben wir schon bei anderen Anführungen aus der Thora gesehen. Die mehrmalige alttestamentliche Wiederholung der Sorge um jene Bevölkerungsteile, die die Gastfreundschaft nicht zu erwidern in der Lage sind, sollte Jesus davon abgehalten haben, dieselbe Ermahnung als etwas nie vorher Dagewesenes hinauszuposaunen. Auch in Salomons Sprüchen sagt der 17. Vers des 19. Kapitels mit einem poetischen Anstrich:

> Wer sich des Armen erbarmt, der leihet dem Herrn; der wird ihm wieder Gutes vergelten.

Durch die Stilveränderung in der Formulierung wird in der christlichen Welt die Verfasserschaft solcher und ähnlicher Sprüche Jesus zugeschrieben. Die Tatsache jedoch ist, daß nur wenige Sprüche sein eigenes Geistesgut sind.

Jesus wiederholt, trotz seiner autoritären Verlautbarungen, eigentlich nur das Alte Testament oder den Mutterwitz der mittelländischen Kultursphäre. So ist zum Beispiel das geflügelte Wort vom Splitter im Auge des Nächsten und vom Balken im eigenen griechisch-lateinischen Ursprungs, obwohl eine noch ältere jüdische Quelle nicht ganz unberücksichtigt bleiben sollte. Der allgemein Jesus zugeschriebene Kernspruch über „Splitter und Balken" in den Evangelien Matthäus und Lukas (Kapitel 7 bzw. 6) stammt vom altgriechischen Philosophen Thales, der am meisten für seine unablässig wiederholte Mahnung „Erkenne dich selbst" bekannt ist. Aber der 300 Jahre ältere Salomon hat schon im 13. Vers des 28. Kapitels seiner Sprüche den Urkeim zu Thales' Spruch gelegt.

> Wer seine Missetat leugnet, dem wird es nicht gelingen; wer sie aber bekennt und läßt, der wird Barmherzigkeit erlangen.

Diese Formulierung der Notwendigkeit der Selbsterkenntnis ist von jener von Jesus nicht sonderlich entfernt. Mit dem Fortschreiten zu der Zeit von Jesus kommt man ihm aber auch in der Formulierung näher. Der griechische Tragödiendichter Euripides (etwa anderthalb Jahrhunderte nach Thales) – interessant für Musiker als der ursprüngliche Verfasser der Gluckschen

Opernthemen der zwei Iphigenien und der Alceste – schrieb in seinen „Fragmenten": „Wir alle sind weise, wenn wir andere zurechtweisen, sind aber blind gegen unsere eigenen Straucheleien." Ungefähr 200 Jahre später, also 200 Jahre vor Christi, sagte auch der römische Dramatiker Plautus, daß wir vergessen, uns selbst anzuschauen, wenn wir jemand anders beleidigen.

**33** Die Beispiele mehrhundertjähriger Perioden des Selbstprüfungseifers bedeuten nicht, daß nur Philosophen und Dichter die einzigen Anreger waren und daß die Notwendigkeit innerer Einkehr sonst vergessen wurde. Bei all dem ist die Selbsterkenntnis erst ein zweitrangiges Erfordernis auf der Liste der Tugenden, in denen Jesus ein Lehrmeister der Menschheit sein wollte. Viel wichtiger und geschichtlich entscheidender ist das ihm zugeschriebene Geltenwollen als der Erfinder der menschlichen Liebe, der sogenannten Nächstenliebe.

Es ist in der Geschichte kein zweiter Fall bekannt, in welchem eine Verschwörung so unbemäntelt, bei hellstem Tageslicht vor aller Welt und dermaßen zynisch, unwidersprochen und zugleich erfolgreich durchgeführt worden ist wie die Geltendmachung der christlichen Liebe. Der Grund dazu wurde zu Beginn nur andeutungsweise von Jesus selbst gelegt. Aber die christliche Religion, in allen ihren Zweigen mit Ausnahme der Unitarier und der Quäker, hat diese Grundlegung zu einem Weltgebäude größten geistigen Diebstahls erweitert. All das soll nicht heißen, daß es nicht einzelne oder sogar viele Christen gibt, die von echtem, aufrichtig gutem Willen gegen ihre Mitmenschen auch anderer Glaubenszugehörigkeit erfüllt sind. Sie haben eine angeborene Herzensgüte oder gelangten dazu durch die Lehren ihrer Lebenserfahrung. Diese Menschen sind aber Zufallschristen, einfach in die Gemeinschaft hineingeboren, denen das Billigkeitsempfinden nicht erst von ihrer Religion eingegeben zu werden brauchte, und zwar um so weniger, als die religiös vorgegebene christliche Brüderlichkeit auf einer Usurpierung und sogar Verleumdung beruht. Das ist ihnen natürlich nicht bewußt, weil sie ihr Testament, wenn überhaupt, unter geistlicher Hypnose lesen. Die Nächstenliebe wirkt bei ihnen im Grunde nur auf einer glücklichen Naturanlage. Wenn sie nämlich das Testament, das sogenannte Neue (das natürlich nicht neu ist, da es nur in bezug auf die Juden neu sein könnte, sofern sie es nicht ablehnten), wenn also die Christen dieses „Neue" Testament nur in einem religiösen Duselzustand lesen und, anstatt der Stimme ihres Herzens zu folgen, die darin enthaltenen Lehren puppenhaft willenlos einsaugen, dann werden sie gerade zum Gegenpol einer allumfassenden Nächstenliebe geführt.

Das ist nicht der geringste Grund, weshalb die Juden das Neue Testament ablehnen. Für sie gibt es kein Altes und Neues Testament. Diese Bezeichnungen werden von ihnen nur zur allgemein verständlichen Identifikation der zwei religiösen Bücher angewendet. Inhaltlich hat die christliche Bibel für die Juden nichts Neues, was sie ohne Selbstanklage und Selbsterniedrigung annehmen könnten. Die zahlreichen Gründe für diese Ansicht sollen indessen diesmal übergangen und nur das Thema der vorbehaltlosen Nächstenliebe (auch Feinden gegenüber) beziehungsweise der christliche Geltungsanspruch auf ihre Einführung in die Welt im Gegensatz zur jüdischen „Unerbittlichkeit" behandelt werden.

Jesus spricht von der Nächstenliebe hauptsächlich an drei Stellen in den Evangelien, aber jedesmal verknüpft er sie mit einem anderen Gegenstand, so daß daraus eine einschränkende Qualifikation herausgelesen werden kann. In der zweiten Hälfte des 22. Matthäus-Kapitels verbindet er die Nächstenliebe mit Gottesliebe. Im 13. Kapitel von Johannes, gegen Ende, verbindet er sie mit seiner Liebe zu seinen Jüngern und mit deren Liebe zueinander. Im 5. Matthäus-Kapitel (auch gegen Ende) wird das Liebesgebot mit einer Inkrimination der Juden (wegen ihres angeblichen Hasses gegen Feinde) verknüpft. Da Jesus nicht nur seine Freunde, sondern „freilich auch" seine Feinde liebt (wie zum Beispiel jene, denen er das Los von Sodom und Gomorrha versprach und die er mit einem Mühlstein am Hals ins tiefste Meer versenken wollte), so hat er es den Juden sehr übelgenommen, daß sie ihre Feinde (angeblich) hassen. Das Wort „angeblich" mußte eingeschaltet werden, weil es zu einem krassen Trugschluß führen würde, sollte man die Behauptung von Jesus über die Juden für bare Münze nehmen. Welche Stellung unter welchen Umständen die Juden ihren Feinden gegenüber einnehmen, das wird noch mit aller Deutlichkeit aufgedeckt. Schreiten wir aber der Reihe nach fort.

Im erstgenannten Fall sagte Jesus, daß man Gott und auch den Nächsten lieben soll. Die Liebe Gottes sei das vornehmste und größte Gebot. Dieser Liebe schließt sich dann sofort die Liebe des Nächsten an. Da Jesus von Gebot spricht, so mag man annehmen, daß er ein Gebot der jüdischen Religion meint. Damit gibt er schon zu, daß die Nächstenliebe nicht von ihm erfunden wurde. Die Gottesliebe und die Nächstenliebe sind alttestamentliche Gebote, aber nicht die größten, weil im Judentum alle 613 Gebote gleich sind. Wenn man eine Rangstufe einrichten wollte, so wäre der Aufzählung nach das erste Gebot die Proklamation des Monotheismus (der Eingottanbetung) und das zweite das Abschwören des Götzendienstes. Jesus setzt die Nächstenliebe zusammen mit der Gottesliebe an die erste Stelle, weil er der große Prophet der Liebe sein will.

Beim zweiten Beispiel mit der Liebeserklärung an seine Jünger läßt Jesus eine bedeutungsschwere Bemerkung fallen. Er sagt:

> Ein neu Gebot gebe ich euch, daß ihr euch untereinander liebet, wie ich euch geliebet habe, auf daß auch ihr einander liebhabet.

Es ist zwar richtig, daß Jesus von einem „neuen" Liebesgebot nur in bezug auf seine Jünger spricht, aber dem jüdischen Gesetz gemäß gibt es nicht zwei oder mehrere Arten von Liebe, sondern nur Liebe (sofern damit freilich Caritas und nicht Eros gemeint ist). Wenn Jesus ein neues Gebot zum Lieben gibt, dann ist das implizit eine Degradierung oder gar Ausblendung des jüdischen Liebesgebots. Es mag den Eindruck erwecken, als ob die Welt erst seit der Liebeserklärung von Jesus ein Gebot hinsichtlich der Nächstenliebe hätte. Wahrscheinlich fühlen sich die christlichen Geistlichen auf dieser Basis ermutigt, über die Nächstenliebe als eine spezifisch von Jesus proklamierte Tugend zu predigen. Man hört sie sagen: „Unser Herr Jesus erklärte, man soll seinen Nächsten lieben wie sich selbst." Diese Floskel taucht in geistlichen Ansprachen immer wieder auf, aber kein einziges Mal mit der Fußnote, daß „unser Herr" das eigentlich nicht erklärte, sondern nur dem Alten Testament nachplapperte.

Es ist diesem „Billigkeitssinn" des Klerus zu verdanken, daß die überwältigende Mehrheit der Christen überzeugt ist, das Gebot der Nächstenliebe stamme von Jesus und von niemand anders. Auch nicht alle Christen wissen, daß der Dekalog (mit den sogenannten Zehn Geboten) eine Errungenschaft jüdischer Kultur ist, und sind maßlos erstaunt oder eher argwöhnisch, wenn man's ihnen zur Kenntnis bringt. Dank dem Klerus verbinden die Christen das Alte Testament nur mit den Prophezeiungen, die natürlich keine sind (aber mehr darüber später) und mit den jüdischen „Verbrechern", die Jesus gekreuzigt haben. Daß das ganze christliche Moralgebäude ohne die jüdischen Grundmauern zusammenstürzen würde, das darf die Christenheit nicht wissen. Nun kommen wir zum dritten Beispiel der Liebesäußerungen von Jesus. Dieses ist die Verbindung von Liebe und Haß, so wie sie im 5. Kapitel des Matthäus-Evangeliums zu lesen ist. Mit dieser Liebeshaß-Äußerung hat sich aber Jesus tüchtig überhoben. Seine Unfähigkeit, die tragbare Spannweite des sprichwörtlichen Bogens zu beurteilen, zeigt, daß er weder die geistige noch die moralische Festigkeit hatte, seine Sache respektabel zu verfechten. Die hierauf bezügliche Bibelstelle (Vers 43, 44) lautet:

> Ihr habt gehört, daß gesagt ist: „Du sollst deinen Nächsten lieben und deinen Feind hassen. Ich aber sage euch: Liebet eure Feinde; segnet, die euch fluchen; tut wohl denen, die euch hassen; bittet für die, so euch beleidigen und verfolgen."

Diese Zeilen fordern zu einem zweiteiligen Kommentar heraus, wie sie auch aus zwei Teilen, der Behauptung über Haß und der Alltagsethik von Jesus, bestehen. Was die „Haß"-Erklärung betrifft, ist es erstaunlich, daß so ein Schlauberger wie Jesus, der mit den Pharisäern wie eine Katze mit der Maus spielte, sich so leichtfertig beim Wickel nehmen läßt. Er sagt in der zitierten Stelle: Ihr habt gehört, daß gesagt ist: „Du sollst deinen Nächsten lieben und deinen Feind hassen." Jesus umschreibt es nicht näher, wem Feindeshaß nachgesagt wird. Da er aber die Haßgefühle dem zuschreibt, dem im selben Satz auch die Nächstenliebe zugestanden wird, so kann sich beides nur auf dasselbe Subjekt beziehen.

Der Sinn dieser Zwillingserklärung kann nur sein, daß der Haß-Forderer und der Liebesanreger ein und dieselbe Person, beziehungsweise Gruppe ist, nämlich das Judentum. Daß die Nächstenliebe als allgemeine Lebensregel ein Produkt der jüdischen Ethik ist, scheint von Jesus anerkannt worden zu sein. Er formuliert aber seine Erklärung in solcher Weise, daß auch dann die Juden gemeint sein müssen, wenn von der Anstiftung zum Hassen die Rede ist. Das wird von manchen Theologen bestritten, weil es für sie höchst unbequem ist, Jesus als Verleumder und falschen Ankläger durch sich selbst bloßgestellt zu sehen. Sie haben aber nur die Wahl, entweder den Text mit seinem direkten Sinn gelten zu lassen oder Jesus zu einem verantwortungslosen Schwätzer zu stempeln; denn es wäre äußerst widersinnig, den Eindruck einer Anspielung auf die Juden zu erwecken, wenn nicht sie gemeint sind. Da man aber Jesus einen solch undisziplinierten Denkprozeß nicht zutraut, so wird jeder Leser seiner Erklärung die Überzeugung gewinnen, daß die Juden neben ihrem Gebot der Liebe für den Freund auch ein Gebot des Hasses gegen den Feind in ihrem Gesetzbuch haben.

Man möchte nun Jesus fragen, wo im Alten Testament ein Wort über Haß des Feindes steht. Da Jesus kaum antworten wird, so soll der bibelkundige Klerus die Stelle in der Bibel zeigen, die den Haß des Feindes predigt. Der Klerus kann sich die Mühe sparen. Was er in der Bibel über Feinde finden würde, ist gerade das Gegenteil von Haß des Feindes. Selbstverständlich haben die Juden Kriege gegen andere Völker geführt wie die von Liebe triefenden christlichen Völker ja auch. Jetzt ist aber nicht von bewaffneten Konflikten die Rede, sondern von Haß. Das ist nicht dasselbe. Ein Krieg mag eine schicksalhafte Wendung in den zwischenstaatlichen Beziehungen sein, aber das bedeutet nicht, daß deswegen eine Philosophie des Hasses entwickelt wird. Daß die Juden nicht anders darüber dachten und bemüht waren, versöhnlich zu früheren Feinden zu sein, das ist in ihrer Bibel dokumentiert, obwohl der Bibelkenner Jesus nichts davon gehört zu haben scheint. Das Verhalten des Judentums gegen seine früheren Feinde, Ägypten und Assyrien, wird im 19. Kapitel von Jesaja anschaulich geschildert. Nachdem Gott die Ägypter eine Weile auf die Probe gestellt hatte, schrieb der Prophet in den letzten drei Versen:

> Zu der Zeit wird eine Bahn sein von Ägypten nach Assyrien, daß die Assyrer nach Ägypten und die Ägypter nach Assyrien kommen und die Ägypter samt den Assyrern Gott dienen. Zu der Zeit wird Israel selbdritt sein mit den Ägyptern und Assyrern, ein Segen mitten auf Erden. Denn der Herr Zebaoth wird sie segnen und sprechen: Gesegnet bist du, Ägypten, mein Volk, und du Assur, meiner Hände Werk, und du, Israel, mein Erbe!

Ein weiteres Zeugnis des jüdischen „Hasses" gegen Feinde steht im 23. Kapitel des Deuteronomiums bei Vers 7 und 8.

> Den Edomiter sollst du nicht für einen Greuel halten; er ist dein Bruder. Den Ägypter sollst du auch nicht für einen Greuel halten; denn du bist ein Fremdling in seinem Lande gewesen. Die Kinder, die sie im dritten Glied zeugen, sollen in die Gemeinde des Herrn kommen.

Man fühlt direkt, wie die Juden durch „Feindeshaß vor Wut schnauben". Vielleicht steigert sich diese noch, nicht wenn die Feindschaften sich schon in Freundschaften umgewandelt haben, sondern wenn das feindliche Verhältnis noch besteht. Der königliche Hansdampf in allen Gassen, der allwissende Salomon, sagt im 17. Vers des 24. Kapitels seiner Sprüche, was in einem solchen Fall zu tun ist.

> Freue dich des Falles deines Feindes nicht, und dein Herz sei nicht froh über seinem Unglück.

Salomon widerspricht Jesus in der Sache des Feindeshasses auch im nächsten Kapitel seiner Sprüche, denn im 21. Vers empfiehlt er nicht nur eine seelische Schonung des Feindes wie im vorhergehenden Beispiel, sondern eine ausgesprochene tätige Hilfe.

> Hungert deinen Feind, so speise ihn mit Brot; dürstet ihn, so tränke ihn mit Wasser.

Mit seiner Feindesliebe hat Jesus nichts Neues gesagt oder verlangt. Das ist schon im Alten Testament besorgt worden. Der Unterschied ist nur, daß die alttestamentlichen Feindliebenden vernünftig waren und einem Feind halfen, wenn er unschädlich war. Sie frohlockten nicht, wenn er besiegt war, und gaben ihm Brot und Wasser, wenn er keins mehr hatte, also wenn er am Boden lag. Das war vernünftige Feindesliebe. Aber die von Jesus war hirnverbrannt, die – wenn sie in die Tat umgesetzt worden wäre – sich als eine hohle Phrase herausgestellt hätte und weder von seinen Anhängern noch von seiner eigenen Kirche noch von ihm selber je befolgt wurde.

War es Feindesliebe, Andersdenkende ins ewige Höllenfeuer zu werfen (es sei nur daran erinnert, was er Kapernaum im 23. Vers des 11. Matthäus-Kapitels in Aussicht gestellt hat) und einen Feigenbaum wegen seiner unzeitigen Fruchtlosigkeit zu verfluchen? Das ist nicht einmal Nächstenliebe, wie sollte es Feindesliebe sein! Demgegenüber hatte der 1500 Jahre ältere, also in einer viel primitiveren Welt lebende Moses schon eine Ahnung von vernünftiger Feindesliebe gehabt, als er im 23. Kapitel des Exodus, in Vers 4 und 5, schrieb, daß man nicht nur dem Feind, sondern sogar seinen verirrten und niedergebrochenen Zugtieren zu Hilfe kommen soll.

> Wenn du deines Feindes Ochsen oder Esel begegnest, daß er irrt, so sollst du ihm denselben wieder zuführen. Wenn du den Esel des, der dich haßt, siehst unter seiner Last liegen, hüte dich, und laß ihn nicht, sondern versäume gern das Deine um seinetwillen.

Jesus hätte mit seiner vielgerühmten Feindesliebe zu Jesaja, Salomon und Moses in die Schule gehen können. Diese haben gar nicht von Liebe gefaselt, sondern gleich praktische Ratschläge für ein liebevolles Benehmen gegeben. Jesus hat über Feindesliebe nur Vorträge gehalten, hat aber in Wirklichkeit seine Feinde (die er sich mehr eingebildet hat, als sie es waren, und auch nur wegen seiner beanspruchten Gottwesenheit) leidenschaftlich gehaßt. Wo und wann hat er einen Akt der Feindesliebe oder auch nur Fremdenliebe in einem konkreten Fall vollbracht? Seine Heilungen durch Wundertätigkeit wirkten nur bei verblendeten Gläubigen, was zeigt, welcher Natur seine Heilungen waren. Bei Zweiflern konnte er nichts ausrichten, wie es in allen vier Evangelien bestätigt ist (Matthäus, Kapitel 13, Vers 57, 58; Markus, Kapitel 6, Vers 4, 5; Lukas, Kapitel 4, Vers. 24 Johannes, Kapitel 4, Vers 44), und was auch die Meinung seiner Familie war.

Aber unabhängig von seiner Wundertätigkeit oder „Wunderuntätigkeit" hat Jesus sein eigenes Liebesprinzip auf Schritt und Tritt verletzt.

**34** Welcher Art von Liebe war zum Beispiel Jesu Behandlungsmethode für Sklaven? Sie läßt sich kaum unter dem Titel „Nächstenliebe" oder „Feindesliebe" verbuchen. Er hatte die Sklaven mit Phrasen abgespeist wie zum Beispiel im 28. Vers des 11. Matthäus-Kapitels:

> Kommet her zu mir alle, die ihr mühselig und beladen seid; ich will euch erquicken.

Bei Lukas (Kapitel 12, Vers 47) ließ er dann die Maske fallen:

> Der Knecht, der seines Herrn Willen weiß, und hat sich nicht bereitet, auch nicht nach seinem Willen getan, der wird viel Streiche leiden müssen.

Der theologische Einwand gegen die konfrontierende Verwendung des zweiten Zitats wird natürlich sein, daß es eine Parabel ist, die die Menschenpflicht moralischen Gehorsams der Gottheit gegenüber ausdrückt. Wenn aber der Mensch in einem Straffall auch nur bildlich mit dem Sklaven gleichgestellt und zu einem Sklavendasein verurteilt ist, dann spiegelt es den nichtswürdigen Stand wider, den der Sklave in den Augen von Jesus hatte. Es schien ihm normal, daß ein pflichtvergessener Sklave ausgepeitscht wurde. Das „Kommet her zu mir alle, die ihr mühselig und beladen seid; ich will euch erquicken" war auf einmal vergessen. Die Sklavengesetze des rund 1500 Jahre älteren Moses waren schon toleranter als die Sklavenbehandlung des „Erquickung" spendenden Jesus. Selbstverständlich war die bloße Existenz der Sklaverei himmelschreiend, und in dieser Hinsicht konnte sich auch Moses nicht über den allgemeinen Brauch und Mißbrauch des Altertums erheben. Des Altertums?

Man darf nicht vergessen, daß in Amerika die Sklaverei erst Mitte des 19. Jahrhunderts abgeschafft wurde und daß sie in Afrika noch im 20. grassierte. Die biblisch bigotten Protestanten der amerikanischen Südstaaten (die damit auch einen Bürgerkrieg entfesselten) haben in den Lehren von Jesus nichts gefunden, was sie vom Übel der Sklaverei überzeugt hätte. Aber sie hätten – wenn sie sich nicht auf das Neue Testament gestützt hätten – in den Gesetzen von Moses Bestimmungen gefunden, die ein Riesenschritt zur Verbesserung des Sklavenschicksals waren. Sehen wir jetzt aber noch, was Paulus und Petrus, diese zwei größten Jesus-Jünger, in Berufung auf den Geist ihres Meisters über die Sklaverei zu sagen hatten.

Brief von Paulus an die Epheser, Kapitel 6, Vers 5:

> Ihr Knechte, seid gehorsam euren leiblichen Herren mit Furcht und Zittern, in Einfalt eures Herzens, als Christo (wie zu Christus).

Brief auch von Paulus an Titus, Kapitel 2, Vers 9,10:

> Den Knechten sage, daß sie ihren Herren untertänig seien, in allen Dingen zu Gefallen tun, nicht widerbellen, nicht veruntreuen, sondern alle gute Treue erzeigen, auf daß sie die Lehre Gottes, unseres Heilandes, zieren in allen Stücken.

Erster Brief von Paulus an Timotheus, Kapitel 6, Vers 1:

> Die Knechte, so unter dem Joch sind, sollen ihre Herren aller Ehre wert halten, auf daß nicht der Name Gottes und die Lehre verlästert werde.

Das 2. Kapitel der ersten Epistel von Petrus an die Christenheit im allgemeinen enthält eine Botschaft, die die Sklaven besonders interessieren dürfte (Vers 18 bis 20).

> Ihr Knechte, seid untertan mit aller Furcht den Herren, nicht allein den gütigen und gelinden, sondern auch den wunderlichen (im älteren Sinn von schrullenhaft, grob). Denn das ist Gnade, so jemand um des Gewissens willen zu Gott das Übel verträgt und leidet das Unrecht. Denn was ist das für ein Ruhm, so ihr um Missetat willen Streiche leidet? Aber wenn ihr um Wohltat willen leidet und erduldet, das ist Gnade bei Gott.

Das nennt sich ein fortschrittlich christliches Sozialprogramm! Das war ja eine noch schlimmere Sklavenbehandlung als jene der heidnischen Römer. Diese mögen ihre Sklaven mitunter auch grausam behandelt haben, aber sie haben von ihnen wenigstens nicht verlangt, darüber Genugtuung zu empfinden. Laut einem Gesetz des alten Rom konnte die Ermordung eines Sklavenhalters durch einen Sklaven mit der Hinrichtung aller Sklaven im selben Besitz (selbst von mehreren hundert unschuldigen) vergolten werden. Aber die Römer haben von ihren todgeweihten Sklaven nicht verlangt, wie Petrus, sich auf ihre Vernichtung zu freuen. Die christliche Sklaverei kann also gar nicht als ein Rückschritt in der Sklavenhaltung gelten, denn wozu sie schritt, existierte früher gar nicht. Die älteren Sklaventümer stellten nicht die zynische Forderung nach Zufriedenheit mit dem Sklavenschicksal. In dieser Forderung kam die Manie des Leidenwollens, die Ordnung einer auf den Kopf gestellten Welt zum Ausdruck, wie sie von Jesus eingeleitet wurde. Nicht das Schicksal der Menschen solle verbessert werden, sondern der Mensch müsse sich an eine größere Leidensbereitschaft gewöhnen. Wo bleibt dann aber die Erquickung, die Jesus den Mühseligen und Schwerbeladenen versprochen hat? Die Scheinmenschlichkeit des Christentums war ein furchtbarer Rückschlag gegen die humanisierenden Bestrebungen des alttestamentlichen Judentums. Sehen wir nun, nach Petrus und Paulus, wie Moses das Problem der Sklaverei behandelt. Wichtige Regelungen des Sklavenverkehrs sind im Deuteronomium kodifiziert. Von größtem Interesse mag die Stelle von Vers 12 bis 15 des 15. Kapitels sein.

> Wenn sich dein Bruder, ein Hebräer oder eine Hebräerin, dir verkauft, so soll er dir sechs Jahre dienen; im siebenten Jahr sollst du ihn frei losgeben. Und wenn du ihn frei losgibst, sollst du ihn nicht leer von dir gehen lassen, sondern sollst ihm auflegen von deinen Schafen, von deiner Tenne, von deiner Kelter, daß du gebest von dem, das dir der Herr, dein Gott, gesegnet hat. Und gedenke, daß du auch Knecht warst in Ägyptenland und der Herr, dein Gott, dich erlöst hat; darum gebiete ich dir solches heute.

Das war ja gar keine Sklaverei. Höchst beachtenswert ist die Freiwilligkeit der Annahme des Dienstverhältnisses: „Wenn sich dein Bruder dir verkauft...". Ein jüdischer Sklavenhalter konnte seinen jüdischen Sklaven gar nicht verkaufen. Und nach sechs Jahren war dieser frei, reichlich beschenkt. Dieser letzte Punkt deutet besonders an, daß das Dienstverhältnis menschlich und freundschaftlich sein mußte. Es zeigt, von welchem Geist das System erfüllt war.

All das hat natürlich auch eine Kehrseite. Diese Regelung betraf nur Juden unter Juden. Die Klausel über die Befreiung nach sechs Jahren galt nicht für fremde Sklaven. Das scheint ein Haar in der Suppe zu sein. Man muß aber die Dinge in ihrem Zusammenhang betrachten. Andere Völker haben ihren fremden Sklaven auch keine Freiheit nach sechs Jahren gewährt – nicht einmal ihren eigenen. Juden, die zum Beispiel in römisches Sklavenverhältnis gerieten, wurden bestimmt nicht besser behandelt als die fremden Sklaven unter jüdischer Oberherrschaft. Die Knechtschaft in Ägypten dauerte (wenn man sie als Tatsache annimmt) nicht sechs, sondern mindestens 200, nach biblischer Rechnung sogar 400 Jahre. Es ist schwer, die Wahrheit von der Dichtung zu scheiden. Aber der Geist und die nationale Politik spiegelt sich in den Schriften. Danach zu urteilen, hatte der fremde Sklave in Israel ein Privileg, von dem Sklaven in anderen Ländern nicht einmal zu träumen wagten. Der Text im 23. Kapitel des Deuteronomiums (Vers 15, 16) enthält die betreffende Bestimmung.

> Du sollst den Knecht nicht seinem Herrn überantworten, der von ihm zu dir sich entwandt hat. Er soll bei dir bleiben an dem Ort, den er erwählt in deiner Tore einem, wo es ihm gefällt; und sollst ihn nicht schinden.

Kann man das Sklavendasein eines Fremden bei den Juden noch Sklaverei nennen? Dieses Flüchtlingsschutzgesetz war nicht auf jüdische Sklaven beschränkt. Jeder Sklave, ohne Unterschied der Herkunft, war dessen Begünstigter. Dieses Gesetz hat die Sklaverei sowieso fast gänzlich abgeschafft, und zwar ganz besonders für die Fremden. Bei der Freiwilligkeit der jüdischen Sklavenverpflichtung, der ab ovo versprochenen Befreiung und der reichlichen Beschenkung bestand für einen jüdischen Sklaven gar keine Notwendigkeit zu entfliehen. Vom praktischen Standpunkt aus schützte das Gesetz fast ausschließlich die fremden Sklaven, weil sie – wenn nicht wegen eventueller schlechter Behandlung – wegen des zeitlich unbeschränkten Dienstverhältnisses Grund zum Entfliehen hatten. Damit aber war ihre Knechtschaft zu Ende, sofern das Gesetz respektiert wurde, was vielleicht nicht in jedem einzelnen

Fall zutraf. Die möglichen bösen Ausnahmen können aber den humanen Geist des Flüchtlings-
schutzes nicht in Frage stellen. Der Wortlaut des Gesetzes sagt unmißverständlich, daß der
entflohene Sklave an seinem Zufluchtsort kein Sklave mehr ist. Er kann die Stelle seines
Aufenthaltes innerhalb der Besitztümer seines Beschützers wählen, wo es ihm gefällt, und
darf keiner Menschenschinderei unterworfen werden, womit Luther in seiner Übersetzung
auf seine derbe Art (im Sinne des hebräischen Bibeltextes) eine glimpfliche Behandlung gemeint hat.

Man kann nun fragen, welche Behandlung eines pflichtvergessenen, aber auch mühseligen
und schwerbeladenen Sklaven mehr dem Geist der Liebe entspricht und mehr Erquickung
bringt, die vielen „Streiche" von Jesus (Auspeitschung, Lukas, 12/47), das Verbot des „Wider-
bellens" unter Furcht und Zittern von Paulus, das Erdulden der unverdienten und ungerechten
Schinderei von Petrus (zitiert vor nur zwei Seiten) oder die Zusicherung einer Zufluchtsstätte
und schützenden Aufnahme von Moses?

**35** Daß das Schicksal der fremden Sklaven auch durch gesetzliche Regelungen gemildert werden sollte, war im Einklang mit der im allgemeinen aufgeschlossenen, freundlichen
Einstellung der Juden Fremden gegenüber. Bei einigen Anführungen von Gesetzesparagraphen
mag aufgefallen sein, daß bei Begünstigungen, die den Witwen und Waisen zugedacht waren,
der Fremdling auch immer miterwähnt wird. Es gibt aber auch Ermahnungen und Gesetzes-
bestimmungen, die der jüdischen Nation ein freundschaftliches Verhalten den Fremden gegenüber noch nachdrücklicher nahelegen. Es gibt zahlreiche Stellen im Alten Testament, die
sich mit diesem Thema im positiven Sinne befassen. Fünf Beispiele sollen diesen Tatbestand
belegen, und zwar in derselben Reihenfolge, wie die Paragraphenhinweise es andeuten. 1.)
Exodus, Kapitel 23, Vers 9; 2.) Deuteronomium, Kapitel 24, Vers 17, 18; 3.) Numeri (4. Buch
von Moses), Kapitel 15, Vers 15, 16; 4.) 1. Buch der Könige, Kapitel 8, Vers 41, 42, 43; 5.)
Ezechiel, Kapitel 47, Vers 21, 22, 23.

1. Die Fremdlinge sollt ihr nicht unterdrücken; denn ihr wisset um der Fremdlinge Herz, dieweil
   ihr auch seid Fremdlinge in Ägyptenland gewesen.
2. Du sollst das Recht des Fremdlings nicht beugen, denn du sollst gedenken, daß du Knecht in
   Ägypten gewesen bist und der Herr, dein Gott, dich von dort erlöst hat.
3. Der ganzen Gemeinde sei eine Satzung, euch sowohl als den Fremdlingen; eine ewige Satzung
   soll das sein euren Nachkommen, daß vor dem Herrn der Fremdling sei wie ihr. Ein Gesetz, ein
   Recht soll euch und dem Fremdling sein, der bei euch wohnt.
4. König Salomons Fürbitte an Gott für Fremde nach seinem Tempelbau. Wenn auch ein Fremder,
   der nicht von deinem Volk Israel ist, kommt aus fernem Lande um deines Namens willen (denn
   sie werden hören von deinem großen Namen und von deiner mächtigen Hand und von deinem
   ausgereckten Arm), und kommt, daß er bete vor diesem Hause: so wollest du hören im Himmel,
   im Sitz deiner Wohnung, und tun alles, darum der Fremde dich anruft.
5. Also sollt ihr das Land austeilen unter die Stämme Israels. Und wenn ihr das Los werft, das
   Land unter euch zu teilen, so sollt ihr die Fremdlinge, die bei euch wohnen und Kinder unter

euch zeugen, halten gleich wie die Einheimischen unter den Kindern Israel; und sie sollen auch ihren Teil am Lande haben, ein jeglicher unter dem Stamm, dabei er wohnt, spricht der Herr.

Es ist von jeher der Brauch im christlichen Abendland, das Alte Testament als Ausdruck eines lieblosen, gesetzesstarren jüdischen Chauvinismus zu betrachten. Natürlich kommen in seinem geschichtlichen Teil auch Gestalten vor, auf die das christliche Vorurteil paßt. Das Alte Testament ist nicht ein Buch über eine Person mit einer einzigen Meinung wie das Neue Testament. Es besteht aus vielen Büchern von vielen Verfassern über viele Personen und Gegenstände. Die christliche Welt sieht das Alte Testament im allgemeinen im Lichte seines ungünstigsten Aspekts, was deswegen sonderbar ist, weil alles Edle und Vernünftige im Neuen Testament eine knechtische Übernahme dieser Züge aus dem Alten Testament ist. Dessen ethische Herabsetzung ist also nichts anderes als eine christliche Selbstbesudelung. Den Christen ist das natürlich nicht bewußt, sie glauben, daß alles Edle ihrer Religion die ausschließliche Erfindung von Jesus ist. Sie sind der Ansicht, daß das Neue Testament sozusagen eine Ehrenrettung des Alten ist. Man kann denn auch als sicher annehmen, daß die vielen bisherigen Beispiele aus beiden und ihre Gegenüberstellung keinen Christen von dem turmhoch über dem Neuen Testament stehenden ethischen Wert des Alten Testaments überzeugen wird. Schon die frühesten Christen, die noch mit einem Fuß im Alten Testament steckten, waren von ihrem Christenglauben dermaßen trunken, daß sie ihr damals noch einziges Testament mit Kot bewarfen, was im besten Fall Unwissenheit über dessen Inhalt und Ethik verriet. Man soll noch einmal einen Blick auf die Äußerungen von Moses, Salomon und Ezechiel werfen, die die Gleichstellung des Fremdlings, ohne Bekehrungszwang, mit den Juden in Gesetz, Recht, Gottesdienst und Landbesitz verkündeten. Gleich danach soll man in der Apostelgeschichte die Versreihe 24, 25, 26, 27 und 28 des 10. Kapitels lesen, in welcher es sich um das christliche Missionswerk bei der italischen Besatzungsmannschaft handelt.

> Kornelius wartete und hatte zusammengerufen seine Verwandten und Freunde. Und als Petrus hineinkam, ging ihm Kornelius entgegen und fiel zu seinen Füßen und betete ihn an. Petrus aber richtete ihn auf und sprach: Stehe auf, ich bin auch ein Mensch. Und als er sich mit ihm besprochen hatte, ging er hinein und fand ihrer viele, die zusammengekommen waren. Und er sprach zu ihnen: Ihr wisset, wie es ein unerlaubtes Ding ist einem jüdischen Mann, sich zu tun oder zu kommen zu einem Fremdling; aber Gott hat mir gezeigt, keinen Menschen gemein oder unrein zu heißen.

Petrus behauptet also, daß es den Juden nicht erlaubt ist, mit Fremden zu verkehren, damit sie nicht verunreinigt werden. War Petrus unwissend oder ein Verleumder? Gelten die fremdenfreundlichen Worte von Moses, Salomon und Ezechiel gar nichts? Man darf nicht vergessen, daß Petrus, der „treue" Jünger von Jesus, seinen Meister verleugnete und sich weigerte, ihn überhaupt zu kennen. So ein feiner Kerl war er; und sein Wort sollte mehr Geltung haben als das der jüdischen Gesetzgeber? Einmal hat ihn sogar Jesus selbst einen Satan genannt. Aber er war eher ein Holzkopf als ein Bösewicht. Er hätte jedenfalls wissen müssen, daß Juden in solchem Maße bereit waren, sich durch Verkehr mit Fremden zu „verunreinigen", daß sie sie sogar heirateten. In der Ehe kann man die Verunreinigung kaum vermeiden. Auch in Techtelmechteln wie jenem von Salomon mit Saba und von Samson mit Delila war die Verunreinigung (im Petrinischen Sinne) eher schwer zu vermeiden. Und wenig hygienisch konnte die Ehe der jüdischen Esther mit dem persischen König Ahasveros (Xerxes) sein, oder Davids mit der hethitischen Bathseba, nicht zu sprechen von Moses selbst mit seiner midianitischen Frau Zippora und von Joseph mit der balbekischen Asnath.

Daß die Wechselbeziehungen zwischen Juden und Fremden nicht immer ungehindert waren, beruhte auf religiösen Differenzen. Bei einer restlosen Verschmelzung hätte man ja gar keinen Anlaß, von Fremden zu sprechen. Ein Fremder, der die jüdischen Religionsgebräuche ohne jeden Vorbehalt beobachtet, ist kein Fremder mehr, sondern ein Jude. Wenn man also von Fremden in der Mitte der jüdischen Gesellschaft spricht, die ihren Fremdenstatus beibehalten und doch alle bürgerlichen Privilegien genossen haben, dann ist das ein unwiderleglicher Beweis jüdischer Toleranz und Kommunikationsbereitschaft Fremden gegenüber, wie sie in den Verlautbarungen von Moses, Salomon und Ezechiel auf großzügigste Weise zum Ausdruck kommt.

Die jüdische Absonderung, die sich mit der Zeit entwickelte (und auch eher nur beim orthodoxesten Zweig), ist eine Folge der christlichen Absonderung. Wer hat Gettos gegen wen errichtet? Waren sie jüdisch oder christlich erzwungene Absonderungen? In dieser Hinsicht kann man in den Evangelien das Rollen des Schneeballs beobachten. Die verhältnismäßig frühen, synoptischen (ersten drei) Evangelien wissen nichts von einer Weigerung der jüdischen Hohenpriester, das Amtsgebäude des Gouverneurs Pilatus zu betreten. Nur im späten Johannes-Evangelium lesen wir, daß Pilatus ins Freie hinausgehen mußte, weil die Priester wegen Verunreinigungsgefahr nicht im Inneren des Gebäudes vor ihm erscheinen wollten. Das üppig wachsende Christentum wollte also schon von einer jüdischen Verunreinigungsangst wissen, die dem früheren, zahmeren Christentum noch unbekannt war. Man kann indessen annehmen, daß nicht das Judentum fremdenscheuer, sondern das Christentum judenfeindlicher wurde.

Die fortschreitende Entstellung gesellschaftlich jüdischer Haltung geht natürlich auf Jesus zurück. Er hat die Entwicklung zum Fanatismus rascher durchgemacht als seine Anhänger. Es ist auch möglich, daß Petrus die Juden der Gesellschaftsfeindlichkeit nur deswegen bezichtigte, weil er damit ein Echo seines Meisters zu sein glaubte. Seine Anklage gegen die angeblich jüdische Fremdenverachtung war tatsächlich eine würdige Parallele zur falschen Anklage, die Jesus wegen des angeblichen jüdischen Feindeshasses erhoben hatte. Diese ersten Christen haben sich nicht damit begnügt, ihren jüdischen Blutsbrüdern den Rücken zu kehren (was ihr gutes Recht war und wofür sie auch nicht kritisiert werden sollen), sie fühlten sich bemüßigt, die verleugnete Gemeinschaft in jeder möglichen Weise anzuschwärzen und durch falsche Anklagen in Verruf zu bringen. Die Nachfolger sorgten dann ihrerseits dafür, daß die noch lückenhaft gebliebene üble Nachrede zu einer vollständigen Verunglimpfung erweitert wurde.

Als Jesus zugab (bei gleichzeitig falscher Anklage gegen die angebliche jüdische Unversöhnlichkeit Feinden gegenüber), daß die Nächstenliebe ein jüdisches Gebot ist, tat er es durch solch einen losen Hinweis, daß seine christlichen Nachfolger den jüdischen Ursprung des Liebesprinzips vollständig unterschlagen konnten. Er sagte, daß die Gottesliebe und die Nächstenliebe die zwei wichtigsten Gesetze seien, fand es aber nicht nötig, die Bezugnahme auf das Alte Testament näher anzugeben. Es ist also angebracht, die Stellen aus dem Alten Testament anzuführen, die Jesus bei seiner Verkündigung nur wiederholt und nicht spontan aus der Güte seines Herzens verfaßt hat. Die zwei Gesetze, die er als die vornehmsten bezeichnete, sind (in der Reihenfolge von Jesus) im Deuteronomium, beziehungsweise im Levitikus zu finden. Das erste, über die Gottesliebe, ist im 5. Vers des 6. deuteronomischen Kapitels; das zweite, über die Nächstenliebe, ist im 18. und 34. des 19. levitischen Kapitels.

Du sollst den Herrn, deinen Gott, liebhaben von ganzem Herzen, von ganzer Seele, von allem Vermögen.
Du sollst nicht rachgierig sein noch Zorn halten gegen die Kinder deines Volks. Du sollst deinen Nächsten lieben wie dich selbst.

(An diesem Punkt ist das Liebesgebot noch nicht vollständig. Es muß eine kurze Pause eingeschaltet werden, weil die Jesus-Anhänger triumphierend darauf hinweisen, daß gemäß dem Wortlaut des Gesetzes der „Nächste" nur geliebt werden soll, wenn er ein Jude ist. Der obige Wortlaut mag auch auf diese Art interpretiert werden, aber der noch übriggebliebene 34. Vers wird den Jesus-Anhängern ihren Trugschluß eindeutig vor Augen führen.)

Der Fremdling soll bei euch wohnen wie ein Einheimischer unter euch, und sollst ihn lieben wie dich selbst; denn ihr seid auch Fremdlinge gewesen in Ägyptenland. Ich bin der Herr, euer Gott.

Wenn einer den Nächsten liebt wie sich selbst und den Fremdling auch liebt wie sich selbst, dann ist ihm der Fremdling genauso nahe wie der Nächste.

Daß der Durchschnittsklerus den jüdischen Ursprung der Nächstenliebe in seinen Predigten unterschlägt, ist ein alltägliches Phänomen, das keinen besonderen Kommentar über den bereits gegebenen hinaus verlangt. Nicht ganz wortlos kann man aber am Verhalten berühmter, achtunggebietender Repräsentanten der christlichen Religion vorübergehen, wenn sie primitives Ignorantentum, papageienhaftes Nachplappern alter Formeln oder vielleicht theologische Spitzfindigkeiten offenbaren.

**36** Es gibt zwei bekannte Persönlichkeiten (wenigstens zwei für diese Präsentation), deren Porträt in den umschriebenen Rahmen paßt. Die eine (eine Generation ältere) ist der französisch katholische Laienschriftsteller Henri Daniel-Rops (mit bürgerlichem Namen Henri Jules Charles Petiot), Mitglied der erhabenen Académie Française. Die andere Glanznummer (es blutet einem die Feder, den Namen in diesem Zusammenhang niederzuschreiben) ist der berühmte, geachtete, bewunderte, schweizerisch katholische Pfarrer, Theologe und Universitätsprofessor Hans Küng. Diese zwei Leuchten religiöser Schriftstellerei (eine Auswahl von zahlreichen Geistesverwandten) haben sich das erbärmlichste Zeugnis hinsichtlich theologischer Kenntnis oder intellektueller Redlichkeit ausgestellt. Um nicht lange um den lauwarmen Brei herumzugehen, sei das Wesentliche gleich gesagt und dann das noch Notwendige je nachdem hinzugefügt.

In Daniel-Rops' Buch, betitelt „Qu'est-ce que la Bible?"(Was ist die Bibel?), steht im 10. Kapitel, im Teil mit dem Untertitel „Vom Alten zum Neuen Testament", im letzten Paragraphen, folgender Satz:

Das Gebot – ‚Liebe deinen Nächsten wie dich selbst' – war den Hebräern durchaus nicht unbekannt.

Die Äußerung geht noch weiter, aber hier muß man für einen Moment anhalten, um sich von der Atemnot zu erholen.

Im Originalfranzösisch lautet die Äußerung:

Le Commandement – ‚aimer son prochain comme soi-meme' – n'était nullement ignoré des Hébreux...

Um Daniel-Rops' Ausdrucksweise richtig zu werten, ist es nützlich zu wissen, daß das Zeitwort „ignorer" im Französischen keine wissentliche Nichtbeachtung bedeutet wie das deutsche „Ignorieren", sondern die absolute Unkenntnis einer Sache. Es bedeutet „es entzieht sich meiner Kenntnis". „Nullement ignoré", bedeutet also in gröblich getreuer Übersetzung (in doppelter Verneinung) „durchaus nicht nicht gekannt" oder in gut deutscher und gleich getreuer Form „durchaus nicht unbekannt".

Monsieur Daniel-Rops sagt also, daß das Gebot der Nächstenliebe den Juden durchaus nicht unbekannt war. Dann aber hätte er verraten sollen, wo es positiv bekannt war und logischerweise überhaupt erst erdacht wurde.

Daniel-Rops, von dem wir auf die Frage nach dem vorhebräischen Ursprung der Nächstenliebe keine Antwort erwarten können, hatte aber seiner Äußerung über die nicht unbekannte Nächstenliebe noch etwas beizufügen. Offenbar wurde ihm sein Dilettantismus oder Unfug noch rechtzeitig bewußt, und so schwächte er ihn ab, um sich dann doch abermals zu beklekkern. Seine vollständige Äußerung lautet:

> Die Nächstenliebe war den Hebräern durchaus nicht unbekannt, da der Levitikus (3. Buch von Moses), Kapitel 19, Vers 17 – 18, sie schon die Nächstenliebe gelehrt hatte. Was Jesus tat, war nur, wirkliche Bedeutung und universelle Gültigkeit in dieses Liebesprinzip hineinzutragen, das zu viele Juden nur in den engen Grenzen ihres Nationalismus gelten ließen.

Daniel-Rops stellt seine Bosheit oder Unbildung ins Schaufenster. Er sagt, daß der Levitikus den Juden etwas beigebracht hat, als ob das Gesetz etwas außerhalb des Judentums Stehendes und nicht das Werk des jüdischen Geistes selbst wäre. Die Nächstenliebe war nicht die Idee eines einzelnen Menschen. Sie muß im Denken, Fühlen und Gemeinschaftsleben einer Nation herangereift und dann durch hervorragende Gebietsvertreter kodifiziert worden sein. Eine Gemeinschaft bringt sich nicht etwas bei, sie entwickelt es.

Im weiteren führt Daniel-Rops seine Leser sozusagen selber zum Erkennen seiner theologischen Inkompetenz. Er gibt Vers 17 – 18 des 19. Levitikus-Kapitels an als Unterlage für die Beschränkung der Nächstenliebe auf hebräische „Volksgenossen". Dieser Doppelvers enthält aber nicht das vollständige Gebot; und es ist unehrlich, nur A zu sagen und nicht auch B, wenn es auch ein B gibt und wenn nur die zwei zusammen ein vollständiges Bild ergeben. Vor nur zwei Seiten wurde der 34. Vers desselben Levitikus-Kapitels zitiert, worin es heißt:

> Der Fremdling soll bei euch wohnen wie ein Einheimischer unter euch, und sollst ihn lieben wie dich selbst.

Wo ist da der von Daniel-Rops den Juden angedichtete enge Nationalismus? Und wenn ihn das noch nicht umgestimmt haben sollte, dann hätte er dasselbe auch im Deuteronomium finden können. Verse 18, 19 des 10. Kapitels lauten: „Gott schafft Recht den Waisen und Witwen und hat die Fremdlinge lieb, daß er ihnen Speise und Kleider gebe. Darum sollt ihr auch die Fremdlinge lieben; denn ihr seid auch Fremdlinge gewesen in Ägyptenland." Daß eine übernationale Erweiterung der jüdischen Nächstenliebe durch Jesus überflüssig ist, könnte nicht klarer dokumentiert werden. Das allgemeine, nicht nur für Juden geltende Liebesprinzip ist schon durch die uneingeschränkte jüdische Gastfreundschaft für Fremde und ihre Gleichstellung mit den Einheimischen ausgedrückt. Da gab es kein restliches „Tüttelchen", mit dem Jesus die jüdische Nächstenliebe hätte vervollständigen können. Daß es „viele" Juden gab, wie Daniel-Rops es krittelnd feststellte, die sich national engstirnig benahmen, ist eine Erscheinung, die bei jeder Nation feststellbar ist. Hätte er von allen Franzosen ohne Ausnahme die gleiche Loyalität zum Staatsideal verlangt, bevor er Frankreich als ganzem für dessen allgemein humanitäre Errungenschaften ein Ehrendiplom zu verleihen bereit gewesen wäre? Daniel-Rops hat mit seiner Bibelverdrehung und Quengelei bewiesen, daß ein hochgebildeter Schulwissenschaftler, Aristokrat, hervorragendes Mitglied der geistigen Elite Frankreichs und glühender Religionsanhänger intellektuell und ethisch ein erbärmlicher Zwerg sein kann.

In einem anderen seiner zahlreichen Bücher, „Jesus und seine Zeit" (Jésus En Son Temps), hat sich Daniel-Rops von seinem religiösen Vorurteil zu einer anderen Absurdität gleich judengegnerischer Art hinreißen lassen. (Der Genauigkeit halber sei festgestellt, daß seine Judengegnerschaft, ohne Haß, strikt religiöser Natur war und sich auf die Theorie des Überholtseins und der Ablösung des Judentums durch das Christentum gründete – eine Theorie, die allerdings die Wurzel des sich immer wieder erneuernden Antisemitismus ist.) Daniel-Rops spricht in der sehr langen und gewichtigen Einleitung seines Buches (in deren vorletztem Abschnitt) vom „fünften" Evangelium, dessen Idee er mit gewissen Vorbehalten Ernest Renan entlehnt hat und womit er das Land Palästina als geographisches Ebenbild des Lebens, Fühlens und Handelns von Jesus meint. Das Schweifen seiner Phantasie bringt ihn auf den Gedanken, daß die Wanderungen und Äußerungen von Jesus in Galiläa, seiner engeren Heimat, mit dem Antlitz dieses Landstrichs harmonierend, von Lieblichkeit, Sanftmut und Glücksgefühlen erfüllt waren. Im Gegensatz dazu hebt er die Herbheit, Härte der Ansprachen, den drohenden Ton der Prophezeiungen und das Greuelbild des Martertodes hervor, die in Erscheinung traten, sobald Jesus seine Missionstätigkeit nach dem unfreundlichen, wilden Land von Judäa verlegte. Dann macht er folgende Bemerkung: „Diese Seite des Evangeliums spiegelt die Wildheit der herben judäischen Landschaft mit ihren kahlen Felsen, ihrem sengend heißen Klima wider, die in ihrem dreisten Stolz durch die dort herrschende lieblose Gesetzestreue noch starrer erscheint." (Toute cette autre face du diptyque évangélique reflète la sauvagerie de l'âpre Judée, aux rocs nus, au ciel brûlant, que semble raidir, dans son orgueil, la fidélité sans tendresse à la Loi. – Das Anhängen des französischen Originals ist eine Einladung zu einer besseren Übersetzung.) Um das Messer der „lieblosen Gesetzestreue" in der Wunde umzudrehen, fügt dann Daniel-Rops hinzu, daß von den zwölf Jüngern Jesu elf Galiläer waren, und nur Judas als einziger von Judäa herkam.

Unser unerschütterlicher Jesusanbeter hat vergessen, daß sein Idol – nach dessen eigenem Zeugnis – in die Welt kam, um das unliebenswerte Gesetz bis zum letzten Tüttel zu erfüllen. Gesetze sind gewöhnlich bei keiner Gemeinschaft zum Geliebtwerden bestimmt. Darin wäre das Judentum auch keine Ausnahme. Aber gerade Daniel-Rops macht für die Juden eine Ausnahme, wenn er ihre Gesetze allein als des Liebens unwürdig abstempelt. Das aber bringt ihn mit seiner eigenen Jesusanbetung in Widerspruch, wie es die Worte des Meisters im Verspaar 17- 18 des 5. Matthäus-Kapitels beweisen.

Ihr sollt nicht wähnen, daß ich gekommen bin, das Gesetz oder die Propheten aufzulösen; ich bin nicht gekommen, aufzulösen, sondern zu erfüllen. Denn ich sage euch wahrlich: Bis daß Himmel und Erde zergehen, wird nicht zergehen der kleinste Buchstabe noch Tüttel vom Gesetz, bis daß es alles geschehe.

Es scheint, daß Jesus vom Gesetz und dessen Beobachtung nicht so wegwerfend sprach wie Daniel-Rops. Dieser wollte dem lieblosen und unliebenswerten Gesetz den liebevoll galiläischen Jesus kriecherisch gegenüberstellen. Er wollte jesuischer sein als Jesus, wurde aber von Jesus selbst über die Jahrtausende hinweg im Geiste Lügen gestraft. Auch Paulus hat die alttestamentlichen Gesetze trotz seiner Rauferei mit den Juden, seinen vormaligen Glaubensgenossen, noch für genügend liebenswert gehalten, um die gegenseitige Verstärkung von Gesetz und Nächstenliebe zu betonen. Im 13. Kapitel seines Römerbriefes ist der 9. und 10. Vers ein Mahnruf zum Einhalten (bei namentlicher Aufzählung) der jüdischen Gesetze, zu denen auch die Nächstenliebe gehört.

Denn was da gesagt ist: „Du sollst nicht ehebrechen; du sollst nicht töten; du sollst nicht stehlen; du sollst nicht falsch Zeugnis geben; dich soll nichts gelüsten", und so ein anderes Gebot mehr ist, das wird in diesem Wort zusammengefaßt: „Du sollst deinen Nächsten lieben wie dich selbst." Die Liebe tut dem Nächsten nichts Böses. So ist nun die Liebe des Gesetzes Erfüllung.

Der letzte Satz kann auf zweierlei Art interpretiert werden. Die eine ist, daß die Liebe zur Erfüllung des Gesetzes führt; die andere, daß die Erfüllung des Gesetzes Liebe bekundet. Beides scheint von Paulus sanktioniert worden zu sein. Aber die zweite Version, der Primat des Gesetzes – offenbar die jüdische Art –, ist eine praktischere Ordnung der menschlichen Beziehungen, weil der Primat der Liebe keine Erfüllung des Gesetzes garantiert. Eine Nächstenliebe noch ohne Gesetz kann auch unter Verbrechern wuchern. In diesem Sinne ist mehr Liebe in der Beobachtung der Gesetze als Gesetz in der Beobachtung der Liebe. Haben denn die Juden zum Lieben des Nächsten überhaupt ein Gesetz nötig? Weil Daniel-Rops das geglaubt hat, deswegen hat er von der jüdischen Gesetzesordnung, in der selbst die Nächstenliebe nach einem starren Gebot geregelt wird, mit solcher Verachtung gesprochen, während er das Einfließen von Jesu Zartsinnigkeit in diese Gesetzesdogmatik in den Himmel hob. Damit aber hat er Zeugnis von seiner christlichen Verblendung abgelegt. Die Funktion des Gesetzes, besonders in Hinsicht auf die Nächstenliebe, wird von den Christen, nicht allgemein, aber von jenen vom Schlage eines Daniel-Rops, vollkommen verkannt. Für die Juden ist das Gesetz nur ein Instrument, ein Wegweiser zur praktischen Beobachtung der Nächstenliebe. Das Lieben strikt nach einem Gesetz anzuordnen, wäre ja eine psychologische Unmöglichkeit. Die Liebe ist bekanntlich entweder spontan oder sie existiert gar nicht. Die Nächstenliebe im jüdischen Gesetzbuch hatte denn auch nicht den Zweck, die Juden zum Lieben ihrer Nächsten zu zwingen, sondern ihnen den Weg zum Lieben – ja auch des Fremden – zu öffnen in einer Zeit, wo das herrschende Prinzip noch mehr als heute „omnium bellum contra omnes" war. Die gesetzliche Nächstenliebe der Juden war kein starres Reglementieren (es stand ja keine Strafe auf deren Nichtbeachtung), sondern ein Bewußtmachen der Möglichkeiten der menschlichen Seele, als die Menschen noch gar nicht an diese Möglichkeit gedacht hatten. Es war eine Erkenntnis, die für die gesellschaftliche Gesittung bahnbrechend war und noch in viel höherem Maße hätte sein können, hätte sie der christliche Fanatismus mit seinem monopolistischen Anspruch nicht auf seinen eigenen Glaubenskreis beschränkt. Die Dinge liegen nämlich gerade entgegengesetzt zu dem, was den Juden vorgeworfen wird. Es sind nicht die Juden, die nur den jüdischen Nächsten lieben. Sie nehmen den Fremden bei sich auf und betrachten ihn als gleichberechtigt (wie es vor einigen Seiten zum x-ten Male aus Levitikus und Deuteronomium zitiert wurde). Dafür verdammt die christliche Religion jeden, der sich ihr bewußt entzieht. Selbstverständlich sind die Zeiten der Landesverweisungen aus religiösen Gründen vorbei. Aber die Verdammung der Nichtanpasser steht in der christlichen Bibel nach wie vor:

> Wer da glaubet und getauft wird, der wird selig werden; wer aber nicht glaubet, der wird verdammt werden.
>
> (Markus, Kapitel 16, Vers 16).
>
> Wer an den Sohn glaubt, der hat das ewige Leben. Wer dem Sohn nicht glaubt, der wird das Leben nicht sehen, sondern der Zorn Gottes bleibt über ihm.
>
> (Johannes, Kapitel 3, Vers 36).

Die Juden suchen ihre Religion keinem fremden Volk mit solcher Drohung aufzuzwingen. In der jüdischen Bibel werden nur fremde Götter verdammt, nicht fremde Menschen.

Zugegeben, es gibt auch im Alten Testament viele dumme, grausame, überflüssige und undurchführbare Gesetze. Es wäre zuviel verlangt, von 613 Geboten vor 3000 Jahren schon eine restlos lilienweiße Harmlosigkeit zu erwarten. Aber bevor Daniel-Rops den Juden einen harten Gesetzesdogmatismus vorwarf, hätte er in seinem eigenen Land, wie es zur Zeit der Allmacht seiner Religion aussah, Umschau halten sollen. Wie hat der Katholizismus des zartsinnigen Jesus seinen Fortschritt 1000, 2000 und vereinzelt sogar noch 3000 Jahre nach Einführung der jüdischen Gesetzesstarrheit manifestiert? War die Niedermetzelung der Bevölkerung der südfranzösischen Stadt Albi und Umgegend wegen religiöser Meinungsverschiedenheit im 13. Jahrhundert auf Befehl von Papst Innozenz III. eine zartsinnige Anwendung der Kirchengesetze? Von den jüdischen Gesetzeshütern berichtet selbst das judengegnerische Neue Testament nicht etwas im entferntesten ähnlich Grausames wegen religiöser Abkehr. Nach dem Leben von Jesus trachteten sie (dem er übrigens leicht hätte, wenn er wollte, entgehen können) nur wegen seiner beanspruchten Gleichwesenheit mit Gott. Aber keinem einzigen seiner Jünger wurde auch nur ein Haar gekrümmt. Nur Herod, der König, war grausam zu ihnen, aber nicht aus religiöser, sondern politischer Eifersucht, weil er seinen Thron durch Rebellion gefährdet sah. Die jüdische Clique, die den Tod Jesu wegen seines Gottgleichheitsanspruchs forderte (Johannes, Kapitel 10, Vers 30), erhob keine vergleichbare Anklage gegen die Apostel. Die militante Haltung gegen Paulus entstand eine Generation später, als die Christensekte schon zu einer bedeutenden Konkurrenz gewachsen war. Die radikale Gegnerschaft kann also nicht als eine von Anfang an bestehende betrachtet werden. Die anfängliche Uninteressiertheit an Jesu Gefolgsleuten beweist, daß bei den Juden ein Glaubensabfall keine heftigen Rückwirkungen hatte, sofern er nicht im Inneren wühlte, sondern sich offen außerhalb des Judentums stellte.

Religiöse Offenheit ist indessen keine Eigenschaft, die das Verhältnis der verschiedenen Zweige des Christentums besonders auszeichnet. Seine brüderlichen Metzeleien wurden manchmal hinterlistig geplant. Der berühmteste Fall dieser Art ist die Pariser Bluthochzeit in der Nacht des Bartholomäustages im Jahre 1572, bei welcher die zu der Hochzeit der Schwester des Königs geladenen (damals legitim funktionierenden) protestantischen Notabilitäten bei nachtschlafender Zeit überrascht und massakriert wurden. Das war offenbar die praktische Demonstration jener Nächstenliebe, bei welcher Jesus, nach Ansicht von Daniel-Rops, die jüdische Starrheit mit Zartgefühl ersetzte.

Vielleicht fühlten sich das hohe Militär und der hohe Klerus, ebenfalls in Daniel-Rops' Frankreich und diesmal an der Schwelle des zum Überfließen fortschrittlichen 20. Jahrhunderts, einem Juden gegenüber zu einer Nächstenliebe niederen Grades verpflichtet, als sie den unschuldigen jüdischen Hauptmann Alfred Dreyfus wissentlich falsch der Spionage anklagten und nach der Teufelsinsel verbannten.

Die aufgezählten Fälle christlicher Nächstenliebe der Tat beschränkten sich, Daniel-Rops zu Ehren, alle auf sein französisches Vaterland. Sollte man sich darauf versteifen, daß die französischen Staatsgesetze (trotz einiger „Entgleisungen") mit dem Zartsinn der Religionsgesetze von Jesus von jeher eine Einheit gebildet haben, so ist in den Annalen der Geschichte Frankreichs und mancher Nachbarländer tatsächlich ein Gesetz verzeichnet, das zweifellos zartsinnig genannt werden kann. Jedenfalls ist diese Feststellung vom Standpunkt der Edelleute richtig. Dieses Gesetz bestimmte, daß die erste eheliche Nacht einer neuvermählten Bauernjungfer ihrem Lehnsherrn reserviert wurde (entzückend geschildert in Mozarts „Figaros Hochzeit"). Diesem System kann die Zartsinnigkeit wirklich nicht abgesprochen werden. Es muß ein Gesetz gewesen sein, geschrieben oder ungeschrieben, denn es hieß „Droit du Seigneur" oder lateinisch „jus primae noctis". Jesus muß seinen zartsinnigen Segen dazu gegeben haben.

Wenn Daniel-Rops nicht im Jahr 1965 erst mit 64 Jahren gestorben wäre, hätte er wahrscheinlich noch mehr solche von seiner Religion geduldeten Gebräuche aufzählen können, da er als Gymnasiallehrer im Geschichtsfach ein Spezialist für solche geschichtlichen Kuriositäten in der Hochsaison seiner zartsinnigen Religion war.

Aufgrund der vorausgehenden Beispiele christlicher und jüdischer Nächstenliebe ist die Feststellung wohl angebracht, daß es eine Eigenart des christlichen Zartgefühls ist, den Balken im eigenen Auge nicht zu sehen, nur den Splitter im jüdischen. Es gibt keine Situation, auf die diese Metapher von Jesus besser passen würde als auf das christlich-jüdische Verhältnis, aber in einem umgekehrten Sinn als Jesus sie meinte. Die krampfhafte Anstrengung in der Degradierung des moralischen Standes der jüdischen Gesetzesreligion dient einzig dem Zweck zu zeigen (obwohl das Zeigen einen nichtexistierenden Gegenstand hat), wieviel höher die Ethik von Jesus über dem von ihm reformierten Judaismus steht. Es soll mit allen theologischen Kniffen bewiesen werden, daß es nach dem lieblosen Gesetzesdogmatismus des Judentums das Kommen eines Liebesapostels war, wonach die Welt gehungert hatte. Die jüdische Nächstenliebe war veraltet. Und was hat Jesus an deren Stelle gesetzt? Eine plagiierte jüdische Nächstenliebe -nur durfte man nicht sagen, daß sie ursprünglich jüdisch war. So hat sich in der Welt eine spezifisch christliche Nächstenliebe ausgebreitet, deren Pflege durch die Christen untereinander so erheiternd ist, daß man sich sein Zwerchfell beim Zuschauen von der Tribüne vor Lachen verrenken könnte.

In die allgemeine Erheiterung mischt sich nur das Pfeifen eines bösen Windes aus Judäa. Dieser Landstrich hatte schon die jüdische Nächstenliebe vergiftet. Aber Daniel-Rops gelang es, die Zauberformel zur Abwendung des bösen Windes zu finden. Wenn nur Jesus im lieblichen Galiläa geblieben und nie nach Judäa gegangen wäre! In dieser Ausdehnung seines Wirkungsfeldes fand Daniel-Rops die Erklärung für die rauhen Seiten von Jesus, wobei er vorsichtig genug war, keine näheren Einzelheiten über deren Natur zu erwähnen. „Judäa" steht aber als Entschuldigung bereit, sollte jemand im näheren auf diese Rauheiten hinweisen, zum Beispiel auf die Anstiftung zum Elternhaß durch den liebreichen Jesus als Vorstufe zur Aufnahme in seine Jüngerschar. Es wäre peinlich, wenn dem vorgehaltenen jüdischen Gesetzesdogmatismus der Elternhaß von Jesus entgegengehalten würde. Aber Daniel-Rops hat den Dreh gefunden. Judäa mit seinen kahlen Felsen und dem sengend heißen Klima ist an allem schuld. Selbst ein Jesus konnte nicht der verderblichen Wirkung eines so verfluchten Landes widerstehen. Wenn diese Argumentation in den Katechismus eingeführt wird, dann mag es als ein verspäteter Ruhm von Daniel-Rops gelten, daß seine Landschaftscharaktertheologie nach seinem Tode Früchte getragen hat.

37 Wenn man nun gemäß dem aufgestellten Plan zu Hans Küng weiterschreitet, dann muß man fragen, ob es recht und billig ist, ihn mit Daniel-Rops in denselben Topf zu werfen. Eine Verneinung scheint sich aufzudrängen, weil Küng viel aufgeklärter, fortschrittlicher und trotz seines Priesterstandes ein unkatholischerer Katholik ist, als es der etwa ein Vierteljahrhundert ältere Daniel-Rops war. Aber man möchte mit poetica licentia sagen, daß, wer von der Religion frißt, daran stirbt. Die verheerenden Folgen der religiösen Verpflichtung und Denkart können beim besten Willen nur mit Schwierigkeit abgestreift werden. So ist es erklärlich, daß Hans Küng in seinem Buch „Christ sein" einen dem Daniel-Ropsschen ähnlichen Lapsus begangen hat. In einer Hinsicht ist sein Ausgleiten noch schlimmer. Er begnügt sich nicht damit, den jüdischen Humanismus gegenüber den Lehren von Jesus zu verkleinern, er macht den kühnen Schritt, aus der von Daniel-Rops gescheuten Feindesliebe von Jesus eine besondere Tugend zu machen. Wie kann man sich aber gerade zu diesem Thema stellen?

Wenn Jesus sagt, daß man seinen Feind lieben soll, dann weiß man, daß man mit einem weltfremden Menschen zu tun hat, dessen Ratschlägen man nicht folgen kann. Das bedeutet nicht, daß man Feinden gegenüber immer und unter allen Umständen unversöhnlich bleiben soll. Aber die Änderung der Einstellung ist situationsbedingt und kann nicht, etwa auf eine Order von Jesus, apodiktisch gefordert werden. Ob er die Feindesliebe selber so gemeint hat, wie er sie forderte, ist fraglich. Jedenfalls war sie entweder weltfremd, eine hohle Phrase, aberwitzig oder unaufrichtig. Welches von diesen Charakteristika zutrifft, kann man danach beurteilen, daß Jesus seine Feinde ja gehaßt, ihnen das Schlimmste gewünscht und auf Rache gesonnen hat. Mit der einzigen Ausnahme der Vergebung am Kreuz (deren Wert aber daran zu erkennen ist, daß gerade die christliche Welt keine Verbindlichkeit davon ableitet) ist der belastende Befund in den Evangelien reichlich belegt. Die Beurteilung von Hans Küng selbst, von dem eigentlich mehr als von Jesus die Rede ist, gründet sich darauf, daß er die geschilderte Seite von Jesus (ähnlich wie Daniel-Rops) vollkommen unterschlägt, während er die Mängel des Judaismus, trotz dessen fundamentaler Funktion im Herausbilden der abendländischen Zivilisation (durch sein Fortwirken im usurpatorischen Christentum), nur zu willig zur Kenntnis nimmt. Er machte Reklame für die christliche Feindesliebe im Gegensatz zur „niedereren, primitiveren" Moralität des Judaismus.

Es ist bedauerlich, daß ein so gelehrter und wohlwollender Mensch wie Hans Küng sich

nicht aus der Furche religiös kultivierter Unwissenheit herausreißen konnte. In diesen polemischen Blättern (vor nicht vielen Seiten und immer mit genauer Angabe der betreffenden
Bibelstellen) ist die historisch vorweggenommene Widerlegung von Küngs Behauptungen
schon so oft wiederholt worden, daß es schmerzt, nochmals in dieselbe Kerbe hauen zu müssen. Doch noch einmal Feindesliebe, aber gemäß der jüdisch vernünftigen Interpretation und
Anwendung!

Hat Küng das Seminar an dem Tag geschwänzt, an dem die Bibelstelle über Moses' Mahnung, den verirrten und verunglückten Tieren eines Feindes aus der Misere zu helfen, gelesen
wurde? Hat er nie die Sprüche von Salomon gelesen, unter denen die Mahnung zu finden ist,
sich nicht über den Niederfall eines Feindes zu freuen, ihm vielmehr Brot und Wasser zu
reichen? Weiß Küng nichts von den versöhnlichen Worten von Jesaia, die er an die ehemals
feindlichen Ägypter und Assyrer richtete? Dieser Prophet ging sogar so weit, diese Völker als
unter dem Schutz Gottes stehend zu betrachten. Das sind die „rachsüchtigen" Israeliten!

Wie ist nun der feindliebende Jesus? Küng sollte darüber Bescheid wissen, da er ja ein
geeichter Jesusspezialist ist. Nach seinen Lobeserhebungen über die Feindesliebe seines Helden staunt man, wie er zu dieser Wertung der Haltung von Jesus gelangen konnte, wenn seine
eigene Bibel berichtet, daß Jesus seine ideologischen Gegner mit einem Mühlstein am Halse
ins tiefste Meer versenken oder in die Hölle werfen wollte. Ist das Küngs Begriff von der Art
und Weise, Feinde zu lieben? Oder hat vielleicht Jesus mit seiner Maxime die Welt zum
Narren gehalten?

Ein anderer Akt seiner Feindesliebe war, seinen Jüngern den Verkehr mit den vom Judentum abgefallenen Samaritern zu verbieten. Diese Tatsache konnte nun weder Küng noch Daniel-Rops ignorieren. Der von Jesus geschaffene Widerspruch, Feinde zu lieben und sie zugleich zu verstoßen, ja die Feindschaft sogar noch weiter zu verschärfen, mußte doch irgendwie kommentiert werden. Unsere zwei Prinzen christlicher Theologie machen bei diesem
Kommentieren eine ziemlich erbärmliche Figur. Es ist eine äußerst undankbare und auch
unmögliche Aufgabe, Jesus bei seinen charakterlichen Purzelbäumen zu sekundieren. Küng
unternimmt es auf Seite 308 in seinem Buch „Christ sein" (ungekürztes Taschenformat) mit
der Erfolglosigkeit, zu der seine Bemühung ab ovo verurteilt ist. Es ist zu beachten, daß er im
folgenden Zitat auf die Samariter nur indirekt anspielt, ohne ihren Namen zu nennen. Das ist
die fadenscheinige Rückversicherung, für die Absurdität einer Behauptung nicht voll verantwortlich sein zu müssen. Ohne Namennennung kommt man vielleicht mit einer halben Blamage davon.

> Für Jesus ist bezeichnend, daß er die eingefleischte Grenze und Entfremdung zwischen Genos-
> sen und Nichtgenossen nicht anerkennt. Zwar, so hörten wir, hat er seine Sendung auf die Juden
> beschränkt; sonst hätte es in der Urgemeinde gar keine solchen harten Auseinandersetzungen
> um die Heidenmission gegeben. Aber Jesus zeigt eine Offenheit, die faktisch die unverrückba-
> ren Grenzen der Volks- und Religionszugehörigkeit sprengt.

Die Offenheit von Jesus besteht darin, daß er sich selbst immer ungehemmt widerspricht;
und Küng applaudiert ihm dabei ebenfalls ungehemmt. Zuerst wird die Grenze und Entfremdung zwischen verschiedenen Volksgruppen nicht anerkannt. Dann wird zugegeben, daß die
Sendung Jesu auf die Juden beschränkt ist, also unausgesprochen zugegeben, daß sie die
Samariter nicht betrifft und dadurch die eben erst aufgehobene Grenze und Entfremdung wie-

der herstellt. (Nur eine Ausnahme im Individualfall eines wohltätigen Samaritaners wird zugestanden. Aber der kollektive Ausschluß wurde nicht widerrufen.) Dann wird Gegendampf gegen den Gegendampf gegeben. Die Grenzen der Volks- und Religionszugehörigkeit werden also doch wieder gesprengt. Über die nichtsdestotrotz bestehende, auf Juden beschränkte Sendung Jesu sagt Küng: „... so hörten wir...“

Wer hat es ihm ins Ohr geflüstert? Hat er das Matthäus-Evangelium, worin die Missionsbeschränkung im 10. und 15. Kapitel gemeldet wird, als reifer Theologe, Professor und Schriftsteller noch nicht gelesen? Muß sich Doktor Küng seine Religionskenntnisse durch das erwerben, was sich in Kaffeegesellschaften zufällig herumspricht? Es ist begreiflich, daß ihm die Missionsbeschränkung von Jesus peinlich ist, nachdem er schon gesagt hat, daß Grenzen nicht anerkannt werden. Er ist aber schon so weit ins Schlamassel der Widersprüche hineingewatet, daß er sogar in christlicher Selbstzerfleischung zugeben muß, daß Jesus mit seiner Missionsbeschränkung seiner nachfolgenden Christgemeinde und Heidenmission harte Auseinandersetzungen aufgeladen hat. Jesus hatte seinen Jüngern laut Matthäus-Kapitel 10, Vers 5,6 gesagt:

Gehet nicht auf der Heiden Straße und ziehet nicht in der Samariter Städte, sondern geht hin zu den verlorenen Schafen aus dem Hause Israel.

Auf diese Order von Jesus bezieht sich Küngs Nebensatz in der zweiten Hälfte des Zitats „... sonst hätte es in der Urgemeinde gar keine solchen harten Auseinandersetzungen um die Heidenmission gegeben“ (da die Mission auf die Juden beschränkt war). Jesus hat offenbar die ihm nachfolgende Urgemeinde mit seinen widersprüchlichen Verkündungen verrückt gemacht (Grenzsprengung und dann wieder Grenzsperre), und Küng ist gezwungen, es zuzugeben.

Die Mißlichkeit der Aufgabe, Jesus auch von seiner fremdengegnerischen Seite zu zeigen, konnte Küng nicht zum Ignorieren dieses Themas verleiten, weil die Betonung der nebeneinander existierenden Liebe Jesu zu Freund und Feind die kritische Beobachtung früher oder später zu einem Hinweis auf die „exkommunizierten“ Samariter herausgefordert hätte. Küngs selbstauferlegte Konfrontation mit diesem Problem ist löblich in ihrer Beherztheit, aber eine Pleite seiner Jesus-Kriecherei, weil die gleichzeitige Judenbeglückung und Samariterverachtung Jesus als fahriges Liebeschamäleon zeigt.

Im Gegensatz zu Küng, der bei der chauvinistischen Exklusivität von Jesus die ausgeschlossenen Samariter (als solche) nie namentlich erwähnte, war Daniel-Rops unternehmungslustiger und mutiger, aber auch selbstentblößender. Er hat sich nicht gescheut, die Samariter beim Namen zu nennen und ihre Verstoßung durch Jesus mit dessen angeblichem Vorsatz zu begründen, die Bekehrungstätigkeit zuerst im engeren Rahmen zu üben, um sie nachher mit um so kräftigerem Einsatz durchführen zu können. Das ist nun eine faule Ausrede, wenn es je eine gegeben hat. Wenn diese Erklärung richtig sein soll, dann möchte man wissen wann Jesus sich schließlich entschloß, die zuerst in Acht und Bann erklärten Samariter später zu seiner Liebesgemeinschaft willkommen zu heißen. Offenbar war weder das Leben von Jesus noch das von Daniel-Rops lang genug, um zu einer befriedigenden Beantwortung dieser Frage zu gelangen. Jedenfalls sind die Samariter in Daniel-Rops Buch „La Vie Quotidienne en Palestine au Temps de Jésus“ Verstoßene geblieben.

Indessen waren es nicht die Samariter allein, deren Liebesproblem ungelöst in der Luft hängenblieb, trotz der erklärten Lebensregel von Jesus, seine Feinde zu lieben. Kein Wunder. Er hat kaum die Stufe der Nächstenliebe, geschweige denn der Feindesliebe erreicht. Die Reklame der universellen Ausdehnung seiner Nächstenliebe (in Abspaltung vom jüdischen Rassenklüngel) ist denn auch ein unverdauter Klumpen im Magen der Theologen. Laut Matthäus-Kapitel 15, Vers 24, sagte Jesus, daß er „nur zu den verlorenen Schafen des Hauses Israel" gesandt worden sei. Und mit dieser Begründung weigerte er sich zuerst, die kranke Tochter einer Griechin zu heilen (Markus, Kapitel 7). Er hat sogar die nichtjüdischen „Patienten" Hunde genannt, die der Wohltat seiner Heilkunst nicht würdig seien. Das war seine vielgerühmte universelle Nächstenliebe; von seiner Feindesliebe gar nicht zu sprechen.

Daß er nicht immer so abweisend war, darauf kann er sich nichts Besonderes einbilden. Das Alte Testament kennt auch Hilfeleistungen für Fremde. Der jüdische Prophet Elischa hat zum Beispiel den syrischen Feldhauptmann Naeman von seinem Aussatz geheilt (vor etwa drei Dutzend Seiten schon gemeldet), den Angehörigen einer Nation, mit der die Juden nicht auf bestem Fuße standen, und er tat es viele hundert Jahre, bevor die Feindesliebe „erfunden" wurde. Und Küng scheut sich nicht, mit diesen Tatsachen im Hintergrund zwei Dutzend Seiten lang von Jesus als dem Verbesserer des Judentums zu faseln. Jesus hat einem Feind – wohlverstanden einem Feind, wie er es forderte – nach dem Zeugnis der Evangelien nicht eine einzige tätige Liebesbezeugung erwiesen. Er hat nur geredet.

Unter diesen Umständen ist es ein starkes Stück zu behaupten, daß für die Juden im Gegensatz zum „weltumschlingenden" Jesus die Nächstenliebe nur eine Liebe des Rassenbruders bedeutet. Im „Christ sein" sagt Küng in den untersten zwei Zeilen auf Seite 304 und den obersten zwei der nächsten bei der Besprechung der Liebesverkündung Jesu:

> Und *wieviel* soll ich meinen Nächsten lieben? Jesus antwortet im Anschluß an eine vereinzelte Formulierung des Alten Testaments – dort allerdings nur für die Volksgenossen untereinander! – ganz lapidar und ohne jegliche Einschränkung: wie dich selbst.

Nach Küngs Feststellung ist die Einschränkung der Nächstenliebe im Alten Testament eine „vereinzelte Formulierung und nur für Volksgenossen untereinander." Die sichtliche Anstrengung im Hochpreisen der eigenen „Ware" und Heruntermachen jener der „Konkurrenz" – eine gewohnte Praxis bei marktschreierischen Krämern – ist eines Hans Küng unwürdig, abgesehen von der Falschheit der Behauptung. Diese Methode zeigt, daß er nicht wie ein objektiver Gelehrter debattiert. Seiner Ansicht nach ist also die oft wiederholte Ermahnung im Alten Testament, den Fremden zu lieben und ihn wie einen gleichberechtigten Einheimischen zu behandeln, eine vereinzelte Formulierung.

Aber bei Jesus! Da wird die Nächstenliebe ganz lapidar und ohne jede Einschränkung — ausgenommen jene für die Samariter, die kranke Tochter der Griechin, die Pharisäer (die als Feinde ja auch hätten geliebt werden müssen), ferner die Väter, Mütter und Geschwister seiner Jünger und Jüngerkandidaten, die ja ausgesprochen gehaßt werden mußten, weil nur Söhne solch verhaßter Familien seine Jünger sein konnten, und ja auch eine besondere Einschränkung für die Mutter von Jesus selbst, die als die überhaupt ungeliebteste Mutter eines Sohnes in den vier evangelischen Büchern des Neuen Testaments verewigt zu finden ist. Weniger Einschränkung als die Heuchelei von Jesus hat nur die Blindheit, Dummheit und byzantinische Kriecherei seiner Anhänger.

In einer Hinsicht kriechen die Anhänger allerdings nicht, sie rennen schon Hals über Kopf, obwohl sie auch darin byzantinisch sind. Im Aufbauschen der Äußerungen und Taten von Jesus übertreffen sie sogar seine Geltungsansprüche. Als Küng die Worte von Jesus (als Antwort auf die Frage, wie sehr man seinen Nächsten lieben soll) „wie dich selbst" gleichsam als eine olympische Siegesmeldung durch seinen literarischen Lautsprecher posaunte, mißachtete er, wissend oder unwissend, daß diese Worte von Moses schon gesprochen worden waren und daß Jesus sie nur wiederholte. Jesus selbst war bei dieser Wiederholung eigentlich uncharakteristisch bescheiden, denn er zitierte diese Worte zugestandenermaßen aus dem Alten Testament, nach Bericht des Matthäus-Evangeliums gegen Ende des 22. Kapitels, als ein Pharisäer ihn fragte, welches das vornehmste Gebot im Gesetz sei. Der Matthäische Bibeltext soll die Antwort geben.

> Jesus aber sprach zu ihm: „Du sollst lieben Gott, deinen Herrn, von ganzem Herzen, von ganzer Seele und von ganzem Gemüte." Das ist das vornehmste und größte Gebot. Das andere aber ist ihm gleich: „Du sollst deinen Nächsten lieben wie dich selbst." In diesen zwei Geboten hanget das ganze Gesetz und die Propheten.

Wie sollte nun die Antwort von Jesus als lapidar oder sonst irgendwie gelten, wenn er gar keinen eigenen Gedanken ausdrückte? Er hat nur die zweite Hälfte des 18. Verses des 19. Levitikus-Kapitels zitiert (wie es Küng in der Anmerkung selbst bestätigt). Ob Jesus geschrien oder gemurmelt hat, das macht den Inhalt nicht mehr und nicht weniger lapidar, als er in der Mosaischen Verkündung schon war. Küng verdreht die Situation total, wenn er sagt: „Jesus antwortet im Anschluß an eine vereinzelte Formulierung des Alten Testaments." Eine Äußerung im Anschluß an etwas bedeutet einen Zusatz zu dem, was vorher gesprochen wurde. Jesus hat aber nichts Zusätzliches noch irgend etwas Erläuterndes oder Ergänzendes zu den Worten von Moses hinzugefügt. Er hat nur zitiert oder wiederholt und hat es gar nicht als etwas anderes hingestellt. Es ist nur Küng, der für einen Abklatsch die Reklametrommel rührt und die Rolle eines Großsprechers spielt, der das Anknipsen einer Glühlampe für eine größere Tat erklärt als deren Erfinden durch Edison.

Dieses ganze Herumreden um den Ursprung und die Grenzen der Liebesverpflichtung ist indessen überflüssig und nur infolge der gewaltsamen Ideologien solcher Jesuserklärer wie Küng und Daniel-Rops zwangsweise behandelt. Das Prinzip der jüdischen Nächstenliebe ist in solcher „Formulierung" niedergelegt, daß es sowohl Küng als auch jedem anderen Glaubensgewaltigen die Möglichkeit nimmt, es in Hinsicht auf Ursprung und Universalität in Zweifel zu ziehen. Es ist schon zitiert worden, aber die Zweifler haben ein kurzes Gedächtnis; so sei es ihnen zuliebe nochmals präsentiert: Levitikus, Kapitel 19, Vers 34.

> Er (der Fremde) soll bei euch wohnen wie ein Einheimischer unter euch, und sollst ihn lieben wie dich selbst.

Dieses lapidare „wie dich selbst" steht im Alten Testament, nicht im Neuen. In diesem ist es nur ein „lapidares" Echo. Da aber nun Küng auf Formulierungen großen Wert legt, so sollen sie näher besehen werden und erkennen helfen, was sie in letzter Instanz bedeuten. Im umstrittenen 18. Vers ist es der „Nächste", den man lieben soll, und im 34. der „Fremde". Ebenfalls ist es der Fremde, dessen Einbeziehen in die Liebesgemeinschaft im 10. Kapitel des Deuteronomiums von Gott befohlen ist. Wenn man also den Nächsten liebt (der möglicherweise ein Rassenbruder ist) und wenn man auch den Fremden liebt, der offenbar außerhalb des Kreises der jüdischen Rassenbrüderschaft steht, dann sollte der Menschheitskenner Hans Küng erklären, welche Menschengeschöpfe in der Welt existieren, die von den genannten zwei Kategorien, den Nächsten und den Fremden, ausgeschlossen bleiben und von den Juden laut Gesetz nicht geliebt zu werden brauchen. Man sollte die Anthropologie konsultieren und ein für allemal naturwissenschaftlich feststellen, welche die dritte menschliche Spezies ist, die für einen Juden weder ein Nächster noch ein Fremder ist. Ein solcher, sollte er sich trotz der physischen Unmöglichkeit finden lassen, wäre für die Gabe menschlicher Liebe auf Jesus allein angewiesen, vorausgesetzt, daß die Kinder dieses Liebebedürftigen nicht Jünger Jesu werden wollen, denn dann würde er wiederum von seinen eigenen Kindern auf Befehl des liebreichen Jesus pflichtgemäß gehaßt (Lukas, Kapitel 14, Vers 26).

Dieses Ringen der Buchstaben auf dem Papier wurde schon bei der Besprechung der Zwangsvorstellungen von Daniel-Rops geführt, und es mag überflüssig erscheinen, dem eine zweite Runde mit Küng anzuschließen. Ein Ansporn dazu besteht jedoch durch die Überzeugung, daß die Fortsetzung eigentlich in einer endlosen Reihe nötig wäre, weil die christlichen Wortführer und mit ihnen ihr Schaf (biblisch gemeint) sich das Verhältnis von Moses und Jesus zueinander nur auf den Kopf gestellt vorstellen können. Abzuleugnen, daß Moses das Gebot der Nächstenliebe schon vor Jesus verkündet hatte – und zwar ganz lapidar und ohne jegliche Einschränkung, man denke an die Nächsten und die Fremden –, ist nicht möglich. Aber es wird glaubhaft gemacht, daß Moses ein zu den Boviden gehörendes Hornvieh war (weil Michelangelo das hebräische Wort für „Strahl" oder „Heiligenschein", nach der früheren Übersetzung [cornutus anstatt coronatus] als „Horn" verstand und deswegen seinem Moses Hörner aufsetzte), folglich einen Menschensohn brauchte, der seinen Mitmenschen die Botschaft der Nächstenliebe in verständlicher Menschensprache überliefern konnte. Jetzt tragen aber die Leser von Küng auch Hörner, wenn sie für bare Münze nehmen, was sie auf Seite 307 seines Buches (nur zwei Seiten nach der vorher zitierten, jüdisch unlapidaren Liebesformulierung) lesen.

> Im Alten Testament, wie bereits angemerkt, ist vereinzelt auch von der Liebe des Nächsten die Rede.

Kann man eine Untertreibung mehr übertreiben? „Vereinzelt" ist schon ein alter Bekannter. „Davon ist die Rede" und „auch" sind Neuankömmlinge, mit denen noch nähere Bekanntschaft gemacht wird. Zur Einführung kann man gleich fragen, ob Küng mit ähnlich blasierter Ungezwungenheit sagen würde, daß im Neuen Testament „auch" vom Opfertod Jesu die Rede ist. Jesus bezeichnete die Nächstenliebe zusammen mit der Gottesliebe als das größte Gebot, und es war für ihn ein jüdisches Gebot, denn es gab kein anderes, das er meinen konnte, und es wurde unumwunden aus dem Alten Testament zitiert. Küng, mit seiner herablassenden Bewertung dieses größten Gebots, scheint nicht in Jesu Fußstapfen zu treten. Sein Buchtitel „Christ sein" wurde offenbar nicht mit der Absicht gewählt, auf den Verfasser bezogen zu sein. Wenn ihm die Meinung seines Herrn und die jüdische Nächstenliebe so wenig bedeuten, dann ist es ein Widerspruch, den „unmaßgeblichen" Jesus für die Verbreitung dieser geringgeschätzten jüdischen Nächstenliebe himmelhoch zu preisen. Es ist überhaupt einer der größten Widersprüche der Küngschen Theologie (in naher Verwandtschaft mit der allgemeinen christlichen Theologie), daß sie die jüdische Nächstenliebe nur als eine im Alten Testament „auch vereinzelt" vorkommende Nebensache behandelt, dann aber Jesus mit endlosen Lobeserhebungen überschüttet für sein Solidarisieren mit dieser selben Nächstenliebe als dem größten Gebot, an dem das ganze Gesetz und die Propheten hängen.

Für Jesus war an diesem Gebot nichts zu vergrößern, zu veredeln und zu internationalisieren, wie es Küng und Daniel-Rops doch glauben machen wollen und als Erklärung für das angebliche Überragen der Jesus-Liebe über die mosaische vorschützen. Die Propagandisten dieser Anschauung sind total auf dem Holzweg. Jesus hat nie behauptet, daß er die jüdische Nächstenliebe verbessert hätte oder daß es überhaupt nötig gewesen wäre, sie mit seiner Hilfe durchzusetzen. Er hat sie nur bestätigt. Wie hätte er sie das größte Gebot nennen können, wenn sie noch vergrößerungsbedürftig gewesen wäre? Er hat allerdings die Feindesliebe befürwortet, aber diese ist nicht identisch mit Nächstenliebe. Außerdem sind ihm die jüdischen Patriarchen – wie bereits dokumentiert – auch darin um ein volles Millenium zuvorgekommen.

Was für ein Teufel treibt diese Theologen zur Degradierung des Alten Testaments, außer daß sie sonst das Lebensrecht ihrer eigenen Religion bezweifeln müßten? Um ihre Illusionen zu kultivieren, schreiben sie solche Absurditäten wie die „vereinzelte Formulierung" als Spottname für die jüdische Nächstenliebe, von der im Alten Testament „auch" die Rede ist.

Dieses „auch", Küngs Bonmot, verlangt allein schon einen seitenlangen Kommentar oder wenigstens einen Abschnitt. Es ist ein Meisterstück naiv drapierter Geschichtsfälschung. Moses muß 1300 Jahre vor Jesus den bösen Traum gehabt haben, daß ihm Jesus die Nächstenliebe stehlen könnte, und so hat er rasch, bevor es zu spät war, „auch" vereinzelt davon geredet. Er wußte, daß ihm ohne die 1300 Jahre später von Jesus zu verkündende Nächstenliebe nie die Idee der Nächstenliebe einfallen würde, so hat er Jesus ganz schlau 1300 Jahre vorher nachgeahmt und „auch" ein Liebesgebot für den Nächsten unter seinem eigenen Namen verkündet.

Das Aufbauschen der neutestamentlichen Liebesgebotsverkündung (die ja nur eine Wiederholung alttestamentlichen Geistesguts ist) zu einem Weltereignis zeigt, daß Küng für das Bibellesen ein Binokel mit zwei verschiedenen Vergrößerungsenden benützt. Beim Lesen des Neuen Testaments guckt er durch das Vergrößerungsende und beim Alten Testament durch die Verkleinerung.

Infolge dieser Verkleinerung blieb Küngs Augen verborgen, was alles im Alten Testament „vereinzelt" vorkommt. Zusätzlich zu den drei ausdrücklichen Ermahnungen über die Nächsten- beziehungsweise Fremdenliebe gibt es darin mehr als vereinzelte, eigentlich unzählige Stellen, die auf ihre Weise von derselben Nächsten- und Fremdenliebe sprechen. Man braucht nur ein wenig zurückzublättern und die Zitate über die Gleichberechtigung der Fremden vor dem Gesetz nachzulesen, desgleichen die Beteiligung der Fremden an Grundbesitzverteilungen, auch die wiederholte Ermahnung an die Landwirte, die Felder und Bäume nicht kahl abzuernten, damit neben den Witwen und Waisen auch den Fremden genug zum Nachlesen übrigbleibt. Im Alten Testament steht auch der Bericht über Salomons Einladung an Fremde, die noch gar nicht im Lande wohnten, zu seinem neuerbauten Tempel zum Beten zu kommen, und sein Anflehen Gottes, die Gebete der nichtjüdischen Fremden zu erhören. Das sind die „vereinzelten Formulierungen" im Alten Testament, nicht bloß zugunsten der „Volksgenossen untereinander", sondern auch zugunsten der Fremden: die „Formulierungen", die es Hans Küng schwer machten, die in ihnen ausgedrückte Menschenverbrüderung ohne theologische Umschweife und Ausflüchte einfach die allumfassende jüdische Nächstenliebe zu nennen.

**38** Wenn nun Jesus selber für das Werk seiner nachgeborenen Glaubensfanatiker, die die Verfasserschaft der alttestamentlichen Nächstenliebe für ihn usurpieren, nicht direkt verantwortlich ist, so trägt er eine schwere Schuld dafür, daß die Juden im Bewußtsein der Christen zu einem wesentlichen Teil als Hasser ihrer Feinde und, durch Ableitung, Hasser der angenommenerweise feindlichen Christen gelten. Diese den Juden angedichteten Haßgefühle werden dann in Küngs Buch „Christ sein" im unteren Drittel auf Seite 307 noch weiter geschürt.

> Im Judentum galt der Haß der Feinde als relativ erlaubt; der persönliche Feind war von der Liebespflicht ausgenommen. Bei den frommen Mönchen von Qumran gar wird der Haß gegenüber den Außenstehenden, den Söhnen der Finsternis, ausdrücklich geboten. Zeigt dies nicht erneut, wie die zahlreichen Parallelen zwischen Sätzen der Verkündigung Jesu einerseits und Sprüchen der jüdischen Weisheitsliteratur und der Rabbinen andererseits im Gesamtzusammenhang des Verständnisses von Gesetz und Heil, Mensch und Mitmensch gesehen werden müssen? Die Überlegenheit Jesu wird nicht am oft durchaus vergleichbaren Einzelsatz, sondern am unverwechselbaren Ganzen sichtbar! Das programmatische „Liebet eure Feinde" gehört Jesus selbst zu und charakterisiert seine Nächstenliebe, die nun wirklich keine Grenzen mehr kennt.

Bevor dem Leser die leicht überladene sprachliche Kost des Küngschen Stils mit einem Digestifkommentar verdaulicher gemacht wird, greifen wir aus dem allzu leicht verständlichen letzten Satz die Jesus-Mahnung „Liebet eure Feinde" heraus und stellen sie neben manch andere seiner autoritären Äußerungen „grenzenloser Nächstenliebe".

> **Lukas, Kapitel 19, Vers 27, 28:** Jene meine Feinde, die nicht wollten, daß ich über sie herrschen sollte, bringet her und erwürget sie vor mir! Und als er solches sagte, zog er fort und reiste hinauf gen Jerusalem.
> (Anmerkung: Jesus verlangt das Erwürgen von Feinden zuerst unter der Maske eines allegorischen Edelmannes, aber am Ende enthüllt sich der Edelmann ungeschminkt als Jesus, weil seine Identität mit jenem durch die offenbare Billigung der Forderung und das Eintreten in die Rolle des handelnden Subjekts unbestreitbar ist. Die „Parabel" vermittelt den Beherrschungswahn von Jesus über Leichen hinweg, wenn andere Mittel versagen. Sie kann nur diesen Sinn haben, sonst ist die Bibel leeres Geschwätz.)

> **Matthäus, Kapitel 18, Vers 5, 6:** Wer ein solches Kind (dem Himmelreich genehm) aufnimmt in meinem Namen, der nimmt mich auf. Wer aber ärgert dieser Geringsten einen, die an mich glauben, dem wäre besser, daß ein Mühlstein an seinen Hals gehängt und er ersäuft würde im Meer, da es am tiefsten ist.
> (Anmerkung: Wer an Jesus Glaubende ihm abspenstig macht, ist offenbar ein Feind, der die grenzenlose Nächstenliebe Jesu auf dem tiefsten Grund des Meeres empfangen kann.)

> **Matthäus, Kapitel 10, Vers 33:** Wer mich aber verleugnet vor den Menschen, den will ich auch verleugnen vor meinem himmlischen Vater.
> (Anmerkung: Ein Verleugner ist ein Abgefallener. Wer nie ein Anhänger war, kann kein Verleugner sein; er kann nur ein fremder Feind sein. Jesu „Liebe" zu solchen Feinden ist in den zwei vorhergehenden Beispielen gezeigt worden. Das dritte Beispiel zeigt seine grenzenlose „Liebe" zu seinen Verleugnern am Werk. Gegen die fremden Feinde wandte er nur die einfache Todesstrafe an. Gegen die Verleugner aber war er rachsüchtig.)

Küng soll trotz seiner Parteinahme für den haßerfüllten Jesus nicht der Judenfeindlichkeit bezichtigt werden. Es ist sogar anzunehmen, daß er „zwei Meilen gehen würde anstatt nur eine", um unterwegs zu beweisen, wie sehr er den Juden gegenüber von freundschaftlichen Gefühlen erfüllt ist. Aber seine Verpflichtung zu Jesus zwingt ihn, logische, geschichtliche und theologische Purzelbäume zu schlagen. Die Religion erlaubt ihm nicht zu denken. Er ist das Beispiel für das „Sterben" an der Religion, wenn man davon gefressen hat. Diese Diagnose ist unumgänglich, wenn man den zitierten Abschnitt aus seinem Buch liest, wo er – nach der Feststellung des gebotenen Hasses der Qumran-Mönche – fragend schreibt:

> Zeigt dies nicht erneut, wie die zahlreichen Parallelen zwischen Sätzen der Verkündigung Jesu einerseits und Sprüchen der jüdischen Weisheitsliteratur und der Rabbinen andererseits...?

Man kann das soeben gegebene volle Zitat nochmals lesen, aber die Antwort auf die Frage ist an diesem Punkt schon: nein! Wie soll „dies" (der Fremdenhaß der Mönche) überhaupt etwas zeigen, wenn die Parallele gar nicht zwischen den Mönchen und Jesus, sondern den Rabbinen und Jesus gezogen werden soll? Wie kommt die qumransche Kuhscheiße aufs rabbinische Dach? Das System der Rabbinen kann nicht mit dem demonstriert werden, was die Qumran-Mönche taten (selbst wenn Küng sie für stilistischen Effekt in die Gegenwart versetzt). Die Rabbinen sind keine Qumran-Mönche. Auch die jüdische Weisheitsliteratur ist nicht von den Qumran-Mönchen verfaßt worden. Wie soll eine nichtexistierende, vom Hauptkörper des Judentums nie angenommene, unbedeutende und schon vor Jahrtausenden verschwundene Sekte im Vergleich zu Jesus etwas mit Rückschlüssen auf das Judentum zeigen? Wo ist die Logik (von Redlichkeit gar nicht zu sprechen) im Mißbrauchen der Qumran-Mönche zum willkürlichen Repräsentieren der Rabbinen und der jüdischen Weisheitsliteratur, wenn diese Mönche von allem Anbeginn als Ketzer galten, mit denen die Juden nicht das Geringste gemein hatten noch je haben wollten.

Würde Küng den aus der Schweiz stammenden, in Amerika noch knapp überlebenden, primitiv schulpflichtfeindlichen Amischen Religionssplitter (nach dem Gründer Jakob Ammann, einem abgefallenen mennonitischen Geistlichen) als den entscheidenden Repräsentanten schweizerischen Nationalgeistes betrachten, der demonstrieren soll, wie „erziehungsfeindlich" die Schweizer seien?

Diese Analogie illustriert die logische Einwendung gegen das Herbeizerren der Qumran-Mönche als Belastungsfaktor im jüdischen Fremdenhaß-Argument. Es gibt aber neben der logischen auch eine substantielle Einwendung, die darin besteht, daß die Überlegenheit Jesu der jüdischen Religion gegenüber (die Küng eigenmächtig entschieden hat) durch keines seiner Argumente sichtbar ist. Das „Liebet eure Feinde" gehört absolut nicht zu Jesus, sondern zu Moses (Exodus, Kapitel 23, Vers 4, 5), der die verirrten Tiere seines Feindes zu ihm zurückführen will; zu König Salomon (Sprüche, Kapitel 24, Vers 17, Kapitel 25, Vers 21), der sich über das Niederfallen seines Feindes nicht freut und ihm Brot und Wasser reicht, wenn er hungrig und durstig ist; und zu Jesaia (Kapitel 19, letzte drei Verse), der Israel mit den feindlichen Ägyptern und Syriern in der Zukunft unter Gottes Schutz vereint sieht. Und keiner von diesen hat gepredigt wie Jesus, daß einer zu ihm als Jünger nur kommen kann, wenn er alle seine Familienmitglieder haßt.

Es ist ein unleugbarer Charakterzug von Jesus, daß seine oft durchbrechende Gehässigkeit in einem krassen Widerspruch zu seiner Liebesbotschaft steht. Wer das Neue Testament mit kühlem Kopf liest, kann zu keinem anderen Urteil gelangen. Dieser innere Persönlichkeitskonflikt wird aber in allen christlich verpflichteten Büchern ignoriert. Jesus wird von jener

Seite immer nur als der makellose, göttliche Liebesapostel präsentiert. Wenn manchmal sein Blitz und Donner erwähnt wird, dann nur als die gerechte Geißelung der Ungläubigen, Gottlosen und seiner Feinde, die sein Werk niederreißen wollen. Mit dieser Entschuldigung ist aber schon die Charakterspaltung und sogar Doppelzüngigkeit von Jesus in den Äußerungen seiner eigenen Anbeter zugegeben, denn als einer, der das Lieben des Feindes hochtönend als einen seiner wichtigsten Glaubenssätze verkündete, dürfte er niemals, unter keinen Umständen und gegen keinen Menschen, haßerfüllte Äußerungen von sich geben. Aber Jesus zeigt seine charakterliche Zerrüttung nicht nur durch die Übertretung des ebenfalls von ihm verkündeten (wiewohl plagiierten) Gebots der einfachen Nächstenliebe.

Ein Beispiel ist die im 14. Lukas-Kapitel registrierte Forderung des Hasses gegen Familienmitglieder seiner Jüngerkandidaten. Anstatt ihre Feinde zu lieben, stiftet Jesus seine Jünger an, Vater, Mutter und Geschwister zu hassen. Kann man sich eine Situation vorstellen, in welcher die Nächstenliebe so zynisch verleugnet werden könnte? Wenn die Forderung von Jesus, die nächsten Nächsten – die Familie – zu hassen, kein Gefühls- und Gesinnungszwiespalt zwischen Liebe und Haß ist, dann ist jedes Verbrechen in der Gesellschaft erlaubt, weil es aufgrund des Vorbilds von Jesus auch für legitim erklärt werden kann. Die Verbrecher könnten geltend machen, daß sie aus Liebe rauben und morden, wie auch Jesus aus Liebe haßt.

Der Klerus und die Theologen, die der von Jesus befohlene Familienhaß in einer unabänderlichen Peinlichkeit gefangenhält, haben lange nach einer Finte gesucht, mit der sie diesen verfluchten Haßbefehl des herzensguten Jesus weißtünchen könnten. Sie haben nun den Dreh in der Erklärung gefunden, daß die Familie mutmaßlich ein Bremsklotz beim Einschlagen neuer Wege sein kann und folglich abgeschüttelt werden muß (wegen derselben Sachlage muß übrigens auch das noch unbekehrte Selbst dieser Ächtung verfallen). Und Jesus hat kein anderes Mittel zur Bewerkstelligung gefunden als den Familienhaß. Mildere Maßnahmen hätten dem Zweck nicht gedient. Jesus, der die Liebe für den Feind verkündet hatte, schrieb für die Familie Haß vor. Und die abendländische Zivilisation betet diesen liebeverkündenden Haßprediger als Gott an.

Die Jesus-Advokaten, die diesen Befund schwerlich bestreiten können, suchen Ausflucht, wenn sie schon ganz in die Ecke getrieben sind, mit einer stiltechnischen Erklärung der Haßäußerungen von Jesus. Ihrer Meinung nach hätten die Kritiker kein Verständnis für die parabolische Ausdrucksweise eines Erleuchteten. Die Sprache von Jesus sei, wie auch die der Dichter, nicht wörtlich zu nehmen, sie drücke tiefe Gedanken in absichtlich verwundener Form aus, um die Hörer aufzurütteln und zum Nachdenken zu veranlassen.

Was das Dichterische in den Parabeln von Jesus betrifft, kann es nicht mit der echten Dichtkunst verglichen werden. Die Dichter mögen sich noch so martialisch gebärden, sie bedrohen niemanden mit dem ewigen Feuer der Hölle. Jedenfalls gründen sie keine Organisationen, um solche Drohungen wahr zu machen. Die Organisation, die Jesus gegründet hat, verbündet sich mit der säkularen Staatsgewalt, sofern diese willig ist, hier auf Erden schon durchzuführen, was sie für das Jenseits in Aussicht gestellt hat. Solche Bündnisse – ein Normalzustand im Mittelalter –, die heute nur noch in wenigen, theokratisch besessenen Staaten möglich sind, werden erstaunlicherweise auch noch in hochzivilisierten Ländern versucht.

Es passierte in der Schweiz, Küngs Heimatland, in den frühen achtziger Jahren, daß der Verleger eines von religiöser Seite respektlos befundenen Buches verklagt, aber zum Lobe des Gerichts freigesprochen wurde. Das hindert die Rechtsanwälte von Jesus freilich nicht daran, in ihren privaten Gerichtshöfen gegen die Kritiker zu wettern.

Wenn aber die Wortführer von Jesus ihrerseits Kritik an den in Stilfragen „stumpfsinnigen" Kritikern üben, dann müssen sie in der Lage sein, die parabolisch dichterische Sprache von Jesus zu erklären. Wenn sie die freimütigen Kommentare über die höllisch verdammende Seite von Jesus nicht ertragen können, dann müßten sie erklären, in welcher Weise diese Seite von ihm zu seinen Gunsten zu deuten wäre. Man sucht aber in den Werken der frommen Jesus-Experten vergeblich nach einer annehmbaren Erklärung. Die Haßergüsse und Höllendrohungen von Jesus werden nicht nur nicht in einer günstigen Weise erklärt, sie werden einfach ignoriert. Es liegt die Vermutung nahe, daß der parabolische Ausdruck des Elternhasses gar nicht parabolisch verstanden sein will, sondern einfach so, wie er in der Bibel geschrieben steht. Das mag der Grund sein, weshalb zum Beispiel ein Küng, der sich im Preisen von Jesu Feindesliebe nicht genug tun kann, kein Wort über seinen Nächstenhaß zu sagen hat. Mit spitzfindigen Erklärungen würde man sich entweder zu einem Rechtsverdreher oder zur Zielscheibe des Spottes machen. So schweigt man. Aber Küng ist natürlich nur einer im Chor der Schweiger. Es besteht da eine ganze Verschwörung des Stillschweigens, insofern es die teuflische Seite des „engelhaften" Jesus anbelangt. Wenn aber Tausende von Büchern mit dieser Art von Stillschweigen geschrieben werden, dann ist es recht und billig, daß wenigstens einige Dutzend das Schweigen brechen. Die Bibel soll einmal so gelesen werden, wie sie geschrieben ist. Es soll nichts in sie von außen hineingetragen werden. Jesus soll sein Gesicht ohne Schminke zeigen, so wie es eigentlich schon immer war, aber nicht erkannt und beschrieben werden durfte.

## 39

Der ungeschminkte Charakter von Jesus kommt in seiner immer mit großem Tamtam hinausposaunten Loyalitätserklärung den biblischen Geboten gegenüber zum Vorschein und bei der ebenfalls großsprecherisch angekündigten Bekämpfung der von ihm selbst denunzierten moralischen Verunreinigungen. In den Evangelien von Matthäus und Markus gibt Jesus einen Katalog der sogenannten „Stücke", die den Menschen seiner Ansicht nach „verunreinigen". Die zwei Aufzählungen überschneiden sich durch teilweise identische Zensuren und enthalten auch Mahnungen aus den Zehn Geboten. Die „Stücke" von Jesus, die in allen dreien (Matthäus, Markus, Dekalog) figurieren, sollen nun in einer übersichtlichen Aufstellung angeführt werden. Es folgen also die „Verunreinigungen" im „Strafgesetzbuch" von Jesus und ihr erstaunliches Verüben ebenfalls durch Jesus. Die Enthüllung ist nicht schwer, da er daran mit evangelischer Hilfe selbst mitgearbeitet hat. Darin stellt er sich unwillkürlich als sein eigener schärfster Kritiker heraus. Der schlimmste Übertreter der Gebote von Jesus ist nämlich ebenfalls Jesus.

Es soll indessen daran erinnert werden, daß selbst eine geringe Regelwidrigkeit einem göttlich-fehlerlos geltenden Wesen schon als Makel angerechnet werden muß. Auf einer grauen Fläche wird ein Schmutzfleck nicht sehr oder vielleicht gar nicht sichtbar sein, wohl aber auf einer schneeweißen. Jesus gilt als ein moralisch schneeweißer Charakter, dessen Bekenntnisse und Taten gegen einen solchen Hintergrund gesehen werden müssen. Auch ist es wohlangebracht, Jesus mit seinem eigenen Maßstab zu messen und die Absicht für die Tat zu nehmen (wie es ja für alle Menschen sein Prinzip war). Für ihn war ein lüsterner Blick schon Ehebruch. Das sollte aber auch für sein Benehmen gelten. Das geflügelte Wort „der Wunsch ist der Vater des Gedankens" heißt bei Jesus in passender Umformung „der Wunsch ist der Vater der Sünde". Eingedenk dieser Umstände soll die Liste der Verunreinigungen in seiner Denunziation folgen. Da aber manche der „Stücke" einen eingehenden Kommentar erfordern, so sollen zuerst der Übersichtlichkeit halber nur deren Titel aufgezählt und sie erst nachher je nach Bedarf substantiell besprochen werden.

Das 15. Kapitel von Matthäus und das siebte von Markus enthalten die Liste der von Jesus verketzerten Verunreinigungen menschlicher Moralität. Diese sind: Mord, Ehebruch (Unzucht), Hurerei, Dieberei, falsch Zeugnis, Gotteslästerung, Geiz, Bösartigkeit (in der Lutherschen Version „Schalkheit"), List, Unvernunft, Neid (bei Luther „Schalksauge") und Hoffart. Diesen hinzuzuzählen sind die Sünden aus der Liste der alttestamentlichen Zehn Gebote (mit einigen Überschneidungen von Gegenständen in beiden Kategorien) wie Abirrung vom Eingottglauben, Darstellung Gottes, Mißbrauch des Namens Gottes, Verletzung der Sabbatruhe, Unehrerbietigkeit gegen Eltern und Gelüste nach des Nächsten Gut.

Eine genaue Reihenfolge in der Aufzählung einzuhalten war wegen der Abweichung in den zwei Evangelien unmöglich. Aber unabhängig von der Reihenfolge und den Titelzahlen bezeugen beide Evangelien, daß Jesus, der „Beschützer" der Gesetze, der laut eigenem Bekenntnis gekommen sei – nicht um das Gesetz aufzulösen, sondern um es zu erfüllen (Matthäus, Kapitel 5, Vers 17), jedes Gesetz, sein eigenes wie das alttestamentliche, ohne Ausnahme übertreten hat, und zwar entweder (wie in den meisten Fällen) durch seine persönliche Handlungsweise oder durch Ermutigung und Billigung solchen Tuns von seiten anderer. Man kann gleich mit seiner ersten Verunreinigung, dem Mord, beginnen.

Die Mordliste von Jesus ist ellenlang. Sodom und Gomorrha sind noch milde gegen das Schicksal, das die Gesinnungsgegner von Jesus erleiden werden. Als Lohn der Unempfänglichkeit für Jesu Lehren wird Kapernaum in die Hölle hinuntergestoßen. Wer nicht glaubt, wird verdammt. Die Art und Weise der Verdammung ist im 25. Matthäus-Kapitel erklärt: „Gehet hin von mir, ihr Verfluchten, in das ewige Feuer, das bereitet ist dem Teufel und seinen Engeln." Für die Ablehnung der Jesus-Tyranneien werden die Unfügsamen eines von Jesus vorgeschobenen Adeligen mit Erschlagen bestraft. Für unchristliche Erziehung von Kindern wird man mit einem Mühlstein am Hals ins tiefste Meer versenkt. Und das war noch als eine milde Strafe gedacht. Es ist nicht auszudenken, was Jesus den Kinderverführern in einer grimmigeren Geistesverfassung angetan hätte, denn er sagte, einem solchen wäre es besser, im Meer ersäuft zu werden. Von was für schlimmeren Mordtaten hat er geträumt? Hat er den Scheiterhaufen vorausgeahnt?

### Ehebruch (Unzucht)

Ehebrecherin in Schutz genommen. Ehebruch als entschuldbare menschliche Verirrung betrachtet (wer ohne Sünde ist, soll den ersten Stein werfen). Jesus hat damit die künftige Übertretung eines Gesetzes begünstigt. Er hat auch keinen Stein geworfen. War das sein Bekenntnis, daß er auch nicht ohne Sünde war? Er hat sich auch der Homosexualität verdächtig gemacht. Er hat dieselbe Behandlung von einem Mann begehrt, die er vorher von einer Hure erhielt, mit allen Schikanen, Salben, Fußtrocknen, Küssen (Lukas, Kapitel 7, 36-50). Er hat auch den Jünglingsapostel Johannes als einzigen ermächtigt oder eigens dazu herangewinkt, sich zu Tische an seine Brust anzulehnen – unter besonderer evangelischer Hervorhebung des Umstandes, daß dieser Jünger es war, den Jesus liebhatte.

## Hurerei

Im Himmel Vorrang der Huren vor den Priestern (Matthäus, Kapitel 21, Vers 31). Fußpflege und Küsse von einer Hure mit Wohlgefallen angenommen; desgleichen die mit Hurengeld gekaufte Salbe. Ausschweifende Frau mit fünf Liebhabern freundschaftlich behandelt und, wie auch die Hure, ohne Rüge verabschiedet.

## Dieberei (Gelüste nach fremdem Gut)

Als Jesus sie brandmarkte, hatte er nicht bedacht, auf welche Weise er in den Besitz eines Esels für seinen Einzug in Jerusalem kommen würde. Im 19. Kapitel des Lukas-Evangeliums (auch bei Matthäus und Markus beschrieben) steht darüber von Vers 29 bis 35 folgendes zu lesen: „Und es begab sich, als er nahte gen Bethpage und Bethanien und kam an den Ölberg, sandte er seiner Jünger zwei und sprach: Gehet hin in den Markt, der gegenüberliegt. Und wenn ihr hineinkommt, werdet ihr ein Füllen angebunden finden, auf welchem noch nie ein Mensch gesessen hat, löset es ab und bringet es! Und so auch jemand fragt, warum ihr's ablöset, so saget also zu ihm: Der Herr bedarf sein. Und die Gesandten gingen hin, fanden, wie er ihnen gesagt hatte. Da sie aber das Füllen ablösten, sprachen seine Herren zu ihnen: Warum löset ihr das Füllen ab? Sie aber sprachen: Der Herr bedarf sein. Und sie brachten's zu Jesu und warfen ihre Kleider auf das Füllen und setzten Jesum darauf."

Ist nun das Füllen gestohlen worden? Im formal juristischen Sinn war das vielleicht kein Diebstahl, weil trotz Befremden der Besitzer keine Klage gegen das Wegführen des Tieres erhoben wurde. Vom moralischen Standpunkt war aber die Aneignung nicht einwandfrei, weil niemand diesen Akt ohne unliebsame Konsequenzen nachahmen könnte. Jesus sollte doch ein Vorbild sein, aber seine Art dieser Besitzergreifung ist nicht zur Nachahmung empfohlen. Wer auf diese Weise in den Besitz eines Füllens kommen wollte, würde bald mit den Behörden zu tun haben. Ganz besonders, wenn man die Meinung der Eselbesitzer direkt aus ihrem Mund, ohne einen verwässerten evangelischen Bericht vernehmen könnte.

## Geiz

Die Umstände, unter denen Diktator Jesus seine Habgier offenbarte, sind zum Beispiel mit dem Vorfall verknüpft, bei dem er von einer Frau in Salbe gebadet wurde (Matthäus, 26. Kap., 7. Vers, und Johannes, 12. Kap., 3. Vers). Die Jünger beanstandeten das Ausgießen des Öls für diesen Zweck als verschwenderisch, weil es zugunsten der Armenunterstützung zu Gelde hätte gemacht werden können. Jesu Kommentar war: „Arme habt ihr allezeit bei euch; mich aber habt ihr nicht allezeit." Das war eine ziemlich herzlose Bemerkung, die zeigt, daß Jesus den Armen eine milde Gabe aus Egoismus mißgönnte. Außerdem widersprach er seinen eigenen Worten am Ende des Matthäus-Evangeliums: „Ich bin bei euch alle Tage bis an der Welt Ende."

## Bösartigkeit

Das Beispiel der Bösartigkeit (der nächsten Verunreinigung) zeigt Jesus so schwer mit moralischer Verunreinigung belastet, daß selbst ein Kritiker heulen muß, nicht darüber schweigen zu können. Es betrifft jene Stelle im Neuen Testament, die die Kirchenautoritäten von allen Schimpflichkeiten am meisten ausmerzen möchten, wenn sie's könnten. Es wird natürlich krampfhaft versucht, diese Verunreinigung wenigstens mit Deuteleien wegzudisputieren. Diese Bemühungen werden an geeigneter Stelle ausführlich geschildert und gewertet. Bei dieser Gelegenheit soll nur geprüft werden, ob Jesus beim fraglichen Vorfall frei von Bösartigkeit war. Es handelt sich um seine „Begegnung" mit einem Feigenbaum. Matthäus berichtet darüber im 21. Kapitel und Markus im elften, beide im mittleren Teil. Eine wörtliche Anführung wird bei der späteren Erörterung dieses Vorfalls in erweiterten Relationen gegeben.

Jesus wollte Feigen essen, fand aber keine an dem von ihm erspähten Baum, nur Blätter, da es nicht die Zeit der Feigenblüte war. Jesus nahm keine Kenntnis von diesem Umstand und war dermaßen enttäuscht und empört, daß er den Baum zum Verdorren verdammte, was dann auch prompt eintrat. Was wäre die zutreffende Charakterisierung einer solch schäumend schrankenlosen Gefühlsaufwallung? Könnte man sie Lieblichkeit, Herhalten der anderen Backe, Billigkeit, Gerechtigkeit, Ungehaltenheit oder vielleicht Bösartigkeit nennen? Jesus hat gesagt (Markus, Kapitel 7, Vers 20, 21, 22):

„Was aus dem Menschen geht, das macht ihn gemein, denn von innen, aus dem Herzen gehen heraus böse Gedanken: Bösartigkeit..." und so weiter. Wenn das absolut egoistisch motivierte Verfluchen eines Baumes, der Jesus nichts persönlich zuleide getan hat und als ein nicht animalisches Wesen dazu gar nicht fähig war, nicht bösartig ist, dann soll die Theologie sagen, was es ist.

## List

Bis der Befund über die Bösartigkeit bekannt wird, kann man die Zeit mit dem Weißtünchen einer anderen von Jesus gegeißelten und praktizierten Verunreinigung, der List, kurzweilig verbringen. Die List ist vielleicht nicht so bösartig wie die Bösartigkeit, da aber Jesus die zwei im selben Atemzug geißelte, so ist es angebracht zu untersuchen, ob Jesus wirklich so listig war wie bösartig. Aus dem Stegreif kann man zwei Stellen im Neuen Testament nennen, bei welchen Jesus mit sich selbst konfrontiert wird, nämlich der Jesus, der die List brandmarkt, und der Jesus, der sie praktiziert und empfiehlt. Das Anraten zur Listigkeit ist im 16. Vers des 10. Matthäus-Kapitels und ihre praktische Anwendung in den ersten zehn Versen des 7. Johannes-Kapitels verewigt. Die Empfehlung der Listigkeit hat die Pikanterie eines latenten Zusammenhangs mit der Schlange, die es uns im Garten Eden eingebrockt hat. Sollte man es für möglich halten, daß Jesus, der in Vertretung der Menschheit diese Suppe auslöffeln mußte, seinen Jüngern ausgerechnet die Annahme einer Schlangennatur anriet?

„Siehe, ich sende euch wie Schafe mitten unter die Wölfe; darum seid klug wie die Schlangen ..."

Wie diese Klugheit zu verstehen war, steht im 3. Kapitel gleich zu Anfang der Bibel, wo der erste Satz lautet:

„Und die Schlange war listiger denn alle Tiere auf dem Felde, die Gott der Herr gemacht hatte."

Die Schlange wird also mit derselben Eigenschaft charakterisiert, die Jesus nachahmenswert und zugleich verwerflich fand. Sein chamäleonartiger Farbenwechsel richtete sich danach, wem die Listigkeit diente, ihm oder seinen Widersachern. Er war wohl berufen, seinen

Jüngern die Taktik der listigen Schlangen anzuraten, denn er war selber ein Meister dieser Kunst. Am Anfang des 7. Johannes-Kapitels ist ein Miniaturcharakterbild von Jesus gezeichnet.

„Es war aber nahe der Juden Fest, die Laubhütten. Da sprachen seine Brüder zu ihm: Mache dich auf von dannen und gehe nach Judäa, auf daß auch deine Jünger sehen die Werke, die du tust. Tust du solches, so offenbare dich vor der Welt (Denn auch seine Brüder glaubten nicht an ihn). Da spricht Jesus zu ihnen: Gehet ihr hinauf auf dieses Fest; ich will noch nicht hinaufgehen auf dieses Fest. Als aber seine Brüder waren hinaufgegangen, da ging er auch hinauf zu dem Fest, nicht offenbar, sondern wie heimlich."

Man kann die Offenherzigkeit der Bibel nicht genug bewundern. Sie gibt zu, daß die Brüder von Jesus auch nicht an ihn glaubten. Das „auch" läßt tief blicken. Die Leute, die damit angedeutet sind, mochten natürlich unrecht haben, aber die Brüder von Jesus können sich doch nicht so sehr geirrt haben. Die Familiennähe und der Familienstolz hätten keine vernichtenden Zweifel zugelassen, wenn kein Anlaß dazu bestanden hätte. Und es sind weder die Brüder von Jesus noch seine Feinde, sondern die Worte Gottes in der Bibel, die feststellen, daß er „nicht offenbar, sondern heimlich" zum Fest hinaufgeschlichen ist, wodurch er seine Brüder hintergangen hat. Schade, daß Jesus die Bibel nicht lesen konnte, um darin seine Photographie zu erkennen.

Allerdings kann sich Jesus seines eigenen Charakters nicht ganz unbewußt gewesen sein, wenn er seinen Jüngern geraten hat, an der „Klugheit" der Schlange ein Beispiel zu nehmen. Aber die Ermutigung, die er ihnen zu schlangenartiger Listigkeit gab, war in einem anderen Fall noch viel kühner. Man wird sehen, wo die von Jesus gegeißelte „Verunreinigung" durch Listigkeit in besonderer Üppigkeit wucherte.

Im 16. Kapitel des Lukas-Evangeliums erzählt Jesus seinen Jüngern eine kleine Geschichte von einem Gutsverwalter, dem der Besitzer die Anstellung wegen verschwenderischen Wirtschaftens kündigte. Der Verwalter, der keine andere Arbeitsfähigkeit besaß und wegen seiner ungewissen Zukunft sehr besorgt war, faßte den Plan, sich mit Hilfe der Schuldner seines Arbeitgebers aus dieser mißlichen Lage zu retten. Er rief sie zu sich und verfälschte alle Schuldscheine durch wesentliche Verminderung der vorher vereinbarten Verpflichtungen. Er spekulierte, bei den ihm nun zu Dank verpflichteten Schuldnern nach seiner Entlassung Obdach zu finden.

Es mag einfacher scheinen, den Bibeltext zu lesen und die Geschichte aus erster Hand kennenzulernen. Dem steht natürlich nichts entgegen. Aber man sollte die Erzählung besonders beachten:

„Und der Herr lobte den ungerechten Haushalter, daß er klüglich gehandelt hatte."

Jesus sagt im weiteren sonderbare Dinge über die Zulässigkeit der Anbiederung an den ungerechten Mammon. Er predigt sogar eine Art Gaunerehre. Seine Worte im 11. Vers sind:

„Wenn ihr also mit dem falschen Mammon nicht treu umginget, wer wird euch das Wahre anvertrauen?"

Der Standpunkt von Jesus ist so unmoralisch, daß man sich sträubt zu glauben, daß seine Äußerung das bedeutet, was sie sagt. Es soll also zur Überprüfung auch auf Englisch und auf Französisch in direkter Übersetzung aus dem lateinischen Original wiederholt werden. „If therefore ye have not been faithful in the unrighteous mammon, who will commit to your trust the true riches?" „Si donc vous n'avez pas été fidèles dans les richesses injustes, qui vous confiera les véritables?"

Da hilft keine theologische Wortklauberei. Jesus sagt im wesentlichen, auf gut Deutsch ausgedrückt, daß einer des Vertrauens anständiger Geschäftspartner erst würdig ist, wenn er bewiesen hat, daß er auch zu unredlichen Schiebern ein Treueverhältnis haben kann. Jesus hat Glück, daß es keinen Super-Jesus gibt, der ihm den Spiegel seiner gehäuften Selbstbesudelung vorhalten kann. Was für Schimpflichkeiten kommen in seiner Erzählung vor, die er ohne mit der Wimper zu zucken oder gar mit Gaudium zum besten gibt? Lob der Fälschung der Geschäftsbücher, Lob der Listigkeit, mit der die Fälschung zur Sicherung eines Schmarotzer- lebens begangen wurde, Anraten der Treue zum unredlichen Mammon und schließlich die Heuchelei von Jesus selbst, der mit seiner Geißelung der Verunreinigungen und ihrer gleich- zeitigen Billigung sich schwärzer besudelt als ein Kaminfeger.

Nun bleiben noch als verurteilte Verunreinigungen, die Jesus sich zuschulden kommen ließ, der Neid, die Gotteslästerung, die Hoffart und die *Unvernunft*. Was letztere betrifft – um seine offenbarste, gleichsam schreiendste Verunreinigung vorwegzunehmen –, ist es kaum zu glauben, daß er sich nicht schämte, das Wort „Unvernunft" überhaupt auszusprechen. Mit seinem Sozialprogramm von Müßiggang, Schmarotzerei, Ermutigung zum Verbrechertum, Geschlechtsfeindlichkeit und Selbstverstümmelung wäre Jesus der unstreitig allererste Preis- gekrönte bei einer Unvernunftweltmeisterschaft. Nicht einmal ein Hofnarr hätte es sich zuge- traut, eine solche Anhäufung von Unvernunft auch nur zum Spaß von sich zu geben.

Daneben nehmen sich die restlichen drei Verunreinigungen fast wie Tugenden aus.

### Gotteslästerung
Streitigmachen der Alleinigkeit Gottes. Jesus ist ja einer der Götter der Dreifaltigkeit.

### Neid
Was den Neid betrifft, kann er bei Jesus durch einen Hinweis auf das vorhin behandelte Thema der Bösartigkeit demonstriert werden. Wie man sich erinnert, bestand die Bösartigkeit von Jesus im Verdammen eines Feigenbaums zur ewigen Unfruchtbarkeit, weil er keine Fei- gen daran fand, als es ihn danach gelüstete. Bei diesem Vorfall kam aber nicht nur die Bösar- tigkeit, sondern auch der Neid von Jesus zum Ausdruck. Von der ausführlichen Schilderung im Markus-Evangelium soll nur der Satz mit dem Ausbruch des Neids wiederholt werden (11. Kapitel, 14. Vers).

„Nun esse von dir niemand eine Frucht ewiglich."

Jesus war es nicht genug, den unschuldigen Baum zu strafen, er bezog auch alle künftigen, ebenfalls unschuldigen Feigenpflücker mit in die Strafe ein. Wenn er keine Feigen haben konnte, dann sollten auch andere keine haben. Jesus war die schlimmste Sorte von Neidern, weil er anderen eine Annehmlichkeit auch dann mißgönnte, wenn er selber gar keinen Vorteil davon hatte. Und ausgerechnet war er derjenige, der den Neid als ein „Stück" geißelte, das den Menschen verunreinigt.

Laut Matthäus-Evangelium (Kapitel 10, Vers 37) hat sich Jesus in einer Weise geäußert, die ihn noch mehr als im vorhergehenden Fall zu einem schimpflichen Neidhammel stempelt. Er sagte:

„Wer Vater oder Mutter mehr liebt denn mich, der ist mein nicht wert; und wer Sohn oder Tochter mehr liebt denn mich, der ist mein nicht wert."

Jesus wollte die Liebe von Familienmitgliedern zueinander aufheben und als alleinig Ge-

liebter deren Platz einnehmen. Nur ein liebeshungriger Neider, dem die Freude der Familien-
wärme versagt ist, kann einer normal empfindenden Familie eine solche Vergewaltigung der
Gefühle zumuten; und man kann hinzufügen: auch ein Größenwahnsinniger!

## Hoffart

Diese Eigenschaft hat er bei verschiedenen Gelegenheiten bekundet. Der 42. Vers des 12.
Matthäus-Kapitels registriert seine Worte, mit denen er erklärt, daß er größer sei als König
Salomon. Die Möglichkeit ist freilich nicht auszuschließen, daß jemand größer ist als Salo-
mon, aber gerade ein solcher würde das nicht von sich behaupten. Er würde diese Bewertung
anderen überlassen. Jesus selber hat das verdammende Urteil im 11. Vers des 14. Lukas-
Kapitels (auch an manch anderen Stellen zu finden) über sich unwillkürlich gefällt.

„Wer sich selbst erhöht, der soll erniedrigt werden; und wer sich selbst erniedrigt, der soll
erhöht werden." Angenommen, daß diese Jesus-Maxime richtig ist (wodurch er übrigens be-
wiesen hat, daß er nicht größer ist als Salomon, denn aus dessen Sprüchen, Vers 6, 7 des 25.
Kapitels und Vers 2 des 27. Kapitels, ist diese Weisheit bezogen), also angenommen, daß
Jesus den sich selbst Erhöhenden mit Recht als einen Erniedrigten betrachtet, dann ist seine
Verkündigung im 6. Vers des 14. Johannes-Kapitels automatisch entwertet.

„Ich bin der Weg und die Wahrheit und das Leben; niemand kommt zum Vater denn durch
mich."

Eine hochtrabendere Selbsterhöhung ist kaum zu denken. Da Jesus das von sich selbst
behauptet, so hat er sich aufgrund seiner eigenen Maxime erniedrigt.

Damit wären wir am Ende der Aufzählung der von Jesus aufgestellten und von ihm selbst
begangenen Verunreinigungen angelangt. Diesen sollen nun die Verletzungen der Gesetze
des Dekalogs folgen.

Von den Zehn Geboten des Alten Testaments sind in der Liste von Jesus vier genannt,
deren Übertretung mit vier seiner Verunreinigungen zusammenfallen. Es bleiben also noch
übrig Götzenanbetung, beziehungsweise ihr Verbot und Ermahnung zur Eingottanbetung,
Nummer 1, Verbot der Darstellung Gottes, Nummer 2, Mißbrauch des Namens Gottes, 3,
Sabbatruhe, 4, Ehrung der Eltern, 5, Falsches Zeugnis, 9. Sehen wir nun, wie Jesus die Gebote, deren Erfüllung bis zum letzten Tüttel seine irdische Mission war, erfüllte. („Ihr sollt nicht
wähnen, daß ich gekommen bin, das Gesetz aufzulösen, sondern zu erfüllen. Bis daß Himmel
und Erde zergehe, wird nicht zergehen der kleinste Buchstabe noch ein Tüttel vom Gesetz",
Matthäus, Kapitel 5, Vers 17, 18).

## Gebot Nummer 1:

Du sollst keine anderen Götter neben mir haben. (Evangelium von Johannes, Kapitel 10,
Vers 30: Ich und der Vater sind eins.) Kapitel 20, Vers 28: Thomas sprach zu ihm: Mein Herr
und mein Gott.

## Gebot 2:

Du sollst dir kein Bildnis noch irgend ein Gleichnis machen.
Eine Statue oder Bild von Jesus ist in jeder Kirche, auf Tausenden von Gemälden und an
jeder Priesterbrust. Gott selbst ist in der Deckenmalerei von Michelangelo in der Sixtinischen
Kapelle abgebildet. Das könnte doch nicht ohne die Zustimmung von Jesus bestehen. Übri-

gens, woher hat Michelangelo gewußt, wie Gott aussieht? Der 24. Vers des 4. Johannes-Kapitels sagt, daß Gott Geist ist und im Geist angebetet werden muß. Demnach ist seine bildliche Darstellung sowohl eine Absurdität als auch eine Blasphemie.

## Gebot 3:

Du sollst den Namen des Herrn, deines Gottes, nicht mißbrauchen.

Am Kreuz zu rufen: „Eli, Eli, lama asabthani? Mein Gott, mein Gott, warum hast du mich verlassen?" war eine mißbräuchliche Verwendung des Namens Gottes, weil Jesu Tod für seine Mission nötig und unvermeidlich war, also war es ein Mißbrauch, die Verantwortung dafür Gott in die Schuhe zu schieben. Auch Gott im Vaterunser zu ermahnen, daß er uns nicht in Versuchung führen soll, ist ein mißbräuchlicher Appell, weil es voraussetzt, daß uns Gott ohne diesen Wink in Versuchung führen könnte.

## Gebot 4:

Gedenke des Sabbattags, daß du ihn heiligst. Sechs Tage sollst du arbeiten und alle deine Dinge beschicken; aber am siebenten Tage ist *der Sabbat des Herrn, deines Gottes: da sollst du kein Werk tun.*

Daß Jesus am Sabbat Kranke geheilt hat, kann nicht als eine Verletzung der Sabbatregel betrachtet werden, da es mit dem jüdischen Brauch im Einklang war. Trotzdem schreibt Jesus den Gesetzeshütern einen Standpunkt zu, durch den er sich angeklagt fühlt. Die ersten sechs Verse des 14. Lukas-Kapitels mit der Wiedergabe der seltsamen Tatsachenverdrehung durch Jesus können nur Kopfschütteln hervorrufen:

„Und es begab sich, daß er kam in ein Haus eines Obersten der Pharisäer an einem Sabbat, das Brot zu essen; und sie hatten acht auf ihn." (Zwischenbemerkung: Es scheint mit Jesu Charakter nicht im Widerspruch zu sein, das Brot seiner Feinde zu essen, die offenbar sehr gastfreundliche Feinde waren. Dafür schimpfte sie der „dankbare" Jesus Heuchler, Schlangen und Otterngezüchte. – Nun aber zurück zu Lukas!) „Und siehe, da war ein Mensch vor ihm, der war wassersüchtig. Und Jesus antwortete und sagte zu den Schriftgelehrten und Pharisäern und sprach: Ist's auch recht, am Sabbat heilen? Sie aber schwiegen still. Und er griff ihn an und heilte ihn und ließ ihn gehen. Und antwortete und sprach zu ihnen: Welcher ist unter euch, dem sein Ochse oder Esel in den Brunnen fällt, und der nicht alsbald ihn herauszieht am Sabbattage? Und sie konnten ihm darauf nicht wieder Antwort geben."

Natürlich konnten sie keine Antwort geben in einem Szenario, das von einem hypnotisierten Jesus-Anhänger geschrieben wurde. Aber selbst dieses erdachte Stillschweigen sagt viel, wenn man es zu lesen versteht. In der ganzen Szene streitet Jesus mit sich selbst. Niemand wirft ihm etwas vor, und doch rechtfertigt er sich wie ein Gewissensgeplagter. Er hat es ja gar nicht nötig. Es ist eine jüdische Regel, ein Menschenleben zu retten selbst bei Mißachtung aller Gesetze. Diese Regel hat sogar eine gesetzliche Grundlage. Der 5. Vers des 18. Kapitels im Levitikus sagt:

„Darum sollt ihr meine Satzungen halten und meine Rechte. Denn welcher Mensch dieselben tut, der wird dadurch leben."

Das wird so ausgelegt, daß die Gesetze zur Förderung des Lebens dienen. Wenn die Beobachtung eines Gesetzes den Tod eines Menschen verursacht, dann kann sie nicht absolut bindend sein, denn dann erfüllt das Gesetz seine lebensspendende Funktion nicht. Was Jesus über den Sabbat sagte, das gilt für die Juden in einem viel umfassenderen Sinne: die Gesetze sind für den Menschen gemacht, nicht der Mensch für die Gesetze. Diese Schriftdeutung ist aber gar nicht nötig. Ganz spontan gilt die Auffassung, daß die Rettung oder auch nur Heilung eines Menschen alle Gesetze aufhebt. Jesus stellt seinen Gastgebern die stichelnde Frage, ob sie nicht sogar ein verunglücktes Tier am Sabbat retten würden. Und der dumme Kommentar sagt, daß sie keine Antwort zu geben wußten. Sie wußten es sehr wohl, nur hat das Neue Testament die Antwort unterschlagen. Es gibt kaum eine andere Stelle im Neuen Testament, bei der die böse Absicht in der Darstellung des jüdischen Standpunkts so offenbar wäre. Diese künstlich arrangierte Szene mit der sabbatverletzenden Heilung kommt an anderen Stellen in noch krasserer Form vor und in jedem Fall mit der Verfälschung des jüdischen Standpunkts.

Jesus wußte und auf seine hämische Art bestätigte er auch, daß für die Juden der Sabbat kein Hindernis war, verunglückten Tieren zu Hilfe zu kommen; so müßte man die Juden für schwachsinnig und unmenschlich halten, wenn sie ihren Mitmenschen unter denselben Umständen nicht wenigstens dieselbe Hilfsbereitschaft zeigten. Würden die Juden einen am Sabbat in den Brunnen gefallenen Menschen nicht wie einen Ochsen schnellstens aus dem Brunnen ziehen? Die Stellen im Neuen Testament, die für diese Frage eine Verneinung andeuten, tragen den Stempel der Lüge an der Stirn. Die zitierte Lukas-Stelle hat nur den Zweck, Jesus als einen überlegenen Hirnbesitzer und Spötter zu präsentieren, wobei nur bewiesen ist, daß seine Tischgenossen im Hause des verhaßten, aber schmarotzerisch geschröpften Pharisäers eine bessere Erziehung hatten als er. Wenn aber Jesus glaubte, daß ihn die Juden der Sabbatverletzung bezichtigen würden, dann hat er den Sabbat seiner eigenen Ansicht nach im Prinzip tatsächlich verletzt.

## Gebot 5:
Du sollst deinen Vater und deine Mutter ehren.

Dieses Gebot, beziehungsweise dessen Verletzung durch Jesus, wurde bei einer früheren Gelegenheit ausführlich besprochen (als er im Anschluß an den Reinigungskonflikt die Schriftgelehrten über das Beschenken der Eltern schulmeisterte und auch im Zusammenhang mit dem groben Anfahren seiner Mutter bei der Kana-Hochzeit).

## Gebot 9:
Du sollst kein falsch Zeugnis reden wider deinen Nächsten.

Das ist das letzte alttestamentliche Gebot, das Jesus übertreten hat; nicht in der Reihenfolge der Übertretungen, sondern in der ihrer Besprechung. Nun ist die Zeit gekommen, die einzige noch bestehende Lücke zu füllen und das Verhältnis von Jesus zum 9. alttestamentlichen Gebot zu untersuchen.

Zur Beobachtung dieses Gesetzes war Jesus doppelt verpflichtet. Erstens ist es eines der Zehn Gebote, deren Beobachtung er als eine Kardinalforderung auch seiner eigenen Glaubensrichtung bezeichnete. Zweitens nannte er das falsche Zeugnis als eine unter den Sünden, mit der der Mensch sich verunreinigt. Da aber nun Jesus alle Gebote, die alttestamentlichen wie seine eigenen, verletzte, so wäre es ein Wunder, wenn er ausgerechnet das Verbot gegen falsches Zeugnis respektiert hätte.

Das Gesetz sagt:
Du sollst kein falsch Zeugnis reden wider deinen Nächsten.

Aber Jesus hat genau das getan, als er laut Bericht des 43. Verses im 5. Matthäus-Kapitel erklärte: Ihr habt gehört, daß gesagt ist: „Du sollst deinen Nächsten lieben und deinen Feind hassen."

Daß die Juden ihre Feinde gehaßt hätten, ist schon des langen und breiten erörtert worden.

In seiner Anklage greift Jesus nicht nur eine vorgespiegelte Alltagspraxis, sondern einen angeblichen Lehrsatz an. Er behauptet nicht bloß, daß die Juden ihre Feinde hassen, sondern daß sie ihre Feinde hassen müssen, daß sie also zum Hassen geradezu angestiftet werden. In den Ermahnungen der großen jüdischen Geistesvertreter ist aber diese Behauptung von Jesus ab ovo widerlegt (Bezähmen der Schadenfreude, Nähren und Tränken des Feindes in Not, Verbrüderung mit ehemaligen Feinden, Errettung ihrer verunglückten Tiere). Die Juden werden gerade nicht zum Feindeshaß, vielmehr zur Versöhnlichkeit angespornt. Das Gegenteil zu behaupten, wie Jesus es tat, ist eine Verleumdung und ein falsches Zeugnis. Soviel sei nun in Hinsicht auf die gesinnungsmäßige Grundlage der jüdischen Moral und deren verleumderische Verdrehung durch Jesus gesagt.

Die Medaille hat auch noch eine andere Seite, und zwar in diesem Fall eine noch fast eindrücklichere als die soeben gesehene. Jesus war nicht nur bösartig genug, die Moralphilosophie der alten Weisen zu unterschlagen, er war auch zu bockbeinig, um seine eigenen, höchstpersönlichen Erfahrungen zum Ausgangspunkt seiner Folgerungen zu nehmen, wenn sie mit seinem Vorurteil im Widerspruch waren.

Bei seinen täglichen Werbefeldzügen war es ein häufig wiederkehrendes Vorkommnis, daß er bei Pharisäern und Zöllnern zu einem Gastmahl einkehrte. Manchmal wurde er eingeladen, andere Male lud er sich selbst ein. Aber in beiden Fällen wurde er immer in Freundschaft aufgenommen und bewirtet. Nun ist es eine Tatsache, daß er dieselben Leute, die seine Gastgeber waren, ebensooft beschimpfte, wie er bei ihnen schmarotzte; manchmal bei ein und derselben Gelegenheit.

Alle Bewirtungen bei Pharisäern und Zöllnern bewiesen die Falschheit der Anklage von Jesus, daß die Juden ihre Feinde hassen. Ihre versöhnliche, gastfreie Haltung bildet einen eklatanten Hintergrund zu den geifernden Schmähungen von Jesus. Wie er über die Pharisäer und Schriftgelehrten dachte und sprach, dafür ist ein Beispiel unter vielen ähnlichen, was im 23. Kapitel des Matthäus-Evangeliums zu lesen steht. Einzelne Ausbrüche sind:

„Weh euch, Schriftgelehrte und Pharisäer, ihr Heuchler, die ihr der Witwen Häuser fresset und wendet lange Gebete vor! Darum werdet ihr desto mehr Verdammnis empfangen.

Weh euch, Schriftgelehrte und Pharisäer, ihr Heuchler, die ihr Land und Wasser umziehet, daß ihr einen Judengenossen machet; und wenn er's geworden ist, macht ihr aus ihm ein Kind der Hölle, zwiefältig mehr, denn ihr seid!

Weh euch, Schriftgelehrte und Pharisäer, ihr Heuchler, die ihr gleich seid wie die übertünchten Gräber, welche auswendig hübsch scheinen, aber inwendig sind sie voller Totengebeine und alles Unflats!"

Das ist eine kleine Auswahl aus den „Freundlichkeiten", die Jesus an seine gastfreundlichen „Heuchler" richtete. Freilich, wer solche Redensarten führt und sich nach wie vor an der Tafel der Adressaten mästet, ist kein Heuchler! Es konnte indessen den Pharisäern und Schriftgelehrten unmöglich verborgen bleiben, daß der struppige Gast, der sich mit ungewaschenen Händen zu ihrem Tisch setzte, derselbe war, der gegen sie die schäumenden Verunglimpfungen ausstieß. Trotzdem haben sie ihn zum Besuch ihres Heims und zum Speisen immer bewillkommnet. Das hat Jesus nicht daran gehindert, seine Gastgeber als seine Feinde zu betrachten. Demgegenüber haben ihn diese trotz seiner bekannten Feindseligkeit nie als einen Feind behandelt. Diese Versöhnlichkeit muß Jesus anschaulich vor Augen geführt haben, wie falsch seine Anklage gegen die Juden war. Wenn er trotzdem behauptete und nie widerrief, daß die Juden zum Hassen ihrer Feinde angestachelt werden, dann war er ein Verleumder und Gesetzesübertreter, den kein Rechtsanwalt oder Theologe vom Odium reinwaschen kann, das Gesetz verletzt zu haben, das dem Menschen die Verpflichtung auferlegt, „kein falsch Zeugnis wider seinen Nächsten zu reden".

Diese „Nächsten" waren unter anderen die eben erst erwähnten Pharisäer, die Jesus nicht nur nichts zuleide getan, sondern ihn sogar häufig mit ihrer Gastfreundschaft geehrt haben. Jesus hätte vielleicht einigen Grund, sich als Verfolgten der Priester zu betrachten, für die sein vorgebliches Einssein mit Gott eine Blasphemie war (er war also als Jude am Bestehen dieser Feindseligkeit selbst schuld). Seine Haßreden gegen die nichtpriesterlichen Pharisäer waren aber absolut hirnverbrannt und niederträchtig. Er ist dafür verantwortlich, daß die Bezeichnung „Pharisäer" bis zum heutigen Tag Heuchler bedeutet, obwohl die Pharisäer absolut anständige Menschen waren. Welch schlagenderer Beweis hätte Jesus davon überzeugen können, als deren ihm stets gastlich offenes Haus?

„Pharisäer" bedeutete ursprünglich ungefähr soviel wie „Separatist". Sie trugen diesen Stempel, weil sie (entgegen den höfisch gesinnten Sadduzäern) keine gemeinsame Sache mit Rom machen wollten. Sie sind aber zu „Heuchlern" geworden, weil der undankbare Jesus hinterrücks immer über sie schimpfte. Es ist bezeichnend für die Stumpfsinnigkeit der christlichen Welt, der Gläubigen aller Bildungsstufen, die harmlosen, geselligen Pharisäer aufgrund von Jesu Schimpfereien für Heuchler zu halten und nicht zu merken, daß Jesus selbst der Heuchler war, wenn er sich von den Beschimpften hat nähren und beschirmen lassen.

Wer hat Jesus noch in seiner schwersten Stunde Hilfe gebracht? War es nicht ein Pharisäer namens Nikodemus? Jesus kann es nur diesem verdanken, daß er nach der schweren Prüfung der Kreuzigung mit dessen Heilkräutern überhaupt wieder zum Leben kuriert wurde. Es ist bezeichnend für den „Gerechtigkeitssinn" der frommen Bibelleser, daß sie im 3. und 19. Kapitel des Johannes-Evangeliums vom Pharisäer Nikodemus, diesem hingebungsvollen Jünger und späteren Lebensretter Jesu, lesen und nicht stutzig werden, wieso dieser Edelmensch durch seine Zugehörigkeit zur pharisäischen Sekte ein Mitbetroffener der kollektiven Beschimpfung durch seinen eigenen Schützling sein mußte.

Die gebildetsten Menschen verlieren ihre Denkfähigkeit und ihren Gerechtigkeitssinn, wenn sie religiös narkotisiert sind. Das falsche Zeugnis, das Jesus wider unschuldige Mitmenschen, ja seine besten Freunde redet, alarmiert selbst die Elite der Gesellschaft nicht zum Erkennen der Tatsachen. Dieses Phänomen zeigt, wie geistige Nachlässigkeit sündhaft sein und sogar in ein intellektuelles Verbrechertum herabsinken kann. Aber der größte Sünder ist Jesus, weil er unschuldige Menschen – und sogar seine Wohltäter – nicht bloß aus Nachlässigkeit, sondern wissentlich verleumdete und dadurch das Neunte Gebot

„Du sollst kein falsch Zeugnis reden wider deinen Nächsten"
im Widerspruch mit seiner eigenen Forderung verletzte.

**40** Damit wäre nun die Verletzung aller Zehn Gebote und das Begehen aller Verunreinigungen durch Jesus dokumentiert. Daß dieser Befund angegriffen wird, dessen kann man sicher sein. Die Religion erkennt keine Tatsachen, keine Beweise an. Sie hat sich eine Welt aufgebaut, in welcher die von der zivilisierten Gesellschaft anerkannten Regeln des Tatberichts, der Logik und Beweisführung nicht zählen. Es ist eine Welt, in welcher der Widerspruch durch ein Machtwort ihres speziellen Gottes zum Gesetz erhoben wird und als alleinige Logik gilt. Diese Logik des Widerspruchs führt zu einer Gerichtsbarkeit, in welcher Schuldige freigesprochen und Unschuldige verurteilt werden. Genau das ist die Situation in Hinsicht auf Jesus und Judas. Alle Übertretungen der alttestamentlichen Gebote und die Verübung aller von Jesus selbst gebrandmarkten Verunreinigungen können seiner „strahlenden Makellosigkeit" nicht soviel Befleckung wie ein Fliegenexkret verursachen. Demgegenüber gilt der arme, hilflose, unschuldige Judas als der größte Verbrecher der Weltgeschichte. Dieser Fall ist quasi die Dreyfusaffäre des Altertums mit dem Unterschied, daß der Unschuldige nie rehabilitiert und der Schuldige nie entlarvt wurde.

Jesus selbst hatte ein Interesse daran, die Dinge auf den Kopf zu stellen. Es ist nicht erstaunlich, daß der falsche Zeuge gegen die Juden in der Feindeshaß-Angelegenheit auch „wider seinen Nächsten Judas falsch Zeugnis redete". Und da gegen Jesus keine Berufung eingelegt werden kann, so war Judas nicht so glücklich wie Dreyfus, der nur etwa zehn Jahre in Schimpflichkeit verbringen mußte. Es wäre aber jetzt endlich an der Zeit, für die Judas-Affäre ebenfalls ein Wiederaufnahmeverfahren einzuleiten. Die Idee ist nicht so absurd, wie sie auf den ersten Blick scheint. Das Zweite Vatikanische Konzil hat ja die Juden auch erst nach 2000 Jahren vom Christusmord freigesprochen. Es hätte also im engen Zusammenhang damit die Wiederaufnahme des Judas-Prozesses ebenfalls anordnen können. Die zwei Anklagefälle gehören im höchsten Maße zusammen. Judas war nämlich am Christusmord genauso unschuldig wie die Juden oder eigentlich viel weniger. An den Juden haftet immerhin ein Schimmer an Schuld, wenn man es genügend distinguierend umschreibt und nicht den wahllosen Rachegelüsten überläßt.

Daß die hohe Priesterschaft Jesus nach dem Leben trachtete, wird dem evangelischen Zeugnis gemäß als Tatsache angenommen, wobei allerdings zu berücksichtigen ist, daß nur wenige Juden Oberpriester waren. Auch die blutrünstige Meute war nur ein Bruchteil der Stadtbevölkerung, die ihrerseits nur ein Bruchteil der palästinensischen Bevölkerung war. Trotz dieser zahlenmäßig sehr beschränkten jüdischen Beteiligung an der Verurteilung und Hinrichtung Christi (die wir zum Zwecke dieser Erörterung als Tatsache annehmen), ist den Juden durch ihre offizielle Priestervertretung eine gewisse Portion Verantwortung nicht abzusprechen – und sie können stolz darauf sein!

Die Verblüffung, die diese Äußerung höchstwahrscheinlich hervorruft, wird mit der graduellen Erklärung ihrer Gründe sicherlich abflauen. Jetzt ist aber nicht vom Stolz der jesustötenden Juden, sondern vom Rechtsfall des in den Schmutz gezerrten Judas die Rede, der von allen Juden an der ihm zur Last gelegten Tat am wenigsten beteiligt war. Es ist vielleicht zutreffender zu sagen, daß er dahinein verwickelt wurde, aber auch das nur im negativen Sinne, indem er nicht nur nicht schuldig, sondern nachgerade selber das Opfer war.

Der harmlose Christenmensch ist vom Lesen des Neuen Testaments dermaßen narkotisiert, daß er unfähig ist, die falsche Anklage und sogar die Teufelei in der Manipulation des ahnungslosen Judas zu erkennen. Es ist charakteristisch für die geistige Gelähmtheit und auch

bracht. Im 13. Kapitel schildert die Stelle von Vers 21 bis 27 das Beschummeln von Judas durch Jesus.

> Jesus sprach: Wahrlich, wahrlich ich sage euch: Einer unter euch wird mich verraten. Da sahen sich die Jünger untereinander an, und ward ihnen bange, von welchem er redete (Im 14. Kapitel von Markus heißt es von derselben Szene: Und sie wurden traurig und sagten zu ihm, einer nach dem anderen: Bin ich's? und der andere: Bin ich's?) Es war aber einer unter seinen Jüngern, der zu Tische saß an der Brust Jesu, welchen Jesus liebhatte. Dem winkte Simon Petrus, daß er forschen sollte, wer es wäre, von dem er sagte. Jesus antwortete: Der ist's, dem ich den Bissen eintauche und gebe. Und er tauchte den Bissen ein und gab ihn Judas, Simons Sohn, dem Ischariot. Und nach dem Bissen fuhr der Satan in ihn. Da sprach Jesus zu ihm: Was du tust, das tue bald!

Die Frage, die nach diesem Bericht gestellt werden muß, ist, ob Jesus Judas den Bissen gab, weil er wußte, daß Judas der Verräter war, oder ob Judas zum Verräter wurde, weil ihm der Bissen gegeben wurde.

Wenn wir uns für die These entscheiden, daß Judas von allem Anfang an ein Verräter war, und zwar im vollen Bewußtsein seiner Aufgabe, dann muß er angenommen haben, daß diese Tatsache auch dem allwissenden Jesus bekannt war. Deswegen gab Jesus ihm und keinem anderen Jünger den Bissen. Jesus hat seine Kenntnis von der Identität des Verräters laut Endpassage des 6. Johannes-Kapitels offen ausgesprochen, so daß in Judas' Bewußtsein kein Zweifel über seine Entlarvung bestehen konnte. Da er aber weiterhin im Apostelkreis geduldet wurde, so konnte er berechtigterweise glauben, daß zwischen ihm und Jesus eine Art unverabredeter Verschwörung bestand. In diesem Fall kann aber Judas kein Verräter gewesen sein, denn er hat nichts zu verraten gehabt, wenn sein angebliches Opfer volle Kenntnis von seinem Vorhaben hatte und wenn er annehmen durfte, daß er im Einvernehmen mit dem Opfer handelte. Da aber Jesus nach dem nur zum Schein wiederholten Denunzieren nie gegen Judas vorging, so war das Eintauchen und Herreichen des Bissens sozusagen eine stillschweigend vereinbarte Komödie und nicht der Zündfunke zum Verrat. Jesus war für den „Verrat" ganz allein verantwortlich, weil er und nur er allein ihn haben wollte und Judas nur als Komplizen mißbrauchte.

Die Alternative zu dieser These ist, daß Judas sich seiner Verräterrolle nicht bewußt war. Wenn wir das annehmen, dann kann kaum überhaupt von einem Verrat die Rede sein. Ein unbewußter Verräter ist doch kein Verräter. Wenn Judas erst nach dem Empfang des eingetauchten Bissens – als Satan in ihn fuhr, wie Johannes berichtet – zum Verräter wurde, dann ist er noch unschuldiger als im vorhergehenden Alternativfall. Wenn er zum Verrat Satan im Leibe haben mußte, dann war er ohne ihn zum Handeln nicht befähigt. Und wer hat Satan erlaubt oder vielmehr ihm mit einem Zeichen den Weg dazu geöffnet, sich des Judas zu bemächtigen? Ein Schulkind, das noch nicht religiös infiziert ist, könnte die Antwort darauf geben. Da nun Satan nur als Mittel zum Zweck funktionierte, so kann man ihn aus dem Spiel lassen und die ganze Verantwortung für die Geschehnisse direkt Jesus aufladen. Satan ist nur das Symbol der teuflischen Kräfte, die Jesus zum Durchführen seiner Schauprozeßkomödie benutzte.

Satans Eingreifen in den Prozeß des Verrats bedeutet realistisch gesehen, daß die hypnotische Wirkung von Jesu magischer Persönlichkeit Judas in eine willenlose Puppe verwandelte und zu der ihm suggerierten Tat verleitete. Ohne den hypnotisch übertragenen Befehl wäre Judas niemals ein Verräter geworden. Seine persönlichen Interessen wirkten dagegen. Weit davon entfernt, Jesus tot sehen zu wollen, hat er ein überragendes Interesse daran gehabt, Jesus am Leben zu erhalten. Er hatte die beste Stellung im apostolischen Unternehmen. Er war Kasseneinnehmer, er trug den Geldbeutel. Das Blutgeld, die 30 Silberlinge, der Lohn für den Verrat, konnte für ihn, wenn er nicht total verrückt war, keine Anziehungskraft haben. Gerade wenn er geldhungrig war, konnte er sich nicht für eine einmalige und so geringe Summe verkaufen. Es muß ihm klar gewesen sein, daß er mit einem Verrat seine eigene Lebensstellung zerstören würde. Ein jüdischer Kassenverwalter ist nicht so dumm.

Interessanterweise bestätigt Johannes unwillkürlich diesen Stand der Dinge mit dem Bericht über das vergeudete Öl. Es lohnt sich, diese Bibelstelle im Wortlaut wiederzugeben. Im 12. Kapitel drückt Johannes von Vers 3 bis 6 seine Meinung von Judas aus, die mit dem Verrat als Gelderwerb in logischem Widerspruch steht.

> Da nahm Maria (nicht Jesu Mutter) ein Pfund Salbe von ungefälschter, köstlicher Narde und salbte die Füße Jesu und trocknete mit ihrem Haar seine Füße; das Haus aber ward voll vom Geruch der Salbe. Da sprach seiner Jünger einer, Judas, Simons Sohn, Ischariot, der ihn hernach verriet: Warum ist diese Salbe nicht verkauft um dreihundert Groschen und den Armen gegeben? Das sagte er aber nicht, daß er nach den Armen fragte; sondern er war ein Dieb und hatte den Beutel und trug, was gegeben ward.

Daß Judas kein Dieb war und nur von Johannes verleumdet wurde, erweist sich durch die Zeugenaussage von Matthäus über denselben Fall in Vers 7, 8 und 9 seines Kapitels.

> Da trat zu ihm (Jesus) ein Weib, das hatte ein Glas mit köstlichem Wasser und goß es auf sein Haupt, da er zu Tische saß. Da das seine Jünger sahen, wurden sie unwillig und sprachen: Wozu dient diese Vergeudung? Dieses Wasser hätte mögen teuer verkauft und den Armen gegeben werden.

Dieser Verlauf des Salbungsaktes ist auch von Markus gleich am Anfang seines 14. Kapitels im Einklang mit dem Matthäischen Bericht geschildert. Das ist ein wichtiges Zeugnis, weil Markus eine unabhängige Nachrichtenquelle in seinem Adoptivvater Petrus hatte. Wir haben also zwei Zeugen gegen einen, zugunsten der Version, daß die Ölvergeudung nicht von Judas allein, sondern von allen Jüngern einmütig kritisiert wurde. Wenn der Zweck des Verkaufsvorschlags Diebstahl war, dann waren alle Apostel Diebe, einschließlich des Anklägers Johannes, denn alle haben die Vergeudung bemängelt. Judas war eigentlich am wenigsten verdächtig. Wenn er die Vergeudung vielleicht etwas lauter beanstandete als die anderen, so zeigt es, daß er mit offenen Karten spielte und daß er nicht duckmäuserisch versuchte, den Verdacht mit Stillschweigen von sich abzulenken. Als Säckelmeister, der für die Finanzen der apostolischen Wandertruppe verantwortlich war, kann er wohl durch die Ölvergeudung mehr als die anderen irritiert worden sein. Wenn er ein Dieb gewesen wäre, dann hätte er gerade allen Grund gehabt, das Maul zu halten. Daß er bei seinen Kollegen in keinem üblen Geruch stand, ist auch durch das Tuscheln der Jünger beim Herumraten über den möglichen Verräter Christi erwiesen. Jeder einzelne Jünger wunderte sich, ob nicht er selber zum Verräter bestimmt werden sollte. Wenn Judas ein so übler Kerl gewesen wäre, wie Johannes es glauben machen will, dann wären die Jünger sofort auf ihn gekommen. Von so einer Verdächtigung ist aber nicht die leiseste Spur zu finden.

Das Verleumdungsmanöver von Johannes kann vielleicht damit erklärt werden, daß er das spätere Verratsdrama durch eine Charakterbeschreibung vorbereiten wollte. Von allen Evangelisten schildert er die Verratsgeschichte mit den meisten Einzelheiten und mit der größten Dramatik. Mit dem frühzeitigen Anschwärzen von Judas wollte er dessen willkürliche und sonst unbegründete Aussonderung durch Jesus als eine natürliche Wahl für den Empfang des unheilbringenden Verräterbissens erscheinen lassen. Aber Johannes hat zwei Umstände übersehen. Er hat den Widerspruch zwischen der Dieberei und dem Verrat nicht erkannt. Es ist ihm nicht aufgegangen, daß der Verrat der Dieberei ein Ende setzen mußte. Also gerade wenn Judas ein Dieb war, konnte er kein Verräter sein, sofern er nicht durch den hypnotischen Einfluß von Jesus zu einem selbstschädigenden Handeln gezwungen wurde. Das bedeutet aber keineswegs, daß er ein Dieb war, nur weil er kein Verräter sein wollte. Schließlich ist es möglich, daß ein Mensch weder ein Dieb noch ein Verräter ist.

Johannes hat noch einen anderen Versehensfehler gemacht. Er hat auch übersehen, daß bei der Allwissenheit und Hellseherei von Jesus Judas der Dieberei und des Verrats nicht angeklagt werden konnte, ohne zugleich Jesus der Hehlerei, der Diebstahlsbegünstigung und der letztendlichen Verratsinszenierung mitanzuklagen. Jesus war als treibende Kraft nicht nur ein Komplize von Judas, sondern der alleinig Schuldige. Er hatte einen Verräter nötig, weil er aufsehenerregend (wenngleich nicht notwendigerweise mit tödlichem Ausgang) gekreuzigt werden wollte. In Johannes hat er dann in der Folge den Geschichtsfälscher gefunden, der die Spuren des Ränkespiels nach Möglichkeit verwischte und das Verratsschauspiel zu einer welterschütternden Tragödie aufbauschte.

Bei all dem war der Verrat vollkommen überflüssig. Das hat Jesus ganz richtig selber bemerkt, als die Soldateska zu seiner Gefangennahme auf den Plan trat. Er hielt den Häschern vor, daß es ganz leicht gewesen wäre, ihn im Tempel oder bei seinem Umherziehen in der Öffentlichkeit festzunehmen. Das sagte er aber erst, nachdem das Spektakelstück bereits aufgezogen und gelungen war. Warum hat er das nicht vorher schon gesagt und die Priesterschaft mit gehäuften gotteslästerlichen Behauptungen über seine göttliche Wesenseinheit früher schon ohne das Arrangement eines Verrats zum Durchgreifen gedrängt? Eine Verhaftung durch rein theologische Provokation sozusagen intra muros ohne Theatralik wäre für ihn unbefriedigend gewesen. Außerdem hätte er sich für alles allein zu verantworten gehabt, ohne für sein Mißgeschick einen anderen verantwortlich machen zu können. Er wollte die Tatsache verwischen, daß nicht er das Opfer eines Verräters, sondern der Verräter sein Opfer war. Es war auch zur Wahrung seiner Opferlammrolle berechnet, daß er ablehnte, Gott um die Entsendung von Legionen rettender Engel (Matthäus, Kapitel 26, Vers 53) anzuflehen. Daß er diese Rettung nicht wünschte, ist auch ein Beweis der Unschuld von Judas, denn es war offenbar ein Teil des von Jesus geplanten Verratsarrangements, daß nichts zu dessen Verhinderung unternommen werden durfte.

Noch stärker zeugt für Judas' Unschuld, was der Doppelvers 17-18 des 10. Johannes-Kapitels über Jesu Programm enthüllt.

> Darum liebt mich mein Vater, daß ich mein Leben lasse, auf daß ich's wiedernehme. Niemand nimmt es von mir, sondern ich lasse es von mir selber. Ich habe Macht, es zu lassen, und habe Macht, es wiederzunehmen. Solch Gebot habe ich empfangen von meinem Vater.

Der Ausdruck „Verratsarrangement", der vor einigen Zeilen zum Beweis der Unschuld des hypnotisch verführten Judas gebraucht wurde, könnte nicht berechtigter verwendet werden als aufgrund des Geheimabkommens der Planungsfirma „Vater und Sohn", wie es durch die Freimütigkeit von Johannes enthüllt ist.

Der berühmte oder berüchtigte Judaskuß, was ihn betrifft, war auch nichts anderes als ein Kniff zum Verdecken des abgekarteten Arrangements. Nach den Schilderungen der Evangelien muß Jesus mit seinem gemischten Chor von vagabundierenden Halbstarken und seinen Wundertricks eine ziemlich bekannte Persönlichkeit in seinem Lande gewesen sein. Was zum Kuckuck war da ein Judaskuß zu seiner Kenntlichmachung nötig? Der Verrat durch den Kuß ist eine die Intelligenz des Bibellesers in höchstem Maße anspannende Absurdität. Und bis zum heutigen Tag spricht man davon mit einer Selbstverständlichkeit, als ob es in 2000 Jahren nie einen Bibelleser mit gesundem Menschenverstand gegeben hätte. Dieser intelligenzbeleidigende Judaskuß wäre gerechterweise schon längst in den Ruhestand versetzt und durch den Jesusbissen ersetzt worden. Der Verrat wurde nämlich nicht mit dem Kuß von Judas gegen Jesus, sondern mit dem eingetunkten Bissen von Jesus gegen Judas begangen.

Jesus hat selbst gesagt (Markus, Kapitel 14, Vers 21), daß des Menschen Sohn hingehen müsse, wie geschrieben steht; doch weh dem, der ihn verrät. Dem wäre es besser, nie geboren worden zu sein! Wer also durchführt, was geschrieben steht, hat eine furchtbare Strafe zu gewärtigen. Das ist biblische Moral und Gerechtigkeit, einen für das zu strafen, was ihm als Pflicht göttlich auferlegt wird. Das Gebäude des Christentums ruht auf der Verführung eines ahnungslosen, unschuldigen Menschen, auf einer heuchlerisch falschen Anklage und auf dem Undank für einen geleisteten Dienst.

Auch die trotz vatikanischer Ungültigkeitserklärung nie verstummende Anklage wegen eines jüdischen Jesusmordes ist eine der aberwitzigsten menschlichen Geisteskrämpfe. Die auf der vorigen Seite zitierte Stelle aus dem Johannes-Evangelium dokumentiert den göttlichen Plan, Jesus zu opfern und dann seine Macht durch Wiederauferstehung zu demonstrieren. Wie sollte Jesus auferstanden sein und seine Erlösungsmission erfüllen, wenn er nicht getötet worden wäre? Ein natürlicher Tod hätte von keinem dokumentarischen Wert sein können, weil er kein Opfertod gewesen wäre. Und ohne Opfer hätte der Tod keine erlösende Wirkung gehabt. Also mußte Jesus wenigstens zum Schein eines gewaltsamen Todes sterben. Und da das ein göttlicher Plan war, so sollte sich der Vollstrecker der größten Anerkennung und Lobpreisung durch die dankbar erlöste Welt erfreuen. Daß die Juden (auch unter ihnen nur wenige Quertreiber und bei gänzlicher Ignorierung der römischen Rolle) trotz der geschilderten Umstände immer noch in ihrer Gesamtheit des Mordes beschuldigt werden, ist ein Symptom des Schwachsinns der christlich abendländischen Moderzivilisation.

Die Juden sind von der Jesustötung offiziell schon freigesprochen worden. Wann wird aber Judas vom Verrat frei- und dann heiliggesprochen werden? Nachdem er das „Schlimmere" seiner Geburt erdulden mußte, um Jesus das „Bessere" eines Verrats zu bieten, wäre es an der Zeit, ihn zum heiligsten Heiligen der christlichen Religion zu kanonisieren; erstens zur Wiedergutmachung der erlittenen Verleumdung und zweitens als episch wichtigsten Geburtshelfer des Christentums. Bis jetzt haben die Christen nur mit Undank und Grausamkeit jene gelohnt, die ihnen überhaupt die Existenz ermöglicht haben. Gegen die Juden hegen sie trotz Freisprechung immer noch ihren alten Groll, und zwar aus keinem anderen Grund, als daß sie ihnen eine Religion gegeben haben. Die Christen sind wie ein Ehemann, der mit einer geschiedenen Frau glücklich verheiratet ist, aber auf den Exehemann seiner Frau böse ist, weil er sich von ihr hat scheiden lassen. Er ist der logischen Folgerung nicht fähig, daß er nur durch die vorausgegangene Scheidung der Ehemann dieser Frau sein kann.

Wenn die Juden das beginnende Christentum angenommen hätten, dann wäre es ein Judentum geblieben, und kein Volk hätte diese Religion mit ihnen teilen wollen. Die Christen von heute wären immer noch Heiden, was sie ja in Wirklichkeit eigentlich immer geblieben sind. Sie haben die Primitivität, die Vielgötterei und die Grausamkeit des Heidentums, ohne vom Judentum zusammen mit einer oberflächlichen Nachahmung auch dessen höhere Kultur zu übernehmen. Das gilt freilich nicht von einzelnen, höchst verfeinerten Christen, die Juden sein könnten, sondern von der allgemein kulturfeindlichen Atmosphäre der christlichen Welt und dem kirchlichen Kult, der sie immer weiter züchtet. Das Christentum ist nur in einem Punkt keine Fortsetzung des Heidentums, und darin ist es schlimmer. Das ist auch ein Bestandteil seiner antiintellektuellen Atmosphäre, nämlich ihr Kult theologischer Widersprüchlichkeit. Das Heidentum hat nicht diesen inneren Konflikt des Hasses gegen seine eigenen Wurzeln gehabt.

Wir haben soeben den klaffenden Widerspruch, zwischen den unerläßlichen Diensten von Judas für das Entstehen des Christentums und der Brandmarkung dieses Märtyrers gesehen. Ein gleich schwärender Widerspruch ist die Verwurzelung im Judentum und die Abtötungsversuche gegen diese eigenen Wurzeln. Das Christentum ist ein einziger riesenhafter Widerspruch, und als solcher hat es rationell gar keine Daseinsberechtigung. Es ist die einzige Religion, die ihre Existenz den von ihr selbst verdammten Ursachen verdankt. Der Kardinalpunkt ihrer Theologie ist, daß die Faktoren, die sie hervorgebracht haben (Pfaffenverschwörung, Bestechung, Verrat, Kreuzigung) ein Verbrechen waren, dem nicht hätte gestattet sein sollen, sie hervorzubringen. Das Resultat wird aber tagtäglich jauchzend begrüßt. Der Widerspruch setzt sich nach wie vor in seiner unverminderten Abnormität fort. Die Christen sind Hehler, die einem Dieb das gestohlene Gut abkaufen, ihn dann bei der Polizei anzeigen, aber vom Diebesgut weiterhin frischfröhlich Gebrauch machen.

Die Christen sind sogar für den Tod Jesu selbst verantwortlich, und zwar aus dem einfachen Grund, daß sie die selbsterklärten Nutznießer dieses Todes sind. Die Juden haben keinen Nutzen daraus gezogen (gelinde gesagt). Die Christen geben aber zu, dessen Nutznießer zu sein, indem die Tötung Jesu zu ihrer Erlösung unerläßlich war. Wer aber von einem Verbrechen Vorteile zieht, der kann als dessen Urheber bezeichnet werden, selbst wenn er die Tat nicht eigenhändig vollbracht hat. In der juristischen Terminologie nennt man das „cui bono". Wem das Verbrechen nützt, der ist der Täter. Ein anständiger Mensch würde nämlich einen ihm durch Verbrechen zugefallenen Vorteil von sich weisen. Die Christen haben aber nichts dergleichen getan, vielmehr haben sie die Tat begeistert akzeptiert, und dann sind sie noch heuchlerisch gegen ihre Wohltäter als Ankläger aufgetreten.

Eine Lieblingsentgegnung der Gläubigen (zutreffendenfalls auch der nichtchristlichen) auf das Kritisieren religiöser Widersprüche ist, daß sich im Göttlichen die Widersprüche auflösen. Ja, vielleicht für Gott. Da aber Gott eine Schöpfung der menschlichen Einbildungskraft ist, so kann er nur für Leute Widersprüche auflösen, die ihn mit dem Talent zum Jonglieren ausgestattet haben. Von diesen und für diese ist die biblische Geschichte geschrieben worden. Die anderen haben nichts dagegen einzuwenden, sofern sie nicht mit inquisitorischer Tortur gezwungen werden, sich gleichzeitig zu zwei einander widersprechenden Dingen zu bekennen. Jesus, der gerne in Widerspruchsorgien schwelgt, hat denn auch von seinem göttlichen

Privileg der Widersprüchlichkeit in Überfülle Gebrauch gemacht. Mit der Berufung von Judas zum Amt des Verrats und dann mit der ihm auferlegten schweren Buße für seine vorschriftsmäßige Amtshandlung hat Jesus seiner Widerspruchsmeisterschaft die Krone aufgesetzt. Aber Judas war mitnichten der einzige, bei dem der Widerspruch des gottgewählten Übels eiterte.

**41** Petrus, der „Felsen", hat im Leben Jesu auch eine Verräterrolle gespielt. Charakterlich war er ein ärgerer Verräter als Judas, da seine Treulosigkeit mit keiner aktionstechnischen Notwendigkeit motiviert war. Seine Treulosigkeit floß von seinem erbärmlichen Charakter. Jesus, der ihn natürlich genauso durchschaut hat wie jeden anderen, hat eine ziemlich niedrige Meinung von ihm gehabt. Wahrscheinlich nahm er seine Treulosigkeit deswegen auf die leichte Schulter, weil er ihn für eine Null hielt. Einige Bemerkungen von Jesus bezeugen, wie tief Petrus in seinen Augen stand. Berühmt ist die Bibelstelle, laut deren Jesus Petrus Satan nennt. Der dazu führende Anlaß ist ein Gespräch von Jesus mit seinen Jüngern, denen er sein kommendes trauriges Schicksal voraussagt und schildert. In Vers 22, 23 des 16. Matthäus-Kapitels heißt es dann weiter:

> Und Petrus nahm ihn zu sich, fuhr ihn an und sprach: Herr, schone dein selbst; das widerfahre dir nur nicht! Aber er wandte sich um und sprach zu Petrus: Hebe dich, Satan, von mir! Du bist mir ärgerlich; denn du meinst nicht, was göttlich, sondern was menschlich ist.

Das ist noch ein verhältnismäßig milder Anschnauzer, da er nur gegen den spirituell unempfindsamen Tölpel und nicht den Verräter gerichtet ist. Es kommt aber besser. Satan wird wieder eine wichtige Rolle spielen, aber diesmal wird Petrus nicht selbst Satan sein, sondern, à la Judas, ein von ihm Bedrohter. Die Szene, die im 22. Lukas-Kapitel geschildert wird (übrigens auch im 26. Kapitel von Matthäus, im 14. von Markus und im 13. von Johannes), ist das Beisammensein der Jünger nach dem Abendmahl. Laut Vers 31 bis 34, also in vier aufeinanderfolgenden Teilen, führt Jesus mit Petrus (den er zuerst mit seinem ursprünglichen Namen Simon, dann aber wieder mit Petrus anredet) folgendes Gespräch:

> Der Herr aber sprach: Simon, Simon, siehe, der Satanas hat euer begehrt, daß er euch möchte sichten wie den Weizen; ich aber habe für dich gebeten, daß dein Glaube nicht aufhöre. Und wenn du dermaleinst dich bekehrst, so stärke deine Brüder. Er sprach aber zu ihm: Herr, ich bin bereit, mit dir ins Gefängnis und in den Tod zu gehen. Er aber sprach: Petrus, ich sage dir: Der Hahn wird heute nicht krähen, ehe denn du dreimal verleugnet hast, daß du mich kennest.

Dieser kurze Dialog ist mit mehr Inhalt beladen, als er auf den ersten Blick scheint. Der erste in der Reihenfolge der Gegenstände ist das Wiedererscheinen Satans. Jesus stellt fest, daß jener eine große Gefahr für die Jünger bedeutet. Gleichzeitig gibt er zu, ohne es zu sagen, daß er Satan nicht direkt überwinden kann. Er trachtet, ihm nur mit Beten (oder Bitten) entgegenzuwirken. Aber sein Beten ist offenbar unwirksam, denn Petrus verleugnet Jesus in der kritischen Stunde trotzdem. Das ist offenbar ein Sieg Satans, wenn weder das Beten von Jesus noch der Charakter plus das Treugelöbnis von Petrus die Verleugnung verhindern kann. (Übrigens ist es angebracht, noch nachträglich festzustellen, daß die Unterlassung auch nur eines

Versuchs, für die Glaubenserhaltung von Judas, wie jene von Petrus, zu beten, ein weiterer Beweis des bereits beschlossenen Planes ist, ihn als Sündenbock zu mißbrauchen).

Es ist auch interessant, im weiteren festzustellen, daß Jesus – nachdem er bereits für die Glaubensstärkung von Petrus gebetet hatte („gebeten", rogavi pro te, ist in diesem Fall mit „gebetet" gleichbedeutend) – dessen Treulosigkeit voraussagte, also die Unwirksamkeit seines eigenen Betens sozusagen im selben Atemzug zugab. Aber noch schwerer als das nutzlose Beten wiegt die an Petrus gerichtete Äußerung von Jesus: „Und wenn du dermaleinst dich bekehrst, so stärke deine Brüder." Jetzt stellt es sich heraus, daß das Beten von Jesus noch weniger wirksam war, als es sich durch die Treulosigkeit von Petrus erwies. Petrus hat Jesus gar nicht verleugnen können, er hat ja gar nicht an ihn geglaubt. Er kann nicht gläubig gewesen sein, wenn Jesus dessen Bekehrung nur als eine zukünftige Möglichkeit ansah. Und da die Brüder ihrerseits eine Stärkung erst von Petrus empfangen sollten, so erweist sich die apostolische Wirksamkeit der Jünger zu Lebzeiten als null und nichtig. Wie sollten die Jünger von dem selbst bekehrungsbedürftigen Petrus im Glauben gestärkt werden, wenn sie unter Leitung von Jesus selbst noch zu schwach geblieben waren?

Das alles ist eine bedeutungsschwere Offenbarung, die man nicht einfach unter den Tisch fallen lassen kann. Man kann es sich nicht genügend bewußt machen, was es bedeutet, wenn Jesus sagt, Petrus könne seine Brüder erst stärken, nachdem er sich selber bekehrt hat. Mit dieser Feststellung zerrinnt die ganze apostolische Jüngerschaft ins Nichts.

Bei dieser Schwäche ist es begreiflich, daß das Neue Testament sich sichtlich anstrengt, mit dem Alten eine einzige gemeinsame Religion zu bilden. Seine von Evangelium zu Evangelium steigende Judengegnerschaft erklärt sich durch die ebenfalls zunehmende (jüdische) Ablehnung der neuen (christlichen) Glaubensströmung. Aber die Anschlußbestrebungen zeigen, daß von der Gründung einer neuen Religion ursprünglich keine Rede war. Alle Bibelstellen im Neuen Testament, die die Existenz einer selbständigen christlichen Neugründung als Tatsache präsentieren, sind zusätzliche Eintragungen, auf einen älteren Text gepfropft. Die bekannteste und peinlichste solche Stelle ist jene im 16. Kapitel des Matthäus-Evangeliums, die als Jesu eigene Verfügung hinsichtlich der Einrichtung eines Papsttums geltend gemacht wird. Um nun die christlichen Nerven nicht zum Reißen anzuspannen, ist es am besten, gleich festzustellen, daß Jesus nie daran dachte, ein Papsttum zu gründen, und daß diese später herausgebildete Institution bestimmt nicht Petrus zu ihrem ersten Haupt hatte. Alle Beweise dieser Behauptung sind im Neuen Testament enthalten, und jeder objektive Kritiker kann bei ihrer Aufzählung feststellen, ob sie stichhaltig sind.

Es wird nicht in dieser Untersuchung zum ersten Mal auf den Umstand hingewiesen, daß Jesus kein Papsttum planen konnte, da er mit dem Kommen des Himmelreichs noch während des Lebens seiner Zeitgenossen rechnete. Er glaubte und verkündete, daß die bestehende irdische Ordnung beendet und durch eine himmlische abgelöst würde. Darin kann aber ein Papst keine Funktion haben, weil er ein irdischer Statthalter wäre. Wenn aber das Himmelreich verwirklicht ist, dann ist das Amt der Statthalterei gegenstandslos. Lesen wir nun im 16. Kapitel von Matthäus (in welchem eine noch viel wichtigere Verkündigung registriert ist und bald dementsprechend behandelt wird), was Jesus vom Himmelreich auf Erden sagt. Das Zitat gibt die letzten zwei Verse des genannten Kapitels wieder.

> Denn es wird geschehen, daß des Menschen Sohn komme in der Herrlichkeit seines Vaters mit seinen Engeln; und alsdann wird er einem jeglichen vergelten nach seinen Werken. Wahrlich ich

sagte euch: Es stehen etliche hier, die nicht schmecken werden den Tod, bis daß sie des Menschen Sohn kommen sehen in seinem Reich.

Wenn Jesus bei Lebzeiten seiner Zeitgenossen in der Herrlichkeit seines Vaters kommt, und diese Menschen ihn in seinem Reich sehen, dann hat er doch die Regierung selber in der Hand und benötigt keinen Statthalter. Von Jesu Zukunftsbild läßt sich vernünftigerweise nur dieser Schluß ziehen. Als er sein Kommen mit seinem Reich verkündete, muß er doch an diese Entwicklung und noch dazu innerhalb der Lebensdauer seiner Zeitgenossen geglaubt haben. Dieser Glaube war mit der erwarteten Kreuzigung nicht im Widerspruch, weil seine Prophezeiung sowieso nur für die Nachkreuzigungszeit gemeint sein konnte. Er war überzeugt, daß er aus der Kreuzigung in irgendeiner Weise lebend herauskommen würde. Bei der Rolle, die er nachher zu spielen gedachte, kann er bis zur Stunde der Kreuzigung nicht mit dem Gedanken an eine irdische Vertretung umgegangen sein. Anspielungen in der Bibel auf eine persönlich autoritäre Vertretung (wie sie ein Papsttum wäre) können während der frei entfalteten Mission von Jesus keine Grundlage in seinem Denken und seinen Äußerungen gehabt haben. Diese Situation konnte sich nur während seines Leidens am Kreuz ändern.

Jesus mochte in seiner Tortur Zweifel über die Möglichkeit eines Überlebens bekommen haben. Plötzlich kam ihm die Frage in den Sinn, in welcher Weise seine Mission fortgesetzt und wer sie übernehmen würde, sollte er die Kreuzigung nicht überleben. Das ist natürlich eine Mutmaßung, aber eine realistischere als die Konstruktion, die die christliche Theologie zusammengestückt hat. Wenn Jesus in seiner letzten Stunde (oder in der, die er als die letzte befürchtete) eine irdische Vertretung (die wir Papsttum nennen) zu instituieren beschloß, so kann sie, zu mindestens bei ihrer Geburt, nicht jene gewesen sein, die wir heute haben. Was man als sicher annehmen kann, ist, daß Jesus nicht Petrus für dieses Amt bestimmte. Für diese Annahme gibt es schwerwiegende Gründe. Bevor wir zu diesen vorschreiten, stellt sich die Frage von selbst, wer sich denn als Kandidat für die Weiterführung des Werkes von Jesus dem Analysten des Nachfolgeproblems spontan aufdrängt. Die Frage ist freilich mit jener identisch, die sich Jesus selbst gestellt hat. Die Antwort, die beste Antwort, weil es keine bessere gibt, steht im 19. Kapitel des Johannes-Evangeliums zu lesen. Schauen wir uns also die Versgruppe 25, 26 und 27 etwas näher an. Beim ersten Durchlesen wird die Antwort ihren Sinn wahrscheinlich nicht sofort offenbaren. Aber eine kleine private Theologie wird helfen. Die offiziellen Theologen treiben im Grunde auch nur private Theologie, eine noch privatere; nicht nur, weil sie oft verschiedener Meinung sind, sondern auch, weil sie nie etwas mit annehmbaren Unterlagen begründen. Schauen wir uns also die genannte Bibelstelle an, und dann kann jeder für sich entscheiden, wieviel die Amateurtheologie auf sich hat; besonders, da nachher die offizielle sich als gänzlich unhaltbar erweisen wird.

> Es stand aber bei dem Kreuze Jesu seine Mutter und seiner Mutter Schwester, Maria, des Kleophas Weib, und Maria Magdalena. Da nun Jesus seine Mutter sah und den Jünger dabeistehen, den er liebhatte, spricht er zu seiner Mutter: Weib, siehe, das ist dein Sohn! Darnach spricht er zu dem Jünger: Siehe, das ist deine Mutter! Und von der Stunde an nahm sie der Jünger zu sich.

Nach der Auferstehung hat zwar Jesus Petrus noch dreimal hintereinander gefragt, ob er ihn liebe. Aber das dreimalige Fragen hatte offenbar eine sarkastische Spitze, denn Petrus hatte ihn auch dreimal hintereinander verleugnet. Und nachher hat ihn Jesus auch noch mit der Zurechtweisung vor den Kopf gestoßen, es gehe ihn nichts an, was die zukünftige Sendung von Johannes sei.

Hier spielt sich das Drama der Nachfolgeverfügung von Jesus vor unseren Augen ab. Petrus war offenbar auf den viel jüngeren, zukunftsreichen und von Jesus geliebten Johannes eifersüchtig. Aber er hatte ausgespielt. Er hatte nicht nur die Gunst von Jesus verscherzt, er wurde auch bei der Abschiedsszene zum Tode verurteilt. Das Schlußkapitel von Johannes enthält das Verdikt.

> Wahrlich, wahrlich ich sage dir: Da du jünger warst, gürtetest du dich selbst und wandeltest, wohin du wolltest; wenn du aber alt wirst, wirst du deine Hände ausstrecken, und ein anderer wird dich gürten und führen, wohin du nicht willst. – Das sagte er aber, zu deuten, mit welchem Tode er Gott preisen würde. Und da er das gesagt, spricht er zu ihm: Folge mir nach!

Nämlich in den Tod. Das Evangelium schließt nach wenigen weiteren Zeilen, und damit auch die Geschichte von Jesus. Er war reisefertig für den Himmel. Und er hat deutlich gesagt, was für Petrus noch übrigblieb: ihm nachzufolgen – ins Jenseits. Vielleicht nicht sofort, sondern wie Jesus sagte: wenn du alt wirst, aber auch nicht in den Papststuhl. Jesus ging nicht nach Rom. Ihm nachzufolgen, konnte keinen Gang nach Rom bedeuten. Aber dieser Gang war Johannes nicht versperrt, da ihm Jesus nicht gesagt hat, er solle ihm nachfolgen, sondern nur auf ihn warten, bis er wiederkäme.

Als Jesus nach seiner Auferstehung in Anwesenheit der Jünger, vor allen Dingen von Johannes, zum letzten Mal zusammenkam, wußte Petrus nichts von den Vorgängen und der Erhöhung von Johannes zu seiner neuen, ehrenvollen Funktion. Deswegen war er erstaunt (was durch Hörensagen zu ihm drang), daß Johannes nicht sterben sollte, und er erkundigte sich bei Jesus über die Bewandtnis dieser Sache (dritt- und viertletzter Vers des Schlußkapitels von Johannes). Jesus wies ihn schroff damit ab, daß diese Angelegenheit ihn nichts angehe. Die Institution, die Jesus durch Johannes' Einsetzung gründete, sollte nicht durch eine einzige unsterbliche Person, sondern durch eine Kette von Nachfolgern bis zu seiner Rückkehr fortgesetzt werden. Das wurde durch die vermutete Unsterblichkeit von Johannes bildlich ausgedrückt.

Man hat natürlich schon längst gemerkt, daß da von der Errichtung einer Art Papsttum die Rede ist. Wenn man so nennen will, was Jesus initiierte, dann ist es ein Papsttum, das ins Nichts zerronnen ist. Dafür hat das Papsttum, das existiert, nichts mit Jesus zu tun. Er hat Petrus nie zum ersten Papst ernannt. Ein Mann, der sich nicht selbst gürten und nicht gehen kann, wohin er will, kann doch nicht Papst sein. Jesu Kandidat war Johannes. Von allen anderen Umständen abgesehen (und die waren zahlreich), war Petrus in Konkurrenz mit Johannes schon von Alters wegen ein ungeeigneter Aspirant. Die zarte, verwundbare Urgemeinde brauchte ein junges Blut, das ihre Erhaltung und Erweiterung mit größter Erfolgschance in die Zukunft tragen konnte. Es wäre nicht nötig gewesen, Johannes als jüngsten andauernd den Jünger zu nennen, den Jesus liebhatte – während kein anderer je so geehrt wurde –, wenn Jesus nicht höhere Pläne mit ihm im Sinn gehabt hätte. Die Mutter Jesu ihm anzuvertrauen hätte keinen Sinn gehabt, wenn die Mutter nicht die Kirche, sondern Maria, die leibhaftige Mutter Jesu gewesen wäre. Jesus hatte vier Brüder (oder wenigstens zwei, weil zwei andere als Vettern gerechnet werden könnten). Er hatte auch mindestens zwei Schwestern. Selbst wenn alle diese nur Vettern und Kusinen gewesen wären, wie die schamhaft keusche Theologie zu behaupten beliebt, hätten sich doch unter ihnen welche gefunden, die bereit gewesen wären, für eine Mutter oder Tante zu sorgen. Bei einem solchen Familienhintergrund hatte die Pflegerrolle von Johannes, und nur seine, bei zehn anderen Jüngern und sechs Familienangehörigen, also mit einer Sippschaft von sechzehn möglichen Unterstützern, bestimmt einen anderen Sinn als die Sorge um eine alte Frau.

Daß der Zimmermann-Ehemann als der natürlichste Familienernährer gar nicht in Betracht gezogen wurde, ist ganz natürlich, nachdem ihn das Neue Testament mit biblischer Großzügigkeit gleich am Anfang der Geschichte schon durch Stillschweigen begraben hatte. Aber auch Johannes wurde nicht vor die Aufgabe gestellt, als wirklicher Mutterernährer zu funktionieren. Keines der drei synoptischen Evangelien weiß überhaupt etwas von einer solchen Beauftragung durch Jesus. Ihre Berichte wissen nicht einmal etwas von der Anwesenheit der Mutter Jesu bei seiner Kreuzigung, Beerdigung oder Auferstehung. Für sie existiert diese Mutter seit ihrer Gleichsetzung mit der Glaubensgemeinde gar nicht mehr, und auch dann nur als solche. Selbst das Johannes-Evangelium, das über ihre Anwesenheit bei der Kreuzigung berichtet, weiß nichts mehr von ihr bei der Beerdigung und der Auferstehung. Das ist auch ein Beweis der Irrationalität ihrer Existenz als Hinrichtungszeugin. Es ist absolut unglaubwürdig, daß sie bei diesen späteren Stationen der Tragödie nicht erschienen wäre, wenn eine andere Frau, Maria Magdalena, zum Grabe kam und sogar mit dem auferstandenen Jesus sprach. Ist es anzunehmen, daß eine Mutter sich eine solche Gelegenheit entgehen läßt, wenn sie sich sowieso schon in der Nachbarschaft aufhält? Mit dieser Lüge in seinem Bericht verlangt Johannes von uns, etwas Unmögliches zu glauben. Auch eine furchtbare Erregung ist keine Erklärung für so ein Fernbleiben, nachdem sie die viel grauenhaftere Kreuzigung ihres Sohnes mit angesehen hat. Aber sie hat sie nur mit angesehen, weil der betreffende Johannes-Bericht bloß eine symbolische Beschwörung ist. Genausowenig wie bei der Beerdigung und Auferstehung war sie auch bei der Kreuzigung leibhaftig anwesend.

Der Wohnsitz von Mutter Maria war in Galiläa. Die Hinrichtung Jesu wurde so schnell beschlossen und vollstreckt, daß die Zeit nicht einmal für eine Benachrichtigung reichte, geschweige denn für eine Reise nach Jerusalem. Das fehlende Zeugnis von drei Evangelien zeigt, daß die Mutter im Johannes-Evangelium keine Mutter war, sondern ein Phantom, daß Jesus dem Johannes als Mutter suggerierte, um den Auftrag der Verewigung seiner Gemeinschaft damit zu verknüpfen. Und selbstverständlich durfte Petrus bei diesem Akt nicht anwesend sein, da nicht er der erkorene Testamentsvollstrecker war. Das konnte er um so weniger sein, als er bei Jesus mit seinem Verleugnungsakt schon sowieso ausgespielt hatte.

Bekannt ist die grimmige Erklärung von Jesus, daß er beim himmlischen Vater jeden verleugnen würde, der ihn hier im irdischen Leben verleugnet. Diese Warnung erscheint bei Markus als der letzte Vers des 8. Kapitels. Bei Lukas ist sie im 26. Vers des 9. Kapitels ausgesprochen. Matthäus bringt sie im Doppelvers 32-33 des 10. Kapitels, und sie soll wörtlich zitiert werden.

> Wer nun mich bekennet vor den Menschen, den will ich bekennen vor meinem himmlischen Vater. Wer mich aber verleugnet vor den Menschen, den will ich auch verleugnen vor meinem himmlischen Vater.

Der Fall ist nun klar. Petrus hatte Jesus verleugnet, und damit verfiel er der Vergeltung von Jesus, vor dem himmlischen Vater verleugnet zu werden. Wie kann nun Petrus Papst sein, wenn er vor Gott verleugnet ist? Wenn er aber verleugnet ist, dann müssen alle seine Nachfolger ebenfalls verleugnet sein. Ein Enterbter kann keine erbenden Nachfolger haben. Die Ausschließung von Petrus vom Erbe ist dreifach. Er war ein Satan, er wurde vor Gott verleugnet und er war nicht der Erkorene. Man ist berechtigt zu fragen, was aus dem Papsttum des „erkorenen" Johannes geworden ist. Die Antwort ist, daß Jesus keine neue Religion, folglich auch kein dringendes Papsttum brauchte. Ein Papsttum Johannis war nur ein Gedankenspiel und eine traumhafte Alternative zur Fortsetzung der prophetischen Tradition innerhalb des jüdischen Testaments, solange die Zeit des Reichs Gottes noch nicht gekommen war. Jesus wollte bis zu der erwarteten Zeit Johannes in Bereitschaft halten, aber auf alle Fälle selber unter die anderen Propheten als ein besonderer Prophet eingereiht werden. Die junge Gemeinde unmittelbar nach seinem Tod hat seine Mission jedenfalls in diesem Sinne aufgefaßt. Im 3. Kapitel der Apostelgeschichte steht die Bestätigung dieser Wertung der Rolle von Jesus. In Vers 20, 21, 22 lesen wir folgendes:

> Da komme die Zeit der Erquickung von dem Angesichte des Herrn, wenn er senden wird den, der euch jetzt zuvor gepredigt wird, Jesus Christus, welcher muß den Himmel einnehmen bis auf die Zeit, da herwiedergebracht werde alles, was Gott geredet hat durch den Mund aller seiner heiligen Propheten von der Welt an. Denn Mose hat gesagt zu den Vätern: Einen Propheten wird euch der Herr, euer Gott, erwecken aus euren Brüdern gleich wie mich; den sollt ihr hören in allem, was er zu euch sagen wird.

Wie Figura zeigt, fehlte der christlichen Urgemeinde sogar noch nach dem Tod Jesu das Bewußtsein einer religiösen Neugründung. Sie fühlte sich als ein restlos integrierender Teil des Judentums ohne Papsttum, aber mit der besonderen Sendung eines neuen Propheten, Jesus. Diese Judenchristen haben aber die Rechnung ohne den Wirt gemacht. Als der „Wirt" (der alte Judaismus) entdeckte, daß dieses neumodische Prophetentum mit göttlicher Gleichwesenheit nicht nach seinem Geschmack war, mußte sich die Gemeinde unter Führung und durch die Bemühungen von Paulus zu einer neuen, selbständigen Religion mausern. Paulus selbst konnte aber kein Papst werden, weil er keinen persönlichen, direkt von Jesus empfangenen Auftrag geltend machen konnte. So hat die Kirche Petrus als einen originalen Apostel zur Papstwürde erhoben. Zu seiner nachträglichen Beglaubigung, als er schon lange tot war, wurde dann die berühmte Fälschung ins 16. Kapitel des Matthäus-Evangeliums eingefügt, die im folgenden untersucht werden soll.

Matthäus, Kapitel 16

Vers 13. Da kam Jesus in die Gegend der Stadt Cäsarea Philippi und fragte seine Jünger und sprach: Wer sagen die Leute, daß des Menschen Sohn sei?

14. Sie sprachen: Etliche sagen, du seist Johannes der Täufer; die anderen, du seist Jeremia oder der Propheten einer.

15. Er sprach zu ihnen: Wer sagt denn ihr, daß ich sei?

16. Da antwortete Simon Petrus und sprach: *Du bist Christus, des lebenden Gottes Sohn.*

17. Und Jesus antwortete und sprach zu ihm: Selig bist du, Simon, Jonas Sohn; denn Fleisch und Blut hat dir das nicht offenbart, sondern mein Vater im Himmel.

18. Und ich sage dir auch: Du bist Petrus, und auf diesen Felsen will ich bauen meine Gemeinde, und die Pforten der Hölle sollen sie nicht überwältigen.

19. Und ich will dir des Himmelreichs Schlüssel geben: alles, was du auf Erden binden wirst, soll auch im Himmel gebunden sein, und alles, was du auf Erden lösen wirst, soll auch im Himmel los sein.

20. Da verbot er seinen Jüngern, daß sie niemand sagen sollten, daß er, Jesus, der Christus wäre.

21. Von der Zeit an fing Jesus an und zeigte seinen Jüngern, wie er müßte hin gen Jerusalem gehen und viel leiden von den Ältesten und Hohenpriestern und Schriftgelehrten und getötet werden und am dritten Tage auferstehen.

22. Und Petrus nahm ihn zu sich, fuhr ihn an und sprach: Herr, schone dein selbst; das widerfahre dir nur nicht!

23. Aber er wandte sich um und sprach zu Petrus: Hebe dich, Satan, von mir! Du bist mir ärgerlich; denn du meinst nicht, was göttlich, sondern was menschlich ist.

24. Da sprach Jesus zu seinen Jüngern: Will mir jemand nachfolgen, der verleugne sich selbst und nehme sein Kreuz auf sich und folge mir.

Markus, Kapitel 8

Vers 27. Und Jesus ging aus mit seinen Jüngern in die Märkte der Stadt Cäsarea Philippi. Und auf dem Wege fragte er seine Jünger und sprach zu ihnen: Wer sagen die Leute, daß ich sei?

28. Sie antworteten: Sie sagen, du seist Johannes der Täufer; etliche sagen, du seist Elia; etliche, du seist der Propheten einer.

29. Und er sprach zu ihnen: Ihr aber, wer sagt ihr, daß ich sei? Da antwortete Petrus und sprach zu ihm: *Du bist Christus!*

30. Und er bedrohte sie, daß sie *niemand von ihm sagen sollten.*

31. Und er hob an, sie zu lehren: Des Menschen Sohn muß viel leiden und verworfen werden von den Ältesten und Hohenpriestern und Schriftgelehrten und getötet werden und über drei Tage auferstehen.

32. Und er redete das Wort frei offenbar. Und Petrus nahm ihn zu sich, fing an, ihm zu wehren.

33. Er wandte sich um und sah seine Jünger an und bedrohte Petrus und sprach: Gehe hinter mich, du Satan!, denn du meinst nicht, was göttlich, sondern was menschlich ist.

34. Und er rief zu sich das Volk samt seinen Jüngern und sprach zu ihnen: Wer mir will nachfolgen, der verleugne sich selbst und nehme sein Kreuz auf sich und folge mir nach.

Lukas, Kapitel 9

Vers 18. Und es begab sich, da er allein war und betete und seine Jünger zu ihm traten, frage er sie und sprach: Wer sagen die Leute, daß ich sei?

19. Sie antworteten und sprachen: Sie sagen, du seist Johannes der Täufer; etliche aber, du seist Elia; etliche aber, es sei der alten Propheten einer auferstanden.

20. Er aber sprach zu ihnen: Wer saget ihr aber, daß ich sei? Da antwortete Petrus und sprach: *Du bist der Christus Gottes!*

21. Und er bedrohte sie und gebot, *daß sie das niemand sagten,*

22. und sprach: Des Menschen Sohn muß noch viel leiden und verworfen werden von den Ältesten und Hohenpriestern und Schriftgelehrten und getötet werden und am dritten Tage auferstehen.

23. Da sprach er zu ihnen allen: Wer mir folgen will, der verleugne sich selbst und nehme sein Kreuz auf sich täglich und folge mir nach.

Beim Vergleichen der drei Evangelien springt es einem ins Auge, daß bei Matthäus die Designation Petri als Grundmauer der Gemeinde Jesu an dieser Stelle der Erzählung nicht von dem Autor geschrieben worden sein kann, der die anderen Teile des Kapitels vor- und nachher geschrieben hat. Es ist direkt humoristisch, mit Petrus eine Minute nach seiner Papstweihe als Satan die Bekanntschaft zu machen. Hier in diesem Kapitel sind wir Zeugen des Zelebrierens der Papstweihe Petri und seiner Beschimpfung als Satan durch Jesus sozusagen im selben Atemzug. Daß die Matthäus-Einflechtung eine Fälschung sein muß, erkennt man durch diese „Satansweihe" im Markus-Evangelium, wo der Widerspruch zwischen einem Felsen-Petrus und einem Satan-Petrus nicht existiert. Es ist klar, daß Markus der glaubwürdigere Berichterstatter ist und daß Matthäus oder sein Ersatzskribent mit seiner Satanspapstphantasie sich als Fälscher zu erkennen gibt.

Das Markus-Evangelium kann dem Matthäischen gegenüber auch aus einem weiteren, wenig beachteten Grund als der wahrheitsgetreuere Rechenschaftsbericht gelten. Markus war ein Famulus von Petrus. Dieser nannte ihn manchmal sogar seinen Sohn. Es wird allgemein angenommen, daß Markus seine evangelischen Kenntnisse aus seinen Gesprächen mit Petrus schöpfte. Wenn einer unter den Evangelisten sich bemüßigt fühlen konnte, Petrus im günstigsten Licht erscheinen zu lassen, so war es Markus. Es wäre logisch gewesen, in sein Evangelium und nicht in ein anderes einzusetzen, daß Petrus der von Jesus bestimmte Felsen war, auf dem das Gebäude seiner Gemeinde aufgebaut werden sollte. Ist es denkbar, daß der wichtigtuerische, gefallsüchtige Petrus eine solche Erhöhung seiner apostolischen Funktion seinem Famulus nicht als wichtigsten Klatschstoff eingeschärft hätte, wenn seine Auszeichnung wahr gewesen wäre? Das Schweigen von Markus und auch von Lukas ist mit ein Beweis, daß die Geschichte vom Petrinischen Felsen bei Matthäus aus der Luft gegriffen ist.

Ein besonders großer und irreparabler Mißgriff des Verfassens der „Papsterhebung" Petri (ebenfalls bei Matthäus) ist die orakelhafte Feststellung von Jesus, daß Petrus von seiner (Jesu) Gottessohnschaft nur durch göttliche Inspiration erfahren konnte, da kein Mensch (Fleisch und Blut) in der Lage war, ihm das zur Kenntnis zu bringen. Aber der 29. Vers des 8. Kapitels berichtet über die Begegnung von Jesus mit zwei vom Teufel geplagten Besessenen, die ihn Sohn Gottes nennen. Woher wußten denn die Besessenen, daß Jesus der Sohn Gottes war? Hat das ihnen auch der Vater im Himmel offenbart?

Der absolut vernichtende Beweis gegen die Behauptung von Jesus beziehungsweise seines evangelischen Dichters ist aber im 14. Kapitel von Matthäus zu lesen. Bei diesem Schreiben war er schon eine beträchtliche Weile ein Jünger Jesu, so daß er derselbe sein mußte, der auch das 16. Kapitel schrieb (freilich mit Ausnahme von dem, was da hineingefälscht wurde). Nun muß man die Stelle aus dem 14. Kapitel zitieren, nämlich jene von Vers 28 bis 33. Die Situation ist die berühmte Szene der Wasserwandlung von Jesus, worin ihn Petrus nachahmen will.

> Herr, bist du es, so heiß mich zu dir kommen auf dem Wasser. Und er sprach: Komm her! Und Petrus trat aus dem Schiff und ging auf dem Wasser, daß er zu Jesu käme. Er sah aber einen starken Wind; da erschrak er und hob an zu sinken, schrie und sprach: Herr, hilf mir! Jesus aber reckte alsbald die Hand aus und ergriff ihn und sprach zu ihm: 0 du Kleingläubiger, warum zweifeltest du? Und sie traten in das Schiff, und der Wind legte sich. Die aber im Schiff waren, kamen und fielen vor ihm nieder und sprachen: Du bist wahrlich Gottes Sohn!

Das Idyll auf dem Wasser enthält die ganz wesentliche Einzelheit, daß die Schiffsmannschaft ihren wundergläubigen Ausruf beim Eintreten von Jesus und Petrus ins Schiff hören ließ. Sollte Petrus nie vorher von der Gottessohnschaft Jesu gehört haben, so hörte er davon beim Betreten des Schiffes (nachdem ihn Jesus aus dem Wasser gezogen hatte) aus den Kehlen eines ganzen Männerchores.

Jesus war natürlich bei diesem Erkennungsjubel auch anwesend (die Huldigung galt ja ihm), und er wußte, daß Petrus auch dabei war, folglich hören mußte, was alle gehört haben. Trotzdem kommt Jesus zwei Kapitel später mit der unmöglichen Behauptung:

„Selig bist du, Simon, Jonas Sohn; denn Fleisch und Blut hat dir das nicht offenbart, sondern mein Vater im Himmel."

War die Schiffsmannschaft kein Fleisch und Blut? Wenn je eine fremde Hand ins Werk eines anderen hineingefunkt hat, so passierte es bei dieser Gottessohnschaftserklärung im 16. Kapitel des Matthäus-Evangeliums. Der Fälscher hat nicht gewußt (und hat auch Jesus als unwissend darüber hingestellt), daß die Gottessohnschaft ein schon lange vorher verbreitetes Gerücht war. Zu deren Kenntnis hatte Petrus keine göttliche Offenbarung nötig. Eine solche Behauptung ist also eine Fälschung.

Es ist auch schon beinahe humoristisch, wie Jesus beim 19. Vers dieses selben Kapitels zu Petrus sagt:

„Ich will dir des Himmelreichs Schlüssel geben", und beim 23. Vers mit nur drei Versen dazwischen sagt er: „Hebe dich, Satan, von mir! du bist mir ärgerlich; denn du meinst nicht, was göttlich, sondern was menschlich ist."

Jesus will also Satan den Schlüssel des Himmelreichs geben. Und das entscheidet er in weniger als einer Minute, nachdem er ihn selig genannt hat. Ein seliger Satan! Selbst die bildliche Deutung von „Satan" macht diese Entscheidung nicht weniger absurd, denn Jesus erklärt ganz unbildlich, daß Petrus kein Verständnis für das Göttliche hat. Und er soll Torwärter und Schließer im Himmel sein und die Befugnis haben zu entscheiden, was im Himmel gebunden und los sein soll. Das ist wahrhaftig ein Amt für Satan! Der literarische Eindringling ins Matthäus-Evangelium hat sich da ein hanebüchenes Geschreibsel geleistet. Er hat vergessen, die Teile seines Einschiebsels miteinander in Einklang zu bringen. Wenn Matthäus selbst der Verfasser gewesen wäre, hätte er sich doch nicht in diesen schreienden Widerspruch des Glaubensfelsens und ungöttlichen Satans verwickelt.

Da der brüchige Glaube von Petrus enthüllt ist – etwa eine Stunde vor der Verhaftung von Jesus –, so war Petrus um die Zeit des Todes von Jesus noch unbekehrt, also entscheidend untauglich zu einer Rangerhöhung. Seine anhaltende Unbekehrtheit hat denn auch ihren schlagenden Beweis bei seiner Verleugnung von Jesus erhalten.

Der dreifache Verleugnungsakt war im Ablauf der Geschehnisse (Lukas-Bericht, Kapitel 22, Doppelvers 60–61) die letzte Gelegenheit, bei der Petrus den irdisch lebenden Jesus noch gesehen hat. Bei dieser Begegnung hat Jesus Petrus nicht verziehen, und von da an bis nach Jesu Auferstehung hört man von ihm gar nichts mehr. Und weder während dieser Zwischenzeit noch nach dem Wiedererscheinen von Jesus wurde je der Beweis erbracht, daß das Beten von Jesus für die Stärkung von Petrus' Glauben wirksam gewesen wäre oder daß Petrus sich bekehrt hätte. Jesus verließ seine Jünger endgültig, ohne Petrus rehabilitiert zu haben (die Kritiker dieser Feststellung werden ihren Grimm für eine kurze Weile noch zu bezähmen haben. Das vorgeschützte erste Erscheinen des auferstandenen Jesus vor Petrus als Zeichen der Vergebung wird bald als das enthüllt, was es ist – eine fadenscheinige Erfindung). Petrus war und blieb ein unerlöster Abtrünniger. Es wäre also aberwitzig anzunehmen, daß Jesus einen solchen Charakter- und Glaubenskrüppel zum himmlischen Torhüter und irdischen Hirten berufen hätte.

Nachdem die Kirche Petrus zum Papst gemacht hatte (gegen die Absichten von Jesus), vollbrachte sie dann den zweiten willkürlichen Akt, Petrus nach Rom zu bringen, wo er nie war. Da aber das Römer Bistum vor den anderen Bistümern Jerusalem, Antiochia, Alexandria und Byzanz, dank der größten Macht Roms in der politischen Welt des Mittelmeerraumes, den Vorrang errungen hatte und als päpstlicher Sitz gelten wollte, so mußte man Petrus, den vorlautesten Freund von Jesus, mit aller Gewalt nach Rom bringen. Der Nichtpapst Petrus und der Nichtpapstsitz Rom mußten verheiratet werden, um zusammen das römische Zwillingskind, Papsttum und -sitz, zu gebären. Dieses Manöver war doppelt sonderbar, denn Jesus hatte weder Petrus zum Papst noch Rom zu dessen Sitz bestimmt. Aber bei diesem „Staatsstreich", lange nach Petrus' Tod, hat irgendein Papsttum (eigentlich nur eine embryonale römische Zweigvertretung) bereits existiert und mußte es, um nicht in der Luft zu hängen, einen Begründer, ein erstes, direkt von Jesus herkommendes Haupt haben, dessen Nachfolger dementsprechend in direkter Linie als die Geweihten von Jesus gelten konnten.

Daß Petrus eine solche Weihe von Jesus empfangen hätte, davon enthält das Neue Testament, außer der erörterten fälschlichen Eintragung, kein Wort. Aber die Theologie behauptet, daß Petrus aufgrund eines anderen Dokuments sehr wohl zur Papstwürde erhoben werden konnte. Es wird geltend gemacht, daß ihm Jesus bei einer besonderen Gelegenheit die Treulosigkeit verziehen hat. Diese Gelegenheit ist im 34. Vers des 24. Lukas-Kapitels andeutungsweise erwähnt.

Demnach soll sich ihm Jesus als erstem nach seiner Auferstehung gezeigt haben. Selbst wenn man annimmt, daß eine solche Begegnung stattgefunden hat (was sich bald als eine Phantasmagorie herausstellen wird), kann sie nicht als ein Zeichen der Vergebung interpretiert werden, da niemand weiß, welcher Art der Gedankenaustausch in diesem Fall war. Aber jedenfalls soll diese Begegnung, die „erste" von Jesus nach seiner Auferstehung, ein großes Privileg für Petrus bedeutet haben, woraus die Vergebung und der Weg zum Papsttum „logisch" hergeleitet wird.

Die theologische Logik krankt an einer unheilbaren Fehlrechnung. Der blutarme 34. Vers von Lukas, der als Basis für diese Theorie diente, war eine Falschmeldung, die durch drei kräftige, unanfechtbare Dokumente Lügen gestraft wurden. Zuerst mal kann Jesus mit Petrus zu keiner Zeit am Auferstehungstag (vor Spätabend) zusammengekommen sein, weil er unmittelbar nach seinem Aussteigen aus dem Grab zum Emmaus-Ausflug aufbrach, bei dem er von zwei Jüngern (von denen keiner Petrus war) begleitet wurde. Aber abgesehen von der zeitlichen und räumlichen Unmöglichkeit einer Begegnung Jesu mit Petrus während des Tages gibt es drei absolut positive Dokumente der ersten Begegnung Jesu mit Maria Magdalena. Die Evangelien Matthäus (die ersten zehn Verse des letzten Kapitels), Markus (die ersten neun Verse des letzten Kapitels) und Johannes (die ersten 18 Verse des 20. Kapitels) zeugen von der Erstbegegnung mit Maria Magdalena.

Matthäus:
Als aber der Sabbat um war und der erste Tag der Woche anbrach, kam Maria Magdalena und die andere Maria, das Grab zu sehen. – Und da sie gingen, seinen Jüngern zu verkünden, siehe, da begegnete ihnen Jesus.

Markus:

Sie kamen zum Grabe am ersten Tage der Woche sehr früh, da die Sonne aufging. – Jesus aber, da er auferstanden war früh am ersten Tag der Woche, erschien er am ersten der Maria Magdalena.

Johannes:

An dem ersten Tage der Woche kommt Maria Magdalena früh, da es noch finster war, zum Grabe und sieht, daß der Stein vom Grabe hinweg war. Maria aber stand vor dem Grabe und weinte draußen. Sie wandte sich zurück und sieht Jesum stehen.

Wie viele Zeugen gibt es denn gegen die Behauptung von Lukas über die privilegierte, erste Begegnung von Petrus mit Jesus? Würde man sagen: drei? Es sind eher dreieinhalb, denn Lukas ist auch ein Zeuge gegen sich selbst. Er meldete ja die Begegnung der Emmaus-Ausflügler mit Jesus, bei der Petrus nicht anwesend war. Die Frage ist also, wann er Jesus während des Tages vor dessen Rückkehr von Emmaus sehen konnte. Die von Lukas der nächtlichen Apostolenversammlung in den Mund gelegte Erklärung „Der Herr ist wahrhaftig auferstanden und Simon (Petrus) erschienen" ist nach allen hierauf bezüglichen Äußerungen und Schilderungen der Evangelien eine Lüge.

Dieses Verdikt ist von Jesus selbst bestätigt. Was man beim Zusammenstoß der Argumente und Gegenargumente leicht vergißt, ist, daß Jesus selbst von einer Begegnung mit Petrus etwas wissen müßte, wenn sie stattgefunden hätte. Aber weit davon entfernt, etwas davon zu wissen, bezeugt er gerade das Gegenteil, als sein erster Akt nach seinem Auferstehen aus dem Grab der Gruß an Maria Magdalena und ihre Begleiterin war. Laut vollständigem Matthäus-Text sagte er:

Seid gegrüßt! Gehet hin und verkündet es meinen Brüdern, daß sie gehen nach Galiläa; daselbst werden sie mich sehen.

Also hat ihn vor Maria Magdalena noch keiner der Brüder gesehen. Wenn ihn Petrus vor ihr schon gesehen hätte, dann wäre ihre Beauftragung durch Jesus als Botin sinnlos und überflüssig gewesen, da die Benachrichtigung der Brüder bereits durch Petrus besorgt worden wäre.

Die Anstrengungen der Theologen, Petrus in den Vordergrund zu schieben, sind müßig. Es ist zwar richtig, daß er eine Art Wortführer der Apostel war und immer zuerst sprach oder Fragen stellte. Es ist aber auch eine Tatsache, daß er Jesus mit seinem vorlauten Wesen auf die Nerven ging. Die Zurechtweisungen, die er dafür einstecken mußte, sind schon registriert worden.

Diese Präliminarien führten Petrus jedenfalls nicht als Papst nach Rom. Ein Beweis unter anderem sollte auch sein, daß er einen Brief aus Babylon an die kleinasiatischen Gemeinden richtete. Die Theologie behauptet aber, daß der babylonische Absendeort dieses Briefes eine Deckadresse ist, um den Namen des christenfeindlichen und verhaßten Rom zu vermeiden. Aber in diesem Brief (eigentlich nach Diktat aus der Feder des gebildeten Griechen Silas oder Silvanus) figuriert als Mitgrüßender kein anderer als der Evangelist Markus, der gerade zu dieser Zeit in Kleinasien weilte. Seine dortige Anwesenheit ist dokumentiert durch einen Brief von Paulus, der Markus' Reise dorthin angekündigt und um einen freundlichen Empfang für ihn gebeten hatte. Ein schwer widerlegbarer Beweis des babylonischen Briefursprungs ist also Markus' persönlicher Gruß im Brief.

Die Anwesenheit von Markus in Babylon (vielleicht nicht in der Stadt selbst, sondern in der weiteren Umgebung, als deren Symbol der Name „Babylon" diente) ist aber automatisch ein Beweis der Anwesenheit Petri daselbst, da die Grußsendung der beiden in demselben Brief enthalten ist.

Außer diesen Argumenten ist die Angabe von Babylon als Absendeort, zur Verhüllung des Namens Roms (wie die Theologen behaupten), auch widerlegt durch den offenen Gebrauch dieses Namens durch Paulus. Er hat Rom und die Gemeinde in Rom nie mit dem Decknamen Babylon zu verhüllen gesucht, obwohl diese heidnische Stadt für ihn nicht weniger christenfeindlich war als für Petrus.

Die Theologen wollen den römischen Sitz von Petrus jedenfalls auch durch zwei Briefe aus anderen Quellen beweisen. Der Verfasser des einen ist Clement, der vierte Papst in Rom am Ende des 1. Jahrhunderts. Der sehr lange Brief (35 Seiten) wurde an die Korinther Gemeinde gerichtet und enthielt eine Instruktion über das richtige Benehmen eines Christen hinsichtlich des Stolzes und der Eifersucht. Er schrieb unter anderem, daß auch Petrus unter Eifersucht zu leiden hatte. In dieser Weise hätte er sich als Märtyrer erwiesen, bevor er uns verließ, um seinen Platz in der himmlischen Herrlichkeit einzunehmen.

Dieses „uns" im Brief eines Römers soll bedeuten, daß uns Petrus in *Rom* verließ. Die Theologie färbt das Wort „uns", um ausschließlich parochial und nicht allgemein menschlich verstanden zu werden. Dieses Wort bedeutet aber nicht „uns Römer", sondern „uns Menschen oder uns Christen". Es konnte doch nur bildlich gemeint sein, da Clement seine Bemerkung 30 Jahre nach Petri Tod machte. Die Beweise sprechen alle für eine solche Auslegung. Clement deutet nicht im entferntesten an, daß Petrus sein Vorgänger in Rom gewesen wäre. Wenn ein Ausdruck auf zweierlei Art gedeutet werden kann, dann muß jener Sinn gelten, der durch andere, feststehende Umstände umschrieben und nicht durch partikularistische Interessen diktiert wird. Außerdem existiert kein authentisches Dokument über eine Hinrichtung Petri durch die römischen Behörden. (Niemand weiß, wo und wann Petrus starb.)

Der andere genannte Brief stammt von Ignatius, Bischof von Antiochia. Er sollte als unerschütterlicher Christ nach Rom verschleppt werden und dort den üblichen Märtyrertod erleiden. Er schrieb aber vorher an die Römergemeinde, daß sie nichts zu seiner Rettung unternehmen solle, außer einer Fürbitte an Jesus, dessen Jünger er im Himmel zu werden hoffte. Dann schreibt er im Schlußteil folgende Worte:

> Ich mache euch keine Vorschriften, also ob ich ein Petrus oder ein Paulus wäre. Sie waren Apostel, und ich bin ein verurteilter Verbrecher.

Dieser zweite Brief soll also eine besondere Trumpfkarte der Kirche zum Beweise eines Romaufenthaltes und Papsttums von Petrus sein. Es ist aber mehr als zweifelhaft, daß die zitierte Briefstelle auf ein Petrinisches Papsttum in Rom Schlüsse zu ziehen gestattet. Sonderbarerweise wird eine negative Bewertung gerade von jener Autorität bekräftigt, die sich sehr um den Nachweis von Petri Romaufenthalt bemüht. Diese Autorität macht nämlich den Fehler, daß sie ihre Argumentation im Bewußtsein der Schwäche ihres Standes überfrachtet und ihn dadurch erst recht umstößt.

Die in Amerika von der Catholic University of Washington im Jahre 1967 herausgegebene New Catholic Encyclopedia schreibt im Band XI als Teil des Artikels, „Peter, Apostle, St." den selbstenthüllenden Satz (hier zuerst im englischen Original): „St. Ignatius of Antioch, in his Epistle to the Romans, says that it is not for him to give them orders as Peter and Paul did." Trotz der leichten Verständlichkeit soll diesem der Vollständigkeit halber eine Übersetzung folgen. „Sankt Ignatius von Antiochia sagt in seiner Epistel an die Römer, daß es ihm nicht zustehe, ihnen Weisungen zu geben, wie Petrus und Paulus es getan hätten."

Ein flüchtiger Blick auf die betreffende Stelle im Original zeigt, daß die Enzyklopädie nicht wörtlich zitiert, sondern nur in freier Formulierung den Inhalt zu vermitteln vorgibt. Daran wäre nichts zu bemängeln. Man kann etwas mit eigenen Worten nacherzählen, was trotz der freien Wortwahl den Inhalt des Originals wahrheitsgetreu wiedergibt. Die Enzyklopädie tut nichts dergleichen, vielmehr gibt sie den Inhalt nur scheinbar, aber tatsächlich grundfalsch wieder. Eine direkte Gegenüberstellung der wesentlichen Teile wird den entscheidenden Unterschied aufzeigen.

| Ignatius: | Enzyklopädie |
|---|---|
| Ich gebe euch keine Weisungen, als ob ich ein Petrus oder Paulus wäre | Ignatius sagt den Römern, daß es ihm nicht zustehe, ihnen Weisungen zu geben wie Petrus und Paulus es getan hätten |

Es ist eine unerhörte Verdrehung einer klaren Äußerung, zu sagen: „... wie Petrus und Paulus es getan hätten". Ignatius sagt nichts von der Handlungsweise der zwei Apostel (und daß sie in Rom gewesen wären, schon gar nicht), er sagt nur, daß er nicht die Autorität der beiden Apostel besitzt. Die gleichzeitige Erwähnung von Petrus und Paulus als Autoritäten ist kein Beweis von Petrus' Anwesenheit in Rom. Die Theologie erweckt nur die optische Illusion, daß Petrus in Rom gewesen sein muß, wenn er zusammen mit Paulus erwähnt wird. Aber die Erwähnung der beiden bezieht sich weder auf einen gemeinsamen Aufenthaltsort noch auf das, was sie getan oder nicht getan hätten. Sie bezieht sich lediglich auf die gemeinsam besessene Autorität, die Ignatius sich selbst abspricht. Wenn eine apostolische Weisung an die „Römer" überhaupt als eine Möglichkeit erwogen wird, so konnte sie nur von Paulus herstammen, denn nur er war mit der Römergemeinde in Verbindung. Er und Petrus konnten wohl zusammen als Autoritäten erwähnt werden, jedoch hatten sie (was Ignatius unwillkürlich beobachtete) kein Befehlsrecht in Rom.

Die Fälschung enthält den Beweis ihrer eigenen Unredlichkeit, denn die Äußerung von Ignatius hätte mit ihrem ursprünglichen Wortlaut zitiert werden können, wenn sie die vorgegebene Handlung und römische Residenz von Petrus dokumentiert hätte. Die Theologen haben genau gewußt, daß die Äußerung von Ignatius für diesen Zweck unbrauchbar war, folglich haben sie sie ihren Zwecken entsprechend verfälscht.

Nach den Briefen von Petrus, Clement und Ignatius muß noch ein vierter Brief erwähnt werden, und zwar einer von Paulus. Dieser Brief ist ein klarer Indizienbeweis für die Nichtanwesenheit von Petrus in Rom während einer wesentlichen Zeitperiode.

Das 16. (letzte) Kapitel des Paulinischen Römerbriefes ist hauptsächlich mit Grüßen an Mitglieder der römischen Christengemeinde ausgefüllt. Die Namen sind für uns nichtssagend. Zu ihrer Zeit mögen sich deren Träger mit ihrem Dienst an der Christengemeinde lobenswert gemacht haben. Offenbar schätzte das Paulus sehr und deswegen sandte er ihnen Grüße, wo im 16. Kapitel alle 26 Namen zu finden sind. Ein Name, den man allerdings nicht finden wird, ist der von Petrus.

Man mag nun fragen, wieso Petrus im Dankesschreiben an eine christliche Gemeinde, bei welcher er nicht nur Mitgliedschaft gehabt, sondern sogar eine führende Funktion ausgeübt haben soll, nicht erwähnt wird. Jedenfalls kann er dem Inhalt des Briefes nach noch kurz vor dem Jahr 60 nicht in Rom gewesen sein. Nur so ist seine (eines Apostels) Nichterwähnung im Brief erklärbar.

Die Lücke in der Namenliste wird von manchen Theologen damit erklärt, daß andere namhafte Kirchenväter in Briefen an ihre Gemeinde auch nicht erwähnt werden. Zum Beispiel sendet Paulus seine guten Wünsche an die Epheser, ohne ihren Bischof den Apostel Johannes, besonders zu erwähnen. Auch der Gruß an die Juden im Hebräerbrief enthält nicht den Namen von Jakobus, dem Bischof von Jerusalem. Diese Hinweise sind aber ziemlich lahm, weil diese Briefe überhaupt keine Namen von Gemeindemitgliedern nennen. Es ist ein Unterschied, den Vorsteher einer Gemeinde nicht zu erwähnen, wenn niemand erwähnt wird, oder ihn allein nicht zu erwähnen, wenn 26 Gemeindemitglieder ja erwähnt werden.

Die letzte Rettung des Petrinischen Romaufenthalts und Papsttums ist die Tradition. Da die ganze Welt 2000 Jahre an diese Anwesenheit und Mission in Rom geglaubt hat, so müssen sie wahr sein. Der Glaube an die Gründung Roms durch Romulus und Remus vor ungefähr 2750 Jahren macht sie auch „wahr". An Adam und Eva glaubt man schon eine noch viel längere Zeit, folglich müssen sie „wirkliche" Personen gewesen sein. Wann ist ein Glaube unter allen Umständen wahr? Er kann trotz seiner Irrigkeit spontan, aufrichtig und unerschütterlich sein. Es gibt aber Fälle, in denen einem der Glaube zuerst mit der Peitsche eingebleut wird. Die Aufrichtigkeit kommt nachher durch Dummheit oder Furcht. Wenn eine solche Macht wie die Kirche 2000 Jahre lang gepredigt hat, daß Petrus in Rom war und Papst war, dann muß es „wahr" sein. Die Existenz von Petrus als einem wirklichen Menschen steht indessen nicht zur Diskussion, nur sein Romaufenthalt und Papsttum.

Es war lange, etwa 1600 Jahre lang, die Tradition der Kirche und der Theologie, daß Sankt Peter 25 Jahre Papst in Rom war. Wenn wir zur Überprüfung dieser Tradition bis ins 5. Jahrhundert zurückgehen, dann stoßen wir auf den heiligen Hieronymus als den hauptsächlichen Verbreiter der geschichtlichen Konvention über eine so lange Amtsdauer von Petrus als Papst. Dieser Hieronymus ist einer der wichtigsten Doktoren der Kirche. Wofür er vielleicht am berühmtesten ist, ist seine Bibelübersetzung (vom Hebräischen und Griechischen ins Lateinische), die in der damaligen Welt die Verbreitung der Bibel in weiteren Kreisen ermöglichte. Die Bezeichnung „Versio Vulgata", nämlich eine dem Volk näher stehende Ausgabe, erklärt sich aus dieser Funktion der Popularisierung. Hieronymus ist auch ein tonangebender Vertreter der asketischen Richtung im Führen einer christlichen Lebensweise.

Wichtiger als all das ist für den Moment seine lexikonartige Beschreibung von 135 Notabilitäten, die in den ersten 400 Jahren unserer Zeitrechnung lebten. Der Titel der Sammlung ist „De Viris Illustribus", das heißt Charakterumrisse hervorragender Männer. Der erste in der Reihe ist kein anderer als Sankt Peter, und als bescheidener letzter ist Hieronymus selber.

Man sitzt natürlich schon auf Nadeln, was Hieronymus in seinem Artikel über Petrus von dessen Papsttum zu sagen hat. Buchstäblich folgendes:

> Die Geschicke von Petrus führten ihn im zweiten Jahr der Regierungszeit des Kaisers Claudius nach Rom, um dem faulen Zauberer Simon die Maske abzureißen. Er hielt den priesterlichen Stuhl daselbst für 25 Jahre besetzt bis zum letzten, das heißt 14. Jahr von Nero.

Nicht schlecht. Die Angaben stimmen zueinander einwandfrei. Claudius begann seine Regierungszeit im Jahre 41 und Nero endete seine im Jahre 68. Vom zweiten Jahr von Claudius, wie es Hieronymus sagt, sind es bis zum Jahr 68 26 Jahre. Da Petrus sich vermutlich nicht gleich den Tag nach seiner Ankunft in Rom auf den Papststuhl niedersetzte, so müssen die 25 Jahre von Hieronymus genau auf die Minute stimmen.

Die Vollkommenheit von Hieronymus ist indessen zu vollkommen, um nicht zu weiterer Fragen Anlaß zu geben. Er selber ist wie der perfekte Stellenbewerber bei der Aufzählung seiner Vorzüge, der zehn Sprachen spricht, stenografiert, maschineschreibt, mit sechsstelligen Zahlen blitzschnell im Kopf rechnet, sich nie krank meldet, nie auf Urlaub geht und nie eine Lohnerhöhung fordert. Er hat nur einen einzigen kleinen Fehler – er lügt gern. Das soll nicht etwa heißen, daß Hieronymus absichtlich lügt, aber seine Petrus-Skizze trägt einen Krankheitserreger, den er von anderen ohne Desinfektionsmaßnahmen übernommen hat.

Der wichtigste Literat (am damaligen Ende einer Reihe von Berichterstattern), nach dessen Zeugnis Hieronymus seinen Befund über Petrus machte, war Eusebius. Dieser Bischof von Caesaria (ein Mittelmeerhafen und Sitz des römischen Prokonsuls für die Ostprovinzen) starb annähernd in dem Jahr, in welchem Hieronymus geboren wurde, nämlich 340. Beide erreichten ein Alter von 80 Jahren, aber hintereinander. Zusammen haben sie eine Zeitlänge von 160 Jahren umspannt. Worin sie sehr verschieden waren, war ihr Wirkungsgebiet. Hieronymus wirkte im Westen und sprach lateinisch, während Eusebius griechisch sprach und im Osten wirkte.

Eusebius ist eine sehr wichtige Gestalt in der Kirchengeschichte. Wir besitzen von ihm unter anderem zwei außergewöhnlich wichtige Werke, eine Weltchronik und eine Kirchengeschichte. In alter Zeit hießen sie „Chronicon" und „Historia Ecclesiastica".

In der Weltchronik wird Petrus in einem wesentlichen Punkt erwähnt, und bald wird mehr darüber zu sagen sein. Dieses Geschichtswerk, das die Ereignisse der Mittelmeerwelt und des Nahen Ostens von ältester Zeit bis zu den Tagen von Eusebius (Anfang des 4. Jahrhunderts) überliefert, strebt offensichtlich nach einer sachlichen, vertrauenerweckenden Berichterstattung, die jedoch nicht immer annehmbar ist. Der auffallendste Zug der Zusammenstellung ist ein eingebauter Kalender, der in einer senkrechten Kolonne von Jahr zu Jahr führt und die Ereignisse dieser Folge entsprechend eingetragen zeigt. Wo viel für dasselbe Jahr eingetragen ist, da verlängert sich der vertikale Abstand von einer Jahreszahl zur nächsten.

Aus diesem Kalender erfahren wir, daß der Beginn des Lehrmeistertums von Jesus in das Jahr 5228 nach Adam fällt. Nach der Sintflut rechnet Eusebius das Auftreten Jesu beim Jahr 2986. Nach Abraham rechnet er 2044. Diese letzte Zeitrechnung verlangt die nähere Feststellung, daß sie den Beginn der Mission Jesu und nicht seine Geburt bezeichnet. Diese fiel in das Jahr 2015 nach Abraham. Da die Kreuzigung demnach im Jahre 2045 stattfand (und wenn wir annehmen, daß Jesus dann 30 Jahre alt war), so müssen wir für alle nach der Kreuzigung stattgehabten Ereignisse 15 Jahre abrechnen (und die Zahl 2000 ignorieren), um unsere heute geltenden Daten für die uns bekannten Ereignisse zu erhalten.

Nun kommen wir beim Fortschreiten im Eusebischen Kalender zum Jahr 2055. Die 2000, wie abgemacht, ignorieren wir, und von 55 ziehen wir 15 ab. Das Eusebische Jahr 2055 ist also mit unserem Jahr 40 identisch. Lesen wir nun, was Eusebius für dieses Jahr als wichtiges Ereignis eingetragen hat. Hier ist es (aus einer erhaltenen armenischen Kopie der Chronik übersetzt, da das griechische Original seit undenklicher Zeit nicht mehr existiert):

> Petros der Apostel begibt sich, nachdem er zunächst die Antiochener Kirche gegründet, in die Römerstadt und predigt dort das Evangelium, und steht dort als Leiter der Kirche zwanzig Jahre vor.

Diese lakonische Meldung, die wenigstens den Anschein sachlicher Berichterstattung hat, ist durch die hin und wieder vorkommenden halbmythologischen Phantastereien (wie die Zeitbestimmung für Adam und die Sintflut) doch einigermaßen beeinträchtigt. Vom Standpunkt pragmatischer Geschichtsschreibung ist eine religiöse Schwärmerei keine Geschichtsschreibung. Ob Petrus Papst oder sonst irgend etwas in Rom war, ist keine religiöse Frage. Die Kirche selbst macht keinen solchen Ursprung ihres Papsttums geltend. Sie weiß, daß sie geschichtlich argumentieren muß, um dessen heutiger Existenz vor aller Welt eine unwiderlegliche Basis zu geben. Das Argumentieren erfordert einen Beweis, der mit der Natur des Geltungsanspruchs kommensurabel ist. Man kann nicht von der Realität ins Märchen springen und dann zurück in die Realität mit den Ergebnissen des Märchens.

Die Kalkulationen von Eusebius wurden denn auch durch das Neue Testament gegenstandslos gemacht, weil die Apostelgeschichte und die Paulinischen Briefe eine Anwesenheit von Petrus in Rom vom Jahr 40 bis mindestens zum Jahr 63 vollkommen ausschließen.

Eusebius hatte den Fehler gemacht, die Apostelgeschichte zu mißachten, als er die Jahresereignisse in seine Chronik eintrug. Die Feder hätte ihm in der Hand stocken müssen, als er beim Jahr 2055 (oder in christlicher Umdeutung 40) vom Ende der antiochenischen und dem Beginn der römischen Mission von Petrus schrieb. Bis zum Jahr 44 war doch Petrus noch in Antiochia, und das Jahr 53 fand ihn (nach zwei Einkerkerungen) noch bei einer Apostolenkonferenz in Jerusalem. Für die Unmöglichkeit eines Petrinischen Romaufenthaltes in der darauffolgenden Zeit bis kurz vor dem Jahr 60 zeugt der bereits erörterte Römerbrief mit dem fehlenden Petrusgruß. Die Zeit um das Jahr 60, beziehungsweise jene unmittelbar vor- und nachher, wird durch die Reise von Paulus nach Rom in den Brennpunkt der Ereignisse gerückt.

Als angeklagter Friedensstörer mußte Paulus unter militärischer Bewachung nach Rom gehen. Die abenteuerliche, mitunter lebensgefährliche Seereise bietet an sich eine interessante Lektüre. In bezug auf Petrus, der jetzt im Mittelpunkt des Interesses steht, ist es aber die Ankunft und die Niederlassung von Paulus in Rom, woraus sich auf Petrus wichtige Schlüsse ziehen lassen. Ein gekürztes Zitieren der hierauf bezüglichen Stellen von Vers 16 bis 31 des letzten Apostelkapitels wird ein treues Bild der Situation bieten.

> Paulus aber blieb zwei Jahre in seinem eigenen Gedinge (Mietwohnung) und nahm auf alle, die zu ihm kamen, predigte das Reich Gottes und lehrte von dem Herrn Jesus mit aller Freudigkeit unverboten.

Schließen wir den Kommentar an das letzte Wort an. „Unverboten" bedeutet, daß Paulus trotz des Hausarrests uneingeschränkt Besucher empfangen konnte. Schon drei Tage nach seiner Ankunft kamen Juden zu ihm und auch solche, Juden und Nichtjuden, die sein Predigen hören wollten. Es gab in seinem Haus ein fortwährendes Kommen und Gehen. Wenn es wahr ist, daß Petrus zu jener Zeit, nämlich im Jahre 61, dem Jahr der Ankunft von Paulus, in der Stadt anwesend war, dann muß er das Haus von Paulus gemieden oder sich dort nur unerkannt in Verkleidung eingeschlichen haben. Er muß aber die Komödie zwei Jahre fortgesetzt haben, denn er hat sich während der ganzen Aufenthaltsdauer von Paulus bis zum Jahr

63 nicht zu erkennen gegeben. Unter diesen Umständen konnte er natürlich auch ein Bischofsamt nicht ausüben, da es schwerlich möglich gewesen wäre, Paulus zwei Jahre lang über diese Tätigkeit in Unkenntnis zu lassen.

Das Geheimnis von Petri „Anwesenheit in Rom" konnte so effektvoll bewahrt werden, daß außer den Theologen niemand etwas davon erfahren konnte. Wer am besten unterrichtet sein sollte, war der ahnungsloseste von allen. Es ist interessant, die Korrespondenz von Paulus über die Personen zu lesen, deren Anwesenheit in der Stadt er bezeugt. Er hat wenigstens vier Briefe geschrieben, für die Rom als Ursprungsort von der Theologie allgemein und vorbehaltlos anerkannt wird, und keiner enthält den Namen von Petrus auch im entferntesten. Die Grüße an die Adressaten am Briefschluß zeichnen sich durch das aus, was sie nicht sagen. Die hier zitierten zwei Briefstellen sind aus den Briefen an die Kolosser und an die Einzelperson Philemon.

> Es grüßt euch Aristarchus, mein Mitgefangener, und Markus, der Neffe des Barnabas, über welchen ihr etliche Befehle empfangen habt (so er zu euch kommt, nehmet ihn auf!), und Jesus, der da heißt Just, die aus den Juden sind.
> Es grüßt euch Epaphras, der von den Euren ist. Es grüßt euch Lukas, der Arzt, der Geliebte, und Demas. Mein Gruß mit meiner, des Paulus, Hand. Gedenket meiner Bande! Die Gnade ist mit euch! Amen.
> Es grüßt dich Epaphras, mein Mitgefangener in Christo Jesu, Markus, Aristarchus, Demas, Lukas, meine Gehilfen. Die Gnade unsers Herrn Jesu Christi sei mit eurem Geist! Amen.

Die Situation ist folgerichtig. Als Paulus aus Korinth Grüße an 26 Römer sandte, erwähnte er Petrus nicht. Da er nun Grüße aus Rom im Verein mit einer Anzahl Glaubensgenossen nach auswärts sendet, erwähnt er Petrus auch nicht als einen der Grußsender. Das ist ganz logisch. Wenn dieser zum Grußempfang nicht in Rom war, dann konnte er auch zum Grußsenden nicht dort sein.

Aber je mehr wir uns von der petrinischen (und auch paulinischen) Zeit entfernen, um so mehr wollen die Kirchenhistoriker „wissen", daß Petrus in Rom war, und um so mehr Einzelheiten wollen sie von dieser Anwesenheit „wissen".

Irenaeus, ein namhafter Geschichtsschreiber jener postchristlichen Zeit, dessen Reifezeit bei großzügiger Rechnung ungefähr 100 Jahre nach Petrus und 100 Jahre vor Eusebius war, wollte nicht weniger wissen als seine Nachfolger, daß Petrus in Rom war und dort eine wichtige Rolle für die Kirche spielte. Seine Kenntnisse von Petrus und allen anderen Belangen der christlichen Religion sind in seinem berühmten, fesselnden, ursprünglich griechisch geschriebenen, aber in lateinischer Übersetzung erhaltenen Werk „Adversus Haereres"(Gegen die Ketzer) verewigt. Es besteht aus fünf Büchern, in einem Band, wovon das fünfte in populären Ausgaben meistens nicht enthalten ist. Das uns interessierende, auf Petrus bezogene Schriftstück ist im 3. Kapitel des 3. Buches. Es beginnt mit der Bemerkung, daß es zu weit führen würde, alle Bischofsfolgen bei allen Kirchgemeinden aufzuzählen zur Demonstration der Beständigkeit der christlichen Tradition und zur Widerlegung der „selbstgefälligen, überheblich verblendeten und pervers denkenden" Leugner. Dann fährt er fort:

> Diese Leute werden widerlegt und beschämt mit dem Hinweis auf wenigstens eine Kirche, nämlich die größte, älteste und berühmteste, von Rom, die von den zwei ruhmvollsten Aposteln Petrus und Paulus gegründet und organisiert wurde und von welcher eine ununterbrochene Reihe von Bischöfen sich bis in unsere Tage verfolgen läßt.

Dazu möchte man sagen: „Aber, aber, mein lieber Irenaeus; wie konntest du dir so eine Blöße geben?" Paulus soll (zusammen mit Petrus) die römische Kirche die größte, älteste und berühmteste – gegründet haben? Wußte Irenaeus nicht, daß die römische Kirche bestanden hatte, lange bevor Paulus römischen Boden betrat? Hat Irenaeus nichts von dem Brief gehört, den Paulus aus Korinth an die römische Kirchengemeinde schrieb? Dieser Brief wurde nach Rom gesandt, bevor Paulus selber dorthin reiste. Daß er nicht vor seinem Brief und damit noch viel weniger vor der Existenz einer römischen Kirche in Rom war (folglich diese unmöglich gründen konnte), ist im genannten Brief selbst bestätigt. Paulus ist von Palästina nicht zweimal nach Rom gereist; wenn er also sagt, daß er noch nicht nach Rom gehen konnte, so kann er nicht der Gründer einer Kirche gewesen sein, an die er diese entschuldigende Erklärung schreibt. Die Bestätigung steht in der Versgruppe 22, 23 und 24 des 15. Kapitels des Römerbriefes.

> Das ist auch die Ursache [Missionswerk im östlichen Mittelmeergebiet], warum ich vielmal verhindert worden, zu euch zu kommen. Nun ich aber nicht mehr Raum habe in diesen Ländern, habe aber Verlangen, zu euch zu kommen, von vielen Jahren her, so will ich zu euch kommen, wenn ich reisen werde nach Spanien. Denn ich hoffe, daß ich da durchreisen und euch sehen werde und von euch dorthin geleitet werden möge, so doch, daß ich zuvor mich ein wenig an euch ergötze.

Irenaeus hat sich mit seiner Unkenntnis eine arge Blöße gegeben, als er schrieb, daß Paulus (noch dazu in Partnerschaft mit dem nie in Rom gewesenen Petrus) die römische Kirche gründete. Auch war deren Erhebung zur ältesten aller Kirchen eine kriecherische Schmeichelei. Irenaeus war ursprünglich ein Sprößling des Ostens. Er wurde in Kleinasien geboren und war im Knabenalter Jünger von Polycarp in Smyrna (im südwestlichen Kleinasien). Er muß mit den Verhältnissen im Osten aus erster Hand vertraut gewesen sein und gewußt haben, daß die älteste Kirchengemeinde im syrischen Antiochia gegründet wurde. Daß Paulus in Rom eine Kirche (die älteste oder jüngste) gegründet haben sollte (mit oder ohne Petrus), hat sich Irenaeus aus den Fingern gesogen. Die Behauptung ist so absurd und der intellektuellen Entfaltung von Irenaeus dermaßen widersprechend, daß die Möglichkeit einer Fälschung im Text nicht ausgeschlossen werden kann. Da aber die Sachverständigen diese Möglichkeit bisher nicht erwogen haben, so muß man den Text auf der Basis der Echtheit behandeln.

Die Theologen sollten nun erklären, ob sie Irenaeus mit seiner römisch kirchlichen Nachgründungsgründung als Geschichtsschreiber ernst nehmen oder als einen Possenreißer frühchristlicher Chronik betrachten. Die Irenaeische Geschichtsschreibung hat jedenfalls die erlösende Eigenschaft, daß sie gar nicht als Tatsachenverdrehung, sondern vielmehr als Unterhaltungsliteratur wirkt.

Man kann indessen nicht behaupten, daß die weniger humorvollen Berichterstatter sich alle mit einer zuverlässigeren Übermittlung ihrer zeitgenössischen Vorgänge besonders ausgezeichnet hätten. Manche waren oft nicht in der Lage, ihre Behauptungen auf konkrete Dokumente zu stützen. Das traf zu auch im Falle des autoritären Eusebius, in dessen Aufzeichnungen die nur mündlich überlieferten Äußerungen von Papias von Hierapolis und Dionysius von Korinth über Petrus keinen original dokumentarischen Wert haben. Was diese zwei Kirchenfunktionäre über Petrus sagen, gründet sich auf Hörensagen und auf keine authentischen Dokumente. Wir sehen uns der bemühenden Situation gegenübergestellt, daß jene, die von Petrus etwas zu wissen vorgeben, nicht als unanfechtbare Zeugen angenommen werden können, während jene, die diesem Erfordernis entsprechen, von Petrus nichts wissen.

Als ein zuverlässiger Zeuge kann Polycarp, Bischof von Smyrna, gelten, der ungefähr zu der Zeit geboren wurde, die auch als die Zeit von Petrus' Tod angenommen wird. Durch seinen Sitz in Smyrna, in geographischer Nähe von Ephesus an der ägäischen Küste, wo der noch überlebende Apostel Johannes Bischof war, genoß Polycarp den nächstmöglichen Zugang zu der original apostolischen Tradition. Wir haben von ihm drei Dokumente, zwei Briefe und einen Bericht aus fremder Hand über seine Hinrichtung, die er als christlicher Märtyrer zu erleiden hatte. Mit Polycarp kommen wir in die zeitlich nächste Nähe von Petrus, für dessen Römersitz und Papsttum die genannten zwei Briefe die gegebene Auskunftsquelle sein sollten. Tatsache ist, daß sie in Hinsicht auf eine von allen Petrus-Anhängern sehnlichst erwartete Papst-Offenbarung kein Wort enthalten. Das absolute Schweigen Polycarps, der über die Institution des Papsttums und Petrus von seinem Lehrer Johannes etwas Authentisches hätte erfahren müssen, ist ein nicht zu ignorierendes Zeichen, daß zu Beginn des 2. Jahrhunderts das Papsttum erst in einem embryonalen Zustand war und daß Petrus selbst nicht einmal als Geburtshelfer an dessen Anfang stand.

Mit Polycarp haben wir das vorletzte Glied der zeitlich (nur negativ dokumentarisch) zu Petrus führenden Kette erreicht. Jetzt kommen wir zum letzten, stärksten oder schwächsten Glied, je nachdem, ob wir es als das schwächste dafür oder das stärkste dawider auffassen. Dieses Glied oder eher Alpha der Reihe ist der Evangelist Johannes selbst. Er war der meistgeliebte Jünger des Meisters, ein apostolischer Kollege von Petrus und der langlebigste des Kollegiums, der bis zum Ende des Jahrhunderts gelebt hat. Mit drastischer Einfachheit könnte man sagen, daß angesichts des Lebenslaufs, der Tätigkeit und der Schriftstellerei von Johannes jede Argumentation, Dokumentation, Tradition, Streiterei und Rechthaberei über Petrus leeres Strohdreschen ist. Johannes ist in dieser Affäre der Kronzeuge, der selbst von der langen Reihe der Theologen von 2000 Jahren nicht überstimmt werden kann.

Es ist bemerkenswert, wie die Theologen Johannes entweder gänzlich ignorieren oder in der Perspektive eines historischen Vakuums betrachten. Wenn sie sich auf ihn berufen oder ihn zitieren, machen sie aus ihm eine nebelhafte Orakelgestalt, die zum wirklichen Leben gar keine Beziehung hat. Der Grund dafür mag sein, daß keine der Schriften von Johannes – der doch sehr viel davon wissen müßte – von einem Romaufenthalt und Papsttum von Petrus etwas weiß. Es ist bezeichnend, daß die Theologen diese Tatsache vollkommen außer acht lassen. Es wird gänzlich übersehen, daß alle Schriften von Johannes (selbst wenn die Verfasserschaft bei manchen angezweifelt wird) aus den neunziger Jahren stammen. Um jene Zeit muß Petrus schon 30 Jahre tot und seine Geschichte restlos bekannt gewesen sein. Johannes, dieser Zeitgenosse, Kollege von Petrus und Miterlebender der letzten Begegnung von Jesus mit seinen Jüngern, sollte keine Kenntnis von den wichtigsten Einzelheiten des Lebens Petri gehabt haben, die die Geschichtsschreiber 100, 200, 300 und 400 Jahre später mit geschwollener Autorität erzählten?

Noch mehr sticht es ins Auge, daß im zweiten und dritten Kapitel der Offenbarung Jesus durch Vermittlung von Johannes ein Sendschreiben an sieben Kirchengemeinden richtet. Diese sind Ephesus, Smyrna, Pergamus, Thyatira, Sardes, Philadelphia und Laodizea. Es scheint, daß die Nachricht vom Primat und der Berühmtheit der römischen Kirche (wie Irenaeus sie zu verbreiten sucht) am Ende des ersten Jahrhunderts noch nicht bis an die Ohren von Jesus noch an die von Johannes gedrungen war. Ist ein solch schmähliches Fallenlassen Roms sieben anderen, teilweise unbekannten Gemeinden gegenüber vorstellbar, wenn die zu Rom führende Papstweihe Petri wahr sein soll? Rom hätte nicht dermaßen übergangen werden können, wenn der von Jesus höchstpersönlich erkorene Petrus dort Papst gewesen wäre.

In den späteren Kapiteln der Offenbarung wird Babylon erwähnt, das nach theologischer Interpretation Rom bedeutet. Man sollte aber mit diesem Babylon vorsichtig sein, denn es handelt sich um dessen Zerstörung. Wenn diese sich auf das heidnische Rom bezieht, dann kann dort Petrus oder überhaupt jemand kein christliches Missionswerk geleistet haben.

In den kanonischen, nachevangelischen Schriften wird die knospende Kirche in Rom nie mit Petrus, sondern immer nur im Zusammenhang mit Paulus erwähnt. Auch die späten Schriften von Johannes selbst zeigen, daß für ihn Petrus nach der ersten apostolischen Zeit von der Bildfläche vollkommen verschwunden war und in keiner Weise mehr eine Rolle spielte.

Die Prophezeiung über Petri Kreuzigung hinkt auch bedenklich. Die Worte von Jesus „wenn du alt wirst, wirst du deine Hände ausstrecken, und ein anderer wird dich gürten und führen, wohin du nicht willst" werden als Hinweis auf eine Kreuzigung interpretiert. Für eine Kreuzigung brauchte man nicht alt zu werden. Die Beschreibung der ausgestreckten Hände (wie beim Herumtappen im Alter) und des Gegürtetwerdens durch andere deutet eher auf Blindheit. Außerdem enthält die „Prophezeiung" kein Wort, das eine Kreuzigung mit dem Kopf nach unten und den Füßen nach oben andeuten würde. Trotzdem wird diese Kreuzigungsart für Petrus als eine Tradition der Kirche sorgsam gepflegt. Tertullian, dieser Caligula der Religion (jenem in Übergeschnapptheit sicherlich vergleichbar), der die Gedanken von Petrus etwa 150 Jahre nach dem angeblichen Ereignis lesen zu können vorgab, behauptete, daß diese auf den Kopf gestellte Kreuzigung der Wunsch von Petrus selbst war, weil er sich für unwürdig hielt, in der Kreuzigungsart mit Jesus gleichgestellt zu sein.

Für das Ausknobeln dieser verdrehten Kreuzigung hat Tertullian seine Phantasie im Fieberzustand arbeiten lassen, denn Petrus konnte nicht einmal auf die normal bürgerliche, aufrechte Art gekreuzigt werden. Eigentlich weiß niemand, einschließlich des Papstes, der auch keinen Beweis dafür hat, wo, wann und wie Petrus sein Ende fand. Nur das eine ist sicher, daß die traditionsgemäß geglaubte Kreuzigung Petri (mit oder ohne Kopfstand) die Unwissenheit der frommen Gelehrten über den Inhalt ihrer eigenen Bibel verrät. Die Abschiedsworte von Jesus an Petrus, aus denen die Theologie die Prophezeiung eines Kreuzigungstodes herausliest, werden total falsch gedeutet. Es ist wahr, daß Jesus die Petrus zugedachte Todesart angedeutet hat, aber diese war mitnichten die Kreuzigung. Das Hinrichtungsinstrument für Petrus, wie Jesus es voraussagte, war die blanke Waffe. Nach Bericht des 26. Kapitels im Matthäus-Evangelium sagte Jesus, als bei seiner Gefangennahme ein übereifriger Anhänger zur Abwehr ein Ohr des Priesterknechts mit einem Schwertstreich abhieb:

> Stecke dein Schwert an seinen Ort! denn wer das Schwert nimmt, der soll durchs Schwert umkommen.

Matthäus nennt den Messerhelden nicht mit Namen, aber aus dem 18. Kapitel des Johannes-Evangeliums erfahren wir, daß es Petrus war. Es konnte kein anderer sein, da nur ein einziges Ohrabschneiden passierte und nur Petrus genannt wurde.

Da nun Judas zu sich hatte genommen die Schar und der Hohenpriester und Pharisäer Diener,

> kommt er dahin mit Fackeln, Lampen und mit Waffen. Da hatte Simon Petrus ein Schwert und zog es aus und schlug nach des Hohenpriester Knecht und hieb ihm sein rechtes Ohr ab. Und der Knecht hieß Malchus. Da sprach Jesus zu Petrus: „Stecke dein Schwert in die Scheide!"

Jesu Worte über das Umkommen durchs Schwert als Strafe für dessen gewalttätigen Gebrauch waren nicht bloß eine Warnung, sondern ein Verdikt, da bei deren Aussprache der blutige Hieb bereits eine vollendete Tatsache war. Über Petri Todesart hat also Jesus das entscheidende Wort gesprochen. Wenn die Kirche weiterhin auf einem Kreuzigungstod besteht, dann stempelt sie Jesus zu einem lockeren Schwätzer. Wie Petrus umkam, wissen wir natürlich nicht in allen Einzelheiten, aber er muß seine Jenseitsbeförderung entweder durch einen Hieb um die Gurgel oder einen Stoß ins Herz erfahren haben, wenn das Wort Jesus überhaupt für etwas gelten soll.

Die Selbsterniedrigungsgeschichte von Tertullian ist mit dem Charakter von Petrus unter allen Umständen im Widerspruch. Einer, der seinen Meister ohne nennenswerten Grund dreimal verleugnet und auch nachher keine Reue durch Abbitte bekundet, ist nicht der Charakter, von dem eine freiwillige Erschwerung seiner Lage angenommen werden kann. Die apokryphen Schriften, die nicht so bekannt und auch nicht anerkannt sind wie die kanonischen, stimmen mit diesen in Hinsicht auf den Charakter von Petrus überein. Er ist in beiden ein Feigling.

Die sogenannten Petrusakten erzählten, daß sich Petrus zur Zeit des großen, von Nero zur christenfeindlichen Provokation gestifteten Brandes im Jahre 64 in Rom aufgehalten hat. Er wollte natürlich seine Haut retten, und so eilte er aus der Stadt auf der großen Appischen Heerstraße in der Richtung nach Capua. Unterwegs passierte ihm etwas Unglaubliches. Wie er sich bemühte, so schnell und so weit wie möglich von der in Flammen gehüllten Stadt wegzukommen, begegnete ihm jemand, der schnurstracks in der entgegengesetzten Richtung, nämlich auf die Stadt zu trabte. Petrus wollte seinen Augen nicht trauen, aber nicht so sehr wegen des hirnverbrannten Unternehmens, in die brennende Stadt gehen zu wollen, sondern deswegen, weil der Wanderer kein anderer war als Jesus selbst. In diesem Augenblick entfuhren Petrus die seitdem (auf lateinisch) weltberühmt gewordenen und millionenfach wiederholten Worte, deren Bedeutung und Anwendung vielleicht nicht jedermann genau bekannt ist. Petrus bestürmte Jesus mit den Worten: „Quo vadis?" Eigentlich waren es drei Worte, mit denen er herausplatzte, aber die Äußerung ist eher in dieser kürzeren Form bekannt. Die dringende Frage war: „Domine, quo vadis?" (Herr, wo gehst du hin?)

In der deutschen Version ist die Frage etwas länger, aber ihre Bedeutung dieselbe, nämlich die Bestürzung, daß Jesus offenbar nicht bei Sinnen war, in die brennende Stadt gehen zu wollen. Jesus wäre aber nicht Jesus gewesen, wenn er nicht geantwortet hätte, wie er geantwortet hat. Er sagte, er gehe nach Rom, um ein zweites Mal, und zwar diesmal an Petri Statt, hingerichtet zu werden. Petrus hatte nicht den Ehrgeiz, ein Märtyrer zu werden; so hat er sich abermals um seine christliche Verantwortlichkeit und Solidarität gedrückt, ähnlich wie bei jener denkwürdigen Morgendämmerung, als er fluchte und schwor, Jesus nicht zu kennen. Aber wie damals, konnte er auch diesmal die strafenden Blicke von Jesus nicht ertragen, und so kehrte er um, ging in die Stadt zurück und wurde ein Opfer der allgemeinen Zerstörung.

Das ist eine Geschichte, die die Kirche nicht als authentisch anerkennt, und darin begegnet ihr Standpunkt dem der grundsätzlichen Zweifler. Die apokryphische Schilderung von Petri Flucht aus Rom ist, wie auch seine Kreuzigung, selbstverständlich nur eine Erfindung, aber eine lebenstreue Charakterzeichnung, die auf sein Benehmen bei der Gefangennahme von

Jesus gegründet ist. Gleichzeitig und unbeabsichtigt zeigt die Petrus-Geschichte auch die zuweilen versöhnlichere Seite der römischen Machtausübung.

Eine leidlich erträgliche Situation bestand für die Christen eine ziemliche Weile (Petrus selbst ist bei Jesu Kreuzigung ungeschoren davongekommen) trotz ihrer Verbannung aus Rom durch den juden- und christenfeindlichen Kaiser Claudius während der letzten sechs Jahre seiner Herrschaft bis zum Jahr 54. Die wilden Grausamkeiten brachen erst nach dem Feuer im Jahre 64 los, als der zuerst sanfte, aber mehr und mehr wahnsinnig gewordene Nero der Kaiser war.

Es ist nun absolut im Widerspruch mit dem Charakter von Petrus, daß er – wenn er schon vorher nicht in Rom war, wie es aus den Briefen von Paulus bis einschließlich des Jahres 64 hervorgeht – sich ausgerechnet zu dem großen Feuer und den nachfolgenden Christenverfolgungen nach Rom begeben hätte; nicht zu sprechen vom Fehlen jeglicher Petrus betreffenden dokumentarischen Aufzeichnung aus jener Zeit, zum Beispiel in den Schriften des Geschichtsschreibers Josephus Flavius, der zur Zeit der Neronischen Christenverfolgungen genau 30 Jahre alt war.

Die Abwesenheit von Petrus bei der Kreuzigung Jesu ist übrigens ein Beweis, daß ihm Jesus auch bei dieser Gelegenheit nicht verziehen hat. Es wäre für ihn allerdings nicht absolut unmöglich gewesen, eine Vergebung selbst bei seinem Fernsein von Jesus zu gewinnen. Daß ihm aber Jesus auch in seiner Abwesenheit nicht verzieh, ist im Ausruf Jesu an die Kreuzigungsmeute dokumentiert. Es ist wesentlich, den Wortlaut der allgemeinen Vergebung zu beachten. „Vater, vergib ihnen; denn sie wissen nicht, was sie tun!" Das konnte die Treulosigkeit von Petrus nicht in sich schließen, sonst hätte der Ausruf lauten müssen: „Vater vergib ihm, denn er wußte nicht, was er tat!" Eine Einbeziehung von Petrus in die Massenvergebung war auf alle Fälle ausgeschlossen, da er an der Kreuzigung keinen Anteil hatte, und somit konnte die in der Gegenwart darauf bezogene Vergebung auf seinen vergangenen Akt keine Beziehung haben.

Wie erinnerlich (vom Johannes-Evangelium), stieß Jesus Petrus vor den Kopf (auf die Frage hin, was der Lieblingsjünger Johannes soll?) mit der Abfuhr „was geht es dich an?" unmittelbar nach Petri Bestallung zum Schafeweiden. Das besonders Verletzende in der Abfuhr war, daß Petrus mit seiner Frage über Johannes gerade den ersten Akt des ihm übertragenen Amtes eines Schafhirten ausführen wollte. Johannes war ja auch ein „Schaf". Er war auch ein Bruder, der ebenfalls nach Jesu Vorschrift (wie es im 32. Vers des 22. Kapitels bei Lukas ausgedrückt wurde) gestärkt werden sollte. Wenn nun das Schafweidemandat aufrichtig und ernst gemeint war, dann war damit Petrus rehabilitiert, folglich ermächtigt, beide Funktionen – die dem Sinn nach eigentlich identisch sind –, die Stärkung der Brüder und das „Weiden der Schafe", auszuführen. Die Einladung war aber nur ein hämisches Hinhalten.

Die Wirkung der Petrus erteilten Abfuhr war selbstverständlich Jesus sehr bewußt. Das war ja der Zweck der Übung. Im schroffen Abweis gerade unmittelbar nach der Erhebung zu einem Vertrauensposten muß eine strafende Absicht gelegen haben. Jesus hat nicht vergessen, was er einem Verleugner versprochen hatte (Gegenverleugnung vor Gott), noch daß sein ärgster Verleugner Petrus war. Er hat zwar auch Judas nicht verziehen, aber dieser hat wenigstens reumütig Selbstmord begangen (in manipulierter Unkenntnis seiner Unschuld). Petrus, der wirklich schuldig war, hat sich nach kurzem Winseln nicht einmal entschuldigt und sich der apostolischen Schar und auch dem auferstandenen Jesus wieder angebiedert, als ob nichts geschehen wäre. Der Rüffel war im „es geht dich nichts an" überfällig.

Ohne die Vergeltungsabsicht wäre die Ernennung Petri zum Schafhirten und die sogleich darauffolgende Abkanzelung unlogisch. Jesus war sich dessen bewußt und hat auch diese Folge der Geschehnisse nicht ohne einen weiterreichenden Plan angeordnet. Nachdem er Petrus mit den Worten abkanzelte „so ich will, daß er (Johannes) bleibe, bis ich komme, was geht es dich an?", fügte er hinzu: „Folge du mir nach!" Diese Aufforderung läßt tief blicken. Wo immer Petrus Jesus nachfolgen sollte, konnte er weder die Brüder stärken noch die Schafe weiden. Diese Beauftragung konnte also nicht ernst gemeint sein. Wenn nämlich Jesus dorthin ging, wo die Brüder und die Schafe waren, dann brauchte er keinen Bruderbeschützer noch einen Schafsmäster, da er deren Aufgabe selber erfüllen konnte und sogar mit großem Eifer tatsächlich erfüllte. In der ersten Hälfte des 10. Johannes-Kapitels nennt sich Jesus mehrmals einen guten Hirten, der sich für seine Schafe zu opfern bereit ist. Diese Schafsfürsorge von Jesus hätte Petrus bei der Schafweide gar nichts zu tun übriggelassen.

Die Order, ihm zu folgen, die Jesus Petrus gab, ist mit ein Beweis unter vielen anderen, daß Petrus nie in Rom war. Jesus selbst ging ja nie nach Rom. Die apokryphische Phantasie, die von einer solchen Reise zu wissen vorgibt, wird von der Kirche verworfen. Wenn es also die Doktrin der Kirche ist, daß Jesus nie in Rom war, dann müßte es ebenfalls eine Doktrin sein, daß Petrus, als unzertrennlicher Begleiter seines Herrn, während derselben Zeit auch nicht in Rom gewesen sein kann.

Als Jesus Petrus befahl, ihm zu folgen, war dessen unpäpstliches Schicksal besiegelt, denn dort, wo Jesus hinfuhr, gibt es kein Papsttum, noch ist eins nötig.

In ihrer Geschichte wurde die Kirche von vielen Papsttumsproblemen geplagt, von Doppelpapsttümern, Tripelpapsttümern, Zwillingspapsttümern (wie bei der großen europäischen Kirchenspaltung), aber keines hat ein solch chronisches Problem in sie gepflanzt wie das Papsttum von Petrus. Daß sie immer noch über die Existenz dieses Papsttums argumentieren muß, was bei keinem anderen nötig ist, sei jetzt übersehen. Wesentlich für den Moment ist, daß sie trotz ihres Petruskultes innere Zweifel über die Papsttumsgründung zu haben scheint. Es muß schon vielen aufgefallen sein, daß – während viele Papstnamen zur Unterscheidung mit Ordinalzahlen, mitunter ganz hohen, versehen sind (wie zum Beispiel Johannes XXIII.) – der Name „Petrus" nicht auch nur ein zweites Mal vorgekommen ist. Kein Papst will unter diesem Namen bekannt sein. Es besteht in der Kirche die abergläubische Furcht, daß ein Papst Petrus der Zweite der letzte Papst sein würde. Das schafft die widersprüchliche Situation, daß die Kirche, die Petrus als ihren größten Prinzen feiert, vor seinem Namen Angst hat. „Johannes" und „Paulus" verursachen keine Komplikation, selbst wenn ein und derselbe Papst auf beide Namen hört. Mit dem Fernhalten des Namens „Petrus" will sie offenbar Jesus am Wiederkommen verhindern, denn ein unerlöster Petrus als Echo seiner Verleugnung könnte Jesus zum Eingreifen veranlassen.

**42** Jesus hat gesagt, als er Johannes zum unbeschränkten Ausharren bestimmte (was als Zuerkennung der Unsterblichkeit schien), daß er wiederkommen werde. Auf diese Ansage oder Prophezeiung ist zum Teil der Glaube an das zweite messianische Kommen Jesu gegründet. Diese Prophezeiung ist aber ein zweischneidiges Schwert. Das Wiederkommen Jesu kann sehr wohl eine Rechenschaftsforderung an die Kirche über Petrus, den unerlösten Verleugner, zum Zwecke haben. Deswegen kann man annehmen, daß der Kirche die Nichterfüllung der Wiederkunftsprophezeiung nicht unwillkommen ist.

Die Kirche kann also ruhig schlafen; Jesus hat schon bei einer früheren Gelegenheit bewiesen, daß seine Prophezeiungen nicht zum Erfüllen bestimmt sind; zum Beispiel das Erleben des Himmelreichs seiner Zeitgenossen noch zu ihren Lebzeiten. Die Existenz der Kirche ist höchsteigentlich darauf gegründet, daß diese Prophezeiung von Jesus nicht erfüllt wurde. Wenn es Tatsache geworden wäre, was er laut Bericht der drei Synoptiker gesagt hat, dann würde es heute gar keine Kirche geben, von einem Papsttum gar nicht zu sprechen. Der 27. Vers des 9. Lukas-Kapitels (fast identisch mit Markus 9/1) lautet:

> Ich sage euch aber wahrlich, daß etliche sind von denen, die hier stehen, die den Tod nicht schmecken werden, bis daß sie das Reich Gottes sehen.

Im 28. Vers des 16. Matthäus-Kapitels wird dasselbe unter Einbeziehung von Jesus selbst ausgedrückt.

> Wahrlich ich sage euch: Es stehen etliche hier, die nicht schmecken werden den Tod, bis daß sie des Menschen Sohn kommen sehen in seinem Reich.

Diese Prophezeiung ist natürlich nicht in Erfüllung gegangen und könnte auch dann nicht in Erfüllung gehen, wenn Jesus irgendwann in der Zukunft in seinem Reich (auf Erden) zu sehen wäre. Von einer Erfüllung könnte jetzt schon deswegen keine Rede sein, weil die Leute, denen Jesus sein Wort gab (etliche, die da standen), nicht mehr da stehen. Sie sind schon 2000 Jahre tot. Übrigens unterstreichen die zeitgenössischen Hörer von Jesus die unbestreitbare Tatsache, daß er ein von ihm irdisch und nicht himmlisch beherrschtes Reich meinte, da seine Zuhörer irdische Wesen waren und nur ein irdisches Reich hätten sehen können, falls eines eingerichtet worden wäre. Die ausschließlich irdisch gemeinte Erfüllung der Prophezeiung ist auch dadurch betont, daß die Hörer von Jesus sein Reich noch vor dem Schmecken des Todes erleben sollten. Alles vor dem Tod kann freilich nur dieses Erdendasein betreffen. Demnach wäre es eine Verdrehung der Prophezeiung (falls man's versucht), sie als eine im Himmelreich erfüllte geltend zu machen. Jesu Plan war offenbar, ein Himmelreich auf Erden einzurichten.

Es ist ein Glück der Kirche (und auch der Päpste), daß es nicht zu dem prophezeiten irdischen Himmelreich kam. Sie kann dadurch die Rolle des mystischen Körpers von Jesus spielen. Wenn Jesus höchstpersönlich über sein Reich auf Erden herrschte, dann hätte er keinen mystischen Körper nötig; dann würde er seinen eigenen natürlichen Körper haben ohne die Notwendigkeit einer Vertreterkirche als Pfand seines Wiederkommens.

Unter diesen Umständen ist es nicht sehr rational, daß im kirchlichen System Prophezeiungen eine so wichtige Rolle spielen. Wenn es für die Kirche vorteilhaft ist, die Prophezeiungen von Jesus nicht erfüllt zu sehen, dann sollte sie sich überlegen, ob es nicht besser wäre, auch jene Prophezeiungen zum Fenster hinauszuwerfen, die nicht von Jesus stammen, vielmehr seinem eigenen Herstammen untergelegt werden. Bei näherer Untersuchung wird es sich nämlich herausstellen, daß die Prophezeiungen, die sein Urbild enthalten sollen, genauso falsch sind wie seine eigenen. Genauer gesagt sind es nicht die „Prophezeiungen", die falsch sind, sondern die Auslegungen jener alten Weisheitssprüche, Phantasien und Träume, die gar nicht als Jesus-Prophezeiungen gemeint waren, aber in solche umgedichtet wurden.

Es ist einer der wichtigsten Quadersteine des christlichen Glaubenssystems, daß das Kommen Jesu, seine irdische und himmlische Sendung und seine einmalige Rolle in der Menschheitsgeschichte im Alten Testament vorausgesagt wurde. Die Christen sind zu bedauern, daß sie ihr Glaubensgebäude auf solch sumpfigem Boden aufbauten. Die Prophezeiungen von Jesu Kommen und Wirken im Alten Testament sind in zweierlei Hinsicht null und nichtig. Es gibt darin keine Prophezeiungen, nur Wünsche und Hoffnungen. Selbst wenn man annimmt, daß diese mit einiger Berechtigung als Prophezeiungen aufgefaßt werden, kann mit Bestimmtheit behauptet werden, daß Jesus nicht deren Erfüllung ist. Aber die Hauptsache ist, daß die Vorhersage, wen sie auch immer betreffen sollte, in der Bibel als Wahrsagerei verboten ist. Im Alten Testament gibt es nur Hoffnungen, Mutmaßungen und Erwartungen, keine zeitlich und persönlich umschriebenen Prophezeiungen, die gesetzwidrig sind. Der christliche Glaube an die Erfüllung solcher Prophezeiungen und deren jüdische Negierung bilden den wichtigsten Teil der Gründe des theologisch schwärenden Konflikts dieser zwei Religionen. Die Christen können den Juden nicht überlassen, wie sie ihr eigenes Testament auslegen sollen. Es wird ihnen vorgeworfen, daß sie ihren eigenen Messias, auf den sie so lange gewartet hätten, nicht anerkennen. Das entartete Kind will den Eltern im richtigen Benehmen Unterricht geben. Das Christentum hat sich erlaubt, das Messias-Phänomen zu einer Besessenheit werden zu lassen. Es hat die verschiedenen adjektivischen und verbalen Formen von „Messias" aus dem Alten Testament herausgezwickt, zuerst mißverstanden und nachher bewußt verfälscht.

Im Alten Testament wartet niemand auf einen Messias. Das ist einem, der hebräisch spricht, zum mindesten aus (bald näher beschriebenen) grammatikalischen Gründen gar nicht möglich, aber auch aus dem weiteren Grund, daß der Messianismus ein mittelalterlicher und kein alttestamentlicher Begriff ist. Deswegen sind die Christen im Irrtum, wenn sie ihre Theologie auf einen alttestamentlich prophezeiten Messias gründen. Das Alte Testament weiß nichts von einem Messias im neutestamentlichen Sinn. In diesem Sinn ist er nur vom Christentum für Jesus monopolisiert worden.

In alttestamentlicher Verwendung bezieht er sich nicht auf eine vorausbestimmte, exklusive Person, sondern auf einen von Fall zu Fall qualifizierten Kandidaten. Das Wort selbst ist ein substantiviertes Eigenschaftswort und bedeutet, wie es dem christlichen Klerus wohl bekannt ist, Gesalbter. Auf einen Gesalbten kann man aber nicht warten, und zwar deswegen, weil man gar nicht im voraus wissen kann, wer gesalbt wird. „Gesalbt" ist ein Wort der Vergangenheit, nicht der Zukunft (das ist der grammatikalische Grund). Dem Salben geht immer eine erwiesene Vorzüglichkeit, große Tat oder eine Amtserhebung voraus. Ein König zum Beispiel wurde gesalbt, aber nicht, bevor er zum König ausgerufen wurde. Wenn man an einen künftigen König große Hoffnungen knüpfte, wartete man nicht auf einen Gesalbten (da er ja noch kein Gesalbter war), sondern auf die Thronbesteigung des bevorzugten Prätendenten, der dann zum König gesalbt wurde. Die Juden haben also auf keinen Messias, Gesalbten, gewartet, sondern auf einen Erlöser, der ihnen eine rosigere Zukunft hier auf Erden versprach.

Leider sind die meisten Juden der Neuzeit in Hinsicht auf diesen Unterschied genauso unwissend wie die Christen. Und je frömmer sie sind, um so unwissender sind sie. Sie mischen die Begriffe „Erlöser" und „Messias" durcheinander und sind für eine Aufklärung über den Unterschied unzugänglich. Es ist ein Kennzeichen bigotter Frömmigkeit, daß man ihren Eiferern hüben und drüben nichts klarmachen kann.

Man muß jedoch die Reihenfolge der Qualifikationen einhalten. Wenn der erwartete Schicksalsverbesserer (der Erlöser) die Tat vollbrachte, dann erst mochte er gesalbt werden, nicht aber diese Auszeichnung schon während der Wartezeit erhalten. Der jüdische „Erlöser" ist natürlich nur im irdisch menschlichen Sinn zu verstehen, nicht im himmlisch spirituellen. Noch im Lukas-Evangelium wirkt diese irdisch jüdische Konzeption der Erlösung nach, als gemäß dem 21. Vers des 24. Kapitels die Emmaus-Jünger sagen, sie hätten gehofft, daß Jesus Israel erlösen würde; also Israel und nicht die Menschheit. Solche „Christen" waren die ersten Anhänger Jesu.

Jedem einsichtigen Tatsachenforscher müssen also zwei Umstände klar werden. Die von Jesus eingeleitete Geschichte hat die Juden vor die Wahl gestellt: unermeßlich zu leiden (im Ablehnungsfalle), noch viel mehr als zuvor, oder nicht mehr Juden zu sein. Es ist klar, daß das Umstürzen des jüdischen Religionsgebäudes (durch Tripelgötterei, Hölle und die Transsubstantion von Jesu Leib und Blut) das Ende des Judentums bedeutet hätte. So haben die Juden das Leiden gewählt. Jesus unter diesen Umständen den Messias, den Gesalbten, den Verbesserer des jüdischen Schicksals (in der Prophezeiung sogar vorzeitig) zu nennen, wäre der grausamste Witz der Weltgeschichte.

Das Argument des Verschontwerdens vom grausamen Schicksal im Falle der jüdischen Akzeptierung von Jesus als Messias oder Erlöser ist nichtig. Es hat schon vor den Juden einen Fall von Ablehnung Jesu gegeben, die nicht nur keine unheilvollen Konsequenzen hatte, sondern sogar mit einer Erhebung zur ehrenvollsten Stellung im christlichen Glaubensgebäude belohnt wurde. Konnte Jesus schändlicher und feiger verleugnet werden, als er es von Petrus zu erleiden hatte? Trotzdem wurde dieser von der sonst unerbittlich strafenden Kirche zum Papst erhoben und mit der seinem Namen gewidmeten prunkvollsten Kathedrale der Welt beehrt. Die Juden konnten Jesus nicht so kraß verleugnen, vielmehr überhaupt nicht verleugnen, da sie ja nie geschworen hatten, mit Jesus ins Gefängnis und in den Tod zu gehen, wie der abtrünnige Petrus es beteuert hatte. Die Kreuzigung war keine Verleugnung (das Christentum hat ja noch gar nicht existiert), sondern die Strafe für Staatsfeindlichkeit und für Blasphemie eines Juden gegen seine Religion nach den damaligen Gesetzen. Zudem wurde die Strafe gar nicht von den Juden, sondern von den Römern vollstreckt. Und die Christen betrachten diese Vollstreckung als eine unerläßliche Bedingung ihrer Erlösung. Worüber jammern sie also?

Der Standpunkt der Christen ist dreifach absurd. Sie erheben einen wortbrüchigen, nie reuigen und auch nie freigesprochenen Verräter zu einer geheiligten Gestalt, verfolgen die Juden wegen einer innerjüdischen Kontroverse, die mit dem Christentum in keiner Weise etwas zu tun hat und bei dem sie überhaupt zu nichts verpflichtet sind, und schließlich betrachten sie (die Christen) ihre Verwundungen – wirkliche wie eingebildete – als Wohltaten, ohne die sie gar nicht existieren könnten. Aber diese Existenz ist nur eine Illusion, da das Schicksal der Messiasgläubigen beweist, daß es nicht beneidenswerter ist als das der Ungläubigen.

Wie glücklich sind die Christen mit ihren Ketzereiklagen, Spaltungen und Bruderkriegen? Diese mit physischer Brutalität geführten Kämpfe zeigen, daß die Glückseligkeit – wie jene der Ungläubigen – von irdischen Stellungnahmen abhängig gemacht wird. Und zum Lösen der Feindschaften hat Jesus nicht nur nichts beigetragen, sondern sie mit seinen Zweideutigkeiten eher noch konfuser gemacht. Gerade durch seine Streitsucht sind die Christen zum Suchen nach einer irdischen Glückseligkeit verleitet worden. Nach 2000 Jahren sind sie nun mit Jesus nicht weiter als die Juden nach 4000 Jahren ohne Jesus. Aber noch weniger als ein Erlöser kann Jesus ein Messias sein. Diese zwei Funktionen sind nämlich ganz und gar nicht identisch. Es kann einer ein Erlöser sein, ohne ein Messias (Gesalbter) zu sein. Es kann aber einer kein Messias (Gesalbter) sein, ohne ein Erlöser oder sonstiger Leistungsheld zu sein.

Ein anderer wesentlicher Unterschied zwischen den zwei Funktionen ist, daß die Erlösung in den Bereich des Glaubens, der Hoffnung, gehört, während die Salbung ein offizieller Akt ist. Sie ist eine sichtbare, offensichtliche Einweihung, Besiegelung, deren Tatsächlichkeit weder vom Glauben noch vom Zweifel berührt wird. An eine Erlösung mag ein Christ glauben, weil sie eine Erfüllung seiner Illusionen ist. An ein Messianentum (Gesalbtsein) zu glauben ist aber sinnlos, weil es eine vollendete, dokumentierte Tatsache ist – für jene, die Interesse daran haben – vorausgesetzt, daß es stattgefunden hat. Wenn eine Salbung, eine Amtseinsetzung, nicht dokumentiert ist, dann kann mit guten Gründen angenommen werden, daß sie nicht stattgefunden hat. Das ist nun der Fall bei Jesus.

Wo ist im Neuen Testament eine Stelle, die über die Salbung von Jesus berichtet? Dieselbe Frage in bezug auf das Alte Testament zu stellen wäre absurd, da darin von der Salbung einer noch gar nicht existierenden Person keine Rede sein kann. Der Perserkönig Cyrus wird im Alten Testament Messias (Gesalbter) genannt, aber selbstverständlich nur deswegen, weil er schon ein (geweihter) König war.

Die Dokumentation von Jesu Salbung kann also nur im Neuen Testament gesucht werden. Diese Nachforschung ist im Einklang mit dem sichtlichen Bestreben des Neuen Testaments, für viele Akte von und um Jesus alttestamentlich sakrale Prozeduren als deren Grundlage nachzuweisen. Die Beschneidung des Jesus-Kindleins und die nachgeburtliche Purifikation seiner Mutter als gesetzlich vorgeschriebene Akte werden zum Beispiel akkurat registriert. Im Lichte der Fortführung dieses alttestamentlichen Brauchtums ist es undenkbar, daß eine Salbung von Jesus nicht erwähnt worden wäre. Die Tatsache aber ist, daß das Neue Testament von einer solchen Salbung nichts weiß.

Jesus wird zwar als Messias präsentiert. Er selbst stellt sich der Samariterin (Johannes, Kapitel 4, Vers 26) als solchen vor. Aber ein „Thronanspruch" bedeutet keinen Thronbesitz. Wohl wurde Jesus getauft, aber die Taufe ist keine Salbung. Das Wasser ist kein Öl. Die Juden haben nicht mit Wasser gesalbt. Die Salbung, die Jesus laut Neuem Testament erhielt, war keine, weil sie ihm von einer Hure verabreicht wurde (Lukas, Kapitel 7, Vers 37, 38, 39). Wollen die Christen die Messianität von Jesus etwa von diesem Vorkommnis herleiten? – Von einer Salbung der Füße (wie es auch bei Johannes zu lesen ist), die als solche den Salbungs-regeln nach sowieso eine Absurdität war? Für die Juden war das zu alledem auch wegen der Unannehmbarkeit eines mit Hurengeld oder Hurendienst erworbenen Guts eine Unmöglich-keit und auch aus dem Grunde, daß die Hure offenbar kein Hoherpriester war. Und nur ein solcher konnte gültig salben.

Frauen, selbst wenn sie keine Huren sind, haben unter keinen Umständen die Qualifikati-on, einen Salbungsakt durchzuführen. Sogar noch an der Wende des 20. und 21. Jahrhunderts will die katholische Kirche nicht einmal davon hören, daß die Priesterfunktion auf Frauen ausgedehnt werden soll.

Die (bei Matthäus und Markus erwähnte) dem Haupt Jesu gegoltene, wieder nur von einer

Frau verabreichte Salbung konnte auch keine sakral gültige Salbung sein, weil sie (von der nichtpriesterlichen Illegitimität abgesehen), als Trauerfeier aufgefaßt, für eine praktische Lehrtätigkeit sowieso verspätet war. Übrigens sind auch für das orthodoxe Judentum von Frauen durchgeführte religiöse Akte null und nichtig.

Was die Salbung durch einen autorisierten Hohenpriester betrifft, war kaum je einer in günstigerer Lage, eine rechtsgültige Salbung zu erhalten, als Jesus. Er hatte den Hohenpriester in seiner eigenen Familie. Zacharias, der das Amt zur Zeit von Jesu Geburt bekleidete, war ein Schwager seiner Mutter. Die Priestersfrau Elisabeth war ja ihre Kusine. Nichts wäre also natürlicher gewesen, als die vom Engel in Marias Traum verkündete große Erhöhung ihres Sohnes durch einen Salbungsakt des leicht erreichbaren Hohenpriesters bestätigt zu bekommen. Aber offenbar war weder der Traum überzeugend noch der Priester überzeugt, denn das göttliche Kind mußte ohne Salbung aufwachsen.

Die Wegkreuzung des erwachsenen Jesus mit dem damaligen Hohenpriester Kaiphas würde in Hinsicht auf eine „Salbung" besser unerwähnt bleiben. Sie kann aber schwerlich ignoriert werden, da jene, die Jesus als Folge dieser Begegnung erhielt, seiner Leiche galt. Und der Ministrant war bei dieser Gelegenheit eigentlich kein Hoherpriester, sondern ein Pharisäer. Diese Salbung, wenn man sie zu dem mit Kräutern als solche anerkennt, kam aber auch schon zu spät, um Jesus für seine bereits vergangene Wirkungszeit zur Messianität zu qualifizieren.

Mit der messianischen Abstempelung hat man Jesus einen schlechten Dienst erwiesen, weil er nur ein falscher Messias sein konnte. Man hätte seinen Beinamen auf Erlöser beschränken sollen. Den könnte er ohne Mithineinverwickeln des Judentums tragen. Adam mit seiner Sünde ist kein Bestandteil des Kanons der jüdischen Religion, sondern nur eine poetische Erzählung. Wenn nun die Christen ihrer Religion ein solches Kindermärchen wie Adam, Eva, die Schlange und die verbotene Frucht zugrunde legen und einen Erlöser nötig haben, um sich von der vererbten Missetat im Garten reinzuwaschen, so besteht kein Anlaß, sie deswegen zu kritisieren. Die Kalamität entstand mit der Salberei, die aus der jüdischen Bibel herausgefischt und als eine jüdische Verpflichtung für christliche Zwecke mißbraucht wurde.

Eine Trumpfkarte wie Jesu eigenes Wort im Johannes-Evangelium, wo es im 31. Vers des 5. Kapitels heißt:

> So ich von mir selbst zeuge, so ist mein Zeugnis nicht wahr,

soll gar nicht entscheidend ins Treffen geführt und nur der Vollständigkeit halber erwähnt werden.

Die Selbstdisqualifizierung von Jesus hatte der Samariterin gegenüber, bei der er sich als Messias einführte, vollen Effekt. Er hat da nicht gesagt, ein anderer werde für seine Messianität zeugen. Er zeugte selbst dafür, also war es unwahr. Sein Selbstzeugnis mußte dann schon falsch sein, da er seine Unglaubwürdigkeitserklärung – brühwarm von der Samariterbegegnung zurück – im unmittelbar darauffolgenden Kapitel abgab.

Eigentlich sollte soviel schon genügen, um den Beweis der Falschheit der Messianität von Jesus aus seinem eigenen Munde zu erbringen. Aber vom jüdischen Standpunkt ist es belanglos, was Jesus bestätigt oder bestreitet. Die jüdische Theologie kommt mit der christlichen nur in Konflikt, wenn letztere die jüdischen Schriften christlich auszulegen versucht.

Die hochklingende Rangbezeichnung „Jesus Christus", nämlich Jesus der Gesalbte, ist der falscheste Persönlichkeitstitel in der ganzen Menschheitsgeschichte, weil Jesus weder nach alttestamentlicher Regel noch nach neutestamentlicher Fiktion je gesalbt wurde. Der überhaupt unbekannte Akt der Weihung Jesu zum Christus, also zum Gesalbten, beruht demnach auf einer zweitausendjährigen Falschmeldung.

Keiner, der erst in der Zukunft erwartet wird, kann vorwegnehmend ein Gesalbter (Christus) genannt werden. Gleichfalls kann man einen nicht Gesalbten (Messias, Christus) nennen, der mit dieser Würde nicht priesterlich bekleidet wurde. Bei Jesus ist es um so absurder, als daß er nicht einmal in der Gegenwart (in seiner eigenen Gegenwart) gesalbt wurde. Kein jüdischer Oberpriester hat ihn gültig (oder ungültig) gesalbt, und in der neutestamentlichen Welt schon sowieso nicht, da darin überhaupt kein Salbungsakt existiert. Im Neuen Testament gibt es nur Taufe, aber keine Salbung.

Die letzte Ölung ist der einzige Akt im Christentum, den man rein äußerlich eine Salbung nennen könnte. Aber dieser Akt ist keine auszeichnende Anerkennung einer meritorischen Lebenserhöhung. Die letzte Ölung ist für das Sterben, nicht für das Leben, und sie kann jedem gewöhnlichen Sterblichen, nicht nur Übermenschen, verabreicht werden.

Jesus sollte den Beinamen „Redemptor" tragen (redemptio bedeutet Erlösung). Es ist durchaus legitim, an Erlösung und an Jesus als Erlöser zu glauben, weil beide in die Begriffskategorie des Glaubens gehören. Aber die Salbung ist ein Akt, der entweder stattgefunden oder nicht stattgefunden hat. In diesem Zusammenhang ist es bezeichnend, daß die alttestamentlichen Propheten, deren Zukunftsträume und Hoffnungen die Christen fälschlich Prophezeiungen nennen instinktiv nie von einem Gesalbten (Messias), sondern nur von einem ersehnten Freiheitshelden sprechen. Es wäre ihnen nie eingefallen, das Messianismus genannte Salbungssystem auf eine zukünftige bildhafte Gestalt zu beziehen, die ihre Befreiungsmission noch gar nicht in der Gegenwart unter Beweis gestellt hat. Aber die Bezeichnungen „Christ" und „Christentum" können weiterhin bestehen, weil sie nicht unbedingt auf Jesus, sondern direkt auf die Salbungspraxis des alten Judaismus bezogen werden können, aus dem die neue Religion hervorgegangen ist. Die Unitarier betrachten sich zum Beispiel auch als Christen, ohne an die Gottheit Jesu zu glauben.

Eigentlich, um alle Punkte zu berücksichtigen, wäre es für die Juden unwesentlich, wenn die christliche Theologie das Alte Testament auf ihre Weise auslegt. Mit jüdischer Großzügigkeit könnte man den Christen ihre Illusionen gönnen. Der „Kriegszustand" entsteht aber daraus, daß die Christen aufgrund ihrer falschen Auslegungen eine jüdische Verdammnis konstruieren und dann dazu schreiten, diese Verdammnis hier auf Erden mit physischer Grausamkeit herbeizuführen. Deswegen sind die Juden oder ihre besonders erregten Streiter gezwungen, in die Arena theologischer Debatten zu steigen und mit Mitteln zu fechten, die den lebenbedrohenden, wild feindlichen Tieren angemessen sind.

Der Kampf muß gegen zwei Löwen geführt werden, das Neue Testament und die Theologie. Letztere bildet die zähere Gegnerschaft. Was im Neuen Testament besorgniserregend ist, das steigert die Theologie zu einer akuten Bedrohung. Diese spricht dem Alten Testament jeden Anspruch auf eine selbständige Existenz ab. Für sie ist es ein Vorspiel zum Hauptstück des Neuen Testaments. Eine solche Rollenverteilung ist natürlich nur durch Verdrehung möglich.

Die Gläubigen der Jungferngeburt sollen indessen in ihrem Glauben nicht erschüttert werden. Aber diese Geburt für die Erfüllung einer alttestamentlichen Prophezeiung zu erklären ist, gelinde gesagt, ein Hirngespinst. Es ist den Christen schon wiederholt vorgerechnet worden (wie es auch diesmal demonstriert wird), daß die alttestamentliche Geschichte, die die Prophezeiung der christlichen Jungferngeburt sein soll, nicht das geringste damit zu tun hat. Die christliche Entgegnung darauf ist, daß eine Beweisführung (sei sie noch so stichhaltig) eine Blasphemie gegen die christliche Wahrheit sei. Für das christliche Dogma ist alles das Wahrheit, was es behauptet. Kein Wunder, daß es so dickhäutig ist wie ein Elefant. Wer dagegen argumentieren will, täte besser, von seinem gesunden Menschenverstand Abschied zu nehmen und auch von den Regeln sachlicher Forschungsmethoden. Eine Beweisführung gegen das Dogma hat demnach den eingefleischten Dogmatikern gegenüber keinen praktischen Zweck. In einem anderen Sinn ist sie eigentlich auch den Freidenkenden gegenüber gegenstandslos. Erstere sind unbeweglich, und die anderen brauchen nicht erst bewogen zu werden, da sie es schon sind. Eine Analyse der Jungferngeburts-Prophezeiung und der vielen anderen vom Neuen Testament beanspruchten Prophezeiungen wendet sich an die unverpflichtete Mittelschicht der Gesellschaft, die noch nicht entschieden hat, welcher Richtung sie folgen soll. An diese Gruppe des offenen, aber noch nicht voll aufgeklärten Geistes richtet sich die Bearbeitung der Jungferngeburts-Kontroverse. Nun steht im ersten Kapitel des Matthäus-Evangeliums von Vers 18 bis 23 (mit belanglosen Kürzungen) folgender Text:

> Die Geburt Christi war aber also getan. Als Maria, seine Mutter, dem Joseph vertrauet war, fand sich's, ehe er sie heimholte, daß sie schwanger war. Da erschien ihm ein Engel des Herrn im Traum und sprach: Joseph, du Sohn Davids, fürchte dich nicht, Maria, dein Gemahl, zu dir zu nehmen; denn das in ihr geboren ist, das ist von dem heiligen Geist. Und sie wird einen Sohn gebären, des Namen sollst du Jesus heißen; denn er wird sein Volk selig machen von ihren Sünden. Das ist aber alles geschehen, auf daß erfüllet würde, was der Herr durch den Propheten gesagt hat, der da spricht: „Siehe, eine Jungfrau wird schwanger sein und einen Sohn gebären, und sie werden seinen Namen Immanuel heißen", das ist verdolmetscht: Gott mit uns.

Der Satz am Ende zwischen den Anführungszeichen ist ein Zitat aus dem Buch des Propheten Jesaja (von Matthäus zitiert). Der gegebene Schritt also ist, im Alten Testament nachzuschlagen und den zitierten Text mit dem originalen zu vergleichen. Nun soll der alttestamentliche Text folgen mit allen relevanten Teilen unter Weglassung der biblischen Geschwätzigkeit. Die stellenweise dunkle, archaische Ausdrucksweise wird bei der Besprechung je nach Bedarf aufgehellt. Buch Jesaja, Kapitel 7, von Vers 1 bis 16 (auszugsweise):

> „Es begab sich zur Zeit des Ahas, des Königs in Juda", daß er von den Königen Syriens und Israels bedroht wurde. Daraufhin brachte Jesaja die Kunde von Gott, daß der Angriff nicht stattfinden würde. „Und der Herr redete abermals zu Ahas und sprach: Fordere dir ein Zeichen vom Herrn, deinem Gott. Aber Ahas sprach: Ich will's nicht fordern, daß ich den Herrn nicht versuche. Darum so wird euch der Herr selbst ein Zeichen geben: Siehe, eine Jungfrau ist schwanger und wird einen Sohn gebären, den wird sie heißen Immanuel. Butter und Honig wird er essen, wann er weiß, Böses zu verwerfen und Gutes zu erwählen. Denn ehe der Knabe lernt Böses verwerfen und Gutes erwählen, wird das Land verödet sein, vor dessen zwei Königen dir graut."

Diese jesajische Bibelstelle ist der äußeren Form nach eine Weitergabe der Prophezeiung Gottes. Das Weitergeben ist richtig, aber der Inhalt ist keine Prophezeiung, weil Gott nicht prophezeien kann. Beim ersten Anhören mag die Behauptung absurd klingen, daß Gott nicht prophezeien könne. Wenn man es sich aber genauer überlegt, erkennt man, daß Gott überhaupt und absolut des Prophezeiens unfähig ist. Es steht im Widerspruch zu seinem Wesen. Nur einer kann prophezeien, der die Prophetie nicht selbst erfüllt und gar keine Macht dazu hat. Die Erfüllung einer Prophezeiung ist ein Wunder. Wenn aber Gott etwas Zukünftiges in Aussicht stellt, dann tut er nur das gleiche wie ein Vater, der seinem Sohn als Weihnachtsgeschenk einen Baukasten verspricht. Das Überreichen des Baukastens ist keine Erfüllung einer Prophezeiung. Die Herbeiführung eines versprochenen Sieges ist keine Erfüllung einer Prophezeiung von Gott. In solchen Fällen handelt es sich nur um ein Arrangement und die Ausführung eines Planes. Wenn solche Fälle Prophezeiung und Erfüllung sein könnten, dann wäre eine Theateraufführung auch die Erfüllung einer Prophezeiung, nämlich jener, die der Dichter in seinem Manuskript festgelegt hat. Auch die Erstellung eines Gebäudes könnte die Erfüllung der Prophezeiung in den Bauplänen des Architekten sein.

Also war der Plan, den Gott entwarf nichts anderes als die zeitliche Bestimmung der Einlösung des Versprechens, nämlich der Zerstörung der Länder der angreifenden Könige. Gott hat nur gesagt, daß die Vereitelung des feindlichen Planes stattfinden wird, bevor ein zum Geborenwerden ausgereifter Junge groß genug sein wird, um das Böse vom Guten zu unterscheiden.

Die Bibelstatistik sagt gewunden, was wir so ausdrücken würden, daß die Könige besiegt werden, ehe ein Junge, der bald geboren wird, aus dem Säuglingszustand herauswächst, nämlich in absehbarer Zeit. Das war nicht nur keine Prophezeiung von Marias Jungferngeburt, es war nicht einmal eine Prophezeiung der Entbindung von Ahas' „Jungfrau". Welch eine übernatürliche Wissenschaft gehört dazu, die Geburt des Kindes einer schwangeren Frau zu „prophezeien"? Die Frau, von der Jesaja spricht, war ja schon schwanger.

Gott seinerseits macht einen Hinweis auf den Wachstumsgrad des Kindes, damit Ahas ausrechnen kann, wann ungefähr er auf die Niederlage seiner Feinde rechnen kann. Die Schwangerschaft und die Geburt ist für Ahas keine Prophezeiung, sondern ein Zeitmesser, nichts weiter. Matthäus verdreht sie in eine Prophezeiung und ein Wunder. Und, was eine noch viel größere Verdrehung ist, er bezieht sie auf die Schwangerschaft von Maria.

Die „Jungferngeschichte" von Ahas handelt von einem zeitgenössischen Ereignis – zeitgenössisch für Ahas – 700 Jahre vor Jesu Geburt. Alle Einzelheiten geschehen und finden ihren Abschluß in einem engen Zeitraum, zu jener Zeit ohne die geringste Bezugnahme auf spätere Ereignisse, seien sie Christi Geburt oder Messalinas Liebesabenteuer. Die Geburt und das früheste Kindesalter eines Knaben wird dem König von Gott als Zeichen seines Sieges geboten. Wenn mit dem Knaben Jesus gemeint ist, wie soll dann der König dessen 700 Jahre späteres Erscheinen als ein gutes Zeichen für sich deuten? Soll der König 700 Jahre warten, um das Zeichen zu bekommen, das er an Ort und Stelle dringend benötigt? Wie kann ein 700 Jahre später erscheinendes Zeichen ein 700 Jahre vorher fälliges Ereignis andeuten? Jesus in diese Vorhersage hineinzumischen, ist eine der unsinnigsten Interpretationen eines alttestamentlichen Textes.

Eine weitere Verfälschung der Alttestamentsgeschichte wird mit der neutestamentlichen Keuschheitsmanie begangen. Warum mußte Maria, die Mutter Jesu, und von ihr rückwirkend die Mutter des Jungen in der Ahas-Geschichte überhaupt zur Jungfrau verklärt werden? Die Begründung ist der krankhafte Abscheu des Christentums gegen die Freuden der sinnlichen Liebe. Diese Liebe ist nach christlichem Denken schmutzig. (Offenbar hat Gott etwas Schmutziges geschaffen.) Darin aber drückt sich die geistige Verrenkung der Kirchenväter aus, die

die von Anfang an existierende Geschlechtsfeindlichkeit dem Christentum bleibend einge-impft haben. Sie begann mit Jesus selbst, der geschlechtlich offenbar anormal war. Er hat die Kastration als etwas Gottgefälliges befürwortet. Sie brachte die Verschnittenen dem Himmel-reich näher (Matthäus, Kapitel 19, Vers 12). Der Tölpel Origen (Theologe, Kirchenvater 200 Jahre nach Jesus in Alexandria) zum Beispiel nahm die Jesus-Worte so ernst, daß er sich selbst kastrierte. Auch Paulus hat geraten, es sei besser, nicht zu heiraten (Korintherbrief 1, Kapitel 7, Vers 1, 8, 38). Selbst die Ehe war ein mit Abneigung akzeptierter Rahmen der Geschlechtätigkeit. Paulus hat denn auch sein eigenes Prinzip tatsächlich befolgt. Diese Geschlechtsscheu oder eher -feindlichkeit wirkt 2000 Jahre seit ihrem Ausbruch im priester-lichen Zölibat heute noch nach. Da nun das Neue Testament von der irdischen Liebe von vornherein frei war, so mußte das Alte Testament auch mit Weihwasser reingewaschen wer-den, wo immer es dem Neuen als Vorbild diente. Die Manie, für christliche Akte alttestament-liche Prophezeiungen zu finden, machte es nötig, die schwangere Mutter in der Ahas-Ge-schichte nach dem Muster der Jungfrau Maria ebenfalls zu einer Jungfrau zu machen. Das ist natürlich eine hanebüchene Fälschung.

Mit den alten jüdischen (männlichen und weiblichen) Wüstlingen als Moralhelden hat das Christentum seinen größten Bock geschossen; denn wenn die Frau im Jesaja-Buch keine Jung-frau ist (wie es bald klar wird) und doch als Urbild der Mutter Jesu dienen soll, dann kann Maria auch keine Jungfrau sein. Im Alten Testament ist nämlich keine Rede von einer Jung-frau, sondern nur von einer Frau in der Blüte ihrer Jahre. Sie kann noch ledig, aber auch schon verheiratet sein. Nach dem Ausdruck „Almah", mit dem sie bezeichnet wird, kann sie kaum für eine Jungfrau gehalten werden, da diese Bezeichnung in anderen Teilen des Alten Testa-ments für Frauen verwendet wird, die im Zusammenhang mit schlüpfrigen Geschichten er-wähnt werden. Auch ist die Frage berechtigt, weshalb ein hebräischer Schriftsteller „Almah" für Jungfrau verwenden soll (falls sie eine ist), wenn ihm dafür das unmißverständlich „Jung-frau" bedeutende Wort „Betullah" zur Verfügung steht.

Die Jungfrau-Bedeutung von „Almah" entstand durch die griechische Bibelübersetzung. In der Septuaginta (dem Werk von siebzig, eigentlich zweiundsiebzig, Übersetzern) ist das hebräische „Almah" mit „Parthenos" ins Griechische übersetzt worden. Dieses Wort bedeutet natürlich „Jungfrau", aber dessen Wahl ist das Produkt von entweder der Unkenntnis des Hebräischen oder einer wissentlichen Fälschung. Das Denken der Übersetzer muß von einer griechisch idealisierenden Tendenz beeinflußt worden sein, denn die realistische Übersetzung wäre „Neanis" gewesen, das mit dem hebräischen „Almah" gleichbedeutend ist. Die Wahl des ungenannten Wortes in der vorchristlichen Zeit mag die Unwichtigkeit der Wortbedeu-tung im Rahmen des betreffenden Textes widerspiegeln.

Was die christliche Theologie vollkommen übersieht und infolge ihrer ideologischen Vor-eingenommenheit eigentlich gar nicht zu beachten fähig ist, ist die Belanglosigkeit des frauli-chen Status der „Almah" im Jesaja-Buch für jüdisches Denken. Ob diese Frau eine Jungfrau oder eine natürlich geschwängerte Mutter ist, das spielt in der vorgetragenen Geschichte ab-solut keine Rolle. Die christlichen Theologen legen die Betonung auf das Wort „Jungfrau", das aber vom jüdischen Leser auch dann nicht beachtet würde (außer vielleicht mit einem Kopfschütteln), wenn es authentisch wäre, weil es ihm in diesem Zusammenhang vollkom-men gleichgültig ist, ob die Frau defloriert oder undefloriert ist. Für ihn ist das Wesentliche in der Geschichte, daß Gott dem König ein ermutigendes Zeichen gibt. Sich darüber aufzuhalten, ob das durch Geburt eines Sohnes von einer natürlich geschwängerten Frau oder von einer Jungfrau erfolgt, kommt ihm gar nicht in den Sinn, da in seinem jüdischen Schädel der absurde Gedanke an eine gebärende Jungfrau (was „Almah" für ihn nicht bedeutet) gar nicht entstehen kann.

Beim Mißbrauch der Jesaja-Verkündung durch Duldung oder absichtliche Nutzbarmachung eines falsch übersetzten Wortes sind zwei Elemente am Werk. Das eine ist das paranoische Bedürfnis, im Alten Testament Stütze für die christlichen Zwangsvorstellungen zu finden. Das andere ist die panische Angst vor Natürlichkeit. Diese zwei Elemente haben ihrerseits eine gemeinsame Quelle, die das Bestreben ist, Jesus der Welt als ein Wesen mit übernatürlichen Zügen zu präsentieren. Die Geburt aus dem Leib einer Jungfrau erfüllt die Bedingung der Übernatürlichkeit, und ihre Verbindung mit einer althebräischen Episode liefert die alttestamentliche Stütze. Diese zwei geben der Religion eine historische Grundlage und eine Atmosphäre der Zauberhaftigkeit, die den ahnenkultischen und abergläubischen Neigungen des Volkes schmeicheln. Zur Prophezeiung und deren Erfüllung ist es dann nur noch ein Schritt.

Das Matthäische Zitat der „Jesajischen Prophezeiung" des jungfräulichen Schwangerschaftswunders erreicht seinen Zweck trotz allem nicht, jedenfalls nicht bei Bibelstudenten, die sich die Mühe nehmen, ein wenig nachzudenken. Soll man am Schwangerwerden einer Jungfrau (selbst wenn sie eine wirkliche Jungfrau ist) etwas Außergewöhnliches finden? Das geschieht jeden Tag (und jede Nacht) tausendfach. Jede Frau ist eine Jungfrau, bis sie es nicht mehr ist. Aber Jesaja hat nicht behauptet, daß seine „Jungfrau" auch nach der Schwangerschaft und der Entbindung immer noch eine Jungfrau bleibt. Außerdem hat er die Vaterschaft keinem heiligen Geist auf den Hals geladen. Das normal biologische Funktionieren der jesajischen „Jungfrau" macht sie von der ewig keuschen Mutterschaft der matthäischen Jungfrau dermaßen verschieden, daß sie niemals ihr Urbild sein kann.

Auch die Söhne dieser Frauen haben genausowenig miteinander zu tun wie ihre Mütter. Wodurch ist es angedeutet, daß die Bekanntgabe der Geburt eines hebräischen Kindes die Ankündigung der Geburt eines 700 Jahre später erscheinenden Sprößlings ist? Die frühere Geschichte ist an sich schon nicht als Prophezeiung formuliert, sondern als ein von jedem anderen Ereignis unabhängiger Bericht. Es ist jüdische Geschichte in Reinkultur und nichts anderes. Napoleon ist auch nicht die Prophezeiung von Hitler, trotz gewisser Ähnlichkeiten der beiden. Sie waren Ausländer in dem Lande, zu dessen Diktatoren sie aufstiegen. Die Geburtsländer beider wurden zu ihren Lebzeiten an ihr Karriereland angeschlossen oder mit ihm konsolidiert. Beide waren von bescheidener Herkunft und haben nach einer abenteuerlichen Jugendperiode blendende Erfolge erzielt. Beide haben eine über die Stirn herabhängende Haarlocke getragen. Beide haben einen Winterfeldzug gegen Rußland geführt und wurden daselbst von ihrem unrühmlichen Schicksal ereilt. War Napoleon die Vorhersage von Hitler?

Wenn Hitler den Krieg gewonnen und die Weltherrschaft errungen hätte, dann hätte er den Nationalsozialismus zu einer Art heidnischer Religion (die er schon halbwegs war) erheben können mit sich selbst als deren Messias und mit Napoleon als seinem prophetischen Vorläufer. Ein unbeschränkt mächtiger Nationalsozialismus hätte der Welt einen national-religiösen Mythos in ähnlicher Weise aufzwingen können, wie das Christentum die abendländischen Völker mit seinen prophetischen Gespinsten umgarnt hat.

Nur das dickköpfige Volk der Juden hätte solch eine prophetische Determination innerlich geleugnet. Die Juden lassen sich nicht so leicht zum königlichen Romantisieren verführen.

Diese Einstellung war sicher zusätzlich zu ihrer fest religiösen Bindung der Grund zur Ablehnung des jüdischen Thronanspruchs von Jesus. Die Königswürde ist ihm bereits versagt worden, als sie noch nichts als ein Titel ehrenhalber ohne praktische Bedeutung war. Die Inschrift am Kreuz „Jesus Nazarenus Rex Judeorum" wurde von den Juden an Ort und Stelle beanstandet. Sie ersuchten Pilatus, die Inschrift dahin abzuändern, daß Jesus nur von sich selbst behauptete, er sei der König der Juden (Johannes, Kapitel 19, Vers 21). Pilatus hat dieses Gesuch abgelehnt, und so gibt die Inschrift bis zum heutigen Tag die falsche Information, daß Jesus der König der Juden sei.

Nach allen Einzelheiten der gegebenen Beschreibung werden nur noch bockbeinige Christen behaupten, daß im 9. Kapitel von Jesaja Jesus vorausgesagt wurde. Die alttestamentliche Geschichte, nach welcher die Jesus-Geschichte zusammengestückt wurde, hat aber eine Weiterung, deren sich die meisten Christen nicht bewußt sind und an die auch die Theologen lieber nicht erinnert werden wollen.

Wie es noch in frischer Erinnerung ist, hatte Gott die Geburt eines Knaben namens Immanuel als das Pfand der Niederwerfung bezeichnet, die König Ahas den zwei feindlichen Königen, Rezin und Pekah, zufügen sollte. Das Versprechen lautete:

> Ehe der Knabe lernt Böses verwerfen und Gutes erwählen, wird das Land verödet sein, vor dessen zwei Königen dir graut. (Jesaja, Kapitel 7, Vers 16).

Wie ist dieses Versprechen erfüllt worden? Die Antwort ist im 28. Kapitel der 2. Chronik gegeben. Von der langen Litanei über Ahas' Niederlage (die er wegen seiner angeblich gottlosen Praktiken erlitt) seien nur die folgenden Zeilen zitiert:

> Er ward gegeben unter die Hand des Königs Israel, daß er einen großen Schlag an ihm tat. Denn Pekah, der Sohn Remaljas, schlug in Juda 120000 auf einen Tag. Und die Kinder Israel führten gefangen weg von ihren Brüdern 200 000 Weiber, Söhne und Töchter und nahmen dazu großen Raub von ihnen und brachten den Raub gen Samaria.

War Jesaja ein Schwindler, der von Gott Botschaften brachte, die erlogen waren? Jetzt beginnt man zu verstehen, warum Jesaja nach der Pleite seiner Wahrsagung oder eher Unwahrsagung nichts mehr davon wissen und die vernichtende Niederlage von Ahas durch Totschweigen aus der Welt schaffen wollte. War es eine Gottesstrafe für seine Lügenhaftigkeit, daß ihm die Schande auferlegt wurde (20. Jesaja-Kapitel), drei Jahre splitternackt unter den Menschen herumzulaufen? Oder ist Jesaja ein krankhafter Lügner gewesen und nackt herumgelaufen, weil er überhaupt geisteskrank war? Und es hinderte Matthäus nicht, den Propheten der Geburt Jesu in solch einem Blödian und Lügner zu sehen! Logischerweise hätte er auch die Kreuzigung als die Erfüllung von Ahas' schimpflichem Ende deuten müssen.

Was die in den Prophezeiungen mitunter enthaltenen, dem Leben abgelauschten nackten Tatsachen betrifft, wird das Auftreten von Jesus auf der Weltbühne von keinem entgegenkommend veranlagten Menschen bestritten. Daß aber dieses Phänomen im Alten Testament vorausgesagt wurde, ist eine Illusion. Die Verirrung ist doppelt. Es muß immer wieder betont werden, daß alles, was im Alten Testament nach einer Prophezeiung hinsichtlich der jüdischen Zukunft aussieht, Ausdruck einer Sehnsucht und nicht die Vorhersage eines Ereignisses ist. Ein anderer wichtiger Punkt ist, daß Jesus nicht einmal bei der Erfüllung der Sehnsüchte eine Rolle spielt. Nie wird er mit Namen genannt (was an sich kein entscheidender Gegenbeweis ist), und die Charakterisierungen seiner Persönlichkeit und die äußeren Umstände seines Auftretens (als Spiegel alttestamentlicher Vorbilder) sind nur literarische Konstruktionen. Die Christen könnten für diese Bewertung eigentlich dankbar sein. Sollte nämlich der göttlich zugesicherte Ausgang von Ahas' Bedrängnis als die vorweggenommene Daseinsbestimmung des Christentums gedeutet werden, dann müßte dieses auch ein schimpfliches Ende nehmen. Jesus und das Christentum können, in alttestamentlicher Vorwegnahme gedacht, ein zweischneidiges Schwert des christlichen Prophetiesystems sein.

Jesus mag eine wirkliche historische Gestalt und alle seine Handlungen einschließlich der Wunder wahre Begebenheiten gewesen sein. Aber man sollte das Alte Testament aus dem Spiel lassen. Dann würde keinem Juden etwas daran liegen, diese Umstände als Absurditäten abzutun. Wesentlich vom jüdischen Standpunkt ist nur die Verwerfung der These, daß Jesus im Alten Testament mystisch enthalten ist und daß daraus für die Juden eine Verpflichtung erwächst. Jesus mag als Jude den Ehrgeiz gehabt haben, die alte Religion zu reformieren, ohne eine ganz neue zu gründen. Daran finden die Juden nichts Erschütterndes; eigentlich können die neuzeitlich verschiedenen Gliederungen (wie die Orthodoxie und der Fortschrittszweig) in diesem Lichte gesehen werden. Was die Christen dabei übersehen, ist, daß eine jüdische Gruppe nicht verpflichtet ist anzunehmen, was eine andere ersinnt. Kein Jude kann sich auf das Alte Testament als sein persönliches Ermächtigungsdokument berufen. Das Alte Testament kann und wird bei Meinungsverschiedenheiten als Stütze einer Ansicht herangezogen werden, aber keiner kann behaupten, daß die Schriften ihn persönlich mit exklusiver Autorität ausgestattet haben. Dasselbe gilt auch für Jesus, der für einen Juden nichts anderes ist als ein anderer Jude, der samt seinen Ideen und Bestrebungen abgelehnt werden kann und der im Alten Testament genausowenig vorausgesagt wurde wie irgendein anderer Jude.

Die Christen haben den Juden Jesus christianisiert und deswegen lesen sie im Alten Testament alles Jüdische christlich. Nietzsche, der in christlichen Augen freilich nicht viel gilt, hat die Situation schon vor mehr als 100 Jahren treffend beschrieben. Das Buch „Morgenröthe" enthält in dem mit Ziffer 84 bezeichneten Abschnitt deutliche (für dieses Zitat etwas abgekürzte) Äußerungen über die neutestamentliche Prophezeiungstechnik.

Wie wenig das Christenthum den Sinn für Redlichkeit und Gerechtigkeit erzieht, kann man ziemlich gut nach dem Charakter der Schriften seiner Gelehrten abschätzen: sie bringen ihre Mutmaßungen so dreist vor wie Dogmen und sind über der Auslegung einer Bibelstelle selten in einer redlichen Verlegenheit. Immer wieder heißt es „ich habe Recht, denn es steht geschrieben –" und nun folgt eine unverschämte Willkürlichkeit der Auslegung. Was soll man von den Nachwirkungen einer Religion erwarten, welche in den Jahrhunderten ihrer Begründung jenes unerhörte philologische Possenspiel um das alte Testament aufgeführt hat: ich meine den Versuch, das alte Testament den Juden unter dem Leibe wegzuziehen mit der Behauptung, es enthalte nichts als christliche Lehren und gehöre den Christen als dem wahren Volke Israel: während die Juden es sich nur angemaßt hätten. Überall sollte im alten Testament von Christen und nur von Christus die Rede sein, überall namentlich von seinem Kreuze, und wo nur ein Holz, eine Ruthe, eine Leiter, ein Zweig, ein Baum, eine Weide, ein Stab genannt wird, da bedeute dieses eine Prophezeiung auf das Kreuzesholz: selbst die Aufrichtung des Einhorns und der ehernen Schlange, selbst Moses, wenn er die Arme zum Gebet ausbreitet, ja selbst die Spieße, an denen das Passahlamm gebraten wird – alles Anspielungen und gleichsam Vorspiele des Kreuzes!

Ein Musterbeispiel solch prophetischer Konstruktionen ist die Zusammenpaarung der alt-biblischen „Prophezeiung" im 12. Kapitel des Exodus und deren „Erfüllung" im 19. Kapitel des Johannes-Evangeliums. Es handelt sich um die ungebrochenen Beine von Jesus am Kreuz und die ungebrochenen Beine des jüdischen Osterlammes. In Vers 43 und 46 des 12. Exodus-Kapitels steht die folgende rituelle Anweisung.

> Der Herr sprach zu Mose und Aaron: Dies ist die Weise, Passah zu halten. Kein Fremder soll davon essen. In einem Hause soll man's essen; ihr sollt nichts von seinem Fleisch hinaus vor das Haus tragen und sollt kein Bein an ihm zerbrechen.

Das ist die „Prophezeiung". Die „Erfüllung" ist:

> Da kamen die Kriegsknechte und brachen dem ersten (Dieb) die Beine und dem andern, der mit ihm gekreuzigt war. Als sie aber zu Jesu kamen und sahen, daß er schon gestorben war, brachen sie ihm die Beine nicht; denn solches ist geschehen, daß die Schrift erfüllet würde: „Ihr sollt ihm kein Bein zerbrechen."

Johannes hat sich nicht geniert, die Beine von Jesus mit denen eines Lammes gleichzusetzen; abgesehen von der Absurdität, eine vor Jesus erlassene, für jene Zeit bestimmte rituelle Speiseregel als Prophezeiung auszulegen, in die nicht einmal ein Geisteskranker eine Prophetieabsicht hineindeuten würde.

Aber das Neue Testament leidet wirklich an einer Erfüllungsmanie in Hinsicht auf nicht-existierende alttestamentliche Prophezeiungen. Nietzsche hat recht gehabt. Jeder Schund im Alten Testament wird im Neuen als Ausgangspunkt zum Spinnen eines Erfüllungsgewebes mißbraucht. Angenommen, daß das jüdische Osterlamm beim Ansetzen des Schlachtmessers gerade noch einen hat fahren lassen, müßte dann Jesus in seiner Todesangst am Kreuz auch einen fahren lassen, um die alttestamentliche Lammfurzprophetie neutestamentlich zu erfüllen?

Wenn man die neutestamentlichen Erfüllungen alter Prophezeiungen nicht in religiöser Hypnose liest, dann erkennt man, daß die meisten zusammenhangloses Geschwafel sind. Zugegebenermaßen gibt es jedoch einige, die ihre Zusammenhanglosigkeit nicht auf den ersten Blick offenbaren. Es gibt im Alten Testament Ausdrücke von Sehnsucht und Zukunftsträumen, deren höchstes Ziel das irdische Glück der Judenschaft ist. Die Formulierung dieser Wünsche gebraucht manchmal das symbolische Mittel der Einzelperson, wie auch Marianne das französische Volk und Onkel Sam Amerika repräsentieren. Die alttestamentliche Symbolik ist aber noch viel platonischer, da darin selbst eine symbolische Einzelperson als die Zentralfigur eines Machttraums nie genannt wird, sondern immer nur eine umschriebene Idealgestalt. Unter diesen Umständen ist es nur zu natürlich, daß sich das Christentum der beim „Traumthron" bestehenden Möglichkeiten bemächtigte und Jesus eilends darauf setzte.

Die hauptsächlichen Wunschprophezeiungen mit ihren Jesus-Erfüllungen, die im folgenden untersucht werden, sind in der Einbildung der Theologie ihre stärksten Trumpfkarten, die sich aber am Ende doch nur als Nieten erweisen.

Drei solche Prophezeiungs- und Erfüllungspaare, die für alle anderen ihrer Kategorie charakteristisch sind, sollen zergliedert und bloßgelegt werden. Diese sind die berühmtesten und nach Überzeugung ihrer Gläubigen die unwiderleglichsten Beweise der alttestamentlichen Vorbestimmung der Geburt, Wirksamkeit und Erlösungsmission von Jesus. Die drei fraglichen Prophezeiungen kommen in den Büchern von drei Propheten, in denen von Micha, Sacharia und Jesaja, vor. Im ersten ist der Geburtsort und das Geschlecht des zukünftigen Herrschers Israels vorausbestimmt. Im zweiten steht die prophetische Vision des Einzugs Jesu in Jerusalem, und im dritten, beim unübertrefflichen Jesaja, begegnen wir dem vorausgeahnten Jesus als Erlöser. Er wird natürlich nie mit Namen genannt, aber nach unserer Kenntnis seiner evangelischen Biographie erkennt man ihn unfehlbar in den Beschreibungen der drei genannten Propheten. Wenigstens das denkt man.

Es wäre natürlich möglich, ein Evangelium oder vier (oder 50) auch über Apollonius von Tyana zu schreiben (der ein jüngerer Zeitgenosse und möglicher, aber christlich totgeschwiegener Rivale von Jesus war) und in sein Evangelium solche Ideen, Situationen und Begebenheiten hineinzuflechten, die ein Abklatsch alttestamentlicher Ideen, Situationen und Begebenheiten wären. Anhand des Nachweises der altbiblischen Übereinstimmung mit dem „Apollonius-Evangelium" wäre es dann schon ein Kinderspiel zu behaupten, daß Apollonius im Alten Testament vorausgesagt wurde. Selbstverständlich müßte Apollonius eine fanatische Gläubigengemeinde mit erdrückender politischer Macht haben, um einen solchen Bibelursprung geltend und unanfechtbar zu machen. Das Christentum besitzt eine unanfechtbare „göttliche Wahrheit" auch nur deswegen, weil seinen Gegnern der Schädel noch unter Umständen eingeschlagen werden kann. In früheren Zeiten war der Schädelbruch absolut. Manchmal hat man ihn durch Feuer ersetzt, das als Überzeugungsmittel auch nicht zu verachten war. Aber gerade die Unmöglichkeit, die Feindesbekämpfung bis in alle Zukunft mit diesen bewährten Kunstmitteln fortzusetzen, zeigt, daß die „göttliche Wahrheit" manches von ihrer Wahrheit eingebüßt hat. Ein Beispiel: Die Einführung der Ehescheidung und der Schwangerschaftsunterbrechung im hochkatholischen Italien gegen den verzweifelten Widerstand der Kirche.

Der Unterschied zwischen Jesus und Apollonius ist also nicht, daß die Wahrheit auf Jesu Seite war, sondern daß seine Anhänger im entscheidenden Moment abergläubischer und muskulöser waren. Wenn Apollonius über eine mächtigere Anhängerschaft verfügt und seinen alttestamentlichen Ursprung ebenso fälschlich wie Jesus geltend zu machen vermocht hätte, dann wäre jetzt die Aufgabe, seinen falschen Ursprung nachzuweisen. Da nun aber die Tücke der Geschichte Jesus eine Vorzugsstellung zuschanzte, so ist die Aufgabe die, Jesus in derselben Weise zu behandeln, wie es Apollonius zuteil geworden wäre, würde er heute an Jesu Stelle stehen. Wie dem auch sei, er ist einer solchen Behandlung entgangen, da weder er noch irgend jemand je behauptete, daß er im Alten Testament vorausgesagt wurde. Aber Jesus kann eine solche Präexistenz trotz seines erdrückenden Gewichts und gesellschaftlichen Einflusses auch nicht geltend machen, denn er ist im Alten Testament genausowenig enthalten wie Apollonius von Tyana. Er hat nur Evangelien, die in Anpassung an das Alte Testament zusammengestellt wurden. Inwieweit diese Anpassung nichts als eine substanzlose Mache ist, soll im folgenden gezeigt werden.

Erörtern wir also an erster Stelle die „Prophezeiung" in Hinsicht auf die örtliche Herkunft und Stammeszugehörigkeit des zukünftigen Herrschers von Israel. Der Prophet nennt keinen Namen. Er umschreibt seinen Helden nur durch den Ort und den Stammesrahmen seiner Geburt. In der Luther-Bibel steht das im ersten Vers des 5. Kapitels von Michas Buch zu lesen.

> Und du, Bethlehem Ephratha, die du klein bist unter den Städten in Juda, aus dir soll mir der kommen, der in Israel Herr sei, welches Ausgang von Anfang und von Ewigkeit her gewesen ist.

Da dieser Vers kurz, aber nicht durchweg deutlich ist, so soll er aus einer anderen, etwas verständlicheren Übersetzung wiederholt werden.

> Und du, Bethlehem Ephratha, bist zwar klein unter Judas Geschlechtern, aber aus dir wird mir ein Herrscher Israels hervorgehen, dessen Herkunft aus der Vorzeit, aus den Tagen der Ewigkeit ist.

Billigkeitshalber sei festgestellt, daß dieser Vers dem Kriterium einer Prophezeiung viel mehr entspricht (obwohl auch darüber noch ein Wort zu sagen sein wird) als die mißbrauchten, ohne jede Prophezeiungsabsicht gemachten alttestamentlichen Verkündungen. Diese Feststellung ist besonders deswegen nötig, weil Matthäus sich (dem äußeren Anschein nach berechtigterweise) auf diese Prophezeiung beruft, wenn er die Herkunft von Jesus bezeugt. Er stellt seinen Befund in den Rahmen einer Erkundigung, die der König Herodes unter seinen Hofleuten veranstaltet. Es wird interessant sein zu beobachten, wie Matthäus den alten Text in einem Punkt entstellt. Das soll ihm aber nicht sonderlich angekreidet werden, da es am Endergebnis der Untersuchung kaum etwas ändert. Matthäus, 2. Kapitel, Vers 4, 5, 6:

> Herodes ließ versammeln alle Hohenpriester und Schriftgelehrten unter dem Volk und erforschte von ihnen, wo Christus sollte geboren werden. Und sie sagten ihm: Zu Bethlehem im jüdischen Lande; denn also steht geschrieben durch den Propheten: „Und du Bethlehem im jüdischen Lande bist mitnichten die kleinste unter den Fürsten Juda's; denn aus dir soll mir kommen der Herzog, der über mein Volk Israel ein Herr sei."

Der Standpunkt von Matthäus und mit ihm der Kirche und der ganzen Theologie ist natürlich der, daß in dieser Prophezeiung Jesus vorausgesagt wurde. Das ist auf die zwei Umstände gegründet, daß er in Bethlehem geboren und aus dem Stamm Juda hervorgegangen sei. Die angedeutete Textentstellung besteht darin, daß Matthäus Jesu Herkunft durch die Bemerkung „bist mitnichten die kleinste unter den Fürsten Juda's" vergrößert, wo im Micha-Text das gerade Gegenteil gesagt wird, nämlich „bist zwar klein unter Judas Geschlechtern, aber aus dir wird mir ein Herrscher Israels hervorgehen". Das ist nur ein Symptom der nachlässigen oder gar unredlichen Wiedergabe alter Texte durch die christlichen Väter. Das Wesentliche (noch nicht das Allerwesentlichste) aber ist, daß die Sippschaft und der Geburtsort an sich keine Identifikation einer Person sind. Daß Bethlehem als Geburtsort Jesu von gewiegten Theologen sowieso bezweifelt wird, sei nur nebenbei erwähnt. Angesichts der anderen Antiprophetie-Beweise fällt das Geburtsortargument gar nicht ins Gewicht. Aber selbst wenn eine judaische Herkunft und Bethlehem als Geburtsort die Prophezeiung erfüllten, wäre es für Tausende bethlehemitischer Juden eine Rechtsgrundlage, sich Jesus Christus zu nennen.

Matthäus sagt nicht (durch den Mund der Priester), was er ohne gänzliche Verfälschung von Michas Worten freilich nicht sagen konnte, daß der kommende Herrscher Israels der Sohn eines Elternpaares Joseph und Maria sein wird, mit Joseph eigentlich nur als Ziehvater, da Jesus durch Eingriff des Heiligen Geistes jungfräulich gezeugt und dadurch auch direkt eine Person der dreifachen Göttlichkeit werden wird. Diese Attribute stehen freilich nicht in Michas Prophezeiung. Nicht, daß die Aufzählung aller Eigenschaften für eine Identifikation unbedingt nötig ist. Aber bei der Feststellung einer Identität wählt man vernünftigerweise die exklusiv identifizierenden Eigenschaften und nicht solche, die auf Tausende passen.

Eine Erfüllung der Worte des Propheten in Jesus ist jedenfalls strittig, abgesehen von der unannehmbaren Identifikation, da Michas Worte gar keine Prophezeiung waren. Die Schlußbemerkung ist der Schlüssel dazu für den, der mit hebräischer Geschichte und hebräischer Phraseologie vertraut ist (wie die Theologen eigentlich sein sollten). Der Prophet spricht von der Berufung des zukünftigen Herrschers als einer Verfügung, deren Ursprung in die Vorzeit, sogar die Ewigkeit zurückreicht. Man muß die malerischen Übertreibungen der biblischen Sprache berücksichtigen. Vorzeit und Ewigkeit (letztere in diesem Fall rückwärts schauend) bedeuten einfach die weit zurückliegende Vergangenheit. Sachlich denkende Theologen und Hebraisten verstehen diese „Ewigkeit" in diesem Sinne. Für Micha, der 300 Jahre nach David schrieb, war die Errichtung der Davidischen Herrschaft und Dynastie durch Gott ein Ereignis der Vorzeit. Er gibt dann seiner Hoffnung Ausdruck, daß diese Dynastie bis in die unbegrenzte Zukunft fortleben wird.

Micha hatte Grund zu hoffen, weil er noch mehr Grund hatte zu verzweifeln. Das war die Zeit nach der großen Niederlage von Ahas (die er trotz des ermutigenden Zusprechens von Jesaja erlitten hatte), und Micha konnte wohl um das Schicksal von Juda und Israel besorgt sein, zumal das israelische Nordland gerade dann ein Opfer des assyrischen Eroberungszuges wurde. Sein Traum war nicht Jesus, sondern die irdische, rein physische Aufrechterhaltung des judaischen Königreichs. Das hatte mit Gottessohnschaft, Erlösung und Himmelreich nicht das geringste zu tun. Diese Grundsätze der Jesus-Mission, die im Neuen Testament bis zur Übersättigung vorgebracht werden, sind in der Micha-Invokation nicht im entferntesten angedeutet.

Aber angenommen, daß alle diese Argumente nichtig sind und trotz aller gegenteiligen Vernunftgründe Micha bei seiner Verkündung möglicherweise und unbewußt Jesus voraussagte, ist diese Annahme aus zwei unwiderleglichen Gründen unmöglich. Micha spricht von einem Herrscher Israels, und Matthäus, der sich darauf beruft, glaubt damit das Herrschertum Jesu in Israel bewiesen zu haben. Danach kann man nur fragen, wann und wo Jesus ein Herrscher Israels war. Er selber sagte, daß er von den Juden verstoßen wurde. Johannes-Evangelium, Kapitel 5, Vers 43:

Ich bin gekommen in meines Vaters Namen, und ihr nehmet mich nicht an.

Auch der Evangelist sagt im Vers 11 des ersten Kapitels, daß „die Seinen ihn nicht aufnahmen". Es ist aberwitzig, unter diesen Umständen zu behaupten, daß Jesus je ein Herrscher Israels war. Er kam nicht einmal dazu, ein vertriebener Herrscher zu sein, er ist schon von allem Anfang an nicht angenommen worden.

Aber selbst wenn Aberwitz zur Weisheit und Wahrheit erhoben wird, kann Jesus nicht aus den Geschlechtern und Städten oder Fürsten (wie Matthäus sagt) von Juda hervorgegangen sein (die Vorbedingung zum Thronanspruch), denn er war ja ein Levite. Es schlägt dem Faß den Boden aus, so etwas zu behaupten! Der Vatikan kann, wenn er sich seiner Sache sicher fühlt, versuchen, den Boden wieder ins Faß einzusetzen.

Die Bibel, ja die Bibel, hat für diese blasphemischen Blätter die levitische Abstammung von Jesus einmal schon nachgewiesen; ein kurzes Resüme der früheren Bibelkonsultation ist jedoch statthaft und notwendig. Die Levi-Gegner sollten aber nicht etwa zum billigen Trick

Zuflucht nehmen, daß Jesus als Sohn Gottes keinem Stamm zugeteilt werden kann. Ein solches Argument wäre selbstvernichtend, da Jesus dann auch dem Stamm Juda nicht angehören könnte. Das levitische Argument berührt die Frage der Gottessohnschaft gar nicht, sondern nur jenen Teil (den menschlichen) des Wesens Jesu, der auch von den Gottessohnschaftsgläubigen anerkannt wird. Wenn Jesus neben seiner Gottessohnschaft als ein Abkömmling von Juda (und David) geltend gemacht wird, dann muß den Verfechtern dieser These ins Gesicht geschleudert werden, daß sie entweder unwissend oder lügenhaft sind.

Die Mutter Jesu war eine Levitin. Das geht aus der Tatsache hervor, daß ihre Kusine Elisabeth eo ipso eine Levitin war. Lukas, der sicherlich nicht der Verbreitung christenfeindlicher Auskünfte verdächtigt werden kann, nennt sie im ersten Kapitel seines Evangeliums eine Aaronitin. Das macht sie automatisch zur Levitin, da Aaron als Priester seinerseits ein Sproß des levitischen Priestergeschlechts war. Elisabeths Zugehörigkeit zu diesem Stamm ist ferner durch ihre Heirat mit dem notwendigerweise ebenfalls levitischen Priester Zacharias bekräftigt. Je ein Elternteil von Elisabeth und Maria, also zwei Elternteile, die freilich Geschwister oder nahe Blutsverwandte waren, konnten ihrerseits auch nur mit Leviten verheiratet sein. Das hatte gesetzliche Gründe. Im 4. Buch von Moses (Kapitel 36, Vers 6, 7, 8, 9) ist ein Gesetz der Stammeserhaltung in aller Deutlichkeit und Ausführlichkeit promulgiert, das jedem Stammesangehörigen das Heiraten innerhalb des Stammes gebietet. (Wissenschaftlich nennt man diesen Stammesschutz endogamie, während ihr Gegensatz, die Fremdheirat, exogamie heißt.)

Da nun Maria durch die Sippenverkettung nur eine Levitin sein konnte, so mußte ihr Ehemann Joseph ebenfalls ein Levite sein. Die zwei evangelischen Genealogien, die in bezug auf Jesus grotesk gegenstandslos sind, sind durch das Herleiten Josephs von David nachgerade betrügerisch. Joseph konnte nicht Marias Ehemann sein und zugleich in Davids absteigender Ahnenreihe stehen. Eine Rettung liegt nur darin, daß für die Abstammung von Jesus die Stammeszugehörigkeit des Nichtvaters Joseph sowieso keine Rolle spielt.

Eine mögliche Einwendung gegen diese Argumentation könnte sein, daß zu Jesu Zeiten die Stämme weitgehend desorganisiert waren. Jedoch nicht, wenn der Stamm für die Priesterfolge durch fortlaufende Beurkundung der Generationen bekannt war. Durch die Eltern von Zacharias und seiner Frau konnte Maria als Tochter einer mit jenen levitisch verschwägerten Familie nichts anderes als eine Levitin sein. Die Stammeslockerung konnte sich für diese Familie jedenfalls noch nicht ausgewirkt haben, wenn Lukas es passend fand, die aaronitische Abstammung von Elisabeth extra zu vermerken.

Sollten die Gläubigen auch noch nach dieser Aufklärung an der judaisch-davidischen Abstammung von Jesus festhalten, dann muß die Kirche die Bibel mit diesem Verdikt in Einklang bringen und sie an zwei, möglicherweise drei Stellen verfälschen (Streichung von Moses' Stammesschutzgesetz, von Elisabeths aaronitischer Abstammung und ihres Kusinenverhältnisses mit Maria). Die Alternative ist: eine echte Bibel ohne einen davidischen Jesus oder ein davidischer Jesus in einer falschen Bibel.

Die zweite Alternative läßt aber diese Lösung immer noch ungelöst, weil selbst ein davidischer Jesus nicht unbedingt ein König Israels wäre. David hatte zahlreiche Sprößlinge, die keine Thronerben waren. Der Thronanspruch mußte noch durch Erfüllung anderer Bedingungen gerechtfertigt werden. Ob Jesus diese erfüllte, wird in den versprochenen zwei anderen Prophezeiungsbeispielen untersucht.

Prophet Sacharia, Kapitel 9, Vers 9, 10.

Matthäus, Kapitel 21, Vers 2 bis 12.

Alsbald werdet ihr (zwei Jünger) eine Eselin finden angebunden und ein Füllen bei ihr; löset sie auf und führet sie zu mir! Das geschah aber alles, auf daß erfüllet würde, was gesagt ist durch den Propheten, der da spricht: „Saget der Tochter Zion: Siehe, dein König kommt zu dir sanftmütig und auf einem Esel und auf einem Füllen der lastbaren Eselin." Die Jünger brachten die Eselin und das Füllen und legten ihre Kleider darauf und setzten ihn darauf. Und als er zu Jerusalem einzog, erregte sich die ganze Stadt; und Jesus ging zum Tempel Gottes hinein und trieb heraus alle Verkäufer und Käufer im Tempel und stieß um der Wechsler Tische und die Stühle der Taubenkrämer.

Aber du, Tochter Zion, freue dich sehr, und du, Tochter Jerusalem jauchze! Siehe, dein König kommt zu dir, ein Gerechter und ein Helfer, arm, und reitet auf einem Esel und auf einem jungen Füllen der Eselin. Denn ich (Gott) will die Wagen abtun von Ephraim und die Rosse von Jerusalem, und der Streitbogen soll zerbrochen werden; denn er wird Frieden lehren unter den Heiden; und seine Herrschaft wird sein von einem Meer bis ans andere und vom Strom bis an der Welt Ende.

Jesus scheint wie nach Maß für die Erfüllung der Prophezeiung gemacht. Er paßt dazu wie die Faust aufs Auge. Laut Matthäischem Bericht muß er tatsächlich tüchtig dreingehauen haben. Kaum kam der „König" arm und sanftmütig auf einem oder zwei Eseln herangeritten, schon flogen die Tische und die Stühle durch die Luft. Matthäus brauchte nur sechs Verse, vom fünften bis zum zwölften in seinem 21. Kapitel, um von der Sanftmut zu einer „Saalschlacht" zu gelangen. Wenn Sacharia eine Ahnung von der Natur seiner Prophetenpflicht gehabt hätte, dann hätte er seinem König auch einige rauhe Züge angedichtet. Er hatte nicht bedacht, daß er mit seinem König einen Jesus zu beschreiben hatte. Er hat eine ziemliche Anzahl Eigenschaften vergessen, die die Identität von Jesus mit seinem König vor aller Welt offenbar gemacht hätte. Das Umstoßen von Tischen und Stühlen wäre dabei das wenigste gewesen. Sacharias König hätte auch Familienmitglieder gegeneinander hetzen müssen. Seine tatsächliche Sendung war bei Sacharia jedoch noch, die zwei hebräischen, aber feindlichen Brudervölker miteinander zu versöhnen. Jesus wollte aber nicht einmal einer Familie erlauben, in Frieden zu leben. Werfen wir einen Blick auf Vers 34, 35 des Kapitels von Matthäus, desselben Evangelisten, der Jesus zehn Kapitel später im Spiegel der Sanftmütigkeit zeigte.

> Ihr sollt nicht wähnen, daß ich gekommen sei, Frieden zu senden auf die Erde. Ich bin nicht gekommen, Frieden zu senden, sondern das Schwert. Denn ich bin gekommen, den Menschen zu erregen wider seinen Vater und die Tochter wider ihre Mutter und die Schwiegertochter wider ihre Schwiegermutter.

Vor allen Dingen ist dabei zu beachten, daß Jesus nicht etwa von Familien spricht, die sich in einem hadererfüllten Kochen und Brodeln befinden, was ihn dann in einen Zustand gerechter Empörung versetzt. Die Situation ist gerade umgekehrt. Die Familien könnten sich über Jesu gemeinen Plan empören, ihre Mitglieder gegeneinander zu hetzen. Er sagt, er sei eigens zu dem Zweck gekommen, eine Zerrüttung der Familien herbeizuführen. Das war sein Programm. Danach kann man nur sagen, daß er Sacharias Friedenskönig, der ja ihm zum Vorbild prophetisch vorausbestimmt war, ähnlich sah wie ein faules Ei einem gesunden. Aber seine Tüchtigkeit in der Eselreitkunst stand jener seines Vorbildes bestimmt nicht nach. Darin hat er den König sogar um eine Eselslänge oder -breite übertroffen. Das Sprichwort sagt, daß man nicht mit einem Arsch auf zwei Pferden sitzen kann. Aber auf zwei Eseln! Jedenfalls hat Jesus dieses Kunststück fertiggebracht. Er muß in seinen jüngeren Jahren (die vielleicht deswegen in Schleier gehüllt sind) ein Zirkusreiter gewesen sein.

Wie hat es Jesus dazu gebracht, gleichzeitig auf zwei Eseln zu reiten? Der Bericht von Matthäus ist in dieser Hinsicht ziemlich deutlich. Im 2. Vers des 21. Kapitels gibt er die Worte von Jesus an zwei seiner Jünger wieder:

> Gehet hin in den Flecken, der vor euch liegt, und alsbald werdet ihr eine Eselin finden angebunden und ein Füllen bei ihr; löset sie auf und führet sie zu mir!

Im 5. Vers werden die Worte des Propheten (Sacharia) als Unterlage für ihre Verwirklichung durch Jesus wiederholt:

> Saget der Tochter Zion: Siehe, dein König kommt zu dir sanftmütig und reitet auf einem Esel und auf einem Füllen der lastbaren Eselin.

Im 6. und 7. Vers wird dann der Ausgang des Eselsplans gemeldet:

> Die Jünger gingen hin und taten, wie ihnen Jesus befohlen hatte, und brachten die Eselin und das Füllen und legten ihre Kleider darauf und setzten ihn darauf.

Wer mag behaupten, daß Jesus nicht auf zwei Esel gesetzt wurde? Er mußte ja im Sinne des Sacharia-Zitats, das in der Matthäischen Wiedergabe von einem Doppelritt spricht. Es ist erstaunlich, daß Matthäus beim hebräischen Lesen von einem Ritt auf angeblich zwei Eseln nicht stutzig wurde und den Unsinn sozusagen als normal blindlings dem Sacharia-Text zuschrieb, anstatt sein eigenes falsches Lesen zu erkennen. Diese Verdrehtheit wird jedoch aufgedeckt, wenn man die Worte des Propheten nicht in der Matthäischen Wiedergabe, sondern im alttestamentlichen Original liest. Allerdings sollte für dieses Lesen nicht die Luthersche (alttestamentliche) Übersetzung benutzt werden. In der Lutherschen Bibel finden wir die sonderbare Anpassung eines seit Urzeiten bestehenden Textes an einen späteren Fehltritt. Die falsche Wiedergabe von Sacharias Worten durch Matthäus steht schon im lateinischen Neuen Testament. So enthalten alle neutestamentlichen Übersetzungen (ins Deutsche, Französische, Italienische, Englische) das falsche Zitat über zwei Esel (weil sie dem lateinischen Text folgen mußten). Aber diese Übersetzungen gingen (mit wenigen Ausnahmen) nicht so weit, auch das Alte Testament rückwirkend zu verfälschen, um es mit der Matthäischen Fälschung konform zu machen. Unter den deutschen Übersetzungen hat die Luthersche jedenfalls diesen Mißbrauch begangen. In einer Gegenüberstellung zeigt die richtige französische (alttestamentliche) Übersetzung die Luthersche Verfälschung des Sacharia-Textes: „Fille de Jérusalem! Voici, ton roi vient à toi; Il est juste et victorieux, Il est humble et monté sur un âne, sur un âne, le petit d'une ânesse." Die französische Übersetzung sagt in getreuer Befolgung des hebräischen Originals (jetzt in deutscher Übersetzung):

> Freue dich von Herzen, du Tochter Zions und jauchze vor Freude, du Tochter Jerusalems! Siehe, dein König kommt zu dir. Er ist siegreich, doch auch sanftmütig, er reitet auf einem Esel, auf einem Füllen, dem Jungen einer Eselin.

Keiner, der nicht mit aller Gewalt Streit sucht, würde sagen, daß in dieser Ankündigung von mehr als einem Esel die Rede ist. In der Aussage, „er reitet auf einem Esel" hat der Zusatz „auf einem Füllen" eine erklärende Funktion. Das Füllen ist kein zweiter Esel, sondern nur eine genauere Auskunft über seine Größenklasse. Diese nähere Bezeichnung dient demselben Zweck, dem der Esel als solcher an sich dient, nämlich der Andeutung der Bescheidenheit, der Friedfertigkeit. Dafür ist ein junger Esel noch mehr ein Symbol als ein voll ausgewachsener. Es soll auch die Volksnähe des kommenden Königtums andeuten. Dieser Grundgedanke wird bei der Fortsetzung des Textes noch klarer, wo es heißt, Gott werde die Kriegswagen Ephraims und die Rosse Jerusalems kampfunfähig machen. Hier wird der kriegerischen Funktion des Pferdes die Friedfertigkeit des Esels gegenübergestellt. Sacharia wollte den König nicht gerade unköniglich zu Fuß auftreten lassen, aber auch nicht aufs hohe Roß setzen, so schien ihm der Esel als das passendste zeremonielle Requisit.

Nachdem nun der Doppelesel durch falsches Lesen des Alten Testaments ins Neue Testament eingeführt worden war, schien es Luther (leider auch manch anderen) zweckdienlich, den Doppelesel auch ins Alte Testament rückwirkend hineinzufälschen, um die Erfüllung der angeblichen Prophezeiung harmonischer zu machen. Wenn Sacharias König nur auf einem Esel einherstolzierte, während Jesus zu demselben Zweck zwei brauchte, dann hätte man doch auf den Mißton der Eselsharmonie hinweisen können, wie es nun durch Nachlesen des ursprünglichen Sacharia-Textes unvermeidlich geworden ist.

Der ursprüngliche Text enthüllt gleichzeitig, daß im Matthäischen Bericht nichts von Sacharias Erwartungen erfüllt ist, wohl aber alles, was damit im Widerspruch ist. Von einer Versöhnungsmission ist keine Rede. Anstatt die Waffen einzustampfen, bringt Jesus das Schwert (Matthäus, Kapitel 10, Vers 34). Daß er oder Matthäus das Bescheidenheitssymbol des Esels nicht verstanden hatte erwies sich gleich beim Einzug in Jerusalem, wo seine erste Tat war, im Tempel einen Skandal zu veranstalten. Auch die an den neuen König geknüpften optimistischen Erwartungen Sacharias können im Kreuzigungstod kaum als erfüllt betrachtet werden. Sacharia hat nichts über die Weltlage der christlichen Anfangszeit prophezeit. Zu Jesu Lebzeiten gab es kein gesondertes Israel und Juda, wofür Sacharia eine Vereinigung erhoffte (oder wenn man will: prophezeite). Die Zwei-Länder-Distinktion war unter den vielen Fremdherrschaften lange vor Jesus schon zu einem veralteten Begriff geworden. Wo ist da eine Prophezeiung über Jesus und eine Erfüllung durch Jesus?

Der einzige gemeinsame Punkt ist die Übernahme des Eselsrittes (auch nur in einer absurd entstellten Wiedergabe). Da aus dem Sacharia-Text kein anderer Weissagungsstoff auszugraben war, so bemühte sich Matthäus, wenigstens das Eselsmärchen zu einer Erfüllung aufzubauschen. Er fühlte, daß ohne das Herausfischen eines konkreten Details aus dem Sacharia-Text niemand etwas von einer Prophezeiung und deren Erfüllung merken oder gar glauben würde (was seine einzig intelligente Erkenntnis war).

Nach den bisher behandelten, theologisch konstruierten zwei „Glanzstücken" von Prophezeiung und Erfüllung (Geburtsort und Stamm des künftigen Herrschers im Buch Micha und der eselreitende König im Buch Sacharia) kommen wir nun zur dritten versprochenen Weissagungsgeschichte im Buch Jesaja. Dieser Prophet stand schon im Rampenlicht mit seiner katastrophalen Kriegsempfehlung an den König Ahas. Seine Rolle in diesem Fall wurde durch Matthäus und die Theologie auch schon fälschlich für die Erfüllungsmission von Jesus ausgebeutet. In dem nun folgenden zweiten Auftritt von Jesaja spielen seine Phantasien eine noch viel wichtigere Rolle. Es ist allerdings möglich und sogar fast sicher, daß es sich um einen anderen, ebenfalls Jesaja genannten Propheten handelt. Wie dem auch sei, keine alttestamentliche Stelle wird zum Beweise der Vorhersage der Jesusmission so triumphierend ins Treffen geführt wie das 53. Kapitel des Buches Jesaja. Die pathetischen Ergüsse des Propheten in diesem Kapitel werden dermaßen als die Beschreibung Jesu betrachtet, daß sie von manchen sogar für das fünfte oder eigentlich vor-erste Evangelium gehalten werden. Zugegebenermaßen ist die Schilderung so lebhaft und verführerisch, daß selbst die Skeptiker beinahe den Grund unter den Füßen zu verlieren wähnen. Und doch muß gesagt werden, daß in Wirklichkeit der Boden nicht unter den Skeptikern, sondern letzten Endes unter den Theologen wackelt. Um den Fall mit der nötigen und erforderlichen Gründlichkeit präsentieren zu können, muß ein wesentlicher Teil dieses Kapitels sogar mit drei vorangehenden, aber dazu gehörigen Versen angeführt werden.

> Siehe, mein Knecht wird weislich tun und wird erhöht und sehr hoch erhaben sein. Gleichwie sich viele an ihm ärgern werden, weil seine Gestalt häßlicher ist denn anderer Leute und sein Ansehen denn der Menschenkinder, also wird er viele Heiden besprengen, daß auch Könige werden ihren Mund vor ihm zuhalten. Er hatte keine Gestalt noch Schöne; wir sahen ihn, aber da war keine Gestalt, die uns gefallen hätte. Er war der Allerverachtetste und Unwerteste, voller Schmerzen und Krankheit. Er war so verachtet, daß man das Angesicht vor ihm verbarg; darum haben wir ihn nichts geachtet. Aber er ist um unsrer Missetat willen verwundet und um unsrer Sünde willen zerschlagen. Da er gestraft und gemartert ward, tat er seinen Mund nicht auf wie ein Lamm, das zur Schlachtbank geführt wird, und wie ein Schaf, das verstummt vor seinem Scherer und seinen Mund nicht auftut. Er ist aber aus Angst und Gericht genommen; wer will seines Lebens Länge ausreden? Und man gab ihm bei Gottlosen sein Grab und bei Reichen, da er gestorben war, wiewohl er niemand Unrecht getan hat noch Betrug in seinem Munde gewesen ist. Und durch seine Erkenntnis wird er, mein Knecht, der Gerechte, viele gerecht machen; denn er trägt ihre Sünden. Darum will ich ihm große Menge zur Beute geben, und er soll die Starken zum Raube haben, darum daß er sein Leben in den Tod gegeben hat und den Übeltätern gleich gerechnet ist und er vieler Sünde getragen hat und für die Übeltäter gebeten.

Nun – wenn das nicht Jesus ist, dann sollte der nächste Papst Moritz heißen. Ein paar ungenaue Luthersche Ausdrücke wie zum Beispiel „Könige werden ihren Mund vor ihm zuhalten" anstatt „sie werden sprachlos sein" (mit grundverschiedener Bedeutung) und „wer will seines Lebens Länge ausreden?" anstatt „wer soll über den weiteren Verlauf seines Lebens berichten?" sollen nicht Anlaß dazu geben, das überwältigend vorherrschende Motiv der Aufopferung zum Vorteil anderer zu verdunkeln. Obwohl auch über die Umstände und die Kehrseite dieser Aufopferung Wesentliches zu sagen sein wird, geben wir uns zunächst restlos der erschütternden Wirkung einer Schilderung hin, die als Vorwegnahme von Jesus und seiner Lebensaufgabe eine absolute Unanfechtbarkeit suggeriert.

Jesaja sagt allerdings nicht, wer dieser Edelmensch ist, aber die ganze Welt schwört, daß es kein anderer als Jesus sein kann. Ob es wirklich ist, kann erst nach der Klärung der Frage entschieden werden, ob er nur die von Jesaja registrierten oder auch andere, in jener Schilderung nicht erwähnte Eigenschaften hat. Jesaja spricht nicht von Jesu Manie der Weltbrandstiftung (Lukas, Kap. 12, Vers 49), der Sklaventreiberei (Lukas, Kap. 12, Vers 47), von seiner Hinterhältigkeit (Johannes, Kap. 7, Vers 10) und Mordlust (Matthäus, Kap. 18, Vers 6), die uns aus dem Neuen Testament bekannt sind. Eine Charakterisierung ohne diese Eigenschaften gibt doch kein volles Bild von Jesus. Wenn man diese dazu rechnet, dann gelangt man zu einer Persönlichkeitsbewertung, die von jener in der Jesaja-Schilderung vollkommen verschieden ist. Das Urteil muß also lauten, daß in Jesajas Schilderung (wenn aufrichtig) entweder nicht Jesus porträtiert ist oder (wenn unaufrichtig) durch Verschweigen entscheidender Eigenschaften eine Fälschung geboten wird.

Jesus verliert seine „Jesaja-Identität" indessen nicht nur durch den Zusatz seiner antichristlich-neutestamentlichen Eigenschaften, sondern sogar schon aufgrund der internen Jesajischen Charakterisierung.

Die Beschränkung auf den Jesaja-Text allein zeigt schon, daß dieser nicht in Vorahnung von Jesus verfaßt wurde. Daß einige akzeptable Eigenschaften auch bei Jesus zu finden sind, bedeutet nicht, daß sie Jesus identifizieren. Andere haben auch edle Züge gezeigt wie zum Beispiel Sokrates und Gandhi, die vom heroischen Opferwillen nicht weniger charakterisiert sind als Jesus, und zwar ausschließlich, ohne Brandstiftung, Sklavenhetze, Heuchelei und Mordlust. Diese und die vielen heldenhaften Krankenpflegerinnen in Kriegen haben auch Leiden und Schmerzen zur Rettung anderer auf sich genommen. Auch die Opfer des Scheiterhaufens (die höchstpersönlichen Opfer Jesu Christi) haben Leiden und Schmerzen um ihrer Standhaftigkeit willen ertragen. Jesajas Schilderung des opferwilligen, leidenden Menschen kann sich auf alle diese beziehen, nicht nur auf Jesus allein, und auf ihn eigentlich am allerwenigsten.

Man macht viel Aufhebens von den Erklärungen solcher Männer wie Napoleon, Pascal, Victor Hugo, Garibaldi, Gandhi, Tolstoi, Dickens, Dostojewski, Toynbee, Van Gogh, Wagner und Brahms, die die gewaltlose Macht Jesu bei der Eroberung der Welt bewundern. Diese haben aus einer verknöcherten Jesus-Tradition und hypnotisch entstellten Bibelkenntnis heraus geredet. Die Empfehlungen von Jesus für die Verbreitung seiner Lehren (wie man sie bei der eben erst erwähnten globalen Brandstiftung, der Sklaventreiberei, der Hinterhältigkeit und der Lust am Mord unwilliger Untertanen gesehen hat) sind voll Gewaltsamkeit und Brutalität. Seine Anhänger hatten ihn denn auch richtig verstanden, als sie seine Religion mit Feuer und Schwert verbreiteten. Natürlich brauchte er selbst nicht physisch gewaltsam zu sein. Das haben seine Erben besorgt.

Welcher Art diese Besorgung war, davon zeugt Remigius, Erzbischof von Reims im 5. Jahrhundert, der den Frankenkönig Chlodwig mit den Worten taufte:

> Verbrenne, was du bisher angebetet hast, und bete an, was du bisher verbrannt hast.

Das Brennen war von jeher ein Mittel sanftmütig christlicher Religionsverbreitung. Im selben Geist wirkte nicht lange nach Chlodwig der erzchristlich apostolische Sachsenschlächter Karl der Große. Im gleichen Zeitabstand folgten für 200 Jahre die sanftmütigen Kreuzzüge. Nach ihnen kam die verbesserte christliche Religionsverbreitung des Scheiterhaufens, von dem Napoleon und die anderen Jesus-Bewunderer nichts gehört zu haben scheinen. Der 30jährige Krieg dauerte leider nur 30 Jahre und reichte so nicht dazu aus, die sanftmütigste christliche Glaubensart endgültig zu entscheiden. Aber beide Parteien repräsentierten die „gewaltlose" Verbreitung des Christentums, die Jesus in die Welt eingeführt hatte und wofür ihn die großen Geister der abendländischen Kultur bewundern. Sie könnten geradesogut den sanftmütigen Stalin und den mildherzigen Hitler bewundern, die ja auch niemanden eigenhändig umgebracht haben.

Aber warum werden immer nur die wirrköpfigen Bewunderer der „sanftmütigen" Verbreitung des Christentums zitiert und nicht auch mal die klarsehenden Tatsachenbeobachter? Solche gibt es nämlich in gleich großer Zahl, und sie werden zu gegebener Zeit näher bekannt gemacht. Diesmal soll zur Kostprobe ein dichterischer Realist zitiert werden, der demonstrieren soll, daß die öffentliche Gegenmeinung sich durchaus literarisch vernehmen lassen kann. Der Verfasser des hier deutsch übersetzten Gedichts ist der englische Dichter des frühen 19. Jahrhunderts, Percy Shelley.

> Demütig kam er,
> Seine furchtbare Gottheit durch menschliche Form verschleiert
> Von der Welt verschmäht, sein Name unbekannt,
> Außer beim Pöbel seiner Vaterschaft,
> Als Kirchspieldemagoge. Er führte
> Die Menge; er lehrte sie das Rechte, Wahre und den Frieden,
> Zum Schein; so entzündete er in ihrer Seele
> Die unlöschbare Flamme des Eifers, und segnete das Schwert,
> Das er auf die Erde brachte, um seine morbide Seele
> Mit dem Blut der Wahrheit und der Freiheit zu sättigen.
> Am Ende wurde seine sterbliche Hülle dem Tode überantwortet.
> Ich stand neben ihm; am Folterkreuz
> War sein unirdischer Sinn gegen Qualen gefeit;
> Und doch stöhnte er. Zornig vergegenwärtigte ich mir
> Die Massaker und Miseren, die sein Name
> Geheiligt hatte in meinem Lande, und ich rief
> „Gehe, gehe" im Gespötte.

Wenn die Eigenschaften des Jesajischen Edelmannes einer genaueren Betrachtung unterzogen werden, dann stellt es sich heraus, daß viele überhaupt nicht auf Jesus passen. Es ist sonderbar, daß die Bezeichnung „Knecht" gleich am Anfang der Jesajischen Passion die Christen nicht daran hindert, die ganze Beschreibung überhaupt auf Jesus zu beziehen. Die Knechtschaft sollte mit der Gottessohnschaft unvereinbar sein. Für die Christen ist doch Jesus kein Knecht. Im ganzen Neuen Testament wird er nie als Knecht repräsentiert. Es gibt nur zwei Stellen (Matthäus, Kapitel 12, Vers 18 und im Anfangsteil des 2. Kapitels des Philipperbriefes), die Jesus mit dem Knechtsstand in einen entfernten Zusammenhang bringen. Aber in keine dieser Stellen kann ein Knechtsstand Jesu hineingelesen werden. Im Philipperbrief wird nur gesagt, daß er in einer Knechtsgestalt auftrat, um seine Nähe zu den Menschen zu betonen. Eine Knechtsgestalt den Menschen gegenüber ist aber kein Knechtsein Gott gegenüber.

Daß er manchmal absichtlich oder unabsichtlich so abgetakelt auftrat, machte aus ihm kein knechtisches Wesen. Den Menschen mochte er so erscheinen, aber in den Augen Gottes war er es nicht. Jesaja deutet außerhalb des 53. Kapitels unmißverständlich an, wen er mit der Bezeichnung „Knecht" meint. Sein 44. Kapitel beginnt mit der Verkündung Gottes: „So höre, mein Knecht Jakob, und Israel, den ich erwählt habe!" Im nächsten Kapitel (dem 45.) haut Gott in dieselbe Kerbe, als er im 4. Vers (nach der Berufung des Perserkönigs Cyrus zum Judenerlöser) sagt: „Um Jakobs, meines Knechtes, willen und um Israels, meines Auserwählten, willen."

Da nun die Jesaja-Passion durchweg diesem Jakobschen Knecht gewidmet ist, so vollzieht sich die Jesus-Deutung des Knechts und seiner ganzen Leidensschilderung im 53. Jesaja-Kapitel von Anfang bis Ende auf dem falschen Gleis.

Es ist ein schlagendes Beispiel der Folgewidrigkeit christlichen Denkens, daß es einen häßlichen, abstoßenden, wertlosen und verachteten Menschen (der Jesajischen Schilderung gemäß) als das vorweggenommene Abbild Jesu betrachtet, dann aber Jesus in Bildern, Statuen und Illustrationen immer (außer am Kreuz) als einen bezwingenden Filmstar oder wenigstens Charakterschauspieler darstellt. Meistens ist er in diesen Darstellungen als Rassentyp ein blonder, blauäugiger Arier mit gepflegtem, elegant geschnittenem Bart und welligen Haaren, wo er doch nach Jesajas Beschreibung der häßlichste Jude und erbärmlichste Zwerg ist, der die Augen des zufälligen Betrachters beleidigt. Die christliche Unaufrichtigkeit zeigt sich in keiner Glaubensprotzerei mehr als im Heilighalten der Jesajischen Vision und dem gleichzeitigen Abscheu vor einem wahrheitsgetreuen Nachbilden ihrer Zentralgestalt.

Was das lammähnliche Stillhalten von Jesajas heimgesuchtem Edelmenschen betrifft, besteht eine flagrante Tatsachenverdrehung in dessen Umdeuten als Jesus. Jesaja mag vom Verstummen vor der Schlachtbank gesprochen haben (er hat ja nicht gesagt, er meinte Jesus), aber im Neuen Testament begegnen wir einem Großhans, der den Mund allzu voll nimmt. Auch vor Pilatus verhält er sich ganz und gar nicht stumm. Er verweigert ihm aus Trotz die Antwort nur einmal.

Aber er steht ihm gegenüber seinen Mann, wann immer es ihm am zweckmäßigsten erscheint. Er sagt ihm auf den Kopf zu, daß er (Pilatus) keine Macht über ihn hätte, wenn es göttlich so bestimmt worden wäre. Auch über sein Königtum führt er mit Pilatus ein unbeschwertes Gespräch. Sogar am Kreuz ist er noch nicht stumm, denn er gibt seinem Lieblingsjünger Anweisungen vom Kreuz herab über die Versorgung seiner Mutter. Zwischen dem schicksalsergebenen Lamm der Jesaja-Beschreibung und dem verwundeten Tiger des Neuen Testaments kann man wenig Gemeinsames finden.

Die unpassendste Charakterisierung Jesajas (in Anwendung auf Jesus) liegt in der Behauptung, er hätte niemand Unrecht getan, noch wäre Betrug in seinem Munde gewesen. Zudem würde er als der Gerechte viele gerecht machen. Jesaja mag freilich in der Beschreibung seiner Idealgestalt ein annehmbares Bild entworfen haben. Er hat nicht behauptet, er meine Jesus. Auf den Fall des „gerechten" Jesus angewendet, solle der Spruch „Wenn die Wände Ohren hätten" heißen: „Wenn die Bäume reden könnten." Eigentlich würde ein einziger Baum genügen, ein Feigenbaum. Da dieser unglückliche Baum schon früher erwähnt wurde und später auch noch erwähnt wird, so soll diesmal nur auf das Markus-Evangelium verwiesen werden, in welchem vom 12. bis zum 21. Vers des 11. Kapitels gemeldet wird, wie der hungrige Jesus den Feigenbaum zum Verdorren verfluchte, weil daran in der Vorreifezeit noch keine Feigen gewachsen waren, mit denen er seinen Hunger hätte stillen können.

Es gab im ganzen Weltall zu keiner Zeit ein unschuldigeres Wesen als diesen Baum. Er war ja samt seiner fruchttragenden Funktion eine Schöpfung Gottes. Er konnte im Spätmärz oder Frühapril noch keine Feigen hervorbringen, nachdem der liebe Gott das Reifen erst für eine spätere Zeit angeordnet hatte. Aber der Zweck dieser Feststellung ist beileibe nicht, Jesus der schnödesten und in diesem Fall dümmsten Ungerechtigkeit zu bezichtigen. Mitnichten! Der Zweck ist bloß zu zeigen, daß der „Knecht", von dem Jesaja spricht, unmöglich Jesus sein konnte, da er (der Knecht) ein Gerechter war und niemand je Unrecht getan hat, nicht einmal einem Baum.

Dieser Knecht hat auch keinen Betrug in seinem Munde gehabt. Das bedeutet, daß er seinen Anhängern nie das Reich Gottes bei ihren Lebzeiten versprochen hätte, da er als Alleswisser wissen mußte, daß er sein Versprechen nie einlösen würde. Kann man unter diesen Umständen sagen, daß er der vorausgeworfene Schatten des wortbrüchigen Jesus war?

In einer Hinsicht war der Knecht allerdings schlimmer daran als Jesus. Man gab ihm bei Gottlosen sein Grab. Jesus ist dieser Schande entgangen. Er wurde im Grab des Joseph von Arimathia für einen Tag und zwei Nächte zur Ruhe gelegt. Der Knecht konnte nicht für eine bloß so kurze Zeit im Grab bleiben. Sein Aufenthalt darin war offenbar für eine unkalkulierbar lange Zeit geplant, denn Jesaja hätte sicherlich nicht vergessen, über eine nur kurze Anwesenheit im Kreise der Gottlosen zu berichten, wenn das der Fall gewesen wäre. Eine solche Gottlosengesellschaft blieb nun Jesus erspart, da der Besitzer des „Logiergrabes" alles andere als ein Gottloser war. Er ist in den Evangelien als ein guter, frommer Mann geschildert, ein ehrbarer Ratsherr, der auch auf das Reich Gottes wartete. Das ist ein unwiderleglicher Beweis, daß das Gottlosengrab des Knechts unter keinen Umständen mit dem gottgeweihten Grab von Jesus identisch ist.

Noch vor seiner unrühmlichen Grablegung hat der Knecht allerdings etwas Edles vollbracht. Er hat für die Übeltäter gebetet, was seine Nichtidentität mit Jesus abermals bezeugt, da dieser von Vers 13 bis 33 im 23. Kapitel des Matthäus-Evangeliums folgendermaßen für die Übeltäter „gebetet" hat:

> Weh euch, Schriftgelehrte und Pharisäer, ihr Heuchler, die ihr das Himmelreich zuschließet vor den Menschen! Ihr kommt nicht hinein, und die hinein wollen, laßt ihr nicht hineingehen.
> Weh euch, Schriftgelehrte und Pharisäer, ihr Heuchler, die ihr der Witwen Häuser fresset und wendet lange Gebete vor! Darum werdet ihr desto mehr Verdammnis empfangen.
> Weh euch, Schriftgelehrte und Pharisäer, ihr Heuchler, die ihr gleich seid wie die übertünchten Gräber, welche auswendig hübsch scheinen, aber inwendig sind sie voller Totengebeine und allen Unflats!
> Ihr Schlangen, ihr Otterngezüchte! wie wollt ihr der höllischen Verdammnis entrinnen?

Daß die Schriftgelehrten und die Pharisäer diesen stürmischen Angriff von Jesus verdient hätten, kann an sich schon nicht als begründet gelten. Sollte aber Jesajas „Knecht" für die Übeltäter gebetet haben, dann hätten auch die Schriftgelehrten und die Pharisäer Empfänger dieser Gunst sein müssen, denn Jesus wollte doch als eine Personifikation des „Knechts" gelten. Offenbar war er aber nicht die Erfüllung von Jesajas Vision, denn auch in diesem Punkt war sein Verhalten dem seines angedichteten Vorbildes diametral entgegengesetzt.

Weit davon entfernt, für die Übeltäter zu beten (oder zu bitten), hat Jesus überhaupt für niemanden außer für seine Jüngerschar gebetet. Diese Einschränkung des Kreises der Begünstigten ist im 17. Kapitel des Johannes-Evangeliums dokumentiert. Das Wesentliche der Worte Jesus in Hinsicht auf Fürbitte ist in den Versteilen 1, 6, 9 und 12 wiedergegeben.

> Vater, die Stunde ist da, daß du deinen Sohn verklärest, auf daß dich dein Sohn auch verkläre. Ich habe deinen Namen offenbart den Menschen, die du mir von der Welt gegeben hast. Ich bitte für sie und bitte nicht für die Welt, sondern für die, die du mir gegeben hast; die habe ich bewahrt, und ist keiner von ihnen verloren, als das verlorene Kind (Judas).

Nun erfährt man außer der Identität der Bevorzugten auch den erbaulichen Umstand, daß Jesus den Namen Gottes nur denen offenbart hat, die ihm von Gott gegeben wurden, nämlich seinen Jüngern. Das ist in ziemlichem Widerspruch mit seiner angeblich universellen Sendung. Jetzt stellt es sich heraus, daß seine Botschaft für den engsten Apostelkreis bestimmt war. Demnach ist es kein Wunder, daß er außerhalb dieses Kreises für niemanden in der Welt ein gutes Wort bei Gott einlegen wollte. Dann aber ist die Umdeutung des gnadenerflehenden Übeltäterfreundes von Jesaja in den weltverleugnenden Jesus von Johannes eine offensichtliche Fabrikation.

In drei Kardinalpunkten (neben anderen, zwischendurch demonstrierten Fällen) ist gezeigt worden, daß die alttestamentlichen Visionen (vorzugsweise Prophezeiungen genannt) durch keinen Akt von Jesus oder auch nur durch das Phänomen seiner Persönlichkeit erfüllt wurden. Das wird die Erfüllungsfanatiker freilich nicht daran hindern, Jesus weiterhin als die mystische Hauptfigur des Alten Testaments zu betrachten.

Die grundlegende Ursache dieser Einstellung ist das religiöse Denken. Alle Religionen haben es gemein (obwohl der Streitpunkt verschieden sein mag), daß für sie die allgemein anerkannten Regeln zivilisierten Gedankenaustausches nicht gelten. Tatsache und Logik haben für sie nur eine beschränkte Gültigkeit und Anwendung. Das starr dogmatische, papageienhaft geäußerte Denken steht wie eine Betonmauer vor jedem Vorschlag zur Güte. Es ist wahr, daß Logik und Tatsachen nicht das ganze Leben ausmachen. Aber was jenseits von Logik und Tatsachen liegt, sollte deren Ergänzung und nicht ihr Hemmschuh sein. Nach der religiösen Denkweise ist diese Wechselbeziehung umgekehrt. Logik und Tatsachen sind der Hemmschuh des religiösen Denkens. Wenn dieses Denken von einer Widerlegung bedroht ist, dann werden Logik und Tatsachen für null und nichtig erklärt.

Für diesen Stand der Dinge hat die Religion eine entwaffnende Erklärung. Das religiöse Denken habe einen göttlich-geistlichen Ursprung, während Logik und Tatsachen irdisch-materialistisch sind. Das ist das dualistische Zerreißen des menschlichen Seins, in welchem die geistige Komponente nicht eine Funktion unserer physischen Existenz, sondern eine selbständige Wesenheit ist, die dem physischen Komplex als ein außerhalb geschaffener höherer Qualitätsfaktor beigegeben ist. Welche der Denkrichtungen richtig und welche falsch ist, soll indessen nicht gleich mit einem einseitigen Diktum entschieden werden. Es ist wünschenswert, das Zusammenprallen der Meinungen zu beobachten und je nach Neigung die Konsequenzen zu ziehen.

**43** Wenn nun der Materialismus als Triebfeder menschlicher Handlungen im Verhältnis zueinander zunächst mal theoretisch anerkannt würde, scheint es doch unstatthaft, den Materialismus in der inneren Welt eines schaffenden Künstlers im Verhältnis zu seinem eigenen Werk auch nur theoretisch gelten zu lassen. Wo kann man Materialismus zum Beispiel beim Entstehen der Mondschein-Sonate nachweisen? Das ist eine ähnliche Frage, wie sie auch hinsichtlich des Zusammenhanges zwischen Dünger und Pfannkuchen gestellt werden kann. Wenn man alle Zutaten, die ein Rezept für diese Süßspeise angibt, bis zu ihrem äußersten Ursprung zurückverfolgte, würde man unter den verschiedenen Herkunftsstoffen auch ein gewisses Quantum chemisch sublimierten Düngers finden.

Unsere lebenserfüllte Welt besteht im Hin- und Herfließen der Naturelemente, in ihren Verbindungen, ihren Zersetzungen und dann wieder in ihren Neuformationen. In diesen Verbindungen, wie sie sich uns zu einer bestimmten Stelle und Zeit scheinbar als ewige Gebilde offenbaren, sind wir oft unfähig, die konstituierenden Bestandteile zu erkennen. Für das praktische Leben ist es auch völlig belanglos, daß das Wasser aus zwei Gasen besteht. Die Hauptsache ist, daß es aus einem Felsen kalt hervorsprudelnd unseren Durst bei einer Sommerwanderung herrlich stillt. Nur der Nutzeffekt zählt, und wir fragen nicht nach der Zusammensetzung des Wassers, des Pfannkuchens und der Mondschein-Sonate.

Falls manche daran Anstoß nehmen sollten, daß der Pfannkuchen und die Mondschein-Sonate in denselben Topf geworfen werden und die Entstehung beider banausisch mit dem Ausdruck „Zusammensetzung" bezeichnet wird, dann ist es angebracht darauf hinzuweisen, daß mit dem lateinischen Wort „Komposition" die deutsche „Zusammensetzung" gleichbedeutend ist. Beethoven hat viele seiner Werke „zusammengesetzt", wie es uns die Modifikationen in seinen Skizzenheften (im Bonner Museum im Original) vor Augen führen. Das mag man ebenso widerwillig zur Kenntnis nehmen wie die Enthüllung über das gasgebildete Wasser. Wer aber ein Musikstück als erster in der Geschichte Komposition nannte, als es noch nichts anderes als Zusammensetzung bedeuten konnte, war offenbar nicht von Idealismus hinsichtlich der Entstehung dieses Stückes erfüllt.

Aber da haben wir nun auch das Wort Musikstück! Wie kann Musik ein Stück sein? Das ist genauso unpassend wie die Zusammensetzung. Auch die anderen Ausdrücke, die die Musik umgrenzen und nominal in eine praktische Vortragsform bringen wollen, haben einen musikfremden Beigeschmack. Neben Komposition und Stück sagen wir auch „Werk". Das ist aber noch schlimmer, da Werk ein mechanisches Gefüge ist, also noch materialistischer als die zwei anderen Bestimmungseinheiten. Wie verhält es sich mit Ausdrücken wie Symphonie, Sonate, Tokkata, Konzert und Harmonie? Symphonie bedeutet Zusammentönen, dessen auch Fabriksirenen und Trinkgläser fähig sind. Sonate ist die zum Klingen Gebrachte wie eine Türklingel. Konzert und Harmonie bedeuten ein Zusammenwirken oder Zusammenfügen, also etwas ursprünglich gar nicht Musikalisches, und Tokkata ist die Angetastete. Man sieht, daß es nicht möglich ist, eine musikalische Wesensform durch einen die musikalische Metaphysik erfassenden Ausdruck zu bestimmen. Unser Empfinden sagt uns aber, daß die Musik etwas absolut Unmaterialistisches, etwas Metaphysisches jenseits aller Physik und Erdgebundenheit ist. Das kann man bejahen – hier und heute! Aber seit Einstein wissen wir – eigentlich hat es die Wissenschaft schon lange gewußt – oder sagen wir, Einstein hat es der Menschheit eingehämmert, daß eine Platzveränderung das „hier" und die Zeitlosigkeit des Weltalls das „heute" zu nichtexistierenden Begriffen gemacht haben.

Wenn wir also in der Musik „Metaphysik" sagen, dann müssen wir gleich die Frage hinzufügen: Wo und wann? Hat die chinesische Musik einen metaphysischen Inhalt für den Abendländer? Kann die chinesische Musik so erklärt werden, daß der Kulturspößling des Abendlandes eine innere Beziehung dazu findet? Und die zeitliche Frage: Hat ein unliniert, mit unbestimmter Tonhöhe notierter frühmittelalterlicher Kirchengesang einen metaphysischen Inhalt für einen Musikverständigen des 20. Jahrhunderts? Um den Inhalt einer Musik – sei er metaphysisch oder fisimatentisch – zu erfassen, muß man zuerst überhaupt die Sprache dieser Musik verstehen. Das Unverständnis – wenn das der Fall ist – kann sowohl von einer geographischen als auch von einer zeitlichen Entfernung resultieren.

Das Musikverständnis, wie jedes Kunstverständnis, gründet sich auf die Zugehörigkeit zu der Kultur, die die betreffende Kunst hervorgebracht hat. Wenn es der menschliche Geist in Reinkultur ohne äußere Begleitumstände wäre, der die Kunst, in unserem Fall die Musik, schafft und versteht, dann würde jeder chinesische Bauer Beethovens letzte Quartette (jene, die selbst der bedeutende Musiker Ludwig Spohr nach seinem eigenen Geständnis nicht verstanden hat) sofort verstehen. Was also ist nötig, um dem chinesischen Bauern, ebenso wie Spohr, die Beethovenschen Spätquartette verständlich zu machen? Die Antwort ist, daß beide (innerhalb der Möglichkeiten) mit deren Sprache vertraut gemacht werden müssen. Sie müssen dazu erzogen werden, oder, mit anderen Worten, sie müssen Zugehörige der Kultur dieser Kunst werden. Sie müssen in sich die Seele und den Geist entwickeln, die sie zum Verstehen führen. Diesem Ziel war natürlich Spohr näher als der Chinese, weil er den Kulturfortschritt vieler Jahrhunderte schon in sich hatte und nur noch wenige Schritte, mit Zeit und Geduld, zur höchsten Stufe brauchte.

Wir sehen also, daß geographische und zeitliche Nähe, also physikalische Faktoren, zum Verstehen von Kulturleistungen notwendig sind. Das gilt aber auch für den schöpferischen Künstler. Beethoven mit seiner Mondschein-Sonate zur Zeit Karls des Großen ist genauso undenkbar wie der Mount Everest in den Steppen Mittelasiens. Er brauchte die Schultern der Familie Bach, Haydns und Mozarts als Stütze, wie der Mount Everest den Himalaja braucht, und wie vor ihm Bach Schütz und Buxtehude brauchte. Der Geist ist also keine Fertigware; er ist wie ein Baum, der gesetzt und hochgezogen werden muß. Eine in den Himmel ragende Spitze muß von den Schultern niederer Erhöhungen getragen werden. Die äußerste Grundstütze aber ist die Ebene, bei Menschen das Volk. Diese Volksverwurzelung ist die erste Station zum Emporwachsen eines Beethovens. Deswegen ist jede große Kulturleistung, innerhalb wie außerhalb der Musik, ethnisch geprägt. Sie braucht nicht folkloristisch zurechtgestutzt zu sein oder Volksmelodien der Kunstmusik grobschlächtig aufzupfropfen. Sie kann ganz abstrakt sein, aber sie kann nicht wurzellos sein. Der Künstler ist ein potenziertes Ausdrucks-Agens der Rasse. Diese Verbindung zeigt, daß die Kunst nicht von oben, vom Geist, kommt, sondern von unten, von der physischen Welt. Zum Geist wird sie erst, wenn die nährenden Säfte vom Boden zum Wipfel steigen. Dann aber sickert der Geist nach unten und nährt seine eigenen Ernährer. Diese müssen zum Empfang immer mehr vorgebildet sein. Der Empfänger muß auf die Wellenlänge des Sendergeistes (auch Sondergeistes) eingestellt sein. Es handelt sich dabei also um einen Prozeß, um einen Wechselstrom, zwischen Ursprung und Empfang, um eine Lebensmanifestation, eine Funktion, nicht um eine starre Schöpfung, um eine Seele, die schon existiert, bevor Lebenserfahrungen gemacht werden. Seele ist Erziehung, Einübung und Reaktion. Sie ist eine Funktion des Körpers, um ihn in Betrieb zu halten; sie ist das Bewußtsein, das die Welteindrücke empfängt, ordnet, verarbeitet, sich zunutze macht und den Körper in den allgemeinen Lebensfluß einfügt.

In der Musik ist der „Körper" das Talent, das die musikalischen Welteindrücke von Kindheit an empfängt und zu seiner gehörsinnlichen Verfeinerung verarbeitet. Aber Talent ist nicht Geist, es ist eine besondere Nervenorganisation, wie sie bei der Ausführung von Geschicklichkeitstaten auch auf anderen Gebieten zu beobachten ist. Talent ist Anstelligkeit, nicht die Leistung selbst. In der Musik wird es zur Leistung, beziehungsweise zum Geist erst im Verein mit der Summe des geschichtlichen Wissenskapitals. Auch das größte Talent wüßte nicht, was Musikalität ist, wenn diese in ihm nicht durch die Musikalität bewährter Vorbilder geweckt würde. Kein Pianist könnte Klavier spielen, wenn dieses Instrument nicht in einem jahrhundertelangen Prozeß erdacht, entwickelt und vervollkommnet worden wäre.

Daß Talent an sich nicht Geist ist, geht daraus hervor, daß es nicht jeder hat. Es wird im allgemeinen als eine göttliche Gabe betrachtet. Diese Annahme enthält aber die Alternative von zwei möglichen Denkfehlern. Entweder ist Talent eine Gottesgabe, und dann stammt es von einem ungerechten Gott, da dieser es ohne jeden erdenklichen Grund nur einzelnen gewährt, oder aber ist Ungerechtigkeit von seiten Gottes eine Unmöglichkeit, und dann kann das Talent nicht von ihm stammen. In diesem Fall kann es aber auch nicht Geist sein, weil Geist ein Begriff ist, der mit dem Begriff Gott unlöslich verbunden ist.

Eine gottlose Welt wird von den Gottgläubigen gerade deswegen abgelehnt, weil sie sich eine geisterfüllte Welt ohne Gott nicht vorstellen können. Ihre Gesinnungsgegner können sich aber eine geistvolle Welt sehr gut ohne Gott vorstellen, weil für sie Geist eine Funktion ist und nicht eine Wesenheit.

Wenn demnach Talent kein Geist ist und auch keinen geistigen Ursprung hat, wo kommt es dann her? Es ist dieselbe Erscheinung wie die millionenfachen Daseinsvarianten in der Natur. Es ist das Spiel – oder die Laune – der Natur. Ein Beispiel sind die Vögel, die fliegen können, und die Vögel, die nicht fliegen können. Es gibt Rennpferde und Zugpferde. Eine Traube ist süß, eine andere sauer. Der Kater ist groß und die Katze klein, und zwar ausnahmslos. Aber bei den Menschen ist das Männchen manchmal kleiner als das Weibchen. Der letzte italienische König Victor Emanuel (als Beispiel, da sein Fall allgemein bekannt ist) war ein Zwerg, neben dem seine montenegrinische Frau wie eine Riesin wirkte. Solche Spiele treibt die Natur, und das Talent und die Impotenz gehören auch zu ihren Spielzeugen.

Launenhafte Unterschiede gibt es oft, wo sie am wenigsten faßbar sind. In derselben Familie kann es ein Genie und einen Idioten geben. Außerhalb der engen Grenzen der Familie, in der weiten Welt, gibt es solch extreme Unterschiede natürlich noch viel mehr. Und alle müssen Gottes Geschöpfe sein, die dem Bibelwort gemäß „Gott zum Bilde" geschaffen wurden. Wenn es nun gotteslästernd wäre anzunehmen, daß Gott selbst zugleich ein Genie und ein Idiot sein muß, um sich in allen Menschen wahllos spiegeln zu lassen, so kann die Gotteslästerung nur durch die Alternative vermieden werden, daß weder die Genies noch die Idioten von Gott geschaffen wurden. Das ist um so mehr vernunftsgemäß, als zwischen diesen zwei Extremen geistiger Stufenreihe unzählige Zwischenstufen existieren, die an der Gottähnlichkeit ebenfalls teilnehmen wollen.

Es gibt aber eine alleroberste Oberschicht, jene der Übermenschen, die die Bibel implizite, aber irrtümlich, auch als die zum Bilde Gottes Geschaffenen rechnet. Jeder einigermaßen vernünftige Mensch sieht ein, daß Aristoteles, Michelangelo, Columbus, Shakespeare, Goethe, Beethoven, Pasteur, Edison, Einstein und ein paar andere ähnliche nicht zum Bilde dessen geschaffen worden sein können, zu dessen Bild auch Caligula, Nero, Dschingis-Khan, Torquemada, Hitler und Stalin geschaffen wurden. Außerdem ist die Zahl der vorbildlos geschaffenen Riesen der Menschheit verschwindend klein. Man möchte das eingebildete Vorbild (das sich sein eigenes Bild einbildet) fragen, warum es nicht mehr Wohltäter und weniger Übeltäter geschaffen hat.

Die Bezeichnung „Krone der Schöpfung", mit der am Ende des 20. Jahrhunderts fünf Milliarden Menschen gemeint sind, paßt nur auf einige tausend, oder großzügig gerechnet auf einige hunderttausend. Wenn wir 500 000 Wohltäter (um bei runden Zahlen zu bleiben) erster Klasse während der ganzen Menschheitsgeschichte rechnen, also Schriftsteller (wie gesagt erster Klasse), bildende Künstler, Architekten, Musiker, Philosophen, medizinische Forscher, Physiker, Chemiker, Erfinder, Entdecker und ähnliche, die man noch dazu rechnen möchte, dann gibt es *einen* Menschen unter zehntausend, der mehr ist als ein zimmerreines Tier. Und auf eine solche verschwindend geringe Zahl in einer Unmenge von Einfaltspinseln wäre Gott stolz, wenn er sie geschaffen hätte!

Ein Mensch kann kein Genie durch Streben erlangen, wenn er nicht mit einem geboren ist. Und wenn es nicht in seiner Macht ist, sich selbst ein Genie zu geben, dann muß es ihm eine andere Quelle geben. Diese Quelle kann aber nicht allmächtig, allwissend und allgütig sein, wenn sie es nicht jedem gibt, der es vorgeburtlich (wenn keine Gegenindikation besteht) nicht weniger verdient als ein anderer. Es ist offenbar, daß die Geniegabe, die sich auf nichts Ersichtliches gründet, von keinem denkenden, rechtliebenden Wesen herrühren kann.

Das Naturspiel, das sich im Hervorbringen außergewöhnlicher Fähigkeiten offenbart, erscheint noch launenhafter, wenn man die genetische Linie der Genieerzeugung betrachtet. Geniale Tondichter entstammen ebensosehr Familien, die vorher immer nur Alltagsmenschen hervorbrachten, wie Familien, in welchen Musik schon mehrere Generationen Tradition war. Einem Bach, Mozart, Beethoven, Brahms, Puccini oder Strauss stehen Haydn, Schubert, Berlioz, Schumann, Mendelssohn, Verdi und Debussy gegenüber. Manchmal ist die Musikader nur an einen einzigen Sprößling unter mehreren weitergegeben. Beethoven, der „Hirnbesitzer", hatte einen Bruder, der ein musikfremder Gutsbesitzer war; der andere, der Beamtenbruder, war der einzige von den dreien, der wenigstens ein Sohnbesitzer war, und alle hatten zum Vater einen Suffbesitzer.

In den einen schlägt ein Genieblitz, in den anderen ein Aberwitz. Aber jener, der mit Genie geschlagen ist, würde zu nichts kommen, wenn er es nicht zu kultivieren wüßte. Genie ist nur ein Zufallsfaktor; dazu kommt der Kulturfaktor, der schon vor dem Genie bestand und auch nach ihm bestehen wird.

Errungenschaften vergangener Zeiten werden zum begangenen Pfad der Nachwelt. Als die Oktaven, Quarten und leeren Quinten des Mittelalters anfingen, sich mit Terzen und Sexten zu füllen, bildete sich allmählich die Konvention heraus, daß die untere, große Terz im Dreiklang einen fröhlichen und die kleine Terz einen traurigen Seelenzustand widerspiegelte. In den Mozart-Opern sind sozusagen alle wehmütigen Arien in der Molltonart. Dagegen sind 25 der 27 Klavierkonzerte (von denen nebenbei gesagt fünf nur Transkriptionen sind), dem spielerischen Charakter dieser Gattung gemäß, in Dur. Daß Dur und Moll ihre spezifischen Stimmungen erzeugten und dementsprechend empfunden wurden, war die Konvention von Mozarts Zeit. Das ist auch ein Symptom dafür, daß Seelenregungen auf Konvention beruhen, denn genauso wie der Komponist seine Traurigkeit (oder die eines Theatercharakters) durch Moll ausdrückte, ließen sich die Zuhörer und noch mehr die Zuhörerinnen von diesem Moll in eine traurige Seelenverfassung versetzen.

Beethoven, der als Haydnianer und Mozartianer begonnen hatte, fühlte seinen Bedarf an dieser Konvention bald gedeckt. Er begann in Moll heroisch anstatt sentimental zu komponieren. C-Moll war für ihn eine besonders heroische und in wichtigen Werken verwendete Tonart. Die Romantik, deren Ausgangspunkt er war, folgte ihm darin weitgehend. Es war dann bald gar nicht mehr genug, das Moll heroisch zu verwenden (Brahms c-Moll-Symphonie, d-Moll-Klavierkonzert); der Konventionsbruch hat sozusagen logischerweise zur parallelen, aber entgegengerichteten Umbiegung des Dur in Gefühlsduselei geführt. Im ersten Satz von Tschaikowskys Pathétique zum Beispiel ist das Moll-Hauptthema schwungvoll und das Dur-Seitenthema ein Gefühlserguß.

Ein besonderes Beispiel für eine tränengetränkte Traurigkeit in Dur ist Edgardos Schlußarie in Donizettis „Lucia". Unmittelbar nach seinem sich selbst gegebenen Dolchstoß intonieren zwei Solocellos eine Melodie, die die ergreifendste, jedes Moll übertreffende musikalische Illustration tiefster Traurigkeit in Dur ist. Das war das Resultat einer neuen, nämlich Dur-traurigen Konvention, die das Publikum vielleicht nur mit Hilfe des Bühnengeschehens verstand. Jedenfalls hat diese Opernstelle die Einführung und Legitimierung einer neuen Konvention gezeigt.

Die musikalische Traurigkeit hat später sowohl das Dur als auch das Moll hinter sich gelassen, als Debussy den Tod von Melisande in seiner eigenen Tonsprache mit nicht weniger Traurigkeitseffekt illustrierte. Und dasselbe geschah bei einer weiteren Fortschrittsstufe in der Todesszene von Bergs „Wozzek". Es gab Fortschritt, aber jeder Schritt wurde zur Konvention, nachdem das Publikum sich damit vertraut gemacht hatte.

Solche Konventionen, nicht nur in Traurigkeit, sondern für eine Stimmungserzeugung aller Arten, sind für das Musikverständnis fast unerläßlich. Es handelt sich dabei nicht um das Erfassen eines „Programms", das sozusagen etwas Literarisches durch die Musik allein ausdrücken will. Was hier in Rede steht, ist eine in Tönen vor die Zuhörerschaft gezauberte Welt, in welcher sie sich heimisch und beglückt fühlt. Der Fortschritt oder die Fortschrittsbestrebung bringt es aber mit sich, daß diese Welt meistens einige Klippen hat, an denen der Zuhörer hängenbleibt. Die Frage ist, in welchem Verhältnis die leicht navigierbaren Strecken und die Klippen verteilt sind. Daß es avantgardistische Werke mit nur Klippen gibt, die den Zuhörer aus seinem Parkettsitz werfen, wäre nicht unweigerlich katastrophal, wenn eine Versöhnung damit sich nach einigen Wiederholungen einstellen würde. Es gibt aber sogenannte neuzeitliche, oder eigentlich eher schon totgeborene Tonkonstruktionen, deren Widerhaarigkeit in den Ohren der Zuhörer sich selbst nach einem Halbjahrhundert nicht ausglättet. Das Fehlurteil Spohrs über die Beethovenquartette zur Vermeidung eines ähnlichen Fehltrittes anzurufen, wäre unangebracht. Es gibt Klangexperimente, deren öffentliche Aufführung auf ewig eine akustische Zwangsfütterung des Publikums bleibt.

Die Quelle des Übels bei diesen Heimsuchungen ist, daß die früher demonstrierte Verbindung zwischen Scholle und Kunsttätigkeit und damit die Kette der organischen Kulturentwicklung zerrissen ist. Man kann manche Konvention über Bord werfen, aber eine rücksichtlos sprunghafte Vorwärtsbewegung schleudert auch die Mitfahrer in die Gosse. Eine Gleichung mit nur unbekannten Größen kann nicht gelöst werden. Manche sogenannten Avantgardisten bauen nicht auf kulturgeschichtlichem Boden, sondern in der Luft. Dieser Zustand dauert schon seit Ende des Ersten Weltkrieges an, und die krampfhaften Rechthaber wollen nicht nachgeben. Sie sind zwischen zwei Mühlsteinen eingeklemmt. Den einen haben wir soeben gesehen und der andere ist der Druck der Zukunft, die immer etwas Neues verlangt, das Neue, das auch mit dem Maßstab der Vergangenheit gemessen werden kann. Das Resultat ist eine Mißgeburt.

Einige Komponisten von überdurchschnittlichem Talent haben das Problem durch ein „rechts um" gelöst und quasi einen Klassizismus der Modernität geschaffen. Die führenden Gestalten dieser Richtung waren Strawinsky und Bartók, die nach einem folkloristischen Anfang und einer wild abenteuerlichen Mittelperiode schließlich manch „bekannte", fürs Publikum lösbare „Größen" in ihre Gleichungen einfließen ließen. Interessanterweise wurden die Spitzenleistungen von Strawinsky am Anfang und von Bartók am Ende erreicht. Brauchbare Lösungen fanden Kodály (der bedeutendste von diesen), Copland und Britten, die mehr als ihre

Zeitgenossen ein Echo ihres völkischen Hintergrundes sind. Aber den meisten bleibt nur die Alternative des Epigonentums oder des Kopfsprungs ins Chaos übrig.

Die Tragik der Musik ist, daß sie ohne die kulturgeschichtliche Verkettung nicht annehmbar existieren kann, andererseits aber am vorläufigen Ende einer lebensvollen Entwicklung angelangt zu sein scheint. Den historischen Weg oder vielleicht eher die Sackgasse der anderen Künste, die ihren Höhepunkt und auch ihre Abwärtsbewegung lange vor der Musik erreicht haben, enthält keinen Trost für sie. Die Seele, die die Künste noch etwa bis in die erste Hälfte des 20. Jahrhunderts belebt hatte, scheint von ihnen abgewandert zu sein. Sie erwies sich, besonders für die Musik, als sterblich oder zumindest chronisch krank. Die Seele ist aus der Zwischenkriegs- und Nachkriegsmusik verschwunden, weil der erdgebundene, greifbare Gefühlsverkehr zwischen Schöpfer und Liebhaber abgerissen ist. Die Komponisten komponieren für sich selbst und ihre weltfremden Partisanen, nicht für Mitmenschen, die weite Welt (aber nicht die zukünftige). Das Abstrakte verdrängt das Konkrete. Musik aber ist Kommunikation und kein Gespenst. Die Musik des Lebens steht gegen die Musik der Einbildung. Wo aber nur Einbildung herrscht, da ist keine Seele. Leben, Kommunikation, Realität, materielle Existenz sind Seele. Metaphysik ist keine Seele. Sensualität ist Seele.

In seinem Buch „Ecce Homo" unter Sektion 8 des Kapitels „Warum ich ein Schicksal bin" hat Nietzsche die Wertung des Lebens und der menschlichen Tätigkeiten unter einem ziemlich ähnlichen Blickwinkel gesehen:

> Der Begriff „Jenseits", „wahre Welt" erfunden, um die einzige Welt zu entwerthen, die es giebt, – um kein Ziel, keine Vernunft, keine Aufgabe für unsre Erden-Realität übrig zu behalten! Der Begriff „Seele", „Geist", zuletzt gar noch, „unsterbliche Seele" erfunden, um den Leib zu verachten, um ihn krank zu machen.

Und in Nietzsches Buch „Götzendämmerung", in „Streifzügen" eines Unzeitgemäßen, ist es gegen Ende von Abschnitt 47 vielleicht noch deutlicher gesagt:

> Es ist entscheidend über das Loos von Volk und Menschheit, daß man die Cultur an der rechten Stelle beginnt – nicht an der Seele (wie es der verhängnisvolle Aberglaube der Priester und Halb-Priester war): die rechte Stelle ist der Leib, die Gebärde, die Diät, die Physiologie, der Rest folgt daraus.

Es gibt berufsmäßige Seelenagenten, die der Menschheit eine ewige, vorgeburtlich wie nachtödlich existierende Seele einreden wollen. Und die Menschheit läßt sich zu diesem Glauben verleiten, weil sie sich mit der Beschränktheit des körperlich fühlbaren Lebens nicht abfinden kann und wenigstens als Spuk weiter-existieren möchte. Sie merkt nicht, daß zwischen dem Wahn der vorgeburtlichen Seele (von der ja jeder aus direkter Erfahrung etwas wissen müßte und doch nichts weiß) und der vorgemachten, unbewiesenen und unbeweisbaren jenseitigen Existenz der Ausweg die Fortsetzung des vorgeburtlichen Zustandes nach dem Tod ist. Eine Autorität, die für die Stichhaltigkeit dieser Argumente zeugt, ist kein Geringerer als Goethe. Seine Äußerung ist in der Aufzeichnung eines am 25. Februar 1824 mit Eckermann geführten Gesprächs wiedergegeben.

> Die Beschäftigung mit Unsterblichkeitsideen ist für vornehme Stände und besonders für Frauenzimmer, die nichts zu tun haben. Ein tüchtiger Mensch aber, der schon hier etwas Ordentliches zu sein gedenkt und der daher täglich zu streben, zu kämpfen und zu wirken hat, läßt die

künftige Welt auf sich beruhen, und ist tätig und nützlich in dieser. Ferner sind Unsterblichkeits-Gedanken für solche, die in Hinsicht auf Glück nicht zum besten weggekommen sind, und ich wollte wetten: wenn solch einer ein besseres Geschick hätte, so hätte er auch bessere Gedanken.

Aus dieser Äußerung ist man berechtigt zu folgern, daß Goethe seine dichterische Tätigkeit nicht mit der Geisterwelt in Zusammenhang brachte, sondern sie als eine rein irdisch ausgerichtete Selbsterfüllung betrachtete. Man könnte also kaum eine größere Autorität für die Bekräftigung der Ansicht anrufen, daß unser Leben auch in seiner sogenannten geistigen Funktion irdisch-körperlich ist. Was wir Geist nennen, ist nichts anderes als das verfeinerte Funktionieren des Körpers, nämlich des Gehirns, das ja Körper ist. Die geistigen Funktionen sind in ihren Wurzeln und in ihren Zwecken mit dem Körperlichen unlöslich verbunden. Es gibt keinen Geist ohne Körper. Nur Phantasten, Übergeschnappte und Heuchler behaupten das Gegenteil. Die Unhaltbarkeit ihrer Ansichten enthüllen sie selbst. Trotz des Ewigseelen-glaubens will keiner körperlos nur Geist sein. Wenn die Zeit des Scheidens kommt, dann gibt es großes Wehklagen. Dann stellt es sich heraus, daß der Jenseitsglaube ein Jenseitsunglaube ist. Der schwerkranke Gläubige setzt seine Hoffnung mehr auf den Arzt als auf Gott.

Wer Spiritualismus predigt, darf dann mit dem Verlaß auf den Arzt auch materialistisch sein. Nur der offenherzige Materialist darf nicht materialistisch sein. Der Frühaufsteher darf bis Mittag schlafen, aber der Faulenzer steht vergeblich sein Leben lang früh auf und schuftet von Sonnenaufgang bis Götterdämmerung, er bleibt ein Faulenzer. Und wer ein Nachfolger des Wanderbettlers Jesus ist, darf ein Millionär sein, ohne seine dubiose Nachfolgerschaft dem allgemeinen Spott auszusetzen. Manche Kategorien des niederen Klerus müssen sich zur ewigen Armut verpflichten, aber diese Regel gilt nicht für die Aristokraten der Kirche. Ein berüchtigter Millionenraffke in der Soutane war Giacomo Antonelli, der Kardinal-Staatssekretär von Pius IX. Goethe hat schon versucht, diesen Zustand für die breitere Öffentlichkeit aufzudecken, aber – wie man weiß – ohne Erfolg. Die Menschen akzeptieren nicht, was sie durch Lernen erlangen können, nur was ihnen eingeimpft wird. 200 Jahre seit Goethe haben an der Geisteslage der Menschen wenig geändert, und auch die Unterschiede zwischen ihnen haben sich nicht wesentlich in der Richtung sachlichen Denkens verschoben. Bei einem Gespräch mit seinem Sekretär Eckermann am 11. März 1832 (elf Tage vor seinem Tod!) sagte Goethe:

> Es ist gar viel Dummes in den Satzungen der Kirche. Aber sie will herrschen, und da muß sie eine borniertte Masse haben, die sich duckt und die geeignet ist, sich beherrschen zu lassen. Die hohe, reich dotierte Geistlichkeit fürchtet nichts mehr als die Aufklärung der untern Massen. Sie hat ihnen auch die Bibel lange genug vorenthalten, so lange als irgend möglich. Was sollte auch ein armes christliches Gemeindeglied von der fürstlichen Pracht eines reich dotierten Bischofs denken, wenn er dagegen in den Evangelien die Armut und Dürftigkeit Christi sieht, der mit seinen Jüngern in Demut zu Fuße ging, während der fürstliche Bischof in einer von sechs Pferden gezogenen Karosse einherbrauset!

Ergänzend dazu (auszugsweise, aber sinngetreu) kann man anführen, was Goethe zum selben Thema am 17. März 1830 gesagt hat:

> „O welch ein Spaß würde es für mich sein, die neununddreißig Artikel auf meine Weise zu traktieren und die einfältige Masse in Erstaunen zu setzen!"
> „Auch ohne Bischof zu sein", sagte Eckermann, „könnten Sie sich dieses Vergnügen machen."

„Nein", erwiderte Goethe, „ich werde mich ruhig verhalten; man muß sehr gut bezahlt sein, um so zu lügen. Ohne Aussicht auf die Bischofsmütze und meine dreißigtausend Pfund jährlich könnte ich mich nicht dazu verstehen."

Goethe, als Aristokrat, hat natürlich seine witzige Hypothese auf die klerikale Aristokratie gemünzt. Auf den hohepriesterlichen Luxus und Machtzauber hat aber nicht nur Goethe, sondern selbstverständlich auch Nietzsche, dieser Hauptikonoklast, sein Augenmerk gerichtet. Wie hätte er es vergessen können? In seinem Buch „Antichrist" (der Titel läßt schon an Deutlichkeit bezüglich des Inhalts nichts zu wünschen übrig) sagt Nietzsche im Abschnitt 26 unter anderem:

Der Priester hatte, mit Strenge, mit Pedanterie, bis auf die großen und kleinen Steuern, die man ihm zu zahlen hatte (- die schmackhaftesten Stücke vom Fleisch nicht zu vergessen: denn der Priester ist ein Beefsteak-Fresser) ein für alle Mal formuliert, was er haben will, „was der Wille Gottes ist"... . Von nun an sind alle Dinge des Lebens so geordnet, daß der Priester überall unentbehrlich ist; in allen natürlichen Vorkommnissen des Lebens, bei der Geburt, der Ehe, der Krankheit, dem Tode, gar nicht vom Opfer („der Mahlzeit") zu reden, erscheint der heilige Parasit, um sie zu entnatürlichen: in seiner Sprache zu „heiligen". Psychologisch nachgerechnet werden in jeder priesterlich organisierten Gesellschaft die „Sünden" unentbehrlich: sie sind die eigentlichen Handhaben der Macht, der Priester lebt von den Sünden, er hat nöthig, daß „gesündigt" wird... Oberster Satz: „Gott vergiebt dem, der Buße thut" – auf deutsch: der sich dem Priester unterwirft.

Also sprach Nietzschethustra! Es bleibt nun die Aufgabe der Spiritualisten zu beweisen, daß Raffgier und Machtgier spirituelle Offenbarungen sind.

**44**  In einer Hinsicht ist Nietzsche mit den Spiritualisten glimpflich verfahren. Er hat nicht erwähnt, daß die Raffgier in der Soutane ihre Parallele in der Sexgier hat (ebenfalls in der Soutane). Eigentlich, um Mißverständnisse zu vermeiden, soll keines an sich kritisiert werden. Beides beruht auf den gott-geschaffenen Instinkten der Selbsterhaltung und der Arterhaltung. Der Mensch selber ist gar nicht verantwortlich für Handlungen (sagen wir, zivilisatorisch geregelte Handlungen), zu denen ihn diese Instinkte drängen. Das Unsaubere und Sinnwidrige ist nur, daß der Soutanenträger seinen Verzicht auf Arterhaltung und damit auch auf Wollust laut hinausposaunt und dann wollüstige Akte der Arterhaltung ohne Arterhaltungsabsicht heimlich ausführt. Der Protestantismus hat wenigstens diese Heuchelei abgeschafft.

Die Kreise, denen diese Feststellung ins Fleisch schneidet, werden natürlich darüber empört sein. Sie taten dasselbe, als der französische Kardinal Jean Daniélou durch unglückliche Umstände im Mai 1974 in Paris mit einer Nachtlokalentkleidungskünstlerin, deren Name und Adresse bekannt waren, ins Gerede kam. Der angedeutete unglückliche Umstand war, daß er in ihrer Wohnung oder unmittelbar nach der Visite an einem Montag, dem 20. Mai, auf der Straße starb und so sein Verbleib nicht geheimgehalten werden konnte. Man weiß, daß ein Kardinal (man bedenke: ein Kardinal, eine Rangstufe unmittelbar vor dem Papsttum) nicht in dubiosen Stadtbezirken allein herumstrolcht, wo er weder kirchlich, wissenschaftlich, verwandtschaftlich noch gesellschaftlich etwas zu schaffen hat. Die Nachrufe sagten nur verlegen, der Todesfall hätte sich beim Besuch von „Freunden" ereignet (ein Widerspruch zum ersten Bericht über einen Straßentod), man hat aber nicht gesagt, wer diese Freunde gewesen sein sollen. Natürlich nicht, da man nicht in der Lage war, diese Freunde zum Beweis eines respektablen Alibis zu präsentieren, besonders solche, die in der betreffenden Straße gewohnt hätten. Es ist begreiflich, daß die Kirchenbehörden sich um so mehr in ein undurchdringliches Schweigen hüllten, da das kompromittierende Dämchen verheiratet war (nebenbei gesagt mit einem Strizzi), und Scinc Hochwürden somit nicht nur sein Keuschheitsgelübde verletzte, sondern auch Ehebruch beging.

Die Frage ist nun, ob dieser Doppelseitensprung (bei einem Geistlichen war es eher eine „Mitternachtskirmes") eine Tatsache war oder eine Verleumdung. Wenn die absolute Weigerung der Kirche (und auch der Polizei), eine entlastende Erklärung (offenbar aus Unvermögen) über die Umstände des Mißgeschicks zu veröffentlichen, dem begreiflichen Verdacht schon starken Auftrieb gegeben hatte, so wurde das entscheidende Verdikt von einem Kardinalskollegen des Unglückseligen gesprochen. Gabriel-Marie Garrone, Kardinal-Erzbischof von Paris, sagte in seiner Gedenkrede, nach Belobigung der theologisch-soziologischen Leistungen des verstorbenen Kollegen, folgendes: „Gott gewähre uns Vergebung: Unsere Existenz kann nicht vermeiden, Eigenschaften der Schwäche und des Schattens mit in sich zu schließen." Offenbar hat der Kardinal-Erzbischof gute Gründe gehabt, um Vergebung der Schwäche und des Schattens zu bitten, wenn er das sogar in seiner Gedenkrede erwähnen mußte. Was er aber zu sagen vergaß, war der Umstand, daß Kardinal Daniélou nach seinem Schwächeanfall so schnell das Zeitliche segnete, daß er zu einer Beichte keine Zeit mehr hatte und somit seinen Einzug in die Hölle mit seiner vollen Kardinalswürde ausgestattet halten mußte.

Man kann nun fragen, ob ein „Schwächeanfall und Schatten", wie sie im Leben Daniélous vorkamen, nicht vielleicht auch manchen seiner ebenbürtigen und niedriger gestellten Kollegen passierten. So eine Entdeckung, wie sie bei Daniélou gemacht wurde, ist die sprichwörtliche Spitze des Eisbergs, von dem bekanntlich vier Fünftel unter der Wasserlinie unsichtbar bleiben. Man könnte diese Naturerscheinung als Analogie zur Geisteslage der Menschheit verwenden. Es wäre keine zu gewagte Behauptung, daß das Spirituelle das oberflächliche Fünftel und das Materielle die untergründigen vier Fünftel der menschlichen Natur ausmacht.

Was die klerikalen Persönlichkeiten im besonderen betrifft, kann man sie wohl die Spirituellen der Gesellschaft par excellence nennen, aber nur, wenn man sich die nahe etymologische Verwandtschaft zwischen den Spirituellen und den Spirituosen in Erinnerung ruft. Es ist ziemlich bekannt, wie gerne der heilige Geist sich mit dem Weingeist mischt. In Amerika zum Beispiel gibt es unter etwa 60 000 katholisch-priesterlichen Wein-Seligen 6000 chronische Saufbrüder, die den „Geist" ziemlich materialistisch durch Entwöhnung aufgeben müssen. Das ist kein Wunder. Hat man nämlich in seinem Leben keine Frauen, so sucht man eben Trost bei den Trauben. Es gibt aber kompromißlose Charakterhelden der Kirche, die vom Walzertitel „Wein, Weib, Gesang" kein Wort gestrichen haben würden. Manchmal wurden vielleicht ein paar Tropfen Gift in den Wein geträufelt, und auch der Gesang mochte Mißtöne haben, aber das Weib mußte von reinster Minne umgeben werden, denn wo hätten die kräftigen Borgia-Kinder des Papstes Alexander VI. ihre Mutti sonst herbekommen?

Die Zölibatsumgehung sollte Alexander nicht zu schwer angekreidet werden, da die Priesterliebschaften zu seiner Zeit ziemlich verbreitet, wenngleich nicht in jedem Fall notorisch waren. Er war nur die Spitze des Eisbergs. Heutzutage gibt es neben dem großen Eisberg Daniélous die kleineren Eisberge der Alltagspriester, die schon fast zu einer Gefahr für die Titanic der

Kirche zu werden drohen. In neuerer Zeit sind viele Priester und in geringerer Zahl auch Nonnen abgeflattert und in den Ehestand geflogen. Diese sichtbare Strömung zeigt – nach dem Eisbergprinzip –, daß bei den noch ausharrenden Kirchensklaven der Gedanke an einen Umfall in den Köpfen fieberhaft herumschwirren muß. Man kann nicht an einem Tag streng keusch denken und fühlen und am nächsten Tag verheiratet sein.

Ein Priester dieser Art war auch der uns wohlbekannte Franz Liszt. Er gefiel sich in der Rolle des Priesters, obwohl er kaum ein halber Priester war. Er hatte zwei niedere Weihen genommen und es dabei bewenden lassen. Trotzdem hat er immer ein priesterliches Gewand getragen und war bestrebt, das Katholische in seiner Komponiertätigkeit immer mehr zum Ausdruck zu bringen. Dabei lebte er mit Wissen des Papstes (ohne dessen feststellbare Miß-billigung) in Dauersünde mit der Frau eines französischen Grafen und produzierte mit ihr auch drei uneheliche Kinder. Im Falle von Franz Liszt haben wir die laut hinausposaunte Seifenblase des Spiritualismus und den im stillen praktizierten, guten, altbewährten Materia-lismus des irdischen Lebens. Spirituelles Bekenntnis und materielle Erkenntnis!

Das ist die Kontroverse zwischen den zwei Auffassungen, dem Spiritualismus und dem Materialismus. Sie ist nicht erst neuerdings entstanden, sie geht bis in die vorchristliche Zeit zurück. Die Frage der Richtigkeit einer bestimmten Denkweise beschäftigt viele Neutrale. Da diese geneigt sein mögen, das Studium einer Weltanschauung von der Autorität ihrer Vertreter abhängig zu machen, so soll eine kurze Übersicht über bedeutende Persönlichkeiten der ma-terialistischen Richtung gegeben werden. Der bekannteste Materialist des Altertums (aber auch erst nach einigen Vorgängern) ist der griechische Philosoph Demokritus, der die erste Atomtheorie aufstellte. Er lehrte, daß der Sitz des Geistes das Gehirn ist. Eine gegnerische Ansicht vertrat der Metaphysiker Aristoteles, der das Herz als den Sitz des Geistes bezeichne-te. Epikur, der dummerweise für einen Wortführer der Genußsucht gehalten wird, wollte nur das Leben den menschlichen und nicht den göttlichen Interessen gemäß und auf einem hohen ethischen Plateau organisiert wissen. Seine materialistische Philosophie kommt in dem Satz zum Ausdruck: „Alles, was ist, ist Körper. Was nicht Körper ist, ist leerer Raum."

Dazu könnte ein Spiritualist sagen, daß Gedanken existieren und doch nicht Körper sind. Ja, aber ein Gedanke denkt sich nicht selbst, er braucht einen Körper, nämlich das Gehirn eines Menschen, um gedacht zu werden.

Ein Nachfolger Epikurs war Lucretius, der als römischer Dichter zeigte, daß materialisti-sche und sogar religionsgegnerische Ideen in dichterischer Form ausgedrückt werden kön-nen. In seinem Lehrgedicht „De Natura Rerum" steht der Seufzer: „Tantum religio potuit suadere malorum." (Zu soviel Bösem konnte die Religion Ansporn sein! – nämlich zur beab-sichtigten Aufopferung von Iphigenie durch ihren Vater Agamemnon an die Göttin Diana zwecks Erlangung günstiger Winde für seine Kriegsflotte.) Thomas Hobbes, ein langlebiger Zeitgenosse Cromwells, schrieb das hypermaterialistische Buch „Leviathan" (das biblische Ungeheuer, symbolisch für Staat und Gesellschaft). Die zwei Franzosen, ebenfalls Crom-wells Zeitgenossen, Gassendi und Descartes sind mit gewissen Vorbehalten zu den Materia-listen zu zählen. Gassendis Anteil am Materialismus gründet sich auf seine Wiedererweckung des schlummernden Epikurismus und auf seine höchst kritische Einstellung zum metaphysi-schen Aristoteles. Descartes war Materialist nur im Ausgangspunkt seines Denkens, nämlich im Zweifel an allem, nicht aber in seinen Schlußfolgerungen. Die Philosophen der französi-schen Aufklärung waren alle Materialisten wie La Mettrie (mit seinem Buch „Der Mensch als

Maschine"), Diderot, Holbach und andere. In England waren es Darwin, Spencer, Shaw, Russel. In Amerika Edison und Alexander Graham Bell, der Erfinder des Telefons. In Deutschland war neben Feuerbach und Marx der berühmteste Materialist Ernst Haeckel, der das Buch „Die Welträtsel" schrieb. In der Philosophie und Wissenschaft der Gegenwart gibt es kaum eine bedeutende Figur, die nicht Materialist wäre. Das ist selbstverständlich im philosophischen Sinne gemeint.

Die Phantasten des Spiritualismus stellen den Materialismus so hin, als ob er eine kleinlich egoistische Lebenseinstellung wäre, deren Vertreter zwei Mittagessen am selben Tag verzehren möchten. Eigentlich ist es gerade umgekehrt, wie es an der Hagerkeit der meisten Philosophen und der Rundlichkeit hauptsächlich der katholischen Priester abzulesen ist. Philosophen, besonders unkonventionelle, sind nicht dafür bekannt, mit ihren Arbeiten materiellen Wohlstand zu erringen. Manche mußten sogar mit ihrem Leben dafür zahlen. Das ist nicht der Materialismus, wie sich ihn die Spiritualisten vorstellen, oder wie sie ihn hinzustellen suchen. Es gibt eine Art Spiritualismus im Materialismus, aber nur in spontaner Entfaltung und nicht als eine scholastisch geförderte Institution. Der institutionell beglaubigte Spiritualismus mit seinem aufgedunsenen Überlegenheitsbewußtsein ist die Fassade eines Weltbetrugs.

Wie doch der Spiritualismus als Ideologie eine Macht ist, geht daraus hervor, daß alle Spiritualismen immer zum selben Schluß führen, zu dem auch der Materialismus führt. Zum Kampf ums Leben. Der vielgerühmte Spiritualismus des Ostens, die Selbstaufgabe, die Vollendung durch Weltflucht im Brahmanismus, das Nirwana, das Auflösen ins Nichts und dadurch die Befreiung von der Welt, hat die Inder nicht daran gehindert, sich mit den mohammedanischen Indern im Sezessionskrieg auf Leben und Tod zu schlagen. Auch der chinesisch reformierte, leidensgetränkte Buddhismus und der Gegenseitigkeit predigende Konfuzianismus haben die Chinesen nicht an der Niedermetzelung von 30 Millionen Glaubensgenossen während der Revolution gehindert. Der Hinduismus hat das für die niederen Stände grausame Kastensystem nicht zu mitfühlender Brüderlichkeit geführt. Die Parias sollen Spiritualismus fressen und ihren Körper mit Vergeistigung bedecken.

Und die christliche Liebe? Verheerende Kreuzzüge, sadistische Inquisition, blutige Gegenreformation, Ketzerverbrennungen, Leibeigenschaft, Minoritätenbedrückung; das ist das Antlitz der religiösen Spiritualität. Ihre Fackelträger haben die Jahrhunderte hindurch bei der Verbreitung ihres Systems keine andere Methode als den krassesten Materialismus verwendet. Und sie haben dem wissenschaftlichen, nur gedanklichen Materialismus etwas vorzuwerfen! Sie haben einen Materialismus ihrer eigenen Prägung, ohne den sie glauben, gar nicht existieren zu können. Der Spiritualismus hat seinen Platz (das sei zugegeben) unter den Theorien als individuelle Spekulation. Als gesellschaftliche Organisation ist er aber nur ein Trick und eine Irreführung zu kraß materialistischen Zwecken.

Nur vor einigen Seiten wurde die Äußerung Goethes über den fürstlichen Bischof zitiert, der gegen den Hintergrund des barfüßigen Christus und seiner zerlumpten Jünger in einem Sechsspänner „einherbrauset". Im „Faust" hat er es dichterisch schmunzelnd beschrieben, wie der Priester über die Beschlagnahme von Gretchens Geschenkjuwelen händereibend berichtet.

> Die Kirche hat einen guten Magen,
> Hat ganze Länder aufgefressen
> Und doch noch nie sich übergessen,
> Die Kirch allein, meine lieben Frauen,
> Kann ungerechtes Gut verdauen.

Selbst der Oberspiritualist Jesus hat im Vaterunser nicht vergessen, seine Anhänger daran zu erinnern, daß sie um das tägliche Brot beten sollen. Daran ist nichts zu bemängeln, da es selbstverständlich ist, daß auch die Spiritualisten materialistische Brotesser sein müssen, wenn sie am Leben bleiben wollen. Nietzsche hat es schon mit großer Beobachtungsgabe festgestellt, daß der Priester nicht nur ein Brot–, sondern auch ein Beefsteakfresser ist. Dazu kann sich dieser natürlich nicht mit bloßen Liebesgaben begnügen. Das Beefsteak verlangt auch einen passenden Trunk, und der Sechsspänner von Goethes Bischof oder in unserer modernen Welt das Auto und das Flugzeug kosten auch mehr, als die Sammelbüchse abwerfen kann. Und da die Kirche die in Goethes Grundbuch eingetragenen aufgefressenen Länder wieder hergeben mußte, so sind diese durch materialistische Steuern ersetzt worden.

In vielen Ländern wird die Kirchensteuer zusammen mit der Staats- oder Gemeindesteuer von der Säkularbehörde eingezogen. In den Vereinigten Staaten, wo es keine staatlich verwalteten Kirchensteuern gibt, ist diese Steuerlast in der kirchlichen Steuerfreiheit verborgen. Das Austreten aus einer Kirche würde einen von dieser versteckten Steuer nicht befreien, weil der durch kirchliche und priesterliche Steuerfreiheit verursachte Steuerausfall durch Verteilen und Aufbürden auf alle Bürger unsichtbar, aber unentrinnbar und fühlbar wettgemacht wird. In Ländern mit staatsverwalteten Kirchensteuern könnte das Austreten aus der Kirche von der Kirchensteuer zwar befreien, aber die Abschüttelung dieses unfreiwilligen Beitrags für einen nichtgewünschten Dienst ist nur theoretisch, weil die meisten Leute infolge des bösen Blutes, das solch ein Schritt in der Gemeinde machen würde, davor zurückscheuen.

Die Religionen, die unter der Asche noch ein Glimmen der alten Feindschaften wachhalten, rotten sich zusammen in einem unkontrahierten Bündnis gegen den neuen, gemeinsamen Feind Atheismus. Nichts ist verhängnisvoller als der Geruch des Atheismus in einer kleineren Ortschaft, wo jeder jeden kennt. Die Situation wird noch durch die grobschlächtige und willkürliche Verbindung des Atheismus mit dem Kommunismus verschlimmert. Die Menschen sind unfähig, zwischen einem politischen und einem philosophischen Atheismus zu unterscheiden. Nun, der Unterschied ist zweifach; erstens kann ein Kommunist gottgläubig sein – wie die Urchristen es waren und die auch ihre modernen Nachfolger haben –, und umgekehrt kann ein Kapitalist ein Atheist sein. Zweitens ist der politische Atheismus den Notwendigkeiten der politischen Taktik unterworfen und (wie es die Ereignisse bereits gezeigt haben) fähig, mit dem Papst zu paktieren.

Demgegenüber ist der philosophische Atheismus kompromißlos. Der Kommunismus kann noch religiös werden und doch Kommunismus bleiben. Der Atheismus kann aber nicht religiös werden, weil er dann nicht mehr Atheismus wäre. Diese Unterschiede kann der brave Bürger nicht erkennen, und er läßt sich einreden, daß Kommunismus und Atheismus ein und dasselbe sind.

Eigentlich ist es eher schwer, sich den Atheismus und den Kommunismus als Bettgenossen vorzustellen, da der Kommunismus in Organisation und Disziplin ebenso monolithisch ist wie der Katholizismus. Außerdem ist er religionsmäßig kultisch; er hat sogar seine Heiligen. Eine weitere Unverträglichkeit mit ihm ergibt sich aus der Unfähigkeit des Atheismus, an Wunder zu glauben. Der Kommunismus mit seiner allgemein verpönten und doch teilweise erfolgreichen Ausbreitung ist aber ein Wunder, das ohne himmlische Zustimmung und Segnung kaum hätte geschehen können.

Es gibt auch Kirchengegner, die allerdings weder Atheisten noch Kommunisten sind, sondern solche, die nur die Kirchenwirtschaft nicht ertragen können. In diese Kategorie gehören die sogenannten Deisten, wie zum Beispiel Benjamin Franklin und Voltaire, die zwar an Gott geglaubt, aber die Vermittlung und Interpretierung Gottes für die Menschen durch die Religion für einen Schwindel gehalten haben. Ihre Verdammung durch die Kirchen schwelt heute noch in unverminderter Virulenz, und wenn einer ein kirchloser Materialist ist (was mit Deismus nicht gleichbedeutend, aber ebenso verpönt ist), dann wird er freilich gleich zu einem Menschen- und Gesellschaftsfeind gestempelt, weil die Menschen nicht wissen und der Klerus es gar nicht wissen will, was Materialismus ist.

Der grundlegende Kerninhalt des Materialismus, der ihn vom Spiritualismus unterscheidet, ist, daß das Primäre aller Existenz die physische Materie ist und nicht der Geist, wie die Spiritualisten glauben. Der Materialist leugnet das Wirken des Geistes durchaus nicht, aber nur als Folge der materiellen Existenz bei einer fortgeschrittenen Entwicklungsstufe. Das an früherer Stelle gegebene Nietzsche-Zitat mag an diesem Punkt mit Nutzen wiederholt werden: „Es ist entscheidend über das Loos von Volk und Menschheit, daß man die Cultur an der rechten Stelle beginnt – nicht an der Seele (wie es der verhängnisvolle Aberglaube der Priester und Halbpriester war): die rechte Stelle ist der Leib, die Gebärde, die Diät, die Physiologie, der Rest folgt daraus."

„Der Rest folgt daraus." Nämlich die Seele aus der Materie. Aber warum ist es wichtig, den menschlichen Geist aus der Materie und nicht von einem vor aller physischen Realität existierenden „Weltgeist" herzuleiten? Was schert es uns, ob ein Geist die Materie oder die Materie den Geist geschaffen hat? Die Antwort ist, daß an den Geist eine Offenbarung geknüpft werden kann. Bei der Materie spricht man nicht von Offenbarung, weil das Offenbare nicht geoffenbart zu werden braucht. Nur der Geist, der selbstbewußte Urgeist, wird durch Offenbarung vermittelt, weil er nicht offenbar ist. Das aber öffnet dem Mißbrauch Tür und Tor, weil es Menschen gibt, die behaupten, daß ihnen dieser Geist geoffenbart wurde. Es besteht aber der Verdacht, daß diese „Erleuchteten" entweder lügen oder phantasieren, weil es andere, nicht weniger denkfähige und phantasievolle Menschen gibt, die nichts von einer solchen Offenbarung wissen. Das Argument, wonach sie davon deswegen nicht erreicht werden, weil sie ihr Denken und Fühlen nicht auf die Wellenlänge des kosmischen Geistes einstellen, ist an sich ein Symptom der Flunkerei, weil niemand dazu veranlaßt oder gar verpflichtet werden kann, etwas Unbekanntes, von dessen Existenz er keine Ahnung hat, zu suchen. Man kann nichts suchen, was einem in seinem Gehirn nicht als ein möglicher Gegenstand des Suchens spontan auftaucht. Er kann natürlich von jemand anders darauf aufmerksam gemacht werden. Dann muß aber dieser seine Sache in Begriffen präsentieren, die der andere versteht. Gefühle, Phantasien, Offenbarungen sind legitim nur innerhalb der persönlichen Welt des Subjekts und seiner Gesinnungsfreunde. Außerhalb dieser Welt ist niemand (der nicht verwandt veranlagt ist) verpflichtet, die vorgegebenen Erlebnisse als Tatsachen anzuerkennen und sich nach den daraus hergeleiteten Regeln zu benehmen. Eine Behauptung, die nicht durch objektiv nachprüfbare Belege erwiesen ist, wird weder von einem Gericht noch von einer Kreditanstalt anerkannt. Auf dieser Grundlage ist die Gesellschaft aufgebaut und auf dieser allein kann sie ohne Anarchie funktionieren. Die Offenbarungsverkünder aber verlangen, daß man ihnen ohne Beweise glaubt. Das aber ist der Punkt, bei dem der Konflikt entsteht.

Die „Erleuchteten" einer Offenbarung wollen den Unerleuchteten Regeln vorschreiben.

Sie leiten aus ihrer Offenbarung eine Autorität her. Die Unerleuchteten erkennen aber keine Autorität an, die ihnen unbekannt ist. Die von ihnen anerkannte Autorität sind die auf realistische Grundlage durch menschlich-irdische Lebenserfahrung und demonstrierbare Weisheit aufgebauten Gesetze der Gemeinschaft. Daß alle Kulturstaaten das öffentliche Leben auf dieser Basis regeln, ist ein Beweis, daß trotz aller Lippenbekenntnisse die Zivilisation zu derselben Schlußfolgerung gelangt ist wie die offenbarungslosen Unerleuchteten.

Leider ist die Zivilisation selbst an der Duldung ihrer eigenen Feinde, der Offenbarungsagenten, schuld. Es handelt sich nicht darum, daß Offenbarungsaktivitäten verboten werden sollen. In einer zivilisierten Zivilisation ist jede Glaubensrichtung, jede ausgefallene Gedankenkonstruktion erlaubt, wenn sie nicht frech wird. Aber diese Frechheit wird eben geduldet. Scheiterhaufen und Daumenschrauben werden als Mittel der Bekehrung nicht mehr angewendet, aber Brandmarkung (figürlich) ist noch gang und gäbe. Man stempelt einen unbequemen Kritiker mit dem Zeichen der Blasphemie, und damit schafft man ein ungesetzliches Gesetz, um jede Kritik von vornherein niederzuschlagen. Mit dem Blasphemie-Stempel wird die abgelehnte Offenbarung durch die Hintertür in die Zivilisation zurückgeschmuggelt. Es braucht Zeit, bis die Menschen verstehen, daß Blasphemie, Gotteslästerung, nicht existieren kann, wenn das, was gelästert werden könnte, nicht existiert. Derjenige, für den das, was man lästern könnte, doch existiert, kann für einen privaten Gebrauch in blasphemiefeindlicher Empörung kochen und brodeln. Aber er sollte daran erinnert werden, daß ein Empörter selbst ein Lästerer ist, wenn die Lästerung den Glauben seines Gegners trifft.

Die hierarchische Autorität, die von den Geisterleuchteten aufgrund einer ihnen exklusiv vermittelten Offenbarung geltend gemacht wird, kann nicht als gültig anerkannt werden. Das vom Urgeist hergeleitete Autoritätssystem ist eine Handhabe, leichtgläubige Menschen im Namen dieses Geistes zu beherrschen. Der kosmische Geist als Quelle der Weltherkunft – der Materie gegenüber – wird schon aus dem Grund abgelehnt, weil eine selbsternannte Clique aus der nur ihr gewährten und sonst niemandem direkt bekannten Offenbarung dieses Geistes ein Privileg zu dessen Vertretung und zum politischen und kulturellen Diktat herleitet.

45    Die materialistische Philosophie erlaubt keine Machtkristallisation, weil keine außerhalb des Menschen stehende selbstbewußte Macht zu seiner Beherrschung existiert. Der Mensch ist nur den unpersönlichen Kräften des Weltalls (als dessen Teil) untergeordnet, denen man weder schmeicheln noch fluchen kann und die ihn genauso blind glimpflich oder grausam behandeln, einmal mit Gesundheit und langem Leben, ein andermal mit Krebsgeschwür und Blitzschlag, wie jedes andere, dumpf existierende Lebewesen.

Das ist die „göttliche" Ordnung der Welt! Diese Feststellung bedeutet aber keine Rebellion. Der Gottfreie akzeptiert die Welt, so wie sie ist. Er will nur nicht danken für den Dreck, der uns zum Fressen gegeben wird. Es ist auch unwahrscheinlich, daß Einstein mit „seiner" Weltintelligenz etwas wesentlich anderes im Sinn hatte, als was er im Weltall zur Not als Ordnung zu entdecken glaubte. Doch gibt es andere „Ordnungs-Wissenschaftler", die den Schöpfer und Verwalter der irdischen Ecke des Kosmos, so wie er sich offenbart, vorbehaltlos anbetungswürdig finden. Sie können es nicht ertragen, wenn die Aufmerksamkeit auf die weniger schöpferische Seite der Schöpfung gelenkt wird. Sie finden es verachtungswürdig, wenn einer im Aufrühren der Schattenseiten einer Herrlichkeit schwelgt. Wie herrlich ist aber eine Herrlichkeit, wenn sie weniger als herrlich ist? Wann ist eine Weste sauber? – Wenn sie nur auf einer oder auf beiden Seiten sauber ist? Einstein hätte eine Welt mit einer halbsauberen Weste kaum als eine tonangebende Modefirma anerkannt. Kann man eine halbverschandelte Schöpfung im irdischen Splitter des Kosmos mit der Urheberschaft einer gutwillig geistigen Allmacht erklären? Nur die unpersönliche, unverantwortliche und unarrogante Materie kann die Zustände erklären, beziehungsweise uns zu der Erkenntnis führen, daß eine Erklärung nicht möglich und auch gar nicht nötig ist. Ist es nicht vernünftiger, die Begrenztheit menschlicher Erkenntnisfähigkeit zuzugeben, als auf offenbar falschen Erklärungen zu beharren? Der glaubende Mensch ist letzten Endes genauso pleite wie der nichtglaubende, weil weder der Geist noch die Materie etwas ist, woran zu glauben es einen Sinn hat. Es bestehen absolut keine Anzeichen für den Primat eines göttlichen Geistes im Vergleich zur Materie.

Zum Beispiel wird das Menschenkind durch physische Liebe in die Welt gebracht; eine seelische Liebe mag mit dabei sein als Stimulus zum erotischen Pfadfinden, aber das allein würde kein Kind in die Welt bringen. Das erste, was ein neugeborenes Kind hat, ist Körper, nicht Geist. Die angebliche Reaktion des Embryos auf Außenkontakte ist tierisch, nicht intelligent. Nach der Geburt entwickelt sich dann sein Geist mit der Entwicklung seines Körpers, und dieser wird nicht mittels seiner Intelligenz stärker, sondern von der Nahrung, die auch Materie ist. Intelligenz hängt von der körperlichen Entwicklung ab. Die körperliche Entwicklung hängt nicht von der Intelligenz ab. Diese Ordnung der Dinge zeigt sich auch in der geschichtlichen Entwicklung des menschlichen Geschlechts. Wir mögen annehmen, daß unser Verständnis der Welt heute auf einer höheren Stufe steht als jenes unserer Urahnen vor 100000 Jahren. Und wir können es gleichfalls mit Gewißheit annehmen, daß unser Körper damals schon ebenso entwickelt war wie heute. Der Geist hat also den langen Prozeß des Lernens gebraucht, um den Körper einzuholen. Das Gehirn mußte physisch in derselben Weise aufwachsen wie der übrige Körper. Die Wachstumsunterschiede zwischen den Gehirnen (nicht bloß in Masse, sondern hauptsächlich in Verfeinerung) bewirken die geistigen Unterschiede zwischen den Menschen, die vom dumpf Tierischen bis zum Genialen reichen. Aber jeder Mensch, unabhängig von der erreichten Intelligenzstufe, braucht die physische Gehirnentwicklung von der kindlichen Inhaltsleere bis zur vollreifen Zurechnungsfähigkeit. Es ist also offenbar, daß das Physische dem Geistigen vorausgegangen ist. Diese Einsicht ist die Grundlage des Materialismus, wenigstens eines milderen Zweigs des Materialismus, weil der radikale Materialismus die mentalen Funktionen überhaupt nur für physische Funktionen hält.

Der gemäßigte Materialist leugnet durchaus nicht, daß es einen Geist gibt, der über das Materielle hinausgeht, nur erblickt er darin eine bloß funktionelle Entwicklung des Urzustandes. Für ihn ist Geist keine Fertigware.

# 46

**46** Die spiritualistische Einwendung gegen diesen Stand ist, daß die tote Materie keinen Geist hervorbringen kann. Nur ein Geist sei fähig, Geist in die Welt zu bringen. Selbst der frisch gezeugte, noch einzellige Embryo sei nicht rein materiellen Ursprungs. Die befruchtete

Eizelle könnte sich zu nichts entwickeln, wenn nicht ein höherer Plan in ihr wirken würde. Diese Ansicht sei unbestritten, soweit der Plan ein Teilstück der kosmischen Energien ist. Es ist klar, daß der Mensch wie auch alle anderen Wesen, die auf der Erde existieren, ein Splitter des Weltalls ist. Zur Beantwortung der Frage des spirituellen oder materiellen Ursprungs des menschlichen Splitters ist es notwendig, alle Faktoren der menschlichen Geistigkeit vorgängig zu berücksichtigen. Dazu gehören an prominenter Stelle die Gesellschaft und die Geschichte. Die Gesellschaft als ein komplexer Körper ist eine materialistische Erscheinung. Eine Menschenmenge, selbst von Aristokraten oder Philosophen gebildet, ähnelt doch mehr einer Tiermenge als einer Versammlung von Engeln.

Die Geschichte der Menschheit ist auch ein materialistisches Phänomen. Und damit ist nicht einmal der geschichtliche Materialismus von Marx gemeint. Für ihn ist es nur ein Ausgangspunkt zur Neugestaltung der Gesellschaft. Davon ist bei dieser Analyse nicht die Rede. Die Geschichte der Menschheit mag sich wie auch immer entwickeln, sie wird auch dann materialistisch bleiben, wenn Jesus sein Versprechen einlöste und zurückkäme. Wenn es wahr ist, daß in der Geschichte der Geist es ist, der sie bewegt, so ist das Geistige ein Instrument des Materiellen, nicht das Materielle des Geistigen. Jedes Produkt des menschlichen Geistes wird aus materiellen Bedürfnissen geboren und für materielle Zwecke verwendet. Die Dichter schreiben Gedichte, die die Menschen gegeneinander hetzen (oder zu der schon bestehenden Hetze ein dichterisches Echo bilden), und die Techniker konstruieren die Instrumente, mit denen sie sich gegenseitig bekämpfen. Wenn es keine Kämpfe (militärisch, wirtschaftlich, sexuell) geben würde, wüßte die Schriftstellerei kein Thema, worüber zu schreiben. Schalten wir nun aber die Faktoren des Materialismus aus. Erziehen wir Menschen ohne Gesellschaft und ohne Geschichte, ausschließlich unter dem Einfluß des postulierten höheren, ewigen Urgeistes, der allein fähig sei, dem Menschen Geist zu geben.

Wie ist eine solche Erziehung möglich? Ein Säugling wird in einem Wald ausgesetzt, in welchem freundliche Tiere leben. Nehmen wir an, daß ein Schimpanse, eine Gemse oder irgendein anderes milchgebendes Tier sich des Säuglings annimmt, ihn schützt und bis zu der Stufe großzieht, wo er sich aus eigener Kraft und Findigkeit ernähren kann. Was denkt man, wie sich das geistige Leben dieses Naturkindes gestalten würde? Würde ihm der höhere, ewige, vollkommen unmaterialistische Urgeist den Geist geben, der diesen Adoptivsohn einer Tiermutter einem Philosophen, Erfinder oder Künstler unserer Gesellschaft auch nur entfernt ähnlich machen würde? Er würde nur die Intelligenz haben, die auch die Tiere haben. Selbstverständlich würde er auch keine menschliche Sprache sprechen können.

Es ist angebracht zu vermerken, daß ungeplante Fälle solcher Naturentwicklung als Folge einer schicksalhaften Lebenssituation vorgekommen sind. Rudyard Kipling erwähnt in seinem „Junglebook" einen solchen Fall. Das Opfer einer solchen Schicksalsfügung kann nur auf der vermutlichen Zivilisationsstufe des ältesten Steinzeitmenschen vergegenwärtigt werden. Da aber die seit dessen Zeit verstrichenen Tausende und Abertausende von vorgeschichtlichen Jahren für den Entwicklungsprozeß des Tierwaisenjünglings verloren und unwiederbringlich sind, so ist es erwiesen, daß zum Besitz höherer Geistesmacht der materialistische Faktor des geschichtlichen Hintergrundes unerläßlich ist. Diese Folgerung führt uns im weiteren zur Negierung der Wirksamkeit eines Urgeistes als Quelle menschlicher Geistigkeit. Die Geistigkeit des Urmenschen kann nicht als geistiger angenommen werden als die „Geistigkeit" hochentwickelter Tiere. Nur weil der Hund intelligenter ist als der Maulwurf, würden wir deswegen nicht sagen, daß der Hund geistig ist. Und ist der Mensch geistig, weil er seinerseits intelligenter ist als der Hund? Die Entstehung und höhere Entwicklung des menschlichen Keimlings mag ein ähnlicher Prozeß im Mikrokosmos sein wie die Entstehung und Entwicklung der Erde im Makrokosmos. Unsere Erde hat vor vier Milliarden Jahren nicht so ausgesehen wie heute. Soviel können wir der Wissenschaft glauben.

Die Heranbildung der Erde aus Materien, die sich dazu zusammengefügt haben, kann man nicht als einen geistigen Prozeß betrachten. Jedenfalls besteht kein Grund, einen Prozeß für geistig zu halten, an dem nur materielle Substanzen teilnahmen. Auch die günstige Entfernung der Erde von der Sonne und die ebenfalls günstige Neigung der Erdachse zu ihrer Bahn sind keine geistigen Phänomene. Diese Relationen und überhaupt ihre ganze Existenz ist kein Beweis eines göttlichen Schöpfers. Der Glaube an einen Weltenschöpfer beruht auf zwei Motiven. Auf der Unerklärbarkeit des Mysteriums kosmischer und menschlicher Existenz und auf der Vergeblichkeit des trotzdem unablässigen Bestrebens, es zu erklären. Der Ausweg aus dieser Zwickmühle ist Gott. Aber das macht ihn nicht zu einem tatsächlich existierenden Wesen. Er existiert nur in den Fieberträumen denkunfähiger oder denkfauler Sterblicher.

Gott als Erklärung der Welt ist ein Notbehelf, an den die Menschen sich klammern, um an der Unlösbarkeit des Welträtsels nicht zu verzweifeln. Es ist aber nicht nötig, sich von der angeblichen Verzweiflung durch Gott zu erlösen. Das Mysterium der Existenz kann weiterhin ungelöst bleiben, wenn man erkennt, daß es ein normaler Bestandteil der Existenz selbst ist. Es gibt einfache Tatsachen, die viele Probleme gegenstandslos machen, aber infolge abergläubischen Denkens nicht klar werden durften. Irrtümlich sucht man die Gottesschöpfung durch eine Analogie mit menschlichem Schöpfertum zu erklären.

Voltaire, der scharfsinnige Voltaire, ist in den Fehler verfallen, das Funktionieren unserer Welt mit einer tickenden Uhr zu vergleichen. Wenn die Uhr, meinte er, zu ihrer Existenz und Funktion einen Uhrmacher voraussetzt, dann muß auch die Welt einen himmlischen „Uhrmacher" haben. Der gute Voltaire hat nur übersehen, daß der menschliche Uhrmacher allerlei bereits existierende Materialien zum Konstruieren seiner Uhr verwendete. Dagegen hat Gott – wenn die Theologen recht haben – die Welt aus nichts geschaffen. Dieser Unterschied macht die Analogie ziemlich läppisch. Das irdische Urheber-Produkt-Verhältnis ist auf den Kosmos nicht anwendbar.

Die Existenz eines Produkts oder einer Leistung beweist die Existenz eines Urhebers nur im menschlichen Maßstab, weil wir erfahrungsgemäß Kenntnis von deren Relation haben. Im kosmischen Maßstab führt aber auch eine logische Folgerung zu keinem ähnlichen Schluß, weil die Unendlichkeit des Kosmos ein Beginnen überhaupt ausschließt, folglich keinen Schöpfer haben kann.

Diesen Stand kann man damit zu schwächen suchen, daß er keine bewiesene Tatsache, sondern nur eine Theorie repräsentiert. Die Entgegnung darauf ist, daß die Existenz eines Schöpfers von Welten erst recht eine Theorie ist, die sich durch kein wissenschaftliches Argument, sondern nur durch Aberglauben und Drohungen aufrechterhält.

Wir erkennen eine unwillkürliche Gottesleugnung sogar der Gottgläubigen selbst, wenn sie die irdischen Flüche der Schöpfung nicht unumwunden Gott zuschreiben. Wenn die Welt ein Beweis der Existenz und des Schöpfertum Gottes ist, dann sind auch Syphilis und Kindbettfieber Beweise der Existenz Gottes. Aber nie werden diese gefürchteten Geißeln als Gottesbeweise ins Treffen geführt. Damit aber verlieren die scheinbar positiven Argumente als Gottesbeweis ihre Anwendbarkeit. Entweder ist alles das Werk Gottes, oder gar nichts.

Man kann die Frage stellen, wie denn die Erde ihr Sonnenverhältnis und ihre Achsenneigung für menschliche (auch tierische) Annehmlichkeit gewonnen haben mag. Die vernünftigste Antwort ist, daß sie diese Vorzüge gewann, wie man in einer Lotterie gewinnt. Das ewige Weltall wurde von seiner immerfort wirkenden Energiegeladenheit durcheinandergeschüttelt; und aus dem Komplex der vielen Himmelskörper und Sonnensysteme wurde die Erde samt ihrem günstigen Klima für Mensch, Tier, Pflanze und Mineral herausgespuckt.

Die Grenzen zwischen den genannten irdischen Gebilden sind indessen nicht scharf gezogen. Es gibt Lebenseinheiten, über die die Wissenschaft nicht entscheiden kann, ob sie zur Pflanzen- oder Tierwelt gehören. Diese Unbestimmbarkeit des Überganges von einer Wesenheit zu einer andersartigen signalisiert den unbestimmbaren Übergang vom ungeistigen menschlichen Wesen zum geistigen.

Der Mensch hatte schon Millionen Jahre (selbst wenn er damals schon kein Tier war) dumpf tierisch existiert. Wir besitzen von dessen prähistorischem Leben keine wesentlichen Kulturdokumente, die uns mehr als ein Dutzend tausend Jahre in die Vergangenheit zu blikken gestatten. Auch als wir die geschichtlich beurkundete Epoche erreichten, gehörte die bewußte Pflege des Geistes nicht zu den Hauptbeschäftigungen des Menschengeschlechts. Schreibkundigkeit war selbst in den vor- und nachchristlichen Epochen auf einen sehr engen Kreis beschränkt. Das System der Volksschulen und Gymnasien verbreitete sich erst nach der Französischen Revolution. Der „Geist" hatte es für die Allgemeinheit schwer, zu keimen und sich zu verbreiten. Das Analphabetentum ist bis zum heutigen Tag noch nicht ganz ausgemerzt.

Aber wie verhält es sich auch beim heutigen Grad des Fortschritts mit dem vielgerühmten gottgeschaffenen Menschengeist! Die meisten menschlichen Handlungen sind nur Nachahmung und Gehorsam auf Geheiß bedenkenloser Machtusurpatoren. Diese Rolle erfüllt unter anderem die Religion, die in das Vakuum der geistigen Lücke triumphierend einzieht. Sie gibt den Geistlosen die Illusion der Geistigkeit. Die wenigsten Menschen wissen, was mit sich anzufangen, wenn sie auf sich selbst gestellt sind. Das zeigt, daß sie nur domestizierte (manchmal auch nicht sehr domestizierte) Tiere sind und der Geist bei ihnen zutreffendenfalls nur eine zufällige „abnorme" Überentwicklung des Gehirns ist. Diese mentale Besonderheit im Verein mit der Gabe der Sprache ist so ziemlich das einzige, was die Menschen von intelligenten Hunden unterscheidet, die ja, wie die Menschen, auch nicht alle gleich intelligent sind.

In Hinsicht auf die Entstehung und Existenz des menschlichen Geistes ist es am vernünftigsten anzunehmen, daß der Sprung vom gänzlich Ungeistigen zum verhältnismäßig Geistigen an einem unbestimmbaren Punkt der Entwicklung in einer ähnlichen Weise gemacht wurde, wie die Erde sich selbst von einer wilden Feuerkugel allmählich zu einem leidlich wohnlichen Garten entwickelte. Das Geistigwerden des Menschen kann als ein glückhaftes Ausgleiten der Natur bezeichnet werden. Die Erde selbst kann mit ihrer nirgends im Weltall beobachtbaren Lebenserfülltheit (was eine Duplikation freilich nicht ausschließt) ihrerseits ein wohlgeratenes Ausgleiten der unfesten Ordnung der kosmischen Existenz sein. Und wo bleibt die Lebenserfülltheit und die göttliche Geistigkeit auf diesem Planeten, wenn er dermaleinst (wie die Wissenschaft und selbst die Bibel es als sicher annehmen) in Schutt und Asche zerfallen sein wird? Wo wird dann der Geist sein?

Wir kriegen einen Vorgeschmack solchen Debakels fast ununterbrochen in unserem Alltagsleben. Nur in einer geist- und seelenlos funktionierenden Welt können verheerende Überschwemmungen, vernichtende Erdbeben, vulkanische Ausbrüche, vom Hagel niedergeschla-
gene Weizenernten und körperliche wie geistige Mißgeburten vorkommen. Aber das mathe-
matische Wahrscheinlichkeitsgesetz bewirkt einstweilen auch das Entstehen positiver Resultate, die genauso akzidentell verteilt werden wie die Entgleisungen. Der menschliche Geist,
der die Funktion des Gehirns ist, entwickelt sich dem Wahrscheinlichkeitsgesetz gemäß, zum
Teil in Anpassung an die naturbedingten Bedürfnisse (wie die Erde unter den Planeten), bei
einem Menschen mehr, bei einem anderen weniger. Es ist eine ähnliche Erscheinung wie die
Naturgaben der Tiere, die auch unterschiedlich sind. Bei einem Tier ist der Geruchssinn, bei
einem anderen der Gesichtssinn schärfer entwickelt, immer aus dem Bedürfnis der Selbsterhaltung, sich in der Umwelt bestmöglich zurechtzufinden. Der Hund riecht besser, der Luchs
sieht besser, und der Mensch denkt besser (freilich auch nicht jeder auf derselben Stufe).
Jedenfalls dienen alle Organfunktionen der annehmlichsten Lebensgestaltung bei jedem Wesen nach seiner Art, seinem Talent, seinen Bedürfnissen und seinen Möglichkeiten. Die Denkfähigkeit kann sehr wohl eine ähnlich physiologische Reaktion des Gehirns auf die Welt-
umgebung sein.

Das Benehmen der Lebewesen wird nicht von einem höheren Geist gelenkt, sondern von
den Lebensbedingungen diktiert. Die Wandervögel brauchen nicht zu wissen, in welcher Richtung der Weg nach Süden führt, und sie brauchen keinen Geist zum Dorthin-geführt-Werden.
Wenn sie merken (was für uns Herbst ist), daß die vorher direkt über ihnen stehende Mittags-
sonne immer mehr nach einer Seite weiter rückt und weniger Wärme spendet, dann fliegen sie
einfach nach jener Seite, um die Sonne wieder über ihren Kopf zu bekommen. Es ist die
Verlagerung der Wärme, die die Vögel nach jener Seite, nämlich den Süden, zu ziehen veranlaßt. Sie kriegen die Richtung von der Verschiebung der Sonne, nicht von irgend einem Geist.
Und sie fliegen in einer keilähnlichen Formation, um den Vordermann und das Vorfeld gleichzeitig im Auge behalten zu können.

Die Vögel brauchen keinen Vogelgott für ihren Flug, wie auch der Hund seinen Geruchssinn nicht von einem Geruchsgott kriegt. Weshalb sollte denn der Mensch seinen Geist von
einem Geistgott bekommen haben? In der Perspektive kosmischer Vernichtung ist der menschliche Geist nicht beständiger als der hündische Geruchssinn. Aber auf die kurze Sicht von ein
paar Millionen Jahren schafft das Leben und das Lebenwollen, als Ausfluß einer akzidentell
glückhaften kosmischen Konstellation, die Spürnase, das Luchsauge und den Menschenverstand.

Das grundlegende Prinzip des Materialismus ist die Bejahung des Willens zu diesem Millionen Jahre kurzen Leben. Der spiritualistischste Spiritualist kann nicht bestreiten, daß auch
für ihn das Alpha und Omega seiner Gedankenwelt das Lebenwollen ist. Ohne Leben kann
man weder klug noch dumm sein. Das Leben steht an erster Stelle aller Geistesinteressen,
wenn man nicht pathologisch verkorkst ist. In diesem Sinne ist auch ein Waldeinsiedler ein
Materialist. Das Wort „Materialismus" ist im Grunde nur ein zusammenfassender Titel für die
hier entwickelten Gedankengänge. Materialismus als System ist eine Daseinsphilosophie, nicht
eine physische Genußsucht. Nur sind die Spiritualisten zu stumpfsinnig, um den Unterschied
zu verstehen. Das Motiv ihrer Gegnerschaft ist ein primitiv aufrechterhaltenes Mißverständnis. Man kann den Materialismus (wenn man's versuchte) auch damit nicht ad absurdum

führen, daß die Welt an sich im ganzen unwirklich und nur eine Vorstellung ist. Eine solche Anschauung würde dem Spiritualismus auch keinen Raum zum Existieren übriglassen, denn der Spiritualismus glaubt auch an diese Existenz.

Über unsere physische Nichtigkeit nachzudenken und sie nach einem unsterblich geistigen Ausweg hinzulenken, ist verständlich. Es hat nur für die spiritualistische Seite den Haken, daß das Minus des Materialismus kein Plus des Spiritualismus ist. Shakespeare hat zu diesem Thema entscheidend Gewichtiges beigetragen. Zwei Stellen in seinen Dramen, die angeführt werden sollen, zeugen – auch im Bereich der menschlichen Daseinsprobleme – von der kosmischen Kraft seines Denkens. Die erste Stelle ist aus dem heiteren Spiel „Der Sturm" entnommen, die andere aus der Tragödie von Macbeth. Die deutsche Übersetzung „Sturm" ist von August Schlegel. In dessen viertem Akt in der ersten (eigentlich einzigen) Szene, beim Drittfünftel des Geschehens, nach Auftritt der Nymphen und der Schnitter, spricht Prospero:

> Das Fest ist jetzt zu Ende: unsre Spieler, wie ich euch sagte, waren Geister und sind aufgelöst in Luft, in dünne Luft. Wie dieses Scheines lockrer Bau, so werden die wolkenhohen Türme, die Paläste, die hehren Tempel, selbst der große Ball (Erdkugel), ja, was daran nur Teil hat, untergehn und, wie dies leere Schaugepräng erblaßt, spurlos verschwinden. *Wir sind von solchem Stoff aus dem Träume werden, und unser kleines Leben umfaßt ein Schlaf.*

Die Stelle aus Macbeth ist im fünften Akt. Kurz vor der Mitte der fünften Szene spricht Macbeth (hier in unautorisierter deutscher Übersetzung).

> Auf morgen folgt morgen und wieder morgen. Es schleppt sich hin von Tag zu Tag bis zur letzten Silbe im Buch der Geschichte. All die entschwundenen Tage leuchteten den Narren ihren Weg zu Tod und Moder. Aus, aus, glimmernde Kerze! Was mehr das Leben denn ein wankender Schatten, ein Schmierenkomödiant, der stolziert, agiert ein Stündchen auf der Bühne und dann verschwindet, ohne von sich je wieder hören zu lassen. *Es ist ein Märchen, erzählt von einem Idioten, voll von Lärm und Wut, ohne jede Bedeutung.*

Shakespeares Verdikt ist, daß neben der Nichtigkeit irdischen Lebens das spirituelle noch nichtiger ist. Er will den Menschen gar keinen spirituellen Trost zusprechen. Im Sturm-Zitat sagt er, daß unser Leben nur eine unbedeutende Episode in der Ewigkeit ist. Wir sind von Schlaf umgeben, ob wir vor uns oder hinter uns schauen. Das ist im Einklang mit der alttestamentlichen Betrachtung, die den Tod nicht als Beginn eines jenseitigen Lebens, sondern als einen Schlaf ohne Träume und ohne Wiederauferstehung ansieht. Im Macbeth-Zitat sagt Shakespeare im wesentlichen dasselbe mit dem Zuschreiten auf den Tod, der nach dem bedeutungslosen Lebensgetue nichts Tröstliches bringt. Wenn das Leben vorüber ist, dann hört man nichts mehr davon. Das ist bestimmt kein spiritualistischer Standpunkt.

Die letztendliche Bedeutungslosigkeit alles irdischen Tuns ist ein ewig wiederkehrendes Thema der Dichter und Denker, aber alle Anstrengungen, einen anderen Sinn dahinein zu pflanzen als den, der uns durch unsere Wesenheit vom Kosmos bestimmt wurde, sind eine Zeitverschwendung. In Jahrtausenden hat der Mensch den Sinn des Lebens nicht herausfinden können. Gott und die Religionen sind nur wie ein Klebstoff für die Scherben eines Gefäßes, das nie ein Stück werden will. Es gibt Tausende von Religionen und Religionssplittern, die deswegen erdacht wurden, weil jede einzelne bei irgendeinem Teil der Menschheit unbefriedigend befunden wurde. Es ist also vernünftiger, nicht weiter an den Religionen zu flicken oder neue zu erfinden, sondern unsere Wesenheit, die im Windsturm des Kosmos herausgebildet wurde, zu akzeptieren, wie sie ist, und den Sinn des Lebens in der Befriedigung zu suchen, die uns die Verfolgung unserer individuell unterschiedlichen Interessen verschafft. Der Auffassung, daß die Besinnung auf uns selbst und nicht auf die Unterordnung unter ein Wahngebilde unser Lebensplan sein sollte, hat wieder Shakespeare überzeugenden Ausdruck gegeben. In seinem Schauspiel „Ende gut, alles gut" schreibt er ein Dutzend Zeilen vor Ende der ersten Szene des ersten Aktes folgende Ermahnung (hier in der Übersetzung von Richard Flatter).

> Oft schreiben wir die Kur, die in uns liegt, dem Himmel zu. Doch unser Schicksal gibt jedem die Bahn frei; hält uns nur zurück, wenn wir vorbeigehn woll'n an unserm Glück.

Der Mensch soll sich also auf keine andere (besonders keine himmlische) Stütze verlassen als auf die ihm kosmisch eingepflanzten Fähigkeiten.

Diese wirken auch im Spiritualismus, und jeder, der entsprechend veranlagt ist, mag sich ihm ungehindert widmen. Das entwertet freilich den Befund nicht, daß der Spiritualismus illusorisch ist.

**47** Die geistigen Tätigkeiten haben alle eine materialistische Wurzel. Das erfolgreiche oder erfolglose Hängen am physischen Leben, der Ehrgeiz, die Selbstbehauptung in Beruf und Liebe sind fast ausschließlich der Gegenstand des literarischen Spiegels menschlichen Treibens. Wovon handeln denn die Romane und die Theaterstücke? Vom Erringen eines geliebten Wesens, von gewagten Unternehmungen, von großen Karriereplänen, von Machtgelüsten, von Verbrechen. Wie viele Romane, Dramen oder Opern kennt man, in denen ein Held oder eine Heldin gleich am Anfang ohne jeden Grund, ohne jede erkennbare Lebensenttäuschung sterben will mit der einzigen Absicht und nur zu dem Zweck, als entkörperte Seele in den Himmel zu gelangen? Kann man sagen, daß die literarischen Themen nicht materialistisch sind?

Über Parsifal sprechen die Blumenmädchen das richtige Wort: „Du – Tor!" Ein keuscher Jüngling mit der einzigen Lebensaufgabe, den Gral zu hüten, kann nicht normal sein! Es kann als eine sportliche Rekordleistung bewundernswert, aber doch nicht normal sein. Wagner selbst hat an seinem Parsifal kein Beispiel genommen. Für wen hat er ihn denn als Vorbild hingestellt?

Wenn wir uns vom keuschen Parsifal und seinen Geistesbrüdern zu den Gestalten in Geschichte und Dichtung wenden, dann werden wir bei ihnen das materialistische Element vorherrschend finden. Der göttliche Mozart ist zum Beispiel der erotisch suggestivste Urheber in der ganzen Opernliteratur. In seinen fünf Schlageropern besteht keine Zweideutigkeit über das, was die Männer von den Frauen wollen, und auch nicht viel weniger über das, was die Frauen wollen – und tun (cosi fan tutte). Das Werk, in welchem es die Frauen alle „so" machen, ist nicht nur materialistisch, es ist zynisch, und doch ist die Musik paradiesisch.

Beethoven hatte keine gute Meinung von der Textwahl Mozarts. Don Juan fand er unmoralisch, was ihn als einen gedankenlosen Griesgram zeigt. Wenn man die Handlung dieser Oper mit etwas Aufmerksamkeit durchgeht, wird man finden, daß der Don – weit davon entfernt,

Erfolge zu haben – bei den Frauen ein ausgesprochener Pechvogel ist. Er hat nicht einmal Erfolg bei seiner einzigen, in der Oper dokumentierten Eroberung. Er ist redlich bemüht, sie abzuschütteln, sie aber haftet mit der Hartnäckigkeit einer Klette. Er wurde sie erst los, als ihn die Erde verschlang. Was an der Geschichte des erfolglosen Don Juan unmoralisch sein soll, ist schwer zu sehen. Aber materialistisch ist sie. Jedenfalls ist da von Spiritualismus keine Spur, wenn man nicht vielleicht das Lebendigwerden einer Statue so ansieht. Die Opernliteratur, wie vor ihr schon die Prosaliteratur, ist voll materialistischer Themen. Ein solches Denken und Handeln als Sujet musikalischer Bühnenwerke soll in einer quasi statistischen Aufzählung demonstriert werden. (Der Name des Komponisten wird nur bei Werken angegeben, wo er nicht jedem geläufig sein mag. Auch sind die Beispiele nur eine beschränkte Auswahl.)

| Mord: | Tötung im Duell: | Krankheit: | Trunkenheit: | Treulosigkeit: |
|---|---|---|---|---|
| Rigoletto | Eugen Onegin | Boheme | Falstaff | Der Mantel |
| Othello | (Tschaikowsky) | Traviata | (Verdi) | (Puccini) |
| (Verdi) | Hoffmanns | Hoffmanns | Die lustigen | Bajazzo |
| | Erzählungen | Erzählungen | Weiber von | Cavalleria |
| | | | Windsor | |
| | | | (Nicolai) | |

| Intrige: | Rivalität: | Eifersucht: | Entführung: | Verführung: |
|---|---|---|---|---|
| Lohengrin | Carmen | Bajazzo | Entführung | Rigoletto |
| Lucia | (zwei Männer | Othello | (zuerst ins | Faust |
| (Donizetti) | um eine Frau) | | Serail und | (Gounod) |
| Die verkaufte | Aida | | dann aus dem S.) | |
| Braut | (zwei Frauen | | Rigoletto | |
| (Smetana) | um einen Mann) | | | |

| Flatterhaftigkeit: | Verschwörung: | Rache: | Erbschafts- | Mitgiftjäger: |
|---|---|---|---|---|
| Carmen | Maskenball | Elektra | schwindel: | Rosenkavalier |
| | (Verdi) | (R. Strauss) | Gianni Schicchi | (aber der Täter |
| | | | (Puccini) | ist Baron Ochs) |

| Brautversand- | Bordell: | Sexuelle | Inzucht: | Folter: |
|---|---|---|---|---|
| geschäft: | The Beggar's | Perversität: | Oedipus Rex | Tosca |
| Arabella | Opera | Salome | (Strawinsky) | |
| (Strauss) | (John Gay) | (Strauss) | | |

| Scheiterhaufen: | Diebstahl: | Herrschsucht: | Freiheitskampf: | Revolution: |
|---|---|---|---|---|
| Die Jüdin | Rheingold | Boris Godunov | Wilhelm Tell | André Chénier |
| (Halévy) | (Wagner) | (Mussorgski) | (Rossini) | (Umberto Giordano) |

Es gibt Versuche, den absoluten Idealismus, bei aller Erdgebundenheit, in einem Kunstwerk zu verwirklichen. Diese sind an den Fingern einer Hand abzuzählen. Von denen, die besonders genannt werden sollen, sind wir „Parsifal" bereits begegnet. Ein anderes geistliches Werk ist Hans Pfitzners „Palestrina". Das Hauptthema dieser Oper ist die Seelentortur eines schaffenden Musikers, der am Scheideweg seiner schöpferischen Potenz steht. Um dieses Thema herum wurde ein durchgeistigtes, mit manch religiösen Äußerlichkeiten ausgestattetes Werk geschaffen. Aber mit dem darin behandelten Karrierenproblem ist es vom materialistischen Element nicht ganz frei.

Es ist bei weltlich orientierten Musikern festzustellen, daß ihre Kirchenmusik nicht immer die hochfliegende Genialität ihrer weltlichen Musik erreicht. Es gibt zwar auch da gelegentlich Ausnahmen wie zum Beispiel Verdis Requiem. Aber Beethovens Missa Solemnis gehört nicht zu solchen Ausnahmen. Es wäre gegenstandslos, Bach und Händel in diese Klassifikation einzubeziehen, weil sie in einer vorrevolutionären, geistig einseitigen Atmosphäre wirkten. Aber zu Beethovens Zeiten waren die Wege in allen Richtungen offen, so daß die ideologische Orientierung des Künstlers auch in der Wahl seines Genres zum Ausdruck kommen konnte. Die Gattung und die Rangstufe der Missa ist symptomatisch für den Grad des Arbeitseifers, der für die Vollendung dieses Gelegenheitswerkes vier Jahre über den ins Auge gefaßten Termin hinaus erforderte. Die Widmung ist auch typisch für ein Werk, bei dem keine Wärme spontan fühlbar ist. „Von Hertzen – möge es wieder – zu Hertzen gehen". Die Neunte Symphonie brauchte keine solche Widmung, ja gar keine Widmung, da ihre alles hinwegfegende Kraftentfaltung unbezähmbar aus ihr schreit.

Die Fachleute, die eine abwertende Feststellung über die Missa im Verhältnis zur Neunten verwerfen, haben keine Bedenken, Beethoven für einen zweitrangigen Opernkomponisten zu halten. Dabei steht er in der Oper immer noch wesentlich höher als in der Kirche. Seine Missa Solemnis, die als ein Schwesterwerk der Neunten Symphonie betrachtet wird, kann mit dieser in Konzeption, thematischen Ideen, Empfindung, innerer Spannung und hinreißendem Feuer nicht verglichen werden.

Die Missa ist eine Musik, die nur leuchtet, aber nicht wärmt. Die Neunte dagegen ist wie eine kosmische Vision, die uns in unsere Träume begleitet und auch beim Wachen weiter glüht. Die Missa und die Neunte, Schöpfungen desselben Geistes, zeugen vom Vorrang des Weltlichen über das Kirchliche im gedanklichen Keimungsprozeß eines Genies.

Dasselbe Phänomen ist auch bei einem anderen Schöpfergeist zu beobachten, der sogar unvergleichlich mehr als Beethoven der kirchlichen Gedankenwelt verpflichtet war. Anton Bruckner war vom katholisch-kirchlichen Geist dermaßen durchdrungen, daß er ohne diese Bindung gar nicht vorstellbar ist. Und doch hatte er mit Religion eigentlich nur gefühlsmäßig und nicht fachlich schöpferisch zu tun. Wie schon bei Beethoven, ist die Religion auch bei Bruckner in den weltlichen Werken, namentlich in seinen Symphonien, vergraben. Aufgrund seiner spärlich aufgeführten Kirchenwerke, bei all ihrer Hochgradigkeit, wäre Bruckner so gut wie unbekannt. Auch Mozarts Messen können sich an der Genialität seiner Opern nicht im entferntesten messen. Noch die von Schubert an seinen Kammermusikwerken. Manche Komponisten, die sich dem Geistlichen noch weit weniger verpflichtet fühlten, haben es überhaupt nicht ernst genommen und jedenfalls ohne Ehrfurcht behandelt. Priester wurden entweder als komische Figuren oder als rücksichtslose Fanatiker dargestellt. Als Gestalten der letzteren Kategorie fanden wir zum Beispiel den Kardinal in der „Jüdin" von Halévy und den

Großinquisitor in Verdis „Don Carlos". Komische Geistliche sind Fra Melitone in Verdis „Macht des Schicksals" und der Sakristan in Puccinis „Tosca". Dieser Komponist hat dann das Pietät-lose noch einen Schritt weiter getrieben, als er einen Testamentfälscher ins Bett eines toten, nur vorübergehend entfernten Erblassers legte. Das tat er im dritten Stück „Gianni Schicchi" seines Dreiakters.

**48** Bei diesem Eindringen des Weltlichen ins Gebiet des Geistlichen wundert man sich, worauf die Kirche die Verdammung des Materialismus gründet, besonders da auch ihr Haupt und Begründer zuweilen eine kraß materialistische Ader an den Tag legte. Diese Behauptung klingt freilich ein wenig blasphemisch und vielleicht noch eher unglaublich. In dem Fall ist aber die Bibel selbst blasphemisch und unglaublich, weil ein kraß materialistischer und noch dazu dummer Akt des Meisters in der Bibel verewigt ist. Lesen wir darüber im 11. Kapitel von Markus und im 21. von Matthäus! Da über den Vorfall beide berichten, so soll die Wiedergabe von beiden etwas enthalten. Markus-Evangelium, 11. Kapitel, Vers 12 bis 21.

> Und des andern Tages, da sie von Bethanien gingen, hungerte ihn. Und er sah einen Feigenbaum von ferne, der Blätter hatte; da trat er hinzu, ob er etwas darauf fände. Und da er hinzukam, fand er nichts als nur Blätter; denn es war noch nicht Zeit, daß Feigen sein sollten. Und Jesus antwor-tete und sprach zu ihm: Nun esse von dir niemand eine Frucht ewiglich! Und seine Jünger hörten das. Und des Abends ging er hinaus vor die Stadt. Und am Morgen gingen sie vorüber und sahen den Feigenbaum, daß er verdorrt war bis auf die Wurzel. Und Petrus gedachte daran und sprach zu ihm: Rabbi, siehe, der Feigenbaum, den du verflucht hast, ist verdorrt.

Matthäus nimmt jetzt den Faden auf: 21. Kapitel, Vers 20, 21.

> Und da das die Jünger sahen, verwunderten sie sich und sprachen: Wie ist der Feigenbaum so bald verdorrt? Jesus aber antwortete und sprach zu ihnen: Wahrlich ich sage euch: So ihr Glau-ben habt und nicht zweifelt, so werdet ihr nicht allein solches mit dem Feigenbaum tun, sondern, so ihr werdet sagen zu diesem Berge: Hebe dich auf und wirf dich ins Meer! So wird's gesche-hen. Und alles, was ihr bittet im Gebet, so ihr glaubet, werdet ihr's empfangen.

Es ist verlockend, Jesu Verhalten sofort als eine kindisch materialistische Unduldsamkeit und Rachsucht gegen eine unschuldige Pflanze für die erwartete, aber ausgebliebene Nah-rung aufzuzeigen und auch auf seine Unkenntnis der botanischen Verhältnisse seiner Heimat hinzuweisen. Lassen wir aber diese Zensur vorläufig fallen und schreiten wir gleich zu der theologischen Interpretation dieses Bibelberichts, um zu sehen, ob danach von der angedeute-ten Bewertung von Jesu Verhalten noch etwas gültig bleibt.

Es ist ein althergebrachter Brauch der Theologie, alles Absurde, Unredliche, Grausame und Dumme in der Bibel symbolisch oder als Parabel umzudeuten. Oft haben damit die Theo-logen aber das Pech, vom Regen in die Traufe zu kommen. Giovanni Papini, der ein Amateur-theologe war und das Buch „Das Leben Jesu" schrieb, gibt in den exegetischen Teilen seiner literarisch ausgeschmückten Schilderung im großen und ganzen die vorherrschenden theolo-gischen Ansichten wieder. Darin wurde er kurz darauf auch von dem bereits bekannten fran-zösischen erzkatholischen Schriftsteller Daniel-Rops in dessen eigener Jesus-Biographie bestärkt. Papini nennt den Vorfall mit dem Feigenbaum eine Parabel. Damit hat er gleich zu Beginn einen Mißgriff getan, denn eine Parabel ist etwas, was jemand, in diesem Fall Jesus, zur Belehrung stilistisch verhüllt sagt und nicht, was er tut. Die Begegnung mit dem Feigenbaum war etwas Erlebtes, nicht etwas Nacherzähltes aus zweiter Hand. Um aber Papini entgegenzukommen, soll die Feigenbaum-Begegnung nun als Parabel behandelt werden. Demnach soll der Feigenbaum das jüdische Volk repräsentieren. Jesu Hunger nach Feigen sei ein Symbol seines Hungers nach Gerechtigkeit, Liebe, Gnade und Heiligkeit. Und da er diese Gaben bei den Juden nicht fand, so verfluchte er sie. Das soll er aber erst getan haben, nachdem er mehrere Jahre vergeblich versucht hatte, sie für sein Königreich zu gewinnen. Da sie es abgelehnt haben, so seien sie nun für alle Zeiten „verdorrt", und niemand wird je die Früchte des Judentums kosten.

Diese Interpretation ist womöglich noch alberner, als die „Parabel" wörtlich genommen. Erstens ist es nicht bekannt, daß die Juden „verdorrt" wären. Trotz ihres jahrtausendelangen Ungemachs gedeihen sie heute mehr denn je. Andere Völker haben auch keine Ursache zu frohlocken, und zwar auch ohne einen Jesus-Fluch. Was das Kosten der Früchte des Judentums betrifft, hätten wir heute gar keine christliche Zivilisation ohne dessen Früchte. Jesus, wie es vorher schon dargetan wurde, hat ja nichts anderes getan, als die Früchte des Judentums zu verbreiten. Das Sauere seiner Obsternte ist nur, daß er zu den jüdischen Feigen auch den Fluch der Hölle hinzugab, der nicht auf dem jüdischen Feigenbaum gewachsen ist. Aber die jüdischen Feigen der Zivilisation konnte er das ganze Jahr pflücken, ihr Reifen war nicht an eine Jahreszeit gebunden. Wenn aber das Ausreifen jener besonderen Feigen, nach denen ihm der Mund wässerte, noch nicht fällig war (gegen Ende März oder Anfang April, die Zeit der Feigenbaumbegegnung, konnte es naturgemäß noch gar nicht sein), so kann es der Logik der Auslegung getreu nur bedeuten, daß es für die Juden nicht Zeit war, Jesus anzuerkennen. Die „Parabel" widerlegt also selbst ihre Auslegung.

Wozu aber sollten die Juden Jesus überhaupt anerkennen? Wenn schon nichts anderes, so war sein Fluchausbruch ein guter Grund für seine Ablehnung, denn ein so zügelloses Benehmen nur wegen der Enttäuschung einer kleinlichen Erwartung zeugt von einem tyrannisch-materialistischen Egoismus, den ein humanistischer Materialist aufs schärfste verwirft. Der Spiritualismus, den Jesus den Menschen zu bringen vorgibt, ist krassester Materialismus, weil er einem unter Androhung eines Fluches und physischer Vernichtung aufgezwungen werden soll. Ist das Hinreichen der linken Backe nach dem Ohrfeigen der rechten, die Liebe für den Feind, das Segnen des Fluchenden und das Beten für die Beleidiger und Verfolger schon vergessen? Gilt all das für die Juden nicht, wenn sie in der Gestalt eines Feigenbaumes, noch dazu eines unschuldigen, erscheinen? In Papinis Auslegung des Feigenbaumzwischenfalls hungerte Jesus nach Gerechtigkeit, Liebe, Gnade und Heiligkeit. Abgesehen davon, daß ihm weder der Baum noch die Juden etwas schuldeten, wieviel Gerechtigkeit, Liebe, Gnade und Heiligkeit war im Verfluchen des Baumes oder des Judentums?

Wenn Jesus selbst erkannte (und als Kenner des Heimatbodens mußte er es, wenn er nicht schwachsinnig war), daß die Reifezeit für die Feigen, unmittelbar vor seinem Einzug in Jerusalem im frühesten Frühjahr, oder, in der exegetischen Umdeutung, die Zeit der Judenbekehrung nicht gekommen war und wenn er den Baum oder die Juden trotzdem verfluchte, dann hat er selber gegen das von ihm herbeigewünschte Prinzip der Gerechtigkeit, Liebe, Gnade und Heiligkeit auf die schnödeste Art verstoßen. Zudem hat er die verhimmelte Macht des Glaubens, die Bäume auszehrt und Berge versenkt, Lügen gestraft. Wenn nämlich sein Glaube so mächtig war, daß sein Fluchen (wozu ihm das Beten diente) das „Verdorren" des Judentums verursachen konnte, warum hat er dann diese Macht, anstatt sie so unproduktiv zu verschwenden, nicht für dessen Bekehrung heraufbeschworen? Konnte Jesus nur wirksam fluchen, aber nicht wirksam segnen? Warum hat er nicht um Früchtetragen gebetet, anstatt um das Absterben des Baums?

Jesus hatte schon Brot und Fische für eine 5000köpfige hungernde Gemeinde herbeigezaubert; es sollte ihm ein leichtes gewesen sein, ein paar lumpige Feigen aus dem Baum auf der Stelle hervorsprießen zu lassen. Die Erklärung seines Erfolges mit der Massenabfütterung und der Blamage mit dem Feigenbaum ist, daß man 5000 Narren hypnotisch auch ohne Nahrung Sättigung suggerieren kann, während Jesus selbst kein Narr war, folglich für ihn nur echte, saftige Feigen in Frage kamen. Das war natürlich mit Hypnose nicht fertigzubringen. Bäume lassen sich nicht hypnotisieren. Daß Jesus den Baum überhaupt zum Verdorren verdammen konnte, war vielleicht nur möglich, weil der Baum sowieso schon verdorrt war, was den ebenfalls hypnotisierten Jüngern erst nach dem Fluch offenbar wurde. Wenn die ganze Geschichte überhaupt eine Grundlage in Realität hat, so ist sie durch die Leichtgläubigkeit und hypnotische Anfälligkeit des anwesenden Berichterstatters Matthäus erklärbar.

Die theologische Spitzfindigkeit über den unfruchtbaren Feigenbaum (symbolisch für das steril gewordene Judentum vorgeschützt) ist demnach eine noch viel größere Narretei, als die ursprüngliche biblische Wundergeschichte zum Verblüffen von Tölpeln und als das Umfälschen einer ohnmächtigen Wut in eine Verdammungsdemonstration.

Indessen veranlaßt gerade dieser durch eine Enttäuschung hervorgerufene Wutausbruch zu der Frage, wie man den moralischen Stand eines Menschen, der vielleicht kein vollkommener Gott ist, charakterisieren würde, eines Menschen, der die Vergebung von Fehlern predigt und dann bei der kleinsten Enttäuschung deren Verursacher sozusagen im selben Atemzug verflucht. Aufschlußreich sind in dieser Hinsicht die Worte von Jesus gleich im Anschluß an den vorher zitierten Feigenbaumfluch. Ohne jeden Übergang oder auch nur die kürzeste Zwischenrede stehen die folgenden Worte von Jesus im 21. Vers des 21. Matthäus-Kapitels und in den Versen 24 und 25 des 11. Markus-Kapitels:

> Wahrlich ich sage euch: So ihr Glauben habt und nicht zweifelt, so werdet ihr nicht allein solches mit dem Feigenbaum tun, sondern, so ihr werdet sagen zu diesem Berge: Hebe dich auf und wirf dich ins Meer! So wird's geschehen. Darum sage ich euch: Alles, was ihr bittet in eurem Gebet, glaubet nur, daß ihr's empfangen werdet, so wird's euch werden. Und wenn ihr stehet und betet, so vergebet, wo ihr etwas wider jemand habt, auf daß auch euer Vater im Himmel euch vergebe eure Fehler.

Ein wie gutes Gedächtnis hatte Jesus? Konnte er sich beim Sprechen eines Satzes nicht erinnern, was er eine halbe Minute vorher im unmittelbar vorhergehenden Satz gesagt hatte? Der Feigenbaum muß in Jesu Augen einen unverzeihlichen Fehler gehabt haben (sonst hätte er ihn ja nicht verflucht). Aber kaum hatte er den Jüngern die zerstörende Macht des Glaubens als die virulent gerechte Strafe einer Unvollkommenheit demonstriert, im Nu verurteilte er denselben Glauben als ein verwerfliches Kraftmittel im Strafen von Fehlern. Er hat sich in einen monumentalen Widerspruch verwickelt. Seine eigenen Worte waren:

Vergebet, wo ihr etwas wider jemand habt, auf daß auch euer Vater im Himmel euch vergebe eure Fehler.

Das, was Jesus wider den Baum hatte, vergab er ihm nicht. Damit aber sprach er das verdammende Urteil über sich selbst.

Aber Jesus hat noch etwas viel Schlimmeres getan, als Kritik an einem Fehler zu üben. Er hat einen vollkommen hilflosen, unschuldigen, also fehlerlosen Baum verflucht, der nur in der dafür günstigen Jahreszeit Früchte tragen konnte, wie ihn der himmlische Vater geschaffen hatte. Wenn die Unversöhnlichkeit Fehlern gegenüber vom Vater schon nicht verziehen wird, wie sollte er dann Jesus für die Fluchkritik an seiner (Gottes) eigenen Schöpfung und ihre barbarische Zerstörung nicht bestrafen?

**49** Die gemeldete Bibelstelle gibt Anlaß zu einer wichtigen Frage. Was sagen intelligente und gebildete Menschen zu den neutestamentlichen „Feigenbaumgeschichten", wenn sie ihnen beim Bibellesen begegnen? Selbst wenn sie die Bibel nicht mehr lesen, müssen sie doch von den Absurditäten und anrüchigen Widersprüchen entweder von der bibelgefüllten Jugendzeit her oder durch Erzählungen der Großmutter Kenntnis haben. Auch die Geistlichkeit, worunter es viele intelligente und hochgebildete Adepten gibt, muß doch diese Bibelgeschichten kennen und sich darüber Gedanken gemacht haben. Man kann nicht alles mit Symbolik wegdisputieren. Oft wird die Absurdität durch die Symbolik sogar noch absurder. Unter diesen Umständen erhebt sich die Frage: Wie ist es möglich, Unsinn zur Grundlage der Kultur zu machen?

Die Heiligsprechung des Unsinns erklärt natürlich dessen Gefolgschaft bei einem Teil, möglicherweise dem größeren Teil der Menschheit. Ein System kann wohl existieren, bei dem der Respekt vor dem Unsinn durch physischen Zwang aufrechterhalten wird. Da können wir den Materialismus, ohne den der Spiritualismus gar nicht existieren kann, bei seinem Verbreiten beobachten. Es genügt, daß etwas unter heilige Unantastbarkeit gestellt wird, und schon ist es jeder Kritik entzogen. Auf diese Weise kann jedes Verbrechen unantastbar gemacht werden. Ohne jede rationale Grundlage und ohne jeden Beweis, nur durch rohe Gewalt und hirnlose Sklavenmentalität sowie auch viele verräterische Intellektuelle wird das Absurde zum Heiligtum erhoben. Wir leben heute angeblich in einer aufgeklärten, freiheitlichen Welt mit Presse- und Redefreiheit, und doch gibt es eine undurchdringbare Verschwörung des Unsinns. Als Unterhaltung für Kinder könnte man ihn hingehen lassen, aber der Unsinn wird mit Feuer und Schwert verbreitet.

Es handelt sich bei der zur Revolte reizenden Unfaßbarkeit dieses Systems nicht um eine rabiate Feindschaft gegen den Unsinn. Vernünftige Menschen sind immer bereit zuzugeben, daß niemand auf den Besitz absoluter Weisheit Anspruch erheben kann. Deswegen sollte der Unsinn dieselbe Freiheit zum Gedeihen genießen wie der Sinn. Wahrscheinlich bleibt er für immer unausrottbar. Was aber dem Unsinn zu besitzen nicht gestattet sein sollte, ist seine Tyrannei.

Wir leben in einer Zivilisation, in welcher Gesinnungsfreiheit Gesinnungsterror der Religionen ist. Wenn die absurden Bräuche kritisch kommentiert werden, sind es nicht die Kritisierten, die, vom Scheinwerferlicht in Verlegenheit gebracht, ihre Gebräuche überprüfen, vielmehr sind es die Vernünftigen, die unter ein Trommelfeuer von Schimpf und Schande gesetzt werden. Man soll nur einmal unvoreingenommen beobachten, wie die Christen das bei Jesus nur symbolisch als sein Körper denkbare, aber buchstäblich genommen zur Kannibalennahrung gewordene Brot verspeisen. Auch die Mohammedaner sind ein Anblick, wenn sie beim Beten sich niederkauernd die Stirn gegen den Boden schlagen und den Hintern in die Höhe stecken. Der jüdische Brauch – glücklicherweise nur bei einer beschränkten Minderheit –, Ringellocken die Wangen herunterwachsen zu lassen und eine Karikatur der polnischen Adelstracht zu tragen, ist auch etwas, mit dem ein Panoptikum bereichert werden sollte, anstatt die Straßen zivilisierter Städte damit zu einem Kostümball zu machen. Und doch diktieren die Figuren dieser Branche die öffentliche Ordnung oder Unordnung.

Abgesehen von der Absurdität dieser Gebräuche repräsentieren sie gerade das nicht, was die Religionen zu sein behaupten. Sie sind nämlich alles andere als spirituell. Bei allen diesen Gebräuchen hat man mit faustdicken Äußerlichkeiten zu tun, die weder mit dem inneren Gehalt religiöser Moralprinzipien noch mit Gottesanbetung das mindeste zu tun haben. Sie sind das Produkt verrenkt interpretierter obskurer Vorkommnisse. Es ist denn auch kein Wunder, daß verschiedene Zweige des Protestantismus die Leib- und Blut-Transsubstantiation mit mehr oder weniger Entschiedenheit verworfen haben. Sie haben sie zwar der Form nach beibehalten, aber ihr die Kraft der Gnadengebung abgesprochen. Der prominenteste Vertreter dieser Richtung ist der nach Luther und Calvin bedeutendste Reformator, der Schweizer Ulrich Zwingli, der das Abendmahlssakrament als eine symbolische Gedenkfeier ohne spirituelle Wirkung betrachtete. Er sagte ausdrücklich, daß ein materielles Ding, wie das Verspeisen einer Brotschnitte, keine spirituelle Wirkung hervorbringen kann. Es sei eine armselige Art, sich mit Jesus durch einen so kraß physischen Akt geistig vereinigen zu wollen. Zwingli hielt das katholische Sakrament des Abendmahls für eine Zauberkunst und einen Verstoß gegen das Blutsverbot, die beide unter Gottesstrafe gestellt sind.

Das katholische Dogma der Transsubstantion, nämlich die Umwandlung von Brot und Wein in Christi Leib und Blut, ist eine klare Verletzung nicht nur des Alten, sondern sogar des Neuen Testaments. Das Verbot der Einverleibung von Blut kommt im Alten Testament unzählige Male vor, aber eine Stelle soll bequemlichkeitshalber gleich hier angeführt werden.

**5. Buch Moses, Deuteronomium, Kapitel 12, Vers 16:** Nur das Blut sollst du nicht essen, sondern auf die Erde gießen wie Wasser.

Falls für einen Christen das Alte Testament nicht verpflichtend genug sein sollte, dann muß er die Apostelgeschichte konsultieren, deren Verfasser traditionsgemäß der Evangelienschreiber Lukas ist. Er berichtet über eine Rede, die Jakobus an seine versammelten apostolischen Brüder richtet. In der Rede sind zwei Stellen, die unter anderen Sünden auch vor dem Blutgenuß warnen. Die erste Warnung (Kapitel 15, Vers 19, 20) ergeht an gewisse bekehrte Heiden, die zweite (Kapitel 15, Vers 28, 29) an die Apostel selbst.

Darum urteile ich, daß man denen, so aus den Heiden zu Gott sich bekehren, nicht Unruhe mache, sondern schreibe ihnen, daß sie sich enthalten von Unsauberkeit der Abgötter und von Hurerei und vom Erstickten (Tier) und vom Blut.
Denn es gefällt dem heiligen Geiste und uns, euch keine Beschwerung mehr aufzuerlegen als

nur diese nötigen Stücke: daß ihr euch enthaltet vom Götzenopfer und vom Blut und vom Er-stickten und von Hurerei; so ihr euch vor diesen bewahret, tut ihr recht. Gehabt euch wohl!

Das also ist die Warnung im Neuen Testament vor dem Blutgenuß, denn „sich vom Blut enthalten" kann nur den Verzicht auf dessen Genuß durch Essen oder Trinken bedeuten. Daß es sich dabei um eine neutestamentliche Bestätigung einer alttestamentlichen Regel handelt, geht auch aus den anderen Warnungen vor der Abgötterei, dem Genuß des Fleisches nicht sachgemäß geschlachteter Tiere und der Hurerei hervor. Nur eine Warnung des Alten Testa-ments fehlt, die im Zusammenhang mit dem Abendmahl wesentlich ist. Und das ist die vor der Zauberei, die vom Alten Testament aufs schärfste verurteilt wird.

**5. Buch Moses, Deuteronomium, Kapitel 18, Vers 9 bis 12:** Wenn du in das Land kommst, das dir der Herr, dein Gott, geben wird, so sollst du nicht lernen tun die Greuel dieser Völker, daß nicht jemand unter dir gefunden werde, der seinen Sohn oder Tochter durchs Feuer gehen lasse, oder ein Weissager oder ein Tagewähler oder der auf Vogelgeschrei achte oder ein Zauberer oder Beschwö-rer oder Wahrsager oder Zeichendeuter oder der die Toten frage. Denn wer solches tut, der ist dem Herrn ein Greuel, und um solcher Greuel willen vertreibt sie der Herr, dein Gott, vor dir her.

Die zwei alttestamentlichen Verbote in bezug auf den Blutgenuß und die Zauberei, die von den Zwinglianern und manch anderen Protestanten sehr ernst genommen werden, haben natürlich für die Juden eine noch viel mehr verbindende Bedeutung. Die Erörterung der Abendmahlsfrage schafft eine willkommene Gelegenheit, den jüdischen Standpunkt dem Christentum gegenüber in diesem Zusammenhang klarzulegen.

Mit seinem Wort im Johannes-Evangelium (Kapitel 1, Vers 11 und Kapitel 5, Vers 43), wonach Jesum die Seinen nicht aufnahmen, hat er die Dinge auf den Kopf gestellt. Wenn er nämlich seine Jünger und deren geistige Nachkommen zum Trinken seines Blutes angehalten hat (eine buchstäbliche Auslegung vorausgesetzt), dann hat er die Juden verlassen und nicht sie ihn. Sollte aber nicht Jesus, sondern die Kirche für diese Verfügung verantwortlich sein, dann ist es sie, die sich vom Judentum losgesagt hat.

Es wird nun verständlich, weshalb alttestamenttreue Christen noch mehr als Zwingli das Abendmahl verworfen haben. Zwingli hat ja die Form beibehalten, nur den Inhalt nicht. Aber die Anabaptisten zum Beispiel haben auch die Form verworfen aus Gründen, die in den eben vorausgegangenen Zeilen dargetan wurden. Diese Abspaltung und ihr offenes Bekenntnis ist den Anabaptisten teuer zu stehen gekommen. (Im übrigen bedeutet Anabaptismus – früher auch Katabaptismus genannt – Wiedertaufen, das heißt Taufe im Erwachsenenalter, wenn der Täufling keine willenlose Puppe mehr ist und den Akt versteht.) Ein Fall von Anti-Anabaptismus soll erwähnt werden, der demonstriert, was einem passiert, wenn er Vernunft in die Religion hineinbringen will.

**50** Aus einem englischen Bericht „Martyr's Mirror" vom Jahr 1660, auf frühere Berich-te gestützt, neuzeitlich in der Bibliothek der „Christian Classics, London" erschienen, kann man vom traurigen Schicksal eines wenig bekannten Anabaptisten, eines Zeitgenossen Luthers namens Michael Sattler, und seiner Gesinnungsfreunde erfahren. Er wurde im elsässischen Ensisheim einer Inquisition unterworfen, während welcher er seinen Standpunkt mit Belegen aus der Bibel verteidigte. Darunter war unter anderem die Frage der Taufe (wie schon erwähnt), die Unmöglichkeit der Transsubstantion, die Ablehnung der marianischen Fürbitte, da die Bibel von einer solchen Rolle Marias nichts weiß, die Verwerfung der Heiligenverehrung, weil gemäß der Bibel nur Lebende heilig sein können, während die Toten tot sind (ein interessantes Echo des Alten Testaments, das den Verkehr mit den Toten verbietet), die Verwerfung des Schwörens (nach dem Gebot in Matthäus 5, 34) und andere ähnliche Glaubenssätze.

Für diesen Stand wurde Michael Sattler als Ketzer und Aufrührer verurteilt. Man muß einen starken Magen haben, um den Urteilsspruch mitanhören und die Vollstreckung miterleben zu können. Zuerst wurde Sattler die Zunge herausgeschnitten, dann wurde er angebunden, und es wurden ihm mit glühenden Zangen Stücke aus dem Leib gerissen. Nach dieser Bestialität wurde er bei dem noch lebendig gebliebenen Leibe verbrannt. Seine Glaubensgenossen wurden enthauptet und die weiblichen Anhänger ertränkt. Sattlers Frau wurde nicht zusammen mit den anderen hingerichtet. Man hat sie einige Tage leben lassen, um ihr weitere Geständnisse bezüglich der Tätigkeit der Sekte abzunötigen. Sie widerstand jedoch den Drohungen und Torturen, und als sie sich für weitere Zwecke als unnütz erwies, wurde sie, wie die anderen Frauen, ertränkt. Das ist im Mai des Jahres 1527 des Herrn geschehen.

Indessen soll man nicht glauben, daß nur der Katholizismus einen solchen Kult des „Spiritualismus" pflegte. Es ist eine teuflische Erscheinung, daß der Abfall von einer Religion seine eigenen, weiter zersplitternden Abfälle erzeugt, gegen die das „elterliche" Beispiel gierig nachgeahmt wird. Nachdem der Protestantismus sich unumstößlich eingerichtet hatte, wurde er gegen seine Dissidenten genauso intolerant, wie er es vorher vom Katholizismus erfahren hatte. So wurde Michel Servet, ein Ketzer des Calvinismus, in Genf bei lebendigem Leibe verbrannt. Seine Hauptschuld war, daß er die Dreifaltigkeit verwarf. Auf die Gegenwart umgedeutet, müßten alle Unitarier bei lebendigem Leibe verbrannt werden, da sie ja das Dogma der Dreifaltigkeit verwerfen.

Es verdient besondere Beachtung, daß die Opfer des Glaubensirrsinns gar nicht gottlos waren. Sie alle haben an einen Gott geglaubt, aber Servet und seine Glaubensgenossen haben nur an *einen* Gott geglaubt, nicht an drei. Jesus hat für sie nicht weniger Bedeutung gehabt, aber nur als Mensch, nicht als Gott. Das war bei so einem „Halb-" oder eher „Drittelchristen" genauso eine Sünde wie bei den „Nullchristen", den Juden.

Die verschiedenen christlichen Religionen haben miteinander gewetteifert, welche von ihnen teuflischer und grausamer sein konnte. Während in England die katholische Geistlichkeit liquidiert wurde, trachtete man im Süden hauptsächlich nach der Vernichtung der Protestanten. Die Ausrottungskampagne hatte aber schon lange vor der Reformation gegen ihre Vorläufer gewütet. Berühmte Opfer des Scheiterhaufens der vorlutherschen Zeit waren Arnold von Brescia, Jan Hus, sein Gesinnungsfreund Hieronymus von Prag und Savonarola. Gehängt wurden in England einige Führer der Lollard-Bewegung. (Lollard ist ein Spottname, verwandt mit dem deutschen Lallen, geprägt nach der mummelnden Sprechweise beim Gottesdienst, vergleichbar der Bezeichnung „Quäker" nach der schaukelnden Körperbewegung dieser Sektierer beim Beten.) Spätere Scheiterhaufenopfer waren in Paris der Lyoner Buchdrucker Etienne Dolet, ein Altersgenosse Calvins (wegen Verbreitung ketzerischer Literatur), und in Toulouse der aus Italien stammende Philosoph Lucilio Vanini (wegen Atheismus und

Gotteslästerung). Eine grausame Ironie liegt im Opfertod von Michel Servet und Giordano Bruno. Während Servet in Genf wegen seines Standes gegen Calvin verbrannt wurde, wurde Bruno in Rom wegen seiner Anhängerschaft für den Calvinismus verbrannt.

Individuell namenlos (und auch noch vor Luther), aber als Gruppe gehören in die Kategorie der Opfer religiösen Wahnsinns die Albigenser (nach der südfranzösischen Stadt Albi), die Waldenser (nach dem Namen ihres Führers Peter Waldo) und die mit diesen beiden verwandten Katharer (im Griechischen soviel wie „die asketisch Reinen"). Die vorhin erwähnte französische Stadt Toulouse wurde ungefähr 150 Jahre nach Vanini wieder der Mittelpunkt religiöser Tollwut. Jean Calas, Bürger dieser Stadt, wurde gerädert, weil er angeblich den Tod seines Sohnes verursachte, nur um dessen Abschwören des Protestantismus zu verhindern. In dieser Affäre hatte Voltaire die Rolle des Advokaten gespielt, wie anderthalb Jahrhundert später Zola in der Dreyfusaffäre die gleiche Rolle spielte. Voltaires heroische Verteidigungskampagne hat zwar dem noch lebenden Calas nichts nützen können, aber wenigstens dessen Rehabilitierung drei Jahre nach der Hinrichtung erreicht.

Zu diesen auf kleinere Kreise beschränkten Grausamkeiten müssen zur Vervollständigung noch die Hexenverbrennungen und die großen Religionskriege gerechnet werden. Der 30jährige Krieg war zwar mit politischen Konflikten durchsetzt und kompliziert, doch war es eine religiöse Zündschnur, durch die der europäische Kontinent in Flammen geworfen wurde. Einige Jahrhunderte vorher begannen die Kreuzzüge, die in zwei Jahrhunderten und acht Fortsetzungen Tausende von Menschen, einschließlich unbeteiligter Frauen und Kinder, besonders der jüdischen, im Namen Jesu das Leben kosteten. Nach diesem Vorbeimarsch religiöser Kulturdokumente ist es fast banal, die spanische Inquisition mit ihren Tausenden von Scheiterhaufen und die Pariser Massenabschlachtung von Protestanten in der St.-Bartholomäus-Nacht im Jahr 1572 auch nur zu erwähnen.

Das also ist das Gesicht des religiösen Spiritualismus. Die jeweils herrschende Religion kann Minderheitsreligionen nicht dulden. Das zeigt, mit wenigen Ausnahmen, daß sie alle keine spirituellen „Himmelsleitern" sind, sondern ganz materialistisch bis zum Hals im Dreck stecken. Wenn es ihnen um Spiritualismus zu tun wäre, würden sie beim Wetteifern mit anderen Bekenntnissen auf menschenunwürdige Mittel verzichten und die Idee aus sich selbst heraus wirken lassen. Daß sie im Auftrag von Gott harte Methoden anwenden, ist der größte Schwindel der Menschheitsgeschichte. Sie können keine Beglaubigung von Gott vorweisen. Die Bücher, in denen eine solche Beglaubigung geltend gemacht wird, sind von den literarischen Fanatikern der interessierten Partei verfaßt worden und haben nicht die Beweiskraft neutraler Dokumentation. Daß diese Bücher von Gott inspiriert wurden, ist auch nur eine Behauptung, für die sie keinen Beweis erbringen können.

Da die Kirchenleute und die Theologen wissen, daß sie keinen objektiven Beweis für die göttliche Inspiration der Bibel präsentieren können, so nehmen sie zur Sophisterei Zuflucht. Sie sagen, daß gute Menschen nicht behaupten können, sie seien beim Schreiben der Bibel von Gott inspiriert worden, wenn es nicht wahr wäre, weil sie dann Lügner, folglich keine guten Menschen wären. Wer aber sagt, daß sie gute Menschen sind? Das ist genauso eine unbewiesene Behauptung wie die Inspiration. An diesem Punkt spielen sie die Trumpfkarte der Sophisterei aus. Sie sagen, sie müssen gut sein, weil sie beweisbar nicht böse sind. Sie können nicht böse sein, weil die Bibel die Sünde verdammt, und sie würden doch kein Buch schreiben, in welchem sie sich selbst verdammen. Dieses Argument kann aber die Kontroverse auch nicht zu ihren Gunsten entscheiden, weil die Bibel – ihre eigene Bibel – behauptet, daß alle Menschen ohne Ausnahme Sünder sind (wenn sie es nicht wären, hätten sie keinen Erlöser nötig). Es ist also sehr wohl möglich, eigentlich ist es gar nicht anders möglich, als daß die Bibel von Sündern geschrieben wurde. In diesem Fall ist aber ihr Wort von vornherein diskreditiert, was immer sie sagen. Sollte daraufhin geltend gemacht werden, daß die Behauptungen selbst eines Sünders von Gott inspiriert sein können, dann kann auch ein Atheist von Gott inspiriert sein, wodurch der Atheismus mit der Bibel gleichgestellt ist.

51 Der Primat des Gottesglaubens gilt trotzdem bei vielen durchaus kritisch veranlagten Menschen. Sie betrachten den Fall nicht theologisch, sondern politisch. Sie sehen in der Religion ein staatserhaltendes Element, das nicht ohne Einsturzgefahr für das Staatsgebäude entfernt werden kann. Sie meinen natürlich das von ihnen beherrschte Staatsgebäude. Beim Kommunismus hat sich eine entgegengesetzte Tradition herausgebildet, wo die Wiedereinführung der Religion als politische Macht das Staatsgebäude gefährden würde. Das braucht aber nicht unbedingt so zu sein. Es ist nicht ausgeschlossen, daß der Kommunismus mit der Religion dereinst ein Bündnis eingehen wird, wenn er nämlich entdeckt, daß das ursprüngliche Christentum ein Kommunismus war, und wenn das Christentum entdeckt, daß der Kommunismus eine Fortsetzung des Christentums ist. Dieses Christentum ist natürlich nicht das Sammelsurium münchhausischer Absurditäten, mit denen die Bibel voll ist. Es handelt sich um das glaubhafte Bild der sozialen Zustände und Aufsässigkeiten, das den Hintergrund zu dem Kommen und Gehen der Engel und der Teufel bildet. Es ist schade, daß dieses Christentum durch den Aberglauben der Religion verdunkelt ist. Karl Marx versuchte, etwas Licht in diesem Dunkel zu verbreiten. Sein Ausspruch über die Religion als das Opium des Volkes ist nämlich vollkommen mißverstanden, weil er nie im Zusammenhang zitiert wird. Das berühmte Wort kommt in seiner Einleitung „Zur Kritik der Hegelschen Rechtsphilosophie" vor. Auf die Gefahr hin, Marx wieder Unrecht zu tun, soll der Rahmen des Ausspruchs auf das äußerste Minimum beschränkt werden.

> Der Kampf gegen die Religion ist mittelbar der Kampf gegen jene Welt, deren geistiges Aroma die Religion ist. Das religiöse Elend ist in einem der Ausdruck des wirklichen Elends und in einem die Protestaktion gegen das wirkliche Elend. Die Religion ist der Seufzer der bedrängten Kreatur, das Gemüt einer herzlosen Welt, wie sie der Geist geistloser Zustände ist, sie ist das Opium des Volks.

Wenn man es richtig versteht, sagt Marx, daß der Kampf gegen die Religion nicht ihr selbst gilt, sondern der Welt, in welcher sie gezwungen ist (vielleicht wider Willen), als das Opium des Volkes zu funktionieren, weil sie dem Volk in seinem Elend den einzigen Trost bringen kann. In seiner ganzen Schrift führt Marx eine würdevolle Sprache. Er bietet eine sachliche Analyse, in welcher von religionsfeindlicher Hetze keine Spur ist. Wenn er sich mehr in die Bibel vertieft hätte, hätte er gefunden, daß die Bibel in dieser Frage ganz auf seiner Seite war. Deswegen haben es die großen Herrschaften nie gerne gesehen, wenn das Volk die Bibel las. Zu ihrem Glück ist die Bibel in solch einer verwirrenden und ermüdenden Sprache geschrieben, daß eine Gefahr des Verstehens ihrer umstürzlerischen Stellen nicht besteht. Und bis der Leser zu den leichtverständlichen Verführungen gelangt, ist er schon vom religiösen „Opium" bis zur Bewußtlosigkeit narkotisiert. Der Leser soll also aus diesen Zeilen erfahren, was er in der Bibel übersehen hat. Zwischen dem 18. und dem 25. Vers des 18. Kapitels im Lukas-Evangelium interpelliert ein reicher Mann Jesus über die Bedingungen der Erlangung des ewigen Lebens. Jesus hält ihm einige Gebote vor, worauf der reiche Mann sagt:

> „Das habe ich alles gehalten von meiner Jugend auf." Da Jesus das hörte, sprach er zu ihm: „Es fehlt dir noch eins. Verkaufe alles, was du hast, und gib's den Armen, so wirst du einen Schatz im Himmel haben; und komm, folge mir nach!" Da er aber das hörte, ward er traurig; denn er war sehr reich. Da aber Jesus sah, daß er traurig war geworden, sprach er: „Wie schwer werden die Reichen in das Reich Gottes kommen! Es ist leichter, daß ein Kamel gehe durch ein Nadelöhr, denn daß ein Reicher in das Reich Gottes komme."

Demnach können weder Krupp noch Thyssen noch Rockefeller noch die katholische Kirche in den Himmel kommen. Und die Kommunisten spielen eine solche Trumpfkarte nicht aus! Es gibt aber in der Bibel noch mehr solche Karten. Die Apostelgeschichte, die die erste christliche Gemeinde nach Jesu Tod beschreibt, hat etwas Interessantes im zweiten Kapitel zu berichten. Der 44. und 45. Vers lautet:

> Alle, die gläubig waren geworden, waren beieinander und hielten alle Dinge gemein. Ihre Güter und Habe verkauften sie und teilten sie aus unter alle, nach dem jedermann not war.

Daß dieser Superkommunismus von Gott selbst gebilligt wurde, ist im vierten und fünften Kapitel derselben Apostelgeschichte belegt. Zwischen dem 32. Vers des vierten und dem 10. des fünften Kapitels liest man die hier mit einigen Kürzungen wiedergegebene erbauliche Geschichte.

> Die Menge der Gläubigen war ein Herz und eine Seele; auch keiner sagte von seinen Gütern, daß sie sein wären, sondern es war ihnen alles gemein. Die da Äcker oder Häuser hatten, die verkauften sie und brachten das Geld des verkauften Guts und legten es zu der Apostel Füßen; und man gab einem jeglichen, was ihm not war. Ein Mann aber mit Namen Ananias samt seinem Weibe Saphira verkaufte sein Gut und entwandte etwas vom Gelde mit Wissen seines Weibes und brachte einen Teil und legte ihn zu der Apostel Füßen. Petrus aber sprach: Ananias, warum hat der Satan dein Herz erfüllt, daß du dem heiligen Geist lögest und entwendetest etwas vom Gelde des Ackers? Warum hast du denn solches in deinem Herzen vorgenommen? Du hast nicht Menschen, sondern Gott gelogen. Da Ananias aber diese Worte hörte, fiel er nieder und gab den Geist auf. Und es begab sich über eine Weile, daß sein Weib hineinkam und wußte nicht, was geschehen war. Aber Petrus antwortete: Sage mir: habt ihr den Acker so teuer verkauft? Sie sprach: Ja, so teuer. Petrus aber sprach zu ihr: Warum seid ihr denn eins geworden, zu versuchen den Geist des Herrn? Und alsbald fiel sie zu seinen Füßen und gab den Geist auf. Da kamen die Jünglinge und fanden sie tot, trugen sie hinaus und begruben sie neben ihrem Mann.

Wenngleich der Kommunismus den politischen Wechselfällen nachteilig unterworfen sein mag, bleibt er, wie Figura zeigt, in der christlichen Bibel verewigt.

Es wäre interessant, unter den Kirchgängern eine Umfrage zu veranstalten, wann sie von ihrem Geistlichen eine Predigt über diese Bibelstelle gehört haben. Vielleicht haben sich die Arbeiterpriester, die in Frankreich einige Zeit die Mode waren, in dieses gefährliche Gebiet

vorgewagt. Dieses System der Arbeiterseelsorge an der Drehbank wurde aber von den Kirchenbehörden prompt abgeschafft, als es sich zeigte, daß nicht die Arbeiter schwarz, sondern die
Priester rot wurden. Ein Unfall von einigermaßen ähnlicher Art wäre auch bei den bisher
frommen Kapitalisten möglich. Als Gegenstück zu der vorhin riskierten Spekulation, daß der
Kommunismus noch mit der Religion seinen Frieden machen könnte, wäre es nicht ausgeschlossen, daß eine solch umwälzende geschichtliche Entwicklung die Kapitalisten zum Atheismus hinüberdrängen würde. Das letzte, was sie brauchen, ist eine Religion, die die Verteilung der Besitztümer predigt und die Verheimlichung der Gewinne mit der Todesstrafe bedroht.

Es gibt nur eine Menschenkategorie, deren religionsphilosophische Stellungnahme nicht
durch sozialpolitischen Opportunismus bestimmt wird und deren Existenz bereits in der Bibel
bezeugt ist. Der 14. (auch der 53.) Psalm sagt: „Der Tor spricht in seinem Herzen: Es ist kein
Gott." Die Doktoren der Kirche und ihre einflußreichen Zöglinge wissen, daß dieser Tor kein
Narr ist, folglich für sie eine Gefahr darstellt. Deswegen wehren sie sich bei allen ihren internen Gegensätzen mit Händen und Füßen gegen ihn. Eine jahrtausendelange Geschichte hat
gezeigt, daß die Religionen aufeinander eifersüchtig sind und miteinander – zeitweise mit
blutigen Mitteln – um die Eroberung der Menschheit wetteifern. Was sie aber in ein gemeinsames Lager zusammentreibt, ist die Bedrohung von seiten des Toren, der die Existenz eines
Gottes leugnet. Die Religionen müssen also – um ihr Daseinsrecht zu bewahren – die Existenz ihres Gottes beweisen und dadurch den Toren aus dem Felde schlagen.

**52** Vor der kommenden Generalschlacht (der Religionen mit den Leugnern) muß die
Existenz eines sogenannten neutralen Gottspekulanten erwähnt werden, der zwischen den
gegnerischen Parteien eingekeilt die Fronten verwirrt. Und das ist der Agnostiker, dessen
Philosophie, der Agnostizismus, die Ansicht verficht, daß wir hinsichtlich der Existenz Gottes und seiner Rolle in der Welt zu keiner Entscheidung gelangen können, weil es dem Menschen nicht gegeben ist, in die letzten Geheimnisse des Seins einzudringen. Diese agnostische
These, die auf den ersten Blick am vernünftigsten scheint, ist aber zu verwerfen, weil wir kein
absolutes Wissen nötig haben, um die Unhaltbarkeit des Gläubigenstandpunkts zu erkennen.
Dazu ist noch nicht einmal eine offensive Argumentation nötig, weil die Niederlage des gegnerischen Standpunkts in seiner eigenen Kampfstellung enthalten ist. Durch eine einfache
Probe wird es erkennbar, daß die agnostische Neutralität das Problem nicht bis zu seiner
möglichen Schlußfolgerung durchgedacht hat.

Von zwei Parteien, einer gläubigen und einer ungläubigen, welche soll verpflichtet sein,
ihre These zuerst zu formulieren und zu beweisen, jene, die behauptet, daß Gott existiert, oder
jene, die es bestreitet? Die Antwort wird aus dem folgenden klar. Wenn nichts behauptet wird,
dann würde nicht einmal ein Verrückter das Gegenteil behaupten, denn von Gegenteil kann
erst die Rede sein, wenn man weiß, wovon es das Gegenteil ist. Es ist undenkbar, daß jemand
die Existenz Gottes schon leugnete, bevor er überhaupt je etwas von Gott gehört hat. Jemand
muß zuerst die Existenz Gottes behauptet haben, um einen anderen auf den Gedanken des
Zweifels zu bringen. Wenn aber jemand etwas behauptet, was bis dahin unbekannt war, dann

muß er – wenn herausgefordert – fähig und bereit sein, Beweise der Richtigkeit seiner Behauptung zu liefern, sonst könnte jede Lüge Anspruch auf Wahrhaftigkeit erheben. Wenn Beweise dafür nicht gegeben oder als nicht stichhaltig nachgewiesen werden, dann kann die Behauptung für falsch erklärt werden. Das ist die Situation zwischen dem Gläubigen und dem Ungläubigen. Der Ungläubige hat gar nichts zu beweisen. Er kann sich mit der Funktion begnügen, auf die Falschheit (zutreffendenfalls) der gegnerischen Argumente hinzuweisen. Wenn die untersuchte Sachlage seine Einwendungen rechtfertigt, dann ist der Gegner, in unserem Fall der Gottgläubige, im Irrtum, und der Ungläubige ist automatisch korrekt im Bestreiten der Existenz eines Gottes, ohne daß er es direkt zu beweisen hätte.

Dieser scheinbar negative Stand des Ungläubigen, der auch in seinem Titel „Atheist" (Gottlos) zum Ausdruck kommt, wird als unproduktiv angegriffen. Er biete nichts Positives, er sehe seinen Daseinszweck im Negieren. Eine solche Denunziation verlangt ein näheres Besehen. Die Tatsache ist, daß der Ungläubige unter Umständen viel positiver sein kann als der Gläubige. Seine Denkweise ist negativ nur in dem Sinne, wie die Arbeit eines Chirurgen negativ ist. Wenn dieser aus dem Leib eines Patienten ein bösartiges Gewächs herausschneidet, dann ist sein Eingriff mitnichten negativ. Das Entfernen eines Tumors ist sehr positiv, weil es den Patienten von einer Gefahr befreit und dem Organismus den Weg wieder zum unbeeinträchtigten Funktionieren öffnet. Danach möchte manch einer fragen, ob vielleicht der Glaube ein geistiger Tumor ist, dessen Herausoperieren dem Ungläubigen anvertraut werden soll. Die Glaubenssätze der Religion selbst sollen diese Frage beantworten. Es ist nicht der Gegner, der mit der Religion streitet, vielmehr ist es die Religion, die mit sich selbst streitet.

**53** Für das religiöse Denken ist die Existenz der Welt einzig dadurch erklärbar, daß Gott sie aus nichts (ex nihilo) geschaffen hat. Obwohl es die menschliche Vorstellungskraft übersteigt, daß das ganze Weltall absolut leer oder genauer nichtexistierend gewesen sein soll und dann aus diesem Nichts heraus geschaffen wurde, trotzdem kleben die Menschen am Glauben an solch einen unglaubwürdigen Schöpfungsakt durch ein Wesen, das man im absoluten Nichts nirgends hindenken kann (weil im Nichts nichts existieren kann; wenn es nämlich könnte, dann wäre es nicht mehr Nichts, sondern Etwas, was nicht Gottes Schöpfung wäre, wenn es schon vor der Schöpfung existierte). Nun aber soll dieses nirgends existierende Wesen das ganze Weltall einfach aus dem Nichts hervorgezaubert haben, und zwar in nur sechs Tagen (was deswegen eine besondere Zauberei war, weil es bei dessen Beginn gar keine Tage geben konnte, da der Begriff „Tag" ohne die damals noch nicht existierende Sonne überhaupt ein Unding ist).

Daß erwachsene und sogar manch hochgebildete Menschen an eine solche Erklärung der Weltexistenz glauben, ist nicht der wichtigste Haken, an den der Ungläubige seine erste Einwendung hängt. Wesentlich ist nicht, was vernünftig und was absurd ist (obwohl es auch nicht ganz unwesentlich ist). Das Wesentliche ist die Folgerichtigkeit, mit der jemand seine Theorie entwickelt. Er kann mit der ganzen Welt im Widerspruch sein, nur nicht mit sich selbst. Ein Teil der Theorie muß mit allen anderen Teilen, und diese auch untereinander, harmonieren. Wenn einer behauptet, daß alles, was in der Welt existiert, von einem Wesen, und zwar sofort, in der Form geschaffen wurde, wie wir es heute kennen, dann muß er die Fragen beantworten können, die sich als Folge solcher Behauptung erheben. Er muß sich dazu um so mehr befähigt und verpflichtet fühlen, da er, beziehungsweise seine inspirierten Vorgänger, die Schöpfungsbotschaft vom genannten Welturheber persönlich empfangen haben.

Nun, wenn alles von Gott erschaffen wurde, dann müssen alle Krankheitserreger (die großen Feinde der Menschheit und auch der Tierwelt) ebenfalls von ihm geschaffen worden sein. Man könnte sagen, daß die Krankheiten von einem vorsorglichen Gott zur Strafe der sündigen Menschheit bereitgestellt worden sind. (Diese Gedankenspielerei kommt in den „Konfessionen" von St. Augustin vor.) Eine solche Theorie spannt die menschliche Vorstellung von einem barmherzigen Gott zum Bersten an, besonders da er nach seiner eigenen Aussage der Urheber nicht nur der Strafe, sondern auch der Sünde ist. Er sollte also nicht die Menschheit, sondern sich selbst strafen. Sogar sein „Eingeborener Sohn" hat ihn der Sündhaftigkeit beschuldigt. Vers 10 und 11 des 19. Johannes-Kapitels berichten folgende Zwiesprache zwischen Jesus und Pilatus beim Verhör im Richthaus:

> Da sprach Pilatus zu ihm: „Redest du nicht mit mir? Weißt du nicht, daß ich Macht habe, dich zu kreuzigen, und Macht habe, dich loszugeben?" Jesus antwortet: „Du hättest keine Macht über mich, wenn sie dir nicht wäre von obenherab gegeben; darum, der mich dir überantwortet hat, der hat größere Sünde."

Der Übergeber konnte aber nur Gott sein, da kein Mensch in Palästina über Pilatus stand. Dieser Tatbestand ist auch im Vers 16 des 3. Kapitels von Johannes bestätigt:

> Also hat Gott die Welt geliebt, daß er seinen eingeborenen Sohn gab.

Wie aber hat Gott die Welt geliebt? Antwort: Mit der Verbreitung von Übeln. Seinen Sohn hat er direkt umbringen lassen und die Welt durch das Übel der Krankheiten. In der Bibel der anderen Jehova-Religion, in seiner Selbstbiographie, gibt er offen zu, daß die Übel, für die er die Menschen straft, gar nicht von diesen, sondern von ihm selber stammen. Im Buch Jesaja, beim 7. Vers des 45. Kapitels, erklärt er großspurig:

> Ich bin der Herr, und keiner mehr! der ich das Licht mache und schaffe die Finsternis, der ich Frieden gebe und schaffe das Übel. Ich bin der Herr, der solches alles tut.

Also schafft Gott das Übel. Trotzdem behaupten seine Propagandisten, daß er gut, unendlich gut ist. Wenn das Übel der vielen Krankheiten, mit denen er die Menschheit schlägt, nicht im Widerspruch mit seiner Güte ist, so gibt es eine Krankheit, zum mindesten eine, die von seiner unbestreitbaren Grausamkeit und untilgbaren Sünde zeugt – und die ist das Kindbettfieber, diese moralisch grausamste, göttlich unmoralischste aller Krankheiten. Dieser göttliche Fluch ist heute durch den rebellischen Menschengeist so gut wie gebannt. Die Gottespartisanen nehmen diese Errungenschaft der Medizin (neben den vielen anderen) zum Anlaß, auf die Güte Gottes hinzuweisen, die dem Menschen den Geist zur Bekämpfung der feindlichen Naturkräfte gab. Sie könnten nicht mehr unrecht haben. Erstens sind die feindlichen Naturkräfte (für die der Mensch der Feind ist) auch die Schöpfung Gottes; wenn er den Menschen helfen wollte, hätte er ihnen am einfachsten und bequemsten durch Nichtschaffen dieser Übel helfen können. Zweitens sind die lebensfördernden Erfindungen gerade das Resultat des Ungehorsams gegen Gott. Er wollte den Menschen dumm erhalten. Er wollte nicht, daß der Mensch Wissen erlangt. Es war der rebellische, nicht der gottergebene Geist, der das Leben erträglicher machte und unablässig nach weiterer Verbesserung trachtet. Wenn der Mensch dem Plan Gottes gefolgt wäre, dann hätten wir das Kindbettfieber heute noch, wie wir es jahrtausendelang, bis in die zweite Hälfte des 19. Jahrhunderts, hatten. Warum hat er das so lange geduldet, wenn er so gut ist?

Bei der schier endlosen Verlängerung dieser Plage hat dem herzlosen Gott sein Sohn mit seinen schmutzigen Händen kräftig geholfen. Der österreichisch-ungarische Arzt Ignaz Semmelweis, der „Retter der Mütter", hat nachgewiesen, daß die unsauberen Hände der Frauenärzte die Infektion von Bett zu Bett getragen haben. Man greift sich an den Kopf, daß in Ärztekreisen bis in die Mitte des 19. Jahrhunderts das Händewaschen keine gesellschaftliche und berufliche Selbstverständlichkeit war. Diese Ärzte waren offenbar hingebungsvolle Christen, für die die schamlos schmutzigen Hände von Jesus beim Mittagessen im Pharisäerhaus ein Fingerzeig für ihre hygienischen Ansprüche waren. Die Wöchnerinnen starben massenhaft, weil die Ärzte keine Ahnung davon hatten, daß deren Berührung mit ungewaschenen Händen selbst die Ansteckung war. Als fromme Christen waren sie für eine solche Ursache der tragischen Vorkommnisse gar nicht aufgeschlossen, da doch Jesus selbst erklärt hatte, daß ungewaschene Händen den Menschen nicht verunreinigen (Matthäus, 15. Kapitel, 20. Vers). Im Kindbettfieber haben wir einen klaren Fall der göttlichen Mitverantwortung für eine unverdiente Geißel. Bei der Rechtfertigung aller anderen Leiden konnte man noch menschliche Sündhaftigkeit wortklauberisch als Urgrund vorschützen. Beim Kindbettfieber ist das absolut unmöglich, weil dabei zwei vollkommen unschuldige Opfer bestraft werden. Wo erscheint die Frau reiner als in ihrer mütterlichen Lebenserfüllung, und wo ist der Mensch unschuldiger als in der Wiege? Aber der Tadel wegen grundloser Bestrafung trifft ja gar nicht Gott. Dazu müßte er erst existieren. Es ist nur der Schwindel der machthungrigen Religionshyänen, die der tölpelhaften Menschheit einen Gott aufschwatzen, der bei den herrschenden Zuständen gar nichts anderes als eine sadistische Bestie sein muß, wenn er als existierend angenommen wird.

Hier ist der hirnzerfressende Widerspruch der Gottgläubigen, die die Existenz und Ordnung der Welt einem allgütigen Gott zuschreiben und sein Werk zugleich verdammen müssen. Wenn sie es aus Loyalität akzeptieren, dann müssen sie aber den göttlichen Muttermord logischerweise begrüßen.

Ein geistig aktiver Mensch wird über die folgende Alternative nachdenken. Entweder Gott existiert und ist dann mit seiner Grausamkeit ein Ungeheuer, oder er kann nicht ungeheuerlich und grausam sein, und dann ist die Bibel, in der er sich selbst als Schöpfer des Übels bekennt, ein falsches Buch, nicht das Wort Gottes, und ihre Verbreiter sind dann Lügner. Da wir aber Gott nur durch diese Lügner kennen, nur sie behaupten, daß Gott existiert (verstärkt durch ein millionenfaches Echo aus den Schnäbeln frommer Papageien), und da wir keine andere Quelle für die Kenntnis dieser Existenz haben, so muß sie eine Unwahrheit sein.

Die religiösen Wortklauber wissen eine Erklärung für die Widersprüche ihres Systems. Sie ist, daß die Wege Gottes ein Mysterium sind, das ein gewöhnlicher Sterblicher nicht ergründen kann. In dem Fall ist aber die religiöse Anbetung eine hirnlose Praktik, weil man dann gar nicht weiß, was man anbetet. Nur ein Narr applaudiert einer Theateraufführung, die er nicht gesehen oder nicht verstanden hat. Und doch ist der Beifall für ein nicht verstandenes Schauspiel das einzige Verhalten, das die Religionsanhänger dem Ratlosen empfehlen, der sich zwischen göttlicher Güte und göttlicher Grausamkeit nicht zurechtfindet. Es ist den Gläubigen gleichgültig, daß Gott zwischen gut und böse ausgelöscht ist. Gott muß sein!

54 „Gott muß sein" war das Prinzip des „großen" französischen Philosophen Pascal. Man nennt es Pascals Wette (la gageure de Pascal). Er stellte sich die Frage, auf welches „Pferd" er setzen soll. Er hatte zwei Möglichkeiten: einen existierenden Gott zu verschmähen oder einen nichtexistierenden anzubeten. Er hat das letztere gewählt mit der Begründung, daß das Anbeten eines nichtexistierenden Gottes keine Nachteile mit sich bringen kann. Was kann einem ein nichtexistierendes Wesen so oder so antun? Sollte aber Gott existieren, den er durch Verschmähen beleidigt, dann kann er sich alle Martern der Hölle zuziehen. Pascal entschied sich also nicht aus Überzeugung, sondern aus einer risikofreien Einstellung. Er hat vergessen, daß Gott, wenn er existiert, einen charakterfesten Gottesleugner einem unaufrichtigen Gottesanbeter höchstwahrscheinlich vorzieht. (Darin liegt übrigens die Luderhaftigkeit und Falschheit aller Bekehrungsnötigungen, daß nämlich die Bekehrer Gott mit der Zuführung unüberzeugter Bekehrter schmeicheln zu können glauben und dadurch auch aus Gott einen Lumpencharakter machen.) Pascal hat jedenfalls gezeigt, daß er trotz seiner zur Schau getragenen Religiösität im Grunde genommen ein krasser Materialist war. Da er aus Berechnung fromm wurde, hätte er die mit Eifer von sich ferngehaltene Gottestrafe erst recht verdient. Man kann aber Pascal nicht für so dumm halten, daß er diese Möglichkeit nicht von selbst erkannt hätte. Deswegen ist es wahrscheinlich, daß er mit seiner Frömmigkeit mehr der Geistlichkeit als Gott gefallen wollte. Zu seiner Zeit war es gefährlich, sogar noch für einen Protestanten geschweige denn für einen Gottlosen gehalten zu werden.

Es war die Anfangszeit der Herrschaft Ludwigs des XIV. und der von ihm angefeuerten katholischen Reaktion auf die halbjahrhundertlange, im Edikt von Nantes garantierte protestantische Freiheit. Diese Reaktion wirkte noch hundert Jahre später nach, als der früher erwähnte protestantische Calas in Pascals Vaterland aus religiösem Haß gerädert wurde. Es wird natürlich Anhänger Pascals und der Religon geben, die die Spekulation über Pascals umständehalber praktizierte Frömmelei verwerfen und für den Standpunkt plädieren, daß sein Gottesglaube echt und seine „Wette" berechtigt war. Die Befleckung Pascals ist aber unvermeidlich; er hat sie selbst verursacht, weil seine unleugbar materialistische Rechnerei Anlaß dazu gegeben hat. Und daraus folgte eine weitere Mutmaßung, weil es unmöglich schien, daß Pascal die in seiner Wette enthaltene Düpierung Gottes nicht erkannt hätte.

Bei einer bemängelnden Interpretation seiner rechnerischen Religiosität kommt aber Pascal noch am besten weg. Sollte er nämlich tatsächlich ein aufrichtiger Gottesanbeter gewesen sein, dann steht seine Sache in Hinsicht auf seine Wette noch schlimmer. Wenn er an Gott glaubte (den christlichen) und ihn anbetete, um ganz sicher zu sein, daß er keine strafbare Unterlassung beging, dann hätte er eine ganze Reihe von Göttern anbeten müssen, denn wie konnte er sicher sein, daß er im Falle der Vernachlässigung anderer Götter nicht von diesen bestraft würde? Er hätte ein Anhänger aller bisher bekannten Götter und ihrer Kulte sein müssen und innerhalb des Christentums nicht nur des katholischen, sondern auch des protestantischen und des orthodoxen in allen ihren Schattierungen, da jeder Zweig die einzig wahre Verkörperung der Ideen Jesu zu sein beansprucht. Er hätte aber auch ein Jude und ein Mohammedaner sein müssen, weil er nicht sicher sein konnte, daß Gott sich nicht nach deren Art angebetet wissen wollte.

Alle diese Observanzen hätten aber noch nicht zu einer restlosen Rückversicherung ausgereicht. Pascal hätte auch die sumerischen Götter Anu, Enlil und Enki anbeten müssen, desgleichen die babylonischen Marduk und Ischtar (letztere besser bekannt unter dem Namen Astarte), ferner die jedem Mozartfreund wohlbekannten ägyptischen Isis und Osiris, auch die persischen Mithra, Ormusd und Ahriman, dann die indischen Brahma, Wischnu und Siwa; nicht zu vergessen sind die jedem Opernsänger schon ganz nahe stehenden Zeus und Wotan. Pascal hätte auch der japanischen Göttin Amaterasu huldigen müssen, da der Kaiser von Japan, der als ihr direkter Abkömmling gegolten hatte, ihre Nichtexistenz erst nach dem Zweiten Weltkrieg erklärte. (Was so ein materialistischer Krieg in den spirituellen Heiligtümern für Wunder wirken kann!)

Die offizielle Toterklärung von Amaterasu würde Pascal, wenn er heute lebte, nicht wesentlich vom Druck seiner Anbetungspflichten befreien. Es gibt noch viel mehr Götter, die nicht aufgezählt wurden, die aber wie Alpdrücke auf Pascals Gewissen lasten müßten. Es wäre von ihm unvorsichtig, diese Allgötterversammlung zu ignorieren, nur weil die Menschheit sie einstweilen in die Museen gesperrt hat. Hängt die Existenz von Göttern vom Urteil der Menschen ab? Wenn Pascal von der Ahnung beunruhigt war, daß Jehova am Leben sein mochte, dann hätte er auch den Verdacht haben können, daß die Kollegen Jehovas vielleicht auch noch nicht tot waren.

Wenn Pascal heute unter uns weilte, könnte er auf diese Postulate erwidern, daß die aufgezählten Götter alle falsch seien, die ihn nichts angingen. Aber für die Völker, die diese Götter angebetet haben, waren sie ebenso echt und lebendig wie für Pascal sein Gott. Wer entscheidet, welcher Gott echt und welcher falsch ist? Natürlich die Geschichte, die Macht der betreffenden Kultur und das Hoheitsgebiet, auf welches diese Kulturmacht sich erstreckt. Das Christentum hat in Indien, Japan und China keine Macht, so existiert in diesen Ländern der jüdisch-christliche Gott so gut wie gar nicht. Andererseits haben Brahma, Wischnu und Siwa im Abendland keine Macht. Diese örtlichen und autoritären Faktoren sind aber den Zeitveränderungen unterworfen (selbst wenn sie sich in Perioden von Jahrhunderten oder Jahrtausenden vollziehen), so kann man von der Herrschaft eines Gottes immer nur im Orts- und Zeitrahmen sprechen und nicht als etwas absolut Existierendem und Unabänderlichem. Das bringt aber mit sich, daß die asiatischen oder mittelöstlichen Götter, wenn deren Völker Europa einmal erobern, Pascal nachträglich in ihre Hölle werfen werden. Pascal hat eine große Unvorsichtigkeit begangen, die orientalischen Götter nicht in seine Wette miteinzuschließen. Daß sein einstweilen noch herrschender Gott christlich schon 2000 beziehungsweise jüdisch 4000 Jahre alt ist, bedeutet nicht, daß er auch in den nächsten 2000 oder 4000 Jahren unbedingt existieren und herrschen wird. Die heidnischen Götter existierten auch nur, solange sie Gläubige hatten. Dieses Prinzip gilt auch für Jehova. Er hat keine von seinen Gläubigen unabhängige, objektive Existenz. Seine noch anhaltende Existenz beruht auf der grausamen Unduldsamkeit seiner Gläubigen. Diese mag aber dereinst von einem geistigen Erwachen abgelöst werden.

Gott hat selbst gesagt, daß er nicht ewig ist. Im 10. Vers des 43. Kapitels im Buch Jesaja sagt er:

Ihr aber seid meine Zeugen und mein Knecht, den ich erwählt habe, auf daß ihr wisset und mir glaubet und verstehet, daß ich's bin. Vor mir ist kein Gott gemacht, so wird auch nach mir keiner sein.

Wenn Gott von „vor mir" und „nach mir" spricht, so kann das nur das eine bedeuten, daß er zu jenen Zeiten als nicht existierend zu betrachten ist.

Pascal war ein nachlässiger Leser der Bibel, wenn er eine Illusion von der ewigen Macht seines Gottes haben konnte. Aber auch in seiner beschränkten Welt hat er sich mit seinem Gott blamiert. War er nämlich von der ewigen Gültigkeit seiner Illusion überzeugt, dann hat er damit seinen eigenen Stand zerstört. Pascals Fall zeigt, wie ein Genie (das er auf anderen Gebieten zweifelsohne war) zu einem mummelnden Idioten wird, wenn er sich von der Religion leiten läßt. Ein fester Glaube, wie ihn der Katholizismus voraussetzt, und selbst die theoretische Möglichkeit einer Alternative, wie sie in Pascals Wette zum Ausdruck kam, können nicht in ein und demselben Gehirn konzipiert werden. Als aufrichtiger Gläubiger (angenommen, daß er es war) hat Pascal mit seiner Wette gezeigt, daß er an einem Denkfehler litt, weil eine Überzeugung keine Spekulation duldet. Entweder man glaubt, oder man glaubt nicht. Nur ein Ungläubiger kann das Für und das Wider gegeneinander abwägen. Der Glaubende bezieht seine Stellung (weltanschaulich) nicht nach Vernunftgründen, sondern aufgrund von Phantasterei, Aberglauben und der Duldung von Widersprüchen.

Der Vernunftstandpunkt des Ungläubigen bedeutet aber nicht, daß er überhaupt nicht glaubt. Er verwirft den Glauben nur, wenn dieser widersinnig ist. Es gibt viele Bezirke und Situationen des Lebens, in denen man vernünftig glauben kann. Der Glaube von Columbus, die Erdkugel in westlicher Richtung umschiffen zu können, war ein vernünftiger Glaube. Ebenfalls ist es vernünftig zu glauben, daß eine tiefe Ausgrabung an geeigneter Stelle Wasser an die Oberfläche fördern wird. Edison hatte 3000 Experimente durchgeführt, bevor seine elektrische Birne funktionssicher und für Massenherstellung geeignet wurde. Offenbar hat Edison ein strenger Glaube an die fruchtbringende Wirkung seiner Mühe zum Durchhalten befähigt. Diese Art Glaube eines erklärt Ungläubigen (der Edison in Wirklichkeit war) hat mit religiösem Glauben nichts zu tun.

**55** Edison war absolut ungläubig, nicht nur beschränkt wie Voltaire. Voltaire war nämlich ein Deist, der nur an die göttliche Verbindung der Religionen nicht geglaubt, aber die Gottesidee an sich nicht verworfen hat. Er sagte sogar: „Le monde m'embarrasse et je ne puis songer que cette horloge marche et n'ait pas d'horloger." (Die Welt verwirrt mich, denn ich kann mir nicht vorstellen, daß diese „Uhr" ohne einen Uhrmacher funktionsfähig sein soll.)

Voltaire ist seiner eigenen Metapher zum Opfer gefallen. Die kreisende Erde ist keine Uhr. Die Uhr selbst bewegt sich nicht, nur ihr inneres Räderwerk. Falls Voltaire das und nicht das unbewegliche Uhrengehäuse gemeint hat, dann ist seine Metapher immer noch unpassend, denn im Inneren der Erde gibt es keine systematische, dem menschlichen Verstand solchermaßen offenbare Bewegung. Die Bewegung im Inneren der Erde ist vom menschlichen Standpunkt aus vielmehr destruktiv. Auch das Weltall ist nicht von unverrückbarer Beständigkeit. Wir erleben Vulkanausbrüche, Erdbeben, Überschwemmungen immer wieder. Ein Uhrmacher würde sein Werk nicht mit der Absicht konstruieren, es zu zerstören. Der himmlische Uhrmacher, dem Voltaire die Bewegung der Erde zuschrieb, personifiziert die bösen Weltallenergien, wenn er durch den Mund des Propheten Zephania (in dessen 3. Kapitel beim 8. Vers) verkündet:

> Darum spricht der Herr, müsset ihr mein harren, bis ich mich aufmache zu seiner Zeit, da ich auch rechten werde und die Heiden versammeln und die Königreiche zuhauf bringen, meinen Zorn über sie zu schütten, ja, allen Zorn meines Grimmes; denn alle Welt soll durch meines Eifers Feuer verzehrt werden.

Der grimmige Uhrmacher delegiert sogar seinen Sohn, um die Worte des inzwischen pensionierten Zephania zu bestätigen. Der Filius hat seine eigenen Lehrlinge, von denen der ehemalige Zöllner Matthäus in seinem 24. „Protokoll" unter „Paragraph" 3 folgende Erkundigung seiner Klassenkameraden aufzeichnete:

> Und als er auf dem Ölberg saß, traten zu ihm seine Jünger besonders und sprachen: Sage uns, wann wird das geschehen? Und welches wird das Zeichen sein deiner Zukunft und des Endes der Welt?

Die Antwort (bei Nummer 14 desselben Protokolls nach einigem Herumreden gegeben) ist nicht sehr ermutigend:

> Es wird gepredigt werden das Evangelium vom Reich in der ganzen Welt zu einem Zeugnis über alle Völker, und dann wird das Ende kommen.

In dieselbe Kerbe haut Petrus im zehnten Vers des dritten Kapitels in seinem zweiten Brief:

> Es wird aber des Herrn Tag kommen wie ein Dieb in der Nacht, an welchem die Himmel zergehen werden mit großem Krachen; die Elemente aber werden vor Hitze schmelzen, und die Erde und die Werke, die darauf sind, werden verbrennen.

Nach soviel Zeugnissen muß man schon wirklich an das Ende der Welt glauben. Ein Anhänger Voltaires könnte aber einwenden, daß für Voltaire die biblischen Behauptungen keinen Beweiswert haben, weil er nicht an den biblischen Gott, sondern nur an einen Naturgott (so wie es in der amerikanischen Unabhängigkeitserklärung heißt: Gott der Natur) geglaubt hat. Voltaire hätte aber aus den Naturereignissen dieselbe Weltfeindlichkeit Gottes herauslesen können wie aus den Fabeln der Bibel. Er war 60 Jahre alt, als Lissabon im Jahre 1755 von einem furchtbaren Erdbeben zerstört wurde. Es hat ganz Europa mit Grauen erfüllt. Der damals sechsjährige, aber überdurchschnittlich empfindsame Goethe hat diese Naturkatastrophe nie in seinem Leben vergessen. Zu seinem Freund Friedrich Wilhelm Riemer, einem Professor klassischer Sprachen und Erzieher seines Sohnes August, äußerte er, gemäß einer Aufzeichnung Riemers aus dem Jahr 1809, daß er (Goethe) damals (zur Zeit des Erdbebens) anfing, still für sich an Gott zu zweifeln, da er so etwas zulassen könne und nicht wenigstens die Frauen und die Kinder schone. Voltaire hatte also die Bibel gar nicht nötig, um diesen Amok laufenden Uhrmacher richtig einzuschätzen und dessen Werk nicht über Gebühr zu würdigen.

Zwei bedeutende Denker der Neuzeit (der eine sogar der allerneusten), die im freien Denken weit hinter Voltaire zurückbleiben und mehr der konservativen Richtung zuzuzählen sind, halten vom Uhrmachergeist Gottes trotzdem nicht viel. Beide wohlbekannte Denker, die bald vorgestellt werden, sind der Meinung, daß Gott seine Schöpfung schließlich dem Untergang anheimfallen läßt. Das wiederholte Vorhalten des Beweggrundes dieser negativ göttlichen Entscheidung, nämlich der unheilbringenden Sündhaftigkeit des Menschen, muß aber zurückgewiesen werden, weil mit der Zerstörung der Welt Gott nicht nur den „sündhaften" Menschen, sondern (wie schon bei der Sintflut) auch seine „göttliche" Kultur und die anderen Lebewesen, die völlig unschuldigen Tiere und Pflanzen ebenfalls vernichtet. Die Sündhaftigkeit ist die durchsichtigste, faulste Ausrede, die nur den bösartigen Charakter dieses in gläubigen Köpfen ausgeheckten Gottes verdecken soll. Diese Bösartigkeit äußerst sich zum Beispiel auch in der wenig beachteten Bestrafung der Schlange im Garten (mit Bauchkriechen und Staubfressen) für die Verführung zum Apfelessen, obwohl die Schlange unter keinerlei Verbot stand (solange sie noch Beine hatte), folglich nach dem Prinzip „nulla poena sine lege" straffrei geblieben sein sollte. Der Schadenersatz für den göttlich eingefädelten Verlust des irdischen Lebens, das sogenannte ewig himmlische Leben durch den Christusglauben, ist natürlich auch nur die Ausgeburt bösartig schwindelhafter Köpfe, weil ein körperloses Leben (abgesehen von dessen Absurdität) keine Rückgewinnung des verlorenen körperlichen Lebens ist. Es ist wie ein arglistig ausgestellter Schuldschein, der nie eingelöst werden kann.

Alle diese Gedankengänge rühren indessen nicht von der Rebellion eines Atheisten her, sondern sind, gerade umgekehrt, auf den Spuren gottgläubigen Denkens, wie es seine Unfähigkeit verrät, sich mit dem Leben – so wie es ist – abzufinden.

56 Letztlich ist das Wesen des Lebens Vernichtung. „Leben" ist im weitesten Sinne zu nehmen; also nicht nur menschliches, sondern auch jegliches tierische, pflanzliche und sogar auch mineralische Leben in dem Sinne, daß dieses auch umwälzende Veränderungen erfahren wird. Das ist auch die Ansicht eines Nichtatheisten und sogar Spiritualisten, des allbekannten Oswald Spengler. Bei all seinem Hängen an spirituellen Werten mußte er diese – unter dem erdrückenden Gewicht der Naturvorgänge – dem physischen Leben unterordnen und alle Wunschträume von der Weiterexistenz nicht nur des Menschen, sondern der heute bekannten Form der Welt überhaupt aufgeben. Das Zeugnis von Spenglers pessimistischer Weltanschauung ist sein monumentales Werk „Untergang des Abendlandes", dessen Titel insofern mangelhaft ist, als er den „Untergang ebensogut auf das Morgenland und sogar auf die Länder aller Windrichtungen hätte ausdehnen können. Im ersten Band, auf der siebten Seite des Kapitels „Makrokosmos", schreibt er:

> Alles Gewordene ist vergänglich. Vergänglich sind nicht nur Völker, Sprachen, Rassen, Kulturen. Es wird in wenigen Jahrhunderten keine westeuropäische Kultur, keinen Deutschen, Engländer, Franzosen mehr geben, wie es zur Zeit Justinians keinen Römer mehr gab. Nicht die Folge menschlicher Generationen war erloschen; die innere Form eines Volkes, die eine Anzahl von ihnen zu einheitlicher Gebärde zusammengefaßt hatte, war nicht mehr da. Der Civis Romanus, eines der mächtigsten Symbole antiken Seins, war gleichwohl als Form nur von der Dauer einiger Jahrhunderte. Aber das Urphänomen der großen Kultur überhaupt wird einmal wieder verschwunden sein, und mit ihm das Schauspiel der Weltgeschichte, und endlich der Mensch

selbst und darüber hinaus die Erscheinung des pflanzlichen und tierischen Lebens an der Erdoberfläche, die Erde, die Sonne und die ganze Welt der Sonnensysteme. Alle Kunst ist sterblich, nicht nur einzelne Werke, sondern die Künste selbst. Es wird eines Tages das letzte Bildnis Rembrandts und der letzte Takt Mozartscher Musik aufgehört haben zu sein (obwohl eine bemalte Leinwand und ein Notenblatt vielleicht übrig sind), weil das letzte Auge und Ohr verschwand, das ihrer Formensprache zugänglich war. Vergänglich ist jeder Gedanke, jeder Glaube, jede Wissenschaft, sobald die Geister erloschen sind, in deren Welten ihre „ewigen Wahrheiten" mit Notwendigkeit als wahr empfunden wurden.

Nach Spenglers Beschreibung der Weltzukunft muß Gott eher ein Totengräber als ein Uhrmacher sein, insofern er mit dieser Zukunft und, was das betrifft, auch mit der Vergangenheit überhaupt etwas zu tun hat. Wenn die Welt zu einem Untergang nach einigen weiteren Milliarden Jahren verurteilt ist, spielt es dann schon keine Rolle, ob Gott mit Trompeten und Pauken am Rande des Grabes steht oder ob die Bestattung sang- und klanglos stattfindet. Es gibt aber Gottesanhänger, die unbedingt auf der Teilnahme Gottes beharren.

**57** Ein prominenter Anhänger, der für seine Händel mit den nachpiusschen Päpsten berühmt wurde, ist der katholische Geistliche Hans Küng. Seine Philosophie liegt meilenweit von der Spenglers, doch konvergieren sie bemerkenswerterweise bei der Betrachtung der Aussichten kosmischer Existenz. Küng, bei all seinen rebellischen Ideen hinsichtlich katholischer Dogmatik und Politik, ist bezüglich der Existenz und der irdischen Gschaftelhuberrolle Gottes ein halb standhafter, halb wankender Nachhutkämpfer der Tradition. Jedenfalls ist er noch objektiv und realistisch genug, um die Weltvernichtung (als einen Akt Gottes) in Betracht zu ziehen. Nach Besprechung der wissenschaftlichen Theorien über kosmische Schicksalswege, wie jene der endlosen Ausdehnung oder des Hin- und Herschwingens, schreibt er im Abschnitt „Was kommt am Ende" seines Buches „Existiert Gott?" Worte einer spezifisch Küngschen Apokalypse.

> Das biblische Glaubenszeugnis versteht das Ende entscheidend als die Vollendung des Wirkens Gottes an seiner Schöpfung: Wie am Anfang der Welt so steht auch an ihrem Ende nicht das Nichts, sondern Gott! Das angekündigte Ende darf nicht kurzerhand mit einer kosmischen Katastrophe und einem Abbruch der Menschheitsgeschichte gleichgesetzt werden. Bei aller Beendigung des Alten, Vergänglichen, Unvollkommenen oder gar Bösen ist dieses Ende letztlich doch zu verstehen als Vollendung!

Bemerkenswert an dieser höchstpersönlichen Interpretation des biblischen Glaubenszeugnisses sind die eingestreuten Einschränkungen der eigenen Meinungsäußerung. Im Satz „Das angekündigte Ende darf nicht kurzerhand..." gibt das fast unauffällige Wort „kurzerhand" dem Satz eine der scheinbaren entgegengesetzte Bedeutung. Vater Küng fühlte, daß „das Ende" schwerlich etwas anderes als eine Katastrophe und ein Abbruch der Menschheitsgeschichte sein kann, doch schrak er vor der Furchtbarkeit einer eindeutigen Verkündigung zurück. Das ist die typische Versüßung einer bitteren Pille, wie sie in religiösen Phantasien für die gläubigen Feiglinge üblich ist. Der Ausdruck „darf nicht kurzerhand" wurde also der galligen Nachricht als Saccharin beigegeben. Die Bedeutung des Endes ohne Saccharin aber ist, daß es „langerhand" ja darf, nämlich mit Abbruch und Katastrophe gleichgesetzt werden.

Küng spricht auch von der Beendigung des Vergänglichen, Unvollkommenen und Bösen und will diese Beendigung letztlich als Vollendung verstehen. Ohne das Wörtchen „letztlich" wäre der Pferdefuß zu sichtbar. Eine unverhohlene Beendigung ist nämlich offenbar keine Vollendung. Nur wenn man ein Schlupfloch offenläßt, so daß eine weitere, „letztliche" Spekulation angeregt wird, kann man auf eine Verwischung des Unterschiedes zwischen Beendigung und Vollendung hoffen. Eine Arbeit kann in der Mitte beendet werden; dann ist sie aber nicht vollendet. Eine Ausnahme wäre es, wenn das Ende, nämlich Tod und Vernichtung, wovon ja in unserem Fall die Rede ist, der Zweck der Schöpfung war. Aber eine Schöpfung mit dem Vorsatz der Vernichtung wäre eher das Werk eines Teufels als eines Gottes. Küng wollte Gott lobpreisen, dabei hat er den Teufel beschrieben. Hat ein Gott nicht die Macht und die Kunst, das Unvollkommene oder gar Böse zu verbessern statt es zu vernichten und diesen Nihilismus dann noch heuchlerisch Vollendung zu nennen?

Im wesentlichen gelangt Küng jedenfalls zu derselben Schlußfolgerung wie Spengler. Die allerletzte Schlußfolgerung aber ist, daß sogar zwischen dem bürgerlichen Gesellschaftskritiker, dem katholischen Priester und dem Atheisten kein Unterschied ist. Keiner glaubt an die rettende Funktion Gottes. Eine Abweichung besteht nur darin, daß der Gesellschaftskritiker Gott aus dem Spiel läßt (ohne die Tür zuzuschlagen), der Atheist ihn nirgends findet und der Priester ihn für seine Missetaten entschuldigt. Greifen wir nur einen Satz aus dem vorhergehenden Zitat heraus. „Wie am Anfang der Welt, so steht auch an ihrem Ende nicht das Nichts, sondern Gott!"

Ein so hochintelligenter, hochgebildeter und wohlmeinender Mann wie der ehrwürdige Herr Küng kann der Narretei nicht widerstehen, die Quadratur des Kreises zu versuchen oder das Perpetuum mobile zu konstruieren. Nach dem Wortlaut seines Satzes rechnet er mit dem Ende der Welt. Gleichzeitig glaubt er, daß Gott auch nach diesem Ende, wie vor dem Anfang, weltlos existiert. Er stellt das aber in einer Weise fest, die man als einen sprachlichen Unfug bezeichnen muß. Seiner Ansicht nach gibt es nicht Nichts, wenn es nichts gibt, denn dann gibt es immer noch Gott. Da er aber nicht bestreiten kann, daß Gott von lauter Nichts umgeben ist, da es ja sein eigenes Postulat ist, daß die Welt nicht mehr existiert, so schuldet er uns zu erklären, wo Gott ist, wenn es nicht möglich ist, seine Existenz in irgend etwas hineinzudenken.

Für die Theologen ist die Erklärung leicht und einfach, in ihrem Kauderwelsch sagen sie, daß Gott transzendent ist. Das Wort hat, ohne eine verdrehte Anwendung, die Bedeutung von etwas Durchdringendem, nämlich durch etwas anderes hindurch. Auf Gott angewendet, bedeutet es, daß Gott keine Grenzen hat, daß er durch alles hindurchdringt und jenseits von allem ist, was menschlich erfahren und erfaßt werden kann. Gemäß gewisser Theologien ist er auch immanent, nämlich innerhalb seiner Schöpfung wirkend. Diese letztere Bedeutung können wir aber fallen lassen, denn innerhalb einer nichtexistierenden Welt, wie sie bereits beschlossen wurde, kann Gott kaum wirken. Es bleibt also das Außerhalb-, das Jenseitssein, es bleibt aber auch nicht lange. Wenn keine Welt existiert, kann man genausowenig außerhalb wie innerhalb sein. „Außerhalb" bezeichnet ein Positionsverhältnis. Ein Verhältnis zu was, wenn es keine Welt gibt? Es gibt nur „Nichts" (außer Gott, natürlich). Eine Existenz, Position oder Beziehung, deren Anhaltspunkt das Nichts ist, ist für den unverseuchten Menschenverstand nicht erfaßbar. Diese theologische Irrationalität wurde schon von Nietzsche in der ihm eigenen überscharfen Weise in seinem Buch „Der Antichrist" unter Sektionsnummern 51, 52 bloßgestellt.

Es steht Niemandem frei, Christ zu werden: man wird nicht zum Christentum „bekehrt", – man muß krank genug dazu sein ... Das Christentum steht auch im Gegensatz zu aller geistigen Wohlgerathenheit – es kann nur die kranke Vernunft als christliche Vernunft brauchen, es nimmt die Partei alles Idiotischen, es spricht den Fluch aus gegen den „Geist", gegen die superbia (lateinisch: Stolz) des gesunden Geistes.

Eine Unterbrechung in direktem Anschluß an das unerläßliche Kranksein und das Idiotische als Wortbedingung zum Christsein ist unwiderstehlich bei der sich hier aufdrängenden Äußerung Schopenhauers im 2. Teil seiner Parerga und Paralipomena:

Der Arzt sieht den Menschen in seiner ganzen Schwäche, der Advokat in seiner ganzen Schlechtigkeit und der Priester in seiner ganzen Dummheit.

Aber Nietzsche hat noch mehr zu sagen.

Weil die Krankheit zum Wesen des Christentums gehört, muß auch der typisch christliche Zustand, „der Glaube", eine Krankheitsform sein, müssen alle geraden, rechtschaffenen, wissenschaftlichen Wege zur Erkenntnis von der Kirche als verbotene Wege abgelehnt werden. Der Zweifel bereits ist eine Sünde...

Doktor Küng, der sich mehr Zweifel erlaubt hat, als die Kirche dulden kann, beharrt aber immer noch bei den für den Menschenverstand unmöglichen Attributen Gottes: Transzendenz, Immanenz (wodurch, worin?), Allgegenwart (wo?), Allmacht (wem gegenüber?), Allwissenheit (worauf bezüglich?). Wenn es keine Welt gibt nach ihrem Ende, wie es Küng selbst als unvermeidliche Tatsache behandelt, dann muß doch Gott selbst ins Nichts zerrinnen. Ein Wesen, das jene Eigenschaften nicht hat (weil sie gegenstandslos sind), durch welche allein es existieren kann, denn sonst kennen wir es ja gar nicht, ein solches Wesen ist für menschlichen Gebrauch eine Null, ein Zero, ein Nichts. Und nur für den menschlichen Gebrauch kann man über die Gottfiktion theoretisieren. Für leblose Gegenstände und selbst für Tiere könnte Gott kaum den Schulmeister spielen. Hans Küng beantwortete seine Frage im Buch „Existiert Gott?" unüberraschend mit „Ja". Aber er bewies das Gegenteil, als er das Todesurteil über die Welt bestätigte. Ohne Welt gibt es keinen Gott. Er ist ein Produkt der Welt, nicht umgekehrt. Für dieses Kausalverhältnis lieferte Küng noch mehr und – nach seiner eigenen Logik – unwiderlegbare Beweise, die bald präsentiert werden.

Die vier atheistischen Philosophen, gegen die Küng in seinem Buch argumentiert, Feuerbach, Marx, Freud und Nietzsche, haben Gott als das Abbild des Menschen von vier verschiedenen Blickwinkeln aus beschrieben. Feuerbach erklärt Gott anthropologisch als eine Höhenprojektion des Menschen selbst. In Marxens Theorie ist Gott ein Trost für ein grausames Schicksal, dessen Ende den Trost gegenstandslos machen wird. Für Freud ist Gott Ausdruck eines geistigen Infantilismus und für Nietzsche die Verkrüppelung der geistigen und körperlichen Naturkräfte des Menschen. Küng gibt zu, daß die atheistischen Argumente alle etwas für sich haben, aber den Gegenstand nicht erschöpfend erfassen, weil dieser noch einen Aspekt hat, dem mit Vernunftargumenten nicht beizukommen ist. Dieser Aspekt läuft bei Küng auf zwei Schlüsselsätze hinaus. Diese sind im Kapitel „Gott als Wirklichkeit" des bereits erwähnten Buches „Existiert Gott?". Der erste der zwei Sätze ist im Abschnitt mit dem Untertitel „Der Glaube als letztlich begründetes Grundvertrauen" und bildet den mit Punktzeichen versehenen Spruch ungefähr in der Mitte des Abschnitts: „Das Ja zu Gott bedeutet ein letztlich begründetes Grundvertrauen zur Wirklichkeit." Der andere Satz ist im Abschnitt mit dem Untertitel „Gott – eine Sache des Vertrauens" und bildet die letzte Zeile der mit Punktzeichen versehenen Sprüche: „Daß Gott ist, kann nur in einem – in der Wirklichkeit selbst begründeten – Vertrauen angenommen werden."

Schauen wir uns den zweiten Satz zuerst an, weil dieser den Beweis — Küngs eigenen Beweis – der Nichtexistenz Gottes unwillkürlich enthält. Wenn man Küngs Existenztheorie (durch Vertrauen) gegen den Hintergrund der von Jesus initiierten und von Küng amplifizierten Weltvernichtungskunde betrachtet, dann kann man fragen, wie denn Gott existieren wird, wenn niemand da ist, um seine Existenz im Vertrauen anzunehmen. Da die Existenz Gottes vom menschlichen Vertrauen abhängt, so ist es offenbar, daß mit dem Verschwinden der Welt und damit der Menschen samt ihrem Vertrauen auch Gott verschwinden muß. Die oben geäußerte These, wonach Gott ein Produkt der Welt, beziehungsweise der Menschen, ist und nicht umgekehrt, kann mit größerem Gewicht wiederholt werden, da Küngs eigene Theorien zur selben Schlußfolgerung führen. – In Ergänzung zum vertrauenslos und existenzlos gewordenen Gott kann man noch sagen, daß ein Gott, der nach dem Verschwinden der Menschen mit ihrem Vertrauen nicht mehr existiert, auch vorher nicht existiert haben kann, weil er – als Gott – ewig sein müßte, es aber offenbar nicht ist, wenn er zu irgendeinem Zeitpunkt als nichtexistierend gedacht werden kann. Ein Wesen aber, das nicht ewig ist, ist kein Gott. Küng kann ihn nicht für ewig erklären, wenn er Gottes Existenz gleichzeitig vom vergänglich menschlichen Vertrauen und von der ebenfalls vergänglichen Wirklichkeit abhängig macht.

Man erkennt nun, daß Küng mit seinen zwei Thesen, der Gottesexistenz durch Vertrauen und dem zwangsläufigen Aufhören des Vertrauens und der Wirklichkeit am Weltende, den atheistischen Standpunkt mit Erleuchtung ausgedrückt hat. Eine kleine, unbedeutende Diskrepanz besteht nur darin, daß für den Atheisten das Verschwinden Gottes am Weltende jetzt schon begonnen hat. Der Atheist besitzt nämlich das Vertrauen, daß bei Küng die Vorbedingung zum Gottesglauben ist, nicht, und zwar um so weniger, als dieses Vertrauen noch dazu in der Wirklichkeit begründet sein soll. Gerade die Wirklichkeit flößt dem Ungläubigen kein Vertrauen ein, das die Grundlage eines Gottesglaubens zu sein vorgibt. Deswegen ist er ja ungläubig! Die Existenz Gottes kann nur in einem Vertrauen angenommen werden (wenn einer dazu neigt), das gerade nicht in der Wirklichkeit begründet ist. Das ist auch dadurch erwiesen, daß Gott in der Phantasiewelt der Gläubigen mit Superlativen der Güte ausgestattet ist, die der Wirklichkeit flagrant widersprechen. Der Gott von Doktor Küng ist nicht ein objektiv vom menschlichen Denken unabhängig existierendes Wesen, sondern, nach Küngs eigenem Eingeständnis, das Produkt seines Vertrauens – und man kann hinzufügen: seines wirklichkeitsfremden Vertrauens.

58 Küng bleibt trotz allem bei seiner Gottillusion und beschreibt die davon hergeleiteten Segnungen in seinem Buch „Existiert Gott?" auf Seite 629 in den zwei letzten Paragraphen des Abschnitts unter dem Titel „Der Gottesglaube als letztlich begründetes Grundvertrauen" mit auserlesener Eloquenz (abgesehen von seinem im Titel wiederkehrenden beliebten Pleonasmus des „begründeten Grundvertrauens").

Der Preis, den der Gottesglaube für sein Ja erhält, ist offenkundig. Weil ich mich statt für das Grundlose für einen Urgrund, statt für das Haltlose für einen Urhalt, statt für das Ziellose für ein Urziel vertrauensvoll entscheide, vermag ich nun mit gutem Grund bei aller Zwiespältigkeit eine Einheit, bei aller Wertlosigkeit einen Wert, bei aller Sinnlosigkeit einen Sinn der Wirklichkeit von Welt und Mensch zu erkennen. Und bei aller Ungewißheit und Ungesichertheit, Verlassenheit und Ungeborgenheit, Bedrohtheit, Verfallenheit, Endlichkeit auch meines eigenen Daseins ist mir vom letzten Ursprung, Ursinn und Urwert her eine radikale Gewißheit, Geborgenheit und Beständigkeit geschenkt. So erhalten jene letzten und nächsten Fragen des Menschen eine zumindest grundsätzliche Antwort, mit der der Mensch leben kann: eine Antwort aus der allerletzten-allerersten Wirklichkeit Gottes.

Dieser Erguß hat den Sinn: Es gibt keinen Gott, aber ich glaube an ihn. Küng beschreibt den öden Zustand des menschlichen Daseins und sagt dann, es ist nicht so. Er sucht Gott in der Welt, und da er ihn nicht findet, so erschafft er ihn in seinem Schädel. Daran wäre nichts auszusetzen, wenn nicht viele Schädel eingeschlagen worden wären, weil sie einen anderen Schädelinhalt hatten als die Schläger. Im Grunde genommen unterscheiden sich die Gottgläubigen von den Glaubenslosen in keiner Weise im Erkennen der Situation. Der Unterschied ist nur, daß die Gläubigen die Konsequenz im Widerspruch zu ihren Erkenntnissen ziehen.

Der Gottesglaube bedeutet eigentlich Charakterschwäche und Neid. Die Charakterschwäche besteht im Bedürfnis, sich unbegründet und ungeprüft auf etwas anderes als sich selbst zu verlassen. Der Neid besteht in der Erkenntnis, daß der Ungläubige nicht schlimmer dran ist als der Gläubige. Durch die mögliche, ja straflose Leugnung dessen, was der Gläubige anbetet, fühlt sich dieser in seinem Glauben betrogen. Deswegen ist er gegen den Ungläubigen so haßerfüllt. Aber seine angeborene und unheilbare Charakterschwäche erlaubt ihm nicht, eine augenfällige Tatsache logisch zu erklären, nämlich die Widerlegung der Existenz Gottes durch die bloße Möglichkeit ihrer Negierung. Daß die Staatsgesetze und die Gerichte nicht negiert werden können, ist ein Beweis ihrer Existenz, selbst wenn man sie nie gesehen hat. Die Gläubigen sind unfähig einzusehen, daß der Unglaube unmöglich wäre, wenn Gott, wie die Gesetze, existierte. Wenn eine Religion im Namen Gottes foltert, dann ist es eine andere Religion, die im Namen desselben Gottes leidet. Gott löscht sich durch die Religion selbst aus. Küngs Glaubenserguß ist ein Dokument der Erschaffung eines sich selbst auslöschenden Phantomgottes. Er zählt alle Seelennöte des Menschen auf, und dann sucht er Trost im Küssen der Peitsche, die ihn schlägt. Er schließt sein Plädieren mit dem Satz (in dieser Wiederholung gekürzt): „So erhalten die Fragen des Menschen eine Antwort aus der allerletzten-allerersten Wirklichkeit Gottes."

Küng nennt sein Hirngespinst Wirklichkeit. Er sagt eingangs und in der Schlußfolgerung – dem Sinn nach –, daß der Gottesglaube den Preis (den Schadenersatz) der Tröstungen für das menschliche Verlorensein aus der Wirklichkeit Gottes erhält. Wie und wo hat er diese Wirklichkeit bewiesen? Er sagt nur, was er glaubt, aber sein Glaube ist kein Beweis. Der rein psychologische Wert des Glaubens, wie Küng ihn schildert, für den, der an die Realität einer göttlichen Macht spontan glaubt, ist unbestreitbar. Aber der Glaube wirkt in diesem positiven Sinne auch, wenn Jupiter oder Wotan der Gott sind. Der Glaube an sie gab ihren Gläubigen einen unerschütterlichen Lebensinhalt. Aber sie würden Küng heute kaum zum Glauben inspirieren. Daß sie ihre Anhängerschaft gerade wegen ihrer Nichtigkeit verloren haben, rettet Küngs Gott nicht vom selben Schicksal in den Augen derer, die nicht mehr Beziehung zu ihm haben als Küng zu den alten, toten Gottheiten. Gott existiert, welcher Natur er auch immer sei, nur im Glauben des Gläubigen, nicht in der Wirklichkeit. Die philosophische Erhöhung eines unkonkreten und undarstellbaren Gottesbegriffs bedeutet nicht, daß wir jetzt einen Gott haben, den auch ein Atheist anbeten kann. Ein gedachter Gott kann ebenso logisch zerstört werden wie einer aus Gips.

Der nüchterne Erdenbürger erlebt nicht den von Küngs Jammer zur göttlichen Geborgenheit führenden Prozeß. Er hat diese Kriecherei nicht nötig. Für ihn ist diese Welt nicht erlösungsbedürftig, weil deren Defekte ein Bestandteil desselben „Geschenkpakets" sind, das auch das Erfreuliche enthält. Die Welt ist eine Mischung von Erhebendem und Niederschlagendem ohne die Anwendbarkeit einer Moralwertung, doch allerdings mit einer praktischen Ordnungsregelung. Die darüber hinausgehende Auffassung von Moralität und Spiritualität ist dann jedermanns Privatsache. Die gottfreie Anschauung erkennt den geistfrei zyklischen Lauf der Natur, das Kommen und Gehen aller Kreaturen und Dinge. Der Mensch muß sich in diese Maschinerie von Natur und Gesellschaft mit seinem Beitrag und seinen berechtigten Ansprüchen ohne Verlaß auf überirdische Hilfe einfügen. Der gottfreie Mensch fürchtet den Tod nicht in dem Maße, daß er das Ausmalen eines ewigen Lebens nötig hätte. Er hat einen Sitz auf der kosmischen Achterbahn und steigt endgültig ab, wenn er an der für ihn best erreichbaren Station der Fahrt anlangt, ähnlich wie er sich am Abend nach einem arbeitsreichen Tag zum Schlafen legt. Was immer seine Belohnung und Strafe ist, er erhält sie hier auf diesem Planeten. Wenn es nicht immer nach Verdienst ist, so dauert es wenigstens nicht länger. Er sehnt sich nicht nach einem ewigen Leben, er empfindet eher Widerwillen dagegen. Ein kämpfend verbrachtes Menschenleben ist genug. Er hat kein Paradies, aber auch keine Hölle und betrachtet es als einen Betrug, das eine zu versprechen und das andere anzudrohen.

Die entworfene Lebensanschauung könnte manchen wie eine Religion besonderer Art erscheinen, und zwar um so mehr, als mit ihr verwandte Gedanken tatsächlich in der Bibel ausgedrückt sind. Diese befinden sich natürlich im Alten Testament, das im Gegensatz zu dem mit Scheuklappen gesegneten Neuen Testament traditionsfremden Äußerungen ausgiebig Raum gewährt. Die Gottgläubigen lesen die Bibel und überspringen das wenige, das sie inmitten ihrer Übersättigung mit Glaubensfaseleien, Ammenmärchen, Zotenreißerei und Räubergeschichten zur Vernunft bringen könnte. Ein Lesestoff solch unbiblischer Vernünftigkeit ist das Buch des Predigers Salomo fast genau in der Mitte der vereinigten Testamente in gleicher Entfernung von Schöpfung und Offenbarung. Wenn die angeführten Stellen aus zwei Kapiteln tatsächlich Salomos Weisheiten sind, dann kann er auf den erhabenen Rang eines Schutzheiligen der Atheisten Anspruch erheben. Angeführt sind die ersten vier Verse des ersten Kapitels und die drei letzten des dritten.

> Das sind die Reden des Predigers, des Sohnes Davids, des Königs zu Jerusalem. Es ist alles ganz eitel, sprach der Prediger, es ist alles ganz eitel. Was hat der Mensch für Gewinn von all seiner Mühe, die er hat unter der Sonne? Ein Geschlecht vergeht, das andere kommt; die Erde bleibt aber ewiglich. Es fährt alles an einen Ort; es ist alles von Staub gemacht und wird wieder zu Staub. Wer weiß, ob der Odem der Menschen aufwärts fahre und der Odem des Viehes unterwärts unter die Erde fahre? So sah ich denn, daß nichts Besseres ist, als daß ein Mensch fröhlich sei in seiner Arbeit; denn das ist sein Teil. Denn wer will ihn dahin bringen, daß er sehe, was nach ihm geschehen wird?

Salomon war natürlich kein voll ausgewachsener Atheist – er schwankte zwischen Gott, Götzendienst und Unglauben –, aber seine Feststellung über die zyklische Ablösung der Generationen ohne ihr selbstbewußtes Überleben in einem Jenseits und über die allein bedeutungsvolle irdische Werktätigkeit drückt eine atheistische Anschauung aus. Ein Dasein auf diese Weise interpretiert (nur eine irdische Menschformung, eine Selbsterfüllung durch Tätigkeit und kein Gebetsgewinsel) kann aus einem mechanischen Weltall ohne Gott hergeleitet werden.

Der Prediger Salomon fand für seine materialistische Lebensanschauung zweieinhalbtausend Jahre später in Goethes geistesverwandten Ansichten ein Echo. Die im „Faust" des Dichters enthaltene, von Margarete mit dem Doktor geführte (hier bald folgende) „Religionsdebatte" hat Goethe schon als einen atheistisch angehauchten Denker gezeigt. Unter seinen wiederholten, ähnlich inspirierten Äußerungen ist eine von seinem Famulus Eckermann aufgezeichnete besonders erwähnenswert. Diese ist in der Sammlung der Gespräche unter dem Datum 25. Februar 1824 wiedergegeben. Die Gelegenheit war ein Tischgespräch, bei dem Goethe allerlei Themen berührte und sich dann über die ausschließlich irdische Bedeutung menschlicher Tätigkeit und die Nichtigkeit des Jenseitsglaubens leicht spöttisch äußerte.

> Ich möchte keineswegs das Glück entbehren, an eine künftige Fortdauer zu glauben; ja ich möchte mit Lorenzo von Medici sagen, daß alle diejenigen auch für dieses Leben tot sind, die kein anderes hoffen; allein solche unbegreiflichen Dinge liegen zu fern, um ein Gegenstand täglicher Betrachtung und gedankenzerstörender Spekulation zu sein. Und ferner: wer eine Fortdauer glaubt, der sei glücklich im stillen, aber er hat nicht Ursache, sich darauf etwas einzubilden.
> Bei Gelegenheit machte ich die Bemerkung, daß, eben wie der Adel, so auch die Frommen eine gewisse Aristokratie bilden. Ich fand dumme Weiber, die stolz waren, weil sie an Unsterblichkeit glaubten, und ich mußte es leiden, daß manche mich über diesen Punkt auf eine sehr dünkelhafte Weise examinierte. Ich ärgerte sie aber. indem ich sagte: es könne mir ganz recht sein, wenn nach Ablauf dieses Lebens uns ein abermaliges beglücke; allein ich wolle mir ausbitten, daß mir drüben niemand von denen begegne, die hier daran geglaubt hätten. Denn sonst würde meine Plage erst recht angehen! Die Frommen würden um mich herumkommen und sagen: haben wir nicht recht gehabt? Haben wir es nicht vorhergesagt? Ist es nicht eingetroffen? Und damit würde denn auch drüben der Langeweile kein Ende sein.

Goethe hätte diesen Damen auch vorhalten können, daß ihr Jenseitsglaube nicht sehr aufrichtig sein konnte, wenn sie durchaus nicht darauf erpicht waren, in dieses verheißene Jenseits zu gelangen, vielmehr ihr Erdendasein bis zu dessen äußerster Grenze zu verlängern suchten.

Das zeigt übrigens ganz allgemein, daß die Jenseitsgläubigen diesem Zukunftsaufenthalt mit keiner freudigen Erwartung entgegensehen. Goethe hat die verborgene Unaufrichtigkeit der Jenseitsgläubigen durchschaut und hat denn auch solche Hirngespinste von sich ferngehalten. Damit hat er sich aber als ein ziemlich unchristlicher Christ zu erkennen gegeben. Mit der Ablehnung des Unsterblichkeitsgedankens konnte Goethe kaum als ein gläubiger Christ gelten, zumal er auch die Dreifaltigkeit verworfen hat.

**59** Die Lockerung des Glaubens durch solch eine autoritäre Persönlichkeit verursacht bei strenggläubigen Kreisen begreiflicherweise großes Unbehagen. Das schlechte Beispiel eines wankenden oder gar schwindenden Glaubens wird dann nicht nur seiner ideologischen, sondern auch moralischen Auswirkungen wegen gegeißelt. Die Religionskreise mobilisieren dann eine gleich wichtige Person ihrer Geistesrichtung, die sie als Gegengewicht ausspielen können oder die ihnen zu diesem Dienst aus spontanem Missionseifer schon von sich aus zur Verfügung steht. Eine solche Persönlichkeit ist der berühmte Professor Hans Küng, der sich zum Vorkämpfer des moralisch betonten Gottesglaubens gemacht hat.

Er verwirft natürlich die „einfältige" Goethesche Gottesbetrachtung, weil sie, von allen anderen Überlegungen abgesehen, in einer plebejischen Verbreitung nicht nur geistlich, sondern auch moralisch auf die abschüssige Bahn führt. Er fällt ein solches Urteil über den Atheisten in seinem Satz: „Im Nein zu Gott entscheidet sich der Mensch gegen einen ersten Grund (Urgrund), tiefsten Halt (Urhalt), ein letztes Ziel (Urziel) der Wirklichkeit."

Mit dem Abhängigmachen des ersten Grundes und tiefsten Halts der Wirklichkeit vom Nein zu Gott kann aber die Frage der ethischen Gestalt und des Lebensausblicks des Menschen nicht einfach im Negativen entschieden werden. Küng propagiert da in aphoristischer Form den alten Aberglauben, daß ein ethisches und charakterliches Verhalten nur auf gottgläubiger Basis möglich sei. Leider fallen auch manche Philosophen auf den Schwindel herein, daß Gott eine moralische Notwendigkeit sei. Die Tatsache ist, daß gerade im „Ja" zu Gott, diesem „tiefsten Halt", alles erlaubt ist, weil für die Menschen Gott ist, wozu sie – nach Küngs eigenem Wort – Vertrauen haben. Für die Nazis war Hitler Gott und tiefster Halt. Für die Russen war es (eine Weile) Stalin. Für die Katholiken (noch in einem wesentlichen Grad) ist es der Papst als göttlicher Statthalter (der den Spieß sehr wohl gegen den Tiefsten-Halt-Prediger, den höchst haltlosen Theologen Küng, drehen kann). Für die Protestanten ist der tiefste Halt die Bibel, die in über 200 verschiedenen protestantischen Varianten mit wackligem Halt interpretiert wird. Für die spanischen Inquisitoren war der brennende Scheiterhaufen der tiefste Halt auf Gottes Befehl.

Die Moralbegriffe kommen von keinem Gott, der immer das anordnet, was uns seine irdischen Folterknechte als seinen Willen vorschwindeln. Die Moralbegriffe und die Lebensanpassung kommen von der Einsicht in die menschlichen Notwendigkeiten, die geradezu in Opposition zu Gott erkannt wurden. Was man sich zuallererst bewußt machen muß, ist, daß alle sogenannten Gebote Gottes Menschengebote sind, die der Gottfiktion zugeschrieben werden. Die sozialen Regelungen sowohl als auch die Übertretungen sind rein menschlichen Ursprungs. Die Gottgläubigen müssen sich mit ihrer göttlichen Moral schön lackiert fühlen (ausgenommen, daß sie sich belügen), wenn sie in der Bibel die Schweinereien lesen, die Gott entweder selber begangen oder seinen Lieblingen gestattet beziehungsweise angeordnet hat. Im vierten Buch (Numeri) von Moses wird ein „tiefster Halt" des Menschen gleich in den ersten drei Versen des 31. Kapitels fühlbar.

> Und der Herr redete mit Mose und sprach: Räche die Kinder Israel an den Midianitern, daß du darnach dich sammelst zu deinem Volk. Da redete Mose mit dem Volk und sprach: Rüstet unter euch Leute zum Heer wider die Midianiter, daß sie den Herrn rächen an den Midianitern.

Nach errungenem Sieg wird im 17. und 18. Vers folgendermaßen über die Tagesordnung des göttlichen Oberkommandos berichtet:

> So erwürget nun alles, was männlich ist unter den Kindern, und alle Weiber, die Männer erkannt und beigelegen haben; aber alle Kinder, die weiblich sind und nicht Männer erkannt haben, die laßt für euch leben.

Wenn man den Kopf über diese ritterliche und gutherzige Behandlung von schutzlosen Frauen und Kindern schütteln wollte, kann es für den Stärkegrad des Kopfschüttelns bestimmend sein, wenn man noch einige Einzelheiten über Moses' Beziehungen zu den Midianitern erfährt. Die Strafaktion, die Gott angeordnet hatte, war die Vergeltung für das schlechte Beispiel, das die Midianiter mit ihrer Religion den Juden gaben. Gott wußte keine andere Methode der Immunisierung seines Volkes gegen eine Glaubensinfektion, als den gefährlichen „Krankheitsträger" mit Stumpf und Stiel auszurotten. Daß Moses Gottes grausamen Machtspruch ohne Widerrede entgegennahm und ausführte, war von seiner Seite eine besondere Schnödigkeit. In seinem zweiten Buch, dem sogenannten Exodus, erzählt das zweite Kapitel, wie er aus Ägypten (nach einem blutigen Zwischenfall) zur Rettung seiner Haut nach dem Lande Midian entfloh, wo er gastlich aufgenommen wurde. Er hat sich dort so gut eingelebt, daß er Zippora, eine der sieben Töchter des Hohenpriesters, heiratete, die ihm zur naturbestimmten Zeit einen Sohn, Gersom, schenkte. Es ist bemerkenswert, daß die midianitische Religion Moses so wenig korrumpierte, daß er eine Weile später ohne Glaubensbeschädigung zu seinen Brüdern in Ägypten zurückkehrte, um an deren Freiheitskampf in führender Rolle teilzunehmen. Dem vorhin erstatteten Kriegsbericht zufolge hat also Moses das Volk, das ihm in seiner Not Zuflucht geboten hatte, aus dessen Mitte er heiratete und dessen Blut in den Adern seines Sohnes kreiste, mit Ausrottung des Mannsvolkes jeden Alters und Schändung der Jungfrauen belohnt. All das ist in der Bibel berichtet, offenbar um den Gläubigen einen Anschauungsunterricht in sittlichem Betragen zu geben.

Ein anderes Beispiel göttlich tiefsten Halts, der eher die tiefste Haltlosigkeit genannt werden könnte, ist im elften und dem zwölften Kapitel des zweiten Buches Samuel eindrücklich geschildert. Es ist die berühmte Uriasgeschichte mit dem Brief, der seinem Überbringer Unglück bringt. Der Pechvogel Urias wurde gemäß dem ihm unbekannten tückischen Plan einer von ihm selbst überbrachten, versiegelten Botschaft, in welcher König David für ihn einen gefährlichen Gefechtsposten angeordnet hatte, bei Kriegshandlungen getötet. Dieser gelungene strategische Streich Davids machte ihm Urias' Frau frei für ein Techtelmechtel, das bald zu den üblichen Konsequenzen führte. Bis zu diesem Punkt enthält die Geschichte nichts Besonderes, was gegen das Sittengesetz besserer Kreise verstoßen würde. Jetzt aber tritt Gott auf den Plan, und es ist interessant zu beobachten, wie der erste Grund, tiefste Halt und das letzte Ziel von Doktor Küngs Wirklichkeit zu den Eskapaden Davids Stellung nimmt. Oder meint Küng einen anderen Gott? Wie viele gibt es denn? Ist der Sündenduldergott nicht der Vater von Küngs Erlöser? Um nun diesem Gott, wer immer er sei, gerecht zu werden, sei zugegeben, daß er auf David sehr böse wurde. Was für Folgen sein Zorn hatte und welche Strafe er David auferlegte, soll in den Worten der Bibel selbst berichtet werden, die im zweiten Samuel-Buch zwischen Vers 11 und 24 des 12. Kapitels unter anderem zu finden sind.

> So spricht der Herr: Siehe, ich will Unglück über dich erwecken aus deinem eigenen Hause und will deine Weiber nehmen vor deinen Augen und will sie deinem Nächsten geben, daß er bei deinen Weibern schlafen soll an der lichten Sonne. Denn du hast es heimlich getan; ich aber will dies tun vor dem ganzen Israel und an der Sonne. Und der Herr schlug das Kind, das Urias Weib David geboren hatte, daß es todkrank ward. Am siebenten Tag aber starb das Kind. Und da

David sein Weib Bathseba getröstet hatte, ging er zu ihr hinein und schlief bei ihr. Und sie gebar einen Sohn, den hieß er Salomo. Und der Herr liebte ihn.

Gott gibt uns eine prächtige Demonstration höchster moralischer Richtschnur. Er straft David damit, daß er seine Frauen (vergessen wir nicht, es war die goldene Zeit der Vielweiberei) seinem Nachbarn gibt, damit dieser mit ihnen „schlafen" kann. Gott straft einen Ehebruch mit kumulierten Gegenehebrüchen. Er kümmert sich nicht im geringsten, ob die Frauen bereit sind, sich für diese Sexorgie als Spielzeug herzugeben. Gott behandelt Frauen offenbar als Haushaltsgüter. Und die Schweinerei soll zu alledem bei hellichtem Tag vor breitester Öffentlichkeit stattfinden. Gott ist wahrhaftig nicht von Schamhaftigkeit angekränkelt. Man stelle sich ein Rudel Weiber vor, die unter den Augen einer unübersehbaren Volksmenge genotzüchtigt werden. David hatte zur fraglichen Zeit unzählige Frauen. In Hebron, vor seinem Einzug in Jerusalem, hatte er schon sieben Frauen, die im dritten Kapitel des zweiten Samuel-Buches mit Namen aufgezählt sind. Das fünfte Kapitel, das den Beginn seiner Jerusalemer Herrschaft meldet, erwähnt dann auch noch weitere „Weiber und Kebsweiber", die er nahm. Mit all diesen Frauen hat da Gott ein obszönes Spektakel aufgeführt, dem nicht einmal die vereinte Pornographenindustrie aller europäischen und amerikanischen Phäakenstädte seinesgleichen an die Seite zu stellen vermag. Das ist aber nur die schweinische Seite der göttlichen Leistung. Vergessen wir nicht das unschuldige Kind des Sünderehepaars. Gott war so böse auf David, daß er das Kind tötete. Na, da haben wir göttliche Gerechtigkeit! Aber der „tiefste Halt" ist nicht nur unzüchtig und korrupt, er ist auch charakterlos. Das zweite Kind des „Sünderbundes" – obwohl genauso ein Fäulnisprodukt wie das erste – wird plötzlich mit allerhöchstem Gefühlserguß überschüttet. Wenn die Evangelisten und ihre Nachfolger ein wenig gründlicher in die Abstammungsverhältnisse ihres Helden hineingeguckt hätten, ist es fraglich, ob sie ihn so eifrig von diesem Liebkind hergeleitet hätten.

Wenn der Gott des Alten Testaments vielleicht nicht der tiefste Halt ist, von dem Professor Küng spricht – es wäre ja unmöglich, daß er dessen Untauglichkeit nicht erkannt hätte –, so wer ist es denn? Glaubt Professor Küng an einen Gott, der mit seiner Religion nichts zu tun hat? Er sollte nicht vergessen, daß dieser Gott der Vater des von ihm angebeteten Sohns ist. Es würde unabsehbare Komplikationen verursachen, diese Familie aufzulösen. Wenn aber der Doktor glaubt, daß der Sohn, wie Söhne im allgemeinen, ohne Verleugnung des Vaters Fortschritte ihm gegenüber gemacht hat und der Welt nun mit mehr Verständnis, mehr Aufgeklärtheit, mehr Zivilisation und mehr Geradheit gegenübersteht, dann müßte er (Doktor Küng) diese verbesserte Situation dokumentieren können. Leider muß man diese Möglichkeit bezweifeln. Der neue Bund enthält kein schmeichelhafteres Porträt seiner Zentralfigur als der alte. Das Bild ist natürlich nicht ausschließlich negativ, aber das Gesamtresultat kann doch kaum positiv sein, denn eine Mischung von Galle und Honig wird eher bitter als süß schmecken, besonders wenn im Familienerbe die Galle überwiegt. Zum Beispiel ist der Hang zur Vorspiegelung offenbar zweite Natur in dieser Familie. Sehen wir nun, wie diese Ader sich beim Sohn offenbart (Johannes-Evangelium, Kapitel 7, Vers 2 bis 10).

> Es war aber nahe der Juden Fest, die Laubhütten. Da sprachen seine Brüder zu ihm: Mache dich auf von dannen und gehe nach Judäa, auf daß auch deine Jünger sehen die Werke, die du tust. Niemand tut etwas im Verborgenen und will doch frei offenbar sein. Tust du solches, so offenbare dich vor der Welt (Denn auch seine Brüder glaubten nicht an ihn). Da spricht Jesus zu ihnen: Meine Zeit ist noch nicht hier; eure Zeit aber ist allewege. Gehet ihr hinauf auf dieses Fest; ich

will noch nicht hinaufgehen auf dieses Fest, denn meine Zeit ist noch nicht erfüllt. Da er aber das zu ihnen gesagt, blieb er in Galiläa. Als aber seine Brüder waren hinaufgegangen, da ging er auch hinauf zu dem Fest, nicht offenbar, sondern wie heimlich.

Das war eine Hinterlist, der Treibereien des Vaters würdig. Wie es sich nachher herausstellte, war sein Leben nicht in Gefahr. Man hätte annehmen können, er wollte nicht nach Judäa aus Angst vor den „Juden". Diese Annahme war jedenfalls irrig, weil der Gottessohn unmittelbar nach seinem Hinaufschleichen im Tempel predigte, und kein Haar ist ihm gekrümmt worden. Das muß er vorausgesehen haben, denn kaum waren seine Brüder nach Judäa aufgebrochen, schon folgte er ihnen nach, trotz der unmittelbar vorhergehenden, nicht ganz aufrichtig begründeten Verweigerung des Mitgehens. Diese rasche Sinnesänderung oder vielleicht eher Hinterhältigkeit verwechselt der „farbenblinde" Doktor Küng mit „tiefstem Halt". Vielleicht ist das nur ein Euphemismus für tiefsten Hinterhalt.

Was konnte Jesus für einen Grund haben, nicht gleich mit seinen Brüdern nach Judäa zu gehen, wenn er den Abstecher dorthin nachher sowieso machte? Er sagte, er wollte nicht nach Judäa, weil seine Zeit noch nicht gekommen war. Kaum waren aber seine Brüder fort, da war seine Zeit plötzlich erfüllt. Jesus war ein unberechenbarer Charakter. Er war ein Meister im Herumreißen des Steuers um 180 Grad ohne jeden ersichtlichen Grund. Er hatte seine Brüder absichtlich hingehalten, dann aber irrte er selber planlos umher. Tatsache ist, daß man sich bei ihm in Hinsicht auf seine menschlichen Beziehungen nie auskennt. Zum Beispiel ist er mal ein Freund der Armen, mal sind sie ihm schnuppe. Diese armenverachtende Einstellung kommt gleich zu Beginn des 26. Kapitels des Matthäus-Evangeliums zum Ausdruck.

> Da nun Jesus war zu Bethanien im Hause Simons, des Aussätzigen, trat zu ihm ein Weib, daß hatte ein Glas mit köstlichem Wasser und goß es auf sein Haupt, da er zu Tische saß. Da das seine Jünger sahen, wurden sie unwillig und sprachen: Wozu dient diese Vergeudung? Dieses Wasser hätte mögen teuer verkauft und den Armen gegeben werden. Da das Jesus merkte, sprach er zu ihnen: Was bekümmert ihr das Weib? Sie hat ein gutes Werk an mir getan. Ihr habt allezeit Arme bei euch; mich aber habt ihr nicht allezeit.

Sein Doppelcharakter hinsichtlich der Privilegierung und dann wieder der wegwerfenden Behandlung der Armen bricht bei ihm auch in seiner Reaktion auf widrige Einwirkungen durch. Manchmal ist er hirnverbrannt selbstzerfleischend, andere Male (viel häufiger) paranoisch rachsüchtig. Neben seiner wohlpublizierten lammfrommen Sanftmütigkeit brachen oft seine megalomanisch tyrannischen und sogar grausamen Charakterzüge hervor. Die Theologen sollten es einmal erklären, wieso ihr Gottmensch, der nach einer Ohrfeige auf die eine Backe die andere Seite für eine zweite Ohrfeige selbstverleugnend anbietet, in einer Person der rachsüchtigste Sadist der Weltgeschichte sein kann. Von den zahlreichen Manifestationen dieser letztgenannten Eigenschaft sollen einige nicht gerade als Erziehungsmaterial für jugendliche Charakterbildung präsentiert werden. Die ersten zwei und die vierte sind aus dem Markus-Evangelium (Kapitel 9, Vers 42; Kapitel 6, Vers 10; Kapitel 16, Vers 16) und die dritte aus Matthäus (Kapitel 11, Vers 20, 23) entnommen.

> Wer der Kleinen einen ärgert, die an mich glauben, dem wäre es besser, daß ihm ein Mühlstein an seinen Hals gehängt und er ins Meer geworfen würde. – Und er sprach zu ihnen: Wo ihr in ein Haus gehen werdet, da bleibet, bis ihr von dannen zieht. Und welche euch nicht aufnehmen und hören, da gehet von dannen heraus und schüttelt den Staub ab von euren Füßen zu einem Zeug-

nis über sie. Ich sage euch wahrlich: Es wird Sodom und Gomorra am Jüngsten Gericht erträglicher gehen denn solcher Stadt. – Da fing er an, die Städte zu schelten, in welchen am meisten seiner Taten geschehen waren, und hatten sich doch nicht gebessert. Du, Kapernaum, die du bist erhoben bis an den Himmel, du wirst bis in die Hölle hinuntergestoßen werden. – Wer da glaubet und getauft wird, der wird selig werden; wer aber nicht giaubet, der wird verdammt werden.

Die Rachsucht und Bösartigkeit sind nicht das Wesentlichste in diesen geifernden Ausbrüchen. Wer nicht an Jesus glaubt, dem machen seine Drohungen sowieso keinen Eindruck. Das Beachtenswerte ist die Tyrannei, mit der er sich über Andersdenkende (nicht notwendigerweise feindlich, jedenfalls nicht bedrohlich Andersdenkende) richterliche Gewalt anmaßt. Die oberflächlichen Bibelleser ermessen nicht die bodenlose Arroganz und Blutrünstigkeit, Leuten als Vergeltung für eine belanglose Meinungsverschiedenheit eine Höllentortur, schlimmer als Sodom und Gomorra, anzudrohen. Sollte Jesus mit solch einem Vernichtungswahn erster Grund, tiefster Halt und letztes Ziel der Wirklichkeit sein?

60 Indessen soll der Umstand nicht ignoriert werden, daß Ausschreitungen auch von Ungläubigen begangen werden. Aber die Ungläubigkeit ist nicht das Programm einer Organisation. Sie ist das Ergebnis individueller Folgerungen, die keine öffentliche Verpflichtung mit sich bringen. Deswegen ist ein gemeinschaftliches Auftreten von Atheisten mit dem religiös Verpflichteter nicht im entferntesten zu vergleichen. Kinder werden nicht unter atheistischem Einfluß aufgezogen im Gegensatz zur frühesten religiösen Dressur. Lose und unverbindliche Vereinigungen von Atheisten, in denen übrigens nur ein Bruchteil ihrer tatsächlichen Zahl zusammengeschlossen ist, haben in den bürgerlichen Staaten so gut wie gar keinen Einfluß auf das öffentliche Leben. Sie fordern kein Schulprogramm für das Einimpfen ihrer Lehren in Jugendliche religiös orientierter Eltern. Ihr einziges Bestreben ist nach einem Minimum von Rechten, bei dem sie existieren können. Diesem atheistischen Minimum steht ein religiöses Maximum von Rechtsforderung gegenüber. Die Religionen verlangen nicht Neutralität, sondern „Parteischulung". Deswegen spiegln Gläubige im Prinzip den Sittengehalt ihrer Religion. Dagegen gibt es im Atheismus keine Autorität, der gegenüber ein Gesinnungsgenosse verantwortlich wäre. Und selbst bei dieser losen Verbindung ist es eher selten, daß ein Atheist ein schlechtes Licht auf seine geistige Zugehörigkeit werfen würde. Die religiöse Gliederung und Herkunft jeder Zuchthausbevölkerung bestätigt diese Behauptung.

Das Erkennen der Unwirksamkeit und vielfach sogar der ausgesprochenen Kriminalität religiöser Prinzipien führten alle zivilisierten Staaten zum Konstituieren von Zivilgesetzen. Wenn die Religion ein so wirksames Gegenmittel gegen ordnungswidrige Neigungen ist, wozu haben wir dann überhaupt Staatsgesetze? Warum übergeben wir die Gerichtsbarkeit nicht einfach dem Klerus? Man sagt oft heuchlerisch und unwissend, daß die Menschen eine höhere Macht über sich haben müssen, deren Gesetzen die menschlichen Gesetze ihrerseits untertan sind. Die Wahrheit und die Tatsache sind, daß die menschliche Gesellschaft, trotz aller Lippenbekenntnisse, keine göttlichen Gesetze anerkennt, weil diese sich viel korrupter, barbarischer und unhaltbarer erwiesen haben als die Gesellschaftsordnung, die von den Menschen aufgrund der Erfahrung nach Erprobungen und Irrungen schließlich als die brauchbarste und heilsamste zum Wohle der Menschheit eingerichtet wurde.

61 Wenn die göttlichen Gesetze über den menschlichen stehen, warum haben wir dann zum Beispiel keine Vielweiberei? Alle sogenannten monotheistischen Religionen (ja, einschließlich des Christentums, wie es bald gezeigt wird) erlauben die Vielweiberei. Wieso kann sie bei dieser allerhöchsten Autorisation von der Säkulargesetzgebung strikt verboten und unter Strafe gestellt werden? Auf der Basis dieser Fragestellung haben die Mormonen in Amerika gegen Mitte des 19. Jahrhunderts diesen Brauch wieder ins Leben gerufen. Ihr Schwelgen in Vielweiberei dauerte aber nur einige Jahrzehnte, weil die amerikanische Regierung Gott einen Tritt in den Hintern gab, und das war das Ende der gesetzlichen Frauensammlung in Amerika. Das konnte allerdings nichts am verführerischen Beispiel des Alten Testaments ändern, dessen Helden fast ausnahmslos von einem Schwarm angetrauter und angeworbener Haremsdamen umgeben waren. Diese Wüstlingswirtschaft wurde natürlich mit dem „unabänderlichen" Bibeltext gerechtfertigt, den selbstverständlich Gott Moses diktiert hatte. Im Deuteronomium, dem fünften Buch Moses, beginnt der 15. Vers des 21. Kapitels, wo das Erbrecht der Söhne verschiedener Mütter in derselben Ehe geregelt wird, mit den Worten: „Wenn jemand zwei Weiber hat..."

Es ist offenbar, daß der Ehestand mit mehr als einer Ehefrau eine von Moses und durch ihn von Gott anerkannte Institution war, da ja manche rechtlichen Regelungen gerade der polygamen Ehe angepaßt sein mußten. Im Judentum wurde die Polygamie als Lebenspraxis infolge des fortschreitenden Zivilisierungsprozesses freilich vor 1000 Jahren schon zur Unmöglichkeit und als solche durch rabbinische Erklärung bestätigt. Die Autorität, deren Namen man mit dem Bann vorab verbindet, war Rabbiner Gerschom von Mainz. Das bedeutet aber nicht, daß diese Institution aus der Religion ausgelöscht wurde. Kein Rabbiner – und was das betrifft – kein Jude von gleich welcher Stellung oder Funktion hat die Autorität, an den Geboten oder Genehmigungen der Bibel zu rütteln. Jesus hat nichts über die Polygamie gesagt, weder für noch wider. Da er aber ziemlich strikt über das Ehebündnis dachte (obwohl in den Evangelien nicht übereinstimmend strikt), so ist anzunehmen, daß er etwas gegen die Vielehe gesagt hätte, wenn er mit dem Mosaischen Gesetz in diesem Punkt nicht einverstanden gewesen wäre. Die ihm nicht nötig scheinende Stellungnahme zu der Polygamiefrage hat seinen unmittelbaren Nachfolgern den Weg zur Heiratsregelung offengelassen. Von dieser sekundären, aber hundertprozentig autoritären Quelle wissen wir, daß die Polygamie mit Wissen und Akzeptierung der höchsten Behörde existierte. Lesen wir nun nach, was Paulus in seiner ersten Epistel an Timotheus schrieb. Dieses Schreiben hat eine Pikanterie, die wegen ihrer Verflechtung mit dem erörterten Gegenstand nicht übergangen werden kann. Wir werden mehr Antworten kriegen, als wir zu fragen beabsichtigten. Die Polygamie, die durch diesen Brief hindurchscheint, wird den Leser (falls ihm diese Stelle beim früheren Bibellesen entgangen sein sollte) weniger ins Gesicht schlagen als manch andere Umstände beim knospenden Christentum. Das sind die ersten fünf Verse des 3. Kapitels:

Das ist gewißlich wahr: So jemand ein Bischofsamt begehrt, der begehrt ein köstlich Werk. Es

soll aber ein Bischof unsträflich sein, eines Weibes Mann, nüchtern, mäßig, sittig, gastfrei, lehr-
haft, nicht ein Weinsäufer, nicht raufen, nicht unehrliche Hantierungen treiben, sondern gelinde,
nicht zänkisch, nicht geizig, der seinem eigenen Hause wohl vorstehe, der gehorsame Kinder
habe mit aller Ehrbarkeit (so aber jemand seinem eigenen Hause nicht weiß vorzustehen, wie
wird er die Gemeinde Gottes versorgen?)

Eigentlich kann uns die Kunde mit Genugtuung erfüllen, daß die Mitglieder der neugebo-
renen Kirche Fleisch-und-Blut-Menschen waren. Kann man sich heute einen katholischen
Bischof mit Frau und Kindern vorstellen? Die Bischöfe der paulinischen Tage durften zwar
keine Weinsäufer sein, dafür war es ihnen erlaubt, ein Weib und Kinder zu haben. Heute –
man möchte sagen – sind die Freiheiten und Schranken eines Bischofs gerade umgekehrt.
Was aber uns in der paulinischen Briefstelle jetzt vor allem interessiert, ist der Ausdruck
„eines Weibes Mann". Für manche Bibelleser mag das nicht deutlich genug sein, obwohl das
„eines" in allen Lutherschen Bibeln fett gedruckt ist zur Andeutung des „eines" als Zahlwort
und nicht als Artikel. Im lateinischen Text ist die Beschränkung auf ein Weib, im Unterschied
zu mehreren, betont. In den lateinischen Tochtersprachen, im Italienischen und im Französischen, ist diese Betonung in der Übersetzung unmißverständlich ausgedrückt (marito di una
sola donna; mari d'une seule femme). Paulus' Ermahnung, daß ein Bischof nur eine Frau
haben kann, drückt also unausgesprochen aus, daß die nichtamtstragenden Mitglieder der
Kirche frei von dieser Beschränkung waren.

Man vergißt zu leicht, daß die christliche Kirche bei ihrer Geburt für viele, die es mit
feinen Glaubensunterschieden nicht genau nahmen, eine jüdische Kirche war. Es mögen manche
oder viele unter ihnen gewesen sein, die das Hinübergleiten zum Christentum samt ihrer po-
lygam jüdischen Familie vollzogen haben. Paulus wollte mit seiner Anordnung der Monoga-
mie für Bischöfe offenbar nicht darüber hinausgehen, was zu jener Zeit praktisch tunlich war.
Das spätere gänzliche Verbot der Ehe ist natürlich eine interne Disziplinfrage der Kirche. Wer
in diesem inneren Kreis an dieser Regel Mißfallen hat, wie es gegen Ende des 20. Jahrhunderts immer lauter ausgedrückt wurde, aber trotzdem bei der Stange bleibt, der verdient, was
er kriegt.

Die einzige Möglichkeit für einen unter Zölibat, mit sich (und seinem Oberen) versöhnt zu
leben, ist, krank zu sein wie Paulus, oder verrückt wie der Kirchenvater Origenes, der sich
selbst kastrierte. Manche Priester haben weder Paulus' noch Origenes' Vorbild für denselben
Ausweg nötig, weil sie in ewigem Infantilismus leben. Sie sind mit dieser „Gabe" geboren
und bewahren sie bis zu ihrem Ende. Es gibt natürlich auch Priester mit überwältigender
Maskulinität, von denen mancher aus seinem Keuschheitsgelübde ein Keuschheitsgelüge gemacht hat. So sieht das Leben dieser Leute in ihrer inneren Welt aus, die beim Dienst an Gott
nicht abgelenkt werden wollen. Und diese Kreaturen, die bis über die Ohren in ihren eigenen
Problemen stecken, wollen die Lehrmeister der Welt sein.

62 Gegen den klerikalen Hintergrund gesehen, versteht man die intellektuelle Explosion, deren Brennstoff Friedrich Nietzsche inmitten der Stickluft seiner mißwachsenen Umwelt
war. Hans Küng hat ihn einen Philosophen des Nihilismus genannt. Das ist ganz natürlich.
Ein katholischer Priester, der (ungleich vielen seiner Kollegen) zum Abwerfen seiner Religion noch nicht reif ist, kann Nietzsche, diesem erklärten Antichristen, kaum ein freundlicheres

Epitheton geben. Nietzsche hat explosive Äußerungen über das Priesterlos in seinen Büchern veröffentlicht, über das Los, das seine Opfer in den Morast unnatürlicher und illegaler Sexualität hineindrängt. Im Anhang seines Buches „Der Antichrist" hat er unter dem Titel „Gesetz wider das Christenthum" sieben Paragraphen, die er Sätze nennt. Zwei davon sollen hier seine Meinung über die Priester wiedergeben.

> Erster Satz: Lasterhaft ist jede Widernatur. Die lasterhafteste Art Mensch ist der Priester: er lehrt die Widernatur. Vierter Satz: Die Predigt der Keuschheit ist eine öffentliche Aufreizung zur Widernatur. Jede Verachtung des geschlechtlichen Lebens, jede Verunreinigung desselben durch den Begriff „unrein" ist die eigentliche Sünde wider den heiligen Geist des Lebens.

Unter anderem charakterisiert es seine Einstellung zum Christentum, daß er diese antichristliche Gesetzesliste vom Tag Eins des Jahres Eins datiert und dann in Klammern hinzuschreibt: am 30. September 1888 der falschen Zeitrechnung. Im „Antichrist" ist der letzte Satz des Artikels unter Abschnittnummer 21:

> Christlich ist der Haß gegen den Geist, gegen Stolz, Muth, Freiheit, Libertinage des Geistes; christlich ist der Haß gegen die Sinne, gegen die Freuden der Sinne, gegen die Freude überhaupt...

In Abschnitt 62, dem letzten des „Antichrist", schreibt er:

> Hiermit bin ich am Schluß und spreche mein Urtheil. Ich verurtheile das Christenthum, ich erhebe gegen die christliche Kirche die furchtbarste aller Anklagen, die je ein Ankläger in den Mund genommen hat. Sie ist mir die höchste aller denkbaren Corruptionen, sie hat den Willen zur letzten auch nur möglichen Corruption gehabt. Die christliche Kirche ließ nichts mit ihrer Verderbniß unberührt, sie hat aus jedem Werth einen Unwerth, aus jeder Wahrheit eine Lüge, aus jeder Rechtschaffenheit eine Seelen-Niedertracht gemacht. – Das wären mir Segnungen des Christenthums! – Der Parasitismus als einzige Praxis der Kirche; das Jenseits als Wille zur Verneinung jeder Realität; das Kreuz als Erkennungszeichen für die unterirdischste Verschwörung, die es je gegeben hat – gegen Gesundheit, Schönheit, Wohlgerathenheit, Tapferkeit, Geist, Güte der Seele, gegen das Leben selbst... Ich heiße das Christenthum den Einen großen Fluch, die Eine große innerlichste Verdorbenheit, den Einen großen Instinkt der Rache, dem kein Mittel giftig, heimlich, unterirdisch, klein genug ist — ich heiße es den Einen unsterblichen Schandfleck der Menschheit...

Wer Nietzsches Sprache zu kühn findet, soll bedenken, daß er nicht nur ein Denker, sondern auch ein Dichter war, der seinen Pegasus manchmal zu wildem Galopp peitschte. Aber er hat nur Worte gebraucht, keine Daumenschraube, Radtortur oder gar das Feuer des Scheiterhaufens. Die Zielscheibe seiner häufigen Nadelstiche war nur die Ertötung der Freude. Die Kirche kann aber auf ihre unermüdliche Missionsarbeit bei der Verbreitung der Freude in einem besonderen Bereich hinweisen. Und das ist der überreichlich gespendete Segen, den der Storch ins Haus bringt. Die Freuden, die gewöhnlich noch vor dem „Abflug" des Storchs genossen werden, sind von der Kirche für alle ungeknebelten Storchflüge ab ovo genehmigt. Wenn der Genießer und die Genießerin als Einzelpersonen und die Gesellschaft als Summe aller Genießer für ihr Venusspiel eine erdrückende Schuldenlast tragen müssen, dann ist Nietzsche Lügen gestraft, denn dann ist die Kirche Feuer und Flamme für die Freude der Genüsse.

**63** Daß die Erdbevölkerung alle hundert Jahre ungefähr aufs Dreifache zunimmt, mag etwas mit der kirchlichen Freudenverbreitung zu tun haben. Selbst die nichtkatholischen Völker wurden in den Bann dieser Freudenepidemie gezogen, weil der ins katholische Schlepptau genommene protestantisch amerikanische Präsident der achtziger Jahre die finanzielle Geburtenregelungshilfe an die technisch halbentwickelte Weltbevölkerung untersagt hatte.

Um die Jahrhundertwende vom 19. zum 20. war die Gesamtbevölkerung eine Milliarde und 600 Millionen. Um die Jahrtausendwende werden es sechs Milliarden sein. Der Anteil der Chinesen an dieser Zahl wird über eine Milliarde sein. Heute ist schon jeder vierte Mensch ein Chinese. Wenn die katholische Kirche ihren langgehegten Traum der Bekehrung aller Chinesen verwirklichen könnte, dann würde sie deren Zahl mit ihrer Schwangerschaftspolitik als Verstärkung der natürlichen Vermehrung in hundert Jahren auf fünf Milliarden bringen. Am Ende derselben Zeitspanne wird die übrige Erdbevölkerung etwa zehn Milliarden erreichen. Es ist anregend, sich den italienischen Anteil von 150 Millionen in seinen engen Stiefel geschnürt vorzustellen. Noch erbaulicher aber ist die Aussicht, daß hundert Jahre nach der Jahrtausendwende jeder dritte Mensch auf der Welt ein Chinese sein wird. Und so weiter...

Es mag sein, daß ein Krach kommt, der alle Berechnungen über den Haufen wirft. Als Theorie ist es aber interessant, daß bei Befolgung der kirchlichen Doktrin und Politik, die die Bekehrung der ganzen Menschheit mit ihrer schrankenlosen Schwangerschaftstollwut als ein Gebot ansieht, daß dabei die nur Stehplätze bietende Erdoberfläche zur Wirklichkeit werden müßte, ausgenommen daß die Menschen bei dem Gedränge – wie Nietzsche es ungefähr ausdrückte – nicht gegenseitig inzwischen an ihrem eigenen unreinen Atem erstickten.

Nietzsche bezog die Erstickungsgefahr (im Abschnitt 38 des „Antichrist") auf sich selbst inmitten des (geistig verstandenen) unreinen Atems seiner Mitmenschen. Bei seinem wohlbekannten philosophischen Standort kann man annehmen, daß er in die verabscheute Ausdünstung auch ein Wölkchen Weihrauch hineingemischt verspürte. Diese Einstellung und die damit verwandte Weltbetrachtung trugen ihm die „Ehrenbezeichnung" ein – von Hans Küng zuerkannt –, der Hauptvertreter einer Philosophie des Nihilismus zu sein. Es fragt sich aber, ob Küng mit dem Nihilismus-Titel sich nicht an die falsche Adresse wandte. Hatte er doch seine liebe Not mit seiner eigenen Kirche. Aber trotz seiner Meinungsverschiedenheiten mit ihr konnte er den alten Missionsgeist nicht abstreifen. Da er nun Nietzsche schon wegen der Zeitverschiebung nicht bekehren konnte, so träumte er von der Bekehrung des Ostens zu seinem Christentum.

**64** Küng versuchte, den Orientalen das Christentum damit schmackhaft zu machen, daß diese abendländische Religion genug orientalische Elemente in sich birgt, um den Orientalen zu ermöglichen, sich darin heimisch zu fühlen. Im Abschnitt „Der Gott der nichtchristlichen Religionen" und „Die vielen Namen des einen Gottes" im Endteil seines Buches profiliert Küng das östliche und das westliche Gottdenken im Vergleich zueinander.

Skizzenhaft wird angedeutet, daß das westliche Gottdenken positiv, das östliche negativ ist. Das ist so zu verstehen, daß der Abendländer eine eher konkrete Vorstellung von Gott hat, während der orientale Gottesbegriff eine fast ins Nichts verschwindende Abstraktion ist. Dieser Befund wird aber auch rasch dahin modifiziert (quasi als Entgegenkommen an die Orientalen), daß auch im westlichen Gottdenken viele negative Elemente enthalten sind. Manche autoritär christlichen Theologen haben schon darauf hingewiesen, daß die Unerkennbarkeit Gottes eins seiner wesentlichsten Attribute ist. Thomas von Aquino hat unter anderem gesagt, daß der Mensch von Gott nur das eine mit Bestimmtheit weiß, daß er ihn nicht kennt. Sein Vorgänger St. Augustin hat dasselbe mit den Worten ausgedrückt: „Wir können wissen, was Gott nicht ist, aber wir können nicht wissen, was er ist."

Oft wird beim Hinweis auf diese These noch hinzugefügt, daß ein Mensch, um Gott zu erkennen, selbst Gott sein müßte. Es ist interessant zu erfahren, daß die Gottprediger selbst zugeben, nicht zu wissen, worüber sie predigen. Nach ihrem Befund wäre es uns unmöglich, Shakespeare oder Beethoven zu verstehen, weil wir nicht die Geistesmacht dieser Genies besitzen.

Wenn nun die zwei Kirchenväter, Thomas und Augustin, Gott nicht erklären konnten, so gab es einen findigen Amerikaner namens Ambrose Bierce, der wenigstens für das Erkennen der Wesenheit der Religion eine treffliche Erleuchtung hatte. Er sagte: „Die Religion ist die Tochter der Furcht und der Hoffnung, die den Lernunfähigen das Unkennbare erklärt."

Wenn nun das Wesen der Religion so leicht erklärt werden konnte, dann kann man fragen, weshalb das Wesen Gottes so unentwirrbar sein soll. Ist das vielleicht deswegen, weil er in der Bibel wie ein Irrsinniger dargestellt wird? Er ist kindisch, eifersüchtig (man möchte wissen auf wen, wenn er allmächtig und einzig ist?), ungerecht, widersprüchlich, vergeßlich (das ist eine Eigenschaft für einen Gott; Moses muß ihn an sein den Patriarchen gegebenes Versprechen erinnern, Exodus, Kapitel 32, Verse 13,14), rachsüchtig und dann wieder von Güte triefend. Mit solchen Eigenschaften ausgestattet, erscheint Gott in der Bibel. Kein Wunder, daß er unerforschlich ist. Aber seine Biographen, die obige Eigenschaften unter sich verteilt trugen und ihrem Gott der Reihe nach unbewußt einimpften, sind erforschlich. Und das Resultat ist, daß kein normaler, sozial gesinnter Mensch diese Eigenschaften alle zur gleichen Zeit in sich tragen möchte. Nur bei einem Irrsinnigen sind sie in der beschriebenen Weise zu finden. Aber das darf man doch von Gott nicht sagen, und das Verbot wird natürlich, wie unter der Herrschaft eines tyrannischen Monarchen oder Diktators, mit der brutalen Gewalt der irdischen „Statthalter" erzwungen. Die Unerforschlichkeit Gottes liegt in Irrsinn, Lüge und Gewalt. Aber schließlich fällt der Mißbrauch auf die Erfinder des Mißbrauchs zurück. Da haben wir gleich eine Kostprobe theologischer Gehirnverrenkung à la Thomas und Augustin.

Zu behaupten, daß das, was man von einer Sache (oder Person) als deren Wesen erkennt, das erkennende Verständnis übersteigt, ist gleichbedeutend mit der Behauptung, daß man das, was man versteht, nicht versteht.

Mit einer ähnlichen Logik beschreibt Küng das orientalische Gottdenken bei gleichzeitiger Feststellung, daß dieses auch aufgrund der Theologie vieler abendländischer Theologen zu überdenken sein wird. Er selber muß einer dieser Theologen sein, denn in einem früheren Teil seines Buches (genau auf Seite 216) schrieb er schon ohne Berufung auf orientalisches Denken solche Orientalismen wie

> Gott ist in dieser Welt und diese Welt in Gott. So ist Gott die absolut-relative, diesseitig-jenseitige, transzendent-immanente, allesumgreifend-allesdurchwaltende wirklichste Wirklichkeit im Herzen der Dinge, im Menschen, in der Menschheitsgeschichte, in der Welt. Gott ist der nahe-ferne, weltlich-unweltliche Gott.

**65** Nach der ungemischt Küngschen Gotteskostprobe wird das folgende orientalische Echo eher als eine nur orientalisch gewürzte Küngsche Originalkomposition zu gelten haben. Diese wird dem Leser nach der stärkenden Vorspeise hoffentlich keinen Schwindelanfall verursachen. Der innerlich-äußerlich, inhaltreich-inhaltlos wortkarge Wortschwall, der unter dem Blatt-Titel „Die vielen Namen des einen Gottes" auf Seite 659 steht, wird hier mit einigen Kürzungen wiedergegeben. Es soll einem nicht mehr Denktortur zugemutet werden als nötig. Aber auch für soviel muß Küng, als ein durch sein eigenes Schreiben erwiesener Gesinnungsbruder, die Verantwortung tragen.

> Gott ist durch keinen Begriff zu begreifen, durch keine Aussage voll auszusagen, durch keine Definition zu definieren: er ist der Unbegreifliche, Unaussagbare, Undefinierbare. Auch der Seinsbegriff übergreift ihn nicht; auch vom Sein her läßt sich sein Wesen nicht voll erschließen: er ist nichts von dem, was ist; er ist kein Seiendes: er ist allem transzendent! Damit gerät menschliches Denken in einen Bereich, wo positive Aussagen („Gott ist gütig") sich als unzulänglich erweisen, ja, um wahr zu sein, immer zugleich der Negation bedürfen („nicht gütig" auf menschlich-endliche Weise), um so ins Unendliche hinein übersetzt zu werden („Gott ist die Güte schlechthin"). Er muß aus der ontologischen Differenz zwischen Sein und Seiendem heraus gedacht werden: Gott ist, aber er ist kein Seiendes, er ist das verborgene Geheimnis des Seins: das Sein-Selbst als Grund und Ziel alles Seienden und alles Seins: er ist allem immanent! Gott übersteigt so Welt und Mensch und durchdringt sie zugleich: unendlich fern und uns doch näher als wir uns selbst; nicht greifbar auch bei erfahrener Anwesenheit; anwesend auch bei erfahrener Abwesenheit. Jede Gottaussage muß also die Dialektik von Affirmation und Negation, jede Gotteserfahrung die Ambivalenz von Sein und Nichtsein durchstehen. Vor Gott kommt alles Reden aus hörendem Schweigen und führt hinein ins redende Schweigen.

Dazu bemerkt Küng – was einer Anerkennung der Urheberschaft obiger, transzendentimmanent durcheinandergemischter Gottsalatsauce gleichkommt –, daß der Osten dem Christentum Denk- und Gestaltformen, Strukturen und Modelle (und eine Feinkost) anbietet, in denen das Christentum ebenso gedacht, gelebt (und genossen) werden könnte wie im Westen. Dazu kann man nur sagen, daß dieser Gott-Erguß mit Christentum absolut nichts zu tun hat und mit ihm im Widerspruch ist. Der jüdisch-christliche Gott ist beinahe selber ein Mensch, der mit Jakob einen Ringkampf ausfocht und „als die Zeit erfüllet ward" auch eine Frau schwängerte. Das Götterbild in der Küngschen Beschreibung ist aber absolut abstrakt und sogar areligiös. Da ist die Anbetung eines Vaters und eines Sohnes dermaßen außer jeder Betrachtung und Möglichkeit, daß der christliche Gott sich mit solch einem Schemen niemals identifizieren würde. Gott ist in dieser Beschreibung so abstrakt, daß die Idee eines Gottessohnes, besonders durch Schwängerung einer irdischen Frau, und dann noch das Verspeisen seines Leibes und das Trinken seines Blutes das Absurdeste ist, was damit in Zusammenhang gebracht werden kann. Und Küng glaubt an die Möglichkeit der Verschmelzung eines solchen Gottesbegriffs mit dem Christentum.

Die ganze Beschreibung von Küng ist eine einzige, geistig masturbierende Skurrilität. Nicht, daß einer keine solchen Gott-Phantasien spinnen kann. Der Mensch kann Begriffe aufspalten, wie man Wasser in seine Elemente auflösen kann, und die Teile wieder in veränderter Ordnung zusammensetzen, wie man einen Fischkörper mit einer Frauenbüste zusammenfügt. In der Phantasie ist das alles möglich, und jeder weiß, daß es nur ein Produkt der Phantasie ist. Die Analyse eines Phänomens oder der Nachweis der Existenz eines vermuteten Phänomens auf dieser Basis hat aber kein intellektuell zwingendes Überzeugungspotential für jene, deren geistiges Naturell nicht auf dieser Basis funktioniert. Feststellungen, in denen ein Befund vom Widerspruch eines anderen kontaminiert wird, sind nicht für jeden Magen verdaulich. Wenn die zerebrale Verbindung zwischen Menschen andauernd durch den Kurzschluß von Widersprüchen unterbrochen wird, dann kann man dafür nicht einfach Begriffsstutzigkeit verantwortlich machen.

Es scheint, daß Küng glaubt, Widersprüche als höchste wissenschaftliche Methode einer Themenexposition präsentieren zu können. Widersprüche mögen sich natürlich in jedes Werk einschleichen. Wenn sie aber vom Autor nicht rechtzeitig erwischt und ausgemerzt werden, dann sind andere berechtigt, sie festzunageln. Theologen mögen zwar der Ansicht sein, daß Widersprüche sich zu erlauben ihr Privileg ist, an dem nur ein Dilettant oder Übelwollender rütteln kann. Ein wesentlicher Punkt der Kontroverse zwischen Religion und Skeptizismus ist aber gerade die Haltung hinsichtlich der ungeschriebenen Regeln der Meinungsäußerung.

Ein Atheist hat nun nichts dagegen, wenn ein Deist oder ein Religionsanhänger die Existenz Gottes beweisen will, vorausgesetzt, daß dieser seine Frage nach der Existenz Gottes nicht mit der Vorwegnahme seiner Schlußfolgerung beantwortet. Die zitierte Gott-Phantasie, die entweder Küngs eigene Ansicht ausdrückt oder zum mindesten seinen Beglaubigungsstempel trägt, beginnt mit den Worten „Gott ist...". Wenn die Fortsetzung wäre: „weil …", das heißt eine Begründung der Annahme der Existenz Gottes, dann hätte Küng seinen Rechtsgrund bewahrt. Aber er nippte am Kelch der listigen petitio principii, als er schrieb: „Gott ist durch keinen Begriff zu begreifen,…" Er machte da eine Feststellung über Gott, in welcher Gott schon als Ausgangspunkt angenommen wird. Die ganze Phantasie ist überhaupt ein Bekenntnis zum Gottesglauben und keine Beweisführung. Daran wäre nichts zu kritisieren – insofern das der Zweck der Übung ist –, aber die Mittel des Bekenntnisses haben keine Beziehung zu der ursprünglichen Frage. Die Behauptung der Existenz ist kein Beweis der Existenz. Die zusammenhanglose Antwort, die keine ist, bezweckt offenbar, Gott in irgendeiner Weise zu verkünden, so daß der Gläubige weiß, woran und wie er zu glauben hat. Das kann allerdings nicht der alleinige Zweck sein, denn der Gläubige glaubt schon unter allen Umständen, mit guten Gründen, schlechten Gründen, gar keinen Gründen, entgegen allen Gründen, aber jedenfalls nicht aufgrund der selbsterkennend unergiebigen und doch krampfhaft forcierten Küngschen Gott-Spekulation. Der eigentliche Zweck muß sein, dem Ungläubigen zu zeigen, wie wenig er von den höchsten Dingen versteht, wie primitiv, wie dumpf er ist. Hier wird die Gottesidee als das tiefste Eindringen in etwas demonstriert, in das man nicht eindringen kann. Das könnte auch ein Bestreben sein: den menschlichen Geist dadurch in seiner höchsten Höhe zu zeigen, indem man seine Unfähigkeit zeigt, diese Höhe zu erreichen. Man müsse auf der höchsten Höhe sein, um zu erkennen, daß man nicht dort ist. In diesem Geist ist die Gott-Phantasie geschrieben. „Was ist, ist nicht, und was nicht ist, das ist."

Küngs Denkgymnastik ist wie eine Schlange, die sich selbst verschlingen will. Nur in der Theologie ist solch eine unmaskierte Ausstellung von Widersprüchen möglich. „Gott ist durch keinen Begriff zu begreifen, durch keine Aussage voll auszusagen, durch keine Definition zu definieren: er ist der Unbegreifliche, Unaussagbare, Undefinierbare." Wenn Gott tatsächlich unbegreiflich, unaussagbar und undefinierbar ist, dann müßte man sofort aufhören, überhaupt davon zu sprechen, denn jedes weitere Wort bedeutet ein Begreifen, ist ein Aussagen und automatisch der Versuch eines Definierens.

**66** Eine Küngsche Art über Gott zu spekulieren und in den gleichen Widerspruch zu geraten, kam nicht bei ihm zum ersten Mal vor. Im 12. Jahrhundert, also schon vor 800 Jahren, hatte sich der spanisch-jüdische Philosoph Moses Maimonides mit derselben „Quadratur des Kreises" abgequält. Sein Gehirnkrampf ähnelt dem von Küng dermaßen, daß er (der Krampf) nicht ohne direkten Einfluß auf Küng gewesen zu sein scheint. Da aber Küng Maimonides nie erwähnt, so muß angenommen werden, daß er seine Ideen mehr auf orientalische Spiritualität gestützt oder ganz selbständig entwickelt hat. Maimonides' Werk „Führer der Ratlosen" ist Küng vielleicht gar nicht unter die Augen gekommen. Im unwahrscheinlichen Fall dieser Eventualität soll er also seine ungeahnte Verwandtschaft mit dem 800 Jahre älteren jüdischen Philosophen durch diese Beschreibung erkennen.

Im 52. Kapitel des ersten Buchteils (genau in der Mitte) finden wir eine Vorwegnahme der Küngschen Transzendenz Gottes. Maimonides schreibt, daß zwischen Gott und Zeit sowie Raum keine Beziehung besteht. Das bedeutet, daß Gott außerhalb der Zeit und des Raumes steht. Das klingt dem Küngschen System der göttlichen Transzendenz sehr ähnlich. Maimonides und Küng ähneln sich auch darin, daß sie von einem transzendentalen, also bis zur Unerfindlichkeit fernen Geisteswesen sprechen, mit dem sie anderseits aber auch einen physischen Umgang für möglich halten. Maimonides glaubt an die persönliche Begegnung von Moses mit Gott, wie sie im 33. Kapitel des Exodus berichtet wird und bei der Gott Moses sogar seinen Hintern zeigt. Kann man sich einen puren Geistgott mit einem Hintern vorstellen, den er noch dazu einem irdischen Sterblichen zeigt?

In dieser Hinsicht ist Küng auch nicht besser dran. Als katholischer Geistlicher muß er an die göttliche Sohnschaft Jesu glauben. Selbst wenn er an die Jungfernempfängnis Marias nicht glaubt, kann er die Sohnschaft Jesu nicht verwerfen, wenn er ein Katholik und dazu Priester bleiben will. Er repräsentiert die Absurdität eines Transzendenzgottgläubigen mit dem biologischen Gottessohngläubigen in einer Person, wodurch er den Widerspruch der Geistgläubigkeit und der Leibgläubigkeit mit Maimonides teilt.

Ein weiteres Prinzip von Maimonides in Hinsicht auf das Erkennen des Wesens Gottes ist, daß man davon eigentlich gar nicht sprechen kann, weil die menschliche Sprache gar nicht dazu ausreicht. Das hat eine große Ähnlichkeit mit Küngs Feststellung, die die Definition Gottes durch kein Definieren, dessen Begreifen durch keinen Begriff und kein Aussagen über dessen Unbegreiflichkeit für möglich hält.

Maimonides schreibt im 57. Kapitel des ersten Buchteils: „Es wäre uns äußerst schwierig, Worte in gleich welcher Sprache zu finden, die diesen Gegenstand in angemessener Weise behandeln könnte, und wir können darüber nur in einer unzureichenden Sprache sprechen." Er ähnelt Küng auch darin, daß er, nach Feststellung der fast unmöglichen Aufgabe über Gott zu sprechen, sich anschickt, ungeniert darüber zu sprechen. Er macht Feststellungen über Gott, die auch ein Küngsches Aroma haben. Im selben Kapitel gibt er folgende Beschreibungen: Gott existiert ohne das Attribut der Existenz. Er lebt, ohne das Attribut des Lebens zu besitzen; er ist weise ohne das Attribut der Weisheit, und ist allmächtig ohne den Besitz des Attributs der Allmacht.

Nach einer Fortsetzung dieser uniformen Massenproduktion von Weisheitssprüchen sagt dann Maimonides, daß die Erforschung dieses Gegenstandes zu tiefschürfend für unser Auffassungsvermögen sei, um es uns anzumaßen, ihn mit unseren landläufigen Ausdrücken zu beschreiben. Am Ende des 58. Kapitels sagt er dann noch, daß unser Wissen letzten Endes

Unwissenheit und unser Bestreben, die erhabenen Attribute Gottes in Worte zu fassen, ein Beweis unserer Schwäche und Impotenz ist.

Nach Maimonides' und Küngs krampfhaft unter den Scheffel gepreßter, aber trotz aller Ziererei doch ausgeplapperter Gottdefinition muß Gott ein Loch sein, das keinen Rand hat.

Selbstverständlich führt uns Küng zu derselben Verzweiflungsdefinition, wenn er Gott für unbegreifbar und undefinierbar erklärt. Er wandelt auch (wahrscheinlich unbewußt) auf den Maimonidischen Pfaden der Widersprüche, wenn er über das Unaussagbare so viel aussagt, wie er es in seiner Gott-Phantasie tut. Aber ein mehr destruktiver Widerspruch liegt in der Aufforderung zum Überdenken des Unbegreiflichen.

Der zweite Paragraph von Küngs Zitat beginnt mit dem Satz: „Er (Gott) muß aus der ontologischen Differenz zwischen Sein und Seienden heraus gedacht werden." Gott muß – gedacht werden? Wie soll er gedacht werden, wenn er unbegreiflich ist? Kann man etwas denken oder über etwas nachdenken, wovon man keinen Begriff hat? Selbst von imaginären Dingen muß man einen Begriff haben, um sie denken zu können. Gott und die Lorelei haben miteinander gemein, daß keiner von ihnen existiert. Doch haben wir einen klaren Begriff, wer und was die Lorelei ist oder wäre, wenn sie existierte.

Ihre Nichtexistenz hindert uns nicht, einen Begriff von ihr zu haben, aber freilich garantiert der von ihr geformte Begriff nicht, daß sie existiert. Wir haben haargenau dasselbe Verhältnis zu Gott. Küng ist im Irrtum in zwei Punkten: in bezug auf den Begriff von Gott und auf die Existenz von Gott.

Daß Küng in bezug auf die Begriffsbildung im Irrtum ist, dazu liefert er den Beweis selber. Vor wenigen Zeilen ist sein Satz zitiert worden, in welchem er fordert, daß Gott aus „sound-so" heraus gedacht werden muß. Es dürfte nun aber als entschieden gelten, daß das Denken (gleich welcher Art) einen Begriff oder Begriffe voraussetzt. Und während Küng postuliert, daß Gott gedacht werden muß, erklärt er sozusagen im selben Atemzug, daß dessen Begreifen unmöglich ist. Dann aber existiert Gott – für menschliches Denken – noch weniger als die Lorelei, denn von ihr haben wir wenigstens einen Begriff, während wir von Gott – Küngs Ansicht nach – nicht einmal einen Begriff haben können. Auch das Aussagen und das Definieren Gottes sollen unmöglich sein. Aber was anderes als ein Definieren ist es, wenn wir informiert werden, daß Gott die Welt und den Menschen übersteigt und durchdringt zugleich, also mit anderen Worten transzendent und immanent ist? Diese zwei Attribute erschöpfen vielleicht seine Wesenheit nicht gänzlich, aber sie sind zum mindesten ein Teil seiner Definition, und sie wurden ausgesagt, da sie nicht geheimgehalten wurden. In der Sache der Aussage widerspricht sich Küng ganz kraß, wenn er im vorletzten Satz des Zitats voll aussagt, daß jede „Gottesaussage" die Dialektik von Affirmation und Negation (und so weiter) durchstehen muß. Ist eine Gottesaussage keine Aussage?

Mit der unverhohlenen Gottesaussage am Ende seines Exposés enthüllt Küng, daß er seine negative Stellungnahme zur Gottesaussage im ersten Satz Lügen straft. Zuerst ist Gott unaussagbar und nachher ist die Gottesaussage möglich und sogar unerläßlich. Diese prompte Meinungsänderung hat aber eine noch schlimmere Konsequenz als den nackten Widerspruch. Sie zeigt die Unmöglichkeit eines positiven Gottdenkens überhaupt. Wenn man die Existenz Gottes durch Aufzählung seiner phantasmagorischen Attribute beweisen will, dann entsteht immer ein Kurzschluß bei ihrem Aufeinanderstoßen. Ein solcher Kurzschluß entstand zum Beispiel bei der Behauptung (im dritten Paragraphen), daß Gott uns näher ist als wir uns selbst. Wußte Küng, daß Leibniz das schon vor 300 Jahren gesagt hatte? Wenn diese Menschennähe Gottes eine Tatsache ist, dann führt sie zu einer fatalen Kalamität.

Wenn Gott uns näher ist als wir uns selbst, dann kommt er in den Besitz unserer Gedanken und Absichten, bevor wir diese konzipieren. In diesem Fall ist er aber nicht nur ein Mitwisser, sondern auch ein Mitverantwortlicher bei unseren Missetaten, weil dann der Mensch nur ein Schutzbefohlener göttlicher Gedankenkontrolle ist. Der Hauptschuldige oder sogar alleinig Schuldige bei Übeltaten ist also Gott, weil er die erste Station beim Entstehen übler Gedanken ist, die er bei seiner Weisheit, Moralität und Macht noch vor Erreichen der zweiten Station abstoppen könnte.

Gott hat zum Beispiel auch mit seiner größeren Nähe bei Hitler (als dieser sie zu sich selbst hatte) den Krieg gegen England und mit seiner primären Nähe bei Churchill die Zerstörung deutscher Städte geführt. Gemäß der Feststellung Küngs waren Hitler und Churchill nicht so nahe zu ihren Vernichtungsentscheidungen wie Gott. Und da Gott mit seiner hermetisch nächsten Nähe gleichzeitig bei Hitler und Churchill der gedankenerzeugende oder zum mindesten gutheißende Faktor bei beiden war, so waren diese zwei feindlichen Kriegführenden eigentlich ein und dieselbe Person. Da bei der organischen Verflechtung Gottes mit ihnen er (Gott) die höchste Lenkung und Kontrolle in beiden ausübte, so haben Hitler und Churchill gar nichts entscheiden und ausführen können, und somit wurde der Krieg auf beiden Seiten von Gott gegen sich selbst geführt. Also hat er sich selbst aus der Existenz ausgelöscht.

Das atheistisch-logische Bestreiten der Existenz Gottes hat natürlich keine überzeugende Wirkung für die Allgemeinheit. Eine gute Seele, die eine Überleitung vom religiösen Wolkenkuckucksheim zu unserer festen Erde sein könnte, ist der katholische Pfarrer Hans Küng. Leider hat er sich zur Übernahme dieser Mission nicht entschließen können. Alle seine gutgemeinten Bemühungen sind in Halbheiten steckengeblieben. Er hat sich sogar der Jargonbrigade angeschlossen, als er im vorhin gegebenen Zitat seinen Begriff vom Unbegreiflichen und seine Definition des Undefinierbaren unaussagbar aussagte.

**67** Es bestehen Zweifel, daß selbst verständnisvolle und geistig hochstehende Menschen es für lohnend hielten, sich mit dem Verstehenwollen von Küng überhaupt abzugeben. Zu diesen könnte man wohl auch den majestätischen Hirnbesitzer Goethe (in historischer Rückbeziehung) rechnen. Er muß manchen ärgerlichen Wortverdrehern begegnet sein, denn er sagt im zweiten Buch von Wilhelm Meisters Wanderjahren unter Nummer 150 der Sprüche, daß die Deutschen, und sie nicht allein, die Gabe besäßen, die Wissenschaften unzugänglich zu machen. Noch schärfer äußerte Goethe dieselbe Ansicht über eine sprachliche „Nervensäge" in einem Aphorismus der dritten Xeniengruppe, der Küng wie auf den Leib geschrieben ist.

> Zwei Jahrzehnde kostest du mir: Zehn Jahre verlor ich, dich zu begreifen, und zehn, mich zu befreien von dir.

Also war Goethe auch einer, der daran glauben mußte. Aber schließlich hat er seinem gepreßten Herzen Luft gemacht. Nicht jedem ist es gegeben, sich mit solcher Eleganz aus der Affäre zu ziehen. Viele fühlen sich nicht im Besitze der notwendigen Autorität, um in einen hochtrabenden Vortrag mit einem Mißton hineinzufunken. Besonders ist das der Fall bei harmlosen Gläubigen, die eine ihnen (und nicht nur ihnen) unverständliche Sprache aus dem Mund eines heiligen Mannes mit Ehrfurcht vernehmen. Wenn sogar ein Goethe zwanzig Jahre brauchte, um eine Scharlatanerie aufzudecken und loszuwerden, dann ist es nicht erstaunlich, wenn das große Publikum sich immer wieder einseifen läßt.

Man glaubt das Unglaubliche immer wieder, weil die Alternative unerträglich ist. Der Mensch hat das Bedürfnis, die Welt um sich zu erklären. Er hat Angst vor dem Tod, er möchte sich das Ungewisse nach seinem Ende weniger ungewiß vorstellen. Er kann es nicht verdauen, daß diese Lebensfülle, diese Geschäftigkeit, in Ausnahmefällen auch die schöpferische Umgestaltung physikalischer Rohmaterialien im absoluten Nichts enden soll.

Der Mensch überlegt sich nicht, daß dieses Verschwinden aus der Fülle eine Rückkehr ins Nichts ist, von dem er hergekommen ist. Die Bibel, deren Weisheit der Atheist als menschliche und nicht göttliche Weisheit in allen begründeten Fällen lobend anerkennt, sagt im 19. Vers des dritten Kapitels des ersten Buches von Moses: „Im Schweiße deines Angesichts sollst du dein Brot essen, bis daß du wieder zu Erde werdest, davon du genommen bist. Denn du bist Erde und sollst zu Erde werden." Die Bibel nimmt dem Atheisten sozusagen das Wort aus dem Mund, denn sie nennt Erde das Nichts des Atheisten. Gemeint ist in beiden Fällen dasselbe, nämlich die menschliche Persona als eine vorübergehend besondere Gestalt eines Teils des Weltalls. Dieser Realismus zeigt übrigens, wieviel vernünftiger und reifer das Alte Testament ist als das Neue – ohne die kindischen Vertröstungen des letzteren.

**68**  Einer, der diese Überlegenheit des Alten Testaments über das Neue ganz und gar nicht anerkennt, ist der berühmte, allgemein gewürdigte englische Geschichtsphilosoph Arnold Toynbee. Im 4. Band seiner zehnbändigen Geschichtsstudie philosophiert er über die große Tugend und die noch größere Unzulänglichkeit der jüdischen Religion. Nachdem er den Judaismus über die Entfaltung des Monotheismus (Eingottanbetung) als eine große spirituelle Kostbarkeit komplimentiert, schreibt er, daß die Juden den noch größeren Schatz, den ihnen Gott im Entsenden von Jesus von Nazareth bot, zurückwiesen.

Toynbee ist offenbar von religiöser Blindheit geschlagen, wenn er glaubt, daß Gott der Spender von Schätzen ist. Vielleicht weiß er es, aber er will es nicht zur Kenntnis nehmen, daß Gott eine Erfindung der menschlichen Phantasie ist, die niemandem etwas schenkt. Die sogenannten göttlichen Gaben, deren man sich erfreut, gibt der Mensch sich selbst – möglicherweise in der Hitze einer impulsiven Erkenntnis der Notwendigkeiten und Möglichkeiten. Die Volksweisheit pflichtet dieser Ansicht bei mit dem Spruch „Hilf dir selbst, so hilft dir Gott". Die Juden wollten sich aber in ihrer realistischen Erkenntnis im vorliegenden Fall mit keinem Toynbeeschen Schatz beschenken. Sie sahen schon zu Jesu Zeiten im Auftreten dieses „Rattenfängers" und „Menschenfischers" keinen Schatz, sondern eine Gefährdung ihrer Religion. Für sie war das Kommen von Jesus kein Plus, sondern ein Minus. Im Judentum ist niemand der eingeborene Sohn Gottes oder gar selber ein Gott. Noch haben die Juden einen

Erlöser nötig, der sie von angeblichen Sünden erlöst. Die jüdische Erlösung ist eine Erlösung von dem irdischen Jammer hier auf Erden. Es gab viele Mahner und Propheten im Judentum, aber keiner, nicht einmal Moses, wurde auf ein göttliches Piedestal gesetzt.

Toynbee verstand nicht, daß Jesus von Nazareth nur für die Christen ein Schatz sein kann, und der auch nur durch ein Mißverständnis. Ursprünglich wollte Jesus ein Prophet und Gottessohn für die Juden sein. Er hatte mehrere Male erklärt, daß er nur zu den verlorenen Schafen von dem Hause Israel gesandt worden sei. Er lehnte sogar ab, diese Sendung auf das abgefallene samaritanische Brudervolk auszudehnen. Er verweigerte anfänglich, auch nichtjüdische Kranke zu heilen. Nur nach seiner Ablehnung ging Jesus (wie der gekränkte Römer Coriolan gegen Rom) zu den Heiden über, die ihn wie einen Findling aufnahmen.

Die heidnischen Mittelmeervölker und nach und nach auch die Germanen und die Slawen gingen dem reisenden Agenten Paulus auf den Leim und erkannten Jesus ohne jeden Grund als ihren Erlöser an, denn sie hatten ihn ja gar nicht erwartet, und dazu als einen Erlöser von einer Sünde, die sie gar nicht begangen hatten. Die ganze Sünden- und Erlösungsgeschichte (ursprünglich eine inner-jüdische Mache des Paulus) war für sie Jacke wie Hose. Der Schatz, von dem Toynbee spricht, ist nichts anderes als ein Bemogeln der heidnischen Völker mit einem Kram, den die Juden verworfen hatten. Toynbees Schatz ist eine abgelegte Ware aus zweiter Hand, die den heidnischen Völkern vom tüchtigen Geschäftsreisenden Paulus aufgeschwatzt wurde.

Vom Standort des eingewurzelten Christentums herabblickend, schien dem bigotten Christen Toynbee das Judentum wie ein zurückgebliebenes Fossil. Das Judentum Fossil zu nennen wäre nicht so abwegig, wie es die verschnupften Juden Toynbee übelnahmen, wenn Toynbee auch das Christentum ein Fossil genannt hätte. Das Judentum mag ein Fossil geworden sein, aber das Christentum wurde mit Bluttrinken und Tripelgötterei schon als Fossil geboren. Der Protestantismus beweist es. Daß Luther und Calvin ihre eigenen Wege gingen, zeigt, daß Rom ihrer Meinung nach schon lange vorher ein Fossil geworden war. Die Christen von heute sind dann noch dazu über beide Christentümer hinausgegangen. Sie sind ja zumeist nur Scheinchristen. Ihre Mehrheit beginnt zu erkennen, daß das Entstehen ihrer Religion eigentlich ein jüdischer Schwindel war. Das wurde allerdings nur von abtrünnigen Juden bewerkstelligt. Das offizielle Judentum hat an der Gründung eines Christentums kein Interesse gehabt.

In diesem Lichte erscheint die jüdische Religion, trotz Toynbee, als eine echtere Fabrikation als die christliche. Sie mag freilich auch ihre primitiven und sinnwidrigen Seiten haben, aber sie hatte von Anbeginn an eine beständigere Erkenntnis der Welt und der menschlichen Lage, als sie Gott – nach anfänglichen Irrungen – schließlich ganz abstrakt, körperlich unfaßbar und unnennbar konzipierte. Darin kam sie dem gottfreien Denken ziemlich nahe, das auch keine Sünde und Erlösung kennt, nur gesellschaftliche Übertretungen, Verbrechen und dann wieder materielle Strafe und wenn möglich Wiedergutmachung.

Die christliche Illusion der Erlösung von einer Sünde mag von denen weiter kultiviert werden, die mit Toynbee diese Konstruktion für einen gottgegebenen Schatz halten. Sie mögen glauben, daß die trostlose Weltlage durch Sühnopfer erlösbar ist. Dazu ist zu berücksichtigen, daß im Menschen zwei widerstrebende Tendenzen der Natur wirken, nämlich Zerstörung und Erhaltung (oder wenn man will: Sünde und Erlösung). Da die subjektive Organisation sich der objektiven Desorganisation widersetzt, so ruft der Mensch einen helfenden Faktor, den Toynbeeschen „Schatz", ins Leben, der ihm in seinem Kampf ums Dasein ein Verbündeter sein kann. Dieser muß ein Beherrscher des Weltalls sein, der mit seiner Macht dem Menschen, wo immer sein nachirdischer Aufenthalt sein mag, ein seliges Verweilen zusichern kann, aber vorher schon in seiner Trostlosigkeit ein Trost ist.

Auf alle Fälle soll diese Wohltat Kindern zugute kommen. Es wäre herzlos, sie schon in ihrem zarten Alter zu desillusionieren. Aber auch die kindlich gebliebenen Erwachsenen möchte selbst ein gottloser Sünder nicht ihrer Illusionen berauben. Doch wird eine rauhe Konfrontation immer wieder unvermeidlich, weil viele fanatische Gläubige wilde Bestien sind, die sich nicht damit begnügen können, sich ihren Illusionen frei zu widmen, sondern sie wollen auch die illusionsfreien Vögel zwingen, mitzufressen oder zu sterben. Andere Gläubige, die es auch gibt, sind selbstgenügsame, friedfertige Schafe, die aber im Schlepptau der Berufsgläubigen sind. Und letztere sind in aller Geschichte, in allen Ländern, in allen Religionen der Fluch der Menschheit. Es gibt allerdings auch unter den berufsgläubigen Ausnahmen, denen zum Beispiel ein Hans Küng sicherlich zuzuzählen ist. Aber auch er leistet dem Wahn mit seiner unaussagbaren Gottesaussage Vorschub. Der Gott, den Küng beschreibt, existiert übrigens nicht in höherem Maße, nur weil er ihn beschreibt. Er beschreibt nicht einen existierenden Gott, sondern einen, der seiner Meinung nach die von ihm beschriebenen Attribute haben würde, wenn er existierte.

**69** Es ist vor Küng, eigentlich lange vor ihm, schon versucht worden, Gott durch Eigenschaften als existierend zu repräsentieren. Ein Kirchenvater von hohem Rang hat diese Methode in die Theologie eingeführt. Es war St. Anselm, ein scholastischer Theologe und Philosoph, der im 11. Jahrhundert das hohe Amt des Erzbischofs von Canterbury bekleidete.

Anselms Theorie, mit der er die Existenz Gottes als bewiesen betrachtete, hat Verteidiger und Gegner innerhalb und außerhalb des Katholizismus. Der namhafteste Parteigänger Anselms im katholischen Lager war Descartes. Hans Küng ist kurioserweise trotz der Verwandtheit der Grundidee ein Gegner auf katholischem Boden. Es ist interessant, daß Küng das Wesen seiner Verirrung klar sieht, wenn ein anderer sie begeht. Das war dadurch erleichtert, daß Anselms Theorie viel weniger metaphysisch und viel durchsichtiger ist.

Sehen wir nun, was Anselms Hirngespinst war. Seine These ist unter dem Titel „Der ontologische Gottesbeweis" bekannt. Da taucht das Wort „ontologisch" wieder auf. Es bedeutet „seinswissenschaftlich", und so lautet Anselms Titel „Der seinswissenschaftliche Gottesbeweis". Das will, ein wenig pleonastisch, bedeuten, daß das „Sein" Gottes seinswissenschaftlich bewiesen werden soll. (Man soll nicht nach der Bedeutung dieses Ausdrucks fragen, weil seine Kenntnis für diese Erörterung unnötig ist.) Anselms Ausgangspunkt ist die Definition der Vollkommenheit. Wie ist etwas, was vollkommen ist? Man könnte viele Eigenschaften als absolut unerläßlich für die Vollkommenheit aufzählen. Aber Anselm kommt es nur auf eine an, mit der die Existenz Gottes allein schon erwiesen ist. Er erklärt, daß es unbedingt eine Eigenschaft eines vollkommenen Wesens ist, daß es existiert. Wenn etwas nicht existiert, dann kann es doch nicht vollkommen sein. Der nächste Schritt im Argument ist, daß Gott vollkommen ist. Und da es vorher unter allgemeiner Zustimmung entschieden wurde, daß nur etwas Existierendes vollkommen sein kann, so muß Gott existieren, da er ja vollkommen ist. Natürlich kann etwas unvollkommen sein und existieren, aber bei diesem ist die Existenz keine unerläßliche Forderung. Gott existiert aber nur, wenn er vollkommen ist. Und das wird postuliert. Aus atheistischer Freundlichkeit Anselm gegenüber soll seine These in der verständlicheren Form eines Syllogismus ausgedrückt werden.

> Prämisse 1: Was vollkommen ist, existiert.
> Prämisse 2: Gott ist vollkommen.
> Konklusion: Gott existiert.

Für Descartes war diese Logik unwiderstehlich, aber der katholische Thomas von Aquino und der protestantische Kant haben sie abgelehnt, und zwar mit der Begründung, daß über nichts eine Feststellung gemacht werden kann, bevor es existiert. Gott mag vollkommen sein, aber diese Feststellung kann nur an zweiter Stelle stehen. An erster Stelle muß der direkte Beweis der Existenz erbracht sein. Anselm machte demnach den Fehler, daß er die Wertordnung der Feststellungen umkehrte. Dieser Ansicht schloß sich auch Küng an. Damit hat er sich aber im eigenen Netz gefangen, weil alles, was er über den unaussagbaren Gott aussagte, erst ausgesagt werden kann, wenn die Existenz Gottes vorher schon bewiesen ist. Andernfalls, wie im Falle Küngs, ist alles Aussagen ein bloßes Phantasieren, das nur ein Wunschdenken widerspiegelt. Bis jetzt ist alle Argumentation für Gott nur Wunschdenken gewesen. Noch niemandem ist es gelungen, die Existenz Gottes in einer wissenschaftlich annehmbaren Weise zu beweisen.

Die Gottesargumente Anselms versuchen indessen nicht nur mit einer „logischen", sondern auch mit einer gefühlsmäßig ideologischen Ontologie zu wirken. Er sagte, Gott sei ein Wesen, jenseits dessen nichts Vollkommeneres gedacht werden kann. Er existiert also nicht nur, weil er vollkommen ist, sondern auch, weil er jenseits von allem vollkommen Gedachten liegt, weil nichts gedacht werden kann, was vollkommener wäre als er. Auf eine etwas menschlichere Ausdrucksweise vereinfacht will das etwa sagen, daß unsere irdische Zwerghaftigkeit, aber auch unser intellektuelles Potential uns drängt und befähigt, die Existenz von etwas absolut unübertrefflich Vollkommenem als über der Welt stehend anzunehmen.

Diese doppelt genähte Vollkommenheitsspekulation hat einen Haken, den die theologischen und philosophischen Gegner Anselms nicht ins Treffen geführt haben. Sie kritisierten Anselm nur wegen der fehlerhaften Wertordnung seiner Argumente und nicht wegen der Absurdität des Vollkommenheitsargumentes an sich. Dabei ist der Angriff auf das Diktum über die Vollkommenheit Gottes viel grundlegender und viel vernichtender. Eine Vollkommenheit, wie sie bei Gott angenommen wird, ist nämlich eine absolute Unmöglichkeit. Wenn man die Existenz Gottes auf seine Vollkommenheit gründet, dann hat man seine Nichtexistenz bewiesen. Wie bald erkennbar, ist Anselm seiner eigenen Logik in die Falle gegangen.

**70**   Da der allgemein menschliche Begriff von der Vollkommenheit Gottes sehr verschieden und außerdem unvollständig sein kann, so ist es am ratsamsten, die Sachverständigen über diesen Gegenstand zu konsultieren. Ein Forum für alle religiösen Schattierungen kann das ziemlich neutrale und doch den Geist aller fast gänzlich erschöpfende Westminster-

Kollegium sein, das das sogenannte Glaubensbekenntnis von Westminster formulierte, in welchem Gott in einer Weise definiert ist, die trotz des protestantischen Ursprungs sowohl den Katholiken als auch den Juden annehmbar oder wenigstens nicht zuwider sein sollte. Die Definition ist dem „Handbook of Christian Theology" entnommen, das von „Meridian Books Inc. New York" veröffentlicht wurde. Hier folgt sie als Auszug aus dem Artikel „Gott" in einer getreuestmöglichen Übersetzung des englischen Originals.

> Es gibt nur einen wahren Gott, der lebt, der in Existenz und Vollkommenheit grenzenlos ist, ein reinster Geist, unsichtbar, körperlos, ohne Teile oder Leidenschaften, unabänderlich, unermeßlich, ewig, unerfaßbar, allmächtig, allwissend, höchstheilig, höchstfrei, absolut, in allem nach seinem eigenen unabänderlichen und gerechten Ratschluß und Willen wirkend – für seinen eigenen Ruhm –, liebend, mitleidvoll, barmherzig, langmütig, reich an Güte und Wahrheit, er vergibt Ruchlosigkeit, Übeltat und Sünde, belohnt jene, die ihn eifrig suchen und ist überhaupt absolut gerecht und furchtbar in seinen Urteilen, Hasser aller Sünden, der den Schuldigen auf keinen Fall entlasten wird.

Die Leute, die das geschrieben haben, waren entweder Kinder, Schwindler, Heuchler, Spaßmacher oder gedächtnisschwach. Kinder deswegen, weil sie offenbar glaubten, daß jedermann, dem eine solche Liste hergelesen wird, ebenfalls ein Kind sein muß. Schwindler, weil sie Attribute aufzählten, die sie sich aus den Fingern gesogen haben, denn sie haben dafür, außer ihren Fieberträumen, nie eine Quelle anzugeben vermocht. Heuchler, weil sie – außer daß sie von allen guten Geistern verlassen waren – ihre eigenen Worte nicht glauben konnten. Spaßmacher, weil das die einzige Entschuldigung für die Verbreitung solch eines Gebräus sein kann. Und gedächtnisschwach, weil die Widersprüche in jeder Zeile das Vergessensein von dem zeigen, was sie in der vorhergehenden geschrieben haben. Zu alledem zeigt selbst ein flüchtiges Durchlesen dieser Definition, daß man es dabei mit einem Krebsgewächs der Sprache zu tun hat. Ein Wort frißt das andere auf. Nehmen wir zuerst einige leichtere Details dran und dann den unheilbaren Krebsschaden.

Die Unerfaßbarkeit Gottes, die manchmal auch durch Wörter wie „Unverständlichkeit", „Unbegreiflichkeit" und „Unerforschlichkeit" ausgedrückt wird, ist ein theologischer Trick, aber auch ein Strick um den Hals der Theologen. Diese nehmen zu dieser Charakterisierung Gottes Zuflucht, um ihm ein Alibi für die Katastrophen und Leiden zu verschaffen. Wenn man Gott nicht versteht, dann braucht man seine Verräterei auch an seinen hingebungsvollsten Anbetern, wie zum Beispiel an dem mitten in der Messe ermordeten salvadorenischen Bischof Romero, nicht zu erklären. Und selbstverständlich kann man sich auch beim folgenschweren Attentat auf den Papst dumm stellen. Die vielgerühmte Liebe und die Belohnung seiner Sucher gehen plötzlich unerklärt flöten. „Gottes Wege sind unerforschlich." Dann aber erhebt sich die Frage – und das ist der Strick –, wieso die Theologen soviel von ihm zu erzählen wissen, wenn er unerforschlich ist. Es ist eine Scharlatanerie, über etwas einen Vortrag zu halten, was man zugegebenermaßen nicht versteht.

Es ist dann schon kein Wunder, wenn der Vortrag voll klaffender Widersprüche ist. Gott soll keine Leidenschaften haben, aber er hat Eigenschaften, die nach menschlichem Begriff Leidenschaften sind. Liebe, und zwar in manchem Grade jede Art von Liebe, ist doch eine Leidenschaft, und so würde man auch Ruhmsucht beurteilen. Die Definition sagt, daß Gott alles für seinen eigenen Ruhm tut. Ein wirklicher Gott würde den Theologen für diese Einschätzung wahrscheinlich Ohrfeigen austeilen. Da ist ein Gott, der ein Weltall geschaffen hat, und nun soll er Ruhm bei solchen Würmern wie den Menschen suchen. Und nur die Menschen können als Publikum für Gottes Ruhm in Frage kommen. Oder will er vielleicht vor der leblosen Materie oder den Tieren ruhmvoll paradieren? Bei den Juden ist er aber nicht nur eitel, er ist auch eifersüchtig. Aber das wollen wir diesmal überspringen, weil die protestantische Definition wenigstens diesen Blödsinn weggelassen hat. Dafür ist Gott ein Hasser. Na, wenn das nicht Leidenschaft offenbart, dann soll der Erzbischof von Canterbury Moritz heißen. Wenn die Westminstersche Definition wahr sein soll, dann weiß Gott wirklich nicht, wo sein Kopf steht. Einmal ist er unabänderlich, und dann vergibt er Sünden, was doch eine Veränderung gegen einen vorherigen Zustand bedeutet. Dann ändert er seinen Sinn nochmals und entlastet den Schuldigen wieder auf keinen Fall. Ist er nun versöhnlich, oder ist er es nicht? Aber wozu die Frage? Er ist ja unerforschlich.

Nun sei man gewarnt! All das bisher Gesagte war nur Einleitung, denn die richtige Schnitzelbankbehandlung der Gott-Definition kommt erst. Die bisherige Bloßlegung der Widersprüche war nicht vollständig. Wenn man den Definitionstext nach einem weiteren Widerspruch absuchte, würde man ihn wahrscheinlich nicht finden, weil er gar nicht nach einem Widerspruch aussieht.

Der verheerendste, Gott innewohnende Widerspruch ist zwischen seiner Allmacht und seiner Allwissenheit. Das ist keine neue Entdeckung, aber es muß bei jeder Gelegenheit wiederholt werden, weil die Gläubigen an die göttliche Vollkommenheit keine Kenntnis davon nehmen wollen, obwohl die Allmacht und die Allwissenheit im Westminsterschen Glaubensbekenntnis nebeneinander stehen. Diese zwei Eigenschaften Gottes, die integrierende Teile seiner Vollkommenheit sein sollen, können aber nicht zusammen existieren. Wie die unvereinbaren, nur unter Kompromiß möglichen menschlichen Tugenden, so können auch die genannten zwei göttlichen Eigenschaften nicht ohne Kompromiß nebeneinander bestehen. Aber interessanterweise wird der Kompromiß gerade durch die Vollkommenheitsgläubigen verhindert. Während sie die Vollkommenheit Gottes verkünden, verhindern sie sie.

Gleich am Anfang des Westminsterschen Glaubensbekenntnisses steht die Behauptung, daß Gott in Existenz und Vollkommenheit grenzenlos ist. Er ist grenzenlos mächtig und grenzenlos wissend. Es wird bald klar, daß diese zwei Fähigkeiten sich gegenseitig ausschließen. Aber jedenfalls enthält alles Wissen auch die Kenntnis der Zukunft. Es ist ein allgemein angenommener Glaube, daß Gott die Zukunft genauso kennt wie die Gegenwart und die Vergangenheit. Uns Menschen ist die Vergangenheit offen, aber für Gott ist auch die Zukunft ein offenes Buch.

Der Zukunft gegenüber ist unsere Sicht nicht einheitlich. Wir wissen, daß sie verschiedene, uns unbekannte Richtungen einschlagen kann. Eine solche Ungewißheit besteht der Vergangenheit gegenüber freilich nicht. In der Kenntnis der Vergangenheit sind wir Gott ebenbürtig. Und wir teilen mit ihm auch die Erkenntnis von deren Unabänderlichkeit. Selbstverständlich würde auch von Gott niemand behaupten, daß er die Vergangenheit ändern kann. Wenn aber die Zukunft für Gott (wie bereits gültig postuliert) genauso feststeht wie die Vergangenheit, dann folgt daraus zwingend, daß Gott die Zukunft genauso wenig ändern kann wie die Vergangenheit. Er steht ihr also machtlos gegenüber. Die Zukunft – die feststehende, unabänderliche Zukunft –, wie sie göttlich gegenwärtig erlebt wird, hängt demnach nicht von Gott ab, vielmehr ist es Gott, der von der Zukunft abhängt. Sein Denken und Handeln muß in die vorbestimmte Zukunft hermetisch eingebettet sein. Er ist also nicht frei handlungsfähig, folglich nicht allmächtig. Sollte er sich gegen diese Abhängigkeit von der Zukunft auflehnen und mit aller Gewalt aus der Zukunftsbestimmung ausbrechen und eine alternative Zukunft erzwingen, dann hat er keine feste Kenntnis von einer einzigen, unabänderlichen Zukunft gehabt (es kann nicht sein Wissensgut bilden, was nicht feststeht), also war er nicht allwissend. Die Schlußfolgerung ist: Was Gott weiß, das kann er nicht ändern. Was er ändert, das kann er nicht wissen.

Die Anselmsche These, wonach Gott existiert, weil er vollkommen ist und weil das, was vollkommen ist, notwendigerweise existiert: Diese Anselmsche These stürzt nun zusammen, weil es bewiesen ist, daß Gott nicht vollkommen ist. Er kann nicht vollkommen sein, wenn er nicht zugleich allmächtig sein kann. Mehr noch: Es ist bewiesen, daß – ganz unabhängig von Gott – absolute Vollkommenheit, so wie das Westminstersche Glaubensbekenntnis sie verkündet, eine Unmöglichkeit und nur ein menschlicher Wunschtraum ist. Sie gehört in die Welt der Märchen wie die durch Gulliver entdeckten Reiche der Riesen, der Zwerge und anderer phantastischer Geschöpfe; wie die Siebenmeilenstiefel, die Tarnkappe des Nibelungen und die immer unfehlbar treffende Zauberkugel des Freischützen. Die menschliche Sehnsucht nach Vollkommenheit schafft die vollkommene Freikugel und den vollkommenen Gott. Der Mensch schafft in seiner Phantasie, was er selber nicht sein kann und was er nicht vermag.

Diese Phantasie wirkt in einer besonderen Form auch in den Lehren der christlichen Religion. Bei ihr handelt es sich um die erzwungene Vereinbarung des Zukunftswissens Gottes mit dem freien Willen des Menschen. Ohne viel Nachdenken wird man erkennen, daß der Mensch keinen freien Willen (keine Handlungsfreiheit) haben kann, wenn Gott schon weiß, was dieses Handeln sein wird. Der menschliche Wille muß sich doch dem göttlichen Vorwissen anpassen, sonst würde es kein göttliches Vorwissen geben.

Andererseits kann aber Gott tatsächlich keine Kenntnis der Zukunft haben, wenn der Mensch einen freien Willen hat. Da dem freien Willen beziehungsweise dem freien Handeln ein Nachdenken und Planen vorausgeht, was sich auf verschiedene Alternativen erstrecken kann, so kann Gott keine Kenntnis von einem noch gar nicht gefaßten Entschluß haben. Wenn er trotzdem im voraus wüßte, was dieser Entschluß wäre, dann könnte abermals von keinem freien Willen des Menschen die Rede sein.

Aber die Kirche gibt nicht nach. Sie beharrt darauf, daß göttliches Vorwissen und menschlicher freier Wille nebeneinander bestehen. Ein sehr berühmter Verfechter dieses kirchlichen Standpunkts war St. Augustin im frühen 5. Jahrhundert. In seinem Buch „Über den Gottesstaat" polemisiert er gegen den mehr als 400 Jahre älteren Cicero, der darauf bestand, daß beim freien Willen des Menschen (den er in seinem Werk „Über die Natur der Götter" durch den Mund der Person Cotta als Tatsache annimmt) Gott keine Kenntnis der Zukunft haben kann und somit als ein unvollkommenes (nicht alles wissendes) Wesen aus dem menschlichen Denken und Glauben – als Gott – eliminiert werden muß. Die Logik von Cicero ist natürlich eine Blasphemie für Augustin. Einige Beispiele seiner Argumentation aus den Büchern 5 und 14 (im ersteren das 9. Kapitel, im anderen das 27.) sollen die Sonderbarkeit religiösen Geistes zeigen.

„Gott ist der Schöpfer aller Naturen. Demnach ist er auch der Geber allen Entscheidungsvermögens, jedoch nicht der Entscheidungen selbst (Omnium potestatum dator, non voluntatum)." Mit anderen Worten: Gott gab dem Menschen die Fähigkeit des freien Wollens, aber er mischt sich in die Ausübung dieses Wollens nicht ein. (Auf ein Argument dieser Art hatte Cicero schon zu seiner Zeit entgegnet, daß eine Nichteinmischung es Gott unmöglich macht, die Resultate einer freien Willensäußerung im voraus zu kennen).

Im genannten 14. Buch sagt Augustin, daß kein zukünftiges Geschehen dem Vorwissen Gottes entgehen kann, aber gleichzeitig sagt er auch, daß dieses Vorwissen niemanden (z. B. Adam und Eva) zum Sündigen gezwungen hat. Mußten nun Adam und Eva sündigen, weil Gott wußte, daß sie sündigen werden, oder hat die frei begangene Sünde Gott rückwirkend wissend gemacht? Es stellt sich also die Frage, ob das Vorwissen Gottes sich nach der kommenden menschlichen Handlung richtet, oder ob die Handlung sich nach dem Vorwissen richtet. Die Antwort ist eigentlich in der Formulierung der Frage schon enthalten, denn „Vorwissen" könnte kein vorheriges Wissen sein, wenn es nicht der Handlung vorausginge. Das aber unterwirft die menschlichen Handlungen unentrinnbar dem göttlichen Vorwissen, was damit gleichbedeutend ist, daß der Mensch Gott gegenüber keinen freien Willen hat. Demnach kann der Mensch einen freien Willen nur im atheistischen System haben, in welchem er nach keinem göttlichen Vorwissen zu handeln gezwungen ist.

St. Augustins christliche Argumentation mag für jene befriedigend sein, die mit ihm ohne seine Argumente schon einverstanden sind. Es ist interessant, daß Cicero trotz seiner stärkeren Logik auch nicht ganz recht hat. Der freie menschliche Wille ist nämlich auch dann fragwürdig, wenn niemand dessen Akte im voraus weiß. Die menschlichen Handlungen sind nur äußerlich und oberflächlich die Folge des freien Willens. Sie sind im Grunde das Produkt von Motiven, über die der Mensch keine Macht hat.

Der Mensch ist ein Splitter des Kosmos und handelt nach den Instinkten, die der blinde Kosmos in ihn gepflanzt hat. Und da er von allen Seiten auch nur von kosmischen Elementen umgeben ist, so ist sein „Wille" von den mannigfachen Lebensumständen eingeschränkt. Aber der Willensmensch Cicero kann ruhig in seinem Grab schlafen. Er ist wie der glückliche Schütze, der ohne genaues Zielen ins Schwarze trifft. Mit unzulänglichen Mitteln hat Cicero wenigstens die Entthronung Gottes vollbracht.

In dieser Errungenschaft ist er ein würdiger Kollege Anselms, der mit seinem Gottesbeweis auch unwillkürlich die Nichtexistenz Gottes bewiesen hat. Die nichtexistierende Vollkommenheit Gottes, die aus den Folgerungen beider Philosophen hervorgeht und die Gott als ein unvollkommenes Wesen entlarven, schafft eine Welt ohne Gott. Man soll aber nicht verzweifeln; die Welt besteht nach wie vor, das Leben setzt seinen Lauf fort, und die Menschen sind ohne Gott genauso glücklich und elend, wie sie mit der Illusion eines Gottes waren. Selbstverständlich können jene, die gern in einer Märchenwelt leben, weiterhin ihre Illusionen kultivieren. Der Wahlspruch Friedrichs des Großen gilt unverändert: „Jeder soll nach seiner eigenen Fasson selig werden."

71 Der französisch-katholische Exzentriker Jacques Maritain hat die freigeistige friderizianische Großzügigkeit in typisch religiöser Unduldsamkeit verworfen. Der Atheist sagt seinerseits nicht, daß der Gläubige mit seinem Glauben nicht glücklich sein kann und soll. Alle atheistischen Äußerungen sind nur eine Ermutigung für jene, die am Scheideweg

stehen und für eine Entscheidung die Argumente von beiden Seiten kennenlernen wollen. Der Atheismus wirbt nicht Anhänger ohne Überzeugung, wie die Religionen es tun, mit politischem Einfluß und roher Gewalt oder dann mit faulen Argumenten, wenn der Fortschritt der Zivilisation diese Mittel geschwächt oder beseitigt hat. So ein fauler Wortfechter war Maritain. Er behauptet, daß Gottlosigkeit geistiger Selbstmord ist und daß ein Atheist, der nicht Selbstmord begeht, ohne sein eigenes Wissen ein Gläubiger ist, der Gott sucht. Als solchen hat ihn Maritain sogar zur Glaubensgemeinschaft bewillkommnet und auch als einen Wahrheitssucher belobigt. Er wollte den Atheismus durch Umarmung abschaffen. Man könnte aber den Spieß umdrehen und behaupten, daß ein Gläubiger in der tiefsten Ecke seiner Seele ein Atheist ist, der zu feige ist, es sich selbst zu bekennen und freilich noch viel weniger der Welt. Aber er wird von den Atheisten als Unglaubensgenosse bewillkommnet und als Wahrheitssucher belobigt.

Wenn die gesellschaftlich diktierte Scheu vor dem atheistischen Bekenntnis und die machiavellistisch konstruierte ausschließliche Assoziation mit dem Kommunismus beseitigt würde, dann könnte man trotz Maritain ein ungeahntes Anschwellen der atheistischen Reihen erleben. Viele als treue Kirchenkulis bekannte Staatsmänner, Abgeordnete, Beamte und sogar Geistliche würden sich plötzlich als Atheisten entpuppen. Die Gott-ist-tot-Bewegung ist ja von manchen protestantischen Kreisen kräftig angefeuert worden. Diese wollten den lebendigen und innig verehrten Jesus vom toten und zum alten Eisen geworfenen Gott loslösen. Manche „Zivilisten" haben und auch hatten die Courage, sich als vorbehaltlose Atheisten zu bekennen. Viel zahlreicher als sie selbst, repräsentieren sie eine Gruppe, die sich von einer öffentlichen Beteiligung fernhält, aber nicht nur aus Selbstschutz, sondern auch aus einer scheinbaren Gegenstandslosigkeit in einer schon weitgehend liberalisierten Gesellschaft. Bei unseren bürgerlichen Freiheiten scheint ein militanter Atheismus überholt. Das Fehlen einer größeren Zahl von Namen bei einer Aufzählung berühmter Atheisten bedeutet also keineswegs einen Mangel an Verbreitung atheistischer Ideen in Kreisen der geistigen Elite. Ihre Gleichgesinnten sträuben sich nur, mit diesem Stempelzeichen vor die Öffentlichkeit zu treten.

Nach Kategorien gruppiert waren Philosophen mit bekannt atheistischer Grundeinstellung Schopenhauer, Nietzsche, der Amerikaner John Dewey, die Engländer Hume, Bertrand Russel, der Franzose Sartre. Atheistische oder zum Atheismus neigende Staatsmänner waren der frühe amerikanische Staatspräsident Jefferson, der Italiener Cavour und die Franzosen Gambetta, Clémenceau und Briand. Komponisten atheistischer Richtung waren Wagner und Bartók. Über diese zwei ist eine Randbemerkung am Platze.

Bei solchen Opern wie Tannhäuser und Parsifal muß einem Wagners Atheismus eher unwahrscheinlich vorkommen. Man muß verstehen, daß Wagner Jesus, den er verehrte, von Gott trennte. Darin war er ein Vorläufer der Jesus-Verehrenden und den toten Gott abstreifenden Protestanten des 20. Jahrhunderts. Daß er nicht an Gott glaubte, das ist in den Tagebüchern seiner Frau dokumentiert. Im zweiten Band der Tagebücher, auf der 411. Seite, steht vom 20. September 1879 unter den Anmerkungen folgender Satz: „An Gott glaube ich nicht, aber an das Göttliche, welches sich im sündenlosen Jesus offenbart."

Bartók hat seinen Atheismus in zwei langen Briefen an die Geigerin Stefi Geyer aufs ausführlichste erklärt und begründet. Er trat gegen 1910 von der katholischen Kirche zum Unitariertum über, um seinen Sohn (den älteren, damals einzigen) von religiösen Dogmen frei auferziehen zu können. Der Unitarismus – die von allen Religionen am weitesten entfernte Religion (auch für Jefferson die einzig annehmbare) – war für Bartók ein Kompromiß, weil er als Professor an der Musikakademie religionslos nicht in seiner Stellung hätte verbleiben können.

Von Wissenschaftlern waren unter vielen anderen Edison, Alexander Graham Bell, der Erfinder des Telefons, und ja – Albert Einstein Atheisten. Einstein verlangt natürlich eine Erklärung, weil die wildesten Gerüchte darüber zirkulieren, wie religiös er war. Bei der Klassifizierung Einsteins wird grober Unfug getrieben, weil das Wort „religiös" in einem Sinn gebraucht wird, wesentlich verschieden von dem, wie Einstein es verstand. Man könnte zum Beispiel auch sagen, daß Lenin ein fanatisch gläubiger Kommunist war. Nach den Begriffen seiner Welt war Lenin bestimmt religiös. So war Einstein von den Phänomenen des Kosmos hypnotisiert. Das war seine Religion, aber das hatte mit konventionell religiösem Glauben nichts zu tun. Sein berühmter Ausspruch über Gott, der mit dem Weltall nicht Würfel spielt, hat eine genau entgegengesetzte Bedeutung als die allgemein angenommene, weil gerade der Gott der Religionen mit dem Weltall Würfel spielt. Einstein glaubte nicht an dieses Würfelspiel, das die Religionen Wunder nennen. Der nicht würfelspielende Gott war für Einstein ein allegorischer Ausdruck der Ursachen-Effekt-Ordnung des Kosmos, in welchem kein wunderwirkendes Würfelspiel vorkommt. Berühmt ist seine Antwort, die er einem Rabbiner auf die Frage, ob er an Gott glaube, gab. Er sagte: „Ich glaube an Spinozas (des Pantheisten) Gott, der sich durch die Harmonie alles Existierenden manifestiert, und nicht an einen Gott, der sich um die Handlungen und die Geschicke der Menschen kümmert." Das offizielle Organ des Vatikans, L'Osservatore Romano, hat sich dazu mit dem Kommentar geäußert, daß Einsteins Erklärung purer Atheismus ist, weil sie den Gottesglauben vom menschlichen Leben abschneidet, ganz gleichgültig, wie sehr dieser Glaube in der Form eines kosmischen Pantheismus präsentiert wird. Einstein hat in seinem Buch „Mein Weltbild" auch gesagt, daß er nicht an ein Leben nach dem Tod glaubt noch ein solches Leben, wenn es möglich wäre, wünschte. Er hat die Idee eines Gottes, im Einklang mit seiner Antwort an den Rabbiner, verworfen, der belohnt und straft. Gibt es Juden oder Christen, die auf dieser Grundlage behaupten können, daß Einstein gottgläubig war?

Jetzt kommen wir zu den Schriftstellern und Dichtern, von denen als Atheisten die Briten Percy Shelley und Bernard Shaw genannt werden sollen. Dazu gehören der Amerikaner Mark Twain, die Franzosen Anatole France und André Gide. Ein besonderer Fall ist der ungarische Lyriker und Epiker Alexander Petöfi, der wegen seiner Sprache dem nichtungarischen Publikum leider so gut wie unbekannt ist. Seine Übersetzungen sind lückenhaft und geben nicht das volle Bild seines Lebens, das sich in seinen Gedichten außergewöhnlich subjektiv spiegelt. Die sonst möglicherweise fragwürdige Subjektivität kann in diesem Fall von allgemeinem Interesse sein, weil sie eine Persönlichkeit offenbart, wie sie kaum ein zweites Mal so edel, idealistisch, selbstlos, charaktervoll, heldenhaft und genial zu finden sein dürfte. Und er war ein erklärter Atheist. Mit 26 Jahren konnte er auf ein Werk von etwa 1000 Gedichten zurückblicken, und dann fiel er auf dem Schlachtfeld im 1848er Freiheitskampf gegen die Habsburger. Die Ungarn vergöttern ihn als ihren größten Lyriker und die Verkörperung des Nationalgeistes, trotz der bis zum Zweiten Weltkrieg reichenden Abweichung in der Religionsfrage. Seine Religionsfeindlichkeit ist in einer Anzahl seiner Gedichte und auch in manchen Prosaschriften ausgedrückt. In dem langen epischen Gedicht „Der Apostel", besonders in dessen 12., 13., 16. und 17. Kapitel, rechnet er mit Gott und dem Klerus ab. In einer halb-humoristischen Schrift, die er die „Biographie" seines sieben Monate alten Sohnes nennt (zwei Wochen vor seinem Heldentod geschrieben), vermerkt er, daß er die Taufe nur seinen frommen Schwiegereltern zuliebe erlaubte, aber seinem Sohn wenigstens keinen christlichen Namen gab. Es war der aus türkisch-vorchristlicher, heidnisch-ungarischer Urzeit stammende Name Zoltan. Zur Dokumentierung seiner nicht gerade von Respekt triefenden Einstellung zu Glauben, Priestertum und Gott sei eins seiner einschlägigen Gedichte (Eine Legende) in einer Amateur-Übersetzung hier wiedergegeben.

> Schon wieder eine Klage; nichts als Gejammer und Geblaffe.
> Und wer anders gibt Anlaß dazu als wieder nur ein Pfaffe.
> Des Klagens kein Ende, die ganze Nacht bis zur Morgendämmerung
> Man findet keine Ruhe, nicht einmal für eine Stund.
> Also sprach der Herrgott außer sich vor Wut:
> Ich muß mal schauen, was da unten treibt die irdische Brut.
> Er sprang aus dem Bett, zündete eine Kerze an,
> Und nach hastigem Ankleiden setzte er fort, was er begann.
> Er gelangte aber nicht weiter als bis zur Eingangstür,
> Denn Sankt Peter schlief auf seinem Posten wie ein Murmeltier.
> Es hatte sich am Vorabend so getroffen: ein Neuankömmling präsentierte um Einlaß seine Bitte,
> Und bei solchen Gelegenheiten ist im Himmel ein großes Gelage die Sitte.
> Es ist nämlich nicht zu vergessen, daß – nach dem, wie es heutzutage steht um die Welt –
> Ein neuer Himmelsbewohner eine Seltenheit darstellt.
> Onkel Petrus läßt sich dann die Gelegenheit nicht entgehen,
> Den Krug gründlich bis auf dessen Boden zu erspähen.
> „Auf, auf die Beine, Petrus! Hörst du denn nicht?"
> So sprach der Herr, als er zu der Tür sich schlich
> Zupfend, zerrend die Mähne, die Ohren und was sonst zu greifen war am faulen Vetter.
> „Steh doch endlich auf, daß dich erschlag das Kreuzdonnerwetter!"
> Endlich erwacht er, sperrt auf das Gitter,
> Und auf einer Sternschnuppe fährt zur Erde der Herr.
> Er landet haargenau an der Stelle,
> Die für die Klage gewesen war die Quelle.
> Es stellte sich heraus, daß der Beschwerdeführer ein junger Mann war,
> Und nun ermutigte ihn Gott, er tue seine Klage dar.
> Er sprach zu ihm väterlich und ungeziert.
> „Ergieß nun mein Sohn dein Herz ganz ungeniert!"
> „Ach, guter Vater, groß ist mein Malheur,
> Klettere nur hinauf zum Fenster hier und hör.
> Das junge Blut, das du in des Pfaffen Bett siehst,
> Was anderes soll ich sagen, als daß es meine Ehefrau ist."
> Verstohlen kletterte der Herr zum Fenster hinauf,
> Und eine große Gottlosigkeit entblößte sich ihm auch.
> Wie anders als erschütternd konnte auf ihn wirken der Anblick,
> Denn sein Herabsteigen war selbst für einen Gott zu quick.
> Ein Seufzer war der lautliche Ausdruck der Schamröte in seinem Gesicht;
> „Bei Gott, mein Sohn, das ist eine verflixte Geschicht.
> Wie gern würde ich dir unzerbrochen zurückgeben die Scherben,
> Aber was geschehen ist, kann nicht ungeschehen werden.
> Doch kann ich es dir versichern zum Trost,
> Der künftige Aufenthalt dieses Pfaffen ist auf einem Höllenbratrost."
> Zwar hat Pfaffen jetzt schon zur Genüge die Hölle,
> Doch eigentlich eher darüber hinaus in Hülle und Fülle.

**72** Die demonstrative Wirkung der Freigeistigkeit Petöfis ist durch seinen blassen internationalen Ruf wesentlich beeinträchtigt. Glücklicherweise gibt es einen anderen Riesen der Bekenntnisfreiheit, der im ewig leuchtenden Scheinwerferlicht des Ruhmes steht.

Jedenfalls behielt sich Goethe das Recht, zu verschiedenen Zeiten verschiedene und sogar entgegengesetzte Ansichten zu äußern. Als ihn sein Freund und Ministerkollege am Weimarer Hof, Friedrich von Müller, einmal darauf aufmerksam machte (im 2. Teil des 3. Bandes von Goethes Gesprächen und Reminiszenzen aufgezeichnet), daß er in gewissen Dingen früher anders dachte, antwortete Goethe ein wenig gereizt:

> Ei, bin ich denn darum achtzig Jahre alt geworden, daß ich immer dasselbe denken soll? Ich strebe vielmehr, täglich etwas anderes, Neues zu denken, um nicht langweilig zu werden. Man muß sich immerfort verändern, erneuern, verjüngen, um nicht zu verstocken.

Die Änderung ging bei Goethe mit zunehmendem Alter bestimmt in der Richtung des Zweifelns. Er war siebzig Jahre alt, als er in seiner Gedankensammlung „Erfahrung und Leben" unter dem Titel „Gott und Natur" schrieb:

> Den teleologischen Beweis vom Dasein Gottes hat die kritische Vernunft beseitigt: Wir lassen es uns gefallen.

Vor allen Dingen ist Teleologie nicht mit Theologie zu verwechseln. Mit diesem Ausdruck versteht man die Welt als von einem Schöpfer zu einem Zweck (Telos in Griechisch soviel wie Ende) geschaffen. Der teleologische Gottesbeweis ist, daß die Welt nicht bestehen und funktionieren könnte, wenn sie nicht zu diesem Zweck nach einem Plan eines Planers und Gestalters zustande gebracht worden wäre.

Im ersten Teil des dritten Bandes von Goethes Gesprächen (nicht identisch mit den Eckermann-Gesprächen) ist diese Meinung aus der Feder einer Frau Dorothea von Schlegel abgedruckt. Sie hat sie in einem Brief vom 28. November 1817 an ihre Söhne gesandt. Es hieß darin: „Goethe äußerte, er sei in der Naturkunde und Philosophie ein Atheist, in der Kunst ein Heide und dem Gefühl nach ein Christ."

Sehen wir nun, was Goethe bezüglich dieses Themas über sich selbst beziehungsweise seine Gesinnungsgenossen zu sagen hatte. Es steht in seinem Buch „Maximen und Reflexionen" beim Untertitel „Religion und Christentum": „Wir sind naturforschend Pantheisten, dichtend Polytheisten, sittlich Monotheisten." Die zwei Versionen derselben Äußerung sind in Substanz erstaunlich übereinstimmend, wenngleich die Ausdrucksweise verschieden ist. Die parallelen Wörter sind Atheist – Pantheist, Heide – Polytheist und Christ – Monotheist. Wenn man sie sich näher ansieht, erkennt man, daß diese gewissermaßen Synonyme sind. Pantheismus ist Atheismus in eine euphemistische Form gekleidet. Der Pantheismus sieht in allem das Innewohnen Gottes, also nicht ein außerhalb der Welt stehendes Wesen. Eine derartige Verschmelzung Gottes mit der Welt hebt Gott auf, weil er nicht der Schöpfer eines Werkes sein kann, wenn er nicht vorkreatürlich außerhalb der Kreation steht.

Die Identität zwischen „Heide" und „Polytheist" ist noch einleuchtender, denn ein Heide ist ein Polytheist und ein Polytheist ist ein Heide. Die Gleichwertigkeit von „Christ" und „Monotheist" besteht auf alle Fälle von der christlichen Seite her gesehen, und da Goethe kein Jude und kein Mohammedaner war, so mochte er, trotz manch geheimer Vorbehalte, nichts gegen eine solche Interpretation eingewendet haben.

Bei der Aufzählung der drei Glaubenskategorien ist die stufenweise Verminderung der Gott-Komponente in den Benennungen bemerkenswert. Zuerst kommt Pantheismus mit Allgott, dann Polytheismus mit Vielgott und zuletzt Monotheismus mit Eingott. Die nächstniedrigere Stufe wäre Atheismus mit Nullgott gewesen. Aber Goethe fand das offenbar nicht mehr nötig, da Pantheismus damit gleichbedeutend ist, so wie Frau von Schlegel es offen heraus gesagt hat.

Man mag nun erkennen, daß Goethe nach seiner eigenen Aussage schon mindestens bis zu zwei Dritteln nicht mehr im Christentum stand. Der Katholizismus fand ihn früh an der vordersten und schärfsten Front seiner Gegner. Goethes antikatholische Äußerungen reichen vom Hämischen bis zum Fanatischen. In seinem Buch „Literatur und Sprache" schrieb er: „Zu den glücklichen Umständen, welche Shakespeares gebornes großes Talent frei und rein entwikkelten, gehört auch, daß er Protestant war; er hätte sonst wie Kalidasa und Calderon Absurditäten verherrlichen müssen."

Da hat Goethe den Bogen zu weit gespannt. Den Katholizismus, wie auch die Religionen im allgemeinen kann man nicht zur Zielscheibe nehmen durch Herabsetzung der Genies, die zufällig Kommunikanten der betreffenden Religion sind. Auf diese Weise müßte man die ganze französische und italienische Literatur abschreiben. Tatsache ist, daß viele unter den lateinischen Literaten nur nominell katholisch zu rechnen sind, aber auch unter den Gläubigen gibt es solche, die mehr als bloß Absurditäten verherrlicht haben. Außerdem hat Goethe mit der Erwähnung von Kalidasa einen argen Lapsus begangen. Dieser indische Dichter, der hauptsächlich als der Verfasser des Sakuntala-Dramas bekannt ist, lebte im beginnenden Mittelalter, zeitlich nicht sehr von Jesus entfernt. Ihn – in Indien, als das Christentum selbst in Europa kaum existierte – als einen Repräsentanten des Katholizismus gegen den Protestantismus auch nur andeutungsweise auszuspielen, ist eine unglaubliche Entgleisung von Goethe. Wenn er nicht die Religion im allgemeinen, ohne Rücksicht auf die Konfession, sondern den Katholizismus im besonderen zur Zielscheibe nahm, dann geriet er leicht in Hitze. Im Jahre 1817 schrieb er zum 300jährigen Jubiläum der Reformation ein Gedicht, von dem zwei Strophen seine antikatholische Kampfeslust zeigen.

Dreihundert Jahre hat sich schon
Der Protestant erwiesen,
Daß ihn von Papst- und Türkenthron
Befehle baß verdrießen.

Was auch der Pfaffe sinnt und schleicht,
Der Prediger steht zur Wache,
Und daß der Erbfeind nichts erreicht,
Ist aller Deutschen Sache.

Andere Gedichte, die auch noch protestantisch schnauben, zeigen auch schon Spuren allgemeiner Christenfeindlichkeit. Die folgenden Beispiele sind unter Römisch VIII der Alterssprüche ohne einzelne Titel zu finden.

Den deutschen Mannen gereicht's zum Ruhm,
Daß sie gehaßt das Christentum,
Bis Herrn Carolus' leidigem Degen
Die edlen Sachsen unterlegen.
Doch haben sie lange genug gerungen,
Bis endlich die Pfaffen sie bezwungen
Und sie sich unters Joch geduckt;

Doch haben sie immer einmal gemuckt.
Sie lagen nur im halben Schlaf,
Als Luther die Bibel verdeutscht so brav.
Sankt Paulus, wie ein Ritter derb,
Erschien den Rittern minder herb.
Freiheit erwacht in jeder Brust,
Wir protestieren all' mit Lust.

Aber nun ist der Protestantismus auf einmal auch kein Günstling mehr. Goethe macht zwischen Christentum und Christentum keinen Unterschied. Besonders zu bedenken ist, daß diese Freimütigkeit in seiner späten Schaffensperiode ungehemmt durchbricht. Der früher glimmende rebellische Geist bricht nun in helle Flammen aus.

Sag', was enthält die Kirchengeschichte?
Sie wird mir in Gedanken zunichte;
Es gibt unendlich viel zu lesen,
Was ist denn aber das alles gewesen?

Zwei Gegner sind es, die sich boxen,
Die Arianer und die Orthodoxen;
Durch viele Säkla dasselbe geschicht,
Es dauert bis an das Jüngste Gericht.

Mit Kirchengeschichte was hab' ich zu
schaffen?
Ich sehe weiter nichts als Pfaffen;
Wie's um die Christen steht, die Gemeinen,
Davon will mir gar nichts erscheinen.

Glaubt nicht, daß ich fasele, daß ich dichte,
Seht hin und findet mir andre Gestalt!
Es ist die ganze Kirchengeschichte
Mischmasch von Irrtum und von Gewalt.

Nach dieser Ausgießung von Goethes nicht ganz heiligem Geist in einigen Musterbeispielen seiner unfrommen Dichtkunst sollte es nun dem Protestantismus nicht weniger als dem Katholizismus schwerfallen, Goethe als christlichen Entlastungszeugen vor dem Gericht der Geschichte anzurufen. Zusammen mit dem Katholizismus hatte Goethe den Protestantismus mit der Verleugnung der Dreifaltigkeit (wie durch die Gespräche Eckermanns bereits dokumentiert) eigentlich schon lange vorher auf die schwarze Liste gesetzt. Das ließ von den Religionen nur noch die Unitarier und die Deisten übrig für das Beanspruchen Goethes als den ihrigen. Nach der Beseitigung aller anderen Religionen aufgrund der angeführten Gedichte scheint aber Gott selbst wenigstens noch lebensfähig zu sein. Mit dem Religionsbad ist das Gottkind noch nicht ausgeschüttet worden. Dieser Schluß sollte aber nicht voreilig gezogen werden. Eine der wichtigsten und auch berühmtesten Stellen im ganzen Goetheschen Schaffen scheint dagegen zu sprechen. Jedenfalls ist eine atheistische Deutung der betreffenden Stelle näherliegend als jede andere.

Es handelt sich um die Unterhaltung Fausts mit Margarete über Gott und Religion. Der Allmächtige hat in der zerbrechlichen Margarete eine Anwältin gefunden, auf die er sehr angewiesen ist angesichts der garstigen Demolierarbeit von Faust. Für den Leser bleibt die Frage zu entscheiden, welcher der zwei Disputanten Goethes Ansichten ausdrückt. Goethe ist Kavalier genug, der Dame das letzte Wort zu lassen. Das ist natürlich pure Höflichkeit, aber gleichzeitig erlaubt er ihr, den Nagel so genau auf den Kopf zu treffen, daß auch Faust sein Plädoyer selber nicht besser abschließen könnte. Sehen wir nun, welch intellektuelle Abschweifungen vom erotischen Scharmützel eine brünstige Mamsell zu machen fähig ist. Die Szene ist leicht aufzufinden, sie folgt unmittelbar auf das Geklage Gretchens am Spinnrad über ihre verlorene Ruh' und ihr schweres Herz.

Margarete: Versprich mir, Heinrich!

Faust: Was ich kann!

M.  Nun sag: wie hast du's mit der Religion?

Du bist ein herzlich guter Mann,

Allein ich glaub, du hältst nicht viel davon.

F.  Laß das, mein Kind! Du fühlst, ich bin dir gut;

Für meine Lieben ließ ich Leib und Blut,

Will niemand sein Gefühl und seine Kirche

rauben.

M.  Das ist nicht recht, man muß dran glauben!

F.  Muß man?

M.  Ach, wenn ich etwas auf dich könnte!

Du ehrst auch nicht die heiligen Sakramente

F.  Ich ehre sie.

M.  Doch ohne Verlangen!

Zur Messe, zur Beichte bist du lange nicht

gegangen.

Glaubst du an Gott?

F.  Mein Liebchen, wer darf sagen:

Ich glaub an Gott!

Magst Priester oder Weise fragen,

Und ihre Antwort scheint nur Spott Über den

Frager zu sein.

M.  So glaubst du nicht?

F.  Mißhör mich nicht, du holdes Angesicht!

Wer darf ihn nennen

Und wer bekennen:

Ich glaub Ihn!

Wer empfinden

Und sich unterwinden

Zu sagen: ich glaub Ihn nicht!

Der Allumfasser

Der Allerhalter,

Faßt und erhält Er nicht

Dich, mich, sich selbst?

Wölbt sich der Himmel nicht dadroben?

Liegt die Erde nicht hierunten fest?

Und steigen freundlich blickend

Ewige Sterne nicht herauf?

Schau ich nicht Aug' in Auge dir,

Und drängt nicht alles

Nach Haupt und Herzen dir

Und webt in ewigem Geheimnis

Unsichtbar-sichtbar neben dir?

Erfüll davon dein Herz, so groß es ist,

Und wenn du ganz in dem Gefühle selig bist,

Nenn es dann, wie du willst:

Nenn's Glück! Herz! Liebe! Gott!

Ich habe keinen Namen

Dafür! Gefühl ist alles;

Name ist Schall und Rauch,

Umnebelnd Himmelsglut.

M.  Das ist alles recht schön und gut;

Ungefähr sagt das der Pfarrer auch,

Nur mit ein bißchen andern Worten.

F.  Es sagen's allerorten

Alle Herzen unter dem himmlischen Tage,

Jedes in seiner Sprache:

Warum nicht ich in der meinen?

M.  Wenn man's so hört, möcht's leidlich scheinen,

Steht aber doch immer schief darum;

Denn du hast kein Christentum.

Was will Goethe in dieser Zwiesprache sagen? Wie kommt sie überhaupt in die Faust-Dichtung hinein? Wenn man sie wegläßt und vom Stoßseufzer des verliebten und aufgewühlten Gretchens direkt zum Ausschütten ihrer Bangigkeit vor dem schreckenerregenden Mephisto springt, erleidet der Fluß der Szenenbilder gar keine Stockung.

Man möchte mit allem Respekt sagen, daß dieses theologische Intermezzo eigentlich ein Fremdkörper in der Dichtung ist. – Wenn Goethe die Liebesgeschichte vorübergehend, ein wenig willkürlich, auf ein Seitengeleise schob, so kann er nur die Absicht gehabt haben, seine negativen Ansichten über Gott und Religion bekanntzugeben. Seine religionskritische Einstellung kommt auch darin zum Ausdruck, daß es die dumme Gans Gretchen ist, die das hirnlose Echo des Gottesglaubens und der Kirche ist, während der intellektuelle, wissenschaftliche Faust die kirchengegnerische Geistesrichtung repräsentiert. Alles, was Faust sagt, ist atheistisch. Er sagt nur nicht: „Ich bin ein Atheist." Aber das ist auch nicht nötig. Für ihn sind Religion und Gott Begriffe, die man mit einem anderen gar nicht erörtern kann.

Er sagt, man könne das Welt-Erlebnis nennen, wie man's wolle: Glück, Herz, Liebe. Er nennt auch Gott, aber nur, um zu Gretchen in der Sprache zu sprechen, die sie versteht. Für sich selbst hat er keinen Namen dafür, denn Gefühl ist alles. „Name ist Schall und Rauch." Faust verweigert, das Wort „Gott" für das Ausdrücken seines metaphysischen Denkens überhaupt auszusprechen. Man kann weder sagen, daß man an Gott glaubt, noch daß man an ihn nicht glaubt. Der unausgesprochene Gedanke ist, daß in beiden Fällen die Existenz Gottes zum mindesten implizite anerkannt würde, wozu sich Faust, beziehungsweise Goethe nicht herbeilassen will. Und wozu sollte er sich denn auch, wenn selbst die Priester und die Weisen nur Spott für diese Frage übrig haben.

Wie es bei Goethe aufgrund seiner anderen Äußerungen nicht anders zu erwarten war, bringt seine Weltall-Schilderung auch einen Anflug von Pantheismus. Er läßt durchblicken, daß seiner Ansicht nach Gott und Welt identische Bezeichnungen sind, was soviel heißt, daß „Gott" in sich allein gar keine Bedeutung hat. Im allgemeinen kann man sagen, daß in Fausts Bekenntnis nichts ist, was ein Atheist nicht unterschreiben könnte. Dazu gehört ganz besonders die Zeile „Will niemand sein Gefühl und seine Kirche rauben". Darin ist das Ideal der Zivilisation ausgesprochen, die der Menschheit vollkommene Gewissensfreiheit zusichert und damit jedermann erlaubt, nach seiner Fasson selig zu werden.

Da erkennt man die unvergleichliche moralische Überlegenheit des Atheismus über die Religionen, die mit wenigen Ausnahmen (zum Beispiel der Unitarier, der Deisten und der Quäker) Zwillingsschwestern der Tyrannei, der Grausamkeit und der Schlächterei sind. Man möchte zwar lieber sagen, daß diese Schrecken dem längst vergangenen Mittelalter angehören, aber die Vergangenheit ist offenbar noch nicht vergangen, denn das Wild bricht immer wieder aus seinem Käfig, wie man es in jüngster Geschichte im Libanon, in Irland und im Iran erlebt hat.

Der bigotte Katholik Jacques Maritain (an den man sich von vorher noch erinnern mag), der um den Selbstmordkeim im atheistischen Denken besorgt war, hätte sich besser um den Mordkeim im religiösen Wahn gekümmert. Keiner von den auf der Liste erwähnten berühmten und schöpferischen Atheisten hat Selbstmord begangen, und zwar weder physisch noch seelisch, dafür wimmelt die Kirchengeschichte von Glanznummern der Intrige, der Kriegskunst und der Folterindustrie. Das Goethe-Zitat mag einem noch in den Ohren klingen: „Was enthält die Kirchengeschichte? Zwei Gegner sind es, die sich boxen, die Arianer und die Orthodoxen. Es ist die ganze Kirchengeschichte Mischmasch von Irrtum und von Gewalt."

**73** Das ewige Schulmeistern der Atheisten ist nichts anders als ein Abreagieren tyrannischer Blutüberwallung seitens der Glaubensfanatiker. Es könnte ihnen gleichgültig sein, ob jemand an die Gottfiktion glaubt oder nicht glaubt – solange sie selber ungehindert daran glauben dürfen –, aber dann würden sie um das Vergnügen gebracht, andere Menschen auszuspionieren. Selbst ein großzügiger Mensch wie Pfarrer Küng ist noch kleinlich genug, sich wegen des Unglaubens Andersgesinnter schlaflose Nächte zu machen. In seinem Buch „Gott existiert" schreibt er im Unterabschnitt „Gottesglaube als letztlich begründetes Grundvertrauen" noch etwas deutlicher und anmaßender als zuvor:

> Es ist nicht gleichgültig, ob man Ja oder Nein zu Gott sagt: Der Preis, den der Atheismus für sein Nein zahlt, ist offenkundig! Er setzt sich der Gefährdung durch eine Grundlosigkeit, Haltlosigkeit, Ziellosigkeit aus: der möglichen Zwiespältigkeit, Sinnlosigkeit, Wertlosigkeit, Nichtigkeit der Wirklichkeit überhaupt. Der Atheist setzt sich, wenn er sich dessen bewußt wird, auch ganz persönlich der Gefährdung durch eine radikale Verlassenheit, Bedrohtheit und Verfallenheit aus mit allen Folgen des Zweifels, der Angst, ja der Verzweiflung.

Es ist typisch gottgläubig, die Verwerfung der Gotteslüge, der Grausamkeit und der Zwiespältigkeit oder eher Vielspältigkeit Gottes nicht zu verstehen. Küng sagt (seine etwas zerrissene Ausdrucksweise hier gestrafft wiedergegeben), daß der Atheismus sich der möglichen Zwiespältigkeit aussetzt. Das ist eine sinnlose, grundlose, haltlose, wertlose, nichtige und obendrein feige und verantwortungslose Behauptung. Feige ist sie, weil das Beiwort „möglich" einen Rückzug offenläßt, falls die „Zwiespältigkeit" als übelwollende Abstempelung inkriminiert wird. Und verantwortungslos ist sie, weil sie in keiner Weise erklärt, worin diese Zwiespältigkeit besteht.

Das Elend, in welches Küng den Atheisten hineinversetzt sehen möchte, ist sein Wunschtraum, Hirngespinst und Gezeter. Er weiß, daß er die Existenz Gottes nicht bewiesen hat, so will er wenigstens einen Glauben durch gut Zureden und Einschüchtern erzeugen. Eine Möglichkeit und Gefährdung ist aber keine Tatsache, auch wenn ein solcher Eindruck beabsichtigt und erhofft wird. Nach gewissenhafter und aufrichtiger Selbsterforschung würde Küng wohl nicht behaupten, daß Atheisten wie Hume, Schopenhauer, Goethe, Mark Twain, Wagner, Dewey, Anatole France, Clémenceau, Edison, Russel, Einstein, Sartre und viele andere Leuchten des Geistes zwiespältig, sinnlos, wertlos, bedroht (ausgenommen von gottgläubigen Mördern), verlassen und verzweifelt waren. Demgegenüber war sein Jesus ja zwiespältig, bedroht, verlassen und verzweifelt. Wenn das nachgewiesen wird, wird Küng dann sagen, daß Jesus ein Atheist war oder daß sein Ja zu Gott in seinem Fall keine heilsamere Wirkung hatte als ein Nein? Wird er dann bereit sein – als logische Folge seines eigenen Gedankenganges – zuzugeben, daß Jesus grundlos, haltlos und ziellos war? Da das Neue Testament Jesus mit solchen Eigenschaften schildert, so muß er zu Gott Nein gesagt haben und dadurch eher der Messias der Atheisten als der Gläubigen gewesen sein.

Die hervorragendste Eigenschaft von Jesus war seine chronische Zwiespältigkeit, und zwar nicht nur eine „mögliche", sondern eine tatsächliche. Es wäre schwer, eine Figur – für das Völkerschicksal so bestimmend – zu finden, die zwischen ihren Prinzipien, Emotionen und Entschlüssen dermaßen ratlos hin und her geschwankt hätte wie Jesus. Er war eine Verkörperung von Widersprüchen, die wohl Ausdruck der Zwiespältigkeit sind. Unzählige Beispiele dieser Charakterstörung könnten angeführt werden, aber in unserem Rahmen soll ein halbes Dutzend genügen. Auch eine beschränkte Auswahl wird Doktor Küng wahrscheinlich bereuen lassen, die

Zwiespältigkeitsfrage je aufs Tapet gebracht zu haben.

Die Anführungen geben Jesu eigene Äußerungen wieder, nicht solche aus zweiter Hand, die ihm nur zugeschrieben werden, noch die Meinungen seiner Jünger, Freunde und Familienmitglieder. Hier spricht Jesus selbst (und zwar gemäß seinem eigenen im 3. Vers des 6. Matthäus-Kapitels verkündeten Prinzip: „Laß deine linke Hand nicht wissen, was die rechte tut“).

*Matthäus, Kapitel 5, Vers 17.*
Ihr sollt nicht wähnen, daß ich gekommen bin, das Gesetz oder die Propheten aufzulösen; ich bin nicht gekommen, aufzulösen, sondern zu erfüllen.

*Johannes, Kapitel 10, Vers 7, 8, 9, 12.*
Wahrlich ich sage euch: Ich bin die Tür zu den Schafen. Alle, die vor mir gekommen sind, die sind Diebe und Mörder: aber die Schafe haben ihnen nicht gehorcht. Ich bin die Tür; so jemand durch mich eingeht, der wird selig werden. Ich bin der gute Hirte.

Da Jesus unter seinen Vorgängern keine Ausnahme macht, so sind Moses, Jesaja und Daniel auch bei den Dieben und Mördern eingereiht. Und da diese drei, unter anderen, als seine Verkünder gefeiert werden, so ist Jesus also gekommen, um Diebe und Mörder zu erfüllen.

*Matthäus, Kap. 28, Vers 19. Markus, Kap. 16, Vers 15.*
Gehet hin und lehret alle Völker und taufet sie im Namen des Vaters und des Sohnes und des heiligen Geistes. Geht hin in alle Welt und prediget das Evangelium aller Kreatur.

*Matthäus, Kap. 10, Vers 5, 6, Kap. 15, Vers 22, 24, 26.*
Diese zwölf sandte Jesus, gebot ihnen und sprach: Gehet nicht auf der Heiden Straße und ziehet nicht in der Samariter Städte, sondern gehet hin zu den verlorenen Schafen aus dem Hause Israel. Ein kanaanäisches Weib kam und schrie ihm nach und sprach: Ach Herr, du Sohn Davids, erbarme dich mein! Meine Tochter wird vom Teufel übel geplagt. Er antwortete aber und sprach: Ich bin nicht gesandt denn nur zu den verlorenen Schafen von dem Hause Israel. Es ist nicht fein, daß man den Kindern ihr Brot nehme und werfe es vor die Hunde.

Man wundert sich, wodurch sich Jesus seinen Ruf als sündloser Edelmensch erworben hat. Er hat es nicht nur abgelehnt, die kanaanitische Tochter zu heilen (obwohl er sie nachher doch heilte, als er beschämt wurde), er nannte ihre Nation auch Hunde, auf die er seine Heilkunst nicht verschwenden wollte. Wenn er bei den zeitgenössischen Juden mehr Zuspruch gehabt hätte, dann wäre das Christentum eine innerjüdische Angelegenheit geblieben, denn die Völker hätten sich schwerlich zu einer Religion bekehren lassen, deren Führer sie Hunde nannte. Aber Jesus verstand es, die Farbe rechtzeitig zu wechseln. Bald sind die Juden die Hunde geworden. Als es offenbar wurde, daß sie das neubackene Religionsfabrikat nicht kaufen wollten, fing er an, furchtbar auf sie und ihre Gebräuche zu schimpfen. Dann beschloß er, seine Jünger zu Propagandazwecken in alle Welt hinauszuschicken. Im Verlauf eines Jahres mauserte er sich selbst von einem rabiaten jüdischen Chauvinisten zu einem internationalistisch christlichen Großunternehmer.

Dem nächsten Beispiel soll der Kommentar vorausgehen. Man wird den Inhalt besser schätzen, wenn man darauf vorbereitet ist. Diese Bibelstelle ist eine Rekordleistung von Jesus. Er bringt es darin fertig, in zwei aufeinanderfolgenden Sätzen zwei einander vollkommen widersprechende Erklärungen abzugeben. Der Witz liegt darin, wie der Schwanz einer Schlange ihren eigenen Kopf totschlägt.

*Johannes, Kapitel 12, Vers 47, 48.*
Wer meine Worte hört, und glaubt nicht, den werde ich nicht richten; denn ich bin nicht gekommen, daß ich die Welt richte, sondern daß ich die Welt selig mache. (Und der unmittelbar darauffolgende Vers:) Wer mich verachtet und nimmt meine Worte nicht auf, der hat schon seinen Richter; das Wort, welches ich geredet habe, das wird ihn richten am Jüngsten Tage.

Hier ist der Beweis, daß Jesus ein Atheist war – nach Hans Küngs Definition des Atheisten!
Ganz kraß widerspricht sich Jesus, wie es auch an anderen Stellen im Johannes-Evangelium dokumentiert ist.

*Kapitel 5, Vers 31:*
So ich von mir selbst zeuge, so ist mein Zeugnis nicht wahr.
*Kapitel 8, Vers 14:*
So ich von mir selbst zeugen würde, so ist mein Zeugnis wahr.

In die Kategorie des Charakterzwiespalts gehört auch die besondere Aufmerksamkeit, die Jesus den gegenseitigen Beziehungen von Brüdern widmet. Allerdings müßten Brüder den Verstand verlieren, wenn sie den Verhaltungsmaßregeln von Jesus zu folgen versuchten. Jesus beschäftigt sich mit dem brüderlichen Verhältnis von drei verschiedenen Standpunkten aus, und diese scheinen ihren Ursprung in drei verschiedenen Gehirnen zu haben. Von den Bibelstellen, die dieses Phänomen registrieren, sollen drei angeführt werden. Die erste hier zitierte Bibelstelle ist im 5. Kapitel des Matthäus-Evangeliums, sie besteht (etwas verkürzt) aus der Versgruppe 22, 23, 24. Die zweite Anführung ist der 26. Vers des 14. Lukas-Kapitels und die dritte der Doppelvers 34-35 des 13. Johannes-Kapitels.

Ich sage euch: Wer mit seinem Bruder zürnet, der ist des Gerichts schuldig, darum, wenn du deine Gabe auf dem Altar opferst und wirst allda eingedenk, daß dein Bruder etwas wider dich habe, so gehe zuvor hin und versöhne dich mit deinem Bruder, und allsdann komm und opfere deine Gabe.

So jemand zu dir kommt und haßt nicht seinen Vater, Mutter, Weib, Kinder, Brüder, Schwestern, auch dazu sein eigen Leben, der kann nicht mein Jünger sein.

Ein neu Gebot gebe ich euch, daß ihr euch untereinander liebet, wie ich euch geliebet habe, auf daß ihr einander liebhabet. Dabei wird jedermann erkennen, daß ihr meine Jünger seid, so ihr Liebe untereinander habt.

Die erste Predigt ist ganz vernünftig. Auch gegen die dritte wäre nichts Besonderes einzuwenden, ausgenommen die Behauptung, daß das Liebesgebot von Jesus neu sei. Die Nächstenliebe als allgemein wirksames Verhalten, und nicht bloß auf Vereinsbrüder beschränkt, ist ein alttestamentlich jüdisches Gebot. Im Johannes-Evangelium kommt aber eine sonderbare, exklusive Liebesbestätigung fünfmal vor. Im 23. Vers des 13. Kapitels steht die Feststellung:

> Es war aber einer unter seinen Jüngern, der zu Tische saß an der Brust Jesu, welchen Jesus liebhatte.

Das zweite Mal kommt diese Liebesbestätigung im 26. Vers des 19. Kapitels vor, das dritte Mal im 2. Vers des 20. Kapitels, das vierte und fünfte Mal steht sie im 7. und 20. Vers des 21. Kapitels.

Soll man nun glauben, daß Jesus nur einen einzigen Jünger liebhatte? Wenn ihm alle gleich lieb waren, wozu dann diese Betonung der Liebe für einen? Die mittlere Anführung der drei Ermahnungen, im Vergleich zu dieser Extraliebesbezeugung, führt die ganze Mission von Jesus in eine Sackgasse. Die mittlere Ermahnung läßt kein Familienmitglied eines Jüngerkandidaten ungehaßt. Den an sich empörenden Konflikt zwischen Elternliebe und Elternhaß, wie Jesus sie beide predigt, wollen wir jetzt ignorieren und nur den gleichen Konflikt zwischen Bruderliebe und Bruderhaß behandeln.

Bei näherem Besehen der Haßverhältnisse bei jenen, die schon Jesu Jünger waren und folglich ihre Brüder (falls welche vorhanden) hassen mußten, wird die Unhaltbarkeit der Liebe-Haß-Kombination offenbar. Ein solcher Ausnahmezustand bestand bei acht Jüngern, die ihre daheimgebliebenen Brüder hassen durften beziehungsweise mußten. Aber vier der Jünger waren erwiesenermaßen Brüder untereinander, und zwar je zwei Paare. Im vierten Kapitel von Matthäus berichten Vers 18 und 21 (auch bei Markus und Lukas bestätigt), daß Petrus und Andreas einerseits und Jakobus und Johannes andererseits Brüder waren.

Nun kommt der Konflikt zur Explosion. Jesus hat diesen vier (nebst den anderen) befohlen, einander zu lieben. Er sagte unmißverständlich und apodiktisch:

> Ein neu Gebot gebe ich euch, daß ihr euch untereinander liebet.

Und weiter:

> Dabei wird jedermann erkennen, daß ihr meine Jünger seid.

Lukas aber berichtete über die Bedingungen für die Jüngerkandidatur:

> So jemand zu mir kommt und haßt nicht seine Brüder, der kann nicht mein Jünger sein.

Petrus, Andreas, Jakobus und Johannes werden in der Bibel als ziemlich tölpelhaft charakterisiert, da sie nicht fragen, was sie nun zu tun hätten. Sollten sie sich lieben oder hassen, um Jesu Jünger bleiben zu können? Sie standen unter zwei Geboten. Als Brüder mußten sie sich hassen, aber als Jünger mußten sie sich lieben. Wer weiß die Lösung dieses Dilemmas? Müssen wir warten, bis Jesus mit der Antwort wiederkommt?

Man kann sich darauf gefaßt machen, daß – wie alle Absurditäten in den Lehren von Jesus – auch der Liebeshaß oder die Haßliebe erklärt und wegdisputiert wird. Man macht schon geltend, daß die Notwendigkeit des Familienhasses für die Jüngerschaft bei Jesus nicht buchstäblich zu nehmen ist, sondern nur als eine Hyperbel zur Andeutung der Härten, die ein Leben mit Jesus einem Novizen auferlegt. Man könnte die Aufrichtigkeit dieser Wortauslegung damit auf die Probe stellen, daß die atheistische Anhängerwerbung ebenfalls den Haß gegen Vater, Mutter, Ehefrau, Kinder, Brüder und Schwestern als symbolische Vorbedingungen zum atheistischen Bekenntnis verlangt. Kann man sich das Geschrei vorstellen, das sich bei den frommen Hypokriten erheben würde gegen eine solche „barbarische Einweihungsprozedur" bei der Konkurrenz? Dabei bringt das atheistische Bekenntnis viel mehr Härten inmitten einer gläubigen Meute mit sich als der Jesusglaube in einer Umwelt der Gewissensfreiheit.

Wenn Jesus von Haß oder aus Haß spricht, kennt er keinen Spaß, nur Hyperbeln. Wir haben schon vor einer Anzahl von Seiten einige Bibelstellen gesehen, die ihn im empörten Seelenzustand zeigen. Das waren Fälle, in denen er sich für seine Ablehnung rächen wollte. Seine Zornausbrüche über seine Verwerfung prasseln in allen seinen Brandreden. Aber manchmal schlagen sie auf Gebiete über, die ihn eigentlich persönlich gar nichts angehen. Es liegt in seiner Natur, den Menschen periodisch mit Unheil zu drohen. Andere Male trällert er in den Schalmeientönen einer überfließenden Mildherzigkeit und Selbstentäußerung. Ist Zwiespältigkeit ein zu scharfer Ausdruck für einen, der den Mittelweg nie einschlagen kann und entweder mit einem Holzhammer dreinhaut oder gefühlsduselig streichelt? Betrachten wir eine Gegenüberstellung dieser zwei Extreme.

*Matthäus, Kap. 5, von Vers 39 bis 45.*
*Lukas, Kap. 6, Vers 35, 36, 37.*
Ich sage euch, daß ihr nicht widerstreben sollt dem Übel; sondern, so dir jemand einen Streich gibt auf deinen rechten Backen, dem biete den andern auch dar. Und so jemand mit dir rechten will und deinen Rock nehmen, dem laß auch den Mantel. Und so dich jemand nötigt eine Meile, so gehe mit ihm zwei. Gib dem, der dich bittet, und wende dich nicht von dem, der dir abborgen will. Liebet eure Feinde; segnet, die euch fluchen; tut wohl denen, die euch hassen; bittet für die, so euch beleidigen und verfolgen, auf daß ihr Kinder seid eures Vaters im Himmel; denn er läßt seine Sonne aufgehen über die Bösen und über die Guten und läßt regnen über Gerechte und Ungerechte. Liebet eure Feinde; tut wohl und leihet, daß ihr nichts dafür hoffet, so wird euer Lohn groß sein, und ihr werdet Kinder des Allerhöchsten sein; denn er ist gütig über die Undankbaren und Bösen. Darum seid barmherzig, wie auch euer Vater barmherzig ist. Richtet nicht, so werdet ihr auch nicht gerichtet. Verdammet nicht, so werdet ihr nicht verdammt. Vergebet, so wird euch vergeben.

*Matthäus, Kap. 23, von Vers 27 bis 38.*
*Markus, Kap. 9, Vers 47, 48.*
Weh euch, Schriftgelehrte und Pharisäer, ihr Heuchler, die ihr gleich seid wie die übertünchten Gräber, welche auswendig hübsch scheinen, aber inwendig sind sie voller Totengebeine und alles Unflats! Ihr Schlangen, ihr Otterngezücht! Wie wollt ihr der höllischen Verdammnis entrinnen? Darum siehe, ich sende zu euch Propheten und Weise und Schriftgelehrte; und deren werdet ihr etliche töten und kreuzigen, und etliche werdet ihr geißeln in euren Schulen und werdet sie verfolgen vor einer Stadt zu der anderen; auf daß über euch komme all das gerechte Blut, das vergossen ist auf Erden, von dem Blut des gerechten Abel an bis aufs Blut des Zacharias, des Sohnes Berechjas, welchen ihr getötet habt zwischen dem Tempel und Altar. Wahrlich ich sage euch, daß solches alles wird über dies Geschlecht kommen. Siehe, euer Haus soll euch wüst gelassen werden. Ärgert dich dein Auge, so wirf's von dir! Es ist besser, daß du einäugig in das Reich Gottes gehest, denn daß du zwei Augen habest und werdest in das höllische Feuer geworfen, da ihr Wurm nicht stirbt und ihr Feuer nicht verlöscht.

Im Osten nichts Neues. Jesus bleibt sich selbst treu. Ein wenig sonderbar ist nur, daß das Blut des gerechten Abel auf die Zeitgenossen von Jesus gekommen sein soll. Weder Abel noch sein Mörder waren Juden. Was geht die jüdischen Schriftgelehrten das Blut Abels an? Aber Jesus kümmert sich offenbar nicht um eine so unbedeutende Inkongruenz.

Die Pharisäer versuchten ihn und begehrten von ihm ein Zeichen vom Himmel. Und er seufzte in seinem Geist und sprach: Was sucht doch dies Geschlecht Zeichen? Wahrlich ich sage euch: Es wird diesem Geschlecht kein Zeichen gegeben.
Und er sprach zu ihnen: Wahrlich ich sage euch: Es stehen etliche hier, die werden den Tod nicht schmecken, bis daß sie sehen das Reich Gottes mit Kraft kommen.

Ist es denn möglich, daß ein Prophet, Allwissender, Gott vergißt, was er vorher gesagt hat, oder daß er seine Meinung in solch kurzer Zeit so grundlegend ändert? Hat er vielleicht seiner Kirche mit dieser Wankelmütigkeit das Erbe der späteren Spaltungstendenzen in die Wiege gelegt?

Die katholische Kirche macht zwar einen kompakten Eindruck, aber nur deswegen, weil die hauptsächlichen Abspaltungstendenzen (oder soll man sagen Zwiespältigkeitstendenzen?) schon in der Vergangenheit zu vollendeten Abspaltungen geführt haben und heute nicht mehr mit der katholischen Kirche identifiziert werden. Man darf aber nicht vergessen, daß der Protestantismus, wie die orthodoxe Ostkirche vor ihm, das Resultat der inneren Zwiespältigkeiten der katholischen Kirche ist. Nicht zu vergessen ist auch die große vorprotestantische abendländische Kirchenspaltung, sozusagen das Gegenstück zum Bruch mit der griechisch-orthodoxen Kirche. Dieses abendländische Schisma wurde allerdings nach etwa einem Halbjahrhundert zusammengeflickt.

Von 1378 bis 1423 gab es zwei Papsttümer (nicht zu verwechseln mit den drei Dutzend während des ganzen Mittelalters auftretenden Gegenpäpsten, deren Ansprüche mehr oder weniger anfechtbar waren). Die zwei Papsttümer der erwähnten Kirchenspaltung waren beide absolut legitim, weil sie von demselben Wahlkollegium aus bloßer Sinnesänderung in zwei aufeinanderfolgenden Jahren eingesetzt wurden. Das Doppelpapsttum hatte auch zwei Residenzen; die eine natürlich in Rom und die andere in dem eben erst mit dem Ende des vorherigen Papstexils vakant gewordenen Avignon. Die zwei Päpste haben sich nach althergebrachter Sitte samt ihrer Hälfte des europäischen Kirchenpöbels gegenseitig und rechtsgültig exkommuniziert, so daß ganz Europa offiziell atheistisch wurde.

Damit endet aber die Geschichte nicht.

Wenn der verstörte Leser es noch ertragen kann, dann soll er zusätzlich erfahren, daß im Laufe dieser frommen Rauferei ein drittes Papsttum in der Stadt Pisa errichtet wurde. Da gab es also schon eine Heilige Dreispaltigkeit. Doktor Küng kann von Glück sagen, daß er nicht im 14. Jahrhundert gelebt hat. Bei seiner Sorge um die zwiespaltbedrohten Atheisten hätte er sich in Sorge zerreißen müssen zwischen diesen und dem Tripelpapsttum seiner Kirche. Man kann die Frage stellen, was besser ist: eine Religion mit drei Päpsten oder ein Papst mit drei Religionen. Letzteres ist nämlich beim Ausbruch des Protestantismus geschehen, nachdem die griechisch-orthodoxe Ostkirche schon ein halbes Millenium bestanden hatte.

Aber die Wucherungen der Kirche können manchmal auch gutartig sein. Es gibt Fälle, in denen die Abweichungen nicht sehr scharf sind und auch ihre beiderseitige Kompromißbereitschaft überbrückt werden. Jedenfalls ist es beachtenswert, daß der Gottesglaube selbst da zu keiner vollständigen Einheitlichkeit führt, wo ein Zusammenhalt formell aufrechterhalten bleibt. Vielen und vielleicht den Katholiken selbst ist es nicht bewußt, daß es christliche Kirchen gibt, die unter die Gerichtsbarkeit von Rom gehören und doch in mancherlei Hinsicht ein Eigenleben führen. Man kann fragen, wozu armenische, koptische, maronitische, melchitische, mozarabische und manch andere Kirchen als solche zu bestehen brauchen, wenn sie doch alle Römisch-Katholisch sind. Die Wirksamkeit der meisten dieser Kirchen erstreckt sich über den Nahen Osten zwischen Südrußland und Ägypten mit der einen Ausnahme der Mozaraber, die im spanischen Toledo neben dem Katholizismus als auch katholisch ein isoliertes Leben fristen.

Da diese Kirchen zum größten Teil Inseln inmitten großer mohammedanischer oder östlich-orthodoxer Massen bilden, so hört man wenig von ihren Gesprächen mit Rom. Dafür hat der Papst mit den innereuropäischen Eigenbrötlern alle Hände voll zu tun.

Die Reformmaßnahmen, die nichts Wesentliches reformierten, stießen beim rechten Flügel des Klerus auf heftigen Widerstand. Die Linksstehenden waren freilich mit dem kargen

Resultat auch nicht zufrieden, da sie aber der Natur ihrer Tendenz gemäß schon sowieso säkularistisch infiziert waren, so lösten viele das Problem durch Aufgabe ihres Priestertums, dem bei den frisch Verheirateten noch durch Exkommunikation nachgeholfen wurde.

Die Konservativen oder eher Erzkonservativen, deren Leben mit der Kirche unzertrennlich verbunden ist, reagierten auf die Reformen päpstlicher als der Papst. Sie wollten zum Beispiel die Modernisierung der Messe, nämlich die Abschaffung des Lateins zugunsten der Nationalsprachen, nicht anerkennen. Der Protagonist des Ungehorsams war der französische Bischof Marcel Lefèbvre. Er hatte viele Anhänger und gab vielen Seminaristen die Priesterweihe. Da ihm die Tätigkeit in der offiziellen Kirche versperrt war, zelebrierte er die traditionstreu durchgeführten Hochämter in allerlei improvisierten Räumen und Garagen. Papst Paul hat ihn öfters verwarnt und seine kirchlichen Akte ungültig erklärt. Er ist jedoch damals nicht exkommuniziert worden, wodurch die Zwiespältigkeit sorgsam innerhalb der Kirchenmauern verborgen gehalten wurde. Allerdings mag der Kummer Papst Paul vorzeitig ins Grab gebracht haben, da er gerade beim Erreichen des Siedepunkts der Kontroverse ohne Voranzeige plötzlich starb.

Die Umarmungen des Papstes mit dem orthodoxen Patriarchen und das ökumenische Konzil mit seinen Serenaden zum Ergötzen der Protestanten sind Beispiele der gemischten Haltung von Vorwurf und Selbstbeschuldigung für die Entzweiung.

Dieser Zustand hat in der katholischen und der griechisch-orthodoxen Kirche 900 Jahre gedauert. Vielleicht hat nicht jeder Papst täglich an den Schmerzen der Spaltung gelitten, aber man kann nicht wissen, ob der eine oder andere Papst in seiner Beichte sich nicht die Aufrechterhaltung der zwischenkirchlichen Zwiespältigkeiten zur Last gelegt hat.

Eine besondere Wurzel priesterlicher Zwiespältigkeit ist der Verlust des Glaubens. Es gibt eine beträchtliche Anzahl Priester, die nicht den Glauben haben, mit dem sie in das Seminar eingezogen sind. Das wird aller Welt durch die Abgefallenen erkennbar. Es gibt aber selbstverständlich auch solche, die wegen der befürchteten Hilflosigkeit unter so radikal veränderten Lebensverhältnissen und aus Schamgefühl das Priestertum nicht aufgeben wollen und können. Sie erkennen mit der Zeit, welch ein Fehltritt es war, die Priesterlaufbahn einzuschlagen; da sie aber nichts mehr daran ändern können, so hüten sie das Geheimnis ihrer verblaßten Gläubigkeit sorgsam. Jedenfalls ist unter diesen Umständen das Weitervegetieren und Amtieren als Priester wohl das grausamste Beispiel religiöser Zwiespältigkeit. Ob dieser Zustand bei der auch für Priester und für sie erst recht bestehenden Beichtpflicht aufrechterhalten werden kann, ist nicht unbedingt zu verneinen. Schließlich sind in erster Linie nicht Gefühle, sondern Handlungen zu beichten. Da Gefühle dem menschlichen Willen nicht untergeordnet werden können, so wäre es absurd zu geloben, sie in der Zukunft zu bannen. Das meiste, was man tun kann, ist, nicht nach dem Drang der Gefühle zu handeln. Man erkennt nun, daß die Religion, der Gottesglaube, kein Heilmittel gegen Zwiespältigkeiten ist und daß gerade der Atheist am wenigsten von ihnen geplagt wird.

In der katholischen Religion ist es eine Grundregel, daß Kinder mit sieben Jahren schon zur Beichte gehen müssen. Das Vatikanische Konzil hat zwar die Altersregel gelockert, aber überfromme Eltern glauben immer noch, daß ihre Kinder im frühestmöglichen Alter zur Beichte gehen sollen. Die Voraussetzung zur Beichte ist natürlich die Sünde. So muß die Seele von Kindern, die nichts vom Leben verstehen, mit dem Begriff der Sünde vergiftet werden. Sie lernen das Lügen durch die Beichte, weil sie Sünden, die sie nicht begangen haben, erfinden müssen, um etwas zum Beichten zu haben. Freilich ist die Lüge selbst eine Sünde, die man beichten muß. Aber das ist gerade der Gipfel der Zwiespältigkeit, daß man sündigen muß, um sich von den Sünden zu befreien. Die natürlichen Verfehlungen von Kindern, Ungehorsam gegen Eltern, Peinigung Schwächerer, Spiel mit den Genitalien werden durch die Beichte gefördert, weil sie ein guter Stoff für die Beichte sind und das Erfinden, das heißt Lügen, überflüssig machen. Da aber zwischen den Verfehlungen und der Beichte Wochen oder Monate verstreichen können, so hat man reichlich Zeit, mit sich selbst im Zwiespalt des Schuldbewußtseins und der Gnadensehnsucht zu leben. Der Atheist, der weder von einem verführerischen Teufel gelockt noch von einem himmlischen Vater geschreckt wird, kennt eine Schuldigkeit nur seinem Nächsten gegenüber, und er hat es nicht nötig, sich zu Beichtzwecken darin zu üben.

Wenn der Atheist sich an seinem Nachbarn vergeht, dann muß er diesem Genugtuung leisten. Aber er erzieht seine Kinder nicht zum Begehen von Vergehen, damit sie Genugtuung leisten lernen. In der atheistischen Moral richtet sich die Genugtuung nach dem Vergehen. In der katholischen Moral richtet sich das Vergehen nach der Genugtuung. Dabei bedeutet das, nämlich die Beichte, noch gar nicht eine Genugtuung dem Beschädigten gegenüber. Das ist sekundär, primär ist die Versöhnung Gottes. Für den Atheisten ist primär und ausschließlich die Wiedergutmachung. Wenn der Fall schwerwiegend ist, dann gehört er vors Gericht und nicht in den Beichtstuhl. Deswegen haben wir ja Staatsgesetze. Es gibt kein Land auf der Erde, selbst unter stark religiösem Einfluß (vielleicht mit Ausnahme ultrakonservativer mohammedanischer Länder), in welchem Staatsgesetze unnötig wären, weil die Religion die notwendige erzieherische und straftechnische Funktion befriedigend ausübt. Es ist die Erkenntnis der Geschichte, daß die Gewissenskultur der Menschen den Religionen nicht überlassen bleiben kann. (Clémenceau hätte das sagen können.) Da das säkulare Staatsprinzip die Menschen erst zur Verantwortung zieht, wenn sie etwas Gesetzwidriges begangen haben, und sie sonst in Ruhe läßt (nicht wie die Religion, die die Menschen nie in Ruhe läßt), so lebt der Mensch in der säkularen Gesellschaftsatmosphäre seelisch unbeschwerter, ausgeglichener, reifer, folglich zwiespaltsfreier als unter religiöser Vormundschaft.

Selbstverständlich müssen die Kinder und die Jugend zu einer menschlichen Solidarität erzogen werden, aber nicht aus Furcht vor einem Gott oder vor Göttern (das hätte wieder Sokrates sagen können), sondern aus der Einsicht, daß der eine Mensch sich sicherer fühlen kann, wenn der andere sich auch sicher fühlt.

Wenn man das einem nicht klarmachen kann, dann ist er kein Mensch, sondern ein Tier. Und da die Religionen in der Behandlung der Menschen von der Annahme ausgehen, daß man ihnen nichts klarmachen kann und es auch nicht nötig ist, ihnen etwas klarzumachen (besonders, was gar nicht klarzumachen ist), und da sie (die Religionen) auch der Meinung sind, daß es genügt, die Menschen mit dem Gottpopanz ins Bockshorn der Sittlichkeit zu jagen, so funktionieren die Religionen in der grundsätzlichen Annahme, daß der Mensch ein Tier ist.

Mit ihrer Ansicht, daß der Mensch ein Tier ist, mag die Kirche nicht ganz auf der falschen Fährte sein, insofern es einen Teil, ihren Teil, der Menschheit betrifft. Es ist aber nicht unbedingt nötig, unter Tierdressur zu leben, um gesittet zu sein. Es steht heute schon ziemlich fest, daß Gesittung keinen Gott und Glauben erfordert und daß andererseits Barbarei mit Gott und Glauben sehr gut einhergehen kann. Pascal – man bedenke, der fromme, gottgläubige, erzkatholische Pascal – sagte in seiner Gedankensammlung unter Nummer 895: „Die Menschen begehen Übeltaten nie so vollständig und freudig, als wenn sie aus religiöser Überzeugung handeln." Man könnte daraus logisch ableiten, daß die Menschen nie so edel sind, als wenn sie ohne Gottessegen nur aus unmittelbarer Erkenntnis der Gemeinschaftsinteressen handeln.

74 Das kirchliche Prinzip, auf das rein geistige Gebiet übertragen, besagt auch, daß das Erfüllen des Menschenlebens mit höheren Werten nur durch Gott möglich sei. Das ist ebenso falsch, wie es vorher für das Sittenleben falsch war. Schopenhauer hat in dieser Hinsicht den Weg gewiesen. Ohne mit ihm in allen Punkten seiner Philosophie einverstanden zu sein, kann man sein Kulturprogramm ohne Gott gutheißen. Wir haben ja Philosophie (und zwar aller Richtungen), die wir je nach unserer persönlichen Neigung annehmen oder ablehnen können. Wir haben Geschichte, die wir glauben oder bezweifeln können. Es gibt Literatur aller Gattungen, Musik aller Epochen und Stile, desgleichen die bildenden Künste (zum Ergötzen oder zum Verwerfen) für „jeden goût nach seinem chacun". Schließlich haben wir auch Religion. Nicht zum Glauben, sondern um das Denken der Menschen aller Zeiten, aller Nationen kennenzulernen. Unseren Geist auf diese Weise zu beschäftigen, gibt uns mehr Lebensfülle und Genuß, als ein religiöser Aberglaube es je imstande wäre, und zwar ohne Einmischung in die privat-menschliche Sphäre und ohne Haß und Feindseligkeit unseren andersdenkenden Mitmenschen gegenüber.

Nach einer etwas modernisierten Auflage von Schopenhauers Ideen ersetzt man also den Gottessohn mit Mendelssohn, die unsterbliche Seele durch Konzertsäle, die Sühne durch die Bühne, den Beichtvater durch das Streichquartett, den Katholizismus durch den Katzenmusikus, den Erzengel Michael durch Michelangelo den Maler, Johannes den Täufer durch Johannes Brahms den Tonträumer, die Messe durch die Neue Freie Presse, die Dreikönige im Geburtshaus durch das Dreimäderlhaus, die Salome des Neuen Testaments durch die Salome Richard Straussens, das Tieropfer durch die Spieloper und das Opfertier durch Shakespeare, die Epiphanie durch die Symphonie, die Propheten durch Beethoven und Christi Leiden durch die Symphonien von Haydn.

Der Kommentar der Gläubigen, besonders der christlichen, dazu ist, daß keine Philosophie, keine Literatur, keine Musik und vor allen Dingen keine Malerei und Bildhauerei ohne Religion, das heißt ohne die christliche, sich zu der uns bekannten himmlischen Höhe entwickelt hätte. Daß die Themen der bildenden Künste in solch überfließender Zahl aus der Bibel und der Kirchengeschichte geschöpft sind, erklärt sich einfach durch die erdrückende Macht der Kirche während der letzten zweitausend Jahre. Für wen hätten die Künstler schaffen sollen, und wer hätte für ihren Lebensunterhalt gesorgt? Selbst die weltlichen Mächte waren der Kirche hörig. Es gab kein Kulturleben außerhalb der Religion. Ein bürgerlicher Kunstmarkt, abgesehen von einzelnen reichen Bürgern, existierte so gut wie gar nicht. Unter diesen Umständen ist es erstaunlich, in welchem Grade die Künstler es fertigbrachten, die kirchlichen Kulturschranken unmerklich zu lockern.

Daß die Kirche die stärkste Wurzel künstlerischer Fruchtbarkeit war, rührte von den Umständen her und nicht von ihren einmalig geistigen Nährkräften. Auf dem Boden ihrer heidnischen Religion hatten die Griechen schon eine ewig nachwirkende Philosophie entwickelt. Auch über Gott haben sie fortschrittlichere Betrachtungen angestellt, als ihr Polytheismus es vermuten läßt. Dabei stand ihr Denkprozeß nicht unter Zwang, und sie machten keine gewaltsame Propaganda für ihre religiösen Konstruktionen. Mit dem Einbruch des Christentums wurde dann die Philosophie selbstverständlich christlich, aber nicht ausschließlich. Ein wichtiger christengegnerischer Philosoph am Ende des zweiten Jahrhunderts war Celsus, der den alten griechischen Polytheismus gegen das Christentum in ähnlicher Weise verteidigte, wie das Christentum sich heute gegen den Atheismus verteidigt. In diesem Zusammenhang soll man sich an die unzähligen Ketzereien durch die Jahrhunderte hindurch erinnern, die – obwohl selbst christlich – die Kirche in bester Absicht auseinanderzureißen drohten, wie es ihnen in der Form der unzähligen Sekten eigentlich auch gelungen ist.

Die Kultur des späten Mittelalters und noch mehr der beginnenden Neuzeit wurde also trotz des noch drückenden Kircheneinflusses durch ziemlich starke weltliche Tendenzen vielfältiger gemacht. Ungefähr vom 15. Jahrhundert an haben fast alle bildenden Künstler neben ihrem Tribut an die Kirche und die christliche Gedankenwelt Werke mit weltlichen und sogar heidnischen Themen geschaffen. Weltberühmte Gemälde mit nichtchristlichen, aber auch nichtheidnischen Themen sind zum Beispiel Jan van Eycks Doppelporträt Arnolfinis mit seiner hochschwangeren Frau (um eines der frühesten dieser Art zu nennen) und selbstverständlich auch Leonardos Mona Lisa und Rembrandts Nachtwache. Zu diesen Beispielen gehört auch Rembrandts zwar vorchristlich bezügliches, aber nicht mythologisches Porträt von Aristoteles beim Betrachten der Büste Homers. Ein besonderer Fall ist Rembrandts Anatomiestunde des Doktors Tulp. Dieses hat, wenn man es so deuten will, eine kirchengegnerische Spitze, weil das Gemälde eine Leiche auf dem Seziertisch zeigt, wie sie entgegen den damaligen Glaubenssitten zergliedert wird.

Gemälde mit vorchristlichen, mythologischen Themen sind fast zu zahlreich, um aufgezählt zu werden. Besonders erwähnenswert ist die Darstellung der Danae beim heimlichen Besuch des in goldene Regenschauer verwandelten liebeshungrigen Jupiter. Dieses göttliche Techtelmechtel hat unter anderen drei der berühmtesten Maler zur Darstellung angeregt: Correggio (dessen Bild jetzt in Rom ist), Tizian (in Neapel) und van Dyck (in Dresden).

Ein anderes Abenteuer des Schwerenöters Jupiter, in diesem Fall mit der verheirateten Leda und als Schwan „verkleidet", haben wir in der Darstellung des Abendmahls-Malers Leonardo. Dieses Thema ist auch von Michelangelo gemalt worden, aber das Werk ist verschollen, obwohl Kopien davon existieren. Michelangelo, der Pieta-Bildhauer, hat auch pietätlose Skulpturen gemeißelt, so zum Beispiel einen Bacchus mit einem kleinen Pan und einen Apollo, die in Florenz zu sehen sind. Vielleicht sind seine bekanntesten Werke (nebst der Pieta) die zwei Juden Moses und David, die beweisen, daß Michelangelo auch ohne Christentum nicht um Themen verlegen gewesen wäre. Und die alten Griechen haben nicht einmal das Alte Testament nötig gehabt, wie die vielen ausgegrabenen antiken Skulpturen beweisen. Es genügt, nur die berühmte Laokoon-Gruppe und die Venus von Milo zu nennen.

In der Musik ist die Situation nur insofern anders, als ihre Denkmäler mangels einer Notenschrift nicht so weit in die Vergangenheit zurückreichen. Aber alte Schriften und Momumente zeugen von der Pflege der Musik auf einer für uns wahrscheinlich primitiven Stufe schon in ältester Zeit. Jedenfalls zeigen auch die Dokumente der letzten 400 Jahre, daß die Musik nicht nur gut ohne Christentum ausgekommen wäre, sondern daß sie es eigentlich die ganz Zeit abzuwerfen suchte. Die Musik entwickelte sich von einem fast ausschließlich kirchlichen Anfang zu einem fast ausschließlich weltlichen Stil der Neuzeit. Diese Entwicklung lief parallel mit der politischen Abkehr vom Feudalimus zu den bürgerlichen Freiheiten hin und so begann in der Mitte des 18. Jahrhunderts ein weltlicher, zuerst aristokratischer und dann mehr und mehr bürgerlich-romantischer Ton in der Musik. Es kann keine Meinungsverschiedenheit darüber bestehen, daß die Musik sich von der Religion immer mehr entfernte, während die Religion sich an die Musik immer mehr anklammerte.

Daß die Musik so oft im Verein mit Religion auftritt, muß in der richtigen Perspektive gesehen werden. Diese Verbindung existiert nicht, weil die Musik die Religion braucht, sondern weil die Religion nicht ohne Musik leben kann. Die Religion ist nicht nur Nahrung für den menschlichen Geist, sondern auch für die Sinne. Das gilt mehr oder weniger von allen Religionen, aber diesmal wird dieser Aspekt mit besonderer Rücksicht auf die abendländischen Religionen und darunter vornehmlich die katholische behandelt.

Der Durchschnittsmensch, der für die höhere Kunst kein Verständnis hat und darin auch nicht geschult ist, findet den in seinem Alltagsdasein fehlenden Glanz des Lebens in der Kirchenzeremonie. Darin liegt, neben dem Aberglauben, die große Anziehung der Religion für primitive Naturen. Die Hokuspokusexperten haben das von Anfang an erkannt und den Gottesdienst folglich mit der Technik und theatralischen Aufmachung eines Bühnenausstattungsstücks aufgezogen (Keine geringe Karriere dieser Füchse und Vögel seit der Zeit, da „des Menschen Sohn nicht hatte, wo er sein Haupt hinlegen sollte!"). Das Gesamtkunstwerk von Wagner ist lange vor Wagner erfunden worden. Im Gottesdienst werden alle Sinne der Gläubigen aufgepeitscht. Zuerst kommt die Augenweide.

Die Gotteshäuser sind äußerlich schon die prunkvollsten Gebäude in der Gemeinde. Ihr Inneres steht ihrem Äußeren nicht nach. Da sind die wunderbaren Glasmalereien, die Fresken, die geheimnisvollen Gewölbe und die endlos scheinenden Räumlichkeiten. Öl und Kerzen werden verschwenderisch (das würde Jesus gutheißen) den Flammen geopfert, um den Gläubigen einen Vorgeschmack des ewigen Lichts zu geben. Und da ist der Bischof angetan mit einem überreich gezierten Meßgewand, dermaßen strahlend, daß man glauben könnte, den Herrgott in höchsteigener Person zu sehen. Soviel für das Augenabteil!

Alsdann wird die Nase wonnevoll attackiert. Die Höhenluftliebhaber, die den Industrierauch wie ein Miasma fliehen, würden sich nicht erlauben, über den Weihrauch die Nase zu rümpfen. Der Geschmackssinn wird dann mit der Oblate auf der Zunge und durch das Benetzen des Gaumens mit einem Schlückchen Wein gebührend erregt und befriedigt. Der Tastsinn wird beim Handauflegen, Niederknien und in einer Weise auch beim Kreuzschlagen exerziert. Diese Übung erreicht ihren Höhepunkt bei der Fußwaschung, die der Papst zu Ostern einigen glücklichen armen Schluckern verabreicht. Man kann sich den Nervenkitzel vorstellen, der nicht nur die unmittelbaren Empfänger dieser Berührung, sondern auch die neurotischen Gläubigen in der ganzen Welt telepathisch durchschauert. Aber alle diese Sinnenerlebnisse beim Gottesdienst erreichen nicht die Intensität, die das Ohr in der Kirche erlebt.

Ohne die Musik wäre das Kirchengesamtkunstwerk ein Gesamtpfuschwerk. An den Durchschnittssonntagen wird sie meistens nur von einer Orgel und einem kleinen Chor geliefert. Aber in den großen Kathedralen findet an besonderen Feiertagen ein wahrhaftes Konzert statt, das dem gemeinen Volk die einzige Möglichkeit gibt, Werke großer Meister in feierlichem Rahmen gratis zu hören. Die Musik ist das einzige Mittel unter den Requisiten des

Kirchendramas, das den Gläubigen mit der Illusion schmeichelt, im Paradies zu sein. Kein Wunder, daß die Kirche sich der Musik bemächtigte, sobald diese reif genug war, vergewaltigt zu werden.

Da Musik nur durch das Schöpfertum des Tondichters entstehen kann, so ist die Frage angebracht, ob zwecks der erwünschten Produktion nicht er selbst geistig vergewaltigt wird, anstatt aus gläubiger Begeisterung freiwillig mitzuarbeiten. Daß die Kirchenkomponisten der klerikal beherrschten Geschichtsepoche alle heimlich rebellische Kirchengegner gewesen wären, die ihre fromme Musik nur beim Fühlen des Knüppels komponiert hätten, behauptet selbst der verblendetste Atheist nicht. Man kann annehmen, daß zum Beispiel Palestrina (auf der katholischen Seite) und Bach (auf der protestantischen) aufrichtige Christen waren und für ihr Schaffen Inspiration aus ihrem Glauben schöpften. Wenn man aber bei Bach ein wenig hinter die Kulissen guckt, wird man interessante Dinge entdecken.

Man kann die Frage stellen, ob Bach wirklich ein so gewaltiger Kirchenkomponist gewesen wäre, wenn er nicht in kirchlichen Diensten gestanden und nicht in einer noch von kirchlichem Geist durchdrungenen Epoche gelebt hätte. Der große ideologische Klimawechsel kam bekanntlich unmittelbar nach seinem Tod. Hat sich aber nicht auch Bach vielleicht unbewußt nach dieser Wende gesehnt? Seine weltliche Musik, die an Umfang kaum hinter seiner Kirchenmusik zurückbleibt, kann nicht als Symptom ignoriert werden. Er ist mit seiner Kaffeekantate sogar schon fast über das Weltliche hinaus einen Schritt weiter zum „Halbweltlichen" gegangen. Besonders in diesem Werk hat er nicht nur gezeigt, wie sehr er der Welt aufgeschlossen war, sondern auch wie er ihr erlaubte, in seine Musik, und zwar in deren kirchliche Form, einzudringen.

Es wird die Geiger interessieren, da manche es noch nicht wissen mögen, daß zum Beispiel das Prélude der E-Dur-Solosonate in zwei der Kantaten als Einleitung beziehungsweise als Zwischenspiel vorkommt. Diese Umpflanzungen sind in den Kantaten Nummer 29 und 120a, wo diese orchestrierte Violinmusik „Sinfonia" genannt wird. Auch das Cantabile aus der sechsten Geigen-Klavier-Sonate wurde in der Arie „Heil und Segen" der 120. Kantate verwendet. Es scheint, daß für Bach das Kirchliche nicht so in Reinheit isoliert galt, wie wir es als schicklich angenommen haben mochten.

Das pietätloseste Mischen des Kirchlichen mit dem Weltlichen vollbrachte Bach in seinen Kantaten Nummer 30 und 30a. Die erste ist Johannes dem Täufer gewidmet, die zweite einem gewissen Johann Christian Hennicke anläßlich des Antretens einer reichen Erbschaft. Daran wäre an sich nichts auszusetzen, wenn nur Bach nicht beide Texte derselben Musik unterlegt hätte. Offenbar hat er die heilige Musik für nicht sehr heilig gehalten. Eine kleine Kostprobe aus den Texten der beiden Kantaten zeigt, wie „fromm-ernst" Bach das Kantatensehreiben auffaßte. In der Kantate zum Feste Johannes des Täufers kommen diese Worte vor: „Gelobet sei Gott, gelobet sein Name. Kommt ihr angefocht'nen Sünder." In der anderen Kantate wird dieselbe Musik zu diesem Text gesungen: „Willkommen in Freuden! So ziehen wir in diesem Hause hier mit Freuden ein." Eine nicht unähnliche Operation führte Bach durch, als er für seine 34. Kantate mit dem Anfangstext „O ewiges Feuer" (nämlich Fegefeuer) ein früheres Loblied auf einen Bräutigam umarbeitete.

Obwohl die allerletzte Schlußfolgerung aus den bisherigen Beispielen noch nicht gezogen werden soll, ist der Kommentar unwiderstehlich, daß Bach offenbar sein täglich Brot als Musiker auch dann hätte verdienen können, wenn er nie etwas von Gott gehört und nur Erbschaften, Hochzeiten und Kaffeekränzchen besungen hätte. Selbstverständlich wäre das nur möglich gewesen, wenn seine Zuhörerschaft oder vielmehr seine hauptsächlichen Auftraggeber das Göttliche auch so leichtherzig genommen hätten wie er.

Die Zeiten, die eine solche Wandlung bringen sollten, haben nicht lange auf sich warten lassen. Die weitere Entwicklung der Musikgeschichte hat gezeigt, daß die Religion nicht die einzige und bei weitem nicht die wichtigste Quelle der musikalischen Inspiration war. Sie hatte nur das Glück, daß ihre Glanzzeit mit der höchsten technischen Entwicklung der bildenden Künste zusammenfiel (obwohl deren außerkirchliche Orientierung, wie nachgewiesen, damals schon sehr stark war). Die Theorie der religiösen Inspiration in der Literatur ist durch das Auftreten von Genies gerade während der schismatischen Übergangszeit vollends widerlegt. Cervantes, Shakespeare, Molière, Goldoni und ihre geistesverwandten Kollegen sind alles andere als Zeugen einer religiösen Inspiration. Und der verflixte Boccaccio ist ihnen nicht nur voraus-, sondern auch meilenweit über sie hinausgegangen.

In der Musik ist die Wirkung der Lockerung kirchlicher Freiheitsbeschränkung noch fühlbarer geworden. Je weiter sich der musikalische Stil entwickelte, um so mehr wurden der kirchliche Inhalt und die kirchliche Form aufgegeben. Schon bei Mozart, Beethoven und Schubert ist die Zahl der Kirchenwerke zu einem Bruchteil ihres Schaffens zusammengeschrumpft. Wenn man dann noch mehr zur modernen Zeit fortschreitet, dann muß man die Kirchenwerke von Tschaikowsky, Richard Strauss und Strawinsky, die übrigens so gut wie nie aufgeführt werden, mit einem Vergrößerungsglas suchen. Ein nur durch Zauberkunst realisierbares Wunder wäre die Auffindung und Aufführung eines Kirchenwerkes von Johann Strauß. Interessant ist es, daß Brahms seine andächtige Musik „Ein Deutsches Requiem" nannte. Da ein vertontes Requiem normalerweise katholische Musik ist, so bedeutet die nationalistische Bezeichnung bei aller Andachtsempfindung offenbar ein Abrücken vom althergebrachten kirchlichen Rahmen und Geist. Bartók nannte seine Kantate „Cantata Profana", was eine ins Auge stechende contradictio in adjecto wäre, wenn dieses Werk eine Kantate im üblichen Sinn wäre, was es natürlich nicht ist, da dessen Sujet mit Religion überhaupt nichts zu tun hat.

Gerechtigkeitshalber sei die bescheidene kirchenmusikalische Renaissance in den Werken des Franzosen Olivier Messiaen, des Engländers Benjamin Britten und des Polen Kristof Penderetzky erwähnt. Sagen wir, daß diese Musiken der Kirche zu gönnen sind, wenn sie sie verdauen kann. Vom Verdaulichkeitsstandpunkt bildet die Messe des Amerikaners Leonard Bernstein kein Problem. Sie ist sozusagen die schmeichlerische Tontaufe eines sonst glaubensfesten Juden. Die Frage ist nur, ob seine Messe nicht vielleicht von der Kirche zum Balletttheater hinüberwechseln muß, um sich lebendig zu erhalten.

Das Fazit dieser Überschau ist, daß die Religion nun nicht mehr als Grundlage zum künstlerischen Schöpfertum geltend gemacht werden kann. Die Exponenten der Religion geben sich aber nicht geschlagen, sie ändern ihre Taktik. Sie erklären, daß alles Unkirchliche und auch Unreligiöse von Gott seinem ursprünglichen Plan gemäß in seine Weltordnung einbezogen wurde. Sie wenden ihr Argument über den göttlichen Ursprung aller Musik, religiös wie unreligiös, auf alle menschlichen Geistestätigkeiten an, und zwar ebenfalls unabhängig von deren Gottergebenheit oder Gottesleugnung. Alles sei vom Geist Gottes durchdrungen.

Es wird geltend gemacht, daß das Leugnen Gottes sich selbst widerlegt, weil der Mensch gar nicht den Geist des Widerspruchs besäße, wenn er ihn nicht von einem schöpferischen, höheren und großzügig duldsamen Wesen mitbekommen hätte. Wenn die Parteigänger Gottes recht haben, dann müssen die Atheisten viel mehr als sie bei Gott in Gunst stehen. Nach dieser Theorie hat er ihnen den viel lebendigeren Geist des Widerspruchs geschenkt, während er die Gläubigen in einem jasagerisch geistlosen Hammeldasein beließ, das gar keine göttliche Schöpfung nötig hatte. Wenn Gott den Menschen „ihm zum Bilde" geschaffen hat, dann müssen die Menschen Atheisten sein, denn Gott ist kein Jasager. Da ferner Jesus seine Gläubigen Schafe nannte (und so wird das Kirchenvolk heute noch genannt), so können diese nicht Gott zum Bilde geschaffen worden sein, denn Gott ist kein Schaf. Wenn also die Atheisten Gott im Geiste widerspiegeln und somit der lebende Beweis seiner Existenz sind, dann kann man anderseits von den gott-unähnlichen Gläubigen gar nicht auf die Existenz Gottes schließen. Wir erleben die seltsame Situation, daß die Atheisten für die Existenz Gottes zeugen, während die Gläubigen diese Existenz Lügen strafen.

Unter diesen verkehrten Umständen erweist man Gott den größten Gefallen, wenn man gar nicht an seine Existenz glaubt, denn nur von einem Widerspruchsgeist kann er sich geschmeichelt fühlen. Unser Grundanker sollte also nicht Gott, sondern die Welt selbst sein. Von ihr wissen wir, daß sie existiert und daß sie erforschlich ist. Sie ist zwar launenhaft und benimmt sich oft entgegen unseren Wünschen, aber ihre schlechten Eigenschaften sind wenigstens nicht mit Moralfragen und Geistesverwirrung verknüpft. Außerdem sind ihre Launenhaftigkeiten durch menschliche Forschung weitgehend voraussagbar und ausgleichbar wenigstens beim Anhalten der gegenwärtigen Erdepoche.

Wenn in ferner Zukunft die meteorologischen Verhältnisse sich soweit verändert haben werden, daß die Erde keine organischen Wesen, also auch keine Menschen mehr auf ihrem Rücken tragen kann, dann wird die Spekulation über den Zusammenhang zwischen der menschlichen Existenz und einer Schöpfungsquelle sowieso gegenstandslos. Vernünftigerweise kann sie also jetzt schon gegenstandslos sein, weil es kein Wissen von entscheidendem Wert heute sein kann, was sich morgen ins Nichts auflöst. Die Spekulation über den Ursprung der Welt und der Menschheit hat nur den Wert eines Gesellschaftsspiels. Und sie nur als solches fortzusetzen, hat es Sinn. Die Umstände erlauben uns nicht, die absolute Wahrheit zu erkennen.

Pessimistische Äußerungen sollten jedoch die Hoffnungsvollen nicht entmutigen. Im Grunde genommen ist zwischen Pessimismus und Optimismus gar kein Unterschied. Ein geistreicher Philosoph hat gesagt, der Unterschied zwischen diesen Antagonismen sei, daß der Optimist diese Welt, in der wir leben, von allen möglichen Welten für die bestmögliche hält, während der Pessimist befürchtet, daß der Optimist recht hat. Gott kann also selbst nach der Bewertung des Optimisten nicht auf sein Werk stolz sein. Unter diesen Umständen erweist es sich als gottesfreundlich, wenn man nachweist, daß Gott nicht der Urheber dieser Welt ist und überhaupt nicht ihr Urheber sein kann. Der Beweis dazu wurde schon vor langer Zeit von den Gläubigen selbst geliefert. Als sie Gott erfanden, konnten sie sich im Aufblasen der Gottesherrlichkeit nicht genug tun und überluden ihn dermaßen mit himmelstürmenden Eigenschaften, daß er unter der Last zusammenkrachte.

Wir haben bereits gesehen, daß die zwei pfundigen Eigenschaften Gottes, die Allwissenheit und die Allmacht, zu schwer für ihn waren, um zusammen in seinem Vollkommenheitskoffer getragen zu werden. Er hatte aber schon von jeher noch ein weiteres Vollkommenheitsgewicht mitzuschleppen, das ihn im Erschaffen der Welt vollends hinderte. Und das ist seine Ewigkeit. Auf den ersten Blick scheint es absurd, Gott die Fähigkeit der Weltschöpfung deswegen abzusprechen, weil er ewig ist. Und doch muß betont werden, daß gerade seine ewige Existenz (so wie sie den Kardinalpunkt aller gottgläubigen Religionen bildet) die Möglichkeit einer Schöpfung, jedweder Schöpfung, ausschließt. Ein ewiges Wesen, das heißt ein Wesen, das in der Ewigkeit lebt, kann nicht nur keine Welt, sondern nicht einmal ein Staubkörnchen hervorbringen.

**75** Die Menschen legen sich im allgemeinen keine Rechenschaft darüber ab, was Ewigkeit bedeutet. Nach oberflächlicher Auffassung ist Ewigkeit eine unermeßlich lange Zeit. Daß aber der Mensch selbst eine unermeßlich lange Zeit sich nicht ohne Ende vorstellen kann, findet seinen Ausdruck in der Bibel, deren erste zwei Worte sind: „Am Anfang ..." (Das ist natürlich das beginnende Ende). Das abschließende Ende der unermeßlich langen Zeit ist unter dem Namen „Das Jüngste Gericht" bekannt. Man mag sich auch noch an die früher zitierten Worte Hans Küngs erinnern, die von Gottes Vorschöpfungs- und Nachweltzerstörungsexistenz sprechen. Da Gott von beiden Zeitenden gerechnet in beiden Richtungen weiter reicht, wo ein Messen selbst theoretisch unmöglich ist, so kann seine Existenz nicht mit Längenbegriffen erfaßt werden. Aber diese Ausdehnung Gottes wird nicht nur zeitlich, sondern auch räumlich verstanden. Diese Dimension Gottes bezeichnet die Theologie mit dem bereits bekannten und kurz erörterten Ausdruck „Transzendenz". Gottes Transzendenz, das heißt räumliche Grenzenlosigkeit oder Unendlichkeit bedeutet, daß er überall gleichzeitig gegenwärtig ist. Tatsächlich gehört Allgegenwart zu seinen Attributen, wie es die Theologen schon vor langer Zeit ausfindig gemacht haben.

Das Interessante ist (und hier ist eine kleine Abschweifung wohlangebracht), daß Attribute wie Allgegenwart, Allmacht, Allwissenheit und alle anderen „All-Eigenschaften" eigentlich vor dem Gottgedanken schon existiert haben müssen. Wahrscheinlich haben gerade diese Eigenschaften erst zum monotheistischen Gottgedanken geführt. Gott hatte seine Eigenschaften, bevor er selber existierte. Diese Attribute sind die Ausgeburt einer wilden Phantasie. Menschen, deren Gehirn fieberhaft arbeitete, redeten sich mit der Frage in Hitze, wie wunderbar es wäre, wenn man überall gleichzeitig sein könnte, wenn man die Zukunft wüßte, wenn man ewig lebte und andere solche Eigenschaften seinen Wunschträumen entprechend hätte. Sie haben natürlich eingesehen, daß ein Mensch trotz aller Sehnsucht danach diese Eigenschaften nicht besitzen kann. So schufen sie einen Gott, den sie mit ihnen bekleiden konnten. Götter hatte es freilich vorher schon gegeben, denen manche dieser Eigenschaften angedichtet worden waren. Aber ein Obergott, wie ein Übermensch, fehlte noch, der keine seiner übernatürlichen Eigenschaften mit einem anderen Gott zu teilen hatte. Es mußte ein einziger Gott sein, denn ein Gott wäre nicht allmächtig, wenn ein anderer Gott gleich mächtig wäre. Auch mußte er ein Geist sein, weil er nur so überall gleichzeitig sein konnte. Die Gottphantasten hatten einen Vorrat von solch göttlichen Eigenschaften, um die es zu schade gewesen wäre, unangewendet in ihren Köpfen herumzuschwirren. So haben sie also einen Gott erfunden, dem sie alle brachliegenden Eigenschaften anhängen konnten. Auf diese Weise haben wir nun einen allgegenwärtigen ewigen Gott. Daß er als Phantasiegebilde die Welt nicht erschaffen haben konnte, wird jedem vernünftigen Menschen ohne jeden weiteren Beweis einleuchten.

Aber das wird die Transzendenztheologen nicht überzeugen. Sie glauben an die Weltschöpfung durch ihren Gott wie ein Negerboxer an das glückbringende Reiben des linken Hinterbeins eines Kaninchens. Da sie aber an die Transzendenz (und auch Immanenz – die zwei zusammen als Existenz Gottes außerhalb und innerhalb der Welt) glauben, so können sie nicht bestreiten, daß es im Weltall (oder vor der Schöpfung Weltnichts) nicht einen Ritz gibt, den Gott nicht mit seiner Gegenwart ausfüllt. Die Theologen verkünden dasselbe; zwar mit allerlei Klauseln, aus Besorgnis, das mache Gott zu materialistisch. Aber Gott selbst redet zu Jeremias (im 24. Vers seines 23. Kapitels) folgendermaßen:

> Meinst du, daß sich jemand so heimlich verbergen könne, daß ich ihn nicht sehe? spricht der Herr. Bin ich es nicht, der Himmel und Erde füllt?

Die Existenz Gottes durchdringt und übersteigt die Welt selbstverständlich nicht nur räumlich, sondern auch zeitlich. Das macht ihn zum Gott. Dieses Umfassen und Überschreiten allen Seins, räumlich wie zeitlich, ist das ausschließlich göttliche Attribut, das ihn außerhalb aller menschlichen Begriffswelt stellt. Der forschende Menschengeist kann sich aber mit dieser Feststellung nicht begnügen und sucht, allen Hindernissen zum Trotz, die tiefere Bedeutung der göttlichen Attribute zu erfassen. Daß Gott als Geist im Raum überall gleichzeitig anwesend sein soll, stellt keine übergroßen Ansprüche an die menschliche Vorstellungskraft. Obwohl die Allgegenwart ein phantastisches Phänomen ist, ist sie durch einen naheliegenden Vergleich vorstellbar. Die Luft ist zum Beispiel gleichzeitig überall um die Erde herum verbreitet. Das ist natürlich so gut wie gar nichts nach kosmischem Maßstab. Aber man kann über die Luft phantasieren, als ob sie das ganze Weltall einhüllen und ausfüllen würde. Dazu muß man sich noch vorstellen, daß sie eine denkende Materie ist und alle ihre Teile, die Moleküle, so miteinander verbunden sind, daß jede Perzeption in einem Molekül im selben Augenblick von allen anderen registriert wird. Das mag gröblich eine Idee von der räumlichen Allgegenwart Gottes geben.

Das Verstehen der zeitlichen Allgegenwart ist etwas schwieriger, aber durch das Raumbeispiel doch einigermaßen erleichtert. Da wir wissen oder ahnen, wie groß die Welt ist, so müssen wir uns die Allgegenwart Gottes als über diesen enorm großen Raum hin verbreitet vorstellen. Vom Standpunkt Gottes können wir aber die Anschauungsweise umkehren und sagen, daß das Weltall so klein ist, daß Gott das Ganze in seiner „Faust" zusammendrücken kann. (Interessanterweise gibt es eine wissenschaftliche [nicht unangezweifelte] Theorie, die das ganze Weltall als das Explosionsprodukt einer unglaublich konzentrierten und schweren Billardkugel ansieht.)

Nach dieser Einleitung (soweit war es nur eine Einleitung) wird die zeitliche Allgegenwart Gottes leicht zu verstehen sein. Sie wird uns zwar als eine Absurdität erscheinen, aber bei Gott ist alles möglich. Wir sollen – wie Jesus es zu Petrus sagte – nicht nach Menschenart, sondern nach Gottesart denken. Stellen wir uns also vor, daß Gott – genau wie den Raum des ganzen Weltalls – die ganze Zeit der Ewigkeit in seiner Faust zu einem einzigen Augenblick zusammendrängt. Von uns verlangt das natürlich eine übermenschliche Vorstellung, aber für Gott ist es eine feststehende Tatsache.

Bei einer früheren Gelegenheit ist schon das göttliche Attribut der Zukunftsvorwegnahme postuliert worden. Tatsächlich ist es eine religiöse Doktrin und auch ein Volksglaube, daß Gott die Zukunft kennt. Es steht ja auch in der Bibel. Nach Bericht des 8. Verses im 6. Kapitel des Matthäus-Evangeliums sagt Jesus: „Euer Vater weiß, was ihr bedürfet, ehe denn ihr ihn bittet." Für Gott gibt es eigentlich gar keine Zukunft. Für ihn ist die Zukunft Gegenwart. Zukunft ist Zukunft nur für jenen, der sie noch nicht erreicht hat. Gott braucht aber die Zukunft nicht zu erreichen, denn er ist schon dabei, oder vielmehr ist die Zukunft – als Gegenwart – bei ihm. Diese Anschauung von Gottes Zeitverhältnis läßt sich nicht entkräften, ohne ihn seines wichtigsten Attributs zu berauben. Gott ist nur Gott, wenn für ihn alle Zeit Gegenwart ist. Für ihn lebten (und leben) Cäsar und Napoleon im selben Augenblick. Für ihn kreist die Erde nicht um die Sonne, weil sie ihr Verhältnis zu Gott weder räumlich noch zeitlich verändern kann. Man kann nicht zu einem hingehen, wenn man schon dort ist, wo man hingeht. Und man kann nicht von einem weggehen, wenn dieser dort ist, wohin man weggeht. Wo immer die Erde ist, sie ist nur dort, wo sie in dem einen Augenblick der in der Faust Gottes zusammengepreßten Milliarden Jahre sein kann.

Für Gott gibt es nicht eine Zeit ohne Erde und eine andere mit Erde; die zwei Zeiten sind eine Zeit, die nicht zwei verschiedene Situationen in sich enthalten kann. Alles fällt in einen unbeweglichen, unabänderlichen Zustand zusammen, da es für Gott keine Zukunft gibt, die nicht Gegenwart wäre. Deswegen gibt es für Gott keine Zeit, in der eine Erde geschaffen werden konnte, die nicht schon existierte. Eine Erdschöpfung würde einen Fortschritt gegenüber einem erdlosen Zustand bedeuten, und das ist im Leben Gottes unmöglich, weil es ihn aus seiner einzigen, unabänderlichen, ewigen Gegenwart hinausheben würde. Das würde eine für ihn noch nicht bestehende Zukunft bedeuten und damit seine zukunftslose, nur Gegenwart kennende Gottheit aufheben.

Die Nichtexistenzthese bezüglich der Rolle Gottes beim Zustandekommen der Erde (und des ganzen Weltalls) mag als ziemlich kühn anmuten. Tatsächlich würde kein Atheist solche Gedankengänge entwickeln, wenn ihm die Religionen nicht vorgearbeitet hätten. Der Prozeß ist durch das göttliche Ewigkeitsattribut in Gang gebracht worden.

Nachdem die Religionen und insbesondere die christliche Kirche ihren Weltschöpfer mit Ewigkeit ausgestattet hatten, wurde es gewissermaßen zwingend zu erklären, was es mit dieser Ewigkeit für eine Bewandtnis hat. Das wichtigste Dokument des Ewigkeitsstudiums stammt aus dem frühen sechsten Jahrhundert, obwohl St. Augustin denselben Gedanken schon ein Jahrhundert vorher in seinem „Gottesstaat" (Buch XI, Kapitel 21) ausgedrückt hat. Das gründliche Ewigkeitsstudium ist das Werk des römischen Philosophen und Staatsmannes Boethius. Obwohl er kein Geistlicher war, akzeptierte die Kirche seine Ewigkeitstheorie, deren Ähnlichkeit mit der atheistischen Anschauung erstaunlich ist. Es wird sich zeigen, daß die atheistische Verwerfung der Gotteswelturheberschaft eigentlich nur die Konsequenzen aus den kirchlichen Lehren zieht.

Boethius hat die Ewigkeit als unendliche Gegenwart aufgefaßt, eine Gegenwart, die nicht eine Übergangsstation zwischen einem vorausgegangenen und einem nachfolgenden Zeitfluß ist, sondern gleichsam ein Zeitfokus, in welchem alle Zeit in einer Fläche zusammengelegt ist. Seine lateinische Definition lautet: „Vitae interminabilis tota simul et perfecta possessio." In unserer Sprache: Vollkommener Besitz endlosen Lebens in restloser Gleichzeitigkeit. Das Wort „Gleichzeitigkeit" ist das regierende Element des Satzes; alle anderen Teile sind diesem untergeordnet. Würde, zum Beispiel, „endloses Leben" als fließend aufgefaßt, dann wäre es nicht gleichzeitig, wohl aber kann ein gleichzeitiges Leben als endlos aufgefaßt werden, weil eine Erstarrung nicht aufzuhören braucht. Noch anschaulicher ausgedrückt: Fließendes Wasser wirkt nicht gleichzeitig, aber dem zu Eis gefrorenen Wasser sind keine sichtbaren Grenzen gesetzt. Das Eis fließt nicht. Es kann ewig im selben Zustand beobachtet werden. Das ist aber nur eine Denkhilfe, denn ewige Gegenwart ist viel radikaler. Das Eis kann schließlich einmal auftauen, aber die ewige Gegenwart ist für ewig in Gegenwart gebannt. Sie kann nie „auftauen". Sie hat keine Enden (nämlich vorn und hinten) und kann keine haben, sie ist in sich verschlossen, und bei ihr gibt es kein Herein und kein Hinaus. Aber das Entscheidende, worauf es uns ankommt, ist, daß Gott alles kosmisch, naturgeschichtlich und menschlich Existierende und Geschehene in dieser dimensionslosen, einmalig kondensierten Zeitenergie gleichzeitig erlebt. Man möchte sagen, daß die Ewigkeit die Hölle Gottes ist, in der er leben muß, wenn er ewig sein will, weil das Leben außerhalb dieser Hölle nicht ewig ist. Für ihn gibt es keine Weltgeschichte, weil sie in seinem Geist zeitlos gleichzeitig eingebettet ist.

Das ist, was Boethius' These im wesentlichen sagt. Als die Kirche sie akzeptierte, übersah sie, welch destruktive Folgen das für die Handlungen Gottes eigentlich bedeutete. Eine Gleichzeitigkeit allen Geschehens im innerlichen Erleben schließt das Erleben von Zeitfolgen aus, da alles, was geschehen könnte, vollendet feststeht. Die Existenz des Weltalls kann also nicht in Nichtexistenz aufgelöst werden, weil das der ewigen Gleichzeitigkeit widersprechen würde. Existenz und Nichtexistenz können nicht gleichzeitig bestehen. Es verletzt den gesunden Menschenverstand, daß etwas gleichzeitig existieren und nicht existieren soll. Da wir aber wissen, daß die Welt existiert, so muß sie immer existiert haben, weil in der ewigen Gleichzeitigkeit nur für ihre erwiesene Existenz Platz vorhanden ist. Die Schlußfolgerung ist nun, daß Gott die Welt nicht geschaffen haben konnte, da sie in seiner ewigen Gleichzeitigkeit mit eingeschlossen ist. Mit einem Wort: die Welt ist ewig. Die Wissenschaft nimmt zwar ein Fließen im Weltall an, aber das betrifft nur die Form, nicht die Existenz. Außerdem glaubt sie nicht an einen Gott der Religionen, so braucht sie auch nicht an seine Ewigkeit zu glauben. Die tatsächliche wissenschaftliche Stellungnahme zur Existenz und Wesenheit Gottes braucht uns übrigens nicht zu interessieren. Nicht, als ob sie nicht interessant und nicht ein vielfaches wissenschaftliches Thema sein könnte, sondern weil diese Erörterung keine kosmologische Theorie präsentieren will. Der Zweck ist nur, aufzuzeigen, welche Rolle Gott in unserer primitiv-irdisch erlebten Welt spielt. Ganz unabhängig davon, wie diese Welt beschaffen ist und wie sie zustande kam, wollen wir nur das Verhältnis Gottes zur menschlichen Gedankenwelt von einer besonderen Seite erläutern. Das Thema ist nicht die Welt, sondern Gott als ein Phantasiegebilde in der menschlichen Vorstellung. Die Besonderheit der Natur Gottes soll umschrieben werden, wenn man an seine Existenz glaubt.

Boethius wollte mit seiner Theorie von der ewigen Gegenwart auch kein kosmologisches Problem über Gottes Weltschöpfungsrolle lösen, sondern nur den Menschen den schwierigen Begriff der Ewigkeit verständlicher machen.

Als dann die Kirche über die Bedeutung der Boethischen These genauer nachdachte, entdeckte sie, daß sie sich niemals damit einverstanden erklären könne. Wahrscheinlich hätte sie den Boethischen Lehrsatz mit seiner „ewigen Gleichzeitigkeit" am liebsten nachträglich zum Fenster hinausgeworfen. Das ging aber nicht, weil die Rückkehr zu einer fließenden Ewigkeit – bei der eine Weltschöpfung wenigstens theoretisch möglich wäre – auch die Theorie der Begrenztheit, das heißt die Endlichkeit Gottes wieder aufgerollt hätte. Ein Fließen von gleich welcher Länge läßt das Spekulieren über dessen Endlichkeit zu. Gott selbst hat laut Vers 10, Kapitel 43 im Buch Jesaja angedeutet, daß er nicht ewig lebt.

Der Ausweg aus der Klemme schien der Kirche in der Einführung eines Doppelsystems zu liegen. Demnach leben die Menschen in Zeit, und Gott lebt außerhalb der Zeit. Wenn aber Gott außerhalb der Zeit lebt, wie konnte er dann eine zeitliche Welt schaffen? Die Schöpfung ist ein Akt, der – wie jeder andere Akt – nur in Zeit denkbar ist. Die Antwort (der Kirche) ist, daß Gott, der vor der Schöpfung der Welt zeitlos lebte, zusammen mit der Welt auch die Zeit, sozusagen als Nebenprodukt, schuf. Das ist wenigstens die eigentliche Bedeutung der Kirchendoktrin, die besagt, daß Zeit und Welt zusammen begannen. Die Gläubigen haben es leicht, diese unverdauliche Kost zu verdauen, aber die Glaubensschwachen möchten wissen, wie ein Akt, wie die Schöpfung, auf einer Seite an Zeitlosigkeit, auf der anderen an Zeitlichkeit angrenzen kann. Im Augenblick der Schöpfung konnte es doch noch keine Zeit geben (gemäß der christlichen Weltschöpfungstheorie).

Zeit ist die Dauer zwischen zwei Ereignissen. Was war das Ereignis vor der Schöpfung, von welchem an die Dauer bis zur Schöpfung sich erstreckte? Großes Schweigen, keine Antwort: Die Zeit, gemäß der theologischen Zeitschöpfungstheorie, verhält sich zur Weltschöpfung (um es mit einer Analogie einigermaßen verständlich zu machen) wie ein Kanal, der nur auf der einen Seite ein Ufer hat, zu dem anderen, nichtexistierenden Ufer. So sieht der Zeitfluß der Theologen aus. Da nun Gott nur von einem Ufer weiß (nur von der Schöpfung und keinem vorherigen Ereignis), so kann er nicht der Erbauer des anderen Ufers sein, nämlich Schöpfer eines Vorschöpfungsereignisses. Das aber bedeutet, daß die Welt (da sie existiert und ordentlich zwischen zwei Ufern wogt) schon Ereignisse gekannt haben muß, zu denen sie ein normales Zeitverhältnis hatte, bevor sie von Gott in eine unmögliche einufrige Situation versetzt wurde. Da die Welt kein einufriger Kanal ist, also nicht ohne Zeitvorspiel geschaffen werden konnte, so existierte etwas schon vor der „Schöpfung". Die Welt begann nicht in der biblisch beschriebenen Weise, die ein Nichts vor dem ersten Akt Gottes annimmt. Eine Welt – man kann wohl annehmen: eine ewige Welt – war schon da, bevor ein zuspätgekommener Gott für ihre Existenz nötig war.

Wenn Gott vor der Welt und vor der Zeit als ein wirkliches Wesen (nicht bloß ein von Menschen erdachtes Gebilde) existiert hätte, dann hätte er als zeitloses Wesen die in Zeit eingespannte Welt gar nicht schaffen können. Hypothetisch angenommen, daß ein Wesen in einer zweidimensionalen Welt lebt, dann kann es nichts Dreidimensionales schaffen. Gott, der in seiner Zeitlosigkeit die vierte Dimension, die Zeit, die wissenschaftlich als die vierte Dimension angesehen wird, nicht kannte, konnte sie als wesensfremd auch nicht schaffen. Er war in derselben Weise in Zeitlosigkeit verhaftet, wie Figuren eines Gemäldes in zwei Dimensionen gebannt sind. Der gemalte Raum eines Gemäldes ist Raum nur dem getäuschten Auge des Betrachters. Die Figuren im Bild, falls sie plötzlich lebendig würden, könnten nicht einander räumlich ausweichen, sie könnten nur aneinander vorbeischleichen, ohne einander für den Betrachter zu verdecken. Sie könnten nämlich nicht am selben Fleck der Fläche stehen, wie auch dreidimensionale Körper nicht denselben Raum ausfüllen können.

Eine Figur (auf einer Bildfläche), um sich vor unseren Augen unsichtbar hinter eine andere stellen zu können, müßte diese entweder aus der Fläche hinausdrängen oder selber aus der Fläche heraustreten, also dreidimensional werden. Das kann sie aber nicht, denn es ist eine grundlegende These dieser Beschreibung, die Natur der zweidimensionalen Welt zu analysieren. Es dürfte nun klar sein, daß einem zweidimensionalen Wesen eine Welt mit drei Dimensionen unzugänglich ist. Dieses Wesen hat gar keine Ahnung, was die dritte Dimension ist, und wenn man von etwas keine Ahnung hat, dann kann man es nicht zum Gegenstand von Handlungen machen.

Das Verhältnis Gottes zur Zeit folgt demselben Prinzip. Da er zeitlos ist, so existiert für ihn die „Dimension" Zeit nicht. Es widerspricht seiner Natur, in Zeit zu denken. Er kann keine Anordnungen treffen, die sich in Zeit abspielen. Die Welt, die angeblich seine Schöpfung ist, steht für ihn in ihrer Vollendung von Anfang bis Ende in einem einzigen Augenblick schon da. Dieser Zustand schließt Zeit in derselben Weise hermetisch aus, wie wir es bei der Unmöglichkeit der Kommunizierung der zweidimensionalen Welt mit der dreidimensionalen gesehen haben.

Der unüberbrückbare Abgrund zwischen dem zeitlosen Gott und der zeitlichen Welt schließt einen gegenseitigen Verkehr der beiden aus. Die in Zeit lebenden Menschen können zwar ihrerseits einen zeitlosen Gott erdenken, da sie als Zeitkenner darüber spekulieren können, aber der zeitlose Gott kann keine zeitlichen Menschen erdenken oder gar erst schaffen, weil er gar keine Ahnung hat, was Zeit überhaupt ist. Wer drei Spielfiguren hat, kann mit zweien spielen, wer aber nur zwei hat, kann nicht mit dreien spielen. Gott mit seiner Allwissenheit über diese Schwierigkeit hinwegzuhelfen ist ein nutzloses Unternehmen, weil er nur das wissen kann (um ihm überhaupt noch eine theoretische Existenz zu gewähren), was ihm seine göttliche Natur überhaupt aufzufassen gestattet. Seine irdischen Anhänger, die beschlossen haben, daß er sich in irgendeiner Hinsicht in einer bestimmten Weise benimmt (die Zeitlosigkeit ist auch ihre Erfindung), können dann nicht kommen und sein bereits festgelegtes Benehmen auf den Kopf stellen, weil es ihnen plötzlich so in den Kram paßt. Die Launenhaftigkeiten Gottes sind nicht das Prärogativ eines Herrschers, sondern nur der Schwindel seiner Phantasten. Er hat gar keine Eigenschaften. Er ist nur, wozu ihn seine Erfinder gemacht haben. Nachdem sie ihn aber zeitlos erklärten, so muß er sich in den Rahmen halten, die der Zeitlosigkeit inhärent sind.

**76** Die Theologie selber gibt es zu oder behauptet kategorisch, daß Gott nicht jene Fähigkeiten besitzen kann, die seiner Natur widersprechen. Er kann zum Beispiel nicht Selbstmord begehen oder auch nur sonst sterben und auch nicht krank oder geistesgestört werden, noch von einem Ort abwesend sein und zu einem anderen gehen, und was der Sachen mehr sind. Es ist also seine göttliche Natur, seine ewige Gegenwart, die für ihn den Begriff und damit die Kenntnis der fliehenden Zeit ausschließt. In diesem Fall kann er aber nicht der Schöpfer der Welt sein, weil in seiner ewigen Gegenwart alles, wessen er sich bewußt ist, zusammen mit ihm eingeschlossen sein muß. Mit Gott zusammen ewig gegenwärtig zu sein bedeutet aber, daß die Welt genauso ewig ist wie Gott selbst. Da jedoch die Gottesidee im menschlichen Gehirn eigens zur Erklärung der Weltexistenz konzipiert wurde, so stellt sich diese Idee durch die gottgleiche Selbstexistenz der Welt als gegenstandslos heraus. Ist nun die Erklärung der Weltexistenz durch einen zeitlich handlungsunfähigen Gott eliminiert, und da sie (die Welt) durch einen in ein ewiges Gegenwartsgefängnis gesperrten Gott überhaupt nicht erklärbar ist, so kann Gott nicht existieren, denn eine Erklärung, die nichts erklärt, hat keine logische Existenz. Die Welt brauchte zum Geschaffenwerden keinen Gott, wenn sie, mit ihm zusammen im ewigen Gegenwartsgefängnis eingesperrt, gleich ewig ist.

Unter den Eigenschaften, die Gott nicht haben kann, weil sie seiner Natur widersprechen, ist auch die Geschlechtlichkeit zu erwähnen. Er wird zwar Vater genannt, aber das ist nur eine kindliche Gedankenlosigkeit der christlichen Religion. Die Juden und die Mohammedaner sind philosophischer und haben (vielleicht instinktiv) erkannt, daß ein in ewiger Zeitlosigkeit lebendes Wesen kein Vater sein und auch jedenfalls nicht im geschlechtlichen Sinne als Vater funktionieren kann. Zum Vater würde doch auch eine Mutter gehören. Es gibt aber keine göttliche Weiblichkeit (nicht im Monotheismus), die seine Ehefrau oder seine Mätresse sein könnte. Trotz seines ungeschlechtlichen Junggesellentums, doch mit Hilfe eines heiligen „Rosenkavaliers", hat Gott einen Sohn. Es ist erstaunlich, wie die Ungereimtheiten, Absurditäten und Unerträglichkeiten im Charakter Gottes als etwas Natürliches und Selbstverständliches hingenommen werden. Es ist aber jedem Vernünftigdenkenden klar, daß die Unzulänglichkeiten Gottes nur der Spiegel der Unzulänglichkeit der irdischen Gottbastler sind.

Wenn eine normale Geistesfunktion die vorherrschende und maßgebende Triebkraft in der Gesellschaft wäre und die Phantasten nur an der Peripherie für sich harmlos ihre Späße trieben, dann wäre der Atheismus gegenstandslos. Die Gesellschaft brauchte nicht orthodox atheistisch zu sein; es würde genügen, keiner religiösen Phantasterei eine politische und erzieherische Vormachtstellung einzuräumen. Der Atheismus hat nur eine virulente Ursache: die Religion. Die Unantastbarkeit der Narretei, die Ehrfurcht vor dem Unsinn wird unsere Zeit in den Augen künftiger Generationen zum dunkelsten Zeitalter stempeln.

**77** Wenn man es sich etwas genauer überlegt, war die biblische Zeit im Verhältnis zur unsrigen vielleicht gar nicht so sehr rückständig. Damals wurde schon festgestellt, daß die Toren in ihrem Herzen sprachen, es gäbe keinen Gott. Es ist tröstlich zu erfahren, daß es damals schon vernünftige Toren gegeben hat. Da nun die Bemerkung über die gottlose Torheit in der jüdischen Bibel registriert ist, so ist es passend, die heutigen „Toren" zunächst mal in der entsprechenden Religionsgemeinschaft aufs Korn zu nehmen.

Dieser Auftakt zur Aussonderung der jüdischen Religion und zu ihrer noch kommenden massiveren Behandlung bedeutet nicht ihre Herabwürdigung anderen Religionen gegenüber. Ganz im Gegenteil. Sie hat schon im früheren Teil dieses Traktats eine Behandlung erfahren, über die sie sich nicht zu beklagen hat. Aber das ist nicht alles, was über sie und besonders ihre fanatischen Bekenner gesagt werden kann. Der glorreiche Augenblick ist nun gekommen, zu diesem Thema zurückzukehren. Die eingekeilte Analyse vieler Aspekte der christlichen Religion war indessen nötig, nicht um die Christen ihrem Glauben abwendig zu machen, sondern um den übergetretenen Juden zu zeigen, in was sie hineingetreten sind. Man sollte sich an den bereits vergessenen Titel erinnern: „Irregegangen auch weg vom Pult zum Christenkult". Jetzt aber werden wir Gelegenheit haben, den teilweise berechtigten Grund des Dranges vom Judentum weg, aber gleichzeitig auch die falsche Methode der Handhabung dieses Problems zu zeigen.

Die Struktur der jüdischen Religion, die sie mit anderen teilweise gemein hat, wird von vier Pfeilern getragen. Vier Hauptgedanken wirken in ihr zugleich als Impuls und Ziel. Der erste (nicht vom religiösen, sondern vom praktischen Standpunkt) ist die Regelung des Ver-

hältnisses von Mensch zu Mensch. An zweiter Stelle sind die Verhaltensmaßregeln für eine
gedeihliche individuelle Lebensführung zu nennen. Das dritte Religionsprinzip ist die Erwek-
kung und Wachhaltung eines Gruppeninstinks, und das vierte (vom Glaubensstandpunkt das
erste) ist die Bindung des Menschen an Gott. Die ersten drei konstituierenden Elemente der
Religion (das dritte, der Gruppeninstinkt, im Judentum besonders stark betont) entwickelten
sich aus einer praktischen Notwendigkeit und dienen auch einem praktischen Zweck, obwohl
immer neu erstehende Erkenntnisse wesentliche Änderungen in den über sie geformten Auffassungen und in ihrer Anwendung erfordern. Das vierte Prinzip, das Gottprinzip, ist jenes
konstituierende Element der Religion, das aus ihr erst eigentlich Religion macht.

Die drei erstgenannten Elemente werden immer im Zeichen des vierten interpretiert, verkündet und erzwungen, und da das Gottprinzip ein Phantasiegebilde ist, so wird das Praktische, Vernünftige und Notwendige immer durch Phantasterei, Geistesstörung, Cliqueninteresse,
Schwindel und Verbrechen verfälscht und auch zum Widersinn und zur Lebensfeindlichkeit
geführt. Die Leichtgläubigen lassen sich ihrerseits ein solch verfälschtes Leben aufzwingen,
weil sie der Ansicht sind (im Grunde genommen richtig), daß dem Menschen Schranken
gesetzt werden müssen, um seine Tiernatur abzuschleifen. Die Zivilisationsbestrebungen sind
jedoch kein Monopol der Religion. Jedes säkularistische System ist sich der sozialen Notwendigkeiten bewußt und handelt auch dementsprechend. Es ist das theokratische System, in
welchem die praktischen Bestrebungen hintertrieben werden und nur die Formalitäten, die
Übertreibungen und die Zweckwidrigkeiten übrigbleiben. Diese Krebsgewächse könnte man
in allen Religionen nachweisen, und deswegen brauchen sie sich dem Judentum nicht überlegen zu fühlen. Aber jetzt ist die jüdische Religion das Thema, wie es sich einem bewußten
und besorgten Juden präsentiert.

Man kann gleich mit der Zurückweisung und Widerlegung der Behauptungen stur religiöser Kreise beginnen. Sie stellen die Kontroverse innerhalb des Judentums so hin, als ob die
Kritiker eine Handvoll Leutchen wären, die ein gewaltiges Gebäude niederreißen wollten.
Die Tatsache ist, daß die überwiegende Mehrheit der Juden in religiöser Hinsicht weder positiv noch negativ überhaupt mitmacht. Das kann man schon daran erkennen, daß die Ultraorthodoxen mit der Kostümballkleidung, die allein als die richtigen Juden gelten wollen, eher
nur sporadisch in Erscheinung treten. Die nicht sehr judenfreundlichen Christen wären froh,
wenn es nur so viele Juden gäbe, wie sie äußerlich erkennbar sind. Jedem Christen ist es
bewußt, daß auf jeden sichtbaren Juden zehn assimilierte entfallen. Diese sind natürlich nicht
alle irreligiös. Sie bilden ein Spektrum von allerlei Schattierungen, von Feiertagsfrömmelei
bis zum Atheismus. Aber alle diese sind in den Augen der Glaubensfanatiker Abtrünnige.

Offiziell gibt es in Europa zwei, in Amerika drei große Gruppen, die in gewisser Weise
Sammelpunkte kleinerer Gruppen sind. In Europa sind die zwei großen Gruppen die Orthodoxen und die Neologen. In Amerika gibt es außer diesen zwei (von denen die zweite den
Titel „Konservativ" trägt) eine dritte große Gruppe, die unter dem Namen „Reformjudentum"
bekannt ist. Diese werden von den mittleren Konservativen wohlwollend geduldet und noch
als Menschen angesehen, aber von den Orthodoxen als die Gesandten des Teufels verabscheut. Im Staate Israel ist diese Reformgruppe durch die politisch einflußreiche Schlüssel-
stellung der nur 14 Prozent betragenden Orthodoxie von allen offiziellen Gemeindefunktionen
ausgeschlossen. Diese innere Aufspaltung des Judentums gemäß dem Grad der Traditions-
pflege zeigt, daß eine Kritik, wie sie in diesen Zeilen geübt wird, sich nicht einem ganzen,

einheitlichen Judentum gegenübergestellt sieht. Keine Gruppe hat das ausschließliche Recht darüber zu urteilen, was korrektes Judentum ist, obwohl die Orthodoxen die angebliche Richtigkeit ihres Standpunktes blindwütig verfechten. Es kann aber gezeigt werden, abgesehen von den Erkenntnissen des gesunden Menschenverstandes, auch aufgrund des Bibelwortes selbst, daß die Orthodoxen gar nicht orthodox, das heißt rechtgläubig, sondern geradezu falschgläubig fanatische Wortverdreher sind.

Bevor der Beweis dieser Behauptung erbracht wird, soll an diesem Punkt das Recht auf Kritik schlechthin begründet werden. Es ist eine spezifisch jüdische Eigentümlichkeit, daß eine Gruppe von Juden eine andere Gruppe oder auch nur Einzelpersonen als jüdische Antisemiten beschimpft, wenn diese die im Judentum überwuchernden Auswüchse zu geißeln wagen. Selbstverständlich können die Kritiker selbst kritisiert werden. Es ist aber ein Unterschied, eine Kritik anzuhören, oder die Ohren davor zu verstopfen. Jede Nation hat ihre Kritiker aus ihren eigenen Reihen. Meistens sind es Dichter, die gerne Satiren über das vernagelte nationale Gehirn schreiben. Die Opposition in der Politik ist ja nichts anderes als die Selbstkritik einer Nation, wie sie in den würdigen Zielscheiben vorübergehend verkörpert ist. Weise Politiker haben sie geduldet oder sogar begrüßt als eine wohltuende innere Katharsis. Mazarin, der aus Italien stammende französische Staatsmann, der dem Volk schwere Steuern diktatorisch aufbürdete und dafür immer mit Spottgedichten bombardiert wurde, sagte in seinem Gemisch von Italienisch-Französisch mit gutmütigem Stoizismus: „S'ils cantent la canzonetta, ils pagaront." (Wenn sie die Spottgedichte singen, werden sie zahlen.) Nachgegeben hat er nicht, aber er hat auch nicht gesagt, daß die Franzosen sich selbst oder die Italiener gehaßt hätten. Die nationalen Personifikationen wie Uncle Sam in Amerika und John Bull in England sind eher karikaturistische als heroische Figuren. Sogar die viel empfindlicheren Deutschen dulden als ihr volkstümliches Symbol den um eine Stufe noch weniger heroischen deutschen Michel. Wie weit die Selbstkritik gerade innerhalb des empfindlichen deutschen Nationalcharakters gehen kann, dafür liefert der bedeutende Dichter Friedrich Hölderlin ein erstaunliches Beispiel. Im zweiten Buch des zweiten Bandes seiner gesammelten Werke schreibt sein Held Hyperion in seinem Brief an Bellarmin gleich am Anfang:

> So kam ich unter die Deutschen. Ich forderte nicht viel und war gefaßt, noch weniger zu finden. Demütig kam ich, wie der heimatlose blinde Ödipus zum Tore von Athen, wo ihn der Götterhain empfing, und schöne Seelen ihm begegneten. – Wie anders ging es mir!
> Barbaren von alters her, durch Fleiß und Wissenschaft und selbst durch Religion barbarischer geworden, tiefunfähig jedes göttlichen Gefühls, verdorben bis ins Mark in jedem Grad der Übertreibung und der Ärmlichkeit beleidigend für jede gutgeartete Seele, dumpf und harmonielos, wie die Scherben eines weggeworfenen Gefäßes – das, mein Bellarmin, waren meine Tröster.
> Es ist ein hartes Wort, und dennoch sag ich's, weil es Wahrheit ist: Ich kann kein Volk mir denken, das zerrißner wäre, wie die Deutschen. Handwerker siehst du, aber keine Menschen, Denker, aber keine Menschen, Priester, aber keine Menschen, Herren und Knechte, Jungen und gesetzte Leute, aber keine Menschen – ist das nicht, wie ein Schlachtfeld, wo Hände und Arme und alle Glieder zerstückelt untereinander liegen, indessen das vergossene Lebensblut im Sande zerrinnt?

Hölderlin war genau gleichaltrig mit Beethoven. Was hätte er gesagt, wenn er mit Hitler gleichaltrig gewesen wäre? Die Frage verlangt keine Antwort, nur die Bemerkung: daß das deutsche Volk seine zeitgenössische wie prophetische Kritik erfolgreich überlebt hat und heute weniger Anlaß dazu geben würde. Abgesehen davon unterscheiden sich die Gründe des Zensierens bei den Juden freilich wesentlich von denen bei den Deutschen. Auch die Wirkung mag unähnlich sein, weil die religiöse Verblendung vielleicht noch unzugänglicher und unheilbarer ist als die nationale. Aber das Beispiel Hölderlins ist ermutigend und verlangt auch ohne dichterische Metaphern und ohne Hoffnung auf ein vergleichbares Echo eine ähnliche Zielsetzung.

Um das Ziel zu verfolgen, muß man den Boden dazu vorbereiten und sich über die Gliederung der jüdischen Religionspraxis im klaren sein. Die jüdische Tradition beruht im wesentlichen auf drei Dokumentensammlungen: der Thora, den Propheten und dem Talmud. Die Thora ist auch unter ihrem griechischen Namen „Pentateuch"(die fünf Bücher Mosis) bekannt. Neben Geschichtlichem, das weitgehend mit Mythologie und Volksdichtung vermischt ist, bilden die Gesetze ihren wichtigsten Teil. Was einen vom religiösen Standpunkt zum Juden macht, ist die Befolgung der Gesetze. Selbstverständlich hat das Judesein auch eine ethnische Basis, die nicht vergessen werden soll. Aber die Befolgung der Gesetze der Thora, und nur diese, als ausschließliches Kriterium des Judeseins muß betont werden, weil die Fanatiker jeden Juden verfemen, der nicht auch die vom Prophetentum und dem Talmud hergeleiteten Regeln beobachtet. Jedoch können die Propheten und der Talmud, die für die überfließend frommen Juden ebenfalls ein konstituierender Teil ihrer Religion sind, vom reinsten Loyalitätsstandpunkt nicht mit der Thora gleichgesetzt werden. Die Propheten sind ja im wesentlichen nur Mahner zur Führung eines thoratreuen Lebens. Wer diesem Erfordernis schon Genüge leistet, hat doch keinen Propheten nötig, besonders, da diese sich in allerlei dunklen, schwerverständlichen Phantastereien verlieren.

Der Talmud, inhaltlich mit den Märchenbüchern und den philosophischen Betrachtungen des Alten Testaments verwandt, nimmt nur für das verbohrteste Element im Judentum einen hohen Platz ein. Es ist keine Übertreibung zu sagen, daß nur ein Bruchteil eines Prozentes der Judenschaft einen der etwa zwei Dutzend Bände des Talmuds je in der Hand hatte. Manche seiner Weisheitssprüche wirbeln wie geflügelte Worte herum, aber eine zusammenhängende Kenntnis des Ganzen hat der Durchschnittsjude ungefähr in dem Maße, wie der deutsche Michel das Hildebrandslied oder Klopstocks „Messias" kennt. Dieser Stand des Talmuds innerhalb der jüdischen Religion ist hauptsächlich deswegen bemerkenswert, weil die meisten Verrücktheiten, die die bigott frommen Juden in ihrer Kleidung und „haarkünstlerischen" Aufmachung zur Schau tragen, auf Interpretationen gegründet sind, die die sklavischen Talmudscholastiker den Thoragesetzen gegeben haben. Die Gebräuche dieser sogenannten Traditionalisten haben mit der jüdischen Religion nur aus dritter Hand und auch dann nur mit willkürlicher Entstellung zu tun. Der Talmud kann an sich schon keine Gültigkeit für eine unanfechtbare Lebensgestaltung haben, weil er eine Sammlung widersprechender Meinungen ist. Der Talmud-Experte Adin Steinsalz schreibt in seinem vom New Yorker Verlag „Basic Books" veröffentlichten Buch „The Essential Talmud" (hier deutsch übersetzt):

> Der Talmud ist eine Sammlung von Paradoxen. Er kann nicht als Autorität für die Entscheidung von Problemen angerufen werden. Sein Hauptzweck ist Studium an sich, nicht die Funktion eines Wegweisers für die Befolgung von Gesetzen. Der Talmud ermutigt seine Studenten, ihn selbst mit Gegenmeinungen auf die Probe zu stellen.

Die zwei voneinander unabhängig entstandenen Talmudsammlungen (eine babylonische und eine jerusalemische) wurden im Zeitraum von ungefähr fünf Jahrhunderten zusammengetragen, und ihr Ursprung fällt mit der Anfangszeit des Christentums zusammen. Der Talmud ist also nachbiblisch, nachprophetisch und nachpriesterlich. Er kann sich daher auf keine etablierte Autorität stützen, denn die Rabbiner, die darin ihre Wortgefechte und Spitzfindigkeiten aufgezeichnet haben, wurden nur als Gelehrte, nicht als Mandatare Gottes betrachtet. Aus diesem Grunde wurde der Talmud (das heißt, was damals schon mündlich bekannt war) von den Sadduzäern (nach dem Namen von Davids Hohepriester Zadok), die für ihre Opposition gegen die Pharisäer in Jesu Zeiten bekannt sind, als eine religiös nicht maßgebliche Richtschnur abgelehnt. Der Talmud wurde nicht als eine Schrift im eigentlichen Sinne angesehen, sondern nur als ein Protokoll mündlicher Debatten. Nachdem die Sadduzäer von der Bühne der Geschichte abgetreten waren, erstand eine neue Talmudgegnerschaft in der Karaitenbewegung. Die karaitischen Juden überleben heute zum größten Teil in Ägypten und im Süden der Sowjetunion in der Krimgegend. Ihr Name stammt vom hebräischen Wort „Kara", das „Schrift" bedeutet. Diese jüdische Sekte lehnt nämlich, wie die Sadduzäer vor ihnen, die mündliche Überlieferung, die der Talmud im Grunde repräsentiert, ab. Da der Talmud nicht als Kodifikation von göttlich inspirierten Gesetzen entstand, so fühlen sich die Karaiten nicht verpflichtet, seine Weisheiten zu beachten.

Der Talmud wird (mit Ausnahme der extrem Orthodoxen) auch von den mäßig frommen Juden nur als ein ehrwürdiges Werk, nicht aber als das Wort Gottes anerkannt. Zur Zeit seiner Entstehung gab es im Judentum niemanden mehr, zu dem Gott sprechen konnte. (Es ist eine unerforschliche Eigentümlichkeit der Religionen, daß sie einen Gott kennen, der mit gewissen Leuten jahrhundertlang in telefonischer Verbindung stand und sich dann wieder für endlose Jahrhunderte abmeldete.) Die Tatsache ist, daß die Männer in Israel, die noch Inspiration von Gott hatten, die levitischen Priester, schon während der Babylonischen Gefangenschaft arg zerzaust wurden. Mit der Zerstörung des Tempels in Jerusalem und der Vertreibung der Juden im Jahre 70 haben die Priester gänzlich aufgehört zu existieren. Es gibt zwar heute noch Märchenerzähler, die vorgeben, von der priesterlichen Kaste abzustammen. Aber sie sind ungefähr auf dieselbe Art in der Lage, ein Stammregister vorzuweisen, wie ein französischer Abenteurer einen unbezweifelbaren Anspruch auf den Thron von Karl dem Großen erheben kann.

Die endgültige Auslöschung des levitischen Priesteramtes wird am authentischsten durch das religiöse System im modernen Staat Israel bestätigt. Wenn überhaupt in der Welt, so wäre in diesem Staat der Platz für dessen Wiederbelebung. Aber mit der Rückkehr der Juden ins Land ihrer Vorväter sind die levitischen Priester nicht zurückgekehrt, und zwar aus dem einfachen Grund, daß sie nicht mehr existieren. Es gibt jetzt in Israel ein Doppelsystem der Orthodoxie, nämlich „sephardisch" (spanisch-afrikanisch) und „aschkenasisch" (deutsch-slawisch). Der amerikanische Zweig des Reformjudentums ist in Israel, wie bereits angedeutet, als Folge eines politischen Kuhhandels offiziell nicht zugelassen.

Da nun das levitische Priestertum ausgestorben ist, so erhebt sich die Frage, wer im Judentum heute das liturgische Amt bekleidet. Eigentlich niemand, wenn man sich diese Funktion in einer persönlichen Verkörperung vorstellt. Die Liturgie der Synagoge ist in den Händen der Gemeinde selbst. Schon zehn Personen können ein Quorum bilden, das den Gottesdienst ohne obrigkeitliche Führung liturgisch gültig abwickelt. Eine zahlreichere Gemeinde hat meistens einen Vorbeter, der wie ein Chorleiter nur die technische Funktion hat, die Betenden chronologisch zusammenzuhalten. Als Verschönerung und theatralische Attraktion (die eine streng orthodoxe Gemeinde mit Entsetzen ablehnt) ist der Vorbeter in moderneren und wohlhabenderen Gemeinden ein Sänger, oder auf lateinisch Kantor, der das Gebetsmaterial nicht rezitiert, sondern singt.

An diesem Punkt mag man fragen, was bei all dem der Rabbiner zu tun hat. Strenggenommen gar nichts. Der Rabbiner hat beim Gottesdienst keine liturgische Funktion. Er sitzt nur passiv herum wie die meisten Gemeindemitglieder. Er hat zwar einen Ehrensitz, aber sonst greift er in den Prozeß nicht ein. Manchmal hält er eine Predigt, aber diese ist nur eine Einlage, die gar keinen religiösen Charakter oder sonst irgendeinen Zusammenhang mit dem Gottesdienst zu haben braucht. Der Rabbiner ist kein geweihter Priester. Er ist mehr oder weniger ein Gelehrter, dessen Aufgabe es ist, die Vertracktheiten der Religion zu kennen. Normalerweise ist er der Absolvent eines Seminars und ist für die Ausübung seines Fachs wie ein Schauspieler auf ein Engagement angewiesen. Wenn er von einer Gemeinde auf Widerruf eingesetzt wird, dann ist er ihr Lehrer, Ratgeber, Friedensrichter, Wortführer und Hansdampf in allen Gassen. Er hat Autorität nur für jene, die ihn anerkennen, wozu kein Jude verpflichtet ist.

Im Neuen Testament wird Jesus manchmal mit Rabbi angesprochen. Frommen Juden klingt das seltsam und ein wenig auch anstößig, weil sie dazu neigen, einen Rabbiner ihrer Glaubensrichtung gleichsam als einen „Priester" ehrenhalber anzusehen, wozu Jesus in ihren Augen nicht qualifiziert war. Die neutestamentliche Anrede von Jesus als Rabbi war aber zulässig, weil er für seine Jünger ja ein Lehrer oder Meister sein konnte. Die Bezeichnung bedeutet auch heute noch dasselbe mit der inoffiziellen Abweichung, daß eine besondere Gruppe von Anhängern in ihrem hochverehrten Rabbiner mehr als einen Lehrer sieht; solche Schwärmer erheben ihn zum Gesetzgeber, wofür in den Mosaischen Gesetzen jedoch keine Grundlage zu finden ist. Der falsche Eindruck wurde erweckt, daß einzelne Rabbiner mit einer weitverzweigten Anhängerschaft, die in der Erinnerung der Nachwelt als „Wunderrabbiner" fortlebten, die Autorität hatten, dem Judentum hinsichtlich der Art und Weise der jüdischen Religionsausübung Direktiven zu geben. Diese Funktion beruht jedoch auf keiner kanonischen Grundlage, und kein Jude ist verpflichtet, ihnen zu folgen.

**78**  Der namhafte jüdisch-amerikanische Schriftsteller Herman Wouk versucht in seinem Buch „This Is My God" der traditionellen Auffassung den Nimbus der Rechtmäßigkeit zu geben. In offenbarer Kenntnis der Tatsache, daß das levitische Priestertum, das allein die Gesetze zu interpretieren berechtigt war, nicht mehr existiert, beruft er sich (im Anfangsteil seines 16. Kapitels) auf eine Stelle im Deuteronomium (5. Buch von Moses), die seiner Meinung nach ein Wegweiser für die Interpretation der Gesetze in späteren, priesterlosen Zeiten ist. Die Bibel sei weise gewesen, die Zeiten vorauszusehen, wo der Stamm der originalen Gesetzesdeuter nicht mehr existieren würde und deswegen für ihren Ersatz Vorkehrungen getroffen habe. Wouk kann sich in seiner Bibelinterpretation hinsichtlich künftiger Gesetzesinterpretation nicht sehr sicher gefühlt haben, denn er hat auf Nennung der genauen Stelle im Deuteronomium wohlweislich verzichtet. Wenn man annimmt, daß er seinen Lesern beim Nachschlagen der betreffenden Bibelstelle mit Wissen nicht behilflich sein wollte, so trägt seine Unterlassung die Schuld für ein vergebliches Suchen im Buch. Seine Bibelreferenz muß also unter Berufung auf jene Stelle kommentiert werden, die überhaupt irgendwie dafür in Frage kommt. Im Deuteronomium gibt es kaum mehr als eine solche Stelle, so muß die Auseinandersetzung aufgrund ihrer Zeugenschaft geführt werden. Leider muß im voraus gesagt werden, daß die fragliche Bibelstelle, so wie sie für das Herbeiführen künftiger Entscheidungen gedacht ist, auf die von Wouk gemeinten Fälle nicht anwendbar ist. Sehen wir nun zuerst, was die Bibel sagt, und dann, was Wouk sagt. In dritter Instanz werden wir dann auch sehen, ob Wouks Rechtfertigung rabbinischer Entscheidungen für das Gesamtjudentum wirklich auf festem Bibelwort fußt. (5. Buch von Moses, 17. Kapitel, Vers 8 und 9)

> Wenn eine Sache vor Gericht dir zu schwer sein wird, zwischen Blut und Blut, zwischen Handel und Handel, zwischen Schaden und Schaden, und was Streitsachen sind in deinen Toren, so sollst du dich aufmachen und hinaufgehen zu der Stätte, die der Herr, dein Gott, erwählen wird, und zu den Priestern, den Leviten, und zu dem Richter, der zur Zeit sein wird, kommen und fragen; die sollen dir das Urteil sprechen.

Da ein Kommentar erst nach Anführung von Wouks Äußerung hinsichtlich dieses Gegenstandes möglich ist, so soll jetzt diese in deutscher Übersetzung folgen.

> Die Ermächtigungsklausel hinsichtlich gesetzlicher Zusatzbestimmungen (The enabling clause for amendment) ist eine Stelle im Deuteronomium, die die Juden dazu anleitet (instructs), an der Thora – den Lehren der Weisen gemäß – festzuhalten. Folglich sorgt die Thora selbst – ob man es von Gott herleitet oder nicht – für die Einsetzung einer Autorität zwecks Interpretation ihrer Gesetze durch Rechtsgelehrte in Anpassung an die wechselnden Zeitläufe. Im Judaismus entsteht eine Neufassung der Gesetze durch ein Dekret der Weisen. Dieses gewinnt aber Gültigkeit nur, wenn es von den meisten Gläubigen getragen werden kann. Die gesetzliche Zusatzbestimmung wächst aus dem Erkennen neuer Notwendigkeiten heraus, worauf die Gemeinschaft ihr Einverständnis kundgibt. Sollte sich diese Bestimmung mit der Zeit als untragbar erweisen, dann wird sie widerrufen.

Das Augenfälligste beim Vergleichen der zwei Zitate ist, daß die Bibel nicht sagt, was Wouk sagt, daß sie sagt. Wouks Schilderung ist voll von Ungereimtheiten. Sein erster Satz ist schon ein Lapsus in Logik, denn eine Ermächtigung (durch eine höhere Autorität wie in diesem Fall die Bibel) bedeutet, mit Durchführungsgewalt ausgestattet zu sein. Demgegenüber beruht eine Anleitung oder Anweisung nicht notwendigerweise auf einer zwingenden Ermächtigung. Wouk selbst bestätigt diesen Unterschied, indem er die Möglichkeit der Verwerfung des Dekrets der Weisen durch die Glaubensgemeinschaft zugibt. Von einer absoluten Ermächtigung der Weisen kann also keine Rede sein. Wouk behauptet, daß eine solche in der Bibel vorgesehen ist, straft sich aber im selben Atemzug Lügen, wenn er zugibt, daß sie nicht befolgt zu werden braucht.

Die vorgeschützte Ermächtigungsklausel, wovon in der Bibel keine Spur zu finden ist, ist eine willkürliche Konstruktion von Wouk selbst. Zudem wuchert der Wurmfraß seiner Manipulation in seinem nächsten Satz weiter, dessen Inhalt trotz des Einleitungswortes „folglich" nicht aus dem Vorhergehenden folgt. Nur weil die Weisen in der Beobachtung der Thora-Regeln eine beispielgebende Rolle spielen sollen, bedeutet es nicht, daß sie von der Bibel die Autorität zur Änderung der Gesetze erhalten haben. Die Thora zu lehren und die Thora zu ändern sind zwei Paar Stiefel. Auch die Bibelstelle im 1. Kapitel des Deuteronomiums (Vers 13, 15), in welcher Wouk eine Rettung seiner wackligen These sehen mag, enthält keine solche Ermächtigung. Diese Bibelstelle spricht von der Ernennung weiser Persönlichkeiten zu Häuptern von Formationen militärischen Charakters. Den Ernennungsakt vollzieht Moses selbst an Ort und Stelle, also in seiner eigenen Gegenwartszeit. Von einer Ermächtigung von Weisen zum Uminterpretieren der Gesetze in späterer Zeit ist auch da nicht im entferntesten die Rede.

Die im Wouk-Zitat angedeutete Zukunftsermächtigung (notgedrungen angenommen, daß der Doppelvers 8-9 des 17. Kapitels gemeint ist) ist von einer gänzlich verschiedenen Art. Es handelt sich dabei um die Befolgung der gerichtlichen Instanzenwege in Streitsachen von Zivilparteien. Von einer Änderung der Grundgesetze ist da gar keine Rede. Die Bezugnahme der Bibel auf die Zukunft ist außerdem für Wouks Zwecke sowieso unbrauchbar, weil da wieder das Amtieren der (inzwischen ausgestorbenen) levitischen Priester verlangt wird, wodurch die ganze Zukunftsermächtigung selbst in diesem beschränkten Sinn ins Wasser fällt. Ebenfalls gänzlich unpassend für Wouks Zwecke sind die letzten fünf Verse des 16. Kapitels, die von der gerechten Verwaltung bestehender Gesetze und nicht vom Erlaß neuer Gesetze sprechen. Wouk, der eine auf Hochglanz polierte Schaufensterorthodoxie praktiziert, zielt mit seinem ganzen Manöver darauf hin, für die Entscheide der von alters her bekränzten Wunderrabbiner eine rechtliche Grundlage zu schaffen. Der versteckte Zweck darüber hinaus (möglicherweise auch bei Wouk nur instinktiv) ist, anderen Erneuerern, die sich auf keine Bibel, sondern nur auf den gesunden Menschenverstand berufen, das Wasser abzugraben. Der Eindruck soll erweckt werden, daß die hochgelehrten Buchwurmrabbiner, und nur sie allein, göttlich oder zum mindesten biblisch dazu berufen worden seien, die Gesetze für die Schafherde von Juden zu interpretieren.

Die rabbinische Anhängerschaft sollte endlich einmal zur Kenntnis nehmen, daß nach dem Verschwinden des levitischen Priestertums – das allein die Gesetze zu interpretieren befugt war – jeder Jude berechtigt ist, die Gesetze nach seiner eigenen Auffassung zu interpretieren. Dieses Recht ist so stark in jüdischer Tradition verankert, daß es sogar schon zur Zeit der levitischen Epoche ausnahmsweise ausgeübt werden durfte, wenn der israelische Thron unbesetzt war. An zwei Stellen im Buch der Richter (Kapitel 17, Vers 6, und Kap. 21, Vers 25) steht der identische Satz: „Zu der Zeit war kein König in Israel, und ein jeglicher tat, was ihn recht deuchte." Da wir heute weder levitische Priester noch einen israelischen König haben, so sind wir doppelt berechtigt zu tun, was uns recht dünkt. Das wird natürlich kein vernünftiger Mensch als einen Freibrief für ein wildes Benehmen interpretieren, wohl aber für die Befreiung von den religiösen Kinkerlitzchen. Die Unterordnung unter eine rabbinische Gesetzesinterpretation ist ein gänzlich freiwilliger Akt, zu dem kein Jude verpflichtet ist, und zwar ohne die geringste Beeinträchtigung seiner Zugehörigkeit zu der jüdischen Gemeinschaft. Dieses Prinzip ist im Staate Israel dadurch anerkannt, daß die Einwanderung und der Verbleib eines Juden nur einem ethnischen und keinem religiösen Test unterworfen wird.

**79** Das Judentum ist endlich zu seinem Ausgangspunkt zurückgekehrt. Es war ein Volkstum, bevor es eine Religion wurde. Zu deren Herausbildung brauchte es Jahrhunderte. Abraham war vor seiner „Taufe" schon ein Jude (wenn man den falschen Ausdruck „Jude" der leichteren Verständlichkeit halber zunächst mal ohne Krittelei hingehen läßt). Die jüdische Religion ist nur eine Geschichtsepoche (wiewohl eine ziemlich lange) im Leben des Judentums. Dieses ist aber Judentum auch ohne die jüdische Religion. Abraham, der als der erste Jude gilt, taucht in der Bibelerzählung am Ende des 11. Kapitels der Genesis auf, damals noch unter seinem ursprünglichen Namen „Abram". Unmittelbar darauf, gleich am Anfang des 12. Kapitels, tritt Gott mit ihm in Verbindung und verspricht, ihn zu einem großen Volk zu machen. Das Judentum hat also schon begonnen zu existieren, ohne daß von Religion irgendwie die Rede gewesen wäre.

Die folgenden vier Kapitel (13,14,15,16) erzählen von Abrams Irrungen in Ägypten und seinem Techtelmechtel mit der Kammerzofe seiner Frau. Dieses Zwischenspiel dauerte zehn Jahre, und noch hatte Abram keine Religion (übrigens auch keinen legitimen Sohn). Es brauchte weitere vier Jahre und das 17. Kapitel, bis Gott seine Zukunftspläne vor Abram aufdeckte. Um diese Zeit wurde dieser endlich in Abraham umgetauft. Ob er damit gleichzeitig auch eine Religion geschenkt bekam, ist schwer zu sagen. Sachlich betrachtet müßte der Befund eher negativ sein.

Gott schloß mit Abraham einen Vertrag ab, der ein Tauschgeschäft vorsah. Abraham gab Gott die Vorhaut seines delikatesten Körperteils und erhielt dafür das Land Kanaan. Gott meldete gleichzeitig an, daß er der Gott von Abrahams Nachkommen zu werden beabsichtigte, verkündete aber weder Gesetze noch verlangte er seine Anbetung. Hat nun Abraham eine Religion, namentlich eine jüdische gehabt? Sogar seine Nachkommen waren noch Götzenanbeter. Das 31. Kapitel der Genesis handelt von nichts anderem als der Beschreibung des Götzendienstes. Jakobs Frau Rachel stiehlt die Götzenbilder ihres Vaters Laban, der beim Beschwören eines Bündnisses mit seinem Neffen und Schwiegersohn Jakob die Zeugenschaft eines Steinhaufens anruft, den Jakob zu diesem Zweck zusammengetragen hat. Götzendienst war also noch hoch im Schwange. Ein Ritual heidnischer Bräuche war auch das Opfern von Lebewesen, Mensch und Tier. Berühmt ist die griechische Hekatombe, die Abschlachtung von hundert Ochsen in einer einzigen Sitzung als Huldigung an die Götter. Das Brandopfer ist meistens mit jüdischen Bräuchen assoziiert, und es ist eine verdrehte Selbstbetrachtung der Juden dafür verantwortlich, daß diese Gedankenverbindung sich in der öffentlichen Meinung festsetzen konnte. Die Juden sind nämlich in der Behandlung dieser Frage genauso hirnlos wie ihre Kritiker. Die unglaubliche Narretei von Isaaks Darbietung zum Brandopfer durch Abraham wird heute noch allen Ernstes als eine Prüfung von Abrahams Loyalität Gott gegenüber und als ein von Gott daraufhin erteilter endgültiger Dispens von dieser Grausamkeit gefeiert. Wenn man aber den Text in der Bibel mit kühlem Kopf liest, muß es einem klar werden, daß das Ereignis sich unmöglich in der beschriebenen Weise abgespielt haben kann. Es ist nur das vernagelte religiöse Gehirn, das diese Geschichte in der geschilderten Form ernst nimmt. Entnagelt gewinnt man folgende Version von der Bibelgeschichte, die zum Vergleich in den ersten dreizehn Versen des 22. Kapitels der Genesis zum Nachdenken empfohlen ist.

> Gott spricht zu Abraham. Nimm Isaak, deinen einzigen Sohn, den du liebhast, und gehe hin in das Land Morija und opfere ihn daselbst zum Brandopfer auf einem Berge, den ich dir sagen werde. Und Abraham nahm das Holz zum Brandopfer und legte es auf seinen Sohn Isaak; er aber nahm das Feuer und Messer in seine Hand, und gingen die beiden miteinander. (Anmerkung der Redaktion: Bis hierher hat Abraham ohne Mucksen mitgemacht, weil er annahm, all

das sei nur ein schlechter Spaß.) Da sprach Isaak zu seinem Vater Abraham: Siehe hier ist Feuer und Holz; wo ist aber das Schaf zum Brandopfer? Abraham antwortete: Mein Sohn, Gott wird sich ersehen ein Schaf zum Brandopfer. (Kommentar: Diese Antwort Abrahams deutet an, daß er die ganze Sache für eine Laune Gottes hielt und nicht glaubte, daß Isaak in der Tat geopfert werden müsse. Er wollte aber kein Spielverderber sein, und so folgte er der Anweisung. Als er aber das Messer zum Schlachten ergriff und der Spaß zum bitteren Ernst zu werden drohte, hielt er es nicht länger aus und wandte sich mit den Worten zu Gott (Gespräch heimlich belauscht): „Aber Jehovalein, was ist denn in dich gefahren? Willst du wirklich, daß ich meinen Sohn nieder-säbele und röste? Das kann doch nicht dein Ernst sein. Hast du vergessen, was du fünf Kapitel vorher gesagt hast? Du versprachst, daß du Völker von mir machen willst; Könige sollen von mir kommen. (Genesis, 17. Kapitel, 6. Vers). Wie soll das Wirklichkeit werden, wenn du den Stammvater der kommenden Generationen abmurkst, bevor er die Chance hat, seinen Samen zum Sprießen anzupflanzen?" Gott: „Abi, du hast recht. Ich hab's beinahe vergessen. Natürlich soll Isaak am Leben bleiben. Eigentlich wollte ich dich nur auf die Probe stellen. Ich wollte nur wissen, ob du mir in allem folgst." Abraham: „Du bist ein komischer Gott. Du weißt alles und doch wolltest du mich prüfen, als ob du das Resultat nicht im voraus schon gewußt hättest. Aber in diesem Fall habe ich es auch schon im voraus gewußt. Deswegen bin ich auf das Spiel einge-gangen. Als du die Aufopferung Isaaks verlangtest, wußte ich sofort, daß es dir darum nicht ernst sein konnte. Wenn Isaak für ein koscheres Gericht zubereitet worden wäre, was wäre dann aus deinem Volk geworden?" Daraufhin fühlte sich Meister Gott ein wenig beschämt, und auf seine Anweisung rief dann der Oberengel aus dem Himmel und sagte: „Abraham, Abraham, lege deine Hand nicht an den Knaben und tu ihm nichts." Da hob Abraham seine Augen auf und sah einen Widder hinter sich in der Hecke mit seinen Hörnern hangen und ging hin und nahm den Widder und opferte ihn zum Brandopfer an seines Sohnes Statt.

Der offizielle Bibeltext verschweigt Abrahams Aufgewecktheit, die ihn befähigte, die Schli-che Gottes zu durchschauen. Die Bibel will nichts davon wissen, sie präsentiert Gott wie einen, der die geistige Wachsamkeit seines eigenen Geschöpfs nicht erkennt. Der Zweck der Bibel ist, den Gläubigen die Furchtbarkeit und dann bei gebührender Ehrerbietung auch die Barmherzigkeit Gottes vor Augen zu führen. Bei all dem wird vergessen, daß zur Zeit der Isaakgeschichte die jüdische Religion noch gar nicht existierte. Die heutigen jüdischen Religionsanhänger brauchen sich also nicht wegen des drohenden Auftretens Gottes (gleich-sam in eigener Sache) zu entschuldigen und dann wiederum auf seine Besänftigung als Zei-chen des Kulturfortschritts eines jüdischen Gottes stolz zu sein.

**80** Der göttliche Opferempfang ist nicht spezifisch jüdisch, weder in Grausamkeit noch in Besänftigung. Er ist auch in anderen Mythologien zu finden, namentlich in der griechi-schen, von der manche Elemente der jüdischen wahrscheinlich übernommen worden sind. Musikern sollten diese mythologischen Schauergeschichten besonders bekannt sein.

Mehrere Opern haben religiöse Menschenopfer zur Beschwichtigung der Götter zum The-ma wie zum Beispiel (in Bellinis Oper) die tragisch, durch Feuertod, endende Norma. Dasselbe Grundmotiv, aber mit glücklicher Errettung am Ende, bewegt die Handlung in Glucks drei Opern, der Alceste und den zwei Iphigenien. In diese Kategorie gehört auch Mozarts Idomeneo. Ein Menschenopfer mit tragischem Ausgang ist jenes der Tochter des jüdischen Richters Jephthah, von Händel in einem Oratorium besungen. Diesem biblischen Drama und der Mo-zart-Oper ist es gemeinsam, daß ein Vater, aus Dankbarkeit für himmlische Hilfe in Not, dem

„barmherzigen" Gott das Lebewesen zu opfern gelobt, das ihm bei der Heimkehr als erstes entgegenkommt. Das Sujet ist so ähnlich (mit Ausnahme des Schlusses), daß das eine die Kopie des anderen sein muß. In beiden Fällen ist das Kind das Opfer des väterlichen Eides. Der Fall Jephthahs ist deswegen ernst zu nehmen (obwohl er kaum etwas anderes als eine Schauerdichtung ist), weil seit Abraham rund 500 Jahre verstrichen sind, und die Juden schon etwa 100 Jahre eine Religion hatten, und so – selbst wenn der grausame Gott Jephthahs Gelübde nicht auflöste – die jüdische Religion das Menschenopfer verhindert haben sollte. Es gibt Bestimmungen in der jüdischen Religion, die das abergläubische Kindertöten verbieten. Aber durch die Gutheißung und sogar Forderung des Votivtodes von Jephthahs Tochter durch Gott erweist er sich als viel ungeheuerlicher als die griechischen Heidengötter, und es ist eine Schande, einen Gott mit einer solchen Vergangenheit immer noch anzubeten.

Es ist angebracht und notwendig, an diesem Punkt wieder festzustellen, daß der eben beschriebene Gott, wie auch irgendein anderer Gott, nicht existiert. Wenn Gott erörtert wird, ist es immer der menschliche Geist oder Ungeist und dessen phantasmagorischer Ausfluß, der erörtert wird. Der grausame Gott von Jephthah ist die Erfindung von Menschen, die die Vorstellung von einem opfer-hungrigen Gott hatten. Wenn die Vorstellung sich mit der Geschichtsentwicklung ändert, dann ändert sich Gott mit ihr. Es gibt im 20. Jahrhundert keinen Juden, und wahrscheinlich wird es auch in den späteren keinen geben, und sollte er noch so bigott sein, der sich geloben würde, ein Mitglied seines Haushalts im Austausch gegen eine göttliche Gunst nach dem Entscheid eines Lotteriespiels abzuschlachten.

Der Gott von Jephthah ist also nicht der Gott von Herman Wouk. Wahrscheinlich ist auch Moses' Gott, der die Ausrottung der Midianiter und die Vergewaltigung ihrer Jungfrauen befahl, nicht der Gott, den Herman Wouk meinte, als er seinem Buch den Titel „Das ist mein Gott" gab. Es gibt aber Millionen von „Wouks", deren Gott wiederum nicht der Gott von Hermann Wouk ist. Er beklagt sich denn auch in seinem Buch (eine Seite nach seiner Gesetzesinterpretationstheorie im 16. Kapitel), daß einige der fähigsten Köpfe am „Gerichtshof" der Gesetzesinterpretation und damit der Woukschen Traditionsverewigung nicht teilnehmen wollen, wenn es am dringendsten nötig wäre. Er findet sich mit dem weitverbreiteten Glaubensmangel notgedrungen ab, aber es schmerzt ihn, daß auch beste Köpfe nicht mehr mitmachen wollen. Wouk laboriert an seinem eigenen unerkannten Widerspruch. Wenn er ein Kollegium von Weisen und eine breite Gefolgschaft für die Wachhaltung der Tradition als Voraussetzung bezeichnet, dann hat er keine Grundlage, sich über die Glaubenslosigkeit zu beklagen, denn bei dieser ist die von ihm bezeichnete Voraussetzung zur Wirksamkeit einer Geistesrichtung auch erfüllt. Die Irreligiosität hat auch ihr Kollegium von Weisen und eine breite Gefolgschaft. Haben diese nicht dasselbe Recht auf ihre Ideologie wie Wouk auf seine?

Es ist der Gipfel religiöser Arroganz, Gottes Kindergartengouvernante zu spielen (wie es in Wouks Buch als Großzügigkeit gedacht, aber eine große Dummheit ist) und dem Ungläubigen zu versichern, daß seine Ungläubigkeit eine Sache zwischen ihm und Gott ist. Dieses Zugeständnis will natürlich den Ungläubigen mit den Folgen seiner Ungläubigkeit schrecken. Es ist eine typisch religiöse Dummheit, die Existenz eines Gottes des Gottlosen anzunehmen, dem dieser verantwortlich sein soll. Diese hirnlose Annahme ist außerdem eine Einmischung in die Privatsache anderer, denn es ist nicht Sache des Gläubigen, um das Seelenheil des Ungläubigen besorgt zu sein. Für die Juden im besonderen ist diese Frage schon durch die bereits zitierte Bibelstelle entschieden, wo die Gebrauchsanweisung für eine individuell unabhängige Lebensgestaltung in königslosen (und man mag hinzufügen auch in priesterlosen) Zeiten angegeben ist.

Will Wouk diktatorisch bestimmen, wieviel vom Judentum gestrichen werden darf und wieviel noch beibehalten werden muß? Es gibt Glaubensrichtungen im Judentum, für die Wouks Judentümelei genauso glaubenverletzend ist wie die Irreligiosität anderer für Wouk. Ein Zusammenschluß des Judentums ist nur auf ethnischer Grundlage möglich, weil diese die einzige ist, die allen Juden gemeinsam ist. Der nicht sehr zahlreiche, artfremde Zuwachs hebt das Prinzip nicht auf, da auch andere Völker mit ethnischer Gleichberechtigung einbürgern. Beim Kaleidoskop jüdischer Glaubens- und Unglaubensformen kann das Judesein nur eine ethnische und nicht religiöse Realität sein. Dieser Standpunkt löst freilich bei den religiös Eingekapselten heftigen Widerwillen aus, weil sie die destruktiven Folgen der eng eingeschnürten Begrifflichkeit des Judeseins nicht zu erkennen vermögen. Sie legen sich keine Rechenschaft darüber ab, daß das im Entstehen begriffene Judentum in den ersten 500 Jahren ohne eine eigentliche jüdische Religion gelebt hat.

81 Wenn die Patriarchen ohne eine mosaische Gesetzgebung, also nach unseren Begriffen ohne Religion leben konnten, dann sollte das heute nicht weniger möglich sein. Viele mosaische Gesetze sind für ein Leben im 20. Jahrhundert sowieso zu einer Absurdität geworden und obendrein, wie wir es bald sehen werden, durch rabbinische Interpretation nachgerade irrsinnig gemacht worden. Deswegen war es in den ersten 500 Jahren trotz ägyptischer Gefangenschaft eher leicht, ein Jude zu sein. Damals gab es keine Anbetung, keine Vorschriften, keine Feiertage und kein Priestertum. Kann man unter diesen Umständen von Religion sprechen? Aber das Volkstum hat existiert. Von allem, was heute als Religion gilt, wurde damals nur die Beschneidung praktiziert. Aber selbst diese Ansicht ist ein allgemein akzeptierter Irrtum. Die Beschneidung war eine Gesundheitsmaßnahme in der Form eines Blutvertrags. Andere Völker praktizierten sie schon vor den Juden, so kann man diesen Brauch nicht als einen spezifisch religiösen Akt betrachten. Er mußte dem sich begreiflicherweise sträubenden Volk in der Verkleidung eines Vertrags mit Gott verkauft werden. Daß die Beschneidung eine religiöse Maskerade ist, enthüllt die Bibel selbst. Sie ist wie der dumme Lügner, der sich selbst entlarvt. Sehen wir, was die Bibel über die Beschneidung sagt (Genesis, Kapitel 17, Vers 11,12,13).

> Ihr sollt aber die Vorhaut an eurem Fleisch beschneiden. Das soll ein Zeichen sein des Bundes zwischen mir und euch. Ein jegliches Knäblein, wenn's acht Tage alt ist, sollt ihr beschneiden bei euren Nachkommen. Desgleichen auch alles Gesinde, das daheim geboren oder erkauft ist von allerlei Fremden, die nicht eures Samens sind. Beschnitten soll werden alles Gesinde, das dir daheim geboren oder erkauft ist. Und also soll mein Bund an eurem Fleisch sein zum ewigen Bund.

Da die fremden Knäblein im jüdischen Haushalt auch beschnitten werden mußten, so ist der vorgetäuschte jüdische Bund mit Gott ein Schwindel. Durch die Einbeziehung der Fremden in die Vorhautoperation ist es zugegeben, daß die Beschneidung eine Gesundheitsmaßnahme und kein religiöser Akt war. Dieser war nur eine Vorspiegelung falscher Tatsachen. Die Religiosität des ganzen Beschneidungswesens ist übrigens dadurch ad absurdum geführt, daß in Amerika christliche Jungen aus Gesundheitsrücksichten massenhaft beschnitten werden. Dafür bleiben Judenjungen einstweilen allerdings nur sporadisch unbeschnitten, da Hygiene nicht nur auf diese drastische Art praktiziert werden kann.

Die Beschneidung erweist sich in doppelter Hinsicht als eine ebenso gegenstandslose wie unappetitliche Zeremonie. Als Vertrag wurde sie zum Vertragsbruch, weil die Juden das von Gott auf ewig versprochene Land fast nie besessen haben. Teilweise waren sie Vasallen anderer Mächte oder sie wurden samt und sonders vertrieben. (Das ist kein Wunder, da ein Vertrag mit einem nichtexistierenden Gott ein nichtexistierender Vertrag ist. Wenn der Vertrag im Wahnglauben an seine Rechtskräftigkeit abgeschlossen wurde, dann war die Beschneidung für die Katze.) Als Gesundheitsmaßnahme ist die Beschneidung zum mindesten in unserer Zeit überholt. Bei der heutigen Zivilisation des Judentums weiß jeder Junge (oder er kann leicht dazu erzogen werden), wie er sich körperlich pflegen soll. Die Beschneidung, ob ja oder nein, ist eine nationalhygienische Frage, die von Ärzten und nicht Rabbinern entschieden werden soll. Diese würden jede dumme Sitte aus Tradition am Leben erhalten. Und es gibt „beste Köpfe" im Judentum, die meinen, ihrem Glauben nur durch Befolgung unsinniger Gebräuche treu bleiben oder die Treue zum Ausdruck bringen zu können.

Nach Ansicht der buchstabentreuen Gesetzesdeuter hat das Bekenntnis zum jüdischen Schicksal, zur jüdischen Geschichte, und ebenfalls (ihrer Meinung nach) haben die jüdischen Leistungen und Beiträge zur allgemeinen Menschenveredelung und der auch aus all dem geschmiedete jüdische Schöpferkreis keine nationale Fusionswirkung und völkische Charakterbildung. Sie küssen nur eine Leiche. Für sie fällt das lebende Judentum wenig ins Gewicht: Einstein, Salk, Waksman, Mendelssohn, Heine, Spinoza, Bergson, der amerikanische Admiral Rickover, der Atom-U-Boot-Entwerfer, Marc Spitz, der mit den von niemanden vor- und nachher erreichten sieben Goldmedaillen dekorierte olympische Meisterschwimmer, die todesmutigen, fliegenden Retter der Entebbe-Geiseln: Diese genügen nicht, das Judentum zusammenzuhalten. Dazu braucht's den Wunderrabbiner von Schadagora mit seiner Talmudtüftelei!

Man mag mit Befremden fragen, wieso getaufte Juden, die es auch unter den Genannten gibt, ein Kitt für das Judentum sein sollen. Man kann über diese Krankheit des Judentums heulen (nicht wegen der Negierung der Religion, sondern weil der formelle Austritt eine symbolische Verleugnung der Volkszugehörigkeit ist), aber man muß auch verstehen, daß die abgestandene Gettoatmosphäre manche Ratlosen dazu verleitet, einfach auszubrechen, statt mal kräftig durchzulüften. Deswegen tut ein neues, rabbinerfreies Judentum not, eines, das dem Wankenden das Verbleiben ermöglicht.

Die Franzosen sind auf ihr Franzosentum nicht deswegen stolz, weil sie eine Nation von Weintrinkern sind, den Nizzaer Karneval und einen Wallfahrtsfremdenverkehr betreiben. Die Deutschen haben ihre Geltung in der Welt nicht mit der Zipfelhaube der Bauern, den Lederhosen, dem Münchner Oktoberfest und dem Biertrinken errungen. Die großen Geister dieser Länder haben ihre Nation in die Höhen geführt und nicht populäre Kinkerlitzchen und die Religion. Diese zwei „Liebhabereien" förderten nur die Witzblätter und die Kriegsführung.

Sind es die Volksbräuche der abendländischen Nationen – die übrigens noch lange nicht so skurril und lächerlich sind wie die jüdischen –, die sie als Einheiten zusammenhalten? Freilich nicht, würde man sagen. Aber sie schaden auch nicht, und so sollten sie auch bei den Juden neben ihren großen Geistern bestehen können. Das ist ein Irrtum! Machtvolle oder zum mindesten auf eigenen Füßen stehende Nationen können die Karikatur ertragen. Nicht einmal während des Nazismus war es in Deutschland möglich, die Franzosen, die Engländer, die Russen oder die Amerikaner so effektvoll zu verulken, wie es den Juden sogar schon in geruhsamen Friedenszeiten angetan wurde. Wenn die Juden (um das Gegenteil zu beweisen) den vermotteten, vermorschten Plunder hinauswerfen, werden sie dann keine Juden mehr sein, werden sie nicht sogar bessere, geachtetere, stolzere Juden sein?

Wenn die Antwort auf obige Frage ist, daß der Antisemitismus keine äußeren Ursachen benötigt, weil er unabhängig davon im Inneren der Antisemiten lebt, so ist die Replik darauf, daß eine gründliche Hausreinigung im innerjüdischen Bereich noch nie allumfassend versucht wurde. Nur einzelne Juden haben deren Notwendigkeit verstanden, von denen die Entmutigten sich in die trügerische Taufe retteten. Die Taufe wird ja auch vielfach durch die Unbiegsamkeit der Religion verursacht. Das war der Fall bei der Taufe des Vaters von D'Israeli, dem nachmaligen englischen Ministerpräsidenten, der die Arroganz der Londoner jüdischen Gemeindevorsteher nicht vertragen konnte. Daß es sich in diesem Fall nicht um Abtrünnigkeit handelte, ist dadurch erwiesen, daß D'Israeli, als er schon den dekorativen Namen Lord Beaconsfield trug und Mitglied der anglikanischen Kirche war, bei jeder möglichen und passenden Gelegenheit stolz auf seinen jüdischen Ursprung und sein jüdisches Kulturerbe hinwies.

Die Amsterdamer jüdische Gemeinde hatte zweihundert Jahre vorher schon einen noch blamableren Bock geschossen, als sie ihr größtes Mitglied, einen Juden von nachmaliger Weltgeltung, den Philosophen Benedikt Spinoza, „exkommunizierte". Im Judentum gibt es eigentlich keine Exkommunikation (ausgenommen durch die Todesstrafe), und damit hat Spinozas Gemeinde nur gezeigt, daß sie nichts von den jüdischen Gesetzen verstand. Ihre Verirrung war um so größer, als Spinoza bei all seinen unkonventionellen Gottesideen gar nicht daran gedacht hatte, die jüdische Religion offiziell zu verlassen. Spinozas Beispiel zeigt, wie die Religion (übrigens nicht nur bei den Juden), statt die völkische Einheit zu wahren und zu stärken, sie geradezu zersprengt.

Eine Zerstörung anderer Art entsteht durch die muffige Rückständigkeit im Verhältnis zur nichtjüdischen Außenwelt. Die Christen mögen ihre eigenen muffigen Gebräuche haben, aber diese werden von den völkisch zu ihnen gehörenden Kritikern ebenso bekämpft wie die jüdischen von den jüdischen Dissidenten. Es wäre ein großer weiterer Fortschritt in der jüdischen Emanzipation, wenn das Judentum in den „christlichen" Freidenkern Verbündete finden würde. Es ist eine übertriebene jüdische Schwarzseherei, daß alle Antisemiten gleich wild antisemitisch sind. Der Antisemitismus hat viele Schattierungen. Der Kreis der Antisemiten kann sich wesentlich erweitern, wenn die Heißsporne bei den Lauwarmen darauf hinweisen können, „wie die Juden sind". Es liegt zu einem großen Teil an den Juden selbst, den noch argwöhnischen, aber potentiell freundlichen Christen zu zeigen, daß die Antisemiten unrecht haben. Die Juden sind nicht besser und nicht schlechter als andere, aber sie müssen besser sein, um gleich zu sein.

82 Zur jüdischen Veredelungsbestrebung gehört auch die Ausrottung des religiösen Obskurantismus. Der christliche Obskurantismus ist keine Entschuldigung, weil die Christen die Macht haben, den Ton anzugeben, und die Juden müssen danach tanzen. Die Tore der jüdi-

schen Religionspraxis sollten weit aufgesperrt werden. Die Christen sollten zu Synagogen-
diensten und auch zu Hausfeiern eingeladen werden. Das am Sederabend übliche Gedenken
an die Befreiung von der ägyptischen Knechtschaft ist schon ein Teil des ersten Gebots, das
auch den Christen vertraut sein dürfte. Das heilige Abendmahl ist ja nichts anderes als das
Gedenken an die jüdische Sederfeier, die Jesus an seinem letzten Abend mit seinen Jüngern
abhielt. Es sollte überhaupt gezeigt werden, wie sehr die christliche Religion in der jüdischen
wurzelt, ohne die sie gar nicht zu denken ist, wiewohl die Wege sich geteilt haben. Aber es
sollte hervorgehoben werden, daß der Unterschied nur in der phantasievollen Ausmalung und
nicht in der grundsätzlichen Ethik besteht. Die Psalmen bilden ohne die geringste Abweichung einen Teil der Liturgie beider.

In einer Hinsicht haben die Christen ihren Obskurantismus weitgehend abgeschwächt durch
das Offenhalten ihrer Kirche für alle Besucher ohne Unterschied der Religion. Jetzt sollte von
jüdischer Seite die gleiche Großzügigkeit gezeigt werden. Der Zutritt zu den Synagogen sollte jedem frei sein. Viel Mißtrauen würde verschwinden, wenn die Christen durch Anwesenheit bei jüdischen Gottesdiensten sich mit eigenen Augen überzeugen könnten, daß bei der
jüdischen Osterfeier kein christliches Blut zum Ritual gehört. Die jüdischen Beter sollten sich
daran gewöhnen, keinen christlich scheinenden Besucher in der Synagoge mit forschenden
Blicken in Verlegenheit zu bringen. Der Rabbiner sollte sie besonders bewillkommnen und
ihnen versichern, daß sie die Vorgänge ungestört beobachten und auch jederzeit ruhig verlassen können. Von den Besuchern sollte auch keine Kopfbedeckung verlangt werden, und zwar
um so weniger, als sie auch den Juden nicht gesetzlich vorgeschrieben ist. Die Kopfbedek-
kung in der Synagoge und bei vielen Orthodoxen selbst während des Alltagslebens ist eine
auf nichts gegründete Erfindung von Rabbinern, die es verstanden haben, diese Unsitte zu
einer tyrannischen Regel zu machen. Die Verwirklichung der Anregung zum christlichen
Synagogenbesuch könnte allerdings den sonst schon immer drohenden Wandalismus in er-
höhtem Maße zur Begleiterscheinung haben. Das Gegenmittel ist aber in diesem Fall schon in
der Krankheit mit inbegriffen. Man mag annehmen, daß die wohlgesinnten christlichen Gäste
Entehrungen der Synagoge nicht dulden würden.

83 Die angeregten utopischen Änderungen sind nicht in „Gefahr" sofortiger Verwirklichung. Die bisher fast ausnahmslos praktizierte Abschließung und hinter abgedichteten Türen
geübte jüdische Religionspraxis wird wahrscheinlich weiterhin die Regel bleiben, obwohl sie
viele gemäßigte und sogar großzügig denkende Christen seit geraumer Zeit stutzig gemacht
hat. Der ungünstige Eindruck, den Außenstehende, und zwar auch solche von hohem Geist,
von den Juden und jüdischen Dingen von jeher empfangen haben, ist auch durch eine Bemerkung Goethes belegt, die er bei einem Gespräch mit einem Juden äußerte. Auf einem Erho-
lungsurlaub in Teplitz kam er mit einem Prager Juden namens Simon von Laemel zusammen.
Diese Begegnung ist in einem Gedenkbuch aus dem Jahre 1882, betitelt „Wahrheit aus Goethes Leben", von Ludwig August Frankel, Ritter von Hochwart, erwähnt. Laut Bericht, der
auch im 2. Band von Goethes Gesprächen in der Artemis-Verlag-Ausgabe abgedruckt ist,
sagte Goethe:

Der Eindruck, den ich in früher Jugend in meiner Vaterstadt empfing, war mir ein mehr erschreckender. Die Gestalten der engen und finsteren Judenstadt waren mir gar befremdliche und unverständliche Erscheinungen, die meine Phantasie beschäftigten, und ich konnte gar nicht begreifen, wie dieses Volk das merkwürdigste Buch der Welt aus sich heraus geschrieben hat. Was sich allerdings in meiner frühen Jugend als Abscheu gegen die Juden in mir regte, war mehr Scheu vor dem Rätselhaften, vor dem Unschönen. Meine Verachtung, die sich wohl zu regen pflegte, war mehr der Reflex der mich umgebenden christlichen Männer und Frauen. Erst später, als ich viele geistbegabte, feinfühlige Männer dieses Stammes kennen lernte, gesellte sich Achtung zu der Bewunderung, die ich für das bibelschöpferische Volk hege, und für den Dichter, der das hohe Liebeslied gesungen hat. Beide Bücher haben mich mannigfach beschäftigt.

Diese Äußerung Goethes ist nach ihrem bloßen Wortlaut, trotz der schmerzstillenden Schlußworte, eine Trauerrede über den gesellschaftlichen Stand des Judentums. Vielsagend ist der Satz „Meine Verachtung, die sich wohl zu regen pflegte, war mehr der Reflex der mich umgebenden christlichen Männer und Frauen". Das zeigt die tiefverwurzelte feindselige Einstellung der Allgemeinheit den Juden gegenüber. Daß Goethe die Situation vor 250 Jahren beschreibt, entkräftet es für das 20. und jetzt auch schon das 21. Jahrhundert durchaus nicht. Wir wissen, was den Juden im 20. Jahrhundert zugestoßen ist. Ein solches Schicksal war nur durch das Fortwuchern der früheren judengegnerischen Gesinnung möglich. Wir stehen dabei einer Erscheinung gegenüber, deren sonderbarstes Kennzeichen die Unfähigkeit der Juden ist, ihre Lage zu verstehen und zweckmäßig zu analysieren. Es ist die nutzloseste Kraftverschwendung, an die Menschlichkeit der Menschheit zu appellieren. Wenn man im Urwald lebt, dann muß man wissen, daß man im Urwald lebt. Ein andauerndes Jammern macht die Lage nicht besser. Ganz im Gegenteil, es lockt die Bestien noch mehr an. Vom Urwald kann man keine Lebensbedingungen erwarten, die im Ordenshaus der Englischen Fräulein üblich sind. Christliche Herzlosigkeit und Grausamkeit allein für die jüdische Tragödie verantwortlich zu machen ist verlockend, aber unrealistisch, weil die Christen nie zum Einsehen ihres Teils der Schuld gebracht werden können. Nicht jeder Mensch ist ein Goethe, der zu lernen und seine Ansichten zu ändern fähig und bereit ist. Auch die Juden müssen sich im Spiegel anschauen und sich fragen, ob das „Bildnis wirklich so bezaubernd schön" ist.

Die Juden (wohlverstanden, die verstockten Gettojuden) haben ein bis zur Selbstvernichtung entwickeltes Talent, der Dorn im Auge ihrer Umwelt zu sein. Selbstverständlich gibt es asoziale Eigenschaften, die die Juden mit manch christlichen Zweifüßlern teilen. Aber die Schilderung von Goethes Jugenderfahrung mit dem Judentum zeigt, daß die Wurzel der Judenfeindlichkeit der gehobeneren Kreise (wenn man den religiösen Antagonismus als nicht mehr wirksam abrechnet) nicht in erster Linie die oft vorgeworfenen rauhen Berufspraktiken, sondern der abstoßende Lebensstil ist. Goethe spricht nicht von hassenswerten jüdischen Eigenschaften, sondern von befremdlichen, unverständlichen Erscheinungen, von Abscheu und Scheu vor dem Unschönen. Er hat den Finger auf den entscheidenden Punkt gelegt, auf den, der auch das Hauptmotiv dieser Ausführungen ist. Goethe hat erkannt, daß das Wesen des Judentums in seiner geistigen Potenz und nicht in seinen „befremdlichen" Gebräuchen liegt, in diesen Gebräuchen, die die geistigen Energien nur verdunkeln und verunreinigen. Wieviel einfacher wäre es für Goethe gewesen, das biblische Hohelied zu schätzen, wenn er den Weg dazu nicht durch Schmutz und Schund hätte erreichen müssen? Er konnte kaum begreifen, daß ein Volk, das so ein Maulwurfsleben führt, solch hohe geistige Werke zu schaffen fähig war. Man mag behaupten, daß auch heute noch die jüdische Manier die größte Feindin des

Judentums ist. Glaubt die verstockte Orthodoxie, daß ihre obskur abergläubischen Gebräuche das Judentum exklusiv repräsentieren und in seiner ursprünglichen Echtheit erhalten?

Sind die Griechen keine Griechen mehr, weil sie nicht mehr um die Gunst von Zeus und Apollo beten und das Delphische Orakel konsultieren? Und nachdem sie die neue christliche Ostkirche angenommen haben, sind sie mit den Bulgaren, Rumänen und Russen zu verwechseln, weil diese auch der orthodoxen Ostkirche angehören? Haben die Griechen nicht etwas über ihre Glaubensgeschichte hinaus, was sie zu Griechen macht? Sind die Franzosen weniger als Franzosen erkennbar, weil die Italiener auch katholisch sind und im Piemont sogar zu einem wesentlichen Teil französisch sprechen? Daß diese Völker ihr eigenes Land haben, das sie zusammenhält, ist natürlich ein mächtiger Faktor, aber kein unerläßlicher. Die Armenier haben auch kein Land, das sie unabhängig rein armenisch regieren können, doch sind sie unter den Völkern nicht weniger armenisch ausgeprägt. Und die Juden selbst, die zu einem beträchtlichen Teil schon 200 Jahre nicht mehr im Sinne strengster Orthodoxie religiös sind, haben doch ihr jüdisches Selbstbewußtsein bewahrt. Die Neugründer des israelischen Staates waren zumeist agnostische, russisch-polnische Revolutionäre. Sie sind nicht durch die Religion Juden geblieben, sondern durch die jüdische Schicksalsgemeinschaft, die jüdische Geschichte und die jüdische Kultur. Freilich ist die Religion auch ein Bestandteil dieser Kultur.

Kein jüdischer Säkularist leugnet die enorme kulturelle Bedeutung der jüdischen Religion für das ethnische Judentum und auch für die ganze kulturelle Welt. Es ist keine Übertreibung zu sagen, daß von den drei großen heute noch tragfesten Grundmauern der abendländischen Zivilisation die jüdische eine ist. Die anderen zwei sind natürlich die griechische mit ihrer Philosophie und Wissenschaft und die römische mit Staatskunst und Recht. Die jüdische Kultur gab der Welt die Ethik und die Achtung vor der Einzelperson. In der alttestamentlichen Ermahnung „Liebe deinen Nächsten wie dich selbst" drückt sich der alt-hebräische Gedanke aus, daß der Mensch keine bloße Nummer und kein Kanonenfutter ist, sondern eine Person, die der besonderen Rücksichtnahme seitens seiner Mitmenschen würdig ist. Man darf auch nicht vergessen, daß in ethischer Hinsicht — wie es bei der anfänglichen Auseinandersetzung schon dargetan wurde – das Christentum nur eine Neuauflage des Judentums ist. Jesus hat die zehn Gebote als die verbindliche Moral anerkannt und diese rein ethisch nicht um ein Jota überragen können. Auch in der Dichtkunst ist die jüdische Bibel eine unerschöpfliche Fundgrube für die Inspiration von Dichtern und Musikern aller Zeiten. Anführungen aus der Bibel und Bezugnahmen darauf wetteifern mit solchen aus der griechischen Mythologie.

84 Goethe hat in seiner vorhin wiedergegebenen Äußerung die kulturelle Rolle der Bibel kurz angedeutet. Es ist aber von noch größerer Bedeutung, was der gottlose Nietzsche in seinem Buch „Jenseits von Gut und Böse" unter Abschnittsnummer 52 über die jüdische Bibel zu sagen hat.

Im jüdischen „Alten Testament", dem Buche von der göttlichen Gerechtigkeit, gibt es Menschen, Dinge, Reden in einem so großen Stile, daß das griechische und indische Schrifttum ihm nichts zur Seite zu stellen hat.

Jeder Jude kann also ohne Unterschied des Glaubens stolz auf die Bibel seiner Vorfahren sein. Aber er könnte noch viel stolzer sein, wenn er darin nicht alles für bare Münze nehmen müßte. Er ist natürlich nicht gezwungen, alles in der Bibel zu glauben, es wäre aber vorzuziehen, wenn die Vernunft über den Aberglauben siegen und das Judentum in seiner Mehrheit die Bibel als Gotteswort verwerfen und nur als ein monumentales Kulturdokument beanspruchen würde. Die Bibel als Geistesprodukt zu achten ist eine Sache, und an sie zu glauben ist eine andere. Manch große Führergestalten des Judentums waren auch dieser Meinung, wenngleich sie es aus politischen Gründen nicht offen zugaben. Es wäre aberwitzig und selbstschädigend, wenn die Orthodoxen diese Persönlichkeiten, wie sie es manchmal dummerweise tun, als „sündhafte" Juden betrachteten.

Theodor Herzl zum Beispiel war ein Jude mit jeder Faser seines Herzens, obwohl er von der Orthodoxie nicht weiter hätte entfernt sein können. Eine lebende Widerlegung der Theorie über die Notwendigkeit religiöser Verpflichtung als Voraussetzung zum Judesein! Er war Schriftsteller und Journalist von Beruf, daneben ein Boulevardier und Lebemann in Wien und Paris, hat jedoch mehr für das elende Ostjudenvolk wenigstens durch seine Vorarbeit getan als das ganze Synagogenpack von Tarnopol bis Kischinew. Er hat den Messianismus ohne Religion besser verstanden als seine frommen Schützlinge mit Religion. Manche dieser „erlösten" Juden, die in Israel einen Schutzhafen gefunden haben, beißen die „unfromme" Hand, die sie nährt, indem sie den Staat nicht anerkennen. Sie warten auf den „vorschriftsmäßigen" Messias. So interpretieren sie die Bibel, in deren gesetzlichem Teil kein Wort und in deren prophetischem nur undefinierbare und nur christlich so gedeutete Phantastereien vorhanden sind. Das sonderbare Schauspiel wird uns vorgeführt, daß Christen (vornehmlich Protestanten) in der Wiederauferstehung der jüdischen Staatlichkeit einen messianischen Akt zu sehen geneigt sind, während jüdische Fanatiker gegenpäpstlicher sind als der Gegenpapst und den Grund und Boden Israels in Grund und Boden verdammen, weil das jüdische Staatsleben ohne den leibhaftigen Messias wiedererweckt wurde.

85 Die kompromißlerischen Verehrer der bigotten Rabbiner und Talmudgelehrten haben diese zu einer priesterähnlichen Würde erhoben, weil ihrer Meinung nach inmitten des Laienvolks Sachverständige nötig waren, um eine Desorganisation des religiösen Lebens zu verhindern. Zu diesem religiösen Leben rechnen die Talmudsklaven auch die rituelen Ernährungsregeln, die aber keine biblisch-gesetzliche Grundlage haben.

Die biblischen Speisevorschriften – falls man Interesse dafür hat – können im 11. Kapitel des Levitikus und im 14. des Deuteronomiums nachgelesen werden. An anderen Stellen gibt es auch Regeln sporadisch verstreut. Nach dem Abschütteln einzelner, unpraktischer Nennungen von Tieren, deren Fleisch sowieso niemand ißt, wird man finden, daß mit sehr wenigen Ausnahmen das Alte Testament den Juden zum Essen empfiehlt, was jeder zivilisierte Christ sich selbst längst zur Regel gemacht hat. Die Tiere, die die Bibel dem Juden als Nahrung zu verwenden verbietet, die aber von den Christen unbedenklich genossen werden, sind das klassisch verbotene Schwein, der Hase und einige Wassertiere, wie der Hummer, die Auster, der Krebs. Die allgemeine Regel ist, daß die vierfüßigen Säugetiere Spalthufer und

Wiederkäuer sein müssen, die Fische aber keine Muscheltiere und auch nicht flossfeder- und schuppenlos sein dürfen. Alle sonstigen Tiere, die nicht in die jüdische Küche kommen dürfen, werden im allgemeinen auch von den Christen gemieden. Diese essen auch kein Adler- und Kamelfleisch. In der Verwendung aller Arten von Geflügel besteht zwischen den beiden kein Unterschied. Schnecken und Froschschenkel werden auch bei den Christen nur von Sonderlingen und Snobs gegessen. Der eine große Unterschied liegt eigentlich im Genuß beziehungsweise in der Ausschließung des Schweinefleisches. Die anderen Abweichungen sind nicht alltäglich und vom praktischen Standpunkt aus geringfügig.

Die Zwischenfrage läßt sich nicht unterdrücken, wieso die Christen das Fleisch des Schweins als Nahrung so hochschätzen, wenn sie dieses Tier als den Inbegriff der Unsauberkeit betrachten und seinen Namen als Schimpfwort verwenden.

Die Folgerung aus den aufgezählten Speiseregeln ist, daß Juden und Christen mit sehr geringen Einschränkungen, und im Falle gänzlich emanzipierter Juden ohne jede Einschränkung, gemeinsame kulinarische Genüsse an derselben Tafel haben können. Das gilt heute mindestens von der Hälfte des Gesamtjudentums. Es gibt aber noch eine Minderheit, die zwischen ihre Mitglieder und die Christen mit aller Gewalt einen von der Bibel nicht vorgesehenen Keil schiebt. Sie stützt sich auf zwei Sätze in der Bibel. Der eine ist jener, der den Blutgenuß verbietet, der andere bezieht sich auf die Unstatthaftigkeit des Siedens des Böckleins in der Milch seiner Mutter. Man sollte glauben, daß es nichts Einfacheres gibt als das Einhalten dieser zwei Regeln, und zwar auch von christlicher Seite, wenn der gesellschaftliche Verkehr mit Juden es so verlangt. Das sollte um so einfacher und leichter sein, da die Christen selbst das Blut ganz selten als Nahrung verwenden und die Milch zum Kochen von Fleisch nie. Was aber für den gesunden Menschenverstand einfach ist, das ist überkompliziert für den orthodoxen Unverstand.

Zur Vermeidung der Benutzung des Blutes zu Nährzwecken ordnet die Bibel dessen Ausgießung an, wie wenn es Wasser wäre. Man kann das Blut natürlich irgendwohin gießen, aber eine so einfache und zudem bibeltreue Lösung ist für die orthodoxe Wichtigtuerei unbefriedigend. Die Rabbiner haben eine Bluteliminierungsindustrie eingerichtet, ohne deren eingreifende Prozedur und Beglaubigung ein Fleischprodukt für den jüdischen Haushalt (freilich, wenn er sklavisch folgsam ist) als unverwendbar erklärt wird. Damit wird aber eine flagrante Übertretung des biblischen Gebots begangen, das bestimmt, daß zum Wort des Gesetzes nichts hinzugegeben noch etwas davon weggenommen werden darf. Die Ermahnung, die Gesetze nicht zu erweitern und nicht zu vermindern, wird in der Bibel mehrmals wiederholt. Zwei solche Stellen sollen zitiert werden. Deuteronomium, Kapitel 5, Vers 32: „So habt nun acht, daß ihr tut, wie euch der Herr, euer Gott, geboten hat, und weicht nicht, weder zur Rechten noch zur Linken." Kapitel 12, Vers 32:, „Alles, was ich euch gebiete, das sollt ihr halten, daß ihr darnach tut. Ihr sollt nichts dazutun noch davontun."

Dieses Gebot wird ganz bestimmt verletzt, und zwar durch die Hüter des Gesetzes. Die Bibel verlangt nur das Ausgießen des Tierblutes zur Vermeidung von dessen Verwendung als Nahrung (Deuteronomium, Kapitel 12, Vers 16). Das ist alles! Man wird zugeben müssen, daß das Ausgießen des Blutes nichts anderes verlangt als ein Ausgießen.

Die Komik und auch die Hirnlosigkeit der rabbinischen Praxis wird vollständig, wenn man erfährt, daß für Fische kein Blutsverbot besteht. Fische können im Blut schwimmen, und kein Protest von der Orthodoxie wird hörbar. Darin beobachtet sie das biblische Zusatzverbot, da das Gesetz das Fischblut tatsächlich vergessen und nur das Blut der „Fußgänger" und der

„Flieger" unter den Tieren erwähnt hat. Diese Vergeßlichkeit der Bibel wird vielleicht einmal die Augen aller Juden, bis auf wenige, zu der Erkenntnis öffnen, daß die göttlichen Gesetze nicht göttlich, sondern menschlich, allzu menschlich, also auch vergeßlich sind.

Nichts dokumentiert indessen die religiöse Verbohrtheit mehr als die komplizierten Regeln, die aus dem einfachen Verbot des Fleischsiedens in Milch hergeleitet werden. Diese rennen schon von vornherein offene Türen ein, weil sie von einer Sache drohend abhalten wollen, die eine Hausfrau von selber schon sowieso nicht tut.

Die jüdischen Theologen weisen immer auf die empfindsame Gesinnung in diesem Verbot hin, die der Muttermilch keine Rolle in der Opferung ihres eigenen Sprößlings zuweisen will. Rührend! Es wird nur vergessen, daß in nichtreligiösen Haushalten die Empfindsamkeit noch viel weiter geht, indem überhaupt keine Milch zum Kochen von Fleisch verwendet wird, nicht nur die Milch der Mutter. Darin hinken die Frommen den Unfrommen meilenweit nach.

Der Grund zur Unterlassung dieser grausamen Panscherei in unfrommen Küchen ist aber nicht nur die Verletzung des guten Geschmacks und der Empfindsamkeit, sondern (auch im Falle eines schlechten Geschmacks) die Unmöglichkeit ihrer Ausführung. In einer Großstadt (und eigentlich auch in einer Kleinstadt), wo den Lebensmittelgeschäften die Milch von vielen Kühen gemischt und vielleicht aus verschiedenen Wirtschaften kesselweise abgeliefert wird, ist es unmöglich, genau die Milch jener Kuh zu kaufen, von deren Kalb der Metzger das Wiener Schnitzel für denselben Haushalt abschneidet. Da das Kalb nur eine Mutter, aber wahrscheinlich mehrere Tanten hat, so besteht eher die Möglichkeit, daß es in einem unempfindsamen Haushalt in der Milch von einer oder von mehreren Tanten kochen muß, was aber gemäß dem Wortlaut des Gesetzes eigentlich keine Sünde ist.

Die orthodoxen Kalbsfreunde gehen aber, wie immer, gesetzwidrig über das Gesetz hinaus und dehnen die hörnerne Familientrauer über das unglückliche Kalb auf die ganze milchwirtschaftliche Mischpoche aus. Nicht nur die Muttermilch, sondern auch die Tantenmilch vergießt sahnige Tränen über den geschändeten Neffen. Es kann nicht genügend betont werden, daß diese schwachsinnigen Regeln nicht in der Bibel stehen. Wenn die jüdische Hausfrau eine treue Jüdin sein und nach den Bestimmungen des Alten Testaments leben will, hat sie die Erfordernisse (wenigstens in Hinsicht auf die Milchregel) vollkommen erfüllt, wenn sie kein Kalbfleisch oder – gehen wir noch einen Schritt weiter – überhaupt kein Fleisch in Milch kocht, obwohl das gar nicht verboten ist, da ein ausgewachsenes Lamm oder Rind kein Böcklein ist und höchstens in der Milch seiner Schwester oder Nichte kochen könnte, nicht aber in der seiner bereits pensionierten Mutter. Alles, was über das milchgekochte Böcklein hinaus Schmerzen verursachen könnte, ist die Zwangsvorstellung, Perversität und Tyrannei religiöser Fanatiker. Gott selber wird es bezeugen, wie man es bald erkennt.

Das Menü mit dem milchfrei gekochten Böcklein hat noch ein Dessert, das für die Orthodoxen eine scharfe Würze enthält. Mit ihren Speiseregeln glauben sie und geben auch vor, den Geboten Gottes zu gehorchen. Aber Gott selbst scheint seine eigenen Gebote gar nicht ernst zu nehmen; er gibt seinen närrischen Anhängern das schlechtest mögliche Beispiel. Man kann nur fragen, ob die Orthodoxen die Bibel überhaupt lesen und ob sie fähig sind, das Gelesene zu verstehen. Es sei hier eine Bibelstelle wiedergegeben, die jeden mit normalem Auffassungsvermögen und einer sachlichen Urteilsfähigkeit zur Mutmaßung veranlaßt, daß entweder Gott gegen seine eigenen Prinzipien handelt oder seine Erfinder bedenkenlose Flunkerer sind, die ihn als einen hirnlosen Patzer schildern. Jedenfalls ist der Inhalt der ersten acht

Verse des 18. Kapitels der Genesis mit den Speiseregeln – so wie sie von den Talmudisten interpretiert werden – in solch krassem Widerspruch, daß darüber die ganze talmudische und rabbinische Großtuerei wie ein morsches Gebäude zusammenkracht.

> Und der Herr erschien ihm im Hain Mamre, da er saß an der Tür seiner Hütte, da der Tag am heißesten war. Und als er seine Augen aufhob und sah, siehe, da standen drei Männer vor ihm. Und da er sie sah, lief er ihnen entgegen von der Tür seiner Hütte und bückte sich nieder auf die Erde und sprach: Herr, habe ich Gnade gefunden vor deinen Augen, so gehe nicht an deinem Knecht vorüber. Man soll euch ein wenig Wasser bringen und eure Füße waschen, und lehnet euch unter den Baum. Und ich will euch einen Bissen Brot bringen, daß ihr euer Herz labet; darnach sollt ihr fortgehen. Denn darum seid ihr zu eurem Knecht gekommen. Sie sprachen: Tue, wie du gesagt hast. Abraham eilte in die Hütte zu Sara und sprach: Eile und menge drei Maß Semmelmehl, knete und backe Kuchen. Er aber lief zu den Rindern und holte ein zartes, gutes Kalb und gab's dem Knechte; der eilte und bereitete es zu. Und er trug auf Butter und Milch und von dem Kalbe, das er zubereitet hatte, und setzte es ihnen vor und blieb stehen vor ihnen unter dem Baum und sie aßen.

Man könnte geltend machen, daß zu Abrahams Zeiten die Gesetze noch nicht gegeben worden waren und so die Speisefolge von Kalbfleisch und Milch, die im damaligen kleinen Familienhaushalt bestimmt von dessen Mutter kam, keine Gesetzesübertretung war. Aber Abraham war schon ein Jude (oder eigentlich genaugenommen ein Hebräer), und Gott war Gott, der wissen mußte, was er mit seinem auserwählten Volk vorhatte (er hatte es ja erklärt), so kann eine scharfe Trennung von Milch und Fleisch (außer aus persönlicher Abneigung, die jedermans eigene Sache ist) bei dem von ihm selbst gegebenen Beispiel nicht die Absicht Gottes gewesen sein. Was Gott bei diesem Gastmahl tat, war die demonstrierte Interpretation seines später gegebenen Gesetzes. Dieses, wie schon sattsam bekannt, war das Verbot des Kochens eines Tierjungen in der Milch seiner Mutter. Als aber Gott und seine zwei Begleiter (die zwei Engel waren) Kalbfleisch und Butter aßen und Milch tranken, demonstrierte Gott anschaulich, daß der Genuß dieser Speisen bei derselben Mahlzeit nicht im entferntesten als ein Kochen des Kalbes in Kuhmilch zu betrachten ist. Als die talmudischen Besserwisser das Gesetz im strikteren Sinne interpretierten, mißachteten sie nicht nur das Beispiel Gottes, sondern sie verletzten (in diesem Fall besonders gotteslästernd) auch das Gesetz, das Zusätze zu den Geboten verbietet.

Daß der Talmud von widersprechenden Interpretationen wimmelt und daß er deswegen kein Gesetz sein und auch kein Brauch mit rechten Dingen darauf gegründet werden kann, geben verantwortungsbewußte Talmudisten zu. Wir haben gesehen, daß selbst die Bibel, die als gesetzliches Machtwort über dem Talmud steht, ebenfalls Widersprüche enthält, wie zum Beispiel das Blutverbot bei Tieren, nicht aber bei Fischen, und deswegen ebenfalls nicht in allen Punkten eindeutig befolgt werden kann. Das leitende Prinzip der Orthodoxen bei der Befolgung von zweideutigen Gesetzen ist, immer der unvernünftigsten, unbequemsten und abstoßendsten Version zu folgen. Ein anschauliches, in unserer Aufzählung letztes und eklatantes Beispiel für dieses Phänomen ist die Auslegung der biblischen Bestimmung hinsichtlich des männlichen Haarschnittes.

Vernünftigerweise kann man fragen, was Regeln über den Haarschnitt von Männern in einem Gesetzbuch überhaupt zu suchen haben. Die zweite, berechtigte Frage ist, auf welcher Stufe die geistige Fähigkeit von Menschen sein muß, die eine solche Regel auch noch nach

3000 Jahren ernst nehmen (von der falschen Auslegung gar nicht zu sprechen). Das Sonderbarste ist nämlich nicht nur, daß man sich noch an die Haarmode von vor 3000 Jahren klammert, sondern auch und ganz besonders, daß die Haarmode vor 3000 Jahren gar nicht so war, wie sie in der sogenannten Tradition repräsentiert wird, und daß die Mode mit der Zeit immer dümmer, abstoßender und mitten im Traditionskampf erst recht vollkommen untraditionell wurde.

Dieses Weltwunder absichtlicher Verunstaltung und der Schlag ins Gesicht des guten Geschmacks ist weniger als 300 Jahre alt. Der Talmud hatte schon diese Tendenz nach einem mißverständlich interpretierten Gesetz. Die Unsitte artete dann im 18. Jahrhundert durch das Wirken des hassidischen (überfrommen) „Erneuerers", Wahrsagers und Schwindlers Bal Schem Tov (Israel ben Eliezer) vollends in eine Absurdität aus. Vorher haben auch die frommen Juden noch Gewänder und Haartrachten getragen, die sich von denen ihrer Umgebung nicht auffallend abgehoben haben. Ausnahmen bestanden nur in jenen Fällen, in denen antisemitische Behörden sie durch Kleidungsvorschriften zwangsweise kenntlich gemacht hatten.

Das zivilisierte Äußere der Juden im verhältnismäßig toleranten Holland des 17. Jahrhunderts ist in den Gemälden Rembrandts dokumentiert. Seine Rabbinerbilder zeigen Köpfe mit Haarwuchs und Bart, die sich von seinem Aristotelesbild (mit Homer) nicht wesentlich unterscheiden. Der Landsmann, jüngere Zeitgenosse und Kollege Rembrandts, Romeyn de Hooghe, repräsentiert in seinem Gemälde „Die Beschneidung" (Amsterdam, Rijksmuseum) Juden in solch zivilisierter und attraktiver Aufmachung, daß man die Gestalten ohne die Andeutung des Titels und der Handlung gar nicht als Juden erkennen würde.

Sie haben die Erscheinung wohlhabender holländischer Bürger (darunter einige Männer ohne Kopfbedeckung, die ja auch von keinem biblischen Gesetz vorgeschrieben ist). Ein gleich zivilisiert ansprechendes Äußeres zeigt auch ein jüdisches Brautpaar in einem Gemälde von Rembrandt, das unter dem Titel „Die jüdische Braut" oder „Das Brautpaar" bekannt ist und ebenfalls zu den Schätzen des Amsterdamer Rijksmuseums zählt.

Was ist denn das Grundprinzip bei der freiwilligen Verunstaltung der äußeren Erscheinung eines ultraorthodoxen Juden? Wenn man ihn fragt, ist es ein Satz in der Bibel, der den 27. Vers im 19. Kapitel des Levitikus (3. Buch von Moses) bildet. In der Lutherschen Bibelausgabe (aber sicher nicht von Luther selbst stammend) lautet der Vers: „Ihr sollt euer Haar am Haupt nicht rundumher abschneiden noch euren Bart gar abscheren." Diese deutsche Version gibt das hebräische Original nicht getreu wieder; deswegen sollen zur genaueren Feststellung der Bedeutung dieser Verordnung auch die französische und die englische Übersetzung angeführt werden. „Vous ne couperez point en rond les coins de votre chevelure, et tu ne raseras point les coins de ta barbe." Und auf Englisch: „Ye shal not round the corners of your heads, neither shalt thou mar the corners of thy beard."

Diese zwei Versionen weichen auch ein wenig voneinander ab, aber sie stimmen in dem wesentlichen Punkt überein, daß sie das originalhebräische Pluralwort „Ecken" (coins, corners) wiedergeben, das im deutschen fehlt und deswegen die unergründliche Verordnung zwar verständlich macht, aber auch verfälscht. Schließlich folgen die Juden (jene, die folgen) dem hebräischen Text, also müssen jene Übersetzungen besprochen werden, die den Sinn oder Unsinn des Originals wiedergeben. Die Frage ist, ob die Juden einer Vorschrift gehorchen können, die ihnen befiehlt, sich gewisser Operationen an den Ecken des Kopfes, der Haare und des Bartes zu enthalten. Haben die Haare, der Kopf und der Bart Ecken? Wenn ja, wo sind sie?

Manche Menschen haben ein spitzes Kinn oder eine spitze Nase. Diese könnten eventuell als Ecken des Kopfes bezeichnet werden. Aber kein Mensch hat Ecken an seinem Haar oder Bart, die rund gemacht werden könnten. Haare und Bärte wachsen nicht mit Ecken. Man kann sie nachher eckig stutzen, aber das kann das Gesetz nicht mißbilligen. Es sind die Abrundungen, die der biblische Geschmack nicht ertragen kann.

Wahrscheinlich hat Luther (oder der wirkliche Übersetzer) den Unsinn im Gebot erkannt und deswegen die „Ecken" eliminiert, um es ausführbar zu machen. Damit hat er die eigenartige Situation geschaffen, daß die ultraorthodoxen Juden mit ihren Ringellocken mehr die Jünger Luthers als des Alten Testaments sind.

Die von der blinden jüdischen Bigotterie angenommene Luthersche Interpretation des Abrundungsverbots ist also der Grund, weshalb die Narren dieser Bigotterie sich zum Spott der Gesellschaft machen. Die vorher gemachte Feststellung über das Unvernünftige, Unbequeme und Abstoßende als die vorgezogene Alternative beim Bestehen mehrerer Versionen eines Gebots muß jetzt als eminent passend wiederholt werden. Die bigotten Gettojuden (womit Leute mit einer eiternden Gettomentalität bezeichnet werden) lesen aus dem unverständlichen Eckenrundierungsverbot heraus, daß sie Ringellocken, an den Backen baumelnd und bis zur Schulter herabhängend, wie Idioten tragen müssen, während ihnen ein Gesetz zur Verfügung steht, das das gerade Gegenteil anordnet. Im Buch des Propheten Ezechiel (auch Hesekiel geschrieben), im 44. Kapitel, sind verschiedene Verhaltensmaßregeln Gottes für die Leviten wiedergegeben, die beim 20. Vers folgendes enthalten:

> Ihr Haupt sollen sie nicht kahl scheren, und sollen auch nicht die Haare frei wachsen lassen, sondern sollen die Haare umher verschneiden.

Hier haben wir eine klare Verordnung, die man ausführen kann, weil sie nicht von Ecken, sondern von Haaren spricht. Und selbstverständlich bedeutet „die Haare umher verschneiden" das gerade Gegenteil von „euer Haar am Haupt nicht rundumher abschneiden", falls man Ecken als Haare deuten will. Aber in der Religion wählt man von zwei widersprechenden Vorschriften immer die dümmere, unpraktische, unästhetische und zudem unverständliche oder jene, die auf diese Art ausgelegt werden kann. Das ist charakteristisch für alle Religionen, nicht nur für die jüdische.

In der Verstocktheit, das Absurde zu befolgen, liegt außer der angeborenen Geistesverkrüppelung eine schadenfrohe, hämische Absicht, jenen Rassengenossen eine peinliche gesellschaftliche Verlegenheit zu verursachen, denen die Bigotten ihre Bigotterie nicht aufzwingen können. Der Gettojude weiß, daß der emanzipierte Jude vom Antisemiten mit ihm zusammen angespuckt wird. Und er freut sich über diese Gemeinschaft. Die Pein und Verlegenheit, die er seinen Rassengenossen mit seinem Gettokostüm und -benehmen verursacht, ist die stärkste Quelle seiner Freude. Er ist wie das bösartige Kind, das seine Hosen beklekkert, um seine Mutter zu ärgern. Solche Hosen für eine Weile weiter zu tragen, wird vom Kind an sich schon nicht als eine große Kalamität empfunden; die größte Genugtuung liegt aber im Ärger und Verdruß der Mutter. So gedeiht auch der Trotzjude am Ärger und Zorn seiner zivilisierten Blutsverwandten. Er sieht in ihren Blutwallungen die Strafe für ihren „Abfall" vom Judentum, denn alles, was nicht dumm, häßlich, abstoßend und angespuckt ist, kann kein echtes Judentum sein. Deswegen erkennt ein Flügel dieses Gettojudentums den Staat Israel nicht an. Ein eigener Staat sei zu gut für die Juden.

Die religiösen Obskuranten haben sonderbarerweise Verteidiger unter ihren fortschrittlichen Brüdern und sogar unter manchen superliberalen Christen. Das Prinzip dieser Verteidiger ist, daß in einer freien Gesellschaft jeder denken und handeln kann, wie er will, solange er niemandem damit schadet. In unserem besonderen Fall rechtfertigen die Tatsachen diesen edlen Standpunkt nicht. Die bigotte Ultraorthodoxie schadet dem emanzipierten Judentum durch ihre bloße Existenz. Wenn sie nicht nur geistig, sondern auch physisch ein Katakombendasein führen würde, dann wäre die Klage gegenstandslos, aber sie paradiert in den Straßen zivilisierter Städte, wie auch Ratten manchmal bei hellichtem Tag in Wohnungen dringen und auf den Küchentisch springen, gleichsam zum Demonstrieren, daß kein Abwehrmittel gegen sie wirksam ist. Diese widerliche Zähigkeit zeigt auch die jüdische Orthodoxie.

86 Was die Juden im allgemeinen betrifft, so möchte man nicht sagen, daß der zivilisierte Jude einen eventuellen Pogrom gegen seine schäbigen Verwandten auf die leichte Schulter nimmt, solange er selber ungeschoren bleibt. Für den zivilisierten Juden liegt die Lösung nicht in der Opferung des schäbigen, denn für den Antisemiten ist er auch schäbig. Es wird aber übersehen, daß der Antisemitismus verschiedene Grade hat, für die die Schäbigkeit auch verschiedene Grade hat. Die Aufgabe ist, diese auf ein Niveau zu senken, bei dem sie ihre destruktive Wirkung verliert. Wir kommen bald auf die Juden zurück, von deren Beitrag diese Leistung abhängt. Einstweilen wollen wir bei den Antisemiten Umschau halten.

Das antisemitische Spektrum sieht ungefähr folgendermaßen aus. (Es sei vorausgeschickt, daß die Einschätzung mittlere Formierungen rechnet, die je nach dem Temperament des fraglichen Volkes und seiner Tradition höher oder niedriger gesetzt werden kann. Einfachheitshalber wird ein Durchschnitt gerechnet, den natürlich jeder annehmen oder ablehnen mag.) Etwa 10 Prozent einer (nominell) christlichen Bevölkerung sind rabiate Antisemiten, die – wenn die Zeiten dafür günstig sind – sich in extrem politischen Gruppen organisieren lassen oder zum mindesten bei Wahlen für solche stimmen. Für das andere Extrem mag es optimistisch gerechnet auch etwa 10 Prozent geben, die für die absolute Gleichberechtigung und gesellschaftliche Gleichstellung der Juden eintreten. Wenn diese Mutmaßung als Basis zum weiteren Rechnen angenommen wird, dann haben wir 80 Prozent in einer westeuropäischen und auch in einer amerikanischen Bevölkerung, die sich den Juden gegenüber nicht eindeutig festgelegt haben. Ein so großer Prozentsatz kann natürlich in seinen Neigungen nicht einheitlich sein. Der Umfang dieser Gruppe spiegelt nur den Umfang allgemeiner menschlicher Beeinflußbarkeit wider, die große Verschiebungen in der politisch-gesellschaftlichen Einstellung bewirken kann. Deswegen muß man rechnen, daß etwa zwei Drittel der 80 Prozent, in runder Zahl 50 Prozent, für antisemitische Argumente zugänglich sind. 30 Prozent mögen die geistige Festigkeit haben, solchen Argumenten entgegenzutreten, ohne deswegen ausgesprochen judenfreundlich zu sein. In schweren Krisenzeiten spalten sich diese 30 Prozent in weitere zwei Hälften, von denen die eine sich dem antisemitischen, die andere dem judenfreundlichen Lager anschließt.

Wenn nach solchen Präliminarien schicksalhafte Entscheidungen über die Juden bevorstehen, dann wenden sich Dreiviertel oder auch vielleicht nur Zweidrittel der Bevölkerung gegen sie. Wenn das Schlimmste noch nicht hereingebrochen ist, neigt eine konservative Regierung aus außenpolitischen Rücksichten zu einer etwas milderen Judengesetzgebung als die Bevölkerung im allgemeinen. Manchmal sind die Einstellungen umgekehrt. Man kann zum Beispiel annehmen, daß das deutsche Volk in seiner Gesamtheit nicht ganz so antisemitisch war wie die Naziregierung. Die Erfahrung lehrt, daß die antisemitische, beziehungsweise eine judenfreundliche Einstellung der christlichen Bevölkerung wetterwendisch ist und eine große Schwingungsbreite aufweisen kann. Es braucht jüdische Intelligenz, die oft nicht in ausreichendem Vorrat zur Verfügung steht, die Schwingungen in der erwünschten Richtung nicht zu hemmen. Das jüdische Äußere und Benehmen, das nach Ansicht der blind jüdischen Chauvinisten für die Schwingungen belanglos ist, kann sehr wohl das Zünglein an der Waage sein. Ein augenverletzender Anblick in der Straße einen Tag vor einer für die Juden wichtigen Abstimmung kann die Stimmabgabe einer genügenden Anzahl Wähler nachteilig beeinflussen, um das Wahlresultat im selben Sinn zu entscheiden.

Wenn das politische Wetter sich bereits zu einem Orkan entwickelt hat, der alles wegfegt, dann ist natürlich jede Erörterung des Problems müßig. Wenn aber nur ein starker Wind weht, dann ist ein Planen noch nicht zu spät. Im Leben einer Nation beginnen Orkane meistens mit starken Winden. Wer Grund hat, den Orkan zu fürchten, ist aber wahnsinnig, wenn er die Lungen stärkt, die das Blasen besorgen. Man kann nicht wissen, wo und wann der kleine, zusätzliche Windstoß entsteht, der zum Orkan führt. Diesen kleinen, zusätzlichen Windstoß liefern für ein modernes Sodom und Gomorrha des Judentums die Kaftan- und Peies-Juden.

Die Unbelehrbaren werden diese Ausführungen als Defätismus abtun. Wenn sie das Wort „Defätismus" in dieser Anwendung gebrauchen, dann verraten sie, daß sie die Bedeutung dieses Wortes genausowenig verstehen wie die damit zusammenhängende Situation. Was die Beurteilung der Situation betrifft, war ihnen *ein* Hitler nicht genug, sie arbeiten fleißig an einer zweiten Auflage. Die jüdische Politik ist heute genauso blind wie vor Hitler. Bevor diese Feststellung näher erklärt wird, schauen wir uns das Wort „Defätismus" etwas genauer an. Auf deutsch wird dafür meistens „Miesmacherei" gesagt. Eigentlich ist es eher „Verlustgläubigkeit", aktiver, ansteckender Pessimismus. Die Leute, die eine jüdische Selbstkritik Defätismus (Verlustglauben) nennen, wissen nicht, daß es gegenstandslos ist, ans Verlieren zu glauben, wenn man schon verloren hat. Verwerfliche Kleinmütigkeit kann logischerweise nur beanstandet werden, solange eine Aussicht auf Sieg besteht. Wenn man sich aber die Gettojuden ansieht, dann weiß man, daß mit diesem Ballast beschwert eine Siegeschance niemals besteht. Die Niederlage kommt nicht vom Defätismus, sondern von der vorherbestimmten Niederlage. Es handelt sich natürlich um die jüdische Kondition in der Diaspora. Der Staat Israel gehört auf ein ganz anderes Blatt. Einstweilen ist von den Juden die Rede, die unter Christen leben, aber sich dessen nicht bewußt werden wollen.

Die Theoretiker des Defätismus sind über die Vorgänge in der Welt offenbar nicht informiert, oder sie stellen sich blind und taub. Der Antisemitismus ist nicht bloß ein wilder, überkochender Gefühlszustand (obwohl er das bei manchen ist), er hat auch eine wohlbegründete, rationale Grundlage, die die Juden nicht verstehen, weil sie nie Nichtjuden gewesen sind. Daß es viele Christen gibt, die nicht Antisemiten sind, entkräftet den Antisemitismus jener anderen nicht, deren Intellekt unter dem Einfluß ihres biologischen Instinkts funktioniert. Die jüdische Unfähigkeit, die nichtjüdische Psyche zu verstehen, ist in hohem Grade für den Antisemitismus verantwortlich. Viele, besonders intellektuelle Antisemiten, sind es aus keinem anderen Grund, als daß ihnen die Duldung der Juden als ein unerläßliches Zubehör der Zivilisation die Gurgel runtergejagt wird. Sie würden vielleicht zugeben, daß ein zivilisierter Mensch kein Antisemit sein kann, aber sie lehnen sich gegen die These als Diktat auf. Wenn sie die zivilisierte Stellungnahme bei freier Wahl einnehmen könnten, wären sie viel weniger antisemitisch. Das ist feststellbar an der Haltung jener prominenten Intellektuellen, die zwischen Antisemitismus und Duldung schwanken.

Man könnte bis zu Shakespeare zurückgehen, der zwar unter keinem (damals noch unbekannten) intellektuellen Druck stand. Sein Fall ist deswegen so inspirierend, weil er seinem Antisemitismus, wenn er ihn hatte, keine Grenzen zu setzen brauchte. Und doch zeichnet sich bei ihm schon die Tendenz ab, den Juden nicht absolut abzulehnen, sondern ihn gleichsam nach Maßgabe seiner Anpassungsfähigkeit anzunehmen. Sein Jude ist natürlich „sein" Jude. Aber man kann nicht behaupten, daß dieser nicht viele uns heute höchst nachteilig bekannte jüdische Eigenschaften hat – abgesehen natürlich vom Pfund Fleisch, das von Shakespeare sicherlich nur als Grand-Guignol-Kniff ohne persönliche Überzeugung verwendet wurde. Ein Beweis dafür ist die dem Juden zugewiesene großangelegte, überzeugende Verteidigungs- und Anklagerede. Wenn Shakespeare ein fanatischer Antisemit gewesen wäre und an Shylocks Teufelei über den Theatereffekt hinaus geglaubt hätte, dann hätte er ihm die ergreifende, wahrheitsträchtige Rede niemals zugestanden.

Goethe war in einer ziemlich ähnlichen Lage. Die obskuren Geistergestalten des Frankfurter Gettos haben heftigen Widerwillen in ihm ausgelöst, aber er war fähig, die Juden als Mitmenschen anzuerkennen, wenn es möglich war, in ihnen zivilisierte Europäer zu erkennen. Er war ein Bewunderer des Juden Spinoza und des ebenfalls jüdischen Mendelssohn. Daß diese zwei nicht mehr zur jüdischen Religionsgemeinschaft gehörten, lag nicht an ihnen. Der eine wurde ausgestoßen, der andere hinausgeleitet. Aber es kann nicht behauptet werden, daß sie auf Goethe anders gewirkt hätten, wenn ein fortschrittlicheres Judentum ihnen das Verbleiben ermöglicht hätte.

Richard Wagner reiht sich den anderen „verwässerten" Antisemiten passend an. Er war zwar der radikalste unter den intellektuellen Antisemiten, doch blieb er noch meilenweit hinter seinen geistigen Nachfolgern, den Nazis, zurück. Er hatte mit Juden in solchem Umfang und in solch wichtigen Belangen Verkehr, daß ihn seine Geisteskinder bald verleugnet hätten. Sein Antisemitismus ist typisch für die Auflehnung gegen den sich humanistisch gebärdenden, tyrannischen Intellektualismus. Er wollte sein eigener Mann sein und hat Juden in seinen Kreis aufgenommen, wenn er die Überzeugung unabhängiger Handlungsweise hatte. Die Klavierauszüge von zwei seiner wichtigsten Opern, Meistersinger und Parsifal, sind von Juden verfertigt worden. Die erste von Carl Tausig, die andere (auch Siegfried-Idyll) von Joseph Rubinstein, der mit keinem anderen Rubinstein verwandt ist. Wagner hat dessen aus Rußland zugereisten Vater freundlich aufgenommen und festgestellt, daß dieser nichts unangenehm Jüdisches an sich hatte. Er beeilte sich allerdings, das Lob für diese jüdische Tugend mit der Vermutung abzuschwächen, daß die Rubinsteins chasarischer Herkunft gewesen sein mochten. Es ist eine Ironie des Schicksals, daß gerade Wagners christliche Oper Parsifal am meisten jüdisch verstrickt war. Sie hatte nicht nur einen jüdischen Klaviereinrichter, sondern auch einen jüdischen Dirigenten für die Uraufführung. Das war natürlich der sagenhafte Hermann Levi, der aber für die Würde dieses Amtes den Preis der Taufe zahlte.

Ein vierter Fall von Judenfreundlichkeit und Antisemitismus in ein und derselben Brust ist bei dem bedeutenden deutschen Dichter französisch-hugenottischer Herkunft, Theodor Fontane, zu finden. Er war betont judenfreundlich und hatte viele dauernde Freundschaften mit Juden. Er war etwas jünger als Wagner und überlebte ihn um 15 Jahre. Wenn man feststellt, daß in ihm auch ein Antisemitismus wach war, so wird damit nur jener früher signalisierte Antisemitismus wieder registriert, der von Juden hervorgerufen und durch ihre psychologische Unempfindlichkeit geschürt wird. Die Anti-Antisemiten verlangen von den Antisemiten zuviel. Sie glauben, daß sie das Recht haben zu bestimmen, in welchem Maße ein Jude (wohlverstanden inmitten einer christlichen Welt) sich ein Benehmen ohne nachteilige Folgen herausnehmen darf. Nun war Fontane trotz seiner toleranten Gesinnung nicht bereit, sich mit dieser Auffassung einverstanden zu erklären. Er schrieb an seine Tochter in einem Brief vom August 1893 aus einer Karlsbader Sommerfrische die in jedem empfindsamen Juden Peinlichkeit erregenden Zeilen:

> Die Phrase vom „unterdrückten Volk" existiert immer noch; damit lassen sie aber alle Welt nach ihrer Pfeife tanzen und selbst die Kaftan-Juden mit den Hängelocken, die hier Weg und Steg unsicher machen, tragen etwas von Trotz und Übermut zur Schau.

(Diese Zeilen sind einem Abdruck im Buch „Entscheidung zum Judentum" von Ernst Simon entnommen.)

Fontane war kein Jude. Sein Sträuben gegen die äußere Erscheinung der Kaftan-Juden mit den Hängelocken kann wohl nicht Defätismus genannt werden. Er war nicht einer, der Niederlage predigte, er war das Echo der bereits eingetroffenen Niederlage. Wenn ein Jude auf einen anderen nicht hört, so sollte er doch auf die Stimme der nichtjüdischen Welt hören, von welcher sein Schicksal letzten Endes abhängt. Jenes Judentum, das zwar Judentum bleiben will, aber zugleich der Welt gegenüber aufgeschlossen ist, muß endlich eine scharfe Linie zwischen sich und dem Kaftan-Judentum ziehen. Das weltaufgeschlossene Judentum soll nicht mit diesem identisch sein; in der christlichen Vorstellung soll das emanzipierte Judentum nicht vom Peies-Judentum durch Gedankenassoziation infiziert werden. Die individuelle Freiheit des Bekenntnisses zu einer abstoßenden Form von Judentum kann nicht zugestanden werden, wenn diese Freiheit die ideelle Assoziation mit Unwilligen unvermeidlich macht. Natürlich soll jede Verrücktheit in einer freiheitlichen Gesellschaft erlaubt sein, aber nur auf einer individuellen Basis, wenn der Verrückte niemanden in Mitleidenschaft zieht. Der verrückte Hassidismus mit seinem jüdischen Firmenschild mischt in der Vorstellung der Christenheit ideell jeden Juden in seine Verrücktheit hinein. Wer auf öffentlichen Plätzen nicht auf eigene Faust, sondern als Schandfleck seines Volksstammes auftritt, sollte hinter Schloß und Riegel gesetzt werden. Bewegungsfreiheit in der Öffentlichkeit sollte durch Respektierung der Seelenfreiheit anderer verdient werden. Es ist kein unberechtigter Freiheitsentzug, einen einzusperren oder unter Hausarrest zu stellen, um ihn an einem Schädlingswerk zu verhindern.

87    Fontane, der sein niederschlagendes Stimmungsbild über die Karlsbader Kaftan-Kurgäste malte, hat in einer anderen Äußerung ein Bild nicht bloß für die Kaftanträger, sondern für das ganze Judentum entworfen, das tatsächlich eine unheilverkündende Prophezei-

ung war. Fontanes Grundeinstellung zu den Juden war eigentlich gar nicht ablehnend oder gar feindselig. Aber die Juden stellen sich jemanden als Judenfreund nur vor, wenn er ihnen nichts Unfreundliches sagt, und sollte es nur aus Sorge um sie und zur Klärung einer gewitterschwangeren Atmosphäre geschehen. Hier ist nun Fontanes unwillkürliche Prophezeiung 50 Jahre vor ihrer Erfüllung. Sie steht in einem Brief und ist wie das andere Zitat dem Simon-Buch entnommen.

> Ich bin von Kindesbeinen an ein Judenfreund gewesen und habe persönlich nur Gutes von den Juden erfahren. Dennoch hab ich so sehr das Gefühl ihrer Schuld, ihres grenzenlosen Übermuts, daß ich ihnen eine ernste Niederlage nicht bloß gönne, sondern wünsche. Und das steht mir fest, wenn sie sie jetzt nicht erleiden und sich jetzt auch nicht ändern, so bricht in Zeiten, die wir beide freilich nicht mehr erleben werden, eine schwere Heimsuchung über sie herein.

Wieviel prophetischer kann man sein? Fontane hat aber sicher nicht gemeint, daß 10 Millionen Juden „übermütig" seien oder auch nur die halbe Million in Deutschland. Er hat die Handvoll Großmäuler im Sinn gehabt, die unbeauftragt für das ganze Judentum „übermütig" das Wort führen. Ihr „Übermut" wirkt nämlich nicht nur in der Richtung der christlichen Welt, sondern in höchst unerfreulicher Weise auch nach innen, ihren eigenen Genossen gegenüber. Sie maßen sich an, die politischen Ansichten des Gesamtjudentums im Lande zu repräsentieren, was nur eine Vorspiegelung sein kann, da die Juden in die gegensätzlichsten Parteibildungen zersplittert sind.

Die selbsternannten Wortführer haben sich zum Beispiel auch in die Außenpolitik Amerikas eingemischt, indem sie der Regierung Maßnahmen gegen Südafrika wegen seiner Apartheidpolitik anrieten, wodurch sie die ganze unbefragte amerikanische Judenschaft in den Augen ihrer christlichen Mitbürger mit einer von ihr nicht autorisierten Stellungnahme belasteten und für die Juden Südafrikas die immer delikate christlich-jüdische Atmosphäre vergifteten. Ob die südafrikanische Apartheidpolitik läßlich oder verwerflich ist, darüber mag jeder seine Meinung bilden und äußern. Es ist aber absolut unannehmbar, den Eindruck zu erwecken, im Namen anderer zu sprechen, die ihre Einwilligung dazu nicht gegeben haben und in der fraglichen Angelegenheit sogar ganz gegenteiliger Meinung sein mögen.

Eine besondere, unmaßgeblich jüdische Überheblichkeit machte sich bemerkbar anläßlich der Kontroverse über die Tauglichkeit Kurt Waldheims als österreichischer Präsidentschaftskandidat im Jahre 1986. Waldheim war schon zehn Jahre Generalsekretär der Vereinten Nationen und sogar 40 Jahre ein unangefochtener Bürger der abendländischen Gemeinschaft gewesen, als man plötzlich (man bedenke, nach 40 Jahren Stille) alte Dokumente ans Tageslicht förderte, die ihm nazistische Missetaten während des Krieges nachzuweisen schienen. Die Weltjudenschaft, einschließlich israelischer Regierungskreise, brach in ein ohrenbetäubendes Zetermordio gegen Waldheim aus, natürlich mit der Absicht, seine Präsidentschaftsaussichten zu hintertreiben. Sie wollte den Österreichern vorschreiben, wer ihr Präsident nicht sein durfte. Juristisch bestand freilich keine Grundlage dafür, da die Österreicher selbst einen geeichten Nazi zu wählen berechtigt und in der Lage waren. Überdies war die nazistische Rolle Waldheims nicht notwendigerweise schwerwiegender als jene von Millionen Deutschen, die einfach der damaligen Mode rücksichtsloser Menschenbehandlung folgten. Wer weiß, wie viele jüdische Schreier sich der Mode angeschlossen hätten wenn es ihnen gestattet gewesen wäre? Für die Scheidungslinie zwischen verworfenen Rädelsführern und kompromißlerischen Mitläufern kann nach vernünftigem Maßstab nur die individuelle, sadistische Brutalität und das gelegenheitsgeschaffene Mitgerissensein maßgebend sein. Und im schlimmsten Fall kann Waldheim allem Anschein nach nur den letzteren zugezählt werden. Er mag im Krieg einer Deportierungs- und Feindbekämpfungsabteilung zugeteilt gewesen sein, von der man sich im argwöhnischen Naziregime nicht ohne den Verdacht der Systemgegnerschaft distanzieren konnte. Um einem solchen Regime auch nur innerlich Widerstand entgegenzusetzen, muß man ein geschulter und entschlossener ideologischer Gegner gewesen sein. Das war nun Waldheim bestimmt nicht. Er ließ sich einfach durch die Kanäle der Karrierensuche treiben, die im nationalsozialistischen System einem ehrgeizigen jungen Mann offenstanden.

Nach Annahme des Bestehens dieser Situation kann man zu der viel wichtigeren Betrachtung der praktischen Konsequenzen der jüdischen Protestaktion schreiten. Natürlich wird jeder, der den allgemein bekannten jüdischen Standpunkt kritisiert, sofort des Weißtünchens eines früheren Nazis angeklagt. Es handelt sich aber absolut nicht darum, aus Waldheim ein unschuldiges Lamm zu machen, das er nach genauer, aber nie unparteiisch durchgeführter Untersuchung vielleicht trotz allem sein mochte.

Das Wesentliche in einer unliebsamen Situation, das die jüdischen Wichtigtuer nicht zu erkennen vermögen, ist eine Stellungnahme, die zum bestmöglichen Ausweg führt. Die Russen und sogar die Jugoslawen und die Griechen, die mindestens soviel Groll wie die Juden gegen einen früheren Nazi zu hegen Grund hatten, haben diese Weisheit erfaßt. Sie haben sich nicht viel um die Nazirolle von Waldheim gekümmert, sondern ihr Augenmerk auf die Vorteile eines stillschweigenden Abfindens mit einer unabwendbaren Entwicklung gerichtet. Es galt schon vor dem jüdischen Kesseltreiben als abgemacht, daß Waldheim zum österreichischen Präsidenten gewählt würde. Für die Juden wäre es der klassische Fall der zum bösen Spiel gemachten guten Miene gewesen. Aber sie haben die Situation nicht begriffen und folglich die Gelegenheit verpaßt.

Die gelegentliche jüdische Verirrung, eine politische Situation richtig zu beurteilen, zeigte sich in ihrer krampfhaften Anstrengung, Waldheim mit Mitteln zu bekämpfen, die ihm nur nützen und den Juden nur schaden konnten. Die Juden hatten nicht den Grips zu erkennen, daß das ohnehin schon zum Antisemitismus neigende Österreich erst recht den Kandidaten bevorzugt, der von den Juden bekämpft wird. Wenn die Juden keinen Waldheim im Präsidentschaftsamt sehen wollten, dann wäre es am ratsamsten gewesen, das Maul zu halten. Nicht, daß Waldheim nicht auch so gewählt worden wäre, aber eine jüdische Zurückhaltung hätte wenigstens die künftigen Beziehungen zu Österreich nicht zu einem sechsjährigen Einfrieren (während der Präsidialamtszeit) verurteilt oder Israel zu einem unrühmlichen Zurückkriechen gezwungen. In der „Fledermaus" singt Johann Strauß: „Glücklich ist, wer vergißt, was doch nicht zu ändern ist."

Schließlich war Waldheim kein enragierter Hitler. Von ihm war anzunehmen, daß er mehr als einen Weg beschreiten konnte. Er hätte mit den Juden unter Umständen Ball gespielt. Er wäre ihnen sogar dankbar gewesen, daß sie ihm keinen Stunk gemacht haben. Aber gerade umgekehrt haben die Juden das Talent, Öl ins antisemitische Feuer zu gießen. Waldheim soll nicht als Antisemit abgestempelt werden, aber Tatsache ist, daß bei seiner Wahl die Antisemiten Österreichs sich um ihn geschart haben. Er wurde ihnen dann verpflichtet, da ihm die Juden keine ersprießliche Plattform zugestanden hatten.

Es ist die Logik der jüdischen Sterilität, mit Österreich für mindestens sechs Jahre auf gespanntem Fuße leben zu müssen. Haben die Juden mit den Arabern nicht Sorgen genug? Und mit der ganzen Welt? Sie können sich von ihren Vergangenheitskomplexen nicht befreien, selbst um den Preis des Verlusts der Zukunft und ihres besten Freundes, Amerikas.

Die Blindheit eines beträchtlichen Teils der Judenschaft hat in einsichtsvollen jüdischen Kreisen wohl ihre Kritiker. Ein beachtenswerter Vertreter dieser Parteinahme ist der deutsch-jüdische Schriftsteller Wolfgang Hildesheimer, der als Literat den Musiker besonders interessieren dürfte, da er in einer Abhandlung und in einem Buch über Mozart die dionysische Seite dieses meistens apollinisch repräsentierten Genies ziemlich überzeugend zeigt. Seine Zeugenaussage zur Bekräftigung der These über das wünschenswerte jüdische Verantwortungsbewußtsein erschien in einer Anthologie von Bekenntnissen jüdischer Künstler aller Gebiete und Schattierungen, die ihren Stand zu „ihrem" Judentum darlegten. Das Buch trägt den Titel „Mein Judentum" und ist im Kreuz-Verlag, Stuttgart, von Hans Jürgen Schultz herausgegeben worden. Das folgende Zitat ist ein Auszug aus Hildesheimers Beitrag.

> Ich kenne nicht mehr Juden als ein Christ, und mit denen, die ich kenne, spreche ich niemals über Judentum, die Basis meiner Freundschaften und Bekanntschaften hat mit ihm nichts zu tun. Eher stoße ich im Negativen und aus Zufall auf mein Teilhaben an dieser Gemeinschaft, dann nämlich, wenn ich durch beunruhigende oder böse Nachrichten alarmiert werde; etwa wenn ich in der Zeitung lese, daß die Frankfurter Unterwelt zu einem unverhältnismäßig großen Prozentsatz aus Juden besteht. Dann aktiviert sich in meinem Bewußtsein eine Art Bangnis, eine Art Verzagen, das, müßte ich es in Worte fassen, lauten würde: Ja, wenn wir wirklich ein Volk sind, so sind wir nicht zuletzt auch ein mieses Volk. Natürlich rechne ich mich und meine jüdischen Freunde nicht zu den miesen, doch fühle ich mich auf eine gänzlich irrationale Weise für das Miese verantwortlich.

Es gibt sorgenfreie Juden, nicht nur die „Miesen" von Hildesheimer und die „Übermütigen" von Fontane, sondern auch eine dritte Sorte, die keine Probleme sieht und das Gejammer der anderen für eine Zwangsvorstellung hält. Wenn nur alle Juden mies und übermütig wären (so denken diese), wäre es um das Judentum bestens bestellt. Die Kleinmütigen, die von Minderwertigkeitskomplexen geplagt werden, bringen das Unglück über die ganze Gemeinschaft. Wäre man von Hemmungen befreit, dann wäre man gar nicht mehr mies und übermütig. Die Welt hält nur jene für mies und übermütig, die selber glauben, daß sie mit dieser Scheußlichkeit erblich belastet sind und sie zur Schau stellen. Demnach war also die spanische Inquisition offenbar nur die Folge dieser gezüchteten Minderwertigkeit. Das Getto haben die Juden auch nur deswegen so lange ohne Mucksen ertragen, weil sie in der Freiheit nicht minderwertig genug sein konnten. Hitlers Gaskammern hätten das Gift nie in jüdische Lungen geblasen wenn die Juden sich mit stolzer Brust zur Stelle gemeldet hätten. An allem ist die eingebildete Minderwertigkeit schuld!

Jene, die eine Minderwertigkeitssituation durch Überkompensierung verdecken wollen, setzen sich einer enttäuschenden Erfahrung aus. Hat Hitler die Miesen, die Übermütigen und die Draufgänger ausgesucht und sie nicht vergast? (Spätestens nach ihrem Auspumpen als Arbeitspferde?) Es gibt zwei Arten von Juden, die nicht fähig sind, die Ursachen der jüdischen Situation zu erkennen. Die einen, die von Natur nicht dazu befähigt sind, und die anderen, die es nicht zur Kenntnis nehmen, selbst wenn man es ihnen einhämmert.

Was nun ist die Ursache des Antisemitismus? Man könnte dieses Phänomen vielleicht abwechslungshalber anekdotisch mit dem Beispiel des englischen Superalpinisten George

Mallory erklären. Nicht, daß er ein Antisemit gewesen wäre, aber er konnte die Berge nicht links liegenlassen. Als man ihn vor seinem Angriff auf den Mount Everest fragte, warum er glaube, diesen Berg besteigen zu müssen, antwortete er: „Weil er da ist." Vielleicht attackiert der Antisemitismus die Juden auch aus keinem anderen Grund, als daß sie da sind.

Die Juden und ihre christlichen Freunde sagen, daß die menschliche Bösartigkeit auf alle Fälle Opfer sucht und daß die Antisemiten in den Juden ein bequemes Objekt gefunden haben. Wenn es keine Juden gäbe, dann würden sie einen anderen Blitzableiter ausfindig machen. Die Antisemiten aber sagen, daß die Ursache ihrer Einstellung die destruktive Natur des jüdischen Charakters ist. In beiden Ansichten ist ein Körnchen Wahrheit enthalten, wenn auf beiden Seiten die Individuen ausgesondert werden, auf die die Feststellung paßt. Beide Gedankenrichtungen übersehen aber einen dritten Faktor, der wahrscheinlich die wichtigste Ursache des Antisemitismus ist.

88 Der tiefste Keim des Antisemitismus liegt in der Abneigung gegen alles Fremde. Die Fremdheit ist aber nicht im nationalistischen, sondern im chemisch-biologischen Sinne zu verstehen. Diese Beobachtung ist natürlich auch richtig und auch nichts Neues, ist aber in einem wichtigen Punkt unvollständig und wird deshalb sogleich vervollständigt.

Fremde inmitten einer kompakten nationalen Einheit gibt es viele. Sie kommen und gehen. Manche bleiben auch für längere Zeit, ohne gehaßt zu werden. Was ist der Unterschied zwischen diesen und den Juden? Nun, die Anpassung der nichtjüdischen Fremden an die Stammbevölkerung vollzieht sich nach den Regeln der Stammbevölkerung. Die Anpassung der Juden vollzieht sich nach den Regeln der Juden. Der Jude ist ein Fremder, der in einem Haushalt, in welchem er Gast ist, sich so benimmt, als wenn er zu Hause wäre, und zuweilen, als wenn er sogar das Familienoberhaupt wäre. Alle anderen Probleme wachsen aus dieser Grundsituation heraus.

In einem Haushalt Gast zu sein braucht nicht unbedingt arrogante Formen anzunehmen. Nicht alle Juden sind Schmarotzer, politische Agitatoren und kommerzielle Konkurrenten. Es gibt auch medizinische Forscher, wie zum Beispiel Ehrlich, die zur Hebung der nationalen Gesundheitsverhältnisse beitragen. Im Ersten Weltkrieg hat der Jude Haber durch seine Stickstoffgewinnung aus der Luft den chemischen Erfordernissen von Deutschlands Kriegführung gedient. Ballin hat die Handelsschiffahrt zu einem Gipfelpunkt moderner Verkehrsverhältnisse gebracht (er war der einzige unter Kaiser Wilhelms engen Mitarbeitern, der den Zusammenbruch nicht überleben konnte und Selbstmord beging). Auf literarischem Gebiet war Heine ein lyrischer Dichter, im Rang in dieser Gattung nicht wesentlich unter Goethe und Schiller. Als Tondichter hat Mendelssohn in seiner Sommernachtstraummusik echte deutsche Waldromantik heraufbeschworen.

Waren diese Juden geduldete Gäste in einem fremden Haushalt und haben sie sich nur angemaßt, sich dort zu Hause zu fühlen? Die Antisemiten sagen zu beiden Teilen der Frage Ja. Gemäß der antisemitischen Spitzfindigkeit sind Juden in einem Land um so fremder und um so schädlicher, je verdienstvoller sie um die Förderung der Interessen des Wirtsvolkes sind. Ihre Logik ist, daß der prominente Jude gerade das vollbringt, wessen der kleine Jude wenigstens nicht fähig ist, nämlich die geistige Gestalt des Gastgebervolkes zu beeinflussen. Daß sehr viele nichtjüdische deutsche Intellektuelle im Verein mit Juden eine einmalige Kulturbetriebsamkeit in Berlin nach dem Ersten Weltkrieg entfalteten, die in antisemitischen Augen gleichsam als eine Bejubelung der kurz vorher erlittenen militärischen Niederlage schien, war einer der wirksamsten Propagandaschlager der Nazis. Sie konnten auf Berlin als eine Phäakenstadt hinweisen innerhalb einer Geschichtsperiode, die sie als eine Zeit nationaler Schmach und Trauer betrachteten. Der Selbstmord Ballins, der ja in diesem Geist, aber Jahre vor den Nazis begangen wurde, war in ihren Augen ein krankhaft aufdringliches Teilnehmenwollen am deutschen Gefühlsleben. Jüdische Frontkämpfer, die vom Weltkrieg her Tapferkeitsmedaillen besaßen (erstaunlicherweise gab es auch solche), durften ihre Medaillen beim Abtransport zum Konzentrationslager nicht tragen. Jene, die es zur Beschämung der Nazis trotzdem taten, wurden extra verprügelt.

Die Intellektuellen (jüdische wie judenfreundlich christliche) verkennen die Psychologie des Antisemitismus vollkommen, wenn sie zu einer Bekämpfung auf die jüdischen Verdienste hinweisen. Der Antisemitismus ist ein ausschließendes Gruppengefühl. Fremde Leistungen zugunsten der Gruppe erfreuen nicht, sie kränken. Das Einfließen anderer Völkerschaften in das Deutschtum (diese Feststellung gilt auch für andere Wirtsvölker, vielleicht mit Ausnahme Amerikas) ist mit der jüdischen Beimischung nicht zu vergleichen, weil die anderen immer restlos einverleibt werden, während die Juden, selbst die getauften, immer sichtbar bleiben. Fontane sagte, die Juden ließen sich einverleiben, aber nicht eingeistigen. Wahrscheinlich hat er sich selbst als ein Gegenbeispiel zu den Juden betrachtet, weil er von seinen französischhugenottischen Wurzeln gänzlich abgeschnitten war.

Freuds Argument in der Fremdheitsfrage ist ein intellektueller Blindgänger. Er meinte, daß es absurd sei, die Juden in den verschiedenen Ländern fremd zu nennen, da sie vielfach schon früher in den betreffenden Ländern angesiedelt waren als die heutige Mehrheitsbevölkerung. Das trifft unter anderem in den ehemals römischen Provinzen zu. Wohin die Römer gingen, gingen die Juden mit ihnen. Auch die Araber kamen in ihren heutigen Ländern nach den Juden an. Jeder kennt den Namen Philo Judaeus von Alexandria. Der Philosoph dieses Namens, ein Zeitgenosse von Jesus, war auch ein Mitglied der jüdischen Kolonie in der damals griechischen Stadt. Man weiß, daß der Islam auch eine Tochterreligion des Judentums ist wie das Christentum; beide würden ohne das Judentum gar nicht existieren. Unter diesen Umständen ist es grotesk, von den Juden als „Zugereisten" zu sprechen. Allgemein ist es anerkannt (sogar der Antisemit Henry Ford hat es anerkannt), daß Kolumbus Juden (wiewohl Marannen) in seiner Expedition hatte. Und wer seinen Fuß als erster auf amerikanischen Boden setzte, war vermutlich ein jüdischer Sprachexperte, der durch seine Vorstudien exotischer Sprachen sich am ehesten mit den Eingeborenen verständigen zu können hoffte. Man hatte ja in ihnen asiatische Inder vermutet. Diese Umstände scheinen also Freud eine lautschallende Bestätigung zu geben. Falsch!

Man kann nicht gegen antisemitische Affekte mit intellektuellen Argumenten kämpfen. Freuds Tatsachen mögen richtig sein, aber sie bringen die Sache der Juden nicht einen Schritt vorwärts. Entscheidend ist nicht, wer sich in ein Haus zuerst eingemietet hat, sondern wer das Haus in der Folge besitzt. Die Indianer in Amerika können ihre Senioratsrechte einmarinieren. Sogar die Italiener, die Spanier, die Franzosen und die Holländer, die in Nordamerika vor den Engländern eingezogen waren, wurden von diesen in militärischer, juristischer und kultureller Hinsicht ausquartiert. Die Sprache und die Jurisprudenz wurden angelsächsisch, und daran ist nicht mehr zu rütteln. Die Engländer kannten keinen Spaß in der Behauptung ihrer ausschließlichen Herrschaft.

Die Juden sind aus England schon vor ihrer Vertreibung aus Spanien vertrieben worden. Cromwell hat dann ihnen und damit dem Antisemitismus im 17. Jahrhundert die Rückkehr gestattet. England regelte seine Konflikte vielleicht nicht ganz blutlos, aber weniger geräuschvoll als der Kontinent. Die erste bekannte Ritualmordanklage wurde im Jahre 1144 in England registriert. Dafür ist England diesem blutigen Rassenfieber früher als andere Länder entwachsen. Aber die englischen Antisemiten ertragen die Verdienste der englischen Juden um die Vergrößerung von Englands Ruhm genausowenig wie ihre Gesinnungsgenossen eine ähnliche Wirksamkeit in Deutschland. Nichts verletzt den Stolz eines blutsbewußten Engländers mehr als die Erweiterung der englischen Kolonialmacht durch den Juden Disraeli. Er war zwar getauft, aber erklärte offen, als ihm im Parlament oppositionelle Politiker durch Anspielungen auf sein jüdisches Blut einen Knüppel zwischen die Beine werfen wollten, daß er auf seine jüdischen Vorfahren stolz sei. Er war nicht der einzige, der sein Judentum auch nach seiner Taufe betonte. Ein anderer war Heine.

Die Religion eines Juden, welche immer sie sei, löscht sein Judesein nicht aus. Ein geistreicher Geistlicher sagte einmal, daß es mit der Taufe eines Juden einen Christen mehr gibt, aber keinen Juden weniger. Das bedeutet, daß Disraeli in England und Marx in Deutschland trotz ihrer Taufe und ihrer areligiös politischen Orientierung weiterhin als Juden angesehen wurden.

Gegen diesen Hintergrund gesehen war es logisch, als Fontane vom jüdischen Übermut sagte, „wenn sie die Niederlage jetzt nicht erleiden und sich jetzt auch nicht ändern, so bricht in Zeiten, die wir nicht mehr erleben werden, eine schwere Heimsuchung über sie herein", denn Fontane meinte keine Religion, sondern die nationale Anpassung. Und darin hatte er insofern recht, als die Juden, selbst nach der Philosophie dieser jüdischen Ausführungen, immer des Gebots eingedenk sein sollten: „quod licet Jovi, non licet bovi". Aber das verpflichtet sie nur in dem Bereich, in welchem sie Fremde sind, nämlich bei der Gastgebernation. Bei den Religionen sind die Juden nirgends Gäste.

Im Deutschland von Fontane zum Beispiel waren die Juden nicht deswegen „übermütig", weil sie übermütiger waren als die Deutschen, sondern weil sie Juden waren. Die französischen Zeitgenossen Fontanes hatten allen Grund, Bismarck für übermütig zu halten. Einige Jahrzehnte später hatten die Engländer und die Amerikaner dieselbe Meinung von Kaiser Wilhelm.

Es wird wohl nicht nötig sein, hundert oder tausend Beispiele deutschen Übermuts zu liefern. Wahrscheinlich würde auch Fontane nicht protestieren. Hölderlin hielt die Deutschen (wie man es vor einer Anzahl von Seiten lesen konnte) für unübertrefflich übermütig, barbarisch, bis ins Mark verdorben und beleidigend für jede gutgeartete Seele. Und er war einer ihrer bedeutendsten Dichter. Aber die Deutschen konnten es sich leisten, weil sie keine Gäste in Deutschland waren. Den Juden als „Gästen", die sie in den Augen der Deutschen waren, kam dieses Privileg nicht zu. Trotzdem waren sie Großkaufleute, Rechtsanwälte, Abgeordnete, Richter, und als solche haben sie das große Wort geführt, wie wenn sie Deutsche gewesen wären. Ihr Übermut war, daß sie Gäste waren und sich wie Familienmitglieder aufführten. Was in Hinsicht auf Religion geltend gemacht werden mochte, war unannehmbar für die Nation.

In antisemitischen Augen war es auch ein Akt ihres Übermutes, daß sie im Ersten Weltkrieg 12 000 an Toten verloren haben. Auch das war übermütig, daß sie um das Wohl Deutschlands beteten, wie es ihnen in der Bibel geboten ist. Man soll es nicht übereilt für eine Absurdität halten, daß die vor 2500 Jahren gesprochenen Worte des Propheten Jeremias Sorge um Deutschland ausgedrückt haben. Eine Einschränkung besteht nur darin, daß die Juden ermahnt werden, ihr Gastland in ihre Gebete einzuschließen, welches Land dies auch immer sei. Selbstverständlich sollte das gesegnete Land für die deutschen Juden Deutschland sein. Die Anfangszeilen des 29. Kapitels im Buch Jeremias geben das Betragen beim Babylonischen Aufenthalt als Muster für alle anderen Ansiedelungen.

> So spricht der Herr Zebaoth, der Gott Israels, zu allen Gefangenen, die ich habe von Jerusalem lassen wegführen gen Babel: Bauet Häuser, darin ihr wohnen mögt; pflanzet Gärten, daraus ihr die Früchte essen mögt; suchet der Stadt Bestes, dahin ich euch habe lassen wegführen, *und betet für sie zum Herrn;* denn wenn's ihr wohl geht, so geht's euch auch wohl.

In Loyalität stehen also die Juden, wenn man die Sache von der religiösen Seite her ansieht, den anderen Religionen nicht nach. Trotzdem bleiben sie moralisch, wenn auch nicht materiell, die ewig Geduldeten. Was für ein System könnte nun diesen Geduldetenstatus für beide Teile bis zum Erdenken eines besseren Verhältnisses erträglich machen? Die Lösung der Judenfrage beziehungsweise die zeitweilige Befriedung des Antisemitismus wäre – was sicher Fontane und sogar Richard Wagner toleranter stimmen würde –, den Juden den Zugang zu all jenen Berufen zu versperren, in welchen sie auf die wichtigen materiellen und geistigen Belange der Nation einen wesentlichen Einfluß ausüben können. Oder man müßte die Juden dazu bringen, auf diese Tätigkeiten freiwillig zu verzichten. Also Numerus clausus!

**89** Wenn es nach Wagner gegangen wäre, hätte es nicht einmal einen jüdischen Numerus clausus gegeben, sondern Numerus nullus. Er sagte, daß er als Orchestermusiker nicht von einem jüdischen Dirigenten hätte dirigiert werden wollen. Frau Cosima berichtet diese Äußerung in ihrem Tagebuch vom 24. Juli 1882. Das Datum ist besonders interessant, weil es fast auf den Tag mit dem der Parsifal-Uraufführung zusammenfällt, die bekanntlich unter der Leitung des jüdischen Dirigenten Hermann Levi stattfand. Cosima war eine dumme Gans, nichts darauf entgegnet zu haben, oder sie verschweigt ihren Kommentar, der ungefähr so hätte lauten können: „Richard, hast du vergessen, daß dein Parsifal gerade dieser Tage unter Leitung eines jüdischen Dirigenten singen muß? Wieso sollte das weniger schlimm sein, als unter denselben Umständen zu fiedeln und zu blasen?" Die Antwort, wenn es eine gab, ist nicht überliefert worden.

Die Frage, ob der Dirigierberuf zu jenen Berufen gehören sollte, die den Juden gesperrt wären, berührt einen Grenzfall. Wenn das Kriterium ist, Juden zu einflußreichen Berufen nicht zuzulassen, dann kann man hinsichtlich der Musikleitung nach beiden Seiten hin argumentieren. Der Dirigierberuf ist zweifelsohne einflußreich, aber niemand ist gezwungen, sich diesem Einfluß auszusetzen. Der Musikfreund, der sowieso nicht lückenlos jede Konzertveranstaltung besucht, kann sich auf jene beschränken, die von Künstlern seiner „Blutgruppe" geleitet oder vorgetragen werden.

Ob Orchestermusiker verweigern sollen, unter jüdischen Dirigenten zu spielen, kann nach der „heilige Schrift" von Cosima Wagner nicht gerade bejaht werden. Richard selber hat nicht gesagt, daß er es verweigern würde, sondern nur, daß er es ungern täte. Somit ist den antisemitischen Orchestermusikern zu raten, ihren Widerwillen gegen einen jüdischen Dirigenten in derselben Weise zu überwinden, wie sie es bei einem nur langweiligen Kapellmeister tun. Wieviel schlimmer kann ein jüdischer Dirigent sein als ein grämlicher Taktschläger? Freilich kann ein jüdischer Dirigent beides in einer Person sein, aber die Leidenszeit ist dadurch nicht verlängert, und es geht auf dasselbe Konto. Bei einer solchen Heimsuchung können die Orchestermitglieder ihre Musikbegeisterung für die Tage aufsparen, an denen abendländische, arabische, indische, japanische und möglicherweise Negerdirigenten den Taktstock schwingen.

Die allgemeine Regel sollte sein, daß Juden zu allen jenen Berufen zugelassen werden, bei denen ihnen die judenscheue Bevölkerung ohne Nachteil ausweichen kann. Wer nicht von einem jüdischen Arzt behandelt oder von einem jüdischen Rechtsanwalt vertreten werden will, der hat eine reiche Auswahl unter seinen Artverwandten. Wenn das Publikum jedoch Juden bevorzugen würde, dann hätte es (wie in der Musik) das Recht dazu, denn keine Gesinnungsrichtung sollte ihren Willen einer anderen aufzwingen. Eine Ausschließlichkeit, das heißt eine Regel für alle, sollte nur für jene Berufe gelten, bei denen eine Zweiteilung nicht möglich ist, wie zum Beispiel beim Bürgermeisteramt, das nur die Mehrheit repräsentieren kann. Die Bevorzugung eines Minderheitsvertreters im privaten Sektor, wie eines jüdischen Arztes oder Anwalts, braucht der nichtjüdischen Konkurrenz nicht zu schaden, selbst wenn sie bis zu einem gewissen Grad fühlbar wäre, weil die Judensperre auf anderen Gebieten den Verlust überreichlich wettmachen würde. Die Juden selbst würden von einem solchen System profitieren, weil sie mit den Einschränkungen den unermeßlich größeren Vorteil eines harmonischen Zusammenlebens mit dem Wirtsvolk erkaufen würden.

Der Handel, das Gewerbe, die Künste (für die Bühne sollte dieselbe Regel gelten wie für die Musik), die Medizin, das Recht, die chemische Industrie und allerlei Spezialgebiete mit individueller Anstellungsmöglichkeit würden den Juden ein so weites Tätigkeitsfeld bieten, daß eine Einschränkung gar nicht bemerkbar wäre. Eine solche würde aber bestehen, und sie würde auf dem Prinzip beruhen, daß kein Jude ein Amt bekleiden kann, das der Ausdruck des nationalen Geistes und Willens ist. Was für die Juden ein absolut unbetretbares Gebiet sein sollte, ist die Politik. Sie könnten zu Hause politisieren, soviel sie wollten, sie könnten aber für kein Amt als Kandidat auftreten. Sie könnten keine Minister, Abgeordnete, Senatoren, Bürgermeister, Gemeinderäte, Richter und Gewerkschaftsfunktionäre sein. Sie könnten im Journalismus nur Beiträge zum Feuilleton liefern, aber nicht zum politischen Teil. Sie dürften weder Drama- noch Musikkritiker von Tageszeitungen sein. Sie könnten kritische Schriften in Buch- oder Heftform veröffentlichen, die dann von denen gekauft würden, die individuell an ihrer Meinung interessiert wären. Sie dürften Schauspieler, Regisseure und Opernsänger sein, aber nicht Theaterdirektoren. Sie könnten ihre eigenen Theater verwalten, wenn sie ausschließlich jüdisches Personal für ein jüdisches Publikum beschäftigten. Dieselbe Regel würde für das Schulwesen gelten. Ein jüdischer Lehrer dürfte nur in einer rein jüdischen Schule unterrichten. Im Fernsehen und dem Radio dürften sie nur in Unterhaltungsprogrammen auftreten, aber nicht in politischen Konferenzen und Unterredungen. Selbstverständlich könnten sie auch nicht Direktoren dieser Institutionen sein. Beim Militär könnte ein Jude nicht über den Unteroffiziersstatus hinaus steigen. Im Kriegsfall könnte diese Regel gelockert werden, weil dann der Offiziersrang mehr Opfer als Glanz mit sich bringt.

Die Juden (aber wer weiß, vielleicht nicht alle) und die judenfreundlichen Abendländer werden über ein solches Theoretisieren empört sein. Sind wir denn im Altertum oder im dunklen Mittelalter? Die Antwort ist: Ja. Seit dem hitlerischen Mittelalter sind nur wenige Jahrzehnte vergangen. Und das Mittelalter hat die Gewohnheit, von Zeit zu Zeit und in verhältnismäßig kurzen Abständen zurückzukehren. Man soll sich nur nicht einbilden, daß es kein Mittelalter mehr geben wird. Sollte man nicht aus der Erfahrung die Konsequenzen ziehen und etwas lernen?

Manche Christen, unabhängig von Sympathien und Antipathien, mögen die gänzliche Ausschließung der Juden aus der Politik als einen Verlust empfinden, weil die jüdische Findigkeit dem Staat unter Umständen wertvolle Dienste leisten kann. Eine Bestätigung dieser Ansicht ist die allseitig gewürdigte, mühsam erwirkte arabisch-israelische Waffenruhe durch den amerikanischen Regierungsberater Henry Kissinger. Der jüdische Beitrag (besonders Sachverständiger auf Spezialgebieten) braucht demnach gar nicht verlorenzugehen, aber er soll nicht aus jüdischem Ehrgeiz als Sprungbrett zur Karriere, sondern nur auf Ersuchen führender Staatsfunktionäre als vertrauliche Beratung geleistet werden. Eine diskrete und mäßige politische Mitarbeiterschaft – immer nur auf Einladung zu besonderen Projekten – kann dem Judentum Freunde gewinnen, ohne rabiate Feinde und Neider auf den Plan zu rufen. Der Fontanesche „Übermut" wäre ausgeschaltet und die von ihm postulierte „Änderung" erreicht.

Die Juden sollten einmal als Gemeinschaft etwas Vernünftiges unternehmen und der Mehrheitsbevölkerung die entworfene Berufsschichtung von sich aus vorschlagen. Es sollte eine große jüdische Volksbewegung sein, ihre letzte politische Aktion, ein System in Freiheit, Würde und Selbsterkenntnis einzuführen, das der Einführung von etwas viel Schlimmerem unter grausamsten Umständen vorbeugen würde. Und warum sollte die überwiegende Mehrheit der Juden nicht dafür sein? Hat man schon einmal versucht nachzurechnen, wie viele von den 500 000 Juden in der deutschen Weimarer Republik Minister, Abgeordnete, Richter und Gewerkschaftsführer waren? Eine Handvoll. Lehrer gab es mehr, weil der viel stärkere Bedarf natürlich mehr Aspiranten absorbieren konnte. Wenn man nur die Erstgenannten rechnet (ohne die Lehrer), wird man kaum mehr als ein paar Dutzend feststellen können, die aber bei den Juden immer hundertfach vergrößert scheinen. Die Höchststehenden, die Minister oder politische Führer waren, wie Rathenau, Eisner (in München), Rosa Luxemburg und Karl Liebknecht (angeblich Halbjude), sind alle ermordet worden. Die halbe Million Juden konnte natürlich nicht auf dieselbe Weise mit meuchlerischer Einzelbravour ermordet werden; sie mußte auf die industrialisierte Massenproduktion des Mordes warten. Man kann aber fragen (es ist eine grausame Frage), ob die vier ermordeten Politiker den Boden nicht schon bei ihrem frühesten Vordrängen für die Ermordung des Rests vorbereitet haben. Ist es nicht möglich, daß die paar Dutzend oder auch tausend Schaufensterjuden die Auflösung, Zerstreuung und Ermordung einer halben Million letzten Endes durch ihren Ehrgeiz und „Übermut" verursacht haben? Ist es im Interesse der Gesamtjudenschaft, daß einige hundert oder auch tausend Juden sich auf einem Spielgrund tummeln, wo sie nicht hingehören, wo die anderen Spieler mit ihnen nicht spielen wollen, wo sie als Eindringlinge, mit einem Wort als Fremde betrachtet werden und nur die große Mehrheit der Juden zum letztendlichen Opfer ihres Ehrgeizes machen?

Es ist kein Trost und ein unzulängliches Gegenargument, daß (optimistisch gerechnet) die Hälfte der Bevölkerung diese Einstellung ihrer wilden Elemente nicht billigt. Tatsächlich hat Hitler bei Wahlen vor seiner Machtergreifung nie die Mehrheit der Stimmen und sogar bei der ersten Abstimmung nachher auch nur 44 Prozent erhalten (mit den 8 Prozent der deutschnationalen Regierungspartner kam es zu der knappen Mehrheit von 52 Prozent). Dabei darf man annehmen, daß viele nicht aus antisemitischen Gründen, sondern nur nach dem verlorenen Krieg aus nationalistischer Gekränktheit für Hitler gestimmt und auch eine Mäßigung seines Antisemitismus durch den hemmenden Einfluß der Regierungsnotwendigkeiten erwartet haben. All das sei jedoch nicht zur verspäteten jüdischen Herzstärkung gesagt, sondern bloß als Hintergrund zu dieser Erörterung. Das wird man sogleich aus der rhetorischen Hyperbel erkennen, daß in einer Bevölkerung von 60 Millionen schon ein einziger Antisemit die öffentliche Stellung der Juden unheilbar vergiftet. Man beurteilt die Qualität der Lage der Juden nach der zahlenmäßigen Verbreitung des Antisemitismus. Das ist einer unter den vielen anderen Rechenfehlern. Wo kommt ein einzelner Antisemit her? Von der Möglichkeit des Antisemitismus, vom Bewußtsein, daß es so etwas geben kann. Der Keim der Möglichkeit wartet dann nur auf ein Aufsprießen im gedüngten Boden bei günstiger Witterung. Man soll nicht zuversichtlich sein, wenn bloß ein einziger Antisemit sichtbar ist. Für die Juden hat einer nicht weniger Bedeutung als eine Million.

Unter Deutschen gibt es nicht diese verhängnisvolle Relation. Keinem Deutschen und keinem Bayern fällt es sein, daß ein Preuße (und mit ihm alle Preußen) ausgerottet werden soll, nur weil dieser einer der bayrischen entgegengesetzten politischen Richtung folgt. Ein Bayer mag die politische Gesinnung eines Preußen in derselben Weise bekämpfen, wie er es einem oppositionellen bayrischen Landsmann gegenüber tut; er mag sogar Träume von einem unabhängigen bayrischen Königtum haben, aber er wird nicht an der individuellen Gleichberechtigung des Preußen mit ihm im Rahmen des Reichs rütteln (und vice versa). Die Nazis haben Kommunisten und katholische Priester eingekerkert und getötet, aber keinen haben sie getötet, weil er von einem besonderen Bundesstaat des Reichs herkam. Nur die Juden wurden nicht für das getötet, was sie sprachen oder taten, sondern was sie waren und wo sie herkamen. In jedes Deutschen Bewußtsein ist das Judesein entweder an sich schon eine todeswürdige Sünde oder (für Tierfreunde) ein bemitleidenswertes Schicksal, das mit besonderer Freundschaftsbezeugung gelindert werden soll. Aber kein Deutscher denkt, daß es einen Unterschied zwischen Judesein und Deutschsein nicht gibt und daß er folglich ignoriert werden kann.

Man soll nicht entsetzt sein, wenn man als Folgerung aus obiger Feststellung vernimmt, daß die Stellung der Juden in der Gesellschaft in ihrem Verhältnis zu den Judenfreunden genauso unerträglich ist wie in der Konfrontation mit dem Antisemitismus. Die meisten Juden (und darin zeigt sich bei ihnen ein Mangel an Intelligenz) betrachten die christliche Judenfreundlichkeit als einen anzustrebenden Idealzustand. Sie erkennen nicht, daß diese eine Zwillingsschwester des Antisemitismus ist. Das schlimme am Antisemitismus ist nicht, daß die Antisemiten Antisemiten sind, sondern daß auch die Judenfreunde Antisemiten sind. Selbstverständlich ist es angenehmer, von einem sogenannten judenfreundlichen als einem judenfeindlichen „Antisemitismus" umgeben zu sein. (In diesem Sinn und in dieser Hoffnung ist auch der Berufsschichtungs- und Berufsscheidungsplan von vorhin entworfen worden und nicht als letzter Zweck und Idealzustand.) Die Hintergründe der christlichen Judenfreundlichkeit, wo immer sie besteht, sind für die Juden keineswegs ermutigend. Was die

Juden so gerne übersehen, ist, daß die Gefühlslage der Völker sich so leicht verschiebt. Beim leichtesten antisemitischen Windstoß beginnen sich die christlichen Judenfreunde abzumelden. Und das kann man ihnen gar nicht übelnehmen. Es gibt zwar wenige, sehr wenige, Christen, für die die Judenfrage nicht existiert, und zwar gleichgültig, ob diese von einer freundlichen oder unfreundlichen Einstellung heraus zur Kenntnis genommen wird. In den seltensten Fällen tritt man an einen Juden ausschließlich seinen individuellen Qualitäten oder Mängeln gemäß, von allen Rassen- und Glaubenskomplexen losgelöst, heran.

Bei seinem noch bestehenden gesellschaftlichen Status ist der Jude ein Bettler, und zwar auch dann, wenn er ein Millionär ist. Nach etwa zweihundert Jahren voller Bürgerrechte (das Hitlerintermezzo als Gegenindikation nicht gerechnet) muß er immer noch um Vollbürgertum betteln. Mag er noch so reich, gebildet und attraktiv sein, er ist ein vollberechtigter Bürger nur auf dem Papier. Der französische Baron von Rothschild, zum Beispiel, ist seinem Chauffeur höchstwahrscheinlich in jeder Beziehung überlegen, doch kann er ihn in einem Streitfall nur individuell herunterputzen und nicht in seinem Stammesbewußtsein verletzen. Dagegen kann der Chauffeur einen individuell gezielten Affront mächtig verstärken, wenn er Rothschild „Sale Juif" ins Gesicht klatscht. „Sale Français" oder „Sale Catholique" wäre als Replik wirkungslos und lächerlich. Außerdem (abgesehen davon, daß Rothschild als französischer Bürger sich selbst beleidigen würde) sind Beleidigungen in Kombination mit „Français" und „Catholique" gefährlich, weil diese Gemeinschaften sich nicht in globo beleidigen lassen, so wie die Juden es erleiden müssen. Der Chauffeur würde sofort Verbündete haben, die sonst gar nicht auf seiner Seite wären.

„Sale Juif" ist natürlich nicht die einzige Gruppenbeleidigung. In gewissen Zirkeln ist auch „Saupreuß" gebräuchlich. Man wäre aber naiv, beiden denselben „Wert" beizumessen. Die Preußen kann man nicht mit einem Schimpfwort beleidigen, weil dieses eher die Verschnupftheit der ins Reich einverleibten, ihrer unabhängigen Staatlichkeit beraubten deutschen Stämme gegen den Primat des mächtigen Preußen ausdrückt. Es gibt auch andere, international ausgetauschte „Freundlichkeiten", die aber im Unterbewußtsein immer Rivalität, Neid oder grollende Anerkennung ausdrücken. Nur bei den an die Juden adressierten Schimpfwörter fehlt dieser erlösende Aspekt achtungverbergender Boshaftigkeit.

Die Selbstpeinigung angesichts der Schimpflichkeit der jüdischen Gesellschaftslage könnte indessen als überholt, gegenstandslos und paranoisch abgetan werden. Daß sie aber auch noch in der nachdreyfusschen (und nicht nur nazi-deutschen) Neuzeit aktuell ist, das hat der englische Schriftsteller Galsworthy dokumentiert. Er gab in seinem Schauspiel „Loyalties"(inoffiziell und annähernd als „Cliquensolidarität je nachdem" übersetzbar) einen realistischen Lebensspiegel, als er einen Juden aus dem Munde eines englischen Patriziers „damned Jew" nannte. Der vornehme Engländer im Spiel ist zufällig ein Dieb, der von dem Juden 1000 Pfund gestohlen hat. Dieser, im Verfolg seines Rechtes, gerät in eine Konfrontation mit dem Edeldieb, der ihm dann mit der „beliebten und originellen" Gruppenbeleidigung entgegentritt. Wir sehen also, daß ein Jude – wenn er bei der Geltendmachung seiner Rechte mit einem Christen in Konflikt gerät -offen dazu gestempelt wird, was er in christlichen Köpfen schlummernd immer schon war: ein Saujud. Auf diese Weise hat Galsworthy die christlich-jüdischen Beziehungen beurteilt; und er muß seine Pappenheimer gekannt haben, da er ja selber zum Kreise der englischen Gentry gehörte. Demnach wäre es verfehlt, einen Juden, der dieselbe bittere Gesellschaftsdiagnose aufstellt, als einen paranoischen Jämmerling verächtlich beiseitezuschieben.

Daß diese Ausführungen keine Winselei sind, mag man gerade an der Ablehnung der Bettelei erkennen. Der Standpunkt eines Juden, der vernünftig, selbstbewußt, aber auch menschenfreundlich ist, läßt sich damit umschreiben, daß er zur Freundschaft, sogar zur innigen Freundschaft mit jedem Christen bereit ist, der ein wertvoller Mensch und ebenfalls weltaufgeschlossen ist, daß er aber keinem Christen nachläuft und seine Werte und seine Lebensbefriedigung ebensogut im Verfolgen seiner geistigen Interessen im aristotelischen (selbsterfüllenden) Sinn finden kann. Das scheinbare Lamentieren ist ganz und gar nicht als Anklage gegen die „böse" Welt gedacht, sondern nur als eine Feststellung von Tatsachen. Die schwärende Wunde des Antisemitismus kann nicht durch Bettelei geheilt werden. Man kann nicht an die Menschlichkeit der Menschen appellieren, weil Menschlichkeit eine naturwidrige Erscheinung ist. Ein Christ, der kein Antisemit ist, ist nicht normal.

Ist aber in einem Ausnahmefall ein Deutscher ein Judenfreund, dann schwingt dabei immer ein Unterton der Wohltätigkeit mit. Man hat gewöhnlich das Gefühl (sosehr einzelne Juden dieses Gefühl nicht haben), daß der christliche Freund dem Juden etwas schenkt. Man empfindet jedoch nicht, daß ein Christ sich durch die Freundschaft eines Juden (freilich gibt es auch da Ausnahmen) beschenkt fühlen könnte. Die Christen, unter denen es Erzschurken und Hornochsen gibt, betrachten sich den Juden gegenüber (oft vielleicht nur unbewußt) als Mitglieder einer Volksaristokratie. Wenn sie auch Nullen sind, so sind sie wenigstens keine Juden, denn das Judesein ist noch weniger als null, es ist ein Minus. Das Gefühl der gehobenen Gruppenzugehörigkeit ist die Plattform, auf der ein Nullchrist einem Minusjuden entgegentreten kann. Die Gruppe, deren Mitglied er ist, stärkt ihn. Bei den Juden ist es umgekehrt; die Gruppe, deren Mitglieder sie sind, schwächt sie. In Symphonieorchestern in Japan, Südafrika oder Amerika fühlen sich deutsche Musiker besser aufgehoben, wenn sie möglichst viele Landsleute um sich haben. Dagegen ist einem jüdischen Musiker in ähnlicher Anstellung am wohlsten, wenn er der einzige seiner Provenienz ist.

Die Ursache der Diskrepanz in den christlich-jüdischen Kräfteverhältnissen ist die Rolle des Weltprügelknaben, die die Juden als Folge ihrer „Heimatlosigkeit" zu übernehmen gezwungen waren.

Der Antisemitismus kann hauptsächlich deswegen so frei wuchern, weil die Juden als billige, ewig sichtbare Zielscheibe die feigen Wilderer magisch anziehen. Auch in der Schulklasse wird immer der Wehrloseste von den Mitschülern gepiesackt. Die Piesacker in der Schule und die Antisemiten in der Gosse können aber nicht mit Gegenhieben niedergerungen werden. Nur jene Gegenaktion hat Aussicht auf Erfolg, die gar keinen Erfolg sucht. Der Giftzahn des Antisemitismus kann nur dann stumpf gemacht werden, wenn er in einen Schwamm beißen muß. Der Antisemitismus muß dazu geführt werden, ein Stoß ins Leere zu sein. Wenn die Juden es sich leisten können, sich einen Pfifferling um die Liebe oder den Haß der Mitwelt zu kümmern, dann werden sich die Antisemiten dumm vorkommen. Und dieser Zustand kann nur durch den Bau einer eigenen Festung herbeigeführt werden.

**90** Also Zionismus! Der Antisemitismus hat es fertiggebracht, auch diesen Ausdruck schon zu beschmutzen. Insbesondere vergessen die deutschen Antisemiten, daß Luther selber ein „Zionist" war. Sein Antisemitismus, zu dem er sich von seiner früheren Judenfreundlichkeit (infolge der jüdischen Unbekehrbarkeit) durchmauserte, hatte Logik. Er wollte die Juden nicht in Deutschland haben, so schloß er sich ihnen im Wunsch nach Übersiedlung nach Palästina an. Die Araber setzen jetzt aber den Zionismus mit Nazismus gleich. Das soll der jüdische Nazismus sein. Wer hätte sich träumen lassen, daß jüdische Selbstbesinnung zum Nazismus führt? Die Araber behaupten, daß die Juden in Israel Rassenpolitik treiben. Man muß sich immer wieder fragen, ob es möglich ist, mit Menschen vernünftig zu reden. Die Juden sind in den letzten 150 Jahren als Rasse bekämpft worden. Was erwartet man von ihnen, wenn sie ein eigenes Heim einrichten? Soll es eine internationale Arche Noahs sein? Ist es nicht natürlich, daß die Erbauer des Heims es in derselben menschlichen Eigenschaft aufbauen, in welcher sie verfolgt und zum Bauen gezwungen wurden? Wenn sie in der Verfolgung eine Rasse waren, warum sollen sie nicht in der Landnahme ebenfalls eine Rasse sein? Aber es muß einer nicht ganz bei Trost sein, wenn er das Wort Rasse auf die Juden im Sinne des deutschen Nazismus anwendet. Erstens sind die Juden gar keine Rasse im kategorischen Sinne des Wortes. Sie sind eine mittelländische Subrasse und mit manch anderen mittelländischen Völkerschaften verwandt, die jetzt teilweise in andere Nationalitäten eingeschmolzen sind. Sie sind Rasse im figurativen Sinn, wie zum Beispiel die Griechen eine Rasse großer Philosophen sind. Die Juden sind eine ethnische Einheit mit ethnischen Forderungen. Sie wollen ein Volk mit einem Land sein (nebenbei gesagt mit einem, worauf sie einen Rechtstitel haben), wie die Italiener ein Volk mit einem Land sind. Niemand nennt die Italiener eine Rasse im verächtlichen Sinn, wie man es den Juden anzuhängen sucht, und noch dazu als Überbleibsel von einem Feind, mit dem ihre jetzigen Verleumder früher paktiert haben. Ist das nicht verrückt? Sind die Iraker, die den arabischen Staat Irak bewohnen, nicht eher als die Juden eine Rasse zu nennen? Welche anderen Rassen wohnen in Irak? Ja freilich, die Kurden, die seit Jahrzehnten in blutigen Kriegen um ihr völkisches Überleben kämpfen. Verdienen nicht die Iraker, nazistische Rassenverfolger genannt zu werden, die den iranischen (persischen) Kurden kein völkisches Eigenleben gönnen?

Die Juden wollen kein kurdisches und auch kein jüdisches Schicksal mehr ertragen. Deswegen bauen sie ein Land, ihr Land, auf, was den Kurden einstweilen verwehrt ist. Um es den Juden auch zu verwehren, versucht man neben den militärischen Anstrengungen auch eine Art politische Völkerkunde anzuwenden.

Manche Wortklauber behaupten, daß die europäischen Juden gar keine Juden, sondern Chasaren sind, die nicht von Palästina, sondern von Rußland hergekommen sind. Dieses Volk, das heute nur noch in Geschichtsbüchern existiert, erlebte seine Glanzperiode in der Zeit des erwachenden Islam in der Kaukasusgegend. Die chasarischen Führer nahmen ungefähr um dieselbe Zeit das Judentum als Religion an, was vielleicht damit zu erklären ist, daß sie in religiöser Hinsicht außergewöhnlich großzügig waren und in ihrem Reich alle Religionen duldeten. Jedenfalls sind sie bei ihren Nachbarn als Juden bekannt geworden. Mit der Auflösung des Reichs zogen sie allmählich nach Westen und tauchten in Ungarn und sporadisch auch bei den germanischen Stämmen auf. Daß die jüdische Komponente der Chasaren in das ursprüngliche Judentum verhältnismäßig leichteren Eingang gefunden hat, ist sehr wahrscheinlich. Diese Mischung entkräftet aber den Rechtsanspruch der Juden auf Palästina keineswegs, denn auch in Europa (in Amerika dann noch erst recht) ist kein Volk ungemischt. Wenn das den Landbesitz der Völker in Frage stellen könnte, dann müßten alle Europäer entweder auswandern oder ihren Minderheitsblutanteil ausscheiden.

Gehen wir nach diesen Präliminarien einen Schritt weiter und nehmen wir an, daß nicht nur ein unbestimmbarer Bestandteil, sondern das ganze Weltjudentum bis zum letzten Mann nicht jüdisch, sondern chasarisch ist. Selbst dann würde sich die Rechtslage hinsichtlich des jüdischen Besitzanspruchs nicht im geringsten ändern. In diesem Fall hat nämlich Hitler sechs Millionen Chasaren vernichtet; und da sie unter der standesamtlich rechtsgültigen Bezeichnung „Juden" verbucht waren, so kommen ihnen, beziehungsweise ihren überlebenden Verwandten alle Rechte zu, die unter dieser Bezeichnung figurieren.

In der Behandlung dieser Frage zeigt sich die Doppelzüngigkeit gewisser Kreise. Als Mordlust die herrschende Mode war, waren die Chasaren Juden. Jetzt, nach dem Mordgelage, wenn das Land für die Überlebenden gefordert wird, sind die Juden Chasaren.

Die Taktik der Ablehnung jüdischer Rechte in Palästina ist unerschöpflich. Aus Mangel an Rechtsgrund wird auch das Prinzip der Verjährung vorgeschützt. Nach 2000 Jahren könne man kein Diebesgut mehr zurückverlangen, selbst wenn in jener vergangenen Zeit tatsächlich ein Landraub stattgefunden hat. Dieses Prinzip wäre anwendbar, wenn der Effekt des Raubs und das Zurückfordern auch verjährt wären. Diese haben sich aber für 2000 Jahre Tag für Tag erneuert. Für die Juden hat sich der Raub in seiner Wirkung tagtäglich wiederholt, und außerdem haben sie der Welt die Anklage und den Anspruch auf Zurückerstattung ihres geraubten Landes schon im 137. Psalm, der den Christen gleichfalls bekannt und teuer ist, angemeldet. Im Leben einer Nation gibt es keine Verjährung, wenn die Nation selbst nicht verjährt ist. Dieses Prinzip kam zur Geltung auch im Falle Polens, das nach einer „Nichtexistenz" von über hundert Jahren am Ende des Ersten Weltkriegs wieder ins Leben gerufen wurde. Allerdings saßen die Polen während der ganzen Zeit der Fremdherrschaft (eigentlich drei Fremdherrschaften) auf ihrer Scholle, und ihre Abwesenheit von der europäischen Landkarte dauerte eine verhältnismäßig kurze Zeit. Aber ein Rechtsprinzip kann nicht von der Größe des Verbrechens abhängen.

Daß die Wiedergutmachung für die Juden eine andere ethnische Gruppe, die Araber, zu Leidtragenden macht, ist beklagenswert. Ihr Schicksal ist aber nicht schlimmer (jedenfalls brauchte es nicht schlimmer zu sein), als das der Juden vor 2000 Jahren und in allen folgenden Jahrhunderten war. Ein wesentlicher Unterschied ist, daß die Juden die Opfer fremder Mächte waren, während die palästinensischen Araber die Opfer ihrer eigenen arabischen Nachbarn sind. Kein arabischer Einwohner hätte wegen des Wiedererscheinens der Juden sein Heim zu verlassen brauchen. Die Rückkehr der Juden in ihr altes Land wurde von den Vereinten Nationen gutgeheißen und von allen Großmächten, insbesondere von Amerika und der Sowjetunion, diplomatisch anerkannt. Daraufhin haben die arabischen Staaten des Nahen Ostens Israel (wie der jüdische Staat dann schon offiziell hieß) mit Krieg überzogen. Die Rechtfertigung dieser gewaltsamen Mißachtung des Beschlusses der Vereinten Nationen, daß sie kein Recht hatten, ein Land zwischen zwei Völkern aufzuteilen, krankt in einem entscheidenden Punkt. Arabische Staaten, die damals schon Mitglieder der Weltorganisation waren, haben an der Abstimmung über die Gründung des israelischen Staates teilgenommen und damit die Landteilungsbefugnis der Organisation anerkannt. Nur als das Abstimmungsergebnis gegen sie ausfiel, änderten sie ihren Sinn. Diese Sinnesänderung wurde – gemäß gesunder Logik – durch andere, später beitretende arabische Staaten desavouiert, denn man sollte berechtigt sein, den Beitritt als Anerkennung des Landteilungsbeschlusses der Weltorganisation zu interpretieren. Man tritt einer Organisation nur bei, wenn man ihre Ziele billigt oder zum mindesten ihre Mehrheitsbeschlüsse zu respektieren bereit ist. Es ist wahr, daß Israel sich auch manchen Beschlüssen widersetzte, aber diese Unfügsamkeit war die direkte Folge der illegalen Aktionen, die mit der ursprünglichen arabischen Beschlußverwerfung begonnen wurden.

Nachdem Israel durch einen ihm aufgezwungenen Krieg erkämpfen mußte, was ihm durch den friedlichen Prozeß schon zugesprochen war, entstand eine neue Situation, in der eine einseitige Befolgung von Regeln absurd wurde. In diesem Licht muß man auch das Flüchtlingsproblem beurteilen. Die Kriegswirren, wie es von allen Kriegen her bekannt ist, führten zu einem Umherwandern der Zivilbevölkerung. Daß Grausamkeiten vorgekommen sind, ist sehr wohl möglich. Im Krieg hat man nicht die Muße, lange zu studieren, welcher Zivilist loyal und welcher ein Spion ist. Aber die größte Grausamkeit war der illegale arabische Überfall. (Daß zionistische Ausschreitungen vorher schon vorkamen, war die Reaktion auf viel frühere arabische Grausamkeiten.) Wenn nun ein beträchtlicher Teil der Bevölkerung schließlich in den Nachbarländern landete, die übrigens nur wenige Kilometer vom Kriegsschauplatz entfernt lagen, so war das für Araber unter Arabern noch lange nicht mit der Verbannung der Juden unter feindseligen Völkern in fernen Ländern vergleichbar. Das übertriebene Wehklagen wird offenbar, wenn man den in die Nachbarschaft führenden Ortswechsel mit der überseeisch nach Amerika führenden Auswanderung von Millionen und Abermillionen europäischer und asiatischer Völker vergleicht, unter denen sich übrigens auch mehrere Millionen Mohammedaner befanden. Freilich waren die Juden auch ein Zweig dieser Völkerwanderung, aber sie konnten nicht alle nach Amerika gehen, noch viel weniger dort einen eigenen Staat gründen. Die arabische Gruppenverschiebung muß nach ihren Dimensionen und im Kausalzusammenhang beurteilt werden. Natürlich sind die Einzelschicksale zu beklagen, aber je größer die Klage, um so größer die Verantwortung derer, die Anlaß dazu gaben, nämlich die illegalen arabischen Angreifer Israels.

Unterdessen darf es nicht vergessen, vielmehr muß es immer wiederholt werden, daß die Gründung Israels keinen Araber heimatlos machte und nur der illegale arabische Überfall zu den Zuständen führte, die ihrerseits die Ursache eines Flüchtlingsproblems wurden. Die Zurücknahme der Flüchtlinge ist inzwischen wegen der politischen Feindseligkeit und der Zersetzungsgefahr unmöglich geworden. Außerdem hat Israel eine gleiche Anzahl jüdischer Flüchtlinge aus arabischen Ländern aufgenommen, so daß einerseits für die Araber kein Platz mehr übrig ist, andererseits aber ihnen durch den Abgang der Juden in den arabischen Ländern Platz gemacht wurde. Man kann die solchermaßen entstandene Situation als einen spontanen Bevölkerungsaustausch bezeichnen. Der Grund der Nichtanerkennung dieser vollendeten Tatsache seitens der reichen arabischen Staaten, die für ihre Brüder mit der größten Leichtigkeit in der gleichen Weise sorgen könnten, wie Israel es für seine Flüchtlinge tat, ist eine politische Taktik, die die Welt durch den ungelösten Status der arabischen Flüchtlinge in einem Dauerzustand israelfeindlicher Empörung erhalten soll.

Das Registrieren dieser Umstände ist notwendig, um die Gewissensfrage der Landnahme auf die angeblichen Kosten eines anderen Volkes zu klären. Ein Jude, der in seinem Urteil vom Gerechtigkeitssinn geleitet wird, könnte die Gründung, oder vielmehr Neugründung Israels auf palästinensischem Boden nicht billigen, wenn Israel nicht mit gutem Gewissen vor das Tribunal der Geschichte treten könnte. Zusätzlich zu den bereits genannten Gründen sei auf den wichtigsten Umstand hingewiesen, daß die Juden in Israel ihr eigenes, ihnen geraubtes Land zurückgewonnen haben. Zweitens ist es nur recht und billig, daß der geschlagene

Angreifer die Folgen des Kriegsverlustes trägt. Der Krieg ist nicht nur so aus heiterem Himmel hereingebrochen, ohne daß man gewußt hätte, wie. Fünf arabische Staaten hatten Israel überfallen. Was wäre Israels Schicksal gewesen, wenn diese gesiegt hätten? Man versteht die Frage vielleicht besser, wenn man sie in Hinsicht auf einen anderen Schauplatz stellt. Was wäre das Schicksal der Sowjetunion gewesen, wenn Hitler gesiegt hätte? Und wer hat in jenem Krieg wen angegriffen? Hätten die Sowjetunion und die Westmächte Hitler nach ihrem Sieg einfach alles zurückgeben und seine Herrschaft wiederherstellen sollen? Das hätte Hitler gepaßt. Die Araber handeln nach demselben Prinzip. „Wenn wir euch angreifen und gewinnen, dann wehe euch! Wenn wir verlieren, dann war es nur ein Scherz, und ihr gebt uns alles zurück."

Es ist klar, daß der Geschlagene, der zugleich der Kriegsschuldige ist, den Folgen seiner Missetat und Niederlage zu entgehen sucht. Was aber ein trauriges Kapitel in der Geschichte der Siegermächte des Zweiten Weltkrieges ist, ist ihr kurzes Gedächtnis hinsichtlich ihres eigenen Todesringens mit ihren „Arabern". So ist es dazu gekommen, daß diese Mächte Israel den Arabern gegenüber dazu drängen, was sie ihrem besiegten Feind und Kriegsschuldigen niemals zugestanden hätten, nämlich die Rückführung der Flüchtlinge der Naziniederlage in ihre eroberten Wohnstätten. Dabei wären sie dazu eher in der Lage gewesen, als Israel jetzt ist. In Deutschland hat es immer Freunde der abendländischen Zivilisation gegeben, die mit dem Verschwinden der Kriegsbestien auf den Plan traten und mit ihren Nachbarn eine humanistische Zusammenarbeit einleiten konnten. Die Tragik dieses zyklischen Wechsels in Deutschland ist, daß immer seine Kräfte des Guten für die Sünden der Bösen zahlen müssen und die Bösen immer freie Hand haben, die unglimpfliche Behandlung der Guten zu rächen.

Die gegenwärtige Situation ist jener nach dem Ersten Weltkrieg gewissermaßen ähnlich. Die demokratische Weimarer Republik, die eine glimpflichere Behandlung verdient und dann einem Hitler wahrscheinlich standgehalten hätte, mußte Wilhelms Schulden bezahlen. Das demokratische Deutschland in der zweiten Jahrhunderthälfte muß Hitlers Schulden bezahlen, aber diesmal ist die Schuldenlast schwerer. Der Versailler „Schandvertrag" erscheint jetzt weniger schändlich; er hat wenigstens die Reichseinheit ohne nennenswerte Gebietsverluste intakt gelassen und der Zivilbevölkerung keine grausame Umwälzung der Lebensbedingungen auferlegt. Was die Bevölkerung der Ostgebiete als das „Erbe" Hitlers zu erleiden hatte, kann mit dem Schicksal der arabischen Flüchtlinge als das Erbe der arabischen Angreifer in eine lehrreiche Parallele gestellt werden.

Als Folge des verlorenen Krieges wurde das verstümmelte und zerrissene Deutschland von einer fast unübersehbaren Menge von Flüchtlingen überschwemmt. Vom russisch besetzten Ostpreußen sind etwa zwei Millionen nach Westdeutschland eingeströmt. Von dem polnisch besetzten Pommern entfielen auf Westdeutschland anderthalb Millionen und auf das damalige Ostdeutschland eine Million. Von den schlesischen Flüchtlingen sind zweieinhalb Millionen beziehungsweise eine Million aufgenommen worden. Alles in allem wurden in Deutschland sechseinhalb Millionen Flüchtlinge aus den an die damalige Sowjetunion und an Polen verlorenen Ostgebieten untergebracht. Zur Vervollständigung der „unvorstellbar grausamen" Katastrophe sind anderthalb Millionen Tote der Zivilbevölkerung zu beklagen und die Ansiedlung einer Million Russen in Ostpreußen zu rechnen. Diese Daten, die in deutschen Nachschlagewerken und Geschichtsbüchern stehen, sind in der breiteren Öffentlichkeit ein paar Jahrzehnte nach der Heimsuchung kaum noch bekannt, während das Verstreichen einer ungefähr gleich langen Zeitperiode, eine unvergleichlich kleinere Anzahl von Betroffenen und ein viel weniger hartes Schicksal das arabische Flüchtlingsproblem der Vergessenheit nicht näher bringen durften.

Deutschland hat sein Verhältnis zu den Russen, den Polen und den Tschechen politisch und diplomatisch normalisiert. Ob es gefühlsmäßig gänzlich gutgeheißen wird, kann dahingestellt bleiben. Wesentlich ist die Stabilisierung und einstweilige Unabänderlichkeit der getroffenen Nachkriegsordnung. Nun müssen wir das Schauspiel mitansehen, daß sowohl die slawischen Nutznießerregierungen wie auch die deutschen verlusttragenden Regierungen, die sich alle auf die Gebietsübertragung und die Flüchtlingsabsorption geeinigt haben, das kleine Israel erdrosseln wollen, weil es in seinem Konflikt mit den Arabern mit nicht weniger guten Gründen dieselbe Lösung sucht.

Diese Lösung schließt auch die Einrichtung eines Flüchtlingsstaates am Westufer des Jordan-Flusses aus, weil Israel mit einem fanatisch feindseligen Nachbarn bei verteidigungsunfähigen Grenzen nicht lange ohne Krieg und Todesgefahr leben könnte. Schließlich hat man den deutschen Flüchtlingen auch kein eigenes Staatsleben angeboten, das – abgesehen von allem anderen – sich zu einem Sammelbecken polenfeindlicher Elemente hätte entwickeln können. Aber die Ansammlung israelfeindlicher Araber an Israels Grenze würde man diesem Land leichten Herzens zumuten. Wenn die arabischen Flüchtlinge, den deutschen unähnlich, sich unter keinen Umständen absorbieren lassen, dann wäre eine Eigenstaatlichkeit im ostjordanischen Ufergebiet zu erwägen. Bei einer solchen Ansiedlung wäre sie zwar immer noch in nächster Nachbarschaft Israels, aber hinter einer verhältnismäßig verteidigungsfähigen Grenze. Auch das religiöse Argument gegen den israelischen Besitz von Ost-Jerusalem mit seinen zwei wichtigen Moscheen wird durch eine jahrhundertealte Präzedenz widerlegt. Wenn der Patriarch der griechisch-orthodoxen Kirche seinen Sitz in Istanbul, einer christlichen Insel inmitten eines mohammedanischen Ozeans, haben kann, dann besteht kein Grund, weshalb nicht zwei Gebäude in einer ähnlich fremden Umgebung verbleiben können. Dieses Arrangement sollte besonders durch den absolut freien Verkehr zu und von allen religiösen Wallfahrtsstätten unter israelischem Schutz annehmbar sein.

Israels Stand ist sowohl in der Landbesitzfrage als auch hinsichtlich des Flüchtlingsproblems einwandfrei, und nur die Unfolgerichtigkeit, Selbstsucht und Juristerei der Mächtigen der Welt können ihm eine gesicherte Lebensbasis verweigern. Diese Mächte, mit ihren Kriegen, Völkerproblemen und Unterdrückungen, sind in keiner moralisch günstigen Lage, Israel zu kritisieren. Es ist wahr, daß die Führung der israelischen Staatsgeschäfte zu reichlicher Kritik Anlaß gibt. Aber das ist eine innerjüdische Angelegenheit, die eigentlich intra muros behandelt werden sollte, oder doch wenigstens unter passiver Teilnahme der Öffentlichkeit.

Die freie Kritik, die ein Diasporajudentum übt, läßt sich nicht ohne weiteres auf das staatsbildende Judentum übertragen. Aber das betrifft nur den politischen Bezirk. Im Bereiche der Religion gibt es zwischen staatsbildendem und verstreut lebendem Judentum keinen Unterschied, keine Maßgeblichkeit und Unmaßgeblichkeit. Dies ist um so mehr der Fall, als die religiösen Kontroversen sich über Staatsgrenzen hinweg erstrecken. Beide Lager, die Starrgläubigen und die Fortschrittler, stehen einander auf beiden Seiten der Grenze gegenüber. Es ist denn auch durchaus legitim, sich auf die Seite der Fortschrittsrichtung zu schlagen und für eine radikale Umgestaltung der geistigen Werte des Judentums Partei zu ergreifen.

# 91

Das Judentum hat nun jenen Meilenstein auf seinem geschichtlichen Weg erreicht, bei dem es seine Religion in der gleichen Weise hinter sich lassen sollte, wie die Griechen ihre Götter hinter sich gelassen haben (allerdings ohne in einen neuen Aberglauben zu versinken). Jetzt ist es Zeit, den einen Gott für genau so einen Götzen zu erklären, wie früher die vielen Götter entgöttert wurden. Wenn eine solche Entwicklung von der Religion wegführt, dann kann das für die Herausbildung des nationalen Charakters ebenso gültig sein, wie die Religion es früher war. Es ist nicht gesagt, daß umwälzende Änderungen im Leben einer Nation nur in der Vergangenheit stattfinden durften und ein bereits erreichter Zustand in unabänderlicher Erstarrung verewigt werden muß. Die jüdische Religion ist für eine Umwälzung reif. Ihre zukünftige Entwicklung sollte ein Hineinwachsen ins Mythologische sein.

Die jüdische Religion sollte kein Glaube mehr sein (außer für jene, die sie für sich weiterhin so haben wollen). Es ist eine Beleidigung des menschlichen Geistes, besonders des jüdischen, münchhausische Geschichten zu glauben und veraltete, barbarische Gesetze zu befolgen. Es ist an der Zeit, ein atheistisches Judentum zu verkünden. Ein Viertel, vielleicht ein Drittel ist es ja schon und bekennt sich nur nicht dazu, weil das nicht zum guten Ton gehört. Die Umwälzung wäre eigentlich gar keine Umwälzung mehr und jedenfalls nicht so heftig, wie mancher es befürchten mag. Ein organisierter jüdischer Atheismus wäre unter anderem auch deswegen wünschenswert, weil viele denkende Juden, die die Absurditäten der Religion nicht mehr ertragen können, nach anderen Religionen abwandern, die zwar nicht weniger absurd sind, aber wenigstens die Illusion des Anschlusses an eine Mehrheitsbevölkerung erwecken. Es muß eine Form des Judentums geschaffen werden, in welcher ein Jude sich zu seinem Volkstum ohne intellektuelle Beschämung bekennen kann. Da der „christliche" Atheismus auch in einem langsamen Ansteigen begriffen ist, so würde der jüdische Atheismus in weiteren Kreisen Verständnis finden, und die jüdischen Atheisten kämen nicht in den Verdacht, daß ihr Atheismus eine Flucht aus ihrem Judentum ist, denn davon kann keine Rede sein. Ein aufrichtiger, überzeugter jüdischer Atheist ist ein genauso hundertprozentiger Jude wie der bigotteste jüdische Gläubige. Darin kann er sich sogar auf die Bibel stützen. Nicht, daß er sie dazu braucht, aber der Gläubige soll erkennen, daß die Bibel den Atheisten nicht minder rechtfertigt als ihn.

Unter den größten und am meisten verehrten Gestalten der Bibel (nicht zu sprechen von den weniger großen und zahlreicheren) gibt es eine beträchtliche Anzahl, die in den Augen Gottes schlimmer sein mußten. Diese waren nämlich Götzenanbeter (wie zum Beispiel König Salomon), und der Götzendienst wurde von Gott als der höchste Hochverrat an ihm betrachtet, während er nie ein schlechtes Wort über den Atheismus äußerte. Er hat den Atheismus sogar selbst mit einer Erklärung gefördert, die in der Bibel verewigt ist. In seinem ersten Kapitel von Vers 11 bis 17 verkündet Jesaja die umwälzende Erklärung Gottes.

> Was soll mir die Menge eurer Opfer? spricht der Herr. Ich bin satt der Brandopfer von Widdern und des Fetten von den Gemästeten und habe keine Lust zum Blut der Farren, der Lämmer und Böcke. Wenn ihr hereinkommt, zu erscheinen vor mir, wer fordert solches von euren Händen, daß ihr auf meinen Vorhof tretet? Bringt nicht mehr Speisopfer so vergeblich! Das Räuchwerk ist mir ein Greuel! Neumonde und Sabbate, da ihr zusammenkommt, Frevel und Festfeier mag ich nicht! Meine Seele ist feind euren Neumonden und Jahrfesten; ich bin ihrer überdrüssig, ich bin's müde zu leiden. Und wenn ihr schon eure Hände ausbreitet, verberge ich doch meine Augen vor euch; und ob ihr schon viel betet, höre ich euch doch nicht; denn eure Hände sind voll Blut. Waschet, reiniget euch, tut euer böses Wesen von meinen Augen, laßt ab vom Bösen, lernet

Gutes tun, trachtet nach Recht, helfet den Unterdrückten, schaffet den Waisen Recht, führet der Witwen Sache.

Da haben wir ein atheistisches Programm in der Bibel von Gott selbst verkündet. Nach der Selbstausschaltung Gottes von all dem, was er vorher sein wollte, wieviel Substanz bleibt von ihm noch übrig? Wenn er seinen Anbetern all das nicht mehr sein will, was er vorher war, wieviel praktische Existenz kann er noch haben? Kein Brandopfer von Tieren! Keine Speise- opfer, kein Trank! Gott gibt sogar ein Beispiel, das über jenes der Atheisten hinausgeht. Er wird nicht nur vegetarisch und abstinenzlerisch, sondern schon sozusagen hungerkünstlerisch. Er ist so ein Feind seiner eigenen Religion geworden, daß er sogar die Sabbatfeier nicht mehr haben will. Damit hat er das vierte der populären zehn Gebote abgeschafft. Er will auch nicht mehr angebetet werden. Er wird gar nicht mehr zuhören, wenn die Leute ihre Zeit doch wei- terhin daran verschwenden. Er will auch keine blutbefleckten Hände mehr sehen, was beson- ders Aarons Söhne zur Kenntnis genommen haben sollten, denen er im 5. Vers des ersten Levitikus-Kapitels noch befohlen hatte, das Blut der geschlachteten Tiere auf dem Altar um- herzusprengen. Jetzt empfindet er Ekel davor.

Man kann sich vorstellen, was die Reaktion der chronisch Religionsbehafteten auf diese göttliche Selbstauslöschung ist. Gott soll (ihrer Meinung nach) seine Ordonanzen und Gebote nur deswegen widerrufen haben, weil das sündhafte Judenvolk ihrer nicht mehr würdig ist. Es sei nicht Gott, der nicht mehr Gott sein will, vielmehr seien es die Juden, die nicht mehr verdienen, das Volk Gottes zu sein. Die blinden Traditionalisten mißdeuten aber Gott gründ- lich. Die Abdankungsrede Gottes hat gar nicht die von ihnen angenommene Bedeutung. Das wird klar durch die Ermahnung im Schlußsatz. Gott verkündet darin die Pflichten eines recht- schaffenen Menschen. Er sagt nicht: „Wenn ihr euch bessert, dann könnt ihr wieder Tiere töten und ihr Blut am Altar verschmieren, dann könnt ihr wieder süße Gerüche dem Himmel zuwehen und Feste feiern." Gott spricht nicht von Bedingungen zur Befolgung von Ritualen, deren Nichterfüllung auch die Rituale unannehmbar macht. Von einer solchen Verknüpfung der zwei ist gar keine Rede. Der Sinn der Mahnrede Gottes ist, daß man sich besser den brennenden (und ja, materiellen) Tagesproblemen mit Hilfsbereitschaft zuwendet, anstatt sich mit nichtsnutzigem Beten in eine Illusion der Gottgefälligkeit einzulullen.

Der Gott, der sich „nie ändert", hat sich vom Tierblutgourmet so gründlich zu einem Tier- blutverächter gemausert, daß er sich an die Tage seiner Tierblutschwelgerei nicht mehr erin- nern will. Wer lügt denn? Moses, der die Tieropfervorschriften direkt aus Gottes Hand emp- fangen zu haben vorgibt? Jesaja, der den Blutabscheu Gottes verkündet? Oder Gott, der nichts von dem wissen will, was er früher gesagt hat?

Die Entwicklung des Judaismus beschreibt eine Linie von dumpf materialistischer Gottes- vorstellung zur selbstauflösenden Verflüchtigung. Zuerst gab es einen Urgott (Weltschöpfung), dann einen Menschengott (Abraham, Moses) und nachher einen Geistgott (Prophetenzeit). Der Polytheismus des Mehrzahlgottes (Elohim) schrumpfte zum Henotheismus (mit einem anerkannten Gott neben anderen verworfenen) und zuletzt zum Monotheismus (des allein und ausschließlich existierenden Gottes).

**92** Jetzt stehen wir vor dem Anbruch des atheistischen Zeitalters. Das mag utopisch erscheinen, da nach Erfahrung die Religion nicht auszurotten ist. Genauer sollte es heißen, daß die religiöse Minderjährigkeit eines Teils der Menschheit nicht auszurotten ist. Es handelt sich aber auch nicht um Ausrottung. Religionen zu unterdrücken entspricht einem gesunden Gesellschaftsideal genausowenig wie ihre Erzwingung. Das atheistische Zeitalter bringt eine vollkommene Gewissensfreiheit. Kein Mensch soll einem anderen oder der Gesellschaft Rechenschaft schulden über das, was er denkt und fühlt, sondern nur über das, was er tut, und das auch nur in dem Grade, als er damit die Freiheit eines anderen oder der Gesellschaft unmittelbar einschränkt. Deswegen bedeutet der Atheismus kein Ende der jüdischen Religion, soweit sie auf sich selbst gestellt ohne die Krücke der Staatsmacht überleben kann.

Diese anscheinend geringschätzige Wertung mag in manchen Kreisen mißfällig aufgenommen werden in Anbetracht des mehrtausendjährigen Alters dieser Religion und der Widerstandsfähigkeit, die sie gegen alle Verfolgungen und Vernichtungsversuche an den Tag gelegt hat. Die mehrtausendjährige Geschichte ist unbestritten; aber so, wie sie nicht ohne veränderte Erschütterungen verlaufen ist, wird auch ihre weitere Entwicklung umwälzende Änderungen mit sich bringen; jedenfalls für jene, die sich mit dem bisher praktizierten Gotteskult nicht mehr identifizieren können. Die Fragwürdigkeit der Weiterexistenz der jüdischen Gottesidee ist aber selbst vom Standort der Traditionalisten keine ausschließlich gegnerische Zumutung, sondern ein im Inneren der jüdischen Religion gärender Auflösungskeim. Die Bibel selbst schneidet die Frage des möglichen Verschwindens des jüdischen Gottes an. Sie wirft diese Frage sogar in einer Form auf, die mit der Gewißheit eines gottlosen Judentums, ja einer solchen Welt, gleichbedeutend ist. Im 10. Vers des 43. Jesaja-Kapitels verkündet Gott seine eigene existentielle Begrenztheit:

> Ihr seid meine Zeugen, spricht der Herr, und mein Knecht, den ich erwählt habe, auf daß ihr wisset und mir glaubet und versteht, daß ich's bin. Vor mir ist kein Gott gemacht, so wird auch nach mir keiner sein.

Diese Erklärung bringt die Atheisten in große Verlegenheit. Gott muß ihr Zeuge sein, daß ihre Theorie über die Entwicklung der Gottesidee, angefangen mit einer fabrizierten Götterkreismitgliedschaft, über die parteiische Judenverhätschelung hinweg bis zur Zwangspensionierung, richtig ist. Die frommen Juden haben aber die Abdankungserklärung Gottes beim Lesen der Bibel immer übersprungen. Sie wollen nichts davon wissen, daß ihr Gott „gemacht" wurde und daß sie gottlos werden müssen, genau wie die Atheisten, wenn die Zeit „nach mir" einmal gekommen ist. Auch der Messias wird ihnen nicht helfen können, weil er sie gar nicht in das Land der Verheißung zurückführen kann. Die Verheißung war nämlich nur eine Vorspiegelung. Gott kann den mit Abraham geschlossenen „ewigen Bund" gar nicht einhalten und die „ewige Besitzung" garantieren, wenn er selber gar nicht mehr da ist, um seinen Wechsel einzulösen. Gott hat Abraham zum Narren gehalten, und seine Nachkommen sind von der ererbten Narretei bis zum heutigen Tag noch nicht geheilt. Sie haben in der Bibel nicht nur den Gottesschwund, sondern auch die Sprüche Salomonis übersprungen. Das ist jammerschade, weil er ihnen im 14. Kapitel von Vers 15 bis 18 folgenden guten Rat gibt:

> Ein Unverständiger glaubt alles, aber ein Kluger merkt auf seinen Gang. Ein Weiser fürchtet sich und meidet das Arge; ein Narr aber fährt trotzig hindurch. Ein Ungeduldiger handelt töricht;

aber ein Bedächtiger haßt es. Die Unverständigen erben Narrheit; aber es ist der Klugen Krone, vorsichtig handeln.

Diese Ermahnung steht in derselben Bibel, die ihr auf Schritt und Tritt widerspricht. Wenn es eine Manifestation des menschlichen Geistes gibt, die von Ungeistigkeit durchsetzt ist, so ist es die Bibel. Die Kritik soll natürlich nicht in denselben Fehler verfallen und ignorieren, daß die Bibel viele Weisheiten und Wahrheiten enthält. Es ist aber um so sonderbarer, daß die positiven Erkenntnisse der Bibel mit Schund von zehnmal größerem Umfang vermengt sind.

Da nun von Weisheiten nur in der jüdischen Bibel die Rede sein kann (in der christlichen sind sie aus zweiter Hand), so betrifft die bei dieser Gelegenheit durchgeführte Schund-Diagnose auch nur sie. Schließlich ist Gott eine jüdische und keine christliche Erfindung. Deswegen ist es wohl angebracht, den falschen Fuffziger dieser Erfinder etwas näher unter die Lupe zu nehmen. Eine Aufzählung der göttlichen Ungereimtheiten im Alten Testament wird die harmlosen Anbeter mit ihrem Angebeteten näher bekannt machen und ihnen erklären, weshalb ein aufmerksamer, wahrheitsliebender und logisch denkender Leser der Bibel zum Atheisten werden muß.

Gott ist ewig. Es wird aber eine Zeit vor ihm und nach ihm angenommen. Also ist er nicht ewig. Er selbst hat an seine eigene Ewigkeit nicht geglaubt. Laut der kurz vorher schon zitierten Äußerung sagte er durch den Mund von Jesaja im 10. Vers des 43. Kapitels:

Vor mir ist kein Gott gemacht, so wird auch nach mir keiner sein.

Gott hat mit Abraham einen Vertrag abgeschlossen, in welchem ihm und seinen männlichen Nachkommen für ihre Vorhaut als Gegenleistung das kanaanitische Land zum ewigen Besitz zugesichert wurde. Zwei Generationen später finden wir die Hebräer als Sklaven beim Pyramidenbau in Ägypten. Als sie 400 Jahre später in „ihr" Land zurückkehrten, hatten sie (von der Salomonischen Regierungszeit abgesehen) im Kampf ums Überleben keinen Tag Ruhe. Im 8. Jahrhundert wurde das nördliche Israel und im 6. das südliche Juda ins assyrische beziehungsweise babylonische Exil verschleppt. Nach der Rückkehr (nur ins Südland) haben die Juden bis Jesus immer unter Fremdherrschaft gelebt und wurden dann selbst aus diesem fremdbeherrschten Land in eine totale Heimatlosigkeit vertrieben, die auch nach 2000 Jahren noch nicht ganz aufgehört hat. Ein sehr kleiner Teil des Volkes konnte das vor 4000 Jahren versprochene Land endlich in Besitz nehmen, aber nur inmitten einer andauernden Gefahr des Wiederverlustes an die sprungbereiten, vertragverachtenden Araber. So sieht ein ewiger Vertrag mit Gott in der Praxis aus. Gott hat den Ruf unter Menschen, der Urquell der Moralität und Gerechtigkeit zu sein, ohne den die Welt in Liederlichkeit versinken würde.

Glücklicherweise hat sich die menschliche Zivilisation nicht nach dem Vorbild des Bibel-Gottes entwickelt. Aufgrund des Bibelberichts über sein Schalten und Walten würde man einen solch korrupten Richter wie Gott, selbst bei den auch sonst bestehenden Ungerechtigkeiten der juristischen Praxis, bald aus seinem Amt hinauswerfen. Er ist die Verkörperung des Richters, der die Unschuldigen immer hängt und die Schuldigen meistens laufen läßt. Dafür bietet uns die Bibel eine lange Liste von Beweisen. Die Geschichte der falschen Gerichtsbarkeit beginnt gleich mit der Ermordung Abels. Dieser war freilich unschuldig und mehr ein Opfer Gottes als das Opfer Kains. Der ältere Bruder wurde zum Mord des bevorzugten jüngeren getrieben, weil Gott ihn durch die hirnlose Zurückweisung seines Geschenks tödlich gekränkt hatte. Auch ohne den tragischen Ausgang verletzt es den Gerechtigkeitssinn eines normal empfindenden Menschen, zwei Brüder ohne jeden Grund so ungleich zu behandeln. In diesem Fall hat Gott schon bewiesen, daß er nicht berufen ist, für die Menschen ein Lehrmeister in Fragen der Sittlichkeit zu sein. Die Talmudweisen erklären die faustdicke Parteilichkeit Gottes (die sie auch schon gemerkt haben) mit dem Dreh, daß Kain Gott nicht die Prachtstücke, sondern den Ausschuß seiner Ernte dargeboten hat. Die Talmudweisen sind auch Talmudluder, die für ihre Theorie absolut keine Grundlage haben. Sie nehmen nur an, daß Kain dumm genug war, Gott nicht die kostbarste Ernte darzubieten. Aber jedenfalls hat Gott kein moralisches Recht gehabt, die Nase selbst über ein minderwertiges Bodenprodukt zu rümpfen, da im Grunde auch ein solches seine eigene Schöpfung war. Eine günstige Gelegenheit, „göttliche" Gerechtigkeit zu üben, bot sich beim 400jährigen Zurückbehalten der Juden in der ägyptischen Knechtschaft. Als Gott die Zeit für die Befreiung endlich reif fand – nach mehrmaliger Erhärtung von Pharaos Herzen –, zwang er ihn zum Nachgeben durch Tötung aller erstgeborenen ägyptischen Kinder. Daß die Kinder unschuldig waren und in die ganze Affäre nur hineingezogen wurden wie Schlachttiere ins Schlachten, sollte keinen Anlaß zur besonderen Empörung geben, denn die (wenn möglich) noch unschuldigeren Tierjungen wurden auch tatsächlich und ohne kulinarische Verwendungszwecke zusammen mit den Kindern hingeschlachtet. Gott fand kein anderes Mittel zum Überzeugen eines Tyrannen von der Notwendigkeit einer barmherzigen Handlung. Wenn die Wege Gottes nachahmenswert sind, dann war seit Pharao niemand so fromm wie Hitler. Es wäre möglich, die Erklärung für die verstockte Barmherzigkeit Pharaos darin zu finden, daß die Inspiration dazu nicht Gott, sondern den Bibelautoren zuzuschreiben ist. Diese seien es, die ihre eigene Ungerechtigkeit in ihre Gottbeschreibung gepflanzt haben. Es ist indessen unwahrscheinlich, daß diese Begründung der Standpunkt maßgeblicher Kreise wäre, denn damit würden sie sich selbst als Geistesverwandte der Atheisten klassifizieren. Es ist eine atheistische These, daß alles Göttliche in der Bibel eine menschliche Erfindung ist mit allen Attributen menschlicher Schwächen, Grausamkeiten, Dummheiten und stellenweise auch Nützlichkeitsideen. Vorerst muß aber Gott für das gewertet werden, wozu ihn seine Erfinder gemacht haben. Solange die Gottfabrikanten auf der tatsächlichen, unabhängigen Existenz eines Gottes beharren (dessen Chronisten sie bloß zu sein vorgeben), muß alles dumme Zeug und Laster Gottes auf seine Rechnung gesetzt werden.

Gott hatte Gelegenheit zum Bekunden einer doppelt wirkenden Gerechtigkeit bei der Affäre Davids mit Bathseba. Ein Gerechtigkeitsakt war das Abschieben von Bathsebas hintergangenem Ehemann und des Bankerts der zwei Sünder in die Unterwelt. Man kann sich vorstellen, wie todeswürdig dieser Säugling sein mußte, wenn Gott richtig fand, ihn gleich in der Wiege abzumurksen. Das war eine gerechte Strafe für die Sünde einer hemmungslosen Liebe. Aber das 2. Buch Samuel weiß im 12. Kapitel noch mehr über die lachenden Sünder zu berichten. Gott erhöhte seine „Gerechtigkeit" noch dadurch, daß er das zweite Kind derselben liebeskranken Sünder nicht nur nicht getötet, sondern sogar mit seiner göttlichen Liebe überhäuft hat. Der Name dieses Günstlings war Salomon. Er konnte sich glücklich schätzen, nicht der Erstgeborene zu sein. Gott hatte offenbar die feinschmeckerische Gerechtigkeit, nur nach dem Blut von Erstgeborenen zu lechzen. Das war schon in Ägypten der Fall. Die Gründe, weshalb David der Liebling Gottes war, erklären sich durch die Gerechtigkeitstaten, zu denen David Gott verschiedentlich Gelegenheit gab. Zum Beispiel, kurz nachdem David (bei einem seiner erotischen Streifzüge) auf die schöne Abigail, die Frau eines Mannes namens Nabal, ein Auge geworfen hatte, schlug diesen der Herr (wie der 38. Vers des 25. Kapitels von Samuels erstem Buch berichtet) „über zehn Tage, daß er starb". Die Kostbarkeit des folgenden (39.) Verses sollte man sich nicht entgehen lassen. „Da das David hörte, daß Nabal tot war, sprach er: Gelobt sei der Herr, der meine Schmach gerächt hat an Nabal und seinen Knecht abgehalten hat von dem Übel; und der Herr hat dem Nabal das Übel auf seinen Kopf vergolten. Und David sandte hin und ließ mit Abigail reden, daß er sie zum Weibe nähme." Mit anderen Worten: David lobt Gott, daß er ihm die schmutzige Arbeit der Ermordung Nabals erspart hat. Zugleich hat er die Stirn, Nabals Tod in eine Sühne für seine eigene Sünde zu verdrehen. Ein zynischeres Reinwaschen vom eigenen Unflat durch dessen Abwälzen auf ein geopfertes Menschenleben ist selbst beim Abschaum der Menschheit kaum denkbar, geschweige denn in der Bibel unter göttlicher Mittäterschaft. Da zeigt sich die Gerechtigkeit Gottes beim Schutz des Ehebruchs, der Kuppelei, der Zerstörung einer Ehe und dem Mord an einem Unschuldigen.

Nach der Ermordung von unschuldigen Kindern, Tierjungen und Ehemännern hat Gott die Ehefrauen auch nicht vergessen. Für ihn war die babylonische Weiblichkeit nicht weniger Dreck als die jüdische. Im 13. Kapitel von Jesajas Buch wird beschrieben, wie Gott Himmel und Erde in Bewegung setzt, um Babylon nach bewährtem Vorbild in Schutt und Asche zu legen. Die Rolle, die den Frauen inmitten der allgemeinen Wirren zugedacht ist, wird im 16. Vers (vom 15. und 19. ausgerundet) in zarten Farben geschildert. – Wer sich da finden läßt, wird erstochen, und wer dabei ist, wird durchs Schwert fallen. Es sollen auch ihre Kinder vor ihren Augen zerschmettert, ihre Häuser geplündert und ihre Weiber geschändet werden. Also soll Babel, das schönste unter den Königreichen, die herrliche Pracht der Chaldäer, umgekehrt werden von Gott wie Sodom und Gomorra.

Nach dem, was wir über diesen Gott bis jetzt erfahren haben, kann man schon sagen, daß er der Caligula unter den Göttern ist. Im folgenden wird sich diese Feststellung als vollauf zutreffend erweisen, denn dieser Gott ist, wie der römische Kaiser Caligula, nicht nur ungerecht und grausam, sondern auch übergeschnappt. Kein Wunder. Diese Eigenschaften pflegen meistens Hand in Hand zu gehen. Zwei Stellen aus der Bibel sollen zitiert werden, die für den Geisteszustand unseres Gottes aufschlußreich sind. Die eine berichtet über einen Vorfall beim Transport der Bundeslade, die andere über eine Volkszählung.

Für jene (hauptsächlich Christen), die nicht wissen, was die Bundeslade der Juden ist, sei sie der leichten Verständlichkeit halber annähernd damit erklärt, daß sie eine Art tragbarer Altar ist. Eigentlich war sie es nur in der fernen Vergangenheit, denn seit der babylonischen Verbannung haben die Juden keine Bundeslade mehr. Sie ist entweder vernichtet oder unauffindbar versteckt worden. (Allerdings besitzt jede Synagoge heute noch eine sogenannte Heilige Lade, die aber nur eine symbolische Nachahmung ohne jede Zauberkraft ist.) Diese Lade – wie der Name sagt – war eine Kiste, die die Gesetzestafeln (den Mosaischen Bund mit Gott) enthielt, und zwar nach einer der verschiedenen Traditionen sowohl die zerbrochenen als auch die zweite Auflage der unversehrten. Die Bedeutung dieser Kiste wuchs aber mit der Zeit von der eines verstaubten Altwarenkoffers zu einem furchteinflößenden Heiligtum. Sie repräsentierte die Anwesenheit Gottes. Bei Wanderungen und Feldzügen wurde sie vorangetragen und wirkte als eine zauberkräftige Maskotte für den günstigen Ausgang des Unternehmens. Ihr Transport war aber eine heikle Angelegenheit, denn sie durfte nicht berührt werden, gleichgültig ob sie auf den Schultern von Trägern oder in einem Wagen befördert wurde. Sie ruhte auf Tragpfeilern, und nur diese durften berührt werden. Wer diese Vorschrift verletzte, wurde von Gott auf der Stelle erschlagen. Von so einem fatalen Fall erzählt die Bibel, bei dem die Zugtiere, die den Wagen mit der Bundeslade zogen, stolperten und einen der Treiber bei der Verhinderung des Umwerfens der Lade zum Hingreifen veranlaßten. Die Versreihc 3, 4, 6, 7 dcs 6. Kapitcls von Samuels 2. Buch informieren über die unheilbringende Bundeslade.

> Sie ließen die Lade Gottes führen auf einem neuen Wagen und holten sie aus dem Hause Abinadabs, der auf dem Hügel wohnte. Usa aber und Ahjo, die Söhne Abinadabs, trieben den neuen Wagen. Und da sie ihn mit der Lade Gottes aus dem Hause Abinadabs führten und da sie zur Tenne Nachons kamen, griff Usa zu und hielt die Lade Gottes; denn die Rinder traten beiseit aus. Da ergrimmte des Herrn Zorn über Usa und Gott schlug ihn daselbst um seines Frevels willen, daß er daselbst starb bei der Lade Gottes.

Das geschah ihm recht. Gott sah diese Lade lieber in den Straßenkot geschleudert als von Menschenhand beschützt. Aber er ist ein hoffnungsloser Fall; selbst Sigmund Freud könnte bei diesem Grad von Geistesstörung nichts ausrichten. Aber Gott war nicht so geistesgestört, daß er nicht noch geistesgestörter sein konnte. Davon hat er bei der bereits erwähnten Volkszählung Zeugnis abgelegt.

Es wird im 24. (dem letzten) Kapitel von Samuels 2. Buch über die verrückteste Volkszählung der Weltgeschichte berichtet. Wie alle Geschichten der Bibel ist auch diese zu langatmig, um in ihrem vollen Umfang wiedergegeben zu werden; deswegen soll nur das Hauptsächliche, aber absolut Notwendige davon dokumentarisch angeführt werden.

> Und der Zorn des Herrn ergrimmte abermals wider Israel, und er reizte David wider sie, daß er sprach: Gehe hin, zähle Israel und Juda! Und der König sprach zu Joab, seinem Feldhauptmann: Gehe umher in allen Stämmen Israels von Dan an bis gen Beer-Seba und zähle das Volk, das ich wisse, wieviel sein ist! Joab sprach zu dem König: Was hat mein Herr König zu dieser Sache Lust? Aber des Königs Wort stand fest wider Joab und die Hauptleute des Heeres. Also zog Joab aus und die Hauptleute des Heeres von dem König, daß sie das Volk Israel zählten, und durchzogen das ganze Land und kamen nach neun Monaten und zwanzig Tagen gen Jerusalem. Und Joab gab dem König die Summe des Volks, das gezählt war. Und es waren in Israel 800 000 starke Männer, die das Schwert auszogen, und in Juda 500 000 Mann. Und das Herz schlug David, nachdem das Volk gezählt war. Und David sprach zum Herrn: Ich habe schwer gesündigt, daß ich das getan habe; und nun, Herr, nimm weg die Missetat deines Knechtes; denn ich habe sehr töricht getan. Und da David des Morgens aufstand, kam des Herrn Wort zu Gad, dem Propheten, Davids Seher, und sprach: Gehe hin und rede mit David: So spricht der Herr: Dreierlei bringe ich zu dir; erwähle dir deren eins, daß ich es dir tue. Gad kam zu David und sagte es ihm an und sprach zu ihm: Willst du, daß sieben Jahre Teuerung in dein Land komme? oder daß du drei Monate vor deinen Widersachern fliehen müssest und sie dich verfolgen? oder daß drei Tage Pestilenz in deinem Lande sei? David sprach zu Gad: Es ist mir sehr angst; aber laß uns in die Hand des Herrn fallen, denn seine Barmherzigkeit ist groß, ich will nicht in der Menschen Hand fallen. Also ließ der Herr Pestilenz in Israel kommen vom Morgen an bis zur bestimmten Zeit, daß des Volks starb von Dan an bis gen Beer-Seba 70000 Mann. Und Gad kam zu David zur selben Zeit und sprach zu ihm: Gehe hinauf und richte dem Herrn einen Altar auf in der Tenne Aravnas, des Jebusiters! Also ging David hinauf und baute daselbst dem Herrn einen Altar und opferte Brandopfer und Dankopfer: Und der Herr ward dem Land versöhnt, und die Plage hörte auf von dem Volk Israel.

Die Reaktion auf diese Geschichte kann von zweierlei Art sein. Man kann sie als eine münchhausische Albernheit abtun oder nach Gebühr scholastisch würdigen. Die Theologie (nämlich die hebräische) kann sich bei keiner dieser Alternativen unramponiert aus der Affäre ziehen. Gibt es einen Menschen mit gesunder Urteilsfähigkeit, der diese Volkszählungsgeschichte für faktisch möglich oder zum mindesten für eine figürlich nutzbringende Lehrfabel halten kann? Tatsache allerdings ist, daß sie einen Teil der Bibel bildet. Also muß sie für die Bibelgläubigen entweder wahr sein oder einen allegorischen Lehrwert haben. Sind diese Alternativen für den kritischen Intellekt einzeln oder zusammen annehmbar? In der Präsentierung als wahre Begebenheit ist vielleicht diese Volkszählungsgeschichte ein Anzeiger der Grenze zwischen Normalverstand und Schwachsinn. Es wäre die einzige Rechtfertigung dieser Geschichte in der Bibel, wenn die Priester nach deren Annahme oder Ablehnung den Intelligenzgrad des Lesers feststellen wollten, obwohl das zweifelhaft ist. Die Geschichte der Volkszählung kann also unanfechtbar für puren Irrsinn erklärt werden, und zwar von beiden Gesichtspunkten, dem geschichtlichen wie dem lehrhaften. Diese Geschichte lehrt uns nur, daß der Verfasser einen irrsinnigen Gott vor uns gestellt hat, einen wie er selber offenbar war. Er hat den Irrsinn so freigebig um sich verbreitet, daß sogar der sonst eher skrupellose David sich schon wie ein harmloser Dummkopf benimmt. Beim Lesen des Textes ist jeder Satz ein Stein des Anstoßes.

Die Geschichte beginnt damit, daß Gott wieder einmal böse auf Israel ist. Kein Mensch weiß, warum. Es gab kein vorheriges Wort oder sonstiges Anzeichen, das das kommende Zürnen Gottes angedeutet hätte. Wie dem auch sei, er bewog David zur Veranstaltung einer Volkszählung. David führte die Order zunächst nichtsahnend aus. Kaum war aber die Volkszählung durchgeführt, wurde David von Gewissensbissen geplagt. Plötzlich glaubte er, mit der Volkszählung etwas Böses getan zu haben. Darin zeigte sich seine Blödheit, denn Gott hatte ihm noch gar keine Vorwürfe gemacht. In diesem Fall folgte der Blitz dem Donner, denn Gott hat die Volkszählung tatsächlich für eine Sünde erklärt. Und David, der auf Befehl Gottes handelte, sollte nun für seinen Gehorsam bestraft werden. Jemand muß da irrsinnig sein, entweder Gott oder David oder der Bibelschreiber oder der Leser, der diese irrsinnige Geschichte glaubt. Gott gab David eine Wahl zwischen drei Strafen: Nahrungsnot im Land, Verfolgtsein durch seine Feinde oder eine Landseuche. Der Bibelschreiber hat seinen Pappenheimer gekannt. Er hat David nicht die Verfolgung wählen lassen; das letzte, was David wollte, war, seine Haut zu Markte zu tragen. Er wollte auch keine Nahrungsnot, denn diese wäre, besonders bei einer siebenjährigen Dauer, die unleugbare Folge staatlicher Mißwirtschaft gewesen und hätte zu Unruhen und zum Aufstand führen können. Er wählte die Seuche, denn dafür konnte er nicht persönlich verantwortlich gemacht werden. Sein Vertrauen auf Gottes Barmherzigkeit hatte sich gerechtfertigt. In drei Tagen fielen der Pestilenz 70 000 Menschen zum Opfer.

Gott kann sich gratulieren. Er strafte 70 000 Menschen für eine Tat, die keine Sünde war, und die sie jedenfalls nicht begangen haben, selbst wenn sie als eine Sünde gelten sollte, und wofür Gott selber verantwortlich war, da ja er die sündhafte Nichtsünde angeordnet hatte. – An diesem Punkt soll einer teilweise abweichenden Ansicht Gelegenheit zur Äußerung gegeben werden. Manche Bibelexperten mögen darauf hinweisen, daß David zur Volkszählung nicht von Gott, sondern von Satan verleitet wurde und daß Gott gerade wegen des Usurpierens seines Prärogativs ergrimmte. Eine Version der Volkszählungsangelegenheit, die auf diese

Weise interpretiert werden mag, ist tatsächlich im 21. Kapitel der 1. Chronik zu lesen. Diese zweite Version ändert aber nichts an der Bedeutung der ersten. Die Rolle Gottes, die er als unabhängig existierende Macht oder als eine literarische Erfindung des Bibelschreibers spielt, ist in beiden Versionen gleichermaßen anrüchig. Wie könnte Satan überhaupt etwas gegen den Willen Gottes unternehmen und ungehindert durchführen? Die Volkszählung dauerte neun Monate. Wenn sie das Werk Satans war, dann hat Gott mit ihm zusammengearbeitet, da er es neun Monate lang geduldet hat. Und am Ende hat er in beiden Versionen das unschuldige Volk mit einem 70 000fachen Tod bestraft, nicht mit einem einfachen von Satan. Er konnte diesen Fall unter allen Umständen in sein Gedenkbuch als einen Triumph seiner vielgerühmten Gerechtigkeit auf der Seite der vielen anderen bestraften Unschuldigen eintragen.

**93** Die Dokumentation des Charakters Gottes aufgrund des jüdischen Bibelberichts ist einstweilen abgeschlossen. Obwohl das Phänomen „Gott" durch diese ganze Studie hindurch immer wieder zum Vorschein kam, mußte es schärfer beleuchtet werden, um entscheidende Fragen zu ermöglichen, vorab jene der Unmöglichkeit der Anbetung dieses Wortes. Welchen Begriff haben denn die Menschen, Juden und Christen, von der Identität Gottes? Wer ist Gott? Ist er die Persönlichkeit, die in der Bibel porträtiert ist, oder eine abstrakte, unfaßbare Macht, über dem Weltall stehend? Kann aber der Weltenschöpfer, Weltenbeherrscher und -lenker, der Milliarden und Abermilliarden von kosmischen Körpern geschaffen hat und sie nach seiner Willkür in Betrieb hält, selbst in der kindisch menschlichen Vorstellung derselbe sein, der verschnupft ist, wenn ihm Satan in die Quere kommt oder irgend jemand und irgend etwas überhaupt in die Quere kommen kann? Kann dieser Gott selbst nach primitivster menschlicher Vorstellung derselbe sein, der das ihm scheißunwichtige Ameisengewimmel einer Volkszählung für eine Sünde erklärt und wofür er sich aus beleidigtem Stolz mit dem Abmurksen von Tausenden rächt?

Die Seichtheit des menschlichen Denkens äußert sich in der gleichzeitigen Akzeptierung beider Wesenserscheinungen. Geistig hochstehende Persönlichkeiten, denen ihre gesellschaftliche Verpflichtung nicht erlaubt, sich selbst gegenüber aufrichtig zu sein – die also im Dunst des Selbstbetrugs leben –, sind imstande, gleichzeitig an einen Geistgott des Weltalls und den Körpergott der Bibel zu glauben, und sie finden nichts Absurdes in der Annahme, daß die zwei derselbe sind. Wenn sie mit forschenden Fragen bedrängt werden, reden sie sich damit heraus, daß die Bibel Gottes Wort ist, das eine Lösung des Gottproblems erübrigt. Das Wort Gottes garantiert die Kongruenz der Inkongruenz. Auf die Einwendung, daß die Bibel von Menschen geschrieben wurde, ist ihre Replik, daß die Bibelschreiber jedenfalls von Gott selbst inspiriert wurden. Die Duplik aber ist, welcher dieser Gott ist; jener, der sich in der Bibel wie ein Mensch gebärdet, oder der Geistgott des Weltalls? Es kann offenbar nur der Bibelgott sein, denn nach dem, was wir in der Bibel lesen, hat dieser zu einer Schilderung inspiriert, die nur auf einen materialistisch ungeistigen Bibelgott paßt. Die Inspiration kommt also nur von einem (diesem) der zwei postulierten Götterbilder, was aber die Inspiration ungültig macht, da keine Bibelinspiration authentisch sein kann, wenn sie nicht vom unentrinnbaren Doppelgott beglaubigt ist. Eine authentische Inspiration kann nur von einem Gott herrühren, der sich auch in jenen seiner Aspekte widerspiegelt, in denen die Bedingungen einer wahrhaft göttlichen Geisteswesenheit erfüllt ist. Von einer Inspiration auch durch einen solch abstrakten Gott ist aber in der Bibel keine Spur.

Der Gott der Bibel ist demnach gar kein Gott, sondern ein Kasperle im Puppentheater der Bibelschreiber. Er redet zu seinem Publikum, und sein Publikum kann auch zu ihm reden. Früher, als seine Telefonnummer allgemein bekannt war, konnte ihn jeder anrufen und mit ihm intime Gespräche führen. Heute ist das leider nicht mehr möglich, weil er nur noch eine unregistrierte Nummer hat, die nicht einmal seinem hingebungsvollsten Anhänger Herman Wouk bekannt ist. Aber als er noch gesellig war, benahm er sich und war auch tatsächlich wie ein ganz gewöhnlicher Mensch. Er zeigte Moses im Vorbeigehen seinen Arsch (Exodus, Kapitel 33, Vers 23), kehrte bei Abraham zum Mittagessen ein (Genesis, Kapitel 18), bei dem er Kalbfleisch und Milch genoß und sich mit einem Fußbad erquickte.

Die Hauptsorge dieses komischen Kauzes von Gott war lange das Wohlergehen seines höchsteigenen nichtswürdigen Volkes bei nur oberflächlicher Beachtung anderer Völker. Es scheint aber, daß er sich – dieser Begönnerung müde geworden – auf einen neuen Lebensplan umstellte. Er verführte die Ehefrau eines Tölpels, war aber anständig genug, die Frucht dieser Immoralität als sein eigenes Kind anzuerkennen. Von diesem Moment an hörte er auf, sich ausschließlich um sein bis dahin bevorzugtes Volk zu kümmern. Eigentlich hat er den Spieß umgedreht. Sein früheres Lieblingsvolk ist zum Prügelknaben geworden, und die Auserwählten sind nun die Anhänger seines Sohnes. Das ist der Gott der Bibel. Kann er auch der Geistgott des Weltalls sein, kann er mit diesem identisch sein?

Die Wortführer der Identität des Bibelgottes mit dem Weltallgott behaupten, daß diese zwei derselbe sind, weil sie zwei Erscheinungsformen sind, die vom einzigen Gott nach Belieben gewählt werden. Gott, in seiner Allmacht, könne seine Wesenserscheinung frei wählen. Wenn aber die Bibel von Gott inspiriert wurde, dann können gerade die Adepten dieser Inspiration nicht an eine solche Wesensänderung glauben, denn in beiden Bibeln (der Alten und der Neuen) steht es geschrieben, daß Gott sich nicht verändern kann (Maleachi, Kapitel 3, Vers 6: „Ich bin der Herr und wandle mich nicht." – Brief des Jakobus, Kapitel 1, Vers 17: „Alles kommt von oben herab von dem Vater des Lichts, bei welchem ist keine Veränderung").

Die obigen Bibelstellen wurden natürlich nur den Bibelgläubigen zuliebe zitiert, denn die Glaubensfreien brauchen keine inspirierte Dokumentation der Unvermischbarkeit des menschlichen und des übernatürlichen Gottesbegriffs. Und das ist auch nur eine Feststellung im Einklang mit der Logik des reinen Gottdenkens, denn der Glaubensfreie glaubt weder an den einen noch an den anderen Gott als personifizierte Wesen. Er theoretisiert nur über Weltenergien, die keine Personen sind. Der Zweck der Gegenüberstellung der Gotteswesenheiten war nur, die Absurdität des Bibelglaubens und des gleichzeitigen Geistgottglaubens aufzuzeigen.

Neuerdings wurde von diesem Geistgottglauben viel Aufhebens gemacht, indem manche Wissenschaftler begannen, sich einer reinen Gottidee anzunähern. In einer verschwommenen Geistesverwandtschaft mit Einstein glauben sie die „Hand" einer kosmischen Intelligenz beim Funktionieren des Weltmechanismus nicht ausschließen zu können. Man kann sich denken, daß die Religionen sich dieser Möglichkeit wissenschaftlicher Rechtfertigung ihre Gottkreation triumphierend bemächtigt haben. Die Atheisten sollen nun von Zittern und Zagen erfaßt werden. Der Atheist ist aber nicht im geringsten erschüttert, wenn gewisse romantisch veranlagte Wissenschaftler sich die Fäden der Weltordnung in einem kosmischen Intelligenzfokus zusammengelaufen denken. Das ist eine Theorie, die manches Richtige an sich haben mag. Aber die Religionen täten besser, sich beim Siegestaumel nicht zu überstürzen.

Die wissenschaftliche Anerkennung der mystischen Natur des Kosmos führt nicht zur Anerkennung von deren Verwandtheit mit dem religiösen Mystizismus. Die Quantumtheorie, die die Naturwissenschaft zum radikalen Umdenken veranlaßte und das herrschende System von Ursache und Wirkung zu entthronen droht, kann nicht zur Erklärung religiöser Absurditäten ausgebeutet werden. Das Hervorspringen eines Atoms aus dem scheinbaren Nichts beim Experiment in einem Laboratorium ist nicht endgültig überzeugend für das Hervorspringen eines Weltalls aus dem Nichts. Die Berufung auf Mysterien verfängt nur bei Gleichgesinnten, die keine Überredung benötigen. In Debatten mit Ungläubigen müssen sie die religiösen Absurditäten immer aus einer zwar unerkannten, aber angeblich bestehenden Ordnung heraus zu erklären versuchen. Das zeigt, daß die gläubigen Streiter trotz ihres Mysterienglaubens rationalistisch zu argumentieren gezwungen sind. Man kann versuchen, Mysterien zu enträtseln, wie die Wissenschaft es tut. Aber man kann nichts auf sie aufbauen.

Die Auferstehung Christi (zum Zwecke dieser Erörterung als Tatsache angenommen) kann nicht als Phänomen eines kosmischen Mysteriums anerkannt werden, weil kosmische Mysterien allgemein gültige Erscheinungen sein müssen (sonst wären sie nicht kosmisch und auch keine Mysterien, weil ein begrenztes Mysterium kein Mysterium ist) und somit die genannte Auferstehung ihrer einmaligen Wunderbarkeit berauben. Wenn die Auferstehung als ein Beispiel kosmischer Vorgänge vollbracht wurde, dann muß sie bei jedem gewöhnlichen Menschen wirken, und dann ist zwischen diesem und Jesus kein Unterschied. Oder durch umgekehrte Logik ausgedrückt: Wenn der tote Mensch nicht auferstehen kann, dann konnte es Jesus auch nicht (mit Ausnahme, wenn er nicht wirklich tot war; dann aber besteht kein Anlaß, von Auferstehung zu sprechen). Die kosmischen Mysterien machen keinen Unterschied zwischen Jesus und Schulze. Zeugenaussagen zugunsten dieses Unterschiedes haben keinen Beweiswert. Zeugen können Schwindler sein oder selbst Opfer eines Schwindels oder einer Illusion.

Die Berufung auf kosmische Mysterien zeigt indessen ihre Gegenstandslosigkeit nicht nur in dieser Analyse. Ihre Absurdität ist viel verheerender in ihrem autoritären Geltungsanspruch. Die Religionen machen geltend, ihre Funktion aufgrund eines Mandats von den kosmischen Mysterien auszuüben. Diese Quelle ist natürlich gleichbedeutend mit Gott. Gott ist bekanntlich unerforschlich, also mysteriös, und da er das ganze Weltall umschließt und beherrscht, so ist er kosmisch. Die Beauftragung der Religionen durch diesen Gott zum irdischen „Schafeweiden" kann man aber schlankweg als einen aufgelegten Schwindel bezeichnen.

Selbst wenn Gott existiert und das Weltall geschaffen hat, ist die Behauptung unannehmbar, daß er zu gewissen Leuten persönlich gesprochen und sie mit seiner Vertretung bei den Menschen beauftragt hat. Alle Behauptungen in Hinsicht auf die angebliche Beauftragung stammen von den sogenannten Beauftragten und nicht vom Auftraggeber. Wenn ein Agent sich in Vertretung eines Auftraggebers bei einer Drittperson zur Abwicklung eines folgenschweren Geschäfts meldet, dann muß der Kunde vom Auftraggeber über das Kommen des Agenten vorgängig benachrichtigt werden. Ein Agent kann sich nicht selbst identifizieren und bevollmächtigen. Aber genau das tun die Religionsgewaltigen, mit Abraham angefangen, mit Moses und Jesus fortgesetzt, bis zum letzthintersten Dorfgeistlichen.

Es gibt kein einziges Dokument, sei es in der Form eines authentisch originalen Schriftstücks direkt aus der Hand Gottes, durch eine unverkennbare, jedermann unmittelbar vernehmbare Verlautbarung aus seinem Munde oder durch ein allen Menschen ausnahmslos in diesem Sinne unentrinnbar suggeriertes Phänomen, das die Authentizität der vorgegebenen Beauftragung beweisen würde. Alle Behauptungen, die auf die Existenz solcher Beweise hinzielen, sind nichts als Behauptungen. Und man kann dem hinzufügen: schwindelhafte Behauptungen, weil jegliche von Gott hergeleitete Autorität eine tückisch oder gewaltsam errichtete Machtkonstruktion oder die Wahnidee eines verrückten Amokläufers ist.

Die Tatsache ist, daß die Religionen rein menschliche Konstruktionen sind, die eine erfundene Gottheit über sich gesetzt haben, von der sie dann ihre Autorität für die beduselten Menschen „unanfechtbar" herleiten. Die wichtige Frage ist aber gar nicht, ob es einen Gott gibt oder nicht gibt, sondern daß wir ihn nicht brauchen. Unser Welterlebnis ist dasselbe mit Gott wie ohne Gott. Der wesentliche Punkt dabei ist, daß der Kult, den wir um Gott pflegen, ein leeres Strohdreschen ist. Dieser Kult wurde von den Religionen aufgebaut und fanatisch fortgeführt, um den Kultrittern die Möglichkeit zu geben, ihr Leben den Freuden einer Mischung von Tagedieberei und Menschenbeherrschung zu widmen.

Der große Unterschied zwischen der zugegebenermaßen auch mysteriengläubigen Wissenschaft und der mysteriengläubigen Religion ist, daß die Wissenschaft für ihre Theorien keine gottgegebene Autorität vorschwindelt. Für sie bedeutet das Mysterium des Kosmos ein aufrichtiges Eingeständnis der Beschränktheit menschlicher Erkenntnisfähigkeit. Angesichts dieses Unterschiedes kann also die modische Vermengung von Wissenschaft und Gottidee nicht als Krücke für das Aufstützen der baufälligen Religionen mißbraucht werden.

Selbst der romantischste Wissenschaftler meint mit seiner Gott-Theorie keinen Gott, der zu einer schlafenden Jüdin einen Traumengel mit einer Schwangerschaftsdiagnose entsendet, die Beschneidung neugeborener Judenbälger anordnet und sich bei der Betrachtung eines andachtsvoll geküßten Bischofsrings mit behaglichem Lächeln ergötzt. Die Wissenschaftler glauben nicht, daß die Anbetung eines hypothetischen Gottes und der geforderte Respekt vor seinen selbsternannten Repräsentanten eine reale Basis haben.

Die gelahrten Autoritäten können aber wohl für die Nachlässigkeit oder gar Unredlichkeit gegeißelt werden, den Unterschied zwischen ihrer und der religiösen Gottidee nicht klarzumachen. Mit der Verwendung des Wortes „Gott" richten sie Unheil an, weil es aus der Terminologie eines Systems entnommen ist, in welchem es etwas ganz anderes bedeutet und dazu der größte Hemmschuh der Wissenschaft ist. Einstein war umsichtig genug, das Funktionieren des Weltalls einer kosmischen Intelligenz und nicht einem Gott zuzuschreiben, weil „Gott" schon von einem System zum exklusiven Gebrauch belegt worden war, in welchem es nichts mit Intelligenz zu tun hat. Wo Einstein ausdrücklich von Gott spricht, läßt er kein Mißverständnis darüber aufkommen, daß diese Personifikation seiner Ansicht nach ein irrationales und unerwünschtes Element in der Gestaltung des Menschenlebens ist. Diese Wertung ist in seiner Abhandlung „Mein Weltbild" klar ausgedrückt und auch in einer Veröffentlichung des Vatikans bestätigt, die Einstein klipp und klar für einen Atheisten erklärt.

Manche Interessenten mögen eine weniger radikale Wertung von Einsteins Philosophie formen und ihn für einen unerklärten und unbewußten Deisten halten. Er selber würde in einer Selbstbetrachtung wahrscheinlich nicht einmal dieses Zugeständnis machen. Aber ihn mit den Deisten in Zusammenhang gebracht zu haben, soll Anlaß dazu geben, das Wesen dieser philosophischen Richtung mit Einstein im Hintergrund zu erläutern.

Die früher schon erwähnten Deisten, deren Hauptrepräsentanten unter vielen anderen Benjamin Franklin, Voltaire und in einem gewissen Sinn (nach Pascals Ansicht) auch Descartes waren, lehnen den religiösen Gottesglauben ab. Sie haben nur eine Art geistigen, sozusagen wissenschaftlichen, logischerweise bibellosen Gottesglauben beibehalten, weil sie im Weltall das Wirken eines Prinzips zu erkennen wähnen. Sie glauben aber nicht, daß zwischen diesem Prinzip und den Menschen ein Gefühlsverhältnis besteht oder überhaupt bestehen kann. Zu der kosmischen Energie kann man nicht beten, und als reine, alleinige Energie kann sie am menschlichen Schicksal gar nicht interessiert sein. Für sie ist der Mensch (freilich ohne Denkbewußtsein) nur ein physikalischer Bestandteil des Kosmos, wie alle anderen physikalischen Erscheinungen.

Für religiös veranlagte Menschen ist eine solche Weltanschauung natürlich trostlos und deswegen unannehmbar. Wahrscheinlich findet die Mehrheit der Menschen ihren seelischen Rückhalt nicht in einer verstandesmäßigen Lebenseinstellung. Auch Goethe, der das Gewicht des verstandesmäßigen Denkens betonte, gab zu (wie es hier früher aus seinem Buch „Erfahrung und Leben" – unter dem Titel „Gott und Natur" – zitiert wurde), daß die menschliche Gefühlsmäßigkeit trotz aller rationalen Erkenntnis zum Glauben zurückführt. Niemand will denn auch den Gläubigen ihren Glauben rauben.

Eine scheinbar gegenteilige Argumentation hat nur zum Zweck, den zur Verstandesmäßigkeit Neigenden die forensischen Mittel zur Festigung ihrer Vorzugsideologie zu geben.

Der zuweilen gegen diese Stellungnahme gerichtete Vorwurf ist, daß sie im Seelenleben des Verstandesmenschen keinen Raum für das Mitexistieren eines Gefühlsmenschen übrigläßt. Ein solches Argument übersieht die Möglichkeit, daß einer sehr wohl Gefühle haben kann, ohne deswegen den Verstand zu verlieren. Das Überwiegen der Gefühle ist an sich nicht unbedingt rühmenswert. Gefühle können auch zur Unkultur und sogar zur Bestialität führen. Die Verstandeszweifler sollten über ihre gefühlvolle Geschichte mit Kreuzzügen, Religionskriegen und Hexenverbrennungen nachdenken.

Eine leichte Schwenkung zu der verstandesmäßigen Seite hätte gerade bei der letztgenannten Unmenschlichkeit eine segensreichere Gefühlslage geschaffen. Es besteht indessen „keine Gefahr", daß eine neuzeitliche Verschiebung in der Richtung der Verstandesmäßigkeit bald zur total gefühllosen Gewissensfreiheit führen würde. Die abergläubische Neigung und intellektuelle Unmündigkeit der Menschen wird sie wahrscheinlich mehrheitlich immer im religiösen Lager angesammelt halten. Es sollte aber der Religion nicht gestattet sein, einen größeren gesellschaftlichen und politischen Einfluß als den proportional begründeten auszuüben.

Da es als realistische Mutmaßung angenommen werden kann, daß eine größere, tatsächliche, nicht nur auf dem Papier existierende Gewissensfreiheit dereinst einen zumindest mäßigen Einbruch in die Reihen der religiösen Phalanx bewirken wird, so ist dies nichts weniger als recht und billig, denn wozu soll ein Gesellschaftssystem wider den vereinbarten Konsens der Bevölkerung künstlich aufrechterhalten bleiben? Es gibt heute schon Kirchenautoritäten, die aus dieser Einsicht zu einem früher undenkbaren Entgegenkommen gegenüber liberalem Denken bereit sind. Ihr Zweck ist aber nicht (obwohl manche aufrichtig sind), die Religion liberaler zu machen, sondern den Freidenkern zu demonstrieren, daß sie sich in der Religion zu Hause fühlen können. Zu diesem Zweck werden populär-wissenschaftliche Kinkerlitzchen in die Wunderwelt der Religion eingeführt. Das Überqueren des Roten Meeres wird nicht mehr als Wunder, sondern als ein meteorologisch bedingtes Naturereignis erklärt. Die Heilungen von Jesus wurden an Patienten vollbracht, deren Krankheiten Einbildungen waren, die ihnen durch Couéismus ausgeredet wurden. (Durch eine Methode aus derselben Erkenntnis, wie der 2000 Jahre spätere französische Psychiater Coué sie hatte.) Die Bibel selbst zeugt sogar davon, wenn sie zugibt (Matthäus, Kapital 13, Vers 57, 58), daß Jesus bei denen keine Wunder wirken konnte, die nicht an ihn glaubten. Die Wissenschaft beginnt, Gott aus der Religion zu verdrängen.

**94** Diese Umstände sprechen das Urteil sowohl über die zwei Tochterreligionen des Judentums (Christentum und Islam) als auch über die jüdische Mutterreligion selbst. Was den Judaismus im besonderen betrifft, muß es immer wieder betont werden, daß in ihm (eigentlich im Gegensatz zu den anderen Religionen) keine Autorität existiert, die dem einzelnen Juden die Art und Weise korrekten Judeseins vorschreiben kann. Es gibt nur ein Kriterium des Judeseins: Bekenntnis eines jeden beliebigen Menschen weißer Rasse, zum Judentum gehören zu wollen, und zwar ohne jede theologische, sakrale oder feiertägliche Verpflichtung. Das Judentum ist eine historische Kultur- und Schicksalsgemeinschaft. Jeder Abendländer, der seinen Entschluß erklärt, zu dieser Gemeinschaft gehören zu wollen, sollte von der Gesamtjudenschaft als einer der ihrigen betrachtet werden.

Die jüdische Wesenheit auf diese Weise verstanden umfaßt das ganze Judentum, während die religiöse Ideenklasse die Grenzen wesentlich enger zieht. Das Gesamtjudentum hat das Recht, alle Konversionskandidaten als legitim anzuerkennen, die den Kriterien der am weitesten gefaßten jüdischen Wesenheit Genüge leisten. Gewisse, nichtreligiöse, bald näher beschriebene Bedingungen sollten jedoch gestellt werden. Die schwarze Rasse sollte von diesem freien Beitritt ausgeschlossen sein (wofür später noch eine nähere Erklärung gegeben wird). Orientalen sind ein Grenzfall und sollen dem Konsens jüdischer Gemeinden entsprechend für eine Aufnahme von Fall zu Fall geprüft werden.

Das Abhängen der Annahme eines Konvertiten von der vorbehaltlos liberalen Grundeinstellung der Gesamtjudenschaft und nicht von einer sogenannten religiösen Autorität ist damit begründet, daß es im Judentum eine solche Autorität nicht gibt. Auch der „autoritärste" Glaubensbekenner ist ein Privatmann. Er mag von einem Schwarm von Anhängern und Bewunderern umgeben sein, dem gültigen Gesetz nach sind seine Verlautbarungen für keinen Juden bindend.

Der christliche Geistliche besitzt eine solche Autorität, weil er sie direkt von Jesus, beziehungsweise von seinem beglaubigten Vertreter, dem Papst, herleitet; er kann Verordnungen im Namen Jesu erlassen, die für die Gläubigen (wenn sie sich dem Glauben verpflichtet fühlen) bindend sind.

Im Judentum steht kein „Geistlicher" über dem Volk. Diese Macht hat mit der babylonischen Verbannung aufgehört. Kein Jude ist der Wortführer Gottes für einen anderen Juden. Im Judentum ist es nicht ein Amt oder Amtsträger (obwohl es fälschlich vorgegeben wird), in dessen Hand der Akt der „Einbürgerung" liegt, sondern die Gemeinschaft selbst. Wenn die allseitige Meinung ist, daß ein Konvertit als Jude anerkannt werden soll, dann ist er schon ein Jude.

Eine Einschränkung ist allerdings die Bewahrung des jüdischen Volkscharakters, wo sie erwünscht ist. Die schwarze Rasse kann nicht als harmonisch mit diesem Charakter bezeichnet werden, was nicht als eine niedrigere Bewertung dieser Rasse vom höheren menschlichen Standpunkt aus beurteilt werden soll. Die Politik der offenen Tür für alle Abendländer entspricht freilich nur den ethnischen und nicht den religiösen Kriterien. Von der abendländischen Seite besteht sowieso ein viel schwächerer Druck zum Eindringen, da es für sie auch ohne Religion beim bloßen Bekenntnis noch ziemlich schwer sein wird, ein Jude zu sein.

Die heute bestehende jüdische Religionspraxis ist für einen geistig auch nur mäßig wachen Juden eine unerträgliche Absurdität. Die sogenannten Gottesdienste und Gedenkfeiern sind eine Beleidigung des gesunden Menschenverstandes. Eine Gebetsgemeinde in einer Synagoge ähnelt der Versammlung der Insassen eines Irrenhauses. Mehrere hundert Menschen lesen im Schlepptau eines liturgischen Leithammels einen hebräischen Text, den keiner versteht. Die Sprache könnte geradesogut Chinesisch oder Hottentottisch sein.

Das Verhältnis des Durchschnittsjuden zu seiner Ursprache ist eine Mischung von Heuchelei und Schlamperei. Außerhalb des israelischen Staates lernt die jüdische Jugend keine hebräische Sprache, sondern nur ein alphabetisches Lesen ohne Wort- und Satzbedeutung. Es ist eine Selbsttäuschung, sich mit einem phonetisch einstudierten Gebettext an Gott zu wenden. Die jüdische Jugend sollte richtiges Hebräisch lernen auf der Grundlage eines normalen Sprachstudiums mit Grammatik und Sinn. Diese Studien sollten nicht mit scholastischer Disziplin und drohenden Leistungszensuren betrieben werden, sondern mehr nur als Unterhaltung auf einer bescheidenen Bildungsstufe. Der Zweck kann nicht sein, aus den Studenten gewandte, hebräisch sprechende Gesellschafter zu machen, sondern ihnen einen Einblick in die Struktur und den Inhalt hebräischer Texte zu gewähren.

In dieses System würde sich die Konvertitenerziehung harmonisch einfügen. Das Problem der Assimilation des jüdisch gewordenen Fremdstämmigen würde sich durch das erleichterte Hebräischlernen lösen. Der Fremde würde sich an die jüdische Kultur anschließen, wozu auch das Studium der jüdischen Geschichte und der jüdischen Geistesproduktion gehören. Der angestrebte Wissensgrad der hebräischen Sprache wäre nicht so hoch, daß ihn ein intelligenter Fremder nicht genauso leicht erreichen könnte wie ein geborener Jude. Für ihn wäre dieser Grad eigentlich leichter erreichbar, weil er von einem Ehrgeiz befeuert würde, der im geborenen Juden nicht unbedingt vorhanden ist. Diese Basis der Angleichung wäre zugleich ein Prüfstein für den Ernst der Konversionsabsicht und gleichzeitig ein Sieb für das Ausscheiden der nicht fest Entschlossenen. Dieses Sieb wäre beim Fortwirken der alten Tretmühle nicht wirksam, weil es viel billiger ist, religiöse Formeln nachzuplappern, als ins Judentum kulturell und zerebral eingeschmolzen zu werden. Da die bloß religiöse Hingabe auch bei den geborenen Juden die primitivere Komponente ihres Judentums ist, so sind die in erster Linie religiös orientierten Fremdstämmigen die weniger wertvollen Neuankömmlinge vom Standpunkt der ethnisch historischen Stärkung des Judentums.

Die ausschließlich religiöse Anschlußbasis, die die Rabbiner den nur kulturell motivierten fremdstämmigen Kandidaten entgegenstellen, wird durch die Bibel selbst Lügen gestraft. Da haben wir einmal mehr mit einem Fall rabbinisch-antibiblischer Willkür zu tun. Die Bibel beschäftigt sich mit der Frage und den Bedingungen des Eintritts in die jüdische Gemeinschaft, und sie nimmt eindeutig gegen den rabbinischen Stand Stellung.

Von den vielen Mischehen leuchtender Bibelfiguren wie zum Beispiel denen von Joseph,

Moses, David und anderen, deren Ehefrauen ohne jede religiöse Formalität ins Judentum eingeschmolzen wurden, ist dabei nicht einmal die Rede. Es handelt sich um den Eintritt auf der allgemein bürgerlichen Ebene. Das Hin- und Herfließen biologischer Komponenten beim historisch-gesellschaftlichen Kontakt von Völkern wird in der Bibel überwiegend großzügig behandelt, und zwar ohne die geringste Rücksicht auf mögliche religiöse Differenzen. In dieser Hinsicht ist die Bibel sehr modern und sieht das Phänomen genau durch die in dieser Argumentation angewandte Brille.

Das 23. Kapitel des Deuteronomiums nimmt zwar gegen die Einverleibung von Ammonitern und Moabitern Stellung, aber nur deswegen, weil diese Völker in einer Zeit israelischer Bedrängnis eine feindselige Haltung gegen Israel eingenommen haben. Demgegenüber sind Edomiter und Ägypter (die schon in jüdischer Umgebung leben) in der jüdischen Gemeinschaft willkommen. Der 8. Vers sagt: „Die Kinder, die sie im dritten Glied zeugen, sollen in die Gemeinde des Herrn kommen."

Es ist klar, daß die Bibel bei der Aufnahme Fremdstämmiger einfach die Assimilation zur Bedingung macht. In dieser Regelung drückt sich das Prinzip aus, daß der innige Verkehr fremder Volksangehöriger mit Juden sie automatisch zu Juden macht, wenn auf deren Seite ein Wunsch danach besteht. Von keiner Religion, Konversion oder rabbinischen (in biblischen Zeiten priesterlichen) Weihe ist dabei die Rede.

Die Einverleibung ins Judentum in der Neuzeit, auf bloß einfühlend kultureller Basis ohne jede religiöse Sanktionierung, ist also der biblischen Ideenwelt näher als das willkürlich rabbinische Konversionssystem.

Unter den Anschlußkandidaten sind dem rabbinischen Klüngel freilich die religiös Orientierten willkommener als die intellektuell Zugeneigten, weil von jener Seite weniger talmudische Probleme zu gewärtigen sind. Nichts scheuen die jüdischen Theologen und Rabbiner mehr als Fragen über Widersprüche und Widersinnigkeiten in der Bibel. Das ist mit ein Grund, weshalb sie die Bibeltexte in sprachlichem Halbdunkel und Ganzdunkel halten. Das gibt ihnen die Möglichkeit, die Bibel ihrer Auffassung und ihren Zwecken gemäß zu interpretieren. Dieses meistens willkürliche Interpretieren führt aber zu einer fast gänzlichen Verfälschung und damit sündhaften Verletzung der Gebote. Ja, es muß gesagt werden, daß die sogenannten Hüter der biblischen Tradition ihre größten Schänder sind. Nichts ist ihnen gut so, wie es in der Bibel steht; alles muß uminterpretiert, überinterpretiert und zu Tode interpretiert werden.

Nehmen wir als Beispiel das dritte Gebot der sogenannten Zehn. Es lautet (im 20. Kapitel des 2. Buches von Moses): „Du sollst den Namen des Herrn, deines Gottes, nicht mißbrauchen; denn der Herr wird den nicht unbestraft lassen, der seinen Namen mißbraucht." Was haben die Rabbiner aus diesem Gebot gemacht? Um zu vermeiden, daß der Name Gottes auf keinen Fall mißbraucht wird, haben sie dessen Aussprechen samt und sonders verboten; selbst dessen ehrenvolle Nennung. Die Mahnung in der Bibel spricht doch nur von Mißbrauch und nicht von gänzlichem Verschweigen. Den Namen Gottes könnte man sehr wohl aussprechen, da ihn Gott in der Bibel selbst mehrere Male zum Aussprechen angibt. Im 33. Kapitel (Vers 18 – 19) des Exodus verkündet Gott vor Moses seinen Namen laut vernehmbar. Nur müßten sich die Sachverständigen für einen heutigen Gebrauch auf eine genaue Aussprache einigen, weil die alte hebräische Schrift ohne Vokale geschrieben wurde. Die übriggebliebenen Konsonanten, die bekannten vier Buchstaben, JHVH, haben in der christlichen Interpretation die Ergänzung „Jehovah" erhalten, die aber höchstwahrscheinlich irrtümlich ist.

Eine andere Bibelstelle mit dem Namen Gottes ist im Buch Hosea (Kapitel 12, Vers 6). Darin wird dem Leser sogar ausdrücklich ans Herz gelegt, den Namen Gottes ja nicht zu vergessen. Mit gleichem Nachdruck wird er im letzten Vers des 83. Psalms genannt. Der Name Gottes ist, wie gesagt, in allen hebräischen Bibeln ohne Vokale gedruckt, so daß das Laienpublikum beim Antreffen dieses Namens im Laufe des Lesens stutzt. Die Rabbiner haben diese Hürde damit beseitigt, daß der Leser beim Auftauchen der vokallosen vier Buchstaben „Herr" (auf hebräisch adanai) sagen muß. Mit ihrem Verbot schützen die Rabbiner Gott mehr, als er selber geschützt werden will. Einer ähnlichen Manipulation ist auch das zweite Gebot (Exodus, 20. Kapitel, Vers 4, 5) unterworfen worden.

Das zweite Gebot warnt vor dem Aufstellen und Anbeten von Götzenbildern. Die Rabbiner haben auch mit diesem Gebot tabula rasa gemacht. Für sie ist jedes Bild ein Götzenbild und jede Freude an einem bildenden Kunstwerk Götzenverehrung. Zum Glück achtet heute, außer den verbohrtesten Glaubensnarren, kein Jude mehr darauf.

Aber viele Jahrhunderte haben sie die Kunstader der jüdischen Talente zur Paralyse verurteilt. Es war ihnen gelungen, eine Psychose des Greuels vor der Pflege der bildenden Künste zu verbreiten. Die vielen poetischen und auch wunderlichen Szenen der Alttestamentsgeschichte wurden noch bis zu Beginn der Neuzeit ausschließlich von christlichen Malern und Bildhauern dargestellt. Eigentlich ist die Alttestamentsgeschichte (neben der christlichen und der griechisch-römischen Mythologie) eine unerschöpfliche Fundgrube von Themen für die bildenden Künste. Aber der rabbinische Aberglaube war der Ansicht, daß die Verhinderung der Götzendarstellung am besten sichergestellt wurde, wenn man das Zeichnen, Malen und Bildhauern in Bausch und Bogen verbot. In den Synagogen gibt es bis zum heutigen Tag tatsächlich keine Bilder und keine Statuen, was den emanzipierten Juden die geringsten Sorgen verursacht. Draußen, in der weiten Welt des freien Denkens und Fühlens, haben sie den kunstfeindlichen Aberglauben sowieso schon abgeworfen, und nun haben sie auch ihre jüdischen Maler und Bildhauer, deren Werke sie zusammen mit denen der christlichen Kollegen bewundern können.

Nun zum vierten Gebot. Die rabbinische Einmischung in die Beobachtung der Sabbatruhe (Exodus, 20. Kapitel, 8. Vers) zeigt wieder die wohlbekannte Verschärfungstendenz bei den gesetzlichen Obliegenheiten, obwohl in diesem Fall mehr durch eine Wissenslücke als durch diktatorischen Mutwillen.

Es sei festgestellt, daß die Ehefrau die einzige Person im jüdischen Haushalt ist, die am Sabbat nicht zur Zwangsruhe verurteilt ist. Das kann keine Unterlassungssünde von Moses oder von Gott sein, da die Befreiung der Ehefrau von der „Strafe" der Untätigkeit am Samstag im 5. Kapitel des Deuteronomiums implizite bekräftigt ist.

Spaßeshalber sollte man einmal einem talmudweisen Juden die Frage stellen, wieso das Gebot der Sabbatruhe für die Ehefrau nicht gilt. Der Spaß mag nicht in jedem Fall gelingen, aber nach mehreren Wiederholungen wird man einen ultrafrommen Juden finden, der die Zumutung empört zurückweist, daß ein solch wichtiges Gottesgebot auf die Ehefrau nicht anwendbar sein sollte. Der empörte Jude ist einer, der den Bibeltext offenbar nicht sehr aufmerksam gelesen hat.

Ob nun die frommen und auch die nicht frommen Juden um diese Ausnahmestellung der Ehefrau wissen oder nicht, Tatsache ist, daß die Ehefrau im abendländischen Stadtleben, in sehr frommen Familien, zum Mitfeiern der Sabbatruhe gezwungen ist, obwohl sie dazu gesetzmäßig nicht verpflichtet ist.

Bei einer Landwirtschaft treibenden Familie tritt der Sinn und die Anwendung der sonnabendlichen Arbeitsfreiheit der Ehefrau bei aller Frömmigkeit in den Vordergrund. Obwohl die Haustiere an der Sabbatruhe laut Gesetz zusammen mit dem Menschenvolk teilnehmen (soweit es die physische Beanspruchung betrifft), kann man einer Kuh nicht befehlen, ihren Milchhahn abzudrehen, noch den Hennen, das Eierlegen auf den nächsten Tag zu verschieben. Es muß also jemand im Haushalt sein, der den Tieren ihren normalen Metabolismus im Fluß hält und auch ihre Fütterung besorgt. Gott, Moses oder der Bibelschreiber hat diese Funktion nicht dem Ehekrüppel, dem Lümmel von Sohn oder der Drohne Tochter zugewiesen; nein, sondern der Ehefrau, die selbst stillen mag, erst in die Wochen kommt oder nur normal krank ist. Es ist erstaunlich, daß viele fromme Juden gar nicht wissen, daß das in der Bibel steht; nicht mit den aufgezählten Einzelheiten, aber im Prinzip, das notwendigerweise zu diesen Einzelheiten führt, wenn man das Gesetz den Buchstaben und dem Geist nach befolgt.

Alle jüdischen Schriften, Kommentare und Abhandlungen über die Sabbatruhe sind stumm wie Fische, wenn die Aufzählung der Ruheteilnehmer zum Fragezeichen der Hausfrauenbeteiligung gelangt. Das Ruhegebot wird immer in dem Sinn behandelt, wie wenn niemand, auch nicht die Ehefrau, davon ausgenommen wäre. Das ist bezeichnend für die willkürliche Interpretation des Bibeltextes in bezug auf alle Regelungen des Benehmens im Alltagsleben. Das Ruhegebot für Samstag sagt nur, daß man an dem Tag nicht arbeiten soll. Die Anordnung ist klar, und ihre Befolgung verlangt auch keine besondere arbeitsphilosophische Spekulation. Angesichts dieser Tatsache ist es erstaunlich, welch eine Unmenge von Tätigkeiten die Rabbiner als verboten aufzuzählen für nötig hielten. Neben der gänzlich überflüssigen Aufzählung von Tätigkeiten, die jedem auch ohne Bevormundung als Arbeit erkennbar sind, gibt es eine Kollektion von Handlungen, die kein vernünftiger Mensch für Arbeit halten würde. Diese werden noch eingehender behandelt, aber vorerst soll ein Blick auf die rabbinische Liste geworfen werden, die in die Kategorie der überflüssigen Erwähnungen gehört.

Es ist den mehr informierten Juden bekannt (übrigens auch solchen Christen), daß die Rabbiner 39 Arbeitsarten besonders genannt haben, deren Verrichtung am Samstag verboten ist. Das Ausrechnen dieser 39 Verbote wird von dem Bau des Sakramentshäuschens (während der Wüstenwanderung) hergeleitet. Die Arbeiten, denen diese Stiftshütte ihren Aufbau verdankt, sind sozusagen der Grundstock des weitverzweigten Systems der verbotenen Tätigkeiten. Manche kann man gar nicht mit einem Hüttenbau in Zusammenhang bringen, aber die Spitzfindigkeit des rabbinischen Gehirns kann das Absurde für normal erklären.

Verboten ist zum Beispiel, das Getreide in Garben zu binden, Korn zu mahlen, durchzusieben, zu kneten und zu backen. Das sind natürlich Arbeiten, die auch ohne Zusammenhang mit dem Hüttenbau im Sinne des Verbots unterlassen werden müssen (ausgenommen, wenn von Hausfrauen verrichtet). Andere verbotene Arbeiten sind das Feueranzünden und -löschen, Weben, Nähen, Schreiben, Ausstreichen, Jagen, Schafscheren, Schlachten, Gegenstände von Platz zu Platz tragen und freilich das Bauen selbst. Die Juden der mosaischen Zeit müssen unglaublich doof gewesen sein, wenn ihnen nach rabbinischer Ansicht solche Einzelheiten des Arbeitsverbots vorgekaut werden mußten, denn so denken die Rabbiner sogar in der neuen und neuesten Zeit von ihren Glaubensschafen.

Mit fortschreitender Zeit haben dann die Rabbiner ihre alten Arbeitsverbote, die zwar überflüssig, aber wenigstens an sich nicht widersinnig waren, mit ausgesprochen idiotischen Regelungen erweitert. Das ursprüngliche, biblisch kodifizierte Feuerverbot mag als Teil der allgemeinen gewerblichen Arbeitspause noch einigen Sinn gehabt haben, aber das Anzünden von Licht bei Einbruch der Nacht und dessen Auslöschen beim Schlafengehen als Arbeit zu bezeichnen und dementsprechend zu verbieten, ist geradezu schwachsinnig. Angesichts dieses Systems des Irrsinns ist es fast unnötig zu sagen, daß das Lichtverbot in der modernen Zeit auch auf das elektrische Licht ausgedehnt wurde. Kein elektrischer Schalter darf nach Eintritt des Sabbats an- oder ausgedreht werden. Das Licht für den Synagogendienst wird entweder vor Eintreten des Sabbats schon angedreht oder von einem nichtjüdischen Küster besorgt. Letzteres verstößt zwar auch gegen das Verbotsprinzip, aber mit rabbinischer Pfiffigkeit wird es stillschweigend übersehen.

Die Rabbiner verstehen sich überhaupt sehr gut auf Schliche, wenn sie den Dreh dafür finden. Ein Beispiel bietet sich beim Verbot des Reisens. Das Reisen gehört grundsätzlich auch zu den verbotenen „Arbeiten". Entfernung vom Heim um mehr als einen Kilometer selbst zu Fuß (in einem Fahrzeug ist ein einziger Meter schon eine Sünde) ist eine Übertretung des Verbots. Ein Jude, selbst ein sehr frommer, kann aber eine unbeschränkt lange Strecke am Sabbat wandern, wenn er nach dem ersten Kilometer anhält und den Platz durch einen symbolischen Akt für sein Heim erklärt. Dann gilt der zweite Kilometer als ein erster von diesem Schwindelheim gerechnet. Auf diese Weise kann der fromme Judenheuchler unbeschränkt weit wandeln.

Eine Seereise, die vor dem Sabbat beginnt (ein Reiseantritt am Sabbat selbst kommt ja nicht in Frage) und nachher endet, versetzt den frommen Juden in einen Zustand der Sünde, da jedes Fahren per Schiff, Eisenbahn, Auto oder Fahrrad verboten ist. Bei einer Schiffsfahrt kann jedoch ein Dispens erwirkt werden durch ein Gesuch an den Schiffskapitän, das Fahrzeug zum Stehen zu bringen oder es bei einer passenden Stelle anzulegen. Wenn das Gesuch abgelehnt wird (man kann sich vorstellen, wie verständnisvoll der Kapitän bei einer Überseekreuzung ein solches Anliegen erwägt), dann hat der Jude seine Pflicht jedenfalls getan und sich von seiner Sünde reingewaschen. (Ein Glück, daß beim Ausbruch des rabbinischen Irrsinns der Flugverkehr noch nicht eingeführt war, sonst hätten die Rabbiner die Piloten zum Anhalten mitten im Flug oder um eine Landung auf einer Bergspitze für eine vierundzwanzigstündige Sabbatfeier angegangen – als Vorspiegelung für Gott.)

Die Christen, die sich über diese selbstbenebelnden Religionspraktiken zum Frohlocken gereizt fühlen mögen, sollten mit ihrem Jubel sparsam umgehen. Erstens ist die Zahl der Juden, die ihr Leben nach solch aberwitzigen Regeln einrichten, mikroskopisch klein. Zweitens sind die Katholiken mit ihren im Vertrauen auf die Beichte sorglos begangenen Sünden beim Überlisten Gottes auch keine ungeübten Anfänger. Die Religion – gleich welcher Observanz – ist die Brutstätte der Heuchelei.

Das Fertigwerden mit den Geboten ist übrigens nicht immer heuchlerisch, meistens nur dumm. Eine Besonderheit des jüdischen Verbotssystems ist, daß es sich durch Kettenwirkung vergrößert. Eine am Sabbat erlaubte Arbeit wird unerlaubt, wenn sie unnötig verrichtet wird. Zum Schlafengehen mag man sein Bett machen. Wenn man es aber gemacht hat, ohne am selben Abend (Sabbatvorabend) ins Bett zu gehen (man mag die Nacht bei einem Verwandten oder Freund verbringen), dann wird das sonst erlaubte Zurechtmachen des Bettes zur Sünde, weil es nicht notwendig war. Man hat den Sabbat mit der Arbeit eines anderen Tages belastet. Die am Sabbat erlaubte Arbeit muß diesem selbst dienen und darf nicht die Vorarbeit für einen anderen Tag sein.

Nun, genug des Irrenhausbesuches. Er hatte allerdings die gute Wirkung, daß man dabei die parasitäre Autoritätsusurpation der Rabbiner (freilich nicht aller, aber jener, die eben so sind) kennengelernt hat. Man muß dessen eingedenk sein, daß die Bibel kein Wort von den erwähnten Regeln weiß und im Deuteronomium sogar verbietet, außerbiblische Regeln aufzustellen. Die Rabbiner haben aus einem ganz einfachen Gebot, man solle am Sabbat nicht arbeiten, ein tausendgliedriges Polypengewächs gezüchtet.

Im übrigen, was Arbeit ist, unterliegt dem Urteil eines jeden einzelnen. Wenn Gott durch Arbeitseinstellung geehrt werden soll, dann ist der Zweck erreicht, wenn der einzelne seine freie Zeit mit Handlungen ausfüllt, die er nicht als Arbeitsbelastung empfindet. Niemand ist ermächtigt, dem einzelnen vorzuschreiben, wie er nicht arbeiten soll. Die Bibel selbst legt das Hauptgewicht auf die Ermöglichung der Sabbatobservanz anderer. Im Gebot ist der Gedanke ziemlich deutlich ausgedrückt, daß ein Oberherr verpflichtet ist, seinen Untergebenen die Freiheit ihres Ruhens zuzugestehen. Das ist der Kerngedanke im Arbeitsverbot, nicht das Anhalten eines Ozeandampfers in der Mitte des Atlantiks oder die Umstände beim Zurechtmachen eines Bettes. Es liegt eine edle, ungemein fortschrittliche Gesinnung im Befreien der Untergebenen (zu Moses' Zeiten Sklaven) von der ununterbrochenen Schufterei wenigstens für einen Tag in der Woche in einem Zeitalter, wo selbst die turmhohe römische Zivilisation so wenig an eine solche Menschlichkeit dachte, daß der römische Philosoph Seneca die Juden der sündhaft wöchentlichen Arbeitsscheu bezichtigen konnte. St. Augustins „Gottesstaat" zitiert im 11. Kapitel des sechsten Buches Senecas abfälliges Urteil über den jüdischen Sabbat. Ruhetage, die in Babylon vorkamen, wurden nicht vom Willen zur Lebensverbesserung inspiriert, sondern vom Aberglauben, daß es böse Tage gibt, an denen das Beginnen eines Unternehmens unheilvoll ist.

Auf eine solch fortschrittliche Institution wie ihren Sabbat (ohne rabbinische Verunstaltung) können die Juden stolz sein. Die ganze Welt und besonders die unselbständig Erwerbenden sollten daran denken, daß ihr wöchentlicher Ruhetag eine jüdische Errungenschaft ist. Die christliche Welt hat mit dem Verschieben des Sabbats auf den Sonntag nur den Tag geändert, nicht das Prinzip. Die Angelsachsen haben mit der Zeit den Doppelfeiertag des Sonntags mit dem Samstag durch ihr allgemein akzeptiertes Wochenende eingeführt und damit den Segen der jüdischen Zivilisation bestätigt und erweitert.

Dieser allgemeinen Einbürgerung einer im Keime jüdischen Idee wirken die Rabbiner entgegen, wenn sie mit ihren hundertfachen, christlich unfaßbaren Verhaltungsmaßregeln ein ewiges Getto um das Judentum herum errichten und aufrechterhalten wollen. Damit aber kann sich ein Jude, der nicht weniger zur Menschheit als zum Judentum gehören will, niemals abfinden.

Die Verfälschung des Ruhetagsprinzips ist eine „logische" Überleitung zu der anderen großen Verfälschung, zu jener der biblischen Speiseregeln. Die Bibel ist kein Kochbuch, aber die Rabbiner haben sie dazu umgemodelt. Ihr Zweck in Hinsicht auf die Ernährungsgebräuche war nur Hygiene in einer Zeit, wo die Gesundheitsverhältnisse stets unter dem Druck von allerlei Krankheitswellen standen. Das Verbot des Schweinefleischgenusses war in biblischen Zeiten sicherlich eine vernünftige Maßnahme. Sogar noch nach 3000 Jahren bewahren auch die Mohammedaner diesen den Juden entlehnten Brauch. Auch die Ernährung vom Fleisch besonderer anderer Tiere, die übrigens selbst die Christen meistens vermeiden, wurde aus Reinlichkeits- und Geschmacksrücksichten verboten. Das Blut als Nährstoff wurde allgemein, doch nicht ausnahmslos (wie zum Beispiel bei Fischen) ausgeschaltet. Eine mehr sentimentale als hygienische Verordnung betraf die Unterlassung des Kochens eines Böckleins in der Milch seiner Mutter.

Die meisten dieser Regelungen haben in der modernen Welt ihre Motivierung und Notwendigkeit eingebüßt. Sollte aber ein Jude rückschrittlich strikt nach den biblischen Gesetzen zu leben wünschen, ohne indessen auch die rabbinischen Zusatzverordnungen zu beobachten, dann ist er (freilich in rabbinischen Augen) immer noch der ärgste Sünder. Den hundertfach ausgetüftelten Arbeitsverboten ähnlich gibt es auch in der Haushaltsführung hundertfache Vorschriften, die mit den biblisch beabsichtigten Gesundheitsmaßnahmen nichts zu tun haben. Für einen frommen Juden genügt es nicht, im biblischen Sinne einen sogenannten koscheren (als „rein" beglaubigten) Haushalt zu führen, er muß die biblischen Gesetze geradezu verletzen, um den Rabbinern genehm zu sein. Das aber bedeutet, daß er ihnen in deren gesetzwidrigen Machenschaften folgen muß. Man sei abermals an das deuteronomische Gesetz erinnert, das die Erweiterung des niedergelegten Gesetzes verbietet. Was die Rabbiner ihren willigen Anhängern vorschreiben, ist aber klipp und klar eine Erweiterung des Gesetzes und folglich gesetzwidrig.

Man erkennt die rabbinische Eigenmächtigkeit und die Doofheit ihrer Mitläufer, wenn man bedenkt, daß Seifen, Kerzen, Töpfe, Teller, das Besteck und eine Anzahl andere Haushaltsgegenstände „koscher" sein müssen, um rabbinisch beglaubigt zu werden. Die krankhaften, dogmatisch erstrebten Sauberkeitsmaßnahmen (die mitnichten sauberer, mitunter sogar weniger sauber sind als jene zivilisierter Christen) verfolgen den Zweck, die Juden von der Umwelt mit allen Mitteln zu isolieren. Wenn es im christlichen Haushalt keinen für einen Juden benutzbaren Gegenstand gibt, und wenn keine Nahrung serviert wird, die ein Jude essen kann, dann ist eine Trennungswand aufgerichtet, die die Juden zum Zusammenrotten und zur völkischen Erhaltung zwingt. Nun weiß jeder gutwillige Christ, daß die überwältigende Mehrheit der Judenschaft dieser Politik der Rabbiner (unter denen es auch Ausnahmen gibt) nicht folgt. Sie versteht es, ihr jüdisches Selbstbewußtsein ohne Gettokomplex und abergläubische Furcht vor der Welt zu erhalten.

Man möchte den rabbinischen Sumpf schon hinter sich gelassen haben, aber er wälzt sich einem nach wie im folgenden Fall in der Form einer weiteren Verfälschung, die auch noch behandelt sein will.

Die unerschütterlich luftdichte Kopfbedeckung ist die augenfälligste Unsitte jüdisch religiöser Verbohrtheit. Die Juden sind das einzige Volk, das eine Kopfbedeckung aus Aberglauben und Schafsinstinkt trägt. Eine Einschränkung muß freilich wieder gemacht werden zugunsten der Mehrheit, die nicht von dieser Manie befallen ist. Es gibt aber viele Grenzfalljuden, die bereits die meisten Narreteien der Religionspraxis abgestreift haben, aber bei Gelegenheit doch Spatzen unter ihrem Hut zu haben scheinen. Sie wissen nicht, daß die Kopfbedeckung keine religiöse Vorschrift ist. Sie ist ein rabbinisch ausgeheckter Unfug, soweit sie über den normal zivilen Gebrauch hinausgeht. Von Rechts wegen braucht ein Jude weder beim Tischsegen noch beim Synagogendienst einen Deckel aufzusetzen. Er sollte aber von dieser Freiheit in einer traditionsgebundenen Gemeinde keinen Gebrauch machen, weil die frommen Betenden wie eine unfromme Meute über ihn herfallen würden. Entweder würde man ihm einen eiligst herbeigeschafften Hut über die Ohren drücken, oder man würde ihn vierkantig aus der Gebetgemeinde hinauswerfen.

Fromme Herdenangehörige sind die unzivilisiertesten, unwissendsten und unduldsamsten Kreaturen auf zwei Beinen. Man kann ihnen nicht erklären, daß es kein Kopfbedeckungsgesetz gibt und dessen Erzwingen folglich ungesetzlich ist. In Amerika gibt es sogenannte Reformsynagogen, in denen die Kopfbedeckung nicht verlangt, aber auch nicht verboten ist. Man sieht bei ihren Gottesdiensten etwa 20 Prozent Hutträger.

Ein arroganter Auswuchs des sakralen Huttragens ist der moralisch ausgeübte Druck auf christliche Notabilitäten, die bei jüdischen Zeremonien Gäste sind, ebenfalls das Schädelkäppchen zu tragen. Diese Persönlichkeiten wissen, daß die Kopfbedeckung eine jüdische Sitte ist und würden ihre jüdischen Gastgeber teils aus Feingefühl, teils aus politischer Tunlichkeit nicht mit Barhäuptigkeit vor den Kopf stoßen. Die jüdischen Gastgeber würden ihnen nicht anbieten, sich zum Käppchentragen nicht verpflichtet zu fühlen, zumal sie selbst nicht dazu verpflichtet sind. Aber diese Juden kennen ihre Religion so schlecht, daß sie von der Überflüssigkeit und sogar Ungesetzlichkeit der rituellen Kopfbedeckung nichts wissen. Tatsache ist, daß die Juden der alten Zeit die Sitte der Kopfbedeckung nicht gekannt haben. Nur bei Trauerfeiern hat man den Kopf bedeckt, gleichsam als Verhüllung des Gesichts, eine mit dem Toten geteilte Weltabgeschiedenheit symbolisierend.

Die spezifisch jüdische Kopfbedeckung ist auf kein biblisches Gesetz gegründet und ist nur ein rabbinisch ersonnener Trick, das Judenvolk wiederum durch die Peinlichkeit eines demonstrativen Kleidungsunterschieds an gemeinsamen Feierlichkeiten mit Christen zu hindern. Diese Machination können aber nur solche respektieren, deren Judentum keinen festen Halt hat und sich durch einen unbedeckten Schädel zu verflüchtigen droht.

Das Beharren der Orthodoxie auf dem Hütetragen ist eine offenbare Übertretung des biblischen Verbots der Neuschaffung von gesetzlichen Regeln. Die Orthodoxen leiten ihr Recht auf diese Willkürlichkeit von jenen Fällen her, in denen die Gesetzwidrigkeit von der Gesamtjudenschaft unterschiedslos anerkannt wurde. Ein solcher Fall ist die Abschaffung des Tieropfers zum Zwecke der Sündentilgung. Diese Begründung der Gesetzesverminderung – obwohl niemand sich beklagt – ist aus zwei Gründen gegenstandslos. Erstens sind die Leviten, die mit der Durchführung des Tieropfers beauftragt waren, ausgestorben; folglich ist die Prozedur schon aus technischen Gründen undurchführbar. Dann, beim heutigen Stand der Zivilisation, könnten selbst die Leviten kein solch widerliches und dummes Gesetz befolgen. Die Berufung auf die in diesem Fall statthafte Mißachtung eines Gesetzes kann aber gerade vom orthodoxen Standpunkt nicht die Mißachtung anderer, von der Zivilisation genehmigter Gesetze rechtfertigen.

Bibelverletzende Gesetzeserweiterungen und -verminderungen wie das rituell unpassende Hütetragen, viele Speisevorschriften und die Verweigerung der jüdischen Volkszugehörigkeit von Kindern aus Mischehen mit einer nichtjüdischen Mutter (aber zulässig mit einem solchen Vater) sind rabbinische Machenschaften ohne jeden biblischen Rückhalt. Gesetzesübertretungen würden auch im Talmud nicht entschuldigt, weil dieser keine Rechtsquelle ist. Der Talmud enthält nur ein Protokoll privat rabbinischer Gespräche ohne jede Gesetzeskraft.

Die von den Orthodoxen begangenen Gesetzwidrigkeiten zeigen, daß die reformistischen Änderungen nicht weniger vertretbar sind (eigentlich eher mehr) als die orthodoxen.

**95** Nach dem ausgiebigen Kritisieren der Orthodoxie mag die Frage sich erheben, ob nach dessen praktischer Anwendung von der Ausübung der jüdischen Religion überhaupt noch etwas übrigbleibt. Selbstverständlich bleibt von den abergläubischen und fälschlich eingeführten Gebräuchen wenig oder gar nichts übrig. Dafür werden alle humanitären und zivilisatorisch allgemeingültigen Prinzipien, die der Grundbau des Judaismus sind und zur Gesittung des Abendlandes Entscheidendes beigetragen haben, eine Renaissance erleben. Wesentlich bei der exegetischen Umgestaltung des Judentums ist, daß dessen intellektuelle Mitgliedschaft sich nicht mehr aus Peinlichkeit der Absurditäten und der Gettomentalität zur Abwanderung nach anderen Gemeinschaften veranlaßt fühlen wird.

Die sich auf viele Länder erstreckende Reformbewegung innerhalb des Judentums hat in Amerika ihren stärksten und beständigsten Zweig entwickelt. Etwa ein Drittel der amerikanischen Judenschaft gehört zu dieser Richtung und bemüht sich, die Religion in einer dem präsentierten Projekt verwandten Weise zu modernisieren. Diese Bestrebung bleibt indessen wesentlich hinter dem erwünschten Ziel zurück. Der Reformjudaismus, anstatt mit den alten Glaubensschrullen tabula rasa zu machen, verabreicht sie in halben Portionen. Der Sprung von der Religion weg muß kompromißlos gemacht werden im Stile der französischen Antiklerikalen, die bei ihrer Absage an den Katholizismus doch unverfälscht französisch geblieben sind. Das Judentum könnte sehr wohl einen Voltaire, Danton, Anatole France, Gide oder Sartre brauchen. Auch die Amerikaner Thomas Paine, John Dewey und Henry Louis Mencken wären keine schlechten Vorbilder, von Mark Twain, diesem heißblütigen Atheisten, gar nicht zu sprechen.

In den jüdischen Schulen soll die Jugend nicht mehr in der Übung abgerichtet werden, wie die irrsinnigen Gebetriemen um den Kopf und die Arme gewickelt werden. Dafür soll sie jüdische Geschichte lernen. Davon braucht nicht einmal die Bibel ausgeschaltet zu bleiben. Es kann gezeigt werden, wo die biblische Geschichte tatsächlich die Lebensgeschichte eines Volkes und wo sie nur Erfindung, Großsprecherei und Fälschung ist. Gott muß als ein bloßes Symbol und als Ersatz für eine verstandesmäßige Begründung notwendiger und harter Lebensregeln in primitiven Zeiten gezeigt werden. Ebenfalls müssen die grausamen und dummen Anordnungen Gottes als menschliche Grausamkeiten und Dummheiten entlarvt werden, die mit den ebenso oft vorkommenden edlen menschlichen Neigungen und Handlungen abwechseln. Die Bibel sollte objektiv als Kulturgeschichte, nicht als Stoff doktrinärer Einimpfung behandelt werden. Es sollte gezeigt werden, wie die Moralsätze der Zehn und anderer Gebote die Grundlage aller zivilisierten Gesetzgebung bilden. Die inspiratorische Rolle des Alten Testaments für Literatur, bildende Kunst und Musik ist so entscheidend, daß ihre Ignorierung in diesen Beziehungen absurd und unmöglich wäre.

Es sollte also eine der vornehmsten Aufgaben jüdischer Erziehung sein, die Wechselwirkungen jüdischer und abendländischer Kultur aufzuzeigen. Ihr Ziel müßte die Betonung der menschlichen Zusammengehörigkeit mit allen anderen Völkerschaften auf der gangbar ethischen und kulturellen und nicht der unvereinbar religiösen Grundlage sein. Der Judaismus sollte ein Balken im Gebäude der Menschheit sein, nicht ein Balken in den Augen der Völker. Zur Förderung dieses Ziels muß die jüdische Jugend anstelle des Betens und der Feiertagszeremonien über die großen jüdischen Leistungen auf allen Gebieten der Kultur, Organisation, Medizin, Technik und sogar des Sports und des Militärs aufgeklärt werden. Der Zweck ist keine nationalistische Einschmeichelung bei den Wirtsvölkern (die meistens als verächtlich sowieso zurückgewiesen wird), sondern eine Dokumentation im Weltmaßstab. Die Juden sollten über sich selbst außerhalb der Religion aufgeklärt werden, besonders auf jenen Leistungsgebieten, auf denen das jüdische Schöpfertum unbekannt ist oder sogar als unmöglich erscheint.

Die Aufklärung kann gleich mit den militärischen Leistungen während der Unabhängigkeitskämpfe des neugegründeten (oder wiedergegründeten) Israel beginnen. Es handelt sich nicht in erster Linie um die Rechtmäßigkeit des israelischen Besitzanspruchs, sondern um das Aufzeigen des jüdischen militärischen Potentials, das die früheren Wirtsländer bei der stiefmütterlichen Behandlung ihrer Juden in ihren Kriegen sich vielleicht nicht voll zunutze zu machen verstanden. Es ist bewiesen, daß die Tapferkeit der jüdischen Soldaten jener von keiner anderen Nation nachsteht, wenn in ihnen das Gefühl inniger Zugehörigkeit zu der kämpfenden Nation lebt.

Der jüdische Kampfwert hat aber noch ein Kriterium, das den Juden selbst in seinem eigentlichen Wesen nicht voll und den Christen gar nicht bewußt ist. Und das ist die „barometrische" Funktion der jüdischen Haltung in Hinsicht auf kommende Krisensituationen. Wenn zum Beispiel ein Kriegswind zu blasen beginnt, kann für die Juden eine von zwei Situationen entstehen. Extrem nationalistische Kreise eines Wirtsvolkes beschuldigen sie dann entweder der Miesmacherei oder der Kriegshetze je nach dem Vorteil, den sie aus der einen oder anderen ziehen mögen. Oberflächlich gesehen ist dieses den Juden angehängte Odium richtig. Jedes Volk handelt gemäß den Erfordernissen seiner Interessen. Der Unterschied zwischen den Juden und den Christen aber ist, daß die Juden ihre Interessen nach dem Sinn und den Erfolgschancen des Kampfes bewerten, während die Christen ihre wahren Interessen von Gefühlsmotiven verdunkeln lassen und bereit sind, sich in einen Kampf zu stürzen, dessen möglichen Ausgang sie nicht reiflich überdacht haben. Das ist zum Beispiel den Habsburgern passiert. Und der hetzerische Kaiser Wilhelm war wie nach Rezept ihr gleichgesinnter Totengräber. Aus protzigem Ehrgefühl haben sie ohne absolut zwingende Gründe den Ersten Weltkrieg entfesselt und dann zusammen mit der Ehre mehrere Millionen ihrer eigenen Bürger und schließlich auch den Grund unter ihren Füßen verloren. Die Christen der in Scherben zurückgebliebenen Staatsgebilde straften dann die Juden für das, was sie (die Christen) selbst hätten tun sollen.

Was die Christen bei den Juden als Miesmacherei und Drückebergerei denunzieren, sollte für sie ein Warnungszeichen sein, einen Konflikt in ihrem eigenen Interesse zu vermeiden. Andererseits sollte die sogenannte jüdische Kriegshetze eine Mahnung sein, daß es höchste Zeit ist, den Kriegspfad zu beschreiten. Die Juden als ein 2000 Jahre lang verfolgtes Volk haben einen sechsten Sinn für das richtige Verhalten in Konflikten entwickelt. Praktisch hat das ihnen nur deswegen nicht genützt, weil sie keine unabhängige physische Macht zum Handeln besaßen. Aber die christlichen Völker könnten sich diesen sechsten Sinn der Juden zunutze machen. Manche christlichen Staatslenker haben diese Gabe der Juden erkannt und ziehen sie vor schicksalhaften Entscheidungen zu Rate.

Die Franzosen und die Engländer haben die Warnungen des jüdischen „Barometers", als es noch Zeit war, in den Wind geschlagen. Das Resultat war, daß sie sich in einen jahrelangen Kampf auf Leben und Tod mit Hitler verwickelten. Die amerikanische Regierung war der jüdischen „Kriegshetze" mehr zugänglich und nahm den Kampf im günstigen Moment tatsächlich auf bevor eine vollständige Eroberung Europas und Rußlands ihn wirkungslos gemacht hätte.

Auf der anderen Seite sehen wir die blindwütige hitlerische Kriegsführung und die ihr vorausgehende zügellose Kriegspolitik, in welcher eine „jüdische" Bedachtsamkeit freilich vollkommen fehlte. Rein militärisch waren die Deutschen brillant (fast wie die israelischen Juden gegen den Würgegriff der Araber), aber Berserkerwut ohne Zukunftsschau ist ein Dschungelkampf, der im Dschungel steckenbleibt. Hitler rang wie ein Tiger, der mit seiner Kraft und Unbezähmbarkeit alles um sich herum kurz und klein schlägt und in Stücke reißt, aber schließlich von einem Jäger niedergeschossen wird, weil ihn seine tierische Beschränktheit für das Erkennen dieser Möglichkeit der Bekämpfung unfähig macht. Hitler hat über seine Judenvernichtung große Genugtuung empfunden. Die brutale Freude hat ihn blind gegen die Notwendigkeit des rechtzeitigen Kompromisses gemacht, der ihm anstelle der totalen Niederlage vielleicht einen Teilerfolg ermöglicht hätte. Mussolini, mit manch jüdischen Ratgebern, wurde im internationalen Leben lange als leidlich gefügig angesehen, bis er auf Hitlers Geheiß judenfrei wurde und mit ihm unterging.

Man soll diese Gedankengänge nicht mißverstehen. Die Juden sind nicht klüger und begabter als andere Nationen. Sie haben nur durch den Zwang der Verhältnisse einen sechsten Sinn entwickelt, den die anderen nicht brauchen, weil sie an keiner Verfolgungspsychose leiden und bei ihrem noch überlebenden heidnischen Erbe keine besondere Achtung vor dem Menschenleben haben. Regierungen und Generäle schicken ihre Soldaten mit wenig Bedenken in den Tod. Menschenverluste figurieren in ihren Rechnungen, außer aus strategischen Gründen, nicht an prominenter Stelle. Die Juden müssen aber, als ein stets von totaler Vernichtung bedrohtes oder unter einem solchen Alpdruck stehendes Volk, sogar das Gras wachsen hören, um am Leben zu bleiben.

Ein Volk, das dermaßen über seine Lage nachdenken muß, hat naturgemäß viele Denker hervorgebracht. Das scheint nichts Besonderes angesichts der geistigen Leistungen der großen Denkernationen wie der Angelsachsen, der germanischen Völker von Mittel- und Nordeuropa, der Lateiner und der Slawen. Doch haben wir da eine Gegenüberstellung von 14 Millionen mit einer Milliarde. Vereinfacht ist das 14 gegen 1000. Deswegen fallen die geistigen Errungenschaften der Juden prozentual mehr ins Gewicht als die der Milliardenvölker. Nietzsche hat schon das Alte Testament als literarisches Werk über die griechische Mythologie gesetzt. Er hätte es nicht getan, wenn darin alles bloß göttlich und religiös wäre. Das Lied der Lieder und die Geschichte der Esther haben zum Beispiel nichts mit Religion zu tun. Auch das Buch des Predigers Salomo ist mehr Philosophie als Religion.

Zu der Zeit der Entstehung des Christentums gab es zwei Leuchten jüdischer Geistigkeit, die sich ziemlich außerhalb der Religion entfalteten. Der ältere war Philo Judaeus, der ein reiferer Zeitgenosse von Jesus war, von dem er aber nichts zu wissen scheint. Er war ein hellenisierter Philosoph mit Sitz im heute ägyptischen Alexandria. Lange hatte er mehr die Kirchenväter als die jüdischen Theologen beschäftigt, obwohl er auch exegetische Abhandlungen über das Alte Testament und die Urväter verfaßte. Sein Leben und Wirken sollte ein bevorzugtes Beschäftigungsobjekt für jene jüdischen Traditionspfleger sein, die besorgt sind, daß eine Hintansetzung der Religion das geistige Fortbestehen des Judentums gefährdet.

Die andere wichtige Figur jüdischer Geistestätigkeit eine Generation später war Flavius Josephus, dessen Leben sich auf etwas mehr als die letzten 60 Jahre des ersten Jahrhunderts erstreckte. Sein jüdischer Name war Joseph ben Mattitjahu. Er hat „Flavius" quasi als Vornamen in Verehrung und Dankbarkeit für das römische Kaisergeschlecht der Flavier angenommen, die ihm trotz seiner ursprünglichen Gegnerschaft Wohnrecht und freie literarische Tätigkeit in Rom gewährten. Er war weniger Philosoph als Geschichtsschreiber. Seine Werke „Der Jüdische Krieg" (mit Beschreibung der Makkabäerkämpfe und der verzweifelten Abwehr gegen den römischen Eroberungszug), die Altertumsgeschichte der Juden und die Polemik gegen den Judenfeind Apion geben mehr und wertvollere Nahrung für das jüdische Studium als die rabbinischen Vorschriften über Kerzenanzünden und den ehelichen Verkehr am Sabbat.

Auch die Nachfolger dieser zwei Geistesleuchten sind ein wichtigerer Lehrstoff als Anweisungen für den Gebrauch eines Gebetsmantels und als das Anstücken von unglaublich dummen, angeblich an Gott gemahnenden Ärmelfransen. Ein vollständiges Verzeichnis der jüdischen Philosophen aller Zeiten kommt natürlich nicht in Frage, da die Liste zu lang und mit viel Uninteressantem belastet wäre. Es sollen also nur jene erwähnt werden, die allgemein bekannt und in manchen Fällen auch bedeutend sind.

Die Erwähnung der betreffenden Philosophen bedeutet keine Billigung oder Kritik ihrer Thesen. Der Zweck ist nur, der jüdischen Jugend, namentlich der nicht akademisch gebildeten, die Breite und Tiefe menschlichen Denkens auch im jüdischen Geistesleben bewußt zu machen. Es trifft sich so, daß alle Aufgezählten reinrassige und ungetaufte Juden waren. Diese Bemerkung ist deswegen wesentlich, weil in anderen Tätigkeitsbereichen auch Gemischtrassige und Getaufte auftauchen, die mitgezählt werden, weil sie bei der christlichen Welt im allgemeinen als Juden gelten und in manchen Ländern bei einem rassenmäßigen Eingruppieren der Bürger dem Judentum zugezählt werden. Außerdem ist das Denken und die soziologische Orientierung eines Menschen bis zu einem gewissen Grad vom schwerer wiegenden völkischen Anteil seiner Herkunft beeinflußt.

Es werden sechs jüdische Philosophen skizzenhaft beschrieben, von denen der älteste Solomon Ibn Gabirol ist. Wie das „Ibn" andeutet, lebte er im islamischen Spanien im 11. Jahrhundert. Sein Hauptwerk ist, in lateinischer Überlieferung, „Fons vitae" (Quell des Lebens). Das Bemerkenswerte dieses Werkes ist, daß es in Gedankenwelt und Gegenstand gänzlich außerhalb der jüdischen Religion steht.

Bedeutender vom allgemeinen und jüdischen Gesichtspunkt ist der Philosoph Moses Maimonides, der etwa ein Jahrhundert nach Gabirol zeitweise auch in Spanien lebte. In seinen reiferen Jahren wirkte er in Ägypten als Arzt hoher islamischer Würdenträger. Maimonides' philosophisches Hauptwerk, „Führer der Ratlosen", ist eine Verbindung aristotelischer Systematik mit jüdischer Religionsphilosophie. Seine Vorstellung von Gott ist das Abstrakteste, was in diesem Ideenbereich je entwickelt wurde. Er sagt, daß Gott existiert, ohne die Merkmale der Existenz zu besitzen. Daraus müßte man schließen, daß es nichts gibt, wodurch Gott beschrieben, charakterisiert, erklärt und erfaßt werden könnte. Eine weiter liegende Schlußfolgerung muß also sein, daß Gott eine Idee ist, etwas nur im menschlichen Phantasieren und nicht in der Wirklichkeit Existierendes. Maimonides hätte freilich diese aus seinem Theoretisieren gezogene Konsequenz nicht anerkannt, da er darauf beharrte, daß Gott auch dann existiert, wenn seine Existenz ad absurdum geführt wird. Jedenfalls ist sein Werk „Führung der Ratlosen" eine interessante Lektüre.

Um zum nächsten Philosophen, Benedikt Spinoza, zu gelangen, überspringen wir vierhundert Jahre und landen im 17. Jahrhundert. Als Sproß einer aus Portugal stammenden Familie wurde Spinoza in der Zeit des Dreißigjährigen Krieges in Amsterdam geboren. Er gilt als der bedeutendste jüdische Philosoph, weil er auch von den prominentesten nichtjüdischen Denkern, wie zum Beispiel Lessing und Goethe, anerkannt und geschätzt wurde. Eigentlich machte sich sein Einfluß mehr außerhalb als innerhalb des Judentums geltend. Das kam ziemlich radikal zum Ausdruck, als er mit 24 Jahren aus der jüdischen Gemeinde Amsterdams ausgestoßen wurde. Sein Wirken, das weit über die jüdische Religionsphilosophie hinaus reichte, beschäftigte sich noch genügend mit darauf bezüglichen Fragen, um ihm die „Exkommunikation" einzutragen. Das sagt bereits, in welcher Weise er zu der jüdischen Religion stand. Schon sein scheinbar harmloser „Pantheismus" widerspricht jüdisch-religiösem Denken. Seine These, die Einheit von Gott und Natur, stellt den über- und außerweltlichen Stand Gottes in Frage. Er lehnte auch alle Ritualgesetze und den Wunderglauben ab. (Er hätte dieses Buch schreiben können!) Wesentlicher und tiefer ist seine Gegenüberstellung der Gesetzesreligion mit der „Wissensreligion". Die Gesetze vermitteln keine Wahrheit. Gott äußert sich nicht durch seine Gebote, sondern durch das, was der Mensch durch Denken und Einsicht als Wahrheit erkennt. Das grenzt an Atheismus, aber Spinoza rettet sich in den Gottesglauben durch die These zurück, daß die Liebe zu Gott durch die Liebe von Mensch zu Mensch erreicht wird. In neuerer Zeit wurde eine Aktion in der Amsterdamer jüdischen Gemeinde eingeleitet, die Ausstoßung Spinozas zu widerrufen. Das ist eine Anerkennung des Standpunkts, daß man einen Juden – bei vollkommener Wahrung eines ethnisch-völkischen Status – nicht zu der Befolgung ritualer Vorschriften verpflichten kann, denn Spinoza hat in den seit seiner Ächtung vergangenen 350 Jahren nichts von seinen Thesen abgeschworen.

Der nächste Philosoph ist dem Namen nach vielleicht der berühmteste. Doch wenn man seinen Familiennamen nennt, meint man einen anderen. Aber er hätte es wahrscheinlich gar nicht übelgenommen, vielmehr wäre er stolz darauf gewesen, wenn man mit seinem Namen seinen Enkel Felix meinte. Man weiß nun schon, daß es im Bereiche aller schöpferischen Kulturtätigkeiten keinen Felix gibt, der nicht Mendelssohn heißt. Mendelssohn, der Großvater, hieß aber noch Moses, ein Name, in welchem die Religion mit inbegriffen ist. In seiner Hinsicht war er ein größeres Genie als sein Enkel, denn im 18. Jahrhundert war es für einen Juden ohne Taufe nicht leicht, mit deutsch-christlichen Notabilitäten zu korrespondieren. Er brachte es sogar fertig, ein Bühnenheld zu werden, indem der Titelheld von Lessings Schauspiel „Nathan der Weise" nach Moses Mendelssohn gestaltet wurde. Er hatte sich ins Geschichtsbuch hauptsächlich mit seinen Bemühungen eingeschrieben, die jüdische Religionspraxis zu modernisieren und eine jüdisch-christliche Annäherung herbeizuführen. Er hat auch einen Teil der hebräischen Bibel ins Deutsche übertragen. Bei all seinen aufklärerischen und jüdisch-deutschen Verständigungsbestrebungen ließ sich Mendelssohn von der Evangelisationswelle, die bald auch seine Nachfahren erreichen sollte, nicht wegfegen. Er blieb seinem jüdischen Glauben treu, obwohl es an Bekehrungsversuchen seitens seiner christlichen Freunde nicht mangelte. Der Zürcher Philosoph, Theologe und protestantische Pfarrer Johann Kaspar Lavater versuchte, ihn aufgrund theologischer Logik zur Taufe zu bewegen. Daran knüpft sich eine Anekdote, die Mendelssohns scharfen Geist und Humor bekundet. Angesichts Lavaters Bemühungen mag dieser Anekdote wohl eine wahre Begebenheit zugrunde liegen, wenngleich der Dränger in diesem Fall nicht Lavater selbst gewesen sein mag. Der tatsächliche Eifererfreund soll demnach, um an Mendelssohn näher heranzukommen, eine Trumpfkarte aus der jüdischen Ideenwelt ausgespielt und sich auf die jüdischen Geldverleiher berufen haben, die jungen Adeligen in Aussicht auf eine reiche Erbschaft nach dem Ableben ihres

Vaters Kredit gewähren. Dann ließ er dem entwaffnenden Vorstoß den scheinbar unabwend-baren Treffer folgen, daß Mendelssohn diesem Vorbild folgend auch dem Sohn des göttlichen Vaters Kredit gewähren solle. Mendelssohns Riposte war, daß die Analogie in diesem Fall keine Gültigkeit habe, weil dieser Sohn nie in den Besitz des Erbguts gelangen könne, da der Vater ewig lebe.

Die letzten zwei der sechs versprochenen Philosophen haben den Initialbuchstaben ihres Namens und die sie trennende Landesgrenze gemein. Henri Bergson und Martin Buber waren auf den entgegengesetzten Seiten des Rheins beheimatet. Sie waren einander auch in ihrem Verhältnis zum Judentum entgegengesetzt. Bergson stand am Rande der Taufe, hat aber den entscheidenden Akt nicht vollzogen. Sein Liebäugeln mit dem Katholizismus (vielleicht auch vom lateinischen Geist seiner Heimat beeinflußt) ist ein sonderbarer, um nicht zu sagen hirn-loser Zug in seinem Charakter. Seine Philosophie ist schwer mit katholischer Denkweise zu vereinbaren, was offenbar auch die Meinung der Kirche war. Sie hat einige seiner Werke auf den Index der verbotenen Bücher gesetzt, was eine Bestätigung seiner inneren Widersprüch-lichkeit ist. Er hatte erwogen, zu der Kirche überzugehen, die das Lesen seiner Schriften verbot. Ist es unangebracht, diese Einstellung das Küssen der Peitsche, mit der man geschla-gen wird, zu nennen? Bergsons Philosophie ist unter dem volkstümlich vereinfachenden Schlag-wort „elan vital" (Lebensimpuls) bekannt. Seine These ist die fortlaufend schöpferische Dy-namik. Diese Lebensenergie schafft auch die Evolution. Diese ist aber eine schöpferische, nicht biologische Evolution, die auch Epigenesis (kontinuierlicher Schöpfungsprozeß) ge-nannt wird. Diese Theorie scheint mit der augenblicklichen (sechstägigen) Weltschöpfung ziemlich im Widerspruch zu stehen. Bergson mochte den Widerspruch in der Äußerung Jesu aufgehoben finden, die das Gewinnen des Himmelreichs vom Zurückversetzen in einen kind-lichen Geisteszustand abhängig macht und von diesem ausgehend ein Erheben voraussetzt (18. Matthäus-Kapitel, 3. Vers). Auch in der von Jesus stipulierten (offenbar geistigen) Wie-dergeburt (Johannes, Kapitel 3, Vers 3) zum Erreichen derselben Gunst mag Bergson eine Harmonie mit seiner Philosophie der Fortentwicklung gesehen haben. Ebenfalls mochte er die Skrupel beim Übergang vom Judentum zum Christentum dadurch eliminiert finden, daß das Christentum eine Vorwärtsbewegung von der alten zu der neuen Religion darstellt. Daß es auch ein Rückschritt sein konnte, drang in seinen Sinn nicht ein. Wenn aber für ihn offenbar der periodische Situationswechsel zählte, dann sollte nach sämtlichen Religionen der Atheis-mus als die nun zeitgemäßeste Vorwärtsbewegung für Bergson das Gegebene sein.

Der zwei Jahrzehnte jüngere und auch zwei Jahrzehnte vor der Jahrhundertwende geborene Martin Buber ist wieder ein echt jüdischer Religionsphilosoph. Mit seiner „Ich-und-Du"-Philosophie ist er auch in christlich-philosophischen Kreisen beachtet worden, da mit dem „Ich" und „Du" das Verhältnis von Mensch zu Gott gemeint ist und da weder der Mensch noch Gott ausschließlich jüdisch ist. Diese Philosophie ist ein ständiger Dialog mit Gott, durch den der Mensch die Erkenntnis des Lebens erlangen soll. Vom atheistischen Stand-punkt wird der Dialog natürlich zwischen „Ich" und „Ich" geführt, da Gott nur in der Vorstel-lung des Ich existiert, aber die Illusionen von Buber zeigen jedenfalls, daß die Juden keine geringeren Phantasten sein können als die Christen. So können sie der Welt Geistes-manifestationen vorlegen, mit denen sie sich auch außerhalb der religiösen Sphäre im Ver-gleich zu den Errungenschaften des christlichen Geistes in Ehren behaupten können.

Bei der Aufzählung der genannten sechs Philosophen mag man beachtet haben, daß sie vom religiösen Standpunkt zwei getrennte Dreiergruppen bilden. Gabirol, Spinoza und Bergson waren jüdische Philosophen, aber keine jüdischen Religionsphilosophen, Maimonides, Mendelssohn und Buber dagegen waren mit ihrem Denken der spezifisch jüdischen Geistesrichtung verpflichtet. Aber die sechs waren in dem einen Punkt einig, daß sie alle gottgläubig waren. Nun gibt es freilich auch atheistische jüdische Philosophen. Zwei davon sind sogar berühmter als alle Gottgläubigen zusammen. Man weiß schon, wer sie sind, ehe Karl Marx und Sigmund Freud genannt werden. In gewissen Kreisen werden gerade diese in den Himmel gehoben, dafür natürlich in anderen in Grund und Boden verdammt.

Ein sachlich denkender Atheist nimmt weder den einen noch den anderen Standpunkt ein. Die relativ detaillierte Beschreibung der gottgläubigen Philosophen und die fast gänzliche Vernachlässigung der atheistischen hat den Grund, daß die skizzenhaften Berichte keine doktrinäre Beeinflussung in der atheistischen Richtung bezweckten. Man soll sich auch auf den Grundgedanken der ganzen Präsentation besinnen. Der Zweck war, die geistige Prominenz der Juden hüben und drüben zu demonstrieren. Manche bevorzugen die Gottgläubigen, andere die Atheisten, aber keiner kann den Gesinnungsgegner ignorieren, wie auch die christliche Welt die Geistesriesen des Judentums aus keinem Lager ignorieren kann. Aber der eigentliche Zweck der allgemeinen Präsentation war und ist, die jüdische Jugend über das Kochen und Brodeln in den Köpfen ihrer Elite aufzuklären, damit sie weiß, daß das Judentum nicht bloß eine Religion ist und daß es die Religion sogar gänzlich abwerfen und doch noch Judentum bleiben kann.

Es gibt noch einen bisher nicht erwähnten, sehr bedeutenden jüdischen Philosophen, der aber vom Judentum noch weiter entfernt war als Spinoza und Bergson, und zwar nicht nur wegen seines Übertrittes zum Luthertum. Edmund Husserl, der mit Bergson genau gleichaltrig war, stand mit seiner berühmten phänomenologischen Philosophie (Wesensschau) abseits von den Religionen. Eigentlich hätte er bei den anderen Philosophen eingereiht werden sollen, aber als Getaufter hätte er die Harmonie der Ungetauften ästhetisch gestört. Jedenfalls ist er eine Hauptfigur neuzeitlicher Philosophie und damit ein starker Aktivposten im Nachweis der Rolle, die die Juden im Entwickeln philosophischer Gedanken und Richtungen spielen.

Von den vielen geistigen Bereichen, in denen Juden produktiv sind, wird wohl die Schriftstellerei als die dem Philosophieren nächstliegende betrachtet werden können. Die Literatur wurde in allen ihren Zweigen von einem solchen Heer von Juden gepflegt, daß deren Aufzählung, wie schon bei den Philosophen, unmöglich wäre. Es sei auch zugegeben, daß eine große Zahl jüdischer Schriftsteller wenig bekannt und zum Teil auch unbedeutend ist. Es droht also dem Leser keine Gefahr, sich einer unübersehbaren Phalanx jüdischer Literaten gegenüberzusehen. In diesem Zusammenhang ist es nicht unangebracht, darauf hinzuweisen, daß es auch unter den christlichen Schriftstellern eine Menge Nieten gibt.

Wenn der Durchschnittsbürger aufgefordert wird, bedeutende Gestalten des deutschen Schrifttums zu nennen, wie viele wird er aus dem Stegreif außer Goethe, Schiller, Uhland, Kleist, Hauptmann, Thomas Mann und einigen der zeitgenössischen prominenten Schriftsteller nennen können? Dabei muß er wenigstens eine Ahnung davon haben, daß in den letzten 300 Jahren Hunderte, wenn nicht gar Tausende von Büchern deutscher Verfasser veröffentlicht wurden. Aber unter den erwähnten Klassikern blieb einer unerwähnt, den der durchschnittlich Gebildete genannt haben mag – und der ist Heinrich Heine. Vielleicht haben ihn vor der Nazizeit viele für nichts anderes als einen deutschen Dichter gehalten. Freilich war es damals schon weithin bekannt, daß er Jude war. Bei ihm liefen Ströme deutscher und jüdischer Geistigkeit in einer Person auf höchster Stufe zusammen. Das macht es so ziemlich überflüssig, auf diese hochgradige literarische Potenz jüdischen Ursprungs besonders laut zu pochen. Indessen ist Heine keine unumstrittene Figur der deutschen Literatur, obwohl sein „Buch der Lieder" anerkanntermaßen die süßeste Lyrik deutscher Dichtkunst enthält.

Auf Heine folgte eine ungebrochene Kette jüdisch-deutscher Verfasser in den verschiedensten literarischen Gattungen. Als bekannteste Vertreter der erzählenden und vortragenden Literatur seien Stephan Zweig, Kafka, Feuchtwanger, Werfel und Zuckmayer genannt. Zweig wurde während der Nazizeit die passive Zentralfigur eines tragikomischen Zwischenfalls. Er war der Textdichter von Straussens Oper „Die schweigsame Frau". Es ergaben sich natürlich Schwierigkeiten um die Aufführung eines Bühnenwerkes, dessen Mitverfasser ein Jude war. Schließlich hat man die Oper ohne Erwähnung des Dichters aufgeführt. Zweig hat sich während der Affäre still verhalten; er hat die Lösung des Problems den Nazis überlassen, ohne ein Wort dazu zu sagen. Es war ihm recht, neben seiner „Schweigsamen Frau" selbst ein schweigsamer Mann zu sein. Er ist in der Folge noch stiller als still geworden, denn er hat in seinem brasilianischen Exil angesichts des Zusammenbruchs seiner Welt Selbstmord begangen.

Es ist dann nur noch für Strauss von Bedeutung gewesen, daß die „Schweigsame Frau" von der Liste und Inhaltsbesprechung der Strauss-Opern in allen während der Nazizeit veröffentlichten Opernführern weggelassen wurde. Die anderen „jüdisch verseuchten" Opern von Strauss, seine gewichtigsten (Elektra, Rosenkavalier, Ariadne, Frau ohne Schatten, Ägyptische Helena und Arabella), mit dem schon katholisch geborenen vierteljüdischen Textdichter Hofmannsthal sind jedoch dank des großen Ansehens und Einflusses von Strauss und seinen (nur opportunistisch ohne Überzeugung gepflegten) nazistischen Verbindungen durch das Nazisieb geschlüpft.

Eine der Zweigschen ähnliche Situation kitzelte Hitler bei seinen dreidutzendmaligen Theaterbesuchen von Lehars „Lustiger Witwe", deren Textdichter die zwei Juden Viktor Leon und Leo Stein waren. Auch in diesem Fall war das Auslöschen der Juden aus der sichtbaren Existenz die Lösung. Übrigens war Heine dasselbe mit seinem berühmten Gedicht „Lorelei" passiert, als es die Nazis einem unbekannten Dichter zuschrieben. Das Gedicht war zu berühmt und beliebt, um einfach in der Versenkung zu verschwinden; so wurde es zum Volkslied erklärt, wofür es trotz seines sagenhaften Ursprungs in Heines künstlerischer Gestaltung kaum gehalten werden konnte.

Das jüdisch-literarische Schöpfertum äußerte sich freilich auch in allen anderen Kultursprachen. Einen hohen Rang nehmen in Frankreich die zwischen der Luther- und Shakespearezeit tätigen Halbjuden Nostradamus (mit seinen erstaunlichen Prophezeiungen) und Montaigne, der Initiator der Essay-Gattung, ein. Zu dieser jüdischen Kategorie in der neuen Zeit gehört Marcel Proust, Verfasser eines siebenbändigen Romanzyklus. In ebenfalls neuerer Zeit wurden neben zahlreichen, weniger prominenten Volljuden der Humorist Tristan Bernard und der Biographiespezialist Andre Maurois stark beachtet.

In England war der nachmalige Staatsmann Disraeli ein populärer Romancier desgleichen der jüngere, thematisch besonders jüdisch orientierte Israel Zangwill. Zu dem sprachlich englischen Zweig gehören die Amerikaner, unter denen es einige bedeutende jüdische, teilweise auch in Europa bekannte Schriftsteller gibt, wie zum Beispiel den jüdisch betonten Hermann

Wouk und die teilweise jüdisch bewußten Arthur Miller und Howard Fast. Norman Mailer ist auch eine starke jüdisch-amerikanische Literatenpersönlichkeit.

In russischer Sprache schrieben die sehr berühmten Ilja Ehrenburg und Boris Pasternak, die aber dem Judentum sowohl völkisch als auch religiös völlig entfremdet waren. Das italienische Segment ist für Musiker von besonderem Interesse, da der Textdichter von Mozarts italienischen Opern (Figaros Hochzeit, Don Juan und Cosi fan tutte) der Jude Lorenzo Da Ponte war. Offenbar waren die Nazis nicht darüber informiert, in welch schlechter Gesellschaft Mozart verkehrt hatte.

Ein besonders fruchtbarer Boden für jüdisches Schrifttum war bis zum Zweiten Weltkrieg Ungarn. Die der Produktion des Westens durchaus ebenbürtige ungarische Literatur (jüdisch wie christlich) konnte den ihr zukommenden Rang im Konzert der Nationen nur infolge der undurchdringbaren ungarischen Sprache nicht erreichen. Die zahlenmäßig beschränkten Übersetzungen spiegeln den Glanz der ungarischen Literatur nur blaß wider. Mit einer Ausnahme – einer jüdischen. Diese ist der nach ungarischem Maßstab unverhältnismäßig erfolgreiche Dramatiker Franz Molnar. Ursprünglich hat er auch beachtenswerte Romane geschrieben, aber sein sprühender Konversationsstil kam in seinen mehr unterhaltsamen als erzieherischen Bühnenwerken am vorteilhaftesten zum Ausdruck. Nicht ohne Grund hat man ihn mit Oscar Wilde verglichen, und er nimmt in der ethnisch-ungarischen Literatur ungefähr die gleiche Außenseiterstellung ein wie Wilde in der englischen, nur mit dem Unterschied, daß er die geistige Aufnahmefähigkeit des Großstadtpublikums weniger anstrengt.

Halbwegs zu den Ungarn (und selbstverständlich wie Molnar zu den Juden) gehört auch der wohlbekannte Weltbeobachter und Kritiker Arthur Koestler. Jedenfalls ist seine ungarische Geburt und früheste Erziehung Tatsache. Er ist schwer national einzugruppieren, weil er zeitweilig zu verschiedenen Ländern wie der Sowjetunion, der Schweiz, Spanien und England gehörte. Seine wichtigsten Schriften wurden denn auch in Englisch veröffentlicht.

Mit Koestler ist die Reihe der Schriftsteller abgeschlossen. Bevor wir zum nächsten schöpferischen Tätigkeitsbereich übergehen, ist es angebracht, eine reproduktive Wirksamkeit zu erwähnen, die mit Literatur, beziehungsweise deren dramatischem Zweig, eng verbunden ist. Es handelt sich um das lebendige Theater und die darin tätigen Darsteller. Man kann sich vorstellen, daß die Juden an dieser Aktivität, wie an allem Kulturellen, stark interessiert sind, und zwar sowohl als Ausführende als auch als Publikum.

Richard Wagner hat in seinem Pamphlet „Das Judentum in der Musik" vom jüdischen Interesse am Theater auf seine hämische Art Notiz genommen. Als Sachverständiger in allem hat er festgestellt, daß Juden als Darsteller auf der Bühne unvorstellbar seien. Er hat sie für lächerliche Figuren gehalten, was er auf der vierten Seite seines Pamphlets mit brutaler Offenheit ausdrückte.

> Nie verirrt sich der Jude auf die theatralische Bühne: die Ausnahmen hiervon sind der Zahl und der Besonderheit nach von der Art, daß sie die allgemeine Annahme nur bestätigen. Wir können uns auf der Bühne keinen antiken oder modernen Charakter, sei es ein Held oder ein Lebender, von einem Juden dargestellt denken, ohne unwillkürlich das bis zur Lächerlichkeit Ungeeignete einer solchen Vorstellung zu empfinden.

Obwohl Juden auf der Bühne zu Wagners Zeiten und auch vorher schon aufgetreten sind, mag es sein, daß er keine gesehen hat, die er für bühnenfähig halten konnte. Es ist wahr, daß manche Juden auf der Bühne lächerliche Figuren sind (was hätte Wagner zu der germanischen Jammergestalt eines Julius Streicher oder Fritz Sauckel auf der Nürnberger Anklagebank gesagt?). Aber ein Jude ist auf der Bühne gewöhnlich nur dann lächerlich, wenn seine Rolle (die gar nicht einen Juden darzustellen braucht, da auch Nichtjuden lächerlich sein können) es so verlangt. Das Auftreten eines Juden in einer unpassenden Rolle ist eine absurde Ausnahme, weil normalerweise kein Theaterdirektor einen Schauspieler auftreten läßt, der seine Rolle nicht lebensgetreu gestalten kann, sei es ein Held oder ein lächerlicher Kauz. Mit seiner Fiktion rennt Wagner sowieso offene Türen ein, denn selbst der dümmste Jude ist nicht so dumm, in einer Rolle auftreten zu wollen, für die er im wagnerschen Sinne schreiend ungeeignet ist.

Wenn Wagner von jüdischer Lächerlichkeit auf der Bühne so verächtlich sprechen konnte, warum hat er dann in seine Opern lächerliche und unsympathische Figuren wie den nichtjüdischen Goldhamsterer Alberich und die anderen nicht-jüdischen Mimen Beckmesser, Telramund und Ortrud hineinkomponiert? Diese Theatercharaktere werden ja nicht von Liebhabertypen und süß klingenden Sängern dargestellt. Wagner hätte noch antisemitisch bleiben und doch ein gewisses Maß von Sachlichkeit bewahren können, wenn er für solche Rollen Juden für eminent geeignet erklärt hätte. Daß ihm diese „Veredelung" seines Antisemitismus nicht einfiel, zeigt, daß dieses Genie in der Kunst menschlich auf primitivster Janhagelstufe stand und obendrein dumm war. Wagner dumm? Na ja. Den dummen Parsifal hat er doch erst „durch Mitleid wissend" gemacht. Da er selber mit den Juden kein Mitleid hatte, so konnte er seinem eigenen Urteil nach nicht wissend sein, was soviel heißt, daß er vis-à-vis den Juden dumm war.

Die Situation im Theater und auch im Film ist so, daß darin Juden (wie auch Christen) genau ihrer Verwendbarkeit entsprechend auftreten. Wenn die Rolle Lächerlichkeit vermitteln soll, und ein jüdischer Schauspieler in dieser Rolle lächerlicher wirken kann als ein nichtjüdischer, dann haben wir einen Juden auf der Bühne, der lächerlich ist. Würde Wagner Apollo in einer lächerlichen Rolle auftreten lassen? Es gibt doch Rollen, für die, gerade nach Wagners eigener Ästhetik, Juden eminent geeignet sein müssen.

Die Lächerlichkeit hat übrigens verschiedene Grade. Sie kann von vernichtender Erbärmlichkeit bis zum feinsten Humor reichen, und jüdische Komiker liefern eine entsprechende Abstufung mit dem passenden Talent. Manche arbeiten nur in jüdischen Theatern für ein ausschließlich jüdisches Publikum. Das bedeutet kein Ausschließen der Christen, aber diese würden sich für einen Gettohumor kaum interessieren und würden ihn wahrscheinlich gar nicht verstehen.

Die meisten jüdischen Komiker sind weltaufgeschlossen und haben ihr ergiebigstes Tätigkeitsfeld vor dem Krieg im Film und nachher im Fernsehen gefunden. Das gilt hauptsächlich von den Verhältnissen in Amerika. Das internationale Publikum kennt die prominenten jüdischen Komiker von den amerikanischen Filmproduktionen her. Filmkomödien (in erster Linie mit christlichen Darstellern), die ihre Uraufführung in Amerika in den 30er Jahren hatten, sind in Deutschland erst nach dem Krieg bekannt geworden. Erwähnenswert im jüdischen Sektor sind die zwei tollen Schwänke der Brüder Marx „Ein Abend in der Oper" und „Beim Pferderennen". Auch Jerry Lewis, ein eher gefällig aussehender Junge, bei dessen Anschauen Wagner sich ziemlich dumm vorgekommen wäre, pflegte die Filmgattung des tollen Drunter und Drüber.

Verfeinerter und zuweilen auch tiefer schürfend war der Humor von Danny Kaye (ursprünglich Nemerowsky) in Filmen und im Fernsehtheater. Zu der Kategorie des gedämpften Humors gehörten die Darbietungen von Jack Benny (ursprünglich Kubelsky), der aber fast ausschließlich in Fernsehproduktionen zu sehen war. Diese beiden, Kaye und Benny, waren je nach den Möglichkeiten ihrer Rollen elegante, aristokratische Erscheinungen, die – Wagner würde es nicht glauben – auch in Liebhaberrollen auftreten konnten, obwohl sie es nur selten taten. Ein Fernsehkomiker war auch der hochbegabte, unwiderstehliche Sid Caesar, der mit seinem Gesichtsausdruck und Tonfall ohne viel athletisches Hinzutun (doch athletisch gebaut) Bombeneffekte erzielte. Ein Monologist und Satiriker mit einer Jahrmarktsrasselschnauze und dem Äußeren eines liebenswürdigen Operettenbuffos war Alan King, der die Grenzen des guten Geschmacks nie überschritt. Etwas abseits von diesen stand das der ferneren Vergangenheit angehörende, ebenfalls jüdische Filmwunderkind Jackie Coogan, der als entzückender und rührender Fünfjähriger an der Seite des (nichtjüdischen) Chaplin im Film „The Kid" (Der Knirps) auftrat.

Ungefähr um dieselbe Zeit, aber schon als behäbig rundlichen Erwachsenen, sah man auf der Kinoleinwand, hauptsächlich in Europa, den ungarisch-jüdischen Komiker Szöke Szakall, dessen Name (ein Pseudonym) auf deutsch einfach Blondbart bedeutet. Nicht vom Film, sondern vom Varietétheater her kannte man den Musikclown Grock, dessen jüdischen Ursprung manche mit Erstaunen vernehmen werden. Sein ebenfalls nicht jüdisch anmutender bürgerlicher Name war Adrien Wettach, und noch unjüdischer war seine schweizerische Geburt. Noch weiter von der literarischen Bühne entfernt war der aus Ungarn stammende Zauberkünstler Houdini, der mit diesem Phantasienamen den sehr prosaischen Namen Erich Weiss verdeckte. Ein Grock fachlich verwandter, aber mehr musikalisch betonter Klavierparodist war Viktor Borge, ein durch Hitler nach Amerika verschlagener dänischer Jude.

Die letzten drei dokumentieren der Welt und vor allem den Juden selbst die wenig bekannte Tatsache des jüdischen Talents in einem als fast ausschließlich christlich geltenden, zirkusnahen Fach der Unterhaltung.

Das jüdische Vortragstalent erstreckt sich über die leichte Unterhaltung hinaus auf die ernste Charakterdarstellung, und zwar nicht nur im Intrigantenfach, sondern auch in der männlichen wie weiblichen Heldenverkörperung. Wagner würde vom Schlag getroffen, wenn er auferstehen und den stattlich-eleganten jüdischen Filmliebhaber Melvyn Douglas (mit früherem Namen Hasselberg) als Partner von Greta Garbo in „Ninotschka" sehen würde. Zusammen mit ihm kann auch der jüngere jüdisch-amerikanische Filmliebhaber und Charakterspieler Paul Newman genannt werden. In einem ähnlichen Rollenfach wirkte auch Adolf Wohlbrück, der, von Hitler zur Übersiedlung nach London veranlaßt, dort unter dem Namen Anton Walbrook bekannt wurde.

Heldenrollen in Filmen spielten auch Laurence Harvey mit Simone Signoret als Partnerin (die übrigens als geborene Kaminker selbst Jüdin war) und Tony Curtis (ursprünglich Bernard Schwarz), der mit der jüdisch konvertierten Marylin Monroe ein Liebespaar bildete. Ungarn lieferte zusätzlich zum erwähnten Zauberkünstler und Komiker einen Filmliebhaber in der Person von Paul Lukas.

Im gleichen Rollenfach wirkte auch Robert Hirsch, der trotz seines deutsch-jüdischen Namens ein französischer Schauspieler war. Mehr ins Zwischenfach von Held- und Charakterdarsteller gehören Kirk Douglas und Paul Muni, deren ursprünglich jüdische Namen,

Danielowitsch beziehungsweise Weisenfreund, die Zweifel des skeptischen Publikums hinsichtlich ihrer jüdischen Volkszugehörigkeit zerstreuen sollten.

Bei den Schauspielerinnen finden wir die zwei größten französischen Tragödinnen, deren hochklassige Kunst und ausgedehnte Gastspielreisen sie auch außerhalb ihres Landes bekannt machten. Richard Wagner muß in der ganzen Kulturwelt der einzige gewesen sein, nichts von ihnen gehört zu haben. Wie lächerlich ihre Erscheinung auf der Bühne sein mußte, wäre für Wagner während seiner Ansässigkeit in Paris (wenigstens bei der damals schon aktiven älteren) leicht herauszufinden gewesen. Die ältere, etwa ein Jahrzehnt jünger als Wagner, war Elisa Felix, die allgemein nur unter dem einfachen Namen Rachel bekannt war. Ihre bei Potsdam errichtete Statue (zum Andenken ihres dortigen Gastspiels vor einer Monarchenkonferenz) wurde von den Nazis zerstört.

Die andere französische Tragödin – aufgrund von Zeugnissen die Verkörperung höchster Schauspielkunst – war die „göttliche" Sarah Bernhardt, eine Halbjüdin, die in Wagners Todesjahr schon 40 Jahre alt war, so daß ihm ihre göttliche Lächerlichkeit nicht ganz unbekannt geblieben sein konnte. Da Wagner wußte, daß sie als Halbjüdin wenigstens halb lächerlich sein mußte, so war es für ihn unnötig, sich davon durch Augenschein zu überzeugen.

Prominente Nachfolgerinnen der Französinnen auf deutschen Bühnen, deren Glanzzeit auch schon einige Jahrzehnte zurückliegt, waren Elisabeth Bergner und Luise Rainer. In der angelsächsischen, aber auch jüdischen Sphäre haben Judy Holliday, Claire Bloom und Paulette Goddard (mit Familiennamen Levy) geglänzt, von denen die letzten zwei Chaplins Filmpartnerinnen waren. Zur jüngeren Generation gehört die Amerikanerin Barbra Streisand, die sowohl als Varietesängerin als auch als Filmschauspielerin wirkte. Ein besonders strahlender Tonfilmstar war die ungarische Opernsängerin Gitta Alpar, deren jüdische Lächerlichkeit den germanischen Filmhelden Gustav Fröhlich nicht daran hinderte, sie zu heiraten.

Die aufgezählten Sterne des Theaterhimmels, männliche und weibliche, sind nur die bekanntesten, die den dokumentarischen Zweck der Aufzählung erfüllen. Manche würden andere, nicht erwähnte Namen ebenso zweckentsprechend gefunden haben.

Nur noch eine Bühnenkünstlerin soll wegen ihres Spezialfalls genannt werden. Es ist die in den sechziger und siebziger Jahren führende jüdisch-sowjetische Primaballerina Maya Plissetskaja.

Nun ist es Zeit, nach der ausgiebigen Umschau „jüdisch-lächerlicher" Bühnentätigkeit zu der Bestandsaufnahme jüdisch-schöpferischer Tätigkeiten zurückzukehren. Nach der Literatur und ihrem Anhängsel, dem Theater, sind nun die bildenden Künste an der Reihe.

Die jüdische Malerei hat keinen Maimonides, Spinoza oder Heine aufzuweisen. So weit reicht sie nicht in die Vergangenheit zurück, weil das rabbinische Darstellungsverbot sie jahrhundertelang hemmte. Obwohl eine lange Liste neuzeitlicher jüdischer Maler und Bildhauer zusammengestellt werden könnte, gibt es nur wenige, deren Namen sich dem kunstliebenden Publikum eingeprägt haben.

Außerdem waren die Maler (mit der einzigen Ausnahme von Marc Chagall) nicht besonders an jüdischen Themen interessiert. Diese sind der Franzose Camille Pissaro, der Italiener Amadeo Modigliani und die Deutschen Lesser Ury und Max Liebermann. England ist unter den namhaften jüdischen Künstlern durch den Bildhauer Jacob Epstein vertreten. Er ist in England zu einem Modeporträtbildner geworden, der unter anderem Büsten von Churchill, Einstein, Shaw und dem ersten israelischen Staatspräsidenten Weizmann gemeißelt hat.

Die nun folgende Kunst der Musik weist unvergleichlich mehr bekannte Namen auf als die bildenden Künste. Wie bei der Literatur und dem Theater muß man auch in der Musik zwischen schöpferischen und reproduktiven Künstlern unterscheiden. Den reproduktiven Zweig kann man kurz abhandeln. Es gibt im Klavier-, Geigen- und Gesangsfach so viele prominente Juden, daß ihre Nennung eine Sonderbeilage verlangen würde. Man weiß, daß auf jeden christlichen Geiger zwei jüdische entfallen. Nur in neuerer Zeit haben die Koreaner begonnen, die Juden und auch die Christen von der hellsten Mitte des Rampenlichts wegzudrängen.

Was nun zu einer besonderen, kritischen Betrachtung drängt, ist die Komponiertätigkeit jüdischer Musiker. Im Komponieren erreichten die Juden ungefähr die Klassifikation, die sie in den bildenden Künsten vorher hatten. Der verspätete und weniger ruhmvolle Aufstieg der Juden in der Musik ist eine Parallelerscheinung zu ihrer Rangstufe in den bildenden Künsten.

Es wird in der Musik, wie allgemein bekannt, zwischen einer strengeren und einer milderen Muse unterschieden. Wenn die zwei Musen mit zwei weiblichen Verwandten verglichen werden, dann können die von ihnen repräsentierten zwei musikalischen Spielgattungen durch eine Paraphrase von Goethes Ausspruch charakterisiert werden: „Von der Gevatterin habe ich die Statur, des Singens ernstes Führen; Vom Schwesterchen die Frohnatur und Lust zu amüsieren."

In der Domäne des Schwesterchens und vor allem in der neueren, Nach-Lehárschen Zeit – und ganz besonders in der Neuen Welt – haben einige Juden Spitzenstellungen eingenommen. Schon mit Oscar Straus (jenem mit dem einen s, dessen Geburtsjahr auch Lehárs Geburtsjahr ist) und mit dem jüngeren Ungarn Emmerich Kálmán rückten die jüdischen Komponisten in Europa in den Vordergrund. Eine absolut beherrschende Stellung errangen aber die jüdischen Operettenkomponisten in ihrer Glanzzeit in Amerika. Das führende Mitglied dieser Schar war Richard Rodgers. Auf höchster Stufe stehen auch Jerome Kern, Irving Berlin und Leonard Bernstein. Die eminenten christlichen Kollegen Cole Porter, Burton Lane und andere sollen nicht vergessen werden. Sie waren ebenso talentiert und bedeutend wie ihre jüdischen Kollegen. Zu ihnen zählen selbstverständlich auch die genialen Europäer Sullivan, Franz Lehár und Robert Stolz. Aber sie sollen in einem Buch behandelt werden, das dem Nachweis der christlichen Vorzüglichkeit gewidmet ist. Zu den jüdischen Komponisten können noch Richard Adler (mit „Pyjama Game") und der Einwanderer Frederick Loewe (mit „Brigadoon" und „My Fair Lady") hinzugezählt werden. Diese Gruppe bildet den Olymp amerikanischer Operettenmusik, in Amerika „Musical" genannt.

Halbwegs zum amerikanischen Olymp der leichten Musik gehört auch George Gershwin. Nur halbwegs, weil er auch auf einem viel anspruchsvolleren Gebiet, sozusagen auf dem der Gevatterin des ernsten Singens, geschaffen hat. Er war auch Opernkomponist, was ihm zwar von mancher Seite gerade aufgrund seiner Oper „Porgy and Bess" abgesprochen wird. Ob seine Oper dem Regelbuch nach wirklich eine Oper ist, kann dahingestellt bleiben; was aber sicher ist, ist seine in ihrer Art einmalige melodische Erfindungsgabe, die in den Gesängen dieser Oper zauberhaft zum Ausdruck kommt. Seine Behinderung liegt darin, daß er mit einem Bein in der leichten und mit dem anderen in der formal gebundenen Musik steht. Das wäre die Situation, wenn man ihn mit Vorurteil wertet. Er hat Konzertmusik und Brettlmusik geschrieben, und die erstere wird durch den Filter der letzteren erlebt, weil er zwischen den beiden einen Ausgleich, eine Osmose geschaffen hat. Er hat ernste Musik unernst und unernste Musik ernst geschrieben.

Gershwin ist in gewisser Weise ein geistiger Nachkomme von Offenbach. Auch der Ruf dieses berühmten Komponisten ist nicht ungetrübt, trotz einer Oper von Ewigkeitswert, die er schuf. Er lebt im Bewußtsein des Publikums vorwiegend als ein Tingeltangelkomponist. Wenn Offenbach nichts außer „Hoffmanns Erzählungen" komponiert hätte, würde man ihn mindestens mit Gounod, Massenet, Flotow und Nicolai auf die gleiche Stufe setzen, obwohl auch „Die schöne Helena" und „Orpheus in der Unterwelt" den Durchschnittswert seines Schaffens nicht wesentlich herabmindern sollten. Es blitzen auch in seinen zahlreichen Operetten immer wieder Schlagermelodien auf, die aber den „guten Ton" des Opernschreibens offenbar kompromittieren. Offenbach war ein Erneuerer in einer Gattung, in welcher Erneuerung nicht zur Hauptlinie der Musikgeschichte gehört. Auf der Hauptlinie war er, wie die anderen jüdischen Komponisten, stilistisch eher ein Nachzügler.

Die Ursache des Nachhinkens jüdischen Komponierens ist der späte Anschluß jüdischer Musiker an die Musikgeschichte. Ähnlich wie Michelangelo keine zeitgenössisch-jüdischen Bildner kannte, hatten auch Bach, Haydn, Mozart und Beethoven keine jüdischen Weggenossen. Nach einigen wenig bedeutenden jüdischen Musikern war der erste bedeutende unter ihnen Felix Mendelssohn. Das nicht lange vorher noch bestehende Getto hatte für die Juden keine musikalische Fühlungnahme und Anregung durchgelassen. Daß es aber unter den Gettogebundenen musikalische Talente gegeben haben muß, ist auch dem verhältnismäßig raschen Anschluß an den abendländischen Musikbetrieb nach der Emanzipation ersichtlich. Es gibt eine Anzahl Kulturnationen, die selbst ohne Gettoschranken bis heute noch nicht vom Strom der Musik schöpferisch erfaßt wurden.

Die jüdische Leistung in der Musik ist also in Anbetracht der Verhältnisse zu beurteilen. Unter diesem Aspekt sind einige Werke von Mendelssohn mit manchen von Mozart und Schubert gleichzustellen wie zum Beispiel sein feenhaftes Violinkonzert, das Streichoktett, die Sommernachtstraum-Ouvertüre und die ganze Sommernachtsmusik, einzelne teuflisch virtuose Klavierstücke (manch solche auch unter den Liedern ohne Worte, die den Chopinschen ebenbürtig sind), die zwei Klaviertrios und auch die zwei Klavierkonzerte. Mendelssohn ist bestimmt kein Beethoven (wer ist?) und auch höchstens nur ein jüdischer Schumann, aber sicherlich größer als Dutzende renommierter Musikstreber und auch als seine nichtjüdischen Nachfolger und Nachahmer.

Das jüdische Nachhinken in der Musik zeigt sich auch im Schaffen von Gustav Mahler. Er hatte das Zeug zum großen Musiker, litt aber daran, daß seine Visionen schon von einem anderen, früheren Musiker, Anton Bruckner, in Töne gegossen worden waren. Sein Werk, so wie es ist, ist trotzdem nicht zu verachten, es leidet nur am jüdischen Schicksal des Zuspätkommens und des Unwillkommenseins. Es wird allerdings erlöst durch den tieferen Stand (mit Ausnahme von Richard Strauss) der Musik seiner Zeit im deutschen Kulturraum. Seine lange vernachlässigten Symphonien erfüllen wenigstens die Funktion des Neuen aus der Vergangenheit.

Dem vergangenheitsbeschwerten Mahler steht der zukunftsbeschwerte Arnold Schönberg gegenüber, dessen schöpferische Sterilität aber auch in der Zukunft nie zeitgemäß sein wird. Seine Bemühungen erfüllten höchstens die Funktion eines kunsthistorischen Ferments, das nur auf andere ertragbringend gewirkt haben mag.

Die Herolde der Wiederbelebung kamen aus Frankreich, Rußland, Ungarn und zuletzt aus Amerika; aus dem letzteren endlich mit einem jüdischen Vertreter. Dieser ist aber nicht Bernstein, der sich allerdings in der gehaltvoll leichten Musik in die Höhe geschwungen hat. Der amerikanische Erweckungsapostel ist Aaron Copland. Er ist natürlich Jude, aber in seiner Musik 100 Prozent nichtjüdisch amerikanisch. Es ist nicht übertrieben zu sagen, daß er der einzige wirklich amerikanische Tondichter in der Gattung Kunstmusik ist (zusammen mit dem ebenfalls erdnahen, nichtjüdischen Charles Ives, dessen Musik aber neben der Coplands, mit einigen glücklicheren Ausnahmen, ein undurchdringbares, wenig genießbares Tondickicht ist). Coplands Melodik, Harmonik und Rhythmik sind die Übertragung des Cowboygeistes in den Konzertsaal in einer Kombination von technischem Raffinement und allgemeiner Verständlichkeit. Er könnte der amerikanische Kodály genannt werden mit dem Unterschied, daß es in diesem Fall ein Jude ist.

Bevor wir vom „Judentum in der Musik" Abschied nehmen, muß noch ein als musikalisches Fossil betrachteter jüdischer Komponist erwähnt werden. Der Name Karl Goldmark wird bei den Zünftigen eine mitleidvolle Handbewegung auslösen. In einer Hinsicht ist diese Reaktion berechtigt, da Goldmark noch rückschrittlicher war als Offenbach. Er hat nicht einmal, wie jener, in einem beschränkten Rahmen, der musikalischen Satire, als Erneuerer gewirkt. Er glitt hinter den ungefähr gleichaltrigen Brahms und noch viel mehr hinter den älteren Bruckner zurück. Man darf aber nicht vergessen, daß Dutzende von Komponisten jener Zeit (deren Namen gerade deswegen unbekannt sind) nicht nur hinter Brahms, sondern selbst hinter Goldmark zurückgeglitten sind. Der Grund, weshalb von Goldmark wenigstens der Name überlebt hat, ist, daß er ein „Genie" unter den Zurückgeglittenen war. Er hat einige zugkräftige Werke (unter vielen) geschrieben, deren Vernachlässigung bei unserer Programmabgedroschenheit und dem „Neuigkeitshunger" die Halsstarrigkeit der Konzertveranstalter bekundet.

Der krasseste Fall ist das Ignorieren von Goldmarks Violinkonzert. Daß diesem Werk selbst jüdische Geiger keine Aufmerksamkeit schenken, ist ein unlösbares Rätsel. Dabei müßte sich jeder Geiger, ohne Rassen- und Religionsunterschied, dem Beethoven, Mendelssohn, Brahms, Tschaikowski und Bruch schon zum Hals heraushängen müssen, wie toll auf dieses Konzert stürzen. Es ist „Schlagermusik" in demselben Sinn, wie man es von einem Instrumentalkonzert erwartet. Da Bruch erwähnt wurde, so kann man gleich der Einwendung entgegentreten, daß Goldmark musikalisch-inhaltlich nicht die höchste Stufe klassischer Genialität erreicht. Goldmark ist nicht weniger inhaltsvoll als Bruch; eher mehr, und im Dankbarsein für den Spieler steht sein Konzert keiner Violinmusik nach. Die Orchesterkomponente ist, ähnlich wie bei Brahms, keine bloße Begleitung, sondern eine symphonisch reich gearbeitete Tapisserie, und wie bei Brahms, ohne den Solisten zu überwältigen. Diese Parteinahme mag höchstens deswegen als gegenstandslos erscheinen, weil dieses Stück im Radio, doch nicht im Konzertsaal, ab und zu auftaucht, so daß es nicht ganz unbekannt sein kann. Es sollte aber seinen Platz auch im Konzertsaal wenigstens mit der gleichen Häufigkeit einnehmen wie die Konzerte von Glasunow, Wieniawski, Sibelius und Paganini. Damit würde nicht Goldmark, sondern dem Geigenkünstler und dem Publikum ein Dienst erwiesen.

Vielleicht besteht weniger Anlaß, Goldmarks „Ländliche Hochzeit"-Symphonie und seine besten Ouvertüren „Frühling" und „Sakuntala" wieder zum Leben zurückzurufen. Mehr als die Sologeigenliteratur hat die symphonische Musik ein reiches Reservoir, aus dem Programmnummern geschöpft werden können. Ab und zu könnten aber die genannten symphonischen Werke Goldmarks erfrischend auf die abgestandene Atmosphäre in den Konzertsälen wirken. Dasselbe kann für die Opernhäuser nicht unbedingt gelten, da der altväterische Stil von Goldmarks Oper „Die Königin von Saba" (von seinen anderen Opern gar nicht zu sprechen) die Aufmerksamkeit der Zuhörer nicht ebenso leicht für drei Stunden wachhalten kann wie seine Konzertmusik für eine halbe.

Musik kann je nach ihrer Qualität und Dauer auch als Schlafmittel wirken. Man kann natürlich denselben Effekt direkt mit medizinischen Mitteln herbeiführen. Diese Alternative besteht besonders für Ärzte, die Amateurmusiker sind und sich abwechselnd beiden Wirksamkeiten widmen. Wir sind aber im Moment an jenen Ärzten interessiert, die die Menschheit nicht durch ihr musikalisches, sondern medizinisches Talent zu erlösen trachten.

Die Betätigung von Juden in der Heilkunde ist eine uralte Tatsache, und es ist interessant, daß gleichzeitig mit dem Judenhaß der Glaube – bei den Hassern selbst – verbreitet war, daß die Juden gute Ärzte sind. Dieser Glaube gründete sich vielleicht auf die schleichende Ahnung, die man sich aber selbst nicht einzugestehen wagte, daß Gott die Juden schließlich doch liebt und folglich die Hand des jüdischen Arztes sicher führt. Wahrscheinlich sind diesem Aberglauben viele christliche Patienten zum Opfer gefallen; da sie aber den christlichen Ärzten wahrscheinlich in noch größerer Zahl, ohne Aberglauben, zum Opfer gefallen sind, so hat sich der Aberglaube in bezug auf die Juden bis zum heutigen Tag erhalten. Es scheint aber, daß Gott die Juden beziehungsweise ihre Mediziner tatsächlich liebt, denn einige jüdische Forscher haben bei ihren Arbeiten eine sichere Hand gehabt.

Die medizinische Forschung ist wichtiger als die erfolgreiche Behandlung einzelner Patienten, denn diese Erfolge sind ja auf die Resultate der Forschungen gegründet. Die Gültigkeit dieser Feststellung erweist sich durch die Rettung von Millionen und Abermillionen krankheitsbedrohter Menschen, die diese Wohltat zu einem wesentlichen Teil jüdischen Forschern zu verdanken haben.

Für das Verständnis der Teilnahme der Juden an den Vorgängen der abendländischen Zivilisation muß man der Tatsache eingedenk sein, daß die Juden nur einen Bruchteil der Zahl der westeuropäischen und amerikanischen Volksmassen ausmachen. In den betreffenden Erdteilen gibt es ungefähr acht Millionen Juden, die von einer Milliarde und 200 Millionen Christen umgeben sind. Das ist im Maßstab von 1 zu 150. Wenn man also vier jüdische Medizinforscher von Weltgeltung nennt (jene von geringerer Geltung nicht gerechnet), dann müßte es proportional 600 nichtjüdische Medizinforscher geben, und zwar nicht bloß solche, die experimentieren, sondern die schon epochemachende Entdeckungen aufzuweisen haben. Es gibt natürlich viele christliche Forscher, viel mehr als jüdische, aber doch keine 150 gegen einen. Andererseits gibt es volle vier jüdische Medizinforscher gegen imaginäre 600, deren bedeutsame Arbeit in zwei Fällen sogar durch Verleihung des Nobelpreises anerkannt wurde.

Der Nobelpreis für Medizin ist im Laufe der Zeit an 20 jüdische Ärzte und medizinische Forscher verliehen worden. Alles in allem haben unter den rund 500 Preisträgern jeglicher Herkunft bis kurz vor Ende des Jahrhunderts etwa 50 Juden den Nobelpreis in den verschiedenen Kategorien erhalten. Von den 20 jüdischen Preisträgern der Medizin wurden in dieser Übersicht nur zwei erwähnt, weil die 18 anderen mit ihrem besonderen Fach der Öffentlichkeit nicht oder nur wenig bekannt sind. Andererseits müssen zwei sehr wichtige, aber nicht preisgekrönte Forscher erwähnt werden. Die vier medizinischen Pioniere sind die Preisträger Paul Ehrlich und Salman Waksman, und die zwei anderen Albert Sabin und Jonas Salk. Ehrlichs Schöpfung, das Syphilis-Serum Salvarsan, bedeutet für unsere fortgeschrittenere Zeit freilich nicht mehr die therapeutische Umwälzung, die es zur Zeit seiner Entdeckung im Jahre 1909 war. Es ist interessant, daß die Vervollkommnung der Syphilisbehandlung und damit einer ganzen Reihe anderer Infektionskrankheiten dem Rassenbruder und Preisträgerkollegen Ehrlichs, Salman Waksman, zu verdanken ist.

In der Zwischenzeit hat der nichtjüdische Alexander Fleming das Penizillin in Verfolgung desselben Ziels entwickelt, aber Waksmans Streptomyzin (ein Antibiotikum) hat alle vorher erzielten Erfolge übertroffen und gegenstandslos gemacht. Allerdings spricht man schon wieder von der Notwendigkeit neuer Erfindungen angesichts der teuflischen Widerstandsfähigkeit der Bakterien. Der Kampf der Medizin gegen diese Geißeln der Menschheit scheint nie enden zu wollen, aber der Heroismus der Kämpfer für das Gewinnen einzelner Schlachten verdient die Dankbarkeit der Menschheit. Und sie sollte nicht vergessen, daß Juden am Kampf in der vordersten Linie teilnehmen.

Ein Kampf unter den vielen war auch der, den Albert Sabin und Jonas Salk gegen die Kinderlähmung (voneinander unabhängig) führten. Man weiß, daß der Kampf siegreich war, selbst wenn vereinzelte Rückschläge noch vorkommen. Gewisse Umstände werfen auch einen Schatten auf die Errungenschaften der zwei Forscher, indem manche Länder zu den Tabletten von Sabin und den Injektionen von Salk kein volles Vertrauen zu haben scheinen. Es ist auch unverständlich, weshalb der Nobelpreis von diesen epochalen Pionieren der Krankheitsbekämpfung keine Kenntnis genommen hat. Selbst ein halber Erfolg ist begrüßenswert gegen gar keinen.

Es könnten noch zwei eminente, auch nicht preisgekrönte Forscher, der Bakteriologe August Wassermann mit seiner Syphilisblutprobe und der Gynäkologe Bernhard Zondek mit der prompten Schwangerschaftsdiagnose erwähnt werden. Ihr Gebiet hat ein wenig an Bedeutung eingebüßt, weil die Syphilis nicht mehr der alte alarmierende Schrecken ist und die Schwangerschaft auch keine Tragödie mehr zu sein braucht, wie sie in Goethes Faust geschildert wird.

Von der Medizin ist der Übergang zur Technik nur ein Schritt. Das Verhältnis der Technik zur Maschine ist nämlich dem der Medizin zum Menschen ähnlich. Der Techniker denkt oft, daß die Maschine ein Lebewesen ist, und der Arzt denkt zuweilen, daß der menschliche Körper eine Maschine ist, und der Laie hat den Eindruck, daß der Techniker mehr Liebe zu seiner Maschine empfindet als der Arzt zu seiner. Was uns jetzt aber interessiert, ist, ob die Liebe zur Maschine auch im jüdischen Techniker lebt. Das aber führt zur grundsätzlichen Frage, ob es überhaupt jüdische Techniker gibt. Die Antwort wird die jüdische Welt vielleicht noch mehr überraschen als die christliche, die auch nicht wenig überrascht sein dürfte. Es gibt zwei technische Konstruktionen (wenigstens zwei zu augenblicklichen Demonstrationszwecken), die vor aller Welt sichtbar sind, ohne daß die Welt wüßte, daß sie das Werk jüdischer Hände sind. Man soll nicht gleich umfallen oder Schwindel schreien, wenn man erfährt, daß das Luftschiff und die Schallplatte jüdische Erfindungen sind.

Nur keine überstürzte Entrüstung! Niemand will Edison die Erfindung der Sprechmaschine streitig machen. Aber Edison hat keine Schallplatte erfunden. Er hat nur einen Schallzylinder erfunden, der, wenn er nicht umgestaltet worden wäre, niemals zu der heute existierenden, mechanisch reproduzierten Musik von Caruso, den Wiener Philharmonikern, Heifetz und ganzen Verdi-Opern im eigenen Heim geführt hätte. Der Zylinder von Edison konnte wegen der notwendigen Aufspaltung im Längsschnitt nicht direkt kopiert werden, sondern nur durch ein wiederholtes Originalverfahren. Man hat Aufnahmen von der Aufnahme gemacht. Die

Idee, Rillen in eine horizontal kreisende Wachsmasse einzugraben, war die des jüdischen Erfinders Emil Berliner. Im Gegensatz zum Ruf der Juden als Reklamehyänen ist der Name des Erfinders Berliner in der breiten Öffentlichkeit gänzlich unbekannt. Auch weiß niemand, daß das Wort „Grammophon" Berliners Prägung ist. Edison ist der Inbegriff des Erfindergenies (was seine überreichlich verdiente Distinktion ist), aber Berliner ist kein schwacher Zweiter. Er hat unter einer Anzahl Erfindungen auch das Mikrophon erfunden, dessen Vorgänger, der große, plumpe Schalltrichter, nie die Töne der Sänger und Instrumentalisten täuschend ähnlich in den Mechanismus des Aufnahmeapparats hätte leiten können. Die kristallklare Wiedergabe des Spiels und der Stimme unserer Tonkünstler auf Schallplatten ist das Resultat von Berliners Schöpfung.

Eingeflochten (weil Berliner noch nicht abgemeldet ist) sei auf eine andere, fast anonyme, ebenfalls die Schallplattenproduktion betreffende jüdische Erfindung hingewiesen. Die Langspielplatte ist die Erfindung von Peter Goldmark (kein naher Verwandter des Komponisten), der seine ganze vielfältige Erfindertätigkeit in Amerika entfaltete. Seine Erfindungen (dem Publikum zumeist unzugänglich) haben große Bedeutung für die militärische Luft- und Raumfahrt. Die Langspielplatte ist vielleicht seine bescheidenste Erfindung, die aber eine der größten Annehmlichkeiten beim Hören mechanisch vermittelter Musik ist. Goldmark ist auch der Erfinder des Farbfernsehsystems für allgemeinen Hausgebrauch.

Von Emil Berliner ist noch zu sagen, daß er in Hannover wenige Jahre nach Edisons Geburt geboren wurde und nach einem seit Jugendzeit in Amerika verbrachten Leben in Washington starb, zeitlich wieder nur wenig von Edisons Tod entfernt. Er war also ein Zeitgenosse und Kollege Edisons, mit dem er aber keine Arbeitsgemeinschaft hatte. Sein Erfindergeist vererbte sich offenbar auf seinen Sohn Henry, denn dieser wurde der Erfinder des Helikopters.

Nun kommen wir zu dem inzwischen vergessenen Luftschiff, das von einem Juden erfunden worden sein soll. Es hatte zu verschiedenen Zeiten und an verschiedenen Orten auch nichtjüdische Luftschiffentwerfer gegeben, aber das berühmte, die Himmel allein beherrschende deutsche Luftschiff im ersten Drittel des Jahrhunderts war die Schöpfung eines Juden. Allerdings wurde es darum nach seiner Explosion bei seiner amerikanischen Landung im Jahre 1937 sehr still. Aber in den paar Jahren während der Zwischenkriegszeit hatte man in ganz Europa gelegentlich nach der dahinhuschenden „Zigarre" in den Wolken gespäht. Wenn man in den Lexika und Wörterbüchern den Artikel „Zeppelin" nachschlägt, findet man die Auskunft, daß der so bezeichnete Flugapparat nach dem Erfinder, dem Grafen Ferdinand von Zeppelin, benannt wurde. Der einzige, der (außer Fachleuten) um die Falschheit dieser Information gewußt haben mag, war Adolf Hitler, der den Zeppelin von Anfang an nicht leiden mochte. Er muß geahnt oder gewußt haben, daß der Zeppelin eine jüdische Erfindung war. Wenn man den Namen des Erfinders vernimmt, zweifelt man nicht daran. Er hieß David Schwarz und war ein Mitte des 19. Jahrhunderts geborener ungarischer Jude.

Ein Modell des Luftschiffs von Schwarz ist im amerikanischen Museum „Smithsonian Institute" zur allgemeinen Besichtigung ausgestellt. Wenn man nicht sehr judenfreundlich ist, würde man sagen, daß es der Großvater des Zeppelins ist. Sachlich beurteilt ist aber die Verwandtschaft um mindestens einen Grad näher. Das Modell ist zumindest der Vater oder der Bruder des Zeppelins, nämlich jenes noch plumpen, der zum ersten Mal im Jahre 1900 aufstieg.

Schwarz beantragte in den 90er Jahren bei der deutschen Regierung eine Demonstration und möglicherweise Erwerbung seiner Erfindung. Nach längerem skeptischem Verhalten willigte die Regierung im Jahre 1897 schließlich ein. Die schon nicht mehr erwartete Nachricht überwältigte Schwarz dermaßen, daß er an Ort und Stelle an Herzschlag starb. Aber einer seiner Mechaniker führte den Probeflug noch im selben Jahr auf dem Tempelhofer Feld durch, und der dabei anwesende Zeppelin (der Graf) kaufte die Rechte auf die Konstruktion und Weiterentwicklung der Erfindung von Schwarz' Witwe.

Es ist wahr, daß der Graf schon einige Jahre vorher selbst mit dem Luftschiffbau experimentiert hatte, aber den entscheidenden Impuls dazu erst von Schwarzens Maschine erhielt und dann die Organisation zur praktischen Produktion 1898, ein Jahr nach Erwerbung von Schwarz Erfindungspatent, ins Leben rief. Kein Experiment anderer Luftschiffplaner hatte zu jener Zeit zu praktischen Resultaten geführt. Die bahnbrechende und erfolgreiche Rolle, die Schwarz im Luftschiffbau spielte, wird vom 1956 herausgegebenen Lexikon „Der Große Brockhaus" in dieser wörtlich zitierten Eintragung anerkannt: „David Schwarz, geboren 1850 Zalaegerszeg (Ungarn), gestorben 1897 Wien, erbaute 1896-97 das erste Starrluftschiff mit äußerer Hülle aus Aluminiumblechen (gestrandet 1897 nach einer Probefahrt)."

Diese Anerkennung ist deswegen bemerkenswert, weil im Artikel über den Grafen Zeppelin und sein Werk im selben „Brockhaus" Schwarz mit keinem Wort erwähnt wird, so daß das *erste* Starrluftschiff von Schwarz als das *alleinige* von Zeppelin repräsentiert wird. Daß Schwarz' Maschine bei der Probefahrt strandete, ist ganz normal bei Experimenten im Anfangsstadium. Außerdem war Schwarz damals schon tot, und die Probefahrt wurde von einem Hilfsmechaniker ausgeführt. Zeppelins eigene Maschinen sind vom Jahr 1908 bis 1914 in dreizehn Fällen abgestürzt, als die Erfahrung und Modernisierung schon auf einer höheren Stufe gestanden haben sollte. Das Ende des Zeppelinheroismus kam im Jahre 1937, als das Schiff infolge mangelhafter Voraussicht und Umsicht (nicht in einem Stück) in die Luft flog, so daß David Schwarz wahrscheinlich nicht gekränkt wäre, seine Erzeugerrolle bei dieser kurzlebigen Sensation – wie am Anfang, so auch am Ende — totgeschwiegen zu sehen.

Mit den zwei oder drei hervorragenden Persönlichkeiten ist nicht alles präsentiert worden, was der jüdische Geist auf dem Gebiete der Technik hervorzubringen fähig ist. Es gibt viele Talente, die in den verschiedenen Kategorien und auf den verschiedensten Leistungsstufen von derselben Fähigkeit zeugen. In Frankreich hat Marcel Dassault das Mirage-IV-Bombenflugzeug konstruiert, das je nach den nationalen Frontbildungen erwünscht oder odiös eingesetzt werden kann.

Es gibt mindestens drei Dutzend Juden, die mit dem Flugwesen rühmlich verbunden sind beziehungsweise waren, darunter sogar eine Frau, die Engländerin Peggy Salaman, die mit ihrem Flug London – Kapstadt im Jahre 1931 eine damals als Rekord geltende Leistung vollbracht hat. Ernst Hünefeld unternahm (mit zwei Kollegen) ein Jahr nach Lindberghs epochemachendem Flug die erste Atlantiküberquerung in der umgekehrten Richtung.

Im Ersten Weltkrieg kämpften auf deutscher Seite 200 Juden in der Luftwaffe, von denen 30 fielen. Auch im militärischen Segment ist es erinnerlich (für den, der sich gerne erinnert), daß die israelischen Flugkräfte im sogenannten arabischen Sechstagekrieg im Jahre 1967 den Ausgang des Krieges bereits am ersten Tag entschieden. Auch der 8000 Kilometer lange israelische Flug (in beiden Richtungen) zur Befreiung von Geiseln aus der ugandischen Entführung im Jahre 1976 mag als eine außergewöhnliche flugtechnische und militärische Leistung erwähnt werden.

Eine technische Leistung in einem entgegengesetzten Element war die Konstruktion des ersten mit Atomkraft getriebenen Unterseeboots durch den jüdisch-amerikanischen Admiral Hyman Rickover.

In einer Richtung, die von allen anderen verschieden ist, hat sich der ungarische, allerdings getaufte, aber gefühlsmäßig weiterhin selbstbewußte Jude Armin Vambéry betätigt. Als Volkskundler unternahm er in den 60er Jahren des 19. Jahrhunderts als Derwisch verkleidet (nicht ohne Gefahr) eine gefahrvolle, nach Mittelasien führende Wanderung, die ihn nach glücklicher Rückkehr zu einem gesuchten Sachverständigen in asiatisch-mohammedanischen Angelegenheiten machte.

Auf technischem, genauer chemischem, Gebiet war (der spätere Nobelpreisträger) Fritz Haber während des Ersten Weltkrieges in Deutschland tätig, der mit seiner synthetischen Ammoniakgewinnung wesentlich zur militärischen Aufrechterhaltung der Operationen des Landes beitrug.

Keine besondere Einführung benötigt der Nobelpreisträger Albert Einstein, dessen Relativitätstheorie zwar kein gewöhnlicher Sterblicher versteht, der aber als der erste Pionier des Atomzeitalters betrachtet wird. Er selber hat kein Atom gespalten – er war ein theoretischer Physiker –, aber er hat das Denken der Praktiker in die Richtung gelenkt, in der die Segnungen oder die Flüche der Menschheit, je nach der Natur ihres Dienstes, auf das Haupt der Wissenschaftler herabregnen. Jedenfalls gehören zu diesen die vier berühmten jüdischen Atomphysiker Robert Oppenheimer, Eugen Wigner, Leo Szilard und Edward Teller, die zusammen mit dem Italiener Enrico Fermi die den japanischen Kriegsverlust besiegelnden Atombomben konstruierten (Hitler wird in seinem Grab seinen Judenhaß für eine verpaßte Chance verdammen).

Manche der beschriebenen jüdischen Geistesgrößen und ihre Leistungen mögen sowohl den Christen als auch den Juden selbst bisher unbekannt gewesen sein. Aber auch so ist es eine allgemeine Annahme, daß die Juden sich mehr im Bereich geistiger Belange als in anderen zu Hause fühlen. Diese Annahme hat ein Zerrbild der tatsächlichen jüdischen Situation geschaffen. Mit derselben Überraschung, mit der man von der Existenz eines jüdischen Flugschiffkonstrukteurs erfährt, wird man wahrscheinlich auch die Nachricht über die Taten jüdischer Muskelkraft vernehmen. Richard Wagner konnte sich keinen Juden als Schauspieler auf der Bühne vorstellen. Schade, daß er nicht lange genug gelebt hat, um die gleiche „Unmöglichkeit" in bezug auf den Sportkampfplatz zu erleben. Bald hätte er erkennen müssen, daß er, der Lachende, der Lackierte war.

Die jüdische Tüchtigkeit in den Künsten der Körperkultur ist gar nicht neueren Datums. Die „lächerlichen" jüdischen Athleten traten mit den ähnlich lächerlichen Schauspielern ungefähr zur gleichen Zeit auf den Plan. Die einschlägigen Fachbücher wissen von jüdischen Boxern in England schon zu Beginn des 19. Jahrhunderts zu berichten. Dieser Sport war ursprünglich eine bittere Notwendigkeit zur Abwehr gegen andere, nicht sehr judenfreundliche „Athleten". Aber dieser Anfang hat die Juden mit der Zeit zu allen Sportarten geführt, als man Körperkultur nicht mehr aus Notwehr zu pflegen brauchte. Wir werden beim Nennen einzelner Sportler auf Namen stoßen, die manchmal mehr nur den geographisch, ethnisch oder fachlich Nahestehenden bekannt sind.

Bei einem Gruppensport wie dem Fußball bedeuten Namen wenig. Juden haben auch an diesem Sport kräftig teilgenommen, besonders in Österreich und in Ungarn. In Wien existierte sogar eine ausschließlich aus Juden bestehende und sehr erfolgreiche Mannschaft, die „Hakoah"(Stärke). Es gab viele Juden auch in den Zweigen des Einzelsports, und sie haben bei Wettkämpfen oft an vorderster Stelle abgeschnitten. Vielen mögen noch die Namen der zwei sowjetischen Schwestern Press, Irena und Tamara, erinnerlich sein, die 1960 und 1964 in den schweren Sportarten (Diskus, Kugelstoßen) olympische Goldmedaillen gewonnen haben. Goldmedaillen wurden auch von amerikanischen Juden in allen Sportarten, besonders in den früheren Jahren, gewonnen.

Bei den Berliner Olympischen Spielen 1936 wurden die deutsch-jüdische Rekordspringerin Gretel Bergmann und die zwei jüdisch-amerikanischen Schnellläufer Marty Glickman und Sam Stoller im letzten Moment am Wettbewerb verhindert, um dem anwesenden Hitler die Peinlichkeit möglicher jüdischer Siege zu ersparen (diesbezügliche Reminiszensen in der „New York Times" vom 10. August 1986, anläßlich der 50jährigen Wiederkehr).

Was besonders bemerkenswert ist, ist die Teilnahme und außergewöhnlich hervorragende Leistung von Juden in solch einer aristokratischen Sportart wie dem Fechten. Über diesen Sport ist besonders zu vermerken, daß er hauptsächlich von drei Nationen gepflegt wird: den Franzosen, den Italienern und den Ungarn. Das Fechten hat natürlich überall seine Anhänger, aber nirgends in solcher Zahl und Hingabe wie bei den drei genannten Völkern. Unter diesen müssen die Ungarn noch extra hervorgehoben werden, weil in ihrem Land die Juden (als sie noch durften) dem christlichen Kontingent in gleich starker und gleich erfolgreicher Repräsentation zur Seite standen. Das war die Situation vom Anfang des Jahrhunderts bis kurz vor dem Zweiten Weltkrieg.

Von den 15 jüdischen Olympiasiegern aus verschiedenen Ländern waren acht allein von Ungarn. Von diesen acht sollen vier genannt werden (bis zum letzten Vorkriegsjahr 1936), weil ihre Namen in Fachkreisen noch ein Echo haben mögen. Bekannte ungarisch-jüdische olympische Meister im Säbelfechten waren Eugen Fuchs, Johann Garay, Attila Petschauer und in der Florettkategorie die Meisterin Ilona Elek.

Eine Sonderstellung im Fechten nahm die deutsche Jüdin Helene Mayer ein, die an den Olympiaden der Jahre 1928 und 1936 siegreich teilnahm. Für die letztere (als der Nazismus mit Rücksicht auf die Spiele auf seine Stubenreinheit noch einigermaßen bedacht war) wurde sie extra von der amerikanischen Auswanderung zurückgeholt, um noch einmal in den deutschen Farben zu fechten, was sie zur Beschämung der Nazis nach schwerem Entschluß annahm.

Hauptsächlich in Amerika ist das Boxen ein beliebter Zuschauersport, und ausschließlich in Amerika wird der Baseball (Schlagballspiel) gepflegt. Beide haben beziehungsweise hatten ihre zahlreichen jüdischen Helden. Hervorzuheben ist der Boxer Max Baer, der im Jahre 1934 Schwergewichtsweltmeister war. Besonders gefeierte Baseballspieler waren Sandy Koufax und Hank Greenberg, die gleichsam als Nationalhelden dieser Sportkategorie betrachtet werden. Vielleicht etwas weniger nachhaltig war die Popularität des Schwimmers Marc Spitz. Immerhin war es eine einmalige Leistung, als er bei der Olympiade 1972 in den verschiedenen Schwimmkategorien sieben Goldmedaillen gewann.

Nun ist es vom Erhabenen des Sports zum Lächerlichen der Politik nur ein Schritt. Man kennt den Spruch, daß ein Staatsmann ein Politiker ist, der schon tot ist. Das Judentum hat einige Staatsmänner aufzuweisen, deren Staatskunst schon vor ihrem Tod als nachhaltig fruchtbringend anerkannt wurde. Manche mögen feststellen, daß bis zur Gründung des Staates Israel die jüdische Staatskunst nur zugunsten nichtjüdischer Belange zur Geltung kam. Das mag bis zu einem gewissen Grad stimmen, aber nicht ganz. Die Vorarbeit zur israelischen Staatsgründung benötigte eine große Portion Staatskunst, und diese wurde offenbar zur Förderung rein israelischer Interessen entwickelt.

Theodor Herzl und Chaim Weizmann können große israelische oder vor der Gründung eher jüdische Staatsmänner genannt werden, denn ohne ihr Organisationswerk und ihre Überredungskunst wäre der israelische Staat höchstwahrscheinlich nie Wirklichkeit geworden. Diese zwei Männer haben, unabhängig von der Löblichkeit oder Verwerflichkeit ihrer Tätigkeit, jedenfalls von ihren staatsmännischen Fähigkeiten Zeugnis abgelegt. Selbstverständlich hat es auch andere gegeben, die sich um das Zustandekommen des israelischen Staates verdient gemacht haben, wie zum Beispiel David Ben Gurion, Golda Meir und andere, die großes Organisationstalent bekundet haben.

Organisationstalent oder Staatskunst haben einzelne Juden im höchsten Grade lange vor der israelischen Staatsgründung bei monumentalen nichtjüdischen Unternehmen an den Tag gelegt. Die größte staatsmännische Leistung eines Juden in „fremden" Diensten war vielleicht der Ausbau der britischen Weltmacht durch Benjamin Disraeli, den Ministerpräsidenten der Königin Viktoria. Eine vergleichbar monumentale Leistung eines Juden ebenfalls in „fremden" Diensten war die Organisation der Roten Armee durch Leon Trotzky in den Geburtsstunden der von allen Seiten bedrohten Sowjetunion. Ihm spielte das Schicksal einen bösen Streich, indem es sich nachträglich herausstellte, daß er seinen Dienst tatsächlich zugunsten fremder und sogar feindlicher Nutznießer geleistet hatte. Für das Land, dessen Sohn er zu sein sich eingebildet hatte, wurde er bald ein Stiefsohn und sogar ein Opferlamm. Aber jene Vorgänge – ob bejaht oder beklagt – sind irrelevant beim Einschätzen des Talents eines Juden als Organisator im Riesenmaßstab.

In geringerem, aber auch noch beträchtlichem Maßstab erwies sich als Staatsmann Henry Kissinger, der deutsch-jüdische Emigrant (um nicht zu sagen Hitlerflüchtling) in Amerika, der im Staatsdienst Marathonverhandlungen zur Beilegung von zwei Konflikten (Vietnam und Naher Osten) bis zur Enderschöpfung und darüber hinaus (für die damaligen Notwendigkeiten) erfolgreich führte. Seine Leistung war nicht nur eine diplomatische, sondern auch athletische und psychophysische. Die endlose Geduld angesichts unnachgiebiger Gegenspieler, das Ausharren trotz aller Stagnation und Rückschläge bis zum Erreichen des Unerreichbaren waren die Persönlichkeitsattribute, die Kissingers Dienst an der amerikanischen Staatsmaschinerie einmalig machen. Dazu ist noch sein Rückzug ins Privatleben zu rechnen, der als Verzicht auf Ausbeutung seines Ansehens für eine höhere politische Karriere gedeutet werden kann. Er verkörpert das in diesen Blättern postulierte Ideal des jüdischen Verhaltens im öffentlichen Leben in einem nichtjüdischen Land.

96 Keine Befriedigung des Repräsentierungs- und Beherrschungsehrgeizes eines Juden in einem nichtjüdischen Land! Dazu ist der israelische Staat da. Freilich kommt das bei dem hebräisch-religiösen System kaum in Frage. Kein Kissinger, kein auferstandener Disraeli oder Trotzky möchte in ein Land gehen, selbst als hochwillkommener „Heimkehrer", wo er hebrä-

isch sprechen und sein Auto am Sabbat in der Garage halten müßte. Aus Israel werden immerfort Lockrufe zur Ansiedlung an solche und andere Persönlichkeiten ausgesandt; die Rufer
vergessen nur, daß die „Heimat" auch den Heimkehrern angepaßt werden sollte. Der israelische Staat sollte nicht das Monopol der Religionshyänen sein. Er sollte vielmehr der Elite des
Judentums gehören. Die jüdische Religion sollte außerhalb der Gebetsmühlen durch das jüdische Streben nach weltlicher Vorzüglichkeit abgelöst werden.

In den jüdischen Schulen sollten anstelle der 613 biblischen Gebote 613 jüdische Leistungen nach dem Muster der aufgezählten Taten und Errungenschaften Gegenstand des Lehrgan-
ges sein als Dokument jüdischer Geistesmacht, als Spiegel des geschichtlichen Höhenflugs
und zur Stärkung des jüdischen Selbstbewußtseins. Die 613 Gebote mögen auch gelehrt werden, aber nicht zum Einimpfen, sondern um die Zöglinge mit der Denkweise der Vorväter
vertraut zu machen, wobei das Gute und Bewährte nicht verworfen zu werden braucht. Aber
die jüdische Religion als Aberglaube und Unsinn muß abgeschafft werden, um die Millionen
von Juden von der Entfremdung abzuhalten und ihnen das Judesein auf einer Grundlage zu
ermöglichen, auf der einem intelligenten Menschen das Judesein möglich ist.

Eigentlich hat ein solcher Zustand im Judentum schon einmal existiert. Die Bibel selbst
bezeugt es. Im 17. Kapitel (Vers 6) und im 21. (Vers 25) der Richter sagt sie: „Zu der Zeit (der
Richter) war kein König in Israel und ein jeglicher tat, was ihn recht deuchte." Da es nun in
Israel heute auch keinen König gibt, so kann auch jetzt jeder Bürger religionsmäßig (innerhalb der Staatsgesetze) nach seinem Gutdünken handeln. Man kann also die Religion absolut
ignorieren und laut Bibel trotzdem ein hundertprozentiger Jude bleiben. Die Orthodoxen und
Halborthodoxen wollen den anderen trotzdem vorschreiben, was in der Bibel als Richtschnur
zu befolgen ist. Sie respektieren ihre eigene Bibel nicht und überschütten ihre Widersacher
mit Haß.

Der Streit hat seine gute Seite. Es ist an der Zeit, eine jüdische Reformation herbeizuführen. Aber der Bruch sollte in Hinsicht auf die Religion viel radikaler sein. Ethnisch bleibt
natürlich jeder Jude ein Jude, denn das Judentum ist nicht bloß eine Religion, und in dieser
Hinsicht ist auch der Orthodoxe ein Bruder. Der Bruch soll also (wenn möglich) nicht in einen
Krieg ausarten, es soll nur eine Grenzlinie zwischen Versteinerung und Frühlingsblüte gezogen werden.

Es wäre auch zu erwägen, ob Juden, die fähig und willens sind, sich dem Religionsfossil zu
entziehen, sich weiterhin noch Juden nennen sollen. Diese Erwägung ist nicht der Ausfluß
irgendeiner Abneigung gegen den jüdischen Stempel. Es wäre sehr leicht, die Bezeichnung
„Jude" weiterhin zu tragen, wenn die Orthodoxen sich ihrerseits herbeiließen, diese Bezeichnung aufzugeben. Zur Unterscheidung ist es aber nötig, sich einen Titel zuzulegen, der vom
allerältesten Ursprung des „Judentums", als es noch nicht Judentum hieß, hergeleitet wird. Er
müßte noch über Abraham hinaus in die Vergangenheit zurückreichen.

Die einzige Möglichkeit, die nominelle Verbindung mit der jüdisch-rabbinischen Religion
zu lösen und doch organisch beim Volksstamm zu verbleiben, ist der Bezug auf Abrahams
Vater Terah. Er ist garantiert der Urvater aller heute lebenden Juden, doch hat er absolut nichts
mit der jüdischen Religion oder mit der Gottphantasie seines Sohnes zu tun. Deswegen sollten sich die reformistischen Erneuerer terahitische Juden nennen.

Abrahams Name kommt für die Formung eines Titels für die jüdische Reformgruppe auch
aus einem anderen Grunde nicht in Frage. Abraham war nämlich außerhalb der Religion schon

ein mieser Charakter. Er gab seine Frau Sarah als seine Schwester aus, weil er zu feige war, ihre Ehre gegen Eheschändung zu schützen.

Außerdem war er schnöde genug, seine Konkubine Hagar (samt ihrem Sohn, der ja auch sein Sohn war) aus dem Hause zu verjagen, weil seine Frau – trotz des damaligen Brauchs – keine Nebenbuhlerin dulden mochte.

In der folgenden Generation war Isaak seines Vaters würdig. Er arbeitete am Schwindel seines jüngeren Sohnes Jakob mit, indem er seinem älteren Sohn Esau das Erstgeburtsrecht entzog und es auf den jüngeren übertrug, der durch Anlegen eines Tierfells Ähnlichkeit mit seinem behaarten Bruder vortäuschte, obwohl Vater Isaak die falsche Identität bei der Konfrontation an der unterschiedlichen Stimme der Brüder erkannt hatte.

Diese drei Musterexemplare charakterlicher „Vorzüglichkeit" – Abraham, Isaak und Jakob – sind nun die höchstverehrten Urväter des Judentums. Das auserwählte Volk schämt sich nicht, diese drei Charakterathleten auf ein patriarchalisches Piedestal zu erheben.

Die oft verschämt gebrauchte Alternative des Namens „Juda", nämlich „Israel", führt doch vom Regen in die Traufe, da „Israel" (wie jeder Jude und manch ein Christ weiß) der zweite Name Jakobs ist, folglich wieder zum dritten Mitglied des Dreibundes zurückführt.

Der neue Name soll also außerhalb der jüdischen Genealogie, aber innerhalb des Volkstums gesucht werden. Die geeignete Quelle wird in Abrahams Vater Terah gefunden. Er kannte keinen jüdischen Gott, folglich betete er einen solchen nicht an.

Das heute existierende nominelle Judentum, jedenfalls seine wertvollsten Vertreter, hat die Religion gerade wegen der Traditionswächter über Bord geworfen, weil man sich mit den Absurditäten des orthodoxen Synagogenjudentums nicht mehr identifizieren wollte. Man war und ist sich der vergleichbaren Aspekte der christlichen Religion wohl bewußt, aber diese treten in der Öffentlichkeit nicht tagtäglich in Erscheinung. Einem Christen läuft seine Religion nicht nach. Der zivilisierte Jude ist aber immer wieder mit den abstoßenden Äußerlichkeiten der herumlaufenden ultraorthodoxen Rassengenossen belastet, mit denen er identifiziert wird. Für ihn ist es ein Vorteil der christlichen Religion, selbst bei Ablehnung ihrer inneren konfessionellen Eigentümlichkeiten, daß sie einem im öffentlichen Leben nicht ins Auge sticht. Der Christ kann mit seiner Religion anonym bleiben und ist für das Benehmen und die Taten anderer Christen nicht verantwortlich. Diese Möglichkeit des Untertauchens im Christentum im Gegensatz zum unschuldig erlittenen Zurschaugestelltsein zusammen mit einem unzertrennlichen, klettenartig anhaftenden jüdischen Häßlichkeitskult treibt eine bedeutende Gruppe von Juden zur Aufnahme der christlichen Religion, mit der sie im Prinzip auch nicht einverstanden sind und in welcher sie sich kaum zu Hause fühlen. Aber das Gesamtresultat scheint diesen Konvertiten das Odium der Fahnenflucht wert zu sein.

**97** Die religiös verursachte Hintertreibung der des Landes Israel hat auch in einem noch nicht behandelten Bereich verhängnisvolle Konsequenzen. Junge, ledige Leute mögen Bedenken haben, sich in einem Land niederzulassen, in welchem sie nicht nach ihrer freiheitlich-religiösen Auffassung heiraten können.

Die Eheschließung ist in Israel kein ziviler, sondern ein religiöser Akt, der nur von einem orthodoxen Rabbiner zelebriert werden kann. Das ist aber nicht nur absurd, sondern auch eine Verfälschung der jüdischen Religion, in welcher die Heirat keinen göttlichen Segen verlangt. Die jüdische Ehe wird nicht im Himmel geschlossen. Deswegen kann eine Hochzeit nicht an einem Samstag oder Feiertag (vor Abenddämmerung, dem Ausgang des Tages) stattfinden, weil nämlich die nicht sakrale, sondern zivilrechtliche Natur der jüdischen Ehe eine Verletzung des Feiertags wäre. Trotzdem wurde die Eheschließung in Israel der Autorität der orthodoxen Religionspraxis unterstellt. Das hat auch die Unmöglichkeit religiöser Mischehen zur Folge, weil der orthodoxe Rabbiner keinen Nichtjuden in eine jüdische Zeremonie einbezieht. Jüdische Männer, die nicht-orthodox-bekehrte Christinnen oder Mohammedanerinnen heiraten wollen (Reformbekehrung ist ungültig), müssen einen Abstecher in ein anderes Land machen, von wo sie dann auch schon für Israel rechtsgültig verheiratet zurückkehren können. Was aber noch als ein weiteres Problem übrigbleibt, sind die Kinder aus solchen Ehen. Wenn die Ehefrau in Mischehen nicht nach dem orthodoxen Ritus zum Judentum übergetreten oder gar nicht übergetreten ist, dann werden die Kinder trotz des jüdischen Vaters nicht als Juden anerkannt. Im Lande Israel, mit dieser orthodoxen Tyrannei, kann das zu fühlbaren Nachteilen führen.

Dieser Zustand besteht trotz der Tatsache, daß ethnische Mischungen zwischen jüdischen Vätern und nichtjüdischen (auch nicht regelrecht jüdisch konvertierten) Müttern im Laufe der Geschichte unzählige Male vorgekommen sind. Es ist nicht übertrieben zu sagen, daß vielleicht die Hälfte der heute lebenden Juden in einem gewissen Grade nichtjüdischen Ursprungs sind.

Moses selbst heiratete eine Nichtjüdin, eine Midianiterin (wie es bei einer früheren Gelegenheit bereits vermerkt wurde), und zwar ohne jedes Zeichen eines regelrechten Übertrittes, dem der Oberrabbiner von Tel-Aviv seinen Segen geben könnte. Diese „Religionsschlamperei" von Moses haben die talmudischen Schikaneure in charakteristischer Charakterlosigkeit trotzdem ohne Entzug ihrer großen Verehrung für ihn in ihren kanonischen Büchern unverändert stehenlassen. Aber Moses war eigentlich ein Spätling in Völker- und Religionsmischung, denn Jakobs Söhne hatten schon, offenbar mit göttlicher Genehmigung, über die Rassenschnur gehauen.

Beim Aufzählen der Generationen von Jakobs Söhnen im 6. Exodus-Kapitel wird im 15. Vers besonders vermerkt, daß unter den sechs Söhnen von Simeon (dem zweiten Sohn Jakobs) einer eine kanaanäische Mutter hatte. Die kanaanäischen Frauen müssen bei den Judenjungen großen Zuspruch gefunden haben, denn Juda, der vierte Sohn Jakobs, hatte auch eine Tochter dieses nichtjüdischen palästinensischen Urvolks geheiratet, was den ganzen Königsstamm gleich an der Wurzel wurmstichig machte.

Das ist eine denkwürdige Episode in der Familiengeschichte, an die die Weisen von Zion (auch ohne Protokolle) höchst ungern erinnert werden. Das bewußte Ereignis stellt nämlich die Daseinsberechtigung des ganzen Judentums in Frage, insofern die Regeln der Talmudklugscheißer gelten sollen. Man wird erkennen daß die ganze talmudische und rabbinische Weisheit zum Fenster hinausgeworfen werden muß, um dem Judentum seine Lebensberechtigung wiederzugeben.

Die Talmudwürmer hätten dabeisein sollen, als Juda die Kanaaniterin, Moses die Midianiterin, Joseph die Heliopolitanerin, Samson die Philisterin, Boas die Moabiterin, David die Hethiterin und Salomon die Ägypterin heiratete. Dazu die Massenvölkermischung, wie sie im 5. und 6. Vers des 3. Kapitels der Richter beschrieben ist.

Da nun die Kinder Israel also wohnten unter den Kanaanitern, Hethitern, Amoritern, Pheresitern, Hevitern und Jebusitern, nahmen sie jener Töchter zu Weibern und gaben ihre Töchter jener Söhnen.

Das waren alles mittelländische Völker weißer Rasse. Die Mischung kann also nicht als ein Unglück betrachtet werden, sondern schon eher als eine belebende Blutzufuhr. Ein kleines Volk ist immer in der Gefahr der Inzucht, und deswegen sollte es eine Erweiterung der Rassenbasis innerhalb vernünftiger Grenzen begrüßen. Wo diese Grenzen sind, werden wir bald kennenlernen. Das Judentum sollte weißrassige Judenkandidaten nicht durch ein Religionssieb durchfiltern, sondern nach ihrem emotionalen Zugehörigkeitswunsch werten.

Religionsgesetze, die einer Gemeinschaft diktatorisch (ohne praktische und vernünftige Berücksichtigung der Lebensumstände und -notwendigkeiten) aufgezwungen werden, sind Wahngebilde. Die bigotte Orthodoxie will eine Gemeinschaft durch Gesetze zusammenhalten und hermetisch abschließen, die beim Herausbilden dieser Gemeinschaft rechts und links ignoriert und verletzt wurden. Wollen sie vielleicht die Ehe von Joseph mit der Tochter des Priesters der nordägyptischen Stadt On nach 3600 Jahren auflösen und seine zwei Söhne Ephraim und Manasse für Nichtjuden erklären, weil Josephs Frau Asenath nicht nur durch keinen „orthodoxen Rabbiner" getraut wurde, sondern allem Anschein nach überhaupt nicht zum Judentum übergetreten war? Dieselbe Frage kann man auch in Hinsicht auf David selbst stellen, dessen Urgroßmuter Ruth, eine Moabiterin, durch keinen orthodoxen Rabbiner oder einen damals dieselbe Funktion verrichtenden Priester, sondern nur durch ihre vormalige Schwiegermutter Naomi ins Judentum eingeführt wurde. Aber es ist bekannt, daß Frauen als religiöse Funktionäre von den Orthodoxen nicht anerkannt werden. Da es nun ebenfalls eine orthodoxe Regel ist, daß in Mischehen die Kinder der Religion der Mutter folgen, so war David diesem Gesetz nach gar kein Jude. Desgleichen Salomon (selbst wenn wir seinem Vater David noch großzügig die jüdische Religion zuerkennen), weil seine Mutter Bathseba, die Hethiterin, ebenfalls keine orthodox konfirmierte Jüdin oder genauer überhaupt keine Jüdin war. Wenn man die vielen ohne orthodoxes Ritual zustande gekommenen Massenmischungen in Betracht zieht, dann ist die Annahme nicht von der Hand zu weisen, daß die heute lebenden Juden rassenmäßig auch nur teilweise, aber religionsmäßig gar keine Juden sind einschließlich der laut schreienden orthodoxen Rabbiner.

**98** Da der Ausdruck „Rasse" mehrere Male gebraucht wurde, so ist es angebracht, die Art und Weise der Anwendung dieses Ausdrucks klarzulegen. Seitdem er nicht nur ein wissenschaftlicher, sondern auch ein politischer Ausdruck geworden ist, ist er als Gärstoff sehr zur Beachtung empfohlen. Das Betrübliche für einen Menschen guten Willens ist, daß es nicht möglich ist, in der Rassenfrage einen mittleren Standpunkt einzunehmen. Die politische Unduldsamkeit auf beiden Seiten macht aus einem Gemäßigten einen Extremisten auf einem der entgegengesetzten Pole, je nachdem, von welchem Pol aus er angesehen wird. Einmal ist er ein rabiater Hasser fremder Rassen, ein andermal deren Stiefellecker. Dieser Doppelstatus kann jedem Gemäßigten angehängt werden, unabhängig von seiner eigenen Rassenzugehörigkeit. Es soll nun versucht werden, das Gleichgewicht herzustellen, insbesondere wie es sich für einen Bürger des Staates Israel beziehungsweise einen Israelfreund ergibt. – Manche Superhumanisten, deren Nächsten- oder Übernächstenliebe um so größer ist, je weiter der „Nächste" von ihnen rassenmäßig entfernt ist, leugnen überhaupt die Existenz von Rassen. Für sie ist ein Mensch nichts anderes als Mensch. Sie liefern aber unwillkürlich den Beweis von der Existenz der Rassen, indem sie die Opfer der rassenmäßigen Benachteiligung in Schutz nehmen. Wenn es aber keine Rassen gibt, dann braucht man doch einen aus Rassegründen Benachteiligten nicht in Schutz zu nehmen. Dieselben Fremdrassenschützler nehmen einen Benachteiligten ihrer eigenen Rasse nicht in Schutz. Es ist also nicht die Benachteiligung, sondern die Rasse, die den Schutz wachruft.

Am Ende steht man wieder am Anfang. Der Rassenleugner ist ein Rassenbejaher, der seine eigene Rasse leugnet und die fremde bejaht. Dieses Phänomen ist von großer Bedeutung in Hinsicht auf seine Wirkung in der israelischen Politik und Gesellschaft. Es kann angenommen werden, daß vielleicht die Hälfte der israelischen Bevölkerung in diese Kategorie gehört. Aber auch wenn ihre Zahl geringer sein sollte, haben viele, besonders in den politisch einflußreichen Kreisen, keinen Sinn für die Wichtigkeit des „weißen" Rassenbewußtseins für die Wahrung der Staatsinteressen. Nur innerhalb der Familie sind sie rassenempfindlich. In Hinsicht auf die „schwarze Gefahr" für die Nation stellen sie sich blind und taub, weil sie nicht in Hitlers Fußstapfen treten wollen. Es ist aber absolut notwendig festzustellen und sogar zu fordern, daß ein Rassenproblem für Israel existiert, ohne deswegen in die satanischen Nazimethoden zu verfallen. Zwei Dinge sind für eine vernünftige Zivilisation grundlegend, daß man nämlich die fremde Rasse liebt und die eigene mehr liebt. Das biblische Gebot sagt auch nur, daß man seinen Nächsten liebt wie sich selbst, nicht mehr als sich selbst. Narren mögen nach dem letzteren Prinzip handeln, aber ein Staat sollte nicht von Narren regiert werden.

In Israel hat sich schon eine ziemlich zahlreiche Gruppe von Negern angesammelt, die Bürgerrecht aufgrund ihrer jüdischen Religion beansprucht. Da erkennt man, welch destruktive Folgen eine theokratisch orientierte Staatsführung haben kann. Die anfängliche Ablehnung der Forderung auf Bürgerrecht dieser Neger wurde nur mit der Fragwürdigkeit des von ihnen praktizierten Judentums begründet. Daß sie Neger waren, fiel gar nicht ins Gewicht. Wenn also ein Neger beweisen kann, daß er ein orthodoxer Jude ist, dann soll er auf israelisches Staatsbürgerrecht Anspruch haben. Mit diesem Prinzip kann Israel in einer Generation vernichtet werden. Die Neger aller Himmelsstriche brauchen nur ihre Söhne von einem orthodoxen Gemeindefachmann beschneiden zu lassen, in der jüdischen Religion zu instruieren und aufzuerziehen, und schon können sie Israel durch eine millionenfache Einwanderung in einem Dutzend Jahren in einen Negerstaat verwandeln.

Anfang der siebziger Jahre kamen 30 amerikanische Neger nach Israel. Sie waren keine Flüchtlinge, sie hatten ein Land, dessen Bürger sie waren. Daß sie dem Los der Neger in Amerika (das übrigens die Klagen in jener Zeit bei weitem nicht in ihrer Lautstärke rechtfertigte) entkommen wollten, war nicht die Sorge des israelischen Staates. Die ursprünglichen 30 Neger sind bald auf 3000 angewachsen, und die israelischen Behörden berieten sich ohne Ende, ob diese Juden wären. Daß sie Neger waren, war kein Faktor bei der Entscheidung. (Es gibt ja keine Rassen!)

Die Ansiedlungsfrage der amerikanischen Neger war noch in der Schwebe, als eine schwarze Bombe an anderer Stelle mit noch schlimmeren Folgen explodierte. Sozusagen von einem Tag auf den anderen hat man etwa 20 000 Äthiopier auf dem Luftwege überfallartig auf israelischem Boden abgeladen, und zwar auch unter Irreführung der äthiopischen Regierung. Diese Äthiopier, wie alle Bewohner ihres Stammlandes, sind natürlich schwarzer Rasse, aber sie behaupten, Juden zu sein, und die israelische Regierung hat diese ethnische Klassifizierung anerkannt. Sie hat beim Öffnen der Tore Israels vor dieser schwarzen Flut offenbar kein ganz reines Gewissen gehabt, denn die Landesbürger wie auch die Judenheit der Diaspora wurden über diesen Menschenschmuggel bis zum letzten Tag im dunkeln gehalten. Die Regierung hatte gewissenlos und unverantwortlich unterlassen, die Einstellung der Bürger und auch der Diaspora-Juden zu dieser massenhaften Einverleibung von Negern auszukundschaften, besonders in Hinsicht auf die Kompromittierung der jüdisch-ethnischen Identität.

Die Regierung mußte wissen, daß das Judentum in seiner Mehrheit nicht bereit ist, Neger als ethnische Juden zu betrachten, und zwar unabhängig von deren Religionszugehörigkeit. Die Regierung ließ sich jedoch durch zwei Fehlurteile zum falschen Schritt verleiten. Sie ist unverbesserlich im Glauben, daß die jüdische Religion unbesehen zur Zugehörigkeit zum jüdischen Volk berechtigt. Die Selektivität des ethnischen Familiengefühls spielt für sie keine Rolle.

Der zweite Irrtum war die Folge der hoffnungslosen Schlamperei, um nicht zu sagen Anarchie, in der Anwendung eines religiösen Wertmaßstabs der rabbinischen Wachhunde selber. Gegen weiße fremdstämmige Ehepartner, die mit Juden verheiratet einwandern, aber nicht orthodox, sondern nur reformistisch konvertiert sind, speien sie Schwefel und Feuer. Aber sie geben nach, wenn sie zusätzlich zur Verletzung ihrer eigenen Dogmen auch dumm sein können. Die Dummheit geht bei ihnen sogar über die Religion, was fast ein Inzest der Logik ist. Aber die Rabbiner bringen ihn fertig. Der unbefriedigende religiöse Status weißrassiger Konvertiten wird bei Negern plötzlich annehmbar. Der Irrsinn kann nicht höher (oder tiefer) getrieben werden. Von den äthiopischen Juden wußte man von jeher, daß ihr Judaismus nicht von der rabbinisch akzeptablen orthodoxen Sorte war. Trotzdem haben die Rabbiner die Übersiedlung befürwortet, wahrscheinlich deswegen, weil sie (die Rabbiner) mit dem Vermischen von Weißen und Schwarzen wenn schon nicht die religiöse Rechtgläubigkeit im Lande wahren, so wenigstens eine kriminelle Rassendummheit begehen konnten. Als dann die Äthiopier der israelischen Bevölkerung bereits unwiderruflich auf den Hals geladen worden waren, da erst verlangten die Rabbiner, daß diese Schwarzen sich zum richtigen Judentum bekehrten, was sie aber empört zurückwiesen. Damit wurde jedenfalls offenbar, daß ihre Ansiedlung gerade vom religiösen Standpunkt (dem ursprünglichen Beweggrund) von vornherein gesetzwidrig war. Es stellte sich heraus, daß die Äthiopier weder religiös noch ethnisch als Juden zu betrachten waren.

Die sogenannten äthiopischen Juden, die in ihrem Stammland „Falascha" genannt werden, machten an diesem Punkt als letzten Versuch ihrer jüdischen Verschmelzung eine Abstammung von der Liebesaffäre Salomons mit der Königin von Saba geltend. Ihr Rechtsanspruch sollte aber selbst bei Akzeptierung dieser kindischen Mythologie gerade vom orthodoxen Standpunkt abgelehnt werden, da in diesem Fall die Mutter, die laut rabbinischem Gesetz für die Religion der Nachkommenschaft den Ausschlag gibt, eine Nichtjüdin war. Aber davon unabhängig können die Äthiopier keine Nachkommen der Königin von Saba sein, weil sie eine weiße Araberin war, während die Äthiopier dunkelste Neger sind.

Israel wurde nicht für die jüdische Religion, sondern für den jüdischen Menschen geschaffen. Die Mehrzahl der Juden erkennt die Neger nicht als jüdische Menschen an. Wohl als

Menschen, aber nicht als jüdische. Jedes Volk hat das Recht, ein Ideal seiner geistigen und physischen Ausdrucksform nach seiner eigenen Auffassung herauszubilden. Dementsprechend hat ein Volk auch das Recht, Unterschiede zwischen Aspiranten für Einverleibung in die Gemeinschaft zu machen. Jedes Land hat Einwanderungsgesetze, die beim Herandrängen fremder Bewerber auch von diesem Gesichtspunkt aus als Filter zu funktionieren bestimmt sind. Wenn diese Gesetze nicht im Interesse des Landes angewendet werden oder an sich verfehlt sind, dann kann eine nationale Krise entstehen, wie man sie in England nach dem Zweiten Weltkrieg erlebt hat. Will sich Israel ein dem englischen ähnliches Riesenkopfweh mit den Schwarzen zuziehen? Genügen die Araber zum Sorgenmachen nicht? Die Ansiedlung von Negern in Israel ist purer Wahnsinn.

Vor dem Krieg war England eines der unzugänglichsten Länder für Einwanderung gleich welcher Rassenherkunft. Es war ein nie zuvor geahnter Szenenwechsel, als es mit der Auflösung seines Kolonialreichs plötzlich von Millionen dunkelhäutiger Kreaturen überschwemmt wurde, deren Aufnahme es als Ehrensache betrachtete. Ehre sollte aber (von ganz besonderen Ausnahmefällen abgesehen) nicht mit Selbstmord gleichbedeutend sein. Für Israels Rassenblindheit kann aber noch nicht einmal eine Ehrensache geltend gemacht werden. Israel hat keine Kolonialvölker ausgebeutet, denen es etwas schulden könnte. Die Religion, selbst wenn sie echt ist, bringt keine Verpflichtung mit sich. Ein nichtspanischer Katholik kann nicht einfach spanische Staatsbürgerschaft aufgrund seiner katholischen Religion fordern. Auch ein Mohammedaner kann nicht bloß aufgrund seiner Religion ein Saudiaraber werden. Weit davon entfernt, in Saudi-Arabien sofort Bürger zu werden, wird er nicht einmal als Tourist ins Land ohne weiteres reingelassen. Pilgerfahrten werden unter striktester Kontrolle nur zu diesem Zweck zugelassen.

Man wird vielleicht zur Entkräftung dieser Argumentation eines Juden auf die verheerende Rassenpolitik Nazideutschlands hinweisen. Angenommen, daß man die Juden als Rassen- und Kulturfaktor innerhalb des Deutschtums mit den Negern gleichstellt (was an sich zumindest grotesk wäre), aber angenommen, daß die Juden Deutschlands „Neger" waren, so sollen für jene, die den Unterschied nicht von selber zu sehen vermögen, einige Einzelheiten aufgezeigt werden. Man möchte dem deutschen, das heißt dem nazistischen Standpunkt bis zum äußersten entgegenkommen und postulieren, daß das deutsche Volk das Recht hatte, das Zusammenleben mit den Juden zu verweigern. Das wäre eine Parallele zur Ablehnung der Neger in Israel. Das Entgegenkommen an den Nazistandpunkt soll sogar die Zugehörigkeit der Juden zur weißen Rasse und ihre mehr als 1000jährige Ansässigkeit in Deutschland abschreiben. Stellen wir die Juden mit den Negern in dieser Hinsicht gleich. Untersuchen wir dann, inwiefern die Juden in Hinsicht auf ihre „Juden", die Neger, mit den Nazis gleichgestellt werden können.

Israel hat den meisten afrikanischen Negerrepubliken industrielle und landwirtschaftliche Sachverständige für Jahre zur Verfügung gestellt, die diesen Staaten bei der Festigung ihrer politischen und wirtschaftlichen Selbständigkeit unschätzbare Dienste geleistet haben. In wenigen asiatischen Ländern ist eine ähnliche Mission durchgeführt worden. Gegen diesen Hintergrund besehen war es ein trauriger Ausdruck der Dankbarkeit, als die Nutznießerregierungen aus Gründen der Ölpolitik die diplomatischen Beziehungen mit Israel den Arabern zuliebe abbrachen. Aber trotz dieser Enttäuschung sei die Wiederaufnahme des Beistandes in günstigeren Zeiten dringend empfohlen. Die Juden sollen den Negern helfen in ihren eigenen Betrieben Selbsterhaltung zu lernen. Das ist für sie viel nützlicher und nobler, als in Israel ein isoliertes Leben zu führen.

Hinsichtlich der Parallele mit Deutschland ist es kaum nötig zu fragen, ob die Nazis den Juden bei Errichtung einer nationalen Heimat in ähnlicher Weise zu helfen bereit gewesen wären. Die Hilfe waren Gaskammern. Haben die Juden in Israel oder anderswo je für die Neger Gaskammern gebaut oder geplant? Aber sie haben für sie Schulräume gebaut, in denen die Negerstudenten für allerlei Spezialgebiete ausgebildet wurden. Haben die deutschen Universitäten jüdische Studenten zum Studium eingeladen, um ihnen das Fortkommen nach der Auswanderung zu erleichtern? War das Ausscheiden der Juden aus dem deutschen National-leben anders möglich als durch Transporte in vollgestopften Viehwagen ohne Nahrung, Wasser und auch ohne Toilettenanlagen? Hat man je davon gehört, daß die Juden (die es als untunlich betrachten, Neger in Israel anzusiedeln) die Neger, die schon dort sind, nach dem nazistischen Muster menschlicher Viehtransporte aus dem Land schaffen wollen? Wenn es eine Verirrung ist, Neger in Israel anzusiedeln, so bedeutet das nicht, daß der einzelne Neger nicht men-schenwürdig behandelt werden soll.

Nirgends gibt es ein Anzeichen dafür, daß die Juden die Neger je so behandeln könnten – selbst wenn sie die Macht dazu hätten –, wie die Nazis die Juden behandelt haben. Die deut-sche Judenbehandlung und die jüdische Negerbehandlung können unter keinen Umständen als verwandte Erscheinungen betrachtet werden. Eine entfernte Ähnlichkeit besteht höch-stens darin, daß die Juden keine Neger in Israel haben wollen, wie die Deutschen keine Juden in Deutschland haben wollten. Es besteht aber zwischen diesen zwei Haltungen der gewaltige Unterschied, daß die Deutschen die Juden auch außerhalb Deutschlands nirgends haben woll-ten (es war ja ein bereits teilweise verwirklichtes nazistisches Programm, alle erreichbaren Juden in der Welt auszurotten), während die Juden den Negern außerhalb Israels in jeder möglichen Weise helfen wollen. Die Regelung ihres Verhältnisses kann und soll dem Gefühl einer Frau ähneln, die einen Mann zwar gern hat, ihn aber nicht zu heiraten wünscht. Ein Verhältnis dieser Art kann auch zwischen Nationen bestehen. Von Israels Seite alles Men-schenmögliche für die Neger, aber keine Heirat – nicht in Israel!

Die Analogie des Schwarz-Weiß-Verhältnisses mit der Mißheirat wird sich bei näherer Prüfung trotz scheinbarer Willkürlichkeit als richtig erweisen. Die Bürger eines Landes soll-ten miteinander in größtmöglicher Harmonie leben. Das bedeutet, bei all den menschlichen Reibungen, wenigstens nicht solche Gegensätze zu beherbergen, die mit keinen Mitteln aus-zuglätten sind. Es sollte jedenfalls kein unabänderlich eingebautes Bürgertum zweiter oder dritter Klasse geben. Wenn es eine Volksgruppe gibt, die sich aus einem solchen Status infol-ge naturgegebener Umstände nie herausarbeiten kann und doch inmitten einer Mehrheits-bevölkerung leben muß, dann ist ein solcher Staat mit einer chronischen Krankheit behaftet.

Dieser Zustand ist besonders tragisch, wenn die verwaiste Volksgruppe nicht zahlreich ist und deswegen in einem eingeengten Lebensraum vegetieren muß. Die Neger in Amerika, die schon mehrere Jahrhunderte unter teilweise verbesserten Bedingungen leben, haben ein er-trägliches Schicksal nur durch ihre bedeutende zahlenmäßige Stärke und die Riesenausdehnung des Landes, die ihnen gestattete, eine eigene Gesellschaft innerhalb einer anderen Gesell-schaft zu bilden. Obwohl sie in allen Bereichen des öffentlichen Lebens verkehren, bilden sie biologisch einen weitgehend geschlossenen Kreis. Mischungen kommen freilich vor, aber die Mischlinge werden fast ausnahmslos auf die schwarze Seite der Trennungslinie abgedrängt.

Alles in allem ist das Zusammenleben der Neger mit Weißen in verschiedenen Ländern kein ermutigendes Beispiel für einen Kleinstaat, in welchem nicht einmal die mäßigen Milderungen des Riesenlandes Amerika existieren können. Die paar tausend Neger im engen Raum müssen einem Degenerationsprozeß anheimfallen, was vom Standpunkt der staatenbildenden Bevölkerung hauptsächlich wegen der konstanten und wachsenden Armenpflege eine Anomalie ist. Die Alternative wäre (wenn man einen schlechten Witz zu ertragen bereit ist), mehr Neger zu importieren oder sich mit ihnen zu vermischen, was der Heilung einer Erkältung mit Lungenentzündung gleichkäme.

Die nackte Tatsache ist, daß die israelische Regierung einen Troß von Parias auf ihre Bevölkerung abgeladen hat. Sie hat aus der Güte ihres Herzens gehandelt. Aber aus Güte kann man auch dumm sein oder ein Unglück verursachen. Es besteht der Verdacht, daß die israelische Regierung aus einer nachwirkenden Hitlerpsychose gehandelt hat. Es ist unter Juden überhaupt Mode geworden, überfließend negerfreundlich zu sein, um dem Nazismus nicht im entferntesten ähnlich zu scheinen. Es ist eine typisch jüdisch-intellektuelle Dummheit, sich vom Nazismus dadurch zu distanzieren, indem man mit einer schleimigen Negerbehandlung demonstrieren will, wie verbrecherisch Hitlers Judenbehandlung war und wie fein die Juden sind, als ob eine sanfte Absonderung der Neger und der Gaskammermord dasselbe wären.

Die israelische Regierung hätte den äthiopischen Negern durch Zuführen von Lebensmitteln, Medizin und Bekleidungsgegenständen an Ort und Stelle helfen können. Für diese Wohltätigkeit war es nicht nötig, sie nach Israel zu bringen. Es wäre jedenfalls leichter gewesen, Güter nach Äthiopien zu schmuggeln als Menschen nach Israel.

**99** Es gibt in Israel drei Steine des Anstoßes, die für viele Juden schwerer wiegen als all die möglichen physischen Härten. Der erste „Stein", das soeben erörterte Negerproblem, mag manch weniger sensitiven Juden nicht sonderlich problematisch erscheinen. Was soll es einen kümmern, ob Neger im Lande sind, wenn man mit ihnen nichts zu tun zu haben braucht? Diese Bagatellisierung des Problems ist aber möglich nur bei seinem ersten Auftauchen. Die Negerrasse ist sehr fruchtbar, und das Problem wächst mit ihrer Verwucherung. Dazu kommt die ebenfalls ungewöhnliche Fruchtbarkeit der Araber. Ein solches Problem ist allein schon zuviel; verdoppelt ist es unerträglich. Bei näherer Überlegung stellt es sich heraus, daß Israel nach einiger Zeit aufhören wird, auch ohne physische Zerstörung, Israel zu sein. Der Diaspora-Jude wird vom Verdacht gequält, daß man von ihm die Ansiedelung in einem Land verlangt, das in absehbarer Zeit nicht mehr sein Land sein wird, sondern eines, wo er oder seine Kinder genauso in der Fremde sein werden, wie er vor der Umsiedlung war. Aus diesem Grunde ist die Werbung um den Diaspora-Juden von Hoffnungslosigkeit überschattet, solange die israelischen Behörden sich nicht zu einem radikalen Schritt in der Negerfrage entscheiden können.

Der zweite der drei postulierten Steine des Anstoßes ist die nie aufhörende, auch schon ausgiebig erörterte Frage der Religion. Und der dritte ist einer, den wahrscheinlich die meisten Israelis geradezu als den Grundstein ihrer geistigen Existenz betrachten und deswegen einer Kritik am wenigsten unterzogen sehen möchten. Aber eine Auseinandersetzung darüber ist notwendig, weil sie dem Einwanderungspropagandisten näherbringt, weshalb seine Propaganda die erhoffte Wirkung nicht erreichen kann. Es handelt sich um die hebräische Sprache. Es scheint nun am natürlichsten, daß die Hebräer hebräisch sprechen sollen. Der Schein trügt aber, und es ist schade, daß der Trug Wirklichkeit geworden ist.

Worin das Argument zugunsten der hebräischen Sprache am stärksten zu sein scheint, da ist es am schwächsten. Es wird geltend gemacht, daß Hebräisch allen Juden gemeinsam ist und nur ihnen; es erfüllt also das Ideal von einer Nation und einer Sprache. Man könnte aber kaum eine größere Autorität des Zionismus als Theodor Herzl zur Zeugenschaft anrufen, um diese Ansicht zu widerlegen. Es mag sein, daß alle Juden ein wenig – viele sehr wenig – hebräisch lesen können, es gibt aber unter diesen kaum ein Prozent, das das kümmerlich Gelesene auch versteht. Es ist nicht unrealistisch anzunehmen, daß es unter gebildeten Juden ebenso viele gibt, die ein unverstandenes Griechisch lesen können, wie solche, deren Hebräisch höchstens auf derselben Stufe ist. Die verbindende Funktion des Hebräischen existiert nur beim Beten. Aber für die unreligiösen Juden, die überwiegen, ist das sowieso gegenstandslos. Der westeuropäische und amerikanische Jude empfindet und wünscht auch gar keine Gemeinschaft mit den Ostjuden aufgrund der hebräischen Sprache. Es soll kein Mißverständnis entstehen! Es handelt sich nicht um eine völkische Verleugnung. Es ist nur die hebräische Sprache, die in der Solidariät die geringste oder gar keine Rolle spielt. Diese Feststellung hat jetzt mehr eine historisch-akademische Bedeutung, denn seit der Gründung Israels mit Hebräisch als offizieller Sprache hat sich die Situation wesentlich verändert. Die Feststellung der historischen Tatsache ist aber wichtig, weil sie entstellt und dann zu einer falschen Begründung mißbraucht wird.

Theodor Herzl, der wohl als der Vater des israelischen Staates gelten kann, hatte eine schlechte Meinung vom Hebräischen als der Sprache des Landes. In seinem „Judenstaat" hat er Hebräisch klipp und klar verworfen. Er hat hinsichtlich der Landessprache keine eindeutige Stellung genommen, weil er die Erhebung einer der vielen von Juden gesprochenen Sprachen zum offiziellen Status dem spontanen Mehrheitswillen überlassen wollte. Er erwog, daß auch ohne Volksabstimmung die am meisten gesprochene Sprache, die auch einen höheren kulturellen Stand hätte, durch gemeinsamen Konsens akzeptiert würde. Insgeheim mag er gehofft haben, daß diese Sprache sein Deutsch wäre, weil von den jiddisch sprechenden Ostjuden nur ein kurzer Schritt zum Einbiegen ins Hochdeutsche erforderlich war.

Diese Erwartung war damals nicht so absurd, wie sie heute nach Hitler erscheint. Kaiser Wilhelm II. zeigte Verständnis für die zionistische Idee und gewährte Herzl mehrmals Audienzen zwecks Förderung des Plans. Bei der Gründung des Staates 50 Jahre später gab es tatsächlich eine Gruppe, die das sehr deutschähnliche Jiddisch zur offiziellen Sprache machen wollte. Die Einigung auf Hebräisch war also keine ab ovo beschlossene, oppositionslose Sache. Aus diesem Grund kann man nachträglich bedauern, daß Englisch nicht mit im Rennen war. Hebräisch drängte sich natürlich auf, weil es logisch schien, daß zusammen mit der Auferweckung der jahrtausendelang schlummernden Nation auch die alte Sprache wiedererweckt werden sollte. Aber außer diesem sentimentalen Beweggrund kann man keinen Vernunftgrund für die Wiederbelebung des Hebräischen ins Treffen führen.

Hebräisch hätte in Israel selbstverständlich auf alle Fälle einen Ehrenplatz als tote Sprache haben können, ähnlich wie Latein und Griechisch in den humanistischen Gymnasien Europas gepflegt werden. Jeder Jude hätte Hebräisch als museale Reliquie zum Zwecke jüdischer

Selbstbesinnung und für die Ausübung residualer Ritualgebräuche gelernt. Aber die Alltagssprache hätte Englisch sein sollen. Das mag in vielen Ohren wie Hochverrat klingen. Aber diese Reaktion zeigt nur, daß eine einmalige Chance verpaßt wurde, weil die Traditionsbigotterie keinen Sinn für praktische, weitblickende Lösungen hat. Warum aber nicht Hebräisch, sondern Englisch? Was haben die Juden mit Englisch zu tun? Aber was haben sie auch mit Jiddisch zu tun? Es kann nicht genügend betont werden, daß Jiddisch deutsch ist. Juden, denen der Gedanke an Deutsch als die Sprache Israels ein Alpdruck ist, waren bereit, Deutsch zu Israels Sprache zu machen, wenn sie es nicht Deutsch, sondern Jiddisch nannten.

Freilich ist dieses Deutsch nicht mit der Sprache Schillers identisch. Aber die Sprache Gerhart Hauptmanns ist in seinen Dialektspielen auch nicht mit Schillers Sprache identisch. Selbstverständlich ist Hauptmann auch so noch mehr deutsch als das Jiddische. Die Deutschen haben das Recht, Dialekte ihrer Sprache zu formen, während die Juden dieses Recht nicht haben, weil sie keine Deutschen sind, und ihr korruptes „Deutsch" ist eine Verletzung des geistigen Hoheitsgebiets des Deutschtums.

Es wird nicht überraschen, daß Richard Wagner zu diesem Problem, wie zu jedem deutschjüdischen, erregt Stellung genommen hat. Es ist auch nicht überraschend, daß seine Stellungnahme judengegnerisch war. Das soll aber kein Grund sein, Wagner sofort einer vulgären Unduldsamkeit zu bezichtigen. Wir wollen zuerst vernehmen, was er zum Thema geäußert hat und dann daraus leidenschaftslos die Konsequenzen ziehen.

Unter seinen polemischen Schriften hat Wagner eine kurze Abhandlung über die deutsche Sprache und die ihr von den Juden zugefügte Bekleckerung geschrieben. Der Titel dieser Schrift („Modern") ist ein wenig irreführend, weil er weniger eine Spracherneuerung an sich als die jüdische Rolle darin anzudeuten beabsichtigt. Es ist erbaulich zu lesen, was Wagner gegen Ende der zweiten Seite des sechsseitigen Elaborats schreibt.

> Es ist mir noch nicht begegnet, Juden unter sich ihrer Urmuttersprache sich bedienen zu hören; dagegen fiel es mir stets auf, daß in allen Ländern Europas die Juden deutsch verstanden, leider aber zumeist nur in dem ihnen zu eigen gewordenen Jargon es redeten. Ich glaube, daß diese unreife und unbefugte Kenntnis der deutschen Sprache, welche eine unerforschliche Weltbestimmung ihnen zugeführt haben muß, den Juden bei ihrem gesetzlich befugten Eintritt in die deutsche Welt das richtige Verständnis und die wirkliche Aneignung derselben besonders erschwert haben mag. Die französischen Protestanten, welche sich nach ihrer Vertreibung aus der Heimat in Deutschland ansiedelten, sind in ihren Nachkommen vollkommen deutsch geworden; ja Chamisso, der als Knabe nur französisch sprechend nach Deutschland kam, erwuchs zu einem Meister in deutschem Sprechen und Denken. Es ist auffällig, wie schwer dies den Juden zu werden scheint. Man sollte glauben, sie seien bei der Aneignung des ihnen Urfremden zu hastig zu Werke gegangen, wozu sie eben jene unreife Kenntnis unserer Sprache, vermöge ihres Jargons, verleitet haben mag.

Das judenfreundliche Lager wird natürlich über diese wenig schmeichelhafte Wagnersche Zensur erwartungsgemäß sehr ungehalten sein. Tatsächlich macht sich Wagner der Verfehlung schuldig, nur mögliche Umstände festzustellen, ohne deren Ursachen zu analysieren noch in der angewendeten Analogie sachlich zu sein. Der jüdische Jargon mag, besonders zu Wagners Zeiten, bei gewissen Juden (sicherlich nicht bei allen) eine Tatsache gewesen sein. Bei dem noch nicht lange zurückliegenden Eingesperrtsein im Getto konnten sie doch nicht mit besseren deutschen Kreisen verkehren, denen sie das „Wagnersche Deutsch" hätten ablauschen können. Aber auch nach „Eintritt in die deutsche Welt" waren sie in dieser „Welt" ungeladene Gäste, die sich sprachlich nicht so leicht angleichen konnten wie Wagners Liebkind Chamisso. Unter diesen Umständen muß es als ein Wunder gelten, daß der Jude Heine die nahezu höchste Rangstufe deutscher Dichtkunst erreichen konnte. Er war eine halbe Generation älter als Wagner, mußte ihm also wohl bekannt sein. Seine Gedichte sind von größten deutschen Komponisten, wie zum Beispiel Schubert und Schumann, vertont worden. Chamisso war ein begabter und beachtenswerter Dichter, aber im Vergleich zu Heine war er ein Waisenknabe. Seine Erwähnung durch Wagner als Vorbild kultureller Eindeutschung bei gleichzeitigem Totschweigen des viel bedeutenderen und mindestens ebenso deutsch fühlenden Heine stempelt Wagners Judenschmähung zu einer kleinlichen, unsachlichen, übelwollenden Mekkerei, deren er sich hätte schämen sollen.

Die Richtigstellung der Wagnerschen Tatsachenverdrehung sollte indessen für die Juden kein Trost sein. Im zwischenvölkischen Verhältnis haben die Tatsachen keine Wirkung. Deswegen muß Wagners Hetzschrift wegen ihres praktischen Gewichts zum mindesten in einem Punkt ernst genommen werden. Er spricht von der unreifen und unbefugten Kenntnis der deutschen Sprache im jüdischen Gebrauch. Wagners Grundeinstellung ist nicht, daß die Juden kein richtiges Deutsch lernen können (das könnte Heine und auch Mendelssohn nicht vorgeworfen werden), sondern daß sie überhaupt nicht befugt seien, deutsch zu sprechen. Darin kommt aber Wagners nackte Unehrlichkeit zum Vorschein, denn er macht aus Chamisso ein Ausstellungsobjekt aufgrund von dessen musterhafter Assimilierbarkeit, während er gar nicht bereit ist, den Juden unter ähnlich günstigen Umständen eine Chance zu geben, ganz unabhängig von deren Assimilationsvermögen. Er will die Juden auch dann nicht haben, wenn sie genauso deutsch sprechen und denken wie Chamisso. Wozu dann überhaupt eine Gegenüberstellung unter ganz verschiedenen und sogar absichtlich verfälschten Voraussetzungen? Hat Wagner das Deutschsprechen der Nichtjuden in fremden Ländern gehört? War es lieblicher als das der Juden? Hätte nicht sogar das jüdische Mauscheln in allen Ländern Europas, ohrenbeleidigend wie es war, als ein zwar ungebetener, doch nützlicher Kulturträger deutscher Geistesstärke begrüßt werden sollen? Und warum denn nicht, wenn selbst das Sächseln von Wagners eigenen Landsleuten der Spott aller anderen deutschen Provinzbewohner ist?

Eine Warnung in Hinsicht auf die antijüdische Sprachzensur Wagners sollte von den Juden trotz der nachhitlerschen deutsch-jüdischen Entspannung nicht in den Wind geschlagen werden. Der deutsche Antisemitismus – bei aller Weltaufgeschlossenheit einer beträchtlichen Zahl aufrichtiger deutscher Menschenfreunde – ist wie ein schlummernder Krankheitserreger, der auf die günstigen Ausbruchsbedingungen wartet. Das deutsch-jüdische Verhältnis, wovon das Sprachverhältnis ein Aspekt ist, sollte auf jüdischer Seite gerade mit Rücksicht auf diesen Aspekt mit Zurückhaltung gepflegt werden. Von einer Ablehnung der deutschen Sprache kann freilich keine Rede sein. Als eine Weltgeltung besitzende Sprache sollte sie von den Juden allein den deutschen Humanisten zuliebe und wegen der olympischen deutschen Literatur studiert und gepflegt werden – aber nicht als eine Sprache der Anbiederung. (Das würde vielleicht Wagner vom Umdrehen in seinem Grab abhalten.)

Eine sprachliche Zurückhaltung ist besonders jenen verblendeten Juden zu empfehlen, die nicht etwa zum deutschen Kreuze kriechen wollen, sondern gerade jenen, die bei ihrem betonten Antagonismus zu allen Teutonika immer noch Jiddisch sprechen wollen und nahe daran waren, es zur Landessprache des israelischen Staates zu machen. Jüdisches und deutsches

Wesen müssen säuberlich auseinandergehalten werden, und dann kann man Freunde sein (wenn beiderseits Neigung dazu besteht). Aber vorher muß Jiddisch aus dem Judentum ausgemerzt werden, weil es sowohl die Juden als auch die Deutschen beleidigt. Die Juden deswegen, weil diese Sprache bis zu 80 Prozent die Sprache des Feindes ist, und die Deutschen, weil es ein Einbruch in ihr kulturelles Hoheitsgebiet und eine geistige Vergewaltigung ist.

Man kann wohl annehmen, daß die jiddische Sprache mit ein Brennstoff für das Schwelen des deutschen Antisemitismus ist. Wagner selbst ist der dafür am autoritärsten sprechende Zeuge. Das an sich wäre schon ein Grund, das Jiddische aus dem Judentum hinauszuwerfen. Aber der wichtigere Grund ist, sich von einem bastardierten Einfluß zu befreien. Genauso wie für Wagner das Deutschsprechen der Juden unbefugt war, sollte auch das Einschleppen deutscher Sprachelemente in den jüdischen Geistesausdruck unbefugt sein. Beim heute noch bestehenden Zustand ist die Tatsache unleugbar, daß Jiddisch „deutsch" ist.

Für Leute, die nicht wissen, wie und in welchem Grad Jiddisch deutsch ist, sei hier ein flüchtiger Wortaustausch wiedergegeben, der vor der Moskauer Zentralsynagoge am jüdischen Neujahrstag mit Golda Meir, der damaligen israelischen Gesandtin, als Hauptteilnehmerin stattgefunden hat. Die Sätze sind aus ihrer Autobiographie entnommen. Ein Mann rief ihr aus der israeltrunkenen Straßenmenge heraus zu: „Goldele, leben solst du; Schana Towa!" Ihre Antwort war: „A dank eich wos ihr seit geblieben Jidden!" Schana Towa bedeutet glückliches Neujahr in Hebräisch. Im übrigen ist eine Übersetzung wohl überflüssig.

Ein weiteres Beispiel ist das Resultat einer Begegnung Goldas mit der Frau des ehemaligen russischen Außenministers Molotow, die sich mit ihrem Jiddisch überraschend als Jüdin entpuppte. Sie sagte zu Golda: „Ich bin a jiddische Tochter." Wahrscheinlich hätte dieses Geständnis auch Hitler ohne Schwierigkeit verstanden, obwohl es nicht als eine deutschsprachige Mitteilung gedacht war. Aufschlußreich ist auch der Titel des offiziellen Organs der ostasiatischen jüdischen Sowjetrepublik Birobidschan „Sowjetisch Heimatland".

Diese Beispiele sollten einen Deutschen nicht zu einer Unterhaltung mit einer jiddischen Tochter oder ihrem Bruder ermutigen. Der jiddische Teil einer Konversation ist nicht immer sehr verständlich, weil eingestreute hebräische Ausdrücke, die bis zu 20 Prozent des Wortschatzes ausmachen, den Sinn der Rede oft verschleiern. Tatsache jedoch ist, daß es ohne die überwiegende deutsche Komponente gar kein Jiddisch geben würde. Und diese Sprache wollte eine Gruppe von Juden, die sonst so undeutsch ist wie nur möglich, zur offiziellen Verkehrssprache Israels machen!

Wieviel moralische Indignation ist unter diesen Umständen über den Vorschlag der Einführung des Englischen in Israel berechtigt? Übrigens handelt es sich nur um einen Unterschied im Grad, denn Englisch ist in Israel schon eingeführt, aber ohne eine offene, eindeutige Stellungnahme. Dieser Zustand hat den Nachteil, daß die Jugend nicht genügend, nur mit großen Lücken Englisch lernt.

Die Israelis, deren Beruf es ist, Israelis zu sein, sind stolz darauf, eine eigene Sprache zu haben. „In ihrer Sprache lebt die Nation!" Bei den Juden gilt das Gegenteil auch. Vor 2000 Jahren sind sie als Nation in ihrer Sprache gestorben. Die nationbildende Kraft der Sprache sollte also nicht überschätzt werden. Manchmal stirbt die Sprache, und die Nation bleibt am Leben wie zum Beispiel in Irland, wo das Gälische vom Englischen verdrängt wurde. Wenn eine Nation nur in ihrer Sprache leben könnte, dann würden die meisten heute existierenden Nationen tot sein. Französisch ist nur deswegen die Sprache der Franzosen, weil es den

Galliern von den Römern aufgezwungen wurde. Da aber die Gallier nicht begabt genug waren, Lateinisch zu lernen, so haben sie es mit ihrem Gallisch vermischt und verdorben. Jetzt bilden sich natürlich die Gallier, die sich inzwischen in Franzosen umbenannt haben, ein, daß sie ihre eigene Sprache haben. Das stimmt natürlich, unabhängig vom lateinischen Ursprung, nicht, weil die Welschschweizer, die wallonischen Belgier, die quebeckischen Kanadier und die piemontesischen Italiener sich als Mitbesitzer derselben Sprache betrachten.

Deutsch ist auch nicht das ausschließliche Eigentum der Deutschen. Zwei wichtige Nachbarn machen ihnen diese Ausschließlichkeit streitig. Die Länder, in denen Englisch – und andere, in denen Spanisch und dann wieder Arabisch – gesprochen wird, sind so zahlreich, daß sie gar nicht alle einzeln genannt werden können.

Man erklärt die Sprachgemeinschaft in vielen Fällen mit Blutsverwandtschaft. Das trifft natürlich im Falle der Irländer nicht zu, die gar nicht die Vettern der Engländer sein wollen. Und wenn es stimmt, daß ihnen das Englische aufgezwungen wurde, so machen sie keine Anstalten, es loszuwerden. Es besteht sogar der Verdacht, daß sie sich insgeheim freuen, durch das Englische der westlichen Zivilisation näher gerückt zu sein. Mit ihrem uralten Gälisch-Keltisch wären sie sozusagen in der Verbannung.

Israel hätte aus Irlands Beispiel lernen sollen. Die Animosität, die gegen England während der Mandatszeit bei den Israelis herrschte, hätte sie nicht gegen den enormen Vorteil der englischen Sprache blind machen sollen. (Dieselbe Geltung dem Deutschen zuzusprechen wäre wegen des berüchtigten deutschen Antisemitismus eine Anomalie). Amerika hat auch im Norden wie im Süden Kriege gegen Beherrschernationen geführt, trotzdem hat es deren Sprachen, Englisch und Spanisch, während des Konflikts und auch nachher beibehalten. Wenn den Israelis Englisch infolge des harten Mandatsregiments zuwider war, so hätten sie es durch die amerikanische Freundlichkeit wieder liebgewinnen können. Schließlich stammt Israels wirksamste moralische wie materielle Rückensteifung von Amerika, und zwar von christlicher wie jüdischer Seite. Wenn von einer Sprache der Juden überhaupt die Rede sein kann, so ist diese eher englisch als hebräisch. In den Vereinigten Staaten allein sprechen 6 Millionen Juden Englisch. Wenn eine weitere Million in England und den Dominien hinzugezählt wird, dann bildet die Hälfte der Judenheit eine einzige kompakte Spracheinheit, die bei den anderen von Juden gesprochenen Sprachen nichts Vergleichbares hat. Eine gemeinsame Sprache der Juden kann nur Englisch sein. Die vier Millionen in Israel können die sieben Millionen nicht aufwiegen, nur weil sie im Lande sind. Und andere Gründe wiegen sogar noch schwerer als der Unterschied in der Zahl.

Es war und ist auch eine ständige Sorge der israelischen Führergarnitur, daß die Einwanderung aus den englischsprechenden Ländern ein Tropfen auf den heißen Stein ist. Es konnte noch nicht in die Köpfe eindringen, daß Israel mit seiner hebräischen Sprache die Kanäle der Einwanderung selbst verstopft hat. Ein jüdischer Intellektueller will nicht in ein Land einwandern, wo er wegen der Sprache jahrelang Tellerwäscher oder Düngermischer sein muß. Er will auch nicht, daß seine Kinder eine Muttersprache haben, die sie in einen geistigen Käfig sperrt. Hebräisch ist eine geistige Gefängniszelle, während Englisch die offene Welt ist. In Israel hätte es jedem fremden Besucher mehr oder weniger das Gefühl des Zuhauseseins gegeben, weil auch die nichtangelsächsischen Reisenden heutzutage zum mindesten etwas Englisch sprechen und verstehen. Israel legt dem Einwanderer genug Lasten auf die Schultern; die grausamen Schwierigkeiten des Hebräischen hätten ihm wenigstens erspart bleiben sollen. Englisch hat auch seine Tücken, besonders im Buchstabieren, aber darin ist ihm Hebräisch ziemlich ähnlich.

Selbst ein gewiegter Hebraist wird stutzig, wenn er ein ihm unbekanntes, nur gesprochenes Wort niederschreiben muß. Die hebräische Schrift schleppt eine Menge lautlose Zeichen mit sich. Wenn in dieser Hinsicht Englisch auch nicht etwas vom Erfreulichsten ist, so ist es in jeder anderen ein Kinderspiel. Es ist eine Sprache, die mit einem Körnchen Salz als regelfrei bezeichnet werden kann. Auf einer höheren Stufe hat es zwar feine Nuancen, auf die der anspruchsvolle Stilist achtet, aber auf der Alltagsstufe ist Englisch in der Behandlung der Haupt-, Eigenschafts- und Zeitwörter im Satz von esperanto-ähnlicher Einfachheit. Auf dieser Stufe kann die englische Grammatik (Deklination, Konjugation, Steigerung, Geschlechtswörter und das grammatische Geschlecht) in einer halben Stunde fürs Leben gelernt werden. Im Englischen kann sich ein Fremdsprachiger nicht mit falscher Grammatik lächerlich machen, erstens weil die verschiedenen Volksschichten auch kein einheitliches Vorbild englischer Sprachkultur darstellen, und zweitens weil die Angelsachsen auf ihre Sprache nicht so eifersüchtig sind wie die anderen Kulturnationen auf ihre. Englisch ist so biegsam, daß darin auch ein falscher Satz richtig ist. Demgegenüber hat das Hebräische ein grammatisches System, das in einer Weise dem deutschen ähnelt, aber die Konstruktion mit noch vertrackteren Kongruenzen und Rektionen zum Verzweifeln kompliziert.

Viele Einwanderer aus dem Sowjetblock sind nicht zuletzt wegen der hebräischen Sprachschwierigkeit in ihre Ursprungsländer zurückgekehrt oder nach anderen Ländern weitergewandert. Englisch will zwar auch gelernt sein, aber es ist eine attraktive Sprache, die jeder mit Eifer lernt, während das Hebräischlernen eine Fronarbeit ist. Allerdings ist die grammatikalische Einfachheit des Englischen leider auch so nicht von einer gleich einfachen Aussprache beziehungsweise Buchstabierung begleitet. Mark Twain hat schon für diese Abhilfe eine Lanze gebrochen. Er hat aber nur die Diagnose und den Grundplan aufgestellt ohne Ausarbeitung eines Systems. Auch Bernard Shaw hat sich mit dieser Frage befaßt, aber auch ohne eine praktische Lösung zu entwerfen.

Der Anschluß an die englischsprechende Welt würde die Lösung dieser Vorschläge für Israel besonders notwendig machen. Es gibt außer den Israelis keine Nation mit einer Kulturhochspannung im Verhältnis zu ihrer beschränkten zahlenmäßigen Stärke, die dermaßen in einem erdrückenden Sprachghetto eingepfercht lebt. Nirgends sind die Ventile der sprachlichen Kommunizierung mit der abendländischen Kultursphäre so verstopft wie bei den primitiveren Volksschichten Israels. Dieser Zustand besteht natürlich im Hintergrund der Kulturparade einer überfeinerten Oberschicht.

Die tonangebenden Persönlichkeiten der israelischen Gründungszeit, die Propheten des Zukunftsglaubens, Genies der Organisation, Löwen der Tapferkeit, Kamele der Ausdauer, Jongleure der Wirtschaft und Engel der Hilfsbereitschaft waren, hatten keinen Sinn für die Integrierungstendenzen der abendländischen Zivilisation. Man mag hundertmal geltend machen, daß diese Zivilisation verfault ist, daß deren Integrationswerte keinen Pfifferling wert sind, und daß es am zweckmäßigsten ist, sich in sein Schneckenhaus zurückzuziehen. Daß Torquemada, Hitler, der Zar und ihresgleichen zuzeiten Europa verkörperten und ähnliche wahrscheinlich auch noch in Zukunft das Gesetz des Handelns diktieren werden, das sollte die Gegenkräfte wie Tolstoi, Romain Rolland, Nansen, Bertrand Russel und ganz besonders auf deutscher Seite Lessing, Schweitzer, Stresemann, Thomas Mann, Niemöller, Bonhoeffer und zum ideologischen Ausgleich auch Papst Johannes XXIII., diesen bewundernswerten Plusfaktor des Katholizismus, nicht verdunkeln.

Diesem Europa wollte Kemal Atatürk sein Land näher bringen. Er selber mag ein Draufgänger und rauher Kerl gewesen sein, aber in seinem Fall wurde die Rauheit in den Dienst der europäischen Zivilisation gestellt. In seinem Land, wie es damals war, hätten sanftere Methoden nichts ausrichten können. Israel hätte solche Methoden nicht nötig gehabt, und es wäre auch sonst nicht empfehlenswert gewesen, solche anzuwenden. Aber in der ideologischen Orientierung hätten die Israelis einen Blick nach der Türkei riskieren können.

Es grenzt ans Unmögliche, was Atatürk in seinem Lande zustande gebracht hat. Eine eingefleischte, fanatisch islamische Tradition zerschlug er im Handumdrehen. Die Modernisierungsversuche, die dem Schah von Iran 50 Jahre später mißlangen, zeitigten in der Türkei erstaunliche Resultate. Es wäre übertrieben zu behaupten, daß Atatürk die Freigeistigkeit Frankreichs oder Englands in der Türkei einführte, aber er hatte einen revolutionären Anfang gemacht, als er den mohammedanischen Feiertag von Freitag auf Sonntag verlegte und die arabische Schrift durch die lateinische ersetzte. Diese zwei Neuerungen, die freilich dem Widerstand des islamischen Klerus begegneten, blieben doch auch nach Atatürk erhalten, weil er glücklicherweise Mitarbeiter und Nachfolger hatte, die sein Werk gegen die Rückkehr der klerikalen Macht verteidigten. Atatürk hat natürlich nicht versucht, Englisch an Stelle des Türkischen einzuführen. Aber mit dem lateinischen Alphabet hat er wenigstens das Buchstabenbild der türkischen Sprache etwas zivilisierter gemacht. Die Fremden können, wenn nötig, die öffentlichen Inschriften niederschreiben und für Erkundigungen wiederholen. Gleichzeitig wurde der türkischen Jugend die abendländische Literatur zugänglicher gemacht. Bei all dem ist die Türkei türkisch geblieben, was die Einwendungen gegen ein Näherrücken an fremde Kulturen widerlegt.

100 Den Türken ähnlich würde das Judentum trotz einer Europäisierung und trotz der dadurch erleichterten Aufnahme europäisch weißrassiger Konvertiten jüdisch bleiben. Diese Vision ist nicht so unrealistisch, wie sie auf den ersten Blick scheint. Man hat diesen Eindruck nur deswegen, weil Israel unter einer religiösen Tyrannei seufzt, die es verstanden hat, ihr System unter dem Trugbild eines Mehrheitswillens aufrechtzuerhalten. Die Tendenz in Israel aber ist weg von der Religion und mehr nach der Identifikation mit der europäischen Zivilisation. Die tatsächliche Struktur der Bevölkerung in Hinsicht auf religiöse Haltung wurde in einem Bericht des Jerusalemer Korrespondenten der New York Times registriert.

In der Sonntagswochenbeilage vom 9. August 1981 wurde die folgende prozentuale Gliederung der 3 200 000 jüdischen Einwohner Israels nach dem Maß ihrer religiösen Observanz bekanntgegeben. Die Untersuchung wurde vom Universitätsprofessor und Parlamentsmitglied Jehuda Ben-Meir durchgeführt und hat folgendes Resultat ergeben: Ultraorthodox 14%, fromm 9%, traditionalistisch 38% und irreligiös 39%. Der Bericht erklärt die Kategorie „Traditionalist" als eine Haltung, die zwei bis drei Feiertage (wie zum Beispiel bei den Christen Ostern und Weihnachten) beobachtet und während des Rests des Jahres lau gegen die Religion ist.

In der Gegenüberstellung von Theokratie und Demokratie nehmen also 77 Prozent der Bevölkerung gegen die Theokratie Stellung, und doch herrscht Theokratie in Israel. Golda Meir war eine Verkörperung des hier ausgesprochenen Ideals des bewußt jüdischen Atheisten. Zwei Äußerungen in ihrer Autobiographie belegen diesen Befund. Im Kapitel „Ich wählte Palästina" schreibt sie über ihre Eheschließung mit Morris Meyerson:

> Wir wurden am 24. Dezember 1917 im Heim meiner Eltern getraut. Dem Tag der Trauung ist eine gewohnheitsmäßig lange und gefühlsgeladene Zänkerei mit meiner Mutter vorausgegangen. Wir wollten (mit meinem Bräutigam) eine Ziviltrauung, keine Gäste und keine Umstände. Wir waren Sozialisten, zwar tolerant gegen Tradition, doch keinesfalls zum Ritual verpflichtet. Weder wollten wir noch brauchten wir eine religiöse Zeremonie.

Im Kapitel „Pioniere und Probleme" schreibt sie in ihrem Buch auch noch unter anderem:

> Eines Abends ging ich zu der Westmauer (Klagemauer) – nicht das erste Mal. Morris und ich waren eine oder zwei Wochen nach unserer Ankunft in Palästina hingegangen. Ich bin in einem jüdischen Heim aufgewachsen; es war ein Heim nach gut jüdischer Tradition, aber ich war ganz und gar nicht fromm, und die Wahrheit ist, daß ich zur Mauer ohne viel Gemütsbewegung ging, nur sozusagen in der Weise, wie man einen pflichtgemäßen Besuch abstattet.

Golda Meirs Geständnis über ihre religiöse Laxheit oder eher gänzliche Fühllosigkeit ist um so bemerkenswerter, als sie mit dem Urteil der orthodoxen Politiker ihres Landes rechnen mußte und ihre Gesinnung doch nicht opportunistisch verbarg. Sie, wie jeder nüchtern denkende Jude, sah beide Aspekte des Phänomens. Deswegen ist sie ja Zionistin geworden. Das Gute, das Böse und das Absurde in der Bibel, dieser geschriebenen Klagemauer, sind das Abbild der Menschen, die sie herausgebildet haben. Golda Meir hatte erkannt (deswegen war sie so kühl zur Klagemauer), daß die Bibel nicht das Wort Gottes ist, sondern von Menschen, und zwar von solchen verschiedenen Charakters, Intellekts, Denkens, Glaubens, Talents, Gesichtspunkts, Ausblicks, Moralbegriffs. Diese Attribute kommen in der Bibel von Buch zu Buch, von Kapitel zu Kapitel zum Ausdruck. Viele Persönlichkeiten der Literatur und des Denkens mögen diese Perzeption der Bibel gehabt haben. Es war aber der französische Schriftsteller René Chateaubriand, der es offen ausgesprochen hat.

In seinem Werk „Le Genie du Christianisme" (Der Genius des Christentums) entwirft er eine Parallele zwischen der Bibel als einer Komposition aus vielen Teilen und der weltlichen Literatur, wie sie in repräsentativen Werken verschiedener Autoren aneinandergereiht ein bibelähnliches, zusammenhängendes Gesamtwerk ergeben könnte. Als Franzose benutzt er natürlich für seine Demonstration nur französische Werke. Man kommt aber zu einem noch bibelähnlicheren Resultat, wenn man die Demonstrationsobjekte international erweitert. Es ist nicht nötig, es wäre auch unpraktisch, alle aufgezählten Werke in ihrer Vollständigkeit anzuwenden. Schließlich kann die Bibel selbst trotz ihres Umfanges in einer größeren Manteltasche untergebracht werden. Die Beispiele sollen also als repräsentative Teile aus vollständigen Werken ausgesondert und auf diese Weise aneinandergereiht gedacht sein. Die Liste spielt als Bibelnachahmung auf jene hauptsächlich alttestamentlichen Bibelteile an, die keinen bestimmten oder nur einen fingierten Verfasser haben.

Hesiod: Theogonie

Herodot: Altertumsgeschichte

Die Nibelungensage

Die Minnesänger, die Troubadoure

Englands Magna Charta

Boccaccio: Dekameron

Cyrano de Bergerac

Baron von Münchhausens Abenteuer

Gibbon: Niedergang des Römischen Reichs

Swift: Gullivers Reisen

Klopstock: Oden

Morus: Utopia

Laplace: Systeme cosmogonique

Nostradamus: Weissagungen

Carlyle: Geschichte der Französischen Revolution

Casanovas Abenteuer

Cervantes: Don Quichote

Verfassung der Vereinigten Staaten

Schopenhauer: Die Welt als Wille und Vorstellung

Codes Napoléon

Heines Ausgewählte Schriften

Marx: Das Kapital

Nietzsche: Antichrist

Mahatma Gandhis Unabhängigkeitskampf

Erich Kästner: Gedichte, Satiren

Brillat-Savarin: Physiologie du goût

Asimov: Collapsing Universe

Wenn aus diesen Werken ein Buch von etwa 1000 Seiten zusammengestellt und als göttlich inspiriert in einem Band mit schwarzem Buchdeckel veröffentlicht würde, und angenommen, daß die Menschen auch nach 1000 Jahren solche Narren sein werden, wie sie heute sind, dann könnte man dieses Sammelsurium als Bibel verkaufen. Als solche hätte sie alle Bestandteile, die unsere traditionsgeheiligte Bibel hat, von Göttern und der Weltschöpfung an über Tohuwabohu, Unruhen, Kriege, Propheten, Gesetz, Sittlichkeit, Unsittlichkeit, Veredelung, Schwindel, Wunder, Blödsinn, Weltbeglückung, Poesie, Kochbuch, Schweinerei, Sünde bis zum Jüngsten Gericht.

Diese „Bibel" wie auch ihr Vorbild ist ein Spaziergang durch das nackte Leben, wie Dantes Divina Comedia ein Spaziergang durch die Hölle ist. Eine Parallele zwischen den beiden besteht sonderbarerweise auch darin, daß sie ihre Titel ohne Sinnverminderung, wenn nicht gar mit Sinnverstärkung vertauschen könnten. Die Komödie, die sich in der Hölle abspielt, wird göttlich genannt. Demgegenüber kann man die Komödie im Himmel wohl teuflisch nennen. Unsere Zivilisation verlangt vom Publikum der himmlischen Komödie, daß es das Unglaubwürdige glaubt in derselben Weise, wie die Umstände von einem Richter verlangen mögen, daß er in einer Rechtssache das Urteil im Gegensatz zum Beweis verkündet.

Auf einer ähnlichen Basis wollen die Orthodoxen die Einheit des Judentums gesichert wissen. Ihre Freiheit, im Sumpf zu leben, genügt ihnen nicht. Sie wollen das ganze Judentum im unterirdischen Verlies der Falschheit gefangenhalten. Das wird aber sicher länger auf sich warten lassen als der Messias. Die Frage ist, ob das Judentum durch seine Bigotterie selbst den christlichen Plan seiner Einschmelzung und Auflösung verwirklichen soll. Durch die zivilisationsfeindliche Zimmerunreinheit der Ultraorthodoxie fühlte sich ein wichtiger Teil des Judentums gedrängt, zum Christentum abzuwandern. Ganz am Anfang dieser religionspolitischen Erörterung ist auf die abtrünnigen Staatsmänner, Wissenschaftler, Künstler und Musiker hingewiesen worden. Aus diesem Phänomen ist ja die ganze theologische Sezierarbeit herausgewachsen. Man mag zwar sagen, daß das Judentum durch den Abgang der Konvertiten qualitativ gewonnen hat. Das gilt aber nur für die Religion. Es bleibt auch noch, den weltlichen Flügel zu berücksichtigen. Für diesen ist die Stärkung der jüdischen Religion kein Gewinn. Für ihn zählt nur die Stärkung des kulturellen, ethnischen Judentums. Und der Abfall aus den Kreisen der höheren Bildung und des Geistes schwächt den weltlichen Flügel mehr, als er den religiösen stärkt. Am Ende verliert die Religion doch auch, weil sie dem Christentum einen billigen Triumph zuschanzt. Selbst wenn die Proselyten unaufrichtige Christen sind, erlauben sie der Kirche, auf die Worte von Paulus im Vers 25, 26 des 11. Kapitels in seinem Römerbrief hinzuweisen.

> Blindheit ist Israel zum Teil widerfahren, so lange, bis die Fülle der Heiden eingegangen sei und also das ganze Israel selig werde, wie geschrieben steht: Es wird kommen aus Zion, der da erlöse und abwende das gottlose Wesen von Jakob.

Dieser falsche Erlösungsplan (falsch, weil die christliche Art der Erlösung durch einen Sohngott für die Juden eine größere Sünde ist als die schon auf ihnen lastende) – dieser Plan findet nun sein Echo auch in Wagners Schrift „Das Judentum in der Musik", die am Anfang dieses Kapitels zitiert wurde. Das Wagnersche Echo ist aber noch viel lauter als der Paulinische Mahnruf. Wagner will das sündige Kind sogar gleich mit dem Weihwasser ausschütten. Im Schlußsatz seines Judenpamphlets steht die Mahnung:

> Aber bedenkt, daß nur eines eure Erlösung von dem auf euch lastenden Fluche sein kann: die Erlösung Ahasvers – der Untergang!

Weder Wagner noch Paulus werden recht behalten. Keiner hat sich eine jüdische Renaissance, noch dazu hinter dem Rücken Gottes, vorstellen können. Dazu hat weder Paulus' Wunschtraum noch Wagners Mahnung ausgereicht. Aber zum Überleben muß das Judentum zusammengehalten werden durch das einzig mögliche Mittel: den Entzug der diktatorischen Macht aus der Hand einer usurpatorischen Minderheit, die lieber religiös versumpft und vom schwarzen wie jedem anderen unverdaulichen Element beschwert leben würde, als weltlich aufgeweckt und einheitlich gestählt zu der Konfrontation mit wachsenden äußeren Feindschaften bereit zu sein. Die Frage ist, ob das Judentum bereit ist, sich in einem nüchtern formulierten Einheitswillen zu sammeln, und ob es somit fähig ist, nicht nur in ein neues Jahrhundert, sondern auch ein neues Jahrtausend vorwärtszuschreiten.

Der unausweichliche Scheideweg im individuellen Bezirk dieses Problems wird aber den ratlosen Mitbruder auf die Probe stellen. Die große Frage ist, ob die noch Unentschiedenen entschlossen sind, die ihrem Judentum im Titel angehängten Gänsefüßchen von sich zu weisen und auf ihrem schicksalsbestimmten Weg unbeirrbar zu wandeln.

# Coda

## Abschied vom Leser

Als Johannes Brahms einmal bei einer Abendgesellschaft zu Gast war und nicht nur Kostproben der aufgetragenen Leckerbissen zu sich genommen, sondern auch Kostproben seiner gewohnten Scharfzüngigkeit von sich gegeben hatte, erhob er sich, als die Zeit des Aufbrechens kam, und verabschiedete sich mit den Worten: „Meine Damen und Herren, falls ich vergessen haben sollte, jemanden zu beleidigen, bitte ich um Entschuldigung." Wenn Brahms der Verfasser dieses Buches wäre, würde er das Schlußkapitel höchstwahrscheinlich mit denselben Worten beginnen.

Was die Verwundungen in diesem Buch anbelangt, kann sich keiner der darin im Geiste Anwesenden beklagen, vergessen worden zu sein. Wenn aber die betreffenden Parteien selbst wahrscheinlich keinen Anlaß haben, sich vernachlässigt zu fühlen, so wird das journalistische Tribunal sicherlich dafür sorgen, die literarischen „Freundlichkeiten" nicht ohne Gerichtsverfahren durchschlüpfen zu lassen. Die Möglichkeit ist zwar auch so nicht von der Hand zu weisen, daß die drei Säulen der Gesellschaft, die Dirigenten, die christlichen Religionsvertreter und die jüdischen Auserwählten, versuchen werden, ihren Angreifer abzumurksen. Die Journalistik muß sich also beeilen, ihren Rechtsspruch noch vor dem möglichen Attentat bekanntzumachen, damit sie nicht einen bereits Hingerichteten hinrichtet.

Die Möglichkeit einer solchen Gewalttat könnte aber auch vom Standpunkt des Beleidigers aus eine heilsame Wirkung haben. In Literatenkreisen ist es geradezu sprichwörtlich, daß die zu freundliche Aufnahme eines ersten Buches (wie dieses eines ist) den Verfasser zu dünkelhaft, zu eingebildet machen und auf seine künftige Karriere eine schädliche Wirkung haben könnte.

Eine solche Entwicklung ist in diesem Fall allerdings nicht sehr wahrscheinlich. Nicht so sehr wegen des Alters und des bescheidenen Charakters des Autors, sondern wegen der nicht allzu großen Bereitschaft der Journalistengilde, literarische Leistungen mit ehrenvoller Erwähnung auszuzeichnen. Jedoch sind deren Mitglieder in ihren Ansichten nicht immer einheitlich, und so kann es passieren, daß ein Proskribierter der Mehrheit bei der Minderheit Gönnerschaft findet. Es kommt vor, daß Zeitungsrezensenten sich gegenseitig desavouieren.

Zwei Beispiele sollen die verwirrend aber auch humoristisch fachliche Augen-, beziehungsweise Ohrentrübung in einem früheren Fall dokumentieren. Die Beispiele sind zwei Premierenberichte in zwei Zürcher Tageblättern („Neue Zürcher Zeitung", Morgenausgabe, 4. Febr. 1946; „Die Tat", 5. Febr. 1946) über die Aufführung von Strauss' „Arabella" am selben Abend in Anwesenheit des Komponisten. Die Zitate sind Verkürzungen von wesentlich längeren Berichten identischen Charakters.

## „Neue Zürcher Zeitung"

…verliebte sich der Dichter vollends in den verwandlungsfähigen Stoff, der ihm noch glücklicher erschien als der des „Rosenkavaliers".

Die Neueinstudierung des Stadttheaters steht auf einer künstlerischen Höhe, die bei uns mit „Arabella" noch nie zuvor erreicht wurde.

Der musikalische Leiter hat sich in die reich verästelte Meisterpartitur mit ungewöhnlicher Feinnervigkeit eingeführt, so daß man wohl von der bisher stärksten Beglaubigung seines Dirigententums sprechen darf.

Das Orchester, das sich auf der Höhe seiner ihm neuen, überaus anspruchsvollen Aufgabe zeigt, …

Das Beglückendste an dieser „Arabella"-Aufführung ist aber wohl der Ensemblegeist …

Das große Erlebnis der Aufführung aber heißt Maria Cebotari. … ihre wunderbar verinnerlichte, im Gesang und im Spiel gleich vollendete Rollengestaltung.

Und wie fein stimmen Regie und Bühnenbild überein, wobei die Kostüme wirkungsvoll mitsprechen.

Die Szenen, die von Maria Cebotaris Gegenwart getragen sind, hat sie uns als Arabella aufs köstlichste erleben lassen.

Der gewaltige, spontane Erfolg …

## „Die Tat"

… steht als Nachklang des „Rosenkavaliers" in ihrer Problematik etwas abseits.
… die Ausweitung zum sinfonisch untermalten Musikdrama wirkt heute kaum mehr erträglich.

Allerdings haben wir früher auch hier schon sprühendere Aufführung erlebt,

Dem Führer am Pult scheint es doch nicht ganz gegeben, das Brillante, Süße und Schmeichlerische der Straussischen Musik so recht aufleben zu lassen.
… die hier zu fordernde und einzig mögliche Spitzenleistung wollte sich nicht einstellen.

Wir haben an dem Abend nicht empfunden, daß wir in Zürich doch ein glänzendes Strauss-Orchester haben, so matt und spannungslos wurde an dem Abend musiziert.

Man saß gelegentlich auf Kohlen. Dem Bühnenspiel fehlte es auch oft an Zusammenhalt.

Die Arabella sang als Gast Maria Cebotari. Sie zeigte eine weich-elegische, fast scheue Arabella. Ihre Stimme schien im ersten Akt noch etwas umflort.

Und wie ungünstig hat man die Künstlerin gekleidet! Es paßte wie die Faust aufs Auge zu den grünen Sofas im Hotelzimmer.

Aber welch freudige Überraschung, welch liebliche Entdeckung war Lisa della Casa als Zdenka! Bei uns sollte die Oper „Zdenka", nicht „Arabella" heißen.

Der Beifall nach den Aktschlüssen war eher matt …

Schaffende und vortragende Künstler brauchen nun nicht zu verzweifeln, wenn sie eine ungünstige Kritik kriegen. Diese kann durch eine gleich gewichtige Gegenmeinung ins Wanken gebracht werden. Nach dem präsentierten Dokument journalistischer Widersprüchlichkeit kann weder ein Lob noch ein Verriß als ein endgültiges und unabänderliches Urteil gelten. Die gebotene Gegenüberstellung ist allerdings ziemlich kraß, aber nicht alleinstehend. Auch andere, wenngleich mildere Formen solcher Meinungsverschiedenheit erlebt man immer wieder. Sie erfüllen die Funktion einer Kritik über eine andere Kritik. Schließlich kann jede Kritik einer Überprüfung unterzogen werden, und dann wird man schlimmstenfalls nicht wissen, auf welcher Seite die Wahrheit liegt.

Auf kurze Sicht ist es nicht unbedingt nötig, die Wahrheit zu erkennen. Die Hauptsache ist, daß mit der Zeit die Fehlurteile richtiggestellt werden. Schon die Zeit zum Lesen eines Buches vom Vorwort bis zum Nachwort kann glättend wirken. Jedenfalls wird die Kritik über ein Buch ihre anfänglich sprungbereiten rauhen Töne über scheinbare Absurditäten beim fortschreitenden Lesen einigermaßen besänftigen.

Der Abwurf einer religiösen Bombe über einen musikalischen Gegenstand mag jedenfalls zu der Frage veranlassen, wieso die Kuhscheiße aufs Dach kommt. Aber eine Vermengung von zwei solch fremden Gegenständen wie besagtem Kuhprodukt und dem Dach kann manchmal auch in den besten Literatenfamilien vorkommen.

Als Dr. Heinrich Faust sich zum Stelldichein mit Fräulein Gretchen begab, ließ er sich nicht träumen, daß er statt einer sehnlichst erwarteten Schmuserei über seinen religiösen Stand ausgeforscht werden sollte. Der Sprung von der Liebe zur Religion macht es also nicht so ungewöhnlich, von der Musik beziehungsweise von den Dirigenten zur Religion zu springen.

Bei der Durchleuchtung der Dirigenten kamen manche Umstände zum Vorschein, denen man wahrscheinlich keine besondere Aufmerksamkeit geschenkt hatte. Aber bei fortschreitendem Studium drängte sich das Phänomen in den Vordergrund, daß seit Beginn des Stardirigententums etwa 40 Dirigenten zu der Starkategorie zu rechnen sind. Die berühmtesten waren Mahler, Nikisch, Weingartner, Toscanini, Monteux, Walter, Furtwängler, Beecham, Blech, Kussewitzky, Szell, Busch, Karajan, Bernstein und etwa weitere zwei Dutzend. Anhand der Aufgezählten kann man schon feststellen, daß die Hälfte Juden waren. Dieselbe Proportion hatten (und haben) die Juden auch unter den nichtgenannten Stardirigenten. Das war die zweite Offenbarung.

All das wäre an sich nicht besonders erwähnenswert, und da diese Dirigenten nicht alle dieselbe Nationalität hatten, so ist die Wertung ihres Dirigententums vom empfindlichen, intern politischen Standpunkt aus im Verhältnis zueinander gegenstandslos. Es gibt aber eine Gemeinsamkeit über Landesgrenzen hinweg, die nicht mit solchem Desinteressement behandelt werden kann. Und diese entsteht – wie man's schon weiß – durch die Religion.

Die Religion der christlich angestammten Dirigenten kann man mit einem Federstrich abfertigen. Sie spielt bei deren menschlicher wie musikalischer Beurteilung gar keine Rolle. Wohl aber bei den jüdischen Dirigenten. Selbstverständlich kräht kein Hahn danach, wie inhaltsvoll ihre religiöse Philosophie ist (oder war) und wie hingebungsvoll sie an den Kinkerlitzchen der jüdischen Religionspraxis hängen. Davon ist da keine Rede. Bei den Juden (und nicht nur den dirigierenden) hat aber die nominelle Religionszugehörigkeit eine Bedeutung, wie sie bei keinem anderen Volk das Brandzeichen ethnisch-moralischer Verankerung ist. Ein Jude mag sich taufen lassen, aber das ändert nichts an der Tatsache, daß er nach wie vor ein

Jude ist. Die Änderung ist nur das unwillkürliche Eingeständnis, daß man sich als Jude für einen Esel hält und als Christ wenigstens für ein Maultier. Wenn am Judesein gewisse Komplexe haften, so haften an dem Judesein eines getauften Juden größere Komplexe.

Es ist nicht beabsichtigt, dieses Problem noch einmal aufzurollen, nachdem es schon im vorhergehenden Kapitel zum Überfluß behandelt wurde. Es muß aber zum Vorteil des Lesers betont werden, weshalb ein Kapitel solchen Inhalts (das in sich ein Buch ist) dem Dirigentenbuch angehängt werden mußte. Die religiöse Abtrünnigkeit eines Juden ist eine Charakterfrage, und man kann nicht einen Dirigenten musikalisch, beruflich und menschlich gebührend würdigen, wenn nicht auch die unterste Stufe menschlicher Achtbarkeit geprüft wird.

Bei der Betrachtung der Dirigentenpersönlichkeiten, wie sie ja der ursprüngliche Zweck dieses Werks war, mußte sich das Porträtieren auf alle deren Aspekte erstrecken. Auf diese Weise kam es an die Oberfläche, daß Dreiviertel der etwa zwanzig jüdischen Stardirigenten der letzten hundert Jahre zum Christentum übergegangen waren. Eine nicht gerade bewundernswerte Lebensgestaltung beispielgebender Persönlichkeiten! Die mehrheitlich abtrünnigen und die minimal traditionstreuen Stardirigenten sind im Anfangsteil des „Judentum"-Kapitels namentlich erwähnt worden, so daß die angeprangerten von den anderen „säuberlich" geschieden werden konnten.

Die ganze Frage wird indessen (da das Streitobjekt das jüdische Stardirigiertum ist) mehr und mehr akademisch, da es Stardirigenten (jüdische wie andere) im klassischen Sinne kaum noch gibt. Große Taktstockdiktatoren zum Beispiel nach der Art eines Stokowski gehören der Vergangenheit an. Die diktatorische Regierungsweise scheint auch in der Musik dem Niedergang verfallen zu sein. Da aber dieses Buch einen geschichtlichen, sozusagen lexikalischen Überblick bietet, so müssen die Dirigenten der Vergangenheit und insbesondere die irregegangenen jüdischen Dirigenten im Panoptikum des Dirigierberufs ausgestellt werden.

Als die Erforschung des Gegenstandes sich notgedrungen der religiösen Frage zuwandte, war der Zweck keine monographische Abhandlung über Religion an sich, sondern nur das Aufzeigen der charakterlichen Unreife und Verirrung eines Segments der Dirigiergilde. Zudem schien die Aufgabe auf einigen wenigen Buchseiten lösbar. Das ursprüngliche Bestreben, dem erwähnten jüdischen Segment sein frivoles, rückgratloses Verwerfen einer jahrtausendealten Kultur, Schicksalsgemeinschaft und Heldenhaftigkeit vorzuhalten, führte in der Folge zu einer unaufhaltsamen Demonstration des Wesens der jüdischen Gedankenwelt und ihres Verhältnisses zum Christentum.

Die Parallele zwischen Judentum und Christentum gab dann Gelegenheit, den wohlbekannten, aber nicht genügend vergegenwärtigten jüdischen Ursprung des Christentums besonders zu betonen. Die rein jüdische Abstammung von Jesus, der das Haupt und sogar der Gott einer nicht nur entfremdeten, sondern sogar ausgesprochen antagonistischen Gemeinschaft wurde, signalisiert ein Phänomen das auch ganz unabhängig vom Christentum bei verschiedenen Gliederungen der menschlichen Gesellschaft zu beobachten ist.

Es handelt sich um große Führergestalten und ihr besonderes Verhältnis zu den von ihnen Geführten. Das klassischste Beispiel ist natürlich der Jude Jesus, der in geistiger Verewigung der Führer des wichtigsten Teils der nichtjüdischen Welt geworden ist. Es gibt eine Reihe anderer Heldengestalten, die sich zu Führern fremder Volksstämme aufgeschwungen haben. Vor Jesus war Moses schon ein solch fremder Volksführer, wenn Sigmund Freud recht haben soll.

Sigmund Freud hat auf seine Weise nachgewiesen, daß Moses ursprünglich kein Jude war, sondern ein Ägypter, der die monotheistische Idee vom ägyptischen König Achnaton übernahm, und da die Ägypter diese Idee nicht weiter verfolgten, sie dem damaligen jüdischen Lumpenvolk mit Erfolg einflüsterte. Diese halb mythologische, halb geschichtliche Überlieferung hatte ihre Fortsetzung während der geschichtlich glaubwürdiger begründeten Ereignisse, deren Protagonist Alexander der Große war. Alexander, der ein ursprünglich nichtgriechischer Mazedonier war, erklärte sich zum Herrscher und Heerführer der eroberten Griechen und hielt als solcher seinen Siegeszug durch einen wesentlichen Teil Asiens.

Da wir nun Mazedonien gestreift haben, so ist es passend zu erwähnen, daß der große Türkenführer Kemal Atatürk ebenfalls in Mazedonien, nämlich in Saloniki geboren wurde. Zu seiner Zeit war diese Stadt schon reichlich griechisch, obwohl unter türkischer Besetzung. Es ist bemerkenswert, daß die politische Emanzipation und die gewaltige kulturelle Umwälzung in der Türkei unter Führung einer zwar turkvölkischen, aber aus dem Ausland stammenden Persönlichkeit durchgeführt wurde.

Ein Fall, der dem von Jesus auf profaner Basis ähnelt, ist jener von Benjamin Disraeli, der als Jude (zwar getauft) längere Zeit Ministerpräsident und beherrschender Staatsmann des fromm christlichen Englands war.

Eine krasse Diskrepanz zwischen völkischer Herkunft und fremdländischer Führerstellung finden wir bei Napoleon. Seine korsische Heimat wurde von Frankreich erst ein Jahr vor seiner Geburt kolonisiert. Die Korsen haben denn auch bis heute nicht aufgehört, auf ihr nichtfranzösisches Volkstum zu pochen, wobei sie Frankreich seinen größten Volksführer gegeben haben.

Nicht weniger erstaunlich war der Aufstieg des Österreichers Hitler zum Staatsoberhaupt des Deutschen Reichs. Er hat zwar sein Ausländertum durch den Anschluß seiner Heimat ans Reich für die damalige Zeit geschwächt, aber nicht weniger erstaunlich war die Katzbuckelei Deutschlands vor ihm, als er noch ein unverfälschter Ausländer war.

In der Sowjetunion ist etwas Ähnliches passiert, als Stalin der rote Zar wurde. Er war Georgier. Seine Heimat war eine der vielen vom zaristischen Rußland unterjochten und einverleibten Ländereien. Mit der fremden Sprache und dem fremden Namen (Dschugaschwili) hatte sich Moskau einen ziemlich unrussischen Herrscher auf den Hals geladen.

Das Sehnen nach einem fremden Herrscher hat sich auch in Irland erfüllt, als es De Valera zu seinem Nationalhelden erhob. Dieser war ein in New York geborener Portugiese. Mit dieser Abstammung war er seinem Vater nach ein amerikanisierter portugiesischer Einwanderer. Allerdings war seine Mutter eine Irländerin, und das genügte offenbar, den Freiheitskampf in Irland gegen England in höchst führendem Rang zu führen. Es war Portugals Verlust, daß er seine Nationalität nicht nach seinem Vater wählte. In Kontrast dazu wählte in dieser Richtung der mütterlicherseits amerikanische Churchill seine Loyalität, wodurch er der Retter Englands im Kampfe gegen die Nazis wurde. Es war Englands Glück, einen halben Amerikaner in der kritischsten Zeit zum Führer zu haben, nachdem dessen ganz englischer Vorgänger das Land an den Rand des Abgrundes gebracht hatte.

In der Erhebung fremder oder halbfremder Persönlichkeiten zu führender Stellung in einem Land, das nicht unbedingt ihr eigenes ist, mag eine Lehre liegen, die zu wenig beachtet wird. Wenn es möglich ist, die Staatsgeschäfte mit zumeist guten Resultaten einem Fremden oder Halbfremden in die Hände zu legen (Mazarin, der Ministerpräsident Ludwigs XIV., war ja Italiener), ist dann der engstirnige Nationalismus, der paradoxerweise zugleich in der Welt grassiert, nicht ad absurdum geführt?

Nach den aufgezählten Beispielen liegt einem der Gedanke nicht fern, einen Austausch der Regierungen zwischen den Vereinigten Staaten und Rußland vorzuschlagen. Verrückt, wie die Idee scheinen mag, würde eine russische Regierung in Washington und eine amerikanische in Moskau die Verhältnisse in diesen zwei Ländern vielleicht in eine annehmbare Ordnung bringen. Die größere Freundschaftlichkeit macht den Platzwechsel nicht gegenstandslos. Die zwei befinden sich in gegensätzlichen Krisen. Amerika, weil es zuviel produziert, und Rußland, weil es zuwenig produziert.

Wenn man vom Traum aufgewacht ist, bleibt immerhin die Tatsache, daß zwischen den Künstlern und auch den unpolitischen Kunstfreunden der verschiedenen Nationen ein solcher Austauschgeist existiert. Insbesondere besteht bei den ausübenden Musikern eine ziemlich verläßliche Verbrüderung. Nur von den Dirigenten würde man das nicht ohne weiteres behaupten, aber in den Reihen der Musiker, die mit einem Instrument in der Hand kämpfen, herrscht ein Geist, der einen Kampf mit Blutvergießen unvorstellbar macht. Jedenfalls hat sich kein Musiker dazu hinreißen lassen, den ideologischen Gegner mit Waffen und Bomben zu bekämpfen.

Der Kampfgeist der Musiker wird in Wettbewerben abreagiert. Dieser Brauch hat eine weit in die Vergangenheit zurückreichende Tradition. Berühmt in den Annalen der Musikgeschichte ist der Klavierwettbewerb zwischen Liszt und Thalberg in Paris im Jahre 1836, dessen Resultat war, daß Thalberg für den größten und Liszt für den einzigen erklärt wurde. Seit jener Zeit hören die musikalischen Wettbewerbe nicht nur nicht mehr auf, vielmehr schwellen sie zu monumentalen Musikolympiaden an. Es gibt kaum ein auch nur mittelgroßes Kulturdörfchen in der Welt, wo nicht jahraus, jahrein Musikwettbewerbe mit mehreren Dutzend Wettkämpfen veranstaltet würden.

Die Kämpfe zwischen Musikern (auch ohne Wettbewerb) werden auf dem ebenfalls brüderlich unblutigen Feld der gegenseitigen Kritik geführt. Um nicht weiter in die Vergangenheit zurückzugehen: erwähnenswert ist die Kritik Webers (des Freischütz-Webers) über Beethoven (in der Januarnummer des „Musiklebens" vom Jahre 1950 nach einem 1810er Brief Webers an seinen Verleger Nägeli abgedruckt).

> Die feurige, ja beinahe unglaubliche Erfindungsgabe, die ihn beseelt, ist von einer solchen Verwirrung in der Anordnung seiner Ideen begleitet, daß nur seine früheren Compositi mich ansprechen, die letzten hingegen mir nur ein verworrenes Chaos, ein unverständliches Ringen nach Neuheit sind, aus denen einzelne himmlische Genieblitze hervorleuchten, die zeigen, wie groß er sein könnte, wenn er seine üppige Fantasie zügeln wollte.

Zeugnisse des Unverstandes einzelner Genies anderen Genies gegenüber finden wir auch in der Ablehnung Debussys durch Saint-Saens. Aber einen viel heftigeren, der blutigen Verletzung nahekommenden Angriff führte Strawinsky gegen Richard Strauss, den er für eine bürgerlich spießige Fäulniserscheinung hielt, die es nie zu einem männlich aufrichtigen Werkschaffen gebracht habe.

Vor Strawinsky nahm Hugo Wolf eine ähnliche Stellung Brahms gegenüber ein, den er zum mittelmäßigen, impotenten Meister des einfallslosen Komponierens stempelte. Er ergriff für Bruckner Partei, worin er aber vom Zeitungskritiker Eduard Hanslick ganz und gar nicht sekundiert wurde. Es wurde ein Skandal des Wiener Musiklebens, wie Hanslick Brahms in den Himmel hob und Bruckner in Grund und Boden stampfte. Der kindlich harmlose Bruckner konnte diese Hintansetzung schließlich nicht mehr ertragen, und so machte er einmal bei einer Hofaudienz mit Kaiser Franz Joseph seinem Unwillen Luft. Als der Kaiser Bruckner fragte, mit welcher Auszeichnung er die Wirksamkeit des Komponisten ehren könne, antwortete Bruckner: „Euere Majestät möchten so gut sein, dem Hanslick das Kritikschreiben zu verbieten." Bruckner, der in seinen Werken immer einen Dialog mit Gott führte, konnte also in seiner Seele wenigstens einen Zipfel für eine irdische Streitbarkeit reservieren. Er hat allerdings den Kaiser nicht gebeten – wozu dieser in manch anderen Fällen mit katastrophalen Konsequenzen bereit war –, Hanslick einen blutigen Krieg zu erklären.

Der einzige Musiker, dem ein Kampf mit wirklichen Kanonen zuzuschreiben gewesen wäre, war Richard Wagner. Wenn andere Komponisten manche ihrer Kollegen mißgünstig beurteilten, so beschränkten sie ihr Urteil vielleicht auf zwei oder drei. Wagners Spezialität war, mit der ganzen Komponierwelt samt und sonders tabula rasa zu machen. Ihm schien es als eine persönliche Beleidigung, daß außer ihm überhaupt einer sich die Freiheit nahm, zu komponieren. Nur wenige, längst verstorbene Komponisten fanden bei ihm manchmal Gnade. Obwohl die cäsarischen Allüren Wagners im allgemeinen immer schon bekannt waren, haben die neuerdings ans Tageslicht gekommenen Aufzeichnungen seiner Frau noch weitere, bisher unbekannte Einzelheiten des Wagnerschen Charakters aufgedeckt.

Manche Beobachter des musikalischen Tummelplatzes finden das wagnersche Phänomen begrüßenswert, weil es von der Vielfältigkeit der Charaktere zeugt. Tatsächlich wäre es ein trostloser Zustand, wenn alle Komponisten, alle Dirigenten und alle Instrumentalsolisten in Temperament und ästhetischer Prägung einander ähnelten wie ein Ei dem anderen. Diese Gefahr besteht nun nicht im entferntesten.

Früher (genau im „Ecce Homo" Kapitel) sind die verschiedenen Temperamente und die verschiedenen ästhetischen Persönlichkeitszüge behandelt worden. Es muß aber zusätzlich festgestellt werden, daß selbst temperamentliche Gruppenkollegen untereinander noch sehr verschieden sein können. Beethoven und Wagner gehören beide zum cholerisch und dionysisch deutschen Temperament, doch besteht ein weltweiter Persönlichkeitsunterschied zwischen ihnen. Der apollinische Saint-Saëns und der ebenfalls apollinische Debussy könnten doch in ihrer Ästhetik kaum ausgeprägter voneinander abweichen. Auch die sanguinischen Italiener Verdi und Puccini gehören einerseits zu dem dionysischen, andererseit zu dem apollinischen Persönlichkeitstyp. Sie sind in Temperament gleich, aber ästhetisch verschieden. Diese Kategorisierung individueller Wesenheiten mag zur Einschätzung der musikalischen Neigungen der sie umgebenden nationalen Einheiten führen. Die Temperamente der verschiedenen Nationen sind auch schon behandelt worden, aber Temperament und Kunstinteresse laufen nicht notwendigerweise parallel. Es mag düster veranlagte Menschen geben, die an aufheiternder Musik interessiert sind. Hitler, der weder Fröhlichkeit noch Humor um sich verbreitete, ging wiederholt zu der Aufführung der „Lustigen Witwe". Er ging natürlich auch zu den Aufführungen der Nibelungen-Opern. Diese sollten ihm als Rechtfertigung dafür dienen, daß er, der slawisch infizierte Ostmärker, am Germanentum einen Narren gefressen hatte. Tatsächlich war er nicht der einzige, der germanische Mythologie im Opernhaus lernen wollte.

Bei Deutschen wird der Opern- und Konzertbesuch mitunter aus einer gewissen Kulturpflicht gepflegt. Sicher wollen sie auch künstlerischen Genuß haben, aber unter den Nationen sind es vor allem die Deutschen, die den Kunstgenuß mit kultureller Erbauung verbinden.

Was ist (neben dem gewohnheitsmäßigen Kunstbedarf) das Motiv zum Konzert- und Opernbesuch bei den anderen Nationen? Nun gehen die Italiener in die Oper, um sich an den Singstimmen und ganz besonders an der Tenorstimme zu ergötzen. Die Franzosen gehen in die Oper, um zu kritisieren, und die Engländer, um sich beim Klang der Musik in erhöhter Stimmung zu langweilen. In Amerika sind es hauptsächlich die Frauenvereine, denen der Orchesterbetrieb Gelegenheit gibt, sich gesellschaftlich zu betätigen. Die Ungarn sind eifrige Konzertbesucher, die durch diese Hingabe beweisen wollen, daß sie den anderen Nationen in Kunstverständnis nicht nachstehen. Die Israelis sind der Opern- und Konzertmusik stets aufgeschlossen, um feststellen zu können, wieviel Fortschritt die Musik in den letzten 4000 Jahren gemacht hat. Die Österreicher sind erblich belastete Klangschwelger, die mit ihrer Allgegenwart in Konzert und Oper die Welt daran erinnern wollen, daß sie die Musik erfunden haben. Die Schweizer sind der Musik innig zugetan, deren Fackel sie traditionell hochhalten und vorantragen, wenn die Nachbarländer, von der Kriegsfurie gepeitscht, die Konzerthallen und die Opernhäuser in Schutt und Asche legen. Schließlich hängen die Russen an der Musik mit tierischer Hingabe, um ihren Kummer wenigstens für drei Stunden am Tag zu vergessen.

Die überwältigende Bedeutung und Rolle der Musik im Leben der Nationen ist unbestreitbar, aber in welcher Form muß und kann sie ihnen verabreicht werden? Nicht jedes Land und hauptsächlich nicht jede Stadt hat den musikalischen Apparat zur Verfügung, der für die Aufführung der großen Werke unerläßlich ist. Dieses Problem ist von dem – den Lesern bereits wohlbekannten – Philosophen Oswald Spengler praktisch gelöst worden. Nach seinen Betrachtungen über Inhalt und Form der Musik ist es möglich, die Neunte Symphonie von Beethoven ohne Beeinträchtigung der Werktreue auf der Mundharmonika vorzutragen.

Nun, um die Tatsachen nicht ungebührlich zu entstellen, muß man bemerken, daß Spengler den erwähnten Gedanken nicht genau mit obigen Worten ausdrückte. Wenn man aber seine Theorien auf ihren Inhalt prüft, dann kommen sie letzten Endes auf diese Schlußfolgerung heraus.

Spengler will uns für die Idee gewinnen, daß im Kunstwerk – sei es Gemälde, Skulptur oder Musik – nicht wesentlich ist, was wir sehen oder hören, sondern der schöpferische Gedanke, für den die sinnliche Form nur ein Mittel der Übertragung ist. Am Anfang des Kapitels „Musik und Plastik"(im „Untergang des Abendlandes") sagt er: „So wenig ein 'singendes' Bild von Lorrain oder Watteau sich im eigentlichen Sinn an das leibliche Auge wendet, so wenig die raumspannende Musik seit Bach an das leibliche Ohr."

Spengler plädiert für einen rein gedanklichen, „reizlosen" Kunstempfang. Es schwebt ihm in der Kunst eine Art künstlerische Ernährung vor, bei welcher der Geschmack der Speisen nicht zählt, nur ihr Nährwert. Ein Gemälde und ein Musikstück bedeuten für ihn gar keinen ästhetischen Unterschied, wenn sie nur das gleiche inhaltliche Programm und die gleiche Stilrichtung haben. Für ihn vermitteln Debussy und Renoir denselben Kunstgenuß, weil sie zur selben Ideenwelt gehören. Aber ein Ausdruck derselben Kulturepoche waren auch die Herrenmode, die Damenmode und der Haarschnitt jener Zeit. Würde für Spengler der Kleidungsstil der Jahrhundertwende Debussys Musik und Renoirs Malerei überflüssig machen, weil in der Tracht der Gesellschaft der Geist der Zeit schon ausgedrückt ist? Hat der Sinnenreiz des einen Kunstmediums im Unterschied zum anderen keine Bedeutung? Wir erkennen doch die Zerstörung unserer irdischen Welt in der Reduktion der Erlebnisse zu einer rein spiritualen Interpretation.

Spengler betrachtet ein Kunstwerk nicht nach den Maßstäben dieser Kunst; er sucht darin immer nach etwas menschlich Abgründigem jenseits jedweder Kunst. Auf Seite 285 seines ersten Bandes schreibt er:

> Die technische Formensprache ist nicht viel mehr als die Maske des eigentlichen Werkes. Stil ist, wie man's materialistisch meint, das Produkt von Material, Technik und Zweck. Er ist im Gegenteil das, was dem Kunstverstand gar nicht zugänglich ist, die Offenbarung von etwas Metaphysischem, ein geheimnisvolles Müssen, ein Schicksal. Er hat mit den materiellen Grenzen der Einzelkünste nicht das geringste zu schaffen.

Spengler hatte beinahe recht mit der Unzugänglichkeit des Metaphysischen. Aber er ist zu weit gegangen. Ist es nicht anzunehmen, daß in einer Beethoven-Sonate der Inhalt und die Form zusammen geboren wurden und daß die Kunst ohne die organische Verschmelzung der beiden gar nicht erlebbar ist? Freilich drechselt jeder Künstler an der Form seines Werkes, aber erst nachdem eine große Formkonzeption zusammen mit dem Grundgedanken bereits im Keime herausgebildet ist.

Die spiritualistische Weltanschauung kommt in der Aufspaltung des Menschen in Körper und Seele zum Ausdruck. Nach Spengler ist die technische Formensprache nicht viel mehr als die Maske des eigentlichen Werkes. Das ist eine Art Seelengeburt ohne Körper. Dieser ist nur eine ihr nachgelieferte Packung. Spenglers Ansicht nach ist die Konzeption des Werkes die Seele, und die technische Formensprache der Körper. Für ihn werden die zwei nicht zusammen geboren. Dann sagt er auch, daß der Stil mit den materiellen Grenzen der Einzelkünste nicht das geringste zu schaffen hat. Was ist die materielle Grenze und die technische Formensprache zum Beispiel bei der Choralsymphonie von Beethoven? Die Grenze ist, daß sie nur hörbar und nicht sichtbar ist. Da aber diese nicht zählt und die andere nur Maske ist, so bedeutet es, daß diese Symphonie (wie bereits vermerkt) auch auf der Mundharmonika ohne Einbuße ihres metaphysischen Inhalts gespielt werden kann. Der Stil kann doch nicht in der Instrumentation liegen, wenn diese nur eine Maske ist.

Wenn nur der metaphysische Inhalt eines Musikwerkes zählt, dann könnte auch eine klavierbegleitete Tristan-Aufführung ebenso restlos genossen werden (da die metaphysische Konzeption unverändert bleibt), wie eine in der Präsentierung mit der kompletten „Orchestermaske". Da nach Spenglers Ansicht die Musik seit Bach sich im eigentlichen Sinn nicht an das leibliche Ohr wendet, sondern bei behelfsmäßiger Verwendung des äußeren Rüstzeugs ausschließlich an unsere innere Einbildungskraft appelliert, so sollte es eigentlich genügen, die Musik lautlos von der Partitur abzulesen, um zu einem vollen Kunstgenuß zu gelangen.

Das ist Religion, wenigstens die christliche, auf die Musik übertragen. In der Religion zählt der Körper nicht, sondern wie beim lautlosen Partiturlesen nur der Geist. Jesus sagte nach Bericht des 28. Verses im 10. Matthäus-Kapitel: „Fürchtet euch nicht vor denen, die den Leib töten und die Seele nicht töten können." Demnach braucht man gar nicht geboren zu werden, da die körperliche Existenz für die Religion, wie für die Musik Spenglers, von keiner Bedeutung ist. Also braucht der pure Geist auch in der Musik kein blühendes Leben hervorzubringen. Deswegen ist die vorprotestantische Musik so asketisch körperlos. Damals hat man der Musik nicht gestattet, „körperlich" aus weltlicher Sensualität geboren zu werden. Die Tendenzen zur Erreichung eines Dur-Moll-Systems, die damals schon, wenn auch sehr schüchtern, bestanden hatten, wurden von dieser lebensfremden Askese für Jahrhunderte gehemmt.

Sonderbarerweise gab es auch noch in fortschrittlicheren Zeiten Künstler, die – wenigstens in ihren Lippenbekenntnissen – dieser geistlich orientierten Richtung folgten. Rachmaninow sagte zum Beispiel, daß es ohne Religion keine Kunst geben könne. Es wurde aber vom Bildhauer Rodin anschaulich widerlegt, indem dieser einen „Denker" und nicht einen „Gläubigen" skulptierte. Wenn ein Bildhauer sein Werk „Denker" nennt, dann kann er der Religion in seiner Kunst keinen Raum gewährt haben, da es in der Religion kein Denken gibt, nur Nachplappern und Gehorchen.

Ein katholischer Schriftsteller, der mit seiner Kirche auf gutem Fuße stehen will, muß bei den Kirchenoberen vor dem Druck seines Werkes das vorschriftsmäßige Imprimatur einholen, das auf dem inneren Titelblatt des Buches bezeugt, daß im Text keine doktrinwidrigen Äußerungen vorkommen. Die Religion, ohne die es, nach Rachmaninow, keine Kunst gibt, führt also ihre Schriftsteller am Gängelband.

Man versteht, warum die Musik es so schwer hatte, aus dem mittelalterlichen Kokon auszubrechen. Der Durchbruch der Dur-Moll-Tongeschlechter und der gottlosen Chromatik wurde im germanischen Kulturbereich erst von den zwei protestantischen Genies Bach und Händel endgültig bestätigt. Es ist einem unmöglich, sich ihre Größe mit einem Komponieren in den Kirchentonarten vorzustellen, wenn sie einige Jahrhunderte vorher gelebt hätten. Selbst ein Mozart, der schon ein in voller Freiheit sündigender Tonschwelger war, hätte im 14. Jahrhundert nichts ausrichten können. Es reizt einen, Mozart in die ferne Vergangenheit zurückzuversetzen und darüber zu phantasieren, wie er seine Musik im 14. Jahrhundert geschaffen hätte.

Vier Passagen (es könnten auch mehr sein) aus Mozarts bekannten Werken sollen in die Kirchentonarten transponiert werden. Es ist eine gräßliche, ohrenverletzende Operation, aber man wird daran erkennen, zu welchen Höhen die Musik sich während der Renaissance-Jahre vom Spirituellen zum „Körperlichen" durchgerungen hat. Die vier Passagen, die Mozart in mittelalterlich entstellter Form präsentieren sollen, sind die Anfangstakte der Figaro-Ouvertüre, das Hauptthema des zweiten (langsamen) E-Dur-Satzes des A-Dur-Violinkonzertes, Barberinas Cavatina im 4. Akt von „Figaros Hochzeit" und die Eröffnung der großen g-Moll-Symphonie. Diese vier Stellen werden jetzt nicht in ihrer wohlbekannten Originaltonart, sondern in der dorischen, phrygischen, lydischen und mixolydischen Tonart intoniert.

Es mag von einigem Interesse sein, daß Beethoven sich noch nach Mozart den archaisierenden Spaß leistete, einen Satz in seinem a-Moll-Quartett (Opus 132) in lydischer Tonart zu komponieren. Wahrscheinlich benutzte er diese klägliche Tonart, um den Seelenzustand eines Rekonvaleszenten auszudrücken. Er betitelte denn auch diesen Satz „Danksagung eines Genesenen". Aber nach der Stimmung dieser Musik würde sie besser „Das Klagen eines Bettlägerigen" heißen.

Eines der vier genannten Fragmente aus Mozarts Musik (Barberinas Cavatina) ist in der kommenden Spielerei in diese lydische Tonart transponiert. Bei den Kirchentonarten muß man sich indessen vor Augen halten, daß keine Versetzungszeichen gesetzt werden. Also müssen alle Kreuze und Bees von ihren gewohnten Plätzen hinweggedacht werden. Sicherheitshalber werden mitunter bestärkende Auflösungszeichen gesetzt.

Die Figaro-Ouvertüre in dorischer Tonart

Der zweite (langsame) E-Dur-Satz des A-Dur-Violinkonzertes in phrygischer Tonart

Barberinas Cavatina in lydischer (auch von Beethoven verwendeter) Tonart (im Original in f-Moll)

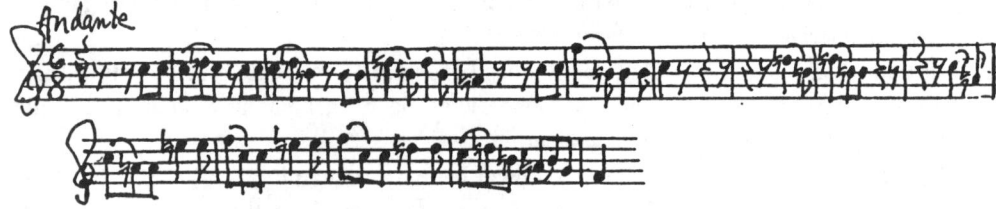

Die g-Moll-Symphonie in mixolydischer Tonart

So hätte Mozart im 14. oder in einem noch früheren Jahrhundert komponieren müssen. Jetzt soll man obige Passagen in ihrer Originaltonart spielen oder singen, ehe es einem von den Kirchentranspositionen übel wird. Es ist ein Glück, daß es Mozart nicht einfiel, auch nur für einen Teil seiner Musik die Kirchentonarten zu verwenden. Was hätte sein einstweiliger Brotherr, der jähzornige, leicht reizbare Erzbischof von Salzburg, dazu gesagt? Er schien selbst die schönste Musik Mozarts, so wie sie im 18. Jahrhundert tatsächlich war, nicht genügend zu schätzen. Er hat Mozart wie einen Diener behandelt und ihn seine Mahlzeiten im Bedientenquartier einnehmen lassen. Als die Spannung in ihren Beziehungen zur Entladung kam, warf Seine Hochwürden Mozart schließlich durch einen Kammerherrn mit einem Fußtritt aus dem Palast.

Diese „netten" Zustände in der musikalischen Anstellung führen unwillkürlich zur Feststellung, daß zu Mozarts Zeiten kein Musikerverband existierte, der den Orchesterbehörden 200 Jahre später kaum auch nur das zivilisierteste Kündigungsrecht zugestand. Man weiß nicht, was die Zukunft noch mit sich bringt, aber in der zweiten Hälfte des 20. Jahrhunderts mußte man einen Orchestermusiker mit behandschuhten Händen anfassen, wenn man ihn, sei es selbst aus berechtigten Gründen, entlassen wollte. Und dann mußte man ihm noch dazu ein Abgangszeugnis geben, das seine Zukunftsmöglichkeiten nicht gefährdete. Ein Musterbeispiel eines solchen Zeugnisses, in der Zwickmühle der unerbittlichen Kündigung und einer schonungslosen Ausfertigung (abgedruckt im Schildaer Käseblatt), faßte eine Anstellungsbehörde folgendermaßen ab:

> Die Orchestervereinigung der Stadt Buxtehude bescheinigt hiermit, daß Herr Notonio Grattavioli unser Orchester nach Absolvierung der zweimonatigen Probezeit verlassen hat, und wir sind zufrieden. Wir wünschen seiner künftigen Anstellungsbehörde, eine der unseren ähnlich angenehme Erfahrung mit ihm zu machen.

Dieselbe Quelle vermittelte auch ein anderes Empfehlungsschreiben, das von einem Dirigenten auf Ersuchen eines Orchestermusikers gegeben wurde.

Herr Serafin Kratzmeier hat einige Zeit unter meiner Leitung gespielt. Ich hatte Gelegenheit, seine besondere Tonerzeugung, dynamische Individualität und unbeugsamen Rhythmussinn kennenzulernen. In Hinsicht auf seine weitere Laufbahn wüßte ich keinen Grund, weshalb ich ihn nicht allen Herren Kapellmeistern des Landes wärmstens zur Anstellung empfehlen sollte. Der Umstand, daß er aus meinem Orchester ausscheiden mußte, was übrigens aufgrund gemeinsamer Vereinbarung erfolgte, soll keinen Anlaß dazu geben, seine oben erwähnten Qualitäten in Zweifel zu ziehen.

Anselm Furchtschwelger
Generalmusikdirektor
des Hofopernorchesters der Stadt Posemukel

Falls jemand feststellen wollte, daß diese Zeugnisse nicht meinen, was sie sagen, dann muß man gleich darauf hinweisen, was schon jeder von selber weiß, daß sie gerade das sagen, was sie meinen. Vielleicht gibt es Zeugnisse, die eindeutig günstig und sogar schmeichelhaft sind, aber es gibt auch andere, die bei Stellenbewerbungen besser nicht vorgewiesen werden. Eine kapellmeisterliche Empfehlung kann manchmal die ungünstigste Empfehlung sein.

Man sollte erwägen, ein System einzuführen, bei dem der Spieß umgedreht wird. Die Musikgesellschaften sollten vor der Berufung eines Kandidaten zu einem Dirigieramt ein Empfehlungsschreiben verlangen, das von den früher von diesem Dirigenten geleiteten Orchestermusikern ausgestellt wurde.

Der Vorschlag ist nicht so absurd, wie er auf den ersten Blick scheint. Hat man nicht seit Beginn der Geschichte die Erfahrung gemacht, daß Unternehmen auf allen Gebieten unter Leitung von großen Autoritäten Pleite machen? Gibt es nicht Kriege, die wegen unfähiger Führung verloren oder überhaupt verantwortungslos vom Zaune gebrochen werden? Gibt es nicht Finanzinstitute, die unter Leitung von Finanzgenies Bankrott machen? Solch autoritäre Unzulänglichkeiten kommen auch in der Dirigierherrschaft vor, sei es auf der musikalischen oder der menschlichen Seite.

Es wäre auch keine absolut irrige Idee, den Schulunterricht aus ähnlichen Gründen unter die Kontrolle der Schülerschaft zu stellen. Der kindliche Geist hat nämlich seine Welt, die die Erwachsenen nicht verstehen, obwohl sie auch einmal Kinder waren. Aber ihre damaligen Stolpereien haben sie vergessen. Als Erwachsene sind sie nicht mehr fähig, das Wunder der Kindheit zu verstehen. Hier sollen einige Leckerbissen des kindlichen Wunders, das mit dem musikalischen Wunder in Berührung gekommen ist, präsentiert werden. In einer amerikanischen Elementarschule hat man den Kindern (etwa im Alter von sieben oder acht Jahren) zur Aufgabe gemacht, niederzuschreiben, was sie von Musik und Musikern wissen. Hier folgt eine Auswahl aus den eingereichten Antworten.

Agnes Dei war eine berühmte Komponistin – für ihre Kirchenmusik berühmt. Johann Sebastian Bach hat 21 Kinder gezeugt. In der Zwischenzeit hat er auch viel Musik geschrieben. Er starb vom Jahr 1750 bis zum heutigen Tag.

Händel war ein Musiker von ungewöhnlicher Größe. Er war halb deutsch, halb italienisch und halb englisch.

Beethoven komponierte laute Musik, weil er taub war. Er hauchte seine Seele im Jahre 1827 aus und starb später daran.

Henry Purcell ist ein berühmter Komponist, von dem wenige Menschen je etwas gehört haben.

Aaron Copland ist einer unserer berühmtesten zeitgenössischen Komponisten. Es ist ungewöhnlich, zeitgenössisch zu sein. Die meisten Komponisten leben nicht, bis sie tot sind.

In der letzten Szene von „Pagliacci" erdolcht Canio Nedda, die die einzige ist, die er wirklich liebt. Bald darauf wird Silvio auch erdolcht, und dann leben sie alle glücklich weiter.

Wagners Musik ist wie ein Gasballon, der so stark aufgeblasen ist, daß er den Druck nicht aushält und platzt.

Musik, die von zwei Leuten gleichzeitig gesungen wird, nennt man „Duell".

Ich weiß, was Sextett ist, aber ich möchte es lieber nicht sagen.

Die meisten Sachverständigen sind sich darüber einig, daß antike Musik vor langer Zeit geschrieben wurde.

Mein Lieblingskomponist ist Opus.

Eine Harfe ist ein nacktes Klavier.

Die Musik, die ich am liebsten höre, ist Bronzes Wiegenlied.

Können Erwachsenen solch geistvolle Gedanken einfallen? Und wäre es nicht schön, in einer Welt zu leben, in der man so natürlich, vorurteilslos denken darf? Man möchte die Anarchie der Kinder der Anarchie der Erwachsenen vorziehen. Wir fühlen uns so reif, überlegen und absolut maßgebend. Sind wir es wirklich? Sind wir nicht vielmehr furchtbar dumm? Der Verfasser dieses Buches ist auch keine Ausnahme. Seine Verirrung ist, sein Garn zu weit ausgesponnen zu haben. Aber der Leidtragende ist natürlich der Leser, dessen Situation mit der eines Orchestermusikers beim Spielen einer Wagneroper vergleichbar ist. Das Publikum weiß vielleicht nicht, daß die Orchestermusiker beim Spielen der nie endenwollenden Wagneropern Tantalusqualen leiden und die Stunden, ja die Minuten zählen, bis die Uhr endlich die Zeit ihrer nahenden Erlösung angibt.

In einer solch folterkammerähnlichen Situation saß und spielte ein Musiker seinen Part in einer „Götterdämmerung"-Aufführung. Erschöpft und reizbar wollte er die genaue Zeit wissen, um auszurechnen, wie lange sein Leiden noch dauern mochte, und so guckte er auf seine Uhr um eine Zeit, die seinem Gefühl nach etwa elf Uhr sein mußte. Aber welch ein Schrecken, es war erst neun!

Dem geneigten oder eher gebeugten Leser mag es mit diesem Buch ähnlich ergangen sein. Auch er mochte bei Seite 700 nach der Nummer in der oberen Ecke des Blattes geschielt haben, um mit Entsetzen zu entdecken, daß es erst Seitennummer 500 war. Die Enttäuschung des Lesers muß ihn wieder einmal zu der alten Erkenntnis geführt haben, daß es beim Lesen unvergleichlich angenehmer ist, im Bett liegend als auf einem Stuhl sitzend einzuschlafen. Eine letzte Anstrengung wird aber damit belohnt, daß nach langem Segeln endlich Land in Sicht ist. Nach mehrmaligem gierigem Vorausblättern muß der Leser freudvoll erspäht haben, daß das unbedruckte Endblatt des Bandes nun um die Ecke winkt. Der glorreiche Augenblick ist also gekommen, „wo die graue Theorie von, des Lebens goldnem Baum" und von der

Töne silbernem Klang abgelöst wird. Der erleichterte Leser kann nun das Buch zuklappen, sich mit seinen noch verbliebenen Kräften zu seinem Plattenspieler hinschleppen, seine Lieblingsschallplatte auflegen und sich im Banne der Musik abermals von der Wahrheit der Worte des unbekannten Dichters überzeugen:

Diener und Herr bin ich. Diener der Toten und Herr der Lebenden.

Durch mich verkünden unsterbliche Geister die Botschaft, die die Welt zum Weinen und Lachen, zum Zweifeln und Vertrauen bewegt.

Ich erzähle von Liebe, von Haß, von Erlösung und Verdammnis.

Ich bin der Weihrauch, der mit Gebeten verschlungen zum Himmel schwebt. Und ich bin der Pulverdampf über dem Schlachtfeld, auf dem Männer sterbend liegen mit mir auf ihren Lippen.

Ich weile in der Nähe des Hochzeitsaltars, wie ich auch am Rande der offenen Gräber zu finden bin.

Ich rufe den Wanderer in sein Heim zurück, errette die Seelen aus dem Abgrund, öffne die Lippen der Liebesleute, und durch mich flüstern die Toten zu den Lebenden.

Dem einzelnen diene ich, wie ich der Menge diene; und ich mache die Könige zu meinen Untertanen ebenso spielend wie die Sklaven.

Ich spreche durch die Vögel der Lüfte, die Insekten der Felder, das Branden der Wogen an die felsenzerklüftete Meeresküste und das Seufzen des Windes im Dickicht der Bäume.

Ich kann sogar, von verständnisvollen Seelen, im Rattern der Räder in den Straßen erkannt werden.

Zwar kenne ich keinen Bruder, doch sind alle Menschen meine Brüder.

Ich bin der Vater des Besten, das in ihnen wohnt, und sie sind die Väter des Besten, das sich in mir birgt.

Wir sind eins: ich mit ihnen und sie mit mir; denn ich bin das Instrument der Götter.

Ich bin Musik.